חומש קורן מהדורת ישראל • שמות

קוֹרֶן ירושלים

חומש קורן • מהדורת ישראל

בראשית

שמות

ויקרא

במדבר

דברים

הוצאת קוֹרֵן ירושלים

Koren Ḥumash Yisrael, Shemot
with Rashi & Onkelos,
Third Edition, 2016

Koren Publishers Jerusalem Ltd.
POB 4044, Jerusalem 9104001, ISRAEL
POB 8531, New Milford, CT 06776, USA

www.korenpub.com

Large size, Hardcover, color maps & additional material.
ISBN 978-965-301-676-7

Large size, Hardcover & additional material.
ISBN 978-965-301-696-5

HYS3

חומש קורן מהדורת ישראל • שמות
עם רש״י ואונקלוס
מהדורה שלישית © תשע״ו

הוצאת קורן ירושלים
ת״ד 4044 ירושלים 9104001

www.korenpub.com

מהדורה גדולה, כריכה קשה, מפות צבעוניות ותוספות.
מסת״ב: 978-965-301-676-7.

מהדורה גדולה, כריכה קשה ותוספות.
מסת״ב: 978-965-301-696-5.

חיש3

תוכן

פרשות

נספחים

דברי פתיחה

הקריאה בתורה בבתי הכנסת והקריאה הערבה של תינוקות של בית רבן יום־יום בבתי המדרשות היו חוסנו של העם היהודי מאז ומעולם.

שני מאורות האירו את עיניהם של ישראל בקריאה ובלימוד אלו: אונקלוס, כאלף וארבע מאות שנה אחרי מסירת התורה על ידי משה, ורש״י, כאלף שנה אחריו. חכמים אלו התקבלו כפרשני יסוד של התורה, והם המעטרים אותה בדפוסים רבים, עד לימינו, תשע מאות שנה אחרי רש״י.

למן המצאת הדפוס עמלו מדפיסי הספרים לקבוע למאורות אלה מקום מתאים בצד התורה. משימה מורכבת זו גרמה לא פעם לקשיים בעימוד ואלה הכבידו על הלימוד והקריאה. המהדורה שבידך שואפת ליצוק את התורה על שני מפרשיה למבנה ולמראה הראויים לשאת את דבר ה׳, ולהנגישו לדור הזה. ארבע שנות עמל הושקעו בחומש זה – החל מהנוסחים המדויקים ביותר וכלה בעימוד הקפדני של הדף.

לאות העברית המפורסמת שעיצב אליהו קורן ז״ל מייסד ההוצאה לתנ״ך, נוספה כעת אות חדשה שעליה עמל מר קורן אך לא זכה לראות בגמר מלאכתו. גופן ׳קורן רש״י׳ שעיצב מר קורן הוא ביטוי נוסף של אמונתו של מייסד ההוצאה כי העיצוב נועד להעצים את התוכן: מלבד הקריאות והבהירות המאפיינים את הגופן, היופי והאסתטיקה מעניקים את הכבוד הראוי לדברי רש״י. כשם שבדי ארון הברית צופו גם הם זהב, כן האותיות הנושאות את דבר ה׳ – מרהיבות ומאירות.

מהדורה מיוחדת זו רואה אור בראש ובראשונה הודות לרב כרמיאל כהן, הרב ינון חן, יהושע מילר ומיכל בריטמן שלא חסכו מאמצים להעמיד דבר מתוקן ונאה – אשריהם ואשרי חלקם. נוספים עליהם הרב דוד פוקס, הרב חנן בניהו ואפרת גרוס; אסתר באר, רינה בן גל, מאיר ברכיל, דניאל בר־לב ואליהו משגב שעיצבו את הספר בהתאם לרף הגבוה של ההוצאה; הרב דן בארי, הרב ראובן ציגלר, תומר מבורך, הרב מנחם מקובר, הרב דוד נתיב, אליאב סטולמן ונריה קליין שנתנו מחכמתם למהדורה זו.

אחרית כול עלינו להודות לקב״ה שזיכה אותנו לעסוק במלאכת קודשו, ושזימן לנו את הכלים המתאימים ליצור את המצע להעברת דברו לעם ישראל. אנו תפילה שמאמצינו יישאו פרי, ומהדורה זו תשרת בנאמנות את עם ה׳, ותפרה את הקשר הנצחי שיש בין ה׳ ובין עמו, קשר של אהבה, כדברי חז״ל המובאים ברש״י על הפסוק הראשון בספר שמות: ״ואלה שמות בני ישראל״... להודיע חיבתם״.

מאיר מילר, מו״ל
מוצאי שמחת תורה ה׳תשע״ה, ירושלים

מבוא

למהדורה זו מעלות רבות, ולהן מגמה עיקרית – הנגשת התורה לקורא. נעמוד על העיקריות שבהן:

תורה

נוסח התורה עבר בחינה מדוקדקת על פי המסורה בידי שלושת המומחים הידועים דניאל גולדשמידט, אברהם מאיר הברמן ומאיר מדן, זכרם לברכה.

התורה מוצגת בכתב גדול בגופן 'תנ"ך קורן' בחטיבה אחת בעמוד הימני, כדי להבחין בין התורה שבכתב ובין פרשניה. חלוקה זו נועדה גם להקל את הקריאה הרציפה של התורה בבתי כנסת ובבתי ספר. מהדורה זו מחולקת לפי שלוש חלוקות עתיקות: החלוקה לפרשות, החלוקה לפרשות הפתוחות והסתומות והחלוקה לסדרים המסומנת בשוליים החיצוניים של העמוד. את העליות של מנחה של שבת ושני וחמישי, סימַנו בסימן: ◄.

ציַינו גם בכל פרשה עוד שני מקומות אפשריים להוספת עולים על שבעת הקרואים לתורה בשבת. את ההוספות סימַנו בסימן: ★.

במהדורה זו הבדלנו בין השווא הנע והשווא הנח, וסימַנו את השווא הנע בסימן בולט יותר, למשל, נַפְשְׁךָ. באותו אופן הבדלנו בין הקמץ הרגיל לקמץ הקטן באמצעות סימן גדול לקמץ הקטן, למשל, חָכְמָה. כידוע, ישנו הבדל בין מסורת הקריאה הספרדית לאופן הקריאה שהמליצה עליו האקדמיה. כל הקמצים שבהם ישנה מחלוקת, מסומנים בטעמי המקרא באמצעות געיה. משום כך, סימַנו אותם כקמצים קטנים בהתאם להוראות האקדמיה. המקפידים על המסורה הספרדית, יקראו כל קמץ שיש בו געיה כקמץ רחב (להרחבה ראו במאמר על שיטת הניקוד המופיע באתר ההוצאה, במדור 'אודות').

לצד התורה ציינו את המצוות על פי ספר החינוך. כמו כן, בשולי כל דף ישנה תווית ובה שם הפרשה, להקל את ההתמצאות בחומש.

תרגום אונקלוס

את נוסח התרגום, ניקודו ופיסוקו קיבלנו מאת מכון שתילי זיתים באדיבות המו"ל הרב יוסף עראקי הכהן ואדם בן נון. נוסח מבורר ומנופה זה משקף את המסורת העתיקה של קריאת התרגום בציבור, כפי שהיא נהוגה עד ימינו אלה בקהילות תימן.

ראוי לציין כי הפיסוק במסורת זו מנוגד לעתים לכללי הפיסוק לפי הטעמים, שכן לפי מסורת זו יש הפסקה בתביר ולא בטיפחא שאחריו. מכל מקום העדפנו להיצמד למסורת ברורה ולא ליצור פיסוק חדש. התרגום מוצג בגופן 'סידור קורן' כדי להבחין בין התורה ובין התרגום. ציַינו באפור את התיבות שאינן תרגומו המילולי של הכתוב בתורה אלא הרחבה או פירוש נוסף. מובן שבכל תרגום יש מן הפירוש וקשה לקבוע במדויק, מתי המעבר לשפה אחרת הוא בגדר תרגום מילולי מדויק, ומתי יש בו תוספת או ביאור. לכן אחזנו בשיטה מצמצמת וסימַנו אך ורק מילים שבפסוקי התורה לא הייתה אף מילה התואמת לתוכנן.

רש"י

פירוש רש"י לתורה הוא מן הספרים הנפוצים ביותר בעולם התורה. בכל תפוצות ישראל הגו ושיננו חומש עם פירוש רש"י מגיל צעיר. בשל תפוצתו הגדולה של הספר בכתבי יד ובדפוסים ובשל ידי הלומדים שהרבו למשמש בדברי רש"י, עד היום לא צלחה דרכם של המבקשים להעמיד לפני הלומדים מהדורה מוסמכת של פירוש רש"י, נקייה ומנופה בלי תוספות ובלי שיבושים.

בהניחנו לפני הלומדים נוסח דברי רש"י לא התיימרנו ללכת בגדולות ובנפלאות ולומר כזה

ראה וקדש, אך עמלנו שיהיו הדברים ברורים ומדויקים כמידת יכולתנו. לנגד עינינו היו שלושה סוגים של עדי נוסח: 1. כתבי יד של פירוש רש״י, כגון: כתב יד ויימר, כתב יד וינה, כתב יד מינכן. 2. דפוסים קדומים של פירוש רש״י, כגון: רומא (ר״ל), רג׳יו די קלבריה (רל״ה), ואדי אל חאג׳ארה (רל״ו) וונציה (רפ״ד–רפ״ו). 3. מהדורות חשובות שיצאו לאור במהלך השנים, כגון: מהדורותיו של אברהם ברלינר מן המאה הי״ט, חומש אריאל ומהדורת הכתר של אוניברסיטת בר אילן שיצאה לאור בשנים האחרונות. ויותר מכולם עֵינֵנו תדיר בכתב יד לייפציג 1 (מן המאה הי״ג). המומחים ראו בו כתב יד בכיר לפירושו של רש״י לתורה, ובסיועו עלה בידינו במקומות רבים בס״ד להעמיד נוסח מדויק יותר בדברי רש״י. תודתנו נתונה למכון לתצלומי כתבי יד שבספרייה הלאומית.

מלבד הניסיון להעמיד נוסח מדויק לפירוש רש״י עמלנו גם בניקוד דברי רש״י ובפיסוקם, וגם בזה אפשר שזכינו להאיר חלק מדבריו. תודה מיוחדת למגיהים המעולים, הרב כרמיאל כהן והרב ינון חן. במקומות שבהם רש״י מזכיר בקצרה משל ואינו מצטט ציטוט מלא, השלמנו את המשל בגופן רש״י בלא ניקוד. ראה למשל רש״י לויקרא י, ב.

פירוש רש״י מוצג בגופן החדש ׳קורן רש״י׳, גופן שעיצב אליהו קורן ז״ל לפני מותו. בעיצוב הגופן הושם דגש על יופי, קריאות ודמיון לכתב עברי מרובע. ייחודיותו של גופן זה מתבטאת בעיצוב כמה תבניות לאותיות מסוימות, למען ירוץ הקורא בו (לדוגמה האות ׳ת׳ במילים: *תלתל כתית*). גופן זה מבוסס על סגנון כתב רש״י כפי הסגנון הרווח בכתבי יד ספרדיים מן המאה הט״ו (ראו לדוגמה: פריז, הספרייה הלאומית, המחלקה העברית, 684; אוקספורד, הספרייה הבריטית, Poc. 393).

החלוקה לפרשות

לכל פרשה שער משלה ובו תרשים הסוקר את החטיבות המרכזיות של הפרשה, את ההקשר הגיאוגרפי שלה ואת טווח הזמן שבו היא מתרחשת. החטיבות נקבעו על פי החלוקה לסדרים. הוצאת קורן מחזירה עטרה ליושנה בחשיפת המשמעות שבחלוקה היהודית לסדרים. חלוקה ארצישראלית קדומה זו נועדה, ככל הנראה, להשלמת קריאת התורה אחת לשלוש שנים וחצי, פעמיים בשמיטה, וייתכן שיש זיקה בינה ובין מצוות הקהל. חלוקה ייחודית זו שונה מהחלוקה הנוצרית לפרקים, שהיא החלוקה המצויה בכל החומשים. כבר בפרק הראשון של ספר בראשית אפשר להבחין בהבדל בין החלוקה היהודית לסדרים לחלוקה הנוצרית לפרקים. לפי החלוקה הנוצרית, מסתיים פרק א בסוף היום השישי, ואילו לפי החלוקה היהודית, מסתיים סדר א אחרי היום השביעי, כלומר, סדר א מאגד בתוכו את שבעת הימים יחדיו.

בסוף כל פרשה הבאנו את ההפטרה על פי מנהגי הקריאה השונים: אשכנזי, ספרדי ותימני. בתחילת כל הפטרה שילבנו דברי רקע וביאור מאת הרב דוד נתיב, המעניקים לקורא את ההקשר הנדרש להבנת דברי הנביאים.

בסוף כל חומש מובאות עליות המפטיר, ההפטרות הנוספות והמגילות המתאימות לעונת השנה שבה קוראים את החומש.

נספחים

פרופסור זֹהר עמר הכין לכבוד מהדורה זו את הנספח ׳צמחים ובעלי חיים בספר שמות׳. בנספח זה צילומים, איורים וביאורים על הצמחים ובעלי החיים המופיעים בתורה שאינם מוכרים לקהל הרחב. למתעניינים בשיטת הזיהוי, אפשר לעיין באתר ההוצאה, במדור ׳אודות׳ במבוא שכתב פרופסור עמר לנספח זה.

הרב מנחם מקובר עמל רבות ביצירת נספח ׳המשכן וכליו׳ לכבוד מהדורה זו. בנספח זה מוצג מבנה המשכן, כליו ובגדי הכהונה, בשימת דגש על הפרטים והמושגים המופיעים בתורה שעשויים להיות סתומים בעיני הקורא בן ימינו. אליהו משגב ומאיר ברכיל יגעו בחכמה, בתבונה ובדעת על עיצוב נספח זה. תודתנו לצוות מכון המקדש ובראשו

לרב ישראל אריאל על עזרתם האדיבה בצילום בגדי הקודש, וכן לצלם מעוז ויסטוך שצילם את תמונות מכון המקדש בכישרון רב.

פרופסור זהר עמר הכין נספח נוסף על זיהויי של אבני החושן.

בנספחים מפות, תרשימים ואיורים נוספים שנועדו להוסיף רקע גיאוגרפי ולבאר חזותית עניינים בתורה הזוקקים המחשה, כגון: רצף אירועי המבול, סדר הקרבנות, מפת מסעי בני ישראל ועוד. בבחירת המפות ובעיצובן הושקעה מחשבה רבה. וגם כאן ראוי ללומד המעמיק לעיין במדור 'אודות' באתר ההוצאה, לתכנים המעשירים את הנספחים האלו. שם הקורא ימצא גם רשימות שכתב הרב דוד נתיב על חישוב הזמנים המופיעים בשער של כל פרשה ופרשה.

בפירושיו של רש"י לתנ"ך ולתלמוד משובצים מאות מילים וביטויים בצרפתית עתיקה, השפה שהייתה מדוברת בימיו ובמקומו של רש"י. בדרך כלל אחרי תיבות אלו רשומה המילה 'בלעז', המציינת שמדובר במילה או בביטוי בלועזית. ד"ר משה קטן ז"ל (תר"פ–תשנ"ו) השווה את הנוסח בכתבי היד למצוי בספרות הצרפתית העתיקה ובספרות המחקר, וזיהה את כל הלעזים ופירשם. רעייתו, יקירת ירושלים, הגב' שולמית קטן ז"ל (תרפ"ג–תשע"ג), נאותה בחפץ לב בשעתו להעביר את החומר לידינו ולהדפיסו, ועל כך תודתנו נתונה לה.

בסוף כל חומש ערכנו טבלה ובה מניין המצוות, הפסוקים, המילים והאותיות של כל פרשה ופרשה. אנו מודים לר' פינחס טשרנפסקי שקיבץ בעבורנו את החומר.

בנספח הבאנו הלכות מעשיות לשעת קריאת התורה.

תודה מיוחדת לאליהו משגב על העיצוב הקליגרפי המעטר את כריכת הספר. עיצוב זה הוא הביטוי האומנותי של עקרונות המהדורה, בהיותו מנגיש באמצעים חדשניים סגנונות קליגרפיים מסורתיים. למאמר המתאר את סיפור יצירת קליגרפיית הכריכה עיין באתר ההוצאה במדור 'אודות'.

מי ייתן ויקוים בנו הכתוב: "וְהַמַּשְׂכִּלִים יַזְהִרוּ כְּזֹהַר הָרָקִיעַ וּמַצְדִּיקֵי הָרַבִּים כַּכּוֹכָבִים לְעוֹלָם וָעֶד" (דניאל יב, ג).

ועתה "חֲתֹם הַסֵּפֶר" (שם, שם ד).

יהושע מילר, עורך ראשי
הוצאת קורן ירושלים
אסרו חג עצרת ה'תשע"ה

ברכות התורה לאשכנזים

קודם הברכה על העולה לראות היכן קוראים ולנשק את ספר התורה.
בשעת הברכה העולה אוחז בעמודי הספר.

עולה: **בָּרְכוּ אֶת יהוה הַמְבֹרָךְ.**

קהל: **בָּרוּךְ יהוה הַמְבֹרָךְ לְעוֹלָם וָעֶד.**

עולה: **בָּרוּךְ יהוה הַמְבֹרָךְ לְעוֹלָם וָעֶד.**

בָּרוּךְ אַתָּה יהוה, אֱלֹהֵינוּ מֶלֶךְ הָעוֹלָם, אֲשֶׁר בָּחַר בָּנוּ מִכָּל הָעַמִּים וְנָתַן לָנוּ אֶת תּוֹרָתוֹ. בָּרוּךְ אַתָּה יהוה, נוֹתֵן הַתּוֹרָה.

לאחר הקריאה מברך:

בָּרוּךְ אַתָּה יהוה, אֱלֹהֵינוּ מֶלֶךְ הָעוֹלָם, אֲשֶׁר נָתַן לָנוּ תּוֹרַת אֱמֶת וְחַיֵּי עוֹלָם נָטַע בְּתוֹכֵנוּ. בָּרוּךְ אַתָּה יהוה, נוֹתֵן הַתּוֹרָה.

ברכות ההפטרה

בָּרוּךְ אַתָּה יהוה אֱלֹהֵינוּ מֶלֶךְ הָעוֹלָם אֲשֶׁר בָּחַר בִּנְבִיאִים טוֹבִים, וְרָצָה בְדִבְרֵיהֶם הַנֶּאֱמָרִים בֶּאֱמֶת; בָּרוּךְ אַתָּה יהוה, הַבּוֹחֵר בַּתּוֹרָה וּבְמֹשֶׁה עַבְדּוֹ וּבְיִשְׂרָאֵל עַמּוֹ וּבִנְבִיאֵי הָאֱמֶת וָצֶדֶק.

אחר קריאת ההפטרה המפטיר מברך:

בָּרוּךְ אַתָּה יהוה, אֱלֹהֵינוּ מֶלֶךְ הָעוֹלָם, צוּר כָּל הָעוֹלָמִים, צַדִּיק בְּכָל הַדּוֹרוֹת, הָאֵל הַנֶּאֱמָן, הָאוֹמֵר וְעוֹשֶׂה, הַמְדַבֵּר וּמְקַיֵּם, שֶׁכָּל דְּבָרָיו אֱמֶת וָצֶדֶק. נֶאֱמָן אַתָּה הוּא יהוה אֱלֹהֵינוּ וְנֶאֱמָנִים דְּבָרֶיךָ, וְדָבָר אֶחָד מִדְּבָרֶיךָ אָחוֹר לֹא יָשׁוּב רֵיקָם, כִּי אֵל מֶלֶךְ נֶאֱמָן (וְרַחֲמָן) אָתָּה. בָּרוּךְ אַתָּה יהוה, הָאֵל הַנֶּאֱמָן בְּכָל דְּבָרָיו.

רַחֵם עַל צִיּוֹן כִּי הִיא בֵּית חַיֵּינוּ, וְלַעֲלוּבַת נֶפֶשׁ תּוֹשִׁיעַ בִּמְהֵרָה בְיָמֵינוּ. בָּרוּךְ אַתָּה יהוה, מְשַׂמֵּחַ צִיּוֹן בְּבָנֶיהָ.

שַׂמְּחֵנוּ יהוה אֱלֹהֵינוּ בְּאֵלִיָּהוּ הַנָּבִיא עַבְדֶּךָ, וּבְמַלְכוּת בֵּית דָּוִד מְשִׁיחֶךָ, בִּמְהֵרָה יָבוֹא וְיָגֵל לִבֵּנוּ. עַל כִּסְאוֹ לֹא יֵשֶׁב זָר, וְלֹא יִנְחֲלוּ עוֹד אֲחֵרִים אֶת כְּבוֹדוֹ, כִּי בְשֵׁם קָדְשְׁךָ נִשְׁבַּעְתָּ לּוֹ שֶׁלֹּא יִכְבֶּה נֵרוֹ לְעוֹלָם וָעֶד. בָּרוּךְ אַתָּה יהוה, מָגֵן דָּוִד.

עַל הַתּוֹרָה וְעַל הָעֲבוֹדָה וְעַל הַנְּבִיאִים וְעַל יוֹם הַשַּׁבָּת הַזֶּה, שֶׁנָּתַתָּ לָּנוּ יהוה אֱלֹהֵינוּ לִקְדֻשָּׁה וְלִמְנוּחָה, לְכָבוֹד וּלְתִפְאָרֶת. עַל הַכֹּל יהוה אֱלֹהֵינוּ אֲנַחְנוּ מוֹדִים לָךְ וּמְבָרְכִים אוֹתָךְ, יִתְבָּרַךְ שִׁמְךָ בְּפִי כָּל חַי תָּמִיד לְעוֹלָם וָעֶד. בָּרוּךְ אַתָּה יהוה, מְקַדֵּשׁ הַשַּׁבָּת.

ברכות התורה לספרדים

קודם הברכה על העולה לראות היכן קוראים ולנשק את ספר התורה.
בשעת הברכה העולה אוחז בעמודי הספר באמצעות מטפחת.

עולה: **יהוה עִמָּכֶם** קהל: **יְבָרֶכְךָ יהוה**

עולה: **(רַבָּנַן) בָּרְכוּ אֶת יהוה הַמְבֹרָךְ.**

קהל: **בָּרוּךְ יהוה הַמְבֹרָךְ לְעוֹלָם וָעֶד.**

עולה: **בָּרוּךְ יהוה הַמְבֹרָךְ לְעוֹלָם וָעֶד.**

בָּרוּךְ אַתָּה יהוה, אֱלֹהֵינוּ מֶלֶךְ הָעוֹלָם, אֲשֶׁר בָּחַר בָּנוּ מִכָּל הָעַמִּים, וְנָתַן לָנוּ אֶת תּוֹרָתוֹ. בָּרוּךְ אַתָּה יהוה, נוֹתֵן הַתּוֹרָה.

לאחר הקריאה העולה מנשק את ספר התורה ומברך:

בָּרוּךְ אַתָּה יהוה, אֱלֹהֵינוּ מֶלֶךְ הָעוֹלָם, אֲשֶׁר נָתַן לָנוּ (אֶת) תּוֹרָתוֹ תּוֹרַת אֱמֶת, וְחַיֵּי עוֹלָם נָטַע בְּתוֹכֵנוּ. בָּרוּךְ אַתָּה יהוה, נוֹתֵן הַתּוֹרָה.

ברכות ההפטרה

בָּרוּךְ אַתָּה יהוה אֱלֹהֵינוּ מֶלֶךְ הָעוֹלָם אֲשֶׁר בָּחַר בִּנְבִיאִים טוֹבִים, וְרָצָה בְדִבְרֵיהֶם הַנֶּאֱמָרִים בֶּאֱמֶת. בָּרוּךְ אַתָּה יהוה, הַבּוֹחֵר בַּתּוֹרָה וּבְמֹשֶׁה עַבְדּוֹ וּבְיִשְׂרָאֵל עַמּוֹ וּבִנְבִיאֵי הָאֱמֶת וָצֶדֶק.

אחרי קריאת ההפטרה המפטיר מוסיף פסוק זה קודם הברכה:

גֹּאֲלֵנוּ יהוה צְבָאוֹת שְׁמוֹ, קְדוֹשׁ יִשְׂרָאֵל: ישעיה מז

בָּרוּךְ אַתָּה יהוה, אֱלֹהֵינוּ מֶלֶךְ הָעוֹלָם, צוּר כָּל הָעוֹלָמִים, צַדִּיק בְּכָל הַדּוֹרוֹת, הָאֵל הַנֶּאֱמָן, הָאוֹמֵר וְעוֹשֶׂה, מְדַבֵּר וּמְקַיֵּם, כִּי כָל דְּבָרָיו אֱמֶת וָצֶדֶק. נֶאֱמָן אַתָּה הוּא יהוה אֱלֹהֵינוּ וְנֶאֱמָנִים דְּבָרֶיךָ, וְדָבָר אֶחָד מִדְּבָרֶיךָ אָחוֹר לֹא יָשׁוּב רֵיקָם, כִּי אֵל מֶלֶךְ נֶאֱמָן (וְרַחֲמָן) אָתָּה. בָּרוּךְ אַתָּה יהוה, הָאֵל הַנֶּאֱמָן בְּכָל דְּבָרָיו.

רַחֵם עַל צִיּוֹן כִּי הִיא בֵּית חַיֵּינוּ, וְלַעֲלוּבַת נֶפֶשׁ תּוֹשִׁיעַ בִּמְהֵרָה בְיָמֵינוּ. בָּרוּךְ אַתָּה יהוה, מְשַׂמֵּחַ צִיּוֹן בְּבָנֶיהָ.

שַׂמְּחֵנוּ יהוה אֱלֹהֵינוּ בְּאֵלִיָּהוּ הַנָּבִיא עַבְדֶּךָ, וּבְמַלְכוּת בֵּית דָּוִד מְשִׁיחָךְ, בִּמְהֵרָה יָבוֹא וְיָגֵל לִבֵּנוּ. עַל כִּסְאוֹ לֹא יֵשֵׁב זָר, וְלֹא יִנְחֲלוּ עוֹד אֲחֵרִים אֶת כְּבוֹדוֹ, כִּי בְשֵׁם קָדְשְׁךָ נִשְׁבַּעְתָּ לוֹ שֶׁלֹּא יִכְבֶּה נֵרוֹ לְעוֹלָם וָעֶד. בָּרוּךְ אַתָּה יהוה, מָגֵן דָּוִד.

עַל הַתּוֹרָה וְעַל הָעֲבוֹדָה וְעַל הַנְּבִיאִים וְעַל יוֹם הַשַּׁבָּת הַזֶּה, שֶׁנָּתַתָּ לָנוּ יהוה אֱלֹהֵינוּ לִקְדֻשָּׁה וְלִמְנוּחָה, לְכָבוֹד וּלְתִפְאָרֶת. עַל הַכֹּל יהוה אֱלֹהֵינוּ אֲנַחְנוּ מוֹדִים לָךְ וּמְבָרְכִים אוֹתָךְ, יִתְבָּרַךְ שִׁמְךָ בְּפִי כָּל חַי תָּמִיד לְעוֹלָם וָעֶד. בָּרוּךְ אַתָּה יהוה, מְקַדֵּשׁ הַשַּׁבָּת. אָמֵן.

ברכות התורה לתימנים

קודם הברכה על העולה לראות היכן קוראים ולנשק את ספר התורה.
בשעת הברכה העולה אוחז ביריעת הספר באמצעות מטפחת.

עולה: **בָּרְכוּ אֶת יהוה הַמְבֹרָךְ.**

קהל ועולה: **בָּרוּךְ יהוה הַמְבֹרָךְ לְעוֹלָם וָעֶד.**

עולה: **בָּרוּךְ אַתָּה יהוה, אֱלֹהֵינוּ מֶלֶךְ הָעוֹלָם, אֲשֶׁר בָּחַר בָּנוּ מִכָּל הָעַמִּים, וְנָתַן לָנוּ אֶת תּוֹרָתוֹ. בָּרוּךְ אַתָּה יהוה, נוֹתֵן הַתּוֹרָה.**

לאחר הקריאה העולה מנשק את ספר התורה ומברך:

בָּרוּךְ אַתָּה יהוה, אֱלֹהֵינוּ מֶלֶךְ הָעוֹלָם, אֲשֶׁר נָתַן לָנוּ תּוֹרַת אֱמֶת, וְחַיֵּי עוֹלָם נָטַע בְּתוֹכֵנוּ. בָּרוּךְ אַתָּה יהוה, נוֹתֵן הַתּוֹרָה.

ברכות ההפטרה

בָּרוּךְ אַתָּה יהוה אֱלֹהֵינוּ מֶלֶךְ הָעוֹלָם אֲשֶׁר בָּחַר בִּנְבִיאִים טוֹבִים, וְרָצָה בְדִבְרֵיהֶם הַנֶּאֱמָרִים בֶּאֱמֶת; בָּרוּךְ אַתָּה יהוה, הַבּוֹחֵר בַּתּוֹרָה בְּמֹשֶׁה עַבְדּוֹ וּבְיִשְׂרָאֵל עַמּוֹ וּבִנְבִיאֵי הָאֱמֶת וְהַצֶּדֶק.

אחר קריאת ההפטרה המפטיר מברך:

בָּרוּךְ אַתָּה יהוה, אֱלֹהֵינוּ מֶלֶךְ הָעוֹלָם, צוּר כָּל הָעוֹלָמִים, הַצַּדִּיק בְּכָל הַדּוֹרוֹת, הָאֵל הַנֶּאֱמָן, הָאוֹמֵר וְעוֹשֶׂה, מְדַבֵּר וּמְקַיֵּם, אֲשֶׁר כָּל דְּבָרָיו אֱמֶת וְהַצֶּדֶק. נֶאֱמָן אַתָּה הוּא יהוה אֱלֹהֵינוּ וְנֶאֱמָנִים דְּבָרֶיךָ, וְדָבָר מִדְּבָרֶיךָ אָחוֹר לֹא יָשׁוּב רֵיקָם, כִּי אֵל נֶאֱמָן אָתָּה. בָּרוּךְ אַתָּה יהוה, הָאֵל הַנֶּאֱמָן בְּכָל דְּבָרָיו.

רַחֵם עַל צִיּוֹן כִּי הִיא בֵּית חַיֵּינוּ, וְלַעֲגוּמַת נֶפֶשׁ תִּנְקֹם נָקָם מְהֵרָה בְיָמֵינוּ וְתִבָּנֶה מְהֵרָה. בָּרוּךְ אַתָּה יהוה, בּוֹנֵה יְרוּשָׁלָיִם.

אֶת צֶמַח דָּוִד מְהֵרָה תַצְמִיחַ וְקַרְנוֹ תָרוּם בִּישׁוּעָתֶךָ. בָּרוּךְ אַתָּה יהוה, מָגֵן דָּוִד.

עַל הַתּוֹרָה וְעַל הַנְּבִיאִים וְעַל יוֹם הַמָּנוֹחַ הַזֶּה /בראש חודש: וְעַל יוֹם רֹאשׁ הַחֹדֶשׁ הַזֶּה/ שֶׁנָּתַתָּ לָּנוּ יהוה אֱלֹהֵינוּ לִקְדֻשָּׁה וְלִמְנוּחָה, לְכָבוֹד וּלְתִפְאָרֶת. עַל הַכֹּל אֲנוּ מְבָרְכִים אֶת שְׁמָךְ. בָּרוּךְ אַתָּה יהוה, מְקַדֵּשׁ הַשַּׁבָּת. אָמֵן.

שמות הטעמים וסימניהם

אשכנזים: מֵרְכָא טִפְחָא מֻנַּח אֶתְנַחְתָּא מֵרְכָא טִפְחָא סוֹף־פָּסוּק
מַהְפַּךְ פַּשְׁטָא מֻנַּח זָקֵף־קָטֹן זָקֵף־גָּדוֹל מֻנַּח | מֻנַּח רְבִיעַ
קַדְמָא דַּרְגָּא תְּבִיר מֻנַּח זַרְקָא מֻנַּח סֶגּוֹל תְּלִישָׁא־גְדוֹלָה
תְּלִישָׁא־קְטַנָּה קַדְמָא וְאַזְלָא אַזְלָא־גֵרֵשׁ גֵּרְשַׁיִם פָּזֵר
יְתִיב שַׁלְשֶׁלֶת גַּלְגַּל קַרְנֵי־פָרָה מֵרְכָא־כְפוּלָה
לְגַרְמֵהּ | סוֹף־פָּסוּק

ספרדים: זַרְקָא מַקַּף־שׁוֹפָר־הוֹלֵךְ סְגוֹלְתָּא פָּזֵר־גָּדוֹל
תַּלְשָׁא תִּילְשָׁא אַזְלָא־גֵרִישׁ פָּסֵק | רְבִיעַ שְׁנֵי־גֵרְשִׁין
דַּרְגָּא תְּבִיר מַאֲרִיךְ טַרְחָא אַתְנָח שׁוֹפָר־מְהֻפָּךְ
קַדְמָא תְּרֵי־קַדְמִין זָקֵף־קָטֹן זָקֵף־גָּדוֹל שַׁלְשֶׁלֶת
גַּלְגַּל קַרְנֵי־פָרָה תְּרֵי־טַעֲמֵי יְתִיב סוֹף־פָּסוּק

תימנים: זַרְקָא מַקַּף־שׁוֹפָר־הוֹלֵךְ סְגֻלְתָּא פָּזֵר תְּלִשָׁא־יָמִין
תְּלִשָׁא־שְׂמֹאל אֲזֵיל וְאָתֵי פְּסִיקוֹ רְבִיעַ תְּרֵין־טַרְסִין
דַּרְגָּא תְּבִיר מַאֲרְכָה טִפְחָא אַתְנַחְתָּא שׁוֹפָר־הָפוּךְ
פַּשְׁטָא תְּרֵין־פַּשְׁטִין זָקֵף־קָטֹן זָקֵף־גָּדוֹל שַׁלְשֶׁלֶת
גַּלְגַּל קַרְנֵי־פָרָה תְּרֵין־טַעֲמֵי יְתִיב סוֹף־פָּסוּק

אות קורן ואות רש"י

א - א	ל - ל	ם - ם
ב - ב	מ - מ	ן - ן
ג - ג	נ - נ	ץ - ץ
ד - ד	ס - ס	ף - ף
ה - ה	ע - ע	ך - ך
ו - ו	פ - פ	
ז - ז	צ - צ	
ח - ח	ק - ק	
ט - ט	ר - ר	
י - י	ש - ש	
כ - כ	ת - ת	

חלוקת ספר שמות

יציאת מצרים			מעמד הר סיני		המשכן		
השעבוד במצרים	היציאה ממצרים	קריעת ים סוף	מתן תורה	המשפטים, ברית סיני	תכנית המשכן	חטא העגל	עשיית המשכן
שמות	וארא בא	בשלח	יתרו	משפטים	תרומה תצוה	כי תשא	ויקהל פקודי

פרשת שמות

נושאים לפי סדרים	א	ב	ג
	שלבי השעבוד לידת משה ונערותו	מעמד הסנה	משה דורש מפרעה לשלח את העם
	מצרים, מדיין	הר סיני	מדיין, מצרים
	כ-116 שנים		

שמות

א וְאֵלֶּה שְׁמוֹת בְּנֵי יִשְׂרָאֵל הַבָּאִים מִצְרָיְמָה אֵת א א
יַעֲקֹב אִישׁ וּבֵיתוֹ בָּאוּ׃ רְאוּבֵן שִׁמְעוֹן לֵוִי וִיהוּדָה׃ ב
יִשָּׂשכָר זְבוּלֻן וּבִנְיָמִן׃ דָּן וְנַפְתָּלִי גָּד וְאָשֵׁר׃ וַיְהִי ג ד ה
כָּל־נֶפֶשׁ יֹצְאֵי יֶרֶךְ־יַעֲקֹב שִׁבְעִים נָפֶשׁ וְיוֹסֵף
הָיָה בְמִצְרָיִם׃ וַיָּמָת יוֹסֵף וְכָל־אֶחָיו וְכֹל הַדּוֹר ו
הַהוּא׃ וּבְנֵי יִשְׂרָאֵל פָּרוּ וַיִּשְׁרְצוּ וַיִּרְבּוּ וַיַּעַצְמוּ ז
בִּמְאֹד מְאֹד וַתִּמָּלֵא הָאָרֶץ אֹתָם׃
◂ וַיָּקָם מֶלֶךְ־חָדָשׁ עַל־מִצְרָיִם אֲשֶׁר לֹא־יָדַע אֶת־ ח
יוֹסֵף׃ וַיֹּאמֶר אֶל־עַמּוֹ הִנֵּה עַם בְּנֵי יִשְׂרָאֵל רַב ט
וְעָצוּם מִמֶּנּוּ׃ הָבָה נִתְחַכְּמָה לוֹ פֶּן־יִרְבֶּה וְהָיָה י
כִּי־תִקְרֶאנָה מִלְחָמָה וְנוֹסַף גַּם־הוּא עַל־שֹׂנְאֵינוּ
וְנִלְחַם־בָּנוּ וְעָלָה מִן־הָאָרֶץ׃ וַיָּשִׂימוּ עָלָיו שָׂרֵי יא
מִסִּים לְמַעַן עַנֹּתוֹ בְּסִבְלֹתָם וַיִּבֶן עָרֵי מִסְכְּנוֹת
לְפַרְעֹה אֶת־פִּתֹם וְאֶת־רַעַמְסֵס׃ וְכַאֲשֶׁר יְעַנּוּ יב
אֹתוֹ כֵּן יִרְבֶּה וְכֵן יִפְרֹץ וַיָּקֻצוּ מִפְּנֵי בְּנֵי יִשְׂרָאֵל׃
◂ וַיַּעֲבִדוּ מִצְרַיִם אֶת־בְּנֵי יִשְׂרָאֵל בְּפָרֶךְ׃ וַיְמָרְרוּ יג יד
אֶת־חַיֵּיהֶם בַּעֲבֹדָה קָשָׁה בְּחֹמֶר וּבִלְבֵנִים וּבְכָל־

א א ב וְאִלֵּין, שְׁמָהַת בְּנֵי יִשְׂרָאֵל, דְּעָאלוּ לְמִצְרָיִם, עִם יַעֲקֹב, גְּבַר וֶאֱנָשׁ בֵּיתֵיהּ עָאלוּ: רְאוּבֵן
ג ד ה שִׁמְעוֹן, לֵוִי וִיהוּדָה: יִשָּׂשכָר זְבוּלוּן וּבִנְיָמִין: דָּן וְנַפְתָּלִי גָּד וְאָשֵׁר: וַהֲוָאָה, כָּל נַפְשָׁתָא, נָפְקֵי
ו יַרְכָּא דְיַעֲקֹב שַׁבְעִין נַפְשָׁן, וְיוֹסֵף דַּהֲוָה בְמִצְרָיִם: וּמִית יוֹסֵף וְכָל אֲחוֹהִי, וְכֹל דָּרָא הַהוּא:
ז וּבְנֵי יִשְׂרָאֵל, נְפִישׁוּ וְאִתְיַלַּדוּ, וּסְגִיאוּ וּתְקִיפוּ לַחֲדָא לַחֲדָא, וְאִתְמְלִיאַת אַרְעָא מִנְּהוֹן:
ח ט וְקָם מַלְכָּא חֲדַתָּא עַל מִצְרָיִם, דְּלָא מְקַיֵּם גְּזֵירַת יוֹסֵף: וַאֲמַר לְעַמֵּיהּ, הָא, עַמָּא בְּנֵי
י יִשְׂרָאֵל, סַגַּן וְתַקִּיפִין מִנַּנָא: הָבוּ נִתְחַכַּם לְהוֹן, דִּלְמָא יִסְגּוֹן, וִיהֵי, אֲרֵי יְעָרְעִנַּנָא קְרָב
יא וְיִתּוֹסְפוּן אַף אִנּוּן עַל סָנְאַנָא, וִיגִיחוּן בַּנָא קְרָב וְיִסְּקוּן מִן אַרְעָא: וּמַנִּיאוּ עֲלֵיהוֹן שִׁלְטוֹנִין
מַבְאֲשִׁין, בְּדִיל לְעַנּוֹאֵיהוֹן בְּפֻלְחָנְהוֹן, וּבְנוֹ, קִרְוֵי בֵית אוֹצְרֵי לְפַרְעֹה, יָת פִּיתוֹם וְיָת
יב יג רַעַמְסֵס: וּכְמָא דִמְעַנַּן לְהוֹן, כֵּן סָגַן וְכֵן תַּקְפִין, וַעֲקַת לְמִצְרָאֵי, מִן קֳדָם בְּנֵי יִשְׂרָאֵל: וְאַפְלְחוּ
יד מִצְרָאֵי, יָת בְּנֵי יִשְׂרָאֵל בְּקַשְׁיוּ: וְאַמְרוּ יָת חַיֵּיהוֹן בְּפֻלְחָנָא קַשְׁיָא, בְּטִינָא וּבִלְבְנֵי, וּבְכָל

פרק א

א) **וְאֵלֶּה שְׁמוֹת בְּנֵי יִשְׂרָאֵל.** אַף עַל פִּי שֶׁמְּנָאָם בְּחַיֵּיהֶם בִּשְׁמוֹתָם חָזַר וּמְנָאָם בְּמִיתָתָם, לְהוֹדִיעַ חִבָּתָם שֶׁנִּמְשְׁלוּ לַכּוֹכָבִים שֶׁמּוֹצִיאָם וּמַכְנִיסָם בְּמִסְפָּר וּבִשְׁמוֹתָם, שֶׁנֶּאֱמַר: ״הַמּוֹצִיא בְמִסְפָּר צְבָאָם לְכֻלָּם בְּשֵׁם יִקְרָא״ (ישעיה מ, כו):

ה) **וְיוֹסֵף הָיָה בְמִצְרָיִם.** וַהֲלֹא הוּא וּבָנָיו הָיוּ בִּכְלַל שִׁבְעִים, וּמַה בָּא לְלַמְּדֵנוּ? וְכִי לֹא הָיִינוּ יוֹדְעִים שֶׁהוּא הָיָה בְּמִצְרַיִם? אֶלָּא לְהוֹדִיעֲךָ צִדְקָתוֹ שֶׁל יוֹסֵף, הוּא יוֹסֵף הָרוֹעֶה אֶת צֹאן אָבִיו, הוּא יוֹסֵף שֶׁהָיָה בְמִצְרַיִם וְנַעֲשָׂה מֶלֶךְ, וְעוֹמֵד בְּצִדְקוֹ:

ז) **וַיִּשְׁרְצוּ.** שֶׁהָיוּ יוֹלְדוֹת שִׁשָּׁה בְּכֶרֶס אֶחָד:

ח) **וַיָּקָם מֶלֶךְ חָדָשׁ.** רַב וּשְׁמוּאֵל, חַד אָמַר חָדָשׁ מַמָּשׁ, וְחַד אָמַר שֶׁנִּתְחַדְּשׁוּ גְּזֵרוֹתָיו: **אֲשֶׁר לֹא יָדַע.** עָשָׂה עַצְמוֹ כְּאִלּוּ לֹא יְדָעוֹ:

י) **הָבָה נִתְחַכְּמָה לוֹ.** כָּל ׳הָבָה׳ לְשׁוֹן הֲכָנָה וְהַזְמָנָה לְדָבָר הוּא, הָכִינוּ עַצְמְכֶם לְכָךְ: נִתְחַכְּמָה לוֹ. לָעָם, נִתְחַכֵּם מַה לַּעֲשׂוֹת לוֹ. וְרַבּוֹתֵינוּ דָּרְשׁוּ, נִתְחַכֵּם לְמוֹשִׁיעָן שֶׁל יִשְׂרָאֵל, נְדוּנֵם בַּמַּיִם, שֶׁכְּבָר נִשְׁבַּע שֶׁלֹּא יָבִיא מַבּוּל לָעוֹלָם: וְעָלָה מִן הָאָרֶץ. עַל כָּרְחֵנוּ. וְרַבּוֹתֵינוּ דָּרְשׁוּ, כְּאָדָם שֶׁמְּקַלֵּל עַצְמוֹ וְתוֹלֶה קִלְלָתוֹ בַּחֲבֵרוֹ, וַהֲרֵי הוּא כְּאִלּוּ כָּתַב: ׳וְעָלִינוּ מִן הָאָרֶץ׳ וְהֵם יִירָשׁוּהָ:

יא) **עָלָיו.** עַל הָעָם: **מִסִּים.** לְשׁוֹן מַס, שָׂרִים שֶׁגּוֹבִין מֵהֶם הַמַּס. וּמַהוּ הַמַּס? שֶׁיִּבְנוּ עָרֵי מִסְכְּנוֹת לְפַרְעֹה: **לְמַעַן עַנֹּתוֹ בְּסִבְלֹתָם.** שֶׁל מִצְרַיִם: **עָרֵי מִסְכְּנוֹת.** כְּתַרְגּוּמוֹ. וְכֵן: ״לֶךְ בֹּא אֶל הַסֹּכֵן הַזֶּה״ (ישעיה כב, טו) – גִּזְבָּר הַמְמֻנֶּה עַל הָאוֹצָרוֹת: **אֶת פִּתֹם וְאֶת רַעַמְסֵס.** שֶׁלֹּא הָיוּ רְאוּיוֹת מִתְּחִלָּה לְכָךְ וַעֲשָׂאוּם חֲזָקוֹת וּבְצוּרוֹת לְאוֹצָר:

יב) **וְכַאֲשֶׁר יְעַנּוּ אֹתוֹ.** בְּכָל מַה שֶּׁהֵם נוֹתְנִין לֵב לְעַנּוֹת כֵּן לֵב הַקָּדוֹשׁ בָּרוּךְ הוּא לְהַרְבּוֹת וּלְהַפְרִיץ: **כֵּן יִרְבֶּה.** כֵּן רָבָה וְכֵן פָּרַץ. וּמִדְרָשׁוֹ, רוּחַ הַקֹּדֶשׁ אוֹמֶרֶת כֵּן: אַתֶּם אוֹמְרִים ״פֶּן יִרְבֶּה״ וַאֲנִי אוֹמֵר ״כֵּן יִרְבֶּה״: **וַיָּקֻצוּ.** קָצוּ בְּחַיֵּיהֶם. וְרַבּוֹתֵינוּ דָּרְשׁוּ, כְּקוֹצִים הָיוּ בְּעֵינֵיהֶם:

יג) **בְּפָרֶךְ.** בַּעֲבוֹדָה קָשָׁה הַמְפָרֶכֶת וּמְשַׁבֶּרֶת אֶת הַגּוּף:

עֲבֹדָה בַּשָּׂדֶה אֵת כׇּל־עֲבֹדָתָם אֲשֶׁר־עָבְדוּ
טו בָהֶם בְּפָרֶךְ: וַיֹּאמֶר מֶלֶךְ מִצְרַיִם לַמְיַלְּדֹת
הָעִבְרִיֹּת אֲשֶׁר שֵׁם הָאַחַת שִׁפְרָה וְשֵׁם הַשֵּׁנִית
טז פּוּעָה: וַיֹּאמֶר בְּיַלֶּדְכֶן אֶת־הָעִבְרִיּוֹת וּרְאִיתֶן
עַל־הָאׇבְנָיִם אִם־בֵּן הוּא וַהֲמִתֶּן אֹתוֹ וְאִם־בַּת
יז הִוא וָחָיָה: וַתִּירֶאןָ הַמְיַלְּדֹת אֶת־הָאֱלֹהִים
וְלֹא עָשׂוּ כַּאֲשֶׁר דִּבֶּר אֲלֵיהֶן מֶלֶךְ מִצְרָיִם
יח וַתְּחַיֶּיןָ אֶת־הַיְלָדִים: וַיִּקְרָא מֶלֶךְ־מִצְרַיִם שני
לַמְיַלְּדֹת וַיֹּאמֶר לָהֶן מַדּוּעַ עֲשִׂיתֶן הַדָּבָר
יט הַזֶּה וַתְּחַיֶּיןָ אֶת־הַיְלָדִים: וַתֹּאמַרְןָ הַמְיַלְּדֹת
אֶל־פַּרְעֹה כִּי לֹא כַנָּשִׁים הַמִּצְרִיֹּת הָעִבְרִיֹּת
כִּי־חָיוֹת הֵנָּה בְּטֶרֶם תָּבוֹא אֲלֵהֶן הַמְיַלֶּדֶת
כ וְיָלָדוּ: וַיֵּיטֶב אֱלֹהִים לַמְיַלְּדֹת וַיִּרֶב הָעָם
כא וַיַּעַצְמוּ מְאֹד: וַיְהִי כִּי־יָרְאוּ הַמְיַלְּדֹת אֶת־
כב הָאֱלֹהִים וַיַּעַשׂ לָהֶם בָּתִּים: וַיְצַו פַּרְעֹה לְכׇל־
עַמּוֹ לֵאמֹר כׇּל־הַבֵּן הַיִּלּוֹד הַיְאֹרָה תַּשְׁלִיכֻהוּ
וְכׇל־הַבַּת תְּחַיּוּן:
ב א ב וַיֵּלֶךְ אִישׁ מִבֵּית לֵוִי וַיִּקַּח אֶת־בַּת־לֵוִי: וַתַּהַר

טו) לַמְיַלְּדֹת. הוּא לְשׁוֹן מוֹלִידוֹת, אֶלָּא שֶׁיֵּשׁ לְשׁוֹן קַל וְיֵשׁ לְשׁוֹן כָּבֵד, כְּמוֹ: שׁוֹבֵר וּמְשַׁבֵּר, דּוֹבֵר וּמְדַבֵּר, כָּךְ מוֹלִיד וּמְיַלֵּד: שִׁפְרָה. יוֹכֶבֶד, עַל שֵׁם שֶׁמְּשַׁפֶּרֶת אֶת הַוָּלָד: פּוּעָה. מִרְיָם, שֶׁפּוֹעָה וּמְדַבֶּרֶת וְהוֹגָה לַוָּלָד כְּדֶרֶךְ הַנָּשִׁים הַמְפַיְּסוֹת תִּינוֹק הַבּוֹכֶה. "פּוֹעָה" – לְשׁוֹן צְעָקָה, כְּמוֹ: "כַּיּוֹלֵדָה אֶפְעֶה" (ישעיה מב, יד).

טז) בְּיַלֶּדְכֶן. כְּמוֹ בְּהוֹלִידְכֶן: עַל הָאׇבְנָיִם. מוֹשַׁב

טו פְּלְחָנָא בְחַקְלָא, יָת כָּל פָּלְחָנְהוֹן, דְּאַפְלַחוּ בְהוֹן בְּקַשְׁיוּ: וַאֲמַר מַלְכָּא דְמִצְרַיִם, לְחָיָתָא
טז יְהוּדָיָתָא, דְּשׁוּם חֲדָא שִׁפְרָה, וְשׁוּם תִּנְיֵיתָא פּוּעָה: וַאֲמַר, כַּד תִּהְוְיָן מְיַלְּדָן יָת יְהוּדָיָתָא,
יז וְתִחְזְיָן עַל מַתְבְּרָא, אִם בְּרָא הוּא וְתִקְטְלָן יָתֵיהּ, וְאִם בְּרַתָּא הִיא וְתִקַיְּמֻנַּהּ: וּדְחִילָא
יח חָיָתָא מִן קֳדָם יְיָ, וְלָא עֲבַדָא, כְּמָא דְמַלֵּיל עִמְּהוֹן מַלְכָּא דְמִצְרַיִם, וְקַיֵּימָא יָת בְּנַיָּא: וּקְרָא
מַלְכָּא דְמִצְרַיִם לְחָיָתָא, וַאֲמַר לְהוֹן, מָדֵין עֲבַדְתִּין פִּתְגָמָא הָדֵין, וְקַיֵּימְתִּין יָת בְּנַיָּא:
יט וַאֲמַרָא חָיָתָא לְפַרְעֹה, אֲרֵי לָא כִנְשַׁיָּא, מִצְרָיָתָא יְהוּדָיָתָא, אֲרֵי חַכִּימָן אִנִּין, עַד לָא עָאלַת
כ כא לְוָתְהוֹן, חָיְתָא יָלְדָן: וְאוֹטֵיב יְיָ לְחָיָתָא, וּסְגִי עַמָּא, וּתְקִיפוּ לַחֲדָא: וַהֲוָה, כַּד דְּחִילָא חָיָתָא
כב מִן קֳדָם יְיָ, וַעֲבַד לְהוֹן בָּתִּין: וּפַקֵּיד פַּרְעֹה, לְכָל עַמֵּיהּ לְמֵימַר, כָּל בְּרָא דְיִתְיְלִיד לִיהוּדָאֵי,
ב א ב בְּנַהְרָא תִרְמוֹנֵיהּ, וְכָל בְּרַתָּא תְּקַיְּמוּן: וַאֲזַל גַּבְרָא מִדְּבֵית לֵוִי, וּנְסֵיב יָת בַּת לֵוִי: וְעַדִּיאַת

הָאִשָּׁה הַיּוֹלֶדֶת, וּבְמָקוֹם אַחֵר קוֹרְאוֹ 'מַשְׁבֵּר' (שם לז, ג), וְכָמוֹהוּ: "עֹשֶׂה מְלָאכָה עַל הָאָבְנָיִם" (ירמיה יח, ג) – מוֹשַׁב כְּלִי אֻמָּנוּת יוֹצֵר חֶרֶשׂ: **אם בן הוא** וגו'. לֹא הָיָה מַקְפִּיד אֶלָּא עַל הַזְּכָרִים, שֶׁאָמְרוּ לוֹ אִצְטַגְנִינָיו שֶׁעֲתִידוֹת לֵילֵד בֵּן הַמּוֹשִׁיעַ אוֹתָם: **וָחָיָה**. וְתִחְיֶה:

יז) **וַתְּחַיֶּיןָ אֶת הַיְלָדִים**. מְסַפְּקוֹת לָהֶם מָזוֹן. תַּרְגּוּם הָרִאשׁוֹן 'וְקַיֵּימָא' וְהַשֵּׁנִי (בפסוק הבא) 'וְקַיֵּימְתִּין'. לְפִי שֶׁלָּשׁוֹן עָבָר לִנְקֵבוֹת רַבּוֹת, תֵּבָה זוֹ וְכַיּוֹצֵא בָהּ מְשַׁמֶּשֶׁת לְשׁוֹן פָּעֲלוּ וּלְשׁוֹן פְּעַלְתֶּן, כְּגוֹן: "וַתֹּאמַרְןָ אִישׁ מִצְרִי" (להלן ב, יט) לְשׁוֹן עָבָר, כְּמוֹ 'וַיֹּאמְרוּ' לִזְכָרִים. "וַתְּדַבֵּרְנָה בְּפִיכֶם" (ירמיה מד, כה) לְשׁוֹן דִּבַּרְתֶּם כְּמוֹ 'וַתְּדַבְּרוּ' לִזְכָרִים. וְכֵן: "וַתְּחַלֶּלְנָה אֹתִי אֶל עַמִּי" (יחזקאל יג, יט) לְשׁוֹן עָבָר, חִלַּלְתֶּן, כְּמוֹ 'וַתְּחַלְּלוּ' לִזְכָרִים:

יט) **כי חיות הנה**. בְּקִיאוֹת כִּמְיַלְּדוֹת. תַּרְגּוּם מְיַלְּדוֹת 'חַיָּתָא'. וְרַבּוֹתֵינוּ דָרְשׁוּ, הֲרֵי הֵן מְשׁוּלוֹת כְּחַיּוֹת הַשָּׂדֶה שֶׁאֵינָן צְרִיכוֹת מְיַלֶּדֶת: "גּוּר אַרְיֵה" (בראשית מט, ט), "זְאֵב יִטְרָף" (שם פסוק כז), "בְּכוֹר שׁוֹרוֹ" (דברים לג, יז), "אַיָּלָה שְׁלֻחָה" (בראשית מט, כא). וּמִי שֶׁלֹּא נִכְתַּב בּוֹ, הֲרֵי הַכָּתוּב כּוֹלְלָן: "מָה אִמְּךָ לְבִיָּא" (יחזקאל יט, ב):

כ-כא) **וייטב**. הֵיטִיב לָהֶן. וְזֶה חִלּוּק בְּתֵבָה שֶׁיְּסוֹדָהּ שְׁתֵּי אוֹתִיּוֹת וְנָתַן לָהּ וָי"ו יוּ"ד בְּרָאשָׁהּ, כְּשֶׁהִיא בָּאָה לְדַבֵּר לְשׁוֹן וַיַּפְעִיל הוּא נָקוּד אֶת הַיּוּ"ד בְּצֵירֵי שֶׁהוּא קָמָץ קָטָן, כְּגוֹן: "וַיֵּיטֶב אֱלֹהִים לַמְיַלְּדֹת"; "וַיֶּרֶב בְּבַת יְהוּדָה" (איכה ב, ה), הִרְבָּה תַּאֲנִיָּה; וְכֵן "וַיֶּגֶל הַשְּׁאֵרִית" (דברי הימים ב' לו, כ) דִּנְבוּזַרְאֲדָן, הִגְלָה אֶת הַשְּׁאֵרִית; "וַיִּפֶן זָנָב אֶל זָנָב" (שופטים טו, ד) – הִפְנָה הַזְּנָבוֹת זוֹ לָזוֹ. כָּל אֵלּוּ לְשׁוֹן הִפְעִיל אֶת אֲחֵרִים. וּכְשֶׁהוּא מְדַבֵּר בִּלְשׁוֹן וַיִּפְעַל הוּא נָקוּד הַיּוּ"ד בְּחִירִק, כְּגוֹן: "וַיִּיטַב בְּעֵינָיו" (ויקרא י, כ) – לְשׁוֹן הוּטַב; וְכֵן "וַיִּרֶב הָעָם" (להלן פסוק כ) – רָבָה הָעָם; "וַיִּגֶל יְהוּדָה" (מלכים ב' כה, כא) – גָּלָה יְהוּדָה; "וַיִּפֶן כֹּה וָכֹה" (להלן ב, יב) – פָּנָה לְכָאן וּלְכָאן. וְאַל תְּשִׁיבֵנִי: וַיֵּלֶךְ, וַיֵּשֶׁב, וַיֵּרֶד, וַיֵּצֵא, לְפִי שֶׁאֵינָן מִגִּזְרָתָן שֶׁל אֵלּוּ, שֶׁהֲרֵי הַיּוּ"ד יְסוֹד בָּהֶן: יָרַד, יָצָא, יָלַךְ, יָשַׁב, הַיּוּ"ד אוֹת שְׁלִישִׁית בּוֹ: **וייטב אלהים למילדת**. מַהוּ הַטּוֹבָה? "וַיַּעַשׂ לָהֶם בָּתִּים" – בָּתֵּי כְּהֻנָּה וּלְוִיָּה וּמַלְכוּת, שֶׁקְּרוּיִין בָּתִּים: "לִבְנוֹת אֶת בֵּית ה' וְאֶת בֵּית הַמֶּלֶךְ" (מלכים א' ט, א); כְּהֻנָּה וּלְוִיָּה מִיּוֹכֶבֶד, וּמַלְכוּת מִמִּרְיָם, כִּדְאִיתָא בְּמַסֶּכֶת סוֹטָה (דף יא ע"ב):

כב) **לְכָל עַמּוֹ**. אַף עֲלֵיהֶם גָּזַר. יוֹם שֶׁנּוֹלַד מֹשֶׁה אָמְרוּ לוֹ אִצְטַגְנִינָיו: הַיּוֹם נוֹלַד וְאֵין אָנוּ יוֹדְעִים אִם מִמִּצְרַיִם אִם מִיִּשְׂרָאֵל, וְרוֹאִין אָנוּ שֶׁסּוֹפוֹ לִלְקוֹת בַּמַּיִם, לְפִיכָךְ גָּזַר אוֹתוֹ הַיּוֹם אַף עַל הַמִּצְרִים, שֶׁנֶּאֱמַר: "כָּל הַבֵּן הַיִּלּוֹד" וְלֹא נֶאֱמַר 'הַיִּלּוֹד לָעִבְרִים'. וְהֵם לֹא הָיוּ יוֹדְעִים שֶׁסּוֹפוֹ לִלְקוֹת עַל מֵי מְרִיבָה:

פרק ב

א) **וַיִּקַּח אֶת בַּת לֵוִי**. פָּרוּשׁ הָיָה מִמֶּנָּה מִפְּנֵי גְּזֵרַת פַּרְעֹה וְהֶחֱזִירָהּ וְעָשָׂה בָהּ לִקּוּחִין שְׁנִיִּים. וְאַף הִיא נֶהֶפְכָה לִהְיוֹת נַעֲרָה. וּבַת מֵאָה וּשְׁלֹשִׁים שָׁנָה הָיְתָה; שֶׁנּוֹלְדָה בְּבוֹאָם לְמִצְרַיִם בֵּין הַחוֹמוֹת, וּמָאתַיִם וְעֶשֶׂר נִשְׁתַּהוּ שָׁם, וּכְשֶׁיָּצְאוּ הָיָה מֹשֶׁה בֶּן שְׁמוֹנִים שָׁנָה – כְּשֶׁנִּתְעַבְּרָה מִמֶּנּוּ הָיְתָה בַּת מֵאָה וּשְׁלֹשִׁים, וְקוֹרֵא אוֹתָהּ 'בַּת לֵוִי':

הָאִשָּׁה וַתֵּלֶד בֵּן וַתֵּרֶא אֹתוֹ כִּי־טוֹב הוּא
ג וַתִּצְפְּנֵהוּ שְׁלֹשָׁה יְרָחִים׃ וְלֹא־יָכְלָה עוֹד
הַצְּפִינוֹ וַתִּקַּח־לוֹ תֵּבַת גֹּמֶא וַתַּחְמְרָה בַחֵמָר
וּבַזָּפֶת וַתָּשֶׂם בָּהּ אֶת־הַיֶּלֶד וַתָּשֶׂם בַּסּוּף
ד עַל־שְׂפַת הַיְאֹר׃ וַתֵּתַצַּב אֲחֹתוֹ מֵרָחֹק לְדֵעָה
ה מַה־יֵּעָשֶׂה לוֹ׃ וַתֵּרֶד בַּת־פַּרְעֹה לִרְחֹץ עַל־
הַיְאֹר וְנַעֲרֹתֶיהָ הֹלְכֹת עַל־יַד הַיְאֹר וַתֵּרֶא
אֶת־הַתֵּבָה בְּתוֹךְ הַסּוּף וַתִּשְׁלַח אֶת־אֲמָתָהּ
ו וַתִּקָּחֶהָ׃ וַתִּפְתַּח וַתִּרְאֵהוּ אֶת־הַיֶּלֶד וְהִנֵּה־
נַעַר בֹּכֶה וַתַּחְמֹל עָלָיו וַתֹּאמֶר מִיַּלְדֵי הָעִבְרִים
ז זֶה׃ וַתֹּאמֶר אֲחֹתוֹ אֶל־בַּת־פַּרְעֹה הַאֵלֵךְ
וְקָרָאתִי לָךְ אִשָּׁה מֵינֶקֶת מִן הָעִבְרִיֹּת וְתֵינִק
ח לָךְ אֶת־הַיָּלֶד׃ וַתֹּאמֶר־לָהּ בַּת־פַּרְעֹה לֵכִי
ט וַתֵּלֶךְ הָעַלְמָה וַתִּקְרָא אֶת־אֵם הַיָּלֶד׃ וַתֹּאמֶר
לָהּ בַּת־פַּרְעֹה הֵילִיכִי אֶת־הַיֶּלֶד הַזֶּה וְהֵינִקִהוּ
לִי וַאֲנִי אֶתֵּן אֶת־שְׂכָרֵךְ וַתִּקַּח הָאִשָּׁה הַיֶּלֶד
י וַתְּנִיקֵהוּ׃ וַיִּגְדַּל הַיֶּלֶד וַתְּבִאֵהוּ לְבַת־פַּרְעֹה
וַיְהִי־לָהּ לְבֵן וַתִּקְרָא שְׁמוֹ מֹשֶׁה וַתֹּאמֶר כִּי מִן־
יא הַמַּיִם מְשִׁיתִהוּ׃ וַיְהִי ׀ בַּיָּמִים הָהֵם וַיִּגְדַּל מֹשֶׁה שלישי
וַיֵּצֵא אֶל־אֶחָיו וַיַּרְא בְּסִבְלֹתָם וַיַּרְא אִישׁ מִצְרִי

ג אִתְּתָא וִילֵידַת בַּר, וַחֲזַת יָתֵיהּ אֲרֵי טָב הוּא, וְאַטְמַרְתֵּיהּ תְּלָתָא יַרְחִין: וְלָא יְכֵילַת עוֹד
לְאַטְמָרוּתֵיהּ, וּנְסֵיבַת לֵיהּ תֵּיבְתָא דְגוֹמָא, וַחֲפָתַהּ בְּחֵימָרָא וּבְזִפְתָּא, וְשַׁוִּיאַת בַּהּ יָת
ד רַבְיָא, וְשַׁוִּיתַהּ בְּיַעְרָא עַל כֵּיף נַהְרָא: וְאִתְעַתַּדַת אֲחָתֵיהּ מֵרַחִיק, לְמִדַּע, מָא יִתְעֲבֵיד
ה לֵיהּ: וּנְחָתַת בַּת פַּרְעֹה לְמִסְחֵי עַל נַהְרָא, וְעוּלֵימָתַהָא מְהַלְּכָן עַל כֵּיף נַהְרָא, וַחֲזַת יָת
ו תֵּיבְתָא בְּגוֹ יַעְרָא, וְאוֹשֵׁיטַת יָת אַמְּתַהּ וּנְסֵיבְתַהּ: וּפְתַחַת וַחֲזַת יָת רַבְיָא, וְהָא עוּלֵימָא
ז בָּכֵי, וְחָסַת עֲלוֹהִי, וַאֲמַרַת, מִבְּנֵי יְהוּדָאֵי הוּא דֵין: וַאֲמַרַת אֲחָתֵיהּ לְבַת פַּרְעֹה, הַאֵיזֵיל,
ח וְאֶקְרֵי לִיךְ אִתְּתָא מֵינִקְתָּא, מִן יְהוּדָיָתָא, וְתוֹנֵיק לִיךְ יָת רַבְיָא: וַאֲמַרַת לַהּ בַּת פַּרְעֹה
ט אֵיזִילִי, וַאֲזַלַת עוּלֵימְתָא, וּקְרַת יָת אִמֵּיהּ דְּרַבְיָא: וַאֲמַרַת לַהּ בַּת פַּרְעֹה, הֵלִיכִי, יָת רַבְיָא
י הָדֵין וְאוֹנִיקִיהוּ לִי, וַאֲנָא אֶתֵּין יָת אַגְרִיךְ, וּנְסֵיבַת אִתְּתָא, רַבְיָא וְאוֹנְקְתֵיהּ: וּרְבָא רַבְיָא,
וְאַיְתִיתֵיהּ לְבַת פַּרְעֹה, וַהֲוָה לַהּ לְבַר, וּקְרַת שְׁמֵיהּ מֹשֶׁה, וַאֲמַרַת, אֲרֵי מִן מַיָּא שְׁחַלְתֵּיהּ:
יא וַהֲוָה בְּיוֹמַיָּא הָאִנּוּן, וּרְבָא מֹשֶׁה וּנְפַק לְוָת אֲחוֹהִי, וַחֲזָא בְּפֻלְחָנְהוֹן, וַחֲזָא גְּבַר מִצְרַאי,

ב) **כִּי טוֹב הוּא.** כְּשֶׁנּוֹלַד נִתְמַלֵּא הַבַּיִת כֻּלּוֹ אוֹרָה:

ג) **וְלֹא יָכְלָה עוֹד הַצְּפִינוֹ.** שֶׁמָּנוּ לָהּ הַמִּצְרִים מִיּוֹם שֶׁהֶחֱזִירָהּ, וְהִיא יְלָדַתּוּ לְשִׁשָּׁה חֳדָשִׁים וְיוֹם אֶחָד, שֶׁהַיּוֹלֶדֶת לְשִׁבְעָה יוֹלֶדֶת לְמִקְּטָעִין, וְהֵם בָּדְקוּ אַחֲרֶיהָ לְסוֹף תִּשְׁעָה: **גֹּמֶא.** גֶּמִי בִּלְשׁוֹן מִשְׁנָה, וּבְלַעַז יונ"ק, וְדָבָר רַךְ הוּא וְעוֹמֵד בִּפְנֵי רַךְ וּבִפְנֵי קָשֶׁה: **בַּחֵמָר וּבַזָּפֶת.** זֶפֶת מִבַּחוּץ וְטִיט מִבִּפְנִים, כְּדֵי שֶׁלֹּא יָרִיחַ אוֹתוֹ צַדִּיק רֵיחַ רַע שֶׁל זֶפֶת: **וַתָּשֶׂם בַּסּוּף.** הוּא לְשׁוֹן אֲגַם, רוֹסי"ל בְּלַעַז, וְדוֹמֶה לוֹ: "קָנֶה וָסוּף קָמֵלוּ" (ישעיה יט, ו):

ה) **לִרְחֹץ עַל הַיְאֹר.** סָרֵס הַמִּקְרָא וּפָרְשֵׁהוּ, וַתֵּרֶד בַּת פַּרְעֹה עַל הַיְאוֹר לִרְחֹץ בּוֹ: **עַל יַד הַיְאֹר.** אֵצֶל הַיְאוֹר, כְּמוֹ: "רְאוּ חֶלְקַת יוֹאָב אֶל יָדִי" (שמואל ב' יד, ל), וְהוּא לְשׁוֹן יָד מַמָּשׁ, שֶׁיַּד הָאָדָם סְמוּכָה לוֹ. וְרַבּוֹתֵינוּ אָמְרוּ, "הֹלְכֹת" לְשׁוֹן מִיתָה, הוֹלְכוֹת לָמוּת לְפִי שֶׁמִּחוּ בָּהּ. וְהַכָּתוּב מְסַיְּעָן, כִּי לָמָּה לָנוּ לִכְתֹּב: "וְנַעֲרֹתֶיהָ הֹלְכֹת"?: **אֶת אֲמָתָהּ.** אֶת שִׁפְחָתָהּ. וְרַבּוֹתֵינוּ דָּרְשׁוּ לְשׁוֹן יָד, אֲבָל לְפִי דִּקְדּוּק לְשׁוֹן הַקֹּדֶשׁ הָיָה לוֹ לְהִנָּקֵד 'אַמָּתָהּ' מ"ם דְּגוּשָׁה, וְהֵם דָּרְשׁוּ "אֶת אֲמָתָהּ" – אֶת יָדָהּ, וְנִשְׁתַּרְבְּבָה אַמָּתָהּ אַמּוֹת הַרְבֵּה:

ו) **וַתִּפְתַּח וַתִּרְאֵהוּ.** אֶת מִי רָאֲתָה? "אֶת הַיֶּלֶד", זֶהוּ פְּשׁוּטוֹ. וּמִדְרָשׁוֹ, שֶׁרָאֲתָה עִמּוֹ שְׁכִינָה: **וְהִנֵּה נַעַר בֹּכֶה.** קוֹלוֹ כְּנַעַר:

ז) **מִן הָעִבְרִיֹּת.** שֶׁהֶחֱזִירַתּוּ עַל מִצְרִיּוֹת הַרְבֵּה לִינֹק וְלֹא יָנַק, לְפִי שֶׁהָיָה עָתִיד לְדַבֵּר עִם הַשְּׁכִינָה:

ח) **וַתֵּלֶךְ הָעַלְמָה.** הָלְכָה בִּזְרִיזוּת וְעַלְמוּת כְּעֶלֶם:

ט) **הֵילִיכִי.** נִתְנַבְּאָה וְלֹא יָדְעָה מַה נִּתְנַבְּאָה, הֵי שֶׁלִּיכִי:

י) **מְשִׁיתִהוּ.** "שְׁחַלְתֵּיהּ", הוּא לְשׁוֹן הוֹצָאָה בִּלְשׁוֹן אֲרַמִּי: "כְּמִשְׁחַל בִּינִיתָא מֵחֲלָבָא" (ברכות ח ע"א). וּבִלְשׁוֹן עִבְרִי "מְשִׁיתִהוּ" לְשׁוֹן הֲסִירוֹתִיו, כְּמוֹ: "לֹא יָמוּשׁ" (יהושע א, ח), "לֹא מָשׁוּ" (במדבר יד, מד); כָּךְ חִבְּרוֹ מְנַחֵם. וַאֲנִי אוֹמֵר שֶׁאֵינוֹ מִמַּחְבֶּרֶת מָשׁ וְיָמוּשׁ, אֶלָּא מִגִּזְרַת מָשָׁה, וּלְשׁוֹן הוֹצָאָה הוּא; וְכֵן: "יַמְשֵׁנִי מִמַּיִם רַבִּים" (שמואל ב' כב, יז). שֶׁאִלּוּ הָיָה מִמַּחְבֶּרֶת מָשׁ, לֹא יִתָּכֵן לוֹמַר 'מְשִׁיתִהוּ', אֶלָּא 'הֲמִישׁוֹתִיהוּ', כַּאֲשֶׁר יֵאָמֵר מִן קָם 'הֲקִימוֹתִי', וּמִן שָׁב 'הֲשִׁיבֹתִי', וּמִן בָּא 'הֲבִיאוֹתִי'; אוֹ 'מַשְׁתִּיהוּ', כְּמוֹ: "וּמַשְׁתִּי אֶת עֲוֹן הָאָרֶץ" (זכריה ג, ט). אֲבָל 'מְשִׁיתִי' אֵינוֹ אֶלָּא מִגִּזְרַת תֵּבָה שֶׁפָּעַל שֶׁלָּהּ מְיֻסָּד בְּה"א בְּסוֹף הַתֵּבָה, כְּגוֹן: מָשָׁה, בָּנָה, עָשָׂה, צִוָּה, פָּנָה, כְּשֶׁיָּבוֹא לוֹמַר בָּהֶם פָּעַלְתִּי תָּבֹא הַיּו"ד בִּמְקוֹם הַה"א, כְּמוֹ: עָשִׂיתִי, בָּנִיתִי, פָּנִיתִי, צִוִּיתִי:

יא) **וַיִּגְדַּל מֹשֶׁה.** וַהֲלֹא כְּבָר כָּתַב (לעיל פסוק י) "וַיִּגְדַּל הַיֶּלֶד"? אָמַר רַבִּי יְהוּדָה בְּרַבִּי אִלְעַאי, הָרִאשׁוֹן לְקוֹמָה וְהַשֵּׁנִי לִגְדֻלָּה, שֶׁמִּנָּהוּ פַּרְעֹה עַל בֵּיתוֹ: **וַיַּרְא בְּסִבְלֹתָם.** נָתַן עֵינָיו וְלִבּוֹ לִהְיוֹת מֵצֵר עֲלֵיהֶם: **אִישׁ מִצְרִי.** נוֹגֵשׂ הָיָה, מְמֻנֶּה עַל

יב מַכֶּה אִישׁ־עִבְרִי מֵאֶחָיו׃ וַיִּפֶן כֹּה וָכֹה וַיַּרְא
כִּי אֵין אִישׁ וַיַּךְ אֶת־הַמִּצְרִי וַיִּטְמְנֵהוּ בַּחוֹל׃
יג וַיֵּצֵא בַּיּוֹם הַשֵּׁנִי וְהִנֵּה שְׁנֵי־אֲנָשִׁים עִבְרִים
יד נִצִּים וַיֹּאמֶר לָרָשָׁע לָמָּה תַכֶּה רֵעֶךָ׃ וַיֹּאמֶר
מִי שָׂמְךָ לְאִישׁ שַׂר וְשֹׁפֵט עָלֵינוּ הַלְהָרְגֵנִי
אַתָּה אֹמֵר כַּאֲשֶׁר הָרַגְתָּ אֶת־הַמִּצְרִי וַיִּירָא
טו מֹשֶׁה וַיֹּאמַר אָכֵן נוֹדַע הַדָּבָר׃ וַיִּשְׁמַע פַּרְעֹה
אֶת־הַדָּבָר הַזֶּה וַיְבַקֵּשׁ לַהֲרֹג אֶת־מֹשֶׁה
וַיִּבְרַח מֹשֶׁה מִפְּנֵי פַרְעֹה וַיֵּשֶׁב בְּאֶרֶץ־מִדְיָן
טז וַיֵּשֶׁב עַל־הַבְּאֵר׃ וּלְכֹהֵן מִדְיָן שֶׁבַע בָּנוֹת
וַתָּבֹאנָה וַתִּדְלֶנָה וַתְּמַלֶּאנָה אֶת־הָרְהָטִים
יז לְהַשְׁקוֹת צֹאן אֲבִיהֶן׃ וַיָּבֹאוּ הָרֹעִים וַיְגָרְשׁוּם
יח וַיָּקָם מֹשֶׁה וַיּוֹשִׁעָן וַיַּשְׁקְ אֶת־צֹאנָם׃ וַתָּבֹאנָה
אֶל־רְעוּאֵל אֲבִיהֶן וַיֹּאמֶר מַדּוּעַ מִהַרְתֶּן
יט בֹּא הַיּוֹם׃ וַתֹּאמַרְןָ אִישׁ מִצְרִי הִצִּילָנוּ מִיַּד
הָרֹעִים וְגַם־דָּלֹה דָלָה לָנוּ וַיַּשְׁקְ אֶת־הַצֹּאן׃
כ וַיֹּאמֶר אֶל־בְּנֹתָיו וְאַיּוֹ לָמָּה זֶּה עֲזַבְתֶּן אֶת־
כא הָאִישׁ קִרְאֶן לוֹ וְיֹאכַל לָחֶם׃ וַיּוֹאֶל מֹשֶׁה
לָשֶׁבֶת אֶת־הָאִישׁ וַיִּתֵּן אֶת־צִפֹּרָה בִתּוֹ
כב לְמֹשֶׁה׃ וַתֵּלֶד בֵּן וַיִּקְרָא אֶת־שְׁמוֹ גֵּרְשֹׁם כִּי
אָמַר גֵּר הָיִיתִי בְּאֶרֶץ נָכְרִיָּה׃

כג וַיְהִי בַיָּמִים הָרַבִּים הָהֵם וַיָּמָת מֶלֶךְ מִצְרַיִם
וַיֵּאָנְחוּ בְנֵי־יִשְׂרָאֵל מִן־הָעֲבֹדָה וַיִּזְעָקוּ

יב מָחֵי לִגְבַר יְהוּדָאִי מֵאֲחוֹהִי: וְאִתְפְּנִי לְכָא וּלְכָא, וַחֲזָא אֲרֵי לֵית אֱנָשׁ, וּמְחָא יָת מִצְרָאָה,
יג וְטַמְרֵיהּ בְּחָלָא: וּנְפַק בְּיוֹמָא תִנְיָנָא, וְהָא, תְּרֵין גֻּבְרִין יְהוּדָאִין נָצַן, וַאֲמַר לְחַיָּבָא, לְמָא אַתְּ
יד מָחֵי לְחַבְרָךְ: וַאֲמַר, מַאן שַׁוְיָךְ, לִגְבַר רַב וְדַיָּן עֲלָנָא, הֲלִמְקְטְלִי אַתְּ אָמַר, כְּמָא דִקְטַלְתָּא
טו יָת מִצְרָאָה, וּדְחֵיל מֹשֶׁה וַאֲמַר, בְּקֻשְׁטָא אִתְיְדַע פִּתְגָּמָא: וּשְׁמַע פַּרְעֹה יָת פִּתְגָּמָא הָדֵין,
וּבְעָא לְמִקְטַל יָת מֹשֶׁה, וַעֲרַק מֹשֶׁה מִן קֳדָם פַּרְעֹה, וִיתֵיב בְּאַרְעָא דְמִדְיָן וִיתֵיב עַל בֵּירָא:
טז יז וּלְרַבָּא דְמִדְיָן שְׁבַע בְּנָן, וַאֲתָאָה וּדְלָאָה, וּמְלָאָה יָת רָטַיָּא, לְאַשְׁקָאָה עָנָא דַאֲבוּהוֹן: וַאֲתוֹ
יח רָעַיָּא וְטָרְדוּנִין, וְקָם מֹשֶׁה וּפָרְקִנִּין, וְאַשְׁקִי יָת עָנְהוֹן: וַאֲתָאָה, לְוָת רְעוּאֵל אֲבוּהוֹן, וַאֲמַר,
יט מָדֵין, אוֹחִיתִין לְמֵיתֵי יוֹמָא דֵין: וַאֲמַרָא, גֻּבְרָא מִצְרָאָה, שֵׁיזְבַנָא מִידָא דְרָעַיָּא, וְאַף מִדְלָא
כ דְלָא לָנָא, וְאַשְׁקִי יָת עָנָא: וַאֲמַר לִבְנָתֵיהּ וְאָן הוּא, לְמָא דְנָן שְׁבַקְתִּין יָת גֻּבְרָא, קְרָן לֵיהּ
כא כב וְיֵיכוֹל לַחְמָא: וּצְבִי מֹשֶׁה לְמִתַּב עִם גֻּבְרָא, וִיהַב, יָת צִפּוֹרָה בְּרַתֵּיהּ לְמֹשֶׁה: וִילֵידַת בַּר,
כג וּקְרָא יָת שְׁמֵיהּ גֵּרְשׁוֹם, אֲרֵי אֲמַר, דַּיָּר הֲוֵיתִי, בַּאֲרַע נֻכְרָאָה: וַהֲוָה בְּיוֹמַיָּא סַגִּיאַיָּא הָאִנּוּן,
וּמִית מַלְכָּא דְמִצְרַיִם, וְאִתְאֲנָחוּ בְנֵי יִשְׂרָאֵל, מִן פֻּלְחָנָא דַהֲוָה קְשֵׁי עֲלֵיהוֹן וּזְעִיקוּ,

שׁוֹטְרֵי יִשְׂרָאֵל, וְהָיָה מַעֲמִידָם מִקְּרוֹת הַגֶּבֶר לִמְלַאכְתָּם: מַכֶּה אִישׁ עִבְרִי. מַלְקֵהוּ וְרוֹדֵהוּ; וּבַעְלָהּ שֶׁל שְׁלוֹמִית בַּת דִּבְרִי הָיָה, וְנָתַן עֵינָיו בָּהּ, וּבַלַּיְלָה הֶעֱמִידוֹ וְהוֹצִיאוֹ מִבֵּיתוֹ וְהוּא חָזַר וְנִכְנַס לַבַּיִת וּבָא עַל אִשְׁתּוֹ, כִּסְבוּרָה שֶׁהוּא בַּעְלָהּ. וְחָזַר הָאִישׁ לְבֵיתוֹ וְהִרְגִּישׁ בַּדָּבָר, וּכְשֶׁרָאָה אוֹתוֹ מִצְרִי שֶׁהִרְגִּישׁ בַּדָּבָר הָיָה מַכֵּהוּ וְרוֹדֵהוּ כָּל הַיּוֹם:

יב) וַיִּפֶן כֹּה וָכֹה. רָאָה מָה עָשָׂה לוֹ בַּבַּיִת וּמָה עָשָׂה לוֹ בַּשָּׂדֶה. וּלְפִי פְשׁוּטוֹ כְּמַשְׁמָעוֹ: וַיַּרְא כִּי אֵין אִישׁ. עָתִיד לָצֵאת מִמֶּנּוּ שֶׁיִּתְגַּיֵּר:

יג) שְׁנֵי אֲנָשִׁים עִבְרִים. דָּתָן וַאֲבִירָם, הֵם שֶׁהוֹתִירוּ מִן הַמָּן: נִצִּים. מְרִיבִים: לָמָּה תַכֶּה. אַף עַל פִּי שֶׁלֹּא הִכָּהוּ נִקְרָא רָשָׁע בַּהֲרָמַת יָד: רֵעֶךָ. רָשָׁע כְּמוֹתְךָ:

יד) מִי שָׂמְךָ לְאִישׁ. וַהֲרֵי עוֹדְךָ נַעַר: הַלְהָרְגֵנִי אַתָּה אֹמֵר. מִכָּאן אָנוּ לְמֵדִים שֶׁהֲרָגוֹ בַּשֵּׁם הַמְּפֹרָשׁ: וַיִּירָא מֹשֶׁה. כִּפְשׁוּטוֹ. וּמִדְרָשׁוֹ, דָּאַג לוֹ עַל שֶׁרָאָה בְּיִשְׂרָאֵל רְשָׁעִים דֵּילָטוֹרִין, אָמַר: מֵעַתָּה שֶׁמָּא אֵינָם רְאוּיִין לְהִגָּאֵל: אָכֵן נוֹדַע הַדָּבָר. כְּמַשְׁמָעוֹ. וּמִדְרָשׁוֹ, נוֹדַע לִי הַדָּבָר שֶׁהָיִיתִי תָמֵהַּ עָלָיו, מֶה חָטְאוּ יִשְׂרָאֵל מִכָּל שִׁבְעִים אֻמּוֹת לִהְיוֹת נִרְדִּים בַּעֲבוֹדַת פֶּרֶךְ, אֲבָל רוֹאֶה אֲנִי שֶׁהֵם רְאוּיִים לְכָךְ:

טו) וַיִּשְׁמַע פַּרְעֹה. הֵם הִלְשִׁינוּ עָלָיו: וַיְבַקֵּשׁ לַהֲרֹג אֶת מֹשֶׁה. מְסָרוֹ לְקוֹסְטִינָר לְהָרְגוֹ, וְלֹא שָׁלְטָה בּוֹ הַחֶרֶב, הוּא שֶׁאָמַר מֹשֶׁה: "וַיַּצִּלֵנִי מֵחֶרֶב פַּרְעֹה" (להלן יח, ד): וַיֵּשֶׁב עַל הַבְּאֵר. לָמַד מִיַּעֲקֹב שֶׁנִּזְדַּוֵּג לוֹ זִוּוּגוֹ מִן הַבְּאֵר:

טז) וּלְכֹהֵן מִדְיָן. רַב שֶׁבָּהֶן, וּפֵרַשׁ לוֹ מֵעֲבוֹדָה זָרָה וְנִדּוּהוּ מֵאֶצְלָם: אֶת הָרְהָטִים. אֶת בְּרֵכוֹת מְרוּצוֹת הַמַּיִם הָעֲשׂוּיוֹת בָּאָרֶץ:

יז) וַיְגָרְשׁוּם. מִפְּנֵי הַנִּדּוּי:

כ) לָמָּה זֶּה עֲזַבְתֶּן. הִכִּיר בּוֹ שֶׁהוּא מִזַּרְעוֹ שֶׁל יַעֲקֹב, שֶׁהַמַּיִם עוֹלִים לִקְרָאתוֹ: וְיֹאכַל לָחֶם. שֶׁמָּא יִשָּׂא אַחַת מִכֶּם, כְּמָה דְאַתְּ אָמַר: "כִּי אִם הַלֶּחֶם אֲשֶׁר הוּא אוֹכֵל" (בראשית לט, ו):

כא) וַיּוֹאֶל. כְּתַרְגּוּמוֹ. וְדוֹמֶה לוֹ: "הוֹאֶל נָא וְלִין" (שופטים יט, ו), "וְלוּ הוֹאַלְנוּ" (יהושע ז, ז), "הוֹאַלְתִּי לְדַבֵּר" (בראשית יח, לא). וּמִדְרָשׁוֹ, לְשׁוֹן אָלָה, נִשְׁבַּע לוֹ שֶׁלֹּא יָזוּז מִמִּדְיָן כִּי אִם בִּרְשׁוּתוֹ:

כג) וַיָּמָת מֶלֶךְ מִצְרַיִם. נִצְטָרַע, וְהָיָה שׁוֹחֵט תִּינוֹקוֹת יִשְׂרָאֵל וְרוֹחֵץ בְּדָמָם:

וַתַּ֧עַל שַֽׁוְעָתָ֛ם אֶל־הָאֱלֹהִ֖ים מִן־הָעֲבֹדָֽה:
כד וַיִּשְׁמַ֥ע אֱלֹהִ֖ים אֶת־נַאֲקָתָ֑ם וַיִּזְכֹּ֤ר אֱלֹהִים֙
אֶת־בְּרִית֔וֹ אֶת־אַבְרָהָ֖ם אֶת־יִצְחָ֥ק וְאֶֽת־
כה יַעֲקֹֽב: וַיַּ֥רְא אֱלֹהִ֖ים אֶת־בְּנֵ֣י יִשְׂרָאֵ֑ל וַיֵּ֖דַע
ג א רביעי ב אֱלֹהִֽים: וּמֹשֶׁ֗ה הָיָ֥ה רֹעֶ֛ה אֶת־צֹ֛אן
יִתְר֥וֹ חֹתְנ֖וֹ כֹּהֵ֣ן מִדְיָ֑ן וַיִּנְהַ֤ג אֶת־הַצֹּאן֙ אַחַ֣ר
ב הַמִּדְבָּ֔ר וַיָּבֹ֛א אֶל־הַ֥ר הָאֱלֹהִ֖ים חֹרֵֽבָה: וַ֠יֵּרָא
מַלְאַ֨ךְ יְהוָ֥ה אֵלָ֛יו בְּלַבַּת־אֵ֖שׁ מִתּ֣וֹךְ הַסְּנֶ֑ה
וַיַּ֗רְא וְהִנֵּ֤ה הַסְּנֶה֙ בֹּעֵ֣ר בָּאֵ֔שׁ וְהַסְּנֶ֖ה אֵינֶ֥נּוּ
ג אֻכָּֽל: וַיֹּ֣אמֶר מֹשֶׁ֔ה אָסֻֽרָה־נָּ֣א וְאֶרְאֶ֔ה אֶת־
הַמַּרְאֶ֥ה הַגָּדֹ֖ל הַזֶּ֑ה מַדּ֖וּעַ לֹא־יִבְעַ֥ר הַסְּנֶֽה:
ד וַיַּ֥רְא יְהוָ֖ה כִּ֣י סָ֣ר לִרְא֑וֹת וַיִּקְרָא֩ אֵלָ֨יו אֱלֹהִ֜ים
מִתּ֣וֹךְ הַסְּנֶ֗ה וַיֹּ֛אמֶר מֹשֶׁ֥ה מֹשֶׁ֖ה וַיֹּ֥אמֶר הִנֵּֽנִי:
ה וַיֹּ֖אמֶר אַל־תִּקְרַ֣ב הֲלֹ֑ם שַׁל־נְעָלֶ֙יךָ֙ מֵעַ֣ל רַגְלֶ֔יךָ
כִּ֣י הַמָּק֗וֹם אֲשֶׁ֤ר אַתָּה֙ עוֹמֵ֣ד עָלָ֔יו אַדְמַת־קֹ֖דֶשׁ
ו הֽוּא: וַיֹּ֗אמֶר אָנֹכִי֙ אֱלֹהֵ֣י אָבִ֔יךָ אֱלֹהֵ֧י אַבְרָהָ֛ם
אֱלֹהֵ֥י יִצְחָ֖ק וֵאלֹהֵ֣י יַעֲקֹ֑ב וַיַּסְתֵּ֤ר מֹשֶׁה֙ פָּנָ֔יו
ז כִּ֣י יָרֵ֔א מֵהַבִּ֖יט אֶל־הָאֱלֹהִֽים: וַיֹּ֣אמֶר יְהוָ֔ה
רָאֹ֥ה רָאִ֛יתִי אֶת־עֳנִ֥י עַמִּ֖י אֲשֶׁ֣ר בְּמִצְרָ֑יִם וְאֶת־
צַעֲקָתָ֤ם שָׁמַ֙עְתִּי֙ מִפְּנֵ֣י נֹגְשָׂ֔יו כִּ֥י יָדַ֖עְתִּי אֶת־

ח מַכְאֹבָיו׃ וָאֵרֵד לְהַצִּילוֹ ׀ מִיַּד מִצְרַיִם וּלְהַעֲלֹתוֹ
מִן־הָאָרֶץ הַהִוא אֶל־אֶרֶץ טוֹבָה וּרְחָבָה אֶל־
אֶרֶץ זָבַת חָלָב וּדְבָשׁ אֶל־מְקוֹם הַכְּנַעֲנִי וְהַחִתִּי
ט וְהָאֱמֹרִי וְהַפְּרִזִּי וְהַחִוִּי וְהַיְבוּסִי׃ וְעַתָּה הִנֵּה
צַעֲקַת בְּנֵי־יִשְׂרָאֵל בָּאָה אֵלָי וְגַם־רָאִיתִי אֶת־

כד וּסְלֵיקַת קְבִילַתְהוֹן, לִקְדָם יי מִן פֻּלְחָנָא: וּשְׁמִיעַ קֳדָם יי יָת קְבִילַתְהוֹן, וּדְכִיר יי יָת קְיָמֵיהּ,
כה דְּעִם אַבְרָהָם דְּעִם יִצְחָק וּדְעִם יַעֲקֹב: וּגְלֵי קֳדָם יי שִׁעְבּוּדָא דִּבְנֵי יִשְׂרָאֵל, וַאֲמַר בְּמֵימְרֵיהּ
ג א לְמִפְרְקְהוֹן יי: וּמֹשֶׁה, הֲוָה רָעֵי, יָת עָנָא, דְּיִתְרוֹ חֲמוּהִי רַבָּא דְּמִדְיָן, וְדַבַּר יָת עָנָא לַאֲתַר
ב שְׁפַר רְעִיָא לְמַדְבְּרָא, וַאֲתָא, לְטוּרָא דְּאִתְגְּלִי עֲלוֹהִי יְקָרָא דַּיי לְחוֹרֵב: וְאִתְגְּלִי, מַלְאֲכָא
דַּיי לֵיהּ, בְּשַׁלְהוֹבִית אִישָׁתָא מִגּוֹ אֲסָנָא, וַחֲזָא, וְהָא אֲסָנָא בָּעַר בְּאִישָׁתָא, וַאֲסָנָא
ג לֵיתוֹהִי מִתְאֲכִיל: וַאֲמַר מֹשֶׁה, אֶתְפְּנֵי כְעַן וְאֶחְזֵי, יָת חֶזְוָנָא רַבָּא הָדֵין, מָדֵין לָא מִתּוֹקַד
ד אֲסָנָא: וַחֲזָא יי אֲרֵי אִתְפְּנִי לְמִחְזֵי, וּקְרָא לֵיהּ יי מִגּוֹ אֲסָנָא, וַאֲמַר, מֹשֶׁה מֹשֶׁה וַאֲמַר
ה הָאֲנָא: וַאֲמַר לָא תִקְרַב הַלְכָא, שְׁרִי סֵינָךְ מֵעַל רַגְלָךְ, אֲרֵי אַתְרָא, דְּאַתְּ קָאֵים עֲלוֹהִי,
ו אֲתַר קַדִּישׁ הוּא: וַאֲמַר, אֲנָא אֱלָהָא דַּאֲבוּךְ, אֱלָהֵיהּ דְּאַבְרָהָם, אֱלָהֵיהּ דְּיִצְחָק וֵאלָהֵיהּ
ז דְּיַעֲקֹב, וּכְבַשְׁנוּן מֹשֶׁה לְאַפּוֹהִי, אֲרֵי דָּחִיל, מִלְּאִסְתַּכָּלָא בְּצֵית יְקָרָא דַּיי: וַאֲמַר יי, מִגְלָא
גְּלֵי קֳדָמַי, שִׁעְבּוּד עַמִּי דִּבְמִצְרָיִם, וְיָת קְבִילַתְהוֹן שְׁמִיעַ קֳדָמַי מִן קֳדָם מַפְלְחֵיהוֹן, אֲרֵי
ח גְּלֵי קֳדָמַי כֵּיבֵיהוֹן: וְאִתְגְּלֵיתִי, לְשֵׁיזָבוּתְהוֹן מִידָא דְמִצְרָאֵי, וּלְאַסָּקוּתְהוֹן מִן אַרְעָא
הַהִיא, לַאֲרַע, טָבָא וּפְתַיָא, לַאֲרַע, עָבְדָא חֲלַב וּדְבַשׁ, לַאֲתַר כְּנַעֲנָאֵי וְחִתָּאֵי, וֶאֱמוֹרָאֵי
ט וּפְרִזָּאֵי, וְחִוָּאֵי וִיבוּסָאֵי: וּכְעַן, הָא, קְבִילַת בְּנֵי יִשְׂרָאֵל עָאלַת לִקְדָמַי, וְאַף גְּלֵי קֳדָמַי

כג) **נַאֲקָתָם.** צַעֲקָתָם, וְכֵן: "מֵעִיר מְתִים יִנְאָקוּ" (איוב כד, יב): **אֶת בְּרִיתוֹ אֶת אַבְרָהָם.** עִם אַבְרָהָם:

כה) **וַיֵּדַע אֱלֹהִים.** נָתַן עֲלֵיהֶם לֵב וְלֹא הֶעְלִים עֵינָיו:

פרק ג

א) **אַחַר הַמִּדְבָּר.** לְהִתְרַחֵק מִן הַגָּזֵל שֶׁלֹּא יִרְעוּ בִּשְׂדוֹת אֲחֵרִים: **אֶל הַר הָאֱלֹהִים.** עַל שֵׁם הֶעָתִיד:

ב) **בְּלַבַּת אֵשׁ.** בְּשַׁלְהֶבֶת אֵשׁ, לִבּוֹ שֶׁל אֵשׁ כְּמוֹ: "לֵב הַשָּׁמַיִם" (דברים ד, יא), "כְּלֵב הָאֵלָה" (שמואל ב' יח, יד), וְאַל תִּתְמַהּ עַל הַתָּי"ו, יֵשׁ לָנוּ כַּיּוֹצֵא בּוֹ: "מָה אֲמֻלָה לִבָּתֵךְ" (יחזקאל טז, ל): **מִתּוֹךְ הַסְּנֶה.** וְלֹא אִילָן אַחֵר, מִשּׁוּם "עִמּוֹ אָנֹכִי בְצָרָה" (תהלים צא, טו): **אֻכָּל.** נֶאֱכָל, כְּמוֹ "לֹא עֻבַּד בָּהּ" (דברים כא, ג), "אֲשֶׁר לֻקַּח מִשָּׁם" (בראשית ג, כג):

ג) **אָסֻרָה.** מִכָּאן לְהִתְקָרֵב שָׁם:

ה) **שַׁל.** שְׁלֹף וְהוֹצֵא, כְּמוֹ: "וְנָשַׁל הַבַּרְזֶל" (דברים יט, ה), "כִּי יִשַּׁל זֵיתֶךָ" (דברים כח, מ): **אַדְמַת קֹדֶשׁ הוּא.** הַמָּקוֹם:

י הַלַּחַץ אֲשֶׁר מִצְרַיִם לֹחֲצִים אֹתָם׃ וְעַתָּה לְכָה
וְאֶשְׁלָחֲךָ אֶל־פַּרְעֹה וְהוֹצֵא אֶת־עַמִּי בְנֵי־
יא יִשְׂרָאֵל מִמִּצְרָיִם׃ וַיֹּאמֶר מֹשֶׁה אֶל־הָאֱלֹהִים
מִי אָנֹכִי כִּי אֵלֵךְ אֶל־פַּרְעֹה וְכִי אוֹצִיא אֶת־
יב בְּנֵי יִשְׂרָאֵל מִמִּצְרָיִם׃ וַיֹּאמֶר כִּי־אֶהְיֶה עִמָּךְ
וְזֶה־לְּךָ הָאוֹת כִּי אָנֹכִי שְׁלַחְתִּיךָ בְּהוֹצִיאֲךָ
אֶת־הָעָם מִמִּצְרַיִם תַּעַבְדוּן אֶת־הָאֱלֹהִים עַל
יג הָהָר הַזֶּה׃ וַיֹּאמֶר מֹשֶׁה אֶל־הָאֱלֹהִים הִנֵּה
אָנֹכִי בָא אֶל־בְּנֵי יִשְׂרָאֵל וְאָמַרְתִּי לָהֶם אֱלֹהֵי
אֲבוֹתֵיכֶם שְׁלָחַנִי אֲלֵיכֶם וְאָמְרוּ־לִי מַה־שְּׁמוֹ
יד מָה אֹמַר אֲלֵהֶם׃ וַיֹּאמֶר אֱלֹהִים אֶל־מֹשֶׁה
אֶהְיֶה אֲשֶׁר אֶהְיֶה וַיֹּאמֶר כֹּה תֹאמַר לִבְנֵי
טו יִשְׂרָאֵל אֶהְיֶה שְׁלָחַנִי אֲלֵיכֶם׃ וַיֹּאמֶר עוֹד
אֱלֹהִים אֶל־מֹשֶׁה כֹּה תֹאמַר אֶל־בְּנֵי יִשְׂרָאֵל
יהוה אֱלֹהֵי אֲבֹתֵיכֶם אֱלֹהֵי אַבְרָהָם אֱלֹהֵי
יִצְחָק וֵאלֹהֵי יַעֲקֹב שְׁלָחַנִי אֲלֵיכֶם זֶה־שְּׁמִי
טז לְעֹלָם וְזֶה זִכְרִי לְדֹר דֹּר׃ לֵךְ וְאָסַפְתָּ אֶת־זִקְנֵי חמישי
יִשְׂרָאֵל וְאָמַרְתָּ אֲלֵהֶם יהוה אֱלֹהֵי אֲבֹתֵיכֶם
נִרְאָה אֵלַי אֱלֹהֵי אַבְרָהָם יִצְחָק וְיַעֲקֹב
לֵאמֹר פָּקֹד פָּקַדְתִּי אֶתְכֶם וְאֶת־הֶעָשׂוּי לָכֶם
יז בְּמִצְרָיִם׃ וָאֹמַר אַעֲלֶה אֶתְכֶם מֵעֳנִי מִצְרַיִם

אֶל־אֶ֣רֶץ הַֽכְּנַעֲנִי֙ וְהַֽחִתִּ֔י וְהָֽאֱמֹרִי֙ וְהַפְּרִזִּ֔י וְהַֽחִוִּ֖י
יח וְהַיְבוּסִ֑י אֶל־אֶ֛רֶץ זָבַ֥ת חָלָ֖ב וּדְבָֽשׁ׃ וְשָֽׁמְע֖וּ
לְקֹלֶ֑ךָ וּבָאתָ֡ אַתָּה֩ וְזִקְנֵ֨י יִשְׂרָאֵ֜ל אֶל־מֶ֣לֶךְ

י דְּחָקָא, דְּמִצְרָאֵי דָּחֲקִין לְהוֹן: וּכְעַן אֵיתָא, וְאֶשְׁלְחִנָּךְ לְוָת פַּרְעֹה, וְאַפֵּיק, יָת עַמִּי בְּנֵי יִשְׂרָאֵל
יא מִמִּצְרָיִם: וַאֲמַר מֹשֶׁה קֳדָם יְיָ, מַאן אֲנָא, אֲרֵי אֵיזֵיל לְוָת פַּרְעֹה, וַאֲרֵי אַפֵּיק, יָת בְּנֵי יִשְׂרָאֵל
יב מִמִּצְרָיִם: וַאֲמַר אֲרֵי יְהֵי מֵימְרִי בְּסַעְדָּךְ, וְדֵין לָךְ אָתָא, אֲרֵי אֲנָא שְׁלַחְתָּךְ, בְּאַפָּקוּתָךְ יָת
יג עַמָּא מִמִּצְרַיִם, תִּפְלְחוּן קֳדָם יְיָ, עַל טוּרָא הָדֵין: וַאֲמַר מֹשֶׁה קֳדָם יְיָ, הָא אֲנָא אָתֵי לְוָת בְּנֵי
יִשְׂרָאֵל, וְאֵימַר לְהוֹן, אֱלָהָא דַּאֲבָהָתְכוֹן שַׁלְחַנִי לְוָתְכוֹן, וְיֵימְרוּן לִי מַאן שְׁמֵיהּ, מָא אֵימַר
יד לְהוֹן: וַאֲמַר יְיָ לְמֹשֶׁה, אֶהְיֶה אֲשֶׁר אֶהְיֶה, וַאֲמַר, כִּדְנָן תֵּימַר לִבְנֵי יִשְׂרָאֵל, אֶהְיֶה שַׁלְחַנִי
טו לְוָתְכוֹן: וַאֲמַר עוֹד יְיָ לְמֹשֶׁה, כִּדְנָן תֵּימַר לִבְנֵי יִשְׂרָאֵל, יְיָ אֱלָהָא דַּאֲבָהָתְכוֹן, אֱלָהֵיהּ
דְּאַבְרָהָם, אֱלָהֵיהּ דְּיִצְחָק, וֵאלָהֵיהּ דְּיַעֲקֹב שַׁלְחַנִי לְוָתְכוֹן, דֵּין שְׁמִי לְעָלַם, וְדֵין דָּכְרָנִי
טז לְכָל דָּר וְדָר: אֵיזֵיל וְתִכְנוֹשׁ יָת סָבֵי יִשְׂרָאֵל, וְתֵימַר לְהוֹן יְיָ, אֱלָהָא דַּאֲבָהָתְכוֹן אִתְגְּלִי לִי,
אֱלָהֵיהּ דְּאַבְרָהָם, יִצְחָק וְיַעֲקֹב לְמֵימַר, מִדְכַּר דְּכִרְנָא יָתְכוֹן, וְיָת דְּאִתְעֲבֵיד לְכוֹן בְּמִצְרָיִם:
יז וַאֲמָרִית, אַסֵּיק יָתְכוֹן מִשִּׁעְבּוּד מִצְרָאֵי, לַאֲרַע כְּנַעֲנָאֵי וְחִתָּאֵי, וֶאֱמוֹרָאֵי וּפְרִזָּאֵי, וְחִוָּאֵי
יח וִיבוּסָאֵי, לַאֲרַע, עָבְדָא חֲלַב וּדְבָשׁ: וִיקַבְּלוּן מִנָּךְ, וְתֵיתֵי, אַתְּ וְסָבֵי יִשְׂרָאֵל לְוָת מַלְכָּא

י **וְעַתָּה לְכָה וְאֶשְׁלָחֲךָ אֶל פַּרְעֹה.** וְאִם תֹּאמַר, מָה תּוֹעִיל? "וְהוֹצֵא אֶת עַמִּי", יוֹעִילוּ דְּבָרֶיךָ וְתוֹצִיאֵם:

יא **מִי אָנֹכִי.** מָה אֲנִי חָשׁוּב לְדַבֵּר עִם הַמְּלָכִים? **וְכִי אוֹצִיא אֶת בְּנֵי יִשְׂרָאֵל.** וְאַף אִם חָשׁוּב אֲנִי, מַה זָּכוּ יִשְׂרָאֵל שֶׁיֵּעָשֶׂה לָהֶם נֵס וְאוֹצִיאֵם מִמִּצְרַיִם?

יב **וַיֹּאמֶר כִּי אֶהְיֶה עִמָּךְ.** הֵשִׁיב עַל רִאשׁוֹן רִאשׁוֹן וְעַל אַחֲרוֹן אַחֲרוֹן: שֶׁאָמַרְתָּ "מִי אָנֹכִי כִּי אֵלֵךְ אֶל פַּרְעֹה" – לֹא שֶׁלְּךָ הִיא כִּי אִם מִשֶּׁלִּי, "כִּי אֶהְיֶה עִמָּךְ"; "וְזֶה" הַמַּרְאֶה אֲשֶׁר רָאִיתָ בַּסְּנֶה, "לְךָ הָאוֹת כִּי אָנֹכִי שְׁלַחְתִּיךָ" וּכְדַאי אֲנִי לְהַצִּיל, כַּאֲשֶׁר רָאִיתָ הַסְּנֶה עוֹשֶׂה שְׁלִיחוּתִי וְאֵינֶנּוּ אֻכָּל כָּךְ תֵּלֵךְ בִּשְׁלִיחוּתִי וְאֵינְךָ נִזּוֹק. וְשֶׁשָּׁאַלְתָּ: מַה זְּכוּת יֵשׁ לְיִשְׂרָאֵל שֶׁיֵּצְאוּ מִמִּצְרַיִם? דָּבָר גָּדוֹל יֵשׁ לִי עַל הוֹצָאָה זוֹ, שֶׁהֲרֵי עֲתִידִים לְקַבֵּל הַתּוֹרָה עַל הָהָר הַזֶּה לְסוֹף שְׁלֹשָׁה חֳדָשִׁים. דָּבָר אַחֵר, "כִּי אֶהְיֶה עִמָּךְ", "וְזֶה" שֶׁתַּצְלִיחַ בִּשְׁלִיחוּתְךָ, "לְךָ הָאוֹת" עַל הַבְטָחָה אַחֶרֶת שֶׁאֲנִי מַבְטִיחֲךָ, שֶׁכְּשֶׁתּוֹצִיאֵם מִמִּצְרַיִם תַּעַבְדוּן אוֹתִי עַל הָהָר הַזֶּה, שֶׁתְּקַבְּלוּ הַתּוֹרָה עָלָיו, וְהִיא הַזְּכוּת הָעוֹמֶדֶת לְיִשְׂרָאֵל. וְדֻגְמַת לָשׁוֹן זֶה מָצִינוּ בִּישַׁעְיָה (לז, ל): "וְזֶה לְּךָ הָאוֹת אָכוֹל הַשָּׁנָה סָפִיחַ" וְגוֹ', מַפָּלַת סַנְחֵרִיב תִּהְיֶה לְךָ אוֹת עַל הַבְטָחָה אַחֶרֶת, שֶׁאַרְצְכֶם חֲרֵבָה מִפֵּרוֹת וַאֲנִי אֲבָרֵךְ הַסְּפִיחִים:

יד-טו **אֶהְיֶה אֲשֶׁר אֶהְיֶה.** "אֶהְיֶה" עִמָּם בְּצָרָה זוֹ, "אֲשֶׁר אֶהְיֶה" עִמָּם בְּשִׁעְבּוּד שְׁאָר מַלְכֻיּוֹת. אָמַר לְפָנָיו: רִבּוֹנוֹ שֶׁל עוֹלָם, מָה אֲנִי מַזְכִּיר לָהֶם צָרָה אַחֶרֶת? דַּיָּם בְּצָרָה זוֹ! אָמַר לוֹ: יָפֶה אָמַרְתָּ, "כֹּה תֹאמַר" וְגוֹ': **זֶה שְּׁמִי לְעֹלָם.** חָסֵר וָי"ו, לוֹמַר הַעֲלִימֵהוּ שֶׁלֹּא יִקָּרֵא כִּכְתָבוֹ. **וְזֶה זִכְרִי.** לִמְּדוֹ הֵיאַךְ נִקְרָא. וְכֵן דָּוִד הוּא אוֹמֵר: "ה' שִׁמְךָ לְעוֹלָם ה' זִכְרְךָ לְדֹר וָדֹר" (תהלים קלה, יג):

טז **אֶת זִקְנֵי יִשְׂרָאֵל.** מְיֻחָדִים לִישִׁיבָה. וְאִם תֹּאמַר זְקֵנִים סְתָם, הֵיאַךְ אֶפְשָׁר לוֹ לֶאֱסֹף זְקֵנִים שֶׁל שִׁשִּׁים רִבּוֹא?

יח **וְשָׁמְעוּ לְקֹלֶךָ.** מִכֵּיוָן שֶׁתֹּאמַר לָהֶם לָשׁוֹן

מִצְרַיִם וַאֲמַרְתֶּם אֵלָיו יהוה אֱלֹהֵי הָעִבְרִיִּים
נִקְרָה עָלֵינוּ וְעַתָּה נֵלֲכָה־נָּא דֶּרֶךְ שְׁלֹשֶׁת יָמִים
יט בַּמִּדְבָּר וְנִזְבְּחָה לַיהוה אֱלֹהֵינוּ׃ וַאֲנִי יָדַעְתִּי
כִּי לֹא־יִתֵּן אֶתְכֶם מֶלֶךְ מִצְרַיִם לַהֲלֹךְ וְלֹא בְּיָד
כ חֲזָקָה׃ וְשָׁלַחְתִּי אֶת־יָדִי וְהִכֵּיתִי אֶת־מִצְרַיִם
בְּכֹל נִפְלְאֹתַי אֲשֶׁר אֶעֱשֶׂה בְּקִרְבּוֹ וְאַחֲרֵי־כֵן
כא יְשַׁלַּח אֶתְכֶם׃ וְנָתַתִּי אֶת־חֵן הָעָם־הַזֶּה בְּעֵינֵי
כב מִצְרָיִם וְהָיָה כִּי תֵלֵכוּן לֹא תֵלְכוּ רֵיקָם׃ וְשָׁאֲלָה
אִשָּׁה מִשְּׁכֶנְתָּהּ וּמִגָּרַת בֵּיתָהּ כְּלֵי־כֶסֶף וּכְלֵי
זָהָב וּשְׂמָלֹת וְשַׂמְתֶּם עַל־בְּנֵיכֶם וְעַל־בְּנֹתֵיכֶם
ד א וְנִצַּלְתֶּם אֶת־מִצְרָיִם׃ וַיַּעַן מֹשֶׁה וַיֹּאמֶר וְהֵן לֹא־
יַאֲמִינוּ לִי וְלֹא יִשְׁמְעוּ בְּקֹלִי כִּי יֹאמְרוּ לֹא־נִרְאָה
מַה־זֶּה ב אֵלֶיךָ יהוה׃ וַיֹּאמֶר אֵלָיו יהוה מזה בְיָדֶךָ וַיֹּאמֶר
ג מַטֶּה׃ וַיֹּאמֶר הַשְׁלִיכֵהוּ אַרְצָה וַיַּשְׁלִכֵהוּ אַרְצָה
ד וַיְהִי לְנָחָשׁ וַיָּנָס מֹשֶׁה מִפָּנָיו׃ וַיֹּאמֶר יהוה
אֶל־מֹשֶׁה שְׁלַח יָדְךָ וֶאֱחֹז בִּזְנָבוֹ וַיִּשְׁלַח יָדוֹ
ה וַיַּחֲזֶק־בּוֹ וַיְהִי לְמַטֶּה בְּכַפּוֹ׃ לְמַעַן יַאֲמִינוּ כִּי־
נִרְאָה אֵלֶיךָ יהוה אֱלֹהֵי אֲבֹתָם אֱלֹהֵי אַבְרָהָם
ו אֱלֹהֵי יִצְחָק וֵאלֹהֵי יַעֲקֹב׃ וַיֹּאמֶר יהוה לוֹ עוֹד

זה יִשְׁמְעוּ לְקוֹלֶךָ, שֶׁכְּבָר סִימָן זֶה מָסוּר בְּיָדָם מִיַּעֲקֹב וּמִיּוֹסֵף שֶׁבְּלָשׁוֹן זֶה הֵם נִגְאָלִים; יַעֲקֹב אָמַר לָהֶם: "וֵאלֹהִים פָּקֹד יִפְקֹד אֶתְכֶם" (בראשית נ, כד), יוֹסֵף אָמַר לָהֶם: "פָּקֹד יִפְקֹד אֱלֹהִים אֶתְכֶם"

דְּמִצְרַיִם, וְתֵימְרוּן לֵיהּ יְיָ, אֱלָהָא דִיהוּדָאֵי אִתְקְרֵי עֲלַנָא, וּכְעַן, נֵיזִיל כְּעַן, מַהֲלַךְ תְּלָתָא
יט יוֹמִין בְּמַדְבְּרָא, וּנְדַבַּח קֳדָם יְיָ אֱלָהַנָא: וּקְדָמַי גְּלֵי, אֲרֵי, לָא יִשְׁבּוֹק יָתְכוֹן, מַלְכָּא דְמִצְרַיִם
כ לְמֵיזַל, וְלָא מִן קֳדָם דְּחֵילֵיהּ תַּקִּיף: וְאֶשְׁלַח יָת מַחַת גְּבוּרְתִּי וְאֶמְחֵי יָת מִצְרָאֵי, בְּכָל
כא פְּרִישָׁתִי, דְּאַעְבֵּיד בֵּינֵיהוֹן, וּבָתַר כֵּן יְשַׁלַּח יָתְכוֹן: וְאֶתֵּין, יָת עַמָּא הָדֵין לְרַחֲמִין בְּעֵינֵי
כב מִצְרָאֵי, וִיהֵי אֲרֵי תְהָכוּן, לָא תְהָכוּן רֵיקָנִין: וְתִשְׁאַל אִתְּתָא מִשְּׁבַבְתַּהּ וּמִקָּרִיבַת בֵּיתַהּ,
מָנִין דִּכְסַף, וּמָנִין דִּדְהַב וּלְבוּשִׁין, וּתְשַׁוּוֹן, עַל בְּנֵיכוֹן וְעַל בְּנָתְכוֹן, וּתְרוֹקְנוּן יָת מִצְרָאֵי:
ד א וַאֲתֵיב מֹשֶׁה וַאֲמַר, וְהָא לָא יְהֵימְנוּן לִי, וְלָא יְקַבְּלוּן מִנִּי, אֲרֵי יֵימְרוּן, לָא אִתְגְּלִי לָךְ יְיָ:
ב ג וַאֲמַר לֵיהּ, יְיָ מָא דֵין בִּידָךְ, וַאֲמַר חֻטְרָא: וַאֲמַר רְמוֹהִי לְאַרְעָא, וּרְמָהִי לְאַרְעָא וַהֲוָה
ד לְחִוְיָא, וַעֲרַק מֹשֶׁה מִן קֳדָמוֹהִי: וַאֲמַר יְיָ לְמֹשֶׁה, אוֹשֵׁיט יְדָךְ, וֶאֱחוֹד בְּדַנְבֵּיהּ, וְאוֹשֵׁיט
ה יְדֵיהּ וְאַתְקֵיף בֵּיהּ, וַהֲוָה לְחֻטְרָא בִּידֵיהּ: בְּדִיל דִּיהֵימְנוּן, אֲרֵי אִתְגְּלִי לָךְ, יְיָ אֱלָהָא
ו דַּאֲבָהָתְהוֹן, אֱלָהֵיהּ דְּאַבְרָהָם, אֱלָהֵיהּ דְּיִצְחָק וֵאלָהֵיהּ דְּיַעֲקֹב: וַאֲמַר יְיָ לֵיהּ עוֹד,

(שם פסוק כה): **נִקְרָה עָלֵינוּ.** לְשׁוֹן מִקְרֶה, וְכֵן: "וַיִּקָּר אֱלֹהִים" (במדבר כג, ד), "וְאָנֹכִי אִקָּרֶה כֹּה" (שם פסוק טו) – אֲהֵא נִקְרָה מֵאִתּוֹ הֲלֹם:

יט) **לֹא יִתֵּן אֶתְכֶם מֶלֶךְ מִצְרַיִם לַהֲלֹךְ.** אִם אֵין אֲנִי מַרְאֶה לוֹ יָדִי הַחֲזָקָה; כְּלוֹמַר, כָּל עוֹד שֶׁאֵין אֲנִי מוֹדִיעוֹ יָדִי הַחֲזָקָה לֹא יִתֵּן אֶתְכֶם לַהֲלֹךְ: **לֹא יִתֵּן.** "לָא יִשְׁבּוֹק", כְּמוֹ: "עַל כֵּן לֹא נְתַתִּיךָ" (בראשית כ, ו), "וְלֹא נְתָנוֹ אֱלֹהִים לְהָרַע עִמָּדִי" (שם לא, ז), וְכֻלָּן לְשׁוֹן נְתִינָה הֵם. וְיֵשׁ מְפָרְשִׁים, "וְלֹא בְּיָד חֲזָקָה", וְלֹא בִּשְׁבִיל שֶׁיָּדוֹ חֲזָקָה, כִּי מֵאָז אֶשְׁלַח אֶת יָדִי "וְהִכֵּיתִי אֶת מִצְרַיִם" וְגוֹ' (פסוק כ), וּמְתַרְגְּמִין אוֹתוֹ: "וְלָא מִן קֳדָם דְּחֵילֵיהּ תַּקִּיף". מִשְּׁמוֹ שֶׁל רַבִּי יַעֲקֹב בְּרַבִּי מְנַחֵם נֶאֱמַר לִי:

כב) **וּמִגָּרַת בֵּיתָהּ.** מֵאוֹתָהּ שֶׁהִיא גָּרָה אִתָּהּ בַּבַּיִת: **וְנִצַּלְתֶּם.** כְּתַרְגּוּמוֹ: "וּתְרוֹקְנוּן", וְכֵן: "וַיְנַצְּלוּ אֶת מִצְרָיִם" (להלן יב, לו), "וַיִּתְנַצְּלוּ בְנֵי יִשְׂרָאֵל אֶת עֶדְיָם" (להלן לג, ו), וְהַנּוּ"ן בּוֹ יְסוֹד. וּמְנַחֵם חִבְּרוֹ בְּמַחְבֶּרֶת צָדִ"י עִם "וַיַּצֵּל אֱלֹהִים אֶת מִקְנֵה אֲבִיכֶם" (בראשית לא, ט), "אֲשֶׁר הִצִּיל אֱלֹהִים מֵאָבִינוּ" (שם טז), וְלֹא יְאֻמְנוּ דְּבָרָיו, כִּי אִם לֹא הָיְתָה הַנּוּ"ן יְסוֹד וְהִיא נְקוּדָה בְּחִירִיק, לֹא תְהֵא מְשַׁמֶּשֶׁת בִּלְשׁוֹן וּפְעַלְתֶּם אֶלָּא בִּלְשׁוֹן וְנִפְעַלְתֶּם, כְּמוֹ: "וְנִסַּחְתֶּם מֵעַל הָאֲדָמָה" (דברים כח, סג), "וְנִתַּתֶּם בְּיַד אוֹיֵב" (ויקרא כו, כה), "וְנִגַּפְתֶּם לִפְנֵי אֹיְבֵיכֶם" (שם פסוק יז), "וְנִתַּכְתֶּם בְּתוֹכָהּ" (יחזקאל כב, כא), "וַאֲמַרְתֶּם נִצַּלְנוּ" (ירמיה ז, י), לְשׁוֹן נִפְעַלְנוּ. וְכָל נוּ"ן שֶׁהִיא בָּאָה בְּתֵבָה לִפְרָקִים וְנוֹפֶלֶת מִמֶּנָּה, כְּנוּ"ן שֶׁל נוֹגֵף, נוֹשֵׁא, נוֹתֵן, נוֹשֵׁךְ, כְּשֶׁהִיא מְדַבֶּרֶת לְשׁוֹן וּפְעַלְתֶּם תִּנָּקֵד בַּשְּׁבָא כַּחֲטַף, כְּגוֹן: "וּנְשָׂאתֶם אֶת אֲבִיכֶם" (בראשית מה, יט), "וּנְתַתֶּם לָהֶם אֶת אֶרֶץ הַגִּלְעָד" (במדבר לב, כט), "וּנְמַלְתֶּם אֵת בְּשַׂר עָרְלַתְכֶם" (בראשית יז, יא). לָכֵן אֲנִי אוֹמֵר שֶׁזּוֹ, הַנְּקוּדָה בְּחִירִיק, מִן הַיְסוֹד הִיא, וִיסוֹד שֵׁם דָּבָר 'נִצּוּל', וְהוּא מִן הַלְּשׁוֹנוֹת הַכְּבֵדִים, כְּמוֹ דִּבּוּר, כִּפּוּר, לִמּוּד, כְּשֶׁיְּדַבֵּר בִּלְשׁוֹן וּפְעַלְתֶּם יִנָּקֵד בְּחִירִיק, כְּמוֹ: "וְדִבַּרְתֶּם אֶל הַסֶּלַע" (במדבר כ, ח), "וְכִפַּרְתֶּם אֶת הַבַּיִת" (יחזקאל מה, כ), "וְלִמַּדְתֶּם אֹתָם אֶת בְּנֵיכֶם" (דברים יא, יט):

פרק ד

ב) **מַזֶּה בְיָדֶךָ.** לְכָךְ נִכְתַּב תֵּבָה אַחַת, לִדְרֹשׁ: מִזֶּה שֶׁבְּיָדְךָ אַתָּה חַיָּב לִלְקוֹת, שֶׁחָשַׁדְתָּ בִּכְשֵׁרִים. וּפְשׁוּטוֹ, כְּאָדָם שֶׁאוֹמֵר לַחֲבֵרוֹ: מוֹדֶה אַתָּה שֶׁזּוֹ שֶׁלְּפָנֶיךָ אֶבֶן הִיא? אָמַר לוֹ: הֵן. אָמַר לוֹ: הֲרֵינִי עוֹשֶׂה אוֹתָהּ עֵץ:

ג) **וַיְהִי לְנָחָשׁ.** רָמַז לוֹ שֶׁסִּפֵּר לְשׁוֹן הָרָע עַל יִשְׂרָאֵל וְתָפַשׂ אֻמָּנוּתוֹ שֶׁל נָחָשׁ:

ד) **וַיַּחֲזֶק בּוֹ.** לְשׁוֹן אֲחִיזָה הוּא, וְהַרְבֵּה יֵשׁ בַּמִּקְרָא: "וַיַּחֲזִיקוּ הָאֲנָשִׁים בְּיָדוֹ" (בראשית יט, טז), "וְהֶחֱזִיקָה בִּמְבֻשָׁיו" (דברים כה, יא), "וְהֶחֱזַקְתִּי בִּזְקָנוֹ" (שמואל א' יז, לה), כָּל לְשׁוֹן חִזּוּק הַדָּבוּק לְבֵי"ת לְשׁוֹן אֲחִיזָה הוּא:

הָבֵא־נָא יָדְךָ בְּחֵיקֶךָ וַיָּבֵא יָדוֹ בְּחֵיקוֹ וַיּוֹצִאָהּ
וְהִנֵּה יָדוֹ מְצֹרַעַת כַּשָּׁלֶג׃ וַיֹּאמֶר הָשֵׁב יָדְךָ ז
אֶל־חֵיקֶךָ וַיָּשֶׁב יָדוֹ אֶל־חֵיקוֹ וַיּוֹצִאָהּ מֵחֵיקוֹ
וְהִנֵּה־שָׁבָה כִּבְשָׂרוֹ׃ וְהָיָה אִם־לֹא יַאֲמִינוּ לָךְ ח
וְלֹא יִשְׁמְעוּ לְקֹל הָאֹת הָרִאשׁוֹן וְהֶאֱמִינוּ לְקֹל
הָאֹת הָאַחֲרוֹן׃ וְהָיָה אִם־לֹא יַאֲמִינוּ גַּם לִשְׁנֵי ט
הָאֹתוֹת הָאֵלֶּה וְלֹא יִשְׁמְעוּן לְקֹלֶךָ וְלָקַחְתָּ
מִמֵּימֵי הַיְאֹר וְשָׁפַכְתָּ הַיַּבָּשָׁה וְהָיוּ הַמַּיִם אֲשֶׁר
תִּקַּח מִן־הַיְאֹר וְהָיוּ לְדָם בַּיַּבָּשֶׁת׃ וַיֹּאמֶר מֹשֶׁה י
אֶל־יהוה בִּי אֲדֹנָי לֹא אִישׁ דְּבָרִים אָנֹכִי גַּם
מִתְּמוֹל גַּם מִשִּׁלְשֹׁם גַּם מֵאָז דַּבֶּרְךָ אֶל־עַבְדֶּךָ
כִּי כְבַד־פֶּה וּכְבַד לָשׁוֹן אָנֹכִי׃ וַיֹּאמֶר יהוה אֵלָיו יא
מִי שָׂם פֶּה לָאָדָם אוֹ מִי־יָשׂוּם אִלֵּם אוֹ חֵרֵשׁ
אוֹ פִקֵּחַ אוֹ עִוֵּר הֲלֹא אָנֹכִי יהוה׃ וְעַתָּה לֵךְ יב
וְאָנֹכִי אֶהְיֶה עִם־פִּיךָ וְהוֹרֵיתִיךָ אֲשֶׁר תְּדַבֵּר׃
וַיֹּאמֶר בִּי אֲדֹנָי שְׁלַח־נָא בְּיַד־תִּשְׁלָח׃ וַיִּחַר־ יג יד
אַף יהוה בְּמֹשֶׁה וַיֹּאמֶר הֲלֹא אַהֲרֹן אָחִיךָ הַלֵּוִי
יָדַעְתִּי כִּי־דַבֵּר יְדַבֵּר הוּא וְגַם הִנֵּה־הוּא יֹצֵא
לִקְרָאתֶךָ וְרָאֲךָ וְשָׂמַח בְּלִבּוֹ׃ וְדִבַּרְתָּ אֵלָיו טו
וְשַׂמְתָּ אֶת־הַדְּבָרִים בְּפִיו וְאָנֹכִי אֶהְיֶה עִם־פִּיךָ
וְעִם־פִּיהוּ וְהוֹרֵיתִי אֶתְכֶם אֵת אֲשֶׁר תַּעֲשׂוּן׃

ז אַעֵיל כְּעַן יְדָךְ בְּעִטְפָּךְ, וְאַעֵיל יְדֵיהּ בְּעִטְפֵּיהּ, וְאַפְּקַהּ, וְהָא יְדֵיהּ חִוָּרָא כְּתַלְגָּא: וַאֲמַר, אֲתֵיב
ח יְדָךְ לְעִטְפָּךְ, וַאֲתֵיב יְדֵיהּ לְעִטְפֵּיהּ, וְאַפְּקַהּ מֵעִטְפֵּיהּ, וְהָא תַבַת הֲוָת כְּבִסְרֵיהּ: וִיהֵי אִם לָא
ט יְהֵימְנוּן לָךְ, וְלָא יְקַבְּלוּן, לְקָל אָתָא קַדְמָאָה, וִיהֵימְנוּן, לְקָל אָתָא בַּתְרָאָה: וִיהֵי, אִם לָא
יְהֵימְנוּן, אַף לִתְרֵין אָתַיָּא הָאִלֵּין, וְלָא יְקַבְּלוּן מִנָּךְ, וְתִסַּב מִמַּיָּא דִּבְנַהְרָא, וְתֵישׁוֹד לְיַבֶּשְׁתָּא,
י וִיהוֹן מַיָּא דְּתִסַּב מִן נַהְרָא, וִיהוֹן לִדְמָא בְּיַבֶּשְׁתָּא: וַאֲמַר מֹשֶׁה קֳדָם יְיָ בְּבָעוּ יְיָ, לָא גְּבַר דְּמִלּוּל
אֲנָא, אַף מֵאִתְמָלֵי אַף מִדְּקַמּוֹהִי, אַף, מֵעִדָּן דְּמַלֵּילְתָּא עִם עַבְדָּךְ, אֲרֵי יַקִּיר מַמְלַל, וְעַמִּיק
יא לִישָּׁן אֲנָא: וַאֲמַר יְיָ לֵיהּ, מַאן שַׁוִּי פֻּמָּא לַאֲנָשָׁא, אוֹ מַאן שַׁוִּי אִלֵּימָא, אוֹ חֵרְשָׁא, אוֹ פְּתִיחָא
יב יג אוֹ עֲוִירָא, הֲלָא אֲנָא יְיָ: וּכְעַן אִיזִיל, וּמֵימְרִי יְהֵי עִם פֻּמָּךְ, וְאַלְּפִנָּךְ דִּתְמַלֵּיל: וַאֲמַר בְּבָעוּ יְיָ,
יד שְׁלַח כְּעַן בְּיַד מַאן דְּכָשַׁר לְמִשְׁלַח: וּתְקֵיף רֻגְזָא דַּייָ בְּמֹשֶׁה, וַאֲמַר הֲלָא אַהֲרֹן אֲחוּךְ לֵיוָאָה,
טו גְּלֵי קֳדָמַי, אֲרֵי מַלָּלָא יְמַלֵּיל הוּא, וְאַף הָא הוּא נָפֵיק לְקַדָּמוּתָךְ, וְיֶחֱזֵינָךְ וְיֶחְדֵּי בְּלִבֵּיהּ: וּתְמַלֵּיל
עִמֵּיהּ, וּתְשַׁוֵּי יָת פִּתְגָּמַיָּא בְּפֻמֵּיהּ, וּמֵימְרִי, יְהֵי עִם פֻּמָּךְ וְעִם פֻּמֵּיהּ, וְאַלֵּיף יָתְכוֹן, יָת דְּתַעְבְּדוּן:

ו| **מצרעת כשלג.** דרך צרעת להיות לבנה, "אם בהרת לבנה הוא" (ויקרא יג, ד). אף באות זה רמז לו שלשון הרע ספר באמרו: "לא יאמינו לי" (לעיל פסוק א), לפיכך הלקהו בצרעת, כמו שלקתה מרים על לשון הרע:

ז| **ויוצאה מחיקו והנה שבה כבשרו.** מכאן שמדה טובה ממהרת לבא ממדת פרענות, שהרי בראשונה לא נאמר 'מחיקו':

ח| **והאמינו לקול האות האחרון.** משתאמר להם: בשבילכם לקיתי על שספרתי עליכם לשון הרע, יאמינו לך, שכבר למדו בכך שהמזדווגים להם לוקים בנגעים, כגון פרעה ואבימלך בשביל שרה:

ט| **והיו המים וגו'.** והיו והיו, שתי פעמים. נראה בעיני, אלו נאמר: 'והיו המים אשר תקח מן היאר לדם ביבשת' שומע אני שבידו הם נהפכים לדם, ואף כשיהיו לארץ יהיו בהווייתן, אבל עכשיו מלמדנו שלא יהיו דם עד שיהיו ביבשת:

י| **גם מתמול וגו'.** למדנו ששבעת ימים היה הקדוש ברוך הוא מפתה את משה בסנה לילך בשליחותו: מתמול, שלשם, מאז דברך – הרי שלשה, ושלשה גמין רבויין הם הרי ששה, והוא היה עומד ביום השביעי כשאמר לו זאת עד "שלח נא ביד תשלח" (להלן פסוק יג), עד שחרה בו וקבל עליו. וכל זה, שלא היה רוצה לטול גדלה על אהרן אחיו שהיה גדול הימנו, ונביא היה, שנאמר: "הנגלה נגליתי אל בית אביך בהיותם במצרים" (שמואל א' ב, כז), הוא אהרן. וכן ביחזקאל: "ואודע להם בארץ מצרים וגו' ואמר אלהם איש שקוצי עיניו השליכו" (יחזקאל כ, ה-ז), ואותה נבואה לאהרן נאמרה: **כבד פה.** בכבדות אני מדבר, ובלשון לעז בלב"א:

יא| **מי שם פה וגו'.** מי למדך לדבר כשהיית נדון לפני פרעה על המצרי? **או מי ישום אלם.** מי עשה פרעה אלם שלא נתאמץ במצות הריגתך, ואת משרתיו חרשים שלא שמעו בצוותו עליך, ולאספקלטורין ההורגים מי עשאם עורים שלא ראו כשברחת מן הבימה ונמלטת? **הלא אנכי.** ששמי "ה'", עשיתי כל זאת:

יג| **ביד תשלח.** ביד מי שאתה רגיל לשלח, והוא אהרן. דבר אחר, ביד אחר שתרצה לשלח, אין סופי להכניסם לארץ ולהיות גואלם לעתיד, יש לך שלוחים הרבה:

יד| **ויחר אף.** רבי יהושע בן קרחה אומר: כל חרון אף שבתורה עושה רשם, וזה לא נאמר בו רשם, ולא מצינו שבא עונש על ידי אותו חרון. אמר לו רבי יוסי: אף בזו נאמר בו רשם: "הלא אהרן אחיך הלוי", שהיה עתיד להיות לוי ולא כהן, והכהנה הייתי אומר לצאת ממך, מעתה לא יהיה כן, אלא הוא יהיה כהן ואתה הלוי, שנאמר: "ומשה איש האלהים בניו יקראו על שבט הלוי" (דברי הימים א' כג, יד): **הנה הוא יצא לקראתך.** כשתלך למצרים: **וראך ושמח בלבו.** לא כשאתה סבור

וְדִבֶּר־הוּא לְךָ אֶל־הָעָם וְהָיָה הוּא יִהְיֶה־לְּךָ טז
לְפֶה וְאַתָּה תִּהְיֶה־לּוֹ לֵאלֹהִים: וְאֶת־הַמַּטֶּה הַזֶּה יז
תִּקַּח בְּיָדֶךָ אֲשֶׁר תַּעֲשֶׂה־בּוֹ אֶת־הָאֹתֹת:
ששי ג וַיֵּלֶךְ מֹשֶׁה וַיָּשָׁב ׀ אֶל־יֶתֶר חֹתְנוֹ וַיֹּאמֶר לוֹ יח
אֵלְכָה־נָּא וְאָשׁוּבָה אֶל־אַחַי אֲשֶׁר־בְּמִצְרַיִם
וְאֶרְאֶה הַעוֹדָם חַיִּים וַיֹּאמֶר יִתְרוֹ לְמֹשֶׁה לֵךְ
לְשָׁלוֹם: וַיֹּאמֶר יְהוָה אֶל־מֹשֶׁה בְּמִדְיָן לֵךְ שֻׁב יט
מִצְרָיִם כִּי־מֵתוּ כָּל־הָאֲנָשִׁים הַמְבַקְשִׁים אֶת־
נַפְשֶׁךָ: וַיִּקַּח מֹשֶׁה אֶת־אִשְׁתּוֹ וְאֶת־בָּנָיו וַיַּרְכִּבֵם כ
עַל־הַחֲמֹר וַיָּשָׁב אַרְצָה מִצְרָיִם וַיִּקַּח מֹשֶׁה אֶת־
★ מַטֵּה הָאֱלֹהִים בְּיָדוֹ: וַיֹּאמֶר יְהוָה אֶל־מֹשֶׁה כא
בְּלֶכְתְּךָ לָשׁוּב מִצְרַיְמָה רְאֵה כָּל־הַמֹּפְתִים אֲשֶׁר־
שַׂמְתִּי בְיָדֶךָ וַעֲשִׂיתָם לִפְנֵי פַרְעֹה וַאֲנִי אֲחַזֵּק
אֶת־לִבּוֹ וְלֹא יְשַׁלַּח אֶת־הָעָם: וְאָמַרְתָּ אֶל־ כב
פַּרְעֹה כֹּה אָמַר יְהוָה בְּנִי בְכֹרִי יִשְׂרָאֵל: וָאֹמַר כג
אֵלֶיךָ שַׁלַּח אֶת־בְּנִי וְיַעַבְדֵנִי וַתְּמָאֵן לְשַׁלְּחוֹ הִנֵּה
אָנֹכִי הֹרֵג אֶת־בִּנְךָ בְּכֹרֶךָ: וַיְהִי בַדֶּרֶךְ בַּמָּלוֹן כד
וַיִּפְגְּשֵׁהוּ יְהוָה וַיְבַקֵּשׁ הֲמִיתוֹ: וַתִּקַּח צִפֹּרָה צֹר כה
וַתִּכְרֹת אֶת־עָרְלַת בְּנָהּ וַתַּגַּע לְרַגְלָיו וַתֹּאמֶר כִּי

שֶׁיִּהְיֶה מַקְפִּיד עָלֶיךָ שֶׁאַתָּה עוֹלֶה לִגְדֻלָּה. וּמִשָּׁם זָכָה אַהֲרֹן לַעֲדִי הַחֹשֶׁן הַנָּתוּן עַל הַלֵּב:

טז וְדִבֶּר הוּא לְךָ. בִּשְׁבִילְךָ יְדַבֵּר אֶל הָעָם. וְזֶה יוֹכִיחַ עַל כָּל לְךָ וְלִי וְלוֹ וְלָכֶם וְלָהֶם הַסְּמוּכִים

טז יז וִימַלֵּיל הוּא לָךְ עִם עַמָּא, וִיהֵי הוּא יְהֵי לָךְ לִמְתֻרְגְּמָן, וְאַתְּ תְּהֵי לֵיהּ לְרַב: וְיָת חֻטְרָא
יח הָדֵין תִּסַּב בִּידָךְ, דְּתַעְבֵּיד בֵּיהּ יָת אָתַיָּא: וַאֲזַל מֹשֶׁה, וְתָב לְוָת יֶתֶר חֲמוּהִי, וַאֲמַר לֵיהּ
אֵיזֵיל כְּעַן, וַאֲתוּב לְוָת אַחַי דִּבְמִצְרַיִם, וְאֶחֱזֵי הַעוֹד כְּעַן קַיָּמִין, וַאֲמַר יִתְרוֹ, לְמֹשֶׁה
יט אִיזֵיל לִשְׁלָם: וַאֲמַר יי לְמֹשֶׁה בְּמִדְיָן, אִיזֵיל תּוּב לְמִצְרָיִם, אֲרֵי מִיתוּ כָּל גֻּבְרַיָּא, דִּבְעוֹ
כ לְמִקְטְלָךְ: וּדְבַר מֹשֶׁה יָת אִתְּתֵיהּ וְיָת בְּנוֹהִי, וְאַרְכֵּיבִנּוּן עַל חֲמָרָא, וְתָב לְאַרְעָא
כא דְּמִצְרָיִם, וּנְסֵיב מֹשֶׁה, יָת חֻטְרָא דְּאִתְעֲבִידוּ בֵיהּ נִסִּין מִן קֳדָם יי בִּידֵיהּ: וַאֲמַר יי לְמֹשֶׁה,
בִּמְהָכָךְ לְמִתָּב לְמִצְרַיִם, חֲזִי, כָּל מוֹפְתַיָּא דְּשַׁוִּיתִי בִידָךְ, וְתַעְבֵּידִנּוּן קֳדָם פַּרְעֹה,
כב וַאֲנָא אֲתַקֵּיף יָת לִבֵּיהּ, וְלָא יְשַׁלַּח יָת עַמָּא: וְתֵימַר לְפַרְעֹה, כִּדְנַן אֲמַר יי, בְּרִי בֻכְרִי
כג יִשְׂרָאֵל: וַאֲמָרִית לָךְ, שַׁלַּח יָת בְּרִי וְיִפְלַח קֳדָמַי, וּמְסָרֵיב אַתְּ לְשַׁלָּחוּתֵיהּ, הָא אֲנָא
כד קָטֵיל, יָת בְּרָךְ בֻּכְרָךְ: וַהֲוָה בְאוֹרְחָא בְּבֵית מְבָתָא, וְעָרַע בֵּיהּ מַלְאֲכָא דַיי, וּבְעָא
כה לְמִקְטְלֵיהּ: וּנְסֵיבַת צִפּוֹרָה טִנָּרָא, וּגְזַרַת יָת עָרְלַת בְּרַהּ, וְקָרֵיבַת לִקְדָמוֹהִי, וַאֲמַרַת,

לְדִבּוּר, שֶׁכֻּלָּם לָשׁוֹן עָלֶיךָ הֵם: יִהְיֶה לְּךָ לְפֶה. לְמֵלִיץ, לְפִי שֶׁאַתָּה כְּבַד פֶּה: לֵאלֹהִים. לְרַב וּלְשַׂר:

יח| **וַיָּשָׁב אֶל יֶתֶר חֹתְנוֹ.** לִטֹּל רְשׁוּת, שֶׁהֲרֵי נִשְׁבַּע לוֹ. וְשִׁבְעָה שֵׁמוֹת הָיוּ לוֹ: רְעוּאֵל, יֶתֶר, יִתְרוֹ, קֵינִי, חוֹבָב, חֶבֶר, פּוּטִיאֵל:

יט| **כִּי מֵתוּ כָּל הָאֲנָשִׁים.** מִי הֵם? דָּתָן וַאֲבִירָם; חַיִּים הָיוּ, אֶלָּא שֶׁיָּרְדוּ מִנִּכְסֵיהֶם, וְהֶעָנִי חָשׁוּב כְּמֵת:

כ| **עַל הַחֲמֹר.** חֲמוֹר הַמְיֻחָד. הוּא הַחֲמוֹר שֶׁחָבַשׁ אַבְרָהָם לַעֲקֵדַת יִצְחָק, וְהוּא שֶׁעָתִיד מֶלֶךְ הַמָּשִׁיחַ לְהִגָּלוֹת עָלָיו, שֶׁנֶּאֱמַר: "עָנִי וְרֹכֵב עַל חֲמוֹר" (זכריה ט, ט): **וַיָּשָׁב אַרְצָה מִצְרָיִם וַיִּקַּח מֹשֶׁה אֶת מַטֵּה.** אֵין מֻקְדָּם וּמְאֻחָר מְדֻקְדָּקִים בַּמִּקְרָא:

כא| **בְּלֶכְתְּךָ לָשׁוּב מִצְרַיְמָה וגו'.** דַּע שֶׁעַל מְנָת כֵּן תֵּלֵךְ, שֶׁתְּהֵא גִבּוֹר בִּשְׁלִיחוּתִי לַעֲשׂוֹת כָּל מוֹפְתַי לִפְנֵי פַרְעֹה וְלֹא תִירָא מִמֶּנּוּ: **אֲשֶׁר שַׂמְתִּי בְיָדֶךָ.** לֹא עַל שָׁלֹשׁ אוֹתוֹת הָאֲמוּרוֹת לְמַעְלָה, שֶׁהֲרֵי לֹא לִפְנֵי פַרְעֹה צִוָּה לַעֲשׂוֹתָם אֶלָּא לִפְנֵי יִשְׂרָאֵל שֶׁיַּאֲמִינוּ לוֹ, וְלֹא מָצִינוּ שֶׁעֲשָׂאָם לְפָנָיו, אֶלָּא מוֹפְתִים שֶׁאֲנִי עָתִיד לָשׂוּם בְּיָדְךָ בְּמִצְרַיִם, כְּמוֹ: "כִּי יְדַבֵּר אֲלֵכֶם פַּרְעֹה" וְגוֹ' (להלן ז, ט). וְאַל תִּתְמַהּ עַל אֲשֶׁר כָּתַב: "אֲשֶׁר שַׂמְתִּי", שֶׁכֵּן מַשְׁמָעוֹ: כְּשֶׁתְּדַבֵּר עִמּוֹ כְּבָר שַׂמְתִּים בְּיָדֶךָ:

כב| **וְאָמַרְתָּ אֶל פַּרְעֹה.** כְּשֶׁתִּשְׁמַע שֶׁלִּבּוֹ חָזָק וִימָאֵן לְשַׁלֵּחַ אֱמֹר לוֹ כֵּן: **בְּנִי בְכֹרִי.** לְשׁוֹן גְּדֻלָּה, כְּמוֹ: "אַף אָנִי בְּכוֹר אֶתְּנֵהוּ" (תהלים פט, כח) זֶהוּ פְּשׁוּטוֹ. וּמִדְרָשׁוֹ, כָּאן חָתַם הַקָּדוֹשׁ בָּרוּךְ הוּא עַל מְכִירַת הַבְּכוֹרָה שֶׁלָּקַח יַעֲקֹב מֵעֵשָׂו:

כג| **וָאֹמַר אֵלֶיךָ.** בִּשְׁלִיחוּתוֹ שֶׁל מָקוֹם: "שַׁלַּח אֶת בְּנִי": **הִנֵּה אָנֹכִי הֹרֵג וגו'.** הִיא מַכָּה אַחֲרוֹנָה, וּבָהּ הִתְרָהוּ תְּחִלָּה מִפְּנֵי שֶׁהִיא קָשָׁה. וְזֶה הוּא שֶׁאָמַר אִיּוֹב: "הֶן אֵל יַשְׂגִּיב בְּכֹחוֹ" (איוב לו, כב), לְפִיכָךְ "מִי כָמוֹהוּ מוֹרֶה" – בָּשָׂר וָדָם הַמְבַקֵּשׁ לְהִנָּקֵם מֵחֲבֵרוֹ מַעֲלִים אֶת דְּבָרָיו, שֶׁלֹּא יְבַקֵּשׁ הַצָּלָה. אֲבָל הַקָּדוֹשׁ בָּרוּךְ הוּא יַשְׂגִּיב בְּכֹחוֹ וְאֵין יְכֹלֶת לְהִמָּלֵט מִיָּדוֹ כִּי אִם בְּשׁוּבוֹ אֵלָיו, לְפִיכָךְ הוּא מוֹרֵהוּ וּמַתְרֶה בּוֹ לָשׁוּב:

כד| **וַיְהִי.** מֹשֶׁה, "בַּדֶּרֶךְ בַּמָּלוֹן": **וַיְבַקֵּשׁ הֲמִיתוֹ.** לְפִי שֶׁלֹּא מָל אֶת אֱלִיעֶזֶר בְּנוֹ, וְעַל שֶׁנִּתְרַשֵּׁל נֶעֱנַשׁ מִיתָה. תַּנְיָא, אָמַר רַבִּי יוֹסֵי: חַס וְשָׁלוֹם, לֹא נִתְרַשֵּׁל, אֶלָּא אָמַר: אָמוּל וְאֵצֵא לַדֶּרֶךְ – סַכָּנָה הִיא לַתִּינוֹק עַד שְׁלֹשָׁה יָמִים! אָמוּל וְאֶשְׁהֶה שְׁלֹשָׁה יָמִים – הַקָּדוֹשׁ בָּרוּךְ הוּא צִוַּנִי: "לֵךְ שֻׁב מִצְרָיִם"! וּמִפְּנֵי מָה נֶעֱנַשׁ? לְפִי שֶׁנִּתְעַסֵּק בַּמָּלוֹן תְּחִלָּה. בְּמַסֶּכֶת נְדָרִים (דף לא ע"ב). וְהָיָה הַמַּלְאָךְ נַעֲשֶׂה כְּמִין נָחָשׁ וּבוֹלְעוֹ מֵרֹאשׁוֹ וְעַד יְרֵכָיו וְחוֹזֵר וּבוֹלְעוֹ מֵרַגְלָיו וְעַד אוֹתוֹ מָקוֹם, הֵבִינָה צִפּוֹרָה שֶׁבִּשְׁבִיל הַמִּילָה הוּא:

כה| **וַתַּגַּע לְרַגְלָיו.** הִשְׁלִיכַתּוּ לִפְנֵי רַגְלָיו שֶׁל מֹשֶׁה: **וַתֹּאמֶר.** עַל בְּנָהּ: "כִּי חֲתַן דָּמִים אַתָּה לִי" – אַתָּה הָיִיתָ גּוֹרֵם לִהְיוֹת הֶחָתָן שֶׁלִּי נִרְצָח עָלֶיךָ, הוֹרֵג אִישִׁי אַתָּה לִי:

כו חֲתַן־דָּמִים אַתָּה לִי: וַיִּרֶף מִמֶּנּוּ אָז אָמְרָה חֲתַן
דָּמִים לַמּוּלֹת:
★ כז וַיֹּאמֶר יהוה אֶל־אַהֲרֹן לֵךְ לִקְרַאת מֹשֶׁה
הַמִּדְבָּרָה וַיֵּלֶךְ וַיִּפְגְּשֵׁהוּ בְּהַר הָאֱלֹהִים וַיִּשַּׁק־
כח לוֹ: וַיַּגֵּד מֹשֶׁה לְאַהֲרֹן אֵת כָּל־דִּבְרֵי יהוה אֲשֶׁר
כט שְׁלָחוֹ וְאֵת כָּל־הָאֹתֹת אֲשֶׁר צִוָּהוּ: וַיֵּלֶךְ מֹשֶׁה
ל וְאַהֲרֹן וַיַּאַסְפוּ אֶת־כָּל־זִקְנֵי בְּנֵי יִשְׂרָאֵל: וַיְדַבֵּר
אַהֲרֹן אֵת כָּל־הַדְּבָרִים אֲשֶׁר־דִּבֶּר יהוה אֶל־
לא מֹשֶׁה וַיַּעַשׂ הָאֹתֹת לְעֵינֵי הָעָם: וַיַּאֲמֵן הָעָם
וַיִּשְׁמְעוּ כִּי־פָקַד יהוה אֶת־בְּנֵי יִשְׂרָאֵל וְכִי רָאָה
ה א שביעי אֶת־עָנְיָם וַיִּקְּדוּ וַיִּשְׁתַּחֲווּ: וְאַחַר בָּאוּ מֹשֶׁה
וְאַהֲרֹן וַיֹּאמְרוּ אֶל־פַּרְעֹה כֹּה־אָמַר יהוה אֱלֹהֵי
ב יִשְׂרָאֵל שַׁלַּח אֶת־עַמִּי וְיָחֹגּוּ לִי בַּמִּדְבָּר: וַיֹּאמֶר
פַּרְעֹה מִי יהוה אֲשֶׁר אֶשְׁמַע בְּקֹלוֹ לְשַׁלַּח
אֶת־יִשְׂרָאֵל לֹא יָדַעְתִּי אֶת־יהוה וְגַם אֶת־
ג יִשְׂרָאֵל לֹא אֲשַׁלֵּחַ: וַיֹּאמְרוּ אֱלֹהֵי הָעִבְרִים
נִקְרָא עָלֵינוּ נֵלְכָה־נָּא דֶּרֶךְ שְׁלֹשֶׁת יָמִים
בַּמִּדְבָּר וְנִזְבְּחָה לַיהוה אֱלֹהֵינוּ פֶּן־יִפְגָּעֵנוּ
ד בַּדֶּבֶר אוֹ בֶחָרֶב: וַיֹּאמֶר אֲלֵהֶם מֶלֶךְ מִצְרַיִם
לָמָּה מֹשֶׁה וְאַהֲרֹן תַּפְרִיעוּ אֶת־הָעָם מִמַּעֲשָׂיו

ה לְכוּ לְסִבְלֹתֵיכֶם: וַיֹּאמֶר פַּרְעֹה הֵן־רַבִּים עַתָּה
ו עַם־הָאָרֶץ וְהִשְׁבַּתֶּם אֹתָם מִסִּבְלֹתָם: וַיְצַו
פַּרְעֹה בַּיּוֹם הַהוּא אֶת־הַנֹּגְשִׂים בָּעָם וְאֶת־

כו בִּדְמָא דִמְהֻלְתָּא הָדֵין אִתְיְהִיב חַתְנָא לַנָא: וְנָח מִנֵּיהּ, בְּכֵן אֲמָרַת, אִלּוּלֵי דְמָא דִמְהֻלְתָּא
כז הָדֵין אִתְחַיַּב חַתְנָא קְטוֹל: וַאֲמַר יְיָ לְאַהֲרֹן, אֵיזֵיל, לְקַדָּמוּת מֹשֶׁה לְמַדְבְּרָא, וַאֲזַל,
כח וְעָרְעֵיהּ, בְּטוּרָא דְּאִתְגְּלִי עֲלוֹהִי יְקָרָא דַייָ וְנַשֵּׁיק לֵיהּ: וְחַוִּי מֹשֶׁה לְאַהֲרֹן, יָת כָּל פִּתְגָּמַיָּא
כט דַּייָ דְּשַׁלְחֵיהּ, וְיָת כָּל אָתַיָּא דְּפַקְדֵיהּ: וַאֲזַל מֹשֶׁה וְאַהֲרֹן, וּכְנַשׁוּ, יָת כָּל סָבֵי בְּנֵי יִשְׂרָאֵל:
ל לא וּמַלֵּיל אַהֲרֹן, יָת כָּל פִּתְגָּמַיָּא, דְּמַלֵּיל יְיָ עִם מֹשֶׁה, וַעֲבַד אָתַיָּא לְעֵינֵי עַמָּא: וְהֵימִין עַמָּא,
ה א וּשְׁמַעוּ, אֲרֵי דְכִיר יְיָ יָת בְּנֵי יִשְׂרָאֵל, וַאֲרֵי גְּלֵי קֳדָמוֹהִי שִׁעְבּוּדְהוֹן, וּכְרַעוּ וּסְגִידוּ: וּבָתַר
כֵּן, עָאלוּ מֹשֶׁה וְאַהֲרֹן, וַאֲמַרוּ לְפַרְעֹה, כִּדְנַן אֲמַר יְיָ אֱלָהָא דְיִשְׂרָאֵל, שַׁלַּח יָת עַמִּי,
ב וְיֵיחֲגוּן קֳדָמַי בְּמַדְבְּרָא: וַאֲמַר פַּרְעֹה, שְׁמָא דַייָ לָא אִתְגְּלִי לִי דְּאֲקַבֵּיל לְמֵימְרֵיהּ, לְשַׁלָּחָא
ג יָת יִשְׂרָאֵל, לָא אִתְגְּלִי לִי שְׁמָא דַייָ, וְאַף יָת יִשְׂרָאֵל לָא אֲשַׁלַּח: וַאֲמַרוּ, אֱלָהָא דִיהוּדָאֵי
אִתְקְרִי עֲלַנָא, נֵיזֵיל כְּעַן, מַהֲלַךְ תְּלָתָא יוֹמִין בְּמַדְבְּרָא, וּנְדַבַּח קֳדָם יְיָ אֱלָהַנָא, דִּלְמָא
ד יְעָרְעִנַּנָא, בְּמוֹתָא אוֹ בִקְטוֹל: וַאֲמַר לְהוֹן מַלְכָּא דְמִצְרַיִם, לְמָא מֹשֶׁה וְאַהֲרֹן, תְּבַטְּלוּן
ה יָת עַמָּא מֵעֲבִידַתְהוֹן, אֵיזִילוּ לְפָלְחָנְכוֹן: וַאֲמַר פַּרְעֹה, הָא מְדַסְגִּיאִין כְּעַן עַמָּא דְאַרְעָא,
ו וּתְבַטְּלוּן יָתְהוֹן מִפָּלְחָנְהוֹן: וּפַקֵּיד פַּרְעֹה בְּיוֹמָא הַהוּא, יָת שִׁלְטוֹנֵי עַמָּא, וְיָת

כו **וַיִּרֶף.** הַמַּלְאָךְ ״מִמֶּנּוּ״, ״אָז״ הֵבִינָה שֶׁעַל הַמִּילָה בָּא לְהָרְגוֹ, ״אָמְרָה: חֲתַן דָּמִים לַמּוּלֹת״ – חֲתָנִי הָיָה נִרְצָח עַל דְּבַר הַמִּילָה: **לַמּוּלֹת.** עַל דְּבַר הַמּוּלוֹת, שֵׁם דָּבָר הוּא, וְהַלָּמֶ״ד מְשַׁמֶּשֶׁת בִּלְשׁוֹן ׳עַל׳, כְּמוֹ: ״וְאָמַר פַּרְעֹה לִבְנֵי יִשְׂרָאֵל״ (להלן יד, ג). וְאוּנְקְלוֹס תִּרְגֵּם ׳דָּמִים׳, עַל דַּם הַמִּילָה:

פרק ה

א **וְאַחַר בָּאוּ מֹשֶׁה וְאַהֲרֹן וְגוֹ׳.** אֲבָל הַזְּקֵנִים נִשְׁמְטוּ אֶחָד אֶחָד מֵאַחַר מֹשֶׁה וְאַהֲרֹן עַד שֶׁנִּשְׁמְטוּ כֻּלָּם קֹדֶם שֶׁהִגִּיעוּ לַפָּלָטִין, לְפִי שֶׁיָּרְאוּ לָלֶכֶת. וּבְסִינַי נִפְרַע לָהֶם: ״וְנִגַּשׁ מֹשֶׁה לְבַדּוֹ וְהֵם לֹא יִגָּשׁוּ״ (להלן כד, ב), הֶחֱזִירָם לַאֲחוֹרֵיהֶם:

ג **פֶּן יִפְגָּעֵנוּ.** ׳פֶּן יִפְגָּעֲךָ׳ הָיָה לָהֶם לוֹמַר, אֶלָּא שֶׁחָלְקוּ כָּבוֹד לַמַּלְכוּת. פְּגִיעָה זוֹ לְשׁוֹן מִקְרֵה מָוֶת הוּא:

ד **תַּפְרִיעוּ אֶת הָעָם מִמַּעֲשָׂיו.** תַּבְדִּילוּ וְתַרְחִיקוּ אוֹתָם מִמְּלַאכְתָּם, שֶׁשּׁוֹמְעִין לָכֶם וּסְבוּרִים לָנוּחַ מִן הַמְּלָאכָה. וְכֵן: ״פְּרָעֵהוּ אַל תַּעֲבָר בּוֹ״ (משלי ד, טו) – רַחֲקֵהוּ. וְכֵן: ״וַתִּפְרְעוּ כָל עֲצָתִי״ (שם א, כה). ״כִּי פָרֻעַ הוּא״ (להלן לב, כה) – נִרְחָק וְנִתְעָב: **לְכוּ לְסִבְלֹתֵיכֶם.** לְכוּ לִמְלַאכְתְּכֶם שֶׁיֵּשׁ לָכֶם לַעֲשׂוֹת בְּבָתֵּיכֶם. אֲבָל מְלֶאכֶת שִׁעְבּוּד מִצְרַיִם לֹא הָיְתָה עַל שִׁבְטוֹ שֶׁל לֵוִי, וְתֵדַע לְךָ, שֶׁהֲרֵי מֹשֶׁה וְאַהֲרֹן יוֹצְאִים וּבָאִים:

ה **הֵן רַבִּים עַתָּה עַם הָאָרֶץ.** שֶׁהָעֲבוֹדָה מֻטֶּלֶת עֲלֵיהֶם, וְאַתֶּם מַשְׁבִּיתִים אוֹתָם מִסִּבְלוֹתָם, הֶפְסֵד גָּדוֹל הוּא זֶה:

ו **הַנֹּגְשִׂים.** מִצְרִיִּים הָיוּ וְהַשּׁוֹטְרִים הָיוּ יִשְׂרָאֵל. הַנּוֹגֵשׂ מְמֻנֶּה עַל כַּמָּה שׁוֹטְרִים, וְהַשּׁוֹטֵר מְמֻנֶּה לִרְדּוֹת בְּעוֹשֵׂי הַמְּלָאכָה:

ז שֹׁטְרָיו לֵאמֹר: לֹא תֹאסִפוּן לָתֵת תֶּבֶן לָעָם
לִלְבֹּן הַלְּבֵנִים כִּתְמוֹל שִׁלְשֹׁם הֵם יֵלְכוּ וְקֹשְׁשׁוּ
ח לָהֶם תֶּבֶן: וְאֶת־מַתְכֹּנֶת הַלְּבֵנִים אֲשֶׁר הֵם
עֹשִׂים תְּמוֹל שִׁלְשֹׁם תָּשִׂימוּ עֲלֵיהֶם לֹא תִגְרְעוּ
מִמֶּנּוּ כִּי־נִרְפִּים הֵם עַל־כֵּן הֵם צֹעֲקִים לֵאמֹר
ט נֵלְכָה נִזְבְּחָה לֵאלֹהֵינוּ: תִּכְבַּד הָעֲבֹדָה עַל־
הָאֲנָשִׁים וְיַעֲשׂוּ־בָהּ וְאַל־יִשְׁעוּ בְּדִבְרֵי־שָׁקֶר:
י וַיֵּצְאוּ נֹגְשֵׂי הָעָם וְשֹׁטְרָיו וַיֹּאמְרוּ אֶל־הָעָם
לֵאמֹר כֹּה אָמַר פַּרְעֹה אֵינֶנִּי נֹתֵן לָכֶם תֶּבֶן:
יא אַתֶּם לְכוּ קְחוּ לָכֶם תֶּבֶן מֵאֲשֶׁר תִּמְצָאוּ כִּי
יב אֵין נִגְרָע מֵעֲבֹדַתְכֶם דָּבָר: וַיָּפֶץ הָעָם בְּכָל־
יג אֶרֶץ מִצְרָיִם לְקֹשֵׁשׁ קַשׁ לַתֶּבֶן: וְהַנֹּגְשִׂים
אָצִים לֵאמֹר כַּלּוּ מַעֲשֵׂיכֶם דְּבַר־יוֹם בְּיוֹמוֹ
יד כַּאֲשֶׁר בִּהְיוֹת הַתֶּבֶן: וַיֻּכּוּ שֹׁטְרֵי בְּנֵי יִשְׂרָאֵל
אֲשֶׁר־שָׂמוּ עֲלֵהֶם נֹגְשֵׂי פַרְעֹה לֵאמֹר מַדּוּעַ לֹא
כִלִּיתֶם חָקְכֶם לִלְבֹּן כִּתְמוֹל שִׁלְשֹׁם גַּם־תְּמוֹל
טו גַּם־הַיּוֹם: וַיָּבֹאוּ שֹׁטְרֵי בְּנֵי יִשְׂרָאֵל וַיִּצְעֲקוּ
אֶל־פַּרְעֹה לֵאמֹר לָמָּה תַעֲשֶׂה כֹה לַעֲבָדֶיךָ:

ז| תֶּבֶן. אשטובל"א, הָיוּ גּוֹבְלִין אוֹתוֹ עִם הַטִּיט: לְבֵנִים. טיוול"ש, שֶׁעוֹשִׂים מִטִּיט וּמְיַבְּשִׁין אוֹתָן בַּחַמָּה, וְיֵשׁ שֶׁשּׂוֹרְפִין אוֹתָן בְּכִבְשָׁן: כִּתְמוֹל שִׁלְשֹׁם. כַּאֲשֶׁר הֱיִיתֶם עוֹשִׂים עַד הֵנָּה: וְקֹשְׁשׁוּ. וְלָקְטוּ:

ח| וְאֶת מַתְכֹּנֶת הַלְּבֵנִים. סְכוּם חֶשְׁבּוֹן הַלְּבֵנִים

ז סָרְכוֹהִי לְמֵימַר: לָא תֵיסְפוּן, לְמִתַּן תִּבְנָא לְעַמָּא, לְמִרְמֵי לִבְנִין כְּמֵאֶתְמָלֵי וּמִדְּקַמּוֹהִי,
ח אִנּוּן יֵיזְלוּן, וִיגַבְּבוּן לְהוֹן תִּבְנָא: וְיָת סְכוּם לִבְנַיָּא, דְּאִנּוּן עָבְדִין מֵאֶתְמָלֵי וּמִדְּקַמּוֹהִי
תְּמַנּוּן עֲלֵיהוֹן, לָא תִמְנְעוּן מִנֵּיהּ, אֲרֵי בַטְלָנִין אִנּוּן, עַל כֵּן, אִנּוּן מַצְוְחִין לְמֵימַר, נֵיזֵיל נְדַבַּח
ט קֳדָם אֱלָהַנָא: יִתְקַף פֻּלְחָנָא, עַל גֻּבְרַיָּא וְיִתְעַסְקוּן בַּהּ, וְלָא יִתְעַסְקוּן בְּפִתְגָּמִין בְּטֵילִין:
י וּנְפַקוּ, שִׁלְטוֹנֵי עַמָּא וְסָרְכוֹהִי, וַאֲמַרוּ לְעַמָּא לְמֵימַר, כִּדְנַן אֲמַר פַּרְעֹה, לֵית אֲנָא,
יא יָהֵיב לְכוֹן תִּבְנָא: אַתּוּן, אִיזִילוּ סַבוּ לְכוֹן תִּבְנָא, מֵאֲתַר דְּתַשְׁכְּחוּן, אֲרֵי לָא יִתְמְנַע,
יב יג מִפָּלְחָנְכוֹן מִדַּעַם: וְאִתְבַּדַּר עַמָּא בְּכָל אַרְעָא דְּמִצְרָיִם, לְגַבָּבָא גִּלֵּי לְתִבְנָא: וְשִׁלְטוֹנַיָּא
דָּחֲקִין לְמֵימַר, אַשְׁלִימוּ עֲבִידַתְכוֹן פִּתְגָּם יוֹם בְּיוֹמֵיהּ, כְּמָא דַּהֲוֵיתוֹן עָבְדִין כַּד מִתְיְהֵיב
יד לְכוֹן תִּבְנָא: וּלְקוֹ, סָרְכֵי בְּנֵי יִשְׂרָאֵל, דְּמַנִּיאוּ עֲלֵיהוֹן, שִׁלְטוֹנֵי פַרְעֹה לְמֵימַר, מָדֵין,
לָא אַשְׁלֵימְתּוּן גְּזֵירַתְכוֹן לְמִרְמֵי לִבְנִין כְּמֵאֶתְמָלֵי וּמִדְּקַמּוֹהִי, אַף תְּמָלֵי אַף יוֹמָא
טו דֵין: וַאֲתוֹ, סָרְכֵי בְּנֵי יִשְׂרָאֵל, וּצְוַחוּ קֳדָם פַּרְעֹה לְמֵימַר, לְמָא תַעֲבֵיד כְּדֵין לְעַבְדָךְ:

שֶׁהָיָה כָּל אֶחָד עוֹשֶׂה לַיּוֹם כְּשֶׁהָיָה הַתֶּבֶן נִתָּן לָהֶם, אוֹתוֹ סְכוּם "תָּשִׂימוּ עֲלֵיהֶם" גַּם עַתָּה, לְמַעַן תִּכְבַּד הָעֲבוֹדָה עֲלֵיהֶם: **כִּי נִרְפִּים.** מִן הָעֲבוֹדָה הֵם, לְכָךְ לִבָּם פּוֹנֶה אֶל הַבַּטָּלָה וְ"צֹעֲקִים לֵאמֹר נֵלְכָה" וְגוֹ': **מַתְכֹּנֶת.** "וְתֹכֶן לְבֵנִים" (להלן פסוק יח), "וְלוֹ נִתְכְּנוּ עֲלִלוֹת" (שמואל א' ב, ג), וְ"אֶת הַכֶּסֶף הַמְתֻכָּן" (מלכים ב' יב, יב), כֻּלָּם לְשׁוֹן חֶשְׁבּוֹן הֵם: **נִרְפִּים.** הַמְּלָאכָה רְפוּיָה בִּידֵיהֶם וַעֲזוּבָה מֵהֶם וְהֵם נִרְפִּים מִמֶּנָּה, רטריי"ש בְּלַעַ"ז:

ט) **וְאַל יִשְׁעוּ בְּדִבְרֵי שָׁקֶר.** וְאַל יֶהְגּוּ וִידַבְּרוּ תָּמִיד בְּדִבְרֵי רוּחַ לֵאמֹר: "נֵלְכָה נִזְבְּחָה". וְדוֹמֶה לוֹ: "וְאֶשְׁתַּעְשַׁע בְּחֻקֶּיךָ תָמִיד" (תהלים קיט, קיז); "לְמָשָׁל וְלִשְׁנִינָה" (דברים כח, לז) – "וּלְשׁוּעֵי"; "וַיְסַפֵּר" (להלן יח, ח) – "וְאִשְׁתָּעֵי". וְאִי אֶפְשָׁר לוֹמַר 'יִשְׁעוּ' לְשׁוֹן "וַיִּשַׁע ה' אֶל הֶבֶל... וְאֶל קַיִן וְאֶל מִנְחָתוֹ לֹא שָׁעָה" (בראשית ד, ד-ה) וּלְפָרֵשׁ 'אַל יִשְׁעוּ' – אַל יִפְנוּ, שֶׁאִם כֵּן הָיָה לוֹ לִכְתֹּב: 'וְאַל יִשְׁעוּ אֶל דִּבְרֵי שָׁקֶר' אוֹ 'לְדִבְרֵי שָׁקֶר' כִּי כֵן גִּזְרַת כֻּלָּם: "יִשְׁעֶה הָאָדָם עַל עֹשֵׂהוּ" (ישעיה יז, ז), "וְלֹא שָׁעוּ עַל קְדוֹשׁ יִשְׂרָאֵל" (שם לא, א), "וְלֹא יִשְׁעֶה אֶל הַמִּזְבְּחוֹת" (שם יז, ח), וְלֹא מָצָאתִי שִׁמּוּשׁ שֶׁל בֵּי"ת סְמוּכָה לְאַחֲרֵיהֶם. אֲבָל אַחַר לְשׁוֹן דִּבּוּר כְּמִתְעַסֵּק לְדַבֵּר בְּדָבָר נוֹפֵל לְשׁוֹן שִׁמּוּשׁ בֵּי"ת, כְּגוֹן: "הַנִּדְבָּרִים בָּךְ" (יחזקאל לג, ל), "וַתְּדַבֵּר מִרְיָם וְאַהֲרֹן בְּמֹשֶׁה" (במדבר יב, א), "הַמַּלְאָךְ הַדֹּבֵר בִּי" (זכריה ד, א), "לְדַבֵּר בָּם" (דברים יא, יט), "וַאֲדַבְּרָה בְעֵדֹתֶיךָ" (תהלים קיט, מו). אַף כָּאן, "אַל יִשְׁעוּ בְּדִבְרֵי שָׁקֶר" – אַל יִהְיוּ נִדְבָּרִים בְּדִבְרֵי שָׁוְא וַהֲבַאי:

יא) **אַתֶּם לְכוּ קְחוּ לָכֶם תֶּבֶן.** וּצְרִיכִים אַתֶּם לֵילֵךְ בִּזְרִיזוּת "כִּי אֵין נִגְרָע" דָּבָר מִכָּל סְכוּם לְבֵנִים שֶׁהֱיִיתֶם עוֹשִׂים לַיּוֹם בִּהְיוֹת הַתֶּבֶן נִתָּן לָכֶם מְזֻמָּן מִבֵּית הַמֶּלֶךְ:

יב) **לְקֹשֵׁשׁ קַשׁ לַתֶּבֶן.** לֶאֱסֹף אֲסִיפָה, לִלְקֹט לֶקֶט לְצֹרֶךְ תֶּבֶן הַטִּיט: **קַשׁ.** לְשׁוֹן לִקּוּט, עַל שֵׁם שֶׁדָּבָר הַמִּתְפַּזֵּר הוּא וְצָרִיךְ לְקוֹשְׁשׁוֹ הוּא קָרוּי 'קַשׁ' בְּשְׁאָר מְקוֹמוֹת:

יג) **אָצִים.** דּוֹחֲקִים: **דְּבַר יוֹם בְּיוֹמוֹ.** חֶשְׁבּוֹן שֶׁל כָּל יוֹם כַּלּוּ בְּיוֹמוֹ, כַּאֲשֶׁר עֲשִׂיתֶם בִּהְיוֹת הַתֶּבֶן מוּכָן:

יד) **וַיֻּכּוּ שֹׁטְרֵי בְּנֵי יִשְׂרָאֵל.** הַשּׁוֹטְרִים יִשְׂרְאֵלִים הָיוּ וְחָסִים עַל חַבְרֵיהֶם מִלִּדְחָקָם, וּכְשֶׁהָיוּ מַשְׁלִימִים הַלְּבֵנִים לַנּוֹגְשִׂים שֶׁהֵם מִצְרִיִּים וְהָיָה חָסֵר מִן הַסְּכוּם, הָיוּ מַלְקִין אוֹתָם עַל שֶׁלֹּא דָּחֲקוּ אֶת עוֹשֵׂי הַמְּלָאכָה. לְפִיכָךְ זָכוּ אוֹתָן שׁוֹטְרִים לִהְיוֹת סַנְהֶדְרִין וְנֶאֱצַל מִן הָרוּחַ אֲשֶׁר עַל מֹשֶׁה וְהוּשַׂם עֲלֵיהֶם, שֶׁנֶּאֱמַר "אֶסְפָה לִּי שִׁבְעִים אִישׁ מִזִּקְנֵי יִשְׂרָאֵל", מֵאוֹתָן שֶׁיָּדַעְתָּ הַטּוֹבָה שֶׁעָשׂוּ בְּמִצְרַיִם "כִּי הֵם זִקְנֵי הָעָם וְשֹׁטְרָיו" (במדבר יא, טז): **וַיֻּכּוּ שֹׁטְרֵי בְּנֵי יִשְׂרָאֵל.** אֲשֶׁר שָׂמוּ נֹגְשֵׂי פַרְעֹה אוֹתָם לְשׁוֹטְרִים עֲלֵיהֶם: לֵאמֹר

טז תֶּ֚בֶן אֵ֤ין נִתָּן֙ לַעֲבָדֶ֔יךָ וּלְבֵנִ֛ים אֹמְרִ֥ים לָ֖נוּ עֲשׂ֑וּ
יז וְהִנֵּ֧ה עֲבָדֶ֛יךָ מֻכִּ֖ים וְחָטָ֥את עַמֶּֽךָ׃ וַיֹּ֛אמֶר
נִרְפִּ֥ים אַתֶּ֖ם נִרְפִּ֑ים עַל־כֵּן֙ אַתֶּ֣ם אֹֽמְרִ֔ים נֵלְכָ֖ה
יח נִזְבְּחָ֥ה לַיהוָֽה׃ וְעַתָּה֙ לְכ֣וּ עִבְד֔וּ וְתֶ֖בֶן לֹֽא־
יט יִנָּתֵ֣ן לָכֶ֑ם וְתֹ֥כֶן לְבֵנִ֖ים תִּתֵּֽנוּ׃ וַיִּרְא֞וּ שֹׁטְרֵ֧י
בְנֵי־יִשְׂרָאֵ֛ל אֹתָ֖ם בְּרָ֣ע לֵאמֹ֑ר לֹֽא־תִגְרְע֥וּ
כ מִלִּבְנֵיכֶ֖ם דְּבַר־י֥וֹם בְּיוֹמֽוֹ׃ וַֽיִּפְגְּעוּ֙ אֶת־מֹשֶׁ֣ה
וְאֶֽת־אַהֲרֹ֔ן נִצָּבִ֖ים לִקְרָאתָ֑ם בְּצֵאתָ֖ם מֵאֵ֥ת
כא פַּרְעֹֽה׃ וַיֹּאמְר֣וּ אֲלֵהֶ֔ם יֵ֧רֶא יְהוָ֛ה עֲלֵיכֶ֖ם וְיִשְׁפֹּ֑ט
אֲשֶׁ֧ר הִבְאַשְׁתֶּ֣ם אֶת־רֵיחֵ֗נוּ בְּעֵינֵ֤י פַרְעֹה֙ וּבְעֵינֵ֣י
כב מפטיר עֲבָדָ֔יו לָֽתֶת־חֶ֥רֶב בְּיָדָ֖ם לְהָרְגֵֽנוּ׃ וַיָּ֧שָׁב מֹשֶׁ֛ה
אֶל־יְהוָ֖ה וַיֹּאמַ֑ר אֲדֹנָ֗י לָמָ֤ה הֲרֵעֹ֙תָה֙ לָעָ֣ם הַזֶּ֔ה
כג לָ֥מָּה זֶּ֖ה שְׁלַחְתָּֽנִי׃ וּמֵאָ֞ז בָּ֣אתִי אֶל־פַּרְעֹ֗ה
לְדַבֵּ֣ר בִּשְׁמֶ֔ךָ הֵרַ֖ע לָעָ֣ם הַזֶּ֑ה וְהַצֵּ֥ל לֹֽא־הִצַּ֖לְתָּ
ו א אֶת־עַמֶּֽךָ׃ וַיֹּ֤אמֶר יְהוָה֙ אֶל־מֹשֶׁ֔ה עַתָּ֣ה תִרְאֶ֔ה
אֲשֶׁ֥ר אֶעֱשֶׂ֖ה לְפַרְעֹ֑ה כִּ֣י בְיָ֤ד חֲזָקָה֙ יְשַׁלְּחֵ֔ם
וּבְיָד֙ חֲזָקָ֔ה יְגָרְשֵׁ֖ם מֵאַרְצֽוֹ׃

טז תִּבְנָא, לָא מִתְיְהֵיב לְעַבְדָּךְ, וּלְבֵנַיָּא, אָמְרִין לָנָא עֲבִידוּ, וְהָא עַבְדָּךְ, לָקַן וְחָטַן עֲלֵיהוֹן עַמָּךְ:
יז יח וַאֲמַר, בַּטְלָנִין אַתּוּן בַּטְלָנִין, עַל כֵּן אַתּוּן אָמְרִין, נֵיזִיל נְדַבַּח קֳדָם יְיָ: וּכְעַן אִיזִילוּ פְּלַחוּ,
יט וְתִבְנָא לָא יִתְיְהֵיב לְכוֹן, וּסְכוּם לִבְנַיָּא תִּתְּנוּן: וַחֲזוֹ, סָרְכֵי בְנֵי יִשְׂרָאֵל, יָתְהוֹן בְּבִישׁ לְמֵימַר,
כ לָא תִמְנְעוּן מִלִּבְנֵיכוֹן פִּתְגָם יוֹם בְּיוֹמֵיהּ: וְעָרָעוּ יָת מֹשֶׁה וְיָת אַהֲרֹן, קָיְמִין לִקְדָמוּתְהוֹן,
כא בְּמִפַּקְהוֹן מִלְּוָת פַּרְעֹה: וַאֲמַרוּ לְהוֹן, יִתְגְּלֵי יְיָ, עֲלֵיכוֹן וְיִתְפְּרַע, דְּאַבְאֵישְׁתּוּן יָת רֵיחַנָא,
כב בְּעֵינֵי פַרְעֹה וּבְעֵינֵי עַבְדּוֹהִי, לְמִתַּן חַרְבָּא בִּידֵהוֹן לְמִקְטְלַנָא: וְתָב מֹשֶׁה, לִקְדָם יְיָ וַאֲמַר, יְיָ,
כג לְמָא אַבְאֵישְׁתָּא לְעַמָּא הָדֵין, לְמָא דְנָן שְׁלַחְתָּנִי: וּמֵעִדָּן, דְּעָאלִית לְוָת פַּרְעֹה לְמַלָּלָא
ו א בִּשְׁמָךְ, אַבְאֵישׁ לְעַמָּא הָדֵין, וְשֵׁיזָבָא לָא שֵׁיזֵיבְתָּא יָת עַמָּךְ: וַאֲמַר יְיָ לְמֹשֶׁה, כְּעַן תִּחְזֵי,
דְּאַעֲבֵיד לְפַרְעֹה, אֲרֵי בִּיד תַּקִּיפָא יְשַׁלְּחִנּוּן, וּבִיד תַּקִּיפָא, יְתָרֵיכִנּוּן מֵאַרְעֵיהּ:

מַדּוּעַ וְגוֹ'. לָמָּה "וַיֻּכּוּ"? שֶׁהָיוּ אוֹמְרִים לָהֶם: מַדּוּעַ לֹא כִלִּיתֶם גַּם הַיּוֹם חֹק הַקָּצוּב עֲלֵיכֶם לִלְבֹּן כִּתְמוֹל הַשְּׁלִשִׁי, שֶׁהוּא יוֹם שֶׁלִּפְנֵי אֶתְמוֹל, וְהוּא הָיָה בִּהְיוֹת הַתֶּבֶן נִתָּן לָהֶם: וַיֻּכּוּ. לְשׁוֹן וַיִּפָּעֲלוּ, הֻכּוּ מִיַּד אֲחֵרִים, הַנּוֹגְשִׂים הִכּוּם:

טז] וּלְבֵנִים אֹמְרִים לָנוּ. הַנּוֹגְשִׂים, "עֲשׂוּ" כַּמִּנְיָן הָרִאשׁוֹן: וְחָטָאת עַמֶּךָ. אִלּוּ הָיָה נָקוּד פַּתָּח הָיִיתִי אוֹמֵר שֶׁהוּא דָּבוּק – וְדָבָר זֶה חַטַּאת עַמְּךָ הוּא. עַכְשָׁיו שֶׁהוּא קָמָץ, שֵׁם דָּבָר הוּא, וְכָךְ פֵּרוּשׁוֹ, וְדָבָר זֶה מֵבִיא חַטָּאת עַל עַמֶּךָ, כְּאִלּוּ כָּתוּב: 'וְחַטָּאת לְעַמֶּךָ', כְּמוֹ: "כְּבֹאֲנָה בֵּית לָחֶם" (רות א, יט) שֶׁהוּא כְּמוֹ לְבֵית לֶחֶם, וְכֵן הַרְבֵּה:

יח] וְתֹכֶן לְבֵנִים. חֶשְׁבּוֹן הַלְּבֵנִים, וְכֵן: "אֶת הַכֶּסֶף הַמְּתֻכָּן" (מלכים ב' יב, יב) הַמָּנוּי, כְּמוֹ שֶׁאָמוּר בָּעִנְיָן: "וַיָּצֻרוּ וַיִּמְנוּ אֶת הַכֶּסֶף" (שם פסוק יא):

יט] וַיִּרְאוּ שֹׁטְרֵי בְנֵי יִשְׂרָאֵל. אֶת חַבְרֵיהֶם הַנִּרְדִּים עַל יָדָם, "בְּרָע" – רָאוּ אוֹתָם בְּרָעָה וְצָרָה הַמּוֹצֵאת אוֹתָם בְּהַכְבִּידָם הָעֲבוֹדָה עֲלֵיהֶם "לֵאמֹר: לֹא תִגְרְעוּ" וְגוֹ':

כ] וַיִּפְגְּעוּ. אֲנָשִׁים מִיִּשְׂרָאֵל, "אֶת מֹשֶׁה וְאֶת אַהֲרֹן" וְגוֹ'. וְרַבּוֹתֵינוּ אָמְרוּ, כָּל 'נִצִּים' וְ'נִצָּבִים' דָּתָן וַאֲבִירָם הָיוּ, שֶׁנֶּאֱמַר בָּהֶם: "יָצְאוּ נִצָּבִים" (במדבר טז, כז):

כב] לָמָה הֲרֵעֹתָה לָעָם הַזֶּה. וְאִם תֹּאמַר, מָה אִכְפַּת לָךְ? קוֹבֵל אֲנִי עַל שֶׁשְּׁלַחְתָּנִי:

כג] הֵרַע. לְשׁוֹן הִפְעִיל הוּא, הִרְבָּה רָעָה עֲלֵיהֶם. וְתַרְגּוּמוֹ "אַבְאֵישׁ":

פרק ו

א] עַתָּה תִרְאֶה וְגוֹ'. הִרְהַרְתָּ עַל מִדּוֹתַי, לֹא כְאַבְרָהָם שֶׁאָמַרְתִּי לוֹ: "כִּי בְיִצְחָק יִקָּרֵא לְךָ זָרַע" (בראשית כא, יב) וְאַחַר כָּךְ אָמַרְתִּי לוֹ: "הַעֲלֵהוּ... לְעֹלָה" (שם כב, ב) וְלֹא הִרְהֵר אַחֲרַי. לְפִיכָךְ – "עַתָּה תִרְאֶה", הֶעָשׂוּי לְפַרְעֹה תִרְאֶה, וְלֹא הֶעָשׂוּי לְמַלְכֵי שִׁבְעָה אֻמּוֹת כְּשֶׁאֲבִיאֵם לָאָרֶץ: כִּי בְיָד חֲזָקָה יְשַׁלְּחֵם. מִפְּנֵי יָדִי שֶׁתֶּחֱזַק עָלָיו יְשַׁלְּחֵם: וּבְיָד חֲזָקָה יְגָרְשֵׁם מֵאַרְצוֹ. עַל כָּרְחָם שֶׁל יִשְׂרָאֵל יְגָרְשֵׁם וְלֹא יַסְפִּיקוּ לַעֲשׂוֹת לָהֶם צֵידָה, וְכֵן הוּא אוֹמֵר: "וַתֶּחֱזַק מִצְרַיִם עַל הָעָם" וְגוֹ' (להלן יב, לג):

הפטרת שמות

מלכות יהודה בימי ישעיהו הנביא הייתה קוטבית. מצד אחד, ימי הזוהר של עוזיהו, שהביא את מלכות יהודה לאחד משיאיה, ומצד אחר, ימי השפל של מלכות אחז. גם בימי מלכות חזקיהו הייתה קוטביות: השפל בגלל המצור האשורי על ירושלים, לעומת השמחה הגדולה על מפלת סנחריב בשערי ירושלים.

המרחק מן השפע אל הפשע קצר, אם אין יודעים להכיל את השפע בענווה ובצניעות. שִׁכרון ההצלחה והכוח יכולים לגרום לאנשים להיות "הלומי יין". חברה כזו תאבד במו ידיה את האפשרות לגאולה שלמה. במקום: "והיה ביום ההוא יִתָּקַע בשופר גדול ובאו האֹבדים בארץ אשור... והשתחוו לה' בהר הקֹדש בירושלִָם", תישמע הנבואה: "בְּרַגלים תֵּרָמַסנה, עטרת גאות שִׁכּוֹרי אפרים".

ישעיה לאשכנזים

כז ו הַבָּאִים יַשְׁרֵשׁ יַעֲקֹב יָצִיץ וּפָרַח יִשְׂרָאֵל וּמָלְאוּ פְנֵי־תֵבֵל
ח תְּנוּבָה׃ הַכְּמַכַּת מַכֵּהוּ הִכָּהוּ אִם־כְּהֶרֶג הֲרֻגָיו הֹרָג׃ בְּסַאסְּאָה
ט בְּשַׁלְחָהּ תְּרִיבֶנָּה הָגָה בְּרוּחוֹ הַקָּשָׁה בְּיוֹם קָדִים׃ לָכֵן בְּזֹאת יְכֻפַּר
עֲוֹן־יַעֲקֹב וְזֶה כָּל־פְּרִי הָסִר חַטָּאתוֹ בְּשׂוּמוֹ ׀ כָּל־אַבְנֵי מִזְבֵּחַ כְּאַבְנֵי־
י גִר מְנֻפָּצוֹת לֹא־יָקֻמוּ אֲשֵׁרִים וְחַמָּנִים׃ כִּי עִיר בְּצוּרָה בָּדָד נָוֶה מְשֻׁלָּח
יא וְנֶעֱזָב כַּמִּדְבָּר שָׁם יִרְעֶה עֵגֶל וְשָׁם יִרְבָּץ וְכִלָּה סְעִפֶיהָ׃ בִּיבֹשׁ קְצִירָהּ
תִּשָּׁבַרְנָה נָשִׁים בָּאוֹת מְאִירוֹת אוֹתָהּ כִּי לֹא עַם־בִּינוֹת הוּא עַל־כֵּן
יב לֹא־יְרַחֲמֶנּוּ עֹשֵׂהוּ וְיֹצְרוֹ לֹא יְחֻנֶּנּוּ׃ וְהָיָה בַּיּוֹם הַהוּא יַחְבֹּט
יְהוָה מִשִּׁבֹּלֶת הַנָּהָר עַד־נַחַל מִצְרָיִם וְאַתֶּם תְּלֻקְּטוּ לְאַחַד אֶחָד בְּנֵי
יג יִשְׂרָאֵל׃ וְהָיָה ׀ בַּיּוֹם הַהוּא יִתָּקַע בְּשׁוֹפָר גָּדוֹל וּבָאוּ הָאֹבְדִים
בְּאֶרֶץ אַשּׁוּר וְהַנִּדָּחִים בְּאֶרֶץ מִצְרָיִם וְהִשְׁתַּחֲווּ לַיהוָה בְּהַר הַקֹּדֶשׁ
כח א בִּירוּשָׁלִָם׃ הוֹי עֲטֶרֶת גֵּאוּת שִׁכֹּרֵי אֶפְרַיִם וְצִיץ נֹבֵל צְבִי
ב תִפְאַרְתּוֹ אֲשֶׁר עַל־רֹאשׁ גֵּיא־שְׁמָנִים הֲלוּמֵי יָיִן׃ הִנֵּה חָזָק וְאַמִּץ לַאדֹנָי
כְּזֶרֶם בָּרָד שַׂעַר קָטֶב כְּזֶרֶם מַיִם כַּבִּירִים שֹׁטְפִים הִנִּיחַ לָאָרֶץ בְּיָד׃
ג ד בְּרַגְלַיִם תֵּרָמַסְנָה עֲטֶרֶת גֵּאוּת שִׁכּוֹרֵי אֶפְרָיִם׃ וְהָיְתָה צִיצַת נֹבֵל צְבִי
תִפְאַרְתּוֹ אֲשֶׁר עַל־רֹאשׁ גֵּיא שְׁמָנִים כְּבִכּוּרָהּ בְּטֶרֶם קַיִץ אֲשֶׁר יִרְאֶה
ה הָרֹאֶה אוֹתָהּ בְּעוֹדָהּ בְּכַפּוֹ יִבְלָעֶנָּה׃ בַּיּוֹם הַהוּא יִהְיֶה יְהוָה
ו צְבָאוֹת לַעֲטֶרֶת צְבִי וְלִצְפִירַת תִּפְאָרָה לִשְׁאָר עַמּוֹ׃ וּלְרוּחַ מִשְׁפָּט לַיּוֹשֵׁב
ז עַל־הַמִּשְׁפָּט וְלִגְבוּרָה מְשִׁיבֵי מִלְחָמָה שָׁעְרָה׃ וְגַם־אֵלֶּה בַּיַּיִן שָׁגוּ וּבַשֵּׁכָר
תָּעוּ כֹּהֵן וְנָבִיא שָׁגוּ בַשֵּׁכָר נִבְלְעוּ מִן־הַיַּיִן תָּעוּ מִן־הַשֵּׁכָר שָׁגוּ בָּרֹאֶה
ח ט פָּקוּ פְּלִילִיָּה׃ כִּי כָּל־שֻׁלְחָנוֹת מָלְאוּ קִיא צֹאָה בְּלִי מָקוֹם׃ אֶת־
י מִי יוֹרֶה דֵעָה וְאֶת־מִי יָבִין שְׁמוּעָה גְּמוּלֵי מֵחָלָב עַתִּיקֵי מִשָּׁדָיִם׃ כִּי צַו
יא לָצָו צַו לָצָו קַו לָקָו קַו לָקָו זְעֵיר שָׁם זְעֵיר שָׁם׃ כִּי בְּלַעֲגֵי שָׂפָה וּבְלָשׁוֹן
יב אַחֶרֶת יְדַבֵּר אֶל־הָעָם הַזֶּה׃ אֲשֶׁר ׀ אָמַר אֲלֵיהֶם זֹאת הַמְּנוּחָה הָנִיחוּ

יג לְעַיֵף וְזֹאת הַמַּרְגֵּעָה וְלֹא אָבוּא שְׁמוֹעַ: וְהָיָה לָהֶם דְּבַר־יְהוָה צַו לָצָו צַו
לָצָו קַו לָקָו קַו לָקָו זְעֵיר שָׁם זְעֵיר שָׁם לְמַעַן יֵלְכוּ וְכָשְׁלוּ אָחוֹר וְנִשְׁבָּרוּ
וְנוֹקְשׁוּ וְנִלְכָּדוּ:
כט כב לָכֵן כֹּה־אָמַר יְהוָה אֶל־בֵּית יַעֲקֹב אֲשֶׁר פָּדָה אֶת־אַבְרָהָם לֹא־עַתָּה
כג יֵבוֹשׁ יַעֲקֹב וְלֹא עַתָּה פָּנָיו יֶחֱוָרוּ: כִּי בִרְאֹתוֹ יְלָדָיו מַעֲשֵׂה יָדַי בְּקִרְבּוֹ
יַקְדִּישׁוּ שְׁמִי וְהִקְדִּישׁוּ אֶת־קְדוֹשׁ יַעֲקֹב וְאֶת־אֱלֹהֵי יִשְׂרָאֵל יַעֲרִיצוּ:

נבואת ההקדשה של ירמיהו, שפעל בימי מלכי יהודה האחרונים עד לחורבן בית ראשון וקצת לאחריו, ממחישה את הקושי הגדול שבשליחות הנבואית. שליחותו של ירמיהו הייתה קשה במיוחד, בהיותו הנביא הראשון והיחיד שליווה את החורבן במקום התרחשותו. הקושי היה כפול: מצד אחד היה שליח ה' המצֻוֶּה להעביר נבואות חורבן לעם, מצד אחר אוהב את העם וצריך להוכיח אותו ביד קשה. לא בכדי נחוצה לו הבטחת ה' הייחודית בראשית הדרך, "ואתה תאזר מתניך ודברת אליהם את כל אשר אנכי אצוֶּךָּ, אל תֵּחַת מפניהם... ואני הנה נתתיך היום לעיר מבצר ולעמוד ברזל... ונלחמו אליך ולא יוכלו לך". ניסיונות ההתחמקות של ירמיהו, כמו גם של משה, מהשליחות הנבואית הם שיקוף של הקושי הזה.

ירמיה לספרדים

א א דִּבְרֵי יִרְמְיָהוּ בֶּן־חִלְקִיָּהוּ מִן־הַכֹּהֲנִים אֲשֶׁר בַּעֲנָתוֹת בְּאֶרֶץ בִּנְיָמִן:
ב אֲשֶׁר הָיָה דְבַר־יְהוָה אֵלָיו בִּימֵי יֹאשִׁיָּהוּ בֶן־אָמוֹן מֶלֶךְ יְהוּדָה בִּשְׁלֹשׁ־
ג עֶשְׂרֵה שָׁנָה לְמָלְכוֹ: וַיְהִי בִּימֵי יְהוֹיָקִים בֶּן־יֹאשִׁיָּהוּ מֶלֶךְ יְהוּדָה עַד־תֹּם
עַשְׁתֵּי־עֶשְׂרֵה שָׁנָה לְצִדְקִיָּהוּ בֶן־יֹאשִׁיָּהוּ מֶלֶךְ יְהוּדָה עַד־גְּלוֹת יְרוּשָׁלִַם
ד ה בַּחֹדֶשׁ הַחֲמִישִׁי: וַיְהִי דְבַר־יְהוָה אֵלַי לֵאמֹר: בְּטֶרֶם אצורך (אֶצָּרְךָ)
בַבֶּטֶן יְדַעְתִּיךָ וּבְטֶרֶם תֵּצֵא מֵרֶחֶם הִקְדַּשְׁתִּיךָ נָבִיא לַגּוֹיִם נְתַתִּיךָ:
ו ז וָאֹמַר אֲהָהּ אֲדֹנָי יְהוִה הִנֵּה לֹא־יָדַעְתִּי דַּבֵּר כִּי־נַעַר אָנֹכִי: וַיֹּאמֶר
יְהוָה אֵלַי אַל־תֹּאמַר נַעַר אָנֹכִי כִּי עַל־כָּל־אֲשֶׁר אֶשְׁלָחֲךָ תֵּלֵךְ וְאֵת
ח כָּל־אֲשֶׁר אֲצַוְּךָ תְּדַבֵּר: אַל־תִּירָא מִפְּנֵיהֶם כִּי־אִתְּךָ אֲנִי לְהַצִּלֶךָ נְאֻם־
ט יְהוָה: וַיִּשְׁלַח יְהוָה אֶת־יָדוֹ וַיַּגַּע עַל־פִּי וַיֹּאמֶר יְהוָה אֵלַי הִנֵּה נָתַתִּי
י דְבָרַי בְּפִיךָ: רְאֵה הִפְקַדְתִּיךָ ׀ הַיּוֹם הַזֶּה עַל־הַגּוֹיִם וְעַל־הַמַּמְלָכוֹת
יא לִנְתוֹשׁ וְלִנְתוֹץ וּלְהַאֲבִיד וְלַהֲרוֹס לִבְנוֹת וְלִנְטוֹעַ: וַיְהִי
דְבַר־יְהוָה אֵלַי לֵאמֹר מָה־אַתָּה רֹאֶה יִרְמְיָהוּ וָאֹמַר מַקֵּל שָׁקֵד
יב אֲנִי רֹאֶה: וַיֹּאמֶר יְהוָה אֵלַי הֵיטַבְתָּ לִרְאוֹת כִּי־שֹׁקֵד אֲנִי עַל־דְּבָרִי
יג לַעֲשֹׂתוֹ: וַיְהִי דְבַר־יְהוָה ׀ אֵלַי שֵׁנִית לֵאמֹר מָה אַתָּה רֹאֶה
יד וָאֹמַר סִיר נָפוּחַ אֲנִי רֹאֶה וּפָנָיו מִפְּנֵי צָפוֹנָה: וַיֹּאמֶר יְהוָה אֵלַי מִצָּפוֹן
טו תִּפָּתַח הָרָעָה עַל כָּל־יֹשְׁבֵי הָאָרֶץ: כִּי ׀ הִנְנִי קֹרֵא לְכָל־מִשְׁפְּחוֹת מַמְלְכוֹת
צָפוֹנָה נְאֻם־יְהוָה וּבָאוּ וְנָתְנוּ אִישׁ כִּסְאוֹ פֶּתַח ׀ שַׁעֲרֵי יְרוּשָׁלִַם וְעַל

טז כָּל־חוֹמֹתֶיהָ סָבִיב וְעַל כָּל־עָרֵי יְהוּדָה: וְדִבַּרְתִּי מִשְׁפָּטַי אוֹתָם עַל כָּל־
רָעָתָם אֲשֶׁר עֲזָבוּנִי וַיְקַטְּרוּ לֵאלֹהִים אֲחֵרִים וַיִּשְׁתַּחֲווּ לְמַעֲשֵׂי יְדֵיהֶם:
יז וְאַתָּה תֶּאְזֹר מָתְנֶיךָ וְקַמְתָּ וְדִבַּרְתָּ אֲלֵיהֶם אֵת כָּל־אֲשֶׁר אָנֹכִי אֲצַוֶּךָּ אַל־
יח תֵּחַת מִפְּנֵיהֶם פֶּן־אֲחִתְּךָ לִפְנֵיהֶם: וַאֲנִי הִנֵּה נְתַתִּיךָ הַיּוֹם לְעִיר מִבְצָר
וּלְעַמּוּד בַּרְזֶל וּלְחֹמוֹת נְחֹשֶׁת עַל־כָּל־הָאָרֶץ לְמַלְכֵי יְהוּדָה לְשָׂרֶיהָ
יט לְכֹהֲנֶיהָ וּלְעַם הָאָרֶץ: וְנִלְחֲמוּ אֵלֶיךָ וְלֹא־יוּכְלוּ לָךְ כִּי־אִתְּךָ אֲנִי נְאֻם־
ב א ב יְהוָה לְהַצִּילֶךָ: וַיְהִי דְבַר־יְהוָה אֵלַי לֵאמֹר: הָלֹךְ וְקָרָאתָ בְאָזְנֵי
יְרוּשָׁלִַם לֵאמֹר כֹּה אָמַר יְהוָה זָכַרְתִּי לָךְ חֶסֶד נְעוּרַיִךְ אַהֲבַת כְּלוּלֹתָיִךְ
ג לֶכְתֵּךְ אַחֲרַי בַּמִּדְבָּר בְּאֶרֶץ לֹא זְרוּעָה: קֹדֶשׁ יִשְׂרָאֵל לַיהוָה רֵאשִׁית
תְּבוּאָתֹה כָּל־אֹכְלָיו יֶאְשָׁמוּ רָעָה תָּבֹא אֲלֵיהֶם נְאֻם־יְהוָה:

יחזקאל הנביא מתאר לאנשים שגלו עמו לבבל בגלות יהויכין, את הסיבות לחורבן המתקרב. בין השאר הוא סוקר את יחסי ה' עם עמו מימי גלות מצרים ואילך. הוא מתאר זאת באמצעות משל על איש ואסופית. תינוקת הושלכה לרחוב לאחר הולדתה. איש שהיה שם הציל אותה ולקח אותה תחת חסותו. הוא טיפל בה טיפול מסור במשך שנים, עד שהפכה לבוגרת, יפה ומוצלחת, ואז נשאה לו לאישה. סיפור זה מבטא את ההשגחה המיוחדת של ה' על עמו מן השפל של הגלות במצרים ועד לברית בסיני. פסוקים מנבואה זו נשזרו גם בנוסח ההגדה של פסח.

בהמשך הנבואה, בפסוקים שלאחר ההפטרה, הנביא מתאר שהעם מפנה עורף לה', למרות הטובה הרבה שהיטיב עמו.

יחזקאל לתימנים

טז א ב וַיְהִי דְבַר־יְהוָה אֵלַי לֵאמֹר: בֶּן־אָדָם הוֹדַע אֶת־יְרוּשָׁלִַם אֶת־תּוֹעֲבֹתֶיהָ:
ג וְאָמַרְתָּ כֹּה־אָמַר אֲדֹנָי יֱהוִה לִירוּשָׁלִַם מְכֹרֹתַיִךְ וּמֹלְדֹתַיִךְ מֵאֶרֶץ הַכְּנַעֲנִי
ד אָבִיךְ הָאֱמֹרִי וְאִמֵּךְ חִתִּית: וּמוֹלְדוֹתַיִךְ בְּיוֹם הוּלֶּדֶת אֹתָךְ לֹא־כָרַּת שָׁרֵּךְ
ה וּבְמַיִם לֹא־רֻחַצְתְּ לְמִשְׁעִי וְהָמְלֵחַ לֹא הֻמְלַחַתְּ וְהָחְתֵּל לֹא חֻתָּלְתְּ: לֹא־
חָסָה עָלַיִךְ עַיִן לַעֲשׂוֹת לָךְ אַחַת מֵאֵלֶּה לְחֻמְלָה עָלָיִךְ וַתֻּשְׁלְכִי אֶל־פְּנֵי
ו הַשָּׂדֶה בְּגֹעַל נַפְשֵׁךְ בְּיוֹם הֻלֶּדֶת אֹתָךְ: וָאֶעֱבֹר עָלַיִךְ וָאֶרְאֵךְ מִתְבּוֹסֶסֶת
ז בְּדָמָיִךְ וָאֹמַר לָךְ בְּדָמַיִךְ חֲיִי וָאֹמַר לָךְ בְּדָמַיִךְ חֲיִי: רְבָבָה כְּצֶמַח הַשָּׂדֶה
נְתַתִּיךְ וַתִּרְבִּי וַתִּגְדְּלִי וַתָּבֹאִי בַּעֲדִי עֲדָיִים שָׁדַיִם נָכֹנוּ וּשְׂעָרֵךְ צִמֵּחַ וְאַתְּ
ח עֵרֹם וְעֶרְיָה: וָאֶעֱבֹר עָלַיִךְ וָאֶרְאֵךְ וְהִנֵּה עִתֵּךְ עֵת דֹּדִים וָאֶפְרֹשׂ כְּנָפִי עָלַיִךְ
וָאֲכַסֶּה עֶרְוָתֵךְ וָאֶשָּׁבַע לָךְ וָאָבוֹא בִבְרִית אֹתָךְ נְאֻם אֲדֹנָי יֱהוִה וַתִּהְיִי־לִי:
ט י וָאֶרְחָצֵךְ בַּמַּיִם וָאֶשְׁטֹף דָּמַיִךְ מֵעָלָיִךְ וָאֲסֻכֵךְ בַּשָּׁמֶן: וָאַלְבִּישֵׁךְ רִקְמָה
יא וָאֶנְעֲלֵךְ תָּחַשׁ וָאֶחְבְּשֵׁךְ בַּשֵּׁשׁ וַאֲכַסֵּךְ מֶשִׁי: וָאֶעְדֵּךְ עֶדִי וָאֶתְּנָה צְמִידִים
יב עַל־יָדַיִךְ וְרָבִיד עַל־גְּרוֹנֵךְ: וָאֶתֵּן נֶזֶם עַל־אַפֵּךְ וַעֲגִילִים עַל־אָזְנָיִךְ וַעֲטֶרֶת
יג תִּפְאֶרֶת בְּרֹאשֵׁךְ: וַתַּעְדִּי זָהָב וָכֶסֶף וּמַלְבּוּשֵׁךְ שֵׁשִׁי וָמֶשִׁי וְרִקְמָה סֹלֶת — שֵׁשׁ
יד וּדְבַשׁ וָשֶׁמֶן אָכָלְתִּי וַתִּיפִי בִּמְאֹד מְאֹד וַתִּצְלְחִי לִמְלוּכָה: וַיֵּצֵא לָךְ שֵׁם — אָכָלְתְּ
בַּגּוֹיִם בְּיָפְיֵךְ כִּי ׀ כָּלִיל הוּא בַּהֲדָרִי אֲשֶׁר־שַׂמְתִּי עָלַיִךְ נְאֻם אֲדֹנָי יֱהוִה:

פרשת וארא

נושאים לפי סדרים	ד	ה	ו
	לשונות הגאולה היוחסין של משה ואהרן ה׳ שולח את משה ואהרן אל פרעה	מופת התנין מכות דם, צפרדע, כינים	מכות ערוב, דבר שחין, ברד
	מצרים		
	כשמונה חודשים		

וארא

ד וַיְדַבֵּר אֱלֹהִים אֶל־מֹשֶׁה וַיֹּאמֶר אֵלָיו אֲנִי יְהוָה׃ ב ו
וָאֵרָא אֶל־אַבְרָהָם אֶל־יִצְחָק וְאֶל־יַעֲקֹב ג
בְּאֵל שַׁדָּי וּשְׁמִי יְהוָה לֹא נוֹדַעְתִּי לָהֶם׃ וְגַם ד
הֲקִמֹתִי אֶת־בְּרִיתִי אִתָּם לָתֵת לָהֶם אֶת־אֶרֶץ
כְּנָעַן אֵת אֶרֶץ מְגֻרֵיהֶם אֲשֶׁר־גָּרוּ בָהּ׃ וְגַם ׀ ה
אֲנִי שָׁמַעְתִּי אֶת־נַאֲקַת בְּנֵי יִשְׂרָאֵל אֲשֶׁר
מִצְרַיִם מַעֲבִדִים אֹתָם וָאֶזְכֹּר אֶת־בְּרִיתִי׃
לָכֵן אֱמֹר לִבְנֵי־יִשְׂרָאֵל אֲנִי יְהוָה וְהוֹצֵאתִי ו
אֶתְכֶם מִתַּחַת סִבְלֹת מִצְרַיִם וְהִצַּלְתִּי אֶתְכֶם
מֵעֲבֹדָתָם וְגָאַלְתִּי אֶתְכֶם בִּזְרוֹעַ נְטוּיָה
וּבִשְׁפָטִים גְּדֹלִים׃ וְלָקַחְתִּי אֶתְכֶם לִי לְעָם ז
וְהָיִיתִי לָכֶם לֵאלֹהִים וִידַעְתֶּם כִּי אֲנִי יְהוָה
אֱלֹהֵיכֶם הַמּוֹצִיא אֶתְכֶם מִתַּחַת סִבְלוֹת
מִצְרָיִם׃ וְהֵבֵאתִי אֶתְכֶם אֶל־הָאָרֶץ אֲשֶׁר ח
נָשָׂאתִי אֶת־יָדִי לָתֵת אֹתָהּ לְאַבְרָהָם לְיִצְחָק
וּלְיַעֲקֹב וְנָתַתִּי אֹתָהּ לָכֶם מוֹרָשָׁה אֲנִי יְהוָה׃
וַיְדַבֵּר מֹשֶׁה כֵּן אֶל־בְּנֵי יִשְׂרָאֵל וְלֹא שָׁמְעוּ ט
אֶל־מֹשֶׁה מִקֹּצֶר רוּחַ וּמֵעֲבֹדָה קָשָׁה׃

ב ג וּמַלֵּיל יי עִם מֹשֶׁה, וַאֲמַר לֵיהּ אֲנָא יי: וְאִתְגְּלֵיתִי, לְאַבְרָהָם, לְיִצְחָק וּלְיַעֲקֹב בְּאֵל
ד שַׁדַּי, וּשְׁמִי יי, לָא הוֹדַעִית לְהוֹן: וְאַף אֲקֵימִית יָת קְיָמִי עִמְּהוֹן, לְמִתַּן לְהוֹן יָת אַרְעָא
ה דִּכְנָעַן, יָת, אֲרַע תּוֹתָבוּתְהוֹן דְּאִתּוֹתַבוּ בַהּ: וְאַף קֳדָמַי שְׁמִיעַ, יָת קְבִילַת בְּנֵי יִשְׂרָאֵל,
ו דְּמִצְרָאֵי מַפְלְחִין בְּהוֹן, וּדְכִירְנָא יָת קְיָמִי: בְּכֵן, אֵימַר לִבְנֵי יִשְׂרָאֵל אֲנָא יי, וְאַפֵּיק יָתְכוֹן,
מִגּוֹ דְּחוֹק פָּלְחַן מִצְרָאֵי, וַאֲשֵׁיזֵיב יָתְכוֹן מִפֻּלְחָנְהוֹן, וְאֶפְרוֹק יָתְכוֹן בִּדְרָע מְרָמַם, וּבְדִינִין
ז רַבְרְבִין: וַאֲקָרֵיב יָתְכוֹן קֳדָמַי לְעַם, וְאֶהֱוֵי לְכוֹן לֶאֱלָהּ, וְתִדְּעוּן, אֲרֵי אֲנָא יי אֱלָהֲכוֹן,
ח דְּאַפֵּיק יָתְכוֹן, מִגּוֹ דְּחוֹק פָּלְחַן מִצְרָאֵי: וְאַעֵיל יָתְכוֹן לְאַרְעָא, דְּקַיֵּימִית בְּמֵימְרִי,
ט לְמִתַּן יָתַהּ, לְאַבְרָהָם לְיִצְחָק וּלְיַעֲקֹב, וְאֶתֵּין יָתַהּ לְכוֹן, יְרֻתָּא אֲנָא יי: וּמַלֵּיל מֹשֶׁה, כֵּן
עִם בְּנֵי יִשְׂרָאֵל, וְלָא קַבִּילוּ מִן מֹשֶׁה, מֵעָקַת רוּחַ, וּמִפֻּלְחָנָא דַּהֲוָה קְשֵׁי עֲלֵיהוֹן:

ב **וַיְדַבֵּר אֱלֹהִים אֶל מֹשֶׁה.** דִּבֵּר אִתּוֹ מִשְׁפָּט עַל שֶׁהִקְשָׁה לְדַבֵּר וְלוֹמַר: "לָמָה הֲרֵעֹתָה לָעָם הַזֶּה" (לעיל ה, כב). **וַיֹּאמֶר אֵלָיו אֲנִי ה'.** נֶאֱמָן לְשַׁלֵּם שָׂכָר טוֹב לַמִּתְהַלְּכִים לְפָנַי. וְלֹא לְחִנָּם שְׁלַחְתִּיךָ כִּי אִם לְקַיֵּם דְּבָרַי לָאָבוֹת הָרִאשׁוֹנִים. וּבִלְשׁוֹן הַזֶּה מָצִינוּ שֶׁהוּא נִדְרָשׁ בְּכַמָּה מְקוֹמוֹת: "אֲנִי ה'" נֶאֱמָן לִפָּרַע, כְּשֶׁהוּא אָמוּר אֵצֶל עֹנֶשׁ כְּגוֹן: "וְחִלַּלְתָּ אֶת שֵׁם אֱלֹהֶיךָ אֲנִי ה'" (ויקרא יט, יב); וּכְשֶׁהוּא אָמוּר אֵצֶל קִיּוּם מִצְוֹת כְּגוֹן: "וּשְׁמַרְתֶּם מִצְוֹתַי וַעֲשִׂיתֶם אֹתָם אֲנִי ה'" (שם כב, לא) נֶאֱמָן לִתֵּן שָׂכָר:

ג **וָאֵרָא.** אֶל הָאָבוֹת: **בְּאֵל שַׁדָּי.** הִבְטַחְתִּים הַבְטָחוֹת וּבְכֻלָּן אָמַרְתִּי לָהֶם: "אֲנִי אֵל שַׁדַּי". **וּשְׁמִי ה' לֹא נוֹדַעְתִּי לָהֶם.** 'לֹא הוֹדַעְתִּי' אֵין כְּתִיב כָּאן אֶלָּא "לֹא נוֹדַעְתִּי", לֹא נִכַּרְתִּי לָהֶם בְּמִדַּת אֲמִתּוּת שֶׁלִּי שֶׁעָלֶיהָ נִקְרָא שְׁמִי ה', נֶאֱמָן לְאַמֵּת דְּבָרַי, שֶׁהֲרֵי הִבְטַחְתִּים וְלֹא קִיַּמְתִּי:

ד **וְגַם הֲקִמֹתִי אֶת בְּרִיתִי וְגוֹ'.** וְגַם כְּשֶׁנִּרְאֵיתִי לָהֶם בְּאֵל שַׁדַּי הִצַּבְתִּי וְהֶעֱמַדְתִּי בְּרִית בֵּינִי וּבֵינֵיהֶם "לָתֵת לָהֶם אֶת אֶרֶץ כְּנָעַן" – לְאַבְרָהָם בְּפָרָשַׁת מִילָה נֶאֱמַר: "אֲנִי אֵל שַׁדַּי וְגוֹ' וְנָתַתִּי לְךָ וּלְזַרְעֲךָ אַחֲרֶיךָ אֵת אֶרֶץ מְגֻרֶיךָ" (בראשית יז, א-ח); לְיִצְחָק: "כִּי לְךָ וּלְזַרְעֲךָ אֶתֵּן אֶת כָּל הָאֲרָצֹת הָאֵל וַהֲקִמֹתִי אֶת הַשְּׁבֻעָה אֲשֶׁר נִשְׁבַּעְתִּי לְאַבְרָהָם" (שם כו, ג), וְאוֹתָהּ שְׁבוּעָה שֶׁנִּשְׁבַּעְתִּי לְאַבְרָהָם בְּאֵל שַׁדַּי נֶאֶמְרָה; לְיַעֲקֹב: "אֲנִי אֵל שַׁדַּי פְּרֵה וּרְבֵה וְגוֹ' וְאֶת הָאָרֶץ אֲשֶׁר" וְגוֹ' (שם לה, יא-יב). הֲרֵי שֶׁדִּבַּרְתִּי לָהֶם וְלֹא קִיַּמְתִּי:

ה **וְגַם אֲנִי.** כְּמוֹ שֶׁהִצַּבְתִּי וְהֶעֱמַדְתִּי הַבְּרִית יֵשׁ עָלַי לְקַיֵּם, לְפִיכָךְ "שָׁמַעְתִּי אֶת נַאֲקַת בְּנֵי יִשְׂרָאֵל" הַנֹּאֲקִים, "אֲשֶׁר מִצְרַיִם מַעֲבִדִים אֹתָם, וָאֶזְכֹּר" אוֹתוֹ הַבְּרִית, כִּי בִּבְרִית בֵּין הַבְּתָרִים אָמַרְתִּי לוֹ: "וְגַם אֶת הַגּוֹי אֲשֶׁר יַעֲבֹדוּ דָּן אָנֹכִי" (שם טו, יד):

ו **לָכֵן.** עַל פִּי אוֹתָהּ הַשְּׁבוּעָה: **אֱמֹר לִבְנֵי יִשְׂרָאֵל אֲנִי ה'.** הַנֶּאֱמָן בְּהַבְטָחָתִי: **וְהוֹצֵאתִי אֶתְכֶם.** כִּי כֵן הִבְטַחְתִּי: "וְאַחֲרֵי כֵן יֵצְאוּ בִּרְכֻשׁ גָּדוֹל" (שם). **סִבְלֹת.** טֹרַח מַשָּׂא מִצְרַיִם:

ח **נָשָׂאתִי אֶת יָדִי.** הֲרִימוֹתִיהָ לְשָׁבַע בְּכִסְאִי:

ט **וְלֹא שָׁמְעוּ אֶל מֹשֶׁה.** לֹא קִבְּלוּ תַּנְחוּמִין: **מִקֹּצֶר רוּחַ.** כָּל מִי שֶׁהוּא מֵצֵר, רוּחוֹ וּנְשִׁימָתוֹ קְצָרָה וְאֵינוֹ יָכוֹל לְהַאֲרִיךְ בִּנְשִׁימָתוֹ.

קָרוֹב לְעִנְיָן זֶה שָׁמַעְתִּי בְּפָרָשָׁה זוֹ מֵרַבִּי בָּרוּךְ בְּרַבִּי אֱלִיעֶזֶר, וְהֵבִיא לִי רְאָיָה מִמִּקְרָא זֶה: "בַּפַּעַם הַזֹּאת אוֹדִיעֵם אֶת יָדִי וְאֶת גְּבוּרָתִי וְיָדְעוּ כִּי שְׁמִי ה'" (ירמיה טז, כא); לָמַדְנוּ כְּשֶׁהַקָּדוֹשׁ בָּרוּךְ הוּא מְאַמֵּן אֶת דְּבָרָיו, אֲפִלּוּ לְפֻרְעָנוּת,

·וַיְדַבֵּר יְהוָה אֶל־מֹשֶׁה לֵּאמֹר: בֹּא דַבֵּר אֶל־ יא
פַּרְעֹה מֶלֶךְ מִצְרָיִם וִישַׁלַּח אֶת־בְּנֵי־יִשְׂרָאֵל
מֵאַרְצוֹ: וַיְדַבֵּר מֹשֶׁה לִפְנֵי יְהוָה לֵאמֹר הֵן בְּנֵי־ יב
יִשְׂרָאֵל לֹא־שָׁמְעוּ אֵלַי וְאֵיךְ יִשְׁמָעֵנִי פַרְעֹה
וַאֲנִי עֲרַל שְׂפָתָיִם:
וַיְדַבֵּר יְהוָה אֶל־מֹשֶׁה וְאֶל־אַהֲרֹן וַיְצַוֵּם אֶל־בְּנֵי יג
יִשְׂרָאֵל וְאֶל־פַּרְעֹה מֶלֶךְ מִצְרָיִם לְהוֹצִיא אֶת־
שני בְּנֵי־יִשְׂרָאֵל מֵאֶרֶץ מִצְרָיִם:· אֵלֶּה יד
רָאשֵׁי בֵית־אֲבֹתָם בְּנֵי רְאוּבֵן בְּכֹר יִשְׂרָאֵל
חֲנוֹךְ וּפַלּוּא חֶצְרֹן וְכַרְמִי אֵלֶּה מִשְׁפְּחֹת רְאוּבֵן:
וּבְנֵי שִׁמְעוֹן יְמוּאֵל וְיָמִין וְאֹהַד וְיָכִין וְצֹחַר טו
וְשָׁאוּל בֶּן־הַכְּנַעֲנִית אֵלֶּה מִשְׁפְּחֹת שִׁמְעוֹן:
וְאֵלֶּה שְׁמוֹת בְּנֵי־לֵוִי לְתֹלְדֹתָם גֵּרְשׁוֹן וּקְהָת טז
וּמְרָרִי וּשְׁנֵי חַיֵּי לֵוִי שֶׁבַע וּשְׁלֹשִׁים וּמְאַת שָׁנָה:
בְּנֵי גֵרְשׁוֹן לִבְנִי וְשִׁמְעִי לְמִשְׁפְּחֹתָם: וּבְנֵי קְהָת יז יח
עַמְרָם וְיִצְהָר וְחֶבְרוֹן וְעֻזִּיאֵל וּשְׁנֵי חַיֵּי קְהָת
שָׁלֹשׁ וּשְׁלֹשִׁים וּמְאַת שָׁנָה: וּבְנֵי מְרָרִי מַחְלִי יט
וּמוּשִׁי אֵלֶּה מִשְׁפְּחֹת הַלֵּוִי לְתֹלְדֹתָם: וַיִּקַּח כ

מוֹדִיעַ שֶׁשְּׁמוֹ ה', וְכָל שֶׁכֵּן הַאֲמָנָה לְטוֹבָה. וְרַבּוֹתֵינוּ דְּרָשׁוּהוּ לְעִנְיַן שֶׁל מַעְלָה שֶׁאָמַר מֹשֶׁה: "לָמָה הֲרֵעֹתָה" (לעיל ה, כב), אָמַר לוֹ הַקָּדוֹשׁ בָּרוּךְ הוּא: חֲבָל עַל דְּאָבְדִין וְלָא מִשְׁתַּכְּחִין! יֵשׁ לִי לְהִתְאוֹנֵן עַל מִיתַת הָאָבוֹת, הַרְבֵּה פְּעָמִים נִגְלֵיתִי עֲלֵיהֶם בְּאֵל שַׁדַּי וְלֹא אָמְרוּ לִי מַה שְּׁמֶךָ, וְאַתָּה אָמַרְתָּ: "מַה שְּׁמוֹ, מָה אֹמַר אֲלֵיהֶם" (לעיל ג, יג); וְגַם הֲקִמֹתִי וְגוֹ'. וּכְשֶׁבִּקֵּשׁ אַבְרָהָם לִקְבֹּר אֶת

וּמַלֵּיל יי עִם מֹשֶׁה לְמֵימַר: עוֹל מַלֵּיל, עִם פַּרְעֹה מַלְכָּא דְמִצְרָיִם, וִישַׁלַּח יָת בְּנֵי יִשְׂרָאֵל יא
מֵאַרְעֵיהּ: וּמַלֵּיל מֹשֶׁה, קֳדָם יי לְמֵימַר, הָא בְּנֵי יִשְׂרָאֵל לָא קַבִּילוּ מִנִּי, וְאֵיכְדֵין יְקַבֵּיל יב
מִנִּי פַּרְעֹה, וַאֲנָא יַקִּיר מַמְלַל: וּמַלֵּיל יי עִם מֹשֶׁה וּלְאַהֲרֹן, וּפַקֵּידִנּוּן לְוָת בְּנֵי יִשְׂרָאֵל, וּלְוָת יג
פַּרְעֹה מַלְכָּא דְמִצְרָיִם, לְאַפָּקָא יָת בְּנֵי יִשְׂרָאֵל מֵאַרְעָא דְמִצְרָיִם: אִלֵּין רֵישֵׁי בֵית אֲבָהָתְהוֹן, יד
בְּנֵי רְאוּבֵן בֻּכְרָא דְיִשְׂרָאֵל, חֲנוֹךְ וּפַלּוּא חֶצְרוֹן וְכַרְמִי, אִלֵּין זַרְעִיַת רְאוּבֵן: וּבְנֵי שִׁמְעוֹן, טו
יְמוּאֵל וְיָמִין וְאֹהַד וְיָכִין וְצוֹחַר, וְשָׁאוּל בַּר כְּנַעֲנֵיתָא, אִלֵּין זַרְעִיַת שִׁמְעוֹן: וְאִלֵּין שְׁמָהָת טז
בְּנֵי לֵוִי לְתוֹלְדָתְהוֹן, גֵּרְשׁוֹן, וּקְהָת וּמְרָרִי, וּשְׁנֵי חַיֵּי לֵוִי, מְאָה וּתְלָתִין וּשְׁבַע שְׁנִין: בְּנֵי גֵרְשׁוֹן, יז
לִבְנִי וְשִׁמְעִי לְזַרְעִיָתְהוֹן: וּבְנֵי קְהָת, עַמְרָם וְיִצְהָר, וְחֶבְרוֹן וְעֻזִּיאֵל, וּשְׁנֵי חַיֵּי קְהָת, מְאָה יח
וּתְלָתִין וּתְלָת שְׁנִין: וּבְנֵי מְרָרִי מַחְלִי וּמוּשִׁי, אִלֵּין, זַרְעִיַת לֵוִי לְתוֹלְדָתְהוֹן: וּנְסֵיב יט כ

שָׂרָה לֹא מָצָא קֶבֶר עַד שֶׁקָּנָה בְּדָמִים מְרֻבִּים; וְכֵן יִצְחָק – עוֹרְרוּ עָלָיו עַל הַבְּאֵרוֹת אֲשֶׁר חָפַר; וְכֵן יַעֲקֹב – "וַיִּקֶן אֶת חֶלְקַת הַשָּׂדֶה" (בראשית לג, יט) לִנְטוֹת אָהֳלוֹ; וְלֹא הִרְהֲרוּ אַחַר מִדּוֹתַי, וְאַתָּה אָמַרְתָּ: "לָמָה הֲרֵעֹתָה". וְאֵין הַמִּדְרָשׁ מִתְיַשֵּׁב אַחַר הַמִּקְרָא מִפְּנֵי כַּמָּה דְבָרִים: אַחַת, שֶׁלֹּא נֶאֱמַר: 'וּשְׁמִי ה' לֹא שָׁאֲלוּ לִי'. וְאִם תֹּאמַר, לֹא הוֹדִיעָם שֶׁכָּךְ שְׁמוֹ; הֲרֵי תְּחִלָּה כְּשֶׁנִּגְלָה לְאַבְרָהָם בֵּין הַבְּתָרִים נֶאֱמַר: "אֲנִי ה' אֲשֶׁר הוֹצֵאתִיךָ מֵאוּר כַּשְׂדִּים" (שם טו, ז)! וְעוֹד, הֵיאַךְ הַסְּמִיכָה נִמְשֶׁכֶת בִּדְבָרִים שֶׁהוּא סוֹמֵךְ לְכָאן: "וְגַם אֲנִי שָׁמַעְתִּי וְגוֹ', לָכֵן אֱמֹר לִבְנֵי יִשְׂרָאֵל"? לְכָךְ אֲנִי אוֹמֵר יִתְיַשֵּׁב הַמִּקְרָא עַל פְּשׁוּטוֹ דָּבוּר עַל אָפְנָיו וְהַדְּרָשָׁה תִּדָּרֵשׁ, שֶׁנֶּאֱמַר: "הֲלוֹא כֹה דְבָרִי כָּאֵשׁ נְאֻם ה' וּכְפַטִּישׁ יְפֹצֵץ סָלַע" (ירמיה כג, כט), מִתְחַלֵּק לְכַמָּה נִיצוֹצוֹת:

יב] עֲרַל שְׂפָתָיִם. אֲטוּם שְׂפָתַיִם. וְכֵן כָּל לְשׁוֹן עָרְלָה אֲנִי אוֹמֵר שֶׁהוּא אֹטֶם: "עֲרֵלָה אָזְנָם" (שם ו, י) – אֲטוּמָה מִשְּׁמֹעַ; "עַרְלֵי לֵב" (שם ט, כה) – אֲטוּמִים מֵהָבִין; "שְׁתֵה גַם אַתָּה וְהֵעָרֵל" (חבקוק ב, טז) – וְהֵאָטֵם מִשִּׁכְרוּת כּוֹס הַקְּלָלָה; "עָרְלַת בָּשָׂר", שֶׁהַגִּיד אָטוּם וּמְכֻסֶּה בָּהּ; "וַעֲרַלְתֶּם עָרְלָתוֹ" (ויקרא יט, כג) – עֲשׂוּ לוֹ אֹטֶם וְכִסּוּי אִסּוּר שֶׁיַּבְדִּיל בִּפְנֵי אֲכִילָתוֹ; "שָׁלֹשׁ שָׁנִים יִהְיֶה לָכֶם עֲרֵלִים" (שם) – אָטוּם וּמְכֻסֶּה וּמֻבְדָּל מִלְּאָכְלוֹ: וְאֵיךְ יִשְׁמָעֵנִי פַרְעֹה. זֶה אֶחָד מֵעֲשָׂרָה קַל וָחֹמֶר שֶׁבַּתּוֹרָה:

יג] וַיְדַבֵּר ה' אֶל מֹשֶׁה וְאֶל אַהֲרֹן. לְפִי שֶׁאָמַר מֹשֶׁה: "וַאֲנִי עֲרַל שְׂפָתָיִם" צֵרַף הַקָּדוֹשׁ בָּרוּךְ הוּא אֶת אַהֲרֹן עִמּוֹ לִהְיוֹת לוֹ לְמֵלִיץ: וַיְצַוֵּם אֶל בְּנֵי יִשְׂרָאֵל. צִוָּם עֲלֵיהֶם לְהַנְהִיגָם בְּנַחַת וְלִסְבֹּל אוֹתָם: וְאֶל פַּרְעֹה מֶלֶךְ מִצְרָיִם. צִוָּם עָלָיו לַחֲלֹק לוֹ כָּבוֹד בְּדִבְרֵיהֶם, זֶה מִדְרָשׁוֹ. וּפְשׁוּטוֹ, צִוָּם עַל דְּבַר יִשְׂרָאֵל וְעַל שְׁלִיחוּתָם אֶל פַּרְעֹה. וּדְבַר הַצִּוּוּי מַהוּ, מְפֹרָשׁ בְּפָרָשָׁה שְׁנִיָּה לְאַחַר סֵדֶר הַיַּחַס (להלן פסוק כט), אֶלָּא מִתּוֹךְ שֶׁהִזְכִּיר מֹשֶׁה וְאַהֲרֹן, הִפְסִיק הָעִנְיָן בְּ"אֵלֶּה רָאשֵׁי בֵית אֲבֹתָם" לְלַמֶּדְךָ הֵיאַךְ נוֹלְדוּ מֹשֶׁה וְאַהֲרֹן וּבְמִי נִתְיַחֲסוּ:

יד] אֵלֶּה רָאשֵׁי בֵית אֲבֹתָם. מִתּוֹךְ שֶׁהֻזְקַק לְיַחֵס שִׁבְטוֹ שֶׁל לֵוִי עַד מֹשֶׁה וְאַהֲרֹן בִּשְׁבִיל מֹשֶׁה וְאַהֲרֹן, הִתְחִיל לְיַחֲסָם דֶּרֶךְ תּוֹלְדוֹתָם מֵרְאוּבֵן. וּבַפְּסִיקְתָּא הַגְּדוֹלָה (פסיקתא ז) רָאִיתִי, לְפִי שֶׁקִּנְתְּרָם יַעֲקֹב אֲבִיהֶם לִשְׁלֹשָׁה שְׁבָטִים הַלָּלוּ בִּשְׁעַת מוֹתוֹ, חָזַר הַכָּתוּב לְיַחֲסָם כָּאן לְבַדָּם, לוֹמַר שֶׁחֲשׁוּבִים הֵם:

טז] וּשְׁנֵי חַיֵּי לֵוִי וְגוֹ'. לָמָּה נִמְנוּ שְׁנוֹתָיו שֶׁל לֵוִי? לְהוֹדִיעַ כַּמָּה יְמֵי הַשִּׁעְבּוּד, שֶׁכָּל זְמַן שֶׁאֶחָד מִן הַשְּׁבָטִים קַיָּם לֹא הָיָה שִׁעְבּוּד, שֶׁנֶּאֱמַר: "וַיָּמָת יוֹסֵף וְכָל אֶחָיו" (לעיל א, ו) וְאַחַר כָּךְ: "וַיָּקָם מֶלֶךְ חָדָשׁ" (שם פסוק ח), וְלֵוִי הֶאֱרִיךְ יָמִים עַל כֻּלָּם:

יח] וּשְׁנֵי חַיֵּי קְהָת... וּשְׁנֵי חַיֵּי עַמְרָם וְגוֹ'. מֵחֶשְׁבּוֹן זֶה אָנוּ לְמֵדִים עַל מוֹשַׁב בְּנֵי יִשְׂרָאֵל אַרְבַּע מֵאוֹת שָׁנָה שֶׁאָמַר הַכָּתוּב (בראשית טו, יג; ועיין להלן יב, מ), שֶׁלֹּא בְּאֶרֶץ מִצְרַיִם לְבַדָּהּ הָיוּ, אֶלָּא מִיּוֹם שֶׁנּוֹלַד יִצְחָק. שֶׁהֲרֵי קְהָת מִיּוֹרְדֵי מִצְרַיִם הָיָה, חֲשֹׁב כָּל שְׁנוֹתָיו וּשְׁנוֹת עַמְרָם וּשְׁמוֹנִים שֶׁל מֹשֶׁה, לֹא תִמְצָאֵם אַרְבַּע מֵאוֹת שָׁנָה, וְהַרְבֵּה שָׁנִים נִבְלָעִים לַבָּנִים בִּשְׁנֵי הָאָבוֹת:

עַמְרָם אֶת־יוֹכֶבֶד דֹּדָתוֹ לוֹ לְאִשָּׁה וַתֵּלֶד לוֹ
אֶת־אַהֲרֹן וְאֶת־מֹשֶׁה וּשְׁנֵי חַיֵּי עַמְרָם שֶׁבַע
כא וּשְׁלֹשִׁים וּמְאַת שָׁנָה׃ וּבְנֵי יִצְהָר קֹרַח וָנֶפֶג
כב כג וְזִכְרִי׃ וּבְנֵי עֻזִּיאֵל מִישָׁאֵל וְאֶלְצָפָן וְסִתְרִי׃ וַיִּקַּח
אַהֲרֹן אֶת־אֱלִישֶׁבַע בַּת־עַמִּינָדָב אֲחוֹת נַחְשׁוֹן
לוֹ לְאִשָּׁה וַתֵּלֶד לוֹ אֶת־נָדָב וְאֶת־אֲבִיהוּא אֶת־
כד אֶלְעָזָר וְאֶת־אִיתָמָר׃ וּבְנֵי קֹרַח אַסִּיר וְאֶלְקָנָה
כה וַאֲבִיאָסָף אֵלֶּה מִשְׁפְּחֹת הַקָּרְחִי׃ וְאֶלְעָזָר
בֶּן־אַהֲרֹן לָקַח־לוֹ מִבְּנוֹת פּוּטִיאֵל לוֹ לְאִשָּׁה
וַתֵּלֶד לוֹ אֶת־פִּינְחָס אֵלֶּה רָאשֵׁי אֲבוֹת הַלְוִיִּם
כו לְמִשְׁפְּחֹתָם׃ הוּא אַהֲרֹן וּמֹשֶׁה אֲשֶׁר אָמַר יְהוָה
לָהֶם הוֹצִיאוּ אֶת־בְּנֵי יִשְׂרָאֵל מֵאֶרֶץ מִצְרַיִם
כז עַל־צִבְאֹתָם׃ הֵם הַמְדַבְּרִים אֶל־פַּרְעֹה מֶלֶךְ־
מִצְרַיִם לְהוֹצִיא אֶת־בְּנֵי־יִשְׂרָאֵל מִמִּצְרָיִם הוּא
כח מֹשֶׁה וְאַהֲרֹן׃ וַיְהִי בְּיוֹם דִּבֶּר יְהוָה אֶל־מֹשֶׁה
כט בְּאֶרֶץ מִצְרָיִם׃ וַיְדַבֵּר יְהוָה אֶל־ שלישי
מֹשֶׁה לֵּאמֹר אֲנִי יְהוָה דַּבֵּר אֶל־פַּרְעֹה מֶלֶךְ
ל מִצְרַיִם אֵת כָּל־אֲשֶׁר אֲנִי דֹּבֵר אֵלֶיךָ׃ וַיֹּאמֶר
מֹשֶׁה לִפְנֵי יְהוָה הֵן אֲנִי עֲרַל שְׂפָתַיִם וְאֵיךְ
יִשְׁמַע אֵלַי פַּרְעֹה׃

ז א וַיֹּאמֶר יְהוָה אֶל־מֹשֶׁה רְאֵה נְתַתִּיךָ אֱלֹהִים
ב לְפַרְעֹה וְאַהֲרֹן אָחִיךָ יִהְיֶה נְבִיאֶךָ׃ אַתָּה
תְדַבֵּר אֵת כָּל־אֲשֶׁר אֲצַוֶּךָּ וְאַהֲרֹן אָחִיךָ יְדַבֵּר
אֶל־פַּרְעֹה וְשִׁלַּח אֶת־בְּנֵי־יִשְׂרָאֵל מֵאַרְצוֹ׃

עַמְרָם, יָת יוֹכֶבֶד אֲחַת אֲבוּהִי לֵיהּ לְאִתּוּ, וִילֵידַת לֵיהּ, יָת אַהֲרֹן וְיָת מֹשֶׁה, וּשְׁנֵי חַיֵּי
כא כב עַמְרָם, מְאָה וּתְלָתִין וּשְׁבַע שְׁנִין: וּבְנֵי יִצְהָר, קֹרַח וָנֶפֶג וְזִכְרִי: וּבְנֵי עֻזִּיאֵל, מִישָׁאֵל וְאֶלְצָפָן
כג וְסִתְרִי: וּנְסֵיב אַהֲרֹן, יָת אֱלִישֶׁבַע בַּת עַמִּינָדָב, אֲחָתֵיהּ דְּנַחְשׁוֹן לֵיהּ לְאִתּוּ, וִילֵידַת לֵיהּ,
כד יָת נָדָב וְיָת אֲבִיהוּא, יָת אֶלְעָזָר וְיָת אִיתָמָר: וּבְנֵי קֹרַח, אַסִּיר וְאֶלְקָנָה וַאֲבִיאָסָף, אִלֵּין
כה זַרְעִית קֹרַח: וְאֶלְעָזָר בַּר אַהֲרֹן, נְסֵיב לֵיהּ מִבְּנַת פּוּטִיאֵל לֵיהּ לְאִתּוּ, וִילֵידַת לֵיהּ יָת
כו פִּינְחָס, אִלֵּין, רֵישֵׁי, אֲבָהַת לֵיוָאֵי לְזַרְעִיָּתְהוֹן: הוּא אַהֲרֹן וּמֹשֶׁה, דַּאֲמַר יְיָ לְהוֹן, אַפִּיקוּ,
כז יָת בְּנֵי יִשְׂרָאֵל, מֵאַרְעָא דְמִצְרַיִם עַל חֵילֵיהוֹן: אִנּוּן, דִּמְמַלְּלִין עִם פַּרְעֹה מַלְכָּא דְמִצְרַיִם,
כח לְאַפָּקָא יָת בְּנֵי יִשְׂרָאֵל מִמִּצְרָיִם, הוּא מֹשֶׁה וְאַהֲרֹן: וַהֲוָה, בְּיוֹמָא דְמַלֵּיל יְיָ, עִם מֹשֶׁה
כט בְּאַרְעָא דְמִצְרָיִם: וּמַלֵּיל יְיָ, עִם מֹשֶׁה לְמֵימַר אֲנָא יְיָ, מַלֵּיל, עִם פַּרְעֹה מַלְכָּא דְמִצְרַיִם,
ל יָת, כָּל דַּאֲנָא מְמַלֵּיל עִמָּךְ: וַאֲמַר מֹשֶׁה קֳדָם יְיָ, הָא אֲנָא יַקִּיר מַמְלַל, וְאֵיכְדֵין, יְקַבֵּיל
ז א ב מִנִּי פַּרְעֹה: וַאֲמַר יְיָ לְמֹשֶׁה, חֲזִי, דְּמַנִּיתָךְ רַב לְפַרְעֹה, וְאַהֲרֹן אֲחוּךְ יְהֵי מְתֻרְגְּמָנָךְ: אַתְּ
תְּמַלֵּיל, יָת כָּל דַּאֲפַקְּדִנָּךְ, וְאַהֲרֹן אֲחוּךְ יְמַלֵּיל עִם פַּרְעֹה, וִישַׁלַּח יָת בְּנֵי יִשְׂרָאֵל מֵאַרְעֵיהּ:

כ) **יוֹכֶבֶד דֹּדָתוֹ.** "אֲחוֹת אָבִיו", בַּת לֵוִי, אֲחוֹת קְהָת:

כה) **מִבְּנוֹת פּוּטִיאֵל.** מִזֶּרַע יִתְרוֹ שֶׁפִּטֵּם עֲגָלִים לַעֲבוֹדָה זָרָה, וּמִזֶּרַע יוֹסֵף שֶׁפִּטְפֵּט בְּיִצְרוֹ:

כו) **הוּא אַהֲרֹן וּמֹשֶׁה.** הֵם שֶׁהֻזְכְּרוּ לְמַעְלָה שֶׁיָּלְדָה יוֹכֶבֶד לְעַמְרָם, "הוּא אַהֲרֹן וּמֹשֶׁה אֲשֶׁר אָמַר ה'" וְגוֹ'. יֵשׁ מְקוֹמוֹת שֶׁמַּקְדִּים אַהֲרֹן לְמֹשֶׁה וְיֵשׁ מְקוֹמוֹת שֶׁמַּקְדִּים מֹשֶׁה לְאַהֲרֹן, לוֹמַר שֶׁשְּׁקוּלִים שְׁנֵיהֶם כְּאֶחָד: **עַל צִבְאֹתָם.** כְּצִבְאוֹתָם, כָּל גִּבְאָם לְשִׁבְטֵיהֶם. יֵשׁ 'עַל' שֶׁהוּא אֶלָּא בִּמְקוֹם אוֹת אַחַת: "וְעַל חַרְבְּךָ תִחְיֶה" (בראשית כז, מ) כְּמוֹ בְּחַרְבְּךָ; "עֲמַדְתֶּם עַל חַרְבְּכֶם" (יחזקאל לג, כו) בְּחַרְבְּכֶם:

כז) **הֵם הַמְדַבְּרִים וְגוֹ'.** הֵם שֶׁנִּצְטַוּוּ הֵם שֶׁקִּיְּמוּ: **הוּא מֹשֶׁה וְאַהֲרֹן.** הֵם בִּשְׁלִיחוּתָם וּבְצִדְקָתָם מִתְּחִלָּה וְעַד סוֹף:

כח) **וַיְהִי בְּיוֹם דִּבֶּר וְגוֹ'.** מְחֻבָּר לַמִּקְרָא שֶׁל אַחֲרָיו:

כט) **וַיְדַבֵּר ה'.** הוּא הַדִּבּוּר עַצְמוֹ הָאָמוּר לְמַעְלָה, אֶלָּא מִתּוֹךְ שֶׁהִפְסִיקוֹ הָעִנְיָן בִּשְׁבִיל לְיַחֲסָם, חָזַר עָלָיו לְהַתְחִיל בּוֹ: **אֲנִי ה'.** כְּדַאי אֲנִי לְשַׁלַּחֲךָ וּלְקַיֵּם דִּבְרֵי שְׁלִיחוּתִי:

פרק ז

א) **נְתַתִּיךָ אֱלֹהִים לְפַרְעֹה.** שׁוֹפֵט וְרוֹדֶה, לִרְדּוֹתוֹ בְּמַכּוֹת וְיִסּוּרִין: **יִהְיֶה נְבִיאֶךָ.** כְּתַרְגּוּמוֹ: "מְתֻרְגְּמָנָךְ". וְכֵן כָּל לְשׁוֹן נְבוּאָה, אָדָם הַמַּכְרִיז וּמַשְׁמִיעַ לָעָם דִּבְרֵי תוֹכָחוֹת, וְהוּא מִגִּזְרַת "נִיב שְׂפָתָיִם" (ישעיה נז, יט), "יָנוּב חָכְמָה" (משלי י, לא), "וַיְכַל מֵהִתְנַבּוֹת" הַשָּׁמוּאֵל (שמואל א׳ י, יג), וּבְלַעַז קוֹרִין לוֹ פרידיק״ר:

ב) **אַתָּה תְדַבֵּר.** פַּעַם אַחַת כָּל שְׁלִיחוּת וּשְׁלִיחוּת כְּפִי שֶׁשְּׁמַעְתָּ מִפִּי, וְאַהֲרֹן אָחִיךָ יְמַלִּיצֶנּוּ וְיַטְעִימֶנּוּ בְּאָזְנֵי פַרְעֹה:

ג וַאֲנִי אַקְשֶׁה אֶת־לֵב פַּרְעֹה וְהִרְבֵּיתִי אֶת־אֹתֹתַי
ד וְאֶת־מוֹפְתַי בְּאֶרֶץ מִצְרָיִם׃ וְלֹא־יִשְׁמַע אֲלֵכֶם
פַּרְעֹה וְנָתַתִּי אֶת־יָדִי בְּמִצְרָיִם וְהוֹצֵאתִי אֶת־
צִבְאֹתַי אֶת־עַמִּי בְנֵי־יִשְׂרָאֵל מֵאֶרֶץ מִצְרַיִם
ה בִּשְׁפָטִים גְּדֹלִים׃ וְיָדְעוּ מִצְרַיִם כִּי־אֲנִי יְהוָה
בִּנְטֹתִי אֶת־יָדִי עַל־מִצְרָיִם וְהוֹצֵאתִי אֶת־בְּנֵי־
ו יִשְׂרָאֵל מִתּוֹכָם׃ וַיַּעַשׂ מֹשֶׁה וְאַהֲרֹן כַּאֲשֶׁר
ז צִוָּה יְהוָה אֹתָם כֵּן עָשׂוּ׃ וּמֹשֶׁה בֶּן־שְׁמֹנִים
שָׁנָה וְאַהֲרֹן בֶּן־שָׁלֹשׁ וּשְׁמֹנִים שָׁנָה בְּדַבְּרָם
אֶל־פַּרְעֹה׃

רביעי ה ח וַיֹּאמֶר יְהוָה אֶל־מֹשֶׁה וְאֶל־אַהֲרֹן לֵאמֹר׃
ט כִּי יְדַבֵּר אֲלֵכֶם פַּרְעֹה לֵאמֹר תְּנוּ לָכֶם מוֹפֵת
וְאָמַרְתָּ אֶל־אַהֲרֹן קַח אֶת־מַטְּךָ וְהַשְׁלֵךְ לִפְנֵי־
י פַרְעֹה יְהִי לְתַנִּין׃ וַיָּבֹא מֹשֶׁה וְאַהֲרֹן אֶל־פַּרְעֹה
וַיַּעֲשׂוּ־כֵן כַּאֲשֶׁר צִוָּה יְהוָה וַיַּשְׁלֵךְ אַהֲרֹן אֶת־
מַטֵּהוּ לִפְנֵי פַרְעֹה וְלִפְנֵי עֲבָדָיו וַיְהִי לְתַנִּין׃
יא וַיִּקְרָא גַּם־פַּרְעֹה לַחֲכָמִים וְלַמְכַשְּׁפִים וַיַּעֲשׂוּ
יב גַם־הֵם חַרְטֻמֵּי מִצְרַיִם בְּלַהֲטֵיהֶם כֵּן׃ וַיַּשְׁלִיכוּ
אִישׁ מַטֵּהוּ וַיִּהְיוּ לְתַנִּינִם וַיִּבְלַע מַטֵּה־אַהֲרֹן
יג אֶת־מַטֹּתָם׃ וַיֶּחֱזַק לֵב פַּרְעֹה וְלֹא שָׁמַע אֲלֵהֶם
יד כַּאֲשֶׁר דִּבֶּר יְהוָה׃ וַיֹּאמֶר יְהוָה אֶל־

טו מֹשֶׁה כָּבֵד לֵב פַּרְעֹה מֵאֵן לְשַׁלַּח הָעָם: לֵךְ
אֶל־פַּרְעֹה בַּבֹּקֶר הִנֵּה יֹצֵא הַמַּיְמָה וְנִצַּבְתָּ
לִקְרָאתוֹ עַל־שְׂפַת הַיְאֹר וְהַמַּטֶּה אֲשֶׁר־נֶהְפַּךְ
טז לְנָחָשׁ תִּקַּח בְּיָדֶךָ: וְאָמַרְתָּ אֵלָיו יְהוָה אֱלֹהֵי
הָעִבְרִים שְׁלָחַנִי אֵלֶיךָ לֵאמֹר שַׁלַּח אֶת־עַמִּי

ג ד וַאֲנָא אַקְשֵׁי יָת לִבָּא דְּפַרְעֹה, וְאַסְגֵּי יָת אָתְוָתַי, וְיָת מוֹפְתַי בְּאַרְעָא דְּמִצְרָיִם: וְלָא יְקַבֵּיל
מִנְּכוֹן פַּרְעֹה, וְאֶתֵּין יָת מַחַת גְּבוּרְתִי בְּמִצְרָיִם, וְאַפֵּיק יָת חֵילַי, יָת עַמִּי בְנֵי יִשְׂרָאֵל
ה מֵאַרְעָא דְּמִצְרָיִם, בְּדִינִין רַבְרְבִין: וְיִדְעוּן מִצְרָאֵי אֲרֵי אֲנָא יְיָ, כַּד אֲרֵים יָת מַחַת גְּבוּרְתִי
ו עַל מִצְרָיִם, וְאַפֵּיק יָת בְּנֵי יִשְׂרָאֵל מִבֵּינֵיהוֹן: וַעֲבַד מֹשֶׁה וְאַהֲרֹן, כְּמָא דְּפַקֵּיד יְיָ, יָתְהוֹן כֵּן
ז ח עֲבַדוּ: וּמֹשֶׁה בַּר תְּמָנַן שְׁנִין, וְאַהֲרֹן, בַּר תְּמָנַן וּתְלָת שְׁנִין, בְּמַלָּלוּתְהוֹן עִם פַּרְעֹה: וַאֲמַר יְיָ,
ט לְמֹשֶׁה וּלְאַהֲרֹן לְמֵימַר: אֲרֵי יְמַלֵּיל עִמְּכוֹן פַּרְעֹה לְמֵימַר, הַבוּ לְכוֹן אָתָא, וְתֵימַר לְאַהֲרֹן,
י סַב יָת חֻטְרָךְ, וּרְמִי קֳדָם פַּרְעֹה יְהֵי לְתַנִּינָא: וְעָאל מֹשֶׁה וְאַהֲרֹן לְוָת פַּרְעֹה, וַעֲבַדוּ כֵן, כְּמָא
יא דְּפַקֵּיד יְיָ, וּרְמָא אַהֲרֹן יָת חֻטְרֵיהּ, קֳדָם פַּרְעֹה, וּקֳדָם עַבְדּוֹהִי וַהֲוָה לְתַנִּינָא: וּקְרָא אַף
יב פַּרְעֹה, לְחַכִּימַיָּא וּלְחָרָשַׁיָּא, וַעֲבַדוּ אַף אִנּוּן, חָרָשֵׁי מִצְרַיִם, בְּלַחֲשֵׁיהוֹן כֵּן: וּרְמוֹ גְּבַר
יג חֻטְרֵיהּ, וַהֲווֹ לְתַנִּינִין, וּבְלַע חֻטְרָא דְּאַהֲרֹן יָת חֻטְרֵיהוֹן: וְאִתַּקַּף לִבָּא דְּפַרְעֹה, וְלָא קַבֵּיל
יד טו מִנְּהוֹן, כְּמָא דְּמַלֵּיל יְיָ: וַאֲמַר יְיָ לְמֹשֶׁה, יַקִּיר לִבָּא דְּפַרְעֹה, סָרֵיב לְשַׁלָּחָא עַמָּא: אִיזֵיל לְוָת
פַּרְעֹה בְּצַפְרָא, הָא נָפֵיק לְמַיָּא, וְתִתְעַתַּד לְקַדָּמוּתֵיהּ עַל כֵּיף נַהְרָא, וְחֻטְרָא, דְּאִתְהֲפֵיךְ
טז לְחִוְיָא תִּסַּב בִּידָךְ: וְתֵימַר לֵיהּ, יְיָ, אֱלָהָא דִיהוּדָאֵי שַׁלְחַנִי לְוָתָךְ לְמֵימַר, שַׁלַּח יָת עַמִּי,

ג **וַאֲנִי אַקְשֶׁה.** מֵאַחַר שֶׁהִרְשִׁיעַ וְהִתְרִיס כְּנֶגְדִּי, וְגָלוּי לְפָנַי שֶׁאֵין נַחַת רוּחַ בָּאֻמּוֹת לָתֵת לֵב שָׁלֵם לָשׁוּב, טוֹב לִי שֶׁיִּתְקַשֶּׁה לִבּוֹ לְמַעַן הַרְבּוֹת בּוֹ אוֹתוֹתַי וְתַכִּירוּ אַתֶּם גְּבוּרָתִי. וְכֵן מִדָּתוֹ שֶׁל הַקָּדוֹשׁ בָּרוּךְ הוּא, מֵבִיא פֻּרְעָנוּת עַל הָאֻמּוֹת כְּדֵי שֶׁיִּשְׁמְעוּ יִשְׂרָאֵל וְיִירְאוּ, שֶׁנֶּאֱמַר: "הִכְרַתִּי גוֹיִם נָשַׁמּוּ פִּנּוֹתָם... אָמַרְתִּי אַךְ תִּירְאִי אוֹתִי תִּקְחִי מוּסָר" (צפניה ג, ו-ז). וְאַף עַל פִּי כֵן, בְּחָמֵשׁ מַכּוֹת הָרִאשׁוֹנוֹת לֹא נֶאֱמַר: "וַיְחַזֵּק ה' אֶת לֵב פַּרְעֹה", אֶלָּא: "וַיֶּחֱזַק לֵב פַּרְעֹה".

ד **אֶת יָדִי.** יָד מַמָּשׁ, לְהַכּוֹת בָּהֶם:

ט **מוֹפֵת.** אוֹת, לְהוֹדִיעַ שֶׁיֵּשׁ צֹרֶךְ בְּמִי שֶׁשּׁוֹלֵחַ אֶתְכֶם: **לְתַנִּין.** נָחָשׁ:

יא **בְּלַהֲטֵיהֶם.** "בְּלַחֲשֵׁיהוֹן", וְאֵין לוֹ דִּמְיוֹן בַּמִּקְרָא. וְיֵשׁ לְדַמּוֹת לוֹ: "לַהַט הַחֶרֶב הַמִּתְהַפֶּכֶת" (בראשית ג, כד), דּוֹמֶה שֶׁהִיא מִתְהַפֶּכֶת עַל יְדֵי לַחַשׁ:

יב **וַיִּבְלַע מַטֵּה אַהֲרֹן.** מֵאַחַר שֶׁחָזַר וְנַעֲשָׂה מַטֶּה בָּלַע אֶת כֻּלָּן:

יד **כָּבֵד.** תַּרְגּוּמוֹ "יַקִּיר" וְלֹא 'אִתְיַקַּר', מִפְּנֵי שֶׁהוּא שֵׁם דָּבָר, כְּמוֹ: "כִּי כָבֵד מִמְּךָ הַדָּבָר" (להלן יח, יח).

טו **הִנֵּה יֹצֵא הַמַּיְמָה.** לִנְקָבָיו, שֶׁהָיָה עוֹשֶׂה עַצְמוֹ אֱלוֹהַּ וְאוֹמֵר שֶׁאֵינוֹ צָרִיךְ לִנְקָבָיו, וּמַשְׁכִּים וְיוֹצֵא לַנִּילוּס וְעוֹשֶׂה שָׁם צְרָכָיו:

וְיַעַבְדֻנִי בַּמִּדְבָּר וְהִנֵּה לֹא־שָׁמַעְתָּ עַד־כֹּה:
כֹּה אָמַר יהוה בְּזֹאת תֵּדַע כִּי אֲנִי יהוה הִנֵּה יז
אָנֹכִי מַכֶּה ׀ בַּמַּטֶּה אֲשֶׁר־בְּיָדִי עַל־הַמַּיִם
אֲשֶׁר בַּיְאֹר וְנֶהֶפְכוּ לְדָם: וְהַדָּגָה אֲשֶׁר־בַּיְאֹר יח
תָּמוּת וּבָאַשׁ הַיְאֹר וְנִלְאוּ מִצְרַיִם לִשְׁתּוֹת
מַיִם מִן־הַיְאֹר: וַיֹּאמֶר יהוה אֶל־ יט
מֹשֶׁה אֱמֹר אֶל־אַהֲרֹן קַח מַטְּךָ וּנְטֵה־יָדְךָ
עַל־מֵימֵי מִצְרַיִם עַל־נַהֲרֹתָם ׀ עַל־יְאֹרֵיהֶם
וְעַל־אַגְמֵיהֶם וְעַל כָּל־מִקְוֵה מֵימֵיהֶם וְיִהְיוּ־דָם
וְהָיָה דָם בְּכָל־אֶרֶץ מִצְרַיִם וּבָעֵצִים וּבָאֲבָנִים:
וַיַּעֲשׂוּ־כֵן מֹשֶׁה וְאַהֲרֹן כַּאֲשֶׁר ׀ צִוָּה יהוה וַיָּרֶם כ
בַּמַּטֶּה וַיַּךְ אֶת־הַמַּיִם אֲשֶׁר בַּיְאֹר לְעֵינֵי פַרְעֹה
וּלְעֵינֵי עֲבָדָיו וַיֵּהָפְכוּ כָּל־הַמַּיִם אֲשֶׁר־בַּיְאֹר
לְדָם: וְהַדָּגָה אֲשֶׁר־בַּיְאֹר מֵתָה וַיִּבְאַשׁ הַיְאֹר כא
וְלֹא־יָכְלוּ מִצְרַיִם לִשְׁתּוֹת מַיִם מִן־הַיְאֹר וַיְהִי
הַדָּם בְּכָל־אֶרֶץ מִצְרָיִם: וַיַּעֲשׂוּ־כֵן חַרְטֻמֵּי כב
מִצְרַיִם בְּלָטֵיהֶם וַיֶּחֱזַק לֵב־פַּרְעֹה וְלֹא־שָׁמַע
אֲלֵהֶם כַּאֲשֶׁר דִּבֶּר יהוה: וַיִּפֶן פַּרְעֹה וַיָּבֹא כג
אֶל־בֵּיתוֹ וְלֹא־שָׁת לִבּוֹ גַּם־לָזֹאת: וַיַּחְפְּרוּ כָל־ כד
מִצְרַיִם סְבִיבֹת הַיְאֹר מַיִם לִשְׁתּוֹת כִּי לֹא יָכְלוּ

כה לִשְׁתֹּת מִמֵּימֵי הַיְאֹר: וַיִּמָּלֵא שִׁבְעַת יָמִים
אַחֲרֵי הַכּוֹת־יְהוָה אֶת־הַיְאֹר:
כו וַיֹּאמֶר יְהוָה אֶל־מֹשֶׁה בֹּא אֶל־פַּרְעֹה וְאָמַרְתָּ
אֵלָיו כֹּה אָמַר יְהוָה שַׁלַּח אֶת־עַמִּי וְיַעַבְדֻנִי:

יז וְיִפְלְחוּן קֳדָמַי בְּמַדְבְּרָא, וְהָא לָא קַבֵּילְתָּא עַד כְּעַן: כִּדְנַן אֲמַר יְיָ, בְּדָא תִדַּע, אֲרֵי אֲנָא יְיָ,
יח הָא אֲנָא מָחֵי בְּחֻטְרָא דִּבְידִי, עַל מַיָּא דִּבְנַהְרָא וְיִתְהַפְכוּן לִדְמָא: וְנוּנֵי דִּבְנַהְרָא, יְמוּתוּן
יט וְיִסְרֵי נַהְרָא, וְיִלְאוֹן מִצְרָאֵי, לְמִשְׁתֵּי מַיָּא מִן נַהְרָא: וַאֲמַר יְיָ לְמֹשֶׁה, אֵימַר לְאַהֲרֹן, סַב
חֻטְרָךְ וַאֲרֵים יְדָךְ עַל מַיָּא דְּמִצְרָאֵי, עַל נַהֲרֵיהוֹן עַל אֲרִתֵּיהוֹן וְעַל אַגְמֵיהוֹן, וְעַל, כָּל בֵּית
כְּנִישַׁת מֵימֵיהוֹן וִיהוֹן דְּמָא, וִיהֵי דְמָא בְּכָל אַרְעָא דְּמִצְרָיִם, וּבְמָנֵי אָעָא וּבְמָנֵי אַבְנָא:
כ וַעֲבַדוּ כֵן מֹשֶׁה וְאַהֲרֹן, כְּמָא דְּפַקֵּיד יְיָ, וַאֲרֵים בְּחֻטְרָא וּמְחָא יָת מַיָּא דִּבְנַהְרָא, לְעֵינֵי
כא פַּרְעֹה, וּלְעֵינֵי עַבְדּוֹהִי, וְאִתְהֲפִיכוּ, כָּל מַיָּא דִּבְנַהְרָא לִדְמָא: וְנוּנֵי דִּבְנַהְרָא מִיתוּ וּסְרִי
כב נַהְרָא, וְלָא יְכִילוּ מִצְרָאֵי, לְמִשְׁתֵּי מַיָּא מִן נַהְרָא, וַהֲוָה דְמָא בְּכָל אַרְעָא דְּמִצְרָיִם: וַעֲבַדוּ
כֵן, חָרָשֵׁי מִצְרַיִם בְּלַחֲשֵׁיהוֹן, וְאִתַּקַּף לִבָּא דְּפַרְעֹה וְלָא קַבֵּיל מִנְּהוֹן, כְּמָא דְּמַלֵּיל יְיָ:
כג כד וְאִתְפְּנִי פַרְעֹה, וְעָאל לְבֵיתֵיהּ, וְלָא שַׁוִּי לִבֵּיהּ אַף לְדָא: וַחֲפַרוּ כָל מִצְרָאֵי, סַחְרָנוּת נַהְרָא
כה מַיָּא לְמִשְׁתֵּי, אֲרֵי לָא יְכִילוּ לְמִשְׁתֵּי, מִמַּיָּא דִּבְנַהְרָא: וּשְׁלִימוּ שִׁבְעָא יוֹמִין, בָּתַר דִּמְחָא יְיָ יָת
כו נַהְרָא: וַאֲמַר יְיָ לְמֹשֶׁה, עוֹל לְוָת פַּרְעֹה, וְתֵימַר לֵיהּ, כִּדְנַן אֲמַר יְיָ, שַׁלַּח יָת עַמִּי וְיִפְלְחוּן קֳדָמָי:

טז) **עַד כֹּה.** עַד הֵנָּה. וּמִדְרָשׁוֹ, עַד שֶׁתִּשְׁמַע מִמֶּנִּי מַכַּת בְּכוֹרוֹת שֶׁאֶפְתַּח בָּהּ בְּ״כֹה״ כְּמוֹ שֶׁנֶּאֱמַר ״כֹּה אָמַר ה׳ כַּחֲצֹת הַלַּיְלָה״ וְגוֹ׳ (להלן יא, ד):

יז) **וְנֶהֶפְכוּ לְדָם.** לְפִי שֶׁאֵין גְּשָׁמִים יוֹרְדִים בְּמִצְרַיִם וְנִילוּס עוֹלֶה וּמַשְׁקֶה אֶת הָאָרֶץ וּמִצְרַיִם עוֹבְדִים לַנִּילוּס, לְפִיכָךְ הִלְקָה אֶת יִרְאָתָם וְאַחַר כָּךְ הִלְקָה אוֹתָם:

יח) **וְנִלְאוּ מִצְרַיִם.** לְבַקֵּשׁ רְפוּאָה לְמֵי הַיְאוֹר שֶׁיִּהְיוּ רְאוּיִין לִשְׁתִיָּה:

יט) **אֱמֹר אֶל אַהֲרֹן.** לְפִי שֶׁהֵגֵן הַיְאוֹר עַל מֹשֶׁה כְּשֶׁנִּשְׁלַךְ לְתוֹכוֹ, לְפִיכָךְ לֹא לָקָה עַל יָדוֹ לֹא בְּדָם וְלֹא בִּצְפַרְדְּעִים, וְלָקָה עַל יְדֵי אַהֲרֹן: **נַהֲרֹתָם.** הֵם נְהָרוֹת הַמּוֹשְׁכִים כְּעֵין נְהָרוֹת שֶׁלָּנוּ: **יְאֹרֵיהֶם.** הֵם יְגָרִים וּבְרֵכוֹת הָעֲשׂוּיִם בִּידֵי אָדָם מִשְּׂפַת הַנָּהָר לַשָּׂדוֹת, וְנִילוּס מֵימָיו מִתְבָּרְכִים וְעוֹלֶה דֶּרֶךְ הַיְאוֹרִים וּמַשְׁקֶה הַשָּׂדוֹת: **אַגְמֵיהֶם.** קְוּוּצַת מַיִם שֶׁאֵינָן נוֹבְעִין וְאֵין מוֹשְׁכִין אֶלָּא עוֹמְדִין בְּמָקוֹם אֶחָד, וְקוֹרִין לוֹ אישטנ״ק: **בְּכָל אֶרֶץ מִצְרַיִם.** אַף בַּמֶּרְחֲצָאוֹת וּבָאַמְבַּטָּאוֹת שֶׁבַּבָּתִּים: **וּבָעֵצִים וּבָאֲבָנִים.** מַיִם שֶׁבִּכְלֵי עֵץ וּבִכְלֵי אֶבֶן:

כב) **בְּלָטֵיהֶם.** לַחַשׁ שֶׁאוֹמְרִין אוֹתוֹ בַּלָּט וּבַחֲשַׁאי. רַבּוֹתֵינוּ אָמְרוּ: ״בְּלָטֵיהֶם״ – מַעֲשֵׂה שֵׁדִים, ״בְּלַהֲטֵיהֶם״ – מַעֲשֵׂה כְּשָׁפִים: **וַיֶּחֱזַק לֵב פַּרְעֹה.** לוֹמַר עַל יְדֵי מְכַשְּׁפוּת אַתֶּם עוֹשִׂים כֵּן; תֶּבֶן אַתֶּם מַכְנִיסִים לַעֲפָרַיִם, עִיר שֶׁכֻּלָּהּ תֶּבֶן?! אַף אַתֶּם מְבִיאִין מְכַשְּׁפוּת לְמִצְרַיִם שֶׁכֻּלָּהּ כְּשָׁפִים?!:

כג) **גַּם לָזֹאת.** לְמוֹפֵת הַמַּטֶּה שֶׁנֶּהְפַּךְ לְתַנִּין, וְלֹא לָזֶה שֶׁל דָּם:

כה) **וַיִּמָּלֵא.** מִנְיַן שִׁבְעַת יָמִים שֶׁלֹּא שָׁב הַיְאוֹר לְקַדְמוּתוֹ, שֶׁהָיְתָה הַמַּכָּה מְשַׁמֶּשֶׁת רְבִיעַ חֹדֶשׁ, וּשְׁלֹשָׁה חֲלָקִים הָיָה מֵעִיד וּמַתְרֶה בָּהֶם:

כז וְאִם־מָאֵן אַתָּה לְשַׁלֵּחַ הִנֵּה אָנֹכִי נֹגֵף אֶת־
כח כָּל־גְּבוּלְךָ בַּצְפַרְדְּעִים׃ וְשָׁרַץ הַיְאֹר צְפַרְדְּעִים
וְעָלוּ וּבָאוּ בְּבֵיתֶךָ וּבַחֲדַר מִשְׁכָּבְךָ וְעַל־
מִטָּתֶךָ וּבְבֵית עֲבָדֶיךָ וּבְעַמֶּךָ וּבְתַנּוּרֶיךָ
כט וּבְמִשְׁאֲרוֹתֶיךָ׃ וּבְכָה וּבְעַמְּךָ וּבְכָל־עֲבָדֶיךָ
ח א יַעֲלוּ הַצְפַרְדְּעִים׃ וַיֹּאמֶר יהוה אֶל־מֹשֶׁה
אֱמֹר אֶל־אַהֲרֹן נְטֵה אֶת־יָדְךָ בְּמַטֶּךָ עַל־
הַנְּהָרֹת עַל־הַיְאֹרִים וְעַל־הָאֲגַמִּים וְהַעַל אֶת־
ב הַצְפַרְדְּעִים עַל־אֶרֶץ מִצְרָיִם׃ וַיֵּט אַהֲרֹן אֶת־
יָדוֹ עַל מֵימֵי מִצְרָיִם וַתַּעַל הַצְפַרְדֵּעַ וַתְּכַס אֶת־
ג אֶרֶץ מִצְרָיִם׃ וַיַּעֲשׂוּ־כֵן הַחַרְטֻמִּים בְּלָטֵיהֶם
וַיַּעֲלוּ אֶת־הַצְפַרְדְּעִים עַל־אֶרֶץ מִצְרָיִם׃
ד וַיִּקְרָא פַרְעֹה לְמֹשֶׁה וּלְאַהֲרֹן וַיֹּאמֶר הַעְתִּירוּ
אֶל־יהוה וְיָסֵר הַצְפַרְדְּעִים מִמֶּנִּי וּמֵעַמִּי
ה וַאֲשַׁלְּחָה אֶת־הָעָם וְיִזְבְּחוּ לַיהוה׃ וַיֹּאמֶר
מֹשֶׁה לְפַרְעֹה הִתְפָּאֵר עָלַי לְמָתַי ׀ אַעְתִּיר לְךָ
וְלַעֲבָדֶיךָ וּלְעַמְּךָ לְהַכְרִית הַצְפַרְדְּעִים מִמְּךָ
ו וּמִבָּתֶּיךָ רַק בַּיְאֹר תִּשָּׁאַרְנָה׃ וַיֹּאמֶר לְמָחָר
וַיֹּאמֶר כִּדְבָרְךָ לְמַעַן תֵּדַע כִּי־אֵין כַּיהוה
חמישי ז אֱלֹהֵינוּ׃ וְסָרוּ הַצְפַרְדְּעִים מִמְּךָ וּמִבָּתֶּיךָ
ח וּמֵעֲבָדֶיךָ וּמֵעַמֶּךָ רַק בַּיְאֹר תִּשָּׁאַרְנָה׃ וַיֵּצֵא

מֹשֶׁה וְאַהֲרֹן מֵעִם פַּרְעֹה וַיִּצְעַק מֹשֶׁה אֶל־יְהוָה עַל־דְּבַר הַצְפַרְדְּעִים אֲשֶׁר־שָׂם לְפַרְעֹה:
ט וַיַּעַשׂ יְהוָה כִּדְבַר מֹשֶׁה וַיָּמֻתוּ הַצְפַרְדְּעִים

כז כח וְאִם מְסָרֵיב אַתְּ לְשַׁלָּחָא, הָא אֲנָא, מָחֵי, יָת כָּל תְּחוּמָךְ בְּעֻרְדְּעָנַיָּא: וִירַבֵּי נַהְרָא עֻרְדְּעָנַיָּא,
וְיִסְקוּן וְיֵיעֲלוּן בְּבֵיתָךְ, וּבְאִדְּרוֹן בֵּית מִשְׁכְּבָךְ וְעַל עַרְסָךְ, וּבְבֵית עַבְדָּךְ וּבְעַמָּךְ, וּבְתַנּוּרָךְ
ח כט א וּבְאָצְוָתָךְ: וּבָךְ וּבְעַמָּךְ וּבְכָל עַבְדָּךְ, יִסְקוּן עֻרְדְּעָנַיָּא: וַאֲמַר יְיָ לְמֹשֶׁה, אֵימַר לְאַהֲרֹן, אֲרֵים
יָת יְדָךְ בְּחֻטְרָךְ, עַל נַהֲרַיָּא, עַל אֲרִתַיָּא וְעַל אַגְמַיָּא, וְאַסֵּיק יָת עֻרְדְּעָנַיָּא עַל אַרְעָא
ב דְּמִצְרָיִם: וַאֲרֵים אַהֲרֹן יָת יְדֵיהּ, עַל מַיָּא דְּמִצְרָאֵי, וּסְלִיקוּ עֻרְדְּעָנַיָּא, וַחֲפוֹ יָת אַרְעָא
ג ד דְּמִצְרָיִם: וַעֲבַדוּ כֵן חָרָשַׁיָּא בְּלַחֲשֵׁיהוֹן, וְאַסִּיקוּ יָת עֻרְדְּעָנַיָּא עַל אַרְעָא דְּמִצְרָיִם: וּקְרָא
פַרְעֹה לְמֹשֶׁה וּלְאַהֲרֹן, וַאֲמַר צַלּוֹ קֳדָם יְיָ, וְיַעְדֵּי עֻרְדְּעָנַיָּא, מִנִּי וּמֵעַמִּי, וַאֲשַׁלַּח יָת עַמָּא,
ה וְיִדְבְּחוּן קֳדָם יְיָ: וַאֲמַר מֹשֶׁה לְפַרְעֹה שְׁאַל לָךְ גְּבוּרָא הַב לָךְ זְמָן, לְאֵמָתַי אֲצַלֵּי עֲלָךְ, וְעַל
ו עַבְדָּךְ וְעַל עַמָּךְ, לְשֵׁיצָאָה עֻרְדְּעָנַיָּא, מִנָּךְ וּמִבָּתָּךְ, לְחוֹד דִּבְנַהֲרָא יִשְׁתַּאֲרוּן: וַאֲמַר לִמְחַר,
ז וַאֲמַר כְּפִתְגָמָךְ, בְּדִיל דְּתִדַּע, אֲרֵי לֵית כַּיְיָ אֱלָהַנָא: וְיִעְדּוֹן עֻרְדְּעָנַיָּא, מִנָּךְ וּמִבָּתָּךְ,
ח וּמֵעַבְדָּךְ וּמֵעַמָּךְ, לְחוֹד דִּבְנַהֲרָא יִשְׁתַּאֲרוּן: וּנְפַק מֹשֶׁה, וְאַהֲרֹן מִלְּוָת פַּרְעֹה, וְצַלִּי מֹשֶׁה
ט קֳדָם יְיָ, עַל עֵיסַק עֻרְדְּעָנַיָּא דְּשַׁוִּי לְפַרְעֹה: וַעֲבַד יְיָ כְּפִתְגָמָא דְּמֹשֶׁה, וּמִיתוּ עֻרְדְּעָנַיָּא,

כז) **וְאִם מָאֵן אַתָּה.** וְאִם סַרְבָן אַתָּה. 'מָאֵן' כְּמוֹ מְמָאֵן, מְסָרֵב, אֶלָּא כִּנּוּי הָאָדָם עַל שֵׁם הַמִּפְעָל, כְּמוֹ: "שָׁלֵו" (איוב טז, יב), "וְשֹׁקֵט" (ירמיה מח, יא), "סַר וְזָעֵף" (מלכים א' כ, מג): **נֹגֵף אֶת כָּל גְּבוּלְךָ.** מַכֶּה. וְכֵן כָּל לְשׁוֹן מַגֵּפָה אֵינוֹ לְשׁוֹן מִיתָה אֶלָּא לְשׁוֹן מַכָּה, וְכֵן: "וְנָגְפוּ אִשָּׁה הָרָה" (להלן כא, כב) אֵינוֹ מִיתָה, וְכֵן: "וּבְטֶרֶם יִתְנַגְּפוּ רַגְלֵיכֶם" (ירמיה יג, טז), "פֶּן תִּגֹּף בָּאֶבֶן רַגְלֶךָ" (תהלים צא, יב), "וּלְאֶבֶן נֶגֶף" (ישעיה ח, יד):

כח) **וְעָלוּ.** מִן הַיְאוֹר: **בְּבֵיתֶךָ.** וְאַחַר כָּךְ "בְּבֵית עֲבָדֶיךָ", הוּא הִתְחִיל בָּעֵצָה תְּחִלָּה – "וַיֹּאמֶר אֶל עַמּוֹ" (לעיל א, ט) וּמִמֶּנּוּ הִתְחִילָה הַפֻּרְעָנוּת:

כט) **וּבְכָה וּבְעַמְּךָ.** בְּתוֹךְ מְעֵיהֶם נִכְנָסִין וּמְקַרְקְרִין:

פרק ח

ב) **וַתַּעַל הַצְפַרְדֵּעַ.** צְפַרְדֵּעַ אַחַת הָיְתָה וְהָיוּ מַכִּין אוֹתָהּ וְהִיא מַתֶּזֶת נְחִילִים נְחִילִים, זֶהוּ מִדְרָשׁוֹ. וּפְשׁוּטוֹ יֵשׁ לוֹמַר, שֶׁרוּץ הַצְּפַרְדְּעִים קוֹרֵא לְשׁוֹן יְחִידוּת. וְכֵן: "וַתְּהִי הַכִּנָּם" (להלן פסוק יד) הָרְחִישָׁה, פדולייר"א בְּלַעַז, וְאַף "וַתַּעַל הַצְפַרְדֵּעַ" גרינולויי"רא בְּלַעַז:

ה) **הִתְפָּאֵר עָלַי.** כְּמוֹ: "הֲיִתְפָּאֵר הַגַּרְזֶן עַל הַחֹצֵב בּוֹ" (ישעיה י, טו), מִשְׁתַּבֵּחַ לוֹמַר: אֲנִי גָּדוֹל מִמְּךָ. ונטו"ר בְּלַעַז. וְכֵן "הִתְפָּאֵר עָלַי", הִשְׁתַּבַּח לְהִתְחַכֵּם וְלִשְׁאֹל דָּבָר גָּדוֹל וְלוֹמַר שֶׁלֹּא אוּכַל לַעֲשׂוֹתוֹ: **לְמָתַי אַעְתִּיר לְךָ.** אֶת אֲשֶׁר אַעְתִּיר לְךָ הַיּוֹם עַל הַכְרָתַת הַצְּפַרְדְּעִים, לְמָתַי תִּרְצֶה שֶׁיִּכָּרְתוּ, וְתִרְאֶה אִם אֲשַׁלֵּים דְּבָרַי לַמּוֹעֵד שֶׁתִּקְבַּע לִי. אִלּוּ נֶאֱמַר 'מָתַי אַעְתִּיר', הָיָה מַשְׁמָע: מָתַי אֶתְפַּלֵּל? עַכְשָׁיו שֶׁנֶּאֱמַר 'לְמָתַי', אֲנִי הַיּוֹם אֶתְפַּלֵּל עָלֶיךָ שֶׁיִּכָּרְתוּ הַצְּפַרְדְּעִים לִזְמַן שֶׁתִּקְבַּע לִי, אֱמֹר לְאֵיזֶה יוֹם תִּרְצֶה שֶׁיִּכָּרְתוּ. "אַעְתִּיר", "הַעְתִּירוּ", "וְהַעְתַּרְתִּי", וְלֹא נֶאֱמַר: 'אֶעְתַּר', 'עִתְרוּ', 'וְעָתַרְתִּי', מִפְּנֵי שֶׁכָּל לְשׁוֹן 'עֶתֶר' הַרְבּוֹת פֶּלֶל הוּא, וּכְאִלּוּ יֵאָמֵר: הַרְבּוּ, אַרְבֶּה, וְהִרְבֵּיתִי, לְשׁוֹן מַפְעִיל, כֵּן יֵאָמֵר: הַעְתִּירוּ, אַעְתִּיר, אַעְתִּיר דְּבָרִים, וְאָב לְכֻלָּם: "וְהַעְתַּרְתֶּם עָלַי דִּבְרֵיכֶם" (יחזקאל לה, יג), הִרְבֵּיתֶם:

ו) **וַיֹּאמֶר לְמָחָר.** הִתְפַּלֵּל הַיּוֹם שֶׁיִּכָּרְתוּ לְמָחָר:

ח) **וַיֵּצֵא... וַיִּצְעַק.** מִיָּד, שֶׁיִּכָּרְתוּ לְמָחָר:

מִן־הַבָּתִּים מִן־הַחֲצֵרֹת וּמִן־הַשָּׂדֹת: וַיִּצְבְּרוּ י
אֹתָם חֳמָרִם חֳמָרִם וַתִּבְאַשׁ הָאָרֶץ: וַיַּרְא פַּרְעֹה יא
כִּי הָיְתָה הָרְוָחָה וְהַכְבֵּד אֶת־לִבּוֹ וְלֹא שָׁמַע
אֲלֵהֶם כַּאֲשֶׁר דִּבֶּר יְהוָה: וַיֹּאמֶר יב
יְהוָה אֶל־מֹשֶׁה אֱמֹר אֶל־אַהֲרֹן נְטֵה אֶת־מַטְּךָ
וְהַךְ אֶת־עֲפַר הָאָרֶץ וְהָיָה לְכִנִּם בְּכָל־אֶרֶץ
מִצְרָיִם: וַיַּעֲשׂוּ־כֵן וַיֵּט אַהֲרֹן אֶת־יָדוֹ בְמַטֵּהוּ יג
וַיַּךְ אֶת־עֲפַר הָאָרֶץ וַתְּהִי הַכִּנָּם בָּאָדָם וּבַבְּהֵמָה
כָּל־עֲפַר הָאָרֶץ הָיָה כִנִּים בְּכָל־אֶרֶץ מִצְרָיִם:
וַיַּעֲשׂוּ־כֵן הַחַרְטֻמִּים בְּלָטֵיהֶם לְהוֹצִיא אֶת־ יד
הַכִּנִּים וְלֹא יָכֹלוּ וַתְּהִי הַכִּנָּם בָּאָדָם וּבַבְּהֵמָה:
וַיֹּאמְרוּ הַחַרְטֻמִּם אֶל־פַּרְעֹה אֶצְבַּע אֱלֹהִים הִוא טו
וַיֶּחֱזַק לֵב־פַּרְעֹה וְלֹא־שָׁמַע אֲלֵהֶם כַּאֲשֶׁר דִּבֶּר
ו יְהוָה: וַיֹּאמֶר יְהוָה אֶל־מֹשֶׁה הַשְׁכֵּם טז
בַּבֹּקֶר וְהִתְיַצֵּב לִפְנֵי פַרְעֹה הִנֵּה יוֹצֵא הַמָּיְמָה
וְאָמַרְתָּ אֵלָיו כֹּה אָמַר יְהוָה שַׁלַּח עַמִּי וְיַעַבְדֻנִי:
כִּי אִם־אֵינְךָ מְשַׁלֵּחַ אֶת־עַמִּי הִנְנִי מַשְׁלִיחַ בְּךָ יז
וּבַעֲבָדֶיךָ וּבְעַמְּךָ וּבְבָתֶּיךָ אֶת־הֶעָרֹב וּמָלְאוּ
בָּתֵּי מִצְרַיִם אֶת־הֶעָרֹב וְגַם הָאֲדָמָה אֲשֶׁר־הֵם
עָלֶיהָ: וְהִפְלֵיתִי בַיּוֹם הַהוּא אֶת־אֶרֶץ גֹּשֶׁן אֲשֶׁר יח
עַמִּי עֹמֵד עָלֶיהָ לְבִלְתִּי הֱיוֹת־שָׁם עָרֹב לְמַעַן

יט תֵּדַע כִּי אֲנִי יְהוָה בְּקֶרֶב הָאָרֶץ: וְשַׂמְתִּי פְדֻת ששי
בֵּין עַמִּי וּבֵין עַמֶּךָ לְמָחָר יִהְיֶה הָאֹת הַזֶּה:
כ וַיַּעַשׂ יְהוָה כֵּן וַיָּבֹא עָרֹב כָּבֵד בֵּיתָה פַרְעֹה

יא מִן בָּתַּיָּא מִן דָּרָתָא וּמִן חַקְלָתָא: וּכְנַשׁוּ יָתְהוֹן דְּגוֹרִין דְּגוֹרִין, וּסְרִיאוּ עַל אַרְעָא: וַחֲזָא פַּרְעֹה,
יב אֲרֵי הֲוָת רְוַחְתָּא, וְיַקַּר יָת לִבֵּיהּ, וְלָא קַבֵּיל מִנְּהוֹן, כְּמָא דְּמַלֵּיל יְיָ: וַאֲמַר יְיָ לְמֹשֶׁה, אֵימַר
לְאַהֲרֹן, אֲרֵים יָת חֻטְרָךְ, וּמְחִי יָת עַפְרָא דְּאַרְעָא, וִיהֵי לְקַלְמְתָא בְּכָל אַרְעָא דְּמִצְרָיִם:
יג וַעֲבַדוּ כֵּן, וַאֲרֵים אַהֲרֹן יָת יְדֵיהּ בְּחֻטְרֵיהּ וּמְחָא יָת עַפְרָא דְּאַרְעָא, וַהֲוָת קַלְמְתָא, בַּאֲנָשָׁא
יד וּבִבְעִירָא, כָּל עַפְרָא דְּאַרְעָא, הֲוָת קַלְמְתָא בְּכָל אַרְעָא דְּמִצְרָיִם: וַעֲבַדוּ כֵן חָרָשַׁיָּא
טו בְּלַחֲשֵׁיהוֹן, לְאַפָּקָא יָת קַלְמְתָא וְלָא יְכִילוּ, וַהֲוָת קַלְמְתָא, בַּאֲנָשָׁא וּבִבְעִירָא: וַאֲמַרוּ
חָרָשַׁיָּא לְפַרְעֹה, מַחָא מִן קֳדָם יְיָ הִיא, וְאִתַּקַּף לִבָּא דְּפַרְעֹה וְלָא קַבֵּיל מִנְּהוֹן, כְּמָא דְּמַלֵּיל
טז יְיָ: וַאֲמַר יְיָ לְמֹשֶׁה, אַקְדֵּים בְּצַפְרָא וְאִתְעַתַּד קֳדָם פַּרְעֹה, הָא נָפֵיק לְמַיָּא, וְתֵימַר
יז לֵיהּ, כִּדְנָן אֲמַר יְיָ, שַׁלַּח עַמִּי וְיִפְלְחוּן קֳדָמָי: אֲרֵי אִם לֵיתָךְ מְשַׁלַּח יָת עַמִּי, הָאֲנָא מְשַׁלַּח
בָּךְ, וּבְעַבְדָּךְ וּבְעַמָּךְ, וּבְבָתָּךְ יָת עָרוֹבָא, וְיִתְמְלוֹן, בָּתֵּי מִצְרָאֵי יָת עָרוֹבָא, וְאַף אַרְעָא
יח דְּאִנּוּן עֲלַהּ: וְאַפְרֵישׁ בְּיוֹמָא הַהוּא יָת אַרְעָא דְּגֹשֶׁן, דְּעַמִּי שָׁרֵי עֲלַהּ, בְּדִיל דְּלָא לְמֶהֱוֵי
יט תַמָּן עָרוֹבָא, בְּדִיל דְּתִדַּע, אֲרֵי, אֲנָא יְיָ שַׁלִּיט בְּגוֹ אַרְעָא: וַאֲשַׁוֵּי פֻרְקָן לְעַמִּי, וְעַל
כ עַמָּךְ אַיְתֵי מַחָא, לִמְחַר יְהֵי אָתָא הָדֵין: וַעֲבַד יְיָ כֵּן, וַאֲתָא עָרוֹבָא תַּקִּיף, לְבֵית פַּרְעֹה

י| חֳמָרִם חֳמָרִם. צִבּוּרִים צִבּוּרִים, כְּתַרְגּוּמוֹ "דְּגוֹרִין", גַּלִּין:

יא| וְהַכְבֵּד אֶת לִבּוֹ. לְשׁוֹן פָּעוֹל הוּא, "הָלֵךְ הָלֹךְ" (ירמיה מא, ו), וְכֵן: "וְהַכּוֹת אֶת מוֹאָב" (מלכים ב׳ ג, כד), "וְשָׁאוֹל לוֹ בֵּאלֹהִים" (שמואל א׳ כב, יג), "הַכֵּה וּפָצֹעַ" (מלכים א׳ כ, לז): כַּאֲשֶׁר דִּבֶּר ה׳. וְהֵיכָן דִּבֵּר? "וְלֹא יִשְׁמַע אֲלֵכֶם פַּרְעֹה" (לעיל ז, ד):

יב| אֱמֹר אֶל אַהֲרֹן. לֹא הָיָה הֶעָפָר כְּדַי לִלְקוֹת עַל יְדֵי מֹשֶׁה, לְפִי שֶׁהֵגֵן עָלָיו כְּשֶׁהָרַג אֶת הַמִּצְרִי וַיִּטְמְנֵהוּ בַּחוֹל (לעיל ב, יב), וְלָקָה עַל יְדֵי אַהֲרֹן:

יג| וַתְּהִי הַכִּנָּם. הָרְחִישָׁה, פדולייר"ש בְּלַעַ"ז:

יד| לְהוֹצִיא אֶת הַכִּנִּים. לְבָרְאָתָם מִמָּקוֹם אַחֵר: וְלֹא יָכֹלוּ. שֶׁאֵין הַשֵּׁד שׁוֹלֵט עַל בְּרִיָּה פְּחוּתָה מִכַּשְּׂעוֹרָה:

טו| אֶצְבַּע אֱלֹהִים הוּא. מַכָּה זוֹ אֵינָהּ עַל יְדֵי כְּשָׁפִים, מֵאֵת הַמָּקוֹם הִיא: כַּאֲשֶׁר דִּבֶּר ה׳. "וְלֹא יִשְׁמַע אֲלֵכֶם פַּרְעֹה" (לעיל ז, ד):

יז| מַשְׁלִיחַ בְּךָ. מְגָרֶה בְךָ, וְכֵן: "וְשֶׁן בְּהֵמֹת אֲשַׁלַּח בָּם" (דברים לב, כד) לְשׁוֹן שִׁסּוּי, אינציצי"ר בְּלַעַז: אֶת הֶעָרֹב. כָּל מִינֵי חַיּוֹת רָעוֹת וּנְחָשִׁים וְעַקְרַבִּים בְּעִרְבּוּבְיָא, וְהָיוּ מַשְׁחִיתִים בָּהֶם. וְיֵשׁ טַעַם בַּדָּבָר בָּאַגָּדָה בְּכָל מַכָּה וּמַכָּה לָמָּה זוֹ וְלָמָּה זוֹ: בְּטַכְסִיסֵי מִלְחֲמוֹת מְלָכִים בָּא עֲלֵיהֶם, כְּסֵדֶר מַלְכוּת כְּשֶׁצָּרָה עַל עִיר; בַּתְּחִלָּה מְקַלְקֵל מַעְיְנוֹתֶיהָ, וְאַחַר כָּךְ תּוֹקְעִין עֲלֵיהֶם וּמְרִיעִים בַּשּׁוֹפָרוֹת לְיָרְאָם וּלְבַהֲלָם, וְכֵן הַצְּפַרְדְּעִים מְקַרְקְרִים וְהוֹמִים וְכוּ׳, כִּדְאִיתָא בְּמִדְרַשׁ רַבִּי תַּנְחוּמָא (בא ד):

יח| וְהִפְלֵיתִי. וְהִפְרַשְׁתִּי, וְכֵן: "וְהִפְלָה ה׳" (להלן ט, ד), וְכֵן: "לֹא נִפְלֵאת הִוא מִמְּךָ" (דברים ל, יא), לֹא מֻבְדֶּלֶת וּמֻפְרֶשֶׁת הִיא מִמְּךָ: לְמַעַן תֵּדַע כִּי אֲנִי ה׳ בְּקֶרֶב הָאָרֶץ. אַף עַל פִּי שֶׁשְּׁכִינָתִי בַּשָּׁמַיִם גְּזֵרָתִי מִתְקַיֶּמֶת בַּתַּחְתּוֹנִים:

יט| וְשַׂמְתִּי פְדֻת. שֶׁיַּבְדִּיל "בֵּין עַמִּי וּבֵין עַמֶּךָ":

וּבֵית עֲבָדָיו וּבְכָל־אֶרֶץ מִצְרַיִם תִּשָּׁחֵת הָאָרֶץ
מִפְּנֵי הֶעָרֹב׃ וַיִּקְרָא פַרְעֹה אֶל־מֹשֶׁה וּלְאַהֲרֹן כא
וַיֹּאמֶר לְכוּ זִבְחוּ לֵאלֹהֵיכֶם בָּאָרֶץ׃ וַיֹּאמֶר מֹשֶׁה כב
לֹא נָכוֹן לַעֲשׂוֹת כֵּן כִּי תּוֹעֲבַת מִצְרַיִם נִזְבַּח
לַיהוָה אֱלֹהֵינוּ הֵן נִזְבַּח אֶת־תּוֹעֲבַת מִצְרַיִם
לְעֵינֵיהֶם וְלֹא יִסְקְלֻנוּ׃ דֶּרֶךְ שְׁלֹשֶׁת יָמִים נֵלֵךְ כג
בַּמִּדְבָּר וְזָבַחְנוּ לַיהוָה אֱלֹהֵינוּ כַּאֲשֶׁר יֹאמַר
אֵלֵינוּ׃ וַיֹּאמֶר פַּרְעֹה אָנֹכִי אֲשַׁלַּח אֶתְכֶם כד
וּזְבַחְתֶּם לַיהוָה אֱלֹהֵיכֶם בַּמִּדְבָּר רַק הַרְחֵק
לֹא־תַרְחִיקוּ לָלֶכֶת הַעְתִּירוּ בַּעֲדִי׃ וַיֹּאמֶר מֹשֶׁה כה
הִנֵּה אָנֹכִי יוֹצֵא מֵעִמָּךְ וְהַעְתַּרְתִּי אֶל־יְהוָה
וְסָר הֶעָרֹב מִפַּרְעֹה מֵעֲבָדָיו וּמֵעַמּוֹ מָחָר רַק
אַל־יֹסֵף פַּרְעֹה הָתֵל לְבִלְתִּי שַׁלַּח אֶת־הָעָם
לִזְבֹּחַ לַיהוָה׃ וַיֵּצֵא מֹשֶׁה מֵעִם פַּרְעֹה וַיֶּעְתַּר כו
אֶל־יְהוָה׃ וַיַּעַשׂ יְהוָה כִּדְבַר מֹשֶׁה וַיָּסַר הֶעָרֹב כז
מִפַּרְעֹה מֵעֲבָדָיו וּמֵעַמּוֹ לֹא נִשְׁאַר אֶחָד׃ וַיַּכְבֵּד כח
פַּרְעֹה אֶת־לִבּוֹ גַּם בַּפַּעַם הַזֹּאת וְלֹא שִׁלַּח אֶת־
הָעָם׃

וַיֹּאמֶר יְהוָה אֶל־מֹשֶׁה בֹּא אֶל־פַּרְעֹה וְדִבַּרְתָּ א ט
אֵלָיו כֹּה־אָמַר יְהוָה אֱלֹהֵי הָעִבְרִים שַׁלַּח אֶת־

ב עַמִּי וְיַעַבְדֻנִי׃ כִּי אִם־מָאֵן אַתָּה לְשַׁלֵּחַ וְעוֹדְךָ
ג מַחֲזִיק בָּם׃ הִנֵּה יַד־יהוה הוֹיָה בְּמִקְנְךָ אֲשֶׁר
בַּשָּׂדֶה בַּסּוּסִים בַּחֲמֹרִים בַּגְּמַלִּים בַּבָּקָר וּבַצֹּאן
ד דֶּבֶר כָּבֵד מְאֹד׃ וְהִפְלָה יהוה בֵּין מִקְנֵה יִשְׂרָאֵל

כא וּלְבֵית עַבְדוֹהִי, וּבְכָל אַרְעָא דְּמִצְרַיִם, אִתְחַבַּלַת אַרְעָא מִן קֳדָם עָרוֹבָא: וּקְרָא פַרְעֹה, לְמשֶׁה
כב וּלְאַהֲרֹן, וַאֲמַר, אִיזִילוּ, דַּבַּחוּ קֳדָם אֱלָהֲכוֹן בְּאַרְעָא: וַאֲמַר משֶׁה, לָא תָקֵין לְמֶעְבַּד כֵּן, אֲרֵי
בְּעִירָא דְמִצְרָאֵי דָּחֲלִין לֵיהּ, מִנֵּיהּ אֲנַחְנָא נָסְבִין, לְדַבָּחָא קֳדָם יי אֱלָהַנָא, הָא נְדַבַּח, יָת בְּעִירָא
כג דְּמִצְרָאֵי דָּחֲלִין לֵיהּ, וְאִנּוּן יְהוֹן חָזַן הֲלָא יִימְרוּן לְמִרְגְּמַנָא: מַהְלַךְ תְּלָתָא יוֹמִין, נֵיזֵיל בְּמַדְבְּרָא,
כד וּנְדַבַּח קֳדָם יי אֱלָהַנָא, כְּמָא דְּיֵימַר לַנָא: וַאֲמַר פַּרְעֹה, אֲנָא, אֲשַׁלַּח יָתְכוֹן וּתְדַבְּחוּן, קֳדָם יי
כה אֱלָהֲכוֹן בְּמַדְבְּרָא, לְחוֹד, אַרְחָקָא לָא תַרְחֲקוּן לְמֵיזַל, צַלּוֹ עֲלָי: וַאֲמַר משֶׁה, הָא אֲנָא, נָפֵיק
מֵעִמָּךְ וַאֲצַלֵּי קֳדָם יי, וְיִעְדֵּי עָרוֹבָא, מִפַּרְעֹה, מֵעַבְדוֹהִי וּמֵעַמֵּיהּ מְחַר, לְחוֹד, לָא יוֹסֵיף פַּרְעֹה
כו לְשַׁקָּרָא, בְּדִיל דְּלָא לְשַׁלָּחָא יָת עַמָּא, לְדַבָּחָא קֳדָם יי: וּנְפַק משֶׁה מִלְּוָת פַּרְעֹה, וְצַלִּי קֳדָם
כז יי: וַעֲבַד יי כְּפִתְגָּמָא דְמשֶׁה, וְאַעְדִּי עָרוֹבָא, מִפַּרְעֹה מֵעַבְדוֹהִי וּמֵעַמֵּיהּ, לָא אִשְׁתְּאַר חַד:
ט כח א וְיַקַּר פַּרְעֹה יָת לִבֵּיהּ, אַף בְּזִמְנָא הָדָא, וְלָא שַׁלַּח יָת עַמָּא: וַאֲמַר יי לְמשֶׁה, עוֹל לְוָת פַּרְעֹה,
ב וּתְמַלֵּיל עִמֵּיהּ, כִּדְנַן אֲמַר יי אֱלָהָא דִּיהוּדָאֵי, שַׁלַּח יָת עַמִּי וְיִפְלְחוּן קֳדָמָי: אֲרֵי, אִם מְסָרֵיב
ג אַתְּ לְשַׁלָּחָא, וְעַד כְּעַן אַתְּ מַתְקֵיף בְּהוֹן: הָא מַחָא מִן קֳדָם יי הָוְיָא, בִּבְעִירָךְ דִּבְחַקְלָא,
ד בְּסוּסָוָתָא בִּחְמָרֵי בְּגַמְלֵי, בְּתוֹרֵי וּבְעָנָא, מוֹתָא סַגִּי לַחְדָּא: וְיַפְרֵישׁ יי, בֵּין בְּעִירָא דְיִשְׂרָאֵל,

כ) תִּשָּׁחֵת הָאָרֶץ. נִשְׁחֶתֶת הָאָרֶץ, "אִתְחַבַּלַת אַרְעָא":

כא) זִבְחוּ לֵאלֹהֵיכֶם בָּאָרֶץ. בִּמְקוֹמְכֶם, וְלֹא תֵלְכוּ בַּמִּדְבָּר:

כב) תּוֹעֲבַת מִצְרַיִם. יִרְאַת מִצְרַיִם, כְּמוֹ: "וּלְמִלְכֹּם תּוֹעֲבַת בְּנֵי עַמּוֹן" (מלכים ב׳ כג, יג), וְאֵצֶל יִשְׂרָאֵל קוֹרֵא אוֹתָהּ תּוֹעֵבָה. וְעוֹד יֵשׁ לוֹמַר בִּלְשׁוֹן אַחֵר, "תּוֹעֲבַת מִצְרַיִם", דָּבָר שֶׁנָּאוּי הוּא לְמִצְרַיִם זְבִיחָה שֶׁאָנוּ זוֹבְחִים, שֶׁהֲרֵי יִרְאָתָם אָנוּ זוֹבְחִים: וְלֹא יִסְקְלֻנוּ. בִּתְמִיָּה:

כה) הָתֵל. כְּמוֹ לְהָתֵל:

כו-כז) וַיָּסַר הֶעָרֹב. וְלֹא מֵתוּ כְּמוֹ שֶׁמֵּתוּ הַצְפַרְדְּעִים, שֶׁאִם מֵתוּ הָיָה לָהֶם הֲנָאָה בָּעוֹרוֹת:

וַיֶּעְתַּר אֶל ה׳. נִתְאַמֵּץ בִּתְפִלָּה. וְכֵן אִם בָּא לוֹמַר 'וַיַּעְתִּיר' הָיָה יָכוֹל לוֹמַר, וּמַשְׁמַע וַיַּרְבֶּה תְּפִלָּה. וּכְשֶׁהוּא אוֹמֵר בִּלְשׁוֹן וַיִּפְעַל, מַשְׁמַע וַיַּרְבֶּה לְהִתְפַּלֵּל:

כח) גַּם בַּפַּעַם הַזֹּאת. אַף עַל פִּי שֶׁאָמַר "אָנֹכִי אֲשַׁלַּח אֶתְכֶם" (לעיל פסוק כד) לֹא קִיֵּם הַבְטָחָתוֹ:

פרק ט

ב) מַחֲזִיק בָּם. אוֹחֵז בָּם, כְּמוֹ: "וְהֶחֱזִיקָה בִּמְבֻשָׁיו" (דברים כה, יא):

ג) הִנֵּה יַד ה׳ הוֹיָה. לְשׁוֹן הֹוֶה, כִּי כֵן יֵאָמֵר בִּלְשׁוֹן נְקֵבָה עַל שֶׁעָבַר 'הָיְתָה' וְעַל הֶעָתִיד 'תִּהְיֶה' וְעַל הָעוֹמֵד 'הוֹיָה', כְּמוֹ: עוֹשָׂה, רוֹצָה, רוֹעָה:

ד) וְהִפְלָה. וְהִבְדִּיל:

וּבֵין מִקְנֵה מִצְרָיִם וְלֹא יָמוּת מִכָּל־לִבְנֵי יִשְׂרָאֵל
* דָּבָר: וַיָּשֶׂם יהוה מוֹעֵד לֵאמֹר מָחָר יַעֲשֶׂה יהוה ה
הַדָּבָר הַזֶּה בָּאָרֶץ: וַיַּעַשׂ יהוה אֶת־הַדָּבָר הַזֶּה ו
מִמָּחֳרָת וַיָּמָת כֹּל מִקְנֵה מִצְרָיִם וּמִמִּקְנֵה בְנֵי־
יִשְׂרָאֵל לֹא־מֵת אֶחָד: וַיִּשְׁלַח פַּרְעֹה וְהִנֵּה לֹא־ ז
מֵת מִמִּקְנֵה יִשְׂרָאֵל עַד־אֶחָד וַיִּכְבַּד לֵב פַּרְעֹה
וְלֹא שִׁלַּח אֶת־הָעָם:
וַיֹּאמֶר יהוה אֶל־מֹשֶׁה וְאֶל־אַהֲרֹן קְחוּ לָכֶם מְלֹא ח
חָפְנֵיכֶם פִּיחַ כִּבְשָׁן וּזְרָקוֹ מֹשֶׁה הַשָּׁמַיְמָה לְעֵינֵי
פַרְעֹה: וְהָיָה לְאָבָק עַל כָּל־אֶרֶץ מִצְרָיִם וְהָיָה ט
עַל־הָאָדָם וְעַל־הַבְּהֵמָה לִשְׁחִין פֹּרֵחַ אֲבַעְבֻּעֹת
בְּכָל־אֶרֶץ מִצְרָיִם: וַיִּקְחוּ אֶת־פִּיחַ הַכִּבְשָׁן י
וַיַּעַמְדוּ לִפְנֵי פַרְעֹה וַיִּזְרֹק אֹתוֹ מֹשֶׁה הַשָּׁמָיְמָה
וַיְהִי שְׁחִין אֲבַעְבֻּעֹת פֹּרֵחַ בָּאָדָם וּבַבְּהֵמָה: וְלֹא־ יא
יָכְלוּ הַחַרְטֻמִּים לַעֲמֹד לִפְנֵי מֹשֶׁה מִפְּנֵי הַשְּׁחִין
כִּי־הָיָה הַשְּׁחִין בַּחַרְטֻמִּם וּבְכָל־מִצְרָיִם: וַיְחַזֵּק יב
יהוה אֶת־לֵב פַּרְעֹה וְלֹא שָׁמַע אֲלֵהֶם כַּאֲשֶׁר
דִּבֶּר יהוה אֶל־מֹשֶׁה: וַיֹּאמֶר יהוה יג
אֶל־מֹשֶׁה הַשְׁכֵּם בַּבֹּקֶר וְהִתְיַצֵּב לִפְנֵי פַרְעֹה
וְאָמַרְתָּ אֵלָיו כֹּה־אָמַר יהוה אֱלֹהֵי הָעִבְרִים

יד שַׁלַּח אֶת־עַמִּי וְיַעַבְדֻנִי׃ כִּי ׀ בַּפַּעַם הַזֹּאת
אֲנִי שֹׁלֵחַ אֶת־כָּל־מַגֵּפֹתַי אֶל־לִבְּךָ וּבַעֲבָדֶיךָ
וּבְעַמֶּךָ בַּעֲבוּר תֵּדַע כִּי אֵין כָּמֹנִי בְּכָל־הָאָרֶץ׃
טו כִּי עַתָּה שָׁלַחְתִּי אֶת־יָדִי וָאַךְ אוֹתְךָ וְאֶת־עַמְּךָ
טז בַּדָּבֶר וַתִּכָּחֵד מִן־הָאָרֶץ׃ וְאוּלָם בַּעֲבוּר זֹאת

ה וּבֵין בְּעִירָא דְמִצְרָאֵי, וְלָא יְמוּת, מִכֹּלָּא לִבְנֵי יִשְׂרָאֵל מִדָּעַם: וְשַׁוִּי יי זִמְנָא לְמֵימַר, מְחַר, יַעֲבֵיד
ו יי, פִּתְגָּמָא הָדֵין בְּאַרְעָא: וַעֲבַד יי, יָת פִּתְגָּמָא הָדֵין מִיּוֹמָא דְּבַתְרוֹהִי, וּמִית, כֹּל בְּעִירָא
ז דְמִצְרָאֵי, וּמִבְּעִירָא דִּבְנֵי יִשְׂרָאֵל לָא מִית חַד: וּשְׁלַח פַּרְעֹה, וְהָא, לָא מִית, מִבְּעִירָא דְיִשְׂרָאֵל
ח עַד חַד, וְאִתְיַקַּר לִבָּא דְפַרְעֹה, וְלָא שַׁלַּח יָת עַמָּא: וַאֲמַר יי לְמֹשֶׁה וּלְאַהֲרֹן, סַבוּ לְכוֹן מְלֵי
ט חָפְנֵיכוֹן, פִּיחַ דְּאַתּוּנָא, וְיִזְרְקִנֵּיהּ מֹשֶׁה, לְצֵית שְׁמַיָּא לְעֵינֵי פַרְעֹה: וִיהֵי לְאַבְקָא, עַל כָּל אַרְעָא
י דְמִצְרָיִם, וִיהֵי עַל אֱנָשָׁא וְעַל בְּעִירָא, לִשְׁחִין סָגֵי, אֲבַעְבּוּעִין בְּכָל אַרְעָא דְמִצְרָיִם: וּנְסִיבוּ יָת
פִּיחַ דְּאַתּוּנָא, וְקָמוּ קֳדָם פַּרְעֹה, וּזְרַק יָתֵיהּ, מֹשֶׁה לְצֵית שְׁמַיָּא, וַהֲוָה, שְׁחִין אֲבַעְבּוּעִין, סָגֵי,
יא בֶּאֱנָשָׁא וּבִבְעִירָא: וְלָא יְכִילוּ חָרָשַׁיָּא, לִמְקָם, קֳדָם מֹשֶׁה מִן קֳדָם שִׁחְנָא, אֲרֵי הֲוָה שִׁחְנָא,
יב בְּחָרָשַׁיָּא וּבְכָל מִצְרָאֵי: וְתַקִּיף יי יָת לִבָּא דְפַרְעֹה, וְלָא קַבִּיל מִנְּהוֹן, כְּמָא דְמַלֵּיל יי עִם מֹשֶׁה:
יג וַאֲמַר יי לְמֹשֶׁה, אַקְדֵּים בְּצַפְרָא, וְאִתְעַתַּד קֳדָם פַּרְעֹה, וְתֵימַר לֵיהּ, כִּדְנַן אֲמַר יי אֱלָהָא
יד דִיהוּדָאֵי, שַׁלַּח יָת עַמִּי וְיִפְלְחוּן קֳדָמַי: אֲרֵי בְּזִמְנָא הָדָא, אֲנָא שָׁלַח, יָת כָּל מַחָתַי בְּלִבָּךְ,
טו וּבְעַבְדָּךְ וּבְעַמָּךְ, בְּדִיל דְּתִדַּע, אֲרֵי, לֵית דִּכְוָתִי בְּכָל אַרְעָא: אֲרֵי כְעַן קְרִיב קֳדָמַי, דְּשַׁלְחִית
טז פּוֹן יָת מַחַת גְּבוּרְתִי, וּמְחֵית יָתָךְ, וְיָת עַמָּךְ בְּמוֹתָא, וְאִשְׁתֵּיצִיתָא מִן אַרְעָא: וּבְרַם, בְּדִיל דָּא

ח) **מְלֹא חָפְנֵיכֶם.** ילוני"ש בְּלַעַז: **פִּיחַ כִּבְשָׁן.** דָּבָר הַנִּפָּח מִן הַגֶּחָלִים עֲמוּמִים הַנִּשְׂרָפִים בַּכִּבְשָׁן, וּבְלַעַז חולב"ש. 'פִּיחַ' לְשׁוֹן הֲפָחָה, שֶׁהָרוּחַ מְפִיחָן וּמַפְרִיחָן: **וּזְרָקוֹ מֹשֶׁה.** וְכָל דָּבָר הַנִּזְרָק בְּכֹחַ אֵינוֹ נִזְרָק אֶלָּא בְּיַד אַחַת, הֲרֵי נִסִּים הַרְבֵּה: אֶחָד, שֶׁהֶחֱזִיק קָמְצוֹ שֶׁל מֹשֶׁה מְלֹא חָפְנַיִם שֶׁלּוֹ וְשֶׁל אַהֲרֹן; וְאֶחָד, שֶׁהָלַךְ הָאָבָק עַל כָּל אֶרֶץ מִצְרַיִם:

ט) **פֹּרֵחַ אֲבַעְבֻּעֹת.** כְּתַרְגּוּמוֹ: "לִשְׁחִין סָגֵי אֲבַעְבּוּעִין" שֶׁעַל יָדוֹ צוֹמְחִין בָּהֶן בּוּעוֹת: **שְׁחִין.** לְשׁוֹן חֲמִימוּת, וְהַרְבֵּה יֵשׁ בִּלְשׁוֹן מִשְׁנָה: "שָׁנָה שְׁחוּנָה" (יומא נג ע"ב):

י) **בָּאָדָם וּבַבְּהֵמָה.** וְאִם תֹּאמַר, מֵאַיִן הָיוּ לָהֶם הַבְּהֵמוֹת, וַהֲלֹא כְּבָר נֶאֱמַר: "וַיָּמָת כֹּל מִקְנֵה מִצְרָיִם" (לעיל פסוק ו)? לֹא נִגְזְרָה גְּזֵרָה אֶלָּא עַל אוֹתָן שֶׁבַּשָּׂדוֹת בִּלְבַד, שֶׁנֶּאֱמַר: "בְּמִקְנְךָ אֲשֶׁר בַּשָּׂדֶה" (לעיל פסוק ג), וְהַיָּרֵא אֶת דְּבַר ה' הִכְנִיס אֶת מִקְנֵהוּ אֶל הַבָּתִּים. וְכֵן שְׁנוּיָה בִּמְכִילְתָּא אֵצֶל "וַיִּקַּח שֵׁשׁ מֵאוֹת רֶכֶב בָּחוּר" (להלן יד, ז):

יד) **אֶת כָּל מַגֵּפֹתַי.** לָמַדְנוּ מִכָּאן שֶׁמַּכַּת בְּכוֹרוֹת שְׁקוּלָה כְּנֶגֶד כָּל הַמַּכּוֹת:

טו) **כִּי עַתָּה שָׁלַחְתִּי אֶת יָדִי וְגוֹ'.** כִּי אִלּוּ רָצִיתִי כְּשֶׁהָיְתָה יָדִי בְּמִקְנְךָ שֶׁהִכֵּיתִים בַּדֶּבֶר, שָׁלַחְתִּיהָ וְהִכֵּיתִי אוֹתְךָ וְאֶת עַמְּךָ עִם הַבְּהֵמוֹת וְנִכְחַדְתֶּם מִן הָאָרֶץ, אֲבָל "בַּעֲבוּר זֹאת הֶעֱמַדְתִּיךָ" וְגוֹ':

הֶעֱמַדְתִּיךָ בַּעֲבוּר הַרְאֹתְךָ אֶת־כֹּחִי וּלְמַעַן סַפֵּר
שביעי יז שְׁמִי בְּכָל־הָאָרֶץ: עוֹדְךָ מִסְתּוֹלֵל בְּעַמִּי לְבִלְתִּי
יח שַׁלְּחָם: הִנְנִי מַמְטִיר כָּעֵת מָחָר בָּרָד כָּבֵד מְאֹד
אֲשֶׁר לֹא־הָיָה כָמֹהוּ בְּמִצְרַיִם לְמִן־הַיּוֹם הִוָּסְדָה
יט וְעַד־עָתָּה: וְעַתָּה שְׁלַח הָעֵז אֶת־מִקְנְךָ וְאֵת
כָּל־אֲשֶׁר לְךָ בַּשָּׂדֶה כָּל־הָאָדָם וְהַבְּהֵמָה אֲשֶׁר־
יִמָּצֵא בַשָּׂדֶה וְלֹא יֵאָסֵף הַבַּיְתָה וְיָרַד עֲלֵהֶם
כ הַבָּרָד וָמֵתוּ: הַיָּרֵא אֶת־דְּבַר יְהוָה מֵעַבְדֵי פַּרְעֹה
כא הֵנִיס אֶת־עֲבָדָיו וְאֶת־מִקְנֵהוּ אֶל־הַבָּתִּים: וַאֲשֶׁר
לֹא־שָׂם לִבּוֹ אֶל־דְּבַר יְהוָה וַיַּעֲזֹב אֶת־עֲבָדָיו
וְאֶת־מִקְנֵהוּ בַּשָּׂדֶה:
כב וַיֹּאמֶר יְהוָה אֶל־מֹשֶׁה נְטֵה אֶת־יָדְךָ עַל־הַשָּׁמַיִם
וִיהִי בָרָד בְּכָל־אֶרֶץ מִצְרָיִם עַל־הָאָדָם וְעַל־
הַבְּהֵמָה וְעַל כָּל־עֵשֶׂב הַשָּׂדֶה בְּאֶרֶץ מִצְרָיִם:
כג וַיֵּט מֹשֶׁה אֶת־מַטֵּהוּ עַל־הַשָּׁמַיִם וַיהוָה נָתַן
קֹלֹת וּבָרָד וַתִּהֲלַךְ־אֵשׁ אָרְצָה וַיַּמְטֵר יְהוָה בָּרָד
כד עַל־אֶרֶץ מִצְרָיִם: וַיְהִי בָרָד וְאֵשׁ מִתְלַקַּחַת בְּתוֹךְ
הַבָּרָד כָּבֵד מְאֹד אֲשֶׁר לֹא־הָיָה כָמֹהוּ בְּכָל־אֶרֶץ
כה מִצְרַיִם מֵאָז הָיְתָה לְגוֹי: וַיַּךְ הַבָּרָד בְּכָל־אֶרֶץ
מִצְרַיִם אֵת כָּל־אֲשֶׁר בַּשָּׂדֶה מֵאָדָם וְעַד־בְּהֵמָה

וְאֵ֨ת כָּל־עֵ֤שֶׂב הַשָּׂדֶה֙ הִכָּ֣ה הַבָּרָ֔ד וְאֶת־כָּל־עֵ֥ץ
כה הַשָּׂדֶ֖ה שִׁבֵּֽר׃ רַ֚ק בְּאֶ֣רֶץ גֹּ֔שֶׁן אֲשֶׁר־שָׁ֖ם בְּנֵ֣י
כו יִשְׂרָאֵ֑ל לֹ֥א הָיָ֖ה בָּרָֽד׃ וַיִּשְׁלַ֣ח פַּרְעֹ֗ה וַיִּקְרָא֙ ★
לְמֹשֶׁ֣ה וּֽלְאַהֲרֹ֔ן וַיֹּ֥אמֶר אֲלֵהֶ֖ם חָטָ֣אתִי הַפָּ֑עַם

יז קימתך, בדיל לאחזיותך ית חילי, ובדיל, דיהון משתען גבורת שמי בכל ארעא: עד
יח כען כבישת ביה בעמי, בדיל דלא לשלחותהון: האנא מחית כעדנא הדין מחר, ברדא
יט תקיף לחדא, דלא הוה דכותיה במצרים, למן יומא דאשתכללת ועד כען: וכען, שלח
כנוש ית בעירך, וית כל דלך בחקלא, כל אנשא ובעירא דישתכח בחקלא, ולא
כ יתכניש לביתא, וייחות עליהון, ברדא וימותון: דדחיל מפתגמא דיי, מעבדי פרעה,
כא כנש, ית עבדוהי וית בעיריה לבתיא: ודלא שוי, לביה לפתגמא דיי, שבק, ית עבדוהי
כב וית בעיריה בחקלא: ואמר יי למשה, ארים ית ידך על צית שמיא, ויהי ברדא בכל
ארעא דמצרים, על אנשא ועל בעירא, ועל, כל עסבא דחקלא בארעא דמצרים:
כג וארים משה ית חטריה על צית שמיא, ויי, יהב קלין וברד, ומהלכא אישתא על
כד ארעא, ואמטר יי, ברדא על ארעא דמצרים: והוה ברדא, ואישתא, משתלהבא בגו
כה ברדא, תקיף לחדא, דלא הוה דכותיה בכל ארעא דמצרים, מעדן דהוות לעם: ומחא
ברדא בכל ארעא דמצרים, ית כל דבחקלא, מאנשא ועד בעירא, וית כל עסבא
כו דחקלא מחא ברדא, וית כל אילני חקלא תבר: לחוד בארעא דגשן, דתמן בני ישראל,
כז לא הוה ברדא: ושלח פרעה, וקרא למשה ולאהרן, ואמר להון חבית זמנא הדא,

יז| **עודך מסתולל בעמי.** כתרגומו: "כבישת ביה בעמי" והוא מגזרת 'מסלה' (במדבר כ, יט) דמתרגמינן: "אורח כבישא", ובלעז קלקי"ר. וכבר פרשתי בסוף ויהי מקץ (בראשית מד, טז), כל תיבה שתחלת יסודה סמ"ך והיא באה לדבר בלשון מתפעל נותן התי"ו של שמוש באמצע אותיות של עקר, כגון זו, וכגון: "ויסתבל החגב" (קהלת יב, ה) מגזרת 'סבל' (מלכים א' ה, כט); "כי תשתרר עלינו" (במדבר טז, יג) מגזרת 'שר ונגיד' (דברי הימים ב' לב, כא); "משתכל הוית" (דניאל ז, ח):

יח| **כעת מחר.** כעת הזאת למחר. שרט לו שריטה בכתל, למחר כשתגיע חמה לכאן ירד הברד: **הוסדה.** שנתיסדה. וכל תיבה שתחלת יסודה יו"ד כגון: יסד, ילד, ידע, יסר, כשהיא מתפעלת תבא הוי"ו במקום היו"ד כמו: "הוסדה", "הולדה" (הושע ב, ה), "ויודע" (אסתר ב, כב), "ויולד ליוסף" (בראשית מו, כ), "בדברים לא יוסר עבד" (משלי כט, יט):

יט| **שלח העז.** כתרגומו: "שלח כנוש". וכן: "ישבי הגבים העיזו" (ישעיה י, לא). "העזו בני בנימן" (ירמיה ו, א): **ולא יאסף הביתה.** לשון הכנסה הוא:

כ| **הניס.** הבריח:

כב| **על השמים.** לצד השמים. ומדרש אגדה, הגביהו הקדוש ברוך הוא למשה למעלה מן השמים:

כד| **מתלקחת בתוך הברד.** נס בתוך נס, האש והברד מעורבין, והברד מים הוא, ולעשות רצון קונם עשו שלום ביניהם:

כח יהוה הצדיק ואני ועמי הרשעים: העתירו אל־
יהוה ורב מהית קלת אלהים וברד ואשלחה
כט אתכם ולא תספון לעמד: ויאמר אליו משה
כצאתי את־העיר אפרש את־כפי אל־יהוה
הקלות יחדלון והברד לא יהיה־עוד למען
ל תדע כי ליהוה הארץ: ואתה ועבדיך ידעתי
לא כי טרם תיראון מפני יהוה אלהים: והפשתה
והשערה נכתה כי השערה אביב והפשתה
לב גבעל: והחטה והכסמת לא נכו כי אפילת
לג הנה: ויצא משה מעם פרעה את־העיר ויפרש מפטיר
כפיו אל־יהוה ויחדלו הקלות והברד ומטר
לד לא־נתך ארצה: וירא פרעה כי־חדל המטר
והברד והקלת ויסף לחטא ויכבד לבו הוא
לה ועבדיו: ויחזק לב פרעה ולא שלח את־בני
ישראל כאשר דבר יהוה ביד־משה:

כח יי זְכָאָה, וַאֲנָא וְעַמִּי חַיָּבִין: צַלּוֹ קֳדָם יי, וְסַגִּי קֳדָמוֹהִי רְוַח, דְּלָא יְהוֹן עֲלַנָא, קָלִין דִּלְוָט כְּאִלֵּין
כט מִן קֳדָם יי וּבְרַד, וַאֲשַׁלַּח יָתְכוֹן, וְלָא תֵיסְפוּן לְאִתְעַכָּבָא: וַאֲמַר לֵיהּ מֹשֶׁה, כְּמִפְּקִי מִן קַרְתָּא,
אֶפְרוֹס יָת יְדַי בִּצְלוֹ קֳדָם יי, קָלַיָּא יִתְמְנְעוּן, וּבַרְדָּא לָא יְהֵי עוֹד, בְּדִיל דְּתִדַּע, אֲרֵי דַּיי
ל לא אַרְעָא: וְאַתְּ וְעַבְדָּךְ, יְדַעְנָא, אֲרֵי עַד כְּעַן לָא אִתְכְּנַעְתּוּן, מִן קֳדָם יי אֱלֹהִים: וְכִתָּנָא וּסְעָרֵי
לב לג לְקוֹ, אֲרֵי סְעָרַיָּא אֲבִיב, וְכִתָּנָא גִּבְעֳלִין: וְחִטַּיָּא וְכוּנָתַיָּא לָא לְקָאָה, אֲרֵי אַפְלָתָא אִנּוּן: וּנְפַק
מֹשֶׁה, מִלְּוָת פַּרְעֹה יָת קַרְתָּא, וּפְרַס יְדוֹהִי בִּצְלוֹ קֳדָם יי, וְאִתְמְנַעוּ קָלַיָּא וּבַרְדָּא, וּמִטְרָא
לד דַּהֲוָה נָחֵית לָא מְטָא עַל אַרְעָא: וַחֲזָא פַרְעֹה, אֲרֵי אִתְמְנַע מִטְרָא וּבַרְדָּא, וְקָלַיָּא וְאוֹסֵיף
לה לְמִחְטֵי, וְיַקְּרֵיהּ לְלִבֵּיהּ הוּא וְעַבְדּוֹהִי: וְאִתַּקַּף לִבָּא דְּפַרְעֹה, וְלָא שַׁלַּח יָת בְּנֵי יִשְׂרָאֵל, כְּמָא
דְּמַלֵּיל יי בִּידָא דְּמֹשֶׁה:

כח] **וְרַב.** דַּי לוֹ כַּמָּה שֶׁהוֹרִיד כְּבָר:

כט] **כְּצֵאתִי אֶת הָעִיר.** מִן הָעִיר. אֲבָל בְּתוֹךְ הָעִיר לֹא הִתְפַּלֵּל לְפִי שֶׁהָיְתָה מְלֵאָה גִּלּוּלִים:

ל] **טֶרֶם תִּירְאוּן.** עֲדַיִן לֹא תִירָאוּן. וְכֵן כָּל טֶרֶם שֶׁבַּמִּקְרָא 'עֲדַיִן לֹא' הוּא וְאֵינוֹ לְשׁוֹן קֹדֶם. "טֶרֶם יִשְׁכָּבוּ" (בראשית יט, ד) – "עַד לֹא שְׁכִיבוּ", "טֶרֶם יִצְמָח" (שם ב, ה) – "עַד לָא צְמַח". אַף זֶה כֵּן הוּא, יָדַעְתִּי כִּי עֲדַיִן אֵינְכֶם יְרֵאִים, וּמִשֶּׁתִּהְיֶה הָרְוָחָה תַּעַמְדוּ בְּקִלְקוּלְכֶם:

לא] **וְהַפִּשְׁתָּה וְהַשְּׂעֹרָה נֻכָּתָה.** נִשְׁבְּרָה, לְשׁוֹן: "פַּרְעֹה נְכֹה" (מלכים ב' כג, כט), "נְכָאִים" (ישעיה טז, ז), וְכֵן "לֹא נְכוּ" (להלן פסוק לב). וְלֹא יִתָּכֵן לְפָרֵשׁ לְשׁוֹן הַכָּאָה, שֶׁאֵין נוּ"ן בִּמְקוֹם הֵ"א לְפָרֵשׁ 'נֻכְּתָה' כְּמוֹ 'הֻכְּתָה', 'נְכוּ' כְּמוֹ 'הֻכּוּ', אֶלָּא הַנּוּ"ן שֹׁרֶשׁ בַּתֵּבָה, וַהֲרֵי הוּא מִגִּזְרַת "וְשֻׁפּוּ עַצְמֹתָיו" (איוב לג, כא): **כִּי הַשְּׂעֹרָה אָבִיב.** כְּבָר בִּכְּרָה וְעוֹמֶדֶת בְּקַשֶּׁיהָ וְנִשְׁתַּבְּרוּ וְנָפְלוּ. וְכֵן הַפִּשְׁתָּה גָּדְלָה כְּבָר וְהִקְשָׁה לַעֲמֹד בִּגְבְעוֹלֶיהָ: **הַשְּׂעֹרָה אָבִיב.** עָמְדָה בְּאִבֶּיהָ, לְשׁוֹן "בְּאִבֵּי הַנָּחַל" (שיר השירים ו, יא):

לב] **כִּי אֲפִילֹת הֵנָּה.** מְאֻחָרוֹת, וַעֲדַיִן הָיוּ רַכּוֹת וִיכוֹלוֹת לַעֲמֹד בִּפְנֵי קָשֶׁה. וְאַף עַל פִּי שֶׁנֶּאֱמַר: "וְאֵת כָּל עֵשֶׂב הַשָּׂדֶה הִכָּה הַבָּרָד" (לעיל פסוק כה), יֵשׁ לְיַשֵּׁב פְּשׁוּטוֹ שֶׁל מִקְרָא בָּעֲשָׂבִים הָעוֹמְדִים בְּקַלְחָם הָרְאוּיִים לִלְקוֹת בְּבָרָד. וּמִדְרַשׁ רַבִּי תַּנְחוּמָא (ו) יֵשׁ מַרְבּוֹתֵינוּ שֶׁנֶּחְלְקוּ עַל זֹאת, וְדָרְשׁוּ "כִּי אֲפִילֹת", פִּלְאֵי פְלָאוֹת נַעֲשׂוּ לָהֶם שֶׁלֹּא לָקוּ:

לג] **לֹא נִתַּךְ.** לֹא הִגִּיעַ. וְאַף אוֹתָן שֶׁהָיוּ בָּאֲוִיר לֹא הִגִּיעוּ לָאָרֶץ. וְדוֹמֶה לוֹ: "וַתִּתַּךְ עָלֵינוּ הָאָלָה וְהַשְּׁבֻעָה" דְּעֶזְרָא (דניאל ט, יא), וַתַּגִּיעַ עָלֵינוּ. וּמְנַחֵם בֶּן סָרוּק חִבְּרוֹ בְּחֵלֶק "כְּהִתּוּךְ כֶּסֶף" (יחזקאל כב, כב), לְשׁוֹן יְצִיקַת מַתֶּכֶת, וְרוֹאֶה אֲנִי אֶת דְּבָרָיו; כְּתַרְגּוּמוֹ "וַיִּצֹק" – "וְאַתֵּיךְ" (להלן לח, ה), "לָצֶקֶת" (שם פסוק כז) – "לְאַתָּכָא". אַף זֶה "לֹא נִתַּךְ", לֹא הוּצַק לָאָרֶץ:

וארא

הפטרת וארא

בראש חודש שבט קוראים את את המפטיר וההפטרה בעמ׳ רעת.

חלקו האמצעי של ספר יחזקאל עוסק בנבואות על עמי האזור. את הנבואות האלה ניבא יחזקאל בבבל, לאנשים שגלו עמו מיהודה בגלות יהויכין, בעת המצור האחרון של בבל על ירושלים שבסיומו חרב הבית הראשון. הגולים עם יהויכין היו אמורים לחזק את הגולים שיגיעו לאחר החורבן הכללי. אחת השאלות שעלו אז הייתה, מדוע ניתן כוח לעמים להחריב את בית ה׳, את מלכות בית דוד, ולהצר לאנשי יהודה. בפרקי הנבואות על העמים ה׳ מבהיר שהוא יבוא חשבון עם עמי הרשע שהיו מעורבים בחורבן יהודה וירושלים. יש דין ויש דיין גם בשעה של ליקוי מאורות. ברשימת העמים שה׳ יבוא אתם חשבון נמצאת גם מצרים. לאחר המכות שיכה ה׳ את מצרים ״ידעו כי אני ה׳״. גם מצרים וגם ישראל יגלו מי הוא מנהיג העולם. הנהגה זו תביא בסופו של דבר לשיבת ישראל לארצו.

התימנים מתחילים כאן

יחזקאל

וְלֹא־יִהְיֶה עוֹד לְבֵית יִשְׂרָאֵל סִלּוֹן מַמְאִיר וְקוֹץ מַכְאִב מִכֹּל סְבִיבֹתָם כד כח

האשכנזים והספרדים מתחילים כאן

הַשָּׁאטִים אוֹתָם וְיָדְעוּ כִּי אֲנִי אֲדֹנָי יֱהֹוִה: *כֹּה־אָמַר אֲדֹנָי כה
יֱהֹוִה בְּקַבְּצִי | אֶת־בֵּית יִשְׂרָאֵל מִן־הָעַמִּים אֲשֶׁר נָפֹצוּ בָם וְנִקְדַּשְׁתִּי בָם
לְעֵינֵי הַגּוֹיִם וְיָשְׁבוּ עַל־אַדְמָתָם אֲשֶׁר נָתַתִּי לְעַבְדִּי לְיַעֲקֹב: וְיָשְׁבוּ עָלֶיהָ כו
לָבֶטַח וּבָנוּ בָתִּים וְנָטְעוּ כְרָמִים וְיָשְׁבוּ לָבֶטַח בַּעֲשׂוֹתִי שְׁפָטִים בְּכֹל
הַשָּׁאטִים אֹתָם מִסְּבִיבוֹתָם וְיָדְעוּ כִּי אֲנִי יְהֹוָה אֱלֹהֵיהֶם: בַּשָּׁנָה א כט
הָעֲשִׂרִית בָּעֲשִׂרִי בִּשְׁנֵים עָשָׂר לַחֹדֶשׁ הָיָה דְבַר־יְהֹוָה אֵלַי לֵאמֹר: בֶּן־ ב
אָדָם שִׂים פָּנֶיךָ עַל־פַּרְעֹה מֶלֶךְ מִצְרָיִם וְהִנָּבֵא עָלָיו וְעַל־מִצְרַיִם כֻּלָּהּ:
דַּבֵּר וְאָמַרְתָּ כֹּה־אָמַר | אֲדֹנָי יֱהֹוִה הִנְנִי עָלֶיךָ פַּרְעֹה מֶלֶךְ־מִצְרַיִם הַתַּנִּים ג
הַגָּדוֹל הָרֹבֵץ בְּתוֹךְ יְאֹרָיו אֲשֶׁר אָמַר לִי יְאֹרִי וַאֲנִי עֲשִׂיתִנִי: וְנָתַתִּי ד
חחיים בִּלְחָיֶיךָ וְהִדְבַּקְתִּי דְגַת־יְאֹרֶיךָ בְּקַשְׂקְשֹׂתֶיךָ וְהַעֲלִיתִיךָ מִתּוֹךְ חַחִים
יְאֹרֶיךָ וְאֵת כָּל־דְּגַת יְאֹרֶיךָ בְּקַשְׂקְשֹׂתֶיךָ תִּדְבָּק: וּנְטַשְׁתִּיךָ הַמִּדְבָּרָה ה
אוֹתְךָ וְאֵת כָּל־דְּגַת יְאֹרֶיךָ עַל־פְּנֵי הַשָּׂדֶה תִּפּוֹל לֹא תֵאָסֵף וְלֹא תִקָּבֵץ
לְחַיַּת הָאָרֶץ וּלְעוֹף הַשָּׁמַיִם נְתַתִּיךָ לְאָכְלָה: וְיָדְעוּ כָּל־יֹשְׁבֵי מִצְרַיִם כִּי ו
אֲנִי יְהֹוָה יַעַן הֱיוֹתָם מִשְׁעֶנֶת קָנֶה לְבֵית יִשְׂרָאֵל: בְּתָפְשָׂם בְּךָ בככפך ז בַכַּף
תֵּרוֹץ וּבָקַעְתָּ לָהֶם כָּל־כָּתֵף וּבְהִשָּׁעֲנָם עָלֶיךָ תִּשָּׁבֵר וְהַעֲמַדְתָּ לָהֶם
כָּל־מָתְנָיִם: לָכֵן כֹּה אָמַר אֲדֹנָי יֱהֹוִה הִנְנִי מֵבִיא עָלַיִךְ חָרֶב ח
וְהִכְרַתִּי מִמֵּךְ אָדָם וּבְהֵמָה: וְהָיְתָה אֶרֶץ־מִצְרַיִם לִשְׁמָמָה וְחָרְבָּה וְיָדְעוּ ט
כִּי־אֲנִי יְהֹוָה יַעַן אָמַר יְאֹר לִי וַאֲנִי עָשִׂיתִי: לָכֵן הִנְנִי אֵלֶיךָ וְאֶל־יְאֹרֶיךָ י
וְנָתַתִּי אֶת־אֶרֶץ מִצְרַיִם לְחָרְבוֹת חֹרֶב שְׁמָמָה מִמִּגְדֹּל סְוֵנֵה וְעַד־גְּבוּל
כּוּשׁ: לֹא תַעֲבָר־בָּהּ רֶגֶל אָדָם וְרֶגֶל בְּהֵמָה לֹא תַעֲבָר־בָּהּ וְלֹא תֵשֵׁב יא
אַרְבָּעִים שָׁנָה: וְנָתַתִּי אֶת־אֶרֶץ מִצְרַיִם שְׁמָמָה בְּתוֹךְ | אֲרָצוֹת נְשַׁמּוֹת יב

וארא

וְעָרֶיהָ בְּתוֹךְ עָרִים מָחֳרָבוֹת תִּהְיֶיןָ שְׁמָמָה אַרְבָּעִים שָׁנָה וַהֲפִצֹתִי אֶת־
יג מִצְרַיִם בַּגּוֹיִם וְזֵרִיתִים בָּאֲרָצוֹת׃ כִּי כֹּה אָמַר אֲדֹנָי יֱהוִה מִקֵּץ
יד אַרְבָּעִים שָׁנָה אֲקַבֵּץ אֶת־מִצְרַיִם מִן־הָעַמִּים אֲשֶׁר־נָפֹצוּ שָׁמָּה׃ וְשַׁבְתִּי
אֶת־שְׁבוּת מִצְרַיִם וַהֲשִׁבֹתִי אֹתָם אֶרֶץ פַּתְרוֹס עַל־אֶרֶץ מְכוּרָתָם וְהָיוּ שָׁם
טו מַמְלָכָה שְׁפָלָה׃ מִן־הַמַּמְלָכוֹת תִּהְיֶה שְׁפָלָה וְלֹא־תִתְנַשֵּׂא עוֹד עַל־הַגּוֹיִם
טז וְהִמְעַטְתִּים לְבִלְתִּי רְדוֹת בַּגּוֹיִם׃ וְלֹא יִהְיֶה־עוֹד לְבֵית יִשְׂרָאֵל לְמִבְטָח
יז מַזְכִּיר עָוֹן בִּפְנוֹתָם אַחֲרֵיהֶם וְיָדְעוּ כִּי אֲנִי אֲדֹנָי יֱהוִה׃ וַיְהִי
בְּעֶשְׂרִים וָשֶׁבַע שָׁנָה בָּרִאשׁוֹן בְּאֶחָד לַחֹדֶשׁ הָיָה דְבַר־יְהוָה אֵלַי לֵאמֹר׃
יח בֶּן־אָדָם נְבוּכַדְרֶאצַּר מֶלֶךְ־בָּבֶל הֶעֱבִיד אֶת־חֵילוֹ עֲבֹדָה גְדוֹלָה אֶל־צֹר
כָּל־רֹאשׁ מֻקְרָח וְכָל־כָּתֵף מְרוּטָה וְשָׂכָר לֹא־הָיָה לוֹ וּלְחֵילוֹ מִצֹּר עַל־
יט הָעֲבֹדָה אֲשֶׁר־עָבַד עָלֶיהָ׃ לָכֵן כֹּה אָמַר אֲדֹנָי יֱהוִה הִנְנִי נֹתֵן
לִנְבוּכַדְרֶאצַּר מֶלֶךְ־בָּבֶל אֶת־אֶרֶץ מִצְרָיִם וְנָשָׂא הֲמֹנָהּ וְשָׁלַל שְׁלָלָהּ
כ וּבָזַז בִּזָּהּ וְהָיְתָה שָׂכָר לְחֵילוֹ׃ פְּעֻלָּתוֹ אֲשֶׁר־עָבַד בָּהּ נָתַתִּי לוֹ אֶת־אֶרֶץ
כא מִצְרָיִם אֲשֶׁר עָשׂוּ לִי נְאֻם אֲדֹנָי יֱהוִה׃ בַּיּוֹם הַהוּא אַצְמִיחַ קֶרֶן לְבֵית
יִשְׂרָאֵל וּלְךָ אֶתֵּן פִּתְחוֹן־פֶּה בְּתוֹכָם וְיָדְעוּ כִּי־אֲנִי יְהוָה׃

פרשת בא

נושאים לפי סדרים	ז	ח	ט	י(א)
	מכות ארבה חושך	מצוות הפסח	מכת בכורות והיציאה ממצרים	מצוות לזכירת יציאת מצרים
	מצרים		רעמסס-סוכות	
	חודשיים וחצי			

בא

י א וַיֹּאמֶר יהוה אֶל־מֹשֶׁה בֹּא אֶל־פַּרְעֹה כִּי־אֲנִי ז
הִכְבַּדְתִּי אֶת־לִבּוֹ וְאֶת־לֵב עֲבָדָיו לְמַעַן שִׁתִי
ב אֹתֹתַי אֵלֶּה בְּקִרְבּוֹ: וּלְמַעַן תְּסַפֵּר בְּאָזְנֵי בִנְךָ
וּבֶן־בִּנְךָ אֵת אֲשֶׁר הִתְעַלַּלְתִּי בְּמִצְרַיִם וְאֶת־
אֹתֹתַי אֲשֶׁר־שַׂמְתִּי בָם וִידַעְתֶּם כִּי־אֲנִי יהוה:
ג וַיָּבֹא מֹשֶׁה וְאַהֲרֹן אֶל־פַּרְעֹה וַיֹּאמְרוּ אֵלָיו
כֹּה־אָמַר יהוה אֱלֹהֵי הָעִבְרִים עַד־מָתַי מֵאַנְתָּ
ד לֵעָנֹת מִפָּנָי שַׁלַּח עַמִּי וְיַעַבְדֻנִי: כִּי אִם־מָאֵן
אַתָּה לְשַׁלֵּחַ אֶת־עַמִּי הִנְנִי מֵבִיא מָחָר אַרְבֶּה
ה בִּגְבֻלֶךָ: וְכִסָּה אֶת־עֵין הָאָרֶץ וְלֹא יוּכַל לִרְאֹת
אֶת־הָאָרֶץ וְאָכַל | אֶת־יֶתֶר הַפְּלֵטָה הַנִּשְׁאֶרֶת
לָכֶם מִן־הַבָּרָד וְאָכַל אֶת־כָּל־הָעֵץ הַצֹּמֵחַ לָכֶם
ו מִן־הַשָּׂדֶה: וּמָלְאוּ בָתֶּיךָ וּבָתֵּי כָל־עֲבָדֶיךָ וּבָתֵּי
כָל־מִצְרַיִם אֲשֶׁר לֹא־רָאוּ אֲבֹתֶיךָ וַאֲבוֹת אֲבֹתֶיךָ
מִיּוֹם הֱיוֹתָם עַל־הָאֲדָמָה עַד הַיּוֹם הַזֶּה וַיִּפֶן
ז וַיֵּצֵא מֵעִם פַּרְעֹה: וַיֹּאמְרוּ עַבְדֵי פַרְעֹה אֵלָיו
עַד־מָתַי יִהְיֶה זֶה לָנוּ לְמוֹקֵשׁ שַׁלַּח אֶת־הָאֲנָשִׁים
וְיַעַבְדוּ אֶת־יהוה אֱלֹהֵיהֶם הֲטֶרֶם תֵּדַע כִּי אָבְדָה

ח מִצְרָיִם: וַיּוּשַׁב אֶת־מֹשֶׁה וְאֶת־אַהֲרֹן אֶל־פַּרְעֹה
וַיֹּאמֶר אֲלֵהֶם לְכוּ עִבְדוּ אֶת־יהוה אֱלֹהֵיכֶם מִי
ט וָמִי הַהֹלְכִים: וַיֹּאמֶר מֹשֶׁה בִּנְעָרֵינוּ וּבִזְקֵנֵינוּ
נֵלֵךְ בְּבָנֵינוּ וּבִבְנוֹתֵנוּ בְּצֹאנֵנוּ וּבִבְקָרֵנוּ נֵלֵךְ כִּי
י חַג־יהוה לָנוּ: וַיֹּאמֶר אֲלֵהֶם יְהִי כֵן יהוה עִמָּכֶם

י א וַאֲמַר יי לְמֹשֶׁה, עוֹל לְוָת פַּרְעֹה, אֲרֵי אֲנָא, יַקְּרִית יָת לִבֵּיהּ וְיָת לִבָּא דְעַבְדוֹהִי, בְּדִיל,
ב לְשַׁוָּאָה, אָתַי אִלֵּין בֵּינֵיהוֹן: וּבְדִיל, דְּתִשְׁתַּעֵי קֳדָם בְּרָךְ וּבַר בְּרָךְ, יָת נִסִּין דַּעֲבַדִית בְּמִצְרַיִם,
ג וְיָת אָתְוָתַי דְּשַׁוֵּיתִי בְּהוֹן, וְתִדְּעוּן אֲרֵי אֲנָא יי: וְעָאל מֹשֶׁה וְאַהֲרֹן לְוָת פַּרְעֹה, וַאֲמַרוּ לֵיהּ,
כִּדְנַן אֲמַר יי אֱלָהָא דִיהוּדָאֵי, עַד אִמַּתִי מְסָרֵיב אַתְּ, לְאִתְכְּנָעָא מִן קֳדָמַי, שַׁלַּח עַמִּי
ד וְיִפְלְחוּן קֳדָמָי: אֲרֵי, אִם מְסָרֵיב אַתְּ לְשַׁלָּחָא יָת עַמִּי, הָאֲנָא מֵיתֵי מְחַר, גּוֹבָא בִּתְחוּמָךְ:
ה וְיַחְפֵּי יָת עֵין שִׁמְשָׁא דְּאַרְעָא, וְלָא יִכּוּל לְמִחְזֵי יָת אַרְעָא, וְיֵיכוּל יָת שְׁאָר שֵׁיזָבְתָא,
ו דְּאִשְׁתְּאַרַת לְכוֹן מִן בַּרְדָּא, וְיֵיכוּל יָת כָּל אִילָנָא, דְּאַצְמַח לְכוֹן מִן חַקְלָא: וְיִתְמְלוֹן בָּתָּךְ,
וּבָתֵּי כָל עַבְדָּךְ וּבָתֵּי כָל מִצְרָאֵי, דְּלָא חֲזוֹ אֲבָהָתָךְ וַאֲבָהָת אֲבָהָתָךְ, מִיּוֹם, מִהֱוֵיהוֹן עַל
ז אַרְעָא, עַד יוֹמָא הָדֵין, וְאִתְפְּנִי וּנְפַק מִלְּוָת פַּרְעֹה: וַאֲמַרוּ עַבְדֵי פַרְעֹה לֵיהּ, עַד אִמַּתִי
יְהֵי דֵין לַנָא לְתַקְלָא, שַׁלַּח יָת גֻּבְרַיָּא, וְיִפְלְחוּן קֳדָם יי אֱלָהֲהוֹן, הַעוֹד כְּעַן לָא יְדַעְתָּא,
ח אֲרֵי אֲבַדַת מִצְרָיִם: וְאִתָּתַב, יָת מֹשֶׁה וְיָת אַהֲרֹן לְוָת פַּרְעֹה, וַאֲמַר לְהוֹן, אִיזִילוּ פְּלַחוּ קֳדָם
ט יי אֱלָהֲכוֹן, מַאן וּמַאן אָזְלִין: וַאֲמַר מֹשֶׁה, בְּעוּלֵימָנָא וּבְסָבָנָא נֵיזֵיל, בִּבְנָנָא וּבִבְנָתָנָא,
י בְּעָנָנָא וּבְתוֹרָנָא נֵיזֵיל, אֲרֵי חַגָּא קֳדָם יי לַנָא: וַאֲמַר לְהוֹן, יְהֵי כֵן מֵימְרָא דַיי בְּסַעְדְּכוֹן,

א] וַיֹּאמֶר ה׳ אֶל מֹשֶׁה בֹּא אֶל פַּרְעֹה. וְהַתְרֵה בוֹ: שִׁתִי. שׂוּמִי, שֶׁאָשִׁית חֲנִי:

ב] הִתְעַלַּלְתִּי. שִׂחַקְתִּי, כְּמוֹ: "כִּי הִתְעַלַּלְתְּ בִּי" (במדבר כב, כט), "הֲלוֹא כַּאֲשֶׁר הִתְעוֹלֵל בָּהֶם" (שמואל א׳ ו, ו) הָאָמוּר בְּמִצְרַיִם. וְאֵינוֹ לְשׁוֹן פֹּעַל וּמַעֲלָלִים, שֶׁאִם כֵּן הָיָה לוֹ לִכְתֹּב 'עוֹלַלְתִּי', כְּמוֹ: "וְעוֹלֵל לָמוֹ כַּאֲשֶׁר עוֹלַלְתָּ לִי" (איכה א, כב), "אֲשֶׁר עוֹלַל לִי" (שם פסוק יב):

ג] לֵעָנֹת. כְּתַרְגּוּמוֹ: "לְאִתְכְּנָעָא", וְהוּא מִגִּזְרַת 'עָנִי', מֵאַנְתָּ לִהְיוֹת עָנִי וְשָׁפָל מִפָּנַי:

ה] אֶת עֵין הָאָרֶץ. אֶת מַרְאֵה הָאָרֶץ: וְלֹא יוּכַל. הָרוֹאֶה "לִרְאֹת אֶת הָאָרֶץ", וּלְשׁוֹן קְצָרָה דִּבֵּר:

ז] הֲטֶרֶם תֵּדַע. הַעוֹד לֹא יָדַעְתָּ "כִּי אָבְדָה מִצְרָיִם":

ח] וַיּוּשַׁב. הוּשְׁבוּ עַל יְדֵי שָׁלִיחַ, שֶׁשָּׁלְחוּ אַחֲרֵיהֶם וֶהֱשִׁיבוּם אֶל פַּרְעֹה:

כַּאֲשֶׁר אֲשַׁלַּח אֶתְכֶם וְאֶת־טַפְּכֶם רְאוּ כִּי רָעָה
נֶגֶד פְּנֵיכֶם: לֹא כֵן לְכוּ־נָא הַגְּבָרִים וְעִבְדוּ יא
אֶת־יְהוָה כִּי אֹתָהּ אַתֶּם מְבַקְשִׁים וַיְגָרֶשׁ אֹתָם
שני מֵאֵת פְּנֵי פַרְעֹה: וַיֹּאמֶר יְהוָה אֶל־ יב
מֹשֶׁה נְטֵה יָדְךָ עַל־אֶרֶץ מִצְרַיִם בָּאַרְבֶּה וְיַעַל
עַל־אֶרֶץ מִצְרָיִם וְיֹאכַל אֶת־כָּל־עֵשֶׂב הָאָרֶץ
אֵת כָּל־אֲשֶׁר הִשְׁאִיר הַבָּרָד: וַיֵּט מֹשֶׁה אֶת־ יג
מַטֵּהוּ עַל־אֶרֶץ מִצְרַיִם וַיהוָה נִהַג רוּחַ־קָדִים
בָּאָרֶץ כָּל־הַיּוֹם הַהוּא וְכָל־הַלָּיְלָה הַבֹּקֶר הָיָה
וְרוּחַ הַקָּדִים נָשָׂא אֶת־הָאַרְבֶּה: וַיַּעַל הָאַרְבֶּה יד
עַל כָּל־אֶרֶץ מִצְרַיִם וַיָּנַח בְּכֹל גְּבוּל מִצְרָיִם כָּבֵד
מְאֹד לְפָנָיו לֹא־הָיָה כֵן אַרְבֶּה כָּמֹהוּ וְאַחֲרָיו
לֹא יִהְיֶה־כֵּן: וַיְכַס אֶת־עֵין כָּל־הָאָרֶץ וַתֶּחְשַׁךְ טו
הָאָרֶץ וַיֹּאכַל אֶת־כָּל־עֵשֶׂב הָאָרֶץ וְאֵת כָּל־פְּרִי
הָעֵץ אֲשֶׁר הוֹתִיר הַבָּרָד וְלֹא־נוֹתַר כָּל־יֶרֶק בָּעֵץ
וּבְעֵשֶׂב הַשָּׂדֶה בְּכָל־אֶרֶץ מִצְרָיִם: וַיְמַהֵר פַּרְעֹה טז
לִקְרֹא לְמֹשֶׁה וּלְאַהֲרֹן וַיֹּאמֶר חָטָאתִי לַיהוָה
אֱלֹהֵיכֶם וְלָכֶם: וְעַתָּה שָׂא נָא חַטָּאתִי אַךְ הַפַּעַם יז
וְהַעְתִּירוּ לַיהוָה אֱלֹהֵיכֶם וְיָסֵר מֵעָלַי רַק אֶת־
הַמָּוֶת הַזֶּה: וַיֵּצֵא מֵעִם פַּרְעֹה וַיֶּעְתַּר אֶל־יְהוָה: יח

יט וַיַּהֲפֹךְ יְהוָה רֽוּחַ־יָם֙ חָזָ֣ק מְאֹ֔ד וַיִּשָּׂא֙ אֶת־
הָֽאַרְבֶּ֔ה וַיִּתְקָעֵ֖הוּ יָ֣מָּה סּ֑וּף לֹ֤א נִשְׁאַר֙ אַרְבֶּ֣ה
כ אֶחָ֔ד בְּכֹ֖ל גְּב֥וּל מִצְרָֽיִם׃ וַיְחַזֵּ֥ק יְהוָ֖ה אֶת־לֵ֣ב
פַּרְעֹ֑ה וְלֹ֣א שִׁלַּ֔ח אֶת־בְּנֵ֖י יִשְׂרָאֵֽל׃

כְּדִ אֲשַׁלַּח יָתְכוֹן וְיָת טַפְלְכוֹן, חֲזוֹ, אֲרֵי בִישָׁא אַתּוּן סְבִירִין לְמֶעְבַּד לֵית קֳבֵיל אַפֵּיכוֹן
יא לְאִסְתַּחֲרָא: לָא כֵן, אִיזִילוּ כְעַן גֻּבְרַיָּא וּפְלַחוּ קֳדָם יְיָ, אֲרֵי יָתַהּ אַתּוּן בָּעַן, וְתָרֵיךְ יָתְהוֹן, מִן
יב קֳדָם פַּרְעֹה: וַאֲמַר יְיָ לְמֹשֶׁה, אֲרֵים יְדָךְ, עַל אַרְעָא דְמִצְרַיִם וְיֵיתֵי גוֹבָא, וְיִסַּק עַל אַרְעָא
יג דְמִצְרָיִם, וְיֵיכוֹל יָת כָּל עִסְבָּא דְאַרְעָא, יָת, כָּל דְאַשְׁאַר בַּרְדָּא: וַאֲרִים מֹשֶׁה יָת חֻטְרֵיהּ עַל
אַרְעָא דְמִצְרַיִם, וַיְיָ, דַּבַּר רוּחַ קִדּוּמָא בְּאַרְעָא, כָּל יוֹמָא הַהוּא וְכָל לֵילְיָא, צַפְרָא הֲוָה, וְרוּחַ
יד קִדּוּמָא, נְטַל יָת גּוֹבָא: וּסְלֵיק גּוֹבָא, עַל כָּל אַרְעָא דְמִצְרַיִם, וּשְׁרָא, בְּכָל תְּחוּם מִצְרָיִם,
טו תַּקִּיף לַחֲדָא, קֳדָמוֹהִי, לָא הֲוָה כֵן גּוֹבָא דִכְוָתֵיהּ, וּבָתְרוֹהִי לָא יְהֵי כֵן: וַחֲפָא, יָת עֵין שִׁמְשָׁא
דְכָל אַרְעָא וַחֲשׁוֹכַת אַרְעָא, וַאֲכַל יָת כָּל עִסְבָּא דְאַרְעָא, וְיָת כָּל פֵּירֵי אִילָנָא, דְאַשְׁאַר
טז בַּרְדָּא, וְלָא אִשְׁתְּאַר כָּל יָרוֹק בְּאִילָנָא, וּבְעִסְבָּא דְחַקְלָא בְּכָל אַרְעָא דְמִצְרָיִם: וְאוֹחִי
יז פַרְעֹה, לְמִקְרֵי לְמֹשֶׁה וּלְאַהֲרֹן, וַאֲמַר, חָבִית, קֳדָם יְיָ אֱלָהֲכוֹן וּלְכוֹן: וּכְעַן, שְׁבוֹק כְּעַן לְחוֹבִי
יח בְּרַם זִמְנָא הָדָא, וְצַלּוֹ קֳדָם יְיָ אֱלָהֲכוֹן, וְיַעְדֵּי מִנִּי, לְחוֹד יָת מוֹתָא הָדֵין: וּנְפַק מִלְּוָת פַּרְעֹה,
יט וְצַלִּי קֳדָם יְיָ: וַהֲפַךְ יְיָ רוּחַ מַעְרְבָא תַּקִּיף לַחֲדָא, וּנְטַל יָת גּוֹבָא, וּרְמָהִי לְיַמָּא דְסוּף, לָא
כ אִשְׁתְּאַר גּוֹבָא חַד, בְּכָל תְּחוּם מִצְרָיִם: וְתַקִּיף יְיָ יָת לִבָּא דְפַרְעֹה, וְלָא שַׁלַּח יָת בְּנֵי יִשְׂרָאֵל:

י) כַּאֲשֶׁר אֲשַׁלַּח אֶתְכֶם וְאֶת טַפְּכֶם. אַף כִּי אֲשַׁלַּח גַּם אֶת הַצֹּאן וְאֶת הַבָּקָר כַּאֲשֶׁר אֲמַרְתֶּם: רְאוּ כִּי רָעָה נֶגֶד פְּנֵיכֶם. כְּתַרְגּוּמוֹ. וּמִדְרַשׁ אַגָּדָה שָׁמַעְתִּי, כּוֹכָב אֶחָד יֵשׁ שְׁמוֹ רָעָה, אָמַר לָהֶם פַּרְעֹה: רוֹאֶה אֲנִי בְּאִצְטַגְנִינוּת שֶׁלִּי אוֹתוֹ כּוֹכָב עוֹלֶה לִקְרַאתְכֶם בַּמִּדְבָּר וְהוּא סִימַן דָּם וַהֲרִיגָה. וּכְשֶׁחָטְאוּ יִשְׂרָאֵל בָּעֵגֶל וּבִקֵּשׁ הַקָּדוֹשׁ בָּרוּךְ הוּא לְהָרְגָם, אָמַר מֹשֶׁה בִּתְפִלָּתוֹ: "לָמָּה יֹאמְרוּ מִצְרַיִם לֵאמֹר בְּרָעָה הוֹצִיאָם" (להלן לב, יב), זוֹ הִיא שֶׁאָמַר לָהֶם: "רְאוּ כִּי רָעָה נֶגֶד פְּנֵיכֶם". מִיָּד – "וַיִּנָּחֶם ה' עַל הָרָעָה" (שם פסוק יד) וְהָפַךְ אֶת הַדָּם לְדַם מִילָה, שֶׁמָּל יְהוֹשֻׁעַ אוֹתָם. וְזֶהוּ שֶׁנֶּאֱמַר: "הַיּוֹם גַּלּוֹתִי אֶת חֶרְפַּת מִצְרַיִם מֵעֲלֵיכֶם" (יהושע ה, ט) שֶׁהָיוּ אוֹמְרִים לָכֶם: דָּם אָנוּ רוֹאִין עֲלֵיכֶם בַּמִּדְבָּר:

יא) לֹא כֵן. כַּאֲשֶׁר אֲמַרְתֶּם לְהוֹלִיךְ הַטַּף עִמָּכֶם, אֶלָּא לְכוּ הַגְּבָרִים וְעִבְדוּ אֶת ה' כִּי אוֹתָהּ בִּקַּשְׁתֶּם עַד הֵנָּה, "נִזְבְּחָה לֵאלֹהֵינוּ" (לעיל ה, ח), וְאֵין דֶּרֶךְ הַטַּף לִזְבֹּחַ: וַיְגָרֶשׁ אֹתָם. הֲרֵי זֶה לְשׁוֹן קָצָר וְלֹא פֵּרֵשׁ מִי הַמְגָרֵשׁ:

יב) בָּאַרְבֶּה. בִּשְׁבִיל מַכַּת הָאַרְבֶּה:

יד) וְאַחֲרָיו לֹא יִהְיֶה כֵּן. וְאוֹתוֹ שֶׁהָיָה בִּימֵי יוֹאֵל שֶׁנֶּאֱמַר: "כָּמֹהוּ לֹא נִהְיָה מִן הָעוֹלָם" (יואל ב, ב) לָמַדְנוּ שֶׁהָיָה כָּבֵד מִשֶּׁל מֹשֶׁה – עַל יְדֵי מִינִין הַרְבֵּה שֶׁהָיוּ יַחַד: אַרְבֶּה, יֶלֶק, חָסִיל, גָּזָם; אֲבָל שֶׁל מֹשֶׁה מִין אֶחָד, וְכָמוֹהוּ לֹא נִהְיָה וְלֹא יִהְיֶה:

טו) כָּל יֶרֶק. עָלֶה יָרֹק, וירדור"א בְּלַעַז:

יט) לֹא נִשְׁאַר אַרְבֶּה אֶחָד. אַף הַמְּלוּחִים שֶׁמָּלְחוּ מֵהֶן:

כא וַיֹּאמֶר יְהוָה אֶל־מֹשֶׁה נְטֵה יָדְךָ עַל־הַשָּׁמַיִם
כב וִיהִי חֹשֶׁךְ עַל־אֶרֶץ מִצְרָיִם וְיָמֵשׁ חֹשֶׁךְ׃ וַיֵּט
מֹשֶׁה אֶת־יָדוֹ עַל־הַשָּׁמָיִם וַיְהִי חֹשֶׁךְ־אֲפֵלָה
כג בְּכָל־אֶרֶץ מִצְרַיִם שְׁלֹשֶׁת יָמִים׃ לֹא־רָאוּ
אִישׁ אֶת־אָחִיו וְלֹא־קָמוּ אִישׁ מִתַּחְתָּיו
שְׁלֹשֶׁת יָמִים וּלְכָל־בְּנֵי יִשְׂרָאֵל הָיָה אוֹר
כד בְּמוֹשְׁבֹתָם׃ וַיִּקְרָא פַרְעֹה אֶל־מֹשֶׁה וַיֹּאמֶר שלישי
לְכוּ עִבְדוּ אֶת־יְהוָה רַק צֹאנְכֶם וּבְקַרְכֶם
כה יֻצָּג גַּם־טַפְּכֶם יֵלֵךְ עִמָּכֶם׃ וַיֹּאמֶר מֹשֶׁה גַּם־
אַתָּה תִּתֵּן בְּיָדֵנוּ זְבָחִים וְעֹלֹת וְעָשִׂינוּ לַיהוָה
כו אֱלֹהֵינוּ׃ וְגַם־מִקְנֵנוּ יֵלֵךְ עִמָּנוּ לֹא תִשָּׁאֵר
פַּרְסָה כִּי מִמֶּנּוּ נִקַּח לַעֲבֹד אֶת־יְהוָה אֱלֹהֵינוּ
וַאֲנַחְנוּ לֹא־נֵדַע מַה־נַּעֲבֹד אֶת־יְהוָה עַד־
כז בֹּאֵנוּ שָׁמָּה׃ וַיְחַזֵּק יְהוָה אֶת־לֵב פַּרְעֹה וְלֹא
כח אָבָה לְשַׁלְּחָם׃ וַיֹּאמֶר־לוֹ פַרְעֹה לֵךְ מֵעָלָי
הִשָּׁמֶר לְךָ אַל־תֹּסֶף רְאוֹת פָּנַי כִּי בְּיוֹם רְאֹתְךָ
כט פָנַי תָּמוּת׃ וַיֹּאמֶר מֹשֶׁה כֵּן דִּבַּרְתָּ לֹא־אֹסִף
עוֹד רְאוֹת פָּנֶיךָ׃

יא א וַיֹּאמֶר יְהוָה אֶל־מֹשֶׁה עוֹד נֶגַע אֶחָד אָבִיא ח
עַל־פַּרְעֹה וְעַל־מִצְרַיִם אַחֲרֵי־כֵן יְשַׁלַּח
אֶתְכֶם מִזֶּה כְּשַׁלְּחוֹ כָּלָה גָּרֵשׁ יְגָרֵשׁ אֶתְכֶם

ב מִזֶּה: דַּבֶּר־נָא בְּאָזְנֵי הָעָם וְיִשְׁאֲלוּ אִישׁ ׀ מֵאֵת
רֵעֵהוּ וְאִשָּׁה מֵאֵת רְעוּתָהּ כְּלֵי־כֶסֶף וּכְלֵי זָהָב:

כא וַאֲמַר יְיָ לְמֹשֶׁה, אֲרֵים יְדָךְ עַל צֵית שְׁמַיָּא, וִיהֵי חֲשׁוֹכָא עַל אַרְעָא דְּמִצְרָיִם, בָּתַר דְּיִעְדֵּי
כב קְבַל לֵילְיָא: וַאֲרֵים מֹשֶׁה, יָת יְדֵיהּ עַל צֵית שְׁמַיָּא, וַהֲוָה חֲשׁוֹךְ קְבַל, בְּכָל אַרְעָא דְּמִצְרָיִם
כג תְּלָתָא יוֹמִין: לָא חֲזוֹ גְּבַר יָת אֲחוּהִי, וְלָא קָמוּ, אֱנָשׁ מִתְּחוֹתוֹהִי תְּלָתָא יוֹמִין, וּלְכָל בְּנֵי
כד יִשְׂרָאֵל, הֲוָה נְהוֹרָא בְּמוֹתְבָנֵיהוֹן: וּקְרָא פַרְעֹה לְמֹשֶׁה, וַאֲמַר אִיזִילוּ פְּלַחוּ קֳדָם יְיָ, לְחוֹד,
כה עָנְכוֹן וְתוֹרֵיכוֹן שְׁבוּקוּ, אַף טַפְלְכוֹן יֵיזִיל עִמְּכוֹן: וַאֲמַר מֹשֶׁה, אַף אַתְּ, תִּתֵּין בִּידָנָא נִכְסַת
כו קֻדְשִׁין וַעֲלָוָן, וְנַעְבֵּיד קֳדָם יְיָ אֱלָהַנָא: וְאַף בְּעִירָנָא יֵיזֵיל עִמַּנָא, לָא נִשְׁאַר מִנֵּיהּ מִדְּעַם, אֲרֵי
מִנֵּיהּ אֲנַחְנָא נָסְבִין, לְמִפְלַח קֳדָם יְיָ אֱלָהָנָא, וַאֲנַחְנָא לֵית אֲנַחְנָא יָדְעִין, מָא נִפְלַח קֳדָם יְיָ,
כז כח עַד מֵיתָנָא לְתַמָּן: וְתַקֵּיף יְיָ יָת לִבָּא דְּפַרְעֹה, וְלָא אֲבָא לְשַׁלָּחוּתְהוֹן: וַאֲמַר לֵיהּ פַּרְעֹה אִיזֵיל
כט מֵעִלָּוָי, אִסְתַּמַּר לָךְ, לָא תוֹסֵיף לְמִחְזֵי אַפַּי, אֲרֵי, בְּיוֹמָא, דְּתִחְזֵי אַפַּי תְּמוּת: וַאֲמַר מֹשֶׁה
יא א יָאוּת מַלֵּילְתָּא, לָא אוֹסֵיף עוֹד לְמִחְזֵי אַפָּךְ: וַאֲמַר יְיָ לְמֹשֶׁה, עוֹד מַכְתָּשׁ חַד אַיְתֵי עַל פַּרְעֹה
וְעַל מִצְרָאֵי, בָּתַר כֵּן, יְשַׁלַּח יָתְכוֹן מִכָּא, כְּשַׁלָּחוּתֵיהּ, גְּמִירָא, תָּרָכָא, יְתָרֵיךְ יָתְכוֹן מִכָּא:
ב מַלֵּיל כְּעַן קֳדָם עַמָּא, וְיִשְׁאֲלוּן, גְּבַר מִן חַבְרֵיהּ, וְאִתְּתָא מִן חַבְרְתַהּ, מָנִין דִּכְסַף וּמָנִין דִּדְהַב:

כא) **וְיָמֵשׁ חֹשֶׁךְ.** וְיַחְשִׁיךְ עֲלֵיהֶם חֹשֶׁךְ יוֹתֵר מֵחֶשְׁכּוֹ שֶׁל לַיְלָה, וְחֹשֶׁךְ שֶׁל לַיְלָה יַאֲמֵשׁ וְיַחְשִׁיךְ עוֹד: **וְיָמֵשׁ.** כְּמוֹ 'וְיַאֲמֵשׁ'. יֵשׁ לָנוּ תֵּבוֹת הַרְבֵּה חֲסֵרוֹת אָלֶ"ף, לְפִי שֶׁאֵין הַבָּרַת הָאָלֶ"ף נִכֶּרֶת כָּל כָּךְ אֵין הַכָּתוּב מַקְפִּיד עַל חֶסְרוֹנָהּ, כְּגוֹן: "וְלֹא יַהֵל שָׁם עֲרָבִי" (ישעיה יג, כ) כְּמוֹ 'לֹא יַאֲהֵל', לֹא יַטֶּה אָהֳלוֹ. וְכֵן: "וַתַּזְרֵנִי חַיִל" (שמואל ב' כב, מ) כְּמוֹ 'וַתְּאַזְּרֵנִי'. וְאוּנְקְלוֹס תִּרְגֵּם לְשׁוֹן הֲסָרָה, כְּמוֹ: "לֹא יָמִישׁ" (להלן יג, כב) – "בָּתַר דְּיִעְדֵּי קְבַל לֵילְיָא", כְּשֶׁיַּגִּיעַ סָמוּךְ לָאוֹר הַיּוֹם. אֲבָל אֵין הַדִּבּוּר מְיֻשָּׁב עַל הַוָּי"ו שֶׁל 'וְיָמֵשׁ', לְפִי שֶׁהוּא כָּתוּב אַחַר "וִיהִי חֹשֶׁךְ". וּמִדְרַשׁ אַגָּדָה פּוֹתְרוֹ לְשׁוֹן "מְמַשֵּׁשׁ בַּצָּהֳרַיִם" (דברים כח, כט), שֶׁהָיָה כָּפוּל וּמְכֻפָּל וְעָב עַד שֶׁהָיָה בּוֹ מַמָּשׁ:

כב) **שְׁלֹשֶׁת יָמִים.** שִׁלּוּשׁ שֶׁל יָמִים, טרדיי"א בְּלַעַז. וְכֵן 'שִׁבְעַת יָמִים' בְּכָל מָקוֹם, סטיי"א שֶׁל יָמִים: **וַיְהִי חֹשֶׁךְ אֲפֵלָה... שְׁלֹשֶׁת יָמִים.** חֹשֶׁךְ שֶׁל אֹפֶל שֶׁלֹּא רָאוּ אִישׁ אֶת אָחִיו אוֹתָן שְׁלֹשֶׁת יָמִים, וְעוֹד שְׁלֹשֶׁת יָמִים אֲחֵרִים חֹשֶׁךְ מֻכְפָּל עַל זֶה שֶׁלֹּא קָמוּ אִישׁ מִתַּחְתָּיו, יוֹשֵׁב אֵין יָכוֹל לַעֲמֹד וְעוֹמֵד אֵין יָכוֹל לֵישֵׁב. וְלָמָּה הֵבִיא עֲלֵיהֶם חֹשֶׁךְ? שֶׁהָיוּ בְּיִשְׂרָאֵל בְּאוֹתוֹ הַדּוֹר רְשָׁעִים וְלֹא הָיוּ רוֹצִים לָצֵאת, וּמֵתוּ בִּשְׁלֹשֶׁת יְמֵי אֲפֵלָה, כְּדֵי שֶׁלֹּא יִרְאוּ מִצְרַיִם בְּמַפַּלְתָּם וְיֹאמְרוּ: אַף הֵם לוֹקִים כָּמוֹנוּ. וְעוֹד, שֶׁחִפְּשׂוּ יִשְׂרָאֵל וְרָאוּ אֶת כְּלֵיהֶם, וּכְשֶׁיָּצְאוּ וְהָיוּ שׁוֹאֲלִים מֵהֶן וְהָיוּ אוֹמְרִים: אֵין בְּיָדֵינוּ כְּלוּם, אוֹמֵר לוֹ: אֲנִי רְאִיתִיו בְּבֵיתְךָ וּבְמָקוֹם פְּלוֹנִי הוּא:

כד) **יֻצָּג.** יְהֵא מֻצָּג בִּמְקוֹמוֹ:

כה) **גַּם אַתָּה תִּתֵּן.** לֹא דַּיָּךְ שֶׁמִּקְנֵנוּ יֵלֵךְ עִמָּנוּ, אֶלָּא אַף מִשֶּׁלְּךָ תִּתֵּן:

כו) **פַּרְסָה.** פַּרְסַת רֶגֶל, פלנט"א בְּלַעַז: **לֹא נֵדַע מַה נַּעֲבֹד.** כַּמָּה תִּכְבַּד הָעֲבוֹדָה, שֶׁמָּא יִשְׁאַל יוֹתֵר מִמָּה שֶׁיֵּשׁ בְּיָדֵינוּ:

כט) **כֵּן דִּבַּרְתָּ.** יָפֶה דִּבַּרְתָּ וּבִזְמַנּוֹ דִּבַּרְתָּ, אֱמֶת שֶׁ"לֹּא אֹסִף עוֹד רְאוֹת פָּנֶיךָ":

פרק יא

א) **כָּלָה.** "גְּמִירָא", כָּלִיל, כֻּלְּכֶם יְשַׁלַּח:

ב) **דַּבֶּר נָא.** אֵין 'נָא' אֶלָּא לְשׁוֹן בַּקָּשָׁה, בְּבַקָּשָׁה מִמְּךָ הַזְהִירֵם עַל כָּךְ, שֶׁלֹּא יֹאמַר אוֹתוֹ צַדִּיק, אַבְרָהָם, "וַעֲבָדוּם וְעִנּוּ אֹתָם" (בראשית טו, יג) קִיֵּם בָּהֶם, "וְאַחֲרֵי כֵן יֵצְאוּ בִּרְכֻשׁ גָּדוֹל" (שם פסוק יד) לֹא קִיֵּם בָּהֶם:

ג וַיִּתֵּן יְהוָה אֶת־חֵן הָעָם בְּעֵינֵי מִצְרָיִם גַּם ׀
הָאִישׁ מֹשֶׁה גָּדוֹל מְאֹד בְּאֶרֶץ מִצְרַיִם בְּעֵינֵי
רביעי ד עַבְדֵי־פַרְעֹה וּבְעֵינֵי הָעָם׃ וַיֹּאמֶר
מֹשֶׁה כֹּה אָמַר יְהוָה כַּחֲצֹת הַלַּיְלָה אֲנִי יוֹצֵא
ה בְּתוֹךְ מִצְרָיִם׃ וּמֵת כָּל־בְּכוֹר בְּאֶרֶץ מִצְרַיִם
מִבְּכוֹר פַּרְעֹה הַיֹּשֵׁב עַל־כִּסְאוֹ עַד בְּכוֹר
הַשִּׁפְחָה אֲשֶׁר אַחַר הָרֵחָיִם וְכֹל בְּכוֹר בְּהֵמָה׃
ו וְהָיְתָה צְעָקָה גְדֹלָה בְּכָל־אֶרֶץ מִצְרָיִם אֲשֶׁר
ז כָּמֹהוּ לֹא נִהְיָתָה וְכָמֹהוּ לֹא תֹסִף׃ וּלְכֹל ׀ בְּנֵי
יִשְׂרָאֵל לֹא יֶחֱרַץ־כֶּלֶב לְשֹׁנוֹ לְמֵאִישׁ וְעַד־
בְּהֵמָה לְמַעַן תֵּדְעוּן אֲשֶׁר יַפְלֶה יְהוָה בֵּין
ח מִצְרַיִם וּבֵין יִשְׂרָאֵל׃ וְיָרְדוּ כָל־עֲבָדֶיךָ אֵלֶּה
אֵלַי וְהִשְׁתַּחֲווּ־לִי לֵאמֹר צֵא אַתָּה וְכָל־הָעָם
אֲשֶׁר־בְּרַגְלֶיךָ וְאַחֲרֵי־כֵן אֵצֵא וַיֵּצֵא מֵעִם־
ט פַּרְעֹה בָּחֳרִי־אָף׃ וַיֹּאמֶר יְהוָה אֶל־
מֹשֶׁה לֹא־יִשְׁמַע אֲלֵיכֶם פַּרְעֹה לְמַעַן רְבוֹת
י מוֹפְתַי בְּאֶרֶץ מִצְרָיִם׃ וּמֹשֶׁה וְאַהֲרֹן עָשׂוּ אֶת־
כָּל־הַמֹּפְתִים הָאֵלֶּה לִפְנֵי פַרְעֹה וַיְחַזֵּק יְהוָה
אֶת־לֵב פַּרְעֹה וְלֹא־שִׁלַּח אֶת־בְּנֵי־יִשְׂרָאֵל
יב א מֵאַרְצוֹ׃ וַיֹּאמֶר יְהוָה אֶל־מֹשֶׁה
מצווה ד מצוות קידוש החודש
ב וְאֶל־אַהֲרֹן בְּאֶרֶץ מִצְרַיִם לֵאמֹר׃ הַחֹדֶשׁ הַזֶּה

ג וִיהַב יְיָ יָת עַמָּא לְרַחֲמִין בְּעֵינֵי מִצְרָאֵי, אַף גֻּבְרָא מֹשֶׁה, רַב לַחֲדָא בְּאַרְעָא דְּמִצְרַיִם, בְּעֵינֵי
ד עַבְדֵי פַרְעֹה וּבְעֵינֵי עַמָּא: וַאֲמַר מֹשֶׁה, כִּדְנַן אֲמַר יְיָ, כְּפַלְגוּת לֵילְיָא, אֲנָא מִתְגְּלֵי בְּגוֹ מִצְרָיִם:
ה וִימוּת כָּל בּוּכְרָא בְּאַרְעָא דְּמִצְרַיִם, מִבּוּכְרָא דְּפַרְעֹה דַּעֲתִיד לְמִתַּב עַל כּוּרְסֵי מַלְכוּתֵיהּ, עַד
ו בּוּכְרָא דְּאַמְתָא, דִּבְבָתַר רֵחְיָא, וְכֹל בּוּכְרָא דִבְעִירָא: וּתְהֵי, צְוַחְתָּא רַבְּתָא בְּכָל אַרְעָא
ז דְּמִצְרָיִם, דִּכְוָתַהּ לָא הֲוָת, וְדִכְוָתַהּ לָא תוֹסִיף: וּלְכֹל בְּנֵי יִשְׂרָאֵל, לָא יַנְזֵיק כַּלְבָּא בְּלִישָׁנֵיהּ
ח לְמִבַּח, לְמֵאֱנָשָׁא וְעַד בְּעִירָא, בְּדִיל דְּתִדְּעוּן, דְּיַפְרֵישׁ יְיָ, בֵּין מִצְרָאֵי וּבֵין יִשְׂרָאֵל: וְיֵיחֲתוּן כָּל
עַבְדָּךְ אִלֵּין לְוָתִי וְיִבְעוֹן מִנִּי לְמֵימַר, פּוּק אַתְּ וְכָל עַמָּא דְּעִמָּךְ, וּבָתַר כֵּן אֶפּוֹק, וּנְפַק מִלְּוָת
ט פַּרְעֹה בִּתְקוֹף רְגַז: וַאֲמַר יְיָ לְמֹשֶׁה, לָא יְקַבֵּיל מִנְּכוֹן פַּרְעֹה, בְּדִיל, לְאַסְגָּאָה מוֹפְתַי בְּאַרְעָא
י דְּמִצְרָיִם: וּמֹשֶׁה וְאַהֲרֹן, עֲבַדוּ, יָת כָּל מוֹפְתַיָּא הָאִלֵּין קֳדָם פַּרְעֹה, וְתַקֵּיף יְיָ יָת לִבָּא דְּפַרְעֹה,
יב א ב וְלָא שַׁלַּח יָת בְּנֵי יִשְׂרָאֵל מֵאַרְעֵיהּ: וַאֲמַר יְיָ לְמֹשֶׁה וּלְאַהֲרֹן, בְּאַרְעָא דְּמִצְרַיִם לְמֵימַר: יַרְחָא

ד) וַיֹּאמֶר מֹשֶׁה כֹּה אָמַר ה׳. בְּעָמְדוֹ לִפְנֵי פַרְעֹה נֶאֶמְרָה לוֹ, שֶׁהֲרֵי מִשֶּׁיָּצָא מִלְּפָנָיו לֹא הוֹסִיף רְאוֹת פָּנָיו: כַּחֲצֹת הַלַּיְלָה. כְּהֵחָלֵק הַלַּיְלָה, ׳כַּחֲצֹת׳ כְּמוֹ: ״כַּעֲלוֹת״ (יהושע ה, יח, ועוד), ״כִּכְלוֹת״ (דברים כ, ט, ועוד) ״כַּחֲרוֹת חַפָּם בָּנוּ״ (תהלים קכד, ג). זֶהוּ פְּשׁוּטוֹ לְיַשְּׁבוֹ עַל אָפְנָיו, שֶׁאֵין ׳חֲצוֹת׳ שֵׁם דָּבָר שֶׁל חֵצִי. וְרַבּוֹתֵינוּ דְּרָשׁוּהוּ כְּמוֹ ׳כַּחֲצִי הַלַּיְלָה׳, וְאָמְרוּ שֶׁאָמַר מֹשֶׁה ׳כַּחֲצֹת׳ דְּמַשְׁמַע סָמוּךְ לוֹ אוֹ לְפָנָיו אוֹ לְאַחֲרָיו, וְלֹא אָמַר ׳בַּחֲצוֹת׳, שֶׁמָּא יִטְעוּ אִצְטַגְנִינֵי פַרְעֹה וְיֹאמְרוּ: מֹשֶׁה בַּדַּאי הוּא:

ה) עַד בְּכוֹר הַשְּׁבִי (להלן יב, כט). לָמָּה לָקוּ הַשְּׁבוּיִים? כְּדֵי שֶׁלֹּא יֹאמְרוּ, יִרְאָתָם תָּבְעָה עֶלְבּוֹנָם וְהֵבִיאָה פֻּרְעָנוּת עַל מִצְרַיִם: מִבְּכוֹר פַּרְעֹה... עַד בְּכוֹר הַשִּׁפְחָה. כָּל הַפְּחוּתִים מִבְּכוֹר פַּרְעֹה וַחֲשׁוּבִים מִבְּכוֹר הַשִּׁפְחָה הָיוּ בִּכְלָל. וְלָמָּה לָקוּ בְּנֵי הַשְּׁפָחוֹת? שֶׁאַף הֵם הָיוּ מִשְׁתַּעְבְּדִים בָּהֶם וּשְׂמֵחִים בְּצָרָתָם: וְכֹל בְּכוֹר בְּהֵמָה. לְפִי שֶׁהָיוּ עוֹבְדִין לָהּ – כְּשֶׁהַקָּדוֹשׁ בָּרוּךְ הוּא נִפְרָע מִן הָאֻמָּה נִפְרָע מֵאֱלֹהֶיהָ:

ז) לֹא יֶחֱרַץ כֶּלֶב לְשֹׁנוֹ. אוֹמֵר אֲנִי שֶׁהוּא לְשׁוֹן שִׁנּוּן, לֹא יְשַׁנֵּן. וְכֵן: ״לֹא חָרַץ לִבְנֵי יִשְׂרָאֵל לְאִישׁ אֶת לְשֹׁנוֹ״ (יהושע י, כא) – לֹא שִׁנֵּן; ״אָז תֶּחֱרָץ״ (שמואל ב׳ ה, כד) – תִּתְחַתֵּן; ״לְמוֹרַג חָרוּץ״ (ישעיה מא, טו) – שָׁנוּן; ״מַחְשְׁבוֹת חָרוּץ״ (משלי כא, ה) – אָדָם חָרִיף וְשָׁנוּן; ״וְיַד חָרוּצִים תַּעֲשִׁיר״ (שם י, ד) – חֲרִיפִים, סוֹחֲרִים שְׁנוּנִים: אֲשֶׁר יַפְלֶה. יַבְדִּיל:

ח) וְיָרְדוּ כָל עֲבָדֶיךָ. חָלַק כָּבוֹד לַמַּלְכוּת, שֶׁהֲרֵי סוֹף שֶׁיָּרַד פַּרְעֹה בְּעַצְמוֹ אֵלָיו בַּלַּיְלָה, ״וַיֹּאמֶר קוּמוּ צְּאוּ מִתּוֹךְ עַמִּי״ (להלן יב, לא), וְלֹא אָמַר לוֹ מֹשֶׁה מִתְּחִלָּה: ׳וְיָרַדְתָּ אֵלַי וְהִשְׁתַּחֲוִיתָ לִי׳: אֲשֶׁר בְּרַגְלֶיךָ. הַהוֹלְכִים אַחַר עֲצָתְךָ וְהִלּוּכְךָ: וְאַחֲרֵי כֵן אֵצֵא. עִם כָּל הָעָם מֵאַרְצְךָ: וַיֵּצֵא מֵעִם פַּרְעֹה. כְּשֶׁגָּמַר דְּבָרָיו יָצָא מִלְּפָנָיו: בָּחֳרִי אָף. עַל שֶׁאָמַר לוֹ: ״אַל תֹּסֶף רְאוֹת פָּנַי״ (לעיל י, כח):

ט) לְמַעַן רְבוֹת מוֹפְתָי. מַכַּת בְּכוֹרוֹת וּקְרִיעַת יַם סוּף וּלְנַעֵר אֶת מִצְרַיִם:

י) וּמֹשֶׁה וְאַהֲרֹן עָשׂוּ וְגוֹ׳. כְּבָר כָּתַב לָנוּ זֹאת בְּכָל הַמּוֹפְתִים, וְלֹא שְׁנָאָהּ כָּאן אֶלָּא בִּשְׁבִיל לְסָמְכָהּ לַפָּרָשָׁה שֶׁל אַחֲרֶיהָ: ״וַיֹּאמֶר ה׳ אֶל מֹשֶׁה וְאֶל אַהֲרֹן״, שֶׁבִּשְׁבִיל שֶׁאַהֲרֹן עָשָׂה וְטָרַח בַּמּוֹפְתִים כְּמֹשֶׁה, חָלַק לוֹ כָּבוֹד זֶה בַּמִּצְוָה רִאשׁוֹנָה שֶׁכְּלָלוֹ עִם מֹשֶׁה בַּדִּבּוּר:

פרק יב

א) בְּאֶרֶץ מִצְרַיִם. חוּץ לַכְּרַךְ. אוֹ אֵינוֹ אֶלָּא בְּתוֹךְ הַכְּרַךְ? תַּלְמוּד לוֹמַר: ״כְּצֵאתִי אֶת הָעִיר״ וְגוֹ׳ (לעיל ט, כט). וּמַה תְּפִלָּה קַלָּה לֹא הִתְפַּלֵּל בְּתוֹךְ הַכְּרַךְ, דִּבּוּר חָמוּר לֹא כָּל שֶׁכֵּן? וּמִפְּנֵי מָה לֹא נִדְבַּר עִמּוֹ בְּתוֹךְ הַכְּרַךְ? לְפִי שֶׁהָיְתָה מְלֵאָה גִּלּוּלִים:

ב) הַחֹדֶשׁ הַזֶּה. הֶרְאָהוּ לְבָנָה בְּחִדּוּשָׁהּ וְאָמַר לוֹ: כְּשֶׁהַיָּרֵחַ מִתְחַדֵּשׁ יִהְיֶה לְךָ רֹאשׁ חֹדֶשׁ. וְאֵין מִקְרָא יוֹצֵא מִידֵי פְשׁוּטוֹ, עַל חֹדֶשׁ נִיסָן אָמַר לוֹ, זֶה יִהְיֶה רֹאשׁ לְסֵדֶר מִנְיַן הֶחֳדָשִׁים, שֶׁיְּהֵא אִיָּר

לָכֶם רֹאשׁ חֳדָשִׁים רִאשׁוֹן הוּא לָכֶם לְחָדְשֵׁי
ג הַשָּׁנָה: דַּבְּרוּ אֶל־כָּל־עֲדַת יִשְׂרָאֵל לֵאמֹר
בֶּעָשֹׂר לַחֹדֶשׁ הַזֶּה וְיִקְחוּ לָהֶם אִישׁ שֶׂה לְבֵית־
ד אָבֹת שֶׂה לַבָּיִת: וְאִם־יִמְעַט הַבַּיִת מִהְיֹת מִשֶּׂה
וְלָקַח הוּא וּשְׁכֵנוֹ הַקָּרֹב אֶל־בֵּיתוֹ בְּמִכְסַת
ה נְפָשֹׁת אִישׁ לְפִי אָכְלוֹ תָּכֹסּוּ עַל־הַשֶּׂה: שֶׂה
תָמִים זָכָר בֶּן־שָׁנָה יִהְיֶה לָכֶם מִן־הַכְּבָשִׂים
ו וּמִן־הָעִזִּים תִּקָּחוּ: וְהָיָה לָכֶם לְמִשְׁמֶרֶת עַד
אַרְבָּעָה עָשָׂר יוֹם לַחֹדֶשׁ הַזֶּה וְשָׁחֲטוּ אֹתוֹ כֹּל
ז קְהַל עֲדַת־יִשְׂרָאֵל בֵּין הָעַרְבָּיִם: וְלָקְחוּ מִן־
הַדָּם וְנָתְנוּ עַל־שְׁתֵּי הַמְּזוּזֹת וְעַל־הַמַּשְׁקוֹף
ח עַל הַבָּתִּים אֲשֶׁר־יֹאכְלוּ אֹתוֹ בָּהֶם: וְאָכְלוּ
אֶת־הַבָּשָׂר בַּלַּיְלָה הַזֶּה צְלִי־אֵשׁ וּמַצּוֹת עַל־
ט מְרֹרִים יֹאכְלֻהוּ: אַל־תֹּאכְלוּ מִמֶּנּוּ נָא וּבָשֵׁל

מצווה ה
מצוות שחיטת הפסח

מצווה ו
מצוות אכילת בשר הפסח

מצווה ז
איסור אכילת הפסח נא ומבושל

קָרוּי שֵׁנִי, סִיוָן שְׁלִישִׁי: הַזֶּה. נִתְקַשָּׁה מֹשֶׁה עַל מוֹלַד הַלְּבָנָה בְּאֵיזוֹ שִׁעוּר תֵּרָאֶה וְתִהְיֶה רְאוּיָה לְקַדֵּשׁ, וְהֶרְאָה לוֹ בְּאֶצְבַּע אֶת הַלְּבָנָה בָּרָקִיעַ וְאָמַר לוֹ: כָּזֶה רְאֵה וְקַדֵּשׁ. וְכֵיצַד הֶרְאָהוּ? וַהֲלֹא לֹא הָיָה נִדְבָּר עִמּוֹ אֶלָּא בַּיּוֹם, שֶׁנֶּאֱמַר: "וַיְהִי בְּיוֹם דִּבֶּר ה'" (לעיל ו, כח), "בְּיוֹם צַוֹּתוֹ" (ויקרא ז, לח), "מִן הַיּוֹם אֲשֶׁר צִוָּה ה' וָהָלְאָה" (במדבר טו, כג)? אֶלָּא סָמוּךְ לִשְׁקִיעַת הַחַמָּה נֶאֶמְרָה לוֹ פָּרָשָׁה זוֹ וְהֶרְאָהוּ עִם חֲשֵׁכָה:

ג] דַּבְּרוּ אֶל כָּל עֲדַת. וְכִי אַהֲרֹן מְדַבֵּר? וַהֲלֹא כְּבָר נֶאֱמַר: "אַתָּה תְדַבֵּר" (לעיל ז, ב)! אֶלָּא חוֹלְקִין כָּבוֹד זֶה לָזֶה וְאוֹמְרִים זֶה לָזֶה: לַמְּדֵנִי, וְהַדִּבּוּר יוֹצֵא מִבֵּין שְׁנֵיהֶם כְּאִלּוּ שְׁנֵיהֶם מְדַבְּרִים: דַּבְּרוּ אֶל כָּל עֲדַת יִשְׂרָאֵל לֵאמֹר בֶּעָשֹׂר לַחֹדֶשׁ. דַּבְּרוּ הַיּוֹם בְּרֹאשׁ חֹדֶשׁ שֶׁיִּקָּחוּהוּ בֶּעָשׂוֹר לַחֹדֶשׁ: הַזֶּה. פֶּסַח מִצְרַיִם מִקָּחוֹ בֶּעָשׂוֹר וְלֹא פֶּסַח דּוֹרוֹת: שֶׂה לְבֵית אָבֹת. לְמִשְׁפָּחָה אַחַת. הֲרֵי שֶׁהָיוּ מְרֻבִּין יָכוֹל שֶׂה אֶחָד לְכֻלָּן? תַּלְמוּד לוֹמַר: "שֶׂה לַבָּיִת":

ד] וְאִם יִמְעַט הַבַּיִת מִהְיֹת מִשֶּׂה. וְאִם יִהְיוּ מוּעָטִין מִהְיוֹת מִשֶּׂה אֶחָד, שֶׁאֵין יְכוֹלִין לֶאֱכֹל

ג **הָדֵין, לְכוֹן רֵישׁ יַרְחַיָּא, קַדְמַאי הוּא לְכוֹן, לְיַרְחֵי שַׁתָּא: מַלִּילוּ, עִם כָּל כְּנִשְׁתָּא דְיִשְׂרָאֵל**
ד **לְמֵימַר, בְּעַסְרָא לְיַרְחָא הָדֵין, וְיִסְּבוּן לְהוֹן, גְּבַר, אִמַּר לְבֵית אַבָּא אִמְּרָא לְבֵיתָא: וְאִם**
זְעֵיר בֵּיתָא מִלְּאִתְמְנָאָה עַל אִמְּרָא, וְיִסַּב הוּא, וְשֵׁיבָבֵיהּ, דְּקָרִיב לְבֵיתֵיהּ בְּמִנְיַן
ה **נַפְשָׁתָא, גְּבַר לְפוֹם מֵיכְלֵיהּ, תִּתְמְנוּן עַל אִמְּרָא: אִמַּר שְׁלִים, דְּכַר בַּר שַׁתֵּיהּ יְהֵי לְכוֹן,**
ו **מִן אִמְּרַיָּא וּמִן בְּנֵי עִזַּיָּא תִּסְּבוּן: וִיהֵי לְכוֹן לְמַטְּרָא, עַד אַרְבְּעַת עַסְרָא, יוֹמָא לְיַרְחָא**
ז **הָדֵין, וְיִכְּסוּן יָתֵיהּ, כֹּל, קְהָלָא כְנִשְׁתָּא דְיִשְׂרָאֵל בֵּין שִׁמְשַׁיָּא: וְיִסְּבוּן מִן דְּמָא, וְיִתְּנוּן,**
ח **עַל תְּרֵין סִפַּיָּא וְעַל שָׁקְפָא, עַל בָּתַּיָּא, דְּיֵיכְלוּן יָתֵיהּ בְּהוֹן: וְיֵיכְלוּן יָת בִּסְרָא בְּלֵילְיָא**
ט **הָדֵין, טְוֵי נוּר וּפַטִּיר, עַל מְרָרִין יֵיכְלֻנֵּיהּ: לָא תֵיכְלוּן מִנֵּיהּ כַּד חַי, וְאַף לָא כַּד בַּשְׁלָא**

וְיָבֹא לִידֵי נוֹתָר – "וְלָקַח הוּא וּשְׁכֵנוֹ" וְגוֹ', זֶהוּ מַשְׁמָעוֹ לִפְשׁוּטוֹ. וְעוֹד יֵשׁ בּוֹ מִדְרָשׁ, לְלַמֵּד שֶׁאַחַר שֶׁנִּמְנוּ עָלָיו יְכוֹלִין לְהִתְמַעֵט וְלִמְשֹׁךְ יְדֵיהֶם הֵימֶנּוּ וּלְהִמָּנוֹת עַל שֶׂה אַחֵר, אַךְ אִם בָּאוּ לִמְשֹׁךְ יְדֵיהֶם וּלְהִתְמַעֵט – "מִהְיוֹת מִשֶּׂה" יִתְמַעֲטוּ, בְּעוֹד הַשֶּׂה קַיָּם, בִּהְיוֹתוֹ בַּחַיִּים, וְלֹא מִשֶּׁנִּשְׁחַט: **בְּמִכְסַת.** חֶשְׁבּוֹן, וְכֵן: "מִכְסַת הָעֶרְכְּךָ" (ויקרא כז, כג): **לְפִי אָכְלוֹ.** הָרָאוּי לַאֲכִילָה, פְּרָט לְחוֹלֶה וּלְזָקֵן שֶׁאֵינוֹ יָכוֹל לֶאֱכֹל כַּזַּיִת: **תָּכֹסּוּ.** "תִּתְמְנוּן":

ה) **תָּמִים.** בְּלֹא מוּם: **בֶּן שָׁנָה.** כָּל שְׁנָתוֹ קָרוּי 'בֶּן שָׁנָה', כְּלוֹמַר שֶׁנּוֹלַד בְּשָׁנָה זוֹ: **מִן הַכְּבָשִׂים וּמִן הָעִזִּים.** אוֹ מִזֶּה אוֹ מִזֶּה, שֶׁאַף עֵז קָרוּי 'שֶׂה', שֶׁנֶּאֱמַר: "וְשֵׂה עִזִּים" (דברים יד, ד):

ו) **וְהָיָה לָכֶם לְמִשְׁמֶרֶת.** זֶהוּ לְשׁוֹן בִּקּוּר, שֶׁטָּעוּן בִּקּוּר מִמּוּם אַרְבָּעָה יָמִים קֹדֶם שְׁחִיטָה. וּמִפְּנֵי מָה הִקְדִּים לְקִיחָתוֹ לִשְׁחִיטָתוֹ אַרְבָּעָה יָמִים, מַה שֶּׁלֹּא צִוָּה כֵן בְּפֶסַח דּוֹרוֹת? הָיָה רַבִּי מַתְיָא בֶּן חָרָשׁ אוֹמֵר: הֲרֵי הוּא אוֹמֵר: "וָאֶעֱבֹר עָלַיִךְ וָאֶרְאֵךְ וְהִנֵּה עִתֵּךְ עֵת דֹּדִים" (יחזקאל טז, ח), הִגִּיעָה שְׁבוּעָה שֶׁנִּשְׁבַּעְתִּי לְאַבְרָהָם שֶׁאֶגְאַל אֶת בָּנָיו, וְלֹא הָיוּ בְּיָדָם מִצְוֹת לְהִתְעַסֵּק בָּהֶם כְּדֵי שֶׁיִּגָּאֲלוּ, שֶׁנֶּאֱמַר: "וְאַתְּ עֵרֹם וְעֶרְיָה" (שם פסוק ז), וְנָתַן לָהֶם שְׁתֵּי מִצְוֹת, דַּם פֶּסַח וְדַם מִילָה, שֶׁמָּלוּ בְּאוֹתוֹ הַלַּיְלָה, שֶׁנֶּאֱמַר: "מִתְבּוֹסֶסֶת בְּדָמָיִךְ" (שם פסוק ו) בִּשְׁנֵי דָמִים, וְאוֹמֵר: "גַּם אַתְּ בְּדַם בְּרִיתֵךְ שִׁלַּחְתִּי אֲסִירַיִךְ מִבּוֹר אֵין מַיִם בּוֹ" (זכריה ט, יא); וְשֶׁהָיוּ שְׁטוּפִים בַּעֲבוֹדָה זָרָה, אָמַר לָהֶם: "מִשְׁכוּ וּקְחוּ לָכֶם" (להלן פסוק כא), מִשְׁכוּ יְדֵיכֶם מֵעֲבוֹדָה זָרָה וּקְחוּ לָכֶם צֹאן שֶׁל מִצְוָה: **וְשָׁחֲטוּ אֹתוֹ** וְגוֹ'. וְכִי כֻּלָּן שׁוֹחֲטִין? אֶלָּא מִכָּאן שֶׁשְּׁלוּחוֹ שֶׁל אָדָם כָּמוֹתוֹ: **קְהַל עֲדַת יִשְׂרָאֵל.** קָהָל וְעֵדָה וְיִשְׂרָאֵל. מִכָּאן אָמְרוּ: פִּסְחֵי צִבּוּר נִשְׁחָטִים בְּשָׁלֹשׁ כִּתּוֹת זוֹ אַחַר זוֹ. נִכְנְסָה כַּת רִאשׁוֹנָה נִנְעֲלוּ דַּלְתוֹת הָעֲזָרָה וְכוּ', כִּדְאִיתָא בִּפְסָחִים (דף סד ע"א): **בֵּין הָעַרְבָּיִם.** מִשֵּׁשׁ שָׁעוֹת וּלְמַעְלָה קָרוּי 'בֵּין הָעַרְבַּיִם', שֶׁהַשֶּׁמֶשׁ נוֹטֶה לְבֵית מְבוֹאוֹ לַעֲרֹב. וּלְשׁוֹן 'בֵּין הָעַרְבַּיִם' נִרְאֶה בְּעֵינַי, אוֹתָן שָׁעוֹת שֶׁבֵּין עֲרִיבַת הַיּוֹם לַעֲרִיבַת הַלַּיְלָה, עֲרִיבַת הַיּוֹם בִּתְחִלַּת שֶׁבַע שָׁעוֹת מִכִּי יָנְטוּ צִלְלֵי עֶרֶב, וַעֲרִיבַת הַלַּיְלָה בִּתְחִלַּת הַלַּיְלָה. 'עֶרֶב' לְשׁוֹן נֶשֶׁף וָחֹשֶׁךְ, כְּמוֹ: "עָרְבָה כָּל שִׂמְחָה" (ישעיה כד, יא):

ז) **וְלָקְחוּ מִן הַדָּם.** זוֹ קַבָּלַת הַדָּם. יָכוֹל בַּיָּד? תַּלְמוּד לוֹמַר: "אֲשֶׁר בַּסַּף" (להלן פסוק כב): **הַמְּזוּזֹת.** הֵם הַזְּקוּפוֹת, אַחַת מִכָּאן לַפֶּתַח וְאַחַת מִכָּאן: **הַמַּשְׁקוֹף.** הוּא הָעֶלְיוֹן, שֶׁהַדֶּלֶת שׁוֹקֵף עָלָיו כְּשֶׁסּוֹגְרִין אוֹתוֹ, לינט"ל בְּלַעַז. וּלְשׁוֹן 'שְׁקִיפָה' – חֲבָטָה, כְּמוֹ: "קוֹל עָלֶה נִדָּף" (ויקרא כו, לו) – "דְּשָׁקֵיף". "חַבּוּרָה" (להלן כא, כה) – מַשְׁקוֹפֵי: **עַל הַבָּתִּים אֲשֶׁר יֹאכְלוּ אֹתוֹ בָּהֶם.** וְלֹא עַל מַשְׁקוֹף וּמְזוּזוֹת שֶׁבְּבֵית הַתֶּבֶן וּבֵית הַבָּקָר, שֶׁאֵין דָּרִין בְּתוֹכוֹ:

ח) **אֶת הַבָּשָׂר.** וְלֹא גִּידִים וַעֲצָמוֹת: **עַל מְרֹרִים.** כָּל עֵשֶׂב מַר נִקְרָא 'מָרוֹר'. וְצִוָּם לֶאֱכֹל מַר זֵכֶר לְ"וַיְמָרְרוּ אֶת חַיֵּיהֶם" (לעיל א, יד):

ט) **אַל תֹּאכְלוּ מִמֶּנּוּ נָא.** שֶׁאֵינוֹ צָלוּי כָּל צָרְכּוֹ קוֹרְאֵהוּ 'נָא' בִּלְשׁוֹן עֲרָבִי: **וּבָשֵׁל מְבֻשָּׁל.** כָּל זֶה בְּאַזְהָרַת "אַל תֹּאכְלוּ": **בַּמָּיִם.** מִנַּיִן לִשְׁאָר מַשְׁקִים? תַּלְמוּד לוֹמַר: "וּבָשֵׁל מְבֻשָּׁל" מִכָּל

מְבֻשָּׁל בַּמָּיִם כִּי אִם־צְלִי־אֵשׁ רֹאשׁוֹ עַל־
י כְּרָעָיו וְעַל־קִרְבּוֹ: וְלֹא־תוֹתִירוּ מִמֶּנּוּ עַד־בֹּקֶר
יא וְהַנֹּתָר מִמֶּנּוּ עַד־בֹּקֶר בָּאֵשׁ תִּשְׂרֹפוּ: וְכָכָה
תֹּאכְלוּ אֹתוֹ מָתְנֵיכֶם חֲגֻרִים נַעֲלֵיכֶם בְּרַגְלֵיכֶם
וּמַקֶּלְכֶם בְּיֶדְכֶם וַאֲכַלְתֶּם אֹתוֹ בְּחִפָּזוֹן פֶּסַח
יב הוּא לַיהוָה: וְעָבַרְתִּי בְאֶרֶץ־מִצְרַיִם בַּלַּיְלָה
הַזֶּה וְהִכֵּיתִי כָל־בְּכוֹר בְּאֶרֶץ מִצְרַיִם מֵאָדָם
וְעַד־בְּהֵמָה וּבְכָל־אֱלֹהֵי מִצְרַיִם אֶעֱשֶׂה שְׁפָטִים
יג אֲנִי יְהוָה: וְהָיָה הַדָּם לָכֶם לְאֹת עַל הַבָּתִּים
אֲשֶׁר אַתֶּם שָׁם וְרָאִיתִי אֶת־הַדָּם וּפָסַחְתִּי
עֲלֵכֶם וְלֹא־יִהְיֶה בָכֶם נֶגֶף לְמַשְׁחִית בְּהַכֹּתִי
יד בְּאֶרֶץ מִצְרָיִם: וְהָיָה הַיּוֹם הַזֶּה לָכֶם לְזִכָּרוֹן
וְחַגֹּתֶם אֹתוֹ חַג לַיהוָה לְדֹרֹתֵיכֶם חֻקַּת עוֹלָם
טו תְּחָגֻּהוּ: שִׁבְעַת יָמִים מַצּוֹת תֹּאכֵלוּ אַךְ בַּיּוֹם
הָרִאשׁוֹן תַּשְׁבִּיתוּ שְּׂאֹר מִבָּתֵּיכֶם כִּי ׀ כָּל־אֹכֵל

מצווה ח
איסור להותיר מבשר הפסח

מצווה ט
מצוות השבתת חמץ

בא

מָקוֹם: כִּי אִם צְלִי אֵשׁ. לְמַעְלָה גָּזַר עָלָיו בְּמִצְוַת עֲשֵׂה, וְכָאן הוֹסִיף עָלָיו לֹא תַעֲשֶׂה: "אַל תֹּאכְלוּ מִמֶּנּוּ... כִּי אִם צְלִי אֵשׁ". רֹאשׁוֹ עַל כְּרָעָיו. צוֹלֵהוּ כֻּלּוֹ כְּאֶחָד עִם רֹאשׁוֹ וְעִם כְּרָעָיו וְעִם קִרְבּוֹ, וּבְנֵי מֵעָיו נוֹתֵן לְתוֹכוֹ לְאַחַר הֲדָחָתָן. וּלְשׁוֹן: "עַל כְּרָעָיו וְעַל קִרְבּוֹ" כִּלְשׁוֹן "עַל צִבְאֹתָם" (לעיל ו, כו) כְּמוֹ בְּצִבְאוֹתָם, כְּמוֹת שֶׁהֵן, אַף זֶה כְּמוֹת שֶׁהוּא, כָּל בְּשָׂרוֹ מֻשְׁלָם:

י וְהַנֹּתָר מִמֶּנּוּ עַד בֹּקֶר. מַה תַּלְמוּד לוֹמַר "עַד בֹּקֶר" פַּעַם שְׁנִיָּה? לִתֵּן בֹּקֶר עַל בֹּקֶר, שֶׁהַבֹּקֶר מַשְׁמָעוֹ הָנֵץ הַחַמָּה, וּבָא הַכָּתוּב לְהַקְדִּים שֶׁאָסוּר בַּאֲכִילָה מֵעֲלוֹת הַשַּׁחַר; זֶהוּ לְפִי מַשְׁמָעוֹ. וְעוֹד מִדְרָשׁ אַחֵר, לִמֵּד שֶׁאֵינוֹ נִשְׂרָף בְּיוֹם טוֹב אֶלָּא מִמָּחֳרָת, וְכָךְ תִּדְרָשֵׁנוּ: "וְהַנֹּתָר מִמֶּנּוּ" בְּבֹקֶר רִאשׁוֹן "עַד בֹּקֶר" שֵׁנִי תַּעֲמֹד וְתִשְׂרְפֶנּוּ:

יא מָתְנֵיכֶם חֲגֻרִים. מְזֻמָּנִים לַדֶּרֶךְ: בְּחִפָּזוֹן. לְשׁוֹן בֶּהָלָה וּמְהִירוּת, כְּמוֹ: "וַיְהִי דָוִד נֶחְפָּז לָלֶכֶת" (שמואל א' כג, כו), "אֲשֶׁר הִשְׁלִיכוּ אֲרָם בְּחָפְזָם" (מלכים

י מְבַשַּׁל בְּמַיָּא, אֱלָהֵין טְוֵי נוּר, רֵישֵׁיהּ עַל כְּרָעוֹהִי וְעַל גַּוֵּיהּ: וְלָא תַשְׁאֲרוּן מִנֵּיהּ עַד צַפְרָא,
יא וּדְיִשְׁתְּאַר מִנֵּיהּ, עַד צַפְרָא בְּנוּרָא תּוֹקְדוּן: וּכְדֵין תֵּיכְלוּן יָתֵיהּ, חַרְצֵיכוֹן יְהוֹן אֲסִירִין, מְסָנֵיכוֹן
יב בְּרַגְלֵיכוֹן, וְחֻטְרֵיכוֹן בִּידֵיכוֹן, וְתֵיכְלוּן יָתֵיהּ בִּבְהִילוּ, פִּסְחָא הוּא קֳדָם יְיָ: וְאֶתְגְּלֵי בְּאַרְעָא
דְמִצְרַיִם בְּלֵילְיָא הָדֵין, וְאֶקְטוֹל כָּל בְּכָרָא בְּאַרְעָא דְמִצְרַיִם, מֵאֱנָשָׁא וְעַד בְּעִירָא, וּבְכָל
יג טַעֲוַת מִצְרָאֵי, אַעֲבֵיד דִּינִין אֲנָא יְיָ: וִיהֵי דְמָא לְכוֹן לְאָת, עַל בָּתַּיָּא דְּאַתּוּן תַּמָּן, וְאֶחֱזֵי יָת
יד דְּמָא, וְאֵחוֹס עֲלֵיכוֹן, וְלָא יְהֵי בְכוֹן מוֹתָא לְחַבָּלָא, בְּמִקְטְלִי בְּאַרְעָא דְמִצְרָיִם: וִיהֵי יוֹמָא
טו הָדֵין לְכוֹן לְדוּכְרָנָא, וּתְחַגּוּן יָתֵיהּ חַגָּא קֳדָם יְיָ, לְדָרֵיכוֹן, קְיָם עֲלָם תֵּיחַגְּנֵיהּ: שִׁבְעָא
יוֹמִין פַּטִּירָא תֵּיכְלוּן, בְּרַם בְּיוֹמָא קַדְמָאָה, תְּבַטְּלוּן חֲמִירָא מִבָּתֵּיכוֹן, אֲרֵי כָּל דְּיֵיכוֹל

כ׳ ז, טו): **פֶּסַח הוּא לַה׳.** הַקָּרְבָּן קָרוּי ׳פֶּסַח׳ עַל שֵׁם הַפְּסִיחָה, וְאַתֶּם עֲשׂוּ כָל עֲבוֹדוֹתָיו לְשֵׁם שָׁמַיִם:

יב **וְעָבַרְתִּי.** כְּמֶלֶךְ הָעוֹבֵר מִמָּקוֹם לְמָקוֹם וּבְהַעֲבָרָה אַחַת וּבְרֶגַע אֶחָד כֻּלָּן לוֹקִין: **כָּל בְּכוֹר בְּאֶרֶץ מִצְרַיִם.** אַף בְּכוֹרוֹת אֲחֵרִים וְהֵם בְּמִצְרַיִם. וּמִנַּיִן אַף בְּכוֹרֵי מִצְרַיִם שֶׁבִּמְקוֹמוֹת אֲחֵרִים? תַּלְמוּד לוֹמַר: ״לְמַכֵּה מִצְרַיִם בִּבְכוֹרֵיהֶם״ (תהלים קלו, י): **מֵאָדָם וְעַד בְּהֵמָה.** מִי שֶׁהִתְחִיל בַּעֲבֵרָה תְּחִלָּה מִמֶּנּוּ מַתְחֶלֶת הַפֻּרְעָנוּת: **וּבְכָל אֱלֹהֵי מִצְרַיִם.** שֶׁל עֵץ נִרְקֶבֶת וְשֶׁל מַתֶּכֶת נִמֶּסֶת וְנִתֶּכֶת לָאָרֶץ: **אֶעֱשֶׂה שְׁפָטִים אֲנִי ה׳.** אֲנִי בְּעַצְמִי וְלֹא עַל יְדֵי שָׁלִיחַ:

יג **וְהָיָה הַדָּם לָכֶם לְאֹת.** לָכֶם לְאוֹת וְלֹא לַאֲחֵרִים לְאוֹת. מִכָּאן שֶׁלֹּא נָתְנוּ הַדָּם אֶלָּא מִבִּפְנִים: **וְרָאִיתִי אֶת הַדָּם.** הַכֹּל גָּלוּי לְפָנָיו, אֶלָּא אָמַר הַקָּדוֹשׁ בָּרוּךְ הוּא: נוֹתֵן אֲנִי אֶת עֵינַי לִרְאוֹת שֶׁאַתֶּם עֲסוּקִים בְּמִצְוֹתַי וּפוֹסֵחַ אֲנִי עֲלֵיכֶם: **וּפָסַחְתִּי.** וְחָמַלְתִּי, וְדוֹמֶה לוֹ: ״פָּסוֹחַ וְהִמְלִיט״ (ישעיה לא, ה). וַאֲנִי אוֹמֵר כָּל פְּסִיחָה לְשׁוֹן דִּלּוּג וּקְפִיצָה, ״וּפָסַחְתִּי״ – מְדַלֵּג הָיָה מִבָּתֵּי יִשְׂרָאֵל לְבָתֵּי מִצְרַיִם, שֶׁהָיוּ שְׁרוּיִים זֶה בְּתוֹךְ זֶה. וְכֵן: ״פֹּסְחִים עַל שְׁתֵּי הַסְּעִפִּים״ (מלכים א׳ יח, כא). וְכֵן כָּל הַפִּסְחִים הוֹלְכִים כִּקְפוּצִים. וְכֵן: ״פָּסוֹחַ וְהִמְלִיט״, מְדַלְּגוֹ וּמְמַלְּטוֹ מִבֵּין הַמּוּמָתִים: **וְלֹא יִהְיֶה בָכֶם נֶגֶף.** אֲבָל הֹוֶה הוּא בַּמִּצְרִים. הֲרֵי שֶׁהָיָה מִצְרִי בְּבֵיתוֹ שֶׁל יִשְׂרָאֵל, יָכוֹל יִמָּלֵט? תַּלְמוּד לוֹמַר: ״וְלֹא יִהְיֶה בָכֶם נֶגֶף״, אֲבָל הֹוֶה בַּמִּצְרִים שֶׁבְּבָתֵּיכֶם. הֲרֵי שֶׁהָיָה יִשְׂרָאֵל בְּבֵיתוֹ שֶׁל מִצְרִי, שׁוֹמֵעַ אֲנִי יִלְקֶה כְּמוֹתוֹ? תַּלְמוּד לוֹמַר: ״וְלֹא יִהְיֶה בָכֶם נֶגֶף״:

יד **לְזִכָּרוֹן.** לְדוֹרוֹת: **וְחַגֹּתֶם אֹתוֹ.** יוֹם שֶׁהוּא לְךָ לְזִכָּרוֹן אַתָּה חוֹגְגוֹ. וַעֲדַיִן לֹא שָׁמַעְנוּ אֵי זֶהוּ יוֹם הַזִּכָּרוֹן, תַּלְמוּד לוֹמַר: ״זָכוֹר אֶת הַיּוֹם הַזֶּה אֲשֶׁר יְצָאתֶם״ (להלן יג, ג), לִמַּדְנוּ שֶׁיּוֹם הַיְצִיאָה הוּא יוֹם שֶׁל זִכָּרוֹן. וְאֵי זֶה יוֹם יָצְאוּ? תַּלְמוּד לוֹמַר: ״מִמָּחֳרַת הַפֶּסַח יָצְאוּ״ (במדבר לג, ג), הֱוֵי אוֹמֵר יוֹם חֲמִשָּׁה עָשָׂר בְּנִיסָן הוּא שֶׁל יוֹם טוֹב, שֶׁהֲרֵי לֵיל חֲמִשָּׁה עָשָׂר אָכְלוּ אֶת הַפֶּסַח וְלַבֹּקֶר יָצְאוּ: **לְדֹרֹתֵיכֶם.** שׁוֹמֵעַ אֲנִי מִעוּט דּוֹרוֹת שְׁנַיִם, תַּלְמוּד לוֹמַר: ״חֻקַּת עוֹלָם תְּחָגֻּהוּ״:

טו **שִׁבְעַת יָמִים.** שִׁבְעָה שֶׁל יָמִים: **שִׁבְעַת יָמִים מַצּוֹת תֹּאכֵלוּ.** וּבְמָקוֹם אַחֵר הוּא אוֹמֵר: ״שֵׁשֶׁת יָמִים תֹּאכַל מַצּוֹת״ (דברים טז, ח), לִמֵּד עַל שְׁבִיעִי שֶׁאֵינוֹ חוֹבָה לֶאֱכֹל מַצָּה, וּבִלְבַד שֶׁלֹּא יֹאכַל חָמֵץ. מִנַּיִן אַף שִׁשָּׁה רְשׁוּת? זוֹ מִדָּה בַּתּוֹרָה: דָּבָר שֶׁהָיָה בִּכְלָל וְיָצָא מִן הַכְּלָל לְלַמֵּד, לֹא לְלַמֵּד עַל עַצְמוֹ בִּלְבַד יָצָא אֶלָּא לְלַמֵּד עַל הַכְּלָל כֻּלּוֹ יָצָא, מָה שְׁבִיעִי רְשׁוּת אַף שִׁשָּׁה רְשׁוּת. יָכוֹל אַף לַיְלָה הָרִאשׁוֹן רְשׁוּת? תַּלְמוּד לוֹמַר: ״בָּעֶרֶב תֹּאכְלוּ מַצֹּת״ (להלן פסוק יח), הַכָּתוּב קְבָעוֹ חוֹבָה: **אַךְ בַּיּוֹם הָרִאשׁוֹן תַּשְׁבִּיתוּ שְּׂאֹר.** מֵעֶרֶב יוֹם טוֹב, וְקָרוּי רִאשׁוֹן שֶׁהוּא לִפְנֵי הַשִּׁבְעָה, וּמָצִינוּ מֻקְדָּם קָרוּי רִאשׁוֹן, ״הֲרִאישׁוֹן אָדָם תִּוָּלֵד״ (איוב טו, ז), הֲלִפְנֵי אָדָם נוֹלַדְתָּ. אוֹ אֵינוֹ אֶלָּא רִאשׁוֹן שֶׁל שִׁבְעָה? תַּלְמוּד לוֹמַר: ״לֹא תִשְׁחַט עַל חָמֵץ״ (להלן לד, כה), לֹא תִשְׁחַט הַפֶּסַח וַעֲדַיִן חָמֵץ קַיָּם: **הַנֶּפֶשׁ הַהִוא.** כְּשֶׁהִיא בְּנַפְשָׁהּ וּבְדַעְתָּהּ, פְּרָט לְאָנוּס: **מִיִּשְׂרָאֵל.** שׁוֹמֵעַ אֲנִי תִּכָּרֵת מִיִּשְׂרָאֵל וְתֵלֵךְ לָהּ לְעַם אַחֵר? תַּלְמוּד לוֹמַר בְּמָקוֹם אַחֵר: ״מִלְּפָנַי״ (ויקרא כב, ג), בְּכָל מָקוֹם שֶׁהוּא רְשׁוּתִי:

בא

חָמֵץ וְנִכְרְתָה הַנֶּפֶשׁ הַהִוא מִיִּשְׂרָאֵל מִיּוֹם
הָרִאשֹׁן עַד־יוֹם הַשְּׁבִעִי: וּבַיּוֹם הָרִאשׁוֹן מִקְרָא־ טז
קֹדֶשׁ וּבַיּוֹם הַשְּׁבִיעִי מִקְרָא־קֹדֶשׁ יִהְיֶה לָכֶם
כָּל־מְלָאכָה לֹא־יֵעָשֶׂה בָהֶם אַךְ אֲשֶׁר יֵאָכֵל
לְכָל־נֶפֶשׁ הוּא לְבַדּוֹ יֵעָשֶׂה לָכֶם: וּשְׁמַרְתֶּם יז
אֶת־הַמַּצּוֹת כִּי בְּעֶצֶם הַיּוֹם הַזֶּה הוֹצֵאתִי אֶת־
צִבְאוֹתֵיכֶם מֵאֶרֶץ מִצְרָיִם וּשְׁמַרְתֶּם אֶת־הַיּוֹם
הַזֶּה לְדֹרֹתֵיכֶם חֻקַּת עוֹלָם: בָּרִאשֹׁן בְּאַרְבָּעָה יח

מצווה י
מצוות אכילת מצה

עָשָׂר יוֹם לַחֹדֶשׁ בָּעֶרֶב תֹּאכְלוּ מַצֹּת עַד יוֹם

מצווה יא
איסור הימצאות חמץ ברשות היהודי בפסח

הָאֶחָד וְעֶשְׂרִים לַחֹדֶשׁ בָּעָרֶב: שִׁבְעַת יָמִים יט
שְׂאֹר לֹא יִמָּצֵא בְּבָתֵּיכֶם כִּי | כָּל־אֹכֵל מַחְמֶצֶת
וְנִכְרְתָה הַנֶּפֶשׁ הַהִוא מֵעֲדַת יִשְׂרָאֵל בַּגֵּר

מצווה יב
איסור אכילת דבר שיש בו חמץ, בפסח

וּבְאֶזְרַח הָאָרֶץ: כָּל־מַחְמֶצֶת לֹא תֹאכֵלוּ בְּכֹל כ
מוֹשְׁבֹתֵיכֶם תֹּאכְלוּ מַצּוֹת:

חמישי

וַיִּקְרָא מֹשֶׁה לְכָל־זִקְנֵי יִשְׂרָאֵל וַיֹּאמֶר אֲלֵהֶם כא
מִשְׁכוּ וּקְחוּ לָכֶם צֹאן לְמִשְׁפְּחֹתֵיכֶם וְשַׁחֲטוּ
הַפָּסַח: וּלְקַחְתֶּם אֲגֻדַּת אֵזוֹב וּטְבַלְתֶּם בַּדָּם כב
אֲשֶׁר־בַּסַּף וְהִגַּעְתֶּם אֶל־הַמַּשְׁקוֹף וְאֶל־שְׁתֵּי
הַמְּזוּזֹת מִן־הַדָּם אֲשֶׁר בַּסָּף וְאַתֶּם לֹא תֵצְאוּ
אִישׁ מִפֶּתַח־בֵּיתוֹ עַד־בֹּקֶר: וְעָבַר יהוה לִנְגֹּף כג
אֶת־מִצְרַיִם וְרָאָה אֶת־הַדָּם עַל־הַמַּשְׁקוֹף וְעַל

טז חמיע, וישתיצי, אנשא ההוא מישראל, מיומא קדמאה עד יומא שביעאה: וביומא
קדמאה מערע קדיש, וביומא שביעאה, מערע קדיש יהי לכון, כל עבידא לא יתעביד
יז בהון, ברם מא דמתאכיל לכל נפש, הוא בלחודוהי יתעביד לכון: ותטרון ית פטירא, ארי,
בכרן יומא הדין, אפיקית ית חיליכון מארעא דמצרים, ותטרון, ית יומא הדין, לדריכון
יח קים עלם: בניסן, בארבעת עסרא יומא לירחא ברמשא, תיכלון פטירא, עד, יומא חד
יט ועסרין, לירחא ברמשא: שבעא יומין, חמירא, לא ישתכח בבתיכון, ארי כל דייכול
כ מחמעא, וישתיצי, אנשא ההוא מכנשתא דישראל, בגיוריא וביציביא דארעא: כל
כא מחמעא לא תיכלון, בכל מותבניכון, תיכלון פטירא: וקרא משה, לכל סבי ישראל ואמר
כב להון, אתנגידו, וסבו לכון מן בני ענא, לזרעיתכון וכוסו פסחא: ותסבון אסרת איזובא,
ותטבלון בדמא דבמנא, ותדון לשקפא ולתרין ספיא, מן דמא דבמנא, ואתון, לא תפקון,
כג אנש מתרע ביתיה עד צפרא: ויתגלי יי למחמי ית מצראי, ויחזי ית דמא על שקפא, ועל

טז **מקרא קדש.** 'מקרא' שם דבר, קרא אותו קדש לאכילה ושתיה וכסות: **לא יעשה בהם.** אפילו על ידי אחרים: **הוא לבדו.** הוא ולא מכשיריו שאפשר לעשותן מערב יום טוב: **לכל נפש.** אף לבהמה. יכול אף לגוים? תלמוד לומר: "לכם":

יז **ושמרתם את המצות.** שלא יבואו לידי חימוץ. מכאן אמרו: תפח, תלטוש בצונן. רבי יאשיה אומר: אל תהי קורא "את המצות" אלא "את המצוות", כדרך שאין מחמיצין את המצה כך אין מחמיצין את המצוה, אלא אם באה לידך עשה אותה מיד: **ושמרתם את היום הזה.** ממלאכה: **לדרתיכם חקת עולם.** לפי שלא נאמר 'דורות' ו'חקת עולם' על המלאכה אלא על החגיגה (לעיל פסוק יד), לכך חזר ושנאו כאן, שלא תאמר: אזהרת "כל מלאכה לא יעשה" (לעיל פסוק טז) לא לדורות נאמרה אלא לאותו הדור:

יח **עד יום האחד ועשרים.** למה נאמר? והלא כבר נאמר: "שבעת ימים" (לעיל פסוק טו)? לפי שנאמר "ימים", לילות מנין? תלמוד לומר: "עד יום האחד ועשרים" וגו':

יט **לא ימצא בבתיכם.** מנין לגבולין? תלמוד לומר: "בכל גבלך" (להלן יג, ז). מה תלמוד לומר בתים? מה ביתך ברשותך אף גבולך שברשותך, יצא חמצו של נכרי שהוא אצל ישראל ולא קבל עליו אחריות: **כי כל אכל מחמצת.** לענש כרת על השאור. והלא כבר ענש על החמץ? אלא שלא תאמר: חמץ שראוי לאכילה ענש עליו, שאור שאינו ראוי לאכילה לא יענש עליו; ואם ענש על השאור ולא ענש על החמץ, הייתי אומר: שאור שהוא מחמץ אחרים ענש עליו, חמץ שאינו מחמץ אחרים לא יענש עליו – לכך נאמרו שניהם: **בגר ובאזרח הארץ.** לפי שהנס נעשה לישראל הצרך לרבות את הגרים:

כ **מחמצת לא תאכלו.** אזהרה על אכילת שאור: **כל מחמצת.** להביא את תערבתו: **בכל מושבתיכם תאכלו מצות.** זה בא ללמד שתהא ראויה להאכל בכל מושבותיכם, פרט למעשר שני וחלות תודה:

כא **משכו.** מי שיש לו צאן ימשך משלו: **וקחו.** מי שאין לו יקח מן השוק: **למשפחתיכם.** "שה לבית אבת" (לעיל פסוק ג):

כב **אזוב.** מין ירק שיש לו גבעולין: **אגדת אזוב.** שלשה קלחין קרויין אגדה: **אשר בסף.** בכלי, כמו: "ספות כסף" (מלכים ב' יב, יד): **מן הדם אשר בסף.** למה חזר ושנאו? שלא תאמר טבילה אחת לשלש המתנות, לכך נאמר עוד: "אשר בסף", שתהא כל נתינה ונתינה "מן הדם אשר בסף", על כל הגעה טבילה: **ואתם לא תצאו וגו'.** מגיד שמאחר שנתנה רשות למשחית לחבל אינו מבחין בין צדיק לרשע. ולילה רשות למחבלים הוא, שנאמר: "בו תרמש כל חיתו יער" (תהלים קד, כ):

שְׁתֵּי הַמְּזוּזֹת וּפָסַח יהוה עַל־הַפֶּתַח וְלֹא יִתֵּן
הַמַּשְׁחִית לָבֹא אֶל־בָּתֵּיכֶם לִנְגֹּף׃ וּשְׁמַרְתֶּם כד
אֶת־הַדָּבָר הַזֶּה לְחָק־לְךָ וּלְבָנֶיךָ עַד־עוֹלָם׃
וְהָיָה כִּי־תָבֹאוּ אֶל־הָאָרֶץ אֲשֶׁר יִתֵּן יהוה כה
לָכֶם כַּאֲשֶׁר דִּבֵּר וּשְׁמַרְתֶּם אֶת־הָעֲבֹדָה
הַזֹּאת׃ וְהָיָה כִּי־יֹאמְרוּ אֲלֵיכֶם בְּנֵיכֶם מָה כו
הָעֲבֹדָה הַזֹּאת לָכֶם׃ וַאֲמַרְתֶּם זֶבַח־פֶּסַח כז
הוּא לַיהוה אֲשֶׁר פָּסַח עַל־בָּתֵּי בְנֵי־יִשְׂרָאֵל
בְּמִצְרַיִם בְּנָגְפּוֹ אֶת־מִצְרַיִם וְאֶת־בָּתֵּינוּ
הִצִּיל וַיִּקֹּד הָעָם וַיִּשְׁתַּחֲווּ׃ וַיֵּלְכוּ וַיַּעֲשׂוּ בְּנֵי כח
יִשְׂרָאֵל כַּאֲשֶׁר צִוָּה יהוה אֶת־מֹשֶׁה וְאַהֲרֹן כֵּן
ששי עָשׂוּ׃ ס וַיְהִי ׀ בַּחֲצִי הַלַּיְלָה וַיהוה כט
הִכָּה כָל־בְּכוֹר בְּאֶרֶץ מִצְרַיִם מִבְּכֹר פַּרְעֹה
הַיֹּשֵׁב עַל־כִּסְאוֹ עַד בְּכוֹר הַשְּׁבִי אֲשֶׁר בְּבֵית
הַבּוֹר וְכֹל בְּכוֹר בְּהֵמָה׃ וַיָּקָם פַּרְעֹה לַיְלָה ל
הוּא וְכָל־עֲבָדָיו וְכָל־מִצְרַיִם וַתְּהִי צְעָקָה
גְדֹלָה בְּמִצְרָיִם כִּי־אֵין בַּיִת אֲשֶׁר אֵין־שָׁם מֵת׃
וַיִּקְרָא לְמֹשֶׁה וּלְאַהֲרֹן לַיְלָה וַיֹּאמֶר קוּמוּ צְּאוּ לא
מִתּוֹךְ עַמִּי גַּם־אַתֶּם גַּם־בְּנֵי יִשְׂרָאֵל וּלְכוּ עִבְדוּ
אֶת־יהוה כְּדַבֶּרְכֶם׃ גַּם־צֹאנְכֶם גַּם־בְּקַרְכֶם לב

קְחוּ כַּאֲשֶׁר דִּבַּרְתֶּם וָלֵכוּ וּבֵרַכְתֶּם גַּם־אֹתִי׃
לג וַתֶּחֱזַק מִצְרַיִם עַל־הָעָם לְמַהֵר לְשַׁלְּחָם מִן־

כד תְּרֵין סִפַּיָּא, וְיֵיחוֹס יְיָ עַל תַּרְעָא, וְלָא יִשְׁבּוֹק מְחַבְּלָא, לְמֵיעַל לְבָתֵּיכוֹן לְמִמְחֵי: וְתִטְּרוּן יָת
כה פִּתְגָּמָא הָדֵין, לִקְיָם לָךְ וְלִבְנָךְ עַד עָלְמָא: וִיהֵי אֲרֵי תֵיעֲלוּן לְאַרְעָא, דְּיִתֵּין יְיָ, לְכוֹן כְּמָא
כו כז דְּמַלֵּיל, וְתִטְּרוּן יָת פָּלְחָנָא הָדֵין: וִיהֵי, אֲרֵי יֵימְרוּן לְכוֹן בְּנֵיכוֹן, מָא פָלְחָנָא הָדָא לְכוֹן: וְתֵימְרוּן,
דֵּיבַח חֲיָס הוּא קֳדָם יְיָ, דְּחָס, עַל בָּתֵּי בְנֵי יִשְׂרָאֵל בְּמִצְרַיִם, כַּד מְחָא יָת מִצְרָאֵי וְיָת בָּתַּנָא
כח שֵׁיזֵיב, וּכְרַע עַמָּא וּסְגִידוּ: וַאֲזַלוּ וַעֲבַדוּ בְּנֵי יִשְׂרָאֵל, כְּמָא דְּפַקֵּיד יְיָ, יָת מֹשֶׁה וְאַהֲרֹן כֵּן עֲבַדוּ:
כט וַהֲוָה בְּפַלְגוּת לֵילְיָא, וַיְיָ קְטַל כָּל בּוּכְרָא בְּאַרְעָא דְּמִצְרַיִם, מִבּוּכְרָא דְּפַרְעֹה דַּעֲתִיד לְמִתַּב
ל עַל כּוּרְסֵי מַלְכוּתֵיהּ, עַד בּוּכְרָא דְּשִׁבְיָא, דִּבְבֵית אֲסִירֵי, וְכָל בּוּכְרָא דִּבְעִירָא: וְקָם פַּרְעֹה
בְּלֵילְיָא, הוּא וְכָל עַבְדוֹהִי וְכָל מִצְרָאֵי, וַהֲוָת, צְוַחְתָּא רַבְּתָא בְּמִצְרַיִם, אֲרֵי לֵית בֵּיתָא תַּמָּן,
לא דְּלָא הֲוָה בֵּיהּ מִיתָא: וּקְרָא לְמֹשֶׁה וּלְאַהֲרֹן בְּלֵילְיָא, וַאֲמַר קוּמוּ פּוּקוּ מִגּוֹ עַמִּי, אַף אַתּוּן
לב אַף בְּנֵי יִשְׂרָאֵל, וְאִיזִילוּ, פְּלַחוּ קֳדָם יְיָ כְּמָא דַּהֲוֵיתוֹן אָמְרִין: אַף עָנְכוֹן אַף תּוֹרֵיכוֹן דְּבָרוּ,
לג כְּמָא דְּמַלֵּילְתּוּן וְאִיזִילוּ, וְצַלּוֹ אַף עֲלָי: וּתְקִיפוּ מִצְרָאֵי עַל עַמָּא, לְאוֹחָאָה לְשַׁלָּחוּתְהוֹן מִן

כג) וּפָסַח. וְחָמַל, וְיֵשׁ לוֹמַר, וְדִלֵּג: וְלֹא יִתֵּן הַמַּשְׁחִית. וְלֹא יִתֵּן לוֹ יְכֹלֶת לָבֹא, כְּמוֹ: "וְלֹא נְתָנוֹ אֱלֹהִים לְהָרַע עִמָּדִי" (בראשית לא, ז):

כה) כַּאֲשֶׁר דִּבֵּר. וְהֵיכָן דִּבֵּר? "וְהֵבֵאתִי אֶתְכֶם אֶל הָאָרֶץ" וְגוֹ' (לעיל ו, ח):

כז) וַיִּקֹּד הָעָם. עַל בְּשׂוֹרַת הַגְּאֻלָּה וּבִיאַת הָאָרֶץ וּבְשׂוֹרַת הַבָּנִים שֶׁיִּהְיוּ לָהֶם וְיִשְׁאֲלוּם:

כח) וַיֵּלְכוּ וַיַּעֲשׂוּ בְּנֵי יִשְׂרָאֵל. וְכִי כְּבָר עָשׂוּ? וַהֲלֹא מֵרֹאשׁ חֹדֶשׁ נֶאֱמַר לָהֶם! אֶלָּא מִכֵּיוָן שֶׁקִּבְּלוּ עֲלֵיהֶם מַעֲלֶה עֲלֵיהֶם הַכָּתוּב כְּאִלּוּ עָשׂוּ: וַיֵּלְכוּ וַיַּעֲשׂוּ. אַף הַהֲלִיכָה מָנָה הַכָּתוּב, לִתֵּן שָׂכָר לַהֲלִיכָה וְשָׂכָר לַעֲשִׂיָּה: כַּאֲשֶׁר צִוָּה ה' אֶת מֹשֶׁה וְאַהֲרֹן. לְהַגִּיד שִׁבְחָן שֶׁל יִשְׂרָאֵל שֶׁלֹּא הִפִּילוּ דָּבָר מִכָּל מִצְוַת מֹשֶׁה וְאַהֲרֹן. וּמַהוּ "כֵּן עָשׂוּ"? אַף מֹשֶׁה וְאַהֲרֹן כֵּן עָשׂוּ:

כט) וַה'. כָּל מָקוֹם שֶׁנֶּאֱמַר "וַה'" – הוּא וּבֵית דִּינוֹ, שֶׁהַוָּי"ו לְשׁוֹן תּוֹסֶפֶת הוּא, כְּמוֹ: פְּלוֹנִי וּפְלוֹנִי: הִכָּה כָל בְּכוֹר. אַף שֶׁל אֻמָּה אַחֶרֶת וְהוּא בְּמִצְרַיִם: מִבְּכֹר פַּרְעֹה. אַף פַּרְעֹה בְּכוֹר הָיָה וְנִשְׁתַּיֵּר מִן הַבְּכוֹרוֹת, וְעָלָיו הוּא אוֹמֵר: "בַּעֲבוּר הֶעֱמַדְתִּיךָ אֶת כֹּחִי" (לעיל ט, טז) – בְּיַם סוּף: עַד בְּכוֹר הַשְּׁבִי. שֶׁהָיוּ שְׂמֵחִין לְאֵידָם שֶׁל יִשְׂרָאֵל. וְעוֹד, שֶׁלֹּא יֹאמְרוּ: יִרְאָתֵנוּ הֵבִיאָה הַפֻּרְעָנוּת. וּבְכוֹר הַשִּׁפְחָה בִּכְלָל הָיָה, שֶׁהֲרֵי מָנָה מִן הֶחָשׁוּב שֶׁבְּכֻלָּן עַד הַפָּחוּת, וּבְכוֹר הַשִּׁפְחָה חָשׁוּב מִבְּכוֹר הַשְּׁבִי:

ל) וַיָּקָם פַּרְעֹה. מִמִּטָּתוֹ: לַיְלָה. וְלֹא כְּדֶרֶךְ הַמְּלָכִים בְּשָׁלֹשׁ שָׁעוֹת בַּיּוֹם: הוּא. תְּחִלָּה וְאַחַר כָּךְ "עֲבָדָיו", מְלַמֵּד שֶׁהָיָה הוּא מְחַזֵּר עַל בָּתֵּי עֲבָדָיו וּמַעֲמִידָן: כִּי אֵין בַּיִת אֲשֶׁר אֵין שָׁם מֵת. יֵשׁ שָׁם בְּכוֹר – מֵת, אֵין שָׁם בְּכוֹר – גָּדוֹל שֶׁבַּבַּיִת קָרוּי בְּכוֹר, שֶׁנֶּאֱמַר "אַף אָנִי בְּכוֹר אֶתְּנֵהוּ" (תהלים פט, כח). דָּבָר אַחֵר, מִצְרִיּוֹת מְזַנּוֹת תַּחַת בַּעְלֵיהֶן וְיוֹלְדוֹת מֵרַוָּקִים פְּנוּיִים וְהָיוּ לָהֶם בְּכוֹרוֹת הַרְבֵּה, פְּעָמִים הֵם חֲמִשָּׁה לְאִשָּׁה אַחַת, כָּל אֶחָד בְּכוֹר לְאָבִיו:

לא-לב) וַיִּקְרָא לְמֹשֶׁה וּלְאַהֲרֹן לַיְלָה. מַגִּיד שֶׁהָיָה מְחַזֵּר עַל פִּתְחֵי הָעִיר וְצוֹעֵק: הֵיכָן מֹשֶׁה שָׁרוּי? הֵיכָן אַהֲרֹן שָׁרוּי?: גַּם אַתֶּם. הַגְּבָרִים: גַּם בְּנֵי יִשְׂרָאֵל. הַטַּף: וּלְכוּ עִבְדוּ אֶת ה' כְּדַבֶּרְכֶם. הַכֹּל כְּמוֹ שֶׁאֲמַרְתֶּם וְלֹא כְּמוֹ שֶׁאָמַרְתִּי אֲנִי. בָּטֵל

לד הָאָרֶץ כִּי אָמְרוּ כֻּלָּנוּ מֵתִים: וַיִּשָּׂא הָעָם אֶת־
בְּצֵקוֹ טֶרֶם יֶחְמָץ מִשְׁאֲרֹתָם צְרֻרֹת בְּשִׂמְלֹתָם
לה עַל־שִׁכְמָם: וּבְנֵי־יִשְׂרָאֵל עָשׂוּ כִּדְבַר מֹשֶׁה
וַיִּשְׁאֲלוּ מִמִּצְרַיִם כְּלֵי־כֶסֶף וּכְלֵי זָהָב וּשְׂמָלֹת:
לו וַיהוָה נָתַן אֶת־חֵן הָעָם בְּעֵינֵי מִצְרַיִם וַיַּשְׁאִלוּם
וַיְנַצְּלוּ אֶת־מִצְרָיִם:
לז וַיִּסְעוּ בְנֵי־יִשְׂרָאֵל מֵרַעְמְסֵס סֻכֹּתָה כְּשֵׁשׁ־
לח מֵאוֹת אֶלֶף רַגְלִי הַגְּבָרִים לְבַד מִטָּף: וְגַם־עֵרֶב
רַב עָלָה אִתָּם וְצֹאן וּבָקָר מִקְנֶה כָּבֵד מְאֹד:
לט וַיֹּאפוּ אֶת־הַבָּצֵק אֲשֶׁר הוֹצִיאוּ מִמִּצְרַיִם עֻגֹת
מַצּוֹת כִּי לֹא חָמֵץ כִּי־גֹרְשׁוּ מִמִּצְרַיִם וְלֹא יָכְלוּ
מ לְהִתְמַהְמֵהַּ וְגַם־צֵדָה לֹא־עָשׂוּ לָהֶם: וּמוֹשַׁב
בְּנֵי יִשְׂרָאֵל אֲשֶׁר יָשְׁבוּ בְּמִצְרָיִם שְׁלֹשִׁים שָׁנָה
מא וְאַרְבַּע מֵאוֹת שָׁנָה: וַיְהִי מִקֵּץ שְׁלֹשִׁים שָׁנָה
וְאַרְבַּע מֵאוֹת שָׁנָה וַיְהִי בְּעֶצֶם הַיּוֹם הַזֶּה יָצְאוּ
מב כָּל־צִבְאוֹת יְהוָה מֵאֶרֶץ מִצְרָיִם: לֵיל שִׁמֻּרִים
הוּא לַיהוָה לְהוֹצִיאָם מֵאֶרֶץ מִצְרָיִם הוּא־

"לֹא תְשַׁלַּח" (לעיל ה, ב), בָּטֵל "מִי וָמִי הַהֹלְכִים" (לעיל י, ח), בָּטֵל "רַק צֹאנְכֶם וּבְקַרְכֶם יֻצָּג" (לעיל י, כד) – "גַּם צֹאנְכֶם גַּם בְּקַרְכֶם קְחוּ"; וּמַהוּ "כַּאֲשֶׁר דִּבַּרְתֶּם"? "גַּם אַתָּה תִּתֵּן בְּיָדֵנוּ זְבָחִים וְעֹלֹת" (לעיל י, כה) – "קְחוּ כַּאֲשֶׁר דִּבַּרְתֶּם". וּבֵרַכְתֶּם גַּם אֹתִי. הִתְפַּלְּלוּ עָלַי שֶׁלֹּא אָמוּת, שֶׁאֲנִי בְּכוֹר.

לג) כֻּלָּנוּ מֵתִים. אָמְרוּ: לֹא כִּגְזֵרַת מֹשֶׁה הוּא, שֶׁהֲרֵי אָמַר: "וּמֵת כָּל בְּכוֹר" (לעיל יא, ה) וְכָאן אַף הַפְּשׁוּטִים מֵתִים, חֲמִשָּׁה אוֹ עֲשָׂרָה בְּבַיִת אֶחָד:

לד) טֶרֶם יֶחְמָץ. הַמִּצְרִים לֹא הִנִּיחוּם לִשְׁהוֹת כְּדֵי חִמּוּץ: מִשְׁאֲרֹתָם. שְׁיָרֵי מַצָּה וּמָרוֹר: עַל

לד ארעא, ארי אמרו כלנא מיתין: ונטל עמא, ית לישהון עד לא חמע, מותר אצותהון,
לה צריר בלבושיהון על כתפיהון: ובני ישראל עבדו כפתגמא דמשה, ושאילו ממצרים,
לו מנין דכסף, ומנין דדהב ולבושין: ויי, יהב ית עמא לרחמין, בעיני מצראי ואשאילונון,
לז ורוקינו ית מצרים: ונטלו בני ישראל, מרעמסס לסכות, כשית מאה אלפין גברא, רגלאה
לח לט בר מטפלא: ואף נוכראין סגיאין סליקו עמהון, ועאן ותורי, בעירא סגי לחדא: ואפו ית
לישא, דאפיקו ממצרים, גריצן פטירן ארי לא חמע, ארי אתרכו ממצרים, ולא יכילו
מ לאתעכבא, ואף זודין לא עבדו להון: ומותב בני ישראל, דיתיבו במצרים, ארבע מאה
מא ותלתין שנין: והוה, מסוף ארבע מאה ותלתין שנין, והוה, בכרן יומא הדין, נפקו, כל
מב חיליא דיי מארעא דמצרים: ליליא נטיר הוא קדם יי, לאפקותהון מארעא דמצרים, הוא

שכמם. אף על פי שבהמות הרבה הוליכו עמהם, מחבבים היו את המצוה:

לה) **כדבר משה.** שאמר להם במצרים: "ושאלו איש מאת רעהו" (לעיל יא, ב). **ושמלת.** אף הן היו חשובות להם מן הכסף ומן הזהב, והמאוחר בפסוק חשוב:

לו) **וישאלום.** אף מה שלא היו שואלים מהם היו נותנים להם, אתה אומר אחד, טול שנים ולך: **וינצלו.** "ורוקינו":

לז) **מרעמסס סכתה.** מאה ועשרים מיל היו, ובאו שם לפי שעה, שנאמר: "ואשא אתכם על כנפי נשרים" (להלן יט, ד). **הגברים.** מבן עשרים ומעלה:

לח) **ערב רב.** תערובת אומות של גרים:

לט) **עגת מצות.** חררה של מצה. בצק שלא החמיץ קרוי מצה: **וגם צדה לא עשו להם.** לדרך. מגיד שבחן של ישראל, שלא אמרו: היאך נצא למדבר בלא צדה? אלא האמינו והלכו. הוא שמפורש בקבלה: "זכרתי לך חסד נעוריך אהבת כלולתיך לכתך אחרי במדבר בארץ לא זרועה" (ירמיה ב, ב), מה שכר מפורש אחריו? "קדש ישראל לה'" וגו' (שם פסוק ג).

מ) **אשר ישבו במצרים.** אחר שאר הישיבות שישבו גרים בארץ לא להם: **שלשים שנה וארבע מאות שנה.** בין הכל, משנולד יצחק עד עכשיו היו ארבע מאות שנה. משהיה לו זרע לאברהם נתקיים: "כי גר יהיה זרעך" (בראשית טו, יג), ושלשים שנה היו משנגזרה גזרת בין הבתרים עד שנולד יצחק. ואי אפשר לומר בארץ מצרים לבדה, שהרי קהת מן הבאים עם יעקב היה, צא וחשב כל שנותיו וכל שנות עמרם בנו ושמונים של משה, לא תמצאם כל כך. ועל כרחך הרבה שנים היו לקהת עד שלא ירד למצרים, והרבה משנות עמרם נבלעים בשנות קהת, והרבה משמונים של משה נבלעים בשנות עמרם, הרי שלא תמצא ארבע מאות לביאת מצרים; והזקקת לומר על כרחך שאף שאר הישיבות נקראו גרות, ואפלו בחברון, שנאמר: "אשר גר שם אברהם ויצחק" (בראשית לה, כז), ואומר: "את ארץ מגריהם אשר גרו בה" (לעיל ו, ד). לפיכך אתה צריך לומר "כי גר יהיה זרעך" – משהיה לו זרע. וכשתמנה ארבע מאות שנה משנולד יצחק, תמצא מביאתן למצרים עד יציאתן מאתים ועשר שנים. וזה אחד מן הדברים ששנו לתלמי המלך:

מא) **ויהי מקץ שלשים שנה... ויהי בעצם היום הזה.** מגיד שכיון שהגיע הקץ לא עכבן המקום כהרף עין. בחמשה עשר בניסן באו מלאכי השרת אצל אברהם לבשרו, בחמשה עשר בניסן נולד יצחק, בחמשה עשר בניסן נגזרה גזרת בין הבתרים:

מב) **ליל שמרים.** שהיה הקדוש ברוך הוא שומר ומצפה לו לקים הבטחתו "להוציאם מארץ מצרים". **הוא הלילה הזה לה'.** הוא הלילה שאמר לאברהם: בלילה הזה אני גואל את בניך: **שמרים לכל בני ישראל לדרתם.** משמר ובא מן המזיקין, כענין שנאמר: "ולא יתן המשחית" וגו' (לעיל פסוק כג).

הַלַּיְלָה הַזֶּה לַיהוָה שִׁמֻּרִים לְכָל־בְּנֵי יִשְׂרָאֵל
לְדֹרֹתָם׃
מג ★ וַיֹּאמֶר יְהוָה אֶל־מֹשֶׁה וְאַהֲרֹן זֹאת חֻקַּת הַפָּסַח
מד כָּל־בֶּן־נֵכָר לֹא־יֹאכַל בּוֹ׃ וְכָל־עֶבֶד אִישׁ מִקְנַת־
מה כָּסֶף וּמַלְתָּה אֹתוֹ אָז יֹאכַל בּוֹ׃ תּוֹשָׁב וְשָׂכִיר
מו לֹא־יֹאכַל בּוֹ׃ בְּבַיִת אֶחָד יֵאָכֵל לֹא־תוֹצִיא מִן־
הַבַּיִת מִן־הַבָּשָׂר חוּצָה וְעֶצֶם לֹא תִשְׁבְּרוּ־בוֹ׃
מז מח כָּל־עֲדַת יִשְׂרָאֵל יַעֲשׂוּ אֹתוֹ׃ וְכִי־יָגוּר אִתְּךָ גֵּר
וְעָשָׂה פֶסַח לַיהוָה הִמּוֹל לוֹ כָל־זָכָר וְאָז יִקְרַב
לַעֲשֹׂתוֹ וְהָיָה כְּאֶזְרַח הָאָרֶץ וְכָל־עָרֵל לֹא־
מט יֹאכַל בּוֹ׃ תּוֹרָה אַחַת יִהְיֶה לָאֶזְרָח וְלַגֵּר הַגָּר
נ בְּתוֹכְכֶם׃ וַיַּעֲשׂוּ כָּל־בְּנֵי יִשְׂרָאֵל כַּאֲשֶׁר צִוָּה יְהוָה
נא אֶת־מֹשֶׁה וְאֶת־אַהֲרֹן כֵּן עָשׂוּ׃ וַיְהִי
בְּעֶצֶם הַיּוֹם הַזֶּה הוֹצִיא יְהוָה אֶת־בְּנֵי יִשְׂרָאֵל
מֵאֶרֶץ מִצְרַיִם עַל־צִבְאֹתָם׃
יג א ב וַיְדַבֵּר יְהוָה אֶל־מֹשֶׁה לֵּאמֹר׃ קַדֶּשׁ־לִי כָל־בְּכוֹר
פֶּטֶר כָּל־רֶחֶם בִּבְנֵי יִשְׂרָאֵל בָּאָדָם וּבַבְּהֵמָה לִי
ג הוּא׃ וַיֹּאמֶר מֹשֶׁה אֶל־הָעָם זָכוֹר אֶת־הַיּוֹם הַזֶּה י
אֲשֶׁר יְצָאתֶם מִמִּצְרַיִם מִבֵּית עֲבָדִים כִּי בְּחֹזֶק
יָד הוֹצִיא יְהוָה אֶתְכֶם מִזֶּה וְלֹא יֵאָכֵל חָמֵץ׃
ד ה הַיּוֹם אַתֶּם יֹצְאִים בְּחֹדֶשׁ הָאָבִיב׃ וְהָיָה כִי־יְבִיאֲךָ

מצווה יג
איסור האכלת
הפסח ליהודי
עובד עבודה זרה

מצווה יד
איסור האכלת
הפסח לגר ולתושב

מצווה טו
איסור להוציא את קרבן
הפסח ממקום החבורה

מצווה טז
איסור שבירת
עצם מן הפסח

מצווה יז
איסור האכלת
הפסח לערל

שביעי

מצווה יח
מצוות
קידוש בכורות

מצווה יט
איסור אכילת
חמץ בפסח

מג ליליא הדין קדם יי, נטיר, לכל בני ישראל לדריהון: ואמר יי למשה ואהרן, דא גזירת
מד פסחא, כל בר ישראל דישתמד לא ייכול ביה: וכל עבד גבר זבין כספא, ותגזר יתיה, בכן
מה מו ייכול ביה: תותבא ואגירא לא ייכול ביה: בחבורא חדא יתאכיל, לא תפקון מן ביתא,
מז מח מן בסרא לברא, וגרמא לא תתברון ביה: כל כנשתא דישראל יעבדון יתיה: וארי יתגייר
עמכון גיורא, ויעביד פסחא קדם יי, מגזר ליה כל דכורא, ובכן יקרב למעבדיה, ויהי כיציבי
מט ארעא, וכל ערלא לא ייכול ביה: אוריתא חדא, תהי ליציביא, ולגיוריא דיתגיירון ביניכון:
נ נא ועבדו כל בני ישראל, כמא דפקיד יי, ית משה וית אהרן כן עבדו: והוה, בכרן יומא הדין,
יג א ב אפיק יי, ית בני ישראל, מארעא דמצרים על חיליהון: ומליל יי עם משה למימר: אקדיש
ג קדמי כל בוכרא, פתח כל ולדא בבני ישראל, באנשא ובבעירא, דילי הוא: ואמר משה
לעמא, הוו דכירין, ית יומא הדין דנפקתון ממצרים מבית עבדותא, ארי בתקוף יד, אפיק
ד ה יי, יתכון מכא, ולא יתאכיל חמיע: יומא דין אתון נפקין, בירחא דאביבא: ויהי ארי יעלנך

מג) **זאת חקת הפסח.** בארבעה עשר בניסן נאמרה להם פרשה זו: **כל בן נכר.** שנתנכרו מעשיו לאביו שבשמים, ואחד הגוי ואחד ישראל משמד במשמע:

מד) **ומלתה אתו אז יאכל בו.** רבו; מגיד שמילת עבדיו מעכבתו מלאכול בפסח, דברי רבי יהושע. רבי אליעזר אומר: אין מילת עבדיו מעכבתו מלאכול בפסח, אם כן מה תלמוד לומר: "אז יאכל בו"? העבד:

מה) **תושב.** זה גר תושב: **ושכיר.** זה הגוי. ומה תלמוד לומר? והלא ערלים הם, ונאמר: "וכל ערל לא יאכל בו" (להלן פסוק מח)! אלא כגון ערבי מהול וגבעוני מהול והוא תושב או שכיר:

מו) **בבית אחד יאכל.** בחבורה אחת, שלא יעשו הנמנין עליו שתי חבורות ויחלקוהו. ואתה אומר בחבורה אחת, או אינו אלא "בבית אחד" כמשמעו, וללמד שאם התחילו והיו אוכלים בחצר וירדו גשמים שלא יכנסו לבית? תלמוד לומר: "על הבתים אשר יאכלו אתו בהם" (לעיל פסוק ז), מכאן שהאוכל אוכל בשני מקומות: **לא תוציא מן הבית.** מן החבורה: **ועצם לא תשברו בו.** הראוי לאכילה, כגון שיש עליו כזית בשר, יש בו משום שבירת עצם, אין עליו כזית בשר אין בו משום שבירת עצם:

מז) **כל עדת ישראל יעשו אתו.** למה נאמר? לפי שהוא אומר בפסח מצרים: "שה לבית אבת" (לעיל פסוק ג) שנמנו עליו למשפחות, יכול אף פסח דורות כן? תלמוד לומר: "כל עדת ישראל יעשו אתו":

מח) **ועשה פסח.** יכול כל המתגייר יעשה פסח מיד? תלמוד לומר: "והיה כאזרח הארץ", מה אזרח בארבעה עשר אף גר בארבעה עשר: **וכל ערל לא יאכל בו.** להביא את שמתו אחיו מחמת מילה, שאינו משמד לערלות ואינו למד מ"כן נכר לא יאכל בו" (לעיל פסוק מג):

מט) **תורה אחת וגו'.** להשוות גר לאזרח אף לשאר מצות שבתורה:

פרק יג

ב) **פטר כל רחם.** שפתח את הרחם תחלה, כמו: "פוטר מים ראשית מדון" (משלי יז, יד), וכן: "יפטירו בשפה" (תהלים כב, ח) – יפתחו שפתים: **לי הוא.** לעצמי קניתים על ידי שהכיתי בכורי מצרים:

ג) **זכור את היום הזה.** למד שמזכירין יציאת מצרים בכל יום:

ד) **בחדש האביב.** וכי לא היינו יודעין באי זה חדש? אלא כך אמר להם: ראו חסד שגמלכם, שהוציא אתכם בחדש שהוא כשר לצאת, לא חמה ולא צנה ולא גשמים. וכן הוא אומר: "מוציא אסירים בכושרות" (תהלים סח, ז), חדש שהוא כשר לצאת:

בא

יְהוָה אֶל־אֶרֶץ הַכְּנַעֲנִי וְהַחִתִּי וְהָאֱמֹרִי וְהַחִוִּי
וְהַיְבוּסִי אֲשֶׁר נִשְׁבַּע לַאֲבֹתֶיךָ לָתֶת לָךְ אֶרֶץ
זָבַת חָלָב וּדְבָשׁ וְעָבַדְתָּ אֶת־הָעֲבֹדָה הַזֹּאת
בַּחֹדֶשׁ הַזֶּה׃ שִׁבְעַת יָמִים תֹּאכַל מַצֹּת וּבַיּוֹם ו
הַשְּׁבִיעִי חַג לַיהוָה׃ מַצּוֹת יֵאָכֵל אֵת שִׁבְעַת ז

מצווה כ
איסור שייראה חמץ
ברשות היהודי בפסח

הַיָּמִים וְלֹא־יֵרָאֶה לְךָ חָמֵץ וְלֹא־יֵרָאֶה לְךָ

מצווה כא
מצוות סיפור יציאת מצרים

שְׂאֹר בְּכָל־גְּבֻלֶךָ׃ וְהִגַּדְתָּ לְבִנְךָ בַּיּוֹם הַהוּא ח
לֵאמֹר בַּעֲבוּר זֶה עָשָׂה יְהוָה לִי בְּצֵאתִי
מִמִּצְרָיִם׃ וְהָיָה לְךָ לְאוֹת עַל־יָדְךָ וּלְזִכָּרוֹן בֵּין ט
עֵינֶיךָ לְמַעַן תִּהְיֶה תּוֹרַת יְהוָה בְּפִיךָ כִּי בְּיָד
חֲזָקָה הוֹצִאֲךָ יְהוָה מִמִּצְרָיִם׃ וְשָׁמַרְתָּ אֶת־ י
הַחֻקָּה הַזֹּאת לְמוֹעֲדָהּ מִיָּמִים יָמִימָה׃
★ וְהָיָה כִּי־יְבִאֲךָ יְהוָה אֶל־אֶרֶץ הַכְּנַעֲנִי כַּאֲשֶׁר יא
נִשְׁבַּע לְךָ וְלַאֲבֹתֶיךָ וּנְתָנָהּ לָךְ׃ וְהַעֲבַרְתָּ כָל־ יב
פֶּטֶר־רֶחֶם לַיהוָה וְכָל־פֶּטֶר ׀ שֶׁגֶר בְּהֵמָה אֲשֶׁר

מצווה כב
מצוות פדיון פטר חמור

יִהְיֶה לְךָ הַזְּכָרִים לַיהוָה׃ וְכָל־פֶּטֶר חֲמֹר תִּפְדֶּה יג

מצווה כג
מצוות עריפת
פטר חמור

בְשֶׂה וְאִם־לֹא תִפְדֶּה וַעֲרַפְתּוֹ וְכֹל בְּכוֹר אָדָם

מפטיר

בְּבָנֶיךָ תִּפְדֶּה׃ וְהָיָה כִּי־יִשְׁאָלְךָ בִנְךָ מָחָר יד

ה) אל ארץ הכנעני וגו'. אף על פי שלא מנה אלא חמשה עממים, כל שבעה גוים במשמע, שכלן בכלל כנעני הם, ואחת ממשפחות כנען היתה שלא נקרא לה שם אלא 'כנעני'. נשבע לאבתיך. באברהם הוא אומר: "ביום ההוא כרת ה' את אברם" וגו' (בראשית טו, יח), וביצחק

יי, לַאֲרַע כְּנַעֲנָאֵי, וְחִתָּאֵי וֶאֱמוֹרָאֵי וְחִוָּאֵי וִיבוּסָאֵי, דְּקַיֵּים לַאֲבָהָתָךְ לְמִתַּן לָךְ, אֲרַע, עָבְדָא
ו חֲלַב וּדְבַשׁ, וְתִפְלַח, יָת פָּלְחָנָא הָדָא בְּיַרְחָא הָדֵין: שִׁבְעָא יוֹמִין תֵּיכוֹל פַּטִּירָא, וּבְיוֹמָא
ז שְׁבִיעָאָה, חַגָּא קֳדָם יי: פַּטִּירָא יִתְאֲכִיל, יָת שִׁבְעָא יוֹמִין, וְלָא יִתַּחְזֵי לָךְ חֲמִיעַ, וְלָא יִתַּחְזֵי
ח לָךְ, חֲמִיר בְּכָל תְּחוּמָךְ: וּתְחַוֵּי לִבְרָךְ, בְּיוֹמָא הַהוּא לְמֵימַר, בְּדִיל דָּא, עֲבַד יי לִי, בְּמִפְּקִי
ט מִמִּצְרָיִם: וִיהֵי לָךְ לְאָת עַל יְדָךְ, וּלְדָכְרָן בֵּין עֵינָךְ, בְּדִיל, דִּתְהֵי, אוֹרָיְתָא דַּיי בְּפֻמָּךְ, אֲרֵי
י יא בְּיַד תַּקִּיפָא, אַפְּקָךְ יי מִמִּצְרָיִם: וְתִטַּר, יָת קְיָמָא הָדֵין בִּזְמַנֵּיהּ, מִזְּמָן לִזְמָן: וִיהֵי, אֲרֵי יַעֲלִנָּךְ
יב יי לַאֲרַע כְּנַעֲנָאֵי, כְּמָא דְּקַיֵּים לָךְ וְלַאֲבָהָתָךְ, וְיִתְּנַהּ לָךְ: וְתַעְבַּר כָּל פָּתַח וַלְדָּא קֳדָם יי, וְכָל
יג פְּתַח וְלַד בְּעִירָא, דִּיהוֹן לָךְ, דִּכְרִין תַּקְדֵּישׁ קֳדָם יי: וְכָל בֻּכְרָא דִּחְמָרָא תִּפְרוֹק בְּאִמְּרָא,
יד וְאִם לָא תִפְרוֹק וְתִקְפֵיהּ, וְכָל בֻּכְרָא דַּאֲנָשָׁא, בִּבְנָךְ תִּפְרוֹק: וִיהֵי, אֲרֵי יִשְׁאֲלִנָּךְ בְּרָךְ,

הוּא אוֹמֵר: "גּוּר בָּאָרֶץ הַזֹּאת" וְגוֹ' (שם כו, ג), וּבְיַעֲקֹב הוּא אוֹמֵר: "הָאָרֶץ אֲשֶׁר אַתָּה שֹׁכֵב עָלֶיהָ" וְגוֹ' (שם כח, יג): **זָבַת חָלָב וּדְבָשׁ.** חָלָב זָב מִן הָעִזִּים, וְהַדְּבַשׁ זָב מִן הַתְּמָרִים וּמִן הַתְּאֵנִים: **אֶת הָעֲבֹדָה הַזֹּאת.** שֶׁל פֶּסַח. וַהֲלֹא כְּבָר נֶאֱמַר לְמַעְלָה: "וְהָיָה כִּי תָבֹאוּ אֶל הָאָרֶץ" וְגוֹ' (לעיל יב, כה), וְלָמָּה חָזַר וּשְׁנָאָהּ? בִּשְׁבִיל דָּבָר שֶׁנִּתְחַדֵּשׁ בָּהּ: בְּפָרָשָׁה רִאשׁוֹנָה נֶאֱמַר: "וְהָיָה כִּי יֹאמְרוּ אֲלֵיכֶם בְּנֵיכֶם מָה הָעֲבֹדָה הַזֹּאת לָכֶם" (שם פסוק כו), כָּאן רָשָׁע הַכָּתוּב מְדַבֵּר שֶׁהוֹצִיא עַצְמוֹ מִן הַכְּלָל, וְכָאן: "וְהִגַּדְתָּ לְבִנְךָ" (להלן פסוק ח), כָּאן שֶׁאֵינוֹ יוֹדֵעַ לִשְׁאֹל, וְהַכָּתוּב מְלַמֶּדְךָ שֶׁתִּפְתַּח לוֹ אַתָּה בְּדִבְרֵי אַגָּדָה הַמּוֹשְׁכִין אֶת הַלֵּב:

ח **בַּעֲבוּר זֶה.** בַּעֲבוּר שֶׁאֲקַיֵּם מִצְוֹתָיו כְּגוֹן פֶּסַח מַצָּה וּמָרוֹר הַלָּלוּ: **עָשָׂה ה' לִי.** רֶמֶז תְּשׁוּבָה לְבֵן רָשָׁע, לוֹמַר: "עָשָׂה ה' לִי", וְלֹא לְךָ, שֶׁאִלּוּ הָיִיתָ שָׁם לֹא הָיִיתָ כְּדַאי לִגָּאֵל:

ט **וְהָיָה לְךָ לְאוֹת.** יְצִיאַת מִצְרַיִם תִּהְיֶה לְךָ לְאוֹת עַל יָדְךָ וּבֵין עֵינֶיךָ, שֶׁתִּכְתֹּב פָּרָשִׁיּוֹת הַלָּלוּ וְתִקְשְׁרֵם בָּרֹאשׁ וּבַזְּרוֹעַ: **עַל יָדְךָ.** שְׂמֹאל, לְפִיכָךְ 'יָדְכָה' מָלֵא בְּפָרָשָׁה שְׁנִיָּה (להלן פסוק טז) לִדְרֹשׁ בּוֹ, יָד שֶׁהִיא כֵּהָה:

י **מִיָּמִים יָמִימָה.** מִשָּׁנָה לְשָׁנָה:

יא **נִשְׁבַּע לְךָ.** וְהֵיכָן נִשְׁבַּע לְךָ? "וְהֵבֵאתִי אֶתְכֶם אֶל הָאָרֶץ אֲשֶׁר נָשָׂאתִי" וְגוֹ' (לעיל ו, ח): **וּנְתָנָהּ לָךְ.** תְּהֵא בְעֵינֶיךָ כְּאִלּוּ נְתָנָהּ לְךָ בּוֹ בַּיּוֹם וְאַל תְּהִי בְעֵינֶיךָ כִּירֻשַּׁת אָבוֹת:

יב **וְהַעֲבַרְתָּ.** אֵין "וְהַעֲבַרְתָּ" אֶלָּא לְשׁוֹן הַפְרָשָׁה, וְכֵן הוּא אוֹמֵר: "וְהַעֲבַרְתֶּם אֶת נַחֲלָתוֹ לְבִתּוֹ" (במדבר כז, ח): **שֶׁגֶר בְּהֵמָה.** נֵפֶל שֶׁשִּׁגְּרַתּוּ אִמּוֹ וְשִׁלְּחַתּוּ בְּלֹא עִתּוֹ, וְלִמֶּדְךָ הַכָּתוּב שֶׁהוּא קָדוֹשׁ בִּבְכוֹרָה לִפְטֹר אֶת הַבָּא אַחֲרָיו. וְאַף שֶׁאֵינוֹ נֵפֶל קָרוּי 'שֶׁגֶר', כְּמוֹ: "שְׁגַר אֲלָפֶיךָ" (דברים ז, יג), אֲבָל זֶה לֹא בָּא אֶלָּא לְלַמֵּד עַל הַנֵּפֶל, שֶׁהֲרֵי כְּבָר כָּתַב "כָּל פֶּטֶר רֶחֶם". וְאִם תֹּאמַר, אַף בְּכוֹר בְּהֵמָה טְמֵאָה בַּמַּשְׁמָע, בָּא וּפֵרֵשׁ בְּמָקוֹם אַחֵר: "בִּבְקָרְךָ וּבְצֹאנֶךָ" (שם טו, יט). לָשׁוֹן אַחֵר יֵשׁ לְפָרֵשׁ, "וְהַעֲבַרְתָּ כָל פֶּטֶר רֶחֶם" – בִּבְכוֹר אָדָם הַכָּתוּב מְדַבֵּר:

יג **פֶּטֶר חֲמֹר.** וְלֹא פֶּטֶר שְׁאָר בְּהֵמָה טְמֵאָה, וּגְזֵרַת הַכָּתוּב הִיא, לְפִי שֶׁנִּמְשְׁלוּ בְּכוֹרֵי מִצְרַיִם לַחֲמוֹרִים. וְעוֹד, שֶׁסִּיְּעוּ אֶת יִשְׂרָאֵל בִּיצִיאָתָן מִמִּצְרַיִם, שֶׁאֵין לְךָ אֶחָד מִיִּשְׂרָאֵל שֶׁלֹּא נָשָׂא עִמּוֹ הַרְבֵּה חֲמוֹרִים טְעוּנִים מִכַּסְפָּהּ וּמִזְּהָבָהּ שֶׁל מִצְרַיִם: **תִּפְדֶּה בְשֶׂה.** נוֹתֵן שֶׂה לַכֹּהֵן וּפֶטֶר חֲמוֹר מֻתָּר בַּהֲנָאָה, וְהַשֶּׂה חֻלִּין בְּיַד כֹּהֵן: **וַעֲרַפְתּוֹ.** עוֹרְפוֹ בְּקוֹפִיץ מֵאֲחוֹרָיו וְהוֹרְגוֹ. הוּא הִפְסִיד מָמוֹנוֹ שֶׁל כֹּהֵן לְפִיכָךְ יְפְסַד מָמוֹנוֹ: **וְכֹל בְּכוֹר אָדָם בְּבָנֶיךָ תִּפְדֶּה.** חָמֵשׁ סְלָעִים פִּדְיוֹנוֹ קָצוּב בְּמָקוֹם אַחֵר (במדבר יח, טז):

יד **כִּי יִשְׁאָלְךָ בִנְךָ מָחָר.** יֵשׁ 'מָחָר' שֶׁהוּא עַכְשָׁיו וְיֵשׁ 'מָחָר' שֶׁהוּא לְאַחַר זְמַן, כְּגוֹן זֶה וּכְגוֹן: "מָחָר יֹאמְרוּ בְנֵיכֶם לְבָנֵינוּ" (יהושע כב, כד) דִּבְנֵי גָד וּבְנֵי רְאוּבֵן: **מַה זֹּאת.** זֶה תִּינוֹק טִפֵּשׁ שֶׁאֵינוֹ יוֹדֵעַ לְהַעֲמִיק שְׁאֵלָתוֹ וְסוֹתֵם וְשׁוֹאֵל: "מַה זֹּאת". וּבְמָקוֹם אַחֵר הוּא אוֹמֵר: "מָה הָעֵדֹת וְהַחֻקִּים וְהַמִּשְׁפָּטִים" וְגוֹ' (דברים ו, כ), הֲרֵי זוֹ שְׁאֵלַת בֵּן

לֵאמֹר מַה־זֹּאת וְאָמַרְתָּ אֵלָיו בְּחֹזֶק יָד הוֹצִיאָנוּ
טו יְהוָה מִמִּצְרַיִם מִבֵּית עֲבָדִים׃ וַיְהִי כִּי־הִקְשָׁה
פַרְעֹה לְשַׁלְּחֵנוּ וַיַּהֲרֹג יְהוָה כָּל־בְּכוֹר בְּאֶרֶץ
מִצְרַיִם מִבְּכֹר אָדָם וְעַד־בְּכוֹר בְּהֵמָה עַל־כֵּן אֲנִי
זֹבֵחַ לַיהוָה כָּל־פֶּטֶר רֶחֶם הַזְּכָרִים וְכָל־בְּכוֹר בָּנַי
טז אֶפְדֶּה׃ וְהָיָה לְאוֹת עַל־יָדְכָה וּלְטוֹטָפֹת בֵּין עֵינֶיךָ
כִּי בְּחֹזֶק יָד הוֹצִיאָנוּ יְהוָה מִמִּצְרָיִם׃

הפטרת בא

הפרקים החותמים את ספר ירמיהו עוסקים בנבואות על העמים באזור. נבואות אלה הן פורענות המוּמנת לשותפים בחורבן יהודה וירושלים. באחת מהן מתאר ירמיהו את מסע נבוכדנאצר לכיבוש מצרים, לאחר שיחריב את יהודה. בראייה הנבואית העמים כולם בני חלוף לאחר שמימשו את שליחותם עלי אדמות, והם ייענשו על התנהלותם האכזרית בסבך האירועים של המציאות בעולם. ה׳ הוא המכוון את המערכות הכלל אנושיות, והוא שֶׁימצה את הדין עם ממלכות הרשע. והוא הוא שיותיר את עם ישראל על במת ההיסטוריה, לאחר שייענש על כישלונותיו.

ירמיה
לאשכנזים
ולספרדים

מו יג הַדָּבָר אֲשֶׁר דִּבֶּר יְהוָה אֶל־יִרְמְיָהוּ הַנָּבִיא לָבוֹא נְבוּכַדְרֶאצַּר מֶלֶךְ בָּבֶל
יד לְהַכּוֹת אֶת־אֶרֶץ מִצְרָיִם׃ הַגִּידוּ בְמִצְרַיִם וְהַשְׁמִיעוּ בְמִגְדּוֹל וְהַשְׁמִיעוּ בְנֹף
טו וּבְתַחְפַּנְחֵס אִמְרוּ הִתְיַצֵּב וְהָכֵן לָךְ כִּי־אָכְלָה חֶרֶב סְבִיבֶיךָ׃ מַדּוּעַ נִסְחַף
טז אַבִּירֶיךָ לֹא עָמַד כִּי יְהוָה הֲדָפוֹ׃ הִרְבָּה כּוֹשֵׁל גַּם־נָפַל אִישׁ אֶל־רֵעֵהוּ וַיֹּאמְרוּ
יז קוּמָה ׀ וְנָשֻׁבָה אֶל־עַמֵּנוּ וְאֶל־אֶרֶץ מוֹלַדְתֵּנוּ מִפְּנֵי חֶרֶב הַיּוֹנָה׃ קָרְאוּ שָׁם
יח פַּרְעֹה מֶלֶךְ־מִצְרַיִם שָׁאוֹן הֶעֱבִיר הַמּוֹעֵד׃ חַי־אָנִי נְאֻם־הַמֶּלֶךְ יְהוָה צְבָאוֹת
יט שְׁמוֹ כִּי כְּתָבוֹר בֶּהָרִים וּכְכַרְמֶל בַּיָּם יָבוֹא׃ כְּלֵי גוֹלָה עֲשִׂי לָךְ יוֹשֶׁבֶת בַּת־
כ מִצְרָיִם כִּי־נֹף לְשַׁמָּה תִהְיֶה וְנִצְּתָה מֵאֵין יוֹשֵׁב׃ עֶגְלָה יְפֵה־פִיָּה
כא מִצְרָיִם קֶרֶץ מִצָּפוֹן בָּא בָא׃ גַּם־שְׂכִרֶיהָ בְקִרְבָּהּ כְּעֶגְלֵי מַרְבֵּק כִּי־גַם־הֵמָּה
כב הִפְנוּ נָסוּ יַחְדָּיו לֹא עָמָדוּ כִּי יוֹם אֵידָם בָּא עֲלֵיהֶם עֵת פְּקֻדָּתָם׃ קוֹלָהּ כַּנָּחָשׁ
כג יֵלֵךְ כִּי־בְחַיִל יֵלֵכוּ וּבְקַרְדֻּמּוֹת בָּאוּ לָהּ כְּחֹטְבֵי עֵצִים׃ כָּרְתוּ יַעְרָהּ נְאֻם־יְהוָה
כד כִּי לֹא יֵחָקֵר כִּי רַבּוּ מֵאַרְבֶּה וְאֵין לָהֶם מִסְפָּר׃ הֹבִישָׁה בַּת־מִצְרָיִם נִתְּנָה
כה בְּיַד עַם־צָפוֹן׃ אָמַר יְהוָה צְבָאוֹת אֱלֹהֵי יִשְׂרָאֵל הִנְנִי פוֹקֵד אֶל־אָמוֹן מִנֹּא

טו מְחַר לְמֵימַר מָא דָא, וְתֵימַר לֵיהּ, בִּתְקוֹף יַד, אַפְּקַנָא יְיָ, מִמִּצְרַיִם מִבֵּית עַבְדוּתָא: וַהֲוָה, כַּד
אַקְשֵׁי פַרְעֹה לְשַׁלָּחוּתַנָא, וּקְטַל יְיָ כָּל בְּכָרָא בְּאַרְעָא דְמִצְרַיִם, מִבְּכְרָא דַאֲנָשָׁא וְעַד בְּכְרָא
טז דִבְעִירָא, עַל כֵּן אֲנָא דָבַח קֳדָם יְיָ, כָּל פָּתַח וַלְדָּא דִּכְרַיָּא, וְכָל בּוּכְרָא דִּבְנַי אֶפְרוֹק: וִיהֵי לְאָת
עַל יְדָךְ, וּלְתְפִלִּין בֵּין עֵינָךְ, אֲרֵי בִּתְקוֹף יַד, אַפְּקַנָא יְיָ מִמִּצְרָיִם:

חָכָם. דִּבְּרָה תּוֹרָה כְּנֶגֶד אַרְבָּעָה בָנִים: רָשָׁע, וְשֶׁאֵינוֹ יוֹדֵעַ לִשְׁאֹל, וְהַשּׁוֹאֵל דֶּרֶךְ סְתוּמָה, וְהַשּׁוֹאֵל דֶּרֶךְ חָכְמָה:

טז וּלְטוֹטָפֹת. תְּפִלִּין, וְעַל שֵׁם שֶׁהֵם אַרְבָּעָה בָתִּים קְרוּיִים 'טוֹטָפֹת', 'טָט' בְּכַתְפֵּי שְׁתַּיִם 'פַּת' בְּאַפְרִיקֵי שְׁתַּיִם. וּמְנַחֵם חִבְּרוֹ עִם "וְהַטֵּף אֶל דָּרוֹם" (יחזקאל כא, ב), "אַל תַּטִּפוּ" (מיכה ב, ו), לְשׁוֹן דִּבּוּר, כְּמוֹ: "וּלְזִכָּרוֹן בֵּין עֵינֶיךָ" (לעיל פסוק ט), שֶׁהָרוֹאֶה אוֹתָם קְשׁוּרִים בֵּין הָעֵינַיִם יִזְכֹּר הַנֵּס וִידַבֵּר בּוֹ:

וְעַל־פַּרְעֹה וְעַל־מִצְרַיִם וְעַל־אֱלֹהֶיהָ וְעַל־מְלָכֶיהָ וְעַל־פַּרְעֹה וְעַל הַבֹּטְחִים
כו בּוֹ: וּנְתַתִּים בְּיַד מְבַקְשֵׁי נַפְשָׁם וּבְיַד נְבוּכַדְרֶאצַּר מֶלֶךְ־בָּבֶל וּבְיַד עֲבָדָיו
כז וְאַחֲרֵי־כֵן תִּשְׁכֹּן כִּימֵי־קֶדֶם נְאֻם־יהוה: וְאַתָּה אַל־תִּירָא עַבְדִּי
יַעֲקֹב וְאַל־תֵּחַת יִשְׂרָאֵל כִּי הִנְנִי מוֹשִׁעֲךָ מֵרָחוֹק וְאֶת־זַרְעֲךָ מֵאֶרֶץ שִׁבְיָם
כח וְשָׁב יַעֲקוֹב וְשָׁקַט וְשַׁאֲנַן וְאֵין מַחֲרִיד: אַתָּה אַל־תִּירָא עַבְדִּי יַעֲקֹב נְאֻם־
יהוה כִּי אִתְּךָ אָנִי כִּי אֶעֱשֶׂה כָלָה בְּכָל־הַגּוֹיִם ׀ אֲשֶׁר הִדַּחְתִּיךָ שָׁמָּה וְאֹתְךָ
לֹא־אֶעֱשֶׂה כָלָה וְיִסַּרְתִּיךָ לַמִּשְׁפָּט וְנַקֵּה לֹא אֲנַקֶּךָּ:

בנבואת ישעיהו, כחלק ממקבץ הנבואות על העמים, מתוארת נבואה לעתיד על מצרים ובה שני שלבים. בשלב הראשון יהיו סכסוכים פנימיים שיביאו לנפילתה בידי מלך עז שימשול בה. מבוכה רבה תהיה בכל רובדי החברה המצרית וכמו כן תהיה פגיעה בענפים כלכליים רבים. כל אלה יביאו את מצרים להכיר ביד ה', המכוונת אירועים אלה. הכרה זו תביא בהמשך לשינוי עמדות גם במצרים וגם באשור, אשר יחברו לישראל בעבודת ה'.

על זיהוי העיתוי ההיסטורי של ההתרחשויות המתוארות בנבואה נחלקו פרשנים וחוקרים. יש המזהים במלך העז את מלך כוש, ויש המזהים בו את מלכי אשור ואף את מלכי פרס. השלב השני בנבואה עוסק באחרית הימים, כיוון שלא נוצרו תנאים למימושו עד כה.

ישעיה לתימנים

יט א מַשָּׂא מִצְרָיִם הִנֵּה יהוה רֹכֵב עַל־עָב קַל וּבָא מִצְרַיִם וְנָעוּ אֱלִילֵי מִצְרַיִם
ב מִפָּנָיו וּלְבַב מִצְרַיִם יִמַּס בְּקִרְבּוֹ: וְסִכְסַכְתִּי מִצְרַיִם בְּמִצְרַיִם וְנִלְחֲמוּ אִישׁ

ג בְּאָחִיו וְאִישׁ בְּרֵעֵהוּ עִיר בְּעִיר מַמְלָכָה בְּמַמְלָכָה: וְנָבְקָה רוּחַ־מִצְרַיִם
בְּקִרְבּוֹ וַעֲצָתוֹ אֲבַלֵּעַ וְדָרְשׁוּ אֶל־הָאֱלִילִים וְאֶל־הָאִטִּים וְאֶל־הָאֹבוֹת
ד וְאֶל־הַיִּדְּעֹנִים: וְסִכַּרְתִּי אֶת־מִצְרַיִם בְּיַד אֲדֹנִים קָשֶׁה וּמֶלֶךְ עַז יִמְשָׁל־בָּם
ה ו נְאֻם הָאָדוֹן יְהוָה צְבָאוֹת: וְנִשְּׁתוּ־מַיִם מֵהַיָּם וְנָהָר יֶחֱרַב וְיָבֵשׁ: וְהֶאֶזְנִיחוּ
ז נְהָרוֹת דָּלְלוּ וְחָרְבוּ יְאֹרֵי מָצוֹר קָנֶה וָסוּף קָמֵלוּ: עָרוֹת עַל־יְאוֹר עַל־פִּי
ח יְאוֹר וְכֹל מִזְרַע יְאוֹר יִיבַשׁ נִדַּף וְאֵינֶנּוּ: וְאָנוּ הַדַּיָּגִים וְאָבְלוּ כָּל־מַשְׁלִיכֵי
ט בַיְאוֹר חַכָּה וּפֹרְשֵׂי מִכְמֹרֶת עַל־פְּנֵי־מַיִם אֻמְלָלוּ: וּבֹשׁוּ עֹבְדֵי פִשְׁתִּים
י שְׂרִיקוֹת וְאֹרְגִים חוֹרָי: וְהָיוּ שָׁתֹתֶיהָ מְדֻכָּאִים כָּל־עֹשֵׂי שֶׂכֶר אַגְמֵי־נָפֶשׁ:
יא אַךְ־אֱוִלִים שָׂרֵי צֹעַן חַכְמֵי יֹעֲצֵי פַרְעֹה עֵצָה נִבְעָרָה אֵיךְ תֹּאמְרוּ אֶל־
יב פַּרְעֹה בֶּן־חֲכָמִים אֲנִי בֶּן־מַלְכֵי־קֶדֶם: אַיָּם אֵפוֹא חֲכָמֶיךָ וְיַגִּידוּ נָא לָךְ
יג וְיֵדְעוּ מַה־יָּעַץ יְהוָה צְבָאוֹת עַל־מִצְרָיִם: נוֹאֲלוּ שָׂרֵי צֹעַן נִשְּׁאוּ שָׂרֵי נֹף
יד הִתְעוּ אֶת־מִצְרַיִם פִּנַּת שְׁבָטֶיהָ: יְהוָה מָסַךְ בְּקִרְבָּהּ רוּחַ עִוְעִים וְהִתְעוּ
טו אֶת־מִצְרַיִם בְּכָל־מַעֲשֵׂהוּ כְּהִתָּעוֹת שִׁכּוֹר בְּקִיאוֹ: וְלֹא־יִהְיֶה לְמִצְרַיִם
טז מַעֲשֶׂה אֲשֶׁר יַעֲשֶׂה רֹאשׁ וְזָנָב כִּפָּה וְאַגְמוֹן: בַּיּוֹם הַהוּא יִהְיֶה
מִצְרַיִם כַּנָּשִׁים וְחָרַד ׀ וּפָחַד מִפְּנֵי תְּנוּפַת יַד־יְהוָה צְבָאוֹת אֲשֶׁר־הוּא מֵנִיף
יז עָלָיו: וְהָיְתָה אַדְמַת יְהוּדָה לְמִצְרַיִם לְחָגָּא כֹּל אֲשֶׁר יַזְכִּיר אֹתָהּ אֵלָיו
יח יִפְחָד מִפְּנֵי עֲצַת יְהוָה צְבָאוֹת אֲשֶׁר־הוּא יוֹעֵץ עָלָיו: בַּיּוֹם
הַהוּא יִהְיוּ חָמֵשׁ עָרִים בְּאֶרֶץ מִצְרַיִם מְדַבְּרוֹת שְׂפַת כְּנַעַן וְנִשְׁבָּעוֹת
יט לַיהוָה צְבָאוֹת עִיר הַהֶרֶס יֵאָמֵר לְאֶחָת: בַּיּוֹם הַהוּא יִהְיֶה
כ מִזְבֵּחַ לַיהוָה בְּתוֹךְ אֶרֶץ מִצְרָיִם וּמַצֵּבָה אֵצֶל־גְּבוּלָהּ לַיהוָה: וְהָיָה
לְאוֹת וּלְעֵד לַיהוָה צְבָאוֹת בְּאֶרֶץ מִצְרָיִם כִּי־יִצְעֲקוּ אֶל־יְהוָה מִפְּנֵי
כא לֹחֲצִים וְיִשְׁלַח לָהֶם מוֹשִׁיעַ וָרָב וְהִצִּילָם: וְנוֹדַע יְהוָה לְמִצְרַיִם וְיָדְעוּ
מִצְרַיִם אֶת־יְהוָה בַּיּוֹם הַהוּא וְעָבְדוּ זֶבַח וּמִנְחָה וְנָדְרוּ־נֵדֶר לַיהוָה
כב וְשִׁלֵּמוּ: וְנָגַף יְהוָה אֶת־מִצְרַיִם נָגֹף וְרָפוֹא וְשָׁבוּ עַד־יְהוָה וְנֶעְתַּר לָהֶם
כג וּרְפָאָם: בַּיּוֹם הַהוּא תִּהְיֶה מְסִלָּה מִמִּצְרַיִם אַשּׁוּרָה וּבָא־אַשּׁוּר
כד בְּמִצְרַיִם וּמִצְרַיִם בְּאַשּׁוּר וְעָבְדוּ מִצְרַיִם אֶת־אַשּׁוּר: בַּיּוֹם
הַהוּא יִהְיֶה יִשְׂרָאֵל שְׁלִישִׁיָּה לְמִצְרַיִם וּלְאַשּׁוּר בְּרָכָה בְּקֶרֶב הָאָרֶץ:
כה אֲשֶׁר בֵּרְכוֹ יְהוָה צְבָאוֹת לֵאמֹר בָּרוּךְ עַמִּי מִצְרַיִם וּמַעֲשֵׂה יָדַי אַשּׁוּר
וְנַחֲלָתִי יִשְׂרָאֵל:

פרשת בשלח

	י(ב)	יא	יב	יג
נושאים לפי סדרים	**ראשית המסע** **פרעה רודף אחרי בני ישראל**	**קריעת ים סוף** **שירת הים** **מרה**	**המן**	**שבת** **צנצנת המן, המים מן הצור** **מלחמת עמלק**
	סוכות-אֵתם-ים סוף	ים סוף-מדבר שור-מרה אילים-מדבר סין	מדבר סין	רפידים, הר סיני
	חודש וחצי			

בשלח

יג יז וַיְהִי בְּשַׁלַּח פַּרְעֹה אֶת־הָעָם וְלֹא־נָחָם אֱלֹהִים
דֶּרֶךְ אֶרֶץ פְּלִשְׁתִּים כִּי קָרוֹב הוּא כִּי ׀ אָמַר
אֱלֹהִים פֶּן־יִנָּחֵם הָעָם בִּרְאֹתָם מִלְחָמָה וְשָׁבוּ
יח מִצְרָיְמָה: וַיַּסֵּב אֱלֹהִים ׀ אֶת־הָעָם דֶּרֶךְ הַמִּדְבָּר
יַם־סוּף וַחֲמֻשִׁים עָלוּ בְנֵי־יִשְׂרָאֵל מֵאֶרֶץ
יט מִצְרָיִם: וַיִּקַּח מֹשֶׁה אֶת־עַצְמוֹת יוֹסֵף עִמּוֹ כִּי
הַשְׁבֵּעַ הִשְׁבִּיעַ אֶת־בְּנֵי יִשְׂרָאֵל לֵאמֹר פָּקֹד
יִפְקֹד אֱלֹהִים אֶתְכֶם וְהַעֲלִיתֶם אֶת־עַצְמֹתַי
כ מִזֶּה אִתְּכֶם: וַיִּסְעוּ מִסֻּכֹּת וַיַּחֲנוּ בְאֵתָם בִּקְצֵה
כא הַמִּדְבָּר: וַיהוָה הֹלֵךְ לִפְנֵיהֶם יוֹמָם בְּעַמּוּד עָנָן
לַנְחֹתָם הַדֶּרֶךְ וְלַיְלָה בְּעַמּוּד אֵשׁ לְהָאִיר לָהֶם
כב לָלֶכֶת יוֹמָם וָלָיְלָה: לֹא־יָמִישׁ עַמּוּד הֶעָנָן יוֹמָם
וְעַמּוּד הָאֵשׁ לָיְלָה לִפְנֵי הָעָם:
יד א ב ▸ וַיְדַבֵּר יהוה אֶל־מֹשֶׁה לֵּאמֹר: דַּבֵּר אֶל־בְּנֵי
יִשְׂרָאֵל וְיָשֻׁבוּ וְיַחֲנוּ לִפְנֵי פִּי הַחִירֹת בֵּין מִגְדֹּל
וּבֵין הַיָּם לִפְנֵי בַּעַל צְפֹן נִכְחוֹ תַחֲנוּ עַל־הַיָּם:

יז וַיְהִי בְּשַׁלַּח פַּרְעֹה. וְלֹא נָחָם. נְהָגָם, כְּמוֹ: "לֵךְ נְחֵה אֶת הָעָם" (להלן לב, לד), "בְּהִתְהַלֶּכְךָ תַּנְחֶה אֹתָךְ" (משלי ו, כב): כִּי קָרוֹב הוּא. וְנוֹחַ לָשׁוּב בְּאוֹתוֹ הַדֶּרֶךְ לְמִצְרַיִם. וּמִדְרְשֵׁי אַגָּדָה יֵשׁ הַרְבֵּה: בִּרְאֹתָם מִלְחָמָה. כְּגוֹן מִלְחֶמֶת "וַיֵּרֶד הָעֲמָלֵקִי וְהַכְּנַעֲנִי" וְגוֹ' (במדבר יד, מה), חַס הָלְכוּ

יז וַהֲוָה, כַּד שַׁלַּח פַּרְעֹה יָת עַמָּא, וְלָא דַבַּרִנּוּן יְיָ, אוֹרַח אֲרַע פְּלִשְׁתָּאֵי, אֲרֵי קָרִיבָא הִיא,
יח אֲרֵי אֲמַר יְיָ, דִּלְמָא יְזוּעוּן עַמָּא, בְּמִחְזֵיהוֹן קְרָבָא וִיתוּבוּן לְמִצְרָיִם: וְאַסְחַר יְיָ יָת עַמָּא,
יט אוֹרַח מַדְבְּרָא לְיַמָּא דְסוּף, וּמְזָרְזִין, סְלִיקוּ בְנֵי יִשְׂרָאֵל מֵאַרְעָא דְמִצְרָיִם: וְאַסֵּיק מֹשֶׁה,
יָת גַּרְמֵי יוֹסֵף עִמֵּיהּ, אֲרֵי אוֹמָאָה אוֹמִי, יָת בְּנֵי יִשְׂרָאֵל לְמֵימַר, מִדְכַּר דְּכִיר יְיָ יָתְכוֹן,
כ כא וְתַסְּקוּן יָת גַּרְמַי, מִכָּא עִמְּכוֹן: וּנְטַלוּ מִסֻּכּוֹת, וּשְׁרוֹ בְאֵתָם, בִּסְטַר מַדְבְּרָא: וַיְיָ, מְדַבַּר
קֳדָמֵיהוֹן בִּימָמָא, בְּעַמּוּדָא דַעֲנָנָא לְדַבָּרוּתְהוֹן בְּאוֹרְחָא, וּבְלֵילְיָא, בְּעַמּוּדָא דְאִישָׁתָא
כב לְאַנְהָרָא לְהוֹן, לְמֵיזַל בִּימָמָא וּבְלֵילְיָא: לָא עֲדֵי, עַמּוּדָא דַעֲנָנָא בִּימָמָא, וְאַף לָא עַמּוּדָא
יד א ב דְאִישָׁתָא בְּלֵילְיָא, מִן קֳדָם עַמָּא: וּמַלֵּיל יְיָ עִם מֹשֶׁה לְמֵימָר: מַלֵּיל עִם בְּנֵי יִשְׂרָאֵל, וִיתוּבוּן,
וְיִשְׁרוֹן קֳדָם פּוּם חִירָתָא, בֵּין מִגְדּוֹל וּבֵין יַמָּא, קֳדָם בְּעֵיל צְפוֹן, לְקִבְלֵיהּ תִּשְׁרוֹן עַל יַמָּא:

דֶּרֶךְ יָשָׁר הָיוּ חוֹזְרִים. מַה אִם כְּשֶׁהִקִּיפָם דֶּרֶךְ מְעֻקָּם אָמְרוּ: "נִתְּנָה רֹאשׁ וְנָשׁוּבָה מִצְרָיְמָה" (שם פסוק ד), אִם הוֹלִיכָם בִּפְשׁוּטָה עַל אַחַת כַּמָּה וְכַמָּה: פֶּן יִנָּחֵם. יַחְשְׁבוּ מַחֲשָׁבָה עַל שֶׁיָּצְאוּ וְיִתְּנוּ לֵב לָשׁוּב:

יח) וַיַּסֵּב. הֱסִבָּם מִן הַדֶּרֶךְ הַפְּשׁוּטָה לַדֶּרֶךְ הָעֲקֻמָּה: יַם סוּף. כְּמוֹ לְיַם סוּף. וְ'סוּף' הוּא לְשׁוֹן אֲגַם שֶׁגְּדֵלִים בּוֹ קָנִים, וְכֵן: "וַתָּשֶׂם בַּסּוּף" (לעיל ב, ג), "קָנֶה וָסוּף קָמֵלוּ" (ישעיה יט, ו): וַחֲמֻשִׁים. אֵין 'חֲמֻשִׁים' אֶלָּא מְזֻיָּנִים, וְכֵן הוּא אוֹמֵר: "וְאַתֶּם תַּעַבְרוּ חֲמֻשִׁים" (יהושע א, יד). וְכֵן תִּרְגֵּם אוּנְקְלוֹס "מְזָרְזִין", כְּמוֹ: "וַיָּרֶק אֶת חֲנִיכָיו" (בראשית יד, יד), "וְזָרֵיז". דָּבָר אַחֵר, "וַחֲמֻשִׁים", מְחֻמָּשִׁים, אֶחָד מֵחֲמִשָּׁה יָצְאוּ וְאַרְבָּעָה חֲלָקִים מֵתוּ בִּשְׁלֹשֶׁת יְמֵי אֲפֵלָה:

יט) הַשְׁבֵּעַ הִשְׁבִּיעַ. הִשְׁבִּיעָם שֶׁיַּשְׁבִּיעוּ לִבְנֵיהֶם. וְלָמָּה לֹא הִשְׁבִּיעַ לְבָנָיו שֶׁיִּשָּׂאוּהוּ לְאֶרֶץ כְּנַעַן מִיָּד כְּמוֹ שֶׁהִשְׁבִּיעַ יַעֲקֹב? אָמַר יוֹסֵף: אֲנִי שַׁלִּיט הָיִיתִי בְּמִצְרַיִם וְהָיָה סִפֵּק בְּיָדִי לַעֲשׂוֹת, אֲבָל בָּנַי לֹא יַנִּיחוּם מִצְרִים לַעֲשׂוֹת, לְכָךְ הִשְׁבִּיעָם לִכְשֶׁיִּגָּאֲלוּ וְיֵצְאוּ מִשָּׁם שֶׁיִּשָּׂאוּהוּ: וְהַעֲלִיתֶם אֶת עַצְמֹתַי מִזֶּה אִתְּכֶם. לְאֶחָיו הִשְׁבִּיעַ כֵּן, לָמַדְנוּ שֶׁאַף עַצְמוֹת כָּל הַשְּׁבָטִים הֶעֱלוּ עִמָּהֶם, שֶׁנֶּאֱמַר "אִתְּכֶם":

כ) וַיִּסְעוּ מִסֻּכֹּת. בַּיּוֹם הַשֵּׁנִי, שֶׁהֲרֵי בָּרִאשׁוֹן בָּאוּ מֵרַעְמְסֵס לְסֻכּוֹת (לעיל יב, לז):

כא) לַנְחֹתָם הַדֶּרֶךְ. נָקוּד פַּתָּח, שֶׁהוּא כְּמוֹ לְהַנְחוֹתָם, כְּמוֹ: "לַרְאֹתְכֶם בַּדֶּרֶךְ אֲשֶׁר תֵּלְכוּ בָהּ" (דברים א, לג) שֶׁהוּא כְּמוֹ לְהַרְאוֹתְכֶם, אַף כָּאן לְהַנְחוֹתָם עַל יְדֵי שָׁלִיחַ. וּמִי הוּא הַשָּׁלִיחַ? עַמּוּד הֶעָנָן, וְהַקָּדוֹשׁ בָּרוּךְ הוּא בִּכְבוֹדוֹ מוֹלִיכוֹ לִפְנֵיהֶם, וּמִכָּל מָקוֹם אֶת עַמּוּד הֶעָנָן הֵכִין לְהַנְחוֹתָם עַל יָדוֹ, שֶׁהֲרֵי עַל יְדֵי עַמּוּד הֶעָנָן הֵם הוֹלְכִים. עַמּוּד הֶעָנָן אֵינוֹ לְאוֹרָה אֶלָּא לְהוֹרוֹתָם הַדֶּרֶךְ:

כב) לֹא יָמִישׁ. הַקָּדוֹשׁ בָּרוּךְ הוּא אֶת "עַמּוּד הֶעָנָן יוֹמָם וְעַמּוּד הָאֵשׁ לָיְלָה", מַגִּיד שֶׁעַמּוּד הֶעָנָן מַשְׁלִים לְעַמּוּד הָאֵשׁ וְעַמּוּד הָאֵשׁ מַשְׁלִים לְעַמּוּד הֶעָנָן, שֶׁעַד שֶׁלֹּא יִשְׁקַע זֶה עוֹלֶה זֶה:

פרק יד

ב) וְיָשֻׁבוּ. לַאֲחוֹרֵיהֶם, לְצַד מִצְרַיִם הָיוּ מִקָּרְבִין כָּל יוֹם הַשְּׁלִישִׁי, כְּדֵי לְהַטְעוֹת אֶת פַּרְעֹה שֶׁיֹּאמַר תּוֹעִים הֵם בַּדֶּרֶךְ, כְּמוֹ שֶׁנֶּאֱמַר: "וְאָמַר פַּרְעֹה לִבְנֵי יִשְׂרָאֵל" וְגוֹ' (להלן פסוק ג): וְיַחֲנוּ לִפְנֵי פִּי הַחִירֹת. הוּא פִּיתוֹם, וְעַכְשָׁיו נִקְרֵאת 'פִּי הַחִירֹת' עַל שֵׁם שֶׁנַּעֲשׂוּ שָׁם בְּנֵי חוֹרִין. וְהֵם שְׁנֵי סְלָעִים גְּבוֹהִים זְקוּפִים, וְהַגַּיְא שֶׁבֵּינֵיהֶם קָרוּי פִּי הַסְּלָעִים: לִפְנֵי בַּעַל צְפֹן. הוּא נִשְׁאַר מִכָּל אֱלֹהֵי מִצְרַיִם כְּדֵי לְהַטְעוֹתָן שֶׁיֹּאמְרוּ: קָשָׁה יִרְאָתָן. וְעָלָיו פֵּרֵשׁ אִיּוֹב: "מַשְׂגִּיא לַגּוֹיִם וַיְאַבְּדֵם" (איוב יב, כג):

ג וְאָמַר פַּרְעֹה לִבְנֵי יִשְׂרָאֵל נְבֻכִים הֵם בָּאָרֶץ
ד סָגַר עֲלֵיהֶם הַמִּדְבָּר: וְחִזַּקְתִּי אֶת־לֵב־פַּרְעֹה
וְרָדַף אַחֲרֵיהֶם וְאִכָּבְדָה בְּפַרְעֹה וּבְכָל־חֵילוֹ
ה וְיָדְעוּ מִצְרַיִם כִּי־אֲנִי יְהוָה וַיַּעֲשׂוּ־כֵן: ◂ וַיֻּגַּד
לְמֶלֶךְ מִצְרַיִם כִּי בָרַח הָעָם וַיֵּהָפֵךְ לְבַב פַּרְעֹה
וַעֲבָדָיו אֶל־הָעָם וַיֹּאמְרוּ מַה־זֹּאת עָשִׂינוּ כִּי־
ו שִׁלַּחְנוּ אֶת־יִשְׂרָאֵל מֵעָבְדֵנוּ: וַיֶּאְסֹר אֶת־רִכְבּוֹ
ז וְאֶת־עַמּוֹ לָקַח עִמּוֹ: וַיִּקַּח שֵׁשׁ־מֵאוֹת רֶכֶב
ח בָּחוּר וְכֹל רֶכֶב מִצְרָיִם וְשָׁלִשִׁם עַל־כֻּלּוֹ: וַיְחַזֵּק
יְהוָה אֶת־לֵב פַּרְעֹה מֶלֶךְ מִצְרַיִם וַיִּרְדֹּף אַחֲרֵי
בְּנֵי יִשְׂרָאֵל וּבְנֵי יִשְׂרָאֵל יֹצְאִים בְּיָד רָמָה: ◂
ט וַיִּרְדְּפוּ מִצְרַיִם אַחֲרֵיהֶם וַיַּשִּׂיגוּ אוֹתָם חֹנִים עַל־ שני
הַיָּם כָּל־סוּס רֶכֶב פַּרְעֹה וּפָרָשָׁיו וְחֵילוֹ עַל־פִּי
י הַחִירֹת לִפְנֵי בַּעַל צְפֹן: וּפַרְעֹה הִקְרִיב וַיִּשְׂאוּ
בְנֵי־יִשְׂרָאֵל אֶת־עֵינֵיהֶם וְהִנֵּה מִצְרַיִם ׀ נֹסֵעַ
אַחֲרֵיהֶם וַיִּירְאוּ מְאֹד וַיִּצְעֲקוּ בְנֵי־יִשְׂרָאֵל אֶל־
יא יְהוָה: וַיֹּאמְרוּ אֶל־מֹשֶׁה הֲמִבְּלִי אֵין־קְבָרִים

בשלח

ג וְאָמַר פַּרְעֹה. כְּשֶׁיִּשְׁמַע שֶׁהֵם שָׁבִים לַאֲחוֹרֵיהֶם: לִבְנֵי יִשְׂרָאֵל. עַל בְּנֵי יִשְׂרָאֵל. וְכֵן: "ה' יִלָּחֵם לָכֶם" (להלן פסוק יד) – עֲלֵיכֶם; "אִמְרִי לִי אָחִי הוּא" (בראשית כ, יג) – אִמְרִי עָלַי: נְבֻכִים הֵם. כְּלוּאִים וּמְשֻׁקָּעִים, וּבְלַעַז שירי"ר. כְּמוֹ: "נִבְכֵי יָם" (איוב לח, טז), "בְּעֵמֶק הַבָּכָא" (תהלים פד, ז), "מִבְּכִי נְהָרוֹת" (איוב כח, יא). "נְבֻכִים הֵם" – כְּלוּאִים הֵם בַּמִּדְבָּר, שֶׁאֵינָן יוֹדְעִין לָצֵאת מִמֶּנּוּ וּלְהֵיכָן יֵלְכוּ:

ד וְאִכָּבְדָה בְּפַרְעֹה. כְּשֶׁהַקָּדוֹשׁ בָּרוּךְ הוּא מִתְנַקֵּם בָּרְשָׁעִים שְׁמוֹ מִתְגַּדֵּל וּמִתְכַּבֵּד. וְכֵן

ג ד ויימר פרעה על בני ישראל, מערבלין אנון בארעא, אחד עליהון מדברא: ואתקיף ית לבא
דפרעה וירדוף בתריהון, ואתיקר בפרעה ובכל משריתיה, וידעון מצראי ארי אנא יי, ועבדו
ה כן: ואתחוא למלכא דמצרים, ארי אזל עמא, ואתהפיך, לבא דפרעה ועבדוהי בעמא, ואמרו
ו מא דא עבדנא, ארי שלחנא ית ישראל מלמפלחנא: וטקיס ית רתכיה, וית עמיה דבר עמיה:
ז ח ודבר, שית מאה רתכין בחירן, וכל רתכי מצראי, וגברין ממנן על כלהון: ותקיף יי, ית לבא
ט דפרעה מלכא דמצרים, ורדף, בתר בני ישראל, ובני ישראל, נפקין בריש גלי: ורדפו מצראי
בתריהון, ואדביקו יתהון כד שרן על ימא, כל סוסות רתכי פרעה, ופרשוהי ומשריתיה,
י על פום חירתא, קדם בעיל צפון: ופרעה קריב, וזקפו בני ישראל ית עיניהון, והא מצראי
יא נטלין בתריהון, ודחילו לחדא, וזעיקו בני ישראל קדם יי: ואמרו למשה, המדלית קברין

הוא אומר: "ונשפטתי אתו" וגו' ואחר כך: "והתגדלתי והתקדשתי ונודעתי" וגו' (יחזקאל לח, כב-כג), ואומר: "שמה שבר רשפי קשת" ואחר כך: "נודע ביהודה אלהים" (תהלים עו, ב-ד), ואומר: "נודע ה' משפט עשה" (שם ט, יז). **בפרעה ובכל חילו.** הוא התחיל בעבירה וממנו התחילה הפורענות. **ויעשו כן.** להגיד שבחן ששמעו לקול משה, ולא אמרו: היאך נתקרב אל רודפינו? אנו צריכים לברוח! אלא אמרו: אין לנו אלא דברי בן עמרם:

ה **ויגד למלך מצרים.** איקטורין שלח עמהם, וכיון שהגיעו לשלשת ימים שקבעו לילך ולשוב וראו שאינן חוזרין למצרים, באו והגידו לפרעה ביום הרביעי. ובחמישי ובששי רדפו אחריהם, ליל שביעי ירדו לים, בשחרית אמרו שירה, והוא יום שביעי של פסח. לכך אנו קורין השירה ביום השביעי: **ויהפך.** נהפך ממה שהיה, שהרי אמר להם: "קומו צאו מתוך עמי" (לעיל יב, לא), ונהפך לב עבדיו, שהרי לשעבר היו אומרים לו: "עד מתי יהיה זה לנו למוקש" (לעיל י, ז) ועכשיו נהפכו לרדוף אחריהם בשביל ממונם שהשאילום: **מעבדנו.** מעבד אותנו:

ו **ויאסר את רכבו.** הוא בעצמו: **ואת עמו לקח עמו.** משכם בדברים: לקינו ונטלו ממוננו ושלחנום; בואו עמי ואני לא אתנהג כשאר מלכים, דרך מלכים עבדיו קודמין לו במלחמה, ואני אקדים לפניכם, שנאמר: "ופרעה הקריב" (להלן פסוק י), הקריב עצמו ומהר לפני חילותיו; דרך מלכים ליטול בזה בראש כמו שיבחר, אני אשוה עמכם בחלק, שנאמר: "אחלק שלל" (להלן טו, ט):

ז **בחור.** נבחרים. 'בחור' לשון יחיד, כל רכב ורכב שבמנין זה היה בחור: **וכל רכב מצרים.** ועמהם כל שאר הרכב. ומהיכן היו הבהמות הללו? אם תאמר משל מצרים, הרי נאמר: "וימת כל מקנה מצרים" (לעיל ט, ו)! ואם משל ישראל, והלא נאמר: "וגם מקננו ילך עמנו" (לעיל י, כו)! משל מי היו? מ"הירא את דבר ה'" (לעיל ט, כ). מכאן היה רבי שמעון אומר: כשר שבגוים הרג, טוב שבנחשים רצץ את מוחו: **ושלשם על כלו.** שרי צבאות, כתרגומו:

ח **ויחזק ה' את לב פרעה.** שהיה תולה אם לרדוף אם לאו, וחזק את לבו לרדוף: **ביד רמה.** בגבורה גבוהה ומפרסמת:

י **ופרעה הקריב.** היה לו לכתב: 'ופרעה קרב', מהו "הקריב"? הקריב עצמו ונתאמץ לקדם לפניהם כמו שהתנה עמהם: **נסע אחריהם.** בלב אחד כאיש אחד. דבר אחר, "והנה מצרים נסע אחריהם", ראו שר של מצרים נוסע מן השמים לעזור למצרים. תנחומא (יג). **ויצעקו.** תפשו אומנות אבותם; באברהם הוא אומר: "אל המקום אשר עמד שם" (בראשית יט, כז), ביצחק: "לשוח בשדה" (שם כד, סג), ביעקב: "ויפגע במקום" (שם כח, יא):

יא **המבלי אין קברים.** וכי מחמת חסרון קברים, שאין קברים במצרים לקבר שם, לקחתנו משם? שיפו"ר פלינצ"א דינו"ן פוסי"ש בלעז:

בְּמִצְרַיִם לְקַחְתָּנוּ לָמוּת בַּמִּדְבָּר מַה־זֹּאת
יב עָשִׂיתָ לָּנוּ לְהוֹצִיאָנוּ מִמִּצְרָיִם׃ הֲלֹא־זֶה הַדָּבָר
אֲשֶׁר דִּבַּרְנוּ אֵלֶיךָ בְמִצְרַיִם לֵאמֹר חֲדַל מִמֶּנּוּ
וְנַעַבְדָה אֶת־מִצְרָיִם כִּי טוֹב לָנוּ עֲבֹד אֶת־
יג מִצְרַיִם מִמֻּתֵנוּ בַּמִּדְבָּר׃ וַיֹּאמֶר מֹשֶׁה אֶל־הָעָם
אַל־תִּירָאוּ הִתְיַצְּבוּ וּרְאוּ אֶת־יְשׁוּעַת יְהוָה
אֲשֶׁר־יַעֲשֶׂה לָכֶם הַיּוֹם כִּי אֲשֶׁר רְאִיתֶם אֶת־
מִצְרַיִם הַיּוֹם לֹא תֹסִפוּ לִרְאֹתָם עוֹד עַד־עוֹלָם׃
יד יְהוָה יִלָּחֵם לָכֶם וְאַתֶּם תַּחֲרִשׁוּן׃
טו וַיֹּאמֶר יְהוָה אֶל־מֹשֶׁה מַה־תִּצְעַק אֵלָי דַּבֵּר יא שלישי
טז אֶל־בְּנֵי־יִשְׂרָאֵל וְיִסָּעוּ׃ וְאַתָּה הָרֵם אֶת־מַטְּךָ
וּנְטֵה אֶת־יָדְךָ עַל־הַיָּם וּבְקָעֵהוּ וְיָבֹאוּ בְנֵי־
יז יִשְׂרָאֵל בְּתוֹךְ הַיָּם בַּיַּבָּשָׁה׃ וַאֲנִי הִנְנִי מְחַזֵּק
אֶת־לֵב מִצְרַיִם וְיָבֹאוּ אַחֲרֵיהֶם וְאִכָּבְדָה
יח בְּפַרְעֹה וּבְכָל־חֵילוֹ בְּרִכְבּוֹ וּבְפָרָשָׁיו׃ וְיָדְעוּ
מִצְרַיִם כִּי־אֲנִי יְהוָה בְּהִכָּבְדִי בְּפַרְעֹה בְּרִכְבּוֹ
יט וּבְפָרָשָׁיו׃ וַיִּסַּע מַלְאַךְ הָאֱלֹהִים הַהֹלֵךְ לִפְנֵי
מַחֲנֵה יִשְׂרָאֵל וַיֵּלֶךְ מֵאַחֲרֵיהֶם וַיִּסַּע עַמּוּד
כ הֶעָנָן מִפְּנֵיהֶם וַיַּעֲמֹד מֵאַחֲרֵיהֶם׃ וַיָּבֹא בֵּין ׀
מַחֲנֵה מִצְרַיִם וּבֵין מַחֲנֵה יִשְׂרָאֵל וַיְהִי הֶעָנָן
וְהַחֹשֶׁךְ וַיָּאֶר אֶת־הַלָּיְלָה וְלֹא־קָרַב זֶה אֶל־

כא זֶ֖ה כָּל־הַלָּֽיְלָה׃ וַיֵּ֨ט מֹשֶׁ֣ה אֶת־יָדוֹ֮ עַל־הַיָּם֒
וַיּ֣וֹלֶךְ יְהוָ֣ה ׀ אֶת־הַ֠יָּם בְּר֨וּחַ קָדִ֤ים עַזָּה֙ כָּל־

יב בְּמִצְרַיִם, דְּבַרְתָּנָא לִמְמָת בְּמַדְבְּרָא, מָא דָא עֲבַדְתְּ לָנָא, לְאַפָּקוּתָנָא מִמִּצְרָיִם: הֲלָא דֵין
פִּתְגָמָא, דְּמַלֵּילְנָא עִמָּךְ בְּמִצְרַיִם לְמֵימַר, שְׁבוֹק מִנַּנָא וְנִפְלַח יָת מִצְרָאֵי, אֲרֵי טַב לָנָא דְּנִפְלַח
יג יָת מִצְרָאֵי, מִדִּנְמוּת בְּמַדְבְּרָא: וַאֲמַר מֹשֶׁה לְעַמָּא לָא תִדְחֲלוּן, אִתְעַתַּדוּ, וַחֲזוֹ יָת פֻּרְקָנָא דַּיְיָ,
דְּיַעֲבֵיד לְכוֹן יוֹמָא דֵין, אֲרֵי, דַּחֲזֵיתוֹן יָת מִצְרָאֵי יוֹמָא דֵין, לָא תֵיסְפוּן, לְמִחְזֵיהוֹן עוֹד עַד עָלְמָא:
יד טו יי יְגִיחַ לְכוֹן קְרָב, וְאַתּוּן תִּשְׁתְּקוּן: וַאֲמַר יי לְמֹשֶׁה, קַבֵּילִית צְלוֹתָךְ, מַלֵּיל עִם בְּנֵי יִשְׂרָאֵל
טז וְיִטְּלוּן: וְאַתְּ טוֹל יָת חֻטְרָךְ, וַאֲרֵים יָת יְדָךְ, עַל יַמָּא וּבְזַעְהִי, וְיֵיעֲלוּן בְּנֵי יִשְׂרָאֵל, בְּגוֹ יַמָּא
יז בְּיַבֶּשְׁתָּא: וַאֲנָא, הָאֲנָא מְתַקֵּיף יָת לִבָּא דְּמִצְרָאֵי, וְיֵיעֲלוּן בָּתְרֵיהוֹן, וְאֶתְיַקַּר בְּפַרְעֹה וּבְכָל
יח מַשִׁרְיָתֵיהּ, בִּרְתִכּוֹהִי וּבְפָרָשׁוֹהִי: וְיִדְעוּן מִצְרָאֵי אֲרֵי אֲנָא יי, בְּאִתְיַקָּרוּתִי בְּפַרְעֹה, בִּרְתִכּוֹהִי
יט וּבְפָרָשׁוֹהִי: וּנְטַל מַלְאֲכָא דַּיְיָ, דִּמְדַבַּר קֳדָם מַשִׁרְיָתָא דְּיִשְׂרָאֵל, וַאֲתָא מִבָּתְרֵיהוֹן, וּנְטַל,
כ עַמּוּדָא דַּעֲנָנָא מִן קֳדָמֵיהוֹן, וּשְׁרָא מִבָּתְרֵיהוֹן: וְעָאל, בֵּין מַשִׁרְיָתָא דְּמִצְרָאֵי, וּבֵין מַשִׁרְיָתָא
דְּיִשְׂרָאֵל, וַהֲוָה עֲנָנָא וַקְבָלָא לְמִצְרָאֵי, וּלְיִשְׂרָאֵל נְהַר כָּל לֵילְיָא, וְלָא אִתְקְרַבוּ דֵּין, לְוָת דֵּין
כא כָּל לֵילְיָא: וַאֲרֵים מֹשֶׁה יָת יְדֵיהּ עַל יַמָּא, וְדַבַּר יי יָת יַמָּא, בְּרוּחַ קִדּוּמָא תַּקִּיף כָּל

יב אֲשֶׁר דִּבַּרְנוּ אֵלֶיךָ בְמִצְרַיִם. וְהֵיכָן דִּבְּרוּ? "יֵרֶא ה' עֲלֵיכֶם וְיִשְׁפֹּט" (לעיל ה, כא). מִמֻּתֵנוּ. מֵאֲשֶׁר נָמוּת. וְאִם הָיָה נָקוּד מְלָאפוּם הָיָה נִבְאָר 'מְמִיתָתֵנוּ', עַכְשָׁיו שֶׁנָּקוּד בְּשׁוּרֶק נִבְאָר 'מֵאֲשֶׁר נָמוּת'. וְכֵן: "מִי יִתֵּן מוּתֵנוּ" (להלן טז, ג), שֶׁנָּמוּת, וְכֵן: "מִי יִתֵּן מוּתִי" דְּאַבְשָׁלוֹם (שמואל ב' יט, א), שֶׁאָמוּת, כְּמוֹ: "לְיוֹם קוּמִי לְעַד" (צפניה ג, ח), "עַד שׁוּבִי בְשָׁלוֹם" (דברי הימים ב' יח, כו), שֶׁאָקוּם, שֶׁאָשׁוּב.

יג כִּי אֲשֶׁר רְאִיתֶם אֶת מִצְרַיִם וגו'. מַה שֶּׁרְאִיתֶם אוֹתָם אֵינוֹ אֶלָּא הַיּוֹם, הַיּוֹם הוּא שֶׁרְאִיתֶם אוֹתָם וְלֹא תוֹסִיפוּ עוֹד:

יד יִלָּחֵם לָכֶם. בִּשְׁבִילְכֶם. וְכֵן: "כִּי ה' נִלְחָם לָהֶם" (להלן פסוק כה), וְכֵן: "אִם לָאֵל תְּרִיבוּן" (איוב יג, ח), וְכֵן: "וַאֲשֶׁר דִּבֶּר לִי" (בראשית כד, ז), וְכֵן: "הַאַתֶּם תְּרִיבוּן לַבַּעַל" (שופטים ו, לא).

טו מַה תִּצְעַק אֵלָי. לְמָדְנוּ שֶׁהָיָה מֹשֶׁה עוֹמֵד וּמִתְפַּלֵּל, אָמַר לוֹ הַקָּדוֹשׁ בָּרוּךְ הוּא: לֹא עֵת עַתָּה לְהַאֲרִיךְ שֶׁיִּשְׂרָאֵל נְתוּנִין בְּצָרָה. דָּבָר אַחֵר, "מַה תִּצְעַק אֵלָי", עָלַי הַדָּבָר וְלֹא עָלֶיךָ, כְּמוֹ שֶׁנֶּאֱמַר לְהַלָּן: "עַל בָּנַי וְעַל פֹּעַל יָדַי תְּצַוֻּנִי" (ישעיה מה, יא). דַּבֵּר אֶל בְּנֵי יִשְׂרָאֵל וְיִסָּעוּ. אֵין לָהֶם אֶלָּא לִסַּע, שֶׁאֵין הַיָּם עוֹמֵד בִּפְנֵיהֶם, כְּדַאי זְכוּת אֲבוֹתֵיהֶם וְהָאֱמוּנָה שֶׁהֶאֱמִינוּ בִי וְיָצְאוּ, לִקְרֹעַ לָהֶם אֶת הַיָּם:

יט-כ וַיֵּלֶךְ מֵאַחֲרֵיהֶם. לְהַבְדִּיל בֵּין מַחֲנֵה מִצְרַיִם וּבֵין מַחֲנֵה יִשְׂרָאֵל וּלְקַבֵּל חִצִּים וּבַלִּיסְטְרָאוֹת שֶׁל מִצְרַיִם. בְּכָל מָקוֹם הוּא אוֹמֵר: "מַלְאַךְ ה'" וְכָאן: "מַלְאַךְ הָאֱלֹהִים", אֵין 'אֱלֹהִים' בְּכָל מָקוֹם אֶלָּא דִּין, מְלַמֵּד שֶׁהָיוּ יִשְׂרָאֵל נְתוּנִין בַּדִּין בְּאוֹתָהּ שָׁעָה אִם לְהִנָּצֵל אִם לְהֵאָבֵד עִם מִצְרַיִם: וַיָּבֹא בֵּין מַחֲנֵה מִצְרַיִם. מָשָׁל לִמְהַלֵּךְ בַּדֶּרֶךְ וּבְנוֹ מְהַלֵּךְ לְפָנָיו. בָּאוּ לִסְטִים לִשְׁבּוֹתוֹ, נְטָלוֹ מִלְּפָנָיו נְתָנוֹ לְאַחֲרָיו. בָּא זְאֵב מֵאַחֲרָיו, נְתָנוֹ לְפָנָיו. בָּאוּ לִסְטִים לְפָנָיו וּזְאֵבִים מֵאַחֲרָיו, נְתָנוֹ עַל זְרוֹעוֹ וְנִלְחַם בָּהֶם. כָּךְ: "וְאָנֹכִי תִרְגַּלְתִּי לְאֶפְרַיִם קָחָם עַל זְרוֹעֹתָיו" (הושע יא, ג). וַיִּסַּע עַמּוּד הֶעָנָן. כְּשֶׁחָשְׁכָה וְהִשְׁלִים עַמּוּד הֶעָנָן אֶת הַמַּחֲנֶה לְעַמּוּד הָאֵשׁ, לֹא נִסְתַּלֵּק הֶעָנָן כְּמוֹ שֶׁהָיָה רָגִיל לְהִסְתַּלֵּק עַרְבִית לְגַמְרֵי, אֶלָּא נָסַע וְהָלַךְ לוֹ מֵאַחֲרֵיהֶם לְהַחְשִׁיךְ לְמִצְרַיִם: וַיְהִי הֶעָנָן וְהַחֹשֶׁךְ. לְמִצְרַיִם: וַיָּאֶר. עַמּוּד הָאֵשׁ "אֶת הַלַּיְלָה" לְיִשְׂרָאֵל, וְהוֹלֵךְ לִפְנֵיהֶם כְּדַרְכּוֹ לָלֶכֶת כָּל הַלַּיְלָה. וְהַחֹשֶׁךְ שֶׁל עֲרָפֶל לְצַד מִצְרַיִם: וְלֹא קָרַב זֶה אֶל זֶה. מַחֲנֶה אֶל מַחֲנֶה:

כא בְּרוּחַ קָדִים עַזָּה. בְּרוּחַ קָדִים שֶׁהִיא עַזָּה

כב הַלָּיְלָה וַיָּשֶׂם אֶת־הַיָּם לֶחָרָבָה וַיִּבָּקְעוּ הַמָּיִם׃ וַיָּבֹאוּ
בְנֵי־יִשְׂרָאֵל בְּתוֹךְ הַיָּם בַּיַּבָּשָׁה וְהַמַּיִם לָהֶם חוֹמָה
כג מִימִינָם וּמִשְּׂמֹאלָם׃ וַיִּרְדְּפוּ מִצְרַיִם וַיָּבֹאוּ אַחֲרֵיהֶם
כד כֹּל סוּס פַּרְעֹה רִכְבּוֹ וּפָרָשָׁיו אֶל־תּוֹךְ הַיָּם׃ וַיְהִי
בְּאַשְׁמֹרֶת הַבֹּקֶר וַיַּשְׁקֵף יהוה אֶל־מַחֲנֵה מִצְרַיִם
כה בְּעַמּוּד אֵשׁ וְעָנָן וַיָּהָם אֵת מַחֲנֵה מִצְרָיִם׃ וַיָּסַר אֵת
אֹפַן מַרְכְּבֹתָיו וַיְנַהֲגֵהוּ בִּכְבֵדֻת וַיֹּאמֶר מִצְרַיִם אָנוּסָה
מִפְּנֵי יִשְׂרָאֵל כִּי יהוה נִלְחָם לָהֶם בְּמִצְרָיִם׃

כו וַיֹּאמֶר יהוה אֶל־מֹשֶׁה נְטֵה אֶת־יָדְךָ עַל־הַיָּם וְיָשֻׁבוּ רביעי
כז הַמַּיִם עַל־מִצְרַיִם עַל־רִכְבּוֹ וְעַל־פָּרָשָׁיו׃ וַיֵּט מֹשֶׁה
אֶת־יָדוֹ עַל־הַיָּם וַיָּשָׁב הַיָּם לִפְנוֹת בֹּקֶר לְאֵיתָנוֹ
וּמִצְרַיִם נָסִים לִקְרָאתוֹ וַיְנַעֵר יהוה אֶת־מִצְרַיִם
כח בְּתוֹךְ הַיָּם׃ וַיָּשֻׁבוּ הַמַּיִם וַיְכַסּוּ אֶת־הָרֶכֶב וְאֶת־
הַפָּרָשִׁים לְכֹל חֵיל פַּרְעֹה הַבָּאִים אַחֲרֵיהֶם בַּיָּם לֹא־
כט נִשְׁאַר בָּהֶם עַד־אֶחָד׃ וּבְנֵי יִשְׂרָאֵל הָלְכוּ בַיַּבָּשָׁה
בְּתוֹךְ הַיָּם וְהַמַּיִם לָהֶם חֹמָה מִימִינָם וּמִשְּׂמֹאלָם׃
ל וַיּוֹשַׁע יהוה בַּיּוֹם הַהוּא אֶת־יִשְׂרָאֵל מִיַּד מִצְרָיִם
לא וַיַּרְא יִשְׂרָאֵל אֶת־מִצְרַיִם מֵת עַל־שְׂפַת הַיָּם׃ וַיַּרְא
יִשְׂרָאֵל אֶת־הַיָּד הַגְּדֹלָה אֲשֶׁר עָשָׂה יהוה בְּמִצְרַיִם
וַיִּירְאוּ הָעָם אֶת־יהוה וַיַּאֲמִינוּ בַּיהוה וּבְמֹשֶׁה
עַבְדּוֹ׃

כב לֵילְיָא, וְשַׁוִּי יָת יַמָּא לִיבֶשְׁתָּא, וְאִתְבְּזַעוּ מַיָּא: וְעָאלוּ בְנֵי יִשְׂרָאֵל, בְּגוֹ יַמָּא בְּיַבֶּשְׁתָּא, וּמַיָּא
כג לְהוֹן שׁוּרִין, מִיַּמִּינְהוֹן וּמִסְּמָאלְהוֹן: וּרְדַפוּ מִצְרָאֵי וְעָאלוּ בָתְרֵיהוֹן, כֹּל סוּסָוַת פַּרְעֹה, רְתִכּוֹהִי
כד וּפָרָשׁוֹהִי, לְגוֹ יַמָּא: וַהֲוָה בְּמַטְּרַת צַפְרָא, וְאִסְתְּכִי יְיָ לְמַשְׁרִיתָא דְמִצְרָאֵי, בְּעַמּוּדָא דְאִישָׁתָא
כה וַעֲנָנָא, וְשַׁגִּישׁ, יָת מַשְׁרִיתָא דְמִצְרָאֵי: וְאַעְדִּי, יָת גִּלְגְּלֵי רְתִכֵּיהוֹן, וּמְדַבְּרִין לְהוֹן בִּתְקוֹף, וַאֲמַרוּ
כו מִצְרָאֵי, נִעְרוֹק מִן קֳדָם יִשְׂרָאֵל, אֲרֵי דָא הִיא גְבוּרְתָא דַיְיָ, דַּעֲבַד לְהוֹן קְרָבִין בְּמִצְרָיִם: וַאֲמַר
כז יְיָ לְמֹשֶׁה, אֲרֵים יָת יְדָךְ עַל יַמָּא, וִיתוּבוּן מַיָּא עַל מִצְרָאֵי, עַל רְתִכֵּיהוֹן וְעַל פָּרָשֵׁיהוֹן: וַאֲרֵים
מֹשֶׁה יָת יְדֵיהּ עַל יַמָּא, וְתָב יַמָּא, לְעִדָּן צַפְרָא לִתְקְפֵיהּ, וּמִצְרָאֵי עָרְקִין לְקַדָּמוּתֵיהּ, וְשַׁנִּיק
כח יְיָ, יָת מִצְרָאֵי בְּגוֹ יַמָּא: וְתָבוּ מַיָּא, וַחֲפוֹ יָת רְתִכַּיָּא וְיָת פָּרָשַׁיָּא, לְכֹל מַשְׁרִית פַּרְעֹה, דְּעָאלוּ
כט בָּתְרֵיהוֹן בְּיַמָּא, לָא אִשְׁתְּאַר בְּהוֹן עַד חַד: וּבְנֵי יִשְׂרָאֵל, הֲלִיכוּ בְיַבֶּשְׁתָּא בְּגוֹ יַמָּא, וּמַיָּא
ל לְהוֹן שׁוּרִין, מִיַּמִּינְהוֹן וּמִסְּמָאלְהוֹן: וּפְרַק יְיָ, בְּיוֹמָא הַהוּא, יָת יִשְׂרָאֵל מִיְּדָא דְמִצְרָאֵי,
לא וַחֲזָא יִשְׂרָאֵל יָת מִצְרָאֵי, מָיְתִין עַל כֵּיף יַמָּא: וַחֲזָא יִשְׂרָאֵל יָת גְּבוּרַת יְדָא רַבְּתָא, דַּעֲבַד
יְיָ בְּמִצְרָאֵי, וּדְחִילוּ עַמָּא מִן קֳדָם יְיָ, וְהֵימִינוּ בְּמֵימְרָא דַיְיָ, וּבִנְבִיאוּת מֹשֶׁה עַבְדֵּיהּ:

שֶׁבָּרוּחוֹת, הִיא הָרוּחַ שֶׁהַקָּדוֹשׁ בָּרוּךְ הוּא נִפְרָע בָּהּ מִן הָרְשָׁעִים, שֶׁנֶּאֱמַר: "כְּרוּחַ קָדִים אֲפִיצֵם" (ירמיה יח, יז), "יָבוֹא קָדִים רוּחַ ה'" (הושע יג, טו), "רוּחַ הַקָּדִים שְׁבָרֵךְ בְּלֵב יַמִּים" (יחזקאל כז, כו), "הָגָה בְּרוּחוֹ הַקָּשָׁה בְּיוֹם קָדִים" (ישעיה כז, ח): וַיִּבָּקְעוּ הַמָּיִם. כָּל מַיִם שֶׁבָּעוֹלָם:

כג **כֹּל סוּס פַּרְעֹה.** וְכִי סוּס אֶחָד הָיָה?! מַגִּיד שֶׁאֵין כֻּלָּם חֲשׁוּבִין לִפְנֵי הַמָּקוֹם אֶלָּא כְּסוּס אֶחָד:

כד **בְּאַשְׁמֹרֶת הַבֹּקֶר.** שְׁלֹשֶׁת חֶלְקֵי הַלַּיְלָה קְרוּיִין אַשְׁמֹרֶת, וְאוֹתָהּ שֶׁלִּפְנֵי הַיּוֹם קוֹרֵא "אַשְׁמֹרֶת הַבֹּקֶר". וְאוֹמֵר אֲנִי, שֶׁהוּא חָלוּק לְמִשְׁמְרוֹת שִׁיר מַלְאֲכֵי הַשָּׁרֵת כַּת אַחַר כַּת לִשְׁלֹשָׁה חֲלָקִים, לְכָךְ קָרוּי אַשְׁמֹרֶת, וְזֶהוּ שֶׁתִּרְגֵּם אוּנְקְלוֹס: "מַטְּרַת". **וַיַּשְׁקֵף.** וַיַּבֵּט, כְּלוֹמַר פָּנָה אֲלֵיהֶם לְהַשְׁחִיתָם. וְתַרְגּוּמוֹ: "וְאִסְתְּכֵי" אַף הוּא לְשׁוֹן הַבָּטָה, כְּמוֹ: "שְׂדֵה צֹפִים" (במדבר כג, יד), "חֲקַל סָכוּתָא": **בְּעַמּוּד אֵשׁ וְעָנָן.** עַמּוּד עָנָן יוֹרֵד וְעוֹשֶׂה אוֹתוֹ כְּטִיט, וְעַמּוּד אֵשׁ מַרְתִּיחוֹ, וְטַלְפֵי סוּסֵיהֶם מִשְׁתַּמְטוֹת: **וַיָּהָם.** לְשׁוֹן מְהוּמָה, אשטורדי"שון בְּלַעַז. עִרְבְּבָם, נָטַל סִגְנִיּוֹת שֶׁלָּהֶם. וְשָׁנִינוּ בְּפִרְקֵי רַבִּי אֱלִיעֶזֶר בְּנוֹ שֶׁל רַבִּי יוֹסֵי הַגְּלִילִי, כָּל מָקוֹם שֶׁנֶּאֱמַר 'מְהוּמָה' הָרְעָשַׁת קוֹל הוּא, וְזֶה אָב לְכֻלָּן: "וַיַּרְעֵם ה' בְּקוֹל גָּדוֹל... עַל פְּלִשְׁתִּים וַיְהֻמֵּם" (שמואל א' ז, י):

כה **וַיָּסַר אֵת אֹפַן מַרְכְּבֹתָיו.** מִכֹּחַ הָאֵשׁ נִשְׂרְפוּ הַגַּלְגַּלִּים, וְהַמֶּרְכָּבוֹת נִגְרָרוֹת, וְהַיּוֹשְׁבִים בָּהֶם נָעִים וְאֵיבְרֵיהֶן מִתְפָּרְקִים: **וַיְנַהֲגֵהוּ בִּכְבֵדֻת.** בְּהַנְהָגָה שֶׁהִיא כְּבֵדָה וְקָשָׁה לָהֶם. בְּמִדָּה שֶׁמָּדְדוּ, "וַיַּכְבֵּד לִבּוֹ הוּא וַעֲבָדָיו" (לעיל ט, לד), אַף כָּאן, "וַיְנַהֲגֵהוּ בִּכְבֵדֻת": **נִלְחָם לָהֶם בְּמִצְרָיִם.** בְּמִצְרִיִּים. דָּבָר אַחֵר "בְּמִצְרָיִם", בְּאֶרֶץ מִצְרַיִם; שֶׁכְּשֵׁם שֶׁאֵלּוּ לוֹקִים עַל הַיָּם כָּךְ לוֹקִים אוֹתָם שֶׁנִּשְׁאֲרוּ בְּמִצְרַיִם:

כו **וְיָשֻׁבוּ הַמַּיִם.** שֶׁזְּקוּפִים וְעוֹמְדִים כְּחוֹמָה, יָשׁוּבוּ לִמְקוֹמָם וִיכַסּוּ "עַל מִצְרַיִם":

כז **לִפְנוֹת בֹּקֶר.** לְעֵת שֶׁהַבֹּקֶר פּוֹנֶה לָבוֹא: **לְאֵיתָנוֹ.** לְתָקְפּוֹ הָרִאשׁוֹן: **נָסִים לִקְרָאתוֹ.** שֶׁהָיוּ מְהֻמָּמִים וּמְטֹרָפִים וְרָצִין לִקְרַאת הַמַּיִם: **וַיְנַעֵר ה'.** כְּאָדָם שֶׁמְּנַעֵר אֶת הַקְּדֵרָה וְהוֹפֵךְ הָעֶלְיוֹן לְמַטָּה וְהַתַּחְתּוֹן לְמַעְלָה, כָּךְ הָיוּ עוֹלִין וְיוֹרְדִין וּמִשְׁתַּבְּרִין בַּיָּם. וְנָתַן הַקָּדוֹשׁ בָּרוּךְ הוּא בָּהֶם חִיּוּת לְקַבֵּל הַיִּסּוּרִין. "וְשַׁנִּיק", הוּא לְשׁוֹן טֵרוּף בְּלָשׁוֹן אֲרַמִּי, וְהַרְבֵּה יֵשׁ בְּמִדְרְשֵׁי אַגָּדָה:

כח **וַיְכַסּוּ אֶת הָרֶכֶב... לְכֹל חֵיל פַּרְעֹה.** כֵּן דֶּרֶךְ הַמִּקְרָאוֹת לִכְתֹּב לָמֶ"ד יְתֵרָה, כְּמוֹ: "לְכָל כֵּלָיו תַּעֲשֶׂה נְחֹשֶׁת" (להלן כז, ג), וְכֵן: "לְכֹל כְּלֵי הַמִּשְׁכָּן בְּכֹל עֲבֹדָתוֹ" (שם פסוק יט), "וִיתֵדֹתָם וּמֵיתְרֵיהֶם לְכָל כְּלֵיהֶם" (במדבר ד, לב), וְאֵינָהּ אֶלָּא תִּקּוּן לָשׁוֹן:

ל **וַיַּרְא יִשְׂרָאֵל אֶת מִצְרַיִם מֵת.** שֶׁפְּלָטָן הַיָּם עַל שְׂפָתוֹ, כְּדֵי שֶׁלֹּא יֹאמְרוּ יִשְׂרָאֵל: כְּשֵׁם שֶׁאָנוּ עוֹלִים מִצַּד זֶה כָּךְ הֵם עוֹלִין מִצַּד אַחֵר רָחוֹק מִמֶּנּוּ וְיִרְדְּפוּ אַחֲרֵינוּ:

לא **אֶת הַיָּד הַגְּדֹלָה.** אֶת הַגְּבוּרָה הַגְּדוֹלָה שֶׁעָשְׂתָה

ט אָז יָשִׁיר־מֹשֶׁה וּבְנֵי יִשְׂרָאֵל אֶת־הַשִּׁירָה הַזֹּאת לַיהוָה וַיֹּאמְרוּ א
לֵאמֹר אָשִׁירָה לַיהוָה כִּי־גָאֹה גָּאָה סוּס
וְרֹכְבוֹ רָמָה בַיָּם: עָזִּי וְזִמְרָת יָהּ וַיְהִי־לִי ב
לִישׁוּעָה זֶה אֵלִי וְאַנְוֵהוּ אֱלֹהֵי
אָבִי וַאֲרֹמְמֶנְהוּ: יְהוָה אִישׁ מִלְחָמָה יְהוָה ג
שְׁמוֹ: מַרְכְּבֹת פַּרְעֹה וְחֵילוֹ יָרָה בַיָּם וּמִבְחַר ד
שָׁלִשָׁיו טֻבְּעוּ בְיַם־סוּף: תְּהֹמֹת יְכַסְיֻמוּ יָרְדוּ בִמְצוֹלֹת כְּמוֹ־ ה
אָבֶן: יְמִינְךָ יְהוָה נֶאְדָּרִי בַּכֹּחַ יְמִינְךָ ו
יְהוָה תִּרְעַץ אוֹיֵב: וּבְרֹב גְּאוֹנְךָ תַּהֲרֹס ז

בשלח

יָדוֹ שֶׁל הַקָּדוֹשׁ בָּרוּךְ הוּא. וְהַרְבֵּה לְשׁוֹנוֹת נוֹפְלִין עַל לְשׁוֹן 'יָד' וְכֻלָּן לְשׁוֹן יָד מַמָּשׁ הֵן, וְהַמְפָרֵשׁ יְתַקֵּן הַלָּשׁוֹן אַחַר עִנְיַן הַדִּבּוּר:

פרק טו

א] **אָז יָשִׁיר מֹשֶׁה.** אָז כְּשֶׁרָאָה הַנֵּס עָלָה בְּלִבּוֹ שֶׁיָּשִׁיר שִׁירָה. וְכֵן: "אָז יְדַבֵּר יְהוֹשֻׁעַ" (יהושע י, יב), וְכֵן: "וּבַיִת יַעֲשֶׂה לְבַת פַּרְעֹה" (מלכים א' ז, ח), חָשַׁב בְּלִבּוֹ שֶׁיַּעֲשֶׂה לָהּ, אַף כָּאן, "יָשִׁיר", אָמַר לוֹ לִבּוֹ שֶׁיָּשִׁיר, וְכֵן עָשָׂה: "וַיֹּאמְרוּ לֵאמֹר אָשִׁירָה לַה'". וְכֵן בִּיהוֹשֻׁעַ כְּשֶׁרָאָה הַנֵּס אָמַר לוֹ לִבּוֹ שֶׁיְּדַבֵּר, וְכֵן עָשָׂה: "וַיֹּאמֶר לְעֵינֵי יִשְׂרָאֵל" (יהושע שם). וְכֵן שִׁירַת הַבְּאֵר שֶׁפָּתַח בָּהּ: "אָז יָשִׁיר יִשְׂרָאֵל", פֵּרֵשׁ אַחֲרָיו: "עֲלִי בְאֵר עֱנוּ לָהּ" (במדבר כא, יז); "אָז יִבְנֶה שְׁלֹמֹה בָּמָה" (מלכים א' יא, ז) פֵּרְשׁוּ בוֹ חַכְמֵי יִשְׂרָאֵל שֶׁבִּקֵּשׁ לִבְנוֹת וְלֹא בָנָה. לָמַדְנוּ שֶׁהַיּוּ"ד עַל שֵׁם הַמַּחֲשָׁבָה נֶאֶמְרָה. זֶהוּ לְיַשֵּׁב פְּשׁוּטוֹ. אֲבָל מִדְרָשׁוֹ, אָמְרוּ רַבּוֹתֵינוּ זִכְרוֹנָם לִבְרָכָה, מִכָּאן רֶמֶז לִתְחִיַּת הַמֵּתִים מִן הַתּוֹרָה, וְכֵן בְּכֻלָּן, חוּץ מִשֶּׁל שְׁלֹמֹה שֶׁפֵּרְשׁוּהוּ בִּקֵּשׁ לִבְנוֹת וְלֹא בָנָה. וְאֵין לוֹמַר וּלְיַשֵּׁב לָשׁוֹן הַזֶּה כִּשְׁאָר דְּבָרִים הַנִּכְתָּבִים בִּלְשׁוֹן עָתִיד וְהֵן מִיָּד, כְּגוֹן: "כָּכָה יַעֲשֶׂה אִיּוֹב" (איוב א, ה), "עַל פִּי ה' יַחֲנוּ" (במדבר ט, כ), "וְיֵשׁ אֲשֶׁר יִהְיֶה הֶעָנָן" (שם), לְפִי שֶׁהֵן דָּבָר הַהֹוֶה תָּמִיד וְנוֹפֵל בּוֹ בֵּין לְשׁוֹן עָתִיד בֵּין לְשׁוֹן עָבָר, אֲבָל זֶה שֶׁלֹּא הָיָה אֶלָּא לְשָׁעָה אֵינִי יָכוֹל לְיַשְּׁבוֹ בִּלְשׁוֹן

הַזֶּה: **כִּי גָאֹה גָּאָה.** כְּתַרְגּוּמוֹ. דָּבָר אַחֵר, "כִּי גָאֹה גָּאָה", עַל כָּל הַשִּׁירוֹת וְכָל מַה שֶּׁאֲקַלֵּס בּוֹ עוֹד יֵשׁ תּוֹסֶפֶת, וְלֹא כְּמִדַּת מֶלֶךְ בָּשָׂר וָדָם שֶׁמְּקַלְּסִין אוֹתוֹ וְאֵין בּוֹ: **סוּס וְרֹכְבוֹ.** שְׁנֵיהֶם קְשׁוּרִים זֶה בָּזֶה, וְהַמַּיִם מַעֲלִין אוֹתָן לָרוּם וּמוֹרִידִין לָעֹמֶק וְאֵינָן נִפְרָדִין: **רָמָה.** הִשְׁלִיךְ, וְכֵן: "וּרְמִיו לְגוֹא אַתּוּן נוּרָא" (דניאל ג, כא). וּמִדְרַשׁ אַגָּדָה, כָּתוּב אֶחָד אוֹמֵר "רָמָה" וְכָתוּב אֶחָד אוֹמֵר "יָרָה", מְלַמֵּד שֶׁהָיוּ עוֹלִין לָרוּם וְיוֹרְדִין לַתְּהוֹם, כְּמוֹ: "מִי יָרָה אֶבֶן פִּנָּתָהּ" (איוב לח, ו) מִלְמַעְלָה לְמַטָּה:

ב] **עָזִּי וְזִמְרָת יָהּ.** אוּנְקְלוֹס תִּרְגֵּם "עָזִּי" כְּמוֹ 'עֻזִּי', "וְזִמְרָת" כְּמוֹ 'וְזִמְרָתִי'. וַאֲנִי תָמֵהַּ עַל לְשׁוֹן הַמִּקְרָא, שֶׁאֵין לְךָ כָּמוֹהוּ בְּנִקּוּדוֹ בַּמִּקְרָא אֶלָּא בִּשְׁלֹשָׁה מְקוֹמוֹת שֶׁהוּא סָמוּךְ אֵצֶל "וְזִמְרָת", וְכָל שְׁאָר מְקוֹמוֹת נָקוּד שׁוּרֶק, "ה' עֻזִּי וּמָעֻזִּי" (ירמיה טז, יט), "עֻזּוֹ אֵלֶיךָ אֶשְׁמֹרָה" (תהלים נט, י). וְכֵן כָּל תֵּבָה בַּת שְׁתֵּי אוֹתִיּוֹת הַנְּקוּדָה מְלָאפוּם, כְּשֶׁהִיא מַאֲרֶכֶת בְּאוֹת שְׁלִישִׁית וְאֵין הַשְּׁנִיָּה בִּשְׁבָא בַּחֲטַף, הָרִאשׁוֹנָה נְקוּדָה בְּשׁוּרֶק, כְּגוֹן: עֹז עֻזִּי, רֹק רֻקִּי, חֹק חֻקִּי, עֹל עֻלּוֹ, "יָסוּר... עֻלּוֹ" (ישעיה יד, כה), כֹּל כֻּלּוֹ, "וְהָלֵס עַל כֻּלּוֹ" (לעיל יב, ז). וְאֵלּוּ שְׁלֹשָׁה "עָזִּי וְזִמְרָת" שֶׁל כָּאן וְשֶׁל יְשַׁעְיָה (יב, ב) וְשֶׁל תְּהִלִּים (קיח, יד) נְקוּדִים בַּחֲטַף קָמָץ; וְעוֹד, אֵין בְּאֶחָד מֵהֶם כָּתוּב 'וְזִמְרָתִי' אֶלָּא "וְזִמְרָת", וְכֻלָּם סָמוּךְ לָהֶם: "וַיְהִי לִי לִישׁוּעָה". לְכָךְ אֲנִי אוֹמֵר

טו א בכן שבח משה ובני ישראל, ית תשבחתא הדא קדם יי, ואמרו למימר, נשבח ונודי
ב קדם יי, ארי אתגאי על גיותניא וגיאותא דיליה היא, סוסיא ורכביה רמא בימא: תקפי
ותשבחתי דחילא יי, אמר במימריה והוה לי לפריק, דין אלהי ואבני ליה מקדש,
ג ד אלהא דאבהתי ואפלח קדמוהי: יי מרי נצחן קרביא, יי שמיה: רתכי פרעה, ומשריתיה
ה שדי בימא, ומבחר גברוהי אטבעו בימא דסוף: תהומיא חפו עליהון, נחתו לעמקיא
ו ז כאבנא: ימינך יי, אדירא בחילא, ימינך יי תברת סנאה: ובסגי תקפך תברתנון

לישב לשון המקרא, שאין "עזי" כמו 'עזי' ולא "וזמרת" כמו 'וזמרתי', אלא "עזי" שם דבר הוא, כמו: "הישבי בשמים" (שם קכג, א), "שכני בחגוי סלע" (עובדיה א, ג), "שכני סנה" (דברים לג, טז). וזהו השבח: עז וזמרת יה הוא היה לי לישועה. ו"זמרת" דבוק הוא לתיבת ה', כמו "לעזרת ה'" (שופטים ה, כג), "בעברת ה'" (ישעיה ט, יח), "על דברת בני האדם" (קהלת ג, יח). ולשון "וזמרת" לשון "לא תזמר" (ויקרא כה, ד), "זמיר עריצים" (ישעיה כה, ה), כסוח וכריתה, עזו ונקמתו של אלהינו היה לנו לישועה. ואל תתמה על לשון "ויהי" שלא נאמר 'היה', שיש לנו מקראות מדברים בלשון זה, וזה דגמתו: "את קירות הבית סביב להיכל ולדביר ויעש צלעות סביב" (מלכים א' ו, ה), היה לו לומר: 'עשה צלעות סביב'; וכן בדברי הימים (ב' י, יז): "ובני ישראל הישבים בערי יהודה וימלך עליהם רחבעם", היה לו לומר: 'מלך עליהם רחבעם'; "מבלתי יכלת ה' וגו' וישחטם" (במדבר יד, טז), היה לו לומר: 'שחטם'; "והאנשים אשר שלח משה... וימתו" (שם פסוקים לו-לז), 'מתו' היה לו לומר; "ואשר לא שם לבו אל דבר ה' ויעזב" (לעיל ט, כא), היה לו לומר: 'עזב': זה אלי. בכבודו נגלה עליהם והיו מראין אותו באצבע, ראתה שפחה על הים מה שלא ראו נביאים: ואנוהו. אונקלוס תרגם לשון נוה, "נוה שאנן" (ישעיה לג, כ), "לנוה צאן" (שם סה, י). דבר אחר, "ואנוהו", לשון נוי, אספר נויו ושבחו לבאי עולם, כגון: "מה דודך מדוד" (שיר השירים ה, ט), "דודי צח ואדום" (שם פסוק י) וכל הענין: אלהי אבי. הוא זה, "וארוממנהו": אלהי אבי. לא אני תחלת הקדשה, מחזקת ועומדת לי הקדשה ואלהותו עלי מימי אבותי:

ג) ה' איש מלחמה. בעל מלחמות, כמו: "איש נעמי" (רות א, ג), וכל 'איש' ו'אישך' מתרגמין בעל. וכן: "וחזקת והיית לאיש" (מלכים א' ב, ב), לגבור: ה' שמו. מלחמותיו לא בכלי זין אלא בשמו הוא נלחם, "ואנכי בא אליך בשם ה' צבאות" (שמואל א' יז, מה). דבר אחר, "ה' שמו", אף בשעה שהוא נלחם ונוקם מאויביו, אוחז הוא במדתו לרחם על בריותיו ולזון את כל באי עולם, ולא כמדת מלכי אדמה כשהוא עסוק במלחמה פונה עצמו מכל עסקים ואין בו כח לעשות זו וזו:

ד) ירה בים. "שדי בימא", "שדי" לשון ירייה. וכן הוא אומר: "או ירה יירה" (להלן יט, יג), "או אשתדאה ישתדי", והתי"ו משמשת בו במקום יתפעל: ומבחר. שם דבר, כמו: "מרכב" (ויקרא טו, ט), "משכב" (שם פסוק ד), "מקרא קדש" (לעיל יב, טז): טבעו. אין טביעה אלא במקום טיט, כמו: "טבעתי ביון מצולה" (תהלים סט, ג), "ויטבע ירמיהו בטיט" (ירמיה לח, ו), מלמד שנעשה הים טיט, לגמול להם כמדתם ששעבדו את ישראל בחמר ובלבנים:

ה) יכסימו. כמו 'יכסום'. והיו"ד האמצעית יתרה בו ודרך מקראות בכך, כמו: "ובקרך וצאנך ירבין" (דברים ח, יג), "ירוין מדשן ביתך" (תהלים לו, ט), והיו"ד ראשונה שמשמעה לשון עתיד, כך פרשהו: טבעו בים סוף כדי שיחזרו המים ויכסו אותן. "יכסימו" אין דומה לו במקרא בנקדתו, ודרכו להיות נקוד 'יכסימו' מלאפום: כמו אבן. ובמקום אחר "צללו כעופרת" (להלן פסוק י), ובמקום אחר "יאכלמו כקש" (להלן פסוק ז). הרשעים כקש הולכים ומטרפין עולין ויורדין, בינונים כאבן, והכשרים כעופרת שנחו מיד:

ו) ימינך ימינך. שתי פעמים, כשישראל עושין רצונו של מקום השמאל נעשית ימין: ימינך ה' נאדרי בכח. להציל את ישראל, וימינך השנית "תרעץ אויב": נאדרי. כמו: "רבתי עם" (איכה א, א), "שרתי במדינות" (שם), "גנבתי יום" (בראשית לא, לט): תרעץ אויב. תמיד היא רועצת ומשברת האויב, ודומה לו: "וירעצו וירצצו את בני ישראל", בשופטים (י, ח):

בשלח

קָמֶיךָ תְּשַׁלַּח חֲרֹנְךָ יֹאכְלֵמוֹ כַּקַּשׁ: וּבְרוּחַ ח
אַפֶּיךָ נֶעֶרְמוּ מַיִם נִצְּבוּ כְמוֹ־נֵד
נֹזְלִים קָפְאוּ תְהֹמֹת בְּלֶב־יָם: אָמַר ט
אוֹיֵב אֶרְדֹּף אַשִּׂיג אֲחַלֵּק שָׁלָל תִּמְלָאֵמוֹ
נַפְשִׁי אָרִיק חַרְבִּי תּוֹרִישֵׁמוֹ יָדִי: נָשַׁפְתָּ י
בְרוּחֲךָ כִּסָּמוֹ יָם צָלֲלוּ כַּעוֹפֶרֶת בְּמַיִם
אַדִּירִים: מִי־כָמֹכָה בָּאֵלִם יְהוָה מִי יא
כָּמֹכָה נֶאְדָּר בַּקֹּדֶשׁ נוֹרָא תְהִלֹּת עֹשֵׂה
פֶלֶא: נָטִיתָ יְמִינְךָ תִּבְלָעֵמוֹ אָרֶץ: נָחִיתָ יב יג
בְחַסְדְּךָ עַם־זוּ גָּאָלְתָּ נֵהַלְתָּ בְעָזְּךָ אֶל־נְוֵה
קָדְשֶׁךָ: שָׁמְעוּ עַמִּים יִרְגָּזוּן חִיל יד
אָחַז יֹשְׁבֵי פְּלָשֶׁת: אָז נִבְהֲלוּ אַלּוּפֵי טו
אֱדוֹם אֵילֵי מוֹאָב יֹאחֲזֵמוֹ רָעַד נָמֹגוּ

ז) תַּהֲרֹס קָמֶיךָ. תָּמִיד אַתָּה הוֹרֵס קָמֶיךָ הַקָּמִים נֶגְדְּךָ. וּמִי הֵם הַקָּמִים כְּנֶגְדּוֹ? אֵלּוּ הַקָּמִים עַל יִשְׂרָאֵל. וְכֵן הוּא אוֹמֵר: "כִּי הִנֵּה אוֹיְבֶיךָ יֶהֱמָיוּן" (תהלים פג, ג), וּמָה הִיא הַהֶמְיָה? "עַל עַמְּךָ יַעֲרִימוּ סוֹד" (שם פסוק ד), וְעַל זֶה קוֹרֵא אוֹתָם אוֹיְבָיו.

ח) וּבְרוּחַ אַפֶּיךָ. הַיּוֹצֵא מִשְּׁנֵי נְחִירַיִם שֶׁל אַף. דִּבֵּר הַכָּתוּב כִּבְיָכוֹל בַּשְּׁכִינָה דֻּגְמַת מֶלֶךְ בָּשָׂר וָדָם, כְּדֵי לְהַשְׁמִיעַ אֹזֶן הַבְּרִיּוֹת כְּפִי הַהֹוֶה שֶׁיּוּכְלוּ לְהָבִין דָּבָר. כְּשֶׁאָדָם כּוֹעֵס יוֹצֵא רוּחַ מִנְּחִירָיו, וְכֵן: "עָלָה עָשָׁן בְּאַפּוֹ" (שם יח, ט), וְכֵן: "וּמֵרוּחַ אַפּוֹ יִכְלוּ" (איוב ד, ט). וְזֶהוּ שֶׁאָמַר: "לְמַעַן שְׁמִי אַאֲרִיךְ אַפִּי" (ישעיה מח, ט), כְּשֶׁזַּעְפּוֹ נָחָה נְשִׁימָתוֹ אֲרֻכָּה וּכְשֶׁהוּא כּוֹעֵס נְשִׁימָתוֹ קְצָרָה, "וּתְהִלָּתִי אֶחֱטָם לָךְ" (שם), וּלְמַעַן תְּהִלָּתִי אָשִׂים חֹטֶם בְּאַפַּי לִסְתֹּם נְחִירַי בִּפְנֵי הָאַף וְהָרוּחַ שֶׁלֹּא יֵצְאוּ "לָךְ", בִּשְׁבִילְךָ. "אֶחֱטָם" כְּמוֹ 'נַאֲקָה בְּחַטָם' בְּמַסֶּכֶת שַׁבָּת (דף נא ע"ב), כָּךְ נִרְאֶה בְּעֵינַי.

וְכָל אַף וְחָרוֹן שֶׁבַּמִּקְרָא אֲנִי אוֹמֵר כֵּן: "חָרָה אַף" (ישעיה ה, כה) כְּמוֹ: "וְעַצְמִי חָרָה מִנִּי חֹרֶב" (איוב ל, ל) לְשׁוֹן שְׂרֵפָה וּמוֹקֵד, שֶׁהַנְּחִירַיִם מִתְחַמְּמִים וְנֶחֱרִים בְּעֵת הַקֶּצֶף, וְחָרוֹן מִגִּזְרַת חָרָה כְּמוֹ רָצוֹן מִגִּזְרַת רָצָה, וְכֵן חֵמָה לְשׁוֹן חֲמִימוּת, עַל כֵּן הוּא אוֹמֵר: "וַחֲמָתוֹ בָּעֲרָה בוֹ" (אסתר א, יב), וּכְנוֹחַ הַחֵמָה אוֹמֵר: "נִתְקָרְרָה דַּעְתּוֹ" (יבמות סג ע"ב). נֶעֶרְמוּ מַיִם. אוּנְקְלוֹס תִּרְגֵּם לְשׁוֹן עַרְמִימוּת. וּלְשׁוֹן צַחוּת הַמִּקְרָא כְּמוֹ: "עֲרֵמַת חִטִּים" (שיר השירים ז, ג), וְ"נִצְּבוּ כְמוֹ נֵד" יוֹכִיחַ: נֶעֶרְמוּ. מִמּוֹקֵד רוּחַ שֶׁיָּצָא מֵאַפְּךָ יָבְשׁוּ הַמַּיִם וְהֵם נַעֲשׂוּ כְּמִין גַּלִּים וּכְרִיּוֹת שֶׁל עֲרֵמָה שֶׁהֵם גְּבוֹהִים: כְּמוֹ נֵד. כְּתַרְגּוּמוֹ, "כְּשׁוּר", כְּחוֹמָה: נֵד. לְשׁוֹן צִבּוּר וְכִנּוּס, כְּמוֹ: "נֵד קָצִיר בְּיוֹם נַחֲלָה" (ישעיה יז, יא), "כֹּנֵס כַּנֵּד" (תהלים לג, ז), לֹא כָּתַב 'כֹּנֵס כַּנֹּאד' אֶלָּא "כַּנֵּד", וְאִלּוּ הָיָה "כַּנֵּד" כְּמוֹ 'כַּנֹּאד' וְ'כֹנֵס' לְשׁוֹן הַכְנָסָה, הָיָה לוֹ לִכְתֹּב 'מַכְנִיס כְּבַנֹּאד מֵי הַיָּם'.

ח לדקמו על עמך, שלחת רגזך, שיצינון כנורא לקשא: ובמימר פמך חכימו מיא, קמו כשור
ט אזליא, קפו תהומי בלבא דימא: דהוה אמר סנאה, ארדוף אדביק אפליג בזתא, תסבע
י מנהון נפשי, אשלוף חרבי, תשיצינון ידי: אמרת במימרך חפא עליהון ימא, אשתקעו
יא כאברא, במיין תקיפין: לית בר מנך את הוא אלהא יי, לית אלה אלא את אדיר בקדשא,
יב יג דחיל תשבחן עביד פרישן: ארימת ימינך, בלעתנון ארעא: דברהי בטבותך לעמא דנן
יד דפרקתא, סוברהי בתקפך לדירא דקדשך: שמעו עממיא וזעו, דחלא אחדתנון, לדהוו
טו יתבין בפלשת: בכן אתבהילו רברבי אדום, תקיפי מואב, אחדנון רתיתא, אתברו,

אלא ׳כנס׳ לשון אוסף ועובר הוא, וכן: ״קמו נד אחד״ (יהושע ג, טז), ״ויעמדו נד אחד״ (שם פסוק יג), ואין לשון קימה ועמידה בנאדות אלא בחומות ובגודרים. ולא מצינו ׳נאד׳ נקוד אלא במלאפום, כמו: ״שימה דמעתי בנאדך״ (תהלים נו, ט), ״את נאוד החלב״ (שופטים ד, יט): קפאו. כמו: ״וכגבינה תקפיאני״ (איוב י, י), שהקשו ונעשו כאבנים, והמים זורקים את המצרים על האבן בכח ונלחמים בם בכל מיני קשי: בלב ים. בחוזק הים. ודרך המקראות לדבר כן: ״עד לב השמים״ (דברים ד, יא), ״בלב האלה״ (שמואל ב׳ יח, יד), לשון עקרו ותקפו של דבר:

ט | אמר אויב. לעמו כשפתם בדברים, ארדף ואשיגם ואחלק שללם עם שרי ועבדי: תמלאמו. תמלא מהם: נפשי. רוחי ורצוני. ואל תתמה על תיבה המדברת בשתים, ״תמלאמו״ תמלא מהם, יש הרבה כלשון הזה: ״כי ארץ הנגב נתתני״ (שופטים א, טו) כמו נתת לי; ״ולא יכלו דברו לשלם״ (בראשית לז, ד) כמו דבר עמו; ״בני יצאני״ (ירמיה י, כ) כמו יצאו ממני; ״מספר צעדי אגידנו״ (איוב לא, לז) כמו אגיד לו; אף כאן ״תמלאמו״ תמלא נפשי מהם: אריק חרבי. אשלוף. ועל שם שהוא מריק את התער בשליפתו ונשאר ריק נופל בו לשון הרקה, כמו: ״מריקים שקיהם״ (בראשית מב, לה), ״וכליו יריקו״ (ירמיה מח, יב). ואל תאמר, אין לשון ריקות נופל על היוצא אלא על התיק ועל השק ועל הכלי שיצא ממנה, אבל לא על החרב ועל היין, ולדחוק ולפרש ״אריק חרבי״ כלשון ״וירק את חניכיו״ (בראשית יד, יד), אזדיין בחרבי – מצינו הלשון מוסב אף על היוצא, ״שמן תורק״ (שיר השירים א, ג), ״ולא הורק מכלי אל כלי״ (ירמיה מח, יא), ׳לא הורק הכלי׳ אין כתוב כאן אלא ״לא הורק היין מכלי אל כלי״, מצינו הלשון מוסב על היין, וכן: ״והריקו חרבותם על יפי חכמתך״ (יחזקאל כח, ז) דחירם: תורישמו. לשון רישות ודלות, כמו: ״מוריש ומעשיר״ (שמואל א׳ ב, ז):

י | נשפת. לשון הפחה, וכן ״וגם נשף בהם״ (ישעיה מ, כד): צללו. שקעו, עמקו, לשון ״מצולה״: כעופרת. אבר, פלו״ם בלעז:

יא | באלם. בחזקים, כמו: ״ואת אילי הארץ לקח״ (יחזקאל יז, יג), ״אילותי לעזרתי חושה״ (תהלים כב, כ): נורא תהלת. יראוי מלהגיד תהלותיך פן ימעטו, על כן: ״לך דמיה תהלה״ (שם סה, ב):

יב | נטית ימינך. כשהקדוש ברוך הוא נוטה ידו הרשעים כלים ונופלים, לפי שהכל נתון בידו ונופלים בהטייתה, וכן הוא אומר: ״וה׳ יטה ידו וכשל עוזר ונפל עזר״ (ישעיה לא, ג). משל לכלי זכוכית הנתונים ביד אדם, מטה ידו מעט והם נופלים ומשתברים: תבלעמו ארץ. מכאן שזכו לקבורה, בשכר שאמרו: ״ה׳ הצדיק״ (לעיל ט, כז):

יג | נהלת. לשון מנהל. ואונקלוס תרגם לשון נושא וסובל, ולא דקדק לפרש אחר לשון העברית:

יד | ירגזון. מתרגזין: ישבי פלשת. מפני שהרגו את בני אפרים שמהרו את הקץ ויצאו בחזקה, כמפורש בדברי הימים (א׳ ז, כא): ״והרגום אנשי גת״:

טו | אלופי אדום אילי מואב. והלא לא היה להם לירא כלום, שהרי לא עליהם הולכים? אלא מפני אנינות שהיו מתאוננים ומצטערים על כבודם של ישראל: נמגו. נמסו, כמו: ״ברביבים

כֹּל יֹשְׁבֵי כְנָעַן: תִּפֹּל עֲלֵיהֶם אֵימָתָה טז
וָפַחַד בִּגְדֹל זְרוֹעֲךָ יִדְּמוּ כָּאָבֶן עַד־
יַעֲבֹר עַמְּךָ יְהוָה עַד־יַעֲבֹר עַם־זוּ
קָנִיתָ: תְּבִאֵמוֹ וְתִטָּעֵמוֹ בְּהַר נַחֲלָתְךָ מָכוֹן יז
לְשִׁבְתְּךָ פָּעַלְתָּ יְהוָה מִקְּדָשׁ אֲדֹנָי כּוֹנְנוּ
יָדֶיךָ: יְהוָה ׀ יִמְלֹךְ לְעֹלָם וָעֶד: כִּי יח יט
בָא סוּס פַּרְעֹה בְּרִכְבּוֹ וּבְפָרָשָׁיו בַּיָּם וַיָּשֶׁב יְהוָה עֲלֵהֶם אֶת־מֵי
הַיָּם וּבְנֵי יִשְׂרָאֵל הָלְכוּ בַיַּבָּשָׁה בְּתוֹךְ הַיָּם:

וַתִּקַּח מִרְיָם הַנְּבִיאָה אֲחוֹת אַהֲרֹן אֶת־הַתֹּף בְּיָדָהּ וַתֵּצֶאןָ כ
כָל־הַנָּשִׁים אַחֲרֶיהָ בְּתֻפִּים וּבִמְחֹלֹת: וַתַּעַן לָהֶם מִרְיָם שִׁירוּ כא
לַיהוָה כִּי־גָאֹה גָּאָה סוּס וְרֹכְבוֹ רָמָה בַיָּם: וַיַּסַּע כב
מֹשֶׁה אֶת־יִשְׂרָאֵל מִיַּם־סוּף וַיֵּצְאוּ אֶל־מִדְבַּר־שׁוּר וַיֵּלְכוּ
שְׁלֹשֶׁת־יָמִים בַּמִּדְבָּר וְלֹא־מָצְאוּ מָיִם: וַיָּבֹאוּ מָרָתָה וְלֹא כג
יָכְלוּ לִשְׁתֹּת מַיִם מִמָּרָה כִּי מָרִים הֵם עַל־כֵּן קָרָא־שְׁמָהּ
מָרָה: וַיִּלֹּנוּ הָעָם עַל־מֹשֶׁה לֵּאמֹר מַה־נִּשְׁתֶּה: וַיִּצְעַק אֶל־ כד כה
יְהוָה וַיּוֹרֵהוּ יְהוָה עֵץ וַיַּשְׁלֵךְ אֶל־הַמַּיִם וַיִּמְתְּקוּ הַמָּיִם
שָׁם שָׂם לוֹ חֹק וּמִשְׁפָּט וְשָׁם נִסָּהוּ: וַיֹּאמֶר אִם־שָׁמוֹעַ כו
תִּשְׁמַע לְקוֹל ׀ יְהוָה אֱלֹהֶיךָ וְהַיָּשָׁר בְּעֵינָיו תַּעֲשֶׂה וְהַאֲזַנְתָּ

תְּמֹגְגֶנָּה" (תהלים סה, יא), חָמְרוּ: עָלֵינוּ הֵם בָּאִים לְכַלּוֹתֵינוּ וְלִירַשׁ אֶת אַרְצֵנוּ.

טז) תִּפֹּל עֲלֵיהֶם אֵימָתָה. עַל הָרְחוֹקִים: וָפַחַד. עַל הַקְּרוֹבִים, כְּעִנְיָן שֶׁנֶּאֱמַר: "כִּי שָׁמַעְנוּ אֵת אֲשֶׁר הוֹבִישׁ" וְגוֹ' (יהושע ב, י): עַד יַעֲבֹר... עַד יַעֲבֹר. כְּתַרְגּוּמוֹ: קָנִיתָ. חִבַּבְתָּ מִשְּׁאָר אֻמּוֹת, כְּחֵפֶץ הַקָּנוּי בְּדָמִים יְקָרִים שֶׁחָבִיב עַל הָאָדָם:

יז-יח) תְּבִאֵמוֹ. נִתְנַבֵּא מֹשֶׁה שֶׁלֹּא יִכָּנֵס לָאָרֶץ, לְכָךְ לֹא נֶאֱמַר 'תְּבִיאֵנוּ': מָכוֹן לְשִׁבְתְּךָ. מִקְדָּשׁ שֶׁל מַטָּה מְכֻוָּן כְּנֶגֶד כִּסֵּא שֶׁל מַעְלָה אֲשֶׁר "פָּעַלְתָּ": מִקְּדָשׁ. הַטַּעַם עָלָיו זָקֵף גָּדוֹל לְהַפְרִידוֹ מִתֵּבַת הַשֵּׁם שֶׁלְּאַחֲרָיו, הַמִּקְדָּשׁ אֲשֶׁר כּוֹנְנוּ יָדֶיךָ ה'. חָבִיב בֵּית הַמִּקְדָּשׁ, שֶׁהָעוֹלָם נִבְרָא בְּיָד אַחַת, שֶׁנֶּאֱמַר "אַף יָדִי יָסְדָה אֶרֶץ"

טז כָּל דָּהֲווֹ יָתְבִין בִּכְנָעַן: תִּפֵּיל עֲלֵיהוֹן אֵימְתָא וְדַחְלְתָא, בִּסְגֵי תְּקָפָךְ יִשְׁתְּקוּן כְּאַבְנָא, עַד
יז דְּיִעְבַּר עַמָּךְ יְיָ יָת אַרְנוֹנָא, עַד דְּיִעְבַּר, עַמָּא דְנָן דִּפְרַקְתָּא יָת יַרְדְּנָא: תַּעֵילִנּוּן, וְתַשְׁרֵינּוּן
יח בְּטוּרָא דְאַחְסָנְתָךְ, אֲתַר לְבֵית שְׁכִינְתָךְ, אַתְקֵינְתָּא יְיָ, מַקְדְּשָׁא, יְיָ אַתְקְנוּהִי יְדָךְ: יְיָ
יט מַלְכוּתֵיהּ קָאֵים לְעָלַם וּלְעָלְמֵי עָלְמַיָּא: אֲרֵי עָאלוּ סוּסָוָת פַּרְעֹה, בִּרְתִכּוֹהִי וּבְפָרָשׁוֹהִי
כ בְּיַמָּא, וַאֲתֵיב יְיָ, עֲלֵיהוֹן יָת מֵי יַמָּא, וּבְנֵי יִשְׂרָאֵל, הַלִּיכוּ בְיַבֶּשְׁתָּא בְּגוֹ יַמָּא: וּנְסֵיבַת מִרְיָם
נְבִיאֲתָא, אֲחָתֵיהּ דְּאַהֲרֹן, יָת תֻּפָּא בִּידַהּ, וּנְפַקָא כָל נְשַׁיָּא בָּתְרַהָא, בְּתֻפִּין וּבְחִנְגִּין:
כא וּמְעַנְיָא לְהוֹן מִרְיָם, שַׁבַּחוּ וְאוֹדוּ קֳדָם יְיָ אֲרֵי אִתְגָּאֵי עַל גֵּיוְתָנַיָּא וְגֵיאוּתָא דִּילֵיהּ הִיא,
כב סוּסְיָא וְרָכְבֵיהּ רְמָא בְיַמָּא: וְאַטֵּיל מֹשֶׁה יָת יִשְׂרָאֵל מִיַּמָּא דְסוּף, וּנְפַקוּ לְמַדְבְּרָא דְחַגְרָא,
כג וַאֲזַלוּ תְּלָתָא יוֹמִין, בְּמַדְבְּרָא וְלָא אַשְׁכַּחוּ מַיָּא: וַאֲתוֹ לְמָרָה, וְלָא יְכִילוּ, לְמִשְׁתֵּי מַיָּא
כד מִמָּרָה, אֲרֵי מְרִירִין אִנּוּן, עַל כֵּן קְרָא שְׁמַהּ מָרָה: וְאִתְרָעַמוּ עַמָּא, עַל מֹשֶׁה לְמֵימַר מָא
כה נִשְׁתֵּי: וְצַלִּי קֳדָם יְיָ, וְאַלְפֵיהּ יְיָ אָעָא, וּרְמָא לְמַיָּא, וּבְסִימוּ מַיָּא, תַּמָּן גְּזַר לֵיהּ, קְיָם וְדִין
כו וְתַמָּן נַסְיֵיהּ: וַאֲמַר אִם קַבָּלָא תְקַבֵּיל, לְמֵימְרָא דַּייָ אֱלָהָךְ, וּדְכָשַׁר קֳדָמוֹהִי תַּעְבֵּיד, וְתָצִית

(ישעיה מח, יג). וּמִקְדָּשׁ בִּשְׁתֵּי יָדַיִם. וְאֵימָתַי יִבָּנֶה בִּשְׁתֵּי יָדַיִם? בִּזְמַן שֶׁ"ה' יִמְלֹךְ לְעֹלָם וָעֶד", לֶעָתִיד לָבֹא שֶׁכָּל הַמְּלוּכָה שֶׁלּוֹ. וּ"לְעֹלָם וָעֶד" לְשׁוֹן עוֹלָמִית הוּא וְהַוָּי"ו בּוֹ יְסוֹד, לְפִיכָךְ הִיא פְּתוּחָה, אֲבָל "וַאֲנֹכִי הַיּוֹדֵעַ וָעֵד" (ירמיה כט, כג) שֶׁהַוָּי"ו בּוֹ שִׁמּוּשׁ, קְמוּצָה הִיא:

יט) כִּי בָא סוּס פַּרְעֹה. כַּאֲשֶׁר בָּא סוּס פַּרְעֹה וְגוֹ':

כ) וַתִּקַּח מִרְיָם הַנְּבִיאָה. הֵיכָן נִתְנַבְּאָה? כְּשֶׁהִיא "אֲחוֹת אַהֲרֹן" קֹדֶם שֶׁנּוֹלַד מֹשֶׁה. אָמְרָה: עֲתִידָה אִמִּי שֶׁתֵּלֵד בֵּן וְכוּ' כִּדְאִיתָא בְּסוֹטָה (דף יב ע"ב). דָּבָר אַחֵר, "אֲחוֹת אַהֲרֹן", לְפִי שֶׁמָּסַר נַפְשׁוֹ עָלֶיהָ כְּשֶׁנִּצְטָרְעָה נִקְרֵאת עַל שְׁמוֹ: אֶת הַתֹּף. כְּלִי שֶׁל מִינֵי זֶמֶר: בְּתֻפִּים וּבִמְחֹלֹת. מֻבְטָחוֹת הָיוּ צַדְקָנִיּוֹת שֶׁבַּדּוֹר שֶׁהַקָּדוֹשׁ בָּרוּךְ הוּא עוֹשֶׂה לָהֶם נִסִּים, וְהוֹצִיאוּ תֻּפִּים מִמִּצְרַיִם:

כא) וַתַּעַן לָהֶם מִרְיָם. מֹשֶׁה אָמַר שִׁירָה לָאֲנָשִׁים, הוּא אוֹמֵר וְהֵם עוֹנִין אַחֲרָיו, וּמִרְיָם אָמְרָה שִׁירָה לַנָּשִׁים:

כב) וַיַּסַּע מֹשֶׁה. הִסִּיעָן בְּעַל כָּרְחָם, שֶׁעִטְּרוּ מִצְרַיִם אֶת סוּסֵיהֶם בְּתַכְשִׁיטֵי זָהָב וָכֶסֶף וַאֲבָנִים טוֹבוֹת, וְהָיוּ יִשְׂרָאֵל מוֹצְאִין אוֹתָן בַּיָּם. וּגְדוֹלָה הָיְתָה בִּזַּת הַיָּם מִבִּזַּת מִצְרַיִם, שֶׁנֶּאֱמַר: "תּוֹרֵי זָהָב נַעֲשֶׂה לָּךְ עִם נְקֻדּוֹת הַכָּסֶף" (שיר השירים א, יא), לְפִיכָךְ הֻצְרַךְ לְהַסִּיעָן בְּעַל כָּרְחָם:

כג) וַיָּבֹאוּ מָרָתָה. כְּמוֹ 'לְמָרָה', הַה"א בְּסוֹף תֵּבָה בִּמְקוֹם לָמֶ"ד בִּתְחִלָּתָהּ, וְהַתָּי"ו הִיא בִּמְקוֹם

הֵ"א הַנִּשְׁרֶשֶׁת בְּתֵבַת מָרָה, וּבִסְמִיכָתָהּ, כְּשֶׁהִיא נִדְבֶּקֶת לַהֵ"א שֶׁהוּא מוֹסִיף בִּמְקוֹם הַלָּמֶ"ד, תֵּהָפֵךְ הֵ"א שֶׁל שֹׁרֶשׁ לְתָי"ו. וְכֵן כָּל הֵ"א שֶׁהִיא שֹׁרֶשׁ בִּנְקֵבָה תֵּהָפֵךְ לְתָי"ו בִּסְמִיכָתָהּ, כְּמוֹ: "חֵמָה אֵין לִי" (ישעיה כז, ד), "וַחֲמָתוֹ בָּעֲרָה בוֹ" (אסתר א, יב), הֲרֵי הֵ"א שֶׁל שֹׁרֶשׁ נֶהֶפְכָה לְתָי"ו מִפְּנֵי שֶׁנִּסְמְכָה עַל הַוָּי"ו הַנּוֹסֶפֶת. וְכֵן: "עֶבֶד וְאָמָה" (ויקרא כה, מד), "הִנֵּה אֲמָתִי בִלְהָה" (בראשית ל, ג), "לְנֶפֶשׁ חַיָּה" (שם ב, ז), "וְזִהֲמַתּוּ חַיָּתוֹ לָחֶם" (איוב לג, כ), "כְּיוֹן הָרָמָה" (שופטים ד, ה), "וּתְשֻׁבָתוֹ הָרָמָתָה" (שמואל א' ז, יז):

כד) וַיִּלֹּנוּ. לְשׁוֹן נִפְעֲלוּ הוּא. וְכֵן הַתַּרְגּוּם לָשׁוֹן נִפְעֲלוּ הוּא, "וְאִתְרָעַמוּ". וְכֵן דֶּרֶךְ לְשׁוֹן תְּלוּנָה לְהָסֵב הַדִּבּוּר אֶל הָאָדָם: מִתְלוֹנֵן, מִתְרוֹעֵם, וְלֹא יֹאמַר: לוֹנֵן, רוֹעֵם. וְכֵן יֹאמַר הַלּוֹעֵז דקומפלינש"ט ש"יי, מֵסֵב הַדִּבּוּר אֶלָיו בְּאָמְרוֹ ש"יי:

כה) שָׁם שָׂם לוֹ. בְּמָרָה נָתַן לָהֶם מִקְצָת פָּרָשִׁיּוֹת שֶׁל תּוֹרָה שֶׁיִּתְעַסְּקוּ בָּהֶם: שַׁבָּת וּפָרָה אֲדֻמָּה וְדִינִין: וְשָׁם נִסָּהוּ. לָעָם, וְרָאָה קְשִׁי עָרְפּוֹ שֶׁלֹּא נִמְלְכוּ בְּמֹשֶׁה בְּלָשׁוֹן יָפָה: בַּקֵּשׁ עָלֵינוּ שֶׁיִּהְיוּ לָנוּ מַיִם לִשְׁתּוֹת, אֶלָּא נִתְלוֹנְנוּ:

כו) אִם שָׁמוֹעַ תִּשְׁמַע. זוֹ קַבָּלָה שֶׁיְּקַבְּלוּ עֲלֵיהֶם: תַּעֲשֶׂה. הִיא עֲשִׂיָּה: וְהַאֲזַנְתָּ. תַּטֶּה אָזְנַיִם לְדַקְדֵּק בָּהֶם: כָּל חֻקָּיו. דְּבָרִים שֶׁאֵינָן אֶלָּא גְּזֵרַת מֶלֶךְ בְּלֹא שׁוּם טַעַם, וְיֵצֶר הָרָע מְקַנְטֵר עֲלֵיהֶם, מָה אִסּוּר בְּאֵלּוּ? לָמָּה נֶאֶסְרוּ? כְּגוֹן

לְמִצְוֺתָיו וְשָׁמַרְתָּ כָּל־חֻקָּיו כָּל־הַמַּחֲלָה אֲשֶׁר־
שַׂמְתִּי בְמִצְרַיִם לֹא־אָשִׂים עָלֶיךָ כִּי אֲנִי יהוה
כו רֹפְאֶךָ׃ וַיָּבֹאוּ אֵילִמָה וְשָׁם שְׁתֵּים חמישי
עֶשְׂרֵה עֵינֹת מַיִם וְשִׁבְעִים תְּמָרִים וַיַּחֲנוּ־שָׁם
א עַל־הַמָּיִם׃ וַיִּסְעוּ מֵאֵילִם וַיָּבֹאוּ כָּל־עֲדַת בְּנֵי־ טז
יִשְׂרָאֵל אֶל־מִדְבַּר־סִין אֲשֶׁר בֵּין־אֵילִם וּבֵין
סִינָי בַּחֲמִשָּׁה עָשָׂר יוֹם לַחֹדֶשׁ הַשֵּׁנִי לְצֵאתָם
ב מֵאֶרֶץ מִצְרָיִם׃ וילינו כָּל־עֲדַת בְּנֵי־יִשְׂרָאֵל עַל־ וַיִּלּוֹנוּ
ג מֹשֶׁה וְעַל־אַהֲרֹן בַּמִּדְבָּר׃ וַיֹּאמְרוּ אֲלֵהֶם בְּנֵי
יִשְׂרָאֵל מִי־יִתֵּן מוּתֵנוּ בְיַד־יהוה בְּאֶרֶץ מִצְרַיִם
בְּשִׁבְתֵּנוּ עַל־סִיר הַבָּשָׂר בְּאָכְלֵנוּ לֶחֶם לָשֹׂבַע
כִּי־הוֹצֵאתֶם אֹתָנוּ אֶל־הַמִּדְבָּר הַזֶּה לְהָמִית
ד אֶת־כָּל־הַקָּהָל הַזֶּה בָּרָעָב׃ וַיֹּאמֶר יב
יהוה אֶל־מֹשֶׁה הִנְנִי מַמְטִיר לָכֶם לֶחֶם מִן־
הַשָּׁמָיִם וְיָצָא הָעָם וְלָקְטוּ דְּבַר־יוֹם בְּיוֹמוֹ
ה לְמַעַן אֲנַסֶּנּוּ הֲיֵלֵךְ בְּתוֹרָתִי אִם־לֹא׃ וְהָיָה
בַּיּוֹם הַשִּׁשִּׁי וְהֵכִינוּ אֵת אֲשֶׁר־יָבִיאוּ וְהָיָה
ו מִשְׁנֶה עַל אֲשֶׁר־יִלְקְטוּ יוֹם ׀ יוֹם׃ וַיֹּאמֶר מֹשֶׁה
וְאַהֲרֹן אֶל־כָּל־בְּנֵי יִשְׂרָאֵל עֶרֶב וִידַעְתֶּם כִּי
ז יהוה הוֹצִיא אֶתְכֶם מֵאֶרֶץ מִצְרָיִם׃ וּבֹקֶר
וּרְאִיתֶם אֶת־כְּבוֹד יהוה בִּשְׁמֹעוֹ אֶת־תְּלֻנֹּתֵיכֶם

לפקודוהי, ותטר כל קימוהי, כל מרעין, דשויתי במצרים לא אשוינון עלך, ארי, אנא יי
כז אסך: ואתו לאילים, ותמן, תרי עסר, מבועין דמיין ושבעין דקלין, ושרו תמן על מיא:
טז א ונטלו מאילים, ואתו, כל כנשתא דבני ישראל למדברא דסין, דבין אילים ובין סיני,
ב בחמישת עסרא יומא לירחא תנינא, למפקהון מארעא דמצרים: ואתרעמו, כל כנשתא
ג דבני ישראל, על משה ועל אהרן במדברא: ואמרו להון בני ישראל, לוי דמיתנא קדם
יי בארעא דמצרים, כד הוינא יתבין על דודי בסרא, כד הוינא אכלין לחמא וסבעין,
ד ארי אפיקתון יתנא למדברא הדין, לקטלא, ית כל קהלא הדין בכפנא: ואמר יי למשה,
האנא מחית לכון, לחמא מן שמיא, ויפקון עמא וילקטון פתגם יום ביומיה, בדיל
ה דאנסינון, היהכון באוריתי אם לא: ויהי ביומא שתיתאה, ויתקנון ית דייתון, ויהי על
ו חד תרין, על דילקטון יום יום: ואמר משה ואהרן, לכל בני ישראל, ברמשא, ותדעון, ארי יי,
ז אפיק יתכון מארעא דמצרים: ובצפרא, ותחזון ית יקרא דיי, בדשמיען קדמוהי תרעמתכון

לבישת כלאים ואכילת חזיר ופרה אדומה וכיוצא בהם: **לא אשים עליך.** ואם אשים הרי היא כלא הושמה, "כי אני ה' רפאך". ולפי פשוטו, "כי אני ה' רפאך" המלמדך תורה ומצות למען תנצל מהם, כרופא הזה האומר לאדם: אל תאכל דבר זה פן יביאך לידי חולי זה. וכן הוא אומר: "רפאות תהי לשרך" (משלי ג, ח):

כז) **שתים עשרה עינת מים.** כנגד שנים עשר שבטים נזדמנו להם: **ושבעים תמרים.** כנגד שבעים זקנים:

פרק טז

א) **בחמשה עשר יום.** נתפרש היום של חניה זו לפי שבו ביום כלתה החררה שהוציאו ממצרים והצרכו למן, ללמדנו שאכלו משירי הבצק ששים ואחת סעודות, וירד להם מן בששה עשר באייר, ויום אחד בשבת היה, כדאיתא במסכת שבת (דף פז ע"ב):

ב) **וילונו.** לפי שכלה הלחם:

ג) **מי יתן מותנו.** שנמות. ואינו שם דבר כמו 'מותנו', אלא כמו: עשותנו, חנותנו, שובנו – לעשות אנחנו, לחנות אנחנו, למות אנחנו. "לוי דמיתנא" – לו מתנו, הלואי והיינו מתים:

ד) **דבר יום ביומו.** צרך אכילת יום ילקטו ביומו, ולא ילקטו היום לצרך מחר: **למען אנסנו.** כי אנסנו "הילך בתורתי", אם ישמרו מצות התלויות בו, שלא יותירו ממנו ולא יצאו בשבת ללקט:

ה) **והיה משנה.** ליום ולמחרת: **משנה.** על שהיו רגילים ללקט יום יום של שאר ימות השבוע:

ו) **ערב.** כמו לערב: **וידעתם כי ה' הוציא אתכם מארץ מצרים.** לפי שאמרתם לנו: "כי הוצאתם אתנו" (לעיל פסוק ג), תדעו כי לא אנחנו המוציאים אלא ה' הוציא אתכם, שיגיז לכם את השלו:

ז) **ובקר וראיתם.** לא על הכבוד שנאמר: "והנה כבוד ה' נראה בענן" (להלן פסוק י) נאמר, אלא כך אמר להם: ערב וידעתם כי היכלת בידו לתן תאותכם, ובשר יתן, אך לא בפנים מאירות יתננה לכם, כי שלא כהגן שאלתם אותו, ומכרס מלאה. והלחם ששאלתם לצרך, בירידתו לבקר תראו את כבוד אור פניו, שיורידהו לכם דרך חבה בבקר שיש שהות להכינו, וטל מלמעלה וטל מלמטה כמנח בקפסא: **את תלנתיכם על ה'.** כמו אשר על ה': **ונחנו מה.** מה אנחנו חשובין: **כי תלינו עלינו.** שתרעימו עלינו את הכל, את בניכם ונשיכם ובנותיכם וערב רב. ועל כרחי אני זקוק לפרש "תלינו" בלשון תפעילו, מפני דגשותו וקריתו. שאלו היה רפה הייתי מפרשו בלשון תפעלו, כמו: "וילן העם על משה" (להלן יז, ג), או אם היה דגוש ואין בו יו"ד ונקרא 'תלונו', הייתי מפרשו לשון תתלוננו. עכשיו הוא משמע תלינו את אחרים, כמו במרגלים: "וילינו עליו את כל העדה" (במדבר יד, לו):

תַּלִּינוּ ח עַל־יְהוָה וְנַחְנוּ מָה כִּי תלונו עָלֵינוּ: וַיֹּאמֶר מֹשֶׁה
בְּתֵת יְהוָה לָכֶם בָּעֶרֶב בָּשָׂר לֶאֱכֹל וְלֶחֶם בַּבֹּקֶר
לִשְׂבֹּעַ בִּשְׁמֹעַ יְהוָה אֶת־תְּלֻנֹּתֵיכֶם אֲשֶׁר־אַתֶּם
מַלִּינִם עָלָיו וְנַחְנוּ מָה לֹא־עָלֵינוּ תְלֻנֹּתֵיכֶם כִּי
ט עַל־יְהוָה: וַיֹּאמֶר מֹשֶׁה אֶל־אַהֲרֹן אֱמֹר אֶל־כָּל־
עֲדַת בְּנֵי יִשְׂרָאֵל קִרְבוּ לִפְנֵי יְהוָה כִּי שָׁמַע אֵת
י תְּלֻנֹּתֵיכֶם: וַיְהִי כְּדַבֵּר אַהֲרֹן אֶל־כָּל־עֲדַת בְּנֵי־
יִשְׂרָאֵל וַיִּפְנוּ אֶל־הַמִּדְבָּר וְהִנֵּה כְּבוֹד יְהוָה נִרְאָה
בֶּעָנָן:

ששי יא יב וַיְדַבֵּר יְהוָה אֶל־מֹשֶׁה לֵּאמֹר: שָׁמַעְתִּי אֶת־
תְּלוּנֹּת בְּנֵי יִשְׂרָאֵל דַּבֵּר אֲלֵהֶם לֵאמֹר בֵּין
הָעַרְבַּיִם תֹּאכְלוּ בָשָׂר וּבַבֹּקֶר תִּשְׂבְּעוּ־לָחֶם
יג וִידַעְתֶּם כִּי אֲנִי יְהוָה אֱלֹהֵיכֶם: וַיְהִי בָעֶרֶב וַתַּעַל
הַשְּׂלָו וַתְּכַס אֶת־הַמַּחֲנֶה וּבַבֹּקֶר הָיְתָה שִׁכְבַת
יד הַטַּל סָבִיב לַמַּחֲנֶה: וַתַּעַל שִׁכְבַת הַטָּל וְהִנֵּה
עַל־פְּנֵי הַמִּדְבָּר דַּק מְחֻסְפָּס דַּק כַּכְּפֹר עַל־
טו הָאָרֶץ: וַיִּרְאוּ בְנֵי־יִשְׂרָאֵל וַיֹּאמְרוּ אִישׁ אֶל־
אָחִיו מָן הוּא כִּי לֹא יָדְעוּ מַה־הוּא וַיֹּאמֶר מֹשֶׁה
אֲלֵהֶם הוּא הַלֶּחֶם אֲשֶׁר נָתַן יְהוָה לָכֶם לְאָכְלָה:
טז זֶה הַדָּבָר אֲשֶׁר צִוָּה יְהוָה לִקְטוּ מִמֶּנּוּ אִישׁ לְפִי
אָכְלוֹ עֹמֶר לַגֻּלְגֹּלֶת מִסְפַּר נַפְשֹׁתֵיכֶם אִישׁ לַאֲשֶׁר

בשלח

יז בְּאׇהֳלוֹ תִּקָּחוּ׃ וַיַּעֲשׂוּ־כֵן בְּנֵי יִשְׂרָאֵל וַיִּלְקְטוּ
יח הַמַּרְבֶּה וְהַמַּמְעִיט׃ וַיָּמֹדּוּ בָעֹמֶר וְלֹא הֶעְדִּיף

ח על יי, ונחנא מא, ארי מתרעמתון עלנא: ואמר משה, בדיתן יי לכון ברמשא בסרא למיכל,
ולחמא בצפרא למסבע, בדשמיען קדם יי תרעמתכון, דאתון מתרעמין עלוהי, ונחנא מא,
ט לא עלנא תרעמתכון אלהין על מימרא דיי: ואמר משה לאהרן, אימר, לכל כנשתא דבני
י ישראל, קרובו קדם יי, ארי שמיען קדמוהי תרעמתכון: והוה, כד מליל אהרן עם כל כנשתא
יא דבני ישראל, ואתפניאו למדברא, והא יקרא דיי, אתגלי בעננא: ומליל יי עם משה למימר:
יב שמיע קדמי, ית תרעמת בני ישראל, מליל עמהון למימר, בין שמשיא תיכלון בסרא,
יג ובצפרא תסבעון לחמא, ותדעון, ארי, אנא יי אלהכון: והוה ברמשא, וסליקת שליו, וחפת
יד ית משריתא, ובצפרא, הות נחתת טלא, סחור סחור למשריתא: וסליקת נחתת טלא, והא,
טו על אפי מדברא דעדק מקלף, דעדק כגיר כגלידא על ארעא: וחזו בני ישראל, ואמרו, גבר
לאחוהי מנא הוא, ארי, לא ידעין מא הוא, ואמר משה להון, הוא לחמא, דיהב יי, לכון
טז למיכל: דין פתגמא דפקיד יי, לקוטו מניה, גבר לפום מיכליה, עמרא לגולגלתא, מנין נפשתכון,
יז יח גבר לדבמשכניה תסבון: ועבדו כן בני ישראל, ולקטו, דאסגי ודאזער: וכלו בעמרא, ולא

ח בשר לאכל. ולא לשבע, למדה תורה דרך ארץ שאין אוכלין בשר לשבע. ומה ראה להוריד לחם בבקר ובשר בערב? לפי שהלחם שאלו כהגן, שאי אפשר לו לאדם בלא לחם, אבל בשר שאלו שלא כהגן, שהרבה בהמות היו להם, ועוד שהיה אפשר להם בלא בשר, לפיכך נתן להם בשעת טורח שלא כהגן: אשר אתם מלינם עליו. את האחרים השומעים אתכם מתלוננים:

ט קרבו. למקום שהענן ירד:

יג השלו. מין עוף, ושמן מאד: היתה שכבת הטל. הטל שוכב על המן, ובמקום אחר הוא אומר: "וברדת הטל" וגו' (במדבר יא, ט), הטל יורד על הארץ והמן יורד עליו וחוזר ויורד טל עליו, והרי הוא כמונח בקופסא:

יד ותעל שכבת הטל. כשהחמה זורחת עולה טל שעל המן לקראת החמה כדרך טל עולה לקראת חמה, אף אם תמלא שפופרת של ביצה טל ותסתום את פיה ותניחה בחמה, היא עולה מאליה באויר. ורבותינו דרשו שהטל עולה מן הארץ. וכעלות שכבת הטל נתגלה המן, וראו והנה על פני המדבר דבר דק, מחספס - מגלה, ואין דומה לו במקרא. ויש לומר "מחספס" לשון "חפיסה ודלוסקמא" שבלשון משנה; כשנתגלה משכבת הטל ראו שהיה דבר דק מחספס בתוכו בין שתי שכבות הטל. ואונקלוס תרגם: "מקלף", לשון "מחשף הלבן" (בראשית ל, לז): ככפר. כפור - גליד"א בלעז. "דעדק כגיר", "כאבני גר" (ישעיה כז, ט), והוא מין צבע שחור כדאמרינן גבי כסוי הדם: "הגיר והזרניך" (חולין פח ע"ב). "דעדק כגיר כגלידא על ארעא", דק היה כגיר ושוכב מגלד כקרח על הארץ. וכן פירושו, "דק ככפר", שטוח קלוש ומחובר כגליד. "דק" טינבי"ש בלעז, שהיה מגליד גלד דק מלמעלה. ו"כגיר" שתרגם אונקלוס, תוספת הוא על לשון העברית ואין לו תבה בפסוק:

טו מן הוא. הכנת מזון הוא, כמו: "וימן להם המלך" (דניאל א, ה): כי לא ידעו מה הוא. שיקראוהו בשמו:

טז עמר. שם מדה: מספר נפשתיכם. כפי מנין נפשות שיש לאיש באהלו תקחו, עמר לכל גלגלת:

יז המרבה והממעיט. יש שלקטו הרבה ויש שלקטו מעט, וכשבאו לביתם מדדו בעמר

הַמַּרְבֶּה וְהַמַּמְעִיט לֹא הֶחְסִיר אִישׁ לְפִי־אָכְלוֹ
לָקָטוּ׃ וַיֹּאמֶר מֹשֶׁה אֲלֵהֶם אִישׁ אַל־יוֹתֵר יט
מִמֶּנּוּ עַד־בֹּקֶר׃ וְלֹא־שָׁמְעוּ אֶל־מֹשֶׁה וַיּוֹתִרוּ כ
אֲנָשִׁים מִמֶּנּוּ עַד־בֹּקֶר וַיָּרֻם תּוֹלָעִים וַיִּבְאַשׁ
וַיִּקְצֹף עֲלֵהֶם מֹשֶׁה׃ וַיִּלְקְטוּ אֹתוֹ בַּבֹּקֶר בַּבֹּקֶר כא
אִישׁ כְּפִי אָכְלוֹ וְחַם הַשֶּׁמֶשׁ וְנָמָס׃ וַיְהִי ׀ בַּיּוֹם כב
הַשִּׁשִּׁי לָקְטוּ לֶחֶם מִשְׁנֶה שְׁנֵי הָעֹמֶר לָאֶחָד
וַיָּבֹאוּ כָּל־נְשִׂיאֵי הָעֵדָה וַיַּגִּידוּ לְמֹשֶׁה׃ וַיֹּאמֶר כג
אֲלֵהֶם הוּא אֲשֶׁר דִּבֶּר יְהוָה שַׁבָּתוֹן שַׁבַּת־
קֹדֶשׁ לַיהוָה מָחָר אֵת אֲשֶׁר־תֹּאפוּ אֵפוּ וְאֵת
אֲשֶׁר־תְּבַשְּׁלוּ בַּשֵּׁלוּ וְאֵת כָּל־הָעֹדֵף הַנִּיחוּ
לָכֶם לְמִשְׁמֶרֶת עַד־הַבֹּקֶר׃ וַיַּנִּיחוּ אֹתוֹ עַד־ כד
הַבֹּקֶר כַּאֲשֶׁר צִוָּה מֹשֶׁה וְלֹא הִבְאִישׁ וְרִמָּה לֹא־
הָיְתָה־בּוֹ׃ וַיֹּאמֶר מֹשֶׁה אִכְלֻהוּ הַיּוֹם כִּי־שַׁבָּת כה
הַיּוֹם לַיהוָה הַיּוֹם לֹא תִמְצָאֻהוּ בַּשָּׂדֶה׃ שֵׁשֶׁת כו
יָמִים תִּלְקְטֻהוּ וּבַיּוֹם הַשְּׁבִיעִי שַׁבָּת לֹא יִהְיֶה־
בּוֹ׃ וַיְהִי בַּיּוֹם הַשְּׁבִיעִי יָצְאוּ מִן־הָעָם לִלְקֹט כז
יג וְלֹא מָצָאוּ׃ וַיֹּאמֶר יְהוָה אֶל־מֹשֶׁה כח
עַד־אָנָה מֵאַנְתֶּם לִשְׁמֹר מִצְוֺתַי וְתוֹרֹתָי׃ רְאוּ כט
כִּי־יְהוָה נָתַן לָכֶם הַשַּׁבָּת עַל־כֵּן הוּא נֹתֵן לָכֶם

בשלח

יט אוֹתַר דְּאַסְגִּי, וּדְאַזְעַר לָא חֲסַר, גְּבַר לְפוּם מֵיכְלֵיהּ לְקַטוּ: וַאֲמַר מֹשֶׁה לְהוֹן, אֱנָשׁ, לָא יַשְׁאַר
כ מִנֵּיהּ עַד צַפְרָא: וְלָא קַבִּילוּ מִן מֹשֶׁה, וְאַשְׁאַרוּ גֻּבְרַיָּא מִנֵּיהּ עַד צַפְרָא, וּרְחֵישׁ רִחְשָׁא וּסְרִי,
כא וּרְגִיז עֲלֵיהוֹן מֹשֶׁה: וּלְקַטוּ יָתֵיהּ בִּצְפַר בִּצְפַר, גְּבַר כְּפוּם מֵיכְלֵיהּ, וּמָא דְּמִשְׁתְּאַר מִנֵּיהּ עַל אַפֵּי
כב חַקְלָא כַּד חֲמָא עֲלוֹהִי שִׁמְשָׁא פָּשַׁר: וַהֲוָה בְּיוֹמָא שְׁתִיתָאָה, לְקַטוּ לַחְמָא עַל חַד תְּרֵין, תְּרֵין
כג עֻמְרִין לְחַד, וַאֲתוֹ כָּל רַבְרְבֵי כְנִשְׁתָּא, וְחַוִּיאוּ לְמֹשֶׁה: וַאֲמַר לְהוֹן, הוּא דְּמַלִּיל יְיָ, שְׁבָא שַׁבְּתָא
קֻדְשָׁא, קֳדָם יְיָ מְחַר, יָת דְּאַתּוּן עֲתִידִין לְמֵיפָא אֵיפוֹ, וְיָת דְּאַתּוּן עֲתִידִין לְבַשָּׁלָא בַּשִּׁילוּ, וְיָת
כד כָּל מוֹתָרָא, אַצְנַעוּ לְכוֹן, לְמַטְּרָא עַד צַפְרָא: וְאַצְנַעוּ יָתֵיהּ עַד צַפְרָא, כְּמָא דְּפַקֵּיד מֹשֶׁה, וְלָא
כה סְרִי, וְרִחְשָׁא לָא הֲוָת בֵּיהּ: וַאֲמַר מֹשֶׁה אִכְלוּהִי יוֹמָא דֵין, אֲרֵי שַׁבְּתָא יוֹמָא דֵין קֳדָם יְיָ, יוֹמָא
כו דֵין, לָא תַשְׁכְּחֻנֵּיהּ בְּחַקְלָא: שִׁתָּא יוֹמִין תִּלְקְטֻנֵּיהּ, וּבְיוֹמָא שְׁבִיעָאָה, שַׁבְּתָא לָא יְהֵי בֵיהּ:
כז כח וַהֲוָה בְּיוֹמָא שְׁבִיעָאָה, נְפַקוּ מִן עַמָּא לְמִלְקַט, וְלָא אַשְׁכַּחוּ: וַאֲמַר יְיָ לְמֹשֶׁה, עַד אֵמָתַי אַתּוּן
כט מְסָרְבִין, לְמִטַּר פִּקּוּדַי וְאוֹרָיָתָי: חֲזוֹ, אֲרֵי יְיָ יְהַב לְכוֹן שַׁבְּתָא, עַל כֵּן, הוּא יָהֵיב לְכוֹן,

אִישׁ אִישׁ מַה שֶּׁלָּקְטוּ, וּמָצְאוּ שֶׁהַמַּרְבֶּה לִלְקֹט לֹא הֶעְדִּיף עַל עֹמֶר לַגֻּלְגֹּלֶת אֲשֶׁר בְּאָהֳלוֹ, וְהַמַּמְעִיט לִלְקֹט לֹא מָצָא חָסֵר מֵעֹמֶר לַגֻּלְגֹּלֶת, וְזֶהוּ נֵס גָּדוֹל שֶׁנַּעֲשָׂה בּוֹ:

כ **וַיּוֹתִרוּ אֲנָשִׁים.** דָּתָן וַאֲבִירָם: **וַיָּרֻם תּוֹלָעִים.** לְשׁוֹן רִמָּה: **וַיִּבְאַשׁ.** הֲרֵי זֶה מִקְרָא הָפוּךְ, שֶׁבַּתְּחִלָּה הִבְאִישׁ וּלְבַסּוֹף הִתְלִיעַ, כְּעִנְיָן שֶׁנֶּאֱמַר: "וְלֹא הִבְאִישׁ וְרִמָּה לֹא הָיְתָה בּוֹ" (להלן פסוק כד), וְכֵן דֶּרֶךְ כָּל הַמִּתְלִיעִים:

כא **וְחַם הַשֶּׁמֶשׁ וְנָמָס.** הַנִּשְׁאָר בַּשָּׂדֶה נַעֲשָׂה נְחָלִים וְשׁוֹתִין מִמֶּנּוּ אַיָּלִים וּצְבָאִים, וְאֻמּוֹת הָעוֹלָם צָדִין מֵהֶם וְטוֹעֲמִים בָּהֶם טַעַם מָן וְיוֹדְעִים מַה שִּׁבְחָן שֶׁל יִשְׂרָאֵל. "פָּשַׁר" (אונקלוס), לְשׁוֹן פּוֹשְׁרִין, עַל יְדֵי הַשֶּׁמֶשׁ מִתְחַמֵּם וּמַפְשִׁיר: **וְנָמָס.** דישטמפרי"ר. וְדֻגְמָתוֹ בְּסַנְהֶדְרִין בְּסוֹף 'אַרְבַּע מִיתוֹת' (דף סז ע"ב):

כב **לָקְטוּ לֶחֶם מִשְׁנֶה.** כְּשֶׁמָּדְדוּ אֶת לְקִיטָתָם בְּאָהֳלֵיהֶם מָצְאוּ כְּפָלִים, "שְׁנֵי הָעֹמֶר לָאֶחָד". וּמִדְרַשׁ אַגָּדָה, "לֶחֶם מִשְׁנֶה" מְשֻׁנֶּה, אוֹתוֹ הַיּוֹם נִשְׁתַּנָּה לְשֶׁבַח בְּרֵיחוֹ וְטַעְמוֹ: **וַיַּגִּידוּ לְמֹשֶׁה.** שְׁאָלוּהוּ מַה הַיּוֹם מִיּוֹמַיִם? וּמִכָּאן יֵשׁ לִלְמֹד שֶׁעֲדַיִן לֹא הִגִּיד לָהֶם מֹשֶׁה פָּרָשַׁת שַׁבָּת שֶׁנִּצְטַוָּה לוֹמַר לָהֶם: "וְהָיָה בַּיּוֹם הַשִּׁשִּׁי וְהֵכִינוּ" וְגוֹ' (לעיל פסוק ה), עַד שֶׁשָּׁאֲלוּ אֶת זֹאת. אָמַר לָהֶם: "הוּא אֲשֶׁר דִּבֶּר ה'" (בפסוק הבא), שֶׁנִּצְטַוֵּיתִי לוֹמַר לָכֶם. וּלְכָךְ עֲנָשׁוֹ הַכָּתוּב, שֶׁאָמַר לוֹ: "עַד אָנָה מֵאַנְתֶּם" (להלן פסוק כח) וְלֹא הוֹצִיאוֹ מִן הַכְּלָל:

כג **אֵת אֲשֶׁר תֹּאפוּ אֵפוּ.** מַה שֶּׁאַתֶּם רוֹצִים לֶאֱפוֹת בַּתַּנּוּר, "אֵפוּ" הַיּוֹם הַכֹּל לִשְׁנֵי יָמִים. וּמַה שֶּׁאַתֶּם צְרִיכִים לְבַשֵּׁל מִמֶּנּוּ בַּמַּיִם, "בַּשְּׁלוּ" הַיּוֹם. לְשׁוֹן אֲפִיָּה נוֹפֵל בַּלֶּחֶם וּלְשׁוֹן בִּשּׁוּל בַּתַּבְשִׁיל: **לְמִשְׁמֶרֶת.** לִגְנִיזָה:

כה **וַיֹּאמֶר מֹשֶׁה אִכְלֻהוּ הַיּוֹם.** שַׁחֲרִית שֶׁהָיוּ רְגִילִים לָצֵאת וְלִלְקֹט, בָּאוּ לִשְׁאֹל אִם נֵצֵא אִם לָאו, אָמַר לָהֶם: אֶת שֶׁבְּיֶדְכֶם אִכְלוּ. לָעֶרֶב חָזְרוּ לְפָנָיו: מַהוּ לָצֵאת? אָמַר לָהֶם: "שַׁבָּת הַיּוֹם". רָאָה אוֹתָם דּוֹאֲגִים שֶׁמָּא פָּסַק הַמָּן וְלֹא יֵרֵד עוֹד, אָמַר לָהֶם: "הַיּוֹם לֹא תִמְצָאֻהוּ", מַה תַּלְמוּד לוֹמַר "הַיּוֹם"? הַיּוֹם לֹא תִמְצָאֻהוּ אֲבָל מָחָר תִּמְצָאֻהוּ:

כו **וּבַיּוֹם הַשְּׁבִיעִי שַׁבָּת.** "שַׁבָּת" הוּא, הַמָּן "לֹא יִהְיֶה בּוֹ". וְלֹא בָּא הַכָּתוּב אֶלָּא לְרַבּוֹת יוֹם הַכִּפּוּרִים וְיָמִים טוֹבִים:

כח **עַד אָנָה מֵאַנְתֶּם.** מָשָׁל הֶדְיוֹט הוּא, בַּהֲדֵי הוּצָא לָקֵי כְּרָבָא, עַל יְדֵי הָרְשָׁעִים מִתְגַּנִּין הַכְּשֵׁרִים:

כט **רְאוּ.** בְּעֵינֵיכֶם כִּי ה' בִּכְבוֹדוֹ מַזְהִיר אֶתְכֶם עַל הַשַּׁבָּת, שֶׁהֲרֵי נֵס נַעֲשָׂה בְּכָל עֶרֶב שַׁבָּת

מצווה כד איסור יציאה מתחום שבת

בַּיּוֹם הַשִּׁשִּׁי לֶחֶם יוֹמָיִם שְׁבוּ ׀ אִישׁ תַּחְתָּיו אַל־
יֵצֵא אִישׁ מִמְּקֹמוֹ בַּיּוֹם הַשְּׁבִיעִי׃ וַיִּשְׁבְּתוּ ל
הָעָם בַּיּוֹם הַשְּׁבִעִי׃ וַיִּקְרְאוּ בֵית־יִשְׂרָאֵל אֶת־ לא ★
שְׁמוֹ מָן וְהוּא כְּזֶרַע גַּד לָבָן וְטַעְמוֹ כְּצַפִּיחִת
בִּדְבָשׁ׃ וַיֹּאמֶר מֹשֶׁה זֶה הַדָּבָר אֲשֶׁר צִוָּה לב
יְהוָה מְלֹא הָעֹמֶר מִמֶּנּוּ לְמִשְׁמֶרֶת לְדֹרֹתֵיכֶם
לְמַעַן ׀ יִרְאוּ אֶת־הַלֶּחֶם אֲשֶׁר הֶאֱכַלְתִּי אֶתְכֶם
בַּמִּדְבָּר בְּהוֹצִיאִי אֶתְכֶם מֵאֶרֶץ מִצְרָיִם׃
וַיֹּאמֶר מֹשֶׁה אֶל־אַהֲרֹן קַח צִנְצֶנֶת אַחַת וְתֶן־ לג
שָׁמָּה מְלֹא־הָעֹמֶר מָן וְהַנַּח אֹתוֹ לִפְנֵי יְהוָה
לְמִשְׁמֶרֶת לְדֹרֹתֵיכֶם׃ כַּאֲשֶׁר צִוָּה יְהוָה אֶל־ לד
מֹשֶׁה וַיַּנִּיחֵהוּ אַהֲרֹן לִפְנֵי הָעֵדֻת לְמִשְׁמָרֶת׃
וּבְנֵי יִשְׂרָאֵל אָכְלוּ אֶת־הַמָּן אַרְבָּעִים שָׁנָה לה
עַד־בֹּאָם אֶל־אֶרֶץ נוֹשָׁבֶת אֶת־הַמָּן אָכְלוּ
עַד־בֹּאָם אֶל־קְצֵה אֶרֶץ כְּנָעַן׃ וְהָעֹמֶר עֲשִׂרִית לו
הָאֵיפָה הוּא׃

שביעי וַיִּסְעוּ כָּל־עֲדַת בְּנֵי־יִשְׂרָאֵל מִמִּדְבַּר־סִין א יז
לְמַסְעֵיהֶם עַל־פִּי יְהוָה וַיַּחֲנוּ בִּרְפִידִים וְאֵין
מַיִם לִשְׁתֹּת הָעָם׃ וַיָּרֶב הָעָם עִם־מֹשֶׁה וַיֹּאמְרוּ ב
תְּנוּ־לָנוּ מַיִם וְנִשְׁתֶּה וַיֹּאמֶר לָהֶם מֹשֶׁה מַה־
תְּרִיבוּן עִמָּדִי מַה־תְּנַסּוּן אֶת־יְהוָה׃ וַיִּצְמָא ג

שָׁ֣ם הָעָ֔ם לַמַּ֗יִם וַיָּ֤לֶן הָעָם֙ עַל־מֹשֶׁ֔ה וַיֹּ֕אמֶר
לָ֤מָּה זֶּה֙ הֶעֱלִיתָ֣נוּ מִמִּצְרַ֔יִם לְהָמִ֥ית אֹתִ֛י וְאֶת־

בְּיוֹמָא שְׁתִיתָאָה לְחֵים תְּרֵין יוֹמִין, תִּיבוּ אֱנָשׁ תְּחוֹתוֹהִי, לָא יִפּוֹק אֱנָשׁ, מֵאַתְרֵיהּ בְּיוֹמָא
ל לא שְׁבִיעָאָה: וּשְׁבַתוּ עַמָּא בְּיוֹמָא שְׁבִיעָאָה: וּקְרוֹ בֵית יִשְׂרָאֵל, יָת שְׁמֵיהּ מַנָּא, וְהוּא, כְּבַר
לב זְרַע גִּדָּא חִיוָר, וְטַעְמֵיהּ כְּאִסְקְרִיטָן בִּדְבָשׁ: וַאֲמַר מֹשֶׁה, דֵּין פִּתְגָּמָא דְּפַקֵּיד יְיָ, מְלֵי
עֻמְרָא מִנֵּיהּ, לְמַטְּרָא לְדָרֵיכוֹן, בְּדִיל דְּיִחְזוֹן יָת לַחְמָא, דְּאוֹכֵילִית יָתְכוֹן בְּמַדְבְּרָא,
לג בְּאַפָּקוּתִי יָתְכוֹן מֵאַרְעָא דְּמִצְרָיִם: וַאֲמַר מֹשֶׁה לְאַהֲרֹן, סַב צְלוֹחִית חֲדָא, וְהַב תַּמָּן מְלֵי
לד עֻמְרָא מַנָּא, וְאַצְנַע יָתֵיהּ קֳדָם יְיָ, לְמַטְּרָא לְדָרֵיכוֹן: כְּמָא דְּפַקֵּיד יְיָ לְמֹשֶׁה, וְאַצְנְעֵיהּ
לה אַהֲרֹן, קֳדָם סָהֲדוּתָא לְמַטְּרָא: וּבְנֵי יִשְׂרָאֵל, אֲכַלוּ יָת מַנָּא אַרְבְּעִין שְׁנִין, עַד דְּעָאלוּ לַאֲרַע
לו יָתֵיבְתָּא, יָת מַנָּא אֲכַלוּ, עַד דַּאֲתוֹ, לִסְיָפֵי אַרְעָא דִּכְנָעַן: וְעֻמְרָא, חַד מִן עַסְרָא בִּתְלָת
יז א סְאִין הוּא: וּנְטַלוּ, כָּל כְּנִשְׁתָּא דִּבְנֵי יִשְׂרָאֵל מִמַּדְבְּרָא דְּסִין, לְמַטְלָנֵיהוֹן עַל מֵימְרָא דַּיְיָ,
ב וּשְׁרוֹ בִּרְפִידִים, וְלֵית מַיָּא לְמִשְׁתֵּי עַמָּא: וּנְצָא עַמָּא עִם מֹשֶׁה, וַאֲמַרוּ, הַבוּ לָנָא מַיָּא
ג וְנִשְׁתֵּי, וַאֲמַר לְהוֹן מֹשֶׁה, מָא נָצַן אַתּוּן עִמִּי, מָא מְנַסַּן אַתּוּן קֳדָם יְיָ: וּצְחִי תַמָּן עַמָּא
לְמַיָּא, וְאִתְרָעַם עַמָּא עַל מֹשֶׁה, וַאֲמַר, לְמָא דְנָן אַסֵּיקְתַּנָא מִמִּצְרַיִם, לְקַטָּלָא יָתִי, וְיָת

לָתֵת לָכֶם לֶחֶם יוֹמָיִם: שְׁבוּ אִישׁ תַּחְתָּיו. מִכָּאן סָמְכוּ חֲכָמִים אַרְבַּע אַמּוֹת לַיּוֹצֵא חוּץ לַתְּחוּם: אַל יֵצֵא אִישׁ מִמְּקֹמוֹ. אֵלּוּ אַלְפַּיִם אַמָּה, וְלֹא בִּמְפֹרָשׁ, שֶׁאֵין תְּחוּמִין אֶלָּא מִדִּבְרֵי סוֹפְרִים, וְעִקָּרוֹ שֶׁל מִקְרָא עַל לוֹקְטֵי הַמָּן נֶאֱמַר:

לא) וְהוּא כְּזֶרַע גַּד. עֵשֶׂב שֶׁשְּׁמוֹ אליי"נדרי, וְזֶרַע שֶׁלּוֹ עָגֹל וְאֵינוֹ לָבָן, וְהַמָּן הָיָה לָבָן, וְאֵינוֹ נִמְשָׁל לְזֶרַע גַּד אֶלָּא לְעִנְיַן הָעִגּוּל, "כְּזֶרַע גַּד" הָיָה וְהוּא "לָבָן": כְּצַפִּיחִת. בָּצֵק שֶׁמְּטַגְּנִין אוֹתוֹ בִּדְבַשׁ, וְקוֹרִין לוֹ 'אֶסְקְרִיטִין' בִּלְשׁוֹן מִשְׁנָה (חלה א, ד; פסחים לז ע"א), וְהוּא תַּרְגּוּם שֶׁל אוּנְקְלוֹס:

לב) לְמִשְׁמֶרֶת. לְגְנִיזָה: לְדֹרֹתֵיכֶם. בִּימֵי יִרְמְיָהוּ, כְּשֶׁהָיָה יִרְמְיָהוּ מוֹכִיחָם: לָמָּה אֵין אַתֶּם עוֹסְקִים בַּתּוֹרָה? וְהֵם אוֹמְרִים: נַנִּיחַ מְלַאכְתֵּנוּ וְנַעֲסֹק בַּתּוֹרָה, מֵהֵיכָן נִתְפַּרְנֵס? הוֹצִיא לָהֶם צִנְצֶנֶת הַמָּן, אָמַר לָהֶם: "הַדּוֹר אַתֶּם רְאוּ דְּבַר ה'" (ירמיה ב, לא), 'שִׁמְעוּ' לֹא נֶאֱמַר אֶלָּא "רְאוּ", בָּזֶה נִתְפַּרְנְסוּ אֲבוֹתֵיכֶם, הַרְבֵּה שְׁלוּחִין יֵשׁ לוֹ לַמָּקוֹם לְהָכִין מָזוֹן לִירֵאָיו:

לג) צִנְצֶנֶת. צְלוֹחִית שֶׁל חֶרֶס, כְּתַרְגּוּמוֹ: וְהַנַּח אוֹתוֹ לִפְנֵי ה'. לִפְנֵי הָאָרוֹן. וְלֹא נֶאֱמַר מִקְרָא זֶה עַד שֶׁנִּבְנָה אֹהֶל מוֹעֵד, אֶלָּא שֶׁנִּכְתַּב כָּאן בְּפָרָשַׁת הַמָּן:

לה) אַרְבָּעִים שָׁנָה. וַהֲלֹא חָסֵר שְׁלֹשִׁים יוֹם, שֶׁהֲרֵי בַּחֲמִשָּׁה עָשָׂר בְּאִיָּר יָרַד לָהֶם הַמָּן תְּחִלָּה וּבַחֲמִשָּׁה עָשָׂר בְּנִיסָן פָּסַק, שֶׁנֶּאֱמַר: "וַיִּשְׁבֹּת הַמָּן מִמָּחֳרָת" (יהושע ה, יב)? אֶלָּא מַגִּיד שֶׁהָעֻגּוֹת שֶׁהוֹצִיאוּ יִשְׂרָאֵל מִמִּצְרַיִם טָעֲמוּ בָּהֶם טַעַם מָן: אֶל אֶרֶץ נוֹשָׁבֶת. לְאַחַר שֶׁעָבְרוּ אֶת הַיַּרְדֵּן: אֶל קְצֵה אֶרֶץ כְּנָעַן. בִּתְחִלַּת הַגְּבוּל קֹדֶם שֶׁעָבְרוּ אֶת הַיַּרְדֵּן, וְהֵם עַרְבוֹת מוֹאָב. נִמְצְאוּ מַכְחִישִׁין זֶה אֶת זֶה! אֶלָּא בְּעַרְבוֹת מוֹאָב כְּשֶׁמֵּת מֹשֶׁה בְּשִׁבְעָה בַּאֲדָר פָּסַק הַמָּן מִלֵּרֵד, וְנִסְתַּפְּקוּ מִמָּן שֶׁלָּקְטוּ בּוֹ בַּיּוֹם עַד שֶׁהִקְרִיבוּ הָעֹמֶר בְּשִׁשָּׁה עָשָׂר בְּנִיסָן, שֶׁנֶּאֱמַר: "וַיֹּאכְלוּ מֵעֲבוּר הָאָרֶץ מִמָּחֳרַת הַפֶּסַח" (יהושע ה, יא):

לו) עֲשִׂרִית הָאֵיפָה. הָאֵיפָה שָׁלֹשׁ סְאִין, וְהַסְּאָה שֵׁשֶׁת קַבִּין, וְהַקַּב אַרְבָּעָה לֻגִּין, וְהַלֹּג שֵׁשׁ בֵּיצִים; נִמְצָא עֲשִׂירִית הָאֵיפָה אַרְבָּעִים וְשָׁלֹשׁ בֵּיצִים וְחֹמֶשׁ בֵּיצָה, וְהוּא שִׁעוּר לַחַלָּה וְלַמְּנָחוֹת:

פרק יז

ב) מַה תְּנַסּוּן. לוֹמַר, הֲיוּכַל לָתֵת מַיִם בְּאֶרֶץ צִיָּה:

ד בָּנַי וְאֶת־מִקְנַי בַּצָּמָא׃ וַיִּצְעַק מֹשֶׁה אֶל־יְהוָה
לֵאמֹר מָה אֶעֱשֶׂה לָעָם הַזֶּה עוֹד מְעַט וּסְקָלֻנִי׃
ה וַיֹּאמֶר יְהוָה אֶל־מֹשֶׁה עֲבֹר לִפְנֵי הָעָם וְקַח
אִתְּךָ מִזִּקְנֵי יִשְׂרָאֵל וּמַטְּךָ אֲשֶׁר הִכִּיתָ בּוֹ אֶת־
ו הַיְאֹר קַח בְּיָדְךָ וְהָלָכְתָּ׃ הִנְנִי עֹמֵד לְפָנֶיךָ שָּׁם ׀
עַל־הַצּוּר בְּחֹרֵב וְהִכִּיתָ בַצּוּר וְיָצְאוּ מִמֶּנּוּ מַיִם
וְשָׁתָה הָעָם וַיַּעַשׂ כֵּן מֹשֶׁה לְעֵינֵי זִקְנֵי יִשְׂרָאֵל׃
ז וַיִּקְרָא שֵׁם הַמָּקוֹם מַסָּה וּמְרִיבָה עַל־רִיב ׀ בְּנֵי
יִשְׂרָאֵל וְעַל נַסֹּתָם אֶת־יְהוָה לֵאמֹר הֲיֵשׁ יְהוָה
בְּקִרְבֵּנוּ אִם־אָיִן׃
ח וַיָּבֹא עֲמָלֵק וַיִּלָּחֶם עִם־יִשְׂרָאֵל בִּרְפִידִם׃
ט וַיֹּאמֶר מֹשֶׁה אֶל־יְהוֹשֻׁעַ בְּחַר־לָנוּ אֲנָשִׁים
וְצֵא הִלָּחֵם בַּעֲמָלֵק מָחָר אָנֹכִי נִצָּב עַל־רֹאשׁ
י הַגִּבְעָה וּמַטֵּה הָאֱלֹהִים בְּיָדִי׃ וַיַּעַשׂ יְהוֹשֻׁעַ
כַּאֲשֶׁר אָמַר־לוֹ מֹשֶׁה לְהִלָּחֵם בַּעֲמָלֵק וּמֹשֶׁה
יא אַהֲרֹן וְחוּר עָלוּ רֹאשׁ הַגִּבְעָה׃ וְהָיָה כַּאֲשֶׁר *
יָרִים מֹשֶׁה יָדוֹ וְגָבַר יִשְׂרָאֵל וְכַאֲשֶׁר יָנִיחַ יָדוֹ
יב וְגָבַר עֲמָלֵק׃ וִידֵי מֹשֶׁה כְּבֵדִים וַיִּקְחוּ־אֶבֶן
וַיָּשִׂימוּ תַחְתָּיו וַיֵּשֶׁב עָלֶיהָ וְאַהֲרֹן וְחוּר תָּמְכוּ
בְיָדָיו מִזֶּה אֶחָד וּמִזֶּה אֶחָד וַיְהִי יָדָיו אֱמוּנָה

ד בְּנִי וְיָת בְּעִירַי בְּצַחוּתָא: וְצַלִּי מֹשֶׁה קֳדָם יְיָ לְמֵימַר, מָא אַעֲבֵיד לְעַמָּא הָדֵין, עוֹד זְעֵיר פּוֹן
ה וְרָגְמוּנִי: וַאֲמַר יְיָ לְמֹשֶׁה, עֲבַר קֳדָם עַמָּא, וּדְבַר עִמָּךְ מִסָּבֵי יִשְׂרָאֵל, וְחֻטְרָךְ, דִּמְחֵיתָא בֵּיהּ
ו יָת נַהֲרָא, סַב בִּידָךְ וְתֵיזִיל: הָאֲנָא קָאֵים קֳדָמָךְ תַּמָּן עַל טִנָּרָא בְּחוֹרֵב, וְתִמְחֵי בְּטִנָּרָא,
ז וְיִפְּקוּן מִנֵּיהּ, מַיָּא וְיִשְׁתֵּי עַמָּא, וַעֲבַד כֵּן מֹשֶׁה, לְעֵינֵי סָבֵי יִשְׂרָאֵל: וּקְרָא שְׁמֵיהּ דְּאַתְרָא,
נִסֵּיתָא וּמַצּוּתָא, עַל דִּנְצוֹ בְּנֵי יִשְׂרָאֵל, וְעַל דְּנַסִּיאוּ קֳדָם יְיָ לְמֵימַר, הַאִית שְׁכִינְתָא דַּייָ,
ח ט בֵּינָנָא אִם לָא: וַאֲתָא עֲמָלֵק, וַאֲגִיחַ קְרָבָא עִם יִשְׂרָאֵל בִּרְפִידִים: וַאֲמַר מֹשֶׁה לִיהוֹשֻׁעַ בְּחַר
לַנָא גֻּבְרִין, וּפוֹק אֲגִיחַ קְרָבָא בַּעֲמָלֵק, מְחַר, אֲנָא קָאֵים עַל רֵישׁ רָמְתָא, וְחֻטְרָא דְּאִתְעֲבִידוּ
י בֵּיהּ נִסִּין מִן קֳדָם יְיָ בִּידִי: וַעֲבַד יְהוֹשֻׁעַ, כְּמָא דַּאֲמַר לֵיהּ מֹשֶׁה, לְאַגָּחָא קְרָבָא בַּעֲמָלֵק,
יא וּמֹשֶׁה אַהֲרֹן וְחוּר, סְלִיקוּ לְרֵישׁ רָמְתָא: וְהָוֵי, כַּד מָרֵים מֹשֶׁה, יְדוֹהִי מִתְגַּבְּרִין דְּבֵית יִשְׂרָאֵל,
יב וְכַד מָנַח, יְדוֹהִי מִתְגַּבְּרִין דְּבֵית עֲמָלֵק: וִידֵי מֹשֶׁה יְקָרָא, וּנְסִיבוּ אַבְנָא, וְשַׁוִּיאוּ תְּחוֹתוֹהִי
וִיתֵיב עֲלַהּ, וְאַהֲרֹן וְחוּר סְעִידִין בִּידוֹהִי, מִכָּא חַד וּמִכָּא חַד, וַהֲוָאָה יְדוֹהִי, פְּרִיסָן בִּצְלוֹ

ד **עוֹד מְעַט.** אִם אַמְתִּין "עוֹד מְעַט", וּסְקָלֻנִי":

ה **עֲבֹר לִפְנֵי הָעָם.** וּרְאֵה אִם יִסְקְלוּךָ, לָמָּה הוֹצֵאתָ לַעַז עַל בָּנַי? **וְקַח אִתְּךָ מִזִּקְנֵי יִשְׂרָאֵל.** לְעֵדוּת, שֶׁיִּרְאוּ שֶׁעַל יָדְךָ הַמַּיִם יוֹצְאִים מִן הַצּוּר, וְלֹא יֹאמְרוּ: מַעְיָנוֹת הָיוּ שָׁם מִימֵי קֶדֶם. **וּמַטְּךָ אֲשֶׁר הִכִּיתָ בּוֹ אֶת הַיְאֹר.** מַה תַּלְמוּד לוֹמַר: "אֲשֶׁר הִכִּיתָ בּוֹ אֶת הַיְאֹר"? אֶלָּא שֶׁהָיוּ יִשְׂרָאֵל אוֹמְרִים עַל הַמַּטֶּה שֶׁאֵינוֹ מוּכָן אֶלָּא לְפֻרְעָנוּת, בּוֹ לָקָה פַּרְעֹה וּמִצְרַיִם כַּמָּה מַכּוֹת בְּמִצְרַיִם וְעַל הַיָּם, לְכָךְ נֶאֱמַר: "אֲשֶׁר הִכִּיתָ בּוֹ אֶת הַיְאֹר" וְהֵם אוֹמְרִים עָלָיו שֶׁאֵינוֹ אֶלָּא לְפֻרְעָנוּת, יִרְאוּ עַתָּה שֶׁאַף לְטוֹבָה הוּא מוּכָן:

ו **וְהִכִּיתָ בַצּוּר.** 'עַל הַצּוּר' לֹא נֶאֱמַר אֶלָּא "בַצּוּר", מִכָּאן שֶׁהַמַּטֶּה הָיָה שֶׁל מִין דָּבָר חָזָק וּשְׁמוֹ סַנְפִּירִינוֹן, וְהַצּוּר נִבְקַע מִפָּנָיו:

ח **וַיָּבֹא עֲמָלֵק.** סָמַךְ פָּרָשָׁה זוֹ לְמִקְרָא זֶה, לוֹמַר, תָּמִיד אֲנִי בֵּינֵיכֶם וּמְזֻמָּן לְכָל צָרְכֵיכֶם, וְאַתֶּם אוֹמְרִים: "הֲיֵשׁ ה' בְּקִרְבֵּנוּ אִם אָיִן" (לעיל פסוק ז)?! חַיֵּיכֶם שֶׁהַכֶּלֶב בָּא וְנוֹשֵׁךְ אֶתְכֶם וְאַתֶּם צוֹעֲקִים לִי וְתֵדְעוּ הֵיכָן אֲנִי. מָשָׁל לְאָדָם שֶׁהִרְכִּיב בְּנוֹ עַל כְּתֵפוֹ וְיָצָא לַדֶּרֶךְ, הָיָה אוֹתוֹ הַבֵּן רוֹאֶה חֵפֶץ וְאוֹמֵר: אַבָּא, טֹל חֵפֶץ זֶה וְתֵן לִי! וְהוּא נוֹתֵן לוֹ, וְכֵן שְׁנִיָּה וְכֵן שְׁלִישִׁית. פָּגְעוּ בְּאָדָם אֶחָד, אָמַר לוֹ אוֹתוֹ הַבֵּן: רָאִיתָ אֶת אַבָּא? אָמַר לוֹ אָבִיו: אֵינְךָ יוֹדֵעַ הֵיכָן אֲנִי?! הִשְׁלִיכוֹ מֵעָלָיו, וּבָא הַכֶּלֶב וּנְשָׁכוֹ:

ט **בְּחַר לָנוּ.** לִי וּלְךָ, הִשְׁוָהוּ לוֹ. מִכָּאן אָמְרוּ: "יְהִי כְבוֹד תַּלְמִידְךָ חָבִיב עָלֶיךָ כְּשֶׁלָּךְ" (אבות ד, טו). וּכְבוֹד חֲבֵרְךָ כְּמוֹרָא רַבָּךְ, מִנַּיִן? "וַיֹּאמֶר אַהֲרֹן אֶל מֹשֶׁה בִּי אֲדֹנִי" (במדבר יב, יא), וַהֲלֹא גָּדוֹל הָאָחִין הָיָה, וְעָשָׂה אֶת חֲבֵרוֹ כְּרַבּוֹ. וּ"מוֹרָא רַבָּךְ כְּמוֹרָא שָׁמַיִם", שֶׁנֶּאֱמַר: "אֲדֹנִי מֹשֶׁה כְּלָאֵם" (שם יא, כח), כַּלֵּם מִן הָעוֹלָם, חַיָּבִין הֵם כְּלָיָה הַמּוֹרְדִים בְּךָ כְּאִלּוּ פָּשְׁעוּ בְּהַקָּדוֹשׁ בָּרוּךְ הוּא. **וְצֵא הִלָּחֵם.** צֵא מִן הֶעָנָן וְהִלָּחֵם בּוֹ. **מָחָר.** בְּעֵת הַמִּלְחָמָה "אָנֹכִי נִצָּב". **בְּחַר לָנוּ אֲנָשִׁים.** גִּבּוֹרִים וְיִרְאֵי חֵטְא, שֶׁתְּהֵא זְכוּתָן מְסַיַּעְתָּן. דָּבָר אַחֵר, בְּחַר לָנוּ אֲנָשִׁים שֶׁיּוֹדְעִין לְבַטֵּל כְּשָׁפִים, לְפִי שֶׁבְּנֵי עֲמָלֵק מְכַשְּׁפִים הָיוּ:

י **וּמֹשֶׁה אַהֲרֹן וְחוּר.** מִכָּאן לְתַעֲנִית שֶׁצְּרִיכִים שְׁלֹשָׁה לַעֲבֹר לִפְנֵי הַתֵּבָה, שֶׁבְּתַעֲנִית הָיוּ שְׁרוּיִים. **חוּר.** בְּנָהּ שֶׁל מִרְיָם הָיָה:

יא **כַּאֲשֶׁר יָרִים מֹשֶׁה יָדוֹ.** וְכִי יָדָיו שֶׁל מֹשֶׁה נוֹצְחוֹת הָיוּ הַמִּלְחָמָה? וְכוּ', כִּדְאִיתָא בְּרֹאשׁ הַשָּׁנָה (דף כט ע"א):

יב **וִידֵי מֹשֶׁה כְּבֵדִים.** בִּשְׁבִיל שֶׁנִּתְעַצֵּל בַּמִּצְוָה וּמִנָּה אַחֵר תַּחְתָּיו, נִתְיַקְּרוּ יָדָיו: **וַיִּקְחוּ.** אַהֲרֹן וְחוּר "אֶבֶן, וַיָּשִׂימוּ תַחְתָּיו", וְלֹא יָשַׁב לוֹ עַל כַּר וָכֶסֶת, אָמַר: יִשְׂרָאֵל שְׁרוּיִין בְּצַעַר, אַף אֲנִי אֶהְיֶה עִמָּהֶם בְּצַעַר: **וַיְהִי יָדָיו אֱמוּנָה.** וַיְהִי מֹשֶׁה יָדָיו בֶּאֱמוּנָה פְּרוּשׂוֹת הַשָּׁמַיִם בִּתְפִלָּה נֶאֱמָנָה וּנְכוֹנָה:

עַד־בֹּא הַשָּׁמֶשׁ: וַיַּחֲלֹשׁ יְהוֹשֻׁעַ אֶת־עֲמָלֵק יג
וְאֶת־עַמּוֹ לְפִי־חָרֶב:
מפטיר וַיֹּאמֶר יהוה אֶל־מֹשֶׁה כְּתֹב זֹאת זִכָּרוֹן בַּסֵּפֶר יד
וְשִׂים בְּאָזְנֵי יְהוֹשֻׁעַ כִּי־מָחֹה אֶמְחֶה אֶת־זֵכֶר
עֲמָלֵק מִתַּחַת הַשָּׁמָיִם: וַיִּבֶן מֹשֶׁה מִזְבֵּחַ טו
וַיִּקְרָא שְׁמוֹ יהוה ׀ נִסִּי: וַיֹּאמֶר כִּי־יָד עַל־כֵּס טז
יָהּ מִלְחָמָה לַיהוה בַּעֲמָלֵק מִדֹּר דֹּר:

עד בא השמש. שֶׁהָיוּ עֲמָלֵקִים מְחַשְּׁבִין אֶת הַשָּׁעוֹת בְּאִצְטְרוֹלוֹגְיָאה בְּאֵיזוֹ שָׁעָה הֵם נוֹצְחִים, וְהֶעֱמִיד לָהֶם מֹשֶׁה חַמָּה וְעִרְבֵּב אֶת הַשָּׁעוֹת:

יג **ויחלש יהושע.** חָתַךְ רָאשֵׁי גִבּוֹרָיו וְלֹא הִשְׁאִיר אֶלָּא חַלָּשִׁים שֶׁבָּהֶם, וְלֹא הֲרָגָם כֻּלָּם. מִכָּאן אָנוּ לְמֵדִים שֶׁעָשׂוּ עַל פִּי הַדִּבּוּר שֶׁל שְׁכִינָה:

הפטרת בשלח

תקופת השופטים מאופיינת בחוסר שלטון מרכזי. מציאות זו הקרינה חולשה כלפי פנים וכלפי חוץ. חולשתו של עם ישראל הפכה את השבטים פיתיון וטרף קל לשכניהם. כך היה גם בימיהם של דבורה וברק. הכנענים משענו על רכב ברזל, ושיבשו את חיי השגרה של שבטי ישראל שגבלו עמם בעמק יזרעאל. ההתנכלות לעוברי דרכים יצרה נתק בין שבטי הצפון לשבטי המרכז. על פי צו ה׳ ביד דבורה הנביאה, יצא צבא מתנדבים בראשות ברק בן אבינעם למלחמה בצבא הכנעני. בעקבות הניצחון המפתיע והמוחץ של צבא המתנדבים הישראלי על צבא רכב הברזל הכנעני, שרו דבורה וברק שירת הודיה לה׳, ממש כשירת הים ששר משה ובני ישראל בשעה שנושעו מרכב צבא מצרים.

שופטים האשכנזים מתחילים כאן

ד וּדְבוֹרָה אִשָּׁה נְבִיאָה אֵשֶׁת לַפִּידוֹת הִיא שֹׁפְטָה אֶת־יִשְׂרָאֵל בָּעֵת הַהִיא: ד
ה וְהִיא יוֹשֶׁבֶת תַּחַת־תֹּמֶר דְּבוֹרָה בֵּין הָרָמָה וּבֵין בֵּית־אֵל בְּהַר אֶפְרָיִם
ו וַיַּעֲלוּ אֵלֶיהָ בְּנֵי יִשְׂרָאֵל לַמִּשְׁפָּט: וַתִּשְׁלַח וַתִּקְרָא לְבָרָק בֶּן־אֲבִינֹעַם
מִקֶּדֶשׁ נַפְתָּלִי וַתֹּאמֶר אֵלָיו הֲלֹא־צִוָּה ׀ יהוה אֱלֹהֵי־יִשְׂרָאֵל לֵךְ וּמָשַׁכְתָּ
בְּהַר תָּבוֹר וְלָקַחְתָּ עִמְּךָ עֲשֶׂרֶת אֲלָפִים אִישׁ מִבְּנֵי נַפְתָּלִי וּמִבְּנֵי זְבֻלוּן:
ז וּמָשַׁכְתִּי אֵלֶיךָ אֶל־נַחַל קִישׁוֹן אֶת־סִיסְרָא שַׂר־צְבָא יָבִין וְאֶת־רִכְבּוֹ
ח וְאֶת־הֲמוֹנוֹ וּנְתַתִּיהוּ בְּיָדֶךָ: וַיֹּאמֶר אֵלֶיהָ בָּרָק אִם־תֵּלְכִי עִמִּי וְהָלָכְתִּי
ט וְאִם־לֹא תֵלְכִי עִמִּי לֹא אֵלֵךְ: וַתֹּאמֶר הָלֹךְ אֵלֵךְ עִמָּךְ אֶפֶס כִּי לֹא
תִהְיֶה תִּפְאַרְתְּךָ עַל־הַדֶּרֶךְ אֲשֶׁר אַתָּה הוֹלֵךְ כִּי בְיַד־אִשָּׁה יִמְכֹּר יהוה

יג יד עַד דְּעָאל שִׁמְשָׁא: וְתַבַּר יְהוֹשֻׁעַ, יָת עֲמָלֵק וְיָת עַמֵּיהּ לְפִתְגָם דְּחָרֶב: וַאֲמַר יְיָ לְמֹשֶׁה, כְּתוֹב
דָּא דָּכְרָנָא בְּסִפְרָא, וְשַׁו קֳדָם יְהוֹשֻׁעַ, אֲרֵי מִמְחָא אֶמְחֵי יָת דָּכְרָנֵיהּ דַּעֲמָלֵק, מִתְּחוֹת
טו טז שְׁמַיָּא: וּבְנָא מֹשֶׁה מַדְבְּחָא, וּפְלַח עֲלוֹהִי קֳדָם יְיָ דַּעֲבַד לֵיהּ נִסִּין: וַאֲמַר, בִּשְׁבוּעָה אֲמִירָא
דָּא מִן קֳדָם דְּחִילָא דִּשְׁכִינְתֵיהּ עַל כָּרְסֵי יְקָרָא, דַּעֲתִיד דְּיִתְּגַח קְרָבָא קֳדָם יְיָ בִּדְבֵית עֲמָלֵק,
לְשֵׁיצָיוּתְהוֹן מִדָּרֵי עָלְמָא:

יד) כְּתֹב זֹאת זִכָּרוֹן. שֶׁבָּא עֲמָלֵק לְהִזְדַּוֵּג לְיִשְׂרָאֵל קֹדֶם לְכָל הָאֻמּוֹת: וְשִׂים בְּאָזְנֵי יְהוֹשֻׁעַ. הַמַּכְנִיס אֶת יִשְׂרָאֵל לָאָרֶץ, שֶׁיְּצַוֶּה אֶת יִשְׂרָאֵל לְשַׁלֵּם לוֹ אֶת גְּמוּלוֹ. כָּאן נִרְמַז לוֹ לְמֹשֶׁה שֶׁיְּהוֹשֻׁעַ מַכְנִיס אֶת יִשְׂרָאֵל לָאָרֶץ: כִּי מָחֹה אֶמְחֶה. לְכָךְ אֲנִי מַזְהִירְךָ כֵּן, כִּי חָפֵץ אֲנִי לִמְחוֹתוֹ:

טו) וַיִּקְרָא שְׁמוֹ. שֶׁל מִזְבֵּחַ "ה' נִסִּי" – הַקָּדוֹשׁ בָּרוּךְ הוּא עָשָׂה לָנוּ כָּאן נֵס. לֹא שֶׁהַמִּזְבֵּחַ קָרוּי ה', אֶלָּא הַמַּזְכִּיר שְׁמוֹ שֶׁל מִזְבֵּחַ זוֹכֵר אֶת הַנֵּס שֶׁעָשָׂה הַמָּקוֹם, ה' הוּא נֵס שֶׁלָּנוּ:

טז) וַיֹּאמֶר. מֹשֶׁה "כִּי יָד עַל כֵּס יָהּ" – יָדוֹ שֶׁל הַקָּדוֹשׁ בָּרוּךְ הוּא הוּרְמָה לִשָּׁבַע בְּכִסְאוֹ לִהְיוֹת לוֹ מִלְחָמָה וְאֵיבָה בַּעֲמָלֵק עוֹלָמִית. וּמַהוּ "כֵּס" וְלֹא נֶאֱמַר 'כִּסֵּא', וְאַף הַשֵּׁם נֶחֱלַק לְחֶצְיוֹ? נִשְׁבַּע הַקָּדוֹשׁ בָּרוּךְ הוּא שֶׁאֵין שְׁמוֹ שָׁלֵם וְאֵין כִּסְאוֹ שָׁלֵם עַד שֶׁיִּמָּחֶה שְׁמוֹ שֶׁל עֵשָׂו כֻּלּוֹ, וּכְשֶׁיִּמָּחֶה שְׁמוֹ יִהְיֶה הַשֵּׁם שָׁלֵם וְהַכִּסֵּא שָׁלֵם, שֶׁנֶּאֱמַר: "הָאוֹיֵב תַּמּוּ חֳרָבוֹת לָנֶצַח" (תהלים ט, ז) זֶהוּ עֵשָׂו שֶׁכָּתוּב בּוֹ: "וְעֶבְרָתוֹ שְׁמָרָה נֶצַח" (עמוס א, יא), "וְעָרִים נָתַשְׁתָּ אָבַד זִכְרָם הֵמָּה" (תהלים שם), מַהוּ אוֹמֵר אַחֲרָיו? "וַה' לְעוֹלָם יֵשֵׁב" (שם פסוק ח), הֲרֵי הַשֵּׁם שָׁלֵם, "כּוֹנֵן לַמִּשְׁפָּט כִּסְאוֹ" (שם), הֲרֵי הַכִּסֵּא שָׁלֵם:

י אֶת־סִֽיסְרָא֙ וַתָּ֥קָם דְּבוֹרָ֖ה וַתֵּ֥לֶךְ עִם־בָּרָ֖ק קֶֽדְשָׁה: וַיַּזְעֵ֨ק בָּרָ֜ק אֶת־זְבוּלֻ֤ן
וְאֶת־נַפְתָּלִי֙ קֶ֔דְשָׁה וַיַּ֣עַל בְּרַגְלָ֔יו עֲשֶׂ֖רֶת אַלְפֵ֣י אִ֑ישׁ וַתַּ֥עַל עִמּ֖וֹ דְּבוֹרָֽה:
יא וְחֶ֤בֶר הַקֵּינִי֙ נִפְרָ֣ד מִקַּ֔יִן מִבְּנֵ֥י חֹבָ֖ב חֹתֵ֣ן מֹשֶׁ֑ה וַיֵּ֣ט אָהֳל֗וֹ עַד־אֵל֛וֹן בצעננים בְּצַעֲנַנִּ֖ים
יב אֲשֶׁ֥ר אֶת־קֶֽדֶשׁ: וַיַּגִּ֖דוּ לְסִֽיסְרָ֑א כִּ֥י עָלָ֛ה בָּרָ֥ק בֶּן־אֲבִינֹ֖עַם הַר־תָּבֽוֹר:
יג וַיַּזְעֵ֨ק סִֽיסְרָ֜א אֶת־כָּל־רִכְבּ֗וֹ תְּשַׁ֤ע מֵאוֹת֙ רֶ֣כֶב בַּרְזֶ֔ל וְאֶת־כָּל־הָעָ֖ם
יד אֲשֶׁ֣ר אִתּ֑וֹ מֵחֲרֹ֥שֶׁת הַגּוֹיִ֖ם אֶל־נַ֥חַל קִישֽׁוֹן: וַתֹּאמֶר֩ דְּבֹרָ֨ה אֶל־בָּרָ֜ק ק֗וּם
כִּ֣י זֶ֤ה הַיּוֹם֙ אֲשֶׁר֩ נָתַ֨ן יְהוָ֤ה אֶת־סִֽיסְרָא֙ בְּיָדֶ֔ךָ הֲלֹ֥א יְהוָ֖ה יָצָ֣א לְפָנֶ֑יךָ וַיֵּ֤רֶד
טו בָּרָק֙ מֵהַ֣ר תָּב֔וֹר וַעֲשֶׂ֧רֶת אֲלָפִ֛ים אִ֖ישׁ אַחֲרָֽיו: וַיָּ֣הָם יְהוָה֩ אֶת־סִֽיסְרָ֨א
וְאֶת־כָּל־הָרֶ֜כֶב וְאֶת־כָּל־הַֽמַּחֲנֶ֛ה לְפִי־חֶ֖רֶב לִפְנֵ֣י בָרָ֑ק וַיֵּ֤רֶד סִֽיסְרָא֙ מֵעַ֣ל
טז הַמֶּרְכָּבָ֔ה וַיָּ֖נָס בְּרַגְלָֽיו: וּבָרָ֗ק רָדַ֞ף אַחֲרֵ֤י הָרֶ֙כֶב֙ וְאַחֲרֵ֣י הַֽמַּחֲנֶ֔ה עַ֖ד חֲרֹ֣שֶׁת
יז הַגּוֹיִ֑ם וַיִּפֹּ֞ל כָּל־מַחֲנֵ֤ה סִֽיסְרָא֙ לְפִי־חֶ֔רֶב לֹ֥א נִשְׁאַ֖ר עַד־אֶחָֽד: וְסִֽיסְרָא֙
נָ֣ס בְּרַגְלָ֔יו אֶל־אֹ֣הֶל יָעֵ֔ל אֵ֖שֶׁת חֶ֣בֶר הַקֵּינִ֑י כִּ֣י שָׁל֗וֹם בֵּ֚ין יָבִ֣ין מֶֽלֶךְ־
יח חָצ֔וֹר וּבֵ֕ין בֵּ֖ית חֶ֥בֶר הַקֵּינִֽי: וַתֵּצֵ֣א יָעֵל֮ לִקְרַ֣את סִֽיסְרָא֒ וַתֹּ֣אמֶר אֵלָ֗יו
ס֧וּרָה אֲדֹנִ֛י ס֥וּרָה אֵלַ֖י אַל־תִּירָ֑א וַיָּ֤סַר אֵלֶ֙יהָ֙ הָאֹ֔הֱלָה וַתְּכַסֵּ֖הוּ בַּשְּׂמִיכָֽה:

יט וַיֹּאמֶר אֵלֶיהָ הַשְׁקִינִי־נָא מְעַט־מַיִם כִּי צָמֵתִי וַתִּפְתַּח אֶת־נֹאוד הֶחָלָב
כ וַתַּשְׁקֵהוּ וַתְּכַסֵּהוּ׃ וַיֹּאמֶר אֵלֶיהָ עֲמֹד פֶּתַח הָאֹהֶל וְהָיָה אִם־אִישׁ יָבֹא
כא וּשְׁאֵלֵךְ וְאָמַר הֲיֵשׁ־פֹּה אִישׁ וְאָמַרְתְּ אָיִן׃ וַתִּקַּח יָעֵל אֵשֶׁת־חֶבֶר אֶת־יְתַד
הָאֹהֶל וַתָּשֶׂם אֶת־הַמַּקֶּבֶת בְּיָדָהּ וַתָּבוֹא אֵלָיו בַּלָּאט וַתִּתְקַע אֶת־הַיָּתֵד
כב בְּרַקָּתוֹ וַתִּצְנַח בָּאָרֶץ וְהוּא־נִרְדָּם וַיָּעַף וַיָּמֹת׃ וְהִנֵּה בָרָק רֹדֵף אֶת־
סִיסְרָא וַתֵּצֵא יָעֵל לִקְרָאתוֹ וַתֹּאמֶר לוֹ לֵךְ וְאַרְאֶךָּ אֶת־הָאִישׁ אֲשֶׁר־אַתָּה
כג מְבַקֵּשׁ וַיָּבֹא אֵלֶיהָ וְהִנֵּה סִיסְרָא נֹפֵל מֵת וְהַיָּתֵד בְּרַקָּתוֹ׃ * וַיַּכְנַע אֱלֹהִים
(התימנים מתחילים כאן)
כד בַּיּוֹם הַהוּא אֵת יָבִין מֶלֶךְ־כְּנָעַן לִפְנֵי בְּנֵי יִשְׂרָאֵל׃ וַתֵּלֶךְ יַד בְּנֵי־יִשְׂרָאֵל
הָלוֹךְ וְקָשָׁה עַל יָבִין מֶלֶךְ־כְּנָעַן עַד אֲשֶׁר הִכְרִיתוּ אֵת יָבִין מֶלֶךְ־כְּנָעַן׃

(הספרדים מתחילים כאן)
ה א *וַתָּשַׁר דְּבוֹרָה וּבָרָק בֶּן־אֲבִינֹעַם בַּיּוֹם הַהוּא
ב לֵאמֹר׃ בִּפְרֹעַ פְּרָעוֹת בְּיִשְׂרָאֵל בְּהִתְנַדֵּב
ג עָם בָּרְכוּ יְהוָה׃ שִׁמְעוּ מְלָכִים הַאֲזִינוּ
רֹזְנִים אָנֹכִי לַיהוָה אָנֹכִי אָשִׁירָה אֲזַמֵּר
ד לַיהוָה אֱלֹהֵי יִשְׂרָאֵל׃ יְהוָה בְּצֵאתְךָ
מִשֵּׂעִיר בְּצַעְדְּךָ מִשְּׂדֵה אֱדוֹם אֶרֶץ
רָעָשָׁה גַּם־שָׁמַיִם נָטָפוּ גַּם־עָבִים נָטְפוּ
ה מָיִם׃ הָרִים נָזְלוּ מִפְּנֵי יְהוָה זֶה
ו סִינַי מִפְּנֵי יְהוָה אֱלֹהֵי יִשְׂרָאֵל׃ בִּימֵי שַׁמְגַּר בֶּן־
עֲנָת בִּימֵי יָעֵל חָדְלוּ אֳרָחוֹת וְהֹלְכֵי
ז נְתִיבוֹת יֵלְכוּ אֳרָחוֹת עֲקַלְקַלּוֹת׃ חָדְלוּ פְרָזוֹן בְּיִשְׂרָאֵל
חָדֵלּוּ עַד שַׁקַּמְתִּי דְּבוֹרָה שַׁקַּמְתִּי
ח אֵם בְּיִשְׂרָאֵל׃ יִבְחַר אֱלֹהִים
חֲדָשִׁים אָז לָחֶם שְׁעָרִים מָגֵן
אִם־יֵרָאֶה וָרֹמַח בְּאַרְבָּעִים אֶלֶף
ט בְּיִשְׂרָאֵל׃ לִבִּי לְחוֹקְקֵי יִשְׂרָאֵל הַמִּתְנַדְּבִים
י בָּעָם בָּרְכוּ יְהוָה׃ רֹכְבֵי אֲתֹנוֹת
צְחֹרוֹת יֹשְׁבֵי עַל־מִדִּין וְהֹלְכֵי
יא עַל־דֶּרֶךְ שִׂיחוּ׃ מִקּוֹל מְחַצְצִים בֵּין
מַשְׁאַבִּים שָׁם יְתַנּוּ צִדְקוֹת יְהוָה צִדְקֹת
פִּרְזוֹנוֹ בְּיִשְׂרָאֵל אָז יָרְדוּ לַשְּׁעָרִים עַם־
יב יְהוָה׃ עוּרִי עוּרִי דְּבוֹרָה עוּרִי

עוּרִי דַּבְּרִי־שִׁיר קוּם בָּרָק וּשְׁבֵה שֶׁבְיְךָ בֶּן־
יג אֲבִינֹעַם: אָז יְרַד שָׂרִיד לְאַדִּירִים עָם יְהוָה
יד יְרַד־לִי בַּגִּבּוֹרִים: מִנִּי אֶפְרַיִם שָׁרְשָׁם
בַּעֲמָלֵק אַחֲרֶיךָ בִנְיָמִין בַּעֲמָמֶיךָ מִנִּי
מָכִיר יָרְדוּ מְחֹקְקִים וּמִזְּבוּלֻן מֹשְׁכִים בְּשֵׁבֶט
טו סֹפֵר: וְשָׂרַי בְּיִשָּׂשכָר עִם־דְּבֹרָה וְיִשָּׂשכָר
כֵּן בָּרָק בָּעֵמֶק שֻׁלַּח
בְּרַגְלָיו בִּפְלַגּוֹת רְאוּבֵן גְּדֹלִים
טז חִקְקֵי־לֵב: לָמָּה יָשַׁבְתָּ בֵּין
הַמִּשְׁפְּתַיִם לִשְׁמֹעַ שְׁרִקוֹת עֲדָרִים לִפְלַגּוֹת
יז רְאוּבֵן גְּדוֹלִים חִקְרֵי־לֵב: גִּלְעָד בְּעֵבֶר הַיַּרְדֵּן
שָׁכֵן וְדָן לָמָּה יָגוּר אֳנִיּוֹת אָשֵׁר
יָשַׁב לְחוֹף יַמִּים וְעַל מִפְרָצָיו
יח יִשְׁכּוֹן: זְבֻלוּן עַם חֵרֵף נַפְשׁוֹ לָמוּת וְנַפְתָּלִי
יט עַל מְרוֹמֵי שָׂדֶה: בָּאוּ מְלָכִים
נִלְחָמוּ אָז נִלְחֲמוּ מַלְכֵי כְנַעַן בְּתַעְנַךְ
עַל־מֵי מְגִדּוֹ בֶּצַע כֶּסֶף לֹא
כ לָקָחוּ: מִן־שָׁמַיִם נִלְחָמוּ הַכּוֹכָבִים
כא מִמְּסִלּוֹתָם נִלְחֲמוּ עִם סִיסְרָא: נַחַל קִישׁוֹן
גְּרָפָם נַחַל קְדוּמִים נַחַל קִישׁוֹן תִּדְרְכִי
כב נַפְשִׁי עֹז: אָז הָלְמוּ עִקְּבֵי־
כג סוּס מִדַּהֲרוֹת דַּהֲרוֹת אַבִּירָיו: אוֹרוּ
מֵרוֹז אָמַר מַלְאַךְ יְהוָה אֹרוּ אָרוֹר
יֹשְׁבֶיהָ כִּי לֹא־בָאוּ לְעֶזְרַת יְהוָה לְעֶזְרַת
כד יְהוָה בַּגִּבּוֹרִים: תְּבֹרַךְ מִנָּשִׁים
יָעֵל אֵשֶׁת חֶבֶר הַקֵּינִי מִנָּשִׁים
כה בָּאֹהֶל תְּבֹרָךְ: מַיִם שָׁאַל חָלָב
כו נָתָנָה בְּסֵפֶל אַדִּירִים הִקְרִיבָה חֶמְאָה: יָדָהּ
לַיָּתֵד תִּשְׁלַחְנָה וִימִינָהּ לְהַלְמוּת
עֲמֵלִים וְהָלְמָה סִיסְרָא מָחֲקָה רֹאשׁוֹ וּמָחֲצָה
כז וְחָלְפָה רַקָּתוֹ: בֵּין רַגְלֶיהָ כָּרַע נָפַל
שָׁכָב בֵּין רַגְלֶיהָ כָּרַע נָפָל בַּאֲשֶׁר

כָּרַע שָׁם נָפַל שָׁדוּד׃ בְּעַד הַחַלּוֹן נִשְׁקְפָה כח
וַתְּיַבֵּב אֵם סִיסְרָא בְּעַד הָאֶשְׁנָב מַדּוּעַ
בֹּשֵׁשׁ רִכְבּוֹ לָבוֹא מַדּוּעַ אֶחֱרוּ פַּעֲמֵי
מַרְכְּבוֹתָיו׃ חַכְמוֹת שָׂרוֹתֶיהָ תַּעֲנֶינָּה אַף־ כט
הִיא תָּשִׁיב אֲמָרֶיהָ לָהּ׃ הֲלֹא יִמְצְאוּ יְחַלְּקוּ ל
שָׁלָל רַחַם רַחֲמָתַיִם לְרֹאשׁ גֶּבֶר שְׁלַל
צְבָעִים לְסִיסְרָא שְׁלַל צְבָעִים
רִקְמָה צֶבַע רִקְמָתַיִם לְצַוְּארֵי שָׁלָל׃ כֵּן לא
יֹאבְדוּ כׇל־אוֹיְבֶיךָ יהוה וְאֹהֲבָיו כְּצֵאת הַשֶּׁמֶשׁ
בִּגְבֻרָתוֹ וַתִּשְׁקֹט הָאָרֶץ אַרְבָּעִים שָׁנָה׃

פרשת
יתרו

נושאים לפי סדרים

יד	טו
יתרו ועצתו	**מעמד הר סיני**
הר סיני	
שישה ימים	

יתרו

יד וַיִּשְׁמַע יִתְרוֹ כֹהֵן מִדְיָן חֹתֵן מֹשֶׁה אֵת כָּל־אֲשֶׁר א יח
עָשָׂה אֱלֹהִים לְמֹשֶׁה וּלְיִשְׂרָאֵל עַמּוֹ כִּי־הוֹצִיא
יְהוָה אֶת־יִשְׂרָאֵל מִמִּצְרָיִם׃ וַיִּקַּח יִתְרוֹ חֹתֵן מֹשֶׁה ב
אֶת־צִפֹּרָה אֵשֶׁת מֹשֶׁה אַחַר שִׁלּוּחֶיהָ׃ וְאֵת שְׁנֵי ג
בָנֶיהָ אֲשֶׁר שֵׁם הָאֶחָד גֵּרְשֹׁם כִּי אָמַר גֵּר הָיִיתִי
בְּאֶרֶץ נָכְרִיָּה׃ וְשֵׁם הָאֶחָד אֱלִיעֶזֶר כִּי־אֱלֹהֵי ד
אָבִי בְּעֶזְרִי וַיַּצִּלֵנִי מֵחֶרֶב פַּרְעֹה׃ • וַיָּבֹא יִתְרוֹ ה
חֹתֵן מֹשֶׁה וּבָנָיו וְאִשְׁתּוֹ אֶל־מֹשֶׁה אֶל־הַמִּדְבָּר
אֲשֶׁר־הוּא חֹנֶה שָׁם הַר הָאֱלֹהִים׃ וַיֹּאמֶר אֶל־ ו
מֹשֶׁה אֲנִי חֹתֶנְךָ יִתְרוֹ בָּא אֵלֶיךָ וְאִשְׁתְּךָ וּשְׁנֵי
בָנֶיהָ עִמָּהּ׃ וַיֵּצֵא מֹשֶׁה לִקְרַאת חֹתְנוֹ וַיִּשְׁתַּחוּ ז
וַיִּשַּׁק־לוֹ וַיִּשְׁאֲלוּ אִישׁ־לְרֵעֵהוּ לְשָׁלוֹם וַיָּבֹאוּ
הָאֹהֱלָה׃ וַיְסַפֵּר מֹשֶׁה לְחֹתְנוֹ אֵת כָּל־אֲשֶׁר ח
עָשָׂה יְהוָה לְפַרְעֹה וּלְמִצְרַיִם עַל אוֹדֹת יִשְׂרָאֵל
אֵת כָּל־הַתְּלָאָה אֲשֶׁר מְצָאָתַם בַּדֶּרֶךְ וַיַּצִּלֵם
יְהוָה׃ • וַיִּחַדְּ יִתְרוֹ עַל כָּל־הַטּוֹבָה אֲשֶׁר־עָשָׂה ט

א] וַיִּשְׁמַע יִתְרוֹ. מַה שְּׁמוּעָה שָׁמַע? קְרִיעַת יַם סוּף וּמִלְחֶמֶת עֲמָלֵק: יִתְרוֹ. שִׁבְעָה שֵׁמוֹת נִקְרְאוּ לוֹ: רְעוּאֵל, יֶתֶר, יִתְרוֹ, חוֹבָב, חֶבֶר, קֵינִי, פּוּטִיאֵל. יֶתֶר, עַל שֵׁם שֶׁיִּתֵּר פָּרָשָׁה אַחַת בַּתּוֹרָה: "וְאַתָּה תֶחֱזֶה" (להלן פסוק כא); יִתְרוֹ, לִכְשֶׁנִּתְגַּיֵּר וְקִיֵּם הַמִּצְוֹת הוֹסִיפוּ לוֹ אוֹת; חוֹבָב, שֶׁחִבֵּב אֶת

יח א וּשְׁמַע, יִתְרוֹ רַבָּא דְּמִדְיָן חֲמוּהִי דְּמֹשֶׁה, יָת כָּל דַּעֲבַד יי לְמֹשֶׁה, וּלְיִשְׂרָאֵל עַמֵּיהּ, אֲרֵי
ב אַפֵּיק יי, יָת יִשְׂרָאֵל מִמִּצְרָיִם: וּדְבַר, יִתְרוֹ חֲמוּהִי דְּמֹשֶׁה, יָת צִפּוֹרָה אִתַּת מֹשֶׁה, בָּתַר
ג ד דְּשַׁלְּחַהּ: וְיָת תְּרֵין בְּנַהָא, דְּשׁוּם חַד גֵּרְשׁוֹם, אֲרֵי אֲמַר, דַּיָּר הֲוֵיתִי, בַּאֲרַע נֻכְרָאָה: וְשׁוּם
ה חַד אֱלִיעֶזֶר, אֲרֵי אֱלָהֵיהּ דְּאַבָּא הֲוָה בְּסַעֲדִי, וְשֵׁיזְבַנִי מֵחַרְבָּא דְּפַרְעֹה: וַאֲתָא, יִתְרוֹ
חֲמוּהִי דְּמֹשֶׁה, וּבְנוֹהִי וְאִתְּתֵיהּ לְוָת מֹשֶׁה, לְמַדְבְּרָא, דְּהוּא, שָׁרֵי תַמָּן לְטוּרָא דְּאִתְגְּלִי
ו עֲלוֹהִי יְקָרָא דַיי: וַאֲמַר לְמֹשֶׁה, אֲנָא, חֲמוּךְ יִתְרוֹ אָתֵי לְוָתָךְ, וְאִתְּתָךְ, וּתְרֵין בְּנַהָא עִמַּהּ:
ז וּנְפַק מֹשֶׁה לְקַדָּמוּת חֲמוּהִי, וּסְגִיד וְנַשֵּׁיק לֵיהּ, וּשְׁאִילוּ גְּבַר לְחַבְרֵיהּ לִשְׁלָם, וְעָאלוּ
ח לְמַשְׁכְּנָא: וְאִשְׁתָּעִי מֹשֶׁה לַחֲמוּהִי, יָת כָּל דַּעֲבַד יי לְפַרְעֹה וּלְמִצְרָאֵי, עַל עֵיסַק יִשְׂרָאֵל,
ט יָת כָּל עָקְתָא דְּאַשְׁכַּחְתְּנוּן בְּאוֹרְחָא, וְשֵׁיזֵבִנּוּן יי: וַחֲדִי יִתְרוֹ, עַל כָּל טָבְתָא, דַּעֲבַד

הַתּוֹרָה, חוֹבָב הוּא יִתְרוֹ, שֶׁנֶּאֱמַר: "מִבְּנֵי חֹבָב חֹתֵן מֹשֶׁה" (שופטים ד, יא). וְיֵשׁ אוֹמְרִים: רְעוּאֵל אָבִיו שֶׁל יִתְרוֹ הָיָה, וּמַהוּ אוֹמֵר: "וַתָּבֹאנָה אֶל רְעוּאֵל אֲבִיהֶן" (לעיל ב, יח)? שֶׁהַתִּינוֹקוֹת קוֹרִין לַאֲבִי אֲבִיהֶן אַבָּא. בְּסִפְרֵי (בהעלותך עח): **חֹתֵן מֹשֶׁה.** כָּאן הָיָה יִתְרוֹ מִתְכַּבֵּד בְּמֹשֶׁה: אֲנִי חוֹתֵן הַמֶּלֶךְ, וּלְשֶׁעָבַר הָיָה מֹשֶׁה תּוֹלֶה הַגְּדֻלָּה בְּחָמִיו, שֶׁנֶּאֱמַר: "וַיָּשָׁב אֶל יֶתֶר חֹתְנוֹ" (לעיל ד, יח): **לְמֹשֶׁה וּלְיִשְׂרָאֵל.** שָׁקוּל מֹשֶׁה כְּנֶגֶד כָּל יִשְׂרָאֵל: **אֵת כָּל אֲשֶׁר עָשָׂה.** לָהֶם בִּירִידַת הַמָּן וּבַבְּאֵר וּבַעֲמָלֵק: **כִּי הוֹצִיא ה' וְגוֹ'.** זוֹ גְּדוֹלָה עַל כֻּלָּם:

ב) **אַחַר שִׁלּוּחֶיהָ.** כְּשֶׁאָמַר לוֹ הַקָּדוֹשׁ בָּרוּךְ הוּא בְּמִדְיָן: "לֵךְ שֻׁב מִצְרָיִם", "וַיִּקַּח מֹשֶׁה אֶת אִשְׁתּוֹ וְאֶת בָּנָיו" וְגוֹ' (לעיל ד, יט-כ), וַיֵּצֵא אַהֲרֹן לִקְרָאתוֹ "וַיִּפְגְּשֵׁהוּ בְּהַר הָאֱלֹהִים" (שם פסוק כז), אָמַר לוֹ: מִי הֵם הַלָּלוּ? אָמַר לוֹ: זוֹ הִיא אִשְׁתִּי שֶׁנָּשָׂאתִי בְּמִדְיָן וְאֵלּוּ בָּנַי. אָמַר לוֹ: וְהֵיכָן אַתָּה מוֹלִיכָן? אָמַר לוֹ: לְמִצְרַיִם. אָמַר לוֹ: עַל הָרִאשׁוֹנִים אָנוּ מִצְטַעֲרִים וְאַתָּה בָּא לְהוֹסִיף עֲלֵיהֶם? אָמַר לָהּ: לְכִי לְבֵית אָבִיךְ. נָטְלָה שְׁנֵי בָּנֶיהָ וְהָלְכָה לָהּ:

ד) **וַיַּצִּלֵנִי מֵחֶרֶב פַּרְעֹה.** כְּשֶׁגִּלּוּ דָּתָן וַאֲבִירָם עַל דְּבַר הַמִּצְרִי וּבִקֵּשׁ לַהֲרֹג אֶת מֹשֶׁה, נַעֲשָׂה צַוָּארוֹ כְּעַמּוּד שֶׁל שַׁיִשׁ:

ה) **אֶל הַמִּדְבָּר.** אַף אָנוּ יוֹדְעִים שֶׁבַּמִּדְבָּר הָיוּ, אֶלָּא בְּשִׁבְחוֹ שֶׁל יִתְרוֹ דִּבֶּר הַכָּתוּב, שֶׁהָיָה יוֹשֵׁב בִּכְבוֹדוֹ שֶׁל עוֹלָם, וְנִדְּבוֹ לִבּוֹ לָצֵאת אֶל הַמִּדְבָּר מְקוֹם תֹּהוּ לִשְׁמֹעַ דִּבְרֵי תּוֹרָה:

ו) **וַיֹּאמֶר אֶל מֹשֶׁה.** עַל יְדֵי שָׁלִיחַ: **אֲנִי חֹתֶנְךָ יִתְרוֹ וְגוֹ'.** אִם אֵין אַתָּה יוֹצֵא בִּגְינִי צֵא בְּגִין אִשְׁתְּךָ, וְאִם אֵין אַתָּה יוֹצֵא בְּגִין אִשְׁתְּךָ צֵא בְּגִין שְׁנֵי בָּנֶיהָ:

ז) **וַיֵּצֵא מֹשֶׁה.** כָּבוֹד גָּדוֹל נִתְכַּבֵּד יִתְרוֹ בְּאוֹתָהּ שָׁעָה; כֵּיוָן שֶׁיָּצָא מֹשֶׁה יָצָא אַהֲרֹן נָדָב וַאֲבִיהוּא, וּמִי הוּא שֶׁרָאָה אֶת אֵלּוּ יוֹצְאִין וְלֹא יָצָא?: **וַיִּשְׁתַּחוּ וַיִּשַּׁק לוֹ.** אֵינִי יוֹדֵעַ מִי הִשְׁתַּחֲוָה לְמִי, כְּשֶׁהוּא אוֹמֵר: "אִישׁ לְרֵעֵהוּ", מִי הַקָּרוּי "אִישׁ"? זֶה מֹשֶׁה (ראה במדבר יב, ג):

ח) **וַיְסַפֵּר מֹשֶׁה לְחֹתְנוֹ.** לִמְשֹׁךְ אֶת לִבּוֹ לְקָרְבוֹ לַתּוֹרָה: **אֵת כָּל הַתְּלָאָה.** שֶׁעַל הַיָּם וְשֶׁל עֲמָלֵק: **הַתְּלָאָה.** לָמֶ"ד אָלֶ"ף מִן הַיְסוֹד שֶׁל תֵּבָה, וְהַתָּי"ו הוּא תִּקּוּן וִיסוֹד הַנּוֹפֵל מִמֶּנּוּ לִפְרָקִים. וְכֵן: תְּרוּמָה, תְּנוּפָה, תְּקוּמָה, תְּנוּאָה:

ט) **וַיִּחַדְּ יִתְרוֹ.** וַיִּשְׂמַח יִתְרוֹ, זֶהוּ פְּשׁוּטוֹ. וּמִדְרָשׁוֹ, נַעֲשָׂה בְּשָׂרוֹ חִדּוּדִין חִדּוּדִין, מֵצֵר עַל אִבּוּד מִצְרַיִם. "הַיְינוּ דְּאָמְרֵי אֱנָשֵׁי: גִּיּוֹרָא, עַד עַשְׂרָה דָּרֵי לָא תְּבַזֵּי אֲרַמָּאָה בְּאַפֵּיהּ" (סנהדרין צד ע"א): **עַל כָּל הַטּוֹבָה.** טוֹבַת הַמָּן וְהַבְּאֵר וְהַתּוֹרָה. וְעַל כֻּלָּן "אֲשֶׁר הִצִּילוֹ מִיַּד מִצְרָיִם", עַד עַכְשָׁיו לֹא

יְהוָה לְיִשְׂרָאֵל אֲשֶׁר הִצִּילוֹ מִיַּד מִצְרָיִם׃
י וַיֹּאמֶר יִתְרוֹ בָּרוּךְ יְהוָה אֲשֶׁר הִצִּיל אֶתְכֶם
מִיַּד מִצְרַיִם וּמִיַּד פַּרְעֹה אֲשֶׁר הִצִּיל אֶת־הָעָם
יא מִתַּחַת יַד־מִצְרָיִם׃ עַתָּה יָדַעְתִּי כִּי־גָדוֹל יְהוָה
מִכָּל־הָאֱלֹהִים כִּי בַדָּבָר אֲשֶׁר זָדוּ עֲלֵיהֶם׃
יב וַיִּקַּח יִתְרוֹ חֹתֵן מֹשֶׁה עֹלָה וּזְבָחִים לֵאלֹהִים
וַיָּבֹא אַהֲרֹן וְכֹל ׀ זִקְנֵי יִשְׂרָאֵל לֶאֱכָל־לֶחֶם
יג שני עִם־חֹתֵן מֹשֶׁה לִפְנֵי הָאֱלֹהִים׃ וַיְהִי מִמָּחֳרָת
וַיֵּשֶׁב מֹשֶׁה לִשְׁפֹּט אֶת־הָעָם וַיַּעֲמֹד הָעָם עַל־
יד מֹשֶׁה מִן־הַבֹּקֶר עַד־הָעָרֶב׃ וַיַּרְא חֹתֵן מֹשֶׁה
אֵת כָּל־אֲשֶׁר־הוּא עֹשֶׂה לָעָם וַיֹּאמֶר מָה־
הַדָּבָר הַזֶּה אֲשֶׁר אַתָּה עֹשֶׂה לָעָם מַדּוּעַ אַתָּה
יוֹשֵׁב לְבַדֶּךָ וְכָל־הָעָם נִצָּב עָלֶיךָ מִן־בֹּקֶר עַד־
טו עָרֶב׃ וַיֹּאמֶר מֹשֶׁה לְחֹתְנוֹ כִּי־יָבֹא אֵלַי הָעָם
טז לִדְרֹשׁ אֱלֹהִים׃ כִּי־יִהְיֶה לָהֶם דָּבָר בָּא אֵלַי
וְשָׁפַטְתִּי בֵּין אִישׁ וּבֵין רֵעֵהוּ וְהוֹדַעְתִּי אֶת־חֻקֵּי
יז הָאֱלֹהִים וְאֶת־תּוֹרֹתָיו׃ וַיֹּאמֶר חֹתֵן מֹשֶׁה אֵלָיו
יח לֹא־טוֹב הַדָּבָר אֲשֶׁר אַתָּה עֹשֶׂה׃ נָבֹל תִּבֹּל
גַּם־אַתָּה גַּם־הָעָם הַזֶּה אֲשֶׁר עִמָּךְ כִּי־כָבֵד

הָיָה עֶבֶד יָכוֹל לִבְרֹחַ מִמִּצְרַיִם, שֶׁהָיְתָה הָאָרֶץ מְסֻגֶּרֶת, וְאֵלּוּ יָצְאוּ שִׁשִּׁים רִבּוֹא׃

י אֲשֶׁר הִצִּיל אֶתְכֶם מִיַּד מִצְרַיִם. אֻמָּה קָשָׁה: וּמִיַּד פַּרְעֹה. מֶלֶךְ קָשֶׁה: מִתַּחַת יַד מִצְרָיִם.

י יְיָ לְיִשְׂרָאֵל, דְּשֵׁיזֵבִנּוּן מִידָא דְּמִצְרָאֵי: וַאֲמַר יִתְרוֹ, בְּרִיךְ יְיָ, דְּשֵׁיזֵיב יָתְכוֹן, מִידָא דְמִצְרָאֵי
יא וּמִידָא דְפַרְעֹה, דְּשֵׁיזֵיב יָת עַמָּא, מִתְּחוֹת מָרוֹת מִצְרָאֵי: כְּעַן יְדַעְנָא, אֲרֵי רַב יְיָ וְלֵית אֱלָהּ בַּר
יב מִנֵּיהּ, אֲרֵי בְּפִתְגָמָא, דְּחַשִּׁיבוּ מִצְרָאֵי לְמִדָּן יָת יִשְׂרָאֵל בֵּיהּ דָּנִנּוּן: וְקָרֵיב, יִתְרוֹ חֲמוּהִי דְּמֹשֶׁה,
עֲלָוָן וְנִכְסַת קֻדְשִׁין קֳדָם יְיָ, וַאֲתָא אַהֲרֹן, וְכֹל סָבֵי יִשְׂרָאֵל, לְמֵיכַל לַחְמָא, עִם חֲמוּהִי דְּמֹשֶׁה
יג קֳדָם יְיָ: וַהֲוָה בְּיוֹמָא דְּבָתְרוֹהִי, וִיתֵיב מֹשֶׁה לְמִדָּן יָת עַמָּא, וְקָם עַמָּא עִלָּווֹהִי דְּמֹשֶׁה, מִן צַפְרָא
יד עַד רַמְשָׁא: וַחֲזָא חֲמוּהִי דְּמֹשֶׁה, יָת, כָּל דְּהוּא עָבֵיד לְעַמָּא, וַאֲמַר, מָא פִתְגָמָא הָדֵין דְּאַתְּ
טו עָבֵיד לְעַמָּא, מָדֵין, אַתְּ יָתֵיב בִּלְחוֹדָךְ, וְכָל עַמָּא, קָיְמִין עִלָּוָךְ מִן צַפְרָא עַד רַמְשָׁא: וַאֲמַר
טז מֹשֶׁה לַחֲמוּהִי, אֲרֵי אָתַן לְוָתִי, עַמָּא לְמִתְבַּע אֻלְפָן מִן קֳדָם יְיָ: כַּד הָוֵי לְהוֹן דִּינָא אָתַן לְוָתִי,
יז וְדָאֵינְנָא, בֵּין גֻּבְרָא וּבֵין חַבְרֵיהּ, וּמְהוֹדַעְנָא לְהוֹן, יָת קְיָמַיָּא דַייָ וְיָת אוֹרָיְתֵיהּ: וַאֲמַר, חֲמוּהִי
יח דְמֹשֶׁה לֵיהּ, לָא תָקֵין פִּתְגָמָא, דְּאַתְּ עָבֵיד: מִלְאָה תִלְאֵי, אַף אַתְּ, אַף עַמָּא הָדֵין דְּעִמָּךְ, אֲרֵי

כְּתַרְגּוּמוֹ, לְשׁוֹן רִדּוּי וּמָרוּת הַיָּד שֶׁהָיוּ מַכְבִּידִים עֲלֵיהֶם, הִיא הָעֲבוֹדָה:

יא **עַתָּה יָדַעְתִּי.** מַכִּירוֹ הָיִיתִי לְשֶׁעָבַר, וְעַכְשָׁיו בְּיוֹתֵר: **מִכָּל הָאֱלֹהִים.** מְלַמֵּד שֶׁהָיָה מַכִּיר בְּכָל עֲבוֹדָה זָרָה שֶׁבָּעוֹלָם, שֶׁלֹּא הִנִּיחַ עֲבוֹדָה זָרָה שֶׁלֹּא עֲבָדָהּ: **כִּי בַדָּבָר אֲשֶׁר זָדוּ עֲלֵיהֶם.** כְּתַרְגּוּמוֹ, בַּמַּיִם דִּמּוּ לְאַבְּדָם וְהֵם נֶאֶבְדוּ בַּמַּיִם: **אֲשֶׁר זָדוּ.** אֲשֶׁר הִרְשִׁיעוּ. וְרַבּוֹתֵינוּ דְּרָשׁוּהוּ לְשׁוֹן: "וַיָּזֶד יַעֲקֹב נָזִיד" (בראשית כה, כט), בַּקְּדֵרָה שֶׁבִּשְּׁלוּ בָּהּ נִתְבַּשְּׁלוּ:

יב **עֹלָה.** כְּמַשְׁמָעָהּ, שֶׁהִיא כֻּלָּהּ כָּלִיל: **וּזְבָחִים.** שְׁלָמִים: **וַיָּבֹא אַהֲרֹן וְגוֹ'.** וּמֹשֶׁה הֵיכָן הָלַךְ? וַהֲלֹא הוּא שֶׁיָּצָא לִקְרָאתוֹ וְגָרַם לוֹ אֶת כָּל הַכָּבוֹד? אֶלָּא שֶׁהָיָה עוֹמֵד וּמְשַׁמֵּשׁ לִפְנֵיהֶם: **לִפְנֵי הָאֱלֹהִים.** מִכָּאן שֶׁהַנֶּהֱנֶה מִסְּעוּדָה שֶׁתַּלְמִידֵי חֲכָמִים מְסֻבִּין בָּהּ כְּאִלּוּ נֶהֱנֶה מִזִּיו הַשְּׁכִינָה:

יג **וַיְהִי מִמָּחֳרָת.** מוֹצָאֵי יוֹם הַכִּפּוּרִים הָיָה, כָּךְ שָׁנִינוּ בְּסִפְרֵי (ראה מכילתא יתרו, עמלק א). וּמַהוּ "מִמָּחֳרָת"? לְמָחֳרַת רִדְתּוֹ מִן הָהָר. וְעַל כָּרְחָךְ אִי אֶפְשָׁר לוֹמַר אֶלָּא מִמָּחֳרַת יוֹם הַכִּפּוּרִים, שֶׁהֲרֵי קֹדֶם מַתַּן תּוֹרָה אִי אֶפְשָׁר לוֹמַר "וְהוֹדַעְתִּי אֶת חֻקֵּי" וְגוֹ' (להלן פסוק טז), וּמִשֶּׁנִּתְּנָה תּוֹרָה עַד יוֹם הַכִּפּוּרִים לֹא יָשַׁב מֹשֶׁה לִשְׁפֹּט אֶת הָעָם, שֶׁהֲרֵי בְּשִׁבְעָה עָשָׂר בְּתַמּוּז יָרַד וְשִׁבֵּר אֶת הַלּוּחוֹת, וּלְמָחָר עָלָה בְּהַשְׁכָּמָה וְשָׁהָה שְׁמוֹנִים יוֹם וְיָרַד בְּיוֹם הַכִּפּוּרִים. וְאֵין פָּרָשָׁה זוֹ כְּתוּבָה כַּסֵּדֶר, שֶׁלֹּא נֶאֱמַר: "וַיְהִי מִמָּחֳרָת" עַד שָׁנָה שְׁנִיָּה. אַף לְדִבְרֵי הָאוֹמֵר יִתְרוֹ קֹדֶם מַתַּן תּוֹרָה בָּא, שִׁלּוּחוֹ אֶל אַרְצוֹ לֹא הָיָה אֶלָּא עַד שָׁנָה שְׁנִיָּה, שֶׁהֲרֵי נֶאֱמַר כָּאן: "וַיְשַׁלַּח מֹשֶׁה אֶת חֹתְנוֹ" (להלן פסוק כז), וּמָצִינוּ בְּמַסַּע הַדְּגָלִים שֶׁאָמַר לוֹ מֹשֶׁה: "נֹסְעִים אֲנַחְנוּ אֶל הַמָּקוֹם וְגוֹ'" "אַל נָא תַּעֲזֹב אֹתָנוּ" (במדבר י, כט-לא), וְאִם זֶה קֹדֶם מַתַּן תּוֹרָה, מִשֶּׁשִּׁלְּחוֹ וְהָלַךְ הֵיכָן מָצִינוּ שֶׁחָזַר? וְאִם תֹּאמַר, שָׁם לֹא נֶאֱמַר יִתְרוֹ אֶלָּא חוֹבָב, וּבְנוֹ שֶׁל יִתְרוֹ הָיָה – הוּא חוֹבָב הוּא יִתְרוֹ, שֶׁהֲרֵי כָּתוּב: "מִבְּנֵי חֹבָב חֹתֵן מֹשֶׁה" (שופטים ד, יא): **וַיֵּשֶׁב מֹשֶׁה... וַיַּעֲמֹד הָעָם.** יוֹשֵׁב כְּמֶלֶךְ וְכֻלָּן עוֹמְדִים, וְהֻקְשָׁה הַדָּבָר לְיִתְרוֹ שֶׁהָיָה מְזַלְזֵל בִּכְבוֹדָן שֶׁל יִשְׂרָאֵל וְהוֹכִיחוֹ עַל כָּךְ, שֶׁנֶּאֱמַר: "מַדּוּעַ אַתָּה יוֹשֵׁב לְבַדֶּךָ" וְכֻלָּם נִצָּבִים: **מִן הַבֹּקֶר עַד הָעָרֶב.** אֶפְשָׁר לוֹמַר כֵּן?! אֶלָּא כָּל דַּיָּן שֶׁדָּן דִּין אֱמֶת לַאֲמִתּוֹ אֲפִלּוּ שָׁעָה אַחַת מַעֲלֶה עָלָיו הַכָּתוּב כְּאִלּוּ עוֹסֵק בַּתּוֹרָה כָּל הַיּוֹם, וּכְאִלּוּ נַעֲשָׂה שֻׁתָּף לְהַקָּדוֹשׁ בָּרוּךְ הוּא בְּמַעֲשֵׂה בְרֵאשִׁית שֶׁנֶּאֱמַר בּוֹ: "וַיְהִי עֶרֶב וַיְהִי בֹקֶר יוֹם אֶחָד" (בראשית א, ה):

טו **כִּי יָבֹא.** כִּי בָא, לְשׁוֹן הֹוֶה, "לְמִתְבַּע אֻלְפָן", לִשְׁאֹל תַּלְמוּד מִפִּי הַגְּבוּרָה:

טז **כִּי יִהְיֶה לָהֶם דָּבָר.** מִי שֶׁיִּהְיֶה לוֹ דָּבָר בָּא אֵלַי:

יז **וַיֹּאמֶר חֹתֵן מֹשֶׁה.** דֶּרֶךְ כָּבוֹד קוֹרְאוֹ הַכָּתוּב, חוֹתְנוֹ שֶׁל מֶלֶךְ:

יח **נָבֹל תִּבֹּל.** כְּתַרְגּוּמוֹ. וּלְשׁוֹנוֹ לְשׁוֹן כְּמִישָׁה, פליישטר"א בְּלַעַז, כְּמוֹ: "וְהֶעָלֶה נָבֵל" (ירמיה ח, יג), "כִּנְבֹל עָלֶה מִגֶּפֶן" (ישעיה לד, ד), שֶׁהוּא כָּמוּשׁ עַל יְדֵי חַמָּה וְעַל יְדֵי קֶרַח וְכֹחוֹ תַּשׁ וְנִלְאָה: **גַּם אַתָּה.** לְרַבּוֹת אַהֲרֹן וְחוּר וְשִׁבְעִים זְקֵנִים: **כִּי כָבֵד מִמְּךָ.** כָּבְדּוֹ רַב יוֹתֵר מִכֹּחֲךָ:

יתרו

מִמְּךָ הַדָּבָר לֹא־תוּכַל עֲשֹׂהוּ לְבַדֶּךָ: עַתָּה יט
שְׁמַע בְּקֹלִי אִיעָצְךָ וִיהִי אֱלֹהִים עִמָּךְ הֱיֵה אַתָּה
לָעָם מוּל הָאֱלֹהִים וְהֵבֵאתָ אַתָּה אֶת־הַדְּבָרִים
אֶל־הָאֱלֹהִים: וְהִזְהַרְתָּה אֶתְהֶם אֶת־הַחֻקִּים כ
וְאֶת־הַתּוֹרֹת וְהוֹדַעְתָּ לָהֶם אֶת־הַדֶּרֶךְ יֵלְכוּ בָהּ
וְאֶת־הַמַּעֲשֶׂה אֲשֶׁר יַעֲשׂוּן: וְאַתָּה תֶחֱזֶה מִכָּל־ כא
הָעָם אַנְשֵׁי־חַיִל יִרְאֵי אֱלֹהִים אַנְשֵׁי אֱמֶת שֹׂנְאֵי
בָצַע וְשַׂמְתָּ עֲלֵהֶם שָׂרֵי אֲלָפִים שָׂרֵי מֵאוֹת
שָׂרֵי חֲמִשִּׁים וְשָׂרֵי עֲשָׂרֹת: וְשָׁפְטוּ אֶת־הָעָם כב
בְּכָל־עֵת וְהָיָה כָּל־הַדָּבָר הַגָּדֹל יָבִיאוּ אֵלֶיךָ
וְכָל־הַדָּבָר הַקָּטֹן יִשְׁפְּטוּ־הֵם וְהָקֵל מֵעָלֶיךָ
וְנָשְׂאוּ אִתָּךְ: אִם אֶת־הַדָּבָר הַזֶּה תַּעֲשֶׂה וְצִוְּךָ כג
אֱלֹהִים וְיָכָלְתָּ עֲמֹד וְגַם כָּל־הָעָם הַזֶּה עַל־
שלישי מְקֹמוֹ יָבֹא בְשָׁלוֹם: וַיִּשְׁמַע מֹשֶׁה לְקוֹל חֹתְנוֹ כד
וַיַּעַשׂ כֹּל אֲשֶׁר אָמָר: וַיִּבְחַר מֹשֶׁה אַנְשֵׁי־חַיִל כה
מִכָּל־יִשְׂרָאֵל וַיִּתֵּן אֹתָם רָאשִׁים עַל־הָעָם שָׂרֵי
אֲלָפִים שָׂרֵי מֵאוֹת שָׂרֵי חֲמִשִּׁים וְשָׂרֵי עֲשָׂרֹת:
וְשָׁפְטוּ אֶת־הָעָם בְּכָל־עֵת אֶת־הַדָּבָר הַקָּשֶׁה כו
יְבִיאוּן אֶל־מֹשֶׁה וְכָל־הַדָּבָר הַקָּטֹן יִשְׁפּוּטוּ
הֵם: וַיְשַׁלַּח מֹשֶׁה אֶת־חֹתְנוֹ וַיֵּלֶךְ לוֹ אֶל־ כז
אַרְצוֹ:

ט א בַּחֹדֶשׁ הַשְּׁלִישִׁי לְצֵאת בְּנֵי־יִשְׂרָאֵל מֵאֶרֶץ רביעי
ב מִצְרָיִם בַּיּוֹם הַזֶּה בָּאוּ מִדְבַּר סִינָי: וַיִּסְעוּ
מֵרְפִידִים וַיָּבֹאוּ מִדְבַּר סִינַי וַיַּחֲנוּ בַּמִּדְבָּר

יט יַקִּיר מִנָּךְ פִּתְגָמָא, לָא תִכּוֹל לְמֶעְבְּדֵיהּ בִּלְחוֹדָךְ: כְּעַן, קַבֵּיל מִנִּי אַמְלְכִנָּךְ, וִיהֵי מֵימְרָא דַייָ
כ בְּסַעְדָךְ, הֱוֵי אַתְּ לְעַמָּא, תָּבַע אוּלְפָן מִן קֳדָם יְיָ, וּתְהֵי מֵיתֵי אַתְּ, יָת פִּתְגָמַיָּא לִקְדָם יְיָ: וְתַזְהַר
יָתְהוֹן, יָת קְיָמַיָּא וְיָת אוֹרָיָתָא, וּתְהוֹדַע לְהוֹן, יָת אוֹרְחָא דִּיהָכוּן בַּהּ, וְיָת עוֹבָדָא דְּיַעְבְּדוּן:
כא וְאַתְּ תֶּחֱזֵי מִכָּל עַמָּא, גֻּבְרִין דְּחֵילָא דַּחֲלַיָּא דַייָ, גֻּבְרִין דְּקוּשְׁטָא דְּסָנַן לְקַבָּלָא מָמוֹן, וּתְמַנֵּי
כב עֲלֵיהוֹן, רַבָּנֵי אַלְפֵי רַבָּנֵי מָאוָתָא, רַבָּנֵי חַמְשִׁין וְרַבָּנֵי עֲסוֹרְיָתָא: וִידוּנוּן יָת עַמָּא בְּכָל עִדָּן,
כג וִיהֵי, כָּל פִּתְגָם רַב יַיְתוּן לְוָתָךְ, וְכָל פִּתְגָם זְעֵיר יְדוּנוּן אִנּוּן, וְיֵיקְלוּן מִנָּךְ, וִיסוֹבְרוּן עִמָּךְ: אִם
יָת פִּתְגָמָא הָדֵין תַּעְבֵּיד, וִיפַקְּדִנָּךְ יְיָ, וְתִכּוֹל לְמֵקָם, וְאַף כָּל עַמָּא הָדֵין, עַל אַתְרֵיהּ יְהָךְ
כד כה בִּשְׁלָם: וְקַבֵּיל מֹשֶׁה לְמֵימַר חֲמוּהִי, וַעֲבַד, כֹּל דַּאֲמַר: וּבְחַר מֹשֶׁה גֻּבְרִין דְּחֵילָא מִכָּל
יִשְׂרָאֵל, וּמַנִּי יָתְהוֹן, רֵישִׁין עַל עַמָּא, רַבָּנֵי אַלְפֵי רַבָּנֵי מָאוָתָא, רַבָּנֵי חַמְשִׁין וְרַבָּנֵי עֲסוֹרְיָתָא:
כו כז וְדָיְנִין יָת עַמָּא בְּכָל עִדָּן, יָת פִּתְגָם קְשֵׁי מַיְתַן לְוָת מֹשֶׁה, וְכָל פִּתְגָם זְעֵיר דָּיְנִין אִנּוּן: וְשַׁלַּח
יט א מֹשֶׁה יָת חֲמוּהִי, וַאֲזַל לֵיהּ לְאַרְעֵיהּ: בְּיַרְחָא תְּלִיתָאָה, לְמִפַּק בְּנֵי יִשְׂרָאֵל מֵאַרְעָא דְּמִצְרָיִם,
ב בְּיוֹמָא הָדֵין, אֲתוֹ לְמַדְבְּרָא דְּסִינָי: וּנְטַלוּ מֵרְפִידִים, וַאֲתוֹ לְמַדְבְּרָא דְּסִינַי, וּשְׁרוֹ בְּמַדְבְּרָא,

יט] אִיעָצְךָ וִיהִי אֱלֹהִים עִמָּךְ. בְּעֵצָה, אָמַר לוֹ: צֵא הִמָּלֵךְ בַּגְּבוּרָה: הֱיֵה אַתָּה לָעָם מוּל הָאֱלֹהִים. שָׁלִיחַ וּמֵלִיץ בֵּינוֹתָם לַמָּקוֹם וְשׁוֹאֵל מִשְׁפָּטִים מֵאִתּוֹ: אֶת הַדְּבָרִים. דִּבְרֵי רִיבוֹתָם:

כא] וְאַתָּה תֶחֱזֶה. בְּרוּחַ הַקֹּדֶשׁ שֶׁעָלֶיךָ: אַנְשֵׁי חַיִל. עֲשִׁירִים, שֶׁאֵין צְרִיכִין לְהַחֲנִיף וּלְהַכִּיר פָּנִים: אַנְשֵׁי אֱמֶת. אֵלּוּ בַּעֲלֵי הַבְטָחָה שֶׁהֵם כְּדַאי לִסְמֹךְ עַל דִּבְרֵיהֶם, שֶׁעַל יְדֵי כָּךְ יִהְיוּ דִּבְרֵיהֶם נִשְׁמָעִין: שֹׂנְאֵי בָצַע. שֶׁשּׂוֹנְאִים אֶת מָמוֹנָם בַּדִּין, כְּהַהִיא דְּאָמְרִינַן: כָּל דַּיָּינָא דְּמַפְּקִין מָמוֹנָא מִינֵּיהּ בְּדִינָא לָאו דַּיָּינָא הוּא: שָׂרֵי אֲלָפִים. הֵם הָיוּ שֵׁשׁ מֵאוֹת שָׂרִים לְשֵׁשׁ מֵאוֹת אֶלֶף: שָׂרֵי מֵאוֹת. שֵׁשֶׁת אֲלָפִים הָיוּ: שָׂרֵי חֲמִשִּׁים. שְׁנֵים עָשָׂר אֶלֶף: וְשָׂרֵי עֲשָׂרֹת. שִׁשִּׁים אֶלֶף:

כב] וְשָׁפְטוּ. "וִידוּנוּן", לְשׁוֹן צִוּוּי: וְהָקֵל מֵעָלֶיךָ. דָּבָר זֶה לְהָקֵל מֵעָלֶיךָ. "וְהָקֵל" כְּמוֹ: "וְהַכְבֵּד אֶת לִבּוֹ" (לעיל ח, יא), "וְהַכּוֹת אֶת מוֹאָב" (מלכים ב' ג, כד), לְשׁוֹן הֹוֶה:

כג] וְצִוְּךָ אֱלֹהִים וְיָכָלְתָּ עֲמֹד. הִמָּלֵךְ בַּגְּבוּרָה, אִם מְצַוֶּה אוֹתְךָ לַעֲשׂוֹת כֵּן – תּוּכַל לַעֲמֹד, וְאִם יְעַכֵּב עַל יָדְךָ – לֹא תוּכַל לַעֲמֹד: וְגַם כָּל הָעָם הַזֶּה. אַהֲרֹן נָדָב וַאֲבִיהוּא וְשִׁבְעִים זְקֵנִים הַנִּלְוִים עַתָּה עִמָּךְ:

כו] וְשָׁפְטוּ. "וְדָיְנִין יָת עַמָּא": יְבִיאוּן. "מַיְתַן": יִשְׁפּוּטוּ הֵם. כְּמוֹ יִשְׁפְּטוּ. וְכֵן: "לֹא תַעֲבוּרִי" (רות ב, ח) כְּמוֹ לֹא תַעַבְרִי. וְתַרְגּוּמוֹ: "דָּיְנִין אִנּוּן". מִקְרָאוֹת הָעֶלְיוֹנִים (לעיל פסוק כב) הָיוּ לְשׁוֹן צִוּוּי, לְכָךְ מְתֻרְגָּמִין: וִידוּנוּן, יַיְתוּן, יְדוּנוּן, וּמִקְרָאוֹת הַלָּלוּ לְשׁוֹן עֲשִׂיָּה:

כז] וַיֵּלֶךְ לוֹ אֶל אַרְצוֹ. לְגַיֵּר בְּנֵי מִשְׁפַּחְתּוֹ:

פרק יט

א] בַּיּוֹם הַזֶּה. בְּרֹאשׁ חֹדֶשׁ. לֹא הָיָה צָרִיךְ לִכְתֹּב אֶלָּא 'בַּיּוֹם הַהוּא', מַהוּ "בַּיּוֹם הַזֶּה"? שֶׁיִּהְיוּ דִּבְרֵי תוֹרָה חֲדָשִׁים עָלֶיךָ כְּאִלּוּ הַיּוֹם נְתָנוּ:

ב] וַיִּסְעוּ מֵרְפִידִים. מַה תַּלְמוּד לוֹמַר לַחֲזֹר וּלְפָרֵשׁ מֵהֵיכָן נָסְעוּ? וַהֲלֹא כְּבָר כָּתַב שֶׁבִּרְפִידִים הָיוּ חוֹנִים (לעיל יז, א), בְּיָדוּעַ שֶׁמִּשָּׁם נָסְעוּ! אֶלָּא לְהַקִּישׁ נְסִיעָתָן מֵרְפִידִים לְבִיאָתָן לְמִדְבַּר סִינַי;

ג וַיִּחַן־שָׁם יִשְׂרָאֵל נֶגֶד הָהָר׃ וּמֹשֶׁה עָלָה אֶל־
הָאֱלֹהִים וַיִּקְרָא אֵלָיו יהוה מִן־הָהָר לֵאמֹר
כֹּה תֹאמַר לְבֵית יַעֲקֹב וְתַגֵּיד לִבְנֵי יִשְׂרָאֵל׃
ד אַתֶּם רְאִיתֶם אֲשֶׁר עָשִׂיתִי לְמִצְרָיִם וָאֶשָּׂא
אֶתְכֶם עַל־כַּנְפֵי נְשָׁרִים וָאָבִא אֶתְכֶם אֵלָי׃
ה וְעַתָּה אִם־שָׁמוֹעַ תִּשְׁמְעוּ בְּקֹלִי וּשְׁמַרְתֶּם אֶת־
בְּרִיתִי וִהְיִיתֶם לִי סְגֻלָּה מִכָּל־הָעַמִּים כִּי־לִי כָּל־
ו הָאָרֶץ׃ וְאַתֶּם תִּהְיוּ־לִי מַמְלֶכֶת כֹּהֲנִים וְגוֹי קָדוֹשׁ טו
אֵלֶּה הַדְּבָרִים אֲשֶׁר תְּדַבֵּר אֶל־בְּנֵי יִשְׂרָאֵל׃
ז וַיָּבֹא מֹשֶׁה וַיִּקְרָא לְזִקְנֵי הָעָם וַיָּשֶׂם לִפְנֵיהֶם חמישי
ח אֵת כָּל־הַדְּבָרִים הָאֵלֶּה אֲשֶׁר צִוָּהוּ יהוה׃ וַיַּעֲנוּ
כָל־הָעָם יַחְדָּו וַיֹּאמְרוּ כֹּל אֲשֶׁר־דִּבֶּר יהוה
נַעֲשֶׂה וַיָּשֶׁב מֹשֶׁה אֶת־דִּבְרֵי הָעָם אֶל־יהוה׃
ט וַיֹּאמֶר יהוה אֶל־מֹשֶׁה הִנֵּה אָנֹכִי בָּא אֵלֶיךָ
בְּעַב הֶעָנָן בַּעֲבוּר יִשְׁמַע הָעָם בְּדַבְּרִי עִמָּךְ
וְגַם־בְּךָ יַאֲמִינוּ לְעוֹלָם וַיַּגֵּד מֹשֶׁה אֶת־דִּבְרֵי
י הָעָם אֶל־יהוה׃ וַיֹּאמֶר יהוה אֶל־מֹשֶׁה לֵךְ אֶל־
יא הָעָם וְקִדַּשְׁתָּם הַיּוֹם וּמָחָר וְכִבְּסוּ שִׂמְלֹתָם׃ וְהָיוּ
נְכֹנִים לַיּוֹם הַשְּׁלִישִׁי כִּי ׀ בַּיּוֹם הַשְּׁלִשִׁי יֵרֵד יהוה

מה ביחתן למדבר סיני בתשובה אף נסיעתן מרפידים בתשובה: ויחן שם ישראל. כאיש אחד בלב אחד, אבל שאר כל החניות בתרעמת ובמחלקת: נגד ההר. למזרחו, וכל מקום שאתה מוצא 'נגד' – פנים למזרח:

ג) ומשה עלה. ביום השני, וכל עליותיו בהשכמה

ג וּשְׁרָא תַמָּן יִשְׂרָאֵל לָקֳבֵיל טוּרָא: וּמֹשֶׁה סְלֵיק לִקְדָם יי, וּקְרָא לֵיהּ יי מִן טוּרָא לְמֵימַר, כְּדֵין
ד תֵימַר לְבֵית יַעֲקֹב, וּתְחַוֵּי לִבְנֵי יִשְׂרָאֵל: אַתּוּן חֲזֵיתוּן, דַּעֲבַדִית לְמִצְרָאֵי, וְאַטֵּילִית יָתְכוֹן
ה כַּד עַל גַּדְפֵּי נִשְׁרִין, וְקָרֵיבִית יָתְכוֹן לְפָלְחָנִי: וּכְעַן, אִם קַבָּלָא תְקַבְּלוּן לְמֵימְרִי, וְתִטְּרוּן
ו יָת קְיָמִי, וּתְהוֹן קֳדָמַי חַבִּיבִין מִכָּל עַמְמַיָּא, אֲרֵי דִילִי כָּל אַרְעָא: וְאַתּוּן תְּהוֹן קֳדָמַי, מַלְכִין
ז כָּהֲנִין וְעַם קַדִּישׁ, אִלֵּין פִּתְגָמַיָּא, דִּתְמַלֵּיל עִם בְּנֵי יִשְׂרָאֵל: וַאֲתָא מֹשֶׁה, וּקְרָא לְסָבֵי עַמָּא,
ח וְסַדַּר קֳדָמֵיהוֹן, יָת כָּל פִּתְגָמַיָּא הָאִלֵּין, דְּפַקְדֵיהּ יי: וַאֲתִיבוּ כָל עַמָּא כַּחֲדָא וַאֲמַרוּ,
ט כֹּל, דְּמַלֵּיל יי נַעֲבֵיד, וַאֲתֵיב מֹשֶׁה, יָת פִּתְגָמֵי עַמָּא לִקְדָם יי: וַאֲמַר יי לְמֹשֶׁה, הָא אֲנָא,
מִתְגְּלֵי לָךְ בְּעֵיבָא דַעֲנָנָא, בְּדִיל, דְּיִשְׁמַע עַמָּא בְּמַלָּלוּתִי עִמָּךְ, וְאַף בָּךְ יְהֵימְנוּן לְעָלַם,
י וְחַוִּי מֹשֶׁה, יָת פִּתְגָמֵי עַמָּא לִקְדָם יי: וַאֲמַר יי לְמֹשֶׁה אִיזֵיל לְוָת עַמָּא, וּתְזַמֵּינִנּוּן יוֹמָא דֵין
יא וּמְחַר, וִיחַוְּרוּן לְבוּשֵׁיהוֹן: וִיהוֹן זְמִינִין לְיוֹמָא תְלִיתָאָה, אֲרֵי בְּיוֹמָא תְלִיתָאָה, יִתְגְּלֵי יי,

הָיוּ, שֶׁנֶּאֱמַר: "וַיַּשְׁכֵּם מֹשֶׁה בַבֹּקֶר" (להלן לד, ד): **כֹּה תֹאמַר.** בַּלָּשׁוֹן הַזֶּה וְכַסֵּדֶר הַזֶּה: **לְבֵית יַעֲקֹב.** אֵלּוּ הַנָּשִׁים, תֹּאמַר לָהֶן בְּלָשׁוֹן רַכָּה: **וְתַגֵּיד לִבְנֵי יִשְׂרָאֵל.** עֳנָשִׁין וְדִקְדּוּקִין פָּרֵשׁ לַזְּכָרִים, דְּבָרִים הַקָּשִׁין כְּגִידִין:

ד) **אַתֶּם רְאִיתֶם.** וְלֹא מָסֹרֶת הִיא בְּיֶדְכֶם בִּדְבָרִים אֲנִי מְשַׁגֵּר לָכֶם, אַתֶּם רְאִיתֶם אֲשֶׁר עָשִׂיתִי בְמִצְרַיִם, עַל כַּמָּה עֲבֵרוֹת הָיוּ חַיָּבִין לִי קֹדֶם שֶׁנִּזְדַּוְּגוּ לָכֶם, וְלֹא נִפְרַעְתִּי מֵהֶם אֶלָּא עַל יֶדְכֶם: **וָאֶשָּׂא אֶתְכֶם.** זֶה יוֹם שֶׁבָּאוּ יִשְׂרָאֵל לְרַעְמְסֵס, שֶׁהָיוּ יִשְׂרָאֵל מְפֻזָּרִין בְּכָל אֶרֶץ גֹּשֶׁן, וּלְשָׁעָה קַלָּה כְּשֶׁבָּאוּ לִסַּע וְלָצֵאת נִקְבְּצוּ כֻּלָּם לְרַעְמְסֵס. וְאוּנְקְלוֹס תִּרְגֵּם "וָאֶשָּׂא" כְּמוֹ וָאַסִּיעַ אֶתְכֶם: "וְאַטֵּילִית יָתְכוֹן", תִּקֵּן אֶת הַדִּבּוּר דֶּרֶךְ כָּבוֹד לְמַעְלָה: **עַל כַּנְפֵי נְשָׁרִים.** כַּנֶּשֶׁר הַנּוֹשֵׂא גּוֹזָלָיו עַל כְּנָפָיו, שֶׁכָּל שְׁאָר הָעוֹפוֹת נוֹתְנִים אֶת בְּנֵיהֶם בֵּין רַגְלֵיהֶם, לְפִי שֶׁמִּתְיָרְאִין מֵעוֹף אַחֵר שֶׁפּוֹרֵחַ עַל גַּבֵּיהֶם, אֲבָל הַנֶּשֶׁר הַזֶּה אֵינוֹ מִתְיָרֵא אֶלָּא מִן הָאָדָם שֶׁמָּא יִזְרֹק בּוֹ חֵץ, לְפִי שֶׁאֵין עוֹף פּוֹרֵחַ עַל גַּבָּיו, לְכָךְ נוֹתְנוֹ עַל כְּנָפָיו, אוֹמֵר: מוּטָב יִכָּנֵס הַחֵץ בִּי וְלֹא בְּבָנַי. אַף אֲנִי עָשִׂיתִי כֵן: "וַיִּסַּע מַלְאַךְ הָאֱלֹהִים וְגוֹ' וַיָּבֹא בֵּין מַחֲנֵה מִצְרַיִם" וְגוֹ' (לעיל יד, יט-כ), וְהָיוּ מִצְרַיִם זוֹרְקִים חִצִּים וְאַבְנֵי בַלִּיסְטְרָאוֹת וְהֶעָנָן מְקַבְּלָם: **וָאָבִא אֶתְכֶם אֵלָי.** כְּתַרְגּוּמוֹ:

ה) **וְעַתָּה.** אִם עַתָּה תְּקַבְּלוּ עֲלֵיכֶם יֶעֱרַב לָכֶם מִכָּאן וְאֵילָךְ, שֶׁכָּל הַתְחָלוֹת קָשׁוֹת: **וּשְׁמַרְתֶּם אֶת בְּרִיתִי.** שֶׁאֶכְרֹת עִמָּכֶם עַל שְׁמִירַת הַתּוֹרָה: **סְגֻלָּה.** אוֹצָר חָבִיב, כְּמוֹ: "וּסְגֻלַּת מְלָכִים" (קהלת ב, ח), כְּלֵי יְקָר וַאֲבָנִים טוֹבוֹת שֶׁהַמְּלָכִים גּוֹנְזִים אוֹתָם, כָּךְ אַתֶּם לִי סְגֻלָּה מִשְּׁאָר אֻמּוֹת. וְלֹא תֹאמְרוּ, אַתֶּם לְבַדְּכֶם שֶׁלִּי וְאֵין לִי אֲחֵרִים עִמָּכֶם, וּמָה יֵשׁ לִי עוֹד שֶׁתְּהֵא חִבַּתְכֶם נִכֶּרֶת? – "כִּי לִי כָּל הָאָרֶץ", וְהֵם בְּעֵינַי וּלְפָנַי לִכְלוּם:

ו) **וְאַתֶּם תִּהְיוּ לִי מַמְלֶכֶת כֹּהֲנִים.** שָׂרִים, כְּמָה דְּאַתְּ אָמַר: "וּבְנֵי דָוִד כֹּהֲנִים הָיוּ" (שמואל ב' ח, יח): **אֵלֶּה הַדְּבָרִים.** לֹא פָּחוֹת וְלֹא יוֹתֵר:

ח) **וַיָּשֶׁב מֹשֶׁה אֶת דִּבְרֵי הָעָם וְגוֹ'.** בַּיּוֹם הַמָּחֳרָת שֶׁהוּא שְׁלִישִׁי, שֶׁהֲרֵי בְּהַשְׁכָּמָה עָלָה. וְכִי צָרִיךְ הָיָה מֹשֶׁה לְהָשִׁיב? אֶלָּא בָּא הַכָּתוּב לְלַמֶּדְךָ דֶּרֶךְ אֶרֶץ מִמֹּשֶׁה, שֶׁלֹּא אָמַר: הוֹאִיל וְיוֹדֵעַ מִי שֶׁשְּׁלָחַנִי, אֵינִי צָרִיךְ לְהָשִׁיב:

ט) **בְּעַב הֶעָנָן.** בְּמַעֲבֵה הֶעָנָן, וְזֶהוּ עֲרָפֶל: **וְגַם בְּךָ.** גַּם בַּנְּבִיאִים הַבָּאִים אַחֲרֶיךָ: **וַיַּגֵּד מֹשֶׁה אֶת דִּבְרֵי וְגוֹ'.** בַּיּוֹם הַמָּחֳרָת שֶׁהוּא רְבִיעִי לַחֹדֶשׁ: **אֶת דִּבְרֵי הָעָם וְגוֹ'.** תְּשׁוּבָה עַל דָּבָר זֶה שָׁמַעְתִּי מֵהֶם, שֶׁרְצוֹנָם לִשְׁמֹעַ מִמְּךָ, אֵינוֹ דּוֹמֶה הַשּׁוֹמֵעַ מִפִּי שָׁלִיחַ לַשּׁוֹמֵעַ מִפִּי הַמֶּלֶךְ, רְצוֹנֵנוּ לִרְאוֹת אֶת מַלְכֵּנוּ:

י) **וְקִדַּשְׁתָּם.** וְזִמַּנְתָּם, שֶׁיָּכִינוּ עַצְמָם "הַיּוֹם וּמָחָר":

יא) **וְהָיוּ נְכֹנִים.** מֻחְשָׁה: **לַיּוֹם הַשְּׁלִישִׁי.** שֶׁהוּא שִׁשָּׁה בַּחֹדֶשׁ, וּבַחֲמִישִׁי בָּנָה מֹשֶׁה אֶת הַמִּזְבֵּחַ תַּחַת הָהָר וּשְׁתֵּים עֶשְׂרֵה מַצֵּבָה, כָּל הָעִנְיָן הָאָמוּר בְּפָרָשַׁת וְאֵלֶּה הַמִּשְׁפָּטִים (להלן פרק כד,

יתרו

יב לְעֵינֵי כָל־הָעָם עַל־הַר סִינָי: וְהִגְבַּלְתָּ אֶת־הָעָם
סָבִיב לֵאמֹר הִשָּׁמְרוּ לָכֶם עֲלוֹת בָּהָר וּנְגֹעַ
יג בְּקָצֵהוּ כָּל־הַנֹּגֵעַ בָּהָר מוֹת יוּמָת: לֹא־תִגַּע
בּוֹ יָד כִּי־סָקוֹל יִסָּקֵל אוֹ־יָרֹה יִיָּרֶה אִם־בְּהֵמָה
אִם־אִישׁ לֹא יִחְיֶה בִּמְשֹׁךְ הַיֹּבֵל הֵמָּה יַעֲלוּ
יד בָהָר: וַיֵּרֶד מֹשֶׁה מִן־הָהָר אֶל־הָעָם וַיְקַדֵּשׁ ★
טו אֶת־הָעָם וַיְכַבְּסוּ שִׂמְלֹתָם: וַיֹּאמֶר אֶל־הָעָם
הֱיוּ נְכֹנִים לִשְׁלֹשֶׁת יָמִים אַל־תִּגְּשׁוּ אֶל־אִשָּׁה:
טז וַיְהִי בַיּוֹם הַשְּׁלִישִׁי בִּהְיֹת הַבֹּקֶר וַיְהִי קֹלֹת
וּבְרָקִים וְעָנָן כָּבֵד עַל־הָהָר וְקֹל שֹׁפָר חָזָק
יז מְאֹד וַיֶּחֱרַד כָּל־הָעָם אֲשֶׁר בַּמַּחֲנֶה: וַיּוֹצֵא
מֹשֶׁה אֶת־הָעָם לִקְרַאת הָאֱלֹהִים מִן־הַמַּחֲנֶה
יח וַיִּתְיַצְּבוּ בְּתַחְתִּית הָהָר: וְהַר סִינַי עָשַׁן כֻּלּוֹ
מִפְּנֵי אֲשֶׁר יָרַד עָלָיו יְהוָה בָּאֵשׁ וַיַּעַל עֲשָׁנוֹ
יט כְּעֶשֶׁן הַכִּבְשָׁן וַיֶּחֱרַד כָּל־הָהָר מְאֹד: וַיְהִי קוֹל
הַשֹּׁפָר הוֹלֵךְ וְחָזֵק מְאֹד מֹשֶׁה יְדַבֵּר וְהָאֱלֹהִים
כ יַעֲנֶנּוּ בְקוֹל: וַיֵּרֶד יְהוָה עַל־הַר סִינַי אֶל־רֹאשׁ ששי

וְאֵין מֻקְדָּם וּמְאֻחָר בַּתּוֹרָה: לְעֵינֵי כָל הָעָם. מְלַמֵּד שֶׁלֹּא הָיָה בָהֶם סוּמָא, שֶׁנִּתְרַפְּאוּ כֻלָּם:

יב) וְהִגְבַּלְתָּ. קְבַע לָהֶם תְּחוּמִין לְסִימָן, שֶׁלֹּא יִקְרְבוּ מִן הַגְּבוּל וָהָלְאָה: לֵאמֹר. הַגְּבוּל אוֹמֵר לָהֶם: הִשָּׁמְרוּ מֵעֲלוֹת מִכָּאן וּלְהַלָּן, וְאַתָּה הַזְהִירֵם עַל כָּךְ: וּנְגֹעַ בְּקָצֵהוּ. אֲפִלּוּ בְּקָצֵהוּ:

יג) יָרֹה יִיָּרֶה. מִכָּאן לַנִּסְקָלִין שֶׁהֵם נִדְחִין לְמַטָּה מִבֵּית הַסְּקִילָה, שֶׁהָיָה גָבוֹהַּ שְׁתֵּי קוֹמוֹת: יִיָּרֶה. יֻשְׁלַךְ לְמַטָּה לָאָרֶץ, כְּמוֹ: "יָרָה בַיָּם" (לעיל טו, ד): בִּמְשֹׁךְ הַיֹּבֵל. כְּשֶׁיִּמְשֹׁךְ הַיּוֹבֵל קוֹל אָרֹךְ, הוּא סִימָן סִלּוּק שְׁכִינָה וְהַפְסָקַת הַקּוֹל, וְכֵיוָן שֶׁנִּסְתַּלֵּק הֵם רַשָּׁאִין לַעֲלוֹת:

יב לְעֵינֵי כָל עַמָּא עַל טוּרָא דְסִינָי: וּתְתַחֵים יָת עַמָּא סְחוֹר סְחוֹר לְמֵימַר, אִסְתַּמַּרוּ לְכוֹן,
יג מִלְּמִסַּק בְּטוּרָא וּלְמִקְרַב בְּסוֹפֵיהּ, כָּל דְּיִקְרַב בְּטוּרָא אִתְקְטָלָא יִתְקְטֵיל: לָא תִקְרַב בֵּיהּ
יָד, אֲרֵי אִתְרְגָמָא יִתְרְגֵים אוֹ אִשְׁתְּדָאָה יִשְׁתְּדֵי, אִם בְּעִירָא אִם אֱנָשָׁא לָא יִתְקַיַּם, בְּמִיגַד
יד שׁוֹפָרָא, אִנּוּן מָרְשַׁן לְמִסַּק בְּטוּרָא: וּנְחַת מֹשֶׁה, מִן טוּרָא לְוָת עַמָּא, וְזַמֵּין יָת עַמָּא, וְחַוַּרוּ
טו טז לְבוּשֵׁיהוֹן: וַאֲמַר לְעַמָּא, הֲווֹ זְמִינִין לִתְלָתָא יוֹמִין, לָא תִקְרְבוּן לְצַד אִתְּתָא: וַהֲוָה בְּיוֹמָא
תְּלִיתָאָה בְּמִהְוֵי צַפְרָא, וַהֲווֹ קָלִין וּבַרְקִין, וַעֲנָנָא תַקִּיף עַל טוּרָא, וְקָל שׁוֹפָרָא תַּקִּיף
יז לַחֲדָא, וְזָע כָּל עַמָּא דִּבְמַשְׁרִיתָא: וְאַפֵּיק מֹשֶׁה יָת עַמָּא, לְקַדָּמוּת מֵימְרָא דַיְיָ מִן מַשְׁרִיתָא,
יח וְאִתְעַתַּדוּ בְּשִׁפּוֹלֵי טוּרָא: וְטוּרָא דְסִינַי תְּנַן כֻּלֵּיהּ, מִן קֳדָם, דְּאִתְגְּלִי עֲלוֹהִי, יי בְּאִישָׁתָא,
יט וּסְלֵיק תְּנָנֵיהּ כִּתְנָנָא דְאַתּוּנָא, וְזָע כָּל טוּרָא לַחֲדָא: וַהֲוָה קָל שׁוֹפָרָא, אָזֵיל וְתָקֵיף
כ לַחֲדָא, מֹשֶׁה מְמַלֵּיל, וּמִן קֳדָם יי מִתְעֲנֵי לֵיהּ בְּקָל: וְאִתְגְּלִי יי, עַל טוּרָא דְסִינַי לְרֵישׁ

הַיֹּבֵל. הוּא שׁוֹפָר שֶׁל אַיִל, שֶׁכֵּן בַּעֲרַבְיָא קוֹרִין לְדִכְרָא 'יוּבְלָא'. וְשׁוֹפָר שֶׁל אֵילוֹ שֶׁל יִצְחָק הָיָה:

יד **מִן הָהָר אֶל הָעָם.** מְלַמֵּד שֶׁלֹּא הָיָה מֹשֶׁה פּוֹנֶה לַעֲסָקָיו, אֶלָּא מִן הָהָר אֶל הָעָם:

טו **הֱיוּ נְכֹנִים לִשְׁלֹשֶׁת יָמִים.** לְסוֹף שְׁלֹשֶׁת יָמִים, הוּא יוֹם רְבִיעִי, שֶׁהוֹסִיף מֹשֶׁה יוֹם אֶחָד מִדַּעְתּוֹ, כְּדִבְרֵי רַבִּי יוֹסֵי. וּלְדִבְרֵי הָאוֹמֵר בְּשִׁשָּׁה בַּחֹדֶשׁ נִתְּנוּ עֲשֶׂרֶת הַדִּבְּרוֹת, לֹא הוֹסִיף מֹשֶׁה כְּלוּם, וְ"לִשְׁלֹשֶׁת יָמִים" כְּמוֹ 'לַיּוֹם הַשְּׁלִישִׁי': **אַל תִּגְּשׁוּ אֶל אִשָּׁה.** כָּל שְׁלֹשֶׁת יָמִים הַלָּלוּ, כְּדֵי שֶׁיִּהְיוּ הַנָּשִׁים טוֹבְלוֹת לַיּוֹם הַשְּׁלִישִׁי וְיִהְיוּ טְהוֹרוֹת לְקַבֵּל תּוֹרָה, שֶׁאִם יְשַׁמְּשׁוּ תּוֹךְ שְׁלֹשָׁה שֶׁמָּא תִּפְלֹט הָאִשָּׁה שִׁכְבַת זֶרַע לְאַחַר טְבִילָתָהּ וְתַחֲזֹר וְתִטְמָא, אֲבָל מִשֶּׁשָּׁהֲתָה שְׁלֹשָׁה יָמִים כְּבָר הַזֶּרַע מַסְרִיחַ וְאֵינוֹ רָאוּי לְהַזְרִיעַ, וְטָהוֹר מִלְּטַמֵּא אֶת הַפּוֹלֶטֶת:

טז **בִּהְיֹת הַבֹּקֶר.** מְלַמֵּד שֶׁהִקְדִּים עַל יָדָם, מַה שֶּׁאֵין דֶּרֶךְ בָּשָׂר וָדָם לַעֲשׂוֹת כֵּן שֶׁיְּהֵא הָרַב מַמְתִּין לַתַּלְמִיד. וְכֵן מָצִינוּ בִּיחֶזְקֵאל: "קוּם צֵא אֶל הַבִּקְעָה... וָאָקוּם וָאֵצֵא אֶל הַבִּקְעָה וְהִנֵּה שָׁם כְּבוֹד ה' עֹמֵד" (יחזקאל ג, כב-כג):

יז **לִקְרַאת הָאֱלֹהִים.** מַגִּיד שֶׁהָיְתָה שְׁכִינָה יוֹצְאָה לִקְרָאתָם כְּחָתָן הַיּוֹצֵא לִקְרַאת כַּלָּה, וְזֶהוּ שֶׁנֶּאֱמַר: "ה' מִסִּינַי בָּא" (דברים לג, ב) וְלֹא נֶאֱמַר: 'לְסִינַי בָּא': **בְּתַחְתִּית הָהָר.** לְפִי פְּשׁוּטוֹ בְּרַגְלֵי הָהָר. וּמִדְרָשׁוֹ, שֶׁנִּתְלַשׁ הָהָר מִמְּקוֹמוֹ וְנִכְפָּה עֲלֵיהֶם כְּגִיגִית:

יח **עָשַׁן כֻּלּוֹ.** אֵין 'עָשַׁן' זֶה שֵׁם דָּבָר, שֶׁהֲרֵי נָקוּד הַשִּׁי"ן פַּתָּח, אֶלָּא לְשׁוֹן פָּעַל, כְּמוֹ חָמַר, שָׁמַר, שָׁמַע. לְכָךְ תַּרְגּוּמוֹ: "תְּנַן כֻּלֵּיהּ" וְלֹא תִרְגֵּם 'תְּנָנָא'. וְכָל 'עָשָׁן' שֶׁבַּמִּקְרָא נְקוּדִים קָמָץ, מִפְּנֵי שֶׁהֵם שֵׁם דָּבָר: **הַכִּבְשָׁן.** שֶׁל סִיד. יָכוֹל כְּכִבְשָׁן זֶה וְלֹא יוֹתֵר? תַּלְמוּד לוֹמַר: "בֹּעֵר בָּאֵשׁ עַד לֵב הַשָּׁמַיִם" (דברים ד, יא). וּמַה תַּלְמוּד לוֹמַר: "כִּבְשָׁן"? לְשַׁבֵּר אֶת הָאֹזֶן מַה שֶּׁהִיא יְכוֹלָה לִשְׁמֹעַ, נוֹתֵן לַבְּרִיּוֹת סִימָן הַנִּכָּר לָהֶם. כַּיּוֹצֵא בּוֹ: "כְּאַרְיֵה יִשְׁאָג" (הושע יא, י), וְכִי מִי נָתַן כֹּחַ בָּאֲרִי אֶלָּא הוּא, וְהַכָּתוּב מוֹשְׁלוֹ כְּאַרְיֵה? אֶלָּא אָנוּ מְכַנִּין וּמְדַמִּין אוֹתוֹ לִבְרִיּוֹתָיו כְּדֵי לְשַׁבֵּר אֶת הָאֹזֶן מַה שֶּׁיְּכוֹלָה לִשְׁמֹעַ. כַּיּוֹצֵא בּוֹ: "וְקוֹלוֹ כְּקוֹל מַיִם רַבִּים" (יחזקאל מג, ב), וְכִי מִי נָתַן קוֹל לַמַּיִם אֶלָּא הוּא, וְאַתָּה מְכַנֶּה אוֹתוֹ לְדַמּוֹתוֹ לִבְרִיּוֹתָיו, כְּדֵי לְשַׁבֵּר אֶת הָאֹזֶן:

יט **הוֹלֵךְ וְחָזֵק מְאֹד.** מִנְהַג הֶדְיוֹט כָּל זְמַן שֶׁהוּא מַאֲרִיךְ לִתְקֹעַ קוֹלוֹ מַחֲלִישׁ וְכוֹהֶה, אֲבָל כָּאן "הוֹלֵךְ וְחָזֵק מְאֹד". וְלָמָּה כָּךְ מִתְּחִלָּה? לְשַׁבֵּר אָזְנֵיהֶם מַה שֶּׁיְּכוֹלִין לִשְׁמֹעַ: **מֹשֶׁה יְדַבֵּר.** כְּשֶׁהָיָה מֹשֶׁה מְדַבֵּר וּמַשְׁמִיעַ הַדִּבְּרוֹת לְיִשְׂרָאֵל, שֶׁהֲרֵי לֹא שָׁמְעוּ מִפִּי הַגְּבוּרָה אֶלָּא "אָנֹכִי" וְ"לֹא יִהְיֶה לְךָ", וְהַקָּדוֹשׁ בָּרוּךְ הוּא מְסַיְּעוֹ לָתֵת בּוֹ כֹּחַ לִהְיוֹת קוֹלוֹ מַגְבִּיר וְנִשְׁמָע: **יַעֲנֶנּוּ בְקוֹל.** יַעֲנֶנּוּ עַל דְּבַר הַקּוֹל, כְּמוֹ: "אֲשֶׁר יַעֲנֶה בָאֵשׁ" (מלכים א' יח, כד), עַל דְּבַר הָאֵשׁ לְהוֹרִידוֹ:

כ **וַיֵּרֶד ה' עַל הַר סִינַי.** יָכוֹל יָרַד עָלָיו מַמָּשׁ? תַּלְמוּד לוֹמַר: "כִּי מִן הַשָּׁמַיִם דִּבַּרְתִּי עִמָּכֶם" (להלן כ, יט)! מְלַמֵּד שֶׁהִרְכִּין שָׁמַיִם הַתַּחְתּוֹנִים

הָהָר וַיִּקְרָא יְהוָה לְמֹשֶׁה אֶל־רֹאשׁ הָהָר וַיַּעַל
מֹשֶׁה׃ וַיֹּאמֶר יְהוָה אֶל־מֹשֶׁה רֵד הָעֵד בָּעָם כא
פֶּן־יֶהֶרְסוּ אֶל־יְהוָה לִרְאוֹת וְנָפַל מִמֶּנּוּ רָב׃ וְגַם כב
הַכֹּהֲנִים הַנִּגָּשִׁים אֶל־יְהוָה יִתְקַדָּשׁוּ פֶּן־יִפְרֹץ
בָּהֶם יְהוָה׃ וַיֹּאמֶר מֹשֶׁה אֶל־יְהוָה לֹא־יוּכַל כג
הָעָם לַעֲלֹת אֶל־הַר סִינָי כִּי־אַתָּה הַעֵדֹתָה
בָּנוּ לֵאמֹר הַגְבֵּל אֶת־הָהָר וְקִדַּשְׁתּוֹ׃ וַיֹּאמֶר כד
אֵלָיו יְהוָה לֶךְ־רֵד וְעָלִיתָ אַתָּה וְאַהֲרֹן עִמָּךְ
וְהַכֹּהֲנִים וְהָעָם אַל־יֶהֶרְסוּ לַעֲלֹת אֶל־יְהוָה
פֶּן־יִפְרָץ־בָּם׃ וַיֵּרֶד מֹשֶׁה אֶל־הָעָם וַיֹּאמֶר כה
אֲלֵהֶם׃ וַיְדַבֵּר אֱלֹהִים אֵת כָּל־ א כ
הַדְּבָרִים הָאֵלֶּה לֵאמֹר׃ אָנֹכִי יְהוָה ב
אֱלֹהֶיךָ אֲשֶׁר הוֹצֵאתִיךָ מֵאֶרֶץ מִצְרַיִם מִבֵּית
עֲבָדִים׃ לֹא־יִהְיֶה לְךָ אֱלֹהִים אֲחֵרִים עַל־פָּנָי׃ ג
לֹא־תַעֲשֶׂה לְךָ פֶסֶל וְכָל־תְּמוּנָה אֲשֶׁר בַּשָּׁמַיִם ד

מצווה כה
מצוות האמונה במציאות ה׳

מצווה כו
איסור להאמין באל אחר

מצווה כז
איסור עשיית פסל

וְהָעֶלְיוֹנִים וְהִצִּיעָן עַל גַּבֵּי הָהָר כְּמַצָּע עַל הַמִּטָּה, וְיָרַד כִּסֵּא הַכָּבוֹד עֲלֵיהֶם:

כא) **הָעֵד בָּעָם.** הַתְרֵה בָּהֶם שֶׁלֹּא לַעֲלוֹת בָּהָר: **פֶּן יֶהֶרְסוּ וְגוֹ׳.** שֶׁלֹּא יֶהֶרְסוּ אֶת מַצָּבָם עַל יְדֵי שֶׁתַּאֲוָתָם "אֶל ה׳ לִרְאוֹת" וְיִקְרְבוּ לְצַד הָהָר: **וְנָפַל מִמֶּנּוּ רָב.** כָּל מַה שֶּׁיִּפֹּל מֵהֶם, וַאֲפִלּוּ הוּא יְחִידִי, חָשׁוּב לְפָנַי רָב: **פֶּן יֶהֶרְסוּ.** כָּל הֲרִיסָה מְפָרֶדֶת אֲסִיפַת הַבִּנְיָן, אַף הַנִּפְרָדִין מִמַּצַּב אֲנָשִׁים הוֹרְסִים אֶת הַמַּצָּב:

כב) **וְגַם הַכֹּהֲנִים.** אַף הַבְּכוֹרוֹת שֶׁהָעֲבוֹדָה בָּהֶם: **הַנִּגָּשִׁים אֶל ה׳.** לְהַקְרִיב קָרְבָּנוֹת, אַף הֵם אַל יִסְמְכוּ עַל חֲשִׁיבוּתָם לַעֲלוֹת: **יִתְקַדָּשׁוּ.** יִהְיוּ מְזֻמָּנִים לְהִתְיַצֵּב עַל עָמְדָן: **פֶּן יִפְרֹץ.** לְשׁוֹן פִּרְצָה, יַהֲרֹג בָּהֶם וְיַעֲשֶׂה בָּהֶם פִּרְצָה:

כג) **לֹא יוּכַל הָעָם.** אֵינִי צָרִיךְ לְהָעִיד בָּהֶם, שֶׁהֲרֵי מַתְרִין וְעוֹמְדִין הֵם הַיּוֹם שְׁלֹשָׁה יָמִים, וְלֹא יוּכְלוּ לַעֲלוֹת, שֶׁאֵין לָהֶם רְשׁוּת:

כא טוּרָא, וּקְרָא יי לְמשֶׁה, לְרֵישׁ טוּרָא וּסְלֵיק משֶׁה: וַאֲמַר יי לְמשֶׁה, חוֹת אַסְהֵיד בְּעַמָּא, דִּלְמָא
כב יִפַּגְרוּן קֳדָם יי לְמִחְזֵי, וְיִפּוֹל מִנְּהוֹן סַגִּי: וְאַף כָּהֲנַיָּא, דִּקְרִיבִין לְשַׁמָּשָׁא קֳדָם יי יִתְקַדְּשׁוּן, דִּלְמָא
כג יִקְטוֹל בְּהוֹן יי: וַאֲמַר משֶׁה קֳדָם יי, לָא יְכוֹל עַמָּא, לְמִסַּק לְטוּרָא דְסִינַי, אֲרֵי אַתְּ, אַסְהֵידְתְּ
כד בַּנָא לְמֵימַר, תְּחֵים יָת טוּרָא וְקַדְּשֵׁהִי: וַאֲמַר לֵיהּ יי אִיזֵיל חוֹת, וְתִסַּק אַתְּ וְאַהֲרֹן עִמָּךְ, וְכָהֲנַיָּא
כה וְעַמָּא, לָא יִפַּגְרוּן, לְמִסַּק לִקְדָם יי דִּלְמָא יִקְטוֹל בְּהוֹן: וּנְחַת משֶׁה לְוָת עַמָּא, וַאֲמַר לְהוֹן:
כ א ב וּמַלֵּיל יי, יָת, כָּל פִּתְגָּמַיָּא הָאִלֵּין לְמֵימַר: אֲנָא יי אֱלָהָךְ, דְּאַפֵּיקְתָּךְ, מֵאַרְעָא דְמִצְרַיִם מִבֵּית
ג ד עַבְדוּתָא: לָא יְהֵי לָךְ אֱלָה אָחֳרָן בַּר מִנִּי: לָא תַעֲבֵיד לָךְ צֵילַם וְכָל דְּמוּ, דְּבִשְׁמַיָּא

כד) לֶךְ רֵד. וְהָעֵד בָּהֶם שֵׁנִית, שֶׁמַּזְהִירִין אֶת הָאָדָם קֹדֶם מַעֲשֶׂה וְחוֹזְרִין וּמַזְהִירִין אוֹתוֹ בִּשְׁעַת מַעֲשֶׂה: וְעָלִיתָ אַתָּה וְאַהֲרֹן עִמְּךָ וְהַכֹּהֲנִים. יָכוֹל אַף הֵם ״עִמְּךָ״? תַּלְמוּד לוֹמַר: ״וְעָלִיתָ אַתָּה״. אֱמֹר מֵעַתָּה, אַתָּה מְחִצָּה לְעַצְמְךָ, וְאַהֲרֹן מְחִצָּה לְעַצְמוֹ; מֹשֶׁה נִגַּשׁ יוֹתֵר מֵאַהֲרֹן וְאַהֲרֹן יוֹתֵר מִן הַכֹּהֲנִים, ״וְהָעָם״ כָּל עִקָּר ״אַל יֶהֶרְסוּ״ אֶת מַצָּבָם ״לַעֲלֹת אֶל ה׳״: פֶּן יִפְרָץ בָּם. אַף עַל פִּי שֶׁהוּא נָקוּד חֲטַף קָמַץ אֵינוֹ זָז מִגִּזְרָתוֹ. כָּךְ דֶּרֶךְ כָּל תֵּבָה שֶׁנְּקֻדָּתָהּ מַלְאפוּם, כְּשֶׁהִיא סְמוּכָה בְּמַקַּף מִשְׁתַּנָּה הַנִּקּוּד לַחֲטַף קָמָץ:

כה) וַיֹּאמֶר אֲלֵהֶם. הַתְרָאָה זוֹ:

פרק כ

א) וַיְדַבֵּר אֱלֹהִים. אֵין ״אֱלֹהִים״ אֶלָּא דַּיָּן, לְפִי שֶׁיֵּשׁ פָּרָשִׁיּוֹת בַּתּוֹרָה שֶׁאִם עֲשָׂאָן אָדָם מְקַבֵּל שָׂכָר וְאִם לָאו אֵינוֹ מְקַבֵּל עֲלֵיהֶם פֻּרְעָנוּת, יָכוֹל אַף עֲשֶׂרֶת הַדִּבְּרוֹת כֵּן? תַּלְמוּד לוֹמַר: ״וַיְדַבֵּר אֱלֹהִים״, דַּיָּן לִפָּרַע: אֵת כָּל הַדְּבָרִים הָאֵלֶּה. מְלַמֵּד שֶׁאָמַר הַקָּדוֹשׁ בָּרוּךְ הוּא עֲשֶׂרֶת הַדִּבְּרוֹת בְּדִבּוּר אֶחָד, מַה שֶּׁאִי אֶפְשָׁר לְאָדָם לוֹמַר כֵּן. אִם כֵּן מַה תַּלְמוּד לוֹמַר עוֹד ״אָנֹכִי״ וְ״לֹא יִהְיֶה לְךָ״? שֶׁחָזַר וּפֵרַשׁ עַל כָּל דִּבּוּר וְדִבּוּר בִּפְנֵי עַצְמוֹ: לֵאמֹר. מְלַמֵּד שֶׁהָיוּ עוֹנִין עַל הֵן – הֵן, וְעַל לָאו – לָאו:

ב) אֲשֶׁר הוֹצֵאתִיךָ מֵאֶרֶץ מִצְרַיִם. כְּדַאי הִיא הַהוֹצָאָה שֶׁתִּהְיוּ מְשֻׁעְבָּדִים לִי. דָּבָר אַחֵר, לְפִי שֶׁנִּגְלָה בַּיָּם כְּגִבּוֹר מִלְחָמָה וְנִגְלָה כָּאן כְּזָקֵן מָלֵא רַחֲמִים, שֶׁנֶּאֱמַר: ״וְתַחַת רַגְלָיו כְּמַעֲשֵׂה לִבְנַת הַסַּפִּיר״ (להלן כד, י), זוֹ הָיְתָה לְפָנָיו בִּשְׁעַת הַשִּׁעְבּוּד, ״וּכְעֶצֶם הַשָּׁמַיִם״ (שם) מִשֶּׁנִּגְאֲלוּ, הוֹאִיל וַאֲנִי מִשְׁתַּנֶּה בְּמַרְאוֹת, אַל תֹּאמְרוּ שְׁתֵּי רְשֻׁיּוֹת הֵן! אָנֹכִי הוּא אֲשֶׁר הוֹצֵאתִיךָ מִמִּצְרַיִם וְעַל הַיָּם. דָּבָר אַחֵר, לְפִי שֶׁהָיוּ שׁוֹמְעִין קוֹלוֹת הַרְבֵּה, שֶׁנֶּאֱמַר ״אֶת הַקּוֹלֹת״ (להלן פסוק טו), קוֹלוֹת בָּאִין מֵאַרְבַּע רוּחוֹת וּמִן הַשָּׁמַיִם וּמִן הָאָרֶץ, אַל תֹּאמְרוּ רְשֻׁיּוֹת הַרְבֵּה הֵן! וְלָמָּה אָמַר לְשׁוֹן יָחִיד, ״אֱלֹהֶיךָ״? לִתֵּן פִּתְחוֹן פֶּה לְמֹשֶׁה לְלַמֵּד סָנֵגוֹרְיָא בְּמַעֲשֵׂה הָעֵגֶל, וְזֶה הוּא שֶׁאָמַר: ״לָמָה ה׳ יֶחֱרֶה אַפְּךָ בְּעַמֶּךָ״ (להלן לב, יא), לֹא לָהֶם צִוִּיתָ ״לֹא יִהְיֶה לָכֶם אֱלֹהִים אֲחֵרִים״, אֶלָּא לִי לְבַדִּי: מִבֵּית עֲבָדִים. מִבֵּית פַּרְעֹה שֶׁהֱיִיתֶם עֲבָדִים לוֹ. אוֹ אֵינוֹ אוֹמֵר אֶלָּא ״מִבֵּית עֲבָדִים״ שֶׁהָיוּ עֲבָדִים לַעֲבָדִים? תַּלְמוּד לוֹמַר: ״וַיִּפְדְּךָ מִבֵּית עֲבָדִים מִיַּד פַּרְעֹה מֶלֶךְ מִצְרַיִם״ (דברים ז, ח), אֱמֹר מֵעַתָּה, עֲבָדִים לַמֶּלֶךְ הָיוּ וְלֹא עֲבָדִים לַעֲבָדִים:

ג) לֹא יִהְיֶה לְךָ. לָמָּה נֶאֱמַר? לְפִי שֶׁנֶּאֱמַר: ״לֹא תַעֲשֶׂה לְךָ״, אֵין לִי אֶלָּא שֶׁלֹּא יַעֲשֶׂה, הֶעָשׂוּי כְּבָר מִנַּיִן שֶׁלֹּא יְקַיֵּם? תַּלְמוּד לוֹמַר: ״לֹא יִהְיֶה לְךָ״: אֱלֹהִים אֲחֵרִים. שֶׁאֵינָן אֱלֹהוּת, אֶלָּא אֲחֵרִים עֲשָׂאוּם אֱלֹהִים עֲלֵיהֶם. וְלֹא יִתָּכֵן לְפָרֵשׁ ״אֱלֹהִים אֲחֵרִים״ זוּלָתִי, שֶׁגְּנַאי הוּא כְּלַפֵּי מַעְלָה לְקָרוֹתָם אֱלֹהוּת אֶצְלוֹ. דָּבָר אַחֵר, ״אֱלֹהִים אֲחֵרִים״, שֶׁהֵם אֲחֵרִים לְעוֹבְדֵיהֶם, צוֹעֲקִים אֲלֵיהֶם וְאֵינָן עוֹנִין אוֹתָם, וְדוֹמֶה כְּאִלּוּ הוּא אַחֵר שֶׁאֵינוֹ מַכִּירוֹ מֵעוֹלָם: עַל פָּנָי. כָּל זְמַן שֶׁאֲנִי קַיָּם, שֶׁלֹּא תֹאמַר, לֹא נִצְטַוּוּ עַל עֲבוֹדָה זָרָה אֶלָּא אוֹתוֹ הַדּוֹר:

ד) פֶּסֶל. עַל שֵׁם שֶׁנִּפְסָל: כָּל תְּמוּנָה. דָּבָר ״אֲשֶׁר בַּשָּׁמַיִם״ וְגוֹ׳:

מִמַּעַל וַאֲשֶׁר בָּאָרֶץ מִתָּחַת וַאֲשֶׁר בַּמַּיִם מִתַּחַת

מצווה כח איסור השתחוויה לעבודה זרה
מצווה כט איסור עבודה זרה בדרך המקובלת

לָאָרֶץ: לֹא־תִשְׁתַּחֲוֶה לָהֶם וְלֹא תָעָבְדֵם כִּי אָנֹכִי ה
יְהוָה אֱלֹהֶיךָ אֵל קַנָּא פֹּקֵד עֲוֺן אָבֹת עַל־בָּנִים
עַל־שִׁלֵּשִׁים וְעַל־רִבֵּעִים לְשֹׂנְאָי: וְעֹשֶׂה חֶסֶד ו

מצווה ל איסור שבועת שווא

לַאֲלָפִים לְאֹהֲבַי וּלְשֹׁמְרֵי מִצְוֺתָי: לֹא ז
תִשָּׂא אֶת־שֵׁם־יְהוָה אֱלֹהֶיךָ לַשָּׁוְא כִּי לֹא יְנַקֶּה
יְהוָה אֵת אֲשֶׁר־יִשָּׂא אֶת־שְׁמוֹ לַשָּׁוְא:

מצווה לא מצוות קידוש והבדלה

זָכוֹר אֶת־יוֹם הַשַּׁבָּת לְקַדְּשׁוֹ: שֵׁשֶׁת יָמִים תַּעֲבֹד ח ט
וְעָשִׂיתָ כָּל־מְלַאכְתֶּךָ: וְיוֹם הַשְּׁבִיעִי שַׁבָּת י

מצווה לב איסור מלאכה בשבת

לַיהוָה אֱלֹהֶיךָ לֹא־תַעֲשֶׂה כָל־מְלָאכָה אַתָּה ׀
וּבִנְךָ וּבִתֶּךָ עַבְדְּךָ וַאֲמָתְךָ וּבְהֶמְתֶּךָ וְגֵרְךָ אֲשֶׁר
בִּשְׁעָרֶיךָ: כִּי שֵׁשֶׁת־יָמִים עָשָׂה יְהוָה אֶת־הַשָּׁמַיִם יא
וְאֶת־הָאָרֶץ אֶת־הַיָּם וְאֶת־כָּל־אֲשֶׁר־בָּם וַיָּנַח
בַּיּוֹם הַשְּׁבִיעִי עַל־כֵּן בֵּרַךְ יְהוָה אֶת־יוֹם הַשַּׁבָּת

מצווה לג מצוות כיבוד אב ואם

וַיְקַדְּשֵׁהוּ: כַּבֵּד אֶת־אָבִיךָ וְאֶת־אִמֶּךָ יב
לְמַעַן יַאֲרִכוּן יָמֶיךָ עַל הָאֲדָמָה אֲשֶׁר־יְהוָה

מצווה לד איסור רצח
מצווה לה איסור ניאוף
מצווה לו איסור גנבת אדם
מצווה לז איסור עדות שקר
מצווה לח איסור לחמוד

אֱלֹהֶיךָ נֹתֵן לָךְ: לֹא תִרְצָח לֹא יג
תִנְאָף לֹא תִגְנֹב לֹא־
תַעֲנֶה בְרֵעֲךָ עֵד שָׁקֶר: לֹא יד
תַחְמֹד בֵּית רֵעֶךָ לֹא־

יתרו

תַחְמֹד אֵשֶׁת רֵעֶךָ וְעַבְדּוֹ וַאֲמָתוֹ וְשׁוֹרוֹ וַחֲמֹרוֹ וְכֹל אֲשֶׁר לְרֵעֶךָ:

ה מִלְעֵילָא וּדְבְאַרְעָא מִלְרַע, וּדְבְמַיָּא מִלְרַע לְאַרְעָא: לָא תִסְגּוּד לְהוֹן וְלָא תִפְלְחִנּוּן, אֲרֵי
אֲנָא, יי אֱלָהָךְ אֵל קַנָּא, מַסְעַר, חוֹבֵי אֲבָהָן עַל בְּנִין מָרָדִין, עַל דָּר תְּלִיתָאֵי וְעַל דָּר
ו רְבִיעָאֵי לְסָנְאַי, כַּד מַשְׁלְמִין בְּנַיָּא לְמִחְטֵי בָּתַר אֲבָהָתְהוֹן: וְעָבֵיד טֵיבוּ לְאַלְפֵי דָרִין,
ז לְרָחֲמַי וּלְנָטְרֵי פִקּוֹדַי: לָא תֵימֵי, בִּשְׁמָא דַיי אֱלָהָךְ לְמַגָּנָא, אֲרֵי לָא יְזַכֵּי יי, יָת, דְּיֵימֵי
ח-ט בִשְׁמֵיהּ לְשִׁקְרָא: הֱוִי דְּכִיר יָת יוֹמָא דְּשַׁבְּתָא לְקַדָּשׁוּתֵיהּ: שִׁתָּא יוֹמִין תִּפְלַח וְתַעֲבֵיד
י כָּל עֲבִידְתָךְ: וְיוֹמָא שְׁבִיעָאָה, שַׁבְּתָא קֳדָם יי אֱלָהָךְ, לָא תַעֲבֵיד כָּל עֲבִידָא, אַתְּ וּבְרָךְ
יא וּבְרַתָּךְ, עַבְדָּךְ וְאַמְתָךְ וּבְעִירָךְ, וְגִיּוֹרָךְ דִּבְקִרְוָךְ: אֲרֵי שִׁתָּא יוֹמִין עֲבַד יי יָת שְׁמַיָּא וְיָת
אַרְעָא, יָת יַמָּא וְיָת כָּל דְּבְהוֹן, וְנָח בְּיוֹמָא שְׁבִיעָאָה, עַל כֵּן, בָּרֵיךְ יי, יָת יוֹמָא דְשַׁבְּתָא
יב וְקַדְּשֵׁיהּ: יַקַּר יָת אֲבוּךְ וְיָת אִמָּךְ, בְּדִיל דְּיֵירְכוּן יוֹמָךְ, עַל אַרְעָא, דַּיי אֱלָהָךְ יָהֵיב לָךְ:
יג-יד לָא תִקְטוֹל נְפַשׁ, לָא תְגוּף, לָא תִגְנוּב, לָא תַסְהֵיד בְּחַבְרָךְ סָהֲדוּתָא דְשִׁקְרָא: לָא תַחְמֵיד
בֵּית חַבְרָךְ, לָא תַחְמֵיד אִתַּת חַבְרָךְ, וְעַבְדֵּיהּ וְאַמְתֵיהּ וְתוֹרֵיהּ וְחַמְרֵיהּ, וְכֹל דִּלְחַבְרָךְ:

ה-ו **אֵל קַנָּא.** מקנא להפרע ואינו עובר על מדתו למחול על עבודה זרה. כל לשון 'קנא' אנפרינמנ"ט בלעז, נותן לב להפרע: **לְשֹׂנְאָי.** כתרגומו, כשאוחזין מעשה אבותיהם בידיהם. ונוצר חסד שאדם עושה, לשלם שכר עד לאלפים דור. נמצאת מדה טובה יתרה על מדת פורענות אחת על חמש מאות, שזו לארבעה דורות וזו לאלפים:

ז **לַשָּׁוְא.** חנם, להבל. ואי זהו שבועת שוא? נשבע לשנות את הידוע, על עמוד של אבן שהוא של זהב:

ח **"זָכוֹר" וְ"שָׁמוֹר"** בדבור אחד נאמרו. וכן: "מחלליה מות יומת" (להלן לא, יד), "וביום השבת שני כבשים" (במדבר כח, ט), וכן: "לא תלבש שעטנז", "גדלים תעשה לך" (דברים כב, יא-יב), וכן: "ערות אשת אחיך" (ויקרא יח, טז), "יבמה יבא עליה" (דברים כה, ה), הוא שנאמר: "אחת דבר אלהים שתים זו שמעתי" (תהלים סב, יב). "זכור" לשון פעול הוא, כמו: "אכול ושתו" (ישעיה כב, יג), "הלוך ובכה" (שמואל ב' ג, טז), וכן פתרונו: תנו לב לזכור תמיד את יום השבת, שאם נזדמן לך חפץ יפה תהא מזמינו לשבת:

ט **וְעָשִׂיתָ כָּל מְלַאכְתֶּךָ.** כשתבא שבת יהא בעיניך כאלו כל מלאכתך עשויה, שלא תהרהר אחר מלאכה:

י **אַתָּה וּבִנְךָ וּבִתֶּךָ.** אלו קטנים. או אינו אלא גדולים? אמרת, הרי כבר מוזהרין הם, אלא לא בא אלא להזהיר הגדולים על שביתת הקטנים, וזהו ששנינו: קטן שבא לכבות אין שומעין לו, מפני ששביתתו עליך:

יא **וַיָּנַח בַּיּוֹם הַשְּׁבִיעִי.** כביכול הכתיב בעצמו מנוחה, ללמד הימנו קל וחומר לאדם שמלאכתו בעמל וביגיעה שיהא נח בשבת: **בֵּרַךְ... וַיְקַדְּשֵׁהוּ.** ברכו במן, לכפלו בששי לחם משנה, וקדשו במן, שלא היה יורד בו:

יב **לְמַעַן יַאֲרִכוּן יָמֶיךָ.** אם תכבד - יאריכון, ואם לאו - יקצרון, שדברי תורה נוטריקון הם נדרשים, מכלל הן לאו ומכלל לאו הן:

יג **לֹא תִנְאָף.** אין ניאוף אלא באשת איש, שנאמר: "מות יומת הנאף והנאפת" (ויקרא כ, י), ואומר: "האשה המנאפת תחת אישה תקח את זרים" (יחזקאל טז, לב): **לֹא תִגְנֹב.** בגונב נפשות הכתוב

שביעי
טו וְכָל־הָעָם רֹאִים אֶת־הַקּוֹלֹת וְאֶת־הַלַּפִּידִם וְאֵת
קוֹל הַשֹּׁפָר וְאֶת־הָהָר עָשֵׁן וַיַּרְא הָעָם וַיָּנֻעוּ
טז וַיַּעַמְדוּ מֵרָחֹק: וַיֹּאמְרוּ אֶל־מֹשֶׁה דַּבֵּר־אַתָּה
עִמָּנוּ וְנִשְׁמָעָה וְאַל־יְדַבֵּר עִמָּנוּ אֱלֹהִים פֶּן־
יז נָמוּת: וַיֹּאמֶר מֹשֶׁה אֶל־הָעָם אַל־תִּירָאוּ כִּי
לְבַעֲבוּר נַסּוֹת אֶתְכֶם בָּא הָאֱלֹהִים וּבַעֲבוּר
יח תִּהְיֶה יִרְאָתוֹ עַל־פְּנֵיכֶם לְבִלְתִּי תֶחֱטָאוּ: וַיַּעֲמֹד
הָעָם מֵרָחֹק וּמֹשֶׁה נִגַּשׁ אֶל־הָעֲרָפֶל אֲשֶׁר־שָׁם

★ מפטיר
יט הָאֱלֹהִים: וַיֹּאמֶר יהוה אֶל־מֹשֶׁה כֹּה
תֹאמַר אֶל־בְּנֵי יִשְׂרָאֵל אַתֶּם רְאִיתֶם כִּי מִן־
כ הַשָּׁמַיִם דִּבַּרְתִּי עִמָּכֶם: לֹא תַעֲשׂוּן אִתִּי אֱלֹהֵי
כא כֶּסֶף וֵאלֹהֵי זָהָב לֹא תַעֲשׂוּ לָכֶם: מִזְבַּח אֲדָמָה
תַּעֲשֶׂה־לִּי וְזָבַחְתָּ עָלָיו אֶת־עֹלֹתֶיךָ וְאֶת־
שְׁלָמֶיךָ אֶת־צֹאנְךָ וְאֶת־בְּקָרֶךָ בְּכָל־הַמָּקוֹם
אֲשֶׁר אַזְכִּיר אֶת־שְׁמִי אָבוֹא אֵלֶיךָ וּבֵרַכְתִּיךָ:
כב וְאִם־מִזְבַּח אֲבָנִים תַּעֲשֶׂה־לִּי לֹא־תִבְנֶה אֶתְהֶן

מצווה לט איסור לעשות צורת אדם

מצווה מ איסור בניית מזבח מאבני גזית

מְדַבֵּר. "לֹא תִגְנֹבוּ" (ויקרא יט, יא) בְּגוֹנֵב מָמוֹן. אוֹ אֵינוֹ אֶלָּא זֶה בְּגוֹנֵב מָמוֹן וּלְהַלָּן בְּגוֹנֵב נְפָשׁוֹת? אָמַרְתָּ, דָּבָר לָמֵד מֵעִנְיָנוֹ, "לֹא תִרְצָח, לֹא תִנְאָף" מִיתַת בֵּית דִּין, אַף "לֹא תִגְנֹב" דָּבָר שֶׁחַיָּבִין עָלָיו מִיתַת בֵּית דִּין:

טו **וְכָל הָעָם רֹאִים.** מְלַמֵּד שֶׁלֹּא הָיָה בָּהֶם אֶחָד סוּמָא. וּמִנַּיִן שֶׁלֹּא הָיָה בָּהֶם אִלֵּם? תַּלְמוּד לוֹמַר: "וַיַּעֲנוּ כָל הָעָם" (לעיל יט, ח). וּמִנַּיִן שֶׁלֹּא הָיָה בָּהֶם חֵרֵשׁ? תַּלְמוּד לוֹמַר: "נַעֲשֶׂה וְנִשְׁמָע" (להלן כד, ז): **רֹאִים אֶת הַקּוֹלֹת.** רוֹאִין אֶת הַנִּשְׁמָע, שֶׁאִי אֶפְשָׁר לִרְאוֹת בְּמָקוֹם אַחֵר: **אֶת הַקּוֹלֹת.** הַיּוֹצְאִין מִפִּי הַגְּבוּרָה: **וַיָּנֻעוּ.** אֵין 'נוֹעַ' אֶלָּא זִיעַ: **וַיַּעַמְדוּ מֵרָחֹק.** הָיוּ נִרְתָּעִין לַאֲחוֹרֵיהֶם שְׁנֵים עָשָׂר מִיל כְּאֹרֶךְ מַחֲנֵיהֶם, וּמַלְאֲכֵי הַשָּׁרֵת בָּאִין וּמְסַיְּעִין אוֹתָן לְהַחֲזִירָם, שֶׁנֶּאֱמַר: "מַלְכֵי צְבָאוֹת יִדֹּדוּן יִדֹּדוּן" (תהלים סח, יג).

טו וכל עמא חזן ית קליא וית בעוריא, וית קל שופרא, וית טורא דתנן, וחזא עמא וזעו, וקמו
טז מרחיק: ואמרו למשה, מליל את עמנא ונקביל, ולא יתמלל עמנא, מן קדם יי דלמא נמות:
יז ואמר משה לעמא לא תדחלון, ארי, בדיל לנסאה יתכון, אתגלי לכון יקרא דיי, ובדיל, דתהי
יח דחלתיה, על אפיכון בדיל דלא תחובון: וקם עמא מרחיק, ומשה קריב לצד אמטתא, דתמן
יט יקרא דיי: ואמר יי למשה, כדנן תימר לבני ישראל, אתון חזיתון, ארי מן שמיא, מלילית
כ כא עמכון: לא תעבדון קדמי, דחלן דכסף ודחלן דדהב, לא תעבדון לכון: מדבח אדמתא תעביד
קדמי, ותהי דבח עלוהי, ית עלותך וית נכסת קודשך, מן ענך ומן תורך, בכל אתר דאשרי
כב שכינתי, לתמן אשלח ברכתי לך ואברכנך: ואם מדבח אבנין תעביד קדמי, לא תבני יתהון

יז) **לבעבור נסות אתכם.** לגדל אתכם בעולם, שיצא לכם שם באומות שהוא בכבודו נגלה עליכם: **נסות.** לשון הרמה וגדלה, כמו: "הרימו נס" (ישעיה סב, י), "ארים נסי" (שם מט, כב), "וכנס על הגבעה" (שם ל, יז) שהוא זקוף: **ובעבור תהיה יראתו.** על ידי שראיתם אותו ירא ומאים, תדעו כי אין זולתו ותיראו מפניו:

יח) **נגש אל הערפל.** לפנים משלש מחיצות: חשך, ענן וערפל, שנאמר: "וההר בער באש עד לב השמים חשך ענן וערפל" (דברים ד, יא). ערפל הוא עב הענן, שאמר לו: "הנה אנכי בא אליך בעב הענן" (לעיל יט, ט):

יט) **כה תאמר.** בלשון הזה: **אתם ראיתם.** יש הפרש בין מה שאדם רואה למה שאחרים מגידין לו, שמה שאחרים מגידין לו פעמים שלבו חלוק מלהאמין: **כי מן השמים דברתי.** וכתוב אחד אומר: "וירד ה' על הר סיני" (לעיל יט, כ)! בא הכתוב השלישי והכריע ביניהם: "מן השמים השמיעך את קלו ליסרך ועל הארץ הראך את אשו הגדולה" (דברים ד, לו), כבודו בשמים ואשו וגבורתו על הארץ. דבר אחר, הרכין שמים ושמי שמים והציען על ההר, וכן הוא אומר: "ויט שמים וירד" (שמואל ב' כב, י):

כ) **לא תעשון אתי.** לא תעשון דמות שמשי המשמשים לפני במרום: **אלהי כסף.** בא להזהיר על הכרובים שאתה עושה לעמד אתי שלא יהיו של כסף, שאם שניתם לעשותם של כסף הרי הן לפני כאלהות: **ואלהי זהב.** בא להזהיר שלא יוסיף על שנים, שאם עשית ארבעה הרי הן לפני כאלהי זהב: **לא תעשו לכם.** שלא תאמר, הריני עושה כרובים בבתי כנסיות ובבתי מדרשות כדרך שאני עושה בבית עולמים, לכך נאמר: "לא תעשו לכם":

כא) **מזבח אדמה.** מחבר באדמה, שלא יבננו על גבי עמודים או על גבי כיפים. דבר אחר, שהיה ממלא את חלל מזבח הנחשת אדמה בשעת חנייתן: **תעשה לי.** שתהא תחלת עשייתו לשמי: **וזבחת עליו.** אצלו, כמו: "ועליו מטה מנשה" (במדבר ב, כ). או אינו אלא עליו ממש? תלמוד לומר: "הבשר והדם על מזבח ה' אלהיך" (דברים יב, כז), ואין שחיטה בראש המזבח: **את עלתיך ואת שלמיך.** אשר מצאנך ומבקרך. "את צאנך ואת בקרך" פרוש ל"את עלתיך ואת שלמיך": **בכל המקום אשר אזכיר את שמי.** אשר אתן לך רשות להזכיר שם המפרש שלי, שם "אבוא אליך", אשרה את שכינתי, "וברכתיך". מכאן אתה למד שלא נתן רשות להזכיר שם המפרש אלא במקום שהשכינה באה שם, וזהו בית הבחירה, שם נתן רשות לכהנים להזכיר שם המפרש בנשיאות כפים ולברך את העם:

כב) **ואם מזבח אבנים.** רבי ישמעאל אומר: כל אם ואם שבתורה רשות חוץ משלשה: "ואם מזבח אבנים תעשה לי", הרי 'אם' זה משמש בלשון 'כאשר', וכאשר תעשה לי מזבח אבנים "לא תבנה אתהן גזית", שהרי חובה עליך לבנות מזבח אבנים, שנאמר: "אבנים שלמות תבנה" (דברים כז, ו). וכן: "אם כסף תלוה" (להלן כב, כד) חובה הוא, שנאמר: "והעבט תעביטנו" (דברים טו, ח), ואף זה משמש בלשון 'כאשר'. וכן: "ואם תקריב מנחת בכורים" (ויקרא ב, יד), זו מנחת העמר שהיא חובה. ועל כרחך אין 'אם' הללו תלויין אלא ודאין, ובלשון 'כאשר' הם משמשים: **גזית.**

מצווה מא
איסור עלייה על
המזבח במדרגות

גָזִ֑ית כִּ֛י חַרְבְּךָ֥ הֵנַ֛פְתָּ עָלֶ֖יהָ וַתְּחַלְלֶֽהָ׃ וְלֹא־תַעֲלֶ֥ה כג
בְמַעֲלֹ֖ת עַֽל־מִזְבְּחִ֑י אֲשֶׁ֛ר לֹֽא־תִגָּלֶ֥ה עֶרְוָתְךָ֖
עָלָֽיו׃

לְשׁוֹן גְּזִיזָה, שֶׁפּוֹסְלָן וּמְכַתְּתָן בְּבַרְזֶל: כִּי חַרְבְּךָ הֵנַפְתָּ עָלֶיהָ. הֲרֵי "כִּי" זֶה מְשַׁמֵּשׁ בִּלְשׁוֹן 'פֶּן' שֶׁהוּא 'דִּלְמָא', פֶּן תָּנִיף חַרְבְּךָ עָלֶיהָ: וַתְּחַלְלֶהָ. הָא לָמַדְתָּ שֶׁאִם הֵנַפְתָּ עָלֶיהָ בַּרְזֶל – חִלַּלְתָּ, שֶׁהַמִּזְבֵּחַ נִבְרָא לְהַאֲרִיךְ יָמָיו שֶׁל אָדָם וְהַבַּרְזֶל נִבְרָא לְקַצֵּר יָמָיו שֶׁל אָדָם, אֵין זֶה בְּדִין שֶׁיּוּנַף הַמְקַצֵּר עַל הַמַּאֲרִיךְ. וְעוֹד, שֶׁהַמִּזְבֵּחַ מֵטִיל שָׁלוֹם בֵּין יִשְׂרָאֵל לַאֲבִיהֶם שֶׁבַּשָּׁמַיִם, לְפִיכָךְ לֹא יָבֹא עָלָיו כּוֹרֵת וּמְחַבֵּל. וַהֲרֵי דְּבָרִים קַל וָחֹמֶר: וּמָה אֲבָנִים שֶׁאֵינָן רוֹאוֹת וְלֹא שׁוֹמְעוֹת

יתרו

הפטרת יתרו

את חלקה הראשון של ההפטרה קוראים לפי מנהגי כל העדות והוא עוסק בהתגלות ה' לישעיהו. התגלות זו – כמו בהתגלויות נבואיות רבות אחרות המתוארות בכתוב – שני מרכיבים לה: החלק המילולי, שבו מובא תוכן דבר ה' ששמע הנביא בנבואה, והחלק החזותי, המראה שראה הנביא בנבואתו. שני חלקים אלה משלימים זה את זה. בנבואה זו, שנגלתה לנביא "בשנת מות המלך עזיהו", הנביא מתנדב לשליחות הנבואית – תופעה חריגה אצל הנביאים, והוא נדרש לפנות לעם ולהזהירו מפני חורבן, אם ימשיך בדרכו הרעה. אמנם, במחזה ה' יושב על כיסאו בהיכל ופמליה של מעלה מקיפה אותו, אבל ספי הבית נעים והוא מתמלא עשן. אלו סימנים של רעידת אדמה וחוסר יציבות, כמו אלה שהיו בסוף ימי עוזיהו, והם אמורים לעורר את העם לשוב אל ה' לפני חורבן אפשרי.

ישעיה

ו א בִּשְׁנַת־מוֹת֙ הַמֶּ֣לֶךְ עֻזִּיָּ֔הוּ וָאֶרְאֶ֧ה אֶת־אֲדֹנָ֛י יֹשֵׁ֥ב עַל־כִּסֵּ֖א רָ֣ם וְנִשָּׂ֑א
ב וְשׁוּלָ֖יו מְלֵאִ֥ים אֶת־הַֽהֵיכָֽל׃ שְׂרָפִ֨ים עֹמְדִ֤ים ׀ מִמַּ֙עַל֙ ל֔וֹ שֵׁ֧שׁ כְּנָפַ֛יִם שֵׁ֥שׁ
כְּנָפַ֖יִם לְאֶחָ֑ד בִּשְׁתַּ֣יִם ׀ יְכַסֶּ֣ה פָנָ֗יו וּבִשְׁתַּ֛יִם יְכַסֶּ֥ה רַגְלָ֖יו וּבִשְׁתַּ֥יִם יְעוֹפֵֽף׃
ג וְקָרָ֨א זֶ֤ה אֶל־זֶה֙ וְאָמַ֔ר קָד֧וֹשׁ ׀ קָד֛וֹשׁ קָד֖וֹשׁ יְהוָ֣ה צְבָא֑וֹת מְלֹ֥א כָל־
ד הָאָ֖רֶץ כְּבוֹדֽוֹ׃ וַיָּנֻ֙עוּ֙ אַמּ֣וֹת הַסִּפִּ֔ים מִקּ֖וֹל הַקּוֹרֵ֑א וְהַבַּ֖יִת יִמָּלֵ֥א עָשָֽׁן׃
ה וָאֹמַ֞ר אֽוֹי־לִ֣י כִֽי־נִדְמֵ֗יתִי כִּ֣י אִ֤ישׁ טְמֵא־שְׂפָתַ֙יִם֙ אָנֹ֔כִי וּבְתוֹךְ֙ עַם־טְמֵ֣א
ו שְׂפָתַ֔יִם אָנֹכִ֖י יוֹשֵׁ֑ב כִּ֗י אֶת־הַמֶּ֛לֶךְ יְהוָ֥ה צְבָא֖וֹת רָא֥וּ עֵינָֽי׃ וַיָּ֣עָף אֵלַ֗י אֶחָד֙
ז מִן־הַשְּׂרָפִ֔ים וּבְיָד֖וֹ רִצְפָּ֑ה בְּמֶ֨לְקַחַ֔יִם לָקַ֖ח מֵעַ֥ל הַמִּזְבֵּֽחַ׃ וַיַּגַּ֣ע עַל־פִּ֔י
ח וַיֹּ֕אמֶר הִנֵּ֛ה נָגַ֥ע זֶ֖ה עַל־שְׂפָתֶ֑יךָ וְסָ֣ר עֲוֺנֶ֔ךָ וְחַטָּאתְךָ֖ תְּכֻפָּֽר׃ וָאֶשְׁמַ֞ע אֶת־
ט ק֤וֹל אֲדֹנָי֙ אֹמֵ֔ר אֶת־מִ֥י אֶשְׁלַ֖ח וּמִ֣י יֵֽלֶךְ־לָ֑נוּ וָאֹמַ֖ר הִנְנִ֥י שְׁלָחֵֽנִי׃ וַיֹּ֕אמֶר
לֵ֥ךְ וְאָמַרְתָּ֖ לָעָ֣ם הַזֶּ֑ה שִׁמְע֤וּ שָׁמ֙וֹעַ֙ וְאַל־תָּבִ֔ינוּ וּרְא֥וּ רָא֖וֹ וְאַל־תֵּדָֽעוּ׃
י הַשְׁמֵן֙ לֵב־הָעָ֣ם הַזֶּ֔ה וְאָזְנָ֥יו הַכְבֵּ֖ד וְעֵינָ֣יו הָשַׁ֑ע פֶּן־יִרְאֶ֨ה בְעֵינָ֜יו וּבְאָזְנָ֤יו

כג פְּסִילָן, דִּלְמָא תְּרִים חַרְבָּךְ, עֲלַהּ וְתַחֲלִנַּהּ: וְלָא תִסַּק בְּדַרְגִּין עַל מַדְבְּחִי, דְּלָא תִתְגְּלֵי עֶרְיְתָךְ עֲלוֹהִי:

וְלֹא מְדַבְּרוֹת, עַל יְדֵי שֶׁמַּטִּילוֹת שָׁלוֹם חָמְרָה תּוֹרָה: "לֹא תָנִיף עֲלֵיהֶם בַּרְזֶל" (דברים כז, ה), הַמַּטִּיל שָׁלוֹם בֵּין אִישׁ לְאִשְׁתּוֹ, בֵּין מִשְׁפָּחָה לְמִשְׁפָּחָה, בֵּין אָדָם לַחֲבֵרוֹ, עַל אַחַת כַּמָּה וְכַמָּה שֶׁלֹּא תְבוֹאֵהוּ פֻּרְעָנוּת:

כג) וְלֹא תַעֲלֶה בְמַעֲלֹת. כְּשֶׁאַתָּה בּוֹנֶה כֶּבֶשׁ לַמִּזְבֵּחַ לֹא תַעֲשֵׂהוּ מַעֲלוֹת מַעֲלוֹת, אשקלו"ש בְּלַעַז, אֶלָּא חָלָק יְהֵא וּמְשֻׁפָּע: אֲשֶׁר לֹא תִגָּלֶה עֶרְוָתְךָ. שֶׁעַל יְדֵי הַמַּעֲלוֹת אַתָּה צָרִיךְ לְהַרְחִיב פְּסִיעוֹתֶיךָ. וְאַף עַל פִּי שֶׁאֵינוֹ גִּלּוּי עֶרְוָה מַמָּשׁ, שֶׁהֲרֵי כְּתִיב: "וַעֲשֵׂה לָהֶם מִכְנְסֵי בָד" (להלן כח, מב), מִכָּל מָקוֹם הַרְחָבַת הַפְּסִיעוֹת קָרוֹב לְגִלּוּי עֶרְוָה הוּא, וְאַתָּה נוֹהֵג בָּם מִנְהַג בִּזָּיוֹן. וַהֲרֵי דְּבָרִים קַל וָחֹמֶר: וּמָה אֲבָנִים הַלָּלוּ שֶׁאֵין בָּהֶם דַּעַת לְהַקְפִּיד עַל בִּזְיוֹנָן, אָמְרָה תוֹרָה: הוֹאִיל וְיֵשׁ בָּהֶם צֹרֶךְ לֹא תִנְהַג בָּהֶם מִנְהַג בִּזָּיוֹן, חֲבֵרְךָ שֶׁהוּא בִּדְמוּת יוֹצֶרְךָ וּמַקְפִּיד עַל בִּזְיוֹנוֹ, עַל אַחַת כַּמָּה וְכַמָּה:

יא יִשְׁמָע וּלְבָבוֹ יָבִין וָשָׁב וְרָפָא לוֹ: וָאֹמַר עַד־מָתַי אֲדֹנָי וַיֹּאמֶר עַד אֲשֶׁר
אִם־שָׁאוּ עָרִים מֵאֵין יוֹשֵׁב וּבָתִּים מֵאֵין אָדָם וְהָאֲדָמָה תִּשָּׁאֶה שְׁמָמָה:
יב יג וְרִחַק יְהוָה אֶת־הָאָדָם וְרַבָּה הָעֲזוּבָה בְּקֶרֶב הָאָרֶץ: וְעוֹד בָּהּ עֲשִׂרִיָּה
וְשָׁבָה וְהָיְתָה לְבָעֵר כָּאֵלָה וְכָאַלּוֹן אֲשֶׁר בְּשַׁלֶּכֶת מַצֶּבֶת בָּם זֶרַע קֹדֶשׁ
ז א מַצַּבְתָּהּ:* וַיְהִי בִּימֵי אָחָז בֶּן־יוֹתָם בֶּן־עֻזִּיָּהוּ מֶלֶךְ יְהוּדָה
עָלָה רְצִין מֶלֶךְ־אֲרָם וּפֶקַח בֶּן־רְמַלְיָהוּ מֶלֶךְ־יִשְׂרָאֵל יְרוּשָׁלַםִ לַמִּלְחָמָה
ב עָלֶיהָ וְלֹא יָכֹל לְהִלָּחֵם עָלֶיהָ: וַיֻּגַּד לְבֵית דָּוִד לֵאמֹר נָחָה אֲרָם עַל־
ג אֶפְרָיִם וַיָּנַע לְבָבוֹ וּלְבַב עַמּוֹ כְּנוֹעַ עֲצֵי־יַעַר מִפְּנֵי־רוּחַ: וַיֹּאמֶר
יְהוָה אֶל־יְשַׁעְיָהוּ צֵא־נָא לִקְרַאת אָחָז אַתָּה וּשְׁאָר יָשׁוּב בְּנֶךָ אֶל־קְצֵה
ד תְּעָלַת הַבְּרֵכָה הָעֶלְיוֹנָה אֶל־מְסִלַּת שְׂדֵה כוֹבֵס: וְאָמַרְתָּ אֵלָיו הִשָּׁמֵר
וְהַשְׁקֵט אַל־תִּירָא וּלְבָבְךָ אַל־יֵרַךְ מִשְּׁנֵי זַנְבוֹת הָאוּדִים הָעֲשֵׁנִים הָאֵלֶּה
ה בָּחֳרִי־אַף רְצִין וַאֲרָם וּבֶן־רְמַלְיָהוּ: יַעַן כִּי־יָעַץ עָלֶיךָ אֲרָם רָעָה אֶפְרַיִם
ו וּבֶן־רְמַלְיָהוּ לֵאמֹר: נַעֲלֶה בִיהוּדָה וּנְקִיצֶנָּה וְנַבְקִעֶנָּה אֵלֵינוּ וְנַמְלִיךְ
מֶלֶךְ בְּתוֹכָהּ אֵת בֶּן־טָבְאַל:

הספרדים מסיימים כאן
התימנים ממשיכים בפרק ט

ט ה כִּי־יֶלֶד יֻלַּד־לָנוּ בֵּן נִתַּן־לָנוּ וַתְּהִי הַמִּשְׂרָה עַל־שִׁכְמוֹ וַיִּקְרָא שְׁמוֹ
ו פֶּלֶא יוֹעֵץ אֵל גִּבּוֹר אֲבִי־עַד שַׂר־שָׁלוֹם: לםרבה הַמִּשְׂרָה וּלְשָׁלוֹם אֵין־ לְמַרְבֵּה
קֵץ עַל־כִּסֵּא דָוִד וְעַל־מַמְלַכְתּוֹ לְהָכִין אֹתָהּ וּלְסַעֲדָהּ בְּמִשְׁפָּט וּבִצְדָקָה
מֵעַתָּה וְעַד־עוֹלָם קִנְאַת יְהוָה צְבָאוֹת תַּעֲשֶׂה־זֹּאת:

פרשת משפטים

נושאים לפי סדרים	טז	יז
	עבד עברי, דיני רציחה, דיני חבלה נזקי ממון, דיני שומרים, דין מפתה גר יתום ואלמנה	דיני הלוואת עני, דיני משפט, שמיטה שלוש רגלים, ה׳ מבטיח להשגיח על ישראל בעת יישוב הארץ, ברית סיני

הר סיני

ארבעים יום

משפטים

כא א טז וְאֵלֶּה הַמִּשְׁפָּטִים אֲשֶׁר תָּשִׂים לִפְנֵיהֶם: ב כִּי

מצווה מב
מצווה לדון
דיני עבד עברי

תִקְנֶה עֶבֶד עִבְרִי שֵׁשׁ שָׁנִים יַעֲבֹד וּבַשְּׁבִעִת

ג יֵצֵא לַחָפְשִׁי חִנָּם: אִם־בְּגַפּוֹ יָבֹא בְּגַפּוֹ יֵצֵא

ד אִם־בַּעַל אִשָּׁה הוּא וְיָצְאָה אִשְׁתּוֹ עִמּוֹ: אִם־

אֲדֹנָיו יִתֶּן־לוֹ אִשָּׁה וְיָלְדָה־לוֹ בָנִים אוֹ בָנוֹת

הָאִשָּׁה וִילָדֶיהָ תִּהְיֶה לַאדֹנֶיהָ וְהוּא יֵצֵא

ה בְגַפּוֹ: וְאִם־אָמֹר יֹאמַר הָעֶבֶד אָהַבְתִּי אֶת־

אֲדֹנִי אֶת־אִשְׁתִּי וְאֶת־בָּנָי לֹא אֵצֵא חָפְשִׁי:

ו וְהִגִּישׁוֹ אֲדֹנָיו אֶל־הָאֱלֹהִים וְהִגִּישׁוֹ אֶל־הַדֶּלֶת

אוֹ אֶל־הַמְּזוּזָה וְרָצַע אֲדֹנָיו אֶת־אָזְנוֹ בַּמַּרְצֵעַ

ז וַעֲבָדוֹ לְעֹלָם: ◂ וְכִי־יִמְכֹּר אִישׁ

אֶת־בִּתּוֹ לְאָמָה לֹא תֵצֵא כְּצֵאת הָעֲבָדִים:

א] **וְאֵלֶּה הַמִּשְׁפָּטִים.** כָּל מָקוֹם שֶׁנֶּאֱמַר 'אֵלֶּה' – פָּסַל אֶת הָרִאשׁוֹנִים, 'וְאֵלֶּה' – מוֹסִיף עַל הָרִאשׁוֹנִים, מָה הָרִאשׁוֹנִים מִסִּינַי, אַף אֵלּוּ מִסִּינַי. וְלָמָּה נִסְמְכָה פָּרָשַׁת דִּינִין לְפָרָשַׁת מִזְבֵּחַ? לוֹמַר לָךְ שֶׁתָּשִׂים סַנְהֶדְרִין אֵצֶל הַמִּקְדָּשׁ: **אֲשֶׁר תָּשִׂים לִפְנֵיהֶם.** אָמַר לוֹ הַקָּדוֹשׁ בָּרוּךְ הוּא לְמֹשֶׁה: לֹא תַעֲלֶה עַל דַּעְתְּךָ לוֹמַר אֶשְׁנֶה לָהֶם הַפֶּרֶק וְהַהֲלָכָה שְׁנַיִם אוֹ שְׁלֹשָׁה פְּעָמִים עַד שֶׁתְּהֵא סְדוּרָה בְּפִיהֶם כְּמִשְׁנָתָהּ, וְאֵינִי מַטְרִיחַ עַצְמִי לַהֲבִינָם טַעֲמֵי הַדָּבָר וּפֵרוּשׁוֹ, לְכָךְ נֶאֱמַר: "אֲשֶׁר תָּשִׂים לִפְנֵיהֶם", כְּשֻׁלְחָן הֶעָרוּךְ וּמוּכָן לֶאֱכֹל לִפְנֵי הָאָדָם: **לִפְנֵיהֶם.** וְלֹא לִפְנֵי גוֹיִם, וַאֲפִלּוּ יָדַעְתָּ בְּדִין אֶחָד שֶׁהַגּוֹיִם דָּנִין אוֹתוֹ כְּדִינֵי יִשְׂרָאֵל אַל תְּבִיאֵהוּ בְּעַרְכָּאוֹת שֶׁלָּהֶם, שֶׁהַמֵּבִיא דִּינֵי יִשְׂרָאֵל לִפְנֵי גוֹיִם מְחַלֵּל אֶת הַשֵּׁם וּמְיַקֵּר שֵׁם עֲבוֹדָה זָרָה לְהַחֲשִׁיבָהּ, שֶׁנֶּאֱמַר: "כִּי לֹא כְצוּרֵנוּ צוּרָם וְאֹיְבֵינוּ פְּלִילִים" (דברים לב, לא), כְּשֶׁאוֹיְבֵינוּ פְּלִילִים זֶהוּ עֵדוּת לְעִלּוּי יִרְאָתָם:

ב] **כִּי תִקְנֶה עֶבֶד עִבְרִי.** עֶבֶד שֶׁהוּא עִבְרִי. אוֹ אֵינוֹ אֶלָּא עַבְדּוֹ שֶׁל עִבְרִי, עֶבֶד כְּנַעֲנִי שֶׁלְּקַחְתּוֹ מִיִּשְׂרָאֵל, וְעָלָיו הוּא אוֹמֵר: "שֵׁשׁ שָׁנִים יַעֲבֹד", וּמָה אֲנִי מְקַיֵּם "וְהִתְנַחַלְתֶּם אֹתָם" (ויקרא כה, מו) – בְּלוֹקֵחַ מִן הַגּוֹי, אֲבָל בְּלוֹקֵחַ מִיִּשְׂרָאֵל יֵצֵא בְּשֵׁשׁ? תַּלְמוּד לוֹמַר: "כִּי יִמָּכֵר לְךָ אָחִיךָ הָעִבְרִי" (דברים

כא א׳ ב׳ וְאִלֵּין דִּינַיָּא, דְּתַסְדַּר קֳדָמֵיהוֹן: אֲרֵי תִזְבּוֹן עַבְדָּא בַּר יִשְׂרָאֵל, שֵׁית שְׁנִין יִפְלַח,
ג וּבִשְׁבִיעֵיתָא, יִפּוֹק לְבַר חוֹרִין מַגָּן: אִם בִּלְחוֹדוֹהִי יֵיעוֹל בִּלְחוֹדוֹהִי יִפּוֹק, אִם בְּעֵיל
ד אִתְּתָא הוּא, וְתִפּוֹק אִתְּתֵיהּ עִמֵּיהּ: אִם רִבּוֹנֵיהּ יִתֵּין לֵיהּ אִתְּתָא, וּתְלִיד לֵיהּ בְּנִין אוֹ
ה בְנָן, אִתְּתָא וּבְנַהָא, תְּהֵי לְרִבּוֹנַהּ, וְהוּא יִפּוֹק בִּלְחוֹדוֹהִי: וְאִם מֵימָר יֵימַר עַבְדָּא,
ו רָחֵימְנָא יָת רִבּוֹנִי, יָת אִתְּתִי וְיָת בְּנַי, לָא אִפּוֹק בַּר חוֹרִין: וִיקָרְבִנֵּיהּ רִבּוֹנֵיהּ לִקְדָם דַּיָּנַיָּא,
וִיקָרְבִנֵּיהּ לְוָת דַּשָּׁא, אוֹ דִּלְוָת מְזוּזְתָא, וְיִרְצַע רִבּוֹנֵיהּ יָת אֻדְנֵיהּ בְּמַרְצְעָא, וִיהֵי לֵיהּ
ז עֶבֶד פָּלַח לְעָלַם: וַאֲרֵי יְזַבֵּין גְּבַר, יָת בְּרַתֵּיהּ לְאַמְהוּ, לָא תִפּוֹק כְּמַפְּקָנוּת עַבְדַּיָּא:

טו, יב), לֹא אָמַרְתִּי אֶלָּא בְּאָחִיךָ: כִּי תִקְנֶה. מִיַּד בֵּית דִּין שֶׁמְּכָרוּהוּ בִּגְנֵבָתוֹ, כְּמוֹ שֶׁנֶּאֱמַר: "אִם אֵין לוֹ וְנִמְכַּר בִּגְנֵבָתוֹ" (להלן כב, ב). אוֹ אֵינוֹ אֶלָּא בְּמוֹכֵר עַצְמוֹ מִפְּנֵי דָּחְקוֹ, אֲבָל מְכָרוּהוּ בֵּית דִּין לֹא יֵצֵא בְּשֵׁשׁ? כְּשֶׁהוּא אוֹמֵר: "וְכִי יָמוּךְ אָחִיךָ עִמָּךְ וְנִמְכַּר לָךְ" (ויקרא כה, לט) הֲרֵי מוֹכֵר עַצְמוֹ מִפְּנֵי דָּחְקוֹ אָמוּר, וּמָה אֲנִי מְקַיֵּם "כִּי תִקְנֶה"? בְּנִמְכַּר בְּבֵית דִּין: לַחָפְשִׁי. לְחֵרוּת:

ג) אִם בְּגַפּוֹ יָבֹא. שֶׁלֹּא הָיָה נָשׂוּי אִשָּׁה, כְּתַרְגּוּמוֹ: "אִם בִּלְחוֹדוֹהִי". וּלְשׁוֹן 'בְּגַפּוֹ', בִּכְנָפוֹ, שֶׁלֹּא בָּא אֶלָּא כְּמוֹת שֶׁהוּא יְחִידִי בְּתוֹךְ לְבוּשׁוֹ, בִּכְנַף בִּגְדוֹ: בְּגַפּוֹ יֵצֵא. מַגִּיד שֶׁאִם לֹא הָיָה נָשׂוּי מִתְּחִלָּה, אֵין רַבּוֹ מוֹסֵר לוֹ שִׁפְחָה כְּנַעֲנִית לְהוֹלִיד מִמֶּנָּה עֲבָדִים: אִם בַּעַל אִשָּׁה הוּא. יִשְׂרְאֵלִית: וְיָצְאָה אִשְׁתּוֹ עִמּוֹ. וְכִי מִי הִכְנִיסָהּ שֶׁתֵּצֵא? אֶלָּא מַגִּיד הַכָּתוּב שֶׁהַקּוֹנֶה עֶבֶד עִבְרִי חַיָּב בִּמְזוֹנוֹת אִשְׁתּוֹ וּבָנָיו:

ד) אִם אֲדֹנָיו יִתֶּן לוֹ אִשָּׁה. מִכָּאן שֶׁהָרְשׁוּת בְּיַד רַבּוֹ לִמְסֹר לוֹ שִׁפְחָה כְּנַעֲנִית לְהוֹלִיד מִמֶּנָּה עֲבָדִים. אוֹ אֵינוֹ אֶלָּא בְּיִשְׂרְאֵלִית? תַּלְמוּד לוֹמַר: "הָאִשָּׁה וִילָדֶיהָ תִּהְיֶה לַאדֹנֶיהָ", הָא אֵינוֹ מְדַבֵּר אֶלָּא בִּכְנַעֲנִית, שֶׁהֲרֵי הָעִבְרִיָּה אַף הִיא יוֹצְאָה בְּשֵׁשׁ, וַאֲפִלּוּ לִפְנֵי שֵׁשׁ אִם הֵבִיאָה סִימָנִין יוֹצְאָה, שֶׁנֶּאֱמַר: "אָחִיךָ הָעִבְרִי אוֹ הָעִבְרִיָּה" (דברים טו, יב), מְלַמֵּד שֶׁאַף הָעִבְרִיָּה יוֹצְאָה בְּשֵׁשׁ:

ה) אֶת אִשְׁתִּי. הַשִּׁפְחָה:

ו) אֶל הָאֱלֹהִים. לְבֵית דִּין, צָרִיךְ שֶׁיִּמָּלֵךְ בְּמוֹכְרָיו שֶׁמְּכָרוּהוּ לוֹ: אֶל הַדֶּלֶת אוֹ אֶל הַמְּזוּזָה. יָכוֹל שֶׁתְּהֵא הַמְּזוּזָה כְּשֵׁרָה לִרְצֹעַ עָלֶיהָ? תַּלְמוּד לוֹמַר: "וְנָתַתָּה בְאָזְנוֹ וּבַדֶּלֶת" (דברים טו, יז), בַּדֶּלֶת וְלֹא בַּמְּזוּזָה, הָא מַה תַּלְמוּד לוֹמַר: "אוֹ אֶל הַמְּזוּזָה"? הִקִּישׁ דֶּלֶת לִמְזוּזָה, מַה מְּזוּזָה מְעוֹמֶדֶת אַף דֶּלֶת מְעוֹמֶדֶת. רַבִּי שִׁמְעוֹן הָיָה דוֹרֵשׁ מִקְרָא זֶה כְּמִין חֹמֶר: מַה נִּשְׁתַּנּוּ דֶּלֶת וּמְזוּזָה מִכָּל כֵּלִים שֶׁבַּבַּיִת? אָמַר הַקָּדוֹשׁ בָּרוּךְ הוּא: דֶּלֶת וּמְזוּזָה שֶׁהָיוּ עֵדַי בְּמִצְרַיִם כְּשֶׁפָּסַחְתִּי עַל הַמַּשְׁקוֹף וְעַל שְׁתֵּי הַמְּזוּזוֹת, וְאָמַרְתִּי: "כִּי לִי בְנֵי יִשְׂרָאֵל עֲבָדִים" (ויקרא כה, נה), וְלֹא עֲבָדִים לַעֲבָדִים, וְהָלַךְ זֶה וְקָנָה אָדוֹן לְעַצְמוֹ, יֵרָצַע בִּפְנֵיהֶם: וְרָצַע אֲדֹנָיו אֶת אָזְנוֹ. הַיְמָנִית. אוֹ אֵינוֹ אֶלָּא שֶׁל שְׂמֹאל? תַּלְמוּד לוֹמַר: 'אֹזֶן' 'אֹזֶן' לִגְזֵרָה שָׁוָה, שֶׁנֶּאֱמַר בִּמְצֹרָע: "תְּנוּךְ אֹזֶן הַמִּטַּהֵר הַיְמָנִית" (ויקרא יד, יד). וּמָה רָאָה אֹזֶן לֵרָצַע מִכָּל הָאֵבָרִים? אָמַר רַבָּן יוֹחָנָן בֶּן זַכַּאי: אֹזֶן שֶׁשָּׁמְעָה בְּסִינַי: "לֹא תִגְנֹב" (לעיל כ, יג) וְהָלַךְ וְגָנַב, תֵּרָצַע. וְאִם מוֹכֵר עַצְמוֹ הוּא, אֹזֶן שֶׁשָּׁמְעָה "כִּי לִי בְנֵי יִשְׂרָאֵל עֲבָדִים" (ויקרא כה, נה) וְהָלַךְ וְקָנָה אָדוֹן לְעַצְמוֹ, תֵּרָצַע: וַעֲבָדוֹ לְעֹלָם. עַד הַיּוֹבֵל. אוֹ אֵינוֹ אֶלָּא 'לְעוֹלָם' כְּמַשְׁמָעוֹ? תַּלְמוּד לוֹמַר: "וְאִישׁ אֶל מִשְׁפַּחְתּוֹ תָּשֻׁבוּ" (ויקרא כה, י), מַגִּיד שֶׁחֲמִשִּׁים שָׁנָה קְרוּיִם 'עוֹלָם'. וְלֹא שֶׁיְּהֵא עוֹבְדוֹ כָּל חֲמִשִּׁים שָׁנָה, אֶלָּא עוֹבְדוֹ עַד הַיּוֹבֵל, בֵּין סָמוּךְ בֵּין מֻפְלָג:

ז) וְכִי יִמְכֹּר אִישׁ אֶת בִּתּוֹ לְאָמָה. בִּקְטַנָּה הַכָּתוּב מְדַבֵּר. יָכוֹל אֲפִלּוּ הֵבִיאָה סִימָנִים? אָמַרְתָּ, קַל וָחֹמֶר: וּמַה מְּכוּרָה קֹדֶם לָכֵן יוֹצְאָה בְּסִימָנִין,

לוֹ

ח אִם־רָעָה בְּעֵינֵי אֲדֹנֶיהָ אֲשֶׁר־לֹא יְעָדָהּ וְהֶפְדָּהּ
ט לְעַם נָכְרִי לֹא־יִמְשֹׁל לְמָכְרָהּ בְּבִגְדוֹ־בָהּ: וְאִם־
י לִבְנוֹ יִיעָדֶנָּה כְּמִשְׁפַּט הַבָּנוֹת יַעֲשֶׂה־לָּהּ: אִם־
אַחֶרֶת יִקַּח־לוֹ שְׁאֵרָהּ כְּסוּתָהּ וְעֹנָתָהּ לֹא יִגְרָע:
יא וְאִם־שְׁלָשׁ־אֵלֶּה לֹא יַעֲשֶׂה לָהּ וְיָצְאָה חִנָּם אֵין
יב כָּסֶף: מַכֵּה אִישׁ וָמֵת מוֹת יוּמָת:
יג וַאֲשֶׁר לֹא צָדָה וְהָאֱלֹהִים אִנָּה לְיָדוֹ וְשַׂמְתִּי לְךָ
יד מָקוֹם אֲשֶׁר יָנוּס שָׁמָּה: וְכִי־יָזִד
אִישׁ עַל־רֵעֵהוּ לְהָרְגוֹ בְעָרְמָה מֵעִם מִזְבְּחִי

מצוות מג – מה
מצוות ייעוד אמה עברייה
מצוות פדיון אמה עברייה
איסור מכירת אמה עברייה

מצווה מו
איסור גריעת שאר, כסות ועונה

מצווה מז
מצוות הריגה בחנק בבית הדין

כְּמוֹ שֶׁכָּתוּב: "וְיָצְאָה חִנָּם אֵין כָּסֶף" (להלן פסוק יא) שֶׁאָנוּ דּוֹרְשִׁים אוֹתוֹ לְסִימָנֵי נַעֲרוּת, שֶׁאֵינָהּ מְכוּרָה אֵינוֹ דִּין שֶׁלֹּא תִּמָּכֵר? **לֹא תֵצֵא כְּצֵאת הָעֲבָדִים.** כִּיצִיאַת עֲבָדִים כְּנַעֲנִים שֶׁיּוֹצְאִים בְּשֵׁן וָעַיִן, אֲבָל זוֹ לֹא תֵצֵא בְּשֵׁן וָעַיִן אֶלָּא עוֹבֶדֶת שֵׁשׁ, אוֹ עַד הַיּוֹבֵל, אוֹ עַד שֶׁתָּבִיא סִימָנִין, וְכָל הַקּוֹדֵם קוֹדֵם לְחֵרוּתָהּ, וְנוֹתֵן לָהּ דְּמֵי עֵינָהּ אוֹ דְּמֵי שִׁנָּהּ. אוֹ אֵינוֹ אֶלָּא "לֹא תֵצֵא כְּצֵאת הָעֲבָדִים" בְּשֵׁשׁ וּבַיּוֹבֵל? תַּלְמוּד לוֹמַר: "כִּי יִמָּכֵר לְךָ אָחִיךָ הָעִבְרִי אוֹ הָעִבְרִיָּה" (דברים טו, יב), מַקִּישׁ עִבְרִיָּה לְעִבְרִי לְכָל יְצִיאוֹתָיו: מָה עִבְרִי יוֹצֵא בְּשֵׁשׁ וּבַיּוֹבֵל, אַף עִבְרִיָּה יוֹצְאָה בְּשֵׁשׁ וּבַיּוֹבֵל. וּמַהוּ "לֹא תֵצֵא כְּצֵאת הָעֲבָדִים"? לֹא תֵצֵא בְּרָאשֵׁי אֵבָרִים כַּעֲבָדִים כְּנַעֲנִים. יָכוֹל הָעִבְרִי יוֹצֵא בְּרָאשֵׁי אֵבָרִים? תַּלְמוּד לוֹמַר: "הָעִבְרִי אוֹ הָעִבְרִיָּה", מַקִּישׁ עִבְרִי לְעִבְרִיָּה, מָה הָעִבְרִיָּה אֵינָהּ יוֹצְאָה בְּרָאשֵׁי אֵבָרִים, אַף הוּא אֵינוֹ יוֹצֵא בְּרָאשֵׁי אֵבָרִים:

ח) **אִם רָעָה בְּעֵינֵי אֲדֹנֶיהָ.** שֶׁלֹּא נָשְׂאָה חֵן בְּעֵינָיו לְכָנְסָהּ: **אֲשֶׁר לֹא יְעָדָהּ.** שֶׁהָיָה לוֹ לְיַעֲדָהּ וּלְהַכְנִיסָהּ לוֹ לְאִשָּׁה, וְכֶסֶף קְנִיָּתָהּ הוּא כֶּסֶף קִדּוּשֶׁיהָ. וְכָאן רָמַז לְךָ הַכָּתוּב שֶׁמִּצְוָה בְּיִעוּד, וְרָמַז לְךָ שֶׁאֵינָהּ צְרִיכָה קִדּוּשִׁין אֲחֵרִים: **וְהֶפְדָּהּ.** יִתֵּן לָהּ מָקוֹם לְהִפָּדוֹת וְלָצֵאת, שֶׁאַף הוּא מְסַיֵּעַ בְּפִדְיוֹנָהּ. וּמַה הוּא מָקוֹם שֶׁנּוֹתֵן לָהּ? שֶׁמְּגָרֵעַ מִפִּדְיוֹנָהּ כְּמִסְפַּר הַשָּׁנִים שֶׁעָשְׂתָה אֶצְלוֹ, כְּאִלּוּ הִיא שְׂכוּרָה אֶצְלוֹ. כֵּיצַד? הֲרֵי שֶׁקְּנָאָהּ בְּמָנֶה וְעָשְׂתָה אֶצְלוֹ שְׁתֵּי שָׁנִים, אוֹמְרִים לוֹ, יוֹדֵעַ הָיִיתָ שֶׁעֲתִידָה לָצֵאת לְסוֹף שֵׁשׁ, נִמְצָא שֶׁקָּנִיתָ עֲבוֹדַת כָּל שָׁנָה וְשָׁנָה בְּשִׁשִּׁית הַמָּנֶה, וְעָשְׂתָה אֶצְלְךָ שְׁתֵּי שָׁנִים, הֲרֵי שְׁלִישִׁית הַמָּנֶה. טֹל שְׁנֵי שְׁלִישֵׁי מָנֶה וְתֵצֵא מֵאֶצְלְךָ: **לְעַם נָכְרִי לֹא יִמְשֹׁל לְמָכְרָהּ.** אֵינוֹ רַשַּׁאי לְמָכְרָהּ לְאַחֵר, לֹא הָאָדוֹן וְלֹא הָאָב: **בְּבִגְדוֹ בָהּ.** אִם בָּא לִבְגֹּד בָּהּ שֶׁלֹּא לְקַיֵּם בָּהּ מִצְוַת יִעוּד. וְכֵן אָבִיהָ, מֵאַחַר שֶׁבָּגַד בָּהּ וּמְכָרָהּ לָזֶה:

ט) **וְאִם לִבְנוֹ יִיעָדֶנָּה.** הָאָדוֹן, מְלַמֵּד שֶׁאַף בְּנוֹ קָם תַּחְתָּיו לְיַעֲדָהּ אִם יִרְצֶה אָבִיו, וְאֵינוֹ צָרִיךְ לְקַדְּשָׁהּ קִדּוּשִׁין אֲחֵרִים, אֶלָּא אוֹמֵר לָהּ: הֲרֵי אַתְּ מְיֻעֶדֶת לִי בַּכֶּסֶף שֶׁקִּבֵּל אָבִיךְ בְּדָמַיִךְ: **כְּמִשְׁפַּט הַבָּנוֹת.** שְׁאֵר כְּסוּת וְעוֹנָה:

י) **אִם אַחֶרֶת יִקַּח לוֹ.** עָלֶיהָ: **שְׁאֵרָהּ כְּסוּתָהּ וְעֹנָתָהּ לֹא יִגְרָע.** מִן הָאָמָה שֶׁיִּעֵד לוֹ כְּבָר: **שְׁאֵרָהּ.** מְזוֹנוֹת: **כְּסוּתָהּ.** כְּמַשְׁמָעוֹ: **עֹנָתָהּ.** תַּשְׁמִישׁ:

ח אם בישת, בעיני רבונה, דיקימה ליה ויפרקנה, לגבר אחרן, לית ליה רשו לזבונה
ט י במשלטיה בה: ואם לבריה יקימנה, כהלכת בנת ישראל יעביד לה: אם אחרנתא יסב
יא ליה, זיונה, כסותה ועונתה לא ימנע: ואם תלת אלין, לא יעביד לה, ותפוק מגן דלא כסף:
יב יג דימחי לאנש, ויקטלניה אתקטלא יתקטיל: ודלא כמן ליה, ומן קדם יי אתמסר לידיה,
יד ואשוי לך אתר, דיערוק לתמן: וארי ירשע גבר, על חבריה למקטליה בנכילו, מן מדבחי,

יא) **ואם שלש אלה לא יעשה לה.** אם אחת משלש אלה לא יעשה לה. ומה הן השלש? ייעדנה לו, או לבנו, או יגרע מפדיונה ותצא, וזה לא יעדה לא לו ולא לבנו, והיא לא היה בידה לפדות את עצמה: **ויצאה חנם.** רבה לה יציאה לזו יותר ממה שרבה לעבדים. ומה היא היציאה? למדך שתצא בסימנים – תשהא עמו עד שתצא בסימנים. ואם הגיעו שש שנים קודם סימנים, כבר למדנו שתצא, שנאמר: "העברי או העבריה ועבדך שש שנים" (דברים טו, יב), ומהו האמור כאן: "ויצאה חנם"? שאם קדמו סימנים לשש שנים תצא בהן. או אינו אומר שתצא אלא בבגרות? תלמוד לומר: "אין כסף" לרבות יציאת בגרות. ואם לא נאמרו שניהם, הייתי אומר: "ויצאה חנם" זו בגרות, לכך נאמרו שניהם, שלא לתן פתחון פה לבעל הדין לחלק:

יב) **מכה איש ומת.** כמה כתובים נאמרו בפרשת רוצחין, ומה שבידי לפרש למה באו כלם אפרש: **מכה איש ומת.** למה נאמר? לפי שנאמר: "ואיש כי יכה כל נפש אדם מות יומת" (ויקרא כד, יז), שומע אני הכאה בלא מיתה? תלמוד לומר: "מכה איש ומת", אינו חיב אלא בהכאה של מיתה. ואם נאמר "מכה איש" ולא נאמר "ואיש כי יכה", הייתי אומר אינו חיב עד שיכה איש, הכה את האשה ואת הקטן מנין? תלמוד לומר: "כי יכה כל נפש אדם", אפלו קטן ואפלו אשה. ועוד, אלו נאמר "מכה איש" שומע אני אפלו קטן שהכה והרג יהא חיב? תלמוד לומר: "ואיש כי יכה", ולא קטן שהכה. ועוד, "כי יכה כל נפש אדם" אפלו נפלים במשמע, תלמוד לומר: "מכה איש", עד שיכה בן קימא הראוי להיות איש:

יג) **ואשר לא צדה.** לא ארב לו ולא נתכון. 'צדה' לשון ארב, וכן הוא אומר: "ואתה צדה את נפשי לקחתה" (שמואל א' כד, יא). ולא יתכן לומר 'צדה' לשון "הצד ציד" (בראשית כז, לג), שצידת חיות אין נופל ה"א בפעל שלה, ושם דבר בה 'ציד', וזה שם דבר בו 'צדיה', ופעל שלו 'צודה', וזה פעל שלו 'צד'. ואומר אני, פתרונו כתרגומו: "ודלא כמן ליה". ומנחם חברו בחלק 'צד ציד', ואין אני מודה לו. ואם יש לחברו בחלק ממחלקת של 'צד', נחברנו בחלק "על צד תנשאו" (ישעיה סו, יב), "צדה אורה" (שמואל א' כ, כ), "ומלין לצד עלאה ימלל" (דניאל ז, כה), אף כאן "אשר לא צדה" לא צדד למצא לו שום צד מיתה. ואף זה יש להדר עליו, מכל מקום לשון אורב הוא: **והאלהים אנה לידו.** זמן לידו. לשון: "לא תאנה אליך רעה" (תהלים צא, י), "לא יאנה לצדיק כל און" (משלי יב, כא), "מתאנה הוא לי" (מלכים ב' ה, ז) – מזדמן למצא לי עלה: **והאלהים אנה לידו.** ולמה תצא זאת מלפניו? הוא שאמר דוד: "כאשר יאמר משל הקדמני מרשעים יצא רשע" (שמואל א' כד, יג), ומשל הקדמני היא התורה שהיא משל הקדוש ברוך הוא שהוא קדמונו של עולם. והיכן אמרה תורה: "מרשעים יצא רשע"? – "והאלהים אנה לידו". במה הכתוב מדבר? בשני בני אדם, אחד הרג שוגג ואחד הרג מזיד, ולא היו עדים בדבר שיעידו, זה לא נהרג וזה לא גלה. הקדוש ברוך הוא מזמנן לפנדק אחד, זה שהרג שוגג עולה בסלם ונופל על זה שהרג מזיד והורגו, ועדים מעידים עליו ומחיבים אותו לגלות. נמצא זה שהרג שוגג גולה וזה שהרג מזיד נהרג: **ושמתי לך מקום.** אף במדבר, שינוס שמה. ואי זה מקום קולטו? זה מחנה לויה:

יד) **וכי יזד.** למה נאמר? לפי שנאמר: "מכה איש" וגו' (לעיל פסוק יב), שומע אני אפלו גוי, והרופא שהמית, ושליח בית דין שהמית במלקות ארבעים, והאב המכה את בנו, והרב

מצווה מח
איסור הכאת
אב ואם

תִּקָּחֶנּוּ לָמוּת׃ וּמַכֵּה אָבִיו וְאִמּוֹ טו
מוֹת יוּמָת׃ וְגֹנֵב אִישׁ וּמְכָרוֹ וְנִמְצָא טז
בְיָדוֹ מוֹת יוּמָת׃ וּמְקַלֵּל אָבִיו וְאִמּוֹ יז

מצווה מט
חובת בית הדין
לדון דיני קנסות

מוֹת יוּמָת׃ וְכִי־יְרִיבֻן אֲנָשִׁים וְהִכָּה־ יח
אִישׁ אֶת־רֵעֵהוּ בְּאֶבֶן אוֹ בְאֶגְרֹף וְלֹא יָמוּת
וְנָפַל לְמִשְׁכָּב׃ אִם־יָקוּם וְהִתְהַלֵּךְ בַּחוּץ עַל־ יט
מִשְׁעַנְתּוֹ וְנִקָּה הַמַּכֶּה רַק שִׁבְתּוֹ יִתֵּן וְרַפֹּא
שני
יְרַפֵּא׃ וְכִי־יַכֶּה אִישׁ אֶת־עַבְדּוֹ אוֹ כ

מצווה נ
מצוות הריגה
בסיף בבית הדין

אֶת־אֲמָתוֹ בַּשֵּׁבֶט וּמֵת תַּחַת יָדוֹ נָקֹם יִנָּקֵם׃
אַךְ אִם־יוֹם אוֹ יוֹמַיִם יַעֲמֹד לֹא יֻקַּם כִּי כַסְפּוֹ כא
הוּא׃ וְכִי־יִנָּצוּ אֲנָשִׁים וְנָגְפוּ אִשָּׁה כב
הָרָה וְיָצְאוּ יְלָדֶיהָ וְלֹא יִהְיֶה אָסוֹן עָנוֹשׁ יֵעָנֵשׁ
כַּאֲשֶׁר יָשִׁית עָלָיו בַּעַל הָאִשָּׁה וְנָתַן בִּפְלִלִים׃
וְאִם־אָסוֹן יִהְיֶה וְנָתַתָּה נֶפֶשׁ תַּחַת נָפֶשׁ׃ כג

הָרוֹדֶה אֶת תַּלְמִידוֹ, וְהַשּׁוֹגֵג? תַּלְמוּד לוֹמַר: "וְכִי יָזִד" וְלֹא שׁוֹגֵג, "עַל רֵעֵהוּ" וְלֹא עַל גּוֹי, "לְהָרְגוֹ בְעָרְמָה" וְלֹא שָׁלִיחַ בֵּית דִּין וְהָרוֹפֵא וְהָרוֹדֶה בְּנוֹ וְתַלְמִידוֹ, שֶׁאַף עַל פִּי שֶׁהֵם מְזִידִין אֵין מַעֲרִימִין: מֵעִם מִזְבְּחִי. אִם הָיָה כֹּהֵן וְרוֹצֶה לַעֲבֹד עֲבוֹדָה, "תִּקָּחֶנּוּ לָמוּת":

טו) וּמַכֵּה אָבִיו וְאִמּוֹ. לְפִי שֶׁלָּמַדְנוּ עַל הַחוֹבֵל בַּחֲבֵרוֹ שֶׁהוּא בְּתַשְׁלוּמִין וְלֹא בְּמִיתָה, הֻצְרַךְ לוֹמַר עַל הַחוֹבֵל בְּאָבִיו שֶׁהוּא בְּמִיתָה. וְאֵינוֹ חַיָּב אֶלָּא בְּהַכָּאָה שֶׁיֵּשׁ בָּהּ חַבּוּרָה: אָבִיו וְאִמּוֹ. אוֹ זֶה אוֹ זֶה: מוֹת יוּמָת. בְּחֶנֶק:

טז) וְגֹנֵב אִישׁ וּמְכָרוֹ. לָמָּה נֶאֱמַר? לְפִי שֶׁנֶּאֱמַר: "כִּי יִמָּצֵא אִישׁ גֹּנֵב נֶפֶשׁ מֵאֶחָיו" (דברים כד, ז), אֵין לִי אֶלָּא אִישׁ שֶׁגָּנַב נֶפֶשׁ, אִשָּׁה אוֹ טֻמְטוּם אוֹ אַנְדְּרוֹגִינוֹס שֶׁגָּנְבוּ מִנַּיִן? תַּלְמוּד לוֹמַר: "וְגֹנֵב אִישׁ וּמְכָרוֹ". וּלְפִי שֶׁנֶּאֱמַר כָּאן: "וְגֹנֵב אִישׁ", אֵין לִי אֶלָּא גּוֹנֵב אִישׁ, גּוֹנֵב אִשָּׁה מִנַּיִן? תַּלְמוּד לוֹמַר: "גֹּנֵב נֶפֶשׁ". לְכָךְ הֻצְרְכוּ שְׁנֵיהֶם, מַה שֶּׁחִסֵּר זֶה גִּלָּה זֶה: וְנִמְצָא בְיָדוֹ. שֶׁרְאוּהוּ עֵדִים שֶׁגְּנָבוֹ וּמְכָרוֹ, "וְנִמְצָא" כְּבָר קֹדֶם הַמְּכִירָה: מוֹת יוּמָת. בְּחֶנֶק. כָּל מִיתָה הָאֲמוּרָה בַּתּוֹרָה סְתָם חֶנֶק הִיא:

יז) וּמְקַלֵּל אָבִיו וְאִמּוֹ. לָמָּה נֶאֱמַר? לְפִי שֶׁהוּא

טו טז תְּדַבְּרִנֵּיהּ לְמִקְטַל: וּדְיִמְחֵי אֲבוּהִי, וְאִמֵּיהּ אִתְקְטָלָא יִתְקְטִיל: וּדְיִגְנוּב נַפְשָׁא מִבְּנֵי יִשְׂרָאֵל
יז וִיזַבְּנִנֵּיהּ, וְיִשְׁתְּכַח בִּידֵיהּ אִתְקְטָלָא יִתְקְטִיל: וּדִילוּט אֲבוּהִי, וְאִמֵּיהּ אִתְקְטָלָא יִתְקְטִיל:
יח וַאֲרֵי יִנְצוּן גֻּבְרִין, וְיִמְחֵי גְּבַר יָת חַבְרֵיהּ, בְּאַבְנָא אוֹ בְּכֻרְמֵיזָא, וְלָא יְמוּת וְיִפּוֹל לְבוּטְלָן:
יט אִם יְקוּם, וִיהַלֵּיךְ בְּבָרָא, עַל בֻּרְיֵיהּ וִיהֵי זַכָּא מַחְיָא, לְחוֹד בְּטַלְנֵיהּ, יִתֵּין וַאֲגַר אָסְיָא
כ יְשַׁלֵּים: וַאֲרֵי יִמְחֵי גְּבַר יָת עַבְדֵּיהּ, אוֹ יָת אַמְתֵּיהּ בְּשָׁלְטָן, וִימוּת תְּחוֹת יְדֵיהּ, אִתְדָּנָא
כא כב יִתְדָּן: בְּרַם אִם יוֹמָא, אוֹ תְּרֵין יוֹמִין יִתְקַיַּם, לָא יִתְדָּן, אֲרֵי כַסְפֵּיהּ הוּא: וַאֲרֵי יִנְצוּן גֻּבְרִין,
וְיִמְחוֹן, אִתְּתָא מְעַדְיָא וְיִפְקוּן וַלְדַהָא, וְלָא יְהֵי מוֹתָא, אִתְגְּבָאָה יִתְגְּבֵי, כְּמָא דִּישַׁוֵּי עֲלוֹהִי
כג בַּעְלַהּ דְּאִתְּתָא, וְיִתֵּין מִמֵּימַר דַּיָּנַיָּא: וְאִם מוֹתָא יְהֵי, וְתִתֵּין נַפְשָׁא חֲלַף נַפְשָׁא:

אוֹמֵר: "אִישׁ אִישׁ אֲשֶׁר יְקַלֵּל אֶת אָבִיו" (ויקרא כ, ט), אֵין לִי אֶלָּא אִישׁ שֶׁקִּלֵּל אֶת אָבִיו, אִשָּׁה שֶׁקִּלְּלָה אֶת אָבִיהָ מִנַּיִן? תַּלְמוּד לוֹמַר: "וּמְקַלֵּל אָבִיו וְאִמּוֹ", סְתָם, בֵּין אִישׁ וּבֵין אִשָּׁה. אִם כֵּן לָמָּה נֶאֱמַר: "אִישׁ אֲשֶׁר יְקַלֵּל"? לְהוֹצִיא אֶת הַקָּטָן: **מוֹת יוּמָת.** בִּסְקִילָה, וְכָל מָקוֹם שֶׁנֶּאֱמַר 'דָּמָיו בּוֹ', בִּסְקִילָה, וּבִנְיַן אָב לְכֻלָּם: "בָּאֶבֶן יִרְגְּמוּ אֹתָם דְּמֵיהֶם בָּם" (ויקרא כ, כז), וּבִמְקַלֵּל אָבִיו נֶאֱמַר: "דָּמָיו בּוֹ" (שם פסוק ט):

יח **וְכִי יְרִיבֻן אֲנָשִׁים.** לָמָּה נֶאֱמַר? לְפִי שֶׁנֶּאֱמַר: "עַיִן תַּחַת עַיִן" (להלן פסוק כד), לֹא לָמַדְנוּ אֶלָּא דְּמֵי אֵבָרָיו, אֲבָל שֶׁבֶת וְרִפּוּי לֹא לָמַדְנוּ, לְכָךְ נֶאֶמְרָה פָּרָשָׁה זוֹ: **וְנָפַל לְמִשְׁכָּב.** כְּתַרְגּוּמוֹ: "וְיִפּוֹל לְבוּטְלָן", לְחֹלִי שֶׁמְּבַטְּלוֹ מִמְּלַאכְתּוֹ:

יט **עַל מִשְׁעַנְתּוֹ.** עַל בֻּרְיוֹ וְכֹחוֹ: **וְנִקָּה הַמַּכֶּה.** וְכִי תַּעֲלֶה עַל דַּעְתְּךָ שֶׁיֵּהָרֵג זֶה שֶׁלֹּא הָרַג?! אֶלָּא לִמֶּדְךָ כָּאן שֶׁחוֹבְשִׁים אוֹתוֹ עַד שֶׁנִּרְאֶה אִם יִתְרַפֵּא זֶה. וְכֵן מַשְׁמָעוֹ: כְּשֶׁקָּם זֶה וְהוֹלֵךְ עַל מִשְׁעַנְתּוֹ אָז נִקָּה הַמַּכֶּה, אֲבָל עַד שֶׁלֹּא יָקוּם זֶה לֹא נִקָּה הַמַּכֶּה: **רַק שִׁבְתּוֹ.** בִּטּוּל מְלַאכְתּוֹ מֵחֲמַת הַחֹלִי. אִם קָטַע יָדוֹ אוֹ רַגְלוֹ רוֹאִין בִּטּוּל מְלַאכְתּוֹ מֵחֲמַת הַחֹלִי כְּאִלּוּ הוּא שׁוֹמֵר קִשּׁוּאִין, שֶׁהֲרֵי אַף לְאַחַר הַחֹלִי אֵינוֹ רָאוּי לִמְלֶאכֶת יָד וָרֶגֶל, וְהוּא כְּבָר נָתַן לוֹ מֵחֲמַת נִזְקוֹ דְּמֵי יָדוֹ וְרַגְלוֹ, שֶׁנֶּאֱמַר: "יָד תַּחַת יָד רֶגֶל תַּחַת רָגֶל" (להלן פסוק כד): **וְרַפֹּא יְרַפֵּא.** כְּתַרְגּוּמוֹ, יְשַׁלֵּם שְׂכַר הָרוֹפֵא:

כ **וְכִי יַכֶּה אִישׁ אֶת עַבְדּוֹ אוֹ אֶת אֲמָתוֹ.** בְּעֶבֶד כְּנַעֲנִי הַכָּתוּב מְדַבֵּר. אוֹ אֵינוֹ אֶלָּא בְּעִבְרִי? תַּלְמוּד לוֹמַר: "כִּי כַסְפּוֹ הוּא", מַה כַּסְפּוֹ קָנוּי לוֹ עוֹלָמִית, אַף עֶבֶד הַקָּנוּי לוֹ עוֹלָמִית. וַהֲרֵי הָיָה בִּכְלַל "מַכֵּה אִישׁ וָמֵת" (לעיל פסוק יב), אֶלָּא בָּא הַכָּתוּב וְהוֹצִיאוֹ מִן הַכְּלָל לִהְיוֹת נִדּוֹן בְּדִין יוֹם אוֹ יוֹמַיִם, שֶׁאִם לֹא מֵת תַּחַת יָדוֹ וְשָׁהָה מֵעֵת לְעֵת – פָּטוּר: **בַּשֵּׁבֶט.** כְּשֶׁיֵּשׁ בּוֹ כְּדֵי לְהָמִית הַכָּתוּב מְדַבֵּר. אוֹ אֲפִלּוּ אֵין בּוֹ כְּדֵי לְהָמִית? תַּלְמוּד לוֹמַר בְּיִשְׂרָאֵל: "וְאִם בְּאֶבֶן יָד אֲשֶׁר יָמוּת בָּהּ הִכָּהוּ" (במדבר לה, יז), וַהֲלֹא דְּבָרִים קַל וָחֹמֶר: וּמַה יִּשְׂרָאֵל חָמוּר, אֵין חַיָּב עָלָיו אֶלָּא אִם כֵּן הִכָּהוּ בְּדָבָר שֶׁיֵּשׁ בּוֹ כְּדֵי לְהָמִית וְעַל אֵבֶר שֶׁהוּא כְּדֵי לָמוּת בְּהַכָּאָה זוֹ, עֶבֶד הַקַּל לֹא כָּל שֶׁכֵּן?: **נָקֹם יִנָּקֵם.** מִיתַת סַיִף. וְכֵן הוּא אוֹמֵר: "חֶרֶב נֹקֶמֶת נְקַם בְּרִית" (ויקרא כו, כה):

כא **אַךְ אִם יוֹם אוֹ יוֹמַיִם יַעֲמֹד לֹא יֻקַּם.** אִם עַל יוֹם אֶחָד הוּא פָּטוּר עַל יוֹמַיִם לֹא כָּל שֶׁכֵּן?! אֶלָּא יוֹם שֶׁהוּא כְּיוֹמַיִם, וְאֵי זֶה זֶה? זֶה מֵעֵת לְעֵת: **לֹא יֻקַּם כִּי כַסְפּוֹ הוּא.** הָא אַחֵר שֶׁהִכָּהוּ, אַף עַל פִּי שֶׁשָּׁהָה מֵעֵת לְעֵת קֹדֶם שֶׁמֵּת, חַיָּב:

כב **וְכִי יִנָּצוּ אֲנָשִׁים.** זֶה עִם זֶה, וְנִתְכַּוֵּן לְהַכּוֹת אֶת חֲבֵרוֹ וְהִכָּה אֶת הָאִשָּׁה: **וְנָגְפוּ.** אֵין נְגִיפָה אֶלָּא לְשׁוֹן דְּחִיפָה וְהַכָּאָה, כְּמוֹ: "פֶּן תִּגֹּף בָּאֶבֶן רַגְלֶךָ" (תהלים צא, יב), "וּבְטֶרֶם יִתְנַגְּפוּ רַגְלֵיכֶם" (ירמיה יג, טז), "וּלְאֶבֶן נֶגֶף" (ישעיה ח, יד): **וְלֹא יִהְיֶה אָסוֹן.** בָּאִשָּׁה: **עָנוֹשׁ יֵעָנֵשׁ.** לְשַׁלֵּם דְּמֵי וְלָדוֹת לַבַּעַל. שָׁמִין אוֹתָהּ כַּמָּה הָיְתָה רְאוּיָה לִמָּכֵר בַּשּׁוּק לְהַעֲלוֹת בְּדָמֶיהָ בִּשְׁבִיל הֵרָיוֹנָהּ: **עָנוֹשׁ יֵעָנֵשׁ.** יִגְבּוּ מָמוֹן מִמֶּנּוּ, כְּמוֹ: "וְעָנְשׁוּ אֹתוֹ מֵאָה כֶסֶף" (דברים כב, יט): **כַּאֲשֶׁר יָשִׁית עָלָיו וְגוֹ'.** כְּשֶׁיִּתְבָּעֶנּוּ הַבַּעַל בְּבֵית דִּין לְהָשִׁית עָלָיו עֹנֶשׁ עַל כָּךְ: **וְנָתַן.** הַמַּכֶּה דְּמֵי וְלָדוֹת: **בִּפְלִלִים.** עַל פִּי הַדַּיָּנִים:

כג **וְאִם אָסוֹן יִהְיֶה.** בָּאִשָּׁה: **וְנָתַתָּה נֶפֶשׁ תַּחַת נָפֶשׁ.** רַבּוֹתֵינוּ חוֹלְקִים בַּדָּבָר: יֵשׁ אוֹמְרִים נֶפֶשׁ

כד עַיִן תַּחַת עַיִן שֵׁן תַּחַת שֵׁן יָד תַּחַת יָד רֶגֶל תַּחַת
כה רָגֶל: כְּוִיָּה תַּחַת כְּוִיָּה פֶּצַע תַּחַת פָּצַע חַבּוּרָה
כו תַּחַת חַבּוּרָה: וְכִי־יַכֶּה אִישׁ אֶת־עֵין
עַבְדּוֹ אוֹ־אֶת־עֵין אֲמָתוֹ וְשִׁחֲתָהּ לַחָפְשִׁי יְשַׁלְּחֶנּוּ
כז תַּחַת עֵינוֹ: וְאִם־שֵׁן עַבְדּוֹ אוֹ־שֵׁן אֲמָתוֹ יַפִּיל
לַחָפְשִׁי יְשַׁלְּחֶנּוּ תַּחַת שִׁנּוֹ:
כח וְכִי־יִגַּח שׁוֹר אֶת־אִישׁ אוֹ אֶת־אִשָּׁה וָמֵת סָקוֹל
יִסָּקֵל הַשּׁוֹר וְלֹא יֵאָכֵל אֶת־בְּשָׂרוֹ וּבַעַל הַשּׁוֹר
כט נָקִי: וְאִם שׁוֹר נַגָּח הוּא מִתְּמֹל שִׁלְשֹׁם וְהוּעַד
בִּבְעָלָיו וְלֹא יִשְׁמְרֶנּוּ וְהֵמִית אִישׁ אוֹ אִשָּׁה הַשּׁוֹר
ל יִסָּקֵל וְגַם־בְּעָלָיו יוּמָת: אִם־כֹּפֶר יוּשַׁת עָלָיו וְנָתַן
לא פִּדְיֹן נַפְשׁוֹ כְּכֹל אֲשֶׁר־יוּשַׁת עָלָיו: אוֹ־בֵן יִגָּח אוֹ־
לב בַת יִגָּח כַּמִּשְׁפָּט הַזֶּה יֵעָשֶׂה לּוֹ: אִם־עֶבֶד יִגַּח
הַשּׁוֹר אוֹ אָמָה כֶּסֶף ׀ שְׁלֹשִׁים שְׁקָלִים יִתֵּן לַאדֹנָיו
לג וְהַשּׁוֹר יִסָּקֵל: וְכִי־יִפְתַּח אִישׁ בּוֹר אוֹ

מצווה נא
חובת בית הדין לדון בנזקי בהמה

מצווה נב
איסור אכילת שור הנסקל

מצווה נג
חובת בית הדין לדון בנזקי בור

משפטים

מַמָּשׁ, וְיֵשׁ אוֹמְרִים מָמוֹן, אֲבָל לֹא נֶפֶשׁ מַמָּשׁ, שֶׁהַמִּתְכַּוֵּן לַהֲרֹג אֶת זֶה וְהָרַג אֶת זֶה פָּטוּר מִמִּיתָה, וּמְשַׁלֵּם לְיוֹרְשָׁיו דָּמָיו כְּמוֹ שֶׁהָיָה נִמְכָּר בַּשּׁוּק:

כד) עַיִן תַּחַת עַיִן. סִמֵּא עֵין חֲבֵרוֹ נוֹתֵן לוֹ דְּמֵי עֵינוֹ כַּמָּה שֶׁפָּחֲתוּ דָּמָיו לִמָּכֵר בַּשּׁוּק, וְכֵן כֻּלָּם, וְלֹא נְטִילַת אֵבֶר מַמָּשׁ, כְּמוֹ שֶׁדָּרְשׁוּ רַבּוֹתֵינוּ בְּפֶרֶק 'הַחוֹבֵל' (בבא קמא פג ע"ב – פד ע"א):

כה) כְּוִיָּה תַּחַת כְּוִיָּה. מַכַּת אֵשׁ. וְעַד עַכְשָׁיו דִּבֵּר בַּחֲבָלָה שֶׁיֵּשׁ בָּהּ פְּחָת דָּמִים, וְעַכְשָׁיו בְּשֶׁאֵין בָּהּ פְּחָת דָּמִים אֶלָּא צַעַר, כְּגוֹן כְּוָאוֹ בְּשַׁפּוּד עַל צִפָּרְנוֹ, אוֹמְדִים כַּמָּה אָדָם כַּיּוֹצֵא בָזֶה רוֹצֶה לִטֹּל לִהְיוֹת מִצְטַעֵר כָּךְ: פֶּצַע. הִיא מַכָּה הַמּוֹצִיאָה דָּם, שֶׁפָּצַע אֶת בְּשָׂרוֹ, נברדור"א בְּלַעַ"ז. הַכֹּל לְפִי מַה שֶּׁהוּא, אִם יֵשׁ בּוֹ פְּחָת דָּמִים נוֹתֵן נֶזֶק, וְאִם נָפַל לְמִשְׁכָּב נוֹתֵן שֶׁבֶת וְרִפּוּי וּבֹשֶׁת וָצַעַר. וּמִקְרָא זֶה יָתֵר הוּא, וּבְ'הַחוֹבֵל' דְּרָשׁוּהוּ רַבּוֹתֵינוּ לְחַיֵּב עַל הַצַּעַר אֲפִלּוּ בִּמְקוֹם נֶזֶק, שֶׁאַף עַל פִּי שֶׁנּוֹתֵן לוֹ דְּמֵי יָדוֹ אֵין פּוֹטְרִין אוֹתוֹ מִן

כב כה עֵינָא חֲלָף עֵינָא, שִׁנָּא חֲלָף שִׁנָּא, יְדָא חֲלָף יְדָא, רַגְלָא חֲלָף רַגְלָא: כְּוָאָה חֲלָף כְּוָאָה, פִּדְעָא
כו חֲלָף פִּדְעָא, מַשְׁקוֹפֵי, חֲלָף מַשְׁקוֹפֵי: וַאֲרֵי יִמְחֵי גְּבַר, יָת עֵינָא דְעַבְדֵּיהּ, אוֹ יָת עֵינָא
כז דְאַמְתֵּיהּ וִיחַבְּלִנַּהּ, לְבַר חוֹרִין יְפַטְרִנֵּיהּ חֲלָף עֵינֵיהּ: וְאִם שִׁנָּא דְעַבְדֵּיהּ, אוֹ שִׁנָּא דְאַמְתֵּיהּ
כח יַפִּיל, לְבַר חוֹרִין יְפַטְרִנֵּיהּ חֲלָף שִׁנֵּיהּ: וַאֲרֵי יִגַּח תּוֹרָא יָת גְּבַרָא, אוֹ יָת אִתְּתָא וִימוּת,
כט אִתְרְגָמָא יִתְרְגֵים תּוֹרָא, וְלָא יִתְאֲכִיל יָת בִּסְרֵיהּ, וּמָרֵיהּ דְּתוֹרָא יְהֵי זַכָּא: וְאִם, תּוֹר נַגָּח
הוּא מֵאִתְמָלֵי וּמִדְּקַמּוֹהִי, וְאִתַּסְהַד בְּמָרֵיהּ וְלָא נַטְרֵיהּ, וְיִקְטוֹל גְּבַר אוֹ אִתָּא, תּוֹרָא יִתְרְגֵים,
ל לא וְאַף מָרֵיהּ יִתְקְטִיל: אִם מָמוֹן יְשַׁוּוֹן עֲלוֹהִי, וְיִתֵּין פֻּרְקַן נַפְשֵׁיהּ, כְּכֹל דִּישַׁוּוֹן עֲלוֹהִי: אוֹ לְבַר
לב יִשְׂרָאֵל יִגַּח תּוֹרָא אוֹ לְבַת יִשְׂרָאֵל יִגַּח, כְּדִינָא הָדֵין יִתְעֲבֵיד לֵיהּ: אִם לְעַבְדָּא, יִגַּח תּוֹרָא
לג אוֹ לְאַמְתָא, כַּסְפָּא תְּלָתִין סִלְעִין, יִתֵּין לְרִבּוֹנֵיהּ, וְתוֹרָא יִתְרְגֵים: וַאֲרֵי יִפְתַּח גְּבַר גּוֹב, אוֹ,

הַנַּעַר, לוֹמַר הוֹאִיל וְקָנָה יָדוֹ יֵשׁ עָלָיו לְחָתְכָהּ כְּכָל מַה שֶּׁיִּרְצֶה, אֶלָּא אוֹמְרִים יֵשׁ לוֹ לְחָתְכָהּ בְּסַם שֶׁאֵינוֹ מְצַעֵר כָּל כָּךְ, וְזֶה חֲתָכָהּ בְּבַרְזֶל וְצִעֲרוֹ: **חַבּוּרָה.** הִיא מַכָּה שֶׁהַדָּם נִצְרָר בָּהּ וְאֵינוֹ יוֹצֵא אֶלָּא שֶׁמַּאְדִּים הַבָּשָׂר כְּנֶגְדּוֹ. וּלְשׁוֹן חַבּוּרָה טק"א בְּלַעַז, כְּמוֹ: "וְנָמֵר חֲבַרְבֻּרֹתָיו" (ירמיה יג, כג), וְתַרְגּוּמוֹ "מַשְׁקוֹפֵי", לְשׁוֹן חַבָּטָה, בטדור"א בְּלַעַז, וְכֵן: "שְׁדֻפוֹת קָדִים" (בראשית מא, כג), "שְׁקִיפָן קִדּוּם", חֲבוּטוֹת בְּרוּחַ. וְכֵן: "עַל הַמַּשְׁקוֹף" (לעיל יב, ז), עַל שֵׁם שֶׁהַדֶּלֶת נוֹקֵשׁ עָלָיו:

(כו) **אֶת עֵין עַבְדּוֹ.** כְּנַעֲנִי, אֲבָל עִבְרִי אֵינוֹ יוֹצֵא בְּשֵׁן וָעַיִן, כְּמוֹ שֶׁאָמַרְנוּ אֵצֶל "לֹא תֵצֵא כְּצֵאת הָעֲבָדִים" (לעיל פסוק ז): **תַּחַת עֵינוֹ.** וְכֵן בְּעֶשְׂרִים וְאַרְבָּעָה רָאשֵׁי אֵבָרִים: אֶצְבְּעוֹת הַיָּדַיִם וְהָרַגְלַיִם וּשְׁתֵּי אָזְנַיִם וְהַחֹטֶם וְרֹאשׁ הַגְּוִיָּה שֶׁהוּא גִּיד הָאַמָּה. וְלָמָּה נֶאֶמְרוּ שֵׁן וָעַיִן? שֶׁאִם נֶאֱמַר עַיִן וְלֹא נֶאֱמַר שֵׁן, הָיִיתִי אוֹמֵר, מָה עַיִן שֶׁנִּבְרָא עִמּוֹ אַף כָּל שֶׁנִּבְרָא עִמּוֹ, וַהֲרֵי שֵׁן לֹא נִבְרָא עִמּוֹ. וְאִם נֶאֱמַר שֵׁן וְלֹא נֶאֱמַר עַיִן, הָיִיתִי אוֹמֵר, אֲפִלּוּ שֵׁן תִּינוֹק שֶׁיֵּשׁ לָהּ חֲלִיפִין, לְכָךְ נֶאֱמַר עַיִן:

(כח) **וְכִי יִגַּח שׁוֹר.** אֶחָד שׁוֹר וְאֶחָד כָּל בְּהֵמָה וְחַיָּה וָעוֹף, אֶלָּא שֶׁדִּבֵּר הַכָּתוּב בַּהוֹוֶה: **וְלֹא יֵאָכֵל אֶת בְּשָׂרוֹ.** מִמַּשְׁמַע שֶׁנֶּאֱמַר: "סָקוֹל יִסָּקֵל הַשּׁוֹר" אֵינִי יוֹדֵעַ שֶׁהוּא נְבֵלָה וּנְבֵלָה אֲסוּרָה בַּאֲכִילָה? אֶלָּא מַה תַּלְמוּד לוֹמַר: "וְלֹא יֵאָכֵל אֶת בְּשָׂרוֹ"? שֶׁאֲפִלּוּ שְׁחָטוֹ לְאַחַר שֶׁנִּגְמַר דִּינוֹ אָסוּר בַּאֲכִילָה. בַּהֲנָאָה מִנַּיִן? תַּלְמוּד לוֹמַר: "וּבַעַל הַשּׁוֹר נָקִי", כְּאָדָם הָאוֹמֵר לַחֲבֵרוֹ: יָצָא פְּלוֹנִי נָקִי מִנְּכָסָיו וְאֵין לוֹ בָּהֶם הֲנָאָה שֶׁל כְּלוּם. זֶהוּ מִדְרָשׁוֹ. וּפְשׁוּטוֹ כְּמַשְׁמָעוֹ, לְפִי שֶׁנֶּאֱמַר בְּמוּעָד: "וְגַם בְּעָלָיו יוּמָת", הֻצְרַךְ לוֹמַר בְּתָם: "וּבַעַל הַשּׁוֹר נָקִי":

(כט) **מִתְּמֹל שִׁלְשֹׁם.** הֲרֵי שָׁלֹשׁ נְגִיחוֹת: **וְהוּעַד בִּבְעָלָיו.** לְשׁוֹן הַתְרָאָה בְּעֵדִים, כְּמוֹ: "הָעֵד הֵעִד בָּנוּ הָאִישׁ" (בראשית מג, ג): **וְהֵמִית אִישׁ וְגוֹ'.** לְפִי שֶׁנֶּאֱמַר: "וְכִי יִגַּח" (לעיל פסוק כח), אֵין לִי אֶלָּא שֶׁהֱמִיתוֹ בִּנְגִיחָה, הֱמִיתוֹ בִּנְשִׁיכָה דְּחִיפָה בְּעִיטָה מִנַּיִן? תַּלְמוּד לוֹמַר: "וְהֵמִית": **וְגַם בְּעָלָיו יוּמָת.** בִּידֵי שָׁמַיִם. יָכוֹל בִּידֵי אָדָם? תַּלְמוּד לוֹמַר: "מוֹת יוּמַת הַמַּכֶּה רֹצֵחַ הוּא" (במדבר לה, כא), עַל רְצִיחָתוֹ אַתָּה הוֹרְגוֹ וְאִי אַתָּה הוֹרְגוֹ עַל רְצִיחַת שׁוֹרוֹ:

(ל) **אִם כֹּפֶר יוּשַׁת עָלָיו.** 'אִם' זֶה אֵינוֹ תָּלוּי, וַהֲרֵי הוּא כְּמוֹ: "אִם כֶּסֶף תַּלְוֶה" (להלן כב, כד), לְשׁוֹן 'אֲשֶׁר', זֶה מִשְׁפָּטוֹ שֶׁיָּשִׁיתוּ עָלָיו בֵּית דִּין כֹּפֶר: **וְנָתַן פִּדְיֹן נַפְשׁוֹ.** דְּמֵי נִזָּק, דִּבְרֵי רַבִּי יִשְׁמָעֵאל. רַבִּי עֲקִיבָא אוֹמֵר: דְּמֵי מַזִּיק:

(לא) **אוֹ בֵן יִגָּח.** בֵּן שֶׁהוּא קָטָן: **אוֹ בַת.** שֶׁהִיא קְטַנָּה. לְפִי שֶׁנֶּאֱמַר: "וְהֵמִית אִישׁ אוֹ אִשָּׁה" (לעיל פסוק כט), יָכוֹל אֵינוֹ חַיָּב אֶלָּא עַל הַגְּדוֹלִים? תַּלְמוּד לוֹמַר: "אוֹ בֵן יִגָּח" וְגוֹ', לְחַיֵּב עַל הַקְּטַנִּים כַּגְּדוֹלִים:

(לב) **אִם עֶבֶד אוֹ אָמָה.** כְּנַעֲנִיִּים: **שְׁלֹשִׁים שְׁקָלִים יִתֵּן.** גְּזֵרַת הַכָּתוּב הוּא, בֵּין שֶׁהוּא שָׁוֶה אֶלֶף זוּז בֵּין שֶׁאֵינוֹ שָׁוֶה אֶלָּא דִּינָר. וְהַשֶּׁקֶל מִשְׁקָלוֹ אַרְבָּעָה זְהוּבִים שֶׁהֵם חֲצִי אוּנְקִיָּא לְמִשְׁקַל הַיָּשָׁר שֶׁל קוֹלוֹנְיָא:

(לג) **וְכִי יִפְתַּח אִישׁ בּוֹר.** שֶׁהָיְתָה מְכֻסָּה וְגִלָּהוּ: **אוֹ כִּי יִכְרֶה.** לָמָּה נֶאֱמַר? אִם עַל הַפְּתִיחָה חַיָּב

כִּֽי־יִכְרֶה אִישׁ בֹּר וְלֹא יְכַסֶּנּוּ וְנָֽפַל־שָׁמָּה שּׁוֹר
אוֹ חֲמוֹר׃ בַּעַל הַבּוֹר יְשַׁלֵּם כֶּסֶף יָשִׁיב לִבְעָלָיו לד
וְהַמֵּת יִהְיֶה־לּוֹ׃ וְכִֽי־יִגֹּף שׁוֹר־אִישׁ לה
אֶת־שׁוֹר רֵעֵהוּ וָמֵת וּמָכְרוּ אֶת־הַשּׁוֹר הַחַי
וְחָצוּ אֶת־כַּסְפּוֹ וְגַם אֶת־הַמֵּת יֶחֱצוּן׃ אוֹ נוֹדַע לו
כִּי שׁוֹר נַגָּח הוּא מִתְּמוֹל שִׁלְשֹׁם וְלֹא יִשְׁמְרֶנּוּ
בְּעָלָיו שַׁלֵּם יְשַׁלֵּם שׁוֹר תַּחַת הַשּׁוֹר וְהַמֵּת
יִהְיֶה־לּוֹ׃ כִּי יִגְנֹב־אִישׁ שׁוֹר אוֹ־ לז
שֶׂה וּטְבָחוֹ אוֹ מְכָרוֹ חֲמִשָּׁה בָקָר יְשַׁלֵּם תַּחַת
הַשּׁוֹר וְאַרְבַּע־צֹאן תַּחַת הַשֶּׂה׃ אִם־בַּמַּחְתֶּרֶת א כב
יִמָּצֵא הַגַּנָּב וְהֻכָּה וָמֵת אֵין לוֹ דָּמִים׃ אִם־זָרְחָה ב
הַשֶּׁמֶשׁ עָלָיו דָּמִים לוֹ שַׁלֵּם יְשַׁלֵּם אִם־אֵין
לוֹ וְנִמְכַּר בִּגְנֵבָתוֹ׃ אִם־הִמָּצֵא תִמָּצֵא בְיָדוֹ ג

מצווה נד
חובת בית דין
לדון גנב

משפטים

עַל הַכְּרִיָּה לֹא כָּל שֶׁכֵּן?! אֶלָּא לְהָבִיא כּוֹרֶה אַחַר כּוֹרֶה שֶׁהוּא חַיָּב: **וְלֹא יְכַסֶּנּוּ.** הָא אִם כִּסָּהוּ פָּטוּר, וּבְחוֹפֵר בִּרְשׁוּת הָרַבִּים דִּבֶּר הַכָּתוּב: **שׁוֹר אוֹ חֲמוֹר.** הוּא הַדִּין לְכָל בְּהֵמָה וְחַיָּה, שֶׁבְּכָל מָקוֹם שֶׁנֶּאֱמַר שׁוֹר וַחֲמוֹר אָנוּ לְמֵדִין אוֹתוֹ 'שׁוֹר' 'שׁוֹר' מִשַּׁבָּת, שֶׁנֶּאֱמַר: "לְמַעַן יָנוּחַ שׁוֹרְךָ וַחֲמֹרֶךָ" (להלן כג, יב), מַה לְּהַלָּן כָּל בְּהֵמָה וְחַיָּה כְּשׁוֹר, שֶׁהֲרֵי נֶאֱמַר בְּמָקוֹם אַחֵר: "וְכָל בְּהֶמְתֶּךָ" (דברים ה, יד), אַף כָּאן כָּל בְּהֵמָה וְחַיָּה כְּשׁוֹר, וְלֹא נֶאֱמַר שׁוֹר וַחֲמוֹר אֶלָּא 'שׁוֹר' וְלֹא אָדָם, 'חֲמוֹר' וְלֹא כֵּלִים:

לד) **בַּעַל הַבּוֹר.** בַּעַל הַתַּקָּלָה, אַף עַל פִּי שֶׁאֵין הַבּוֹר שֶׁלּוֹ, שֶׁעֲשָׂאוֹ בִּרְשׁוּת הָרַבִּים, עֲשָׂאוֹ הַכָּתוּב בְּעָלָיו לְהִתְחַיֵּב בְּנִזְקָיו: **כֶּסֶף יָשִׁיב לִבְעָלָיו.** "יָשִׁיב" לְרַבּוֹת שָׁוֶה כֶּסֶף וַאֲפִלּוּ סֻבִּין: **וְהַמֵּת יִהְיֶה לּוֹ.** לַנִּזָּק. שָׁמִין אֶת הַנְּבֵלָה וְנוֹטְלָהּ בְּדָמִים, וּמְשַׁלֵּם לוֹ הַמַּזִּיק עָלֶיהָ תַּשְׁלוּמֵי נִזְקוֹ:

לה) **וְכִי יִגֹּף.** יִדְחֹף, בֵּין בְּקַרְנָיו בֵּין בְּגוּפוֹ בֵּין בְּרַגְלָיו בֵּין שֶׁנְּשָׁכוֹ בְּשִׁנָּיו כֻּלָּן בִּכְלַל נְגִיפָה הֵם, שֶׁאֵין נְגִיפָה אֶלָּא לְשׁוֹן מַכָּה: **שׁוֹר אִישׁ.** שׁוֹר שֶׁל אִישׁ: **וּמָכְרוּ אֶת הַשּׁוֹר וְגוֹ'.** בְּשָׁוִים הַכָּתוּב מְדַבֵּר, שׁוֹר שָׁוֶה מָאתַיִם שֶׁהֵמִית שׁוֹר שָׁוֶה מָאתַיִם, בֵּין שֶׁהַנְּבֵלָה שָׁוָה הַרְבֵּה בֵּין שֶׁהִיא שָׁוָה מְעַט, כְּשֶׁנּוֹטֵל זֶה חֲצִי הַחַי וַחֲצִי הַמֵּת וְזֶה חֲצִי הַחַי וַחֲצִי הַמֵּת נִמְצָא כָּל אֶחָד מַפְסִיד חֲצִי נֶזֶק שֶׁהִזִּיקָה הַמִּיתָה. לָמַדְנוּ שֶׁהַתָּם מְשַׁלֵּם חֲצִי נֶזֶק,

לד אֱרֵי יִכְרֵי גְּבַר, גּוּב וְלָא יְכַסֵּינֵיהּ, וְיִפּוֹל תַּמָּן תּוֹרָא אוֹ חֲמָרָא: מָרֵיהּ דְּגֻבָּא יְשַׁלֵּים, כַּסְפָּא יָתִיב
לה לְמָרוֹהִי, וּמִיתָא יְהֵי דִּילֵיהּ: וַאֲרֵי יִגּוֹף תּוֹר דִּגְבַר, יָת תּוֹרָא דְּחַבְרֵיהּ וִימוּת, וְיִזְבְּנוּן, יָת תּוֹרָא
לו חַיָּא וְיִפְלְגוּן יָת כַּסְפֵּיהּ, וְאַף יָת דְּמֵי מִיתָא יִפְלְגוּן: אוֹ אִתְיְדַע, אֲרֵי, תּוֹר נַגָּח הוּא מֵאִתְמָלֵי
לז וּמִדְּקַמּוֹהִי, וְלָא נַטְרֵיהּ מָרֵיהּ, שַׁלָּמָא יְשַׁלֵּים תּוֹרָא חֲלַף תּוֹרָא, וּמִיתָא יְהֵי דִּילֵיהּ: אֲרֵי יִגְנוֹב
גְּבַר תּוֹר אוֹ אִמַּר, וְיִכְסְנֵיהּ אוֹ יְזַבְּנִנֵּיהּ, חַמְשָׁא תוֹרִין, יְשַׁלֵּים חֲלַף תּוֹרָא, וְאַרְבַּע עָנָא חֲלַף
כב א ב אִמְּרָא: אִם בְּמַחְתַּרְתָּא, יִשְׁתְּכַח גַּנָּבָא וְיִתְמְחֵי וִימוּת, לֵית לֵיהּ דַּם: אִם עֵינָא דְסָהֲדַיָּא, נְפַלַת
ג עֲלוֹהִי דְּמָא לֵיהּ, שַׁלָּמָא יְשַׁלֵּים, אִם לֵית לֵיהּ, וְיִזְדַּבַּן בִּגְנֻבְתֵּיהּ: אִם אִשְׁתְּכָחָא תִשְׁתְּכַח

שֶׁמִּן הַשָּׁוִין הָיְתָה לָמֵד לְשֶׁאֵינָן שָׁוִין כִּי דִּין הַתָּם לְשַׁלֵּם חֲצִי נֶזֶק, לֹא פָּחוֹת וְלֹא יוֹתֵר. אוֹ יָכוֹל אַף כְּשֶׁאֵינָן שָׁוִין בִּדְמֵיהֶן כְּשֶׁהֵן חַיִּים אָמַר הַכָּתוּב: וְגַם אֶת שְׁנֵיהֶם? אִם אָמַרְתָּ כֵּן, פְּעָמִים שֶׁהַמַּזִּיק מִשְׂתַּכֵּר הַרְבֵּה, כְּשֶׁהַנְּבֵלָה שָׁוָה לִמָּכֵר לְגוֹיִם הַרְבֵּה יוֹתֵר מִדְּמֵי שׁוֹר הַמַּזִּיק, וְאִי אֶפְשָׁר שֶׁיֹּאמַר הַכָּתוּב שֶׁיְּהֵא הַמַּזִּיק נִשְׂכָּר. אוֹ פְּעָמִים שֶׁהַנִּזָּק נוֹטֵל הַרְבֵּה יוֹתֵר מִדְּמֵי נֶזֶק שָׁלֵם, שֶׁחֲצִי דְּמֵי שׁוֹר הַמַּזִּיק שָׁוִין יוֹתֵר מִכָּל דְּמֵי שׁוֹר הַנִּזָּק, וְאִם אָמַרְתָּ כֵּן, הֲרֵי תָּם חָמוּר מִמּוּעָד. עַל כָּרְחֲךָ לֹא דִּבֵּר הַכָּתוּב אֶלָּא בְּשָׁוִין, וְלִמֶּדְךָ שֶׁהַתָּם מְשַׁלֵּם חֲצִי נֶזֶק, וּמִן הַשָּׁוִין תִּלְמַד לְשֶׁאֵינָן שָׁוִין, שֶׁהַמִּשְׁתַּלֵּם חֲצִי נִזְקוֹ שָׁמִין לוֹ אֶת הַנְּבֵלָה, וּמַה שֶּׁפִּחֲתוּ דָּמָיו בִּשְׁבִיל הַמִּיתָה, נוֹטֵל חֲצִי הַפְּחָת וְהוֹלֵךְ. וְלָמָּה אָמַר הַכָּתוּב בַּלָּשׁוֹן הַזֶּה, וְלֹא אָמַר: 'יְשַׁלֵּם חֶצְיוֹ'? לְלַמֵּד שֶׁאֵין הַתָּם מְשַׁלֵּם אֶלָּא מִגּוּפוֹ, וְאִם נָגַח וּמֵת וְאֵין הַנִּזָּק נוֹטֵל אֶלָּא הַנְּבֵלָה, וְאִם אֵינָהּ מַגַּעַת לַחֲצִי נִזְקוֹ יַפְסִיד. אוֹ שׁוֹר שָׁוֶה מָנֶה שֶׁנָּגַח שׁוֹר שָׁוֶה חָמֵשׁ מֵאוֹת זוּז אֵינוֹ נוֹטֵל אֶלָּא אֶת הַשּׁוֹר, שֶׁלֹּא נִתְחַיֵּב הַתָּם לְחַיֵּב אֶת בְּעָלָיו לְשַׁלֵּם מִן הָעֲלִיָּה:

לו) **אוֹ נוֹדַע.** אוֹ לֹא הָיָה תָּם, אֶלָּא "נוֹדַע כִּי שׁוֹר נַגָּח הוּא" הַיּוֹם וּמִתְּמוֹל שִׁלְשֹׁם, הֲרֵי שָׁלֹשׁ נְגִיחוֹת: **שַׁלֵּם יְשַׁלֵּם שׁוֹר.** נֶזֶק שָׁלֵם: **וְהַמֵּת יִהְיֶה לּוֹ.** לַנִּזָּק, וְעָלָיו יַשְׁלִים הַמַּזִּיק עַד שֶׁיִּשְׁתַּלֵּם נִזָּק כָּל נִזְקוֹ:

לז) **חֲמִשָּׁה בָקָר וגו'.** אָמַר רַבָּן יוֹחָנָן בֶּן זַכַּאי: חָס הַמָּקוֹם עַל כְּבוֹדָן שֶׁל בְּרִיּוֹת, שׁוֹר שֶׁהוֹלֵךְ בְּרַגְלָיו וְלֹא נִתְבַּזָּה בּוֹ הַגַּנָּב לְנָשְׂאוֹ עַל כְּתֵפוֹ – מְשַׁלֵּם חֲמִשָּׁה; שֶׂה שֶׁנְּשָׂאוֹ עַל כְּתֵפוֹ – מְשַׁלֵּם אַרְבָּעָה הוֹאִיל וְנִתְבַּזָּה בּוֹ. אָמַר רַבִּי מֵאִיר: בֹּא וּרְאֵה כַּמָּה גְּדוֹלָה כֹּחָהּ שֶׁל מְלָאכָה, שׁוֹר שֶׁבִּטְּלוֹ מִמְּלַאכְתּוֹ – חֲמִשָּׁה, שֶׂה שֶׁלֹּא בִּטְּלוֹ מִמְּלַאכְתּוֹ – אַרְבָּעָה: **תַּחַת הַשּׁוֹר... תַּחַת הַשֶּׂה.** שָׁנָה הַכָּתוּב, לוֹמַר שֶׁאֵין מִדַּת תַּשְׁלוּמֵי אַרְבָּעָה וַחֲמִשָּׁה נוֹהֶגֶת אֶלָּא בְּשׁוֹר וָשֶׂה בִּלְבַד:

פרק כב

א) **אִם בַּמַּחְתֶּרֶת.** כְּשֶׁהָיָה חוֹתֵר אֶת הַבַּיִת: **אֵין לוֹ דָּמִים.** אֵין זוֹ רְצִיחָה, הֲרֵי הוּא כְּמֵת מֵעִקָּרוֹ. כָּאן לִמֶּדְךָ תּוֹרָה: אִם בָּא לְהָרְגְךָ הַשְׁכֵּם לְהָרְגוֹ, וְזֶה לַהֲרָגְךָ בָּא, שֶׁהֲרֵי יוֹדֵעַ הוּא שֶׁאֵין אָדָם מַעֲמִיד עַצְמוֹ וְרוֹאֶה שֶׁנּוֹטְלִין מָמוֹנוֹ בְּפָנָיו וְשׁוֹתֵק, לְפִיכָךְ עַל מְנָת כֵּן בָּא שֶׁאִם יַעֲמֹד בַּעַל הַמָּמוֹן כְּנֶגְדּוֹ יַהַרְגֶנּוּ:

ב) **אִם זָרְחָה הַשֶּׁמֶשׁ עָלָיו.** אֵין זֶה אֶלָּא כְּמִין מָשָׁל, אִם בָּרוּר לְךָ הַדָּבָר שֶׁיֵּשׁ לוֹ שָׁלוֹם עִמְּךָ, כַּשֶּׁמֶשׁ הַזֶּה שֶׁהוּא שָׁלוֹם בָּעוֹלָם כָּךְ פָּשׁוּט לְךָ שֶׁאֵינוֹ בָּא לַהֲרֹג אֲפִלּוּ יַעֲמֹד בַּעַל הַמָּמוֹן כְּנֶגְדּוֹ, כְּגוֹן אָב הַחוֹתֵר לִגְנֹב מָמוֹן הַבֵּן, בְּיָדוּעַ שֶׁרַחֲמֵי הָאָב עַל הַבֵּן וְאֵינוֹ בָּא עַל עִסְקֵי נְפָשׁוֹת: **דָּמִים לוֹ.** כְּחַי הוּא חָשׁוּב, וּרְצִיחָה הִיא אִם יַהַרְגֶנּוּ בַּעַל הַבַּיִת: **שַׁלֵּם יְשַׁלֵּם.** הַגַּנָּב מָמוֹן שֶׁגָּנַב וְאֵינוֹ חַיָּב מִיתָה. וְאוּנְקְלוֹס שֶׁתִּרְגֵּם: "אִם עֵינָא דְסָהֲדַיָּא נְפַלַת עֲלוֹהִי" לָקַח לוֹ שִׁטָּה אַחֶרֶת, לוֹמַר שֶׁאִם מְאָהוּהוּ עֵדִים קֹדֶם שֶׁבָּא בַּעַל הַבַּיִת וּכְשֶׁבָּא בַּעַל הַבַּיִת נֶגְדּוֹ הִתְרוּ בוֹ שֶׁלֹּא יַהַרְגֵהוּ, "דָּמִים לוֹ", חַיָּב עָלָיו אִם הֲרָגוֹ, שֶׁמֵּאַחַר שֶׁיֵּשׁ רוֹאִים לָהֶם אֵין הַגַּנָּב הַזֶּה בָּא עַל עִסְקֵי נְפָשׁוֹת, וְלֹא יַהֲרֹג אֶת בַּעַל הַמָּמוֹן:

ג) **אִם הִמָּצֵא תִמָּצֵא בְיָדוֹ.** בִּרְשׁוּתוֹ, שֶׁלֹּא טָבַח וְלֹא מָכַר: **מִשּׁוֹר עַד חֲמוֹר.** כָּל דָּבָר בִּכְלַל תַּשְׁלוּמֵי כֶפֶל, בֵּין שֶׁיֵּשׁ בּוֹ רוּחַ חַיִּים בֵּין שֶׁאֵין

הַגְּנֵבָה מִשּׁוֹר עַד־חֲמוֹר עַד־שֶׂה חַיִּים שְׁנַיִם
ד יְשַׁלֵּם: כִּי יַבְעֶר־אִישׁ שָׂדֶה אוֹ־כֶרֶם
וְשִׁלַּח אֶת־בְּעִירֹה וּבִעֵר בִּשְׂדֵה אַחֵר מֵיטַב
ה שָׂדֵהוּ וּמֵיטַב כַּרְמוֹ יְשַׁלֵּם: כִּי־
תֵצֵא אֵשׁ וּמָצְאָה קֹצִים וְנֶאֱכַל גָּדִישׁ אוֹ
הַקָּמָה אוֹ הַשָּׂדֶה שַׁלֵּם יְשַׁלֵּם הַמַּבְעִר אֶת־
ו הַבְּעֵרָה: כִּי־יִתֵּן אִישׁ אֶל־רֵעֵהוּ
כֶּסֶף אוֹ־כֵלִים לִשְׁמֹר וְגֻנַּב מִבֵּית הָאִישׁ אִם־
ז יִמָּצֵא הַגַּנָּב יְשַׁלֵּם שְׁנָיִם: אִם־לֹא יִמָּצֵא הַגַּנָּב
וְנִקְרַב בַּעַל־הַבַּיִת אֶל־הָאֱלֹהִים אִם־לֹא שָׁלַח
ח יָדוֹ בִּמְלֶאכֶת רֵעֵהוּ: עַל־כָּל־דְּבַר־פֶּשַׁע עַל־
שׁוֹר עַל־חֲמוֹר עַל־שֶׂה עַל־שַׂלְמָה עַל־כָּל־
אֲבֵדָה אֲשֶׁר יֹאמַר כִּי־הוּא זֶה עַד הָאֱלֹהִים יָבֹא
דְּבַר־שְׁנֵיהֶם אֲשֶׁר יַרְשִׁיעֻן אֱלֹהִים יְשַׁלֵּם שְׁנַיִם
ט לְרֵעֵהוּ: כִּי־יִתֵּן אִישׁ אֶל־רֵעֵהוּ
חֲמוֹר אוֹ־שׁוֹר אוֹ־שֶׂה וְכָל־בְּהֵמָה לִשְׁמֹר וּמֵת
י אוֹ־נִשְׁבַּר אוֹ־נִשְׁבָּה אֵין רֹאֶה: שְׁבֻעַת יְהוָה
תִּהְיֶה בֵּין שְׁנֵיהֶם אִם־לֹא שָׁלַח יָדוֹ בִּמְלֶאכֶת

שלישי

מצווה נה
חובת בית הדין
לדון בנזקי שן ורגל

מצווה נו
חובת בית הדין
לדון בנזקי אש

מצווה נז
חובת בית הדין
לדון דין שומר חינם

מצווה נח
חובת בית הדין
לדון טוען ונטען

מצווה נט
חובת בית הדין
לדון דין נושא
שכר והשוכר

כּוֹ רוּחַ חַיִּים, שֶׁהֲרֵי נֶאֱמַר מִקֹּדֶם חַיִּים: "עַל שֶׂה עַל שַׂלְמָה עַל כָּל אֲבֵדָה וְגוֹ' יְשַׁלֵּם שְׁנַיִם לְרֵעֵהוּ" (להלן פסוק ח): חַיִּים שְׁנַיִם יְשַׁלֵּם. וְלֹא יְשַׁלֵּם לוֹ מֵתִים, אֶלָּא חַיִּים אוֹ דְּמֵי חַיִּים:

ד בִּידֵיהּ גְּנֵבְתָא, מִתּוֹר עַד חֲמָר, עַד אִמַּר אִנּוּן חַיִּין, עַל חַד תְּרֵין יְשַׁלֵּים: אֲרֵי יוֹכֵיל גְּבַר חֲקַל
ה אוֹ כְרַם, וִישַׁלַּח יָת בְּעִירֵיהּ, וְיֵיכוֹל בַּחֲקַל אָחֳרָן, שְׁפַר חַקְלֵיהּ, וּשְׁפַר כַּרְמֵיהּ יְשַׁלֵּים: אֲרֵי יִתַּפַּק
ו נוּר, וְיַשְׁכַּח כּוּבִּין וְיֵיכוֹל גְּדִישִׁין, אוֹ קָמָא אוֹ חֲקַל, שַׁלָּמָא יְשַׁלֵּים, דְּאַדְלֵיק יָת דְּלֵיקְתָא: אֲרֵי
יִתֵּין גְּבַר לְחַבְרֵיהּ, כְּסַף אוֹ מָנִין לְמִטַּר, וְיִתְגַּנְבוּן מִבֵּית גַּבְרָא, אִם יִשְׁתְּכַח גַּנָּבָא יְשַׁלֵּים עַל
ז חַד תְּרֵין: אִם לָא יִשְׁתְּכַח גַּנָּבָא, וְיִתְקָרַב מָרֵיהּ דְּבֵיתָא לִקְדָם דַּיָּנַיָּא, אִם לָא אוֹשֵׁיט, יְדֵיהּ
ח בְּמָא דִּמְסַר לֵיהּ חַבְרֵיהּ: עַל כָּל פִּתְגָם דְּחוֹב, עַל תּוֹר, עַל חֲמָר, עַל אִמַּר עַל כְּסוּ עַל כָּל
אֲבֵידְתָא, דְּיֵימַר אֲרֵי הוּא דֵין, לִקְדָם דַּיָּנַיָּא, יֵיעוֹל דִּין תַּרְוֵיהוֹן, דִּיחַיְּבוּן דַּיָּנַיָּא, יְשַׁלֵּים עַל חַד
ט תְּרֵין לְחַבְרֵיהּ: אֲרֵי יִתֵּין גְּבַר לְחַבְרֵיהּ, חֲמָר אוֹ תוֹר אוֹ אִמַּר, וְכָל בְּעִירָא לְמִטַּר, וּמִית, אוֹ
י אִתְּבַר אוֹ אִשְׁתְּבִי לֵית דְּחָזֵי: מוֹמָתָא דַּיְיָ, תְּהֵי בֵּין תַּרְוֵיהוֹן, אִם לָא אוֹשֵׁיט, יְדֵיהּ בְּמָא

ד) **כִּי יַבְעֶר... אֶת בְּעִירֹה וּבִעֵר.** כֻּלָּם לְשׁוֹן בְּהֵמָה, כְּמוֹ: "אֲנַחְנוּ וּבְעִירֵנוּ" (במדבר כ, ד). **כִּי יַבְעֶר.** יוֹלִיךְ בְּהֶמְתָּיו בִּשְׂדֶה וָכֶרֶם שֶׁל חֲבֵרוֹ וְיַזִּיק אוֹתָהּ בְּאַחַת מִשְׁתֵּי אֵלּוּ: אוֹ בְּשִׁלּוּחַ בְּעִירֹה אוֹ בְּבִעוּר. וּפֵרְשׁוּ רַבּוֹתֵינוּ: 'שִׁלּוּחַ' הוּא נִזְקֵי מִדְרַךְ כַּף רֶגֶל, "וּבִעֵר" הוּא נִזְקֵי הַשֵּׁן הָאוֹכֶלֶת וּמְבַעֶרֶת: **בִּשְׂדֵה אַחֵר.** בְּשָׂדֶה שֶׁל אִישׁ אַחֵר: **מֵיטַב שָׂדֵהוּ... יְשַׁלֵּם.** שָׁמִין אֶת הַנֶּזֶק, וְאִם בָּא לְשַׁלֵּם לוֹ קַרְקַע דְּמֵי נִזְקוֹ יְשַׁלֵּם לוֹ מִמֵּיטַב שְׂדוֹתָיו, אִם הָיָה נִזְקוֹ סֶלַע יִתֵּן לוֹ שָׁוֶה סֶלַע מֵעִדִּית שֶׁיֵּשׁ לוֹ. לִמֶּדְךָ הַכָּתוּב שֶׁהַנִּזָּקִין שָׁמִין לָהֶם בְּעִדִּית:

ה) **כִּי תֵצֵא אֵשׁ.** אֲפִלּוּ מֵעַצְמָהּ: **וּמָצְאָה קֹצִים.** קרדונ"ש בְּלַעַז: **וְנֶאֱכַל גָּדִישׁ.** שֶׁלִּחֲכָה הַקּוֹצִים עַד שֶׁהִגִּיעָה לַגָּדִישׁ אוֹ לַקָּמָה הַמְחֻבֶּרֶת לַקַּרְקַע: **אוֹ הַשָּׂדֶה.** שֶׁלִּחֲכָה אֶת נִירוֹ וְצָרִיךְ לָנִיר אוֹתָהּ פַּעַם שְׁנִיָּה: **שַׁלֵּם יְשַׁלֵּם הַמַּבְעִר.** אַף עַל פִּי שֶׁהִדְלִיק בְּתוֹךְ שֶׁלּוֹ וְהִיא יָצְאָה מֵעַצְמָהּ עַל יְדֵי קוֹצִים שֶׁמָּצְאָה, חַיָּב לְשַׁלֵּם, לְפִי שֶׁלֹּא שָׁמַר אֶת גַּחַלְתּוֹ שֶׁלֹּא תֵצֵא וְתַזִּיק:

ו) **וְגֻנַּב מִבֵּית הָאִישׁ.** לְפִי דְבָרָיו: **אִם יִמָּצֵא הַגַּנָּב.** יְשַׁלֵּם הַגַּנָּב שְׁנַיִם לַבְּעָלִים:

ז) **אִם לֹא יִמָּצֵא הַגַּנָּב.** וּבָא הַשּׁוֹמֵר הַזֶּה שֶׁהוּא בַּעַל הַבַּיִת: **וְנִקְרַב.** אֶל הַדַּיָּנִין לָדוּן עִם זֶה וּלְהִשָּׁבַע לוֹ שֶׁלֹּא שָׁלַח יָדוֹ בְּשֶׁלּוֹ:

ח) **עַל כָּל דְּבַר פֶּשַׁע.** שֶׁיִּמָּצֵא שֶׁקֵּר בִּשְׁבוּעָתוֹ, שֶׁיָּעִידוּ עֵדִים שֶׁהוּא עַצְמוֹ גְּנָבוֹ, וְיַרְשִׁיעוּהוּ אֱלֹהִים עַל פִּי הָעֵדִים: **יְשַׁלֵּם שְׁנַיִם לְרֵעֵהוּ.** לִמֶּדְךָ הַכָּתוּב שֶׁהַטּוֹעֵן בְּפִקָּדוֹן לוֹמַר נִגְנַב הֵימֶנּוּ, וְנִמְצָא שֶׁהוּא עַצְמוֹ גְּנָבוֹ, מְשַׁלֵּם תַּשְׁלוּמֵי כֶפֶל. וְאֵימָתַי? בִּזְמַן שֶׁנִּשְׁבַּע וְאַחַר כָּךְ בָּאוּ עֵדִים, שֶׁכָּךְ דָּרְשׁוּ רַבּוֹתֵינוּ: "וְנִקְרַב בַּעַל הַבַּיִת אֶל הָאֱלֹהִים", קְרִיבָה זוֹ שְׁבוּעָה הִיא. אַתָּה אוֹמֵר לִשְׁבוּעָה אוֹ אֵינוֹ אֶלָּא לְדִין, שֶׁכֵּיוָן שֶׁבָּא לַדִּין וְכָפַר לוֹמַר נִגְנְבָה, מִיָּד יִתְחַיֵּב כֶּפֶל אִם בָּאוּ עֵדִים שֶׁהוּא בְּיָדוֹ? נֶאֱמַר כָּאן שְׁלִיחוּת יָד וְנֶאֱמַר לְמַטָּה שְׁלִיחוּת יָד: "שְׁבֻעַת ה' תִּהְיֶה בֵּין שְׁנֵיהֶם אִם לֹא שָׁלַח יָדוֹ" (להלן פסוק י), מַה לְּהַלָּן שְׁבוּעָה אַף כָּאן שְׁבוּעָה: **אֲשֶׁר יֹאמַר כִּי הוּא זֶה.** לְפִי פְשׁוּטוֹ, אֲשֶׁר יֹאמַר הָעֵד: "כִּי הוּא זֶה" שֶׁנִּשְׁבַּעְתָּ עָלָיו הֲרֵי הוּא אֶצְלְךָ, עַד הַדַּיָּנִין "יָבֹא דְּבַר שְׁנֵיהֶם" וְיַחְקְרוּ אֶת הָעֵדוּת, וְאִם כְּשֵׁרִים הֵם וְיַרְשִׁיעוּהוּ לַשּׁוֹמֵר זֶה – "יְשַׁלֵּם שְׁנַיִם", וְאִם יַרְשִׁיעוּ אֶת הָעֵדִים שֶׁנִּמְצְאוּ זוֹמְמִין, יְשַׁלְּמוּ הֵם שְׁנַיִם לַשּׁוֹמֵר. וְרַבּוֹתֵינוּ זִכְרוֹנָם לִבְרָכָה דָּרְשׁוּ: "כִּי הוּא זֶה" לְלַמֵּד שֶׁאֵין מְחַיְּבִין אוֹתוֹ שְׁבוּעָה אֶלָּא אִם כֵּן הוֹדָה בְּמִקְצָת, לוֹמַר: כָּךְ וְכָךְ אֲנִי חַיָּב לְךָ וְהַמּוֹתָר נִגְנַב מִמֶּנִּי:

ט-י) **כִּי יִתֵּן אִישׁ אֶל רֵעֵהוּ חֲמוֹר אוֹ שׁוֹר.** פָּרָשָׁה רִאשׁוֹנָה נֶאֶמְרָה בְּשׁוֹמֵר חִנָּם, לְפִיכָךְ פָּטַר בּוֹ אֶת הַגְּנֵבָה, כְּמוֹ שֶׁכָּתוּב: "וְגֻנַּב מִבֵּית הָאִישׁ... אִם לֹא יִמָּצֵא הַגַּנָּב וְנִקְרַב בַּעַל הַבַּיִת" (לעיל פסוקים ו-ז) לִשְׁבוּעָה, לְמַדְתָּ שֶׁפּוֹטֵר עַצְמוֹ בִּשְׁבוּעָה זוֹ; וּפָרָשָׁה זוֹ חֲמוּרָה בְּשׁוֹמֵר שָׂכָר, לְפִיכָךְ אֵינוֹ פָּטוּר אִם נִגְנְבָה, כְּמוֹ שֶׁכָּתוּב: "אִם גָּנֹב יִגָּנֵב מֵעִמּוֹ יְשַׁלֵּם" (להלן פסוק יא). אֲבָל עַל הָאֹנֶס, כְּמוֹ "מֵת" מֵעַצְמוֹ "אוֹ נִשְׁבַּר אוֹ נִשְׁבָּה" בְּחָזְקָה עַל יְדֵי לִסְטִים, "וְאֵין רֹאֶה" שֶׁיָּעִיד בַּדָּבָר – "שְׁבֻעַת ה' תִּהְיֶה", יִשָּׁבַע שֶׁכֵּן הוּא כִּדְבָרָיו, וְהוּא לֹא

רֵעֵ֑הוּ וְלָקַ֥ח בְּעָלָ֖יו וְלֹ֥א יְשַׁלֵּֽם׃ וְאִם־גָּנֹ֥ב יִגָּנֵ֖ב יא
מֵעִמּ֑וֹ יְשַׁלֵּ֖ם לִבְעָלָֽיו׃ אִם־טָרֹ֥ף יִטָּרֵ֖ף יְבִאֵ֣הוּ יב
עֵ֑ד הַטְּרֵפָ֖ה לֹ֥א יְשַׁלֵּֽם׃

מצווה ס
חובת בית הדין לדון דין שואל

וְכִֽי־יִשְׁאַ֥ל אִ֛ישׁ מֵעִ֥ם רֵעֵ֖הוּ וְנִשְׁבַּ֣ר אוֹ־מֵ֑ת בְּעָלָ֥יו יג
אֵין־עִמּ֖וֹ שַׁלֵּ֥ם יְשַׁלֵּֽם׃ אִם־בְּעָלָ֥יו עִמּ֖וֹ לֹ֣א יְשַׁלֵּ֑ם יד

מצווה סא
חובת בית הדין לדון דין מפתה

אִם־שָׂכִ֣יר ה֔וּא בָּ֖א בִּשְׂכָרֽוֹ׃ וְכִֽי־ טו
יְפַתֶּ֣ה אִ֗ישׁ בְּתוּלָ֛ה אֲשֶׁ֥ר לֹא־אֹרָ֖שָׂה וְשָׁכַ֣ב
עִמָּ֑הּ מָהֹ֛ר יִמְהָרֶ֥נָּה לּ֖וֹ לְאִשָּֽׁה׃ אִם־מָאֵ֥ן טז
יְמָאֵ֛ן אָבִ֖יהָ לְתִתָּ֣הּ ל֑וֹ כֶּ֚סֶף יִשְׁקֹ֔ל כְּמֹ֖הַר

מצווה סב
איסור להחיות מכשף

הַבְּתוּלֹֽת׃ מְכַשֵּׁפָ֖ה לֹ֥א תְחַיֶּֽה׃ כָּל־ יז יח
שֹׁכֵ֥ב עִם־בְּהֵמָ֖ה מ֥וֹת יוּמָֽת׃ זֹבֵ֥חַ יט

מצווה סג
איסור אונאת גר בדברים

מצווה סד
איסור אונאת גר בממון

מצווה סה
איסור עינוי יתום ואלמנה

לָאֱלֹהִ֖ים יָחֳרָ֑ם בִּלְתִּ֥י לַיהוָ֖ה לְבַדּֽוֹ׃ וְגֵ֥ר לֹא־ כ
תוֹנֶ֖ה וְלֹ֣א תִלְחָצֶ֑נּוּ כִּֽי־גֵרִ֥ים הֱיִיתֶ֖ם בְּאֶ֥רֶץ
מִצְרָֽיִם׃ כָּל־אַלְמָנָ֥ה וְיָת֖וֹם לֹ֥א תְעַנּֽוּן׃ אִם־עַנֵּ֥ה כא כב
תְעַנֶּ֖ה אֹת֑וֹ כִּ֣י אִם־צָעֹ֤ק יִצְעַק֙ אֵלַ֔י שָׁמֹ֥עַ אֶשְׁמַ֖ע

שָׁלַח בָּהּ יָד לְהִשְׁתַּמֵּשׁ בָּהּ לְעַצְמוֹ, שֶׁאִם שָׁלַח בָּהּ יָד וְאַחַר כָּךְ נֶאֶנְסָה חַיָּב בְּאָנְסֶיהָ: וְלָקַח בְּעָלָיו. הַשְּׁבוּעָה: וְלֹא יְשַׁלֵּם. לוֹ הַשּׁוֹמֵר כְּלוּם:

יב) אִם טָרֹף יִטָּרֵף. עַל יְדֵי חַיָּה רָעָה: יְבִאֵהוּ עֵד. יָבִיא עֵדִים שֶׁנִּטְרְפָה בְּאֹנֶס וּפָטוּר: הַטְּרֵפָה לֹא יְשַׁלֵּם. אֵינוֹ אוֹמֵר 'טְרֵפָה לֹא יְשַׁלֵּם' אֶלָּא "הַטְּרֵפָה", יֵשׁ טְרֵפָה שֶׁהוּא מְשַׁלֵּם וְיֵשׁ טְרֵפָה שֶׁאֵינוֹ מְשַׁלֵּם: טְרֵפַת חָתוּל וְשׁוּעָל וּנְמִיָּה מְשַׁלֵּם; טְרֵפַת זְאֵב אֲרִי וְדֹב וְנָחָשׁ אֵינוֹ מְשַׁלֵּם. וּמִי

לְחַשֵּׁב לָדוּן כֵּן? שֶׁהֲרֵי כָּתוּב: "וּמֵת אוֹ נִשְׁבַּר אוֹ נִשְׁבָּה", מָה מִיתָה שֶׁאֵין יָכוֹל לְהַצִּיל, אַף שֶׁבֶר וּשְׁבִיָּה שֶׁאֵין יָכוֹל לְהַצִּיל:

יג) וְכִי יִשְׁאַל. בָּא לְלַמֵּד עַל הַשּׁוֹאֵל שֶׁחַיָּב בְּאֳנָסִין: בְּעָלָיו אֵין עִמּוֹ. אִם בְּעָלָיו שֶׁל שׁוֹר אֵינוֹ עִם הַשּׁוֹאֵל בִּמְלַאכְתּוֹ:

יד) אִם בְּעָלָיו עִמּוֹ. בֵּין שֶׁהוּא בְּאוֹתָהּ מְלָאכָה בֵּין שֶׁהוּא בִּמְלָאכָה אַחֶרֶת. הָיָה עִמּוֹ בִּשְׁעַת שְׁאֵלָה אֵינוֹ צָרִיךְ לִהְיוֹת עִמּוֹ בִּשְׁעַת שְׁבִירָה

יא דְמְסַר לֵיהּ חַבְרֵיהּ, וִיקַבֵּיל מָרֵיהּ מִנֵּיהּ מוֹמָתָא וְלָא יְשַׁלֵּים: וְאִם אִתְגְּנָבָא יִתְגְּנֵיב מֵעִמֵּיהּ,
יב יג יְשַׁלֵּים לְמָרוֹהִי: אִם אִתְבְּרָא יִתְבַּר יַיְתֵי סָהֲדִין, דִּתְבִיר לָא יְשַׁלֵּים: וַאֲרֵי יִשְׁאַל גְּבַר, מִן חַבְרֵיהּ
יד וְיִתְּבַר אוֹ יְמוּת, מָרֵיהּ לֵית עִמֵּיהּ שַׁלָּמָא יְשַׁלֵּים: אִם מָרֵיהּ עִמֵּיהּ לָא יְשַׁלֵּים, אִם אֲגִירָא הוּא,
טו עָאל בַּאֲגָרֵיהּ: וַאֲרֵי יְשַׁדֵּיל גְּבַר, בְּתוּלְתָא, דְּלָא מְאָרְסָא וְיִשְׁכּוּב עִמַּהּ, קַיָּמָא, יְקַיְּמִנַּהּ לֵיהּ
טז יז לְאִתּוּ: אִם מִצְבָּא לָא יִצְבֵּי, אֲבוּהָא לְמִתְּנַהּ לֵיהּ, כַּסְפָּא יִתְקוֹל, כְּמֹהַר בְּתוּלָתָא: חָרְשָׁא לָא
יח יט תְחֵי: כָּל דְּיִשְׁכּוּב עִם בְּעִירָא אִתְקְטָלָא יִתְקְטִיל: דִּידַבַּח לְטָעֲוַת עַמְמַיָּא יִתְקְטִיל, אֱלָהֵין
כ כא לִשְׁמָא דַּיי בִּלְחוֹדוֹהִי: וְגִיּוֹרָא לָא תוֹנוֹן וְלָא תְעִיקוּן, אֲרֵי דַּיָּרִין הֲוֵיתוֹן בְּאַרְעָא דְמִצְרָיִם: כָּל
כב אַרְמְלָא וְיִיתַם לָא תְעַנּוֹן: אִם עַנָּאָה תְּעַנֵּי יָתֵיהּ, אֲרֵי אִם מִקְבַּל יִקְבַּל קֳדָמַי, קַבָּלָא אֲקַבֵּיל

וּמֵיתָה: **אִם שָׂכִיר הוּא.** אִם הַשּׂוֹכֵר אֵינוֹ שׁוֹאֵל אֶלָּא שָׂכוּר, "בָּא בִּשְׂכָרוֹ" לְיַד הַשּׂוֹכֵר הַזֶּה וְלֹא בִּשְׁאֵלָה, וְאֵין כָּל הֲנָאָה שֶׁלּוֹ שֶׁהֲרֵי עַל יְדֵי שְׂכָרוֹ נִשְׁתַּמֵּשׁ, וְאֵין לוֹ מִשְׁפַּט שׁוֹאֵל לְהִתְחַיֵּב בָּאֳנָסִין. וְלֹא פֵּרֵשׁ מַה דִּינוֹ אִם כְּשׁוֹמֵר חִנָּם אוֹ כְּשׁוֹמֵר שָׂכָר, לְפִיכָךְ נֶחְלְקוּ בוֹ חַכְמֵי יִשְׂרָאֵל: שׂוֹכֵר כֵּיצַד מְשַׁלֵּם? רַבִּי מֵאִיר אוֹמֵר: כְּשׁוֹמֵר חִנָּם, רַבִּי יְהוּדָה אוֹמֵר: כְּשׁוֹמֵר שָׂכָר:

טו **וְכִי יְפַתֶּה.** מְדַבֵּר עַל לִבָּהּ עַד שֶׁשּׁוֹמַעַת לוֹ, וְכֵן תַּרְגּוּמוֹ: "וַאֲרֵי יְשַׁדֵּל". שִׁדּוּל בִּלְשׁוֹן אֲרַמִּי כְּפִתּוּי בִּלְשׁוֹן עִבְרִי: **מָהֹר יִמְהָרֶנָּה.** יִפְסֹק לָהּ מֹהַר כְּמִשְׁפַּט אִישׁ לְאִשְׁתּוֹ, שֶׁכּוֹתֵב לָהּ כְּתֻבָּה וְיִשָּׂאֶנָּה:

טז **כְּמֹהַר הַבְּתוּלֹת.** שֶׁהוּא קָצוּב חֲמִשִּׁים כֶּסֶף אֵצֶל הַתּוֹפֵשׂ אֶת הַבְּתוּלָה וְשׁוֹכֵב עִמָּהּ בְּאֹנֶס, שֶׁנֶּאֱמַר: "וְנָתַן הָאִישׁ הַשֹּׁכֵב עִמָּהּ לַאֲבִי הַנַּעֲרָ חֲמִשִּׁים כָּסֶף" (דברים כב, כט):

יז **מְכַשֵּׁפָה לֹא תְחַיֶּה.** אֶלָּא תּוּמַת בְּבֵית דִּין. וְאֶחָד זְכָרִים וְאֶחָד נְקֵבוֹת, אֶלָּא שֶׁדִּבֵּר הַכָּתוּב בַּהֹוֶה, שֶׁהַנָּשִׁים מְצוּיוֹת כְּשָׁפִים:

יח **כָּל שֹׁכֵב עִם בְּהֵמָה מוֹת יוּמָת.** בִּסְקִילָה, רוֹבֵעַ כְּנִרְבַּעַת, שֶׁכָּתוּב בָּהֶם: "דְּמֵיהֶם בָּם" (ויקרא כ, טז):

יט **לָאֱלֹהִים.** לַעֲבוֹדָה זָרָה. אִלּוּ הָיָה נָקוּד 'לֵאלֹהִים', הָיָה צָרִיךְ לְפָרֵשׁ וְלִכְתֹּב 'אֲחֵרִים', עַכְשָׁיו שֶׁאָמַר: "לָאֱלֹהִים" אֵין צָרִיךְ לְפָרֵשׁ 'אֲחֵרִים'; שֶׁכָּל לָמֶ"ד וּבֵי"ת הַמְשַׁמֶּשֶׁת בְּרֹאשׁ הַתֵּבָה, אִם נְקוּדָה בַּחֲטַף, כְּגוֹן: לְמֶלֶךְ, לְמִדְבָּר, לְעִיר, צָרִיךְ לְפָרֵשׁ לְאֵיזֶה מֶלֶךְ, לְאֵיזֶה מִדְבָּר, לְאֵיזֶה עִיר. וְכֵן: לִמְלָכִים, לִרְגָלִים צָרִיךְ לְפָרֵשׁ לְאֵיזֶה, וְאִם אֵינוֹ מְפָרֵשׁ, כָּל מְלָכִים בַּמַּשְׁמָע. וְכֵן 'לֵאלֹהִים' כָּל אֱלֹהִים בַּמַּשְׁמָע, אֲפִלּוּ קֹדֶשׁ. אֲבָל כְּשֶׁהִיא נְקוּדָה פַּתָּח, כְּמוֹ: לַמֶּלֶךְ, לַמִּדְבָּר, לָעִיר, נוֹדָע בְּאֵיזֶה מֶלֶךְ מְדַבֵּר, וְכֵן 'לָעִיר' נוֹדָע בְּאֵיזֶה עִיר מְדַבֵּר, וְכֵן "לָאֱלֹהִים", לְאוֹתָן שֶׁהִזְהַרְתֶּם עֲלֵיהֶם בְּמָקוֹם אַחֵר. כַּיּוֹצֵא בוֹ: "אֵין כָּמוֹךָ בָאֱלֹהִים" (תהלים פו, ח), לְפִי שֶׁלֹּא פֵּרֵשׁ הֻזְקַק לִנָּקֵד פַּתָּח: **יָחֳרָם.** יוּמָת. וְלָמָּה נֶאֱמַר "יָחֳרָם"? וַהֲלֹא כְּבָר נֶאֶמְרָה בּוֹ מִיתָה בְּמָקוֹם אַחֵר: "וְהוֹצֵאתָ אֶת הָאִישׁ הַהוּא אוֹ אֶת הָאִשָּׁה הַהִיא" וְגוֹ' (דברים יז, ה), אֶלָּא לְפִי שֶׁלֹּא פֵּרֵשׁ עַל אֵיזוֹ עֲבוֹדָה חַיָּב מִיתָה, שֶׁלֹּא תֹּאמַר כָּל עֲבוֹדוֹת בְּמִיתָה, בָּא וּפֵרֵשׁ לְךָ כָּאן: "זֹבֵחַ לָאֱלֹהִים", מָה זְבִיחָה עֲבוֹדָה הַנַּעֲשֵׂית בִּפְנִים לַשָּׁמַיִם, אַף אֲנִי מַרְבֶּה הַמְקַטֵּר וְהַמְנַסֵּךְ שֶׁהֵן עֲבוֹדָה בִּפְנִים, וְחַיָּבִים עֲלֵיהֶם לְכָל עֲבוֹדָה זָרָה, בֵּין שֶׁדַּרְכָּהּ לְעָבְדָהּ בְּכָךְ בֵּין שֶׁאֵין דַּרְכָּהּ לְעָבְדָהּ בְּכָךְ. אֲבָל שְׁאָר עֲבוֹדוֹת, כְּגוֹן: הַמְכַבֵּד וְהַמְרַבֵּץ וְהַמְגַפֵּף וְהַמְנַשֵּׁק, אֵינָן בְּמִיתָה:

כ **וְגֵר לֹא תוֹנֶה.** אוֹנָאַת דְּבָרִים, קונטרליי"ר בְּלַעַז, כְּמוֹ: "וְהַאֲכַלְתִּי אֶת מוֹנַיִךְ אֶת בְּשָׂרָם" (ישעיה מט, כו): **וְלֹא תִלְחָצֶנּוּ.** בִּגְזֵלַת מָמוֹן: **כִּי גֵרִים הֱיִיתֶם.** אִם הוֹנֵיתוֹ אַף הוּא יָכוֹל לְהוֹנוֹתְךָ וְלוֹמַר לְךָ: אַף אַתָּה מִגֵּרִים בָּאתָ. מוּם שֶׁבְּךָ אַל תֹּאמַר לַחֲבֵרְךָ. כָּל לְשׁוֹן 'גֵּר' אָדָם שֶׁלֹּא נוֹלַד בְּאוֹתָהּ מְדִינָה, אֶלָּא בָּא מִמְּדִינָה אַחֶרֶת לָגוּר שָׁם:

כא **כָּל אַלְמָנָה וְיָתוֹם לֹא תְעַנּוּן.** הוּא הַדִּין לְכָל אָדָם, אֶלָּא שֶׁדִּבֵּר הַכָּתוּב בַּהֹוֶה, לְפִי שֶׁהֵם תְּשׁוּשֵׁי כֹחַ וְדָבָר מָצוּי לְעַנּוֹתָם:

כב **אִם עַנֵּה תְעַנֶּה אֹתוֹ.** הֲרֵי זֶה מִקְרָא קָצָר.

כג צְעָקָתוֹ׃ וְחָרָה אַפִּי וְהָרַגְתִּי אֶתְכֶם בֶּחָרֶב וְהָיוּ
נְשֵׁיכֶם אַלְמָנוֹת וּבְנֵיכֶם יְתֹמִים׃
כד אִם־כֶּסֶף ׀ תַּלְוֶה אֶת־עַמִּי אֶת־הֶעָנִי עִמָּךְ יז
מצוות סו – סח
מצוות הלוואה לעני
איסור תביעת חוב ממי שאינו יכול לפרוע
איסור התעסקות בעסקי ריבית
לֹא־תִהְיֶה לוֹ כְּנֹשֶׁה לֹא־תְשִׂימוּן עָלָיו נֶשֶׁךְ׃
כה אִם־חָבֹל תַּחְבֹּל שַׂלְמַת רֵעֶךָ עַד־בֹּא הַשֶּׁמֶשׁ
כו תְּשִׁיבֶנּוּ לוֹ׃ כִּי הִוא כְסוּתֹה לְבַדָּהּ הִוא שִׂמְלָתוֹ
לְעֹרוֹ בַּמֶּה יִשְׁכָּב וְהָיָה כִּי־יִצְעַק אֵלַי וְשָׁמַעְתִּי
כז כִּי־חַנּוּן אָנִי׃ אֱלֹהִים לֹא
רביעי
מצוות סט – עא
איסור קללת דיין
איסור ברכת ה׳
איסור קללת נשיא
כח תְקַלֵּל וְנָשִׂיא בְעַמְּךָ לֹא תָאֹר׃ מְלֵאָתְךָ וְדִמְעֲךָ
כט לֹא תְאַחֵר בְּכוֹר בָּנֶיךָ תִּתֶּן־לִי׃ כֵּן־תַּעֲשֶׂה
מצווה עב
איסור שינוי סדר התרומות והמעשרות
לְשֹׁרְךָ לְצֹאנֶךָ שִׁבְעַת יָמִים יִהְיֶה עִם־אִמּוֹ
ל בַּיּוֹם הַשְּׁמִינִי תִּתְּנוֹ־לִי׃ וְאַנְשֵׁי־קֹדֶשׁ תִּהְיוּן לִי
וּבָשָׂר בַּשָּׂדֶה טְרֵפָה לֹא תֹאכֵלוּ לַכֶּלֶב תַּשְׁלִכוּן
מצווה עג
איסור אכילת טרפה
כג א אֹתוֹ׃ לֹא תִשָּׂא שֵׁמַע שָׁוְא
מצווה עד
איסור שמיעת בעל דין במעמד צד אחר

משפטים

גזם ולא פרש ענשו, כמו: "לכן כל הרג קין" (בראשית ד, טו), ולא פרש ענשו. אף כאן: "אם ענה תענה אתו" לשון גזום, כלומר, סופך לטול את שלך, למה? "כי אם צעק יצעק אלי" וגו':

כג) והיו נשיכם אלמנות. ממשמע שנאמר: "והרגתי אתכם" איני יודע שנשיכם אלמנות ובניכם יתומים? אלא הרי זו קללה אחרת, שיהיו הנשים צרורות כאלמנות חיות, שלא יהיו עדים למיתת בעליהן ותהיינה אסורות להנשא, והבנים יהיו יתומים, שלא יניחום בית דין לירד לנכסי אביהם, לפי שאין יודעים אם מתו אם נשבו:

כד) אם כסף תלוה את עמי. רבי ישמעאל אומר: כל אם ואם שבתורה רשות חוץ משלשה, וזה אחד מהן: את עמי. עמי וגוי, עמי קודם. עני ועשיר, עני קודם. עניי עירך ועניי עיר אחרת, עניי עירך קודמין. וזה משמעו: "אם כסף תלוה, את עמי" תלוהו, ולא לגוי. ולאיזה מעמי? "את העני". ולאיזה עני? לאותו ש"עמך". דבר אחר "את עמי", שלא תנהג בו מנהג בזיון כהלוהו, שהוא עמי: את העני עמך. הוי מסתכל בעצמך כאלו אתה עני: לא תהיה לו כנשה. לא תתבענו בחזקה. אם אתה יודע שאין לו, אל תהי דומה

כג קְבִילְתֵיהּ: וְיִתְקַף רֻגְזִי, וְאֶקְטוֹל יָתְכוֹן בְּחַרְבָּא, וִיהוֹן נְשֵׁיכוֹן אַרְמְלָן, וּבְנֵיכוֹן יַתְמִין:
כד אִם כַּסְפָּא תוֹזֵיף בְּעַמִּי, לְעַנְיָא דְּעִמָּךְ, לָא תְהֵי לֵיהּ כְּרַשְׁיָא, לָא תְשַׁוּוֹן עֲלוֹהִי
כה כו חִיבְלְיָא: אִם מִשְׁכּוֹנָא תִסַּב כְּסוּתָא דְּחַבְרָךְ, עַד מֵיעַל שִׁמְשָׁא תְּתִיבִנֵּיהּ לֵיהּ: אֲרֵי
הִיא כְסוּתֵיהּ בִּלְחוֹדַהּ, הִיא תְּתֵבֵיהּ לְמַשְׁכֵּיהּ, בְּמָא יִשְׁכּוּב, וִיהֵי אֲרֵי יִקְבַּל קֳדָמַי,
כז כח וַאֲקַבֵּיל קְבִילְתֵיהּ אֲרֵי חַנָּנָא אֲנָא: דַּיָּנָא לָא תַקִיל, וְרַבָּא בְעַמָּךְ לָא תְלוּט: בִּכּוּרָךְ
כט וְדִמְעָךְ לָא תְאַחַר, בּוּכְרָא דִבְנָךְ תַּפְרֵישׁ קֳדָמַי: כֵּן תַּעֲבֵיד לְתוֹרָךְ לְעָנָךְ, שִׁבְעָא יוֹמִין
ל יְהֵי עִם אִמֵּיהּ, בְּיוֹמָא תְמִינָאָה תַּפְרְשִׁנֵּיהּ קֳדָמַי: וְאֶנָשִׁין קַדִּישִׁין תְּהוֹן קֳדָמַי, וּבְסַר
כג א תְּלִישׁ מִן חֵיוָא חַיָא לָא תֵיכְלוּן, לְכַלְבָּא תִּרְמוֹן יָתֵיהּ: לָא תְקַבֵּיל שְׁמַע דִּשְׁקַר,

עָלָיו כְּאִלּוּ הִלְוִיתוֹ אֶלָּא כְּאִלּוּ לֹא הִלְוִיתוֹ, כְּלוֹמַר לֹא תַכְלִימֵהוּ: נֶשֶׁךְ. רִבִּית, שֶׁהוּא כִּנְשִׁיכַת נָחָשׁ, שֶׁנּוֹשֵׁךְ חַבּוּרָה קְטַנָּה בְּרַגְלוֹ וְאֵינוֹ מַרְגִּישׁ, וּפִתְאֹם הוּא מַבְצִבְּץ וְנוֹפֵחַ עַד קָדְקֳדוֹ, כָּךְ רִבִּית אֵינוֹ מַרְגִּישׁ וְאֵינוֹ נִכָּר, עַד שֶׁהָרִבִּית עוֹלָה וּמְחַסְּרוֹ מָמוֹן הַרְבֵּה:

כה) אִם חָבֹל תַּחְבֹּל. כָּל לְשׁוֹן חֲבָלָה אֵינוֹ מַשְׁכּוֹן בִּשְׁעַת הַלְוָאָה, אֶלָּא שֶׁמְּמַשְׁכְּנִין אֶת הַלֹּוֶה כְּשֶׁמַּגִּיעַ הַזְּמַן וְאֵינוֹ פוֹרֵעַ. "חָבֹל תַּחְבֹּל", כָּפַל לְךָ בַּחֲבָלָה עַד כַּמָּה פְעָמִים, אָמַר הַקָּדוֹשׁ בָּרוּךְ הוּא, כַּמָּה אַתָּה חַיָּב לִי, וַהֲרֵי נַפְשְׁךָ עוֹלָה אֶצְלִי בְּכָל לַיְלָה וְלַיְלָה וְנוֹתֶנֶת דִּין וְחֶשְׁבּוֹן וּמִתְחַיֶּבֶת לְפָנַי וַאֲנִי מַחֲזִירָהּ לְךָ, אַף אַתָּה טֹל וְהָשֵׁב טֹל וְהָשֵׁב: עַד בֹּא הַשֶּׁמֶשׁ תְּשִׁיבֶנּוּ לוֹ. כָּל הַיּוֹם תְּשִׁיבֶנּוּ לוֹ עַד בֹּא הַשֶּׁמֶשׁ, וּכְבוֹא הַשֶּׁמֶשׁ תַּחֲזֹר וְתִטְּלֶנּוּ עַד שֶׁיָּבֹא בֹּקֶר שֶׁל מָחָר. וּבִכְסוּת יוֹם הַכָּתוּב מְדַבֵּר, שֶׁאֵין צָרִיךְ לָהּ בַּלַּיְלָה:

כו) כִּי הִוא כְסוּתֹה. זוֹ טַלִּית: שִׂמְלָתוֹ. זוֹ חָלוּק: בַּמֶּה יִשְׁכָּב. לְרַבּוֹת אֶת הַמַּצָּע:

כז) אֱלֹהִים לֹא תְקַלֵּל. הֲרֵי זוֹ אַזְהָרָה לְבִרְכַּת הַשֵּׁם, וְאַזְהָרָה לְקִלְלַת דַּיָּן:

כח) מְלֵאָתְךָ. חוֹבָה הַמּוּטֶּלֶת עָלֶיךָ כְּשֶׁתִּתְמַלֵּא תְבוּאָתְךָ לְהִתְבַּשֵּׁל, וְהֵם בִּכּוּרִים: וְדִמְעֲךָ. הִיא תְרוּמָה, וְאֵינִי יוֹדֵעַ מַהוּ לְשׁוֹן דֶּמַע: לֹא תְאַחֵר. לֹא תְשַׁנֶּה סֵדֶר הַפְרָשָׁתָן לְאַחֵר אֶת הַמּוּקְדָּם וּלְהַקְדִּים אֶת הַמְאֻחָר, שֶׁלֹּא יַקְדִּים תְּרוּמָה לְבִכּוּרִים וּמַעֲשֵׂר לִתְרוּמָה: בְּכוֹר בָּנֶיךָ תִּתֶּן לִי. לִפְדּוֹתוֹ חָמֵשׁ סְלָעִים מִן הַכֹּהֵן. וַהֲלֹא כְּבָר צִוָּה עָלָיו בְּמָקוֹם אַחֵר (במדבר יח, טז)? אֶלָּא כְּדֵי לִסְמֹךְ לוֹ: "כֵּן תַּעֲשֶׂה לְשֹׁרְךָ", מַה בְּכוֹר אָדָם לְאַחַר שְׁלֹשִׁים יוֹם פּוֹדֵהוּ, שֶׁנֶּאֱמַר: "וּפְדוּיָו מִבֶּן חֹדֶשׁ תִּפְדֶּה" (שם), אַף בְּכוֹר בְּהֵמָה גַּסָּה מְטַפֵּל בּוֹ שְׁלֹשִׁים יוֹם וְאַחַר כָּךְ נוֹתְנוֹ לַכֹּהֵן:

כט) שִׁבְעַת יָמִים יִהְיֶה עִם אִמּוֹ. זוֹ אַזְהָרָה לַכֹּהֵן, שֶׁאִם בָּא לְמַהֵר הַקְרָבָתוֹ לֹא יְמַהֵר קֹדֶם שְׁמוֹנָה, לְפִי שֶׁהוּא מְחֻסַּר זְמַן: בַּיּוֹם הַשְּׁמִינִי תִּתְּנוֹ לִי. יָכוֹל יְהֵא חוֹבָה לְבוֹ בַּיּוֹם? נֶאֱמַר כָּאן: "שְׁמִינִי" וְנֶאֱמַר לְהַלָּן: "וּמִיּוֹם הַשְּׁמִינִי וָהָלְאָה יֵרָצֶה" (ויקרא כב, כז), מַה שְּׁמִינִי הָאָמוּר לְהַלָּן לְהַכְשִׁיר מִשְּׁמִינִי וּלְהַלָּן, אַף שְׁמִינִי הָאָמוּר כָּאן לְהַכְשִׁיר מִשְּׁמִינִי וּלְהַלָּן. וְכֵן מַשְׁמָעוֹ: וּבַיּוֹם הַשְּׁמִינִי אַתָּה רַשַּׁאי לְתִתּוֹ לִי:

ל) וְאַנְשֵׁי קֹדֶשׁ תִּהְיוּן לִי. אִם אַתֶּם קְדוֹשִׁים וּפְרוּשִׁים מִשִּׁקּוּצֵי נְבֵלוֹת וּטְרֵפוֹת הֲרֵי אַתֶּם שֶׁלִּי, וְאִם לָאו אֵינְכֶם שֶׁלִּי: וּבָשָׂר בַּשָּׂדֶה טְרֵפָה. אַף בַּבַּיִת כֵּן, אֶלָּא שֶׁדִּבֵּר הַכָּתוּב בַּהֹוֶה, מָקוֹם שֶׁדֶּרֶךְ בְּהֵמוֹת לְטָרֵף. וְכֵן: "כִּי בַשָּׂדֶה מְצָאָהּ" (דברים כב, כז). וְכֵן: "אֲשֶׁר לֹא יִהְיֶה טָהוֹר מִקְּרֵה לָיְלָה" (שם כג, יא), הוּא הַדִּין לְמִקְרֵה יוֹם, אֶלָּא שֶׁדִּבֵּר הַכָּתוּב בַּהֹוֶה. "וּבָשָׂר תָּלוּשׁ מִן חֵיוָא חַיָּא", בָּשָׂר שֶׁנִּתְלַשׁ עַל יְדֵי טְרֵפַת זְאֵב אוֹ אֲרִי מִן חַיָּה כְּשֵׁרָה אוֹ בְּהֵמָה כְּשֵׁרָה בְּחַיֶּיהָ: לַכֶּלֶב תַּשְׁלִכוּן אֹתוֹ. אַף הַגּוֹי כַּכֶּלֶב. אוֹ אֵינוֹ אֶלָּא כֶלֶב כְּמַשְׁמָעוֹ, תַּלְמוּד לוֹמַר בִּנְבֵלָה: "אוֹ מָכֹר לְנָכְרִי" (שם יד, כא), קַל וָחֹמֶר לִטְרֵפָה שֶׁמֻּתֶּרֶת בְּכָל הֲנָאוֹת. אִם כֵּן מַה תַּלְמוּד לוֹמַר: "לַכֶּלֶב"? לְלַמֶּדְךָ שֶׁהַכֶּלֶב מְכֻבָּד מִן הַגּוֹי שֶׁהַנְּבֵלָה לַגּוֹי וְהַטְּרֵפָה לַכֶּלֶב. וּלְלַמֶּדְךָ שֶׁאֵין הַקָּדוֹשׁ בָּרוּךְ הוּא מְקַפֵּחַ שְׂכַר כָּל בְּרִיָּה, שֶׁנֶּאֱמַר: "וּלְכֹל בְּנֵי יִשְׂרָאֵל לֹא יֶחֱרַץ כֶּלֶב לְשֹׁנוֹ" (לעיל יא, ז), אָמַר הַקָּדוֹשׁ בָּרוּךְ הוּא: תְּנוּ לוֹ שְׂכָרוֹ:

פרק כג

א) לֹא תִשָּׂא שֵׁמַע שָׁוְא. כְּתַרְגּוּמוֹ, "לָא תְקַבֵּל

משפטים

אַל־תָּשֶׁת יָדְךָ עִם־רָשָׁע לִהְיֹת עֵד חָמָס׃ לֹא־ ב
תִהְיֶה אַחֲרֵי־רַבִּים לְרָעֹת וְלֹא־תַעֲנֶה עַל־רִב
לִנְטֹת אַחֲרֵי רַבִּים לְהַטֹּת׃ וְדָל לֹא תֶהְדַּר ג
בְּרִיבוֹ׃ כִּי תִפְגַּע שׁוֹר אֹיִבְךָ אוֹ חֲמֹרוֹ ד
תֹּעֶה הָשֵׁב תְּשִׁיבֶנּוּ לוֹ׃ כִּי־תִרְאֶה ה
חֲמוֹר שֹׂנַאֲךָ רֹבֵץ תַּחַת מַשָּׂאוֹ וְחָדַלְתָּ מֵעֲזֹב
לוֹ עָזֹב תַּעֲזֹב עִמּוֹ׃ לֹא תַטֶּה מִשְׁפַּט ו
אֶבְיֹנְךָ בְּרִיבוֹ׃ מִדְּבַר־שֶׁקֶר תִּרְחָק וְנָקִי וְצַדִּיק ז
אַל־תַּהֲרֹג כִּי לֹא־אַצְדִּיק רָשָׁע׃ וְשֹׁחַד לֹא תִקָּח ח
כִּי הַשֹּׁחַד יְעַוֵּר פִּקְחִים וִיסַלֵּף דִּבְרֵי צַדִּיקִים׃
וְגֵר לֹא תִלְחָץ וְאַתֶּם יְדַעְתֶּם אֶת־נֶפֶשׁ הַגֵּר כִּי־ ט
גֵרִים הֱיִיתֶם בְּאֶרֶץ מִצְרָיִם׃ וְשֵׁשׁ שָׁנִים תִּזְרַע י
אֶת־אַרְצֶךָ וְאָסַפְתָּ אֶת־תְּבוּאָתָהּ׃ וְהַשְּׁבִיעִת יא
תִּשְׁמְטֶנָּה וּנְטַשְׁתָּהּ וְאָכְלוּ אֶבְיֹנֵי עַמֶּךָ וְיִתְרָם

מצווה עה
איסור לבעל עבירה להעיד

מצוות עו - עח
איסור על דיין ללכת אחר דעת המחייבים ברוב של אחד בדיני נפשות

איסור להסתמך על דיינים אחרים בדיני נפשות

מצוות פסיקת הדין על פי רוב הדיינים

מצווה עט
איסור רחמים על עני בדין

חמישי

מצווה פ
מצוות פריקת משא מעל בהמה

מצווה פא
איסור הטיית משפט רשע

מצווה פב
איסור פסיקת הדין על פי אומד הדעת

מצווה פג
איסור לקיחת שוחד

משפטים

מצווה פד
מצוות שמיטת קרקעות

שֵׁמַע שָׁקֶר", אַזְהָרָה לִמְקַבֵּל לָשׁוֹן הָרָע וְלַדַּיָּן שֶׁלֹּא יִשְׁמַע דִּבְרֵי בַּעַל דִּין עַד שֶׁיָּבוֹא בַּעַל דִּין חֲבֵרוֹ: **אַל תָּשֶׁת יָדְךָ עִם רָשָׁע.** הַטּוֹעֵן אֶת חֲבֵרוֹ תְּבִיעַת שֶׁקֶר, שֶׁתַּבְטִיחֵהוּ לִהְיוֹת לוֹ עֵד חָמָס:

ב) **לֹא תִהְיֶה אַחֲרֵי רַבִּים לְרָעֹת.** יֵשׁ בְּמִקְרָא זֶה מִדְרְשֵׁי חַכְמֵי יִשְׂרָאֵל, אֲבָל אֵין לְשׁוֹן הַמִּקְרָא מְיֻשָּׁב בָּהֶן עַל אָפְנָיו. מִכָּאן דָּרְשׁוּ שֶׁאֵין מַטִּין לְחוֹבָה בְּהַכְרָעַת דַּיָּן אֶחָד. וְסוֹף הַמִּקְרָא דָּרְשׁוּ: "אַחֲרֵי רַבִּים לְהַטֹּת", שֶׁאִם יֵשׁ שְׁנַיִם בִּמְחַיְּבִין יוֹתֵר עַל הַמְזַכִּין, הַטֵּה הַדִּין עַל פִּיהֶם לְחוֹבָה, וּבְדִינֵי נְפָשׁוֹת הַכָּתוּב מְדַבֵּר. וְאֶמְצַע הַמִּקְרָא דָּרְשׁוּ: "וְלֹא תַעֲנֶה עַל רִב", עַל רַב, שֶׁאֵין חוֹלְקִין עַל מֻפְלָא שֶׁבְּבֵית דִּין, לְפִיכָךְ מַתְחִילִין בְּדִינֵי נְפָשׁוֹת מִן הַצַּד, לִקְטַנִּים שֶׁבָּהֶם שׁוֹאֲלִין תְּחִלָּה שֶׁיֹּאמְרוּ אֶת דַּעְתָּם. וּלְפִי דִּבְרֵי רַבּוֹתֵינוּ כָּךְ פִּתְרוֹן הַמִּקְרָא: "לֹא תִהְיֶה אַחֲרֵי רַבִּים לְרָעֹת", לְחַיֵּב מִיתָה בִּשְׁבִיל דַּיָּן אֶחָד שֶׁיִּרְבּוּ מְחַיְּבִין עַל הַמְזַכִּין; וְלֹא תַעֲנֶה עַל הָרַב לִנְטוֹת מִדְּבָרָיו, וּלְפִי שֶׁהוּא חָסֵר יוּ"ד דָּרְשׁוּ בוֹ כֵּן; "אַחֲרֵי רַבִּים לְהַטֹּת", וְיֵשׁ רַבִּים שֶׁאַתָּה נוֹטֶה אַחֲרֵיהֶם, וְאֵימָתַי? בִּזְמַן שֶׁהֵן שְׁנַיִם הַמַּכְרִיעִין בִּמְחַיְּבִין יוֹתֵר מִן הַמְזַכִּין, וּמַשְׁמָע שֶׁנֶּאֱמַר: "לֹא תִהְיֶה אַחֲרֵי רַבִּים לְרָעֹת" שׁוֹמֵעַ אֲנִי: אֲבָל הֱיֵה עִמָּהֶם לְטוֹבָה, מִכָּאן אָמְרוּ: דִּינֵי נְפָשׁוֹת מַטִּין עַל פִּי אֶחָד לִזְכוּת וְעַל פִּי שְׁנַיִם לְחוֹבָה. וְאוּנְקְלוֹס תִּרְגֵּם: "לָא תִתְמְנַע מִלְּאַלָּפָא מָה דִּבְעֵינָךְ עַל

ב לָא תְשַׁוֵּי יְדָךְ עִם חַיָּבָא, לְמֶהֱוֵי לֵיהּ סָהִיד שְׁקָר: לָא תְהֵי בָּתַר סַגִּיאֵי לְאַבְאָשָׁא, וְלָא
ג תִתְמְנַע מִלְאַלָּפָא מָא דִבְעֵינָךְ עַל דִּינָא, בָּתַר סַגִּיאֵי שַׁלֵּים דִּינָא: וְעַל מִסְכֵּינָא, לָא
ד ה תְרַחֵים בְּדִינֵיהּ: אֲרֵי תְעָרַע, תּוֹרָא דְסָנְאָךְ, אוֹ חֲמָרֵיהּ דְּטָעֵי, אָתָבָא תְתִיבִנֵּיהּ לֵיהּ: אֲרֵי
תֶחֱזֵי חֲמָרָא דְסָנְאָךְ, רְבִיעַ תְּחוֹת טְעוּנֵיהּ, וְתִתְמְנַע מִלְמִשְׁקַל לֵיהּ, מִשְׁבָּק תִּשְׁבּוֹק מָא
ו ז דִבְלִבָּךְ עֲלוֹהִי וּתְפָרֵיק עִמֵּיהּ: לָא תַצְלֵי, דִּין מִסְכֵּינָךְ בְּדִינֵיהּ: מִפִּתְגָּמָא דְשִׁקְרָא הֱוֵי
ח רַחִיק, וּדְזַכֵּי וּדְנְפַק דְּכֵי מִן דִּינָא לָא תִקְטוֹל, אֲרֵי לָא אֲזַכֵּי חַיָּבָא: וְשֻׁחְדָּא לָא תְקַבֵּיל, אֲרֵי
ט שֻׁחְדָּא מְעַוַּר עֵינֵי חַכִּימִין, וּמְקַלְקֵיל פִּתְגָּמִין תְּרִיצִין: וּלְגִיּוֹרָא לָא תָעִיקוּן, וְאַתּוּן, יְדַעְתּוּן
י יָת נַפְשָׁא דְגִיּוֹרָא, אֲרֵי דַיָּרִין הֲוֵיתוּן בְּאַרְעָא דְמִצְרָיִם: וְשֵׁית שְׁנִין תִּזְרַע יָת אַרְעָךְ,
יא וְתִכְנוֹשׁ יָת עֲלַלְתַּהּ: וּשְׁבִיעֵיתָא תַּשְׁמְטִנַּהּ וְתִרְטְשִׁנַּהּ, וְיֵיכְלוּן מִסְכֵּינֵי עַמָּךְ, וּשְׁאָרְהוֹן,

דִּינָא", וְלָשׁוֹן הָעִבְרִי לְפִי הַתַּרְגּוּם כָּךְ הוּא נִדְרָשׁ: "לֹא תַעֲנֶה עַל רִב לִנְטֹת", אִם יִשְׁאָלְךָ דָּבָר לְמִשְׁפָּט לֹא תַעֲנֶה לִנְטוֹת לְצַד אֶחָד וּלְסַלֵּק עַצְמְךָ מִן הָרִיב, אֶלָּא הֱוֵי דָּן אוֹתוֹ לַאֲמִתּוֹ. וַאֲנִי אוֹמֵר לְיַשְּׁבוֹ עַל אָפְנָיו כִּפְשׁוּטוֹ כָּךְ פִּתְרוֹנוֹ: "לֹא תִהְיֶה אַחֲרֵי רַבִּים לְרָעֹת" – אִם רָאִיתָ רְשָׁעִים מַטִּין מִשְׁפָּט, לֹא תֹאמַר: הוֹאִיל וְרַבִּים הֵם הִנְנִי נוֹטֶה אַחֲרֵיהֶם. "וְלֹא תַעֲנֶה עַל רִב לִנְטֹת" וְגוֹ' – וְאִם יִשְׁאָלְךָ הַנִּדּוֹן עַל אוֹתוֹ הַמִּשְׁפָּט, אַל תַּעֲנֶנּוּ עַל הָרִיב דָּבָר הַנּוֹטֶה אַחֲרֵי אוֹתָן רַבִּים לְהַטּוֹת אֶת הַמִּשְׁפָּט מֵאֲמִתּוֹ, אֶלָּא אֱמֹר אֶת הַמִּשְׁפָּט כַּאֲשֶׁר הוּא, וְקוֹלָר יְהֵא תָלוּי בְּצַוַּאר הָרַבִּים:

ג] **לֹא תֶהְדַּר.** לֹא תַחְלֹק לוֹ כָּבוֹד לְזַכּוֹתוֹ בַּדִּין, וְלוֹמַר: דַּל הוּא, אֲזַכֶּנּוּ וַאֲכַבְּדֶנּוּ:

ה] **כִּי תִרְאֶה חֲמוֹר שֹׂנַאֲךָ וְגוֹ'.** הֲרֵי "כִּי" מְשַׁמֵּשׁ לְשׁוֹן 'דִּלְמָא', שֶׁהוּא מֵאַרְבַּע לְשׁוֹנוֹת שֶׁל שִׁמּוּשֵׁי 'כִּי'. וְכֹה פִּתְרוֹנוֹ: שֶׁמָּא תִרְאֶה חֲמוֹרוֹ "רֹבֵץ תַּחַת מַשָּׂאוֹ, וְחָדַלְתָּ מֵעֲזֹב לוֹ", בִּתְמִיָּה; "עָזֹב תַּעֲזֹב עִמּוֹ" – עֲזִיבָה זוֹ לְשׁוֹן עֶזְרָה, וְכֵן: "עָצוּר וְעָזוּב" (דברים לב, לו), וְכֵן: "וַיַּעַזְבוּ יְרוּשָׁלַיִם עַד הַחוֹמָה" (נחמיה ג, ח), מִלְאוּהָ עָפָר לַעֲזֹר וּלְסַיֵּעַ אֶת חֹזֶק הַחוֹמָה. כַּיּוֹצֵא בוֹ: "כִּי תֹאמַר בִּלְבָבְךָ רַבִּים הַגּוֹיִם הָאֵלֶּה מִמֶּנִּי" וְגוֹ' (דברים ז, יז), שֶׁמָּא תֹאמַר כֵּן, בִּתְמִיָּה – "לֹא תִירָא מֵהֶם" (שם פסוק יח). וּמִדְרָשׁוֹ, כָּךְ דָּרְשׁוּ רַבּוֹתֵינוּ: "כִּי תִרְאֶה וְחָדַלְתָּ", פְּעָמִים שֶׁאַתָּה חוֹדֵל וּפְעָמִים שֶׁאַתָּה עוֹזֵר. הָא כֵּיצַד? זָקֵן וְאֵינָהּ לְפִי כְבוֹדוֹ – "וְחָדַלְתָּ", אוֹ בֶּהֱמַת גּוֹי וּמַשָּׂאוֹ שֶׁל יִשְׂרָאֵל – "וְחָדַלְתָּ": **עָזֹב תַּעֲזֹב** עִמּוֹ. לִפְרֹק הַמַּשָּׂא. "מִלְמִשְׁקַל לֵיהּ", מִלִּטֹּל מַשָּׂאוֹ מִמֶּנּוּ:

ו] **אֶבְיֹנְךָ.** לְשׁוֹן אוֹבֶה, שֶׁהוּא מְדֻלְדָּל וְתָאֵב לְכָל טוֹבָה:

ז] **וְנָקִי וְצַדִּיק אַל תַּהֲרֹג.** מִנַּיִן לְיוֹצֵא מִבֵּית דִּין חַיָּב, וְאָמַר אֶחָד: יֵשׁ לִי לְלַמֵּד עָלָיו זְכוּת, שֶׁמַּחֲזִירִין אוֹתוֹ? תַּלְמוּד לוֹמַר: "וְנָקִי אַל תַּהֲרֹג", וְאַף עַל פִּי שֶׁאֵינוֹ "צַדִּיק", שֶׁלֹּא נִצְטַדֵּק בְּבֵית דִּין, מִכָּל מָקוֹם "נָקִי" הוּא מִדִּין מִיתָה, שֶׁהֲרֵי יֵשׁ לְךָ לְזַכּוֹתוֹ. וּמִנַּיִן לְיוֹצֵא מִבֵּית דִּין זַכַּאי, וְאָמַר אֶחָד: יֵשׁ לִי לְלַמֵּד עָלָיו חוֹבָה, שֶׁאֵין מַחֲזִירִין אוֹתוֹ לְבֵית דִּין? תַּלְמוּד לוֹמַר: "וְצַדִּיק אַל תַּהֲרֹג", וְזֶה צַדִּיק הוּא שֶׁנִּצְטַדֵּק בְּבֵית דִּין: **כִּי לֹא אַצְדִּיק רָשָׁע.** אֵין עָלֶיךָ לְהַחֲזִירוֹ, כִּי אֲנִי לֹא אַצְדִּיקֶנּוּ בְּדִינִי, אִם יָצָא מִיָּדְךָ זַכַּאי יֵשׁ לִי שְׁלוּחִים הַרְבֵּה לַהֲמִיתוֹ בַּמִּיתָה שֶׁנִּתְחַיֵּב בָּהּ:

ח] **וְשֹׁחַד לֹא תִקָּח.** אֲפִלּוּ לִשְׁפֹּט אֱמֶת, וְכָל שֶׁכֵּן כְּדֵי לְהַטּוֹת הַדִּין, שֶׁהֲרֵי כְּדֵי לְהַטּוֹת אֶת הַדִּין כְּבָר נֶאֱמַר: "לֹא תַטֶּה מִשְׁפָּט" (לעיל פסוק ו): **יְעַוֵּר פִּקְחִים.** אֲפִלּוּ חָכָם בַּתּוֹרָה וְנוֹטֵל שֹׁחַד, סוֹף שֶׁתִּטָּרֵף דַּעְתּוֹ עָלָיו, וְיִשְׁתַּכַּח תַּלְמוּדוֹ וְיִכְהֶה מְאוֹר עֵינָיו: **וִיסַלֵּף.** כְּתַרְגּוּמוֹ: "וּמְקַלְקֵל": **דִּבְרֵי צַדִּיקִים.** דְּבָרִים הַמְצֻדָּקִים, מִשְׁפְּטֵי אֱמֶת. וְכֵן תַּרְגּוּמוֹ: "פִּתְגָּמִין תְּרִיצִין", יְשָׁרִים:

ט] **וְגֵר לֹא תִלְחָץ.** בְּהַרְבֵּה מְקוֹמוֹת הִזְהִירָה תוֹרָה עַל הַגֵּר, מִפְּנֵי שֶׁסּוּרוֹ רָע: **אֶת נֶפֶשׁ הַגֵּר.** כַּמָּה קָשֶׁה לוֹ כְּשֶׁלּוֹחֲצִין אוֹתוֹ:

י] **וְאָסַפְתָּ אֶת תְּבוּאָתָהּ.** לְשׁוֹן הַכְנָסָה לַבַּיִת, כְּמוֹ: "וַאֲסַפְתּוֹ אֶל תּוֹךְ בֵּיתֶךָ" (דברים כב, ב):

יא] **תִּשְׁמְטֶנָּה.** מֵעֲבוֹדָה: **וּנְטַשְׁתָּהּ.** מֵאֲכִילָה אַחַר זְמַן הַבִּעוּר. דָּבָר אַחֵר, "תִּשְׁמְטֶנָּה" מֵעֲבוֹדָה

תֹּאכַל חַיַּת הַשָּׂדֶה כֵּן־תַּעֲשֶׂה לְכַרְמְךָ לְזֵיתֶךָ׃

מצווה פה מצוות שביתה בשבת

שֵׁשֶׁת יָמִים תַּעֲשֶׂה מַעֲשֶׂיךָ וּבַיּוֹם הַשְּׁבִיעִי יב
תִּשְׁבֹּת לְמַעַן יָנוּחַ שׁוֹרְךָ וַחֲמֹרֶךָ וְיִנָּפֵשׁ בֶּן־
אֲמָתְךָ וְהַגֵּר׃ וּבְכֹל אֲשֶׁר־אָמַרְתִּי אֲלֵיכֶם תִּשָּׁמֵרוּ יג

מצוות פו – פז איסור שבועה באלהים אחרים; איסור הדחה לעבודה זרה

מצווה פח מצוות חגיגה ברגלים

וְשֵׁם אֱלֹהִים אֲחֵרִים לֹא תַזְכִּירוּ לֹא יִשָּׁמַע עַל־
פִּיךָ׃ שָׁלֹשׁ רְגָלִים תָּחֹג לִי בַּשָּׁנָה׃ אֶת־חַג הַמַּצּוֹת יד טו
תִּשְׁמֹר שִׁבְעַת יָמִים תֹּאכַל מַצּוֹת כַּאֲשֶׁר צִוִּיתִךָ
לְמוֹעֵד חֹדֶשׁ הָאָבִיב כִּי־בוֹ יָצָאתָ מִמִּצְרָיִם וְלֹא־
יֵרָאוּ פָנַי רֵיקָם׃ וְחַג הַקָּצִיר בִּכּוּרֵי מַעֲשֶׂיךָ אֲשֶׁר טז
תִּזְרַע בַּשָּׂדֶה וְחַג הָאָסִף בְּצֵאת הַשָּׁנָה בְּאָסְפְּךָ
אֶת־מַעֲשֶׂיךָ מִן־הַשָּׂדֶה׃ שָׁלֹשׁ פְּעָמִים בַּשָּׁנָה יז
יֵרָאֶה כָּל־זְכוּרְךָ אֶל־פְּנֵי הָאָדֹן ׀ יהוה׃ לֹא־תִזְבַּח יח
עַל־חָמֵץ דַּם־זִבְחִי וְלֹא־יָלִין חֵלֶב־חַגִּי עַד־בֹּקֶר׃
רֵאשִׁית בִּכּוּרֵי אַדְמָתְךָ תָּבִיא בֵּית יהוה אֱלֹהֶיךָ יט
לֹא־תְבַשֵּׁל גְּדִי בַּחֲלֵב אִמּוֹ׃

מצוות פט – צ איסור שחיטת הפסח בשעה שהחמץ ברשות האדם; איסור הלנת אימורי הפסח

מצוות צא – צב מצוות הבאת ביכורים; איסור בישול בשר בחלב

משפטים

גְּמוּרָה, כְּגוֹן חֲרִישָׁה וּזְרִיעָה. "וּנְטַשְׁתָּהּ" מִלְּזַבֵּל וּמִלְּקַשְׁקֵשׁ: וְיִתְרָם תֹּאכַל חַיַּת הַשָּׂדֶה. לְהַקִּישׁ מַאֲכַל אֶבְיוֹן לְמַאֲכַל חַיָּה, מָה חַיָּה אוֹכֶלֶת בְּלֹא מַעֲשֵׂר אַף אֶבְיוֹנִים אוֹכְלִים בְּלֹא מַעֲשֵׂר, מִכָּאן אָמְרוּ: אֵין מַעֲשֵׂר בִּשְׁבִיעִית: כֵּן תַּעֲשֶׂה לְכַרְמְךָ. וּתְחִלַּת הַמִּקְרָא מְדַבֵּר בִּשְׂדֵה הַלָּבָן, כְּמוֹ שֶׁאָמוּר לְמַעְלָה הֵימֶנּוּ: "תִּזְרַע אֶת אַרְצֶךָ" (בפסוק הקודם):

יב) וּבַיּוֹם הַשְּׁבִיעִי תִּשְׁבֹּת. אַף בַּשָּׁנָה הַשְּׁבִיעִית לֹא תַעֲקֹר שַׁבַּת בְּרֵאשִׁית מִמְּקוֹמָהּ, שֶׁלֹּא תֹאמַר: הוֹאִיל וְכָל הַשָּׁנָה קְרוּיָה שַׁבָּת לֹא תִנְהַג בָּהּ שַׁבַּת בְּרֵאשִׁית: לְמַעַן יָנוּחַ שׁוֹרְךָ וַחֲמֹרֶךָ. תֵּן לוֹ נַיְח, לְהַתִּיר שֶׁיְּהֵא תּוֹלֵשׁ וְאוֹכֵל עֲשָׂבִים מִן הַקַּרְקַע. אוֹ אֵינוֹ אֶלָּא יַחְבְּשֶׁנּוּ בְּתוֹךְ הַבַּיִת? אָמַרְתָּ, אֵין זֶה נַיְח אֶלָּא צַעַר: בֶּן אֲמָתְךָ. בְּעֶבֶד עָרֵל הַכָּתוּב מְדַבֵּר: וְהַגֵּר. זֶה גֵּר תּוֹשָׁב:

יב תֵּיכוֹל חֵיוַת בָּרָא, כֵּן תַּעֲבֵיד לְכַרְמָךְ לְזֵיתָךְ: שִׁתָּא יוֹמִין תַּעֲבֵיד עוּבָדָךְ, וּבְיוֹמָא
יג שְׁבִיעָאָה תְּנוּחַ, בְּדִיל דִּינוּחַ, תּוֹרָךְ וַחֲמָרָךְ, וְיִשְׁקוֹט בַּר אַמְתָךְ וְגִיּוֹרָא: וּבְכֹל, דַּאֲמָרִית
יד לְכוֹן תִּסְתַּמְרוּן, וְשׁוּם טָעֲוַת עַמְמַיָּא לָא תִדְכְּרוּן, לָא יִשְׁתְּמַע עַל פֻּמְּכוֹן: תְּלָת זִמְנִין,
טו תֵּיחֲגוּן קֳדָמַי בְּשַׁתָּא: יָת חַגָּא דְּפַטִּירַיָּא תִּטַּר, שִׁבְעָא יוֹמִין תֵּיכוֹל פַּטִּירָא כְּמָא
דְּפַקֵּידְתָּךְ, לִזְמַן יַרְחָא דַּאֲבִיבָא, אֲרֵי בֵיהּ נְפַקְתָּא מִמִּצְרָיִם, וְלָא יִתַּחְזוֹן קֳדָמַי רֵיקָנִין:
טז וְחַגָּא דַּחֲצָדָא בִּכּוּרֵי עוּבָדָךְ, דְּתִזְרַע בְּחַקְלָא, וְחַגָּא דִּכְנָשָׁא בְּמִפְּקַהּ דְּשַׁתָּא, בְּמִכְנְשָׁךְ
יז יָת עוּבָדָךְ מִן חַקְלָא: תְּלָת זִמְנִין בְּשַׁתָּא, יִתַּחְזוֹן כָּל דְּכוּרָךְ, קֳדָם רִבּוֹן עָלְמָא
יח יְיָ: לָא תִכּוֹס עַל חֲמִיעַ דַּם פִּסְחִי, וְלָא יְבִיתוּן בַּר מִמַּדְבְּחָא, תַּרְבֵּי נִכְסַת חַגָּא עַד
יט צַפְרָא: רֵישׁ, בִּכּוּרֵי אַרְעָךְ, תַּיְתֵי, לְבֵית מַקְדְּשָׁא דַּייָ אֱלָהָךְ, לָא תֵיכְלוּן בְּסַר בַּחֲלָב:

יג) **וּבְכֹל אֲשֶׁר אָמַרְתִּי אֲלֵיכֶם תִּשָּׁמֵרוּ.** לַעֲשׂוֹת כָּל מִצְוֹת עֲשֵׂה בְּאַזְהָרָה, שֶׁכָּל שְׁמִירָה שֶׁבַּתּוֹרָה אַזְהָרָה הִיא בִּמְקוֹם לָאו: **לֹא תַזְכִּירוּ.** שֶׁלֹּא יֹאמַר לוֹ: שְׁמֹר לִי בְּצַד עֲבוֹדָה זָרָה פְּלוֹנִית, אוֹ תַּעֲמֹד עִמִּי בְּיוֹם עֲבוֹדָה זָרָה פְּלוֹנִית. דָּבָר אַחֵר, "וּבְכֹל אֲשֶׁר אָמַרְתִּי אֲלֵיכֶם תִּשָּׁמֵרוּ וְשֵׁם אֱלֹהִים אֲחֵרִים לֹא תַזְכִּירוּ", לְלַמֶּדְךָ שֶׁשְּׁקוּלָה עֲבוֹדָה זָרָה כְּנֶגֶד כָּל הַמִּצְוֹת כֻּלָּן, וְהַנִּזְהָר בָּהּ כְּשׁוֹמֵר אֶת כֻּלָּן: **לֹא יִשָּׁמַע.** מִן הַגּוֹי "עַל פִּיךָ" – שֶׁלֹּא תַּעֲשֶׂה שֻׁתָּפוּת עִם הַגּוֹי וְיִשָּׁבַע לְךָ בַּעֲבוֹדָה זָרָה שֶׁלּוֹ, נִמְצֵאתָ שֶׁאַתָּה גּוֹרֵם שֶׁיִּזָּכֵר עַל יָדְךָ:

יד) **רְגָלִים.** פְּעָמִים, וְכֵן: "כִּי הִכִּיתַנִי זֶה שָׁלֹשׁ רְגָלִים" (במדבר כב, כח):

טו) **חֹדֶשׁ הָאָבִיב.** שֶׁהַתְּבוּאָה מִתְמַלֵּאת בּוֹ בְּאִבֶּיהָ. לְשׁוֹן אַחֵר, "אָבִיב", לְשׁוֹן אָב, בְּכוֹר וְרִאשׁוֹן לְבַשֵּׁל פֵּרוֹת: **וְלֹא יֵרָאוּ פָנַי רֵיקָם.** כְּשֶׁתָּבֹאוּ לֵרָאוֹת פָּנַי בָּרְגָלִים, הָבִיאוּ לִי עוֹלוֹת.

טז) **וְחַג הַקָּצִיר.** הוּא חַג שָׁבוּעוֹת: **בִּכּוּרֵי מַעֲשֶׂיךָ.** שֶׁהוּא זְמַן הֲבָאַת בִּכּוּרִים, שֶׁשְּׁתֵּי הַלֶּחֶם הַבָּאִין בַּעֲצֶרֶת הָיוּ מַתִּירִין הֶחָדָשׁ לַמְּנָחוֹת וּלְהָבִיא בִּכּוּרִים לַמִּקְדָּשׁ, שֶׁנֶּאֱמַר: "וּבְיוֹם הַבִּכּוּרִים" וְגוֹ' (שם כח, כו): **וְחַג הָאָסִף.** הוּא חַג הַסֻּכּוֹת: **בְּאָסְפְּךָ אֶת מַעֲשֶׂיךָ.** שֶׁכָּל יְמוֹת הַחַמָּה הַתְּבוּאָה מִתְיַבֶּשֶׁת בַּשָּׂדוֹת, וּבֶחָג אוֹסְפִים אוֹתָהּ אֶל הַבַּיִת מִפְּנֵי הַגְּשָׁמִים:

יז) **שָׁלֹשׁ פְּעָמִים וְגוֹ'.** לְפִי שֶׁהָעִנְיָן מְדַבֵּר בַּשְּׁבִיעִית, הֻצְרַךְ לוֹמַר שֶׁלֹּא יִסְתָּרְסוּ רְגָלִים מִמְּקוֹמָן: **כָּל זְכוּרְךָ.** הַזְּכָרִים שֶׁבְּךָ:

יח) **לֹא תִזְבַּח עַל חָמֵץ וְגוֹ'.** לֹא תִשְׁחַט אֶת הַפֶּסַח בְּאַרְבָּעָה עָשָׂר בְּנִיסָן עַד שֶׁתְּבַעֵר הֶחָמֵץ: **וְלֹא יָלִין חֵלֶב חַגִּי וְגוֹ'.** חוּץ לַמִּזְבֵּחַ: **עַד בֹּקֶר.** יָכוֹל אַף עַל הַמַּעֲרָכָה יִפָּסֵל בְּלִינָה? תַּלְמוּד לוֹמַר: "עַל מוֹקְדָה עַל הַמִּזְבֵּחַ כָּל הַלַּיְלָה" (ויקרא ו, ב): **וְלֹא יָלִין.** אֵין לִינָה אֶלָּא בְּעַמּוּד הַשַּׁחַר, שֶׁנֶּאֱמַר: "עַד בֹּקֶר", אֲבָל כָּל הַלַּיְלָה יָכוֹל לְהַעֲלוֹתוֹ מִן הָרִצְפָּה לַמִּזְבֵּחַ:

יט) **רֵאשִׁית בִּכּוּרֵי אַדְמָתְךָ.** אַף הַשְּׁבִיעִית חַיֶּבֶת בְּבִכּוּרִים, לְכָךְ נֶאֶמְרָה אַף כָּאן: **בִּכּוּרֵי אַדְמָתְךָ.** כֵּיצַד? אָדָם נִכְנָס לְתוֹךְ שָׂדֵהוּ, רוֹאֶה תְּאֵנָה שֶׁבִּכְּרָה, כּוֹרֵךְ עָלֶיהָ גֶּמִי לְסִימָן וּמַקְדִּישָׁהּ (ביכורים ג, א). וְאֵין בִּכּוּרִים אֶלָּא מִשִּׁבְעַת הַמִּינִין הָאֲמוּרִים בַּמִּקְרָא: "אֶרֶץ חִטָּה וּשְׂעֹרָה" וְגוֹ' (דברים ח, ח): **לֹא תְבַשֵּׁל גְּדִי.** אַף עֵגֶל וָכֶבֶשׂ בִּכְלַל 'גְּדִי', שֶׁאֵין גְּדִי אֶלָּא לְשׁוֹן וָלָד רַךְ, מִמָּה שֶׁאַתָּה מוֹצֵא בְּכַמָּה מְקוֹמוֹת בַּתּוֹרָה שֶׁכָּתוּב 'גְּדִי' וְהֻצְרַךְ לִפְרֹשׁ אַחֲרָיו 'עִזִּים', כְּגוֹן: "אָנֹכִי אֲשַׁלַּח גְּדִי עִזִּים" (בראשית לח, יז), "אֶת גְּדִי הָעִזִּים" (שם פסוק כ; שופטים יג, יט), "שְׁנֵי גְּדָיֵי עִזִּים" (בראשית כז, ט), לְלַמֶּדְךָ שֶׁכָּל מָקוֹם שֶׁנֶּאֱמַר 'גְּדִי' סְתָם אַף עֵגֶל וָכֶבֶשׂ בַּמַּשְׁמָע. וּבִשְׁלֹשָׁה מְקוֹמוֹת נִכְתַּב בַּתּוֹרָה: אֶחָד לְאִסּוּר אֲכִילָה וְאֶחָד לְאִסּוּר הֲנָאָה וְאֶחָד לְאִסּוּר בִּשּׁוּל:

ששי הִנֵּה אָנֹכִי שֹׁלֵחַ מַלְאָךְ לְפָנֶיךָ לִשְׁמָרְךָ בַּדָּרֶךְ כ
וְלַהֲבִיאֲךָ אֶל־הַמָּקוֹם אֲשֶׁר הֲכִנֹתִי: הִשָּׁמֶר מִפָּנָיו כא
וּשְׁמַע בְּקֹלוֹ אַל־תַּמֵּר בּוֹ כִּי לֹא יִשָּׂא לְפִשְׁעֲכֶם
כִּי שְׁמִי בְּקִרְבּוֹ: כִּי אִם־שָׁמוֹעַ תִּשְׁמַע בְּקֹלוֹ כב
וְעָשִׂיתָ כֹּל אֲשֶׁר אֲדַבֵּר וְאָיַבְתִּי אֶת־אֹיְבֶיךָ וְצַרְתִּי
אֶת־צֹרְרֶיךָ: כִּי־יֵלֵךְ מַלְאָכִי לְפָנֶיךָ וֶהֱבִיאֲךָ אֶל־ כג
הָאֱמֹרִי וְהַחִתִּי וְהַפְּרִזִּי וְהַכְּנַעֲנִי הַחִוִּי וְהַיְבוּסִי
וְהִכְחַדְתִּיו: לֹא־תִשְׁתַּחֲוֶה לֵאלֹהֵיהֶם וְלֹא כד
תָעָבְדֵם וְלֹא תַעֲשֶׂה כְּמַעֲשֵׂיהֶם כִּי הָרֵס תְּהָרְסֵם
וְשַׁבֵּר תְּשַׁבֵּר מַצֵּבֹתֵיהֶם: וַעֲבַדְתֶּם אֵת יְהוָה כה
אֱלֹהֵיכֶם וּבֵרַךְ אֶת־לַחְמְךָ וְאֶת־מֵימֶיךָ וַהֲסִרֹתִי
שביעי מַחֲלָה מִקִּרְבֶּךָ: לֹא תִהְיֶה מְשַׁכֵּלָה כו
וַעֲקָרָה בְּאַרְצֶךָ אֶת־מִסְפַּר יָמֶיךָ אֲמַלֵּא: אֶת־ כז
אֵימָתִי אֲשַׁלַּח לְפָנֶיךָ וְהַמֹּתִי אֶת־כָּל־הָעָם אֲשֶׁר
תָּבֹא בָּהֶם וְנָתַתִּי אֶת־כָּל־אֹיְבֶיךָ אֵלֶיךָ עֹרֶף:
וְשָׁלַחְתִּי אֶת־הַצִּרְעָה לְפָנֶיךָ וְגֵרְשָׁה אֶת־הַחִוִּי כח
אֶת־הַכְּנַעֲנִי וְאֶת־הַחִתִּי מִלְּפָנֶיךָ: לֹא אֲגָרְשֶׁנּוּ כט
מִפָּנֶיךָ בְּשָׁנָה אֶחָת פֶּן־תִּהְיֶה הָאָרֶץ שְׁמָמָה וְרַבָּה
עָלֶיךָ חַיַּת הַשָּׂדֶה: מְעַט מְעַט אֲגָרְשֶׁנּוּ מִפָּנֶיךָ ל

כ) הִנֵּה אָנֹכִי שֹׁלֵחַ מַלְאָךְ. כָּאן נִתְבַּשְּׂרוּ שֶׁעֲתִידִין לַחֲטֹא וּשְׁכִינָה אוֹמֶרֶת לָהֶם: "כִּי לֹא אֶעֱלֶה בְּקִרְבְּךָ" (להלן לג, ג). אֲשֶׁר הֲכִנֹתִי. אֲשֶׁר זִמַּנְתִּי לָתֵת לָכֶם, זֶהוּ פְּשׁוּטוֹ. וּמִדְרָשׁוֹ, "אֶל הַמָּקוֹם

כ הָא אֲנָא, שָׁלַח מַלְאֲכָא קֳדָמָךְ, לְמִטְּרָךְ בְּאוֹרְחָא, וּלְאַעָלוּתָךְ, לְאַתְרָא דְּאַתְקֵינִית:
כא אִסְתְּמַר מִן קֳדָמוֹהִי, וְקַבֵּיל לְמֵימְרֵיהּ לָא תְּסָרֵיב לְקִבְלֵיהּ, אֲרֵי לָא יִשְׁבּוֹק לְחוֹבֵיכוֹן, אֲרֵי
כב בִּשְׁמִי מֵימְרֵיהּ: אֲרֵי אִם קַבָּלָא תְקַבֵּיל לְמֵימְרֵיהּ, וְתַעְבֵּיד, כָּל דַּאֲמַלֵּיל, וְאַסְנֵי יָת סָנְאָךְ,
כג וְאָעִיק לִדְמְעִיקִין לָךְ: אֲרֵי יְהָךְ מַלְאֲכִי קֳדָמָךְ, וְיָעֵלִנָּךְ, לְוָת אֱמוֹרָאֵי וְחִתָּאֵי, וּפְרִזָּאֵי
כד וּכְנַעֲנָאֵי, חִוָּאֵי וִיבוּסָאֵי, וַאֲשֵׁיצֵינוּן: לָא תִסְגּוּד לְטַעֲוָתְהוֹן וְלָא תִפְלְחִנִּין, וְלָא תַעְבֵּיד
כה כְּעוֹבָדֵיהוֹן, אֲרֵי פַגָּרָא תְפַגְּרִנּוּן, וְתַבָּרָא תְּתַבַּר קָמָתְהוֹן: וְתִפְלְחוּן, קֳדָם יְיָ אֱלָהֲכוֹן, וִיבָרֵךְ
כו יָת מֵיכְלָךְ וְיָת מִשְׁתְּיָךְ, וְאַעְדֵּי מַרְעִין בִּישִׁין מִבֵּינָךְ: לָא תְהֵי, תַּכְלָא וְעַקְרָא בְּאַרְעָךְ, יָת
כז מִנְיַן יוֹמָךְ אַשְׁלֵים: יָת אֵימְתִי אֲשַׁלַּח קֳדָמָךְ, וַאֲשַׁגֵּשׁ יָת כָּל עַמָּא, דְּאַתְּ אָתֵי לַאֲגָחָא
כח קְרָבָא בְּהוֹן, וְאֶמְסַר יָת כָּל בַּעֲלֵי דְבָבָךְ, קֳדָמָךְ מְחַזְרֵי קְדַל: וְאֶשְׁלַח יָת עָרָעִיתָא קֳדָמָךְ,
כט וּתְתָרֵיךְ, יָת חִוָּאֵי יָת כְּנַעֲנָאֵי, וְיָת חִתָּאֵי מִן קֳדָמָךְ: לָא אֲתָרֵיכִנּוּן, מִן קֳדָמָךְ בְּשַׁתָּא
ל חֲדָא, דִּלְמָא תְהֵי אַרְעָא צַדְיָא, וְתִסְגֵּי עֲלָךְ חֵיוַת בָּרָא: זְעֵיר זְעֵיר, אֲתָרֵיכִנּוּן מִן קֳדָמָךְ,

"אֲשֶׁר הֲכִינֹתִי", כְּבָר מְקוֹמוֹ נִכָּר כְּנֶגְדּוֹ. וְזֶה אֶחָד מִן הַמִּקְרָאוֹת שֶׁאוֹמְרִים שֶׁבֵּית הַמִּקְדָּשׁ שֶׁל מַעְלָה מְכֻוָּן כְּנֶגֶד בֵּית הַמִּקְדָּשׁ שֶׁל מַטָּה:

(כא) **אַל תַּמֵּר בּוֹ.** לְשׁוֹן הַמְרָאָה, "אֲשֶׁר יַמְרֶה אֶת פִּיךָ" (יהושע א, יח), "וַיַּמְרוּ בִי" (יחזקאל כ, ח): **כִּי לֹא יִשָּׂא לְפִשְׁעֲכֶם.** אֵינוֹ מְלֻמָּד בְּכָךְ, שֶׁהוּא מִן הַכַּת שֶׁאֵין חוֹטְאִין. וְעוֹד, שֶׁהוּא שָׁלִיחַ וְאֵינוֹ עוֹשֶׂה אֶלָּא שְׁלִיחוּתוֹ: **כִּי שְׁמִי בְּקִרְבּוֹ.** מְחֻבָּר לְרֹאשׁ הַמִּקְרָא, "הִשָּׁמֶר מִפָּנָיו" כִּי שְׁמִי מְשֻׁתָּף בּוֹ; וְרַבּוֹתֵינוּ אָמְרוּ, זֶה מְטַטְרוֹן שֶׁשְּׁמוֹ כְּשֵׁם רַבּוֹ. מְטַטְרוֹן בְּגִימַטְרִיָּא שַׁדַּי:

(כב) **וְצַרְתִּי.** כְּתַרְגּוּמוֹ: "וְאָעִיק":

(כד) **הָרֵס תְּהָרְסֵם.** לְאוֹתָם אֱלֹהוֹת: **מַצֵּבֹתֵיהֶם.** אֲבָנִים שֶׁהֵם מְצִיבִין לְהִשְׁתַּחֲווֹת לָהֶם:

(כו) **לֹא תִהְיֶה מְשַׁכֵּלָה.** אִם תַּעֲשֶׂה רְצוֹנִי: **מְשַׁכֵּלָה.** מַפֶּלֶת נְפָלִים אוֹ קוֹבֶרֶת אֶת בָּנֶיהָ קְרוּיָה מְשַׁכֵּלָה:

(כז) **וְהַמֹּתִי.** כְּמוֹ וְהֵמַמְתִּי, וְתַרְגּוּמוֹ: "וַאֲשַׁגֵּשׁ". וְכֵן כָּל תֵּבָה שֶׁפָּעֳל שֶׁלָּהּ בִּכְפַל אוֹת אַחֲרוֹנָה, כְּשֶׁתֵּהָפֵךְ לְדַבֵּר בִּלְשׁוֹן פָּעַלְתִּי יֵשׁ מְקוֹמוֹת שֶׁנּוֹטֵל אוֹת הַכְּפוּלָה וּמַדְגֵּשׁ אֶת הָאוֹת וְנוֹקְדוֹ בְּמִלְאָפוּם, כְּגוֹן: "וְהַמֹּתִי" מִגִּזְרַת "וְהָמַם גַּלְגַּל עֶגְלָתוֹ" (ישעיה כח, כח); "וְסַבּוֹתִי" (קהלת ב, כ) מִגִּזְרַת "וְסָבַב בֵּית אֵל" (שמואל א׳ ז, טז); "דַּלּוֹתִי" (תהלים קטז, ו) מִגִּזְרַת "דַּלְלוּ וְחָרְבוּ" (ישעיה יט, ו); "עַל כַּפַּיִם חַקֹּתִיךְ" (שם מט, טז) מִגִּזְרַת "חִקְקֵי לֵב" (שופטים ה, טו); "אֶת מִי רַצּוֹתִי" (שמואל א׳ יב, ג) מִגִּזְרַת "רִצַּץ עָזַב דַּלִּים" (איוב כ, יט). וְהַמְתַרְגֵּם "וְהַמֹּתִי" - "וְאֶקְטֹל" טוֹעֶה הוּא, שֶׁאִלּוּ מִגִּזְרַת מִיתָה הָיָה, אֵין הַה"א שֶׁלָּהּ בְּפַתָּח וְלֹא מֵ"ם שֶׁלָּהּ מְדֻגֶּשֶׁת וְלֹא נְקוּדָה מִלְאָפוּם, אֶלָּא 'וְהֵמַתִּי', כְּגוֹן: "וְהֵמַתָּה אֶת הָעָם הַזֶּה" (במדבר יד, טו) וְהַתָּי"ו מְדֻגֶּשֶׁת לְפִי שֶׁבָּאָה בִּמְקוֹם שְׁתֵּי תָוִי"ן, הָאַחַת נִשְׁרֶשֶׁת, לְפִי שֶׁאֵין 'מִיתָה' בְּלֹא תָי"ו, וְהָאַחֶרֶת מְשַׁמֶּשֶׁת, כְּמוֹ: אָמַרְתִּי, חָטָאתִי, עָשִׂיתִי. וְכֵן 'וְנָתַתִּי' הַתָּי"ו מְדֻגֶּשֶׁת, שֶׁהִיא בָּאָה בִּמְקוֹם שְׁתַּיִם, לְפִי שֶׁהָיָה צָרִיךְ שָׁלֹשׁ תָוִי"ן, שְׁתַּיִם לַיְסוֹד כְּמוֹ: "כְּיוֹם תֵּת ה'" (יהושע י, יב), "מַתַּת אֱלֹהִים הִיא" (קהלת ג, יג), וְהַשְּׁלִישִׁית לְשִׁמּוּשׁ: **עֹרֶף.** שֶׁיָּנוּסוּ לְפָנֶיךָ וְיַהַפְכוּ לְךָ עָרְפָּם:

(כח) **הַצִּרְעָה.** מִין שֶׁרֶץ הָעוֹף, וְהָיְתָה מַכָּה אוֹתָם בְּעֵינֵיהֶם וּמְטִילָה בָּהֶם אֶרֶס וְהֵם מֵתִים. וְהַצִּרְעָה לֹא עָבְרָה אֶת הַיַּרְדֵּן. וְחִתִּי וּכְנַעֲנִי הֵם אֶרֶץ סִיחוֹן וְעוֹג, לְפִיכָךְ מִכָּל שִׁבְעָה אֻמּוֹת לֹא מָנָה כָּאן אֶלָּא אֵלּוּ. וְחִוִּי, אַף עַל פִּי שֶׁהוּא מֵעֵבֶר הַיַּרְדֵּן וְהָלְאָה, שָׁנוּ רַבּוֹתֵינוּ בְּמַסֶּכֶת סוֹטָה (דף לו ע"א): עַל שְׂפַת הַיַּרְדֵּן עָמְדָה וְזָרְקָה בָהֶם מָרָה:

(כט) **שְׁמָמָה.** רֵיקָנִית מִבְּנֵי אָדָם, לְפִי שֶׁאַתֶּם מְעַט וְאֵין בָּכֶם כְּדֵי לְמַלֹּאת אוֹתָהּ: **וְרַבָּה עָלֶיךָ.** וְתִרְבֶּה עָלֶיךָ:

עַד אֲשֶׁר תִּפְרֶה וְנָחַלְתָּ אֶת־הָאָרֶץ: וְשַׁתִּי אֶת־ לא
גְּבֻלְךָ מִיַּם־סוּף וְעַד־יָם פְּלִשְׁתִּים וּמִמִּדְבָּר עַד־
הַנָּהָר כִּי ׀ אֶתֵּן בְּיֶדְכֶם אֵת יֹשְׁבֵי הָאָרֶץ וְגֵרַשְׁתָּמוֹ
מִפָּנֶיךָ: לֹא־תִכְרֹת לָהֶם וְלֵאלֹהֵיהֶם בְּרִית: לֹא לב לג
יֵשְׁבוּ בְּאַרְצְךָ פֶּן־יַחֲטִיאוּ אֹתְךָ לִי כִּי תַעֲבֹד אֶת־
אֱלֹהֵיהֶם כִּי־יִהְיֶה לְךָ לְמוֹקֵשׁ:
כד א וְאֶל־מֹשֶׁה אָמַר עֲלֵה אֶל־יהוה אַתָּה וְאַהֲרֹן נָדָב
וַאֲבִיהוּא וְשִׁבְעִים מִזִּקְנֵי יִשְׂרָאֵל וְהִשְׁתַּחֲוִיתֶם
ב מֵרָחֹק: וְנִגַּשׁ מֹשֶׁה לְבַדּוֹ אֶל־יהוה וְהֵם לֹא יִגָּשׁוּ
ג וְהָעָם לֹא יַעֲלוּ עִמּוֹ: וַיָּבֹא מֹשֶׁה וַיְסַפֵּר לָעָם אֵת
כָּל־דִּבְרֵי יהוה וְאֵת כָּל־הַמִּשְׁפָּטִים וַיַּעַן כָּל־הָעָם
קוֹל אֶחָד וַיֹּאמְרוּ כָּל־הַדְּבָרִים אֲשֶׁר־דִּבֶּר יהוה
ד נַעֲשֶׂה: וַיִּכְתֹּב מֹשֶׁה אֵת כָּל־דִּבְרֵי יהוה וַיַּשְׁכֵּם ★
בַּבֹּקֶר וַיִּבֶן מִזְבֵּחַ תַּחַת הָהָר וּשְׁתֵּים עֶשְׂרֵה
ה מַצֵּבָה לִשְׁנֵים עָשָׂר שִׁבְטֵי יִשְׂרָאֵל: וַיִּשְׁלַח
אֶת־נַעֲרֵי בְּנֵי יִשְׂרָאֵל וַיַּעֲלוּ עֹלֹת וַיִּזְבְּחוּ זְבָחִים
ו שְׁלָמִים לַיהוה פָּרִים: וַיִּקַּח מֹשֶׁה חֲצִי הַדָּם וַיָּשֶׂם
ז בָּאַגָּנֹת וַחֲצִי הַדָּם זָרַק עַל־הַמִּזְבֵּחַ: וַיִּקַּח סֵפֶר
הַבְּרִית וַיִּקְרָא בְּאָזְנֵי הָעָם וַיֹּאמְרוּ כֹּל אֲשֶׁר־
ח דִּבֶּר יהוה נַעֲשֶׂה וְנִשְׁמָע: וַיִּקַּח מֹשֶׁה אֶת־הַדָּם ★
וַיִּזְרֹק עַל־הָעָם וַיֹּאמֶר הִנֵּה דַם־הַבְּרִית אֲשֶׁר

מצווה צג
איסור כריתת ברית
עם שבעת העממים

מצווה צד
איסור להושיב
עובדי עבודה זרה
בארץ ישראל

משפטים

ט כָּרַת יְהוָה עִמָּכֶם עַל כָּל־הַדְּבָרִים הָאֵלֶּה: וַיַּעַל
מֹשֶׁה וְאַהֲרֹן נָדָב וַאֲבִיהוּא וְשִׁבְעִים מִזִּקְנֵי

לא עַד דְּתִסְגֵּי, וְתַחְסֵין יָת אַרְעָא: וַאֲשַׁוֵּי יָת תְּחוּמָךְ, מִיַּמָּא דְסוּף וְעַד יַמָּא דִפְלִשְׁתָּאֵי,
לב וּמִמַּדְבְּרָא עַד פְּרָת, אֲרֵי אֶמְסַר בִּידְכוֹן, יָת יָתְבֵי אַרְעָא, וּתְתָרֵיכִנּוּן מִן קֳדָמָךְ: לָא תִגְזַר
לג לְהוֹן, וּלְטַעֲוָתְהוֹן קְיָם: לָא יִתְּבוּן בְּאַרְעָךְ, דִּלְמָא יְחַיְּבוּן יָתָךְ קֳדָמָי, אֲרֵי תִפְלַח יָת
כד א טַעֲוָתְהוֹן, אֲרֵי יְהוֹן לָךְ לְתַקְלָא: וּלְמֹשֶׁה אֲמַר סַק לִקְדָם יְיָ, אַתְּ וְאַהֲרֹן נָדָב וַאֲבִיהוּא,
ב וְשִׁבְעִין מִסָּבֵי יִשְׂרָאֵל, וְתִסְגְּדוּן מֵרַחִיק: וְיִתְקָרַב מֹשֶׁה בִּלְחוֹדוֹהִי לִקְדָם יְיָ, וְאִנּוּן לָא
ג יִתְקָרְבוּן, וְעַמָּא, לָא יִסְקוּן עִמֵּיהּ: וַאֲתָא מֹשֶׁה, וְאִשְׁתַּעִי לְעַמָּא יָת כָּל פִּתְגָמַיָּא דַיְיָ, וְיָת
ד כָּל דִּינַיָּא, וַאֲתֵיב כָּל עַמָּא, קָלָא חַד וַאֲמַרוּ, כָּל פִּתְגָמַיָּא, דְּמַלֵּיל יְיָ נַעֲבֵיד: וּכְתַב מֹשֶׁה,
יָת כָּל פִּתְגָמַיָּא דַיְיָ, וְאַקְדֵּים בְּצַפְרָא, וּבְנָא מַדְבְּחָא בְּשִׁפּוֹלֵי טוּרָא, וְתַרְתָּא עַסְרֵי קָמָא,
ה לִתְרֵי עֲסַר שִׁבְטַיָּא דְיִשְׂרָאֵל: וּשְׁלַח, יָת בְּכוֹרֵי בְּנֵי יִשְׂרָאֵל, וְאַסִּיקוּ עֲלָוָן, וְנַכִּיסוּ, נִכְסַת
ו קֻדְשִׁין, קֳדָם יְיָ תּוֹרִין: וּנְסֵיב מֹשֶׁה פַּלְגוּת דְּמָא, וְשַׁוִּי בְּמִזְרְקַיָּא, וּפַלְגוּת דְּמָא, זְרַק עַל
ז מַדְבְּחָא: וּנְסֵיב סִפְרָא דִקְיָמָא, וּקְרָא קֳדָם עַמָּא, וַאֲמַרוּ, כֹּל, דְּמַלֵּיל יְיָ נַעֲבֵיד וּנְקַבֵּיל:
ח וּנְסֵיב מֹשֶׁה יָת דְּמָא, וּזְרַק עַל מַדְבְּחָא לְכַפָּרָא עַל עַמָּא, וַאֲמַר, הָא דֵין דַּם קְיָמָא דִגְזַר
ט יְיָ עִמְּכוֹן, עַל כָּל פִּתְגָמַיָּא הָאִלֵּין: וּסְלֵיק מֹשֶׁה וְאַהֲרֹן, נָדָב וַאֲבִיהוּא, וְשִׁבְעִין מִסָּבֵי

ל) עַד אֲשֶׁר תִּפְרֶה. תִּרְבֶּה, לְשׁוֹן פְּרִי, כְּמוֹ: "פְּרוּ וּרְבוּ" (בראשית ח, כב):

לא) וְשַׁתִּי. לְשׁוֹן הֲשָׁתָה, וְהַתָּי"ו מְדֻגֶּשֶׁת מִפְּנֵי שֶׁבָּאָה תַּחַת שְׁתַּיִם, שֶׁאֵין שִׁיתָה בְּלֹא תָּי"ו, וְהָאַחַת לְשִׁמּוּשׁ: עַד הַנָּהָר. פְּרָת. וְגֵרַשְׁתָּמוֹ. וּתְגָרְשֵׁם:

לג) כִּי תַעֲבֹד וְגוֹ'. הֲרֵי אֵלּוּ "כִּי" מְשַׁמְּשִׁין בִּמְקוֹם 'אֲשֶׁר', וְכֵן בְּכַמָּה מְקוֹמוֹת. וְזֶהוּ לְשׁוֹן 'אִי', שֶׁהוּא אֶחָד מֵאַרְבָּעָה לְשׁוֹנוֹת שֶׁהַ'כִּי' מְשַׁמֵּשׁ. וְגַם מָצִינוּ בְּהַרְבֵּה מְקוֹמוֹת 'אִם' מְשַׁמֵּשׁ בִּלְשׁוֹן 'אֲשֶׁר', כְּמוֹ: "וְאִם תַּקְרִיב מִנְחַת בִּכּוּרִים" (ויקרא ב, יד) שֶׁהוּא חוֹבָה:

פרק כד

א) וְאֶל מֹשֶׁה אָמַר. פָּרָשָׁה זוֹ נֶאֶמְרָה קֹדֶם עֲשֶׂרֶת הַדִּבְּרוֹת, בְּאַרְבָּעָה בְּסִיוָן נֶאֱמַר לוֹ: "עֲלֵה":

ב) וְנִגַּשׁ מֹשֶׁה לְבַדּוֹ. אֶל הָעֲרָפֶל:

ג) וַיָּבֹא מֹשֶׁה וַיְסַפֵּר לָעָם. בּוֹ בַּיּוֹם: אֵת כָּל דִּבְרֵי ה'. מִצְוֹת פְּרִישָׁה וְהַגְבָּלָה: וְאֵת כָּל הַמִּשְׁפָּטִים. שֶׁבַע מִצְוֹת שֶׁנִּצְטַוּוּ בְּנֵי נֹחַ, וְשַׁבָּת וְכִבּוּד אָב וָאֵם וּפָרָה אֲדֻמָּה וְדִינִין שֶׁנִּתְּנוּ לָהֶם בְּמָרָה:

ד) וַיִּכְתֹּב מֹשֶׁה. מִבְּרֵאשִׁית וְעַד מַתַּן תּוֹרָה, וְכָתַב מִצְוֹת שֶׁנִּצְטַוּוּ בְּמָרָה: וַיַּשְׁכֵּם בַּבֹּקֶר. בַּחֲמִשָּׁה בְּסִיוָן:

ה) אֶת נַעֲרֵי. הַבְּכוֹרוֹת:

ו) וַיִּקַּח מֹשֶׁה חֲצִי הַדָּם. מִי חִלְּקוֹ? מַלְאָךְ בָּא וְחִלְּקוֹ: בָּאַגָּנֹת. שְׁתֵּי אַגָּנוֹת, אֶחָד לַחֲצִי דַּם עוֹלָה וְאֶחָד לַחֲצִי דַּם שְׁלָמִים לְהַזּוֹת אוֹתָם עַל הָעָם. וּמִכָּאן לָמְדוּ רַבּוֹתֵינוּ שֶׁנִּכְנְסוּ אֲבוֹתֵינוּ לַבְּרִית בְּמִילָה וּטְבִילָה וְהַרְצָאַת דָּמִים; שֶׁאֵין הַזָּאָה בְּלֹא טְבִילָה:

ז) סֵפֶר הַבְּרִית. מִבְּרֵאשִׁית וְעַד מַתַּן תּוֹרָה, וּמִצְוֹת שֶׁנִּצְטַוּוּ בְּמָרָה:

ח) וַיִּזְרֹק. עִנְיַן הַזָּאָה, וְתַרְגּוּמוֹ: "וּזְרַק עַל מַדְבְּחָא לְכַפָּרָא עַל עַמָּא":

יִשְׂרָאֵל: וַיִּרְאוּ אֵת אֱלֹהֵי יִשְׂרָאֵל וְתַחַת רַגְלָיו י
כְּמַעֲשֵׂה לִבְנַת הַסַּפִּיר וּכְעֶצֶם הַשָּׁמַיִם לָטֹהַר:
וְאֶל־אֲצִילֵי בְּנֵי יִשְׂרָאֵל לֹא שָׁלַח יָדוֹ וַיֶּחֱזוּ יא
אֶת־הָאֱלֹהִים וַיֹּאכְלוּ וַיִּשְׁתּוּ: וַיֹּאמֶר יב
יְהוָה אֶל־מֹשֶׁה עֲלֵה אֵלַי הָהָרָה וֶהְיֵה־שָׁם
וְאֶתְּנָה לְךָ אֶת־לֻחֹת הָאֶבֶן וְהַתּוֹרָה וְהַמִּצְוָה
אֲשֶׁר כָּתַבְתִּי לְהוֹרֹתָם: וַיָּקָם מֹשֶׁה וִיהוֹשֻׁעַ יג
מְשָׁרְתוֹ וַיַּעַל מֹשֶׁה אֶל־הַר הָאֱלֹהִים: וְאֶל־ יד
הַזְּקֵנִים אָמַר שְׁבוּ־לָנוּ בָזֶה עַד אֲשֶׁר־נָשׁוּב
אֲלֵיכֶם וְהִנֵּה אַהֲרֹן וְחוּר עִמָּכֶם מִי־בַעַל דְּבָרִים
מפטיר יִגַּשׁ אֲלֵהֶם: וַיַּעַל מֹשֶׁה אֶל־הָהָר וַיְכַס הֶעָנָן טו
אֶת־הָהָר: וַיִּשְׁכֹּן כְּבוֹד־יְהוָה עַל־הַר סִינַי טז
וַיְכַסֵּהוּ הֶעָנָן שֵׁשֶׁת יָמִים וַיִּקְרָא אֶל־מֹשֶׁה בַּיּוֹם
הַשְּׁבִיעִי מִתּוֹךְ הֶעָנָן: וּמַרְאֵה כְּבוֹד יְהוָה כְּאֵשׁ יז
אֹכֶלֶת בְּרֹאשׁ הָהָר לְעֵינֵי בְּנֵי יִשְׂרָאֵל: וַיָּבֹא יח
מֹשֶׁה בְּתוֹךְ הֶעָנָן וַיַּעַל אֶל־הָהָר וַיְהִי מֹשֶׁה
בָּהָר אַרְבָּעִים יוֹם וְאַרְבָּעִים לָיְלָה:

י וַיִּרְאוּ אֵת אֱלֹהֵי יִשְׂרָאֵל. נִסְתַּכְּלוּ וְהֵצִיצוּ וְנִתְחַיְּבוּ מִיתָה, אֶלָּא שֶׁלֹּא רָצָה הַקָּדוֹשׁ בָּרוּךְ הוּא לְעַרְבֵּב שִׂמְחַת הַתּוֹרָה, וְהִמְתִּין לְנָדָב וַאֲבִיהוּא עַד יוֹם חֲנֻכַּת הַמִּשְׁכָּן, וְלַזְּקֵנִים עַד

י יִשְׂרָאֵל: וַחֲזוֹ, יָת יְקָר אֱלָהָא דְיִשְׂרָאֵל, וּתְחוֹת כֻּרְסֵי יְקָרֵיהּ, כְּעוֹבַד אֶבֶן טָבָא, וּכְמִחְזֵי שְׁמַיָּא
יא לְבָרִירוּ: וּלְרַבְרְבֵי בְּנֵי יִשְׂרָאֵל, לָא הֲוָה נִזְקָא, וַחֲזוֹ יָת יְקָרָא דַייָ, וַהֲווֹ חָדַן בְּקֻרְבָּנֵיהוֹן
יב דְּאִתְקַבַּלוּ בְּרַעֲוָא כְּאִלּוּ אָכְלִין וְשָׁתַן: וַאֲמַר יְיָ לְמֹשֶׁה, סַק לִקְדָמַי, לְטוּרָא וֶהֱוִי תַמָּן, וְאֶתֵּין
יג לָךְ יָת לוּחֵי אַבְנָא, וְאוֹרָיְתָא וְתַפְקֵידְתָּא, דִּכְתָבִית לְאַלָּפוּתְהוֹן: וְקָם מֹשֶׁה, וִיהוֹשֻׁעַ
יד מְשֻׁמְּשָׁנֵיהּ, וּסְלֵיק מֹשֶׁה לְטוּרָא דְּאִתְגְּלִי עֲלוֹהִי יְקָרָא דַייָ: וּלְסָבַיָּא אֲמַר אוֹרִיכוּ לָנָא הָכָא,
טו עַד דִּנְתוּב לְוָתְכוֹן, וְהָא אַהֲרֹן וְחוּר עִמְּכוֹן, מַאן דְּאִית לֵיהּ דִּינָא יִתְקָרַב לִקְדָמֵיהוֹן: וּסְלֵיק
טז מֹשֶׁה לְטוּרָא, וַחֲפָא עֲנָנָא יָת טוּרָא: וּשְׁרָא יְקָרָא דַייָ עַל טוּרָא דְסִינַי, וַחֲפָהִי עֲנָנָא שִׁתָּא
יז יוֹמִין, וּקְרָא לְמֹשֶׁה, בְּיוֹמָא שְׁבִיעָאָה מִגּוֹ עֲנָנָא: וְחֵיזוּ יְקָרָא דַייָ, כְּאֶשָּׁא אָכְלָא בְּרֵישׁ
יח טוּרָא, לְעֵינֵי בְּנֵי יִשְׂרָאֵל: וְעָאל מֹשֶׁה, בְּגוֹ עֲנָנָא וּסְלֵיק לְטוּרָא, וַהֲוָה מֹשֶׁה בְּטוּרָא, אַרְבְּעִין
יְמָמִין, וְאַרְבְּעִין לֵילָוָן:

"וַיְהִי הָעָם כְּמִתְאֹנְנִים... וַתִּבְעַר בָּם אֵשׁ ה' וַתֹּאכַל בִּקְצֵה הַמַּחֲנֶה" (במדבר יא, א), בִּקְצִינִים שֶׁבַּמַּחֲנֶה: כְּמַעֲשֵׂה לִבְנַת הַסַּפִּיר. הִיא הָיְתָה לְפָנָיו בִּשְׁעַת הַשִּׁעְבּוּד, לִזְכֹּר צָרָתָן שֶׁל יִשְׂרָאֵל שֶׁהָיוּ מְשֻׁעְבָּדִים בְּמַעֲשֵׂה לְבֵנִים: וּכְעֶצֶם הַשָּׁמַיִם לָטֹהַר. מִשֶּׁנִּגְאֲלוּ הָיָה אוֹר וְחֶדְוָה לְפָנָיו: וּכְעֶצֶם. כְּתַרְגּוּמוֹ, לְשׁוֹן מַרְאֶה: לָטֹהַר. לְשׁוֹן בָּרוּר וְצָלוּל:

יא וְאֶל אֲצִילֵי. הֵם נָדָב וַאֲבִיהוּא וְהַזְּקֵנִים: לֹא שָׁלַח יָדוֹ. מִכְּלָל שֶׁהָיוּ רְאוּיִים לְהִשְׁתַּלַּחַת יָד: וַיֶּחֱזוּ אֶת הָאֱלֹהִים. הָיוּ מִסְתַּכְּלִין בּוֹ בְּלֵב גַּס מִתּוֹךְ אֲכִילָה וּשְׁתִיָּה, כָּךְ מִדְרַשׁ תַּנְחוּמָא. וְאוּנְקְלוֹס לֹא תִרְגֵּם כֵּן; "אֲצִילֵי" לְשׁוֹן גְּדוֹלִים, כְּמוֹ: "וּמֵאֲצִילֶיהָ קְרָאתִיךָ" (ישעיה מא, ט), "וַיָּאצֶל מִן הָרוּחַ" (במדבר יא, כה), "שֵׁשׁ אַמּוֹת אַצִּילָה" (יחזקאל מא, ח):

יב וַיֹּאמֶר ה' אֶל מֹשֶׁה. לְאַחַר מַתַּן תּוֹרָה: עֲלֵה אֵלַי הָהָרָה וֶהְיֵה שָׁם. אַרְבָּעִים יוֹם: אֶת לֻחֹת הָאֶבֶן וְהַתּוֹרָה וְהַמִּצְוָה אֲשֶׁר כָּתַבְתִּי לְהוֹרֹתָם. כָּל שֵׁשׁ מֵאוֹת וּשְׁלֹשׁ עֶשְׂרֵה מִצְוֹת בִּכְלַל עֲשֶׂרֶת הַדִּבְּרוֹת הֵן. וְרַבֵּנוּ סַעֲדְיָה פֵּרֵשׁ בָּאַזְהָרוֹת שֶׁיִּסֵּד לְכָל דִּבּוּר וְדִבּוּר מִצְוֹת הַתְּלוּיוֹת בּוֹ:

יג וַיָּקָם מֹשֶׁה וִיהוֹשֻׁעַ מְשָׁרְתוֹ. לֹא יָדַעְתִּי מָה טִיבוֹ שֶׁל יְהוֹשֻׁעַ כָּאן. וְאוֹמֵר אֲנִי, שֶׁהָיָה הַתַּלְמִיד מְלַוֶּה לָרַב עַד מְקוֹם הַגְבָּלַת תְּחוּמֵי הָהָר, שֶׁאֵינוֹ רַשַּׁאי לֵילֵךְ מִשָּׁם וָהָלְאָה, וּמִשָּׁם "וַיַּעַל מֹשֶׁה" לְבַדּוֹ "אֶל הַר הָאֱלֹהִים", וִיהוֹשֻׁעַ נָטָה שָׁם אָהֳלוֹ וְנִתְעַכֵּב שָׁם כָּל אַרְבָּעִים יוֹם, שֶׁכֵּן מָצִינוּ כְּשֶׁיָּרַד מֹשֶׁה: "וַיִּשְׁמַע יְהוֹשֻׁעַ אֶת קוֹל הָעָם בְּרֵעֹה" (להלן לב, יז), לָמַדְנוּ שֶׁלֹּא הָיָה יְהוֹשֻׁעַ עִמָּהֶם:

יד וְאֶל הַזְּקֵנִים אָמַר. בְּצֵאתוֹ מִן הַמַּחֲנֶה: שְׁבוּ לָנוּ בָזֶה. וְהִתְעַכְּבוּ כָּאן עִם שְׁאָר הָעָם בַּמַּחֲנֶה לִהְיוֹת נְכוֹנִים לִשְׁפֹּט לְכָל אִישׁ רִיבוֹ: חוּר. בְּנָהּ שֶׁל מִרְיָם הָיָה, וְאָבִיו כָּלֵב בֶּן יְפֻנֶּה, שֶׁנֶּאֱמַר: "וַיִּקַּח לוֹ כָלֵב אֶת אֶפְרָת וַתֵּלֶד לוֹ אֶת חוּר" (דברי הימים א' ב, יט), אֶפְרָת זוֹ מִרְיָם, כִּדְאִיתָא בְּסוֹטָה (דף יא ע"ב): מִי בַעַל דְּבָרִים. מִי שֶׁיֵּשׁ לוֹ דִּין:

טז וַיְכַסֵּהוּ הֶעָנָן. רַבּוֹתֵינוּ חוֹלְקִים בַּדָּבָר: יֵשׁ מֵהֶם אוֹמְרִים, אֵלּוּ שִׁשָּׁה יָמִים שֶׁמֵּרֹאשׁ חֹדֶשׁ; "וַיְכַסֵּהוּ הֶעָנָן" לָהָר; "וַיִּקְרָא אֶל מֹשֶׁה בַּיּוֹם הַשְּׁבִיעִי" לוֹמַר עֲשֶׂרֶת הַדִּבְּרוֹת, וּמֹשֶׁה וְכָל יִשְׂרָאֵל עוֹמְדִים, אֶלָּא שֶׁחָלַק הַכָּתוּב כָּבוֹד לְמֹשֶׁה. וְיֵשׁ אוֹמְרִים, "וַיְכַסֵּהוּ הֶעָנָן" לְמֹשֶׁה "שֵׁשֶׁת יָמִים" לְאַחַר עֲשֶׂרֶת הַדִּבְּרוֹת, וְהֵם הָיוּ בִּתְחִלַּת אַרְבָּעִים יוֹם שֶׁעָלָה מֹשֶׁה לְקַבֵּל הַלּוּחוֹת, וְלִמֶּדְךָ שֶׁכָּל הַנִּכְנָס לַמַּחֲנֶה שְׁכִינָה טָעוּן פְּרִישָׁה שִׁשָּׁה יָמִים:

יח בְּתוֹךְ הֶעָנָן. עָנָן זֶה כְּמִין עָשָׁן הוּא, וְעָשָׂה לוֹ הַקָּדוֹשׁ בָּרוּךְ הוּא שְׁבִיל בְּתוֹכוֹ:

הפטרת משפטים

בראש חודש אדר א׳ קוראים את המפטיר וההפטרה בעמ׳ רעח. בערב ראש חודש אדר א׳ קוראים את ההפטרה בעמ׳ רפ. בשבת פרשת שקלים, גם אם חל בה ראש חודש או ערב ראש חודש, קוראים את המפטיר להלן ל, יא-טז, ואת ההפטרה בעמ׳ רפא.

בימי צדקיהו במהלך המצור הבבלי על ירושלים נערך טקס המוני של שחרור עבדים. עצם הצורך בטקס זה מעיד על השבר החברתי-כלכלי שקדם לו. הטקס התקיים בהשפעת נבואה שהשמיע ירמיהו על רקע החרפת המצב בירושלים הנצורה. התפתחות צבאית סמוך לזמן שחרור העבדים הביאה להקלה במצור. זמן קצר לאחר מכן שבו המשחררים ושעבדו את אחיהם. תגובת ה׳ על רמייה זו לא איחרה לבוא. ירמיהו שב והשמיע נבואת חורבן קשה.

בין השיטין אנו קוראים על הטקס הייחודי של כריתת ברית. ברית היא הסכם וחיבור, כריתה היא חיתוך והפרדה. בטקס נלקח עגל ונכרת-בותר לשניים. בעלי הברית עוברים בין חלקיו כדי להבהיר שהצלחת הברית תלויה בשני הצדדים: אם כל אחד יקיים את חלקו הברית תהיה שלמה.

לד ח הַדָּבָר אֲשֶׁר־הָיָה אֶל־יִרְמְיָהוּ מֵאֵת יהוה אַחֲרֵי כְּרֹת הַמֶּלֶךְ צִדְקִיָּהוּ ירמיה
ט בְּרִית אֶת־כָּל־הָעָם אֲשֶׁר בִּירוּשָׁלַ͏ִם לִקְרֹא לָהֶם דְּרוֹר: לְשַׁלַּח אִישׁ
אֶת־עַבְדּוֹ וְאִישׁ אֶת־שִׁפְחָתוֹ הָעִבְרִי וְהָעִבְרִיָּה חָפְשִׁים לְבִלְתִּי עֲבָד־בָּם
י בִּיהוּדִי אָחִיהוּ אִישׁ: וַיִּשְׁמְעוּ כָל־הַשָּׂרִים וְכָל־הָעָם אֲשֶׁר־בָּאוּ בַבְּרִית
לְשַׁלַּח אִישׁ אֶת־עַבְדּוֹ וְאִישׁ אֶת־שִׁפְחָתוֹ חָפְשִׁים לְבִלְתִּי עֲבָד־בָּם עוֹד
יא וַיִּשְׁמְעוּ וַיְשַׁלֵּחוּ: וַיָּשׁוּבוּ אַחֲרֵי־כֵן וַיָּשִׁבוּ אֶת־הָעֲבָדִים וְאֶת־הַשְּׁפָחוֹת
יב אֲשֶׁר שִׁלְּחוּ חָפְשִׁים ויכבישום לַעֲבָדִים וְלִשְׁפָחוֹת: וַיְהִי ויכבשום
יג דְבַר־יהוה אֶל־יִרְמְיָהוּ מֵאֵת יהוה לֵאמֹר: כֹּה־אָמַר יהוה אֱלֹהֵי יִשְׂרָאֵל
אָנֹכִי כָּרַתִּי בְרִית אֶת־אֲבוֹתֵיכֶם בְּיוֹם הוֹצִאִי אוֹתָם מֵאֶרֶץ מִצְרַיִם מִבֵּית
יד עֲבָדִים לֵאמֹר: מִקֵּץ שֶׁבַע שָׁנִים תְּשַׁלְּחוּ אִישׁ אֶת־אָחִיו הָעִבְרִי אֲשֶׁר־
יִמָּכֵר לְךָ וַעֲבָדְךָ שֵׁשׁ שָׁנִים וְשִׁלַּחְתּוֹ חָפְשִׁי מֵעִמָּךְ וְלֹא־שָׁמְעוּ אֲבוֹתֵיכֶם
טו אֵלַי וְלֹא הִטּוּ אֶת־אָזְנָם: וַתָּשֻׁבוּ אַתֶּם הַיּוֹם וַתַּעֲשׂוּ אֶת־הַיָּשָׁר בְּעֵינַי
לִקְרֹא דְרוֹר אִישׁ לְרֵעֵהוּ וַתִּכְרְתוּ בְרִית לְפָנַי בַּבַּיִת אֲשֶׁר־נִקְרָא שְׁמִי
טז עָלָיו: וַתָּשֻׁבוּ וַתְּחַלְּלוּ אֶת־שְׁמִי וַתָּשִׁבוּ אִישׁ אֶת־עַבְדּוֹ וְאִישׁ אֶת־שִׁפְחָתוֹ
אֲשֶׁר־שִׁלַּחְתֶּם חָפְשִׁים לְנַפְשָׁם וַתִּכְבְּשׁוּ אֹתָם לִהְיוֹת לָכֶם לַעֲבָדִים
יז וְלִשְׁפָחוֹת: לָכֵן כֹּה־אָמַר יהוה אַתֶּם לֹא־שְׁמַעְתֶּם אֵלַי לִקְרֹא
דְּרוֹר אִישׁ לְאָחִיו וְאִישׁ לְרֵעֵהוּ הִנְנִי קֹרֵא לָכֶם דְּרוֹר נְאֻם־יהוה אֶל־הַחֶרֶב
יח אֶל־הַדֶּבֶר וְאֶל־הָרָעָב וְנָתַתִּי אֶתְכֶם לזועה לְכֹל מַמְלְכוֹת הָאָרֶץ: וְנָתַתִּי לְזַעֲוָה
אֶת־הָאֲנָשִׁים הָעֹבְרִים אֶת־בְּרִתִי אֲשֶׁר לֹא־הֵקִימוּ אֶת־דִּבְרֵי הַבְּרִית אֲשֶׁר
יט כָּרְתוּ לְפָנָי הָעֵגֶל אֲשֶׁר כָּרְתוּ לִשְׁנַיִם וַיַּעַבְרוּ בֵּין בְּתָרָיו: שָׂרֵי יְהוּדָה וְשָׂרֵי
יְרוּשָׁלַ͏ִם הַסָּרִסִים וְהַכֹּהֲנִים וְכֹל עַם הָאָרֶץ הָעֹבְרִים בֵּין בִּתְרֵי הָעֵגֶל:

כ וְנָתַתִּי אוֹתָם בְּיַד אֹיְבֵיהֶם וּבְיַד מְבַקְשֵׁי נַפְשָׁם וְהָיְתָה נִבְלָתָם לְמַאֲכָל
כא לְעוֹף הַשָּׁמַיִם וּלְבֶהֱמַת הָאָרֶץ: וְאֶת־צִדְקִיָּהוּ מֶלֶךְ־יְהוּדָה וְאֶת־שָׂרָיו אֶתֵּן
בְּיַד אֹיְבֵיהֶם וּבְיַד מְבַקְשֵׁי נַפְשָׁם וּבְיַד חֵיל מֶלֶךְ בָּבֶל הָעֹלִים מֵעֲלֵיכֶם:
כב הִנְנִי מְצַוֶּה נְאֻם־יְהוָה וַהֲשִׁבֹתִים אֶל־הָעִיר הַזֹּאת וְנִלְחֲמוּ עָלֶיהָ וּלְכָדוּהָ
וּשְׂרָפֻהָ בָאֵשׁ וְאֶת־עָרֵי יְהוּדָה אֶתֵּן שְׁמָמָה מֵאֵין יֹשֵׁב:* התימנים ממשיכים בפרק לה
לג כה כֹּה אָמַר יְהוָה אִם־לֹא בְרִיתִי יוֹמָם וָלָיְלָה חֻקּוֹת שָׁמַיִם וָאָרֶץ לֹא־שָׂמְתִּי:
כו גַּם־זֶרַע יַעֲקוֹב וְדָוִד עַבְדִּי אֶמְאַס מִקַּחַת מִזַּרְעוֹ מֹשְׁלִים אֶל־זֶרַע אַבְרָהָם
יִשְׂחָק וְיַעֲקֹב כִּי־אָשׁוּב אֶת־שְׁבוּתָם וְרִחַמְתִּים:* אָשִׁיב האשכנזים והספרדים מסיימים כאן
לה א הַדָּבָר אֲשֶׁר־הָיָה אֶל־יִרְמְיָהוּ מֵאֵת יְהוָה בִּימֵי יְהוֹיָקִים בֶּן־יֹאשִׁיָּהוּ מֶלֶךְ
ב יְהוּדָה לֵאמֹר: הָלוֹךְ אֶל־בֵּית הָרֵכָבִים וְדִבַּרְתָּ אוֹתָם וַהֲבִאוֹתָם בֵּית יְהוָה
ג אֶל־אַחַת הַלְּשָׁכוֹת וְהִשְׁקִיתָ אוֹתָם יָיִן: וָאֶקַּח אֶת־יַאֲזַנְיָה בֶן־יִרְמְיָהוּ
ד בֶּן־חֲבַצִּנְיָה וְאֶת־אֶחָיו וְאֶת־כָּל־בָּנָיו וְאֵת כָּל־בֵּית הָרֵכָבִים: וָאָבִא אֹתָם
בֵּית יְהוָה אֶל־לִשְׁכַּת בְּנֵי חָנָן בֶּן־יִגְדַּלְיָהוּ אִישׁ הָאֱלֹהִים אֲשֶׁר־אֵצֶל
ה לִשְׁכַּת הַשָּׂרִים אֲשֶׁר מִמַּעַל לְלִשְׁכַּת מַעֲשֵׂיָהוּ בֶן־שַׁלֻּם שֹׁמֵר הַסַּף: וָאֶתֵּן
לִפְנֵי ׀ בְּנֵי בֵית־הָרֵכָבִים גְּבִעִים מְלֵאִים יַיִן וְכֹסוֹת וָאֹמַר אֲלֵיהֶם שְׁתוּ־
ו יָיִן: וַיֹּאמְרוּ לֹא נִשְׁתֶּה־יָּיִן כִּי יוֹנָדָב בֶּן־רֵכָב אָבִינוּ צִוָּה עָלֵינוּ לֵאמֹר לֹא
ז תִשְׁתּוּ־יַיִן אַתֶּם וּבְנֵיכֶם עַד־עוֹלָם: וּבַיִת לֹא־תִבְנוּ וְזֶרַע לֹא־תִזְרָעוּ וְכֶרֶם
לֹא־תִטָּעוּ וְלֹא יִהְיֶה לָכֶם כִּי בָּאֳהָלִים תֵּשְׁבוּ כָּל־יְמֵיכֶם לְמַעַן תִּחְיוּ יָמִים
ח רַבִּים עַל־פְּנֵי הָאֲדָמָה אֲשֶׁר אַתֶּם גָּרִים שָׁם: וַנִּשְׁמַע בְּקוֹל יְהוֹנָדָב בֶּן־
רֵכָב אָבִינוּ לְכֹל אֲשֶׁר צִוָּנוּ לְבִלְתִּי שְׁתוֹת־יַיִן כָּל־יָמֵינוּ אֲנַחְנוּ נָשֵׁינוּ בָּנֵינוּ
ט וּבְנֹתֵינוּ: וּלְבִלְתִּי בְּנוֹת בָּתִּים לְשִׁבְתֵּנוּ וְכֶרֶם וְשָׂדֶה וָזֶרַע לֹא יִהְיֶה־לָּנוּ:
י יא וַנֵּשֶׁב בָּאֳהָלִים וַנִּשְׁמַע וַנַּעַשׂ כְּכֹל אֲשֶׁר־צִוָּנוּ יוֹנָדָב אָבִינוּ: וַיְהִי בַּעֲלוֹת
נְבוּכַדְרֶאצַּר מֶלֶךְ־בָּבֶל אֶל־הָאָרֶץ וַנֹּאמֶר בֹּאוּ וְנָבוֹא יְרוּשָׁלַםִ מִפְּנֵי חֵיל
יב הַכַּשְׂדִּים וּמִפְּנֵי חֵיל אֲרָם וַנֵּשֶׁב בִּירוּשָׁלָםִ: וַיְהִי דְבַר־יְהוָה אֶל־
יג יִרְמְיָהוּ לֵאמֹר: כֹּה־אָמַר יְהוָה צְבָאוֹת אֱלֹהֵי יִשְׂרָאֵל הָלֹךְ וְאָמַרְתָּ לְאִישׁ
יְהוּדָה וּלְיוֹשְׁבֵי יְרוּשָׁלָםִ הֲלוֹא תִקְחוּ מוּסָר לִשְׁמֹעַ אֶל־דְּבָרַי נְאֻם־יְהוָה:
יד הוּקַם אֶת־דִּבְרֵי יְהוֹנָדָב בֶּן־רֵכָב אֲשֶׁר־צִוָּה אֶת־בָּנָיו לְבִלְתִּי שְׁתוֹת־יַיִן
וְלֹא שָׁתוּ עַד־הַיּוֹם הַזֶּה כִּי שָׁמְעוּ אֵת מִצְוַת אֲבִיהֶם וְאָנֹכִי דִּבַּרְתִּי אֲלֵיכֶם
טו הַשְׁכֵּים וְדַבֵּר וְלֹא שְׁמַעְתֶּם אֵלָי: וָאֶשְׁלַח אֲלֵיכֶם אֶת־כָּל־עֲבָדַי הַנְּבִאִים ׀
הַשְׁכֵּים וְשָׁלֹחַ ׀ לֵאמֹר שֻׁבוּ־נָא אִישׁ מִדַּרְכּוֹ הָרָעָה וְהֵיטִיבוּ מַעַלְלֵיכֶם

וְאַל־תֵּלְכוּ אַחֲרֵי אֱלֹהִים אֲחֵרִים לְעָבְדָם וּשְׁבוּ אֶל־הָאֲדָמָה אֲשֶׁר־נָתַתִּי
טז לָכֶם וְלַאֲבֹתֵיכֶם וְלֹא הִטִּיתֶם אֶת־אָזְנְכֶם וְלֹא שְׁמַעְתֶּם אֵלָי: כִּי הֵקִימוּ
בְּנֵי יְהוֹנָדָב בֶּן־רֵכָב אֶת־מִצְוַת אֲבִיהֶם אֲשֶׁר צִוָּם וְהָעָם הַזֶּה לֹא שָׁמְעוּ
יז אֵלָי: לָכֵן כֹּה־אָמַר יְהוָה אֱלֹהֵי צְבָאוֹת אֱלֹהֵי יִשְׂרָאֵל הִנְנִי מֵבִיא
אֶל־יְהוּדָה וְאֶל כָּל־יוֹשְׁבֵי יְרוּשָׁלִַם אֵת כָּל־הָרָעָה אֲשֶׁר דִּבַּרְתִּי עֲלֵיהֶם
יח יַעַן דִּבַּרְתִּי אֲלֵיהֶם וְלֹא שָׁמֵעוּ וָאֶקְרָא לָהֶם וְלֹא עָנוּ: וּלְבֵית הָרֵכָבִים
אָמַר יִרְמְיָהוּ כֹּה־אָמַר יְהוָה צְבָאוֹת אֱלֹהֵי יִשְׂרָאֵל יַעַן אֲשֶׁר שְׁמַעְתֶּם
עַל־מִצְוַת יְהוֹנָדָב אֲבִיכֶם וַתִּשְׁמְרוּ אֶת־כָּל־מִצְוֺתָיו וַתַּעֲשׂוּ כְּכֹל אֲשֶׁר־
יט צִוָּה אֶתְכֶם: לָכֵן כֹּה אָמַר יְהוָה צְבָאוֹת אֱלֹהֵי יִשְׂרָאֵל לֹא־יִכָּרֵת אִישׁ
לְיוֹנָדָב בֶּן־רֵכָב עֹמֵד לְפָנַי כָּל־הַיָּמִים:

פרשת תרומה

נושאים לפי סדרים	יח	יט	כ
	התרומה הארון, השולחן המנורה	המשכן	הפרוכת מזבח הנחושת חצר המשכן
	הר סיני		

תרומה

כה א ב יח וַיְדַבֵּר יְהוָה אֶל־מֹשֶׁה לֵּאמֹר: דַּבֵּר אֶל־בְּנֵי
יִשְׂרָאֵל וְיִקְחוּ־לִי תְּרוּמָה מֵאֵת כָּל־אִישׁ אֲשֶׁר
ג יִדְּבֶנּוּ לִבּוֹ תִּקְחוּ אֶת־תְּרוּמָתִי: וְזֹאת הַתְּרוּמָה
ד אֲשֶׁר תִּקְחוּ מֵאִתָּם זָהָב וָכֶסֶף וּנְחֹשֶׁת: וּתְכֵלֶת
ה וְאַרְגָּמָן וְתוֹלַעַת שָׁנִי וְשֵׁשׁ וְעִזִּים: וְעֹרֹת אֵילִם
ו מְאָדָּמִים וְעֹרֹת תְּחָשִׁים וַעֲצֵי שִׁטִּים: • שֶׁמֶן
לַמָּאֹר בְּשָׂמִים לְשֶׁמֶן הַמִּשְׁחָה וְלִקְטֹרֶת הַסַּמִּים:
ז ח אַבְנֵי־שֹׁהַם וְאַבְנֵי מִלֻּאִים לָאֵפֹד וְלַחֹשֶׁן: וְעָשׂוּ
ט לִי מִקְדָּשׁ וְשָׁכַנְתִּי בְּתוֹכָם: כְּכֹל אֲשֶׁר אֲנִי מַרְאֶה
אוֹתְךָ אֵת תַּבְנִית הַמִּשְׁכָּן וְאֵת תַּבְנִית כָּל־כֵּלָיו
י וְכֵן תַּעֲשׂוּ: • וְעָשׂוּ אֲרוֹן עֲצֵי
שִׁטִּים אַמָּתַיִם וָחֵצִי אָרְכּוֹ וְאַמָּה וָחֵצִי רָחְבּוֹ
יא וְאַמָּה וָחֵצִי קֹמָתוֹ: וְצִפִּיתָ אֹתוֹ זָהָב טָהוֹר
מִבַּיִת וּמִחוּץ תְּצַפֶּנּוּ וְעָשִׂיתָ עָלָיו זֵר זָהָב סָבִיב:

מצווה צה
מצוות בניין
בית המקדש

ב) וְיִקְחוּ לִי תְּרוּמָה. "לִי" – לִשְׁמִי: תְּרוּמָה. הַפְרָשָׁה, יַפְרִישׁוּ לִי מִמָּמוֹנָם נְדָבָה: יִדְּבֶנּוּ לִבּוֹ. לְשׁוֹן נְדָבָה, וְהוּא לְשׁוֹן רָצוֹן טוֹב, פייסנ"ט בְּלַעַז: תִּקְחוּ אֶת תְּרוּמָתִי. אָמְרוּ רַבּוֹתֵינוּ, שָׁלֹשׁ תְּרוּמוֹת אֲמוּרוֹת כָּאן: אַחַת תְּרוּמַת בֶּקַע לַגֻּלְגֹּלֶת שֶׁנַּעֲשׂוּ מֵהֶם הָאֲדָנִים, כְּמוֹ שֶׁמְּפֹרָשׁ בְּ"אֵלֶּה פְקוּדֵי" (להלן לח, כו-כז); וְאַחַת תְּרוּמַת הַמִּזְבֵּחַ בֶּקַע לַגֻּלְגֹּלֶת, לַקֻּפּוֹת לִקְנוֹת מֵהֶן קָרְבְּנוֹת צִבּוּר; וְאַחַת תְּרוּמַת הַמִּשְׁכָּן נְדָבַת כָּל אֶחָד וְאֶחָד שֶׁהִתְנַדְּבוּ. שְׁלֹשׁ עֶשְׂרֵה דְבָרִים הָאֲמוּרִים בָּעִנְיָן כֻּלָּם הֻצְרְכוּ לִמְלֶאכֶת הַמִּשְׁכָּן אוֹ לְבִגְדֵי כְהֻנָּה כְּשֶׁתְּדַקְדֵּק בָּהֶם:

ג) זָהָב וָכֶסֶף וּנְחֹשֶׁת וגו׳. כֻּלָּם בָּאוּ בִּנְדָבָה אִישׁ אִישׁ מַה שֶּׁנְּדָבוֹ לִבּוֹ, חוּץ מִן הַכֶּסֶף שֶׁבָּא

כה א ב ומליל יי עם משה למימר: מליל עם בני ישראל, ויפרשון קדמי אפרשותא, מן כל גבר
ג דיתרעי לביה, תסבון ית אפרשותי: ודא אפרשותא, דתסבון מנהון, דהבא וכספא ונחשא:
ד ה ותכלא וארגונא, וצבע זהורי ובוץ ומעזי: ומשכי דדכרי מסמקי, ומשכי ססגונא ואעי שטין:
ו ז משחא לאנהורותא, בסמיא למשח רבותא, ולקטרת בסמיא: אבני בורלא, ואבני
ח אשלמותא, לשקעא באיפודא ובחשנא: ויעבדון קדמי מקדש, ואשרי שכינתי ביניהון:
ט י ככל, דאנא מחזי יתך, ית דמות משכנא, וית דמות כל מנוהי, וכן תעבדון: ויעבדון ארונא
דאעי שטין, תרתין אמין ופלגא ארכיה, ואמתא ופלגא פתייה, ואמתא ופלגא רומיה:
יא ותחפי יתיה דהב דכי, מגיו ומברא תחפיניה, ותעביד עלוהי, זיר דדהב סחור סחור:

כשוה, מחצית השקל לכל אחד. ולא מנינו בכל מלאכת המשכן שהוצרך שם כסף יותר, שנאמר: "וכסף פקודי העדה וגו' בקע לגלגלת" וגו' (להלן לח, כה-כו). ושאר הכסף הבא שם בנדבה (להלן לה, כד) עשאוהו לכלי שרת:

ד ותכלת. צמר צבוע בדם חלזון, וצבעו ירוק: וארגמן. צמר צבוע ממין צבע ששמו ארגמן: ושש. הוא פשתן: ועזים. נוצה של עזים, לכך תרגם אונקלוס: "ומעזי", דבר הבא מן העזים ולא עזים עצמן, שתרגום של עזים 'עזיא':

ה מאדמים. צבועות היו אדום לאחר עבודן: תחשים. מין חיה, ולא היתה אלא לשעה, והרבה גוונים היו לה, לכך מתרגם "ססגונא", ששש ומתפאר בגוונין שלו: ועצי שטים. ומאין היו להם במדבר? פירש רבי תנחומא, יעקב אבינו צפה ברוח הקדש שעתידין ישראל לבנות משכן במדבר, והביא ארזים למצרים ונטעם, וצוה לבניו ליטלם עמהם כשיצאו ממצרים:

ו שמן למאר. שמן זית זך להעלות נר תמיד: בשמים לשמן המשחה. שנעשה למשח כלי המשכן והמשכן לקדשו, והוצרכו לו בשמים, כמו שמפורש בכי תשא (להלן ל, כג-כה): ולקטרת הסמים. שהיו מקטירין בכל בקר וערב, כמו שמפורש בואתה תצוה (להלן ל, ז-ח). ולשון קטרת, העלאת קיטור ותימרות עשן:

ז אבני שהם. שתים הוצרכו שם לצורך האפוד האמור בואתה תצוה (שם כח, ט-יב): מלאים. על שם שעושין להם בזהב מושב כמין גומא ונותנין האבן שם למלאות הגומא, קרויים "אבני מלואים", ומקום המושב קרוי משבצת: לאפד ולחשן. השהם לאפוד ואבני המלואים לחשן. וחשן ואפוד מפורשים בואתה תצוה (שם כח, ו-ל), והם מיני תכשיט:

ח ועשו לי מקדש. ועשו לשמי בית קדשה:

ט ככל אשר אני מראה אותך. כאן "את תבנית המשכן". המקרא הזה מחובר למקרא שלמעלה הימנו: "ועשו לי מקדש... ככל אשר אני מראה אותך... וכן תעשו" לדורות, אם יאבד אחד מן הכלים, או כשתעשו לי כלי בית עולמים כגון שלחנות ומנורות וכיורות ומכונות שעשה שלמה, כתבנית אלו תעשו אותם. ואם לא היה המקרא מחובר למעלה הימנו, לא היה לו לכתוב: "וכן תעשו" אלא "כן תעשו", והיה מדבר על עשית אהל מועד וכליו:

י ועשו ארון. כמין ארונות שעושים בלא רגלים עשוים כמין ארגז שקורין אשקרי"ן, יושב על שוליו:

יא מבית ומחוץ תצפנו. שלשה ארונות עשה בצלאל, שנים של זהב ואחד של עץ, ארבעה כתלים ושולים לכל אחד, ופתוחים מלמעלה. נתן של עץ בתוך של זהב, ושל זהב בתוך של עץ, וחפה שפתו העליונה בזהב, נמצא מצפה

יב וְיָצַקְתָּ לּוֹ אַרְבַּע טַבְּעֹת זָהָב וְנָתַתָּה עַל
אַרְבַּע פַּעֲמֹתָיו וּשְׁתֵּי טַבָּעֹת עַל־צַלְעוֹ הָאֶחָת
יג וּשְׁתֵּי טַבָּעֹת עַל־צַלְעוֹ הַשֵּׁנִית: וְעָשִׂיתָ בַדֵּי
יד עֲצֵי שִׁטִּים וְצִפִּיתָ אֹתָם זָהָב: וְהֵבֵאתָ אֶת־
הַבַּדִּים בַּטַּבָּעֹת עַל צַלְעֹת הָאָרֹן לָשֵׂאת אֶת־
טו הָאָרֹן בָּהֶם: בְּטַבְּעֹת הָאָרֹן יִהְיוּ הַבַּדִּים לֹא — מצווה צו איסור הסרת בדי הארון
טז יָסֻרוּ מִמֶּנּוּ: וְנָתַתָּ אֶל־הָאָרֹן אֵת הָעֵדֻת אֲשֶׁר
יז אֶתֵּן אֵלֶיךָ: וְעָשִׂיתָ כַפֹּרֶת זָהָב טָהוֹר אַמָּתַיִם — שני
יח וָחֵצִי אָרְכָּהּ וְאַמָּה וָחֵצִי רָחְבָּהּ: וְעָשִׂיתָ שְׁנַיִם
כְּרֻבִים זָהָב מִקְשָׁה תַּעֲשֶׂה אֹתָם מִשְּׁנֵי קְצוֹת
יט הַכַּפֹּרֶת: וַעֲשֵׂה כְּרוּב אֶחָד מִקָּצָה מִזֶּה וּכְרוּב־
אֶחָד מִקָּצָה מִזֶּה מִן־הַכַּפֹּרֶת תַּעֲשׂוּ אֶת־
כ הַכְּרֻבִים עַל־שְׁנֵי קְצוֹתָיו: וְהָיוּ הַכְּרֻבִים פֹּרְשֵׂי
כְנָפַיִם לְמַעְלָה סֹכְכִים בְּכַנְפֵיהֶם עַל־הַכַּפֹּרֶת
וּפְנֵיהֶם אִישׁ אֶל־אָחִיו אֶל־הַכַּפֹּרֶת יִהְיוּ פְּנֵי
כא הַכְּרֻבִים: וְנָתַתָּ אֶת־הַכַּפֹּרֶת עַל־הָאָרֹן מִלְמָעְלָה
וְאֶל־הָאָרֹן תִּתֵּן אֶת־הָעֵדֻת אֲשֶׁר אֶתֵּן אֵלֶיךָ:
כב וְנוֹעַדְתִּי לְךָ שָׁם וְדִבַּרְתִּי אִתְּךָ מֵעַל הַכַּפֹּרֶת

מבית ומחוץ: זר זהב. כמין כתר מקיף לו סביב למעלה משפתו, שעשה הדופן החיצון גבוה מן הפנימי עד שעלה למול עבי הכפרת ולמעלה הימנו משהו, וכשהכפרת שוכב על עבי הכתלים עולה הזר למעלה מכל עבי הכפרת כל שהוא, והוא סימן לכתר תורה:

תרומה

יב וְתַתֵּיךְ לֵיהּ, אַרְבַּע עִזְקָן דִּדְהַב, וְתִתֵּין, עַל אַרְבַּע זָוְיָתֵיהּ, וְתַרְתֵּין עִזְקָן, עַל סִטְרֵיהּ חַד,
יג יד וְתַרְתֵּין עִזְקָן, עַל סִטְרֵיהּ תִּנְיָנָא: וְתַעְבֵּיד אֲרִיחֵי דְּאָעֵי שִׁטִּין, וְתַחְפֵּי יָתְהוֹן דַּהְבָא: וְתַעֵיל
טו יָת אֲרִיחַיָּא בְּעִזְקָתָא, עַל סִטְרֵי אֲרוֹנָא, לְמִטַּל יָת אֲרוֹנָא בְּהוֹן: בְּעִזְקָת אֲרוֹנָא, יְהוֹן
טז יז אֲרִיחַיָּא, לָא יִעְדּוֹן מִנֵּיהּ: וְתִתֵּין בַּאֲרוֹנָא, יָת סָהֲדוּתָא, דְּאֶתֵּין לָךְ: וְתַעְבֵּיד כָּפֻרְתָּא
יח דִּדְהַב דְּכֵי, תַּרְתֵּין אַמִּין וּפַלְגָּא אֻרְכַּהּ, וְאַמְּתָא וּפַלְגָּא פְּתָיַהּ: וְתַעְבֵּיד, תְּרֵין כְּרוּבִין
יט דִּדְהַב, נְגִיד תַּעְבֵּיד יָתְהוֹן, מִתְּרֵין סִטְרֵי כָּפֻרְתָּא: וַעְבֵיד, כְּרוּבָא חַד מִסִּטְרָא מִכָּא,
כ וּכְרוּבָא חַד מִסִּטְרָא מִכָּא, מִן כָּפֻרְתָּא, תַּעְבְּדוּן יָת כְּרוּבַיָּא עַל תְּרֵין סִטְרוֹהִי: וִיהוֹן
כְּרוּבַיָּא פְּרִיסִין גַּדְפֵּיהוֹן לְעֵילָא, מְטַלְּלִין בְּגַדְפֵּיהוֹן עַל כָּפֻרְתָּא, וְאַפֵּיהוֹן חַד לָקֳבֵיל חַד,
כא לָקֳבֵיל כָּפֻרְתָּא, יְהוֹן אַפֵּי כְרוּבַיָּא: וְתִתֵּין יָת כָּפֻרְתָּא, עַל אֲרוֹנָא מִלְּעֵילָא, וּבַאֲרוֹנָא, תִּתֵּין
כב יָת סָהֲדוּתָא, דְּאֶתֵּין לָךְ: וַאֲזָמֵין מֵימְרִי לָךְ תַּמָּן, וַאֲמַלֵּיל עִמָּךְ מֵעִלָּוֵי כָּפֻרְתָּא,

יב] **וְיָצַקְתָּ.** לְשׁוֹן הַתָּכָה, כְּתַרְגּוּמוֹ: **פַּעֲמֹתָיו.** כְּתַרְגּוּמוֹ: "זָוְיָתֵיהּ". וּבַזָּוִיּוֹת הָעֶלְיוֹנוֹת סָמוּךְ לַכַּפֹּרֶת הָיוּ נְתוּנוֹת, שְׁתַּיִם מִכָּאן וּשְׁתַּיִם מִכָּאן לְרָחְבּוֹ שֶׁל אָרוֹן, וְהַבַּדִּים נְתוּנִים בָּהֶם, וְאָרְכּוֹ שֶׁל אָרוֹן מַפְסִיק בֵּין הַבַּדִּים אַמָּתַיִם וָחֵצִי בֵּין בַּד לְבַד, שֶׁיִּהְיוּ שְׁנֵי בְּנֵי אָדָם הַנּוֹשְׂאִים אֶת הָאָרוֹן מְהַלְּכִין בֵּינֵיהֶם, וְכֵן מְפֹרָשׁ בִּמְנָחוֹת בְּפֶרֶק 'שְׁתֵּי הַלֶּחֶם' (דף צח ע״ב): **וּשְׁתֵּי טַבָּעֹת עַל צַלְעוֹ הָאֶחָת.** הֵן הֵן הָאַרְבַּע טַבָּעוֹת שֶׁבִּתְחִלַּת הַמִּקְרָא, וּפֵרֵשׁ לְךָ הֵיכָן הָיוּ. וְהַוָּי"ו זוֹ יְתֵרָה הִיא, וּפִתְרוֹנוֹ כְּמוֹ שְׁתֵּי טַבָּעֹת. וְיֵשׁ לְךָ לַשְּׁנָה כֵּן: וּשְׁתַּיִם מִן הַטַּבָּעוֹת הָאֵלּוּ עַל צַלְעוֹ הָאֶחָת: **צַלְעוֹ.** צִדּוֹ:

יג] **בַּדֵּי.** מוֹטוֹת:

טו] **לֹא יָסֻרוּ מִמֶּנּוּ.** לְעוֹלָם:

טז] **וְנָתַתָּ אֶל הָאָרֹן.** כְּמוֹ בָּאָרוֹן: **הָעֵדֻת.** הַתּוֹרָה שֶׁהִיא לְעֵדוּת בֵּינִי וּבֵינֵיכֶם שֶׁצִּוִּיתִי אֶתְכֶם מִצְוֹת הַכְּתוּבוֹת בָּהּ:

יז] **כַּפֹּרֶת.** כִּסּוּי עַל הָאָרוֹן, שֶׁהָיָה פָּתוּחַ מִלְמַעְלָה וּמַנִּיחוֹ עָלָיו כְּמִין דַּף: **אַמָּתַיִם וָחֵצִי אָרְכָּהּ.** כְּאָרְכּוֹ שֶׁל אָרוֹן, וְרָחְבָּהּ כְּרָחְבּוֹ שֶׁל אָרוֹן, וּמֻנַּחַת עַל עֳבִי הַכְּתָלִים הָאַרְבַּעְתָּם. וְאַף עַל פִּי שֶׁלֹּא נָתַן שִׁעוּר לְעָבְיָהּ, פֵּרְשׁוּ רַבּוֹתֵינוּ שֶׁהָיָה עָבְיָהּ טֶפַח:

יח] **כְּרֻבִים.** דְּמוּת פַּרְצוּף תִּינוֹק לָהֶם: **מִקְשָׁה תַּעֲשֶׂה אֹתָם.** שֶׁלֹּא תַּעֲשֵׂם בִּפְנֵי עַצְמָם וּתְחַבְּרֵם בְּרָאשֵׁי הַכַּפֹּרֶת לְאַחַר עֲשִׂיָּתָם כְּמַעֲשֵׂה צוֹרְפִים שֶׁקּוֹרִין שולדרי"ן, אֶלָּא הַטֵּל זָהָב הַרְבֵּה בִּתְחִלַּת עֲשִׂיַּת הַכַּפֹּרֶת, וְהַכֵּה בְּפַטִּישׁ וּבְקֻרְנָס בְּאֶמְצַע וְרָאשִׁין בּוֹלְטִין לְמַעְלָה, וְצַיֵּר הַכְּרוּבִים בְּבְלִיטַת קְצוֹתָיו: **מִקְשָׁה.** בטדי"ן בְּלַעַז, כְּמוֹ: "דָּא לְדָא נָקְשָׁן" (דניאל ה, ו): **קְצוֹת הַכַּפֹּרֶת.** רָאשֵׁי הַכַּפֹּרֶת:

יט] **וַעֲשֵׂה כְּרוּב אֶחָד מִקָּצָה.** שֶׁלֹּא תֹאמַר, שְׁנַיִם כְּרוּבִים לְכָל קָצֶה וְקָצֶה, לְכָךְ הֻצְרַךְ לְפָרֵשׁ: "כְּרוּב אֶחָד מִקָּצָה מִזֶּה": **מִן הַכַּפֹּרֶת.** עַצְמָהּ, "תַּעֲשׂוּ אֶת הַכְּרֻבִים". זֶהוּ פֵּרוּשׁוֹ שֶׁל "מִקְשָׁה תַּעֲשֶׂה אֹתָם", שֶׁלֹּא תַּעֲשֵׂם בִּפְנֵי עַצְמָם וּתְחַבְּרֵם לַכַּפֹּרֶת:

כ] **פֹּרְשֵׂי כְנָפַיִם.** שֶׁלֹּא תַּעֲשֶׂה כַּנְפֵיהֶם שׁוֹכְבִים, אֶלָּא פְּרוּשִׂים וּגְבוֹהִים לְמַעְלָה אֵצֶל רָאשֵׁיהֶם, שֶׁיְּהֵא עֲשָׂרָה טְפָחִים בֶּחָלָל שֶׁבֵּין הַכְּנָפַיִם לַכַּפֹּרֶת, כִּדְאִיתָא בְּסֻכָּה (דף ה ע״ב):

כא] **וְאֶל הָאָרֹן תִּתֵּן אֶת הָעֵדֻת.** לֹא יָדַעְתִּי לָמָּה נִכְפַּל, שֶׁהֲרֵי כְּבָר נֶאֱמַר: "וְנָתַתָּ אֶל הָאָרֹן אֵת הָעֵדֻת" (לעיל פסוק טז)! וְיֵשׁ לוֹמַר, שֶׁבָּא לְלַמֵּד שֶׁבְּעוֹדוֹ אָרוֹן לְבַדּוֹ בְּלֹא כַּפֹּרֶת יִתֵּן תְּחִלָּה הָעֵדוּת לְתוֹכוֹ, וְאַחַר כָּךְ יִתֵּן אֶת הַכַּפֹּרֶת עָלָיו, וְכֵן מָצִינוּ כְּשֶׁהֵקִים אֶת הַמִּשְׁכָּן, נֶאֱמַר: "וַיִּתֵּן אֶת הָעֵדֻת אֶל הָאָרֹן" וְאַחַר כָּךְ: "וַיִּתֵּן אֶת הַכַּפֹּרֶת עַל הָאָרֹן מִלְמָעְלָה" (להלן מ, כ):

כב] **וְנוֹעַדְתִּי.** כְּשֶׁאֶקְבַּע מוֹעֵד לְךָ לְדַבֵּר עִמְּךָ, אוֹתוֹ מָקוֹם אֶקְבַּע לַמּוֹעֵד, שֶׁאָבוֹא שָׁם לְדַבֵּר אֵלֶיךָ: **וְדִבַּרְתִּי אִתְּךָ מֵעַל הַכַּפֹּרֶת.** וּבְמָקוֹם אַחֵר הוּא אוֹמֵר: "וַיְדַבֵּר ה' אֵלָיו מֵאֹהֶל מוֹעֵד לֵאמֹר" (ויקרא א, א), זֶה הַמִּשְׁכָּן מִחוּץ לַפָּרֹכֶת, נִמְצְאוּ שְׁנֵי

מִבֵּין שְׁנֵי הַכְּרֻבִים אֲשֶׁר עַל־אֲרוֹן הָעֵדֻת אֵת
כׇּל־אֲשֶׁר אֲצַוֶּה אוֹתְךָ אֶל־בְּנֵי יִשְׂרָאֵל׃
כג וְעָשִׂיתָ שֻׁלְחָן עֲצֵי שִׁטִּים אַמָּתַיִם אׇרְכּוֹ וְאַמָּה
כד רׇחְבּוֹ וְאַמָּה וָחֵצִי קֹמָתוֹ׃ וְצִפִּיתָ אֹתוֹ זָהָב טָהוֹר
כה וְעָשִׂיתָ לּוֹ זֵר זָהָב סָבִיב׃ וְעָשִׂיתָ לּוֹ מִסְגֶּרֶת טֹפַח
כו סָבִיב וְעָשִׂיתָ זֵר־זָהָב לְמִסְגַּרְתּוֹ סָבִיב׃ וְעָשִׂיתָ
לּוֹ אַרְבַּע טַבְּעֹת זָהָב וְנָתַתָּ אֶת־הַטַּבָּעֹת עַל
כז אַרְבַּע הַפֵּאֹת אֲשֶׁר לְאַרְבַּע רַגְלָיו׃ לְעֻמַּת
הַמִּסְגֶּרֶת תִּהְיֶיןָ הַטַּבָּעֹת לְבָתִּים לְבַדִּים לָשֵׂאת
כח אֶת־הַשֻּׁלְחָן׃ וְעָשִׂיתָ אֶת־הַבַּדִּים עֲצֵי שִׁטִּים
כט וְצִפִּיתָ אֹתָם זָהָב וְנִשָּׂא־בָם אֶת־הַשֻּׁלְחָן׃ וְעָשִׂיתָ
קְּעָרֹתָיו וְכַפֹּתָיו וּקְשׂוֹתָיו וּמְנַקִּיֹּתָיו אֲשֶׁר יֻסַּךְ
ל בָּהֵן זָהָב טָהוֹר תַּעֲשֶׂה אֹתָם׃ וְנָתַתָּ עַל־הַשֻּׁלְחָן
לֶחֶם פָּנִים לְפָנַי תָּמִיד׃
לא וְעָשִׂיתָ מְנֹרַת זָהָב טָהוֹר מִקְשָׁה תֵּיעָשֶׂה הַמְּנוֹרָה

מצווה צו
סידור
לחם הפנים

תרומה

כתובים המכחישים זה את זה, בא הכתוב השלישי והכריע ביניהם: "ובבא משה אל אהל מועד... וישמע את הקול מדבר אליו מעל הכפרת" וגו' (במדבר ז, פט), משה היה נכנס למשכן, וכיון שבא בתוך הפתח קול יורד מן השמים לבין הכרובים, ומשם יוצא ונשמע למשה באהל מועד: ואת כל אשר אצוה אותך אל בני ישראל. הרי וי"ו זו יתרה וטפלה, וכמוה הרבה במקרא, וכה תפרשהו: ואשר אדבר עמך שם "את כל אשר אצוה אותך אל בני ישראל" הוא:

כג) קמתו. גבה רגליו עם עבי השלחן:

כד) זר זהב. סימן לכתר מלכות, שהשלחן שם עשר וגדלה, כמו שאומרים: שלחן מלכים:

כה) מסגרת. כתרגומו: "גדנפא". ונחלקו חכמי ישראל בדבר: יש אומרים למעלה היתה סביב לשלחן, כמו לבזבזין שבשפת שלחן שרים, ויש אומרים למטה היתה תקועה מרגל לרגל בארבע רוחות השלחן, ודף השלחן שוכב על אותה מסגרת: ועשית זר זהב למסגרתו. הוא זר

כג מִבֵּין תְּרֵין כְּרוּבַיָּא, דְּעַל אֲרוֹנָא דְסָהֲדוּתָא, יָת כָּל דַּאֲפַקֵּיד, יָתָךְ לְוָת בְּנֵי יִשְׂרָאֵל: וְתַעְבֵּיד
כד פָּתוּרָא דְּאָעֵי שִׁטִּין, תַּרְתֵּין אַמִּין אֻרְכֵּיהּ וְאַמְּתָא פְּתָיֵהּ, וְאַמְּתָא וּפַלְגָּא רוּמֵיהּ: וְתַחְפֵּי יָתֵיהּ
כה דְּהַב דְּכֵי, וְתַעְבֵּיד לֵיהּ, זֵיר דִּדְהַב סְחוֹר סְחוֹר: וְתַעְבֵּיד לֵיהּ גְּדַנְפָא, רוּמֵיהּ פֻּשְׁכָּא סְחוֹר סְחוֹר,
כו וְתַעְבֵּיד זֵיר דִּדְהַב, לִגְדַנְפֵיהּ סְחוֹר סְחוֹר: וְתַעְבֵּיד לֵיהּ, אַרְבַּע עִזְקָן דִּדְהַב, וְתִתֵּין יָת עִזְקָתָא,
כז עַל אַרְבַּע זָוְיָתָא, דִּלְאַרְבַּע רַגְלוֹהִי: לָקֳבֵיל גְּדַנְפָא, יְהוֹיָן עִזְקָתָא, לְאַתְרָא לַאֲרִיחַיָּא, לְמִטַּל
כח יָת פָּתוּרָא: וְתַעְבֵּיד יָת אֲרִיחַיָּא דְּאָעֵי שִׁטִּין, וְתַחְפֵּי יָתְהוֹן דַּהֲבָא, וִיהוֹן נָטְלִין בְּהוֹן יָת פָּתוּרָא:
כט ל וְתַעְבֵּיד מְגִסּוֹהִי וּבָזִכּוֹהִי, וְקַסְוָתֵיהּ וּמְכִילָתֵיהּ, דְּיִתְנַסַּךְ בְּהוֹן, דְּהַב דְּכֵי תַּעְבֵּיד יָתְהוֹן: וְתִתֵּין
לא עַל פָּתוּרָא, לְחֵים אַפַּיָּא קֳדָמַי תְּדִירָא: וְתַעְבֵּיד מְנָרְתָא דִּדְהַב דְּכֵי, נְגִיד, תִּתְעֲבֵיד מְנָרְתָא

הֶחָמוּר לְמַעְלָה, וּפֵרֵשׁ לְךָ כָּאן שֶׁעַל הַמִּסְגֶּרֶת הָיָה:

כז) **לְעֻמַּת הַמִּסְגֶּרֶת תִּהְיֶיןָ הַטַּבָּעֹת.** בָּרַגְלַיִם תְּקוּעוֹת כְּנֶגֶד רָאשֵׁי הַמִּסְגֶּרֶת: **לְבָתִּים לְבַדִּים.** אוֹתָן הַטַּבָּעוֹת יִהְיוּ בָּתִּים לְהַכְנִיס בָּהֶן הַבַּדִּים: **לְבָתִּים.** לְצֹרֶךְ בָּתִּים: **לְבַדִּים.** כְּתַרְגּוּמוֹ: "לְאַתְרָא לַאֲרִיחַיָּא":

כח) **וְנִשָּׂא בָם.** לְשׁוֹן נִפְעַל, יִהְיֶה נִשָּׂא בָּם אֶת הַשֻּׁלְחָן:

כט) **וְעָשִׂיתָ קְּעָרֹתָיו וְכַפֹּתָיו.** קְעָרֹתָיו זֶה דְּפוּס, שֶׁהָיָה עָשׂוּי כִּדְפוּס הַלֶּחֶם. וְהַלֶּחֶם הָיָה עָשׂוּי כְּמִין תֵּבָה פְרוּצָה מִשְּׁתֵּי רוּחוֹתֶיהָ, שׁוּלַיִם לוֹ לְמַטָּה, וְזוֹקֵף מִכָּאן וּמִכָּאן כְּלַפֵּי מַעְלָה כְּמִין כְּתָלִים. וּלְכָךְ קָרוּי לֶחֶם הַפָּנִים, שֶׁיֵּשׁ לוֹ פָּנִים רוֹאִים לְכָאן וּלְכָאן לְצִדֵּי הַבַּיִת מִזֶּה וּמִזֶּה. וְנוֹתֵן אָרְכּוֹ לְרָחְבּוֹ שֶׁל שֻׁלְחָן, וְכָתְלָיו זְקוּפִים כְּנֶגֶד שְׂפַת הַשֻּׁלְחָן. וְהָיָה עָשׂוּי לוֹ דְּפוּס זָהָב וּדְפוּס בַּרְזֶל, בְּשֶׁל בַּרְזֶל הוּא נֶאֱפֶה, וּכְשֶׁמּוֹצִיאוֹ מִן הַתַּנּוּר נוֹתְנוֹ בְּשֶׁל זָהָב עַד לְמָחָר, בְּשַׁבָּת, שֶׁמְּסַדְּרוֹ עַל הַשֻּׁלְחָן, וְאוֹתוֹ דְּפוּס קָרוּי קְעָרָה: **וְכַפֹּתָיו.** בָּזִיכִין שֶׁנּוֹתְנִין בָּהֶם לְבוֹנָה, שְׁתַּיִם הָיוּ לִשְׁנֵי קְמָצֵי לְבוֹנָה שֶׁנּוֹתְנִין עַל שְׁתֵּי הַמַּעֲרָכוֹת, שֶׁנֶּאֱמַר: "וְנָתַתָּ עַל הַמַּעֲרֶכֶת לְבֹנָה זַכָּה" (ויקרא כד, ז): **וּקְשׂוֹתָיו.** הֵן כְּמִין חֲצָאֵי קָנִים חֲלוּלִים הַנִּסְדָּקִין לְאָרְכָּן, דֻּגְמָתָן עוֹשֶׂה שֶׁל זָהָב וּמְסַדֵּר שְׁלֹשָׁה עַל רֹאשׁ כָּל לֶחֶם, שֶׁיֵּשֵׁב לֶחֶם הָאֶחָד עַל גַּבֵּי אוֹתָן הַקָּנִים, וּמַבְדִּילִין בֵּין לֶחֶם לְלֶחֶם כְּדֵי שֶׁתִּכָּנֵס הָרוּחַ בֵּינֵיהֶם וְלֹא יִתְעַפְּשׁוּ. וּבִלְשׁוֹן עֲרָבִי כָּל דָּבָר חָלוּל קָרוּי קָסוּ"א: **וּמְנַקִּיֹּתָיו.** תַּרְגּוּמוֹ "וּמְכִילָתֵיהּ", הֵן סְנִיפִין כְּמִין יְתֵדוֹת זָהָב עוֹמְדִין בָּאָרֶץ וּגְבוֹהִין עַד לְמַעְלָה מִן הַשֻּׁלְחָן הַרְבֵּה כְּנֶגֶד

גֹּבַהּ מַעֲרֶכֶת הַלֶּחֶם, וּמְפֻצָּלִים שִׁשָּׁה פִּצּוּלִים, זֶה לְמַעְלָה מִזֶּה, וְרָאשֵׁי הַקָּנִים שֶׁבֵּין לֶחֶם לְלֶחֶם סְמוּכִין עַל אוֹתָן פִּצּוּלִין, כְּדֵי שֶׁלֹּא יִכְבַּד מַשָּׂא הַלֶּחֶם הָעֶלְיוֹנִים עַל הַתַּחְתּוֹנִים וְיִשָּׁבְרוּ. וּלְשׁוֹן "מְכִילָתֵיהּ" סוֹבְלוֹתָיו, כְּמוֹ: "נִלְאֵיתִי הָכִיל" (ירמיה ו, יא). אֲבָל לְשׁוֹן 'מְנַקִּיֹּת' אֵינִי יוֹדֵעַ אֵיךְ נוֹפֵל עַל סְנִיפִין. וְיֵשׁ מֵחַכְמֵי יִשְׂרָאֵל אוֹמְרִים, "קְשׂוֹתָיו" אֵלּוּ סְנִיפִין, שֶׁמְּקַשִּׁין אוֹתוֹ וּמַחֲזִיקִים אוֹתוֹ שֶׁלֹּא יִשָּׁבֵר, "וּמְנַקִּיֹּתָיו" אֵלּוּ הַקָּנִים, שֶׁמְּנַקִּין אוֹתוֹ שֶׁלֹּא יִתְעַפֵּשׁ. אֲבָל אוּנְקְלוֹס שֶׁתִּרְגֵּם: "וּמְכִילָתֵיהּ" הָיָה שׁוֹנֶה כְּדִבְרֵי הָאוֹמֵר מְנַקִּיּוֹת הֵן סְנִיפִין: **אֲשֶׁר יֻסַּךְ בָּהֵן.** אֲשֶׁר יְכֻסֶּה בָּהֶן. וְעַל קְשׂוֹתָיו הוּא אוֹמֵר: "אֲשֶׁר יֻסַּךְ", שֶׁהָיוּ עָלָיו כְּמִין סְכָךְ וְכִסּוּי, וְכֵן בְּמָקוֹם אַחֵר הוּא אוֹמֵר: "וְאֵת קְשׂוֹת הַנָּסֶךְ" (במדבר ד, ז). וְזֶה וָזֶה, 'יֻסַּךְ' וְ'הַנָּסֶךְ', לְשׁוֹן סְכָךְ וְכִסּוּי הֵם:

ל) **לֶחֶם פָּנִים.** שֶׁהָיוּ לוֹ פָּנִים כְּמוֹ שֶׁפֵּרַשְׁתִּי. וּמִנְיַן הַלֶּחֶם וְסֵדֶר מַעַרְכוֹתָיו מְפֹרָשִׁים בְּ'אֱמֹר אֶל הַכֹּהֲנִים' (ויקרא כד, ה-ט):

לא) **מִקְשָׁה תֵּיעָשֶׂה הַמְּנוֹרָה.** שֶׁלֹּא יַעֲשֶׂנָּה חֻלְיוֹת, וְלֹא יַעֲשֶׂה קָנֶיהָ וְנֵרוֹתֶיהָ אֵבָרִים אֵבָרִים וְאַחַר כָּךְ יַדְבִּיקֵם כְּדֶרֶךְ הַצּוֹרְפִים שֶׁקּוֹרִין שולדרי"ן, אֶלָּא כֻּלָּהּ בָּאָה מֵחֲתִיכָה אַחַת, וּמַקִּישׁ בַּקֻּרְנָס וְחוֹתֵךְ בִּכְלֵי הָאֻמָּנוּת וּמַפְרִיד הַקָּנִים אֵילָךְ וְאֵילָךְ. תַּרְגּוּמוֹ שֶׁל 'מִקְשָׁה': "נְגִיד", לְשׁוֹן הַמְשָׁכָה, שֶׁמַּמְשִׁיךְ הָאֵבָרִים מִן הָעֶשֶׁת לְכָאן וּלְכָאן בְּהַקָּשַׁת הַקֻּרְנָס. וּלְשׁוֹן "מִקְשָׁה" מַכַּת קֻרְנָס, בטדי"ץ בְּלַעַז: **תֵּיעָשֶׂה הַמְּנוֹרָה.** מֵאֵלֶיהָ, לְפִי שֶׁהָיָה מֹשֶׁה מִתְקַשֶּׁה בָּהּ, אָמַר לוֹ הַקָּדוֹשׁ בָּרוּךְ הוּא: הַשְׁלֵךְ אֶת הַכִּכָּר לָאוּר וְהִיא נַעֲשֵׂית מֵאֵלֶיהָ. לְכָךְ לֹא נִכְתַּב 'תַּעֲשֶׂה': **יְרֵכָהּ.** הוּא הָרֶגֶל שֶׁלְּמַטָּה

יְרֵכָהּ וְקָנָהּ גְּבִיעֶיהָ כַּפְתֹּרֶיהָ וּפְרָחֶיהָ מִמֶּנָּה יִהְיוּ׃
לב וְשִׁשָּׁה קָנִים יֹצְאִים מִצִּדֶּיהָ שְׁלֹשָׁה ׀ קְנֵי מְנֹרָה
מִצִּדָּהּ הָאֶחָד וּשְׁלֹשָׁה קְנֵי מְנֹרָה מִצִּדָּהּ הַשֵּׁנִי׃
לג שְׁלֹשָׁה גְבִעִים מְשֻׁקָּדִים בַּקָּנֶה הָאֶחָד כַּפְתֹּר וָפֶרַח
וּשְׁלֹשָׁה גְבִעִים מְשֻׁקָּדִים בַּקָּנֶה הָאֶחָד כַּפְתֹּר וָפָרַח
לד כֵּן לְשֵׁשֶׁת הַקָּנִים הַיֹּצְאִים מִן־הַמְּנֹרָה׃ וּבַמְּנֹרָה
אַרְבָּעָה גְבִעִים מְשֻׁקָּדִים כַּפְתֹּרֶיהָ וּפְרָחֶיהָ׃
לה וְכַפְתֹּר תַּחַת שְׁנֵי הַקָּנִים מִמֶּנָּה וְכַפְתֹּר תַּחַת שְׁנֵי
הַקָּנִים מִמֶּנָּה וְכַפְתֹּר תַּחַת־שְׁנֵי הַקָּנִים מִמֶּנָּה
לו לְשֵׁשֶׁת הַקָּנִים הַיֹּצְאִים מִן־הַמְּנֹרָה׃ כַּפְתֹּרֵיהֶם
וּקְנֹתָם מִמֶּנָּה יִהְיוּ כֻּלָּהּ מִקְשָׁה אַחַת זָהָב טָהוֹר׃
לז וְעָשִׂיתָ אֶת־נֵרֹתֶיהָ שִׁבְעָה וְהֶעֱלָה אֶת־נֵרֹתֶיהָ
לח וְהֵאִיר עַל־עֵבֶר פָּנֶיהָ׃ וּמַלְקָחֶיהָ וּמַחְתֹּתֶיהָ זָהָב
לט טָהוֹר׃ כִּכָּר זָהָב טָהוֹר יַעֲשֶׂה אֹתָהּ אֵת כָּל־הַכֵּלִים

העשוי כמין תבה, ושלשת הרגלים יוצאין הימנה מטה: **וקנה.** הקנה האמצעי שלה העולה באמצע הירך זקוף כלפי מעלה, ועליו נר האמצעי עשוי כמין בזך לצוק השמן לתוכו ולתת הפתילה: **גביעיה.** הן כמין כוסות שעושין מזכוכית ארוכים וקצרים, וקורין להם מדרי"ש, ואלו עשויין של זהב ובולטין ויוצאין מכל קנה וקנה כמנין שנתן בהם הכתוב, ולא היו בה אלא לנוי: **כפתריה.** כמין תפוחים היו עגולין סביב, בולטין סביבות הקנה האמצעי, כדרך שעושין למנורות שלפני השרים וקורין להם פומיל"ש, ומנין שלהם כתוב בפרשה, כמה כפתורים בולטין ממנה וכמה חלק בין כפתור לכפתור: **ופרחיה.** ציורין עשויין בה כמין פרחים: **ממנה יהיו.** הכל מקשה יוצא מתוך חתיכת העשת, ולא יעשם לבדם וידביקם:

(לב) **יצאים מצדיה.** לכאן ולכאן באלכסון, נמשכים ועולין עד כנגד גבהה של מנורה שהוא קנה האמצעי, ויוצאים מתוך קנה האמצעי זה למעלה מזה, התחתון ארוך ושל מעלה קצר הימנו והעליון קצר הימנו, לפי שהיה גבה ראשיהן שוה לגבהו של קנה האמצעי השביעי שממנו יוצאים הששה:

(לג) **משקדים.** כתרגומו, מצוירים היו כדרך שעושין

לב שְׁדִּה וּקְנֵה, כַּלִּידַהָא, חֲזוּרַהָא וְשׁוֹשַׁנַּהָא מִנַּהּ יְהוֹן: וְשִׁתָּא קְנִין, נָפְקִין מִסִּטְרַהָא, תְּלָתָא
לג קְנֵי מְנָרְתָא, מִסִּטְרַהּ חַד, וּתְלָתָא קְנֵי מְנָרְתָא, מִסִּטְרַהּ תִּנְיָנָא: תְּלָתָא כַלִּידִין, מְצָיְרִין,
בְּקַנְיָא חַד חֲזוּר וְשׁוֹשָׁן, וּתְלָתָא כַלִּידִין, מְצָיְרִין, בְּקַנְיָא חַד חֲזוּר וְשׁוֹשָׁן, כֵּן לְשִׁתָּא קְנִין,
לד לה דְּנָפְקִין מִן מְנָרְתָא: וּבִמְנָרְתָא אַרְבְּעָא כַלִּידִין, מְצָיְרִין, חֲזוּרַהָא וְשׁוֹשַׁנַּהָא: וַחֲזוּר, תְּחוֹת
תְּרֵין קְנִין דְּמִנַּהּ, וַחֲזוּר תְּחוֹת תְּרֵין קְנִין דְּמִנַּהּ, וַחֲזוּר, תְּחוֹת תְּרֵין קְנִין דְּמִנַּהּ, לְשִׁתָּא
לו קְנִין, דְּנָפְקִין מִן מְנָרְתָא: חֲזוּרֵיהוֹן וּקְנֵיהוֹן מִנַּהּ יְהוֹן, כֻּלַּהּ, נְגִידָא חֲדָא דִּדְהַב דְּכֵי:
לז וְתַעֲבֵיד יָת בּוֹצִינַהָא שִׁבְעָא, וְתַדְלֵיק יָת בּוֹצִינַהָא, וִיהוֹן מְנַהֲרִין לָקֳבֵיל אַפַּהָא:
לח לט וְצֵיבִתַהָא וּמַחְתְּיָתַהָא דִּדְהַב דְּכֵי: כַּכְּרָא, דְּדַהֲבָא דָּכְיָא יַעֲבֵיד יָתַהּ, יָת כָּל מָנַיָּא

לִכְלֵי כֶסֶף וְזָהָב שֶׁקּוֹרִין נייל״ר: שְׁלֹשָׁה גְבִעִים. בּוֹלְטִין מִכָּל קָנֶה וְקָנֶה: כַּפְתֹּר וָפֶרַח. הָיָה לְכָל קָנֶה וְקָנֶה:

לד) וּבַמְּנֹרָה אַרְבָּעָה גְבִעִים. בְּגוּפָהּ שֶׁל מְנוֹרָה הָיוּ אַרְבָּעָה גְבִיעִים, אֶחָד בּוֹלֵט בָּהּ לְמַטָּה מִן הַקָּנִים, וְהַשְּׁלֹשָׁה לְמַעְלָה מִן יְצִיאַת הַקָּנִים הַיּוֹצְאִים מִצְּדֶּיהָ: מְשֻׁקָּדִים כַּפְתֹּרֶיהָ וּפְרָחֶיהָ. זֶה אֶחָד מֵחֲמִשָּׁה מִקְרָאוֹת שֶׁאֵין לָהֶם הֶכְרֵעַ, אֵין יָדוּעַ אִם ״גְּבִעִים מְשֻׁקָּדִים״ אוֹ ״מְשֻׁקָּדִים כַּפְתֹּרֶיהָ וּפְרָחֶיהָ״:

לה) וְכַפְתֹּר תַּחַת שְׁנֵי הַקָּנִים. מִתּוֹךְ הַכַּפְתּוֹר הָיוּ הַקָּנִים נִמְשָׁכִים מִשְּׁנֵי צְדָדֶיהָ אֵילָךְ וְאֵילָךְ. כָּךְ שָׁנִינוּ בִּמְלֶאכֶת הַמִּשְׁכָּן: גָּבְהָהּ שֶׁל מְנוֹרָה שְׁמוֹנָה עָשָׂר טְפָחִים. הָרַגְלַיִם וְהַפֶּרַח שְׁלֹשָׁה טְפָחִים, הוּא הַפֶּרַח הָאָמוּר בַּיָּרֵךְ שֶׁנֶּאֱמַר: ״עַד יְרֵכָהּ עַד פִּרְחָהּ״ (במדבר ח, ד), וּטְפָחַיִם חָלָק, וְטֶפַח שֶׁבּוֹ גָּבִיעַ מֵהָאַרְבָּעָה גְבִיעִים וְכַפְתּוֹר וָפֶרַח מִשְּׁנֵי כַפְתּוֹרִים וּשְׁנֵי פְרָחִים הָאֲמוּרִים בַּמְּנוֹרָה עַצְמָהּ, שֶׁנֶּאֱמַר: ״מְשֻׁקָּדִים כַּפְתֹּרֶיהָ וּפְרָחֶיהָ״ (בפסוק הקודם), לָמַדְנוּ שֶׁהָיוּ בַּקָּנֶה שְׁנֵי כַפְתּוֹרִים וּשְׁנֵי פְרָחִים לְבַד מִן הַשְּׁלֹשָׁה כַפְתּוֹרִים שֶׁהַקָּנִים נִמְשָׁכִין מִתּוֹכָן, שֶׁנֶּאֱמַר: ״וְכַפְתֹּר תַּחַת שְׁנֵי הַקָּנִים״ וְגוֹ׳, וּטְפָחַיִם חָלָק, וְטֶפַח כַּפְתּוֹר, וּשְׁנֵי קָנִים יוֹצְאִים מִמֶּנּוּ אֵילָךְ וְאֵילָךְ נִמְשָׁכִים וְעוֹלִים כְּנֶגֶד גָּבְהָהּ שֶׁל מְנוֹרָה, וְטֶפַח חָלָק, וְטֶפַח כַּפְתּוֹר, וּשְׁנֵי קָנִים יוֹצְאִים מִמֶּנּוּ, וְטֶפַח חָלָק, וְטֶפַח כַּפְתּוֹר, וּשְׁנֵי קָנִים יוֹצְאִים מִמֶּנּוּ, וּטְפָחַיִם חָלָק, נִשְׁתַּיְּרוּ שָׁם שְׁלֹשָׁה טְפָחִים, שֶׁבָּהֶם שְׁלֹשָׁה גְבִיעִים וְכַפְתּוֹר וָפֶרַח. נִמְצְאוּ גְבִיעִים שְׁנַיִם וְעֶשְׂרִים, שְׁמוֹנָה עָשָׂר לְשִׁשָּׁה קָנִים שְׁלֹשָׁה לְכָל אֶחָד וְאֶחָד, וְאַרְבָּעָה בְּגוּפָהּ שֶׁל מְנוֹרָה; וְאַחַד עָשָׂר כַּפְתּוֹרִים, שִׁשָּׁה בְּשֵׁשֶׁת הַקָּנִים, וּשְׁלֹשָׁה בְּגוּפָהּ שֶׁל מְנוֹרָה שֶׁהַקָּנִים יוֹצְאִים מֵהֶם, וּשְׁנַיִם עוֹד בַּמְּנוֹרָה שֶׁנֶּאֱמַר: ״מְשֻׁקָּדִים כַּפְתֹּרֶיהָ״ וּמִעוּט כַּפְתּוֹרִים שְׁנַיִם, הָאֶחָד לְמַטָּה אֵצֶל הַיָּרֵךְ וְהָאֶחָד בִּשְׁלֹשָׁה טְפָחִים הָעֶלְיוֹנִים עִם הַשְּׁלֹשָׁה גְבִיעִים. וְתִשְׁעָה פְרָחִים הָיוּ לָהּ, שִׁשָּׁה לְשֵׁשֶׁת הַקָּנִים, שֶׁנֶּאֱמַר: ״בַּקָּנֶה הָאֶחָד כַּפְתֹּר וָפֶרַח״ (לעיל פסוק לג), וּשְׁלֹשָׁה לַמְּנוֹרָה, שֶׁנֶּאֱמַר: ״מְשֻׁקָּדִים כַּפְתֹּרֶיהָ וּפְרָחֶיהָ״ (בפסוק הקודם) וּמִעוּט פְּרָחִים שְׁנַיִם, וְאֶחָד הָאָמוּר בְּפָרָשַׁת ׳בְּהַעֲלֹתְךָ׳ (במדבר ח, ד) ״עַד יְרֵכָהּ עַד פִּרְחָהּ״. וְאִם תְּדַקְדֵּק בַּמִּשְׁנָה זוֹ הַכְּתוּבָה לְמַעְלָה תִּמְצָאֵם כְּמִנְיָנָם אִישׁ אִישׁ בִּמְקוֹמוֹ:

לז) אֶת נֵרֹתֶיהָ. כְּמִין בָּזִיכִין שֶׁנּוֹתְנִין בְּתוֹכָם הַשֶּׁמֶן וְהַפְּתִילוֹת: וְהֵאִיר עַל עֵבֶר פָּנֶיהָ. עֲשֵׂה פִּי שֵׁשֶׁת הַנֵּרוֹת שֶׁבְּרָאשֵׁי הַקָּנִים הַיּוֹצְאִים מִצִּדֶּיהָ מֻסַבִּים כְּלַפֵּי הָאֶמְצָעִי, כְּדֵי שֶׁיִּהְיוּ הַנֵּרוֹת כְּשֶׁתַּדְלִיקֵם מְאִירִים ״אֶל עֵבֶר פָּנֶיהָ״, מוּסָב אוֹרָם אֶל צַד פְּנֵי הַקָּנֶה הָאֶמְצָעִי שֶׁהוּא גוּף הַמְּנוֹרָה:

לח) וּמַלְקָחֶיהָ. הֵם הַצְּבָתִים הָעֲשׂוּיִין לִקַּח בָּהֶם הַפְּתִילוֹת מִתּוֹךְ הַשֶּׁמֶן לְיַשְּׁבָן וּלְמָשְׁכָן בְּפִי הַנֵּרוֹת, וְעַל שֵׁם שֶׁלּוֹקְחִים בָּהֶם קְרוּיִים מֶלְקָחַיִם, וְ״צֵיבִתָהָא״ שֶׁתִּרְגֵּם אוּנְקְלוֹס, לְשׁוֹן צְבַת, טנייל״ש בְּלַעַז: וּמַחְתֹּתֶיהָ. הֵם כְּמִין בָּזִיכִין קְטַנִּים שֶׁחוֹתֶה בָּהֶן אֶת הָאֵפֶר שֶׁבַּנֵּר בַּבֹּקֶר בַּבֹּקֶר, כְּשֶׁהוּא מֵטִיב אֶת הַנֵּרוֹת מֵאֵפֶר הַפְּתִילוֹת שֶׁדָּלְקוּ הַלַּיְלָה וְכָבוּ. וּלְשׁוֹן מַחְתָּה פוֹשׁיידור״א בְּלַעַז, כְּמוֹ: ״לַחְתּוֹת אֵשׁ מִיָּקוּד״ (ישעיה ל, יד):

לט) כִּכָּר זָהָב טָהוֹר. שֶׁלֹּא יְהֵא מִשְׁקָלָהּ עִם כָּל כֵּלֶיהָ אֶלָּא כִּכָּר, לֹא פָּחוֹת וְלֹא יוֹתֵר. וְהַכִּכָּר שֶׁל חוֹל שִׁשִּׁים מָנֶה, וְשֶׁל קֹדֶשׁ הָיָה כָּפוּל, מֵאָה

הָאֵלֶּה: וּרְאֵה וַעֲשֵׂה בְּתַבְנִיתָם אֲשֶׁר־אַתָּה מ
שלישי יט מָרְאֶה בָּהָר: וְאֶת־הַמִּשְׁכָּן תַּעֲשֶׂה א כו
עֶשֶׂר יְרִיעֹת שֵׁשׁ מָשְׁזָר וּתְכֵלֶת וְאַרְגָּמָן וְתֹלַעַת
שָׁנִי כְּרֻבִים מַעֲשֵׂה חֹשֵׁב תַּעֲשֶׂה אֹתָם: אֹרֶךְ ׀ ב
הַיְרִיעָה הָאַחַת שְׁמֹנֶה וְעֶשְׂרִים בָּאַמָּה וְרֹחַב
אַרְבַּע בָּאַמָּה הַיְרִיעָה הָאֶחָת מִדָּה אַחַת לְכָל־
הַיְרִיעֹת: חֲמֵשׁ הַיְרִיעֹת תִּהְיֶיןָ חֹבְרֹת אִשָּׁה ג
אֶל־אֲחֹתָהּ וְחָמֵשׁ יְרִיעֹת חֹבְרֹת אִשָּׁה אֶל־
אֲחֹתָהּ: וְעָשִׂיתָ לֻלְאֹת תְּכֵלֶת עַל שְׂפַת ד
הַיְרִיעָה הָאֶחָת מִקָּצָה בַּחֹבָרֶת וְכֵן תַּעֲשֶׂה
בִּשְׂפַת הַיְרִיעָה הַקִּיצוֹנָה בַּמַּחְבֶּרֶת הַשֵּׁנִית:
חֲמִשִּׁים לֻלָאֹת תַּעֲשֶׂה בַּיְרִיעָה הָאֶחָת ה
וַחֲמִשִּׁים לֻלָאֹת תַּעֲשֶׂה בִּקְצֵה הַיְרִיעָה אֲשֶׁר
בַּמַּחְבֶּרֶת הַשֵּׁנִית מַקְבִּילֹת הַלֻּלָאֹת אִשָּׁה
אֶל־אֲחֹתָהּ: וְעָשִׂיתָ חֲמִשִּׁים קַרְסֵי זָהָב וְחִבַּרְתָּ ו
אֶת־הַיְרִיעֹת אִשָּׁה אֶל־אֲחֹתָהּ בַּקְּרָסִים וְהָיָה

וְעֶשְׂרִים מָנֶה, וְהַמָּנֶה הוּא לִיטְרָא שֶׁשּׁוֹקְלִין בָּהּ כֶּסֶף לְמִשְׁקַל קוֹלוֹנְיָא, וְהֵם מֵאָה זְהוּבִים, עֶשְׂרִים וַחֲמִשָּׁה סְלָעִים, וְהַסֶּלַע אַרְבָּעָה זְהוּבִים:

מ) וּרְאֵה וַעֲשֵׂה. רְאֵה כָּאן בָּהָר תַּבְנִית שֶׁאֲנִי מַרְאֶה אוֹתְךָ, מַגִּיד שֶׁנִּתְקַשָּׁה מֹשֶׁה בְּמַעֲשֵׂה הַמְּנוֹרָה עַד שֶׁהֶרְאָה לוֹ הַקָּדוֹשׁ בָּרוּךְ הוּא מְנוֹרָה שֶׁל אֵשׁ: אֲשֶׁר אַתָּה מָרְאֶה. כְּתַרְגּוּמוֹ: "דְּאַתְּ מִתְחֲזֵי בְּטוּרָא". אִלּוּ הָיָה נָקוּד 'מַרְאֶה' בְּפַתָּח, הָיָה פִּתְרוֹנוֹ, אַתָּה מַרְאֶה לַאֲחֵרִים, עַכְשָׁיו שֶׁנָּקוּד חֲטַף קָמָץ, פִּתְרוֹנוֹ 'דְּאַתְּ מִתְחֲזֵי', שֶׁאֲחֵרִים מַרְאִים לְךָ:

פרק כו

א) וְאֶת הַמִּשְׁכָּן תַּעֲשֶׂה עֶשֶׂר יְרִיעֹת. לִהְיוֹת לוֹ לְגַג וּלְמְחִצּוֹת מִחוּץ לַקְּרָשִׁים, שֶׁהַיְרִיעוֹת תְּלוּיוֹת מֵאֲחוֹרֵיהֶן לְכַסּוֹתָן: שֵׁשׁ מָשְׁזָר וּתְכֵלֶת וְאַרְגָּמָן וְתֹלַעַת שָׁנִי. הֲרֵי אַרְבָּעָה מִינִין בְּכָל

כו א הָאִלֵּין: וַחֲזִי וַעֲבֵיד, בִּדְמוּתְהוֹן, דְּאַתְּ מִתַּחְזֵי בְּטוּרָא: וְיָת מַשְׁכְּנָא תַּעֲבֵיד עֲסַר יְרִיעָן,
ב דְּבוּץ שְׁזִיר, וְתַכְלָא וְאַרְגְּוָנָא וּצְבַע זְהוֹרִי, צוּרַת כְּרוּבִין, עוֹבָד אֻמָּן תַּעֲבֵיד יָתְהוֹן: אֻרְכָּא
דִּירִיעֲתָא חֲדָא, עַסְרִין וְתַמְנֵי אַמִּין, וּפְתָיָא אַרְבַּע אַמִּין, דִּירִיעֲתָא חֲדָא, מִשְׁחֲתָא חֲדָא
ג לְכָל יְרִיעָתָא: חֲמֵשׁ יְרִיעָן, יְהֶוְיָן מְלָפְּפָן, חֲדָא עִם חֲדָא, וַחֲמֵשׁ יְרִיעָן מְלָפְּפָן, חֲדָא עִם
ד חֲדָא: וְתַעֲבֵיד עֲנוּבִין דְּתַכְלָא, עַל סִפְּתָא דִּירִיעֲתָא חֲדָא, מִסִּטְרָא בֵּית לוֹפֵי, וְכֵן תַּעֲבֵיד
ה בְּסִפְּתָא דִּירִיעֲתָא, בְּסִטְרָא, בֵּית לוֹפֵי תִּנְיָנָא: חַמְשִׁין עֲנוּבִין, תַּעֲבֵיד בִּירִיעֲתָא חֲדָא,
וְחַמְשִׁין עֲנוּבִין, תַּעֲבֵיד בְּסִטְרָא דִּירִיעֲתָא, דְּבֵית לוֹפֵי תִּנְיָנָא, מְכַוְּנָן עֲנוּבַיָּא, חֲדָא לָקֳבֵיל
ו חֲדָא: וְתַעֲבֵיד, חַמְשִׁין פֻּרְפִין דִּדְהַב, וּתְלָפֵיף יָת יְרִיעָתָא, חֲדָא עִם חֲדָא בְּפֻרְפַּיָּא, וִיהֵי

חוּט וְחוּט, אֶחָד שֶׁל פִּשְׁתִּים וּשְׁלֹשָׁה שֶׁל צֶמֶר, וְכָל מִין וּמִין חוּטוֹ כָּפוּל שִׁשָּׁה, הֲרֵי אַרְבָּעָה מִינִין כְּשֶׁהֵן שְׁזוּרִין יַחַד עֶשְׂרִים וְאַרְבָּעָה כְּפָלִים לַחוּט: **כְּרֻבִים מַעֲשֵׂה חֹשֵׁב.** כְּרוּבִים הָיוּ מְצֻיָּרִין בָּהֶם בַּאֲרִיגָתָן, וְלֹא בִּרְקִימָה שֶׁהוּא מַעֲשֵׂה מַחַט, אֶלָּא בַּאֲרִיגָה בִּשְׁנֵי כְתָלִים, פַּרְצוּף אֶחָד מִכָּאן וּפַרְצוּף אֶחָד מִכָּאן, אֲרִי מִצַּד זֶה וְנֶשֶׁר מִצַּד זֶה, כְּמוֹ שֶׁאוֹרְגִין חֲגוֹרוֹת שֶׁל מֶשִׁי שֶׁקּוֹרִין בְּלַעַז פיישׁ"ש:

ג) **תִּהְיֶיןָ חֹבְרֹת.** תּוֹפְרָן בְּמַחַט זוֹ בְּצַד זוֹ, חָמֵשׁ לְבַד וְחָמֵשׁ לְבַד: **אִשָּׁה אֶל אֲחֹתָהּ.** כָּךְ דֶּרֶךְ הַמִּקְרָא לְדַבֵּר בְּדָבָר שֶׁהוּא לְשׁוֹן נְקֵבָה; וּבְדָבָר שֶׁהוּא לְשׁוֹן זָכָר אוֹמֵר: 'אִישׁ אֶל אָחִיו', כְּמוֹ שֶׁנֶּאֱמַר בַּכְּרוּבִים: "וּפְנֵיהֶם אִישׁ אֶל אָחִיו" (לעיל כה, כ):

ד) **לֻלְאֹת.** לצול"ש בְּלַעַז, וְכֵן תִּרְגֵּם אוּנְקְלוֹס: "עֲנוּבִין", לְשׁוֹן עֲנִיבָה: **מִקָּצָה בַּחֹבָרֶת.** בְּאוֹתָהּ יְרִיעָה שֶׁבְּסוֹף הַחִבּוּר, קְבוּצַת חֲמֵשֶׁת הַיְרִיעוֹת קְרוּיָה חוֹבֶרֶת: **וְכֵן תַּעֲשֶׂה בִּשְׂפַת הַיְרִיעָה הַקִּיצוֹנָה בַּמַּחְבֶּרֶת הַשֵּׁנִית.** בְּאוֹתָהּ יְרִיעָה שֶׁהִיא קִיצוֹנָה, לְשׁוֹן קָצֶה, כְּלוֹמַר לְסוֹף הַחוֹבֶרֶת:

ה) **מַקְבִּילֹת הַלֻּלָאֹת אִשָּׁה אֶל אֲחֹתָהּ.** שְׁמֹר שֶׁתַּעֲשֶׂה הַלּוּלָאוֹת מְכֻוָּנוֹת בְּמִדָּה אַחַת הַבְדָּלָתָן זוֹ מִזּוֹ, וּכְמִדָּתָן בִּירִיעָה זוֹ כֵּן יְהֵא בַּחֲבֶרְתָּהּ, כְּשֶׁתִּפְרֹשׂ חוֹבֶרֶת אֵצֶל חוֹבֶרֶת יִהְיוּ הַלּוּלָאוֹת שֶׁל יְרִיעָה זוֹ מְכֻוָּנוֹת כְּנֶגֶד לוּלָאוֹת שֶׁל זוֹ. וְזֶהוּ לְשׁוֹן 'מַקְבִּילֹת', זוֹ כְּנֶגֶד זוֹ, תַּרְגּוּמוֹ שֶׁל 'נֶגֶד' (לעיל י, י) – 'לָקֳבֵל'. הַיְרִיעוֹת אָרְכָּן עֶשְׂרִים וּשְׁמוֹנֶה וְרָחְבָּן אַרְבַּע, וּכְשֶׁחִבֵּר חָמֵשׁ יְרִיעוֹת יַחַד נִמְצָא רָחְבָּן עֶשְׂרִים, וְכֵן הַחוֹבֶרֶת הַשֵּׁנִית. וְהַמִּשְׁכָּן אָרְכּוֹ שְׁלֹשִׁים מִן הַמִּזְרָח לַמַּעֲרָב, שֶׁנֶּאֱמַר: "עֶשְׂרִים קְרָשִׁים לִפְאַת נֶגֶב תֵּימָנָה" (להלן לו, כג; כעין זה להלן פסוק יח), וְכֵן לַצָּפוֹן (להלן פסוק כ), וְכָל קֶרֶשׁ אַמָּה וַחֲצִי הָאַמָּה (להלן פסוק טז), הֲרֵי שְׁלֹשִׁים מִן הַמִּזְרָח לַמַּעֲרָב. רֹחַב הַמִּשְׁכָּן מִן הַצָּפוֹן לַדָּרוֹם עֶשֶׂר אַמּוֹת, שֶׁנֶּאֱמַר: "וּלְיַרְכְּתֵי הַמִּשְׁכָּן יָמָּה וְגוֹ' וּשְׁנֵי קְרָשִׁים... לִמְקֻצְעֹת" (להלן פסוקים כב-כג) הֲרֵי עֶשֶׂר, וּבִמְקוֹמָם אֲפָרְשֵׁם לַמִּקְרָאוֹת הַלָּלוּ. נוֹתֵן הַיְרִיעוֹת אָרְכָּן לְרָחְבּוֹ שֶׁל מִשְׁכָּן, עֶשֶׂר אַמּוֹת הָאֶמְצָעִיּוֹת לְגַג חֲלַל רֹחַב הַמִּשְׁכָּן, וְאַמָּה מִכָּאן וְאַמָּה מִכָּאן לְעֳבִי רָאשֵׁי הַקְּרָשִׁים, שֶׁעָבְיָן אַמָּה, נִשְׁתַּיְּרוּ שֵׁשׁ עֶשְׂרֵה אַמָּה, שְׁמוֹנֶה לַצָּפוֹן וּשְׁמוֹנֶה לַדָּרוֹם, מְכַסּוֹת קוֹמַת הַקְּרָשִׁים שֶׁגָּבְהָן עֶשֶׂר, נִמְצְאוּ שְׁתֵּי אַמּוֹת הַתַּחְתּוֹנוֹת מְגֻלּוֹת. רָחְבָּן שֶׁל יְרִיעוֹת אַרְבָּעִים אַמָּה כְּשֶׁהֵן מְחֻבָּרוֹת, עֶשְׂרִים אַמָּה לְחוֹבֶרֶת. שְׁלֹשִׁים מֵהֶן לְגַג חֲלַל הַמִּשְׁכָּן לְאָרְכּוֹ, וְאַמָּה כְּנֶגֶד עֳבִי רָאשֵׁי הַקְּרָשִׁים שֶׁבַּמַּעֲרָב, וְאַמָּה לְכַסּוֹת עֳבִי הָעַמּוּדִים שֶׁבַּמִּזְרָח, שֶׁלֹּא הָיוּ קְרָשִׁים בַּמִּזְרָח אֶלָּא אַרְבָּעָה עַמּוּדִים שֶׁהַמָּסָךְ פָּרוּשׂ וְתָלוּי בָּוָוִין שֶׁבָּהֶן כְּמִין וִילוֹן, נִשְׁתַּיְּרוּ שְׁמוֹנֶה אַמּוֹת הַתְּלוּיִין עַל אֲחוֹרֵי הַמִּשְׁכָּן שֶׁבַּמַּעֲרָב, וּשְׁתֵּי אַמּוֹת הַתַּחְתּוֹנוֹת מְגֻלּוֹת. זוֹ מָצָאתִי בַּבָּרַיְתָא דְּאַרְבָּעִים וָתֵשַׁע מִדּוֹת. אֲבָל בְּמַסֶּכֶת שַׁבָּת (דף צח ע"ב) אֵין הַיְרִיעוֹת מְכַסּוֹת אֶת עַמּוּדֵי הַמִּזְרָח, וְתֵשַׁע אַמּוֹת תְּלוּיוֹת אֲחוֹרֵי הַמִּשְׁכָּן, וְהַכָּתוּב מְסַיְּעֵנוּ: "וְנָתַתָּה אֶת הַפָּרֹכֶת תַּחַת הַקְּרָסִים" (להלן פסוק לג), וְאִם כְּדִבְרֵי הַבָּרַיְתָא הַזֹּאת, נִמְצֵאת פָּרֹכֶת מְשׁוּכָה מִן הַקְּרָסִים וְלַמַּעֲרָב אַמָּה:

ו) **קַרְסֵי זָהָב.** פירמיל"ש בְּלַעַז, וּמַכְנִיסִין רֹאשָׁן אֶחָד בַּלּוּלָאוֹת שֶׁבְּחוֹבֶרֶת זוֹ וְרֹאשָׁן אֶחָד בַּלּוּלָאוֹת שֶׁבְּחוֹבֶרֶת זוֹ וּמְחַבְּרָן בָּהֶן:

ז הַמִּשְׁכָּן אֶחָד׃ וְעָשִׂיתָ יְרִיעֹת עִזִּים לְאֹהֶל עַל־
הַמִּשְׁכָּן עַשְׁתֵּי־עֶשְׂרֵה יְרִיעֹת תַּעֲשֶׂה אֹתָם׃
ח אֹרֶךְ ׀ הַיְרִיעָה הָאַחַת שְׁלֹשִׁים בָּאַמָּה וְרֹחַב
אַרְבַּע בָּאַמָּה הַיְרִיעָה הָאֶחָת מִדָּה אַחַת לְעַשְׁתֵּי
ט עֶשְׂרֵה יְרִיעֹת׃ וְחִבַּרְתָּ אֶת־חֲמֵשׁ הַיְרִיעֹת לְבָד
וְאֶת־שֵׁשׁ הַיְרִיעֹת לְבָד וְכָפַלְתָּ אֶת־הַיְרִיעָה
י הַשִּׁשִּׁית אֶל־מוּל פְּנֵי הָאֹהֶל׃ וְעָשִׂיתָ חֲמִשִּׁים
לֻלָאֹת עַל שְׂפַת הַיְרִיעָה הָאֶחָת הַקִּיצֹנָה בַּחֹבָרֶת
וַחֲמִשִּׁים לֻלָאֹת עַל שְׂפַת הַיְרִיעָה הַחֹבֶרֶת
יא הַשֵּׁנִית׃ וְעָשִׂיתָ קַרְסֵי נְחֹשֶׁת חֲמִשִּׁים וְהֵבֵאתָ
אֶת־הַקְּרָסִים בַּלֻּלָאֹת וְחִבַּרְתָּ אֶת־הָאֹהֶל וְהָיָה
יב אֶחָד׃ וְסֶרַח הָעֹדֵף בִּירִיעֹת הָאֹהֶל חֲצִי הַיְרִיעָה
יג הָעֹדֶפֶת תִּסְרַח עַל אֲחֹרֵי הַמִּשְׁכָּן׃ וְהָאַמָּה מִזֶּה
וְהָאַמָּה מִזֶּה בָּעֹדֵף בְּאֹרֶךְ יְרִיעֹת הָאֹהֶל יִהְיֶה
יד סָרוּחַ עַל־צִדֵּי הַמִּשְׁכָּן מִזֶּה וּמִזֶּה לְכַסֹּתוֹ׃ וְעָשִׂיתָ
מִכְסֶה לָאֹהֶל עֹרֹת אֵילִם מְאָדָּמִים וּמִכְסֵה עֹרֹת
תְּחָשִׁים מִלְמָעְלָה׃
רביעי טו וְעָשִׂיתָ אֶת־הַקְּרָשִׁים לַמִּשְׁכָּן עֲצֵי שִׁטִּים עֹמְדִים׃
טז עֶשֶׂר אַמּוֹת אֹרֶךְ הַקָּרֶשׁ וְאַמָּה וַחֲצִי הָאַמָּה

ז יְרִיעֹת עִזִּים. מִנּוֹצָה שֶׁל עִזִּים: לְאֹהֶל עַל הַמִּשְׁכָּן. לִפְרֹשׂ אוֹתָן עַל הַיְרִיעוֹת הַתַּחְתּוֹנוֹת:

ח שְׁלֹשִׁים בָּאַמָּה. שֶׁכְּשֶׁנּוֹתְנָן אָרְכָּן לְרֹחַב הַמִּשְׁכָּן כְּמוֹ שֶׁנָּתַן אֶת הָרִאשׁוֹנוֹת, נִמְצְאוּ אֵלּוּ עוֹדְפוֹת

ז משכנא חד: ותעביד יריען דמעזי, לפרסא על משכנא, חדא עסרי יריען תעביד יתהון:
ח ארכא דיריעתא חדא, תלתין אמין, ופתיא ארבע אמין, דיריעתא חדא, משחתא חדא,
ט לחדא עסרי יריען: ותלפיף, ית חמש יריען לחוד, וית שית יריען לחוד, ותעיף ית יריעתא
י שתיתיתא, לקביל אפי משכנא: ותעביד חמשין ענובין, על ספתא דיריעתא חדא, בסטרא
יא בית לופי, וחמשין ענובין, על ספתא דיריעתא, דבית לופי תנינא: ותעביד, פרפין דנחש
יב חמשין, ותעיל ית פרפיא בענוביא, ותלפיף ית משכנא ויהי חד: וסרחא דיתיר, ביריעת
יג משכנא, פלגות יריעתא דיתרא, תסרח, על אחורי משכנא: ואמתא מכא, ואמתא מכא
יד בדיתיר, באורך יריעת משכנא, יהי סריח, על סטרי משכנא, מכא ומכא לכסיותיה: ותעביד
טו חופאה למשכנא, דמשכי דכרי מסמקי, וחופאה, דמשכי ססגונא מלעילא: ותעביד ית
טז דפיא למשכנא, דאעי שטין קימין: עסר אמין ארכא דדפא, ואמתא ופלגות אמתא,

אמה מכאן ואמה מכאן, לכסות אחת מהשתים אמות שנשארו מגלות בקרשים. והאמה התחתונה של קרש שאין היריעה מכסה אותו, היא האמה התחובה בנקב האדן, שהאדנים גבהן אמה:

ט] **וכפלת את היריעה הששית.** שעודפת באלו העליונות יותר מן התחתונות: **אל מול פני האהל.** חצי רחבה היה תלוי וכפול על המסך שבמזרח כנגד הפתח, דומה לכלה צנועה המכסה בצעיף על פניה:

יב-יג] **וסרח העדף ביריעת האהל.** על יריעות המשכן. 'יריעת האהל' הן העליונות של עזים שקרויים אהל, כמו שאמור בהן: "לאהל על המשכן" (לעיל פסוק ז), וכל אהל האמור בהן אינו אלא לשון גג, שמאהילות ומסככות על התחתונות. והן היו עודפות על התחתונות חצי היריעה למערב, שהחצי של יריעה אחת עשרה היתרה היה נכפל אל מול פני האהל, נשארו שתי אמות רחב חציה עודף על רחב התחתונות: **תסרח על אחרי המשכן.** לכסות שתי אמות שהיו מגלות בקרשים: **והאמה מזה והאמה מזה.** לצפון ולדרום: **בעדף באורך יריעת האהל.** שהן עודפות על אורך יריעות המשכן שתי אמות: **יהיה סרוח על צדי המשכן.** לצפון ולדרום, כמו שפרשתי למעלה. למדה תורה דרך ארץ, שיהא אדם חס על היפה: **אחרי המשכן.** הוא צד המערב, לפי שהפתח במזרח שהן פניו, וצפון ודרום קרויין צדדין לימין ולשמאל:

יד] **מכסה לאהל.** לאותו גג של יריעות עזים, עשה עוד מכסה אחד של "ערת אילם מאדמים", ועוד למעלה ממנו "מכסה ערת תחשים", ואותן מכסאות לא היו מכסין אלא את הגג, ארכן שלשים ורחבן עשר, אלו דברי רבי נחמיה. ולדברי רבי יהודה מכסה אחד היה, חציו של עורות אילים מאדמים וחציו של עורות תחשים:

טו] **ועשית את הקרשים.** היה לו לומר: 'ועשית קרשים', כמו שנאמר בכל דבר ודבר. מהו "הקרשים"? מאותן העומדין ומיוחדין לכך; יעקב אבינו נטע ארזים במצרים, וכשמת צוה לבניו להעלותם עמהם כשיצאו ממצרים, ואמר להם שעתיד הקדוש ברוך הוא לצוות אותן לעשות משכן במדבר מעצי שטים, ראו שיהיו מזמנים בידכם. הוא שיסד הקליר בפיוט שלו: "טס מטע מורזים, קורות בתינו ארזים" (יוצר ליום ראשון של פסח), שנזדרזו להיות מוכנים בידם מקודם לכן: **עצי שטים עמדים.** אישטנטיב"ש בלעז, שיהא אורך הקרשים זקוף למעלה בקירות המשכן, ולא תעשה הכתלים בקרשים שוכבים להיות רחב הקרשים לגבה הכתלים קרש על קרש:

טז] **עשר אמות ארך הקרש.** למדנו גבהו של משכן עשר אמות: **ואמה וחצי האמה רחב.** למדנו ארכו של משכן לעשרים קרשים שהיו בצפון ובדרום מן המזרח למערב, שלשים אמה:

רֹחַב הַקֶּרֶשׁ הָאֶחָד׃ שְׁתֵּי יָדוֹת לַקֶּרֶשׁ הָאֶחָד יז
מְשֻׁלָּבֹת אִשָּׁה אֶל־אֲחֹתָהּ כֵּן תַּעֲשֶׂה לְכֹל
קַרְשֵׁי הַמִּשְׁכָּן׃ וְעָשִׂיתָ אֶת־הַקְּרָשִׁים לַמִּשְׁכָּן יח
עֶשְׂרִים קֶרֶשׁ לִפְאַת נֶגְבָּה תֵימָנָה׃ וְאַרְבָּעִים יט
אַדְנֵי־כֶסֶף תַּעֲשֶׂה תַּחַת עֶשְׂרִים הַקָּרֶשׁ שְׁנֵי
אֲדָנִים תַּחַת־הַקֶּרֶשׁ הָאֶחָד לִשְׁתֵּי יְדֹתָיו וּשְׁנֵי
אֲדָנִים תַּחַת־הַקֶּרֶשׁ הָאֶחָד לִשְׁתֵּי יְדֹתָיו׃
וּלְצֶלַע הַמִּשְׁכָּן הַשֵּׁנִית לִפְאַת צָפוֹן עֶשְׂרִים כ
קָרֶשׁ׃ וְאַרְבָּעִים אַדְנֵיהֶם כָּסֶף שְׁנֵי אֲדָנִים כא
תַּחַת הַקֶּרֶשׁ הָאֶחָד וּשְׁנֵי אֲדָנִים תַּחַת הַקֶּרֶשׁ
הָאֶחָד׃ וּלְיַרְכְּתֵי הַמִּשְׁכָּן יָמָּה תַּעֲשֶׂה שִׁשָּׁה כב
קְרָשִׁים׃ וּשְׁנֵי קְרָשִׁים תַּעֲשֶׂה לִמְקֻצְעֹת הַמִּשְׁכָּן כג
בַּיַּרְכָתָיִם׃ וְיִהְיוּ תֹאֲמִם מִלְּמַטָּה וְיַחְדָּו יִהְיוּ כד
תַמִּים עַל־רֹאשׁוֹ אֶל־הַטַּבַּעַת הָאֶחָת כֵּן יִהְיֶה
לִשְׁנֵיהֶם לִשְׁנֵי הַמִּקְצֹעֹת יִהְיוּ׃ וְהָיוּ שְׁמֹנָה כה
קְרָשִׁים וְאַדְנֵיהֶם כֶּסֶף שִׁשָּׁה עָשָׂר אֲדָנִים שְׁנֵי
אֲדָנִים תַּחַת הַקֶּרֶשׁ הָאֶחָד וּשְׁנֵי אֲדָנִים תַּחַת

יז שְׁתֵּי יָדוֹת לַקֶּרֶשׁ הָאֶחָד. הָיָה חוֹרֵץ אֶת הַקֶּרֶשׁ מִלְּמַטָּה בְּאֶמְצָעוֹ בְּגֹבַהּ אַמָּה, מַנִּיחַ רְבִיעַ רָחְבּוֹ מִכָּאן וּרְבִיעַ רָחְבּוֹ מִכָּאן וְהֵן הֵן הַיָּדוֹת, וְהֶחָרִיץ חֲצִי רֹחַב הַקֶּרֶשׁ בָּאֶמְצַע. וְאוֹתָן הַיָּדוֹת מַכְנִיס בָּאֲדָנִים שֶׁהָיוּ חֲלוּלִים, וְהָאֲדָנִים גָּבְהָן אַמָּה וְיוֹשְׁבִים רְצוּפִים אַרְבָּעִים זֶה אֵצֶל זֶה. וִידוֹת הַקֶּרֶשׁ הַנִּכְנָסוֹת בְּחָלָל הָאֲדָנִים חֲרוּצוֹת מִשְּׁלֹשֶׁת צִדֵּיהֶן, רֹחַב הֶחָרִיץ כְּעֳבִי שְׂפַת הָאֶדֶן, שֶׁיְּכַסֶּה הַקֶּרֶשׁ אֶת כָּל רֹאשׁ הָאֶדֶן, שֶׁאִם לֹא כֵן נִמְצָא רֶוַח בֵּין קֶרֶשׁ לְקֶרֶשׁ כְּעֳבִי שְׂפַת שְׁנֵי הָאֲדָנִים שֶׁיַּפְסִיקוּ בֵּינֵיהֶם, וְזֶהוּ שֶׁנֶּאֱמַר: "וְיִהְיוּ תֹאֲמִם מִלְּמַטָּה" (להלן פסוק כד), שֶׁיַּחֲרֹץ אֶת צִדֵּי

יז פְּתָיָא דְּדַפָּא חַד: תְּרֵין צִירִין, לְדַפָּא חַד, מְשַׁלְּבִין, חַד לָקֳבֵיל חַד, כֵּן תַּעֲבֵיד, לְכֹל דַּפֵּי
יח יט מַשְׁכְּנָא: וְתַעֲבֵיד יָת דַּפַּיָּא לְמַשְׁכְּנָא, עֶסְרִין דַּפִּין, לְרוּחַ עֵיבַר דָּרוֹמָא: וְאַרְבְּעִין סָמְכִין דִּכְסַף,
תַּעֲבֵיד, תְּחוֹת עֶסְרִין דַּפִּין, תְּרֵין סָמְכִין, תְּחוֹת דַּפָּא חַד לִתְרֵין צִירוֹהִי, וּתְרֵין סָמְכִין, תְּחוֹת
כ כא דַּפָּא חַד לִתְרֵין צִירוֹהִי: וְלִסְטַר מַשְׁכְּנָא, תִּנְיָנָא לְרוּחַ צִפּוּנָא, עֶסְרִין דַּפִּין: וְאַרְבְּעִין סָמְכֵיהוֹן
כב דִּכְסַף, תְּרֵין סָמְכִין, תְּחוֹת דַּפָּא חַד, וּתְרֵין סָמְכִין, תְּחוֹת דַּפָּא חַד: וְלִסְיָפֵי מַשְׁכְּנָא מַעְרְבָא,
כג כד תַּעֲבֵיד שִׁתָּא דַּפִּין: וּתְרֵין דַּפִּין תַּעֲבֵיד, לְזָוְיַת מַשְׁכְּנָא, בְּסוֹפֵיהוֹן: וִיהוֹן מְכַוְּנִין מִלְּרַע, וְכַחְדָא,
כה יְהוֹן מְכַוְּנִין עַל רֵישֵׁיהוֹן, לְעִזְקְתָא חֲדָא, כֵּן יְהֵי לְתַרְוֵיהוֹן, לִתְרֵין זָוְיָן יְהוֹן: וִיהוֹן תְּמָנְיָא
דַּפִּין, וְסָמְכֵיהוֹן דִּכְסַף, שִׁתַּת עֲסַר סָמְכִין, תְּרֵין סָמְכִין, תְּחוֹת דַּפָּא חַד, וּתְרֵין סָמְכִין, תְּחוֹת

הַיָּדוֹת כְּדֵי שֶׁיִּתְחַבְּרוּ הַקְּרָשִׁים זֶה אֵצֶל זֶה: **מְשֻׁלָּבֹת.** עֲשׂוּיוֹת כְּמִין שְׁלִיבוֹת סֻלָּם מֻבְדָּלוֹת זוֹ מִזּוֹ, וּמְשֻׁפִּין רָאשֵׁיהֶם לִכָּנֵס בְּתוֹךְ חֲלַל הָאֶדֶן כִּשְׁלִיבָה הַנִּכְנֶסֶת בְּנֶקֶב עַמּוּדֵי הַסֻּלָּם: **אִשָּׁה אֶל אֲחֹתָהּ.** מְכֻוָּנוֹת זוֹ כְּנֶגֶד זוֹ, שֶׁיִּהְיוּ חֲרִיצֵיהֶם שָׁוִים זוֹ כְּמִדַּת זוֹ, כְּדֵי שֶׁלֹּא יִהְיוּ שְׁתֵּי יָדוֹת זוֹ מְשׁוּכָה לְצַד פְּנִים וְזוֹ מְשׁוּכָה לְצַד חוּץ בְּעָבְיֵי הַקֶּרֶשׁ שֶׁהוּא אַמָּה. וְתַרְגּוּם שֶׁל "יָדוֹת" – "צִירִין", לְפִי שֶׁדּוֹמוֹת לְצִירֵי הַדֶּלֶת הַנִּכְנָסִים בְּחוֹרֵי הַמְּפְתָּן:

יח) **לִפְאַת נֶגְבָּה תֵימָנָה.** אֵין 'פֵּאָה' זוֹ לְשׁוֹן מִקְצוֹעַ, אֶלָּא כָּל הָרוּחַ קְרוּיָה פֵּאָה. כְּתַרְגּוּמוֹ: "לְרוּחַ עֵבַר דָּרוֹמָא":

כב) **וּלְיַרְכְּתֵי.** לְשׁוֹן סוֹף, כְּתַרְגּוּמוֹ: "וְלִסְיָפֵי". וּלְפִי שֶׁהַפֶּתַח בַּמִּזְרָח, קָרוּי מִזְרָח פָּנִים וְהַמַּעֲרָב אֲחוֹרַיִם, וְזֶהוּ סוֹף, שֶׁהַפָּנִים הֵן הָרֹאשׁ: **תַּעֲשֶׂה שִׁשָּׁה קְרָשִׁים.** הֲרֵי תֵּשַׁע אַמּוֹת רֹחַב:

כג) **וּשְׁנֵי קְרָשִׁים תַּעֲשֶׂה לִמְקֻצְעֹת.** אֶחָד לְמִקְצוֹעַ צְפוֹנִית מַעֲרָבִית וְאֶחָד לְמַעֲרָבִית דְּרוֹמִית. כָּל שְׁמוֹנָה קְרָשִׁים בְּסֵדֶר אֶחָד הֵן, אֶלָּא שֶׁאֵלּוּ הַשְּׁנַיִם אֵינָן בַּחֲלַל הַמִּשְׁכָּן, אֶלָּא חֲצִי אַמָּה מִזּוֹ וַחֲצִי אַמָּה מִזּוֹ נִרְאוֹת בֶּחָלָל, לְהַשְׁלִים רָחְבּוֹ לְעֶשֶׂר, וְהָאַמָּה מִזֶּה וְהָאַמָּה מִזֶּה בָּאוֹת כְּנֶגֶד אַמַּת עָבְיֵי קַרְשֵׁי הַמִּשְׁכָּן הַצָּפוֹן וְהַדָּרוֹם, כְּדֵי שֶׁיְּהֵא הַמִּקְצוֹעַ מִבַּחוּץ שָׁוֶה:

כד) **וְיִהְיוּ.** כָּל הַקְּרָשִׁים "תֹּאֲמִם" זֶה לָזֶה "מִלְּמַטָּה", שֶׁלֹּא יַפְסִיק עָבְיֵי שְׂפַת שְׁנֵי הָאֲדָנִים בֵּינֵיהֶם לְהַרְחִיקָם זוֹ מִזּוֹ. זֶהוּ שֶׁפֵּרַשְׁתִּי שֶׁיִּהְיוּ צִירֵי הַיָּדוֹת חֲרוּצִים מִצִּדֵּיהֶן, שֶׁיְּהֵא רֹחַב הַקֶּרֶשׁ בּוֹלֵט לְצִדָּיו חוּץ לִידֵי הַקֶּרֶשׁ לְכַסּוֹת אֶת שְׂפַת הָאֶדֶן, וְכֵן הַקֶּרֶשׁ שֶׁאֶצְלוֹ, וְנִמְצְאוּ תּוֹאֲמִים זֶה לָזֶה. וְקֶרֶשׁ הַמִּקְצוֹעַ שֶׁבַּסֵּדֶר הַמַּעֲרָב חָרוּץ לְרָחְבּוֹ בְּעָבְיוֹ, כְּנֶגֶד חֲרִיץ שֶׁל צַד קֶרֶשׁ הַצְּפוֹנִי וְהַדְּרוֹמִי, כְּדֵי שֶׁלֹּא יַפְרִידוּ הָאֲדָנִים בֵּינֵיהֶם: **וְיַחְדָּו יִהְיוּ תַמִּים.** כְּמוֹ "תֹּאֲמִם": **עַל רֹאשׁוֹ.** שֶׁל קֶרֶשׁ: **אֶל הַטַּבַּעַת הָאֶחָת.** כָּל קֶרֶשׁ וְקֶרֶשׁ הָיָה חָרוּץ לְמַעְלָה בְּרָחְבּוֹ שְׁנֵי חֲרִיצִין בִּשְׁנֵי צִדָּיו כְּדֵי עֳבִי טַבַּעַת, וּמַכְנִיסוֹ בְּטַבַּעַת אַחַת, נִמְצָא מַתְאִים לַקֶּרֶשׁ שֶׁאֶצְלוֹ. אֲבָל אוֹתָן טַבָּעוֹת לֹא יָדַעְתִּי אִם קְבוּעוֹת הֵן אִם מְטֻלְטָלוֹת. וּבַקֶּרֶשׁ שֶׁבַּמִּקְצוֹעַ הָיָה טַבַּעַת בְּעָבְיֵי הַקֶּרֶשׁ הַדְּרוֹמִי וְהַצְּפוֹנִי וְרֹאשׁ קֶרֶשׁ הַמִּקְצוֹעַ שֶׁבַּסֵּדֶר מַעֲרָב נִכְנָס לְתוֹכוֹ, נִמְצְאוּ שְׁנֵי הַכְּתָלִים מְחֻבָּרִים: **כֵּן יִהְיֶה לִשְׁנֵיהֶם.** הַקְּרָשִׁים שֶׁבַּמִּקְצוֹעַ, לַקֶּרֶשׁ שֶׁבְּסוֹף צָפוֹן וְלַקֶּרֶשׁ הַמַּעֲרָבִי. וְכֵן "לִשְׁנֵי הַמִּקְצֹעֹת":

כה) **וְהָיוּ שְׁמֹנָה קְרָשִׁים.** הֵן הָאֲמוּרוֹת לְמַעְלָה: "תַּעֲשֶׂה שִׁשָּׁה קְרָשִׁים וּשְׁנֵי קְרָשִׁים תַּעֲשֶׂה לִמְקֻצְעֹת" (לעיל פסוקים כב-כג), נִמְצְאוּ שְׁמֹנָה קְרָשִׁים בְּסֵדֶר מַעֲרָבִי. כָּךְ שְׁנוּיָה בְּמִשְׁנַת מַעֲשֵׂה סֵדֶר הַקְּרָשִׁים בִּמְלֶאכֶת הַמִּשְׁכָּן (ברייתא דמלאכת המשכן, פרק א): הָיָה עוֹשֶׂה אֶת הָאֲדָנִים חֲלוּלִים, וְחוֹרֵץ אֶת הַקֶּרֶשׁ מִלְּמַטָּה רְבִיעַ מִכָּאן וּרְבִיעַ מִכָּאן וְהֶחָרִיץ חֶצְיוֹ בָּאֶמְצַע, וְעָשָׂה לוֹ שְׁתֵּי יָדוֹת כְּמִין שְׁנֵי חֲמוּקִין, וְלִי נִרְאֶה שֶׁהַגִּרְסָא: כְּמִין שְׁנֵי חֲווּקִין, כְּמִין שְׁתֵּי שְׁלִיבוֹת סֻלָּם הַמֻּבְדָּלוֹת זוֹ מִזּוֹ, וּמְשֻׁפּוֹת לִכָּנֵס בַּחֲלַל הָאֶדֶן כִּשְׁלִיבָה הַנִּכְנֶסֶת בְּנֶקֶב עַמּוּד הַסֻּלָּם, וְהוּא לְשׁוֹן "מְשֻׁלָּבֹת", עֲשׂוּיוֹת כְּמִין שְׁלִיבָה. וּמַכְנִיסָן לְתוֹךְ שְׁנֵי אֲדָנִים, שֶׁנֶּאֱמַר: "שְׁנֵי אֲדָנִים... וּשְׁנֵי אֲדָנִים" (לעיל פסוק יט). וְחוֹרֵץ אֶת הַקֶּרֶשׁ מִלְּמַעְלָה אֶצְבַּע מִכָּאן וְאֶצְבַּע מִכָּאן וְנוֹתֵן לְתוֹךְ טַבַּעַת אַחַת שֶׁל זָהָב, כְּדֵי שֶׁלֹּא יִהְיוּ נִפְרָדִים זֶה מִזֶּה, שֶׁנֶּאֱמַר:

תרומה

כו הַקֶּ֖רֶשׁ הָאֶחָֽד׃ וְעָשִׂ֥יתָ בְרִיחִ֖ם עֲצֵ֣י שִׁטִּ֑ים
כז חֲמִשָּׁ֕ה לְקַרְשֵׁ֥י צֶֽלַע־הַמִּשְׁכָּ֖ן הָאֶחָֽד׃ וַחֲמִשָּׁ֣ה
בְרִיחִ֔ם לְקַרְשֵׁ֥י צֶֽלַע־הַמִּשְׁכָּ֖ן הַשֵּׁנִ֑ית וַחֲמִשָּׁ֣ה
בְרִיחִ֗ם לְקַרְשֵׁי֙ צֶ֣לַע הַמִּשְׁכָּ֔ן לַיַּרְכָתַ֖יִם יָֽמָּה׃
כח וְהַבְּרִ֥יחַ הַתִּיכֹ֖ן בְּת֣וֹךְ הַקְּרָשִׁ֑ים מַבְרִ֕חַ מִן־
כט הַקָּצֶ֖ה אֶל־הַקָּצֶֽה׃ וְֽאֶת־הַקְּרָשִׁ֞ים תְּצַפֶּ֣ה זָהָ֗ב
וְֽאֶת־טַבְּעֹֽתֵיהֶם֙ תַּעֲשֶׂ֣ה זָהָ֔ב בָּתִּ֖ים לַבְּרִיחִ֑ם
ל וְצִפִּיתָ֥ אֶת־הַבְּרִיחִ֖ם זָהָֽב׃ וַהֲקֵמֹתָ֖ אֶת־הַמִּשְׁכָּ֑ן
חמישי כ כְּמִ֨שְׁפָּט֔וֹ אֲשֶׁ֥ר הָרְאֵ֖יתָ בָּהָֽר׃ וְעָשִׂ֣יתָ לא
פָרֹ֗כֶת תְּכֵ֛לֶת וְאַרְגָּמָ֥ן וְתוֹלַ֖עַת שָׁנִ֑י וְשֵׁ֣שׁ מָשְׁזָ֔ר
לב מַעֲשֵׂ֥ה חֹשֵׁ֛ב יַעֲשֶׂ֥ה אֹתָ֖הּ כְּרֻבִֽים׃ וְנָתַתָּ֣ה אֹתָ֗הּ
עַל־אַרְבָּעָה֙ עַמּוּדֵ֣י שִׁטִּ֔ים מְצֻפִּ֣ים זָהָ֔ב וָוֵיהֶ֖ם
לג זָהָ֑ב עַל־אַרְבָּעָ֖ה אַדְנֵי־כָֽסֶף׃ וְנָתַתָּ֣ה אֶת־
הַפָּרֹ֘כֶת֮ תַּ֣חַת הַקְּרָסִים֒ וְהֵבֵאתָ֥ שָׁ֙מָּה֙ מִבֵּ֣ית
לַפָּרֹ֔כֶת אֵ֖ת אֲר֣וֹן הָעֵד֑וּת וְהִבְדִּילָ֤ה הַפָּרֹ֙כֶת֙
לד לָכֶ֔ם בֵּ֣ין הַקֹּ֔דֶשׁ וּבֵ֖ין קֹ֥דֶשׁ הַקֳּדָשִֽׁים׃ וְנָתַתָּ֙
אֶת־הַכַּפֹּ֔רֶת עַ֖ל אֲר֣וֹן הָעֵדֻ֑ת בְּקֹ֖דֶשׁ הַקֳּדָשִֽׁים׃

תרומה

"וְיִהְיוּ תֹאֲמִם מִלְּמַטָּה" וְגוֹ' (לעיל פסוק כד). כָּךְ הִיא הַמִּשְׁנָה, וְהַפֵּרוּשׁ שֶׁלָּהּ הִצַּעְתִּי לְמַעְלָה בְּסֵדֶר הַמִּקְרָאוֹת:

כו בְּרִיחִם. כְּתַרְגּוּמוֹ "עָבְרִין", וּבְלַעַז אשפרי"ש: חֲמִשָּׁה לְקַרְשֵׁי צֶלַע הַמִּשְׁכָּן. אֵלּוּ חֲמִשָּׁה שְׁלֹשָׁה הֵן, אֶלָּא שֶׁהַבְּרִיחַ הָעֶלְיוֹן וְהַתַּחְתּוֹן עֲשׂוּי מִשְּׁתֵּי חֲתִיכוֹת, זֶה מַבְרִיחַ עַד חֲצִי הַכֹּתֶל וְזֶה מַבְרִיחַ עַד חֲצִי הַכֹּתֶל, זֶה נִכְנָס בְּטַבַּעַת מִצַּד זֶה וְזֶה נִכְנָס בְּטַבַּעַת מִצַּד זֶה עַד שֶׁמַּגִּיעִין זֶה לָזֶה, נִמְצְאוּ הָעֶלְיוֹן וְהַתַּחְתּוֹן שְׁנַיִם שֶׁהֵן אַרְבָּעָה. אֲבָל

כו כז דַּפָּא חַד: וְתַעֲבֵיד עַבְרֵי דְּאָעֵי שִׁטִּין, חַמְשָׁא, לְדַפֵּי סְטַר מַשְׁכְּנָא חַד: וְחַמְשָׁא עַבְרִין,
לְדַפֵּי סְטַר מַשְׁכְּנָא תִּנְיָנָא, וְחַמְשָׁא עַבְרִין, לְדַפֵּי סְטַר מַשְׁכְּנָא, לְסוֹפְהוֹן מַעְרְבָא:
כח כט וְעַבְרָא מְצִיעָאָה בְּגוֹ דַּפַּיָּא, מַעְבַּר, מִן סְיָפֵי לִסְיָפֵי: וְיָת דַּפַּיָּא תְּחַפֵּי דַּהֲבָא, וְיָת
ל עִזְקָתְהוֹן תַּעֲבֵיד דַּהֲבָא, אַתְרָא לְעַבְרַיָּא, וּתְחַפֵּי יָת עַבְרַיָּא דַּהֲבָא: וּתְקִים יָת מַשְׁכְּנָא,
לא כְּהִלְכָתֵיהּ, דְּאִתַּחֲזִיתָא בְּטוּרָא: וְתַעֲבֵיד פָּרֻכְתָּא, תַּכְלָא וְאַרְגְּוָנָא, וּצְבַע זְהוֹרִי
לב וּבוּץ שְׁזִיר, עוֹבָד אֻמָּן, יַעֲבֵיד יָתַהּ צוּרַת כְּרוּבִין: וְתִתֵּין יָתַהּ, עַל אַרְבְּעָא עַמּוּדֵי שִׁטִּין,
לג מְחַפַּן דַּהֲבָא, וָוֵיהוֹן דַּהֲבָא, עַל אַרְבְּעָא סָמְכִין דִּכְסַף: וְתִתֵּין יָת פָּרֻכְתָּא תְּחוֹת פּוּרְפַיָּא,
וְתַעֵיל לְתַמָּן מִגָּיו לְפָרֻכְתָּא, יָת אֲרוֹנָא דְּסָהֲדוּתָא, וְתַפְרֵישׁ פָּרֻכְתָּא לְכוֹן, בֵּין קֻדְשָׁא,
לד וּבֵין קֹדֶשׁ קֻדְשַׁיָּא: וְתִתֵּין יָת כַּפֻּרְתָּא, עַל אֲרוֹנָא דְּסָהֲדוּתָא, בְּקֹדֶשׁ קֻדְשַׁיָּא:

הָאֶמְצָעִי אָרְכּוֹ כְּנֶגֶד כָּל הַכֹּתֶל, וּמַבְרִיחַ מִקָּצֶה הַכֹּתֶל וְעַד קָצֵהוּ, שֶׁנֶּאֱמַר: "וְהַבְּרִיחַ הַתִּיכֹן וְגוֹ' מַבְרִחַ מִן הַקָּצֶה אֶל הַקָּצֶה" (להלן פסוק כח). שֶׁהָעֶלְיוֹנִים וְהַתַּחְתּוֹנִים הָיוּ לָהֶן טַבָּעוֹת בַּקְּרָשִׁים לִכָּנֵס לְתוֹכָן, שְׁתֵּי טַבָּעוֹת לְכָל קֶרֶשׁ, מְשֻׁלָּשִׁים בְּתוֹךְ עֶשֶׂר אַמּוֹת שֶׁל גֹּבַהּ הַקֶּרֶשׁ, חֵלֶק אֶחָד מִן הַטַּבַּעַת הָעֶלְיוֹנָה וּלְמַעְלָה וְחֵלֶק אֶחָד מִן הַתַּחְתּוֹנָה וּלְמַטָּה, וְכָל חֵלֶק הוּא רְבִיעַ אֹרֶךְ הַקֶּרֶשׁ, וּשְׁנֵי חֲלָקִים בֵּין טַבַּעַת לְטַבַּעַת, כְּדֵי שֶׁיִּהְיוּ כָּל הַטַּבָּעוֹת מְכֻוָּנִין זֶה כְּנֶגֶד זֶה. אֲבָל לַבְּרִיחַ הַתִּיכוֹן אֵין טַבָּעוֹת, אֶלָּא הַקְּרָשִׁים נְקוּבִין בְּעָבְיָן, וְהוּא נִכְנָס בָּהֶם דֶּרֶךְ הַנְּקָבִים שֶׁהֵם מְכֻוָּנִין זֶה מוּל זֶה, וְזֶהוּ שֶׁנֶּאֱמַר: "בְּתוֹךְ הַקְּרָשִׁים" (שם). הַבְּרִיחִים הָעֶלְיוֹנִים וְהַתַּחְתּוֹנִים שֶׁבַּצָּפוֹן וְשֶׁבַּדָּרוֹם אָרְךְ כָּל אֶחָד חָמֵשׁ עֶשְׂרֵה אַמָּה, וְהַתִּיכוֹן אָרְכּוֹ שְׁלֹשִׁים אַמָּה, וְזֶהוּ "מִן הַקָּצֶה אֶל הַקָּצֶה" (שם), מִן הַמִּזְרָח וְעַד הַמַּעֲרָב. וַחֲמִשָּׁה בְּרִיחִים שֶׁבַּמַּעֲרָב, אֹרֶךְ הָעֶלְיוֹנִים וְהַתַּחְתּוֹנִים שֵׁשׁ אַמּוֹת, וְהַתִּיכוֹן אָרְכּוֹ שְׁתֵּים עֶשְׂרֵה, כְּנֶגֶד רֹחַב שְׁמוֹנָה קְרָשִׁים. כָּךְ הִיא מְפֹרֶשֶׁת בִּמְלֶאכֶת הַמִּשְׁכָּן:

כט) **בָּתִּים לַבְּרִיחִם.** הַטַּבָּעוֹת שֶׁתַּעֲשֶׂה בָּהֶן יִהְיוּ בָּתִּים לִכָּנֵס בָּהֶן הַבְּרִיחִים: **וְצִפִּיתָ אֶת הַבְּרִיחִם זָהָב.** לֹא שֶׁהָיָה הַזָּהָב מְדֻבָּק עַל הַבְּרִיחִים, שֶׁאֵין עֲלֵיהֶם שׁוּם צִפּוּי, אֶלָּא בַּקֶּרֶשׁ הָיָה קוֹבֵעַ כְּמִין שְׁנֵי פִּיפִיּוֹת שֶׁל זָהָב כְּמִין שְׁנֵי סִדְקֵי קָנֶה חָלוּק, וְקוֹבְעָן אֵצֶל הַטַּבָּעוֹת לְכָאן וּלְכָאן, אָרְכָּן מְמַלֵּא אֶת רֹחַב הַקֶּרֶשׁ מִן הַטַּבַּעַת לְכָאן וּמִמֶּנָּה לְכָאן, וְהַבְּרִיחַ נִכְנָס לְתוֹכוֹ וּמִמֶּנּוּ לַטַּבַּעַת וּמִן הַטַּבַּעַת לַפֶּה הַשֵּׁנִי, נִמְצְאוּ הַבְּרִיחִים מְצֻפִּים זָהָב כְּשֶׁהֵן תְּחוּבִין בַּקְּרָשִׁים. וְהַבְּרִיחִים הַלָּלוּ מִבַּחוּץ הָיוּ; בְּלִיטַת הַטַּבָּעוֹת וְהַפִּיפִיּוֹת לֹא הָיְתָה נִרְאֵית בְּתוֹךְ הַמִּשְׁכָּן, אֶלָּא כָּל הַכֹּתֶל חָלָק מִבִּפְנִים:

ל) **וַהֲקֵמֹתָ אֶת הַמִּשְׁכָּן.** לְאַחַר שֶׁיִּגָּמֵר הֲקִימֵהוּ: **הָרְאֵיתָ בָּהָר.** קֹדֶם לָכֵן, שֶׁאֲנִי עָתִיד לְלַמֶּדְךָ וּלְהַרְאוֹתְךָ סֵדֶר הֲקָמָתוֹ:

לא) **פָּרֹכֶת.** לְשׁוֹן מְחִצָּה הוּא, וּבִלְשׁוֹן חֲכָמִים: פַּרְגּוֹד, דָּבָר הַמַּבְדִּיל בֵּין הַמֶּלֶךְ וּבֵין הָעָם: **תְּכֵלֶת וְאַרְגָּמָן.** כָּל מִין וּמִין הָיָה כָּפוּל, בְּכָל חוּט וָחוּט שִׁשָּׁה חוּטִין: **מַעֲשֵׂה חֹשֵׁב.** כְּבָר פֵּרַשְׁתִּי שֶׁזּוֹ הִיא אֲרִיגָה שֶׁל שְׁתֵּי קִירוֹת, וְהַצִּיּוּרִין שֶׁמִּשְּׁנֵי עֲבָרֶיהָ אֵינָן דּוֹמִין זֶה לָזֶה: **כְּרֻבִים.** צִיּוּרִין שֶׁל בְּרִיּוֹת יַעֲשֶׂה בָּהּ:

לב) **אַרְבָּעָה עַמּוּדִים** תְּקוּעִים בְּתוֹךְ אַרְבָּעָה אֲדָנִים, וְאֻנְקְלִיּוֹת קְבוּעִין בָּהֶן עֲקֻמִּין לְמַעְלָה, לְהוֹשִׁיב עֲלֵיהֶן כְּלוֹנָס שֶׁרֹאשׁ הַפָּרֹכֶת כָּרוּךְ בּוֹ; וְהָאֻנְקְלִיּוֹת הֵן הַוָּוִין, שֶׁהֲרֵי כְּמִין וָוִין הֵן עֲשׂוּיִים. וְהַפָּרֹכֶת אָרְכָּהּ עֶשֶׂר אַמּוֹת לְרָחְבּוֹ שֶׁל מִשְׁכָּן, וְרָחְבָּהּ עֶשֶׂר אַמּוֹת כְּגָבְהָן שֶׁל קְרָשִׁים, פְּרוּסָה בְּשְׁלִישׁוֹ שֶׁל מִשְׁכָּן, שֶׁיְּהֵא הֵימֶנָּה וְלִפְנִים עֶשֶׂר אַמּוֹת וְהֵימֶנָּה וְלַחוּץ עֶשְׂרִים אַמָּה. נִמְצָא בֵּית קֹדֶשׁ הַקֳּדָשִׁים עֶשֶׂר עַל עֶשֶׂר, שֶׁנֶּאֱמַר: "וְנָתַתָּה אֶת הַפָּרֹכֶת תַּחַת הַקְּרָסִים" (להלן פסוק לג). הַמְחַבְּרִים אֶת שְׁתֵּי חוֹבְרוֹת שֶׁל יְרִיעוֹת הַמִּשְׁכָּן; רֹחַב הַחוֹבֶרֶת עֶשְׂרִים אַמָּה, וּכְשֶׁפְּרוּשָׂה עַל גַּג הַמִּשְׁכָּן מִן הַפֶּתַח לַמַּעֲרָב, כָּלְתָה בִּשְׁנֵי שְׁלִישֵׁי הַמִּשְׁכָּן, וְהַחוֹבֶרֶת הַשֵּׁנִית כִּסְּתָה שְׁלִישׁוֹ שֶׁל מִשְׁכָּן, וְהַמּוֹתָר תָּלוּי לַאֲחוֹרָיו לְכַסּוֹת אֶת הַקְּרָשִׁים:

לה וְשַׂמְתָּ אֶת־הַשֻּׁלְחָן מִחוּץ לַפָּרֹכֶת וְאֶת־הַמְּנֹרָה
נֹכַח הַשֻּׁלְחָן עַל צֶלַע הַמִּשְׁכָּן תֵּימָנָה וְהַשֻּׁלְחָן
לו תִּתֵּן עַל־צֶלַע צָפוֹן׃ וְעָשִׂיתָ מָסָךְ לְפֶתַח הָאֹהֶל
תְּכֵלֶת וְאַרְגָּמָן וְתוֹלַעַת שָׁנִי וְשֵׁשׁ מָשְׁזָר מַעֲשֵׂה
לז רֹקֵם׃ וְעָשִׂיתָ לַמָּסָךְ חֲמִשָּׁה עַמּוּדֵי שִׁטִּים וְצִפִּיתָ
אֹתָם זָהָב וָוֵיהֶם זָהָב וְיָצַקְתָּ לָהֶם חֲמִשָּׁה אַדְנֵי
כז א נְחֹשֶׁת׃ וְעָשִׂיתָ אֶת־הַמִּזְבֵּחַ עֲצֵי שִׁטִּים ששי
חָמֵשׁ אַמּוֹת אֹרֶךְ וְחָמֵשׁ אַמּוֹת רֹחַב רָבוּעַ
ב יִהְיֶה הַמִּזְבֵּחַ וְשָׁלֹשׁ אַמּוֹת קֹמָתוֹ׃ וְעָשִׂיתָ
קַרְנֹתָיו עַל אַרְבַּע פִּנֹּתָיו מִמֶּנּוּ תִּהְיֶיןָ קַרְנֹתָיו
ג וְצִפִּיתָ אֹתוֹ נְחֹשֶׁת׃ וְעָשִׂיתָ סִּירֹתָיו לְדַשְּׁנוֹ
וְיָעָיו וּמִזְרְקֹתָיו וּמִזְלְגֹתָיו וּמַחְתֹּתָיו לְכָל־כֵּלָיו
ד תַּעֲשֶׂה נְחֹשֶׁת׃ וְעָשִׂיתָ לּוֹ מִכְבָּר מַעֲשֵׂה רֶשֶׁת *
נְחֹשֶׁת וְעָשִׂיתָ עַל־הָרֶשֶׁת אַרְבַּע טַבְּעֹת נְחֹשֶׁת
ה עַל אַרְבַּע קְצוֹתָיו׃ וְנָתַתָּה אֹתָהּ תַּחַת כַּרְכֹּב
הַמִּזְבֵּחַ מִלְּמָטָּה וְהָיְתָה הָרֶשֶׁת עַד חֲצִי הַמִּזְבֵּחַ׃

תרומה

לה) וְשַׂמְתָּ אֶת הַשֻּׁלְחָן. שֻׁלְחָן בַּצָּפוֹן מָשׁוּךְ מִן הַכֹּתֶל הַצְּפוֹנִי שְׁתֵּי אַמּוֹת וּמֶחֱצָה, וּמְנוֹרָה בַּדָּרוֹם מְשׁוּכָה מִן הַכֹּתֶל הַדְּרוֹמִי שְׁתֵּי אַמּוֹת וּמֶחֱצָה, וּמִזְבַּח הַזָּהָב נָתוּן כְּנֶגֶד חָוִיר שֶׁבֵּין שֻׁלְחָן לִמְנוֹרָה מָשׁוּךְ קִמְעָה כְּלַפֵּי הַמִּזְרָח, וְכֻלָּם נְתוּנִים מִן חֲצִי הַמִּשְׁכָּן וְלִפְנִים. כֵּיצַד? אֹרֶךְ הַמִּשְׁכָּן מִן הַפֶּתַח לַפָּרֹכֶת עֶשְׂרִים אַמָּה, הַמִּזְבֵּחַ וְהַשֻּׁלְחָן וְהַמְּנוֹרָה מְשׁוּכִים מִן הַפֶּתַח לְצַד מַעֲרָב עֶשֶׂר אַמּוֹת:

לו) וְעָשִׂיתָ מָסָךְ. וִילוֹן שֶׁהוּא מֵסַךְ כְּנֶגֶד הַפֶּתַח, כְּמוֹ: "שַׂכְתָּ בַעֲדוֹ" (איוב א, י), לְשׁוֹן מָגֵן: מַעֲשֵׂה רֹקֵם. הַצּוּרוֹת עֲשׂוּיוֹת בּוֹ מַעֲשֵׂה מַחַט, כְּפַרְצוּף שֶׁל עֵבֶר זֶה כָּךְ פַּרְצוּף שֶׁל עֵבֶר זֶה: רֹקֵם. שֵׁם הָאֻמָּן וְלֹא שֵׁם הָאֻמָּנוּת, וְתַרְגּוּמוֹ: "עוֹבַד צַיָּר" וְלֹא 'עוֹבַד צִיּוּר'. מִדַּת הַמָּסָךְ כְּמִדַּת הַפָּרֹכֶת, עֶשֶׂר אַמּוֹת עַל עֶשֶׂר אַמּוֹת:

לה וּתְשַׁוֵּי יָת פָּתוֹרָא מִבַּרָא לְפָרֻכְתָּא, וְיָת מְנָרְתָא לָקֳבֵיל פָּתוֹרָא, עַל סְטַר מַשְׁכְּנָא דָּרוֹמָא,
לו וּפָתוֹרָא, תִּתֵּין עַל סְטַר צִפּוּנָא: וְתַעֲבֵיד פְּרָסָא לִתְרַע מַשְׁכְּנָא, תִּכְלָא וְאַרְגְּוָנָא, וּצְבַע זְהוֹרִי
לז וּבוּץ שְׁזִיר, עוֹבַד צַיָּר: וְתַעֲבֵיד לִפְרָסָא, חַמְשָׁא עַמּוּדֵי שִׁטִּין, וְתִחְפֵי יָתְהוֹן דַּהֲבָא, וָוֵיהוֹן
כז א דַּהֲבָא, וְתַתִּיךְ לְהוֹן, חַמְשָׁא סַמְכִין דִּנְחָשָׁא: וְתַעֲבֵיד יָת מַדְבְּחָא דְּאָעֵי שִׁטִּין, חֲמֵשׁ אַמִּין
ב אָרְכָּא וַחֲמֵשׁ אַמִּין פֻּתְיָא, מְרַבַּע יְהֵי מַדְבְּחָא, וּתְלָת אַמִּין רוּמֵיהּ: וְתַעֲבֵיד קַרְנוֹהִי, עַל
ג אַרְבַּע זָוְיָתֵיהּ, מִנֵּיהּ יְהוְיָן קַרְנוֹהִי, וְתִחְפֵי יָתֵיהּ נְחָשָׁא: וְתַעֲבֵיד פַּסְכְתֵּירְוָתֵיהּ לְמִסְפֵּי קִטְמֵיהּ,
ד וּמַגְרוֹפְיָתֵיהּ וּמִזְרְקוֹהִי, וְצִנּוֹרְיָתֵיהּ וּמַחְתְּיָתֵיהּ, לְכָל מָנוֹהִי תַּעֲבֵיד נְחָשָׁא: וְתַעֲבֵיד לֵיהּ
סְרָדָא, עוֹבַד מְצָדְתָא דִּנְחָשָׁא, וְתַעֲבֵיד עַל מְצָדְתָא, אַרְבַּע עִזְקָן דִּנְחָשָׁא, עַל אַרְבְּעָא
ה סִטְרוֹהִי: וְתִתֵּין יָתַהּ, תְּחוֹת, סוֹבֵיבָא דְּמַדְבְּחָא מִלְּרַע, וּתְהֵי מְצָדְתָא, עַד פַּלְגּוּת מַדְבְּחָא:

פרק כז

א] **וְעָשִׂיתָ אֶת הַמִּזְבֵּחַ וְגוֹ׳ וְשָׁלֹשׁ אַמּוֹת קֹמָתוֹ.** דְּבָרִים כִּכְתָבָן, דִּבְרֵי רַבִּי יְהוּדָה. רַבִּי יוֹסֵי אוֹמֵר: נֶאֱמַר כָּאן ״רָבוּעַ״ וְנֶאֱמַר בַּפְּנִימִי ״רָבוּעַ״ (להלן ל, ח), מַה לְּהַלָּן גָּבְהוֹ פִּי שְׁנַיִם כְּאָרְכּוֹ, אַף כָּאן גָּבְהוֹ פִּי שְׁנַיִם כְּאָרְכּוֹ; וּמָה אֲנִי מְקַיֵּם ״וְשָׁלֹשׁ אַמּוֹת קֹמָתוֹ״? מִשְּׂפַת סוֹבֵב וּלְמַעְלָה:

ב] **מִמֶּנּוּ תִּהְיֶיןָ קַרְנֹתָיו.** שֶׁלֹּא יַעֲשֵׂם לְבַדָּם וִיחַבְּרֵם בּוֹ: **וְצִפִּיתָ אֹתוֹ נְחֹשֶׁת.** לְכַפֵּר עַל עַזּוּת מֵצַח, שֶׁנֶּאֱמַר: ״וּמִצְחֲךָ נְחוּשָׁה״ (ישעיה מח, ד):

ג] **סִּירֹתָיו.** כְּמִין יוֹרוֹת: **לְדַשְּׁנוֹ.** לְהָסִיר דִּשְׁנוֹ לְתוֹכָם; וְהוּא שֶׁתִּרְגֵּם אוּנְקְלוֹס: ״לְמִסְפֵּי קִטְמֵיהּ״, לִסְפּוֹת הַדֶּשֶׁן לְתוֹכָם. כִּי יֵשׁ מִלּוֹת בִּלְשׁוֹן עִבְרִית מִלָּה אַחַת מִתְחַלֶּפֶת בַּפִּתְרוֹן לְשַׁמֵּשׁ בִּנְיָן וּסְתִירָה, כְּמוֹ ״וַתַּשְׁרֵשׁ שָׁרָשֶׁיהָ״ (תהלים פ, י), ״אֱוִיל מַשְׁרִישׁ״ (איוב ה, ג), וְחִלּוּפוֹ: ״וּבְכָל תְּבוּאָתִי תְשָׁרֵשׁ״ (שם לא, יב). וְכָמוֹהוּ: ״בִּסְעִפֶּיהָ פֹּרִיָּה״ (ישעיה יז, ו), וְחִלּוּפוֹ: ״מְסָעֵף פֻּארָה״ (שם י, לג), מְפַסֵּחַ סְעִיפֶיהָ. וְכָמוֹהוּ: ״וְזֶה הָאַחֲרוֹן עִצְּמוֹ״ (ירמיה נ, יז), שִׁבֵּר עַצְמוֹתָיו. וְכָמוֹהוּ: ״וַיְסַקְּלֵהוּ בָּאֲבָנִים״ (מלכים א׳ כא, יג), וְחִלּוּפוֹ: ״סַקְּלוּ מֵאֶבֶן״ (ישעיה סב, י), הָסִירוּ אֲבָנֶיהָ, וְכֵן: ״וַיְעַזְּקֵהוּ וַיְסַקְּלֵהוּ״ (שם ה, ב). אַף כָּאן ״לְדַשְּׁנוֹ״ לְהָסִיר דִּשְׁנוֹ, וּבְלַעַז אישנדרי״ר: **וְיָעָיו.** כְּתַרְגּוּמוֹ, מַגְרֵפוֹת שֶׁנּוֹטֵל בָּהֶם הַדֶּשֶׁן, וְהֵן כְּמִין כִּסּוּי קְדֵרָה, וְהוּא שֶׁל מַתֶּכֶת דַּק וְלוֹ בֵּית יָד, וּבְלַעַז ווידי״ל: **וּמִזְרְקֹתָיו.** לְקַבֵּל בָּהֶם דַּם הַזְּבָחִים: **וּמִזְלְגֹתָיו.** כְּמִין אֻנְקְלָיוֹת כְּפוּפִין, וּמַכֶּה בָהֶן בַּבָּשָׂר וְנִתְחָבִין בּוֹ, וּמְהַפְּכָן בָּהֶן עַל גַּחֲלֵי הַמַּעֲרָכָה שֶׁיְּהֵא מְמַהֵר שְׂרֵפָתָן, וּבְלַעַז קרוציי״ש, וּבִלְשׁוֹן חֲכָמִים: צִנּוֹרִיּוֹת: **וּמַחְתֹּתָיו.** בֵּית קִבּוּל יֵשׁ לָהֶם לִטֹּל בָּהֶן גֶּחָלִים מִן הַמִּזְבֵּחַ לְשֵׂאתָם עַל מִזְבַּח הַפְּנִימִי לַקְּטֹרֶת. וְעַל שֵׁם חֲתִיָּתָן קְרוּיִים מַחְתּוֹת, כְּמוֹ: ״לַחְתּוֹת אֵשׁ מִיָּקוּד״ (ישעיה ל, יד), לְשׁוֹן שְׁאִיבַת אֵשׁ מִמְּקוֹמָהּ, וְכֵן: ״הֲיַחְתֶּה אִישׁ אֵשׁ בְּחֵיקוֹ״ (משלי ו, כז): **לְכָל כֵּלָיו.** כְּמוֹ כָּל כֵּלָיו:

ד] **מִכְבָּר.** לְשׁוֹן כְּבָרָה שֶׁקּוֹרִין קריב״ל, כְּמִין לְבוּשׁ עָשׂוּ לוֹ לַמִּזְבֵּחַ, עָשׂוּי חוֹרִין חוֹרִין כְּמִין רֶשֶׁת. וּמִקְרָא זֶה מְסֹרָס וְכָךְ פִּתְרוֹנוֹ: וְעָשִׂיתָ לּוֹ מִכְבַּר נְחֹשֶׁת מַעֲשֵׂה רֶשֶׁת:

ה] **כַּרְכֹּב הַמִּזְבֵּחַ.** סוֹבֵב. כָּל דָּבָר הַמַּקִּיף סָבִיב בְּעִגּוּל קָרוּי כַּרְכֹּב, כְּמוֹ שֶׁשָּׁנִינוּ בְּ״הַכֹּל שׁוֹחֲטִין״: ״אֵלּוּ הֵן גָּלְמֵי כְלֵי עֵץ, כָּל שֶׁעָתִיד לָשׁוּף וּלְכַרְכֵּב״ (חולין כה ע״א), וְהוּא שֶׁעוֹשִׂין חֲרִיצִין עֲגֻלִּין בְּקַרְשֵׁי דָּפְנֵי הַתֵּבוֹת וְסַפְסְלֵי הָעֵץ, אַף לַמִּזְבֵּחַ עָשָׂה חָרִיץ סְבִיבוֹ בְּדָפְנוֹ לְנוֹי, וְהוּא לְסוֹף שֵׁשׁ אַמּוֹת שֶׁל גָּבְהוֹ כְּדִבְרֵי הָאוֹמֵר (זבחים נט ע״ב – ס ע״א) מָה אֲנִי מְקַיֵּם ״וְשָׁלֹשׁ אַמּוֹת קֹמָתוֹ״? מִשְּׂפַת סוֹבֵב וּלְמַעְלָה. אֲבָל סוֹבֵב לְהִלּוּךְ הַכֹּהֲנִים לֹא הָיָה לְמִזְבַּח הַנְּחֹשֶׁת אֶלָּא עַל רָאשׁוֹ לִפְנִים מִקַּרְנוֹתָיו. וְכֵן שָׁנִינוּ בִּזְבָחִים (דף סב ע״א): אֵיזֶהוּ כַּרְכֹּב? בֵּין קֶרֶן לְקֶרֶן, וְלִפְנִים מֵהֶן אַמָּה שֶׁל הִלּוּךְ רַגְלֵי הַכֹּהֲנִים, שְׁתֵּי אַמּוֹת הַלָּלוּ קְרוּיִים כַּרְכֹּב. וְדִקְדַּקְנוּ שָׁם: וְהָכְתִיב: ״תַּחַת כַּרְכֻּבּוֹ מִלְּמַטָּה״ (להלן לח, ד), לָמַדְנוּ שֶׁהַכַּרְכֹּב בְּדָפְנוֹ הוּא וּלְבוּשׁ הַמִּכְבָּר תַּחְתָּיו! וְתֵרֵץ הַמְתָרֵץ: תְּרֵי הֲווֹ, חַד לְנוֹי וְחַד לַכֹּהֲנִים דְּלֹא נִשְׁתַּרְקוּ; זֶה שֶׁבַּדֹּפֶן לְנוֹי הָיָה, וּמִתַּחְתָּיו הִלְבִּישׁוּ הַמִּכְבָּר, וְהִגִּיעַ רָחְבּוֹ עַד חֲצִי הַמִּזְבֵּחַ, וְהוּא הָיָה סִימָן לַחֲצִי גָּבְהוֹ לְהַבְדִּיל בֵּין דָּמִים הָעֶלְיוֹנִים לְדָמִים הַתַּחְתּוֹנִים, וּכְנֶגְדּוֹ עָשׂוּ לְמִזְבַּח בֵּית עוֹלָמִים חֲגוֹרַת חוּט הַסִּקְרָא

ו וְעָשִׂיתָ בַדִּים לַמִּזְבֵּחַ בַּדֵּי עֲצֵי שִׁטִּים וְצִפִּיתָ
ז אֹתָם נְחֹשֶׁת: וְהוּבָא אֶת־בַּדָּיו בַּטַּבָּעֹת וְהָיוּ
הַבַּדִּים עַל־שְׁתֵּי צַלְעֹת הַמִּזְבֵּחַ בִּשְׂאֵת אֹתוֹ:
ח נְבוּב לֻחֹת תַּעֲשֶׂה אֹתוֹ כַּאֲשֶׁר הֶרְאָה אֹתְךָ
ט בָּהָר כֵּן יַעֲשׂוּ: וְעָשִׂיתָ אֵת חֲצַר (שביעי)
הַמִּשְׁכָּן לִפְאַת נֶגֶב־תֵּימָנָה קְלָעִים לֶחָצֵר שֵׁשׁ
י מָשְׁזָר מֵאָה בָאַמָּה אֹרֶךְ לַפֵּאָה הָאֶחָת: וְעַמֻּדָיו
עֶשְׂרִים וְאַדְנֵיהֶם עֶשְׂרִים נְחֹשֶׁת וָוֵי הָעַמֻּדִים
יא וַחֲשֻׁקֵיהֶם כָּסֶף: וְכֵן לִפְאַת צָפוֹן בָּאֹרֶךְ קְלָעִים
מֵאָה אֹרֶךְ וְעַמֻּדָו עֶשְׂרִים וְאַדְנֵיהֶם עֶשְׂרִים
יב נְחֹשֶׁת וָוֵי הָעַמֻּדִים וַחֲשֻׁקֵיהֶם כָּסֶף: וְרֹחַב
הֶחָצֵר לִפְאַת־יָם קְלָעִים חֲמִשִּׁים אַמָּה עַמֻּדֵיהֶם
יג עֲשָׂרָה וְאַדְנֵיהֶם עֲשָׂרָה: וְרֹחַב הֶחָצֵר לִפְאַת
יד קֵדְמָה מִזְרָחָה חֲמִשִּׁים אַמָּה: וַחֲמֵשׁ עֶשְׂרֵה
אַמָּה קְלָעִים לַכָּתֵף עַמֻּדֵיהֶם שְׁלֹשָׁה וְאַדְנֵיהֶם
טו שְׁלֹשָׁה: וְלַכָּתֵף הַשֵּׁנִית חֲמֵשׁ עֶשְׂרֵה קְלָעִים
טז עַמֻּדֵיהֶם שְׁלֹשָׁה וְאַדְנֵיהֶם שְׁלֹשָׁה: וּלְשַׁעַר ★
הֶחָצֵר מָסָךְ ׀ עֶשְׂרִים אַמָּה תְּכֵלֶת וְאַרְגָּמָן
וְתוֹלַעַת שָׁנִי וְשֵׁשׁ מָשְׁזָר מַעֲשֵׂה רֹקֵם עַמֻּדֵיהֶם

בְּחָמְתָּעוֹ (מדות ג, ח). וְכֶבֶשׁ שֶׁהָיוּ עוֹלִין בּוֹ, חַף עַל פִּי שֶׁלֹּא פֵּרְשׁוֹ בְּעִנְיָן זֶה, כְּבָר שָׁמַעְנוּ בְּפָרָשַׁת 'מִזְבַּח אֲדָמָה תַּעֲשֶׂה לִּי': "וְלֹא תַעֲלֶה בְמַעֲלֹת" (לעיל כ, כב), לֹא תַעֲשֶׂה לוֹ מַעֲלוֹת בַּכֶּבֶשׁ שֶׁלּוֹ,

תרומה

ז וְתַעֲבֵיד אֲרִיחַיָּא לְמַדְבְּחָא, אֲרִיחֵי דְּאָעֵי שִׁטִּין, וְתַחְפֵּי יָתְהוֹן נְחָשָׁא: וְיָעֵיל יָת אֲרִיחוֹהִי
ח בְּעִזְקָתָא, וִיהוֹן אֲרִיחַיָּא, עַל תְּרֵין, סִטְרֵי מַדְבְּחָא בְּמִטַּל יָתֵיהּ: חֲלִיל לוּחִין תַּעֲבֵיד יָתֵיהּ,
ט כְּמָא דְּאַחְזִי יָתָךְ, בְּטוּרָא כֵּן יַעְבְּדוּן: וְתַעֲבֵיד, יָת דָּרַת מַשְׁכְּנָא, לְרוּחַ עֵיבַר דָּרוֹמָא, סְרָדֵי
י לְדָרְתָא דְּבוּץ שְׁזִיר, מְאָה אַמִּין אֻרְכָּא, לְרוּחָא חֲדָא: וְעַמּוּדוֹהִי עַסְרִין, וְסָמְכֵיהוֹן עַסְרִין
יא דִּנְחָשָׁא, וָוֵי עַמּוּדַיָּא, וְכִבּוּשֵׁיהוֹן כְּסַף: וְכֵן לְרוּחַ צִפּוּנָא בְּאֻרְכָּא, סְרָדֵי מְאָה אֻרְכָּא,
יב וְעַמּוּדוֹהִי עַסְרִין, וְסָמְכֵיהוֹן עַסְרִין דִּנְחָשָׁא, וָוֵי עַמּוּדַיָּא, וְכִבּוּשֵׁיהוֹן כְּסַף: וּפְתָיָא דְּדָרְתָא
יג לְרוּחַ מַעַרְבָא, סְרָדֵי חַמְשִׁין אַמִּין, עַמּוּדֵיהוֹן עַסְרָא, וְסָמְכֵיהוֹן עַסְרָא: וּפְתָיָא דְּדָרְתָא, לְרוּחַ,
יד קִדּוּמָא מַדִּנְחָא חַמְשִׁין אַמִּין: וַחֲמֵשׁ עַסְרֵי אַמִּין, סְרָדֵי לְעִבְרָא, עַמּוּדֵיהוֹן תְּלָתָא, וְסָמְכֵיהוֹן
טו טז תְּלָתָא: וּלְעִבְרָא תִּנְיָנָא, חֲמֵשׁ עַסְרֵי סְרָדִין, עַמּוּדֵיהוֹן תְּלָתָא, וְסָמְכֵיהוֹן תְּלָתָא: וְלִתְרַע
דָּרְתָא, פְּרָסָא עַסְרִין אַמִּין, תִּכְלָא וְאַרְגְּוָנָא, וּצְבַע זְהוֹרִי, וּבוּץ שְׁזִיר עוֹבַד צַיָּר, עַמּוּדֵיהוֹן

אֶלָּא כֶּבֶשׁ חָלָק, לָמַדְנוּ שֶׁהָיָה לוֹ כֶּבֶשׁ. כָּךְ שָׁנִינוּ בַּמְּכִילְתָּא (בחדש פרשה יא). וּ'מִזְבַּח אֲדָמָה' הוּא מִזְבַּח הַנְּחֹשֶׁת, שֶׁהָיוּ מְמַלְּאִין חֲלָלוֹ אֲדָמָה בִּמְקוֹם חֲנִיָּתָן. וְהַכֶּבֶשׁ הָיָה בַּדָּרוֹם הַמִּזְבֵּחַ מֻבְדָּל מִן הַמִּזְבֵּחַ מְלֹא חוּט הַשַּׂעֲרָה, וְרַגְלָיו מַגִּיעִין עַד אַמָּה סָמוּךְ לְקַלְעֵי הֶחָצֵר שֶׁבַּדָּרוֹם, כְּדִבְרֵי הָאוֹמֵר עֶשֶׂר אַמּוֹת קוֹמָתוֹ; וּלְדִבְרֵי הָאוֹמֵר דְּבָרִים כִּכְתָבָן "שָׁלֹשׁ אַמּוֹת קֹמָתוֹ" (זבחים נט ע"ב), לֹא הָיָה אֹרֶךְ הַכֶּבֶשׁ אֶלָּא עֶשֶׂר אַמּוֹת. כָּךְ מָצָאתִי בְּמִשְׁנַת אַרְבָּעִים וְתֵשַׁע מִדּוֹת. וְזֶה שֶׁהוּא מֻבְדָּל מִן הַמִּזְבֵּחַ מְלֹא הַחוּט, בְּמַסֶּכֶת זְבָחִים (דף סב ע"ב) לְמַדְנוּהָ מִן הַמִּקְרָא:

ז) **בַּטַּבָּעֹת.** בְּאַרְבַּע טַבָּעוֹת שֶׁנַּעֲשׂוּ לַמִּכְבָּר:

ח) **נְבוּב לֻחֹת.** כְּתַרְגּוּמוֹ: "חֲלִיל לוּחִין", לוּחוֹת עֲצֵי שִׁטִּים מִכָּל צַד וְהֶחָלָל בָּאֶמְצַע, וְלֹא יְהֵא כֻּלּוֹ עֵץ אֶחָד שֶׁיְּהֵא עָבְיוֹ חָמֵשׁ אַמּוֹת עַל חָמֵשׁ אַמּוֹת כְּמִין סַדָּן:

ט) **קְלָעִים.** עֲשׂוּיִין כְּמִין קַלְעֵי סְפִינָה נְקָבִים נְקָבִים, מַעֲשֵׂה קְלִיעָה וְלֹא מַעֲשֵׂה אוֹרֵג. וְתַרְגּוּמוֹ: "סְרָדִין", כְּתַרְגּוּמוֹ שֶׁל "מִכְבָּר" (לעיל פסוק ד) הַמְּתֻרְגָּם: "סְרָדָא", לְפִי שֶׁהֵן מְנֻקָּבִין כִּכְבָרָה: **לַפֵּאָה הָאֶחָת.** כָּל הָרוּחַ קָרוּי פֵּאָה:

י) **וְעַמֻּדָיו עֶשְׂרִים.** חָמֵשׁ אַמּוֹת בֵּין עַמּוּד לְעַמּוּד: **וְאַדְנֵיהֶם.** שֶׁל הָעַמּוּדִים "נְחֹשֶׁת". הָאֲדָנִים יוֹשְׁבִין עַל הָאָרֶץ וְהָעַמּוּדִים תְּקוּעִים לְתוֹכָן. וְהָיָה עוֹשֶׂה כְּמִין קֻנְדָּסִין שֶׁקּוֹרִין פלא"ש אָרְכָּן שִׁשָּׁה טְפָחִים וְרָחְבָּן שְׁלֹשָׁה, וְטַבַּעַת נְחֹשֶׁת קְבוּעָה בּוֹ בְּאֶמְצָעוֹ, וְכוֹרֵךְ שְׂפַת הַקֶּלַע סְבִיבָיו בְּמֵיתָרִים כְּנֶגֶד כָּל עַמּוּד וְעַמּוּד, וְתוֹלֶה הַקֻּנְדָּס דֶּרֶךְ טַבַּעְתּוֹ בְּאֻנְקְלִי שֶׁבָּעַמּוּד, הֶעָשׂוּי כְּמִין וָי"ו, רֹאשׁוֹ זָקוּף לְמַעְלָה וְרֹאשׁוֹ אֶחָד תָּקוּעַ בָּעַמּוּד, כְּאוֹתָן שֶׁעוֹשִׂין לְהָצִיב דְּלָתוֹת שֶׁקּוֹרִין גונזי"ש, וְרֹחַב הַקֶּלַע תָּלוּי מִלְּמַטָּה וְהִיא קוֹמַת מְחִצּוֹת הֶחָצֵר: **וָוֵי הָעַמֻּדִים.** הֵם הָאֻנְקְלִיּוֹת: **וַחֲשֻׁקֵיהֶם.** מֻקָּפִין הָיוּ הָעַמּוּדִים בְּחוּטֵי כֶסֶף סָבִיב. וְאֵינִי יוֹדֵעַ אִם עַל פְּנֵי כֻּלָּם אִם בְּרָאשָׁם אִם בְּאֶמְצָעָם, אַךְ יוֹדֵעַ אֲנִי שֶׁ'חִשּׁוּק' לְשׁוֹן חֲגוֹרָה, שֶׁכָּךְ מָצִינוּ בְּפִילֶגֶשׁ בַּגִּבְעָה: "וְעִמּוֹ צֶמֶד חֲמוֹרִים חֲבוּשִׁים" (שופטים יט, י), תַּרְגּוּמוֹ: 'חֲשִׁיקִין':

יג) **לִפְאַת קֵדְמָה מִזְרָחָה.** פְּנֵי הַמִּזְרָח קָרוּי 'קֶדֶם', לְשׁוֹן פָּנִים, 'אָחוֹר' לְשׁוֹן אֲחוֹרַיִם. לְפִיכָךְ מִזְרָח קָרוּי קֶדֶם שֶׁהוּא פָּנִים, וּמַעֲרָב קָרוּי אָחוֹר, כְּמָה דְּאַתְּ אָמֵר: "הַיָּם הָאַחֲרוֹן" (דברים יא, כד) – "יַמָּא מַעַרְבָאָה" (אונקלוס שם): **חֲמִשִּׁים אַמָּה.** אוֹתָן חֲמִשִּׁים אַמָּה לֹא הָיוּ סְתוּמִים כֻּלָּם בִּקְלָעִים, לְפִי שֶׁשָּׁם הַפֶּתַח, אֶלָּא חֲמֵשׁ עֶשְׂרֵה אַמָּה קְלָעִים לְכָתֵף הַפֶּתַח מִכָּאן וְכֵן לַכָּתֵף הַשֵּׁנִית, נִשְׁאַר רֹחַב חֲלַל הַפֶּתַח בֵּינְתַיִם עֶשְׂרִים אַמָּה, וְזֶהוּ שֶׁנֶּאֱמַר: "וּלְשַׁעַר הֶחָצֵר מָסָךְ עֶשְׂרִים אַמָּה" (להלן פסוק טז), וִילוֹן לְהָסֵךְ כְּנֶגֶד הַפֶּתַח עֶשְׂרִים אַמָּה אֹרֶךְ, כְּרֹחַב הַפֶּתַח:

יד) **עַמֻּדֵיהֶם שְׁלֹשָׁה.** חָמֵשׁ אַמּוֹת בֵּין עַמּוּד לְעַמּוּד, כֵּיצַד, עַמּוּד שֶׁבְּרֹאשׁ הַדָּרוֹם הָעוֹמֵד בְּמִקְצוֹעַ דְּרוֹמִית מִזְרָחִית עַד עַמּוּד שֶׁהוּא מִן הַשְּׁלֹשָׁה שֶׁבַּמִּזְרָח חָמֵשׁ אַמּוֹת, וּמִמֶּנּוּ לַשֵּׁנִי חָמֵשׁ אַמּוֹת, וּמִן הַשֵּׁנִי לַשְּׁלִישִׁי חָמֵשׁ אַמּוֹת, וְכֵן לַכָּתֵף

מפטיר יז אַרְבָּעָה וְאַדְנֵיהֶם אַרְבָּעָה׃ כָּל־עַמּוּדֵי הֶחָצֵר
סָבִיב מְחֻשָּׁקִים כֶּסֶף וָוֵיהֶם כָּסֶף וְאַדְנֵיהֶם
יח נְחֹשֶׁת׃ אֹרֶךְ הֶחָצֵר מֵאָה בָאַמָּה וְרֹחַב ׀
חֲמִשִּׁים בַּחֲמִשִּׁים וְקֹמָה חָמֵשׁ אַמּוֹת שֵׁשׁ מָשְׁזָר
יט וְאַדְנֵיהֶם נְחֹשֶׁת׃ לְכֹל כְּלֵי הַמִּשְׁכָּן בְּכֹל עֲבֹדָתוֹ
וְכָל־יְתֵדֹתָיו וְכָל־יִתְדֹת הֶחָצֵר נְחֹשֶׁת׃

הַשֵּׁנִית, וְאַרְבָּעָה עַמּוּדִים לַמָּסָךְ. הֲרֵי עֲשָׂרָה עַמּוּדִים לַמִּזְרָח כְּנֶגֶד עֲשָׂרָה לַמַּעֲרָב:

יז) **כָּל עַמּוּדֵי הֶחָצֵר סָבִיב וְגוֹ׳.** לְפִי שֶׁלֹּא פֵּרֵשׁ וָוִין וַחֲשׁוּקִים וְאַדְנֵי נְחֹשֶׁת אֶלָּא לַצָּפוֹן וְלַדָּרוֹם, אֲבָל לַמִּזְרָח וְלַמַּעֲרָב לֹא נֶאֱמַר וָוִין וַחֲשׁוּקִים וְאַדְנֵי נְחֹשֶׁת, לְכָךְ בָּא וְלִמֵּד כָּאן:

יח) **אֹרֶךְ הֶחָצֵר.** הַצָּפוֹן וְהַדָּרוֹם שֶׁמִּן הַמִּזְרָח לַמַּעֲרָב "מֵאָה בָּאַמָּה": **וְרֹחַב חֲמִשִּׁים בַּחֲמִשִּׁים.**

תרומה

הפטרת תרומה

בראש חודש אדר א׳ קוראים את המפטיר וההפטרה בעמ׳ רעח. בשבת פרשת שקלים, גם אם חל בה ראש חודש או ערב ראש חודש, קוראים את המפטיר להלן ל, יא–טז, ואת ההפטרה בעמ׳ רפא. בשבת פרשת זכור קוראים את המפטיר וההפטרה בעמ׳ רפג.

ההפטרה מתארת את הבנייה של המקדש בימי שלמה ואת ההתארגנות לקראתה. פעילות זו החלה בשנה הרביעית למלכותו של שלמה, במלאת 480 שנה ליציאת מצרים. למעשה, יציאת מצרים הייתה נקודת הזינוק, ובניית המקדש היא היעד והשיא, כבשירת הים: "תְּבִאֵמוֹ וְתִטָּעֵמוֹ בְּהַר נַחֲלָתְךָ... מִקְּדָשׁ ה׳ כּוֹנְנוּ יָדֶיךָ". הבית לה׳ היה צנוע במידותיו ומפואר בהדרו. כלי ברזל לא שימשו בבניית המקדש והמזבח. בעיצומה של הבנייה ההפטרה חותמת בדבר ה׳: שמירת התורה והמצוות היא התנאי האמתי לאיתנו של הבית הזה ולהשראת השכינה בו.

מלכים א׳ ה כו וַיהוָה נָתַן חָכְמָה לִשְׁלֹמֹה כַּאֲשֶׁר דִּבֶּר־לוֹ וַיְהִי שָׁלֹם בֵּין חִירָם וּבֵין שְׁלֹמֹה
כז וַיִּכְרְתוּ בְרִית שְׁנֵיהֶם׃ וַיַּעַל הַמֶּלֶךְ שְׁלֹמֹה מַס מִכָּל־יִשְׂרָאֵל וַיְהִי הַמַּס
כח שְׁלֹשִׁים אֶלֶף אִישׁ׃ וַיִּשְׁלָחֵם לְבָנוֹנָה עֲשֶׂרֶת אֲלָפִים בַּחֹדֶשׁ חֲלִיפוֹת חֹדֶשׁ
כט יִהְיוּ בַלְּבָנוֹן שְׁנַיִם חֳדָשִׁים בְּבֵיתוֹ וַאֲדֹנִירָם עַל־הַמַּס׃ וַיְהִי
ל לִשְׁלֹמֹה שִׁבְעִים אֶלֶף נֹשֵׂא סַבָּל וּשְׁמֹנִים אֶלֶף חֹצֵב בָּהָר׃ לְבַד מִשָּׂרֵי
הַנִּצָּבִים לִשְׁלֹמֹה אֲשֶׁר עַל־הַמְּלָאכָה שְׁלֹשֶׁת אֲלָפִים וּשְׁלֹשׁ מֵאוֹת

יז אַרְבְּעָא, וְסַמְכֵיהוֹן אַרְבְּעָא: כָּל עַמּוּדֵי דָרְתָּא סְחוֹר סְחוֹר מְכַבְּשִׁין כְּסַף, וָוֵיהוֹן כְּסַף,
יח וְסַמְכֵיהוֹן דִּנְחָשָׁא: אֻרְכָּא דְדָרְתָּא מְאָה אַמִּין, וּפְתָיָא חַמְשִׁין בְּחַמְשִׁין, וְרוּמָא, חֲמֵשׁ אַמִּין
יט דְּבוּץ שְׁזִיר, וְסַמְכֵיהוֹן דִּנְחָשָׁא: לְכָל מָנֵי מַשְׁכְּנָא, בְּכָל פָּלְחָנֵיהּ, וְכָל סִכּוֹהִי, וְכָל סִכֵּי דָרְתָּא
דִּנְחָשָׁא:

חָצֵר שֶׁבַּמִּזְרָח הָיְתָה מְרֻבַּעַת חֲמִשִּׁים עַל חֲמִשִּׁים, שֶׁהַמִּשְׁכָּן אָרְכּוֹ שְׁלֹשִׁים וְרָחְבּוֹ עֶשֶׂר, הֶעֱמִיד מִזְרָח פִּתְחוֹ בִּשְׂפַת חֲמִשִּׁים הַחִיצוֹנִים שֶׁל אֹרֶךְ הֶחָצֵר, נִמְצָא כֻּלּוֹ בַּחֲמִשִּׁים הַפְּנִימִיִּים, וְכָלָה אָרְכּוֹ לְסוֹף שְׁלֹשִׁים, נִמְצְאוּ עֶשְׂרִים אַמָּה רֶוַח לַאֲחוֹרָיו בֵּין הַקְּלָעִים שֶׁבַּמַּעֲרָב לִירִיעוֹת שֶׁל אֲחוֹרֵי הַמִּשְׁכָּן. וְרֹחַב הַמִּשְׁכָּן עֶשֶׂר אַמּוֹת בְּאֶמְצַע רֹחַב הֶחָצֵר, נִמְצְאוּ לוֹ עֶשְׂרִים אַמָּה רֶוַח לַצָּפוֹן וְלַדָּרוֹם מִן קַלְעֵי הֶחָצֵר לִירִיעוֹת הַמִּשְׁכָּן, וְכֵן לַמַּעֲרָב, וַחֲמִשִּׁים עַל חֲמִשִּׁים חָצֵר לְפָנָיו: וְקֹמָה חָמֵשׁ אַמּוֹת. גֹּבַהּ מְחִצּוֹת הֶחָצֵר, וְהוּא רֹחַב הַקְּלָעִים: וְאַדְנֵיהֶם נְחֹשֶׁת. לְהָבִיא אַדְנֵי הַמָּסָךְ, שֶׁלֹּא תֹאמַר, לֹא נֶאֶמְרוּ אַדְנֵי נְחֹשֶׁת אֶלָּא לְעַמּוּדֵי הַקְּלָעִים, אֲבָל אַדְנֵי הַמָּסָךְ שֶׁל מִין אַחֵר. כָּךְ נִרְאֶה בְּעֵינַי שֶׁלְּכָךְ חָזַר וּשְׁנָאָן:

יט לְכֹל כְּלֵי הַמִּשְׁכָּן. שֶׁהָיוּ צְרִיכִין לַהֲקָמָתוֹ וּלְהוֹרָדָתוֹ, כְּגוֹן מַקָּבוֹת לִתְקֹעַ יְתֵדוֹת וְעַמּוּדִים: יְתֵדֹת. כְּמִין נַגְרֵי נְחֹשֶׁת עֲשׂוּיִין לִירִיעוֹת הָאֹהֶל וּלְקַלְעֵי הֶחָצֵר קְשׁוּרִים בְּמֵיתָרִים סָבִיב סָבִיב בְּשִׁפּוּלֵיהֶן כְּדֵי שֶׁלֹּא תְהֵא הָרוּחַ מַגְבִּיהָתָן. וְאֵינִי יוֹדֵעַ אִם תְּחוּבִין בָּאָרֶץ, אוֹ קְשׁוּרִין וּתְלוּיִין וְכָבְדָּן מַכְבִּיד שִׁפּוּלֵי הַיְרִיעוֹת שֶׁלֹּא יָנוּעוּ בָּרוּחַ. וְאוֹמֵר אֲנִי שֶׁשְּׁמָן מוֹכִיחַ עֲלֵיהֶם שֶׁהֵם תְּקוּעִים בָּאָרֶץ, לְכָךְ נִקְרְאוּ 'יְתֵדוֹת', וּמִקְרָא זֶה מְסַיְּעֵנִי: "אֹהֶל בַּל יִצְעָן בַּל יִסַּע יְתֵדֹתָיו לָנֶצַח" (ישעיה לג, כ):

לא הָרֹדִים בָּעָם הָעֹשִׂים בַּמְּלָאכָה: וַיְצַו הַמֶּלֶךְ וַיַּסִּעוּ אֲבָנִים גְּדֹלוֹת אֲבָנִים
לב יְקָרוֹת לְיַסֵּד הַבָּיִת אַבְנֵי גָזִית: וַיִּפְסְלוּ בֹּנֵי שְׁלֹמֹה וּבֹנֵי חִירוֹם וְהַגִּבְלִים
ו א וַיָּכִינוּ הָעֵצִים וְהָאֲבָנִים לִבְנוֹת הַבָּיִת: וַיְהִי בִשְׁמוֹנִים שָׁנָה
וְאַרְבַּע מֵאוֹת שָׁנָה לְצֵאת בְּנֵי־יִשְׂרָאֵל מֵאֶרֶץ־מִצְרַיִם בַּשָּׁנָה הָרְבִיעִית
בְּחֹדֶשׁ זִו הוּא הַחֹדֶשׁ הַשֵּׁנִי לִמְלֹךְ שְׁלֹמֹה עַל־יִשְׂרָאֵל וַיִּבֶן הַבַּיִת לַיהוָה:
ב וְהַבַּיִת אֲשֶׁר בָּנָה הַמֶּלֶךְ שְׁלֹמֹה לַיהוָה שִׁשִּׁים־אַמָּה אָרְכּוֹ וְעֶשְׂרִים רָחְבּוֹ
ג וּשְׁלֹשִׁים אַמָּה קוֹמָתוֹ: וְהָאוּלָם עַל־פְּנֵי הֵיכַל הַבַּיִת עֶשְׂרִים אַמָּה אָרְכּוֹ
ד עַל־פְּנֵי רֹחַב הַבָּיִת עֶשֶׂר בָּאַמָּה רָחְבּוֹ עַל־פְּנֵי הַבָּיִת: וַיַּעַשׂ לַבָּיִת חַלּוֹנֵי
ה שְׁקֻפִים אֲטֻמִים: וַיִּבֶן עַל־קִיר הַבַּיִת יָצוֹעַ סָבִיב אֶת־קִירוֹת הַבַּיִת סָבִיב יְצִיעַ
ו לַהֵיכָל וְלַדְּבִיר וַיַּעַשׂ צְלָעוֹת סָבִיב: הַיָּצוֹעַ הַתַּחְתֹּנָה חָמֵשׁ בָּאַמָּה רָחְבָּהּ הַיְצִיעַ
וְהַתִּיכֹנָה שֵׁשׁ בָּאַמָּה רָחְבָּהּ וְהַשְּׁלִישִׁית שֶׁבַע בָּאַמָּה רָחְבָּהּ כִּי מִגְרָעוֹת
ז נָתַן לַבַּיִת סָבִיב חוּצָה לְבִלְתִּי אֲחֹז בְּקִירוֹת הַבָּיִת: וְהַבַּיִת בְּהִבָּנֹתוֹ
אֶבֶן־שְׁלֵמָה מַסָּע נִבְנָה וּמַקָּבוֹת וְהַגַּרְזֶן כָּל־כְּלִי בַרְזֶל לֹא־נִשְׁמַע בַּבַּיִת

ח בְּהִבָּנֹתוֹ׃ פֶּתַח הַצֵּלָע הַתִּיכֹנָה אֶל־כֶּתֶף הַבַּיִת הַיְמָנִית וּבְלוּלִּים יַעֲלוּ
ט עַל־הַתִּיכֹנָה וּמִן־הַתִּיכֹנָה אֶל־הַשְּׁלִשִׁים׃ וַיִּבֶן אֶת־הַבַּיִת וַיְכַלֵּהוּ וַיִּסְפֹּן
י אֶת־הַבַּיִת גֵּבִים וּשְׂדֵרֹת בָּאֲרָזִים׃ וַיִּבֶן אֶת־היצוע עַל־כָּל־הַבַּיִת חָמֵשׁ הַיָּצִיעַ
יא אַמּוֹת קוֹמָתוֹ וַיֶּאֱחֹז אֶת־הַבַּיִת בַּעֲצֵי אֲרָזִים׃ וַיְהִי דְּבַר־יְהוָה
יב אֶל־שְׁלֹמֹה לֵאמֹר׃ הַבַּיִת הַזֶּה אֲשֶׁר־אַתָּה בֹנֶה אִם־תֵּלֵךְ בְּחֻקֹּתַי וְאֶת־
מִשְׁפָּטַי תַּעֲשֶׂה וְשָׁמַרְתָּ אֶת־כָּל־מִצְוֹתַי לָלֶכֶת בָּהֶם וַהֲקִמֹתִי אֶת־דְּבָרִי
יג אִתָּךְ אֲשֶׁר דִּבַּרְתִּי אֶל־דָּוִד אָבִיךָ׃ וְשָׁכַנְתִּי בְּתוֹךְ בְּנֵי יִשְׂרָאֵל וְלֹא אֶעֱזֹב
אֶת־עַמִּי יִשְׂרָאֵל׃

פרשת תצוה

נושאים לפי סדרים	כא	כב	כג(א)
	שמן המאור בגדי כהונה	**קידוש הכוהנים קרבן התמיד**	**מזבח הקטורת**
	הר סיני		

תצוה

כא וְאַתָּ֞ה תְּצַוֶּ֣ה ׀ אֶת־בְּנֵ֣י יִשְׂרָאֵ֗ל וְיִקְח֨וּ אֵלֶ֜יךָ שֶׁ֣מֶן כ כז
זַ֥יִת זָ֛ךְ כָּתִ֖ית לַמָּא֑וֹר לְהַעֲלֹ֥ת נֵ֖ר תָּמִֽיד׃ בְּאֹ֣הֶל כא
מוֹעֵ֡ד מִחוּץ֩ לַפָּרֹ֨כֶת אֲשֶׁ֤ר עַל־הָעֵדֻת֙ יַעֲרֹךְ֩ אֹת֨וֹ
אַהֲרֹ֧ן וּבָנָ֛יו מֵעֶ֥רֶב עַד־בֹּ֖קֶר לִפְנֵ֣י יְהוָ֑ה חֻקַּ֤ת עוֹלָם֙
לְדֹ֣רֹתָ֔ם מֵאֵ֖ת בְּנֵ֥י יִשְׂרָאֵֽל׃ וְאַתָּ֡ה א כח
הַקְרֵ֣ב אֵלֶיךָ֩ אֶת־אַהֲרֹ֨ן אָחִ֜יךָ וְאֶת־בָּנָ֣יו אִתּ֗וֹ
מִתּ֛וֹךְ בְּנֵ֥י יִשְׂרָאֵ֖ל לְכַהֲנוֹ־לִ֑י אַהֲרֹ֕ן נָדָ֧ב וַאֲבִיה֛וּא
אֶלְעָזָ֥ר וְאִיתָמָ֖ר בְּנֵ֥י אַהֲרֹֽן׃ וְעָשִׂ֥יתָ בִגְדֵי־קֹ֖דֶשׁ ב
לְאַהֲרֹ֣ן אָחִ֑יךָ לְכָב֖וֹד וּלְתִפְאָֽרֶת׃ וְאַתָּ֗ה תְּדַבֵּר֙ ג
אֶל־כָּל־חַכְמֵי־לֵ֔ב אֲשֶׁ֥ר מִלֵּאתִ֖יו ר֣וּחַ חָכְמָ֑ה
וְעָשׂ֞וּ אֶת־בִּגְדֵ֧י אַהֲרֹ֛ן לְקַדְּשׁ֖וֹ לְכַהֲנוֹ־לִֽי׃ וְאֵ֨לֶּה ד
הַבְּגָדִ֜ים אֲשֶׁ֣ר יַעֲשׂ֗וּ חֹ֤שֶׁן וְאֵפוֹד֙ וּמְעִ֔יל וּכְתֹ֥נֶת
תַּשְׁבֵּ֖ץ מִצְנֶ֣פֶת וְאַבְנֵ֑ט וְעָשׂ֨וּ בִגְדֵי־קֹ֜דֶשׁ לְאַהֲרֹ֥ן
אָחִ֛יךָ וּלְבָנָ֖יו לְכַהֲנוֹ־לִֽי׃ וְהֵם֙ יִקְח֣וּ אֶת־הַזָּהָ֔ב ה

מצוה צח
מצוה לערוך את הנרות במקדש

מצוה צט
מצוה על הכהנים ללבוש בגדי כהונה

כ) **וְאַתָּה תְּצַוֶּה. זָךְ.** בְּלִי שְׁמָרִים, כְּמוֹ שֶׁשָּׁנִינוּ בִּמְנָחוֹת (דף פו ע"א), מְגַרְגְּרוֹ בְּרֹאשׁ הַזַּיִת וְכוּ'. **כָּתִית.** הַזֵּיתִים, כּוֹתֵשׁ בְּמַכְתֶּשֶׁת וְאֵינוֹ טוֹחֲנָן בָּרֵיחַיִם, כְּדֵי שֶׁלֹּא יְהוּ בּוֹ שְׁמָרִים, וְאַחַר שֶׁהוֹצִיא טִפָּה רִאשׁוֹנָה מַכְנִיסָן לָרֵיחַיִם וְטוֹחֲנָן. וְהַשֶּׁמֶן הַשֵּׁנִי פָּסוּל לַמְּנוֹרָה וְכָשֵׁר לִמְנָחוֹת, שֶׁנֶּאֱמַר: "כָּתִית לַמָּאוֹר", וְלֹא כָּתִית לַמְּנָחוֹת (שם): **לְהַעֲלֹת נֵר תָּמִיד.** מַדְלִיק עַד שֶׁתְּהֵא שַׁלְהֶבֶת עוֹלָה מֵאֵלֶיהָ: **תָּמִיד.** כָּל לַיְלָה וְלַיְלָה קָרוּי 'תָּמִיד', כְּמוֹ שֶׁאַתָּה אוֹמֵר: "עֹלַת תָּמִיד" (להלן כט, מב; במדבר כח, ו) וְאֵינָהּ אֶלָּא מִיּוֹם לְיוֹם, וְכֵן בְּמִנְחַת חֲבִתִּין: "תָּמִיד" (ויקרא ו, יג) וְאֵינָהּ אֶלָּא מַחֲצִיתָהּ בַּבֹּקֶר וּמַחֲצִיתָהּ בָּעֶרֶב. אֲבָל 'תָּמִיד' הָאָמוּר בְּלֶחֶם הַפָּנִים (לעיל כה, ל) מִשַּׁבָּת לְשַׁבָּת הוּא:

כ ואת, תפקיד ית בני ישראל, ויסבון לך, משח זיתא דכיא, כתישא לאנהרא, לאדלקא
כא בוציניא תדירא: במשכן זמנא מברא לפרכתא דעל סהדותא, יסדר יתיה אהרן ובנוהי,
כח א מרמשא עד צפרא קדם יי, קים עלם לדריהון, מן בני ישראל: ואת, קריב לותך ית אהרן
אחוך וית בנוהי עמיה, מגו, בני ישראל לשמשא קדמי, אהרן, נדב ואביהוא, אלעזר ואיתמר
ב ג בני אהרן: ותעביד לבושי קודשא לאהרן אחוך, ליקר ולתשבחא: ואת, תמליל עם כל
חכימי לבא, דאשלימית עמהון רוח חכמא, ויעבדון, ית לבושי אהרן, לקדשותיה לשמשא
ד קדמי: ואלין לבושיא דיעבדון, חשנא ואיפודא ומעילא, וכתונין מרמצן מצנפן והמינין,
ה ויעבדון לבושי קודשא, לאהרן אחוך, ולבנוהי לשמשא קדמי: ואנון יסבון ית דהבא,

כא) **מערב עד בקר.** תן לה מדתה שתהא דולקת מערב ועד בקר. ושערו חכמים חצי לג ללילי טבת הארכין, וכן לכל הלילות, ואם יותר אין בכך כלום:

פרק כח

א) **ואתה הקרב אליך.** לאחר שתגמר מלאכת המשכן:

ג) **לקדשו לכהנו לי.** לקדשו להכניסו בכהנה על ידי הבגדים, שיהא כהן לי. ולשון 'כהנה' שרות הוא, סירוינטריא"ה בלעז:

ד) **חשן.** תכשיט כנגד הלב: **ואפוד.** לא שמעתי ולא מצאתי בברייתא פרוש תבניתו. ולבי אומר לי שהוא חגורה לו מאחוריו, רחב כרחב גב איש כמין סינר שקורין רעינ"ט שחוגרות השרות כשרוכבות על הסוסים, כך מעשהו מלמטה, שנאמר: "ודוד חגור אפוד בד" (שמואל ב' ו, יד), למדנו שהאפוד חגורה היא. ואי אפשר לומר אין בו אלא החגורה לבדה, שהרי נאמר: "ויתן עליו את האפד" (ויקרא ח, ז) ואחר כך: "ויחגר אותו בחשב האפד" ותרגם אונקלוס: "בהמין אפודא", למדנו שהחשב הוא החגור, והאפוד שם תכשיט לבדו. ואי אפשר לומר שעל שם שתי הכתפות שבו הוא קרוי אפוד, שהרי נאמר: "שתי כתפות האפוד" (להלן פסוק כז), למדנו שהאפוד שם לבד, והכתפות שם לבד, והחשב שם לבד. לכך אני אומר שעל שם הסינר של מטה קרוי אפוד, על שם שאופדו ומקשטו בו, כמו שנאמר: "ויאפד לו בו" (ויקרא ח, ז). והחשב הוא חגור שלמעלה הימנו, והכתפות קבועות בו. ועוד אומר לי לבי שיש ראיה שהוא מין לבוש, שתרגם יונתן: "ודוד חגור אפוד בד" (שמואל ב' ו, יד) – "כרדוט דבוץ", ותרגם כמו כן "מעילים" – "כרדוטין" במעשה תמר אחות אבשלום, "כי כן תלבשן בנות המלך הבתולת מעילים" (שם יג, יח): **ומעיל.** הוא כמין חלוק, וכן הכתנת, אלא שהכתנת סמוך לבשרו, ומעיל קרוי חלוק העליון: **תשבץ.** עשויין משבצות לנוי. והמשבצות הם כמין גומות העשויות בתכשיטי זהב למושב קביעת אבנים טובות ומרגליות, כמו שנאמר באבני האפוד: "מסבת משבצות זהב" (להלן פסוק יא), ובלעז קורין אותו קסטונ"ש: **מצנפת.** כמין כפת כובע שקורין קופי"א, שהרי במקום אחר קורא להם "מגבעת" (להלן כט, ט) ומתרגמינן: "כובעין": **ואבנט.** היא חגורה על הכתנת, והאפוד חגורה על המעיל, כמו שמצינו בסדר לבישתן: "ויתן עליו את הכתנת ויחגר אתו באבנט, וילבש אתו את המעיל ויתן עליו את האפד" (ויקרא ח, ז): **בגדי קדש.** מתרומה המקדשת לשמי יעשו אותם:

ה) **והם יקחו.** אותם חכמי לב שיעשו הבגדים יקבלו מן המתנדבים "את הזהב ואת התכלת" לעשות מהן את הבגדים:

תצוה

וְאֶת־הַתְּכֵלֶת וְאֶת־הָאַרְגָּמָן וְאֶת־תּוֹלַעַת
הַשָּׁנִי וְאֶת־הַשֵּׁשׁ׃
◂ וְעָשׂוּ אֶת־הָאֵפֹד זָהָב תְּכֵלֶת וְאַרְגָּמָן תּוֹלַעַת ו
שָׁנִי וְשֵׁשׁ מָשְׁזָר מַעֲשֵׂה חֹשֵׁב׃ שְׁתֵּי כְתֵפֹת ז
חֹבְרֹת יִהְיֶה־לּוֹ אֶל־שְׁנֵי קְצוֹתָיו וְחֻבָּר׃ וְחֵשֶׁב ח
אֲפֻדָּתוֹ אֲשֶׁר עָלָיו כְּמַעֲשֵׂהוּ מִמֶּנּוּ יִהְיֶה זָהָב
תְּכֵלֶת וְאַרְגָּמָן וְתוֹלַעַת שָׁנִי וְשֵׁשׁ מָשְׁזָר׃
וְלָקַחְתָּ אֶת־שְׁתֵּי אַבְנֵי־שֹׁהַם וּפִתַּחְתָּ עֲלֵיהֶם ט
שְׁמוֹת בְּנֵי יִשְׂרָאֵל׃ ◂ שִׁשָּׁה מִשְּׁמֹתָם עַל הָאֶבֶן י
הָאֶחָת וְאֶת־שְׁמוֹת הַשִּׁשָּׁה הַנּוֹתָרִים עַל־
הָאֶבֶן הַשֵּׁנִית כְּתוֹלְדֹתָם׃ מַעֲשֵׂה חָרַשׁ אֶבֶן יא
פִּתּוּחֵי חֹתָם תְּפַתַּח אֶת־שְׁתֵּי הָאֲבָנִים עַל־
שְׁמֹת בְּנֵי יִשְׂרָאֵל מֻסַבֹּת מִשְׁבְּצוֹת זָהָב תַּעֲשֶׂה

ו **וְעָשׂוּ אֶת הָאֵפֹד.** אִם בָּאתִי לְפָרֵשׁ מַעֲשֵׂה הָאֵפוֹד וְהַחֹשֶׁן עַל סֵדֶר הַמִּקְרָאוֹת, הֲרֵי פֵרוּשָׁן פְּרָקִים, וְיִשְׁגֶּה הַקּוֹרֵא בְּצֵרוּפָן. לְכָךְ אֲנִי כּוֹתֵב מַעֲשֵׂיהֶם כְּמוֹת שֶׁהוּא לְמַעַן יָרוּץ קוֹרֵא בוֹ, וְאַחַר כָּךְ אֲפָרֵשׁ עַל סֵדֶר הַמִּקְרָאוֹת. הָאֵפוֹד עָשׂוּי כְּמִין סִינָר שֶׁל נָשִׁים רוֹכְבוֹת סוּסִים, וְחוֹגֵר אוֹתוֹ מֵאֲחוֹרָיו כְּנֶגֶד לִבּוֹ לְמַטָּה מֵאַצִּילָיו, רָחְבּוֹ כְּמִדַּת רֹחַב גַּבּוֹ שֶׁל אָדָם וְיוֹתֵר, וּמַגִּיעַ עַד עֲקֵבָיו. וְהַחֵשֶׁב מְחֻבָּר בְּרֹאשׁוֹ עַל פְּנֵי רָחְבּוֹ מַעֲשֵׂה אוֹרֵג, וּמַאֲרִיךְ לְכָאן וּלְכָאן כְּדֵי לְהַקִּיף וְלַחְגֹּר בּוֹ. וְהַכְּתֵפוֹת מְחֻבָּרוֹת בַּחֵשֶׁב, אֶחָד לְיָמִין וְאֶחָד לִשְׂמֹאל, מֵאֲחוֹרֵי הַכֹּהֵן לִשְׁנֵי קְצוֹת רָחְבּוֹ שֶׁל סִינָר, וּכְשֶׁזּוֹקְפָן עוֹמְדוֹת לוֹ עַל שְׁנֵי כְתֵפָיו. וְהֵן כְּמִין שְׁתֵּי רְצוּעוֹת עֲשׂוּיוֹת מִמִּין הָאֵפוֹד, אֲרֻכּוֹת כְּדֵי שִׁעוּר לְזָקְפָן אֵצֶל צַוָּארוֹ מִכָּאן וּמִכָּאן, וְנִקְפָּלוֹת לְפָנָיו לְמַטָּה מִכְּתֵפָיו מְעַט. וְאַבְנֵי הַשֹּׁהַם קְבוּעוֹת בָּהֶם, אַחַת עַל כֶּתֶף יָמִין וְאַחַת עַל כֶּתֶף שְׂמֹאל, וְהַמִּשְׁבְּצוֹת נְתוּנוֹת בְּרָאשֵׁיהֶם לִפְנֵי כְתֵפָיו, וּשְׁתֵּי עֲבוֹתֹת הַזָּהָב תְּחוּבוֹת בִּשְׁתֵּי טַבָּעוֹת שֶׁבַּחֹשֶׁן בִּשְׁנֵי קְצוֹת רָחְבּוֹ הָעֶלְיוֹן, אַחַת לְיָמִין וְאַחַת לִשְׂמֹאל, וּשְׁנֵי רָאשֵׁי הַשַּׁרְשֶׁרֶת תְּקוּעִין בַּמִּשְׁבֶּצֶת לְיָמִין, וְכֵן שְׁנֵי רָאשֵׁי הַשַּׁרְשֶׁרֶת הַשְּׂמָאלִית תְּקוּעִין בַּמִּשְׁבֶּצֶת שֶׁבְּכֶתֶף שְׂמֹאל, נִמְצָא הַחֹשֶׁן תָּלוּי בְּמִשְׁבְּצוֹת הָאֵפוֹד עַל לִבּוֹ מִלְּפָנָיו. וְעוֹד שְׁתֵּי טַבָּעוֹת בִּשְׁנֵי קְצוֹת הַחֹשֶׁן בְּתַחְתִּיתוֹ, וּכְנֶגְדָּם שְׁתֵּי טַבָּעוֹת בִּשְׁתֵּי כִתְפוֹת

תצוה

ו וְיָת תַּכְלָא וְיָת אַרְגְּוָנָא, וְיָת צְבַע זְהוֹרִי וְיָת בּוּצָא: וְיַעְבְּדוּן יָת אֵיפוֹדָא, דַּהֲבָא,
ז תַּכְלָא וְאַרְגְּוָנָא, צְבַע זְהוֹרִי, וּבוּץ שְׁזִיר עוֹבַד אֻמָּן: תַּרְתֵּין כִּתְפִין מְלַפְּפָן, יְהוֹן לֵיהּ,
ח עַל תְּרֵין סִטְרוֹהִי וְיִתְלַפַּף: וְהִמְיַן תִּקּוּנֵיהּ דַּעֲלוֹהִי, כְּעוֹבָדֵיהּ מִנֵּיהּ יְהֵי, דַּהֲבָא, תַּכְלָא
ט וְאַרְגְּוָנָא, וּצְבַע זְהוֹרִי וּבוּץ שְׁזִיר: וְתִסַּב, יָת תַּרְתֵּין אַבְנֵי בֻרְלָא, וְתִגְלוֹף עֲלֵיהוֹן,
י שְׁמָהָת בְּנֵי יִשְׂרָאֵל: שִׁתָּא מִשְּׁמָהָתְהוֹן, עַל אַבְנָא חֲדָא, וְיָת שְׁמָהָת, שִׁתָּא דְּאִשְׁתְּאָרוּ,
יא עַל אַבְנָא תִנְיֵתָא כְּתוֹלְדָתְהוֹן: עוֹבַד אֻמָּן אֶבֶן טָבָא, כְּתַב מְפָרַשׁ כִּגְלָף דְּעִזְקָא,
תִּגְלוֹף יָת תַּרְתֵּין אַבְנַיָּא, עַל שְׁמָהָת בְּנֵי יִשְׂרָאֵל, מְשַׁקְעָן, מְרַמְּצָן דִּדְהַב תַּעְבֵּיד

הָאֵפוֹד מִלְּמַטָּה כְּרָאשׁוֹ הַתַּחְתּוֹן הַמְחֻבָּר בַּחֵשֶׁב, טַבְּעוֹת הַחֹשֶׁן אֶל מוּל טַבְּעוֹת הָאֵפוֹד שׁוֹכְבִים זֶה עַל זֶה, וּמְרַכְּסָן בִּפְתִיל תְּכֵלֶת תָּחוּב בְּטַבְּעוֹת הָאֵפוֹד וְהַחֹשֶׁן, שֶׁיְּהֵא תַּחְתִּית הַחֹשֶׁן דָּבוּק לְחֵשֶׁב הָאֵפוֹד, וְלֹא יְהֵא נָד וְנִבְדָּל הוֹלֵךְ וְחוֹזֵר: **זָהָב תְּכֵלֶת וְאַרְגָּמָן תּוֹלַעַת שָׁנִי וְשֵׁשׁ מָשְׁזָר.** חֲמֵשֶׁת מִינִים הַלָּלוּ שְׁזוּרִין בְּכָל חוּט וָחוּט. הָיוּ מְרַדְּדִין אֶת הַזָּהָב כְּמִין טַסִּים דַּקִּים וְקוֹצְצִין פְּתִילִים מֵהֶם, וְטוֹוִין אוֹתָן חוּט שֶׁל זָהָב עִם שִׁשָּׁה חוּטִין שֶׁל תְּכֵלֶת, וְחוּט שֶׁל זָהָב עִם שִׁשָּׁה חוּטִין שֶׁל אַרְגָּמָן, וְכֵן בְּתוֹלַעַת שָׁנִי וְכֵן בַּשֵּׁשׁ, שֶׁכָּל הַמִּינִין חוּטָן כָּפוּל שִׁשָּׁה וְחוּט שֶׁל זָהָב עִם כָּל אֶחָד וְאֶחָד. וְאַחַר כָּךְ שׁוֹזֵר אֶת כֻּלָּם כְּאֶחָד, נִמְצָא חוּטָן כָּפוּל עֶשְׂרִים וּשְׁמוֹנָה. וְכֵן מְפֹרָשׁ בְּמַסֶּכֶת יוֹמָא (דף עב ע״א), וְלָמֵד מִן הַמִּקְרָא הַזֶּה: ״וַיְרַקְּעוּ אֶת פַּחֵי הַזָּהָב וְקִצֵּץ פְּתִילִם לַעֲשׂוֹת״ אֶת פְּתִילֵי הַזָּהָב ״בְּתוֹךְ הַתְּכֵלֶת וּבְתוֹךְ הָאַרְגָּמָן״ וְגוֹ׳ (להלן לט, ג). לִמֶּדְנוּ שֶׁחוּט שֶׁל זָהָב שָׁזוּר עִם כָּל מִין וּמִין: **מַעֲשֵׂה חֹשֵׁב.** כְּבָר פֵּרַשְׁתִּי (רש״י לעיל כו, א) שֶׁהִיא אֲרִיגַת שְׁתֵּי קִירוֹת, שֶׁאֵין צוּרַת שְׁנֵי עֲבָרֶיהָ דּוֹמוֹת זוֹ לָזוֹ:

ז) **שְׁתֵּי כְתֵפֹת וְגוֹ׳.** הַסִּינָר מִלְּמַטָּה, וְחֵשֶׁב הָאֵפוֹד הִיא הַחֲגוֹרָה, וּמְעוּדָה לוֹ מִלְּמַעְלָה דֻּגְמַת סִינַר הַנָּשִׁים. וּמִגַּבּוֹ שֶׁל כֹּהֵן הָיוּ מְחֻבָּרוֹת בַּחֵשֶׁב שְׁתֵּי חֲתִיכוֹת כְּמִין שְׁתֵּי רְצוּעוֹת רְחָבוֹת, אַחַת כְּנֶגֶד כָּל כָּתֵף וְכָתֵף, וְזוֹקְפָן עַל שְׁתֵּי כְתֵפוֹתָיו עַד שֶׁנִּקְפָּלוֹת לְפָנָיו כְּנֶגֶד הֶחָזֶה, וְעַל יְדֵי חִבּוּרָן לְטַבְּעוֹת הַחֹשֶׁן נֶאֱחָזִין מִלְּפָנָיו כְּנֶגֶד לִבּוֹ שֶׁאֵין נוֹפְלוֹת, כְּמוֹ שֶׁמְּפֹרָשׁ בָּעִנְיָן, וְהָיוּ זְקוּפוֹת וְהוֹלְכוֹת כְּנֶגֶד כְּתֵפָיו, וּשְׁתֵּי אַבְנֵי שֹׁהַם קְבוּעוֹת בָּהֶן, אַחַת בְּכָל אַחַת: **אֶל שְׁנֵי קְצוֹתָיו.** אֶל רָחְבּוֹ שֶׁל אֵפוֹד, שֶׁלֹּא הָיָה רָחְבּוֹ אֶלָּא כְּנֶגֶד גַּבּוֹ שֶׁל כֹּהֵן, וְגָבְהוֹ עַד כְּנֶגֶד הָאַצִּילִים שֶׁקּוֹרִין קודי״ש, שֶׁנֶּאֱמַר: ״לֹא יַחְגְּרוּ בַּיָּזַע״ (יחזקאל מד, יח), אֵין חוֹגְרִין בִּמְקוֹם זֵיעָה, לֹא לְמַעְלָה מֵאַצִּילֵיהֶם וְלֹא לְמַטָּה מִמָּתְנֵיהֶם, אֶלָּא כְּנֶגֶד אַצִּילֵיהֶם: **וְחֻבָּר.** הָאֵפוֹד עִם אוֹתָן שְׁתֵּי כִּתְפוֹת הָאֵפוֹד, יְחַבֵּר אוֹתָם בְּמַחַט לְמַטָּה בַּחֵשֶׁב, וְלֹא יַאַרְגֵם עִמּוֹ, אֶלָּא אוֹרְגָם לְבַד וְאַחַר כָּךְ מְחַבְּרָם:

ח) **וְחֵשֶׁב אֲפֻדָּתוֹ.** חֲגוֹר שֶׁעַל יָדוֹ הוּא מְאַפְּדוֹ וּמְתַקְּנוֹ לַכֹּהֵן וּמְקַשְּׁטוֹ: **אֲשֶׁר עָלָיו.** לְמַעְלָה בִּשְׂפַת הַסִּינָר, וְהִיא הַחֲגוֹרָה: **כְּמַעֲשֵׂהוּ.** כַּאֲרִיגַת הַסִּינָר מַעֲשֵׂה חוֹשֵׁב וּמֵחֲמֵשֶׁת מִינִים, כָּךְ אֲרִיגַת הַחֵשֶׁב מַעֲשֵׂה חוֹשֵׁב וּמֵחֲמֵשֶׁת מִינִים: **מִמֶּנּוּ יִהְיֶה.** עִמּוֹ יִהְיֶה אָרוּג, וְלֹא יַאַרְגֶנּוּ לְבַד וִיחַבְּרֶנּוּ:

י) **כְּתוֹלְדֹתָם.** כַּסֵּדֶר שֶׁנּוֹלְדוּ: רְאוּבֵן, שִׁמְעוֹן, לֵוִי, יְהוּדָה, דָּן, נַפְתָּלִי עַל הָאַחַת; וְעַל הַשֵּׁנִית: גָּד, אָשֵׁר, יִשָּׂשכָר, זְבוּלֻן, יוֹסֵף, בִּנְיָמִין מָלֵא, שֶׁכֵּן הוּא כָּתוּב בִּמְקוֹם תּוֹלַדְתּוֹ (בראשית לה, יח), עֶשְׂרִים וְחָמֵשׁ אוֹתִיּוֹת בְּכָל אַחַת וְאַחַת:

יא) **מַעֲשֵׂה חָרַשׁ אֶבֶן.** מַעֲשֵׂה אֻמָּן שֶׁל אֲבָנִים. ״חָרַשׁ״ זֶה, דָּבוּק הוּא לַתֵּבָה שֶׁלְּאַחֲרָיו וּלְפִיכָךְ הוּא נָקוּד פַּתָּח בְּסוֹפוֹ, וְכֵן: ״חָרַשׁ עֵצִים נָטָה קָו״ (ישעיה מד, יג), חָרַשׁ שֶׁל עֵצִים, וְכֵן: ״חָרַשׁ בַּרְזֶל מַעֲצָד״ (שם פסוק יב), כָּל אֵלֶּה דְּבוּקִים וּפְתוּחִים: **פִּתּוּחֵי חֹתָם.** כְּתַרְגּוּמוֹ: ״כְּתַב מְפָרַשׁ כִּגְלָף דְּעִזְקָא״, חֲרוּצוֹת הָאוֹתִיּוֹת בְּתוֹכָן כְּמוֹ שֶׁחוֹרְצִין חוֹתְמֵי טַבָּעוֹת שֶׁהֵם לַחְתֹּם אִגְּרוֹת, כְּתָב נִכָּר וּמְפֹרָשׁ: **עַל שְׁמֹת.** כְּמוֹ בִּשְׁמוֹת: **מֻסַבֹּת מִשְׁבְּצוֹת.** מֻקָּפוֹת הָאֲבָנִים בְּמִשְׁבְּצוֹת זָהָב, שֶׁעוֹשֶׂה מוֹשַׁב הָאֶבֶן בַּזָּהָב כְּמִין גּוּמָא לְמִדַּת הָאֶבֶן וּמְשַׁקְּעָהּ בַּמִּשְׁבֶּצֶת, נִמְצֵאת הַמִּשְׁבֶּצֶת סוֹבֶבֶת אֶת הָאֶבֶן סָבִיב, וּמְחַבֵּר הַמִּשְׁבֶּצֶת בָּאֵפוֹד:

תצוה

יב אֹתָם: וְשַׂמְתָּ אֶת־שְׁתֵּי הָאֲבָנִים עַל כִּתְפֹת
הָאֵפֹד אַבְנֵי זִכָּרֹן לִבְנֵי יִשְׂרָאֵל וְנָשָׂא אַהֲרֹן
אֶת־שְׁמוֹתָם לִפְנֵי יְהוָה עַל־שְׁתֵּי כְתֵפָיו
יג לְזִכָּרֹן: ◂ וְעָשִׂיתָ מִשְׁבְּצֹת זָהָב: שני
יד וּשְׁתֵּי שַׁרְשְׁרֹת זָהָב טָהוֹר מִגְבָּלֹת תַּעֲשֶׂה
אֹתָם מַעֲשֵׂה עֲבֹת וְנָתַתָּה אֶת־שַׁרְשְׁרֹת
טו הָעֲבֹתֹת עַל־הַמִּשְׁבְּצֹת: וְעָשִׂיתָ
חֹשֶׁן מִשְׁפָּט מַעֲשֵׂה חֹשֵׁב כְּמַעֲשֵׂה אֵפֹד
תַּעֲשֶׂנּוּ זָהָב תְּכֵלֶת וְאַרְגָּמָן וְתוֹלַעַת שָׁנִי וְשֵׁשׁ
טז מָשְׁזָר תַּעֲשֶׂה אֹתוֹ: רָבוּעַ יִהְיֶה כָּפוּל זֶרֶת
יז אָרְכּוֹ וְזֶרֶת רָחְבּוֹ: וּמִלֵּאתָ בוֹ מִלֻּאַת אֶבֶן
אַרְבָּעָה טוּרִים אָבֶן טוּר אֹדֶם פִּטְדָה וּבָרֶקֶת
יח הַטּוּר הָאֶחָד: וְהַטּוּר הַשֵּׁנִי נֹפֶךְ סַפִּיר וְיָהֲלֹם:
יט וְהַטּוּר הַשְּׁלִישִׁי לֶשֶׁם שְׁבוֹ וְאַחְלָמָה: וְהַטּוּר
כ הָרְבִיעִי תַּרְשִׁישׁ וְשֹׁהַם וְיָשְׁפֵה מְשֻׁבָּצִים זָהָב
כא יִהְיוּ בְּמִלּוּאֹתָם: וְהָאֲבָנִים תִּהְיֶיןָ עַל־שְׁמֹת
בְּנֵי־יִשְׂרָאֵל שְׁתֵּים עֶשְׂרֵה עַל־שְׁמֹתָם פִּתּוּחֵי
חוֹתָם אִישׁ עַל־שְׁמוֹ תִּהְיֶיןָ לִשְׁנֵי עָשָׂר שָׁבֶט:
כב וְעָשִׂיתָ עַל־הַחֹשֶׁן שַׁרְשֹׁת גַּבְלֻת מַעֲשֵׂה עֲבֹת

יב) לְזִכָּרֹן. שֶׁיִּרְאֶה הַקָּדוֹשׁ בָּרוּךְ הוּא שְׁבָטִים כְּתוּבִים לְפָנָיו וְיִזְכֹּר צִדְקָתָם:

יב יָתְהוֹן: וּתְשַׁוֵּי יָת תַּרְתֵּין אַבְנַיָּא, עַל כִּתְפֵי אֵיפוֹדָא, אַבְנֵי דָכְרָנָא לִבְנֵי יִשְׂרָאֵל, וְיִטּוֹל אַהֲרֹן
יג יד יָת שְׁמָהָתְהוֹן, קֳדָם יְיָ, עַל תַּרְתֵּין כִּתְפוֹהִי לְדָכְרָנָא: וְתַעְבֵּיד מְרַמְּצָן דִּדְהַב: וְתַרְתֵּין תִּכִּין
דִּדְהַב דְּכֵי, מְתַחֲמָן, תַּעְבֵּיד יָתְהוֹן עוֹבַד גְּדִילוּ, וְתִתֵּין, יָת תִּכַּיָּא גְּדִילָתָא עַל מְרַמְּצָתָא:
טו וְתַעְבֵּיד, חֹשֶׁן דִּינָא עוֹבַד אֻמָּן, כְּעוֹבַד אֵיפוֹדָא תַּעְבְּדִנֵּיהּ, דַּהְבָא, תַּכְלָא וְאַרְגְּוָנָא, וּצְבַע
טז יז זְהוֹרִי, וּבוּץ שְׁזִיר תַּעְבֵּיד יָתֵיהּ: מְרַבַּע יְהֵי עִיף, זַרְתָּא אֻרְכֵּיהּ וְזַרְתָּא פֻּתְיֵיהּ: וְתַשְׁלֵים בֵּיהּ
אַשְׁלָמוּת אַבְנָא, אַרְבְּעָא סִדְרִין דְּאֶבֶן טָבָא, סִדְרָא קַדְמָאָה, סַמְקָן יַרְקָן וּבַרְקָן, סִדְרָא חַד:
יח יט וְסִדְרָא תִּנְיָנָא, אִזְמַרְגְּדִין שַׁבְזִיז וְסַבְהֲלוֹם: וְסִדְרָא תְּלִיתָאָה, קַנְכֵּירֵי טַרְקְיָא וְעֵין עִגְלָא:
כ כא וְסִדְרָא רְבִיעָאָה, כְּרוּם יַמָּא וּבִרְלָא וּפַנְתֵּירֵי, מְרַמְּצָן בִּדְהַב, יְהוֹן בְּאַשְׁלָמוּתְהוֹן: וְאַבְנַיָּא,
יְהֶוְיָן, עַל שְׁמָהַת בְּנֵי יִשְׂרָאֵל, תַּרְתָּא עַסְרֵי עַל שְׁמָהָתְהוֹן, כְּתַב מְפָרַשׁ כִּגְלַף דְּעִזְקָא גְּבַר
כב עַל שְׁמֵיהּ, יְהֶוְיָן, לִתְרֵי עֲסַר שִׁבְטִין: וְתַעְבֵּיד עַל חָשְׁנָא, תִּכִּין מְתַחֲמָן עוֹבַד גְּדִילוּ,

יג) **וְעָשִׂיתָ מִשְׁבְּצֹת.** מִעוּט "מִשְׁבְּצוֹת" שְׁתַּיִם, וְלֹא פֵּרַשׁ לְךָ עַתָּה בְּפָרָשָׁה זוֹ אֶלָּא מִקְצַת צָרְכָּן, וּבְפָרָשַׁת הַחֹשֶׁן גּוֹמֵר לְךָ פֵּרוּשָׁן:

יד) **שַׁרְשְׁרֹת זָהָב.** שַׁלְשְׁלָאוֹת: **מִגְבָּלֹת.** לְסוֹף גְּבוּל הַחֹשֶׁן "תַּעֲשֶׂה אוֹתָם": **מַעֲשֵׂה עֲבֹת.** מַעֲשֵׂה קְלִיעַת חוּטִין, וְלֹא מַעֲשֵׂה נְקָבִים וּכְפָלִים כְּאוֹתָן שֶׁעוֹשִׂין לְבוֹרוֹת, אֶלָּא כְּאוֹתָן שֶׁעוֹשִׂין לְעַרְדְּסְקָאוֹת שֶׁקּוֹרִין חִנְצִישְׁיי"שׁ: **וְנָתַתָּה אֶת שַׁרְשְׁרֹת.** שֶׁל עֲבוֹתוֹת הָעֲשׂוּיוֹת מַעֲשֵׂה עֲבוֹת, עַל מִשְׁבְּצוֹת הַלָּלוּ. וְלֹא זֶה הוּא מְקוֹם צַוָּאַת עֲשִׂיָּתָן שֶׁל שַׁרְשְׁרוֹת וְלֹא צַוָּאַת קְבִיעָתָן, וְאֵין "תַּעֲשֶׂה" הָאָמוּר כָּאן לְשׁוֹן צִוּוּי, וְאֵין "וְנָתַתָּה" הָאָמוּר כָּאן לְשׁוֹן צִוּוּי, אֶלָּא לְשׁוֹן עָתִיד, כִּי בְּפָרָשַׁת הַחֹשֶׁן חוֹזֵר וּמְצַוֶּה עַל עֲשִׂיָּתָן וְעַל קְבִיעָתָן, וְלֹא נִכְתַּב כָּאן אֶלָּא לְהוֹדִיעַ מִקְצָת צֹרֶךְ הַמִּשְׁבְּצוֹת שֶׁצִּוָּה לַעֲשׂוֹת עִם הָאֵפוֹד, וְכָתַב לְךָ זֹאת לוֹמַר לְךָ, הַמִּשְׁבְּצוֹת הַלָּלוּ יִזְקְקוּ לָךְ, לִכְשֶׁתַּעֲשֶׂה שַׁרְשְׁרוֹת מִגְבָּלוֹת עַל הַחֹשֶׁן, תִּתְקַע עַל הַמִּשְׁבְּצוֹת הַלָּלוּ:

טו) **חֹשֶׁן מִשְׁפָּט.** שֶׁמְּכַפֵּר עַל קִלְקוּל הַדִּין. דָּבָר אַחֵר, "מִשְׁפָּט", שֶׁמְּבָרֵר דְּבָרָיו וְהַבְטָחָתוֹ אֱמֶת, דרישנמנ"ט בְּלַעַז. שֶׁהַמִּשְׁפָּט מְשַׁמֵּשׁ שָׁלֹשׁ לְשׁוֹנוֹת: דִּבְרֵי בַּעֲלֵי הַדִּין, וּגְמַר הַדִּין, וְעֹנֶשׁ הַדִּין, אִם עֹנֶשׁ מִיתָה אִם עֹנֶשׁ מַכּוֹת אִם עֹנֶשׁ מָמוֹן. וְזֶה מְשַׁמֵּשׁ לְשׁוֹן בֵּרוּר דְּבָרִים, שֶׁמְּפָרֵשׁ וּמְבָרֵר דְּבָרָיו: **כְּמַעֲשֵׂה אֵפֹד.** מַעֲשֵׂה חוֹשֵׁב וַחֲמֵשֶׁת מִינִין:

טז) **זֶרֶת אָרְכּוֹ וְזֶרֶת רָחְבּוֹ.** כָּפוּל וּמֻטָּל לוֹ לְפָנָיו כְּנֶגֶד לִבּוֹ, שֶׁנֶּאֱמַר: "וְהָיוּ עַל לֵב אַהֲרֹן" (להלן פסוק ל), תָּלוּי בְּכִתְפוֹת הָאֵפוֹד הַבָּאוֹת מֵאֲחוֹרָיו עַל כְּתֵפָיו וְנִקְפָּלוֹת וְיוֹרְדוֹת לְפָנָיו מְעַט, וְהַחֹשֶׁן תָּלוּי בָּהֶן בְּשַׁרְשְׁרוֹת וְטַבָּעוֹת, כְּמוֹ שֶׁמְּפֹרָשׁ בָּעִנְיָן:

יז) **וּמִלֵּאתָ בוֹ.** עַל שֵׁם שֶׁהָאֲבָנִים מְמַלְּאוֹת גּוּמוֹת הַמִּשְׁבְּצוֹת הַמְּתֻקָּנוֹת לָהֶן, קוֹרֵא אוֹתָן בִּלְשׁוֹן מִלּוּאִים:

כ) **מְשֻׁבָּצִים זָהָב יִהְיוּ.** הַטּוּרִים "בְּמִלּוּאֹתָם", מֻקָּפִים מִשְׁבְּצוֹת זָהָב בְּעֹמֶק שִׁעוּר שֶׁיִּתְמַלֵּא בְּעָבְיֵי הָאֶבֶן. זֶהוּ לְשׁוֹן "בְּמִלּוּאֹתָם", כְּשִׁעוּר מִלּוּי עָבְיָן שֶׁל אֲבָנִים יִהְיֶה עֹמֶק הַמִּשְׁבְּצוֹת, לֹא פָּחוֹת וְלֹא יוֹתֵר:

כא) **אִישׁ עַל שְׁמוֹ.** כְּסֵדֶר תּוֹלְדוֹתָם סֵדֶר הָאֲבָנִים: אֹדֶם לִרְאוּבֵן, פִּטְדָה לְשִׁמְעוֹן, וְכֵן כֻּלָּם:

כב) **עַל הַחֹשֶׁן.** בִּשְׁבִיל הַחֹשֶׁן, לְקָבְעָם בְּטַבְּעוֹתָיו, כְּמוֹ שֶׁמְּפֹרָשׁ לְמַטָּה בָּעִנְיָן: **שַׁרְשֹׁת.** לְשׁוֹן שָׁרְשֵׁי אִילָן שֶׁהֵן מַחֲזִין לָאִילָן לְהֵאָחֵז וּלְהִתָּקַע בָּאָרֶץ, אַף אֵלּוּ יִהְיוּ מַחֲזִין לַחֹשֶׁן, שֶׁבָּהֶם יִהְיֶה תָּלוּי בָּאֵפוֹד, וְהֵן שְׁתֵּי שַׁרְשְׁרוֹת הָאֲמוּרוֹת לְמַעְלָה בְּעִנְיַן הַמִּשְׁבְּצוֹת (לעיל פסוק יד). וְאַף 'שַׁרְשְׁרוֹת' פָּתַר מְנַחֵם בֶּן סָרוּק לְשׁוֹן שָׁרָשִׁים, וְאָמַר שֶׁהָרֵי"שׁ יְתֵרָה כְּמוֹ מֵ"ם שֶׁבְּ'שִׁלְשׁוֹם' (בראשית לא, ב) וּמֵ"ם שֶׁבְּ'רֵיקָם' (שם פסוק מב). וַאֲנִי רוֹאֶה אֶת דְּבָרָיו, אֶלָּא 'שַׁרְשֶׁרֶת' בִּלְשׁוֹן עִבְרִית כְּ'שַׁלְשֶׁלֶת' בִּלְשׁוֹן מִשְׁנָה (כלים יד, ג): **גַּבְלֻת.** הוּא "מִגְבָּלֹת" הָאָמוּר לְמַעְלָה (לעיל פסוק יד), שֶׁתִּתְקָעֵם בַּטַּבָּעוֹת שֶׁיִּהְיוּ בִּגְבוּל הַחֹשֶׁן. וְכָל 'גְּבוּל' לְשׁוֹן קָצֶה, אשומי"ל בְּלַעַז: **מַעֲשֵׂה עֲבֹת.** מַעֲשֵׂה קְלִיעָה:

זָהָב טָהוֹר׃ וְעָשִׂיתָ עַל־הַחֹשֶׁן שְׁתֵּי טַבְּעוֹת כג
זָהָב וְנָתַתָּ אֶת־שְׁתֵּי הַטַּבָּעוֹת עַל־שְׁנֵי קְצוֹת
הַחֹשֶׁן׃ וְנָתַתָּה אֶת־שְׁתֵּי עֲבֹתֹת הַזָּהָב עַל־שְׁתֵּי כד
הַטַּבָּעֹת אֶל־קְצוֹת הַחֹשֶׁן׃ וְאֵת שְׁתֵּי קְצוֹת שְׁתֵּי כה
הָעֲבֹתֹת תִּתֵּן עַל־שְׁתֵּי הַמִּשְׁבְּצוֹת וְנָתַתָּה עַל־
כִּתְפוֹת הָאֵפֹד אֶל־מוּל פָּנָיו׃ וְעָשִׂיתָ שְׁתֵּי טַבְּעוֹת כו
זָהָב וְשַׂמְתָּ אֹתָם עַל־שְׁנֵי קְצוֹת הַחֹשֶׁן עַל־שְׂפָתוֹ
אֲשֶׁר אֶל־עֵבֶר הָאֵפוֹד בָּיְתָה׃ וְעָשִׂיתָ שְׁתֵּי כז
טַבְּעוֹת זָהָב וְנָתַתָּה אֹתָם עַל־שְׁתֵּי כִתְפוֹת
הָאֵפוֹד מִלְּמַטָּה מִמּוּל פָּנָיו לְעֻמַּת מַחְבַּרְתּוֹ
מִמַּעַל לְחֵשֶׁב הָאֵפוֹד׃ וְיִרְכְּסוּ אֶת־הַחֹשֶׁן כח
מִטַּבְּעֹתָו אֶל־טַבְּעֹת הָאֵפוֹד בִּפְתִיל תְּכֵלֶת
לִהְיוֹת עַל־חֵשֶׁב הָאֵפוֹד וְלֹא־יִזַּח הַחֹשֶׁן מֵעַל
הָאֵפוֹד׃ וְנָשָׂא אַהֲרֹן אֶת־שְׁמוֹת בְּנֵי־יִשְׂרָאֵל כט
בְּחֹשֶׁן הַמִּשְׁפָּט עַל־לִבּוֹ בְּבֹאוֹ אֶל־הַקֹּדֶשׁ לְזִכָּרֹן
לִפְנֵי־יְהוָה תָּמִיד׃ וְנָתַתָּ אֶל־חֹשֶׁן הַמִּשְׁפָּט אֶת־ ל
הָאוּרִים וְאֶת־הַתֻּמִּים וְהָיוּ עַל־לֵב אַהֲרֹן בְּבֹאוֹ

מצווה ק
איסור
הסרת החושן
מעל האפוד

כג) **עַל הַחֹשֶׁן.** לְצֹרֶךְ הַחֹשֶׁן, כְּדֵי לְקָבְעָם בּוֹ. וְלֹא יִתָּכֵן לוֹמַר שֶׁתְּהֵא תְּחִלַּת עֲשִׂיָּתָן עָלָיו, שֶׁאִם כֵּן מַה הוּא שֶׁחוֹזֵר וְאוֹמֵר: "וְנָתַתָּ אֶת שְׁתֵּי הַטַּבָּעוֹת", וַהֲלֹא כְּבָר נְתוּנִים בּוֹ! הָיָה לוֹ לִכְתֹּב בִּתְחִלַּת הַמִּקְרָא: 'וְעָשִׂיתָ עַל קְצוֹת הַחֹשֶׁן שְׁתֵּי טַבְּעוֹת זָהָב'! וְאַף בַּשַּׁרְשְׁרוֹת צָרִיךְ אַתָּה לִפְתֹּר כֵּן: **עַל שְׁנֵי קְצוֹת הַחֹשֶׁן.** לִשְׁתֵּי פֵּאוֹת שֶׁכְּנֶגֶד הַצַּוָּאר, לַיְמָנִית וְלַשְּׂמָאלִית, הַבָּאִים מוּל כִּתְפוֹת הָאֵפוֹד:

כד) **וְנָתַתָּה אֶת שְׁתֵּי עֲבֹתֹת הַזָּהָב.** הֵן הֵן "שַׁרְשְׁרֹת

כג דִּדְהַב דְּכֵי: וְתַעְבֵּיד עַל חָשְׁנָא, תַּרְתֵּין עִזְקָן דִּדְהַב, וְתִתֵּין, יָת תַּרְתֵּין עִזְקָתָא, עַל תְּרֵין סִטְרֵי
כד כה חָשְׁנָא: וְתִתֵּין, יָת תַּרְתֵּין גְּדִילָן דִּדְהַב, עַל תַּרְתֵּין עִזְקָתָא, בְּסִטְרֵי חָשְׁנָא: וְיָת תַּרְתֵּין גְּדִילָן דְּעַל
כו תְּרֵין סִטְרוֹהִי, תִּתֵּין עַל תַּרְתֵּין מְרַמְצָתָא, וְתִתֵּין, עַל כִּתְפֵי אֵיפוֹדָא לָקֳבֵיל אַפּוֹהִי: וְתַעְבֵּיד,
תַּרְתֵּין עִזְקָן דִּדְהַב, וּתְשַׁוֵּי יָתְהוֹן, עַל תְּרֵין סִטְרֵי חָשְׁנָא, עַל סִפְתֵיהּ, דִּלְעִבְרָא דְאֵיפוֹדָא לְגָיו:
כז וְתַעְבֵּיד תַּרְתֵּין עִזְקָן דִּדְהַב, וְתִתֵּין יָתְהוֹן, עַל תַּרְתֵּין כִּתְפֵי אֵיפוֹדָא מִלְּרַע מִלָּקֳבֵיל אַפּוֹהִי,
כח לָקֳבֵיל בֵּית לוֹפֵי, מֵעִלָּוֵי, לְהֶמְיַן אֵיפוֹדָא: וְיֵאַחֲדוּן יָת חָשְׁנָא, מֵעִזְקָתֵיהּ, לְעִזְקַת אֵיפוֹדָא
כט בְּחוּטָא דִּתְכִילְתָא, לְמֶהֱוֵי עַל הֶמְיַן אֵיפוֹדָא, וְלָא יִתְפָּרַק חָשְׁנָא, מֵעִלָּוֵי אֵיפוֹדָא: וְיִטּוֹל
אַהֲרֹן, יָת שְׁמָהַת בְּנֵי יִשְׂרָאֵל, בְּחֹשֶׁן דִּינָא, עַל לִבֵּיהּ בְּמֵיעֲלֵיהּ לְקוּדְשָׁא, לְדוּכְרָנָא קֳדָם
ל יְיָ תְּדִירָא: וְתִתֵּין בְּחֹשֶׁן דִּינָא, יָת אוּרַיָּא וְיָת תֻּמַּיָּא, וִיהוֹן עַל לִבָּא דְאַהֲרֹן, בְּמֵיעֲלֵיהּ

גבלת" הכתובות למעלה (לעיל פסוק כב), ולא פירש מקום קבוען בחשן, עכשיו מפרש לך שיהא תוחב אותן בטבעות. ותדע לך שהן הן הראשונות, שהרי בפרשת 'אלה פקודי' לא הכפלו:

כה) **ואת שתי קצות.** של "שתי העבתת", שני ראשיהם של כל אחת ואחת: **תתן על שתי המשבצות.** הן הן הכתובות למעלה בין פרשת החשן ופרשת האפוד, ולא פירש את ערכן ואת מקומן, עכשיו מפרש שיתקע בהן ראשי העבותות התחובות בטבעות החשן לימין ולשמאל אצל הצואר, שני ראשי שרשרת הימנית תוקע במשבצת של ימין, וכן בשל שמאל שני ראשי שרשרת השמאלית: **ונתתה.** המשבצות "על כתפות האפוד". אחת בזו ואחת בזו, נמצאו כתפות האפוד מחזיקין את החשן שלא יפול, ובהן הוא תלוי. ועדיין שפת החשן התחתונה הולכת ובאה ונוקשת על כרסו ואינה דבוקה לו יפה, לכך הערך עוד שתי טבעות לתחתיתו כמו שמפרש והולך: **אל מול פניו.** של אפוד, שלא יתן המשבצות בעבר הכתפות שכלפי המעיל, אלא בעבר העליון שכלפי החוץ, והוא קרוי 'מול פניו' של אפוד, כי אותו עבר שאינו נראה אינו קרוי פנים:

כו) **על שני קצות החשן.** הן שתי פאותיו התחתונות לימין ולשמאל: **על שפתו אשר אל עבר האפוד ביתה.** הרי לך שני סימנין: האחד שיתנם בשני קצות של תחתיתו שהוא כנגד האפוד, שעליונו אינו כנגד האפוד, שהרי סמוך לצואר הוא והאפוד נתון על מתניו. ועוד נתן סימן, שלא יקבעם בעבר החשן שכלפי החוץ אלא בעבר שכלפי פנים, שנאמר "ביתה", ואותו העבר הוא לצד האפוד, שחשב האפוד חוגרו לכהן ונקפל הסינר לפני הכהן על מתניו וקצת כרסו מכאן ומכאן עד כנגד קצות החשן, וקצותיו שוכבין עליו:

כז) **על שתי כתפות האפוד מלמטה.** שהמשבצות נתנו בראשי כתפות האפוד העליונים הבאים על כתפיו כנגד גרונו ונקפלות ויורדות לפניו, והטבעות צוה לתן בראשן השני שהוא מחבר לאפוד, והוא שנאמר: "לעמת מחברתו", סמוך למקום חבורן באפוד למעלה מן החגורה מעט, שהמחברת לעמת החגורה, ואלו נתונים מעט בגבה זקיפת הכתפות, הוא שנאמר: "ממעל לחשב האפוד", והן כנגד סוף החשן. ונותן פתיל תכלת באותן הטבעות ובטבעות החשן, ורוכסן באותו פתיל לימין ולשמאל, שלא יהא תחתית החשן הולך לפנים וחוזר לאחור ונוקש על כרסו, ונמצא מיושב על המעיל יפה: **ממול פניו.** בעבר החיצון:

כח) **וירכסו.** לשון חבור, וכן: "מרכסי איש" (תהלים לא, כא), חבורי חבלי רשעים, וכן: "והרכסים לבקעה" (ישעיה מ, ד), הרים הסמוכים זה לזה שאי אפשר לירד לגיא שביניהם אלא בקושי גדול, שמתוך סמיכתן הגיא זקופה ועמוקה, יהיו לבקעת מישור ונוחה לילך: **להיות על חשב האפוד.** להיות החשן דבוק אל חשב האפוד: **ולא יזח.** לשון נתוק, ולשון ערבי הוא, כדברי דונש בן לברט:

ל) **את האורים ואת התמים.** הוא כתב שם המפרש שהיה נותנו בתוך כפלי החשן, שעל ידו

לִפְנֵי יְהוָה וְנָשָׂא אַהֲרֹן אֶת־מִשְׁפַּט בְּנֵי־יִשְׂרָאֵל
לא עַל־לִבּוֹ לִפְנֵי יְהוָה תָּמִיד׃ וְעָשִׂיתָ שלישי
לב אֶת־מְעִיל הָאֵפוֹד כְּלִיל תְּכֵלֶת׃ וְהָיָה פִי־
רֹאשׁוֹ בְּתוֹכוֹ שָׂפָה יִהְיֶה לְפִיו סָבִיב מַעֲשֵׂה מצווה קא איסור קריעת שפת מעילו של הכוהן הגדול
לג אֹרֵג כְּפִי תַחְרָא יִהְיֶה־לּוֹ לֹא יִקָּרֵעַ׃ וְעָשִׂיתָ
עַל־שׁוּלָיו רִמֹּנֵי תְּכֵלֶת וְאַרְגָּמָן וְתוֹלַעַת שָׁנִי
עַל־שׁוּלָיו סָבִיב וּפַעֲמֹנֵי זָהָב בְּתוֹכָם סָבִיב׃
לד פַּעֲמֹן זָהָב וְרִמּוֹן פַּעֲמֹן זָהָב וְרִמּוֹן עַל־שׁוּלֵי
לה הַמְּעִיל סָבִיב׃ וְהָיָה עַל־אַהֲרֹן לְשָׁרֵת וְנִשְׁמַע
קוֹלוֹ בְּבֹאוֹ אֶל־הַקֹּדֶשׁ לִפְנֵי יְהוָה וּבְצֵאתוֹ
לו וְלֹא יָמוּת׃ וְעָשִׂיתָ צִּיץ זָהָב טָהוֹר
לז וּפִתַּחְתָּ עָלָיו פִּתּוּחֵי חֹתָם קֹדֶשׁ לַיהוָה׃ וְשַׂמְתָּ
אֹתוֹ עַל־פְּתִיל תְּכֵלֶת וְהָיָה עַל־הַמִּצְנָפֶת אֶל־
לח מוּל פְּנֵי־הַמִּצְנֶפֶת יִהְיֶה׃ וְהָיָה עַל־מֵצַח אַהֲרֹן
וְנָשָׂא אַהֲרֹן אֶת־עֲוֺן הַקֳּדָשִׁים אֲשֶׁר יַקְדִּישׁוּ
בְּנֵי יִשְׂרָאֵל לְכָל־מַתְּנֹת קָדְשֵׁיהֶם וְהָיָה עַל־
לט מִצְחוֹ תָּמִיד לְרָצוֹן לָהֶם לִפְנֵי יְהוָה׃ וְשִׁבַּצְתָּ

הוּא מְאִיר דְּבָרָיו וּמְתַמֵּם אֶת דְּבָרָיו. וּבְמִקְדָּשׁ שֵׁנִי הָיָה הַחֹשֶׁן, שֶׁאִי אֶפְשָׁר לְכֹהֵן גָּדוֹל לִהְיוֹת מְחֻסַּר בְּגָדִים, אֲבָל אוֹתוֹ הַשֵּׁם לֹא הָיָה בְּתוֹכוֹ. וְעַל שֵׁם אוֹתוֹ הַכְּתָב הוּא קָרוּי 'מִשְׁפָּט', שֶׁנֶּאֱמַר: "וְשָׁאַל לוֹ בְּמִשְׁפַּט הָאוּרִים" (במדבר כז, כא): אֶת מִשְׁפַּט בְּנֵי יִשְׂרָאֵל. דָּבָר שֶׁהֵם נִשְׁפָּטִים וְנוֹכָחִים עַל יָדוֹ אִם לַעֲשׂוֹת דָּבָר אוֹ לֹא לַעֲשׂוֹת. וּלְפִי מִדְרַשׁ אַגָּדָה שֶׁהַחֹשֶׁן מְכַפֵּר עַל מְעֻוְּתֵי הַדִּין, נִקְרָא "מִשְׁפָּט" עַל שֵׁם סְלִיחַת הַמִּשְׁפָּט:
לא) אֶת מְעִיל הָאֵפוֹד. שֶׁהָאֵפוֹד נָתוּן עָלָיו לַחֲגוֹרָה: כְּלִיל תְּכֵלֶת. כֻּלּוֹ תְּכֵלֶת, שֶׁאֵין מִין אַחֵר מְעֹרָב בּוֹ:

לא לִקְדָם יְיָ, וְיִטּוֹל אַהֲרֹן, יָת דִּין בְּנֵי יִשְׂרָאֵל עַל לִבֵּיהּ, קֳדָם יְיָ תְּדִירָא: וְתַעְבֵּיד, יָת מְעִיל
לב אֵיפוֹדָא גְּמִיר תַּכְלָא: וִיהֵי פוּמֵּיהּ כְּפִיל לְגַוֵּיהּ, תּוֹרָא, יְהֵי מַקַּף לְפֻמֵּיהּ סְחוֹר סְחוֹר עוֹבָד
לג מָחֵי, כְּפוּם שִׁרְיָן, יְהֵי לֵיהּ דְּלָא יִתְבְּזַע: וְתַעְבֵּיד עַל שִׁפּוֹלוֹהִי, רִמּוֹנֵי תַּכְלָא וְאַרְגְּוָנָא וּצְבַע
לד זְהוֹרִי, עַל שִׁפּוֹלוֹהִי סְחוֹר סְחוֹר, וְזוֹגִין דִּדְהַב, בֵּינֵיהוֹן סְחוֹר סְחוֹר: זוֹגָא דְדַהְבָא וְרִמּוֹנָא,
לה זוֹגָא דְדַהְבָא וְרִמּוֹנָא, עַל שִׁפּוֹלֵי מְעִילָא סְחוֹר סְחוֹר: וִיהֵי עַל אַהֲרֹן לְשַׁמָּשָׁא, וְיִשְׁתְּמַע
לו קָלֵיהּ, בְּמֵיעֲלֵיהּ לְקֻדְשָׁא, לִקְדָם יְיָ, וּבְמִפְּקֵיהּ וְלָא יְמוּת: וְתַעְבֵּיד צִיצָא דִּדְהַב דְּכֵי, וְתִגְלוֹף
לז עֲלוֹהִי כְּתָב מְפָרַשׁ, קֹדֶשׁ לַייָ: וּתְשַׁוֵּי יָתֵיהּ עַל חוּטָא דִּתְכִילְתָא, וִיהֵי עַל מַצְנַפְתָּא, לָקֳבֵיל
לח אַפֵּי מַצְנַפְתָּא יְהֵי: וִיהֵי עַל בֵּית עֵינוֹהִי דְּאַהֲרֹן, וְיִטּוֹל אַהֲרֹן יָת עֲוָיַת קֻדְשַׁיָּא, דִּיקַדְּשׁוּן בְּנֵי
לט יִשְׂרָאֵל, לְכָל מַתְּנַת קֻדְשֵׁיהוֹן, וִיהֵי עַל בֵּית עֵינוֹהִי תְּדִירָא, לְרַעֲוָא לְהוֹן קֳדָם יְיָ: וּתְרַמֵּיץ

לב) **וְהָיָה פִי רֹאשׁוֹ.** פִּי הַמְּעִיל שֶׁבְּגָבְהוֹ, הוּא פְּתִיחַת בֵּית הַצַּוָּאר: **בְּתוֹכוֹ.** כְּתַרְגּוּמוֹ: "כְּפִיל לְגַוֵּיהּ", כָּפוּל לְתוֹכוֹ לִהְיוֹת לוֹ לְשָׂפָה כְּפִילָתוֹ. וְהָיָה מַעֲשֵׂה אוֹרֵג וְלֹא בְּמַחַט: **כְּפִי תַחְרָא.** לָמַדְנוּ שֶׁהַשִּׁרְיוֹנִים שֶׁלָּהֶם פִּיהֶם כָּפוּל: **לֹא יִקָּרֵעַ.** כְּדֵי שֶׁלֹּא יִקָּרֵעַ. וְהַקּוֹרְעוֹ עוֹבֵר בְּלָאו, שֶׁזֶּה מִמִּנְיַן לָאוִין שֶׁבַּתּוֹרָה. וְכֵן: "וְלֹא יִזַּח הַחֹשֶׁן" (לעיל פסוק כח), וְכֵן: "לֹא יָסֻרוּ מִמֶּנּוּ" (לעיל כה, טו) הַנֶּאֱמָר בְּבַדֵּי הָאָרוֹן:

לג) **רִמֹּנֵי.** עֲגֻלִּים וַחֲלוּלִים הָיוּ, כְּמִין רִמּוֹנִים הָעֲשׂוּיִים כְּבֵיצַת תַּרְנְגֹלֶת: **וּפַעֲמֹנֵי זָהָב.** זָגִים עִם עִנְבָּלִים שֶׁבְּתוֹכָם: **בְּתוֹכָם סָבִיב.** בֵּינֵיהֶם סָבִיב, בֵּין שְׁנֵי רִמּוֹנִים פַּעֲמוֹן אֶחָד דָּבוּק וְתָלוּי בְּשׁוּלֵי הַמְּעִיל:

לד) **פַּעֲמֹן זָהָב וְרִמּוֹן.** אֶצְלוֹ: פַּעֲמֹן זָהָב וְרִמּוֹן. אֶצְלוֹ:

לה) **וְלֹא יָמוּת.** מִכְּלָל לָאו אַתָּה שׁוֹמֵעַ הֵן: אִם יִהְיוּ לוֹ לֹא יִתְחַיֵּב מִיתָה, הָא אִם יִכָּנֵס מְחֻסַּר אֶחָד מִן הַבְּגָדִים הַלָּלוּ חַיָּב מִיתָה בִּידֵי שָׁמַיִם:

לו) **צִיץ.** כְּמִין טַס שֶׁל זָהָב הָיָה, רָחָב שְׁתֵּי אֶצְבָּעוֹת, מַקִּיף עַל הַמֵּצַח מֵאֹזֶן לְאֹזֶן:

לז) **עַל פְּתִיל תְּכֵלֶת.** וּבְמָקוֹם אַחֵר הוּא אוֹמֵר: "וַיִּתְּנוּ עָלָיו פְּתִיל תְּכֵלֶת" (להלן לט, לא), וְעוֹד, כְּתִיב כָּאן: "וְהָיָה עַל הַמִּצְנֶפֶת", וּלְמַטָּה הוּא אוֹמֵר: "וְהָיָה עַל מֵצַח אַהֲרֹן" (בפסוק הבא), וּבִשְׁחִיטַת קָדָשִׁים שָׁנִינוּ: "שְׂעָרוֹ הָיָה נִרְאֶה בֵּין צִיץ לַמִּצְנֶפֶת שֶׁשָּׁם מַנִּיחַ תְּפִלִּין" (זבחים יט ע"א), לָמַדְנוּ שֶׁהַמִּצְנֶפֶת לְמַעְלָה בְּגֹבַהּ הָרֹאשׁ וְאֵינָהּ עֲמֻקָּה לִכָּנֵס בָּהּ כָּל הָרֹאשׁ עַד הַמֵּצַח, וְהַצִּיץ מִלְּמַטָּה, וְהַפְּתִילִים הָיוּ נְקוּבִין וּתְלוּיִין בּוֹ בִּשְׁנֵי רָאשִׁים וּבְאֶמְצָעִיתוֹ, שִׁשָּׁה בִּשְׁלֹשָׁה מְקוֹמוֹת הַלָּלוּ, פְּתִיל מִלְמַעְלָה – אֶחָד מִבַּחוּץ וְאֶחָד מִבִּפְנִים כְּנֶגְדּוֹ, וְקוֹשֵׁר רָאשֵׁי הַפְּתִילִים מֵאֲחוֹרֵי הָעֹרֶף שְׁלָשְׁתָּן, וְנִמְצְאוּ בֵּין אֹרֶךְ הַטַּס וּפְתִילֵי רָאשָׁיו מַקִּיפִין אֶת הַקָּדְקֹד; וְהַפְּתִיל הָאֶמְצָעִי, כְּשֶׁרֹאשׁוֹ קָשׁוּר עִם רָאשֵׁי הַשְּׁנַיִם, הוֹלֵךְ עַל פְּנֵי רֹחַב הָרֹאשׁ מִלְמַעְלָה, וְנִמְצָא עָשׂוּי כְּמִין כּוֹבַע. וְעַל פְּתִיל הָאֶמְצָעִי הוּא אוֹמֵר: "וְהָיָה עַל הַמִּצְנֶפֶת", וְהָיָה נוֹתֵן הַצִּיץ עַל רֹאשׁוֹ כְּמִין כּוֹבַע עַל הַמִּצְנֶפֶת, וְהַפְּתִיל הָאֶמְצָעִי מַחֲזִיקוֹ שֶׁאֵינוֹ נוֹפֵל, וְהַטַּס תָּלוּי כְּנֶגֶד מִצְחוֹ. וְנִתְקַיְּמוּ כָּל הַמִּקְרָאוֹת: פְּתִיל עַל הַצִּיץ, וְצִיץ עַל הַפְּתִיל, וּפְתִיל עַל הַמִּצְנֶפֶת מִלְמַעְלָה:

לח) **וְנָשָׂא אַהֲרֹן.** לְשׁוֹן סְלִיחָה, וְאַף עַל פִּי כֵן אֵינוֹ זָז מִמַּשְׁמָעוֹ, אַהֲרֹן נוֹשֵׂא אֶת הַמַּשָּׂא שֶׁל עָוֹן, נִמְצָא מְסַלֵּק הֶעָוֹן מִן הַקֳּדָשִׁים: **אֶת עֲוֹן הַקֳּדָשִׁים.** לְרַצּוֹת עַל הַדָּם וְעַל הַחֵלֶב שֶׁקָּרְבוּ בְּטֻמְאָה, כְּמוֹ שֶׁשָּׁנִינוּ: אֵי זֶה עָוֹן הוּא נוֹשֵׂא? אִם עֲוֹן פִּגּוּל, הֲרֵי כְּבָר נֶאֱמַר וְכוּ'. וְאֵין לוֹמַר שֶׁיְּכַפֵּר עַל הַכֹּהֵן שֶׁהִקְרִיבָם טְמֵאִים, שֶׁהֲרֵי "עֲוֹן הַקֳּדָשִׁים" נֶאֱמַר וְלֹא עֲוֹן הַמַּקְרִיב! אֵינוֹ מְרַצֶּה אֶלָּא לְהַכְשִׁיר הַקָּרְבָּן: **וְהָיָה עַל מִצְחוֹ תָּמִיד.** אִי אֶפְשָׁר לוֹמַר שֶׁיְּהֵא עַל מִצְחוֹ תָּמִיד, שֶׁהֲרֵי אֵינוֹ עָלָיו אֶלָּא בִּשְׁעַת הָעֲבוֹדָה! אֶלָּא "תָּמִיד לְרָצוֹן לָהֶם", אֲפִלּוּ אֵינוֹ עַל מִצְחוֹ, שֶׁלֹּא הָיָה כֹּהֵן גָּדוֹל עוֹבֵד בְּאוֹתָהּ שָׁעָה. וּלְדִבְרֵי הָאוֹמֵר עוֹדֵהוּ עַל מִצְחוֹ מְכַפֵּר וּמְרַצֶּה וְאִם לָאו אֵינוֹ מְרַצֶּה, נִדְרָשׁ "עַל מִצְחוֹ תָּמִיד" לְלַמֵּד שֶׁיְּמַשְׁמֵשׁ בּוֹ בְּעוֹדוֹ עַל מִצְחוֹ, שֶׁלֹּא יַסִּיחַ דַּעְתּוֹ מִמֶּנּוּ:

לט) **וְשִׁבַּצְתָּ.** עֲשֵׂה אוֹתָהּ מִשְׁבְּצוֹת מִשְׁבְּצוֹת, וְכֻלָּהּ שֶׁל שֵׁשׁ:

הַכְּתֹנֶת שֵׁשׁ וְעָשִׂיתָ מִצְנֶפֶת שֵׁשׁ וְאַבְנֵט
מ תַּעֲשֶׂה מַעֲשֵׂה רֹקֵם׃ וְלִבְנֵי אַהֲרֹן תַּעֲשֶׂה
כֻתֳּנֹת וְעָשִׂיתָ לָהֶם אַבְנֵטִים וּמִגְבָּעוֹת תַּעֲשֶׂה
מא לָהֶם לְכָבוֹד וּלְתִפְאָרֶת׃ וְהִלְבַּשְׁתָּ אֹתָם אֶת־
אַהֲרֹן אָחִיךָ וְאֶת־בָּנָיו אִתּוֹ וּמָשַׁחְתָּ אֹתָם
וּמִלֵּאתָ אֶת־יָדָם וְקִדַּשְׁתָּ אֹתָם וְכִהֲנוּ־לִי׃
מב וַעֲשֵׂה לָהֶם מִכְנְסֵי־בָד לְכַסּוֹת בְּשַׂר עֶרְוָה
מג מִמָּתְנַיִם וְעַד־יְרֵכַיִם יִהְיוּ׃ וְהָיוּ עַל־אַהֲרֹן וְעַל־
בָּנָיו בְּבֹאָם ׀ אֶל־אֹהֶל מוֹעֵד אוֹ בְגִשְׁתָּם אֶל־
הַמִּזְבֵּחַ לְשָׁרֵת בַּקֹּדֶשׁ וְלֹא־יִשְׂאוּ עָוֺן וָמֵתוּ
רביעי כב חֻקַּת עוֹלָם לוֹ וּלְזַרְעוֹ אַחֲרָיו׃ וְזֶה א כט
הַדָּבָר אֲשֶׁר תַּעֲשֶׂה לָהֶם לְקַדֵּשׁ אֹתָם לְכַהֵן
לִי לְקַח פַּר אֶחָד בֶּן־בָּקָר וְאֵילִם שְׁנַיִם תְּמִימִם׃
ב וְלֶחֶם מַצּוֹת וְחַלֹּת מַצֹּת בְּלוּלֹת בַּשֶּׁמֶן וּרְקִיקֵי
מַצּוֹת מְשֻׁחִים בַּשָּׁמֶן סֹלֶת חִטִּים תַּעֲשֶׂה
ג אֹתָם׃ וְנָתַתָּ אוֹתָם עַל־סַל אֶחָד וְהִקְרַבְתָּ
ד אֹתָם בַּסָּל וְאֶת־הַפָּר וְאֵת שְׁנֵי הָאֵילִם׃ וְאֶת־
אַהֲרֹן וְאֶת־בָּנָיו תַּקְרִיב אֶל־פֶּתַח אֹהֶל מוֹעֵד
ה וְרָחַצְתָּ אֹתָם בַּמָּיִם׃ וְלָקַחְתָּ אֶת־הַבְּגָדִים
וְהִלְבַּשְׁתָּ אֶת־אַהֲרֹן אֶת־הַכֻּתֹּנֶת וְאֵת מְעִיל
הָאֵפֹד וְאֶת־הָאֵפֹד וְאֶת־הַחֹשֶׁן וְאָפַדְתָּ לוֹ

תצוה

ו בְּחֵשֶׁב הָאֵפֹד: וְשַׂמְתָּ הַמִּצְנֶפֶת עַל־רֹאשׁוֹ
ז וְנָתַתָּ אֶת־נֵזֶר הַקֹּדֶשׁ עַל־הַמִּצְנָפֶת: וְלָקַחְתָּ

מ כִּתּוּנָא דְבוּצָא, וְתַעְבֵּיד מַצְנֶפְתָּא דְבוּצָא, וְהֶמְיָן תַּעְבֵּיד עוֹבַד צַיָּר: וְלִבְנֵי אַהֲרֹן תַּעְבֵּיד
מא כִּתּוּנִין, וְתַעְבֵּיד לְהוֹן הֶמְיָנִין, וְקוֹבְעִין תַּעְבֵּיד לְהוֹן, לִיקָר וּלְתֻשְׁבְּחָא: וְתַלְבֵּישׁ יָתְהוֹן יָת
אַהֲרֹן אֲחוּךְ, וְיָת בְּנוֹהִי עִמֵּיהּ, וּתְרַבֵּי יָתְהוֹן, וּתְקָרֵיב יָת קֻרְבָּנְהוֹן, וּתְקַדֵּישׁ יָתְהוֹן וִישַׁמְּשׁוּן
מב מג קֳדָמָי: וַעֲבֵיד לְהוֹן מִכְנְסִין דְּבוּץ, לְכַסָּאָה בְּסַר עֶרְיָא, מֵחַרְצִין וְעַד יַרְכָן יְהוֹן: וִיהוֹן עַל
אַהֲרֹן וְעַל בְּנוֹהִי, בְּמֵיעַלְהוֹן לְמַשְׁכַּן זִמְנָא, אוֹ בְּמִקְרַבְהוֹן לְמַדְבְּחָא לְשַׁמָּשָׁא בְקֻדְשָׁא,
כט א וְלָא יְקַבְּלוּן חוֹבָא וְלָא יְמוּתוּן, קְיָם עָלַם, לֵיהּ וְלִבְנוֹהִי בָּתְרוֹהִי: וְדֵין פִּתְגָּמָא, דְּתַעְבֵּיד
ב לְהוֹן, לְקַדָּשָׁא יָתְהוֹן לְשַׁמָּשָׁא קֳדָמָי, סַב, תּוֹר חַד בַּר תּוֹרֵי, וְדִכְרִין תְּרֵין שַׁלְמִין: וּלְחֵים
פַּטִּיר, וּגְרִיצָן פַּטִּירָן דְּפִילָן בִּמְשַׁח, וְאֶסְפּוֹגִין פַּטִּירִין דִּמְשִׁיחִין בִּמְשַׁח, סֹלֶת דְּחִטִּין תַּעְבֵּיד
ג ד יָתְהוֹן: וְתִתֵּין יָתְהוֹן עַל סַלָּא חַד, וּתְקָרֵיב יָתְהוֹן בְּסַלָּא, וְיָת תּוֹרָא, וְיָת תְּרֵין דִּכְרִין: וְיָת
ה אַהֲרֹן וְיָת בְּנוֹהִי תְּקָרֵיב, לִתְרַע מַשְׁכַּן זִמְנָא, וְתַסְחֵי יָתְהוֹן בְּמַיָּא: וְתִסַּב יָת לְבוּשַׁיָּא,
וְתַלְבֵּישׁ יָת אַהֲרֹן יָת כִּתּוּנָא, וְיָת מְעִיל אֵיפוֹדָא, וְיָת אֵיפוֹדָא וְיָת חֻשְׁנָא, וְתַתְקֵין לֵיהּ,
ו ז בְּהֶמְיַן אֵיפוֹדָא: וּתְשַׁוֵּי מַצְנֶפְתָּא עַל רֵישֵׁיהּ, וְתִתֵּין, יָת כְּלִילָא דְקֻדְשָׁא עַל מַצְנֶפְתָּא: וְתִסַּב

מ) **וְלִבְנֵי אַהֲרֹן תַּעֲשֶׂה.** אַרְבָּעָה בְּגָדִים הַלָּלוּ וְלֹא יוֹתֵר: כְּתֹנֶת, וְאַבְנֵט, וּמִגְבָּעוֹת הִיא מִצְנֶפֶת, וּמִכְנָסַיִם כְּתוּבִים לְמַטָּה בַּפָּרָשָׁה (להלן פסוק מב):

מא) **וְהִלְבַּשְׁתָּ אֹתָם אֶת אַהֲרֹן.** אוֹתָם הָאֲמוּרִים בְּאַהֲרֹן: "חֹשֶׁן וְאֵפוֹד וּמְעִיל וּכְתֹנֶת תַּשְׁבֵּץ מִצְנֶפֶת וְאַבְנֵט" (לעיל פסוק ד), וְצִיץ, וּמִכְנָסַיִם כְּתוּבִים לְמַטָּה בִּכְלָלָם: **וְאֶת בָּנָיו אִתּוֹ.** אוֹתָם הַכְּתוּבִים בָּהֶם: **וּמָשַׁחְתָּ אֹתָם.** אֶת אַהֲרֹן וְאֶת בָּנָיו בְּשֶׁמֶן הַמִּשְׁחָה: **וּמִלֵּאתָ אֶת יָדָם.** כָּל מִלּוּי יָדַיִם לְשׁוֹן חִנּוּךְ, כְּשֶׁהוּא נִכְנָס לְדָבָר לִהְיוֹת מֻחְזָק בּוֹ מֵאוֹתוֹ יוֹם וָהָלְאָה הוּא, וּבִלְשׁוֹן לַעַז כְּשֶׁמְּמַנִּין אָדָם עַל פְּקִידַת דָּבָר, נוֹתֵן הַשַּׁלִּיט בְּיָדוֹ בֵּית יָד שֶׁל עוֹר שֶׁקּוֹרִין גואנ"ט, וְעַל יָדוֹ הוּא מַחְזִיקוֹ בַּדָּבָר, וְקוֹרִין לְאוֹתָהּ מְסִירָה רווישטי"ר, וְהוּא מִלּוּי יָדַיִם:

מב) **וַעֲשֵׂה לָהֶם.** לְאַהֲרֹן וּלְבָנָיו: **מִכְנְסֵי בָד.** הֲרֵי שְׁמוֹנָה בְּגָדִים לְכֹהֵן גָּדוֹל וְאַרְבָּעָה לְכֹהֵן הֶדְיוֹט:

מג) **וְהָיוּ.** כָּל הַבְּגָדִים הָאֵלֶּה, "עַל אַהֲרֹן" הָרְאוּיִים לוֹ, "וְעַל בָּנָיו" הָאֲמוּרִים בָּהֶם: **בְּבֹאָם אֶל אֹהֶל מוֹעֵד.** לַהֵיכָל, וְכֵן לַמִּשְׁכָּן: **וָמֵתוּ.** הָא לָמַדְתָּ שֶׁהַמְשַׁמֵּשׁ מְחֻסַּר בְּגָדִים – בְּמִיתָה: **חֻקַּת עוֹלָם לוֹ.** כָּל מָקוֹם שֶׁנֶּאֱמַר 'חֻקָּה' לְעַכֵּב:

פרק כט

א) **לְקַח.** כְּמוֹ קַח. וּשְׁתֵּי גִזְרוֹת הֵן, אַחַת שֶׁל קִיחָה וְאַחַת שֶׁל לְקִיחָה, וְלָהֶן פִּתְרוֹן אֶחָד: **פַּר אֶחָד.** לְכַפֵּר עַל מַעֲשֵׂה הָעֵגֶל שֶׁהוּא פָּר:

ב) **וְלֶחֶם מַצּוֹת וְחַלֹּת מַצֹּת... וּרְקִיקֵי מַצּוֹת.** הֲרֵי אֵלּוּ שְׁלֹשָׁה מִינִין: רְבוּכָה וְחַלּוֹת וּרְקִיקִין. "לֶחֶם מַצּוֹת" הוּא הַקְּרוּיָה לְמַטָּה בָּעִנְיָן: "חַלַּת לֶחֶם שֶׁמֶן" (להלן פסוק כג), עַל שֵׁם שֶׁנּוֹתֵן שֶׁמֶן בָּרְבוּכָה כְּנֶגֶד הַחַלּוֹת וְהָרְקִיקִין. וְכָל הַמִּינִין בָּאִים עֶשֶׂר עֶשֶׂר חַלּוֹת: **בְּלוּלֹת בַּשֶּׁמֶן.** כְּשֶׁהֵן קֶמַח יוֹצֵק בָּהֶן שֶׁמֶן וּבוֹלְלָן: **מְשֻׁחִים בַּשָּׁמֶן.** אַחַר אֲפִיָּתָן מוֹשְׁחָן כְּמִין כ"י, כַּ"ף יְוָנִית, שֶׁהִיא עֲשׂוּיָה כְּנוּ"ן שֶׁלָּנוּ:

ג) **וְהִקְרַבְתָּ אֹתָם.** אֶל חֲצַר הַמִּשְׁכָּן בְּיוֹם הֲקָמָתוֹ:

ד) **וְרָחַצְתָּ.** טְבִילַת כָּל הַגּוּף:

ה) **וְאָפַדְתָּ.** קַשֵּׁט וְתַקֵּן הַחֲגוֹרָה וְהַסִּינָר סְבִיבוֹתָיו:

ו) **נֵזֶר הַקֹּדֶשׁ.** זֶה הַצִּיץ: **עַל הַמִּצְנָפֶת.** כְּמוֹ שֶׁפֵּרַשְׁתִּי לְמַעְלָה (לעיל כח, לז), עַל יְדֵי הַפְּתִיל הָאֶמְצָעִי וּשְׁנֵי פְתִילִין שֶׁבְּרָאשׁוֹ הַקְּשׁוּרִין שֶׁלְּאַחֲרָיו

אֶת־שֶׁמֶן הַמִּשְׁחָה וְיָצַקְתָּ עַל־רֹאשׁוֹ וּמָשַׁחְתָּ
ח אֹתוֹ׃ וְאֶת־בָּנָיו תַּקְרִיב וְהִלְבַּשְׁתָּם כֻּתֳּנֹת׃
ט וְחָגַרְתָּ אֹתָם אַבְנֵט אַהֲרֹן וּבָנָיו וְחָבַשְׁתָּ לָהֶם
מִגְבָּעֹת וְהָיְתָה לָהֶם כְּהֻנָּה לְחֻקַּת עוֹלָם וּמִלֵּאתָ
י יַד־אַהֲרֹן וְיַד־בָּנָיו׃ וְהִקְרַבְתָּ אֶת־הַפָּר לִפְנֵי אֹהֶל
מוֹעֵד וְסָמַךְ אַהֲרֹן וּבָנָיו אֶת־יְדֵיהֶם עַל־רֹאשׁ
יא הַפָּר׃ וְשָׁחַטְתָּ אֶת־הַפָּר לִפְנֵי יְהוָה פֶּתַח אֹהֶל
יב מוֹעֵד׃ וְלָקַחְתָּ מִדַּם הַפָּר וְנָתַתָּה עַל־קַרְנֹת
הַמִּזְבֵּחַ בְּאֶצְבָּעֶךָ וְאֶת־כָּל־הַדָּם תִּשְׁפֹּךְ אֶל־
יג יְסוֹד הַמִּזְבֵּחַ׃ וְלָקַחְתָּ אֶת־כָּל־הַחֵלֶב הַמְכַסֶּה
אֶת־הַקֶּרֶב וְאֵת הַיֹּתֶרֶת עַל־הַכָּבֵד וְאֵת שְׁתֵּי
הַכְּלָיֹת וְאֶת־הַחֵלֶב אֲשֶׁר עֲלֵיהֶן וְהִקְטַרְתָּ
יד הַמִּזְבֵּחָה׃ וְאֶת־בְּשַׂר הַפָּר וְאֶת־עֹרוֹ וְאֶת־פִּרְשׁוֹ
טו תִּשְׂרֹף בָּאֵשׁ מִחוּץ לַמַּחֲנֶה חַטָּאת הוּא׃ וְאֶת־
הָאַיִל הָאֶחָד תִּקָּח וְסָמְכוּ אַהֲרֹן וּבָנָיו אֶת־יְדֵיהֶם
טז עַל־רֹאשׁ הָאָיִל׃ וְשָׁחַטְתָּ אֶת־הָאָיִל וְלָקַחְתָּ
יז אֶת־דָּמוֹ וְזָרַקְתָּ עַל־הַמִּזְבֵּחַ סָבִיב׃ וְאֶת־הָאַיִל
תְּנַתֵּחַ לִנְתָחָיו וְרָחַצְתָּ קִרְבּוֹ וּכְרָעָיו וְנָתַתָּ עַל־
יח נְתָחָיו וְעַל־רֹאשׁוֹ׃ וְהִקְטַרְתָּ אֶת־כָּל־הָאַיִל
הַמִּזְבֵּחָה עֹלָה הוּא לַיהוָה רֵיחַ נִיחוֹחַ אִשֶּׁה
יט לַיהוָה הוּא׃ וְלָקַחְתָּ אֵת הָאַיִל הַשֵּׁנִי וְסָמַךְ חמישי

אַהֲרֹן וּבָנָיו אֶת־יְדֵיהֶם עַל־רֹאשׁ הָאָיִל:
כ וְשָׁחַטְתָּ אֶת־הָאַיִל וְלָקַחְתָּ מִדָּמוֹ וְנָתַתָּה עַל־

ח יָת מִשְׁחָא דִרְבוּתָא, וּתְרִיק עַל רֵישֵׁיהּ, וּתְרַבֵּי יָתֵיהּ: וְיָת בְּנוֹהִי תְּקָרֵיב, וְתַלְבֵּישִׁנּוּן כִּתּוּנִין:
ט וּתְזָרֵיז יָתְהוֹן הֶמְיָנִין אַהֲרֹן וּבְנוֹהִי, וְתַתְקֵין לְהוֹן קוֹבְעִין, וּתְהֵי לְהוֹן, כְּהֻנְּתָא לִקְיָם עָלַם,
י וּתְקָרֵיב קֻרְבָּנָא דְאַהֲרֹן וְקֻרְבָּנָא דִבְנוֹהִי: וּתְקָרֵיב יָת תּוֹרָא, לִקְדָם מַשְׁכַּן זִמְנָא, וְיִסְמוֹךְ אַהֲרֹן
יא יב וּבְנוֹהִי, יָת יְדֵיהוֹן עַל רֵישׁ תּוֹרָא: וְתִכּוֹס יָת תּוֹרָא קֳדָם יְיָ, בִּתְרַע מַשְׁכַּן זִמְנָא: וְתִסַּב מִדְּמָא
יג דְתוֹרָא, וְתִתֵּין, עַל קַרְנַת מַדְבְּחָא בְּאֶצְבְּעָךְ, וְיָת כָּל דְּמָא תִּשְׁפּוֹךְ, לִיסוֹדָא דְמַדְבְּחָא: וְתִסַּב,
יָת כָּל תַּרְבָּא דְחָפֵי יָת גַּוָּא, וְיָת חֲצְרָא דְעַל כַּבְדָא, וְיָת תַּרְתֵּין כּוֹלְיָן, וְיָת תַּרְבָּא דַעֲלֵיהוֹן,
יד וְתַסֵּיק לְמַדְבְּחָא: וְיָת בְּסַר תּוֹרָא וְיָת מַשְׁכֵּיהּ וְיָת אֻכְלֵיהּ, תּוֹקֵיד בְּנוּרָא, מִבָּרָא לְמַשְׁרִיתָא,
טו טז חַטָּתָא הוּא: וְיָת דִּכְרָא חַד תִּסַּב, וְיִסְמְכוּן, אַהֲרֹן וּבְנוֹהִי, יָת יְדֵיהוֹן עַל רֵישׁ דִּכְרָא: וְתִכּוֹס
יז יָת דִּכְרָא, וְתִסַּב יָת דְּמֵיהּ, וְתִזְרוֹק עַל מַדְבְּחָא סְחוֹר סְחוֹר: וְיָת דִּכְרָא, תְּפַלֵּיג לְאֶבְרוֹהִי,
יח וּתְחַלֵּיל גַּוֵּיהּ וּכְרָעוֹהִי, וְתִתֵּין עַל אֶבְרוֹהִי וְעַל רֵישֵׁיהּ: וְתַסֵּיק יָת כָּל דִּכְרָא לְמַדְבְּחָא, עֲלָתָא
יט הוּא קֳדָם יְיָ, לְאִתְקַבָּלָא בְרַעֲוָא, קֻרְבָּנָא קֳדָם יְיָ הוּא: וְתִסַּב, יָת דִּכְרָא תִּנְיָנָא, וְיִסְמוֹךְ
כ אַהֲרֹן וּבְנוֹהִי, יָת יְדֵיהוֹן עַל רֵישׁ דִּכְרָא: וְתִכּוֹס יָת דִּכְרָא, וְתִסַּב מִדְּמֵיהּ וְתִתֵּין, עַל

מֵאֲחוֹרֵי הָעֹרֶף, הוּא נוֹתְנוֹ עַל הַמִּצְנֶפֶת כְּמִין כּוֹבַע:

(ז) וּמָשַׁחְתָּ אֹתוֹ. אַף מְשִׁיחָה זוֹ כְּמִין כ״י, נוֹתֵן שֶׁמֶן עַל רֹאשׁוֹ וּבֵין רִיסֵי עֵינָיו וּמְחַבְּרָן בְּאֶצְבָּעוֹ:

(ט) וְהָיְתָה לָהֶם. מִלּוּי יָדַיִם זֶה לִכְהֻנַּת עוֹלָם: וּמִלֵּאתָ. עַל יְדֵי הַדְּבָרִים הַלָּלוּ: יַד אַהֲרֹן וְיַד בָּנָיו. בְּמִלּוּי וּפְקֻדַּת הַכְּהֻנָּה:

(יא) פֶּתַח אֹהֶל מוֹעֵד. בֶּחָצֵר הַמִּשְׁכָּן שֶׁלִּפְנֵי הַפֶּתַח:

(יב) עַל קַרְנֹת. לְמַעְלָה בַּקְּרָנוֹת מַמָּשׁ: וְאֶת כָּל הַדָּם. שְׁיָרֵי הַדָּם: אֶל יְסוֹד הַמִּזְבֵּחַ. כְּמִין בְּלִיטַת בֵּית קִבּוּל עָשׂוּי לוֹ סָבִיב סָבִיב לְאַחַר שֶׁעָלָה אַמָּה מִן הָאָרֶץ:

(יג) הַחֵלֶב הַמְכַסֶּה אֶת הַקֶּרֶב. הוּא הַקְּרוּם שֶׁעַל הַכֶּרֶס שֶׁקּוֹרִין טיל״א: וְאֵת הַיֹּתֶרֶת. הוּא טַרְפְּשָׁא דְכַבְדָּא שֶׁקּוֹרִין איבל״ש: עַל הַכָּבֵד. אַף מִן הַכָּבֵד יִטֹּל עִמָּהּ:

(יד) תִּשְׂרֹף בָּאֵשׁ. לֹא מָצִינוּ חַטָּאת חִיצוֹנָה נִשְׂרֶפֶת אֶלָּא זוֹ:

(טז) וְזָרַקְתָּ. בִּכְלִי, אוֹחֵז בַּמִּזְרָק וְזוֹרֵק כְּנֶגֶד הַקֶּרֶן, כְּדֵי שֶׁיֵּרָאֶה לְכָאן וּלְכָאן. וְאֵין קַרְבָּן טָעוּן מַתָּנָה בְּאֶצְבַּע אֶלָּא חַטָּאת בִּלְבַד, אֲבָל שְׁאָר זְבָחִים אֵינָן טְעוּנִין קֶרֶן וְלֹא אֶצְבַּע, שֶׁמַּתַּן דָּמָם מֵחֲצִי הַמִּזְבֵּחַ וּלְמַטָּה, וְאֵינוֹ עוֹלֶה בַּכֶּבֶשׁ אֶלָּא עוֹמֵד בָּאָרֶץ וְזוֹרֵק: סָבִיב. כָּךְ מְפֹרָשׁ בִּשְׁחִיטַת קָדָשִׁים (זבחים נג ע״ב), שֶׁאֵין ״סָבִיב״ אֶלָּא שְׁתֵּי מַתָּנוֹת שֶׁהֵן אַרְבַּע, הָאַחַת בְּקֶרֶן זָוִית זוֹ וְהָאַחַת בְּשֶׁכְּנֶגְדָּהּ בַּאֲלַכְסוֹן, וְכָל מַתָּנָה נִרְאֵית בִּשְׁנֵי עִבְרֵי הַקֶּרֶן אֵילָךְ וְאֵילָךְ, נִמְצָא הַדָּם נָתוּן בְּאַרְבַּע רוּחוֹת סָבִיב, לְכָךְ קָרוּי סָבִיב:

(יז) עַל נְתָחָיו. עִם נְתָחָיו, מוּסָף עַל שְׁאָר הַנְּתָחִים:

(יח) רֵיחַ נִיחוֹחַ. נַחַת רוּחַ לְפָנַי שֶׁאָמַרְתִּי וְנַעֲשָׂה רְצוֹנִי: אִשֶּׁה. לְשׁוֹן אֵשׁ, וְהִיא הַקְטָרַת אֵבָרִים שֶׁעַל הָאֵשׁ:

תצוה

תְּנוּךְ אֹזֶן אַהֲרֹן וְעַל־תְּנוּךְ אֹזֶן בָּנָיו הַיְמָנִית
וְעַל־בֹּהֶן יָדָם הַיְמָנִית וְעַל־בֹּהֶן רַגְלָם הַיְמָנִית
וְזָרַקְתָּ אֶת־הַדָּם עַל־הַמִּזְבֵּחַ סָבִיב׃ וְלָקַחְתָּ כא
מִן־הַדָּם אֲשֶׁר עַל־הַמִּזְבֵּחַ וּמִשֶּׁמֶן הַמִּשְׁחָה
וְהִזֵּיתָ עַל־אַהֲרֹן וְעַל־בְּגָדָיו וְעַל־בָּנָיו וְעַל־
בִּגְדֵי בָנָיו אִתּוֹ וְקָדַשׁ הוּא וּבְגָדָיו וּבָנָיו וּבִגְדֵי
בָנָיו אִתּוֹ׃ וְלָקַחְתָּ מִן־הָאַיִל הַחֵלֶב וְהָאַלְיָה כב
וְאֶת־הַחֵלֶב ׀ הַמְכַסֶּה אֶת־הַקֶּרֶב וְאֵת יֹתֶרֶת
הַכָּבֵד וְאֵת ׀ שְׁתֵּי הַכְּלָיֹת וְאֶת־הַחֵלֶב אֲשֶׁר
עֲלֵיהֶן וְאֵת שׁוֹק הַיָּמִין כִּי אֵיל מִלֻּאִים הוּא׃
וְכִכַּר לֶחֶם אַחַת וְחַלַּת לֶחֶם שֶׁמֶן אַחַת וְרָקִיק כג
אֶחָד מִסַּל הַמַּצּוֹת אֲשֶׁר לִפְנֵי יְהוָה׃ וְשַׂמְתָּ כד
הַכֹּל עַל כַּפֵּי אַהֲרֹן וְעַל כַּפֵּי בָנָיו וְהֵנַפְתָּ אֹתָם
תְּנוּפָה לִפְנֵי יְהוָה׃ וְלָקַחְתָּ אֹתָם מִיָּדָם וְהִקְטַרְתָּ כה
הַמִּזְבֵּחָה עַל־הָעֹלָה לְרֵיחַ נִיחוֹחַ לִפְנֵי יְהוָה
אִשֶּׁה הוּא לַיהוָה׃ וְלָקַחְתָּ אֶת־הֶחָזֶה מֵאֵיל כו
הַמִּלֻּאִים אֲשֶׁר לְאַהֲרֹן וְהֵנַפְתָּ אֹתוֹ תְּנוּפָה
לִפְנֵי יְהוָה וְהָיָה לְךָ לְמָנָה׃ וְקִדַּשְׁתָּ אֵת ׀ חֲזֵה כז
הַתְּנוּפָה וְאֵת שׁוֹק הַתְּרוּמָה אֲשֶׁר הוּנַף וַאֲשֶׁר
הוּרָם מֵאֵיל הַמִּלֻּאִים מֵאֲשֶׁר לְאַהֲרֹן וּמֵאֲשֶׁר
לְבָנָיו׃ וְהָיָה לְאַהֲרֹן וּלְבָנָיו לְחָק־עוֹלָם מֵאֵת כח

בְּנֵ֣י יִשְׂרָאֵ֔ל כִּ֥י תְרוּמָ֖ה ה֑וּא וּתְרוּמָ֞ה יִהְיֶ֨ה מֵאֵ֤ת בְּנֵֽי־יִשְׂרָאֵל֙ מִזִּבְחֵ֣י שַׁלְמֵיהֶ֔ם תְּרוּמָתָ֖ם לַיהוָֽה׃

רוּם אֻדְנָא דְּאַהֲרֹן, וְעַל רוּם אֻדְנָא דִּבְנוֹהִי דְּיַמִּינָא, וְעַל אִלְיוֹן יְדֵיהוֹן דְּיַמִּינָא, וְעַל אִלְיוֹן
כא רַגְלֵיהוֹן דְּיַמִּינָא, וְתִזְרוֹק יָת דְּמָא, עַל מַדְבְּחָא סְחוֹר סְחוֹר: וְתִסַּב, מִן דְּמָא דְּעַל מַדְבְּחָא
וּמִמִּשְׁחָא דִּרְבוּתָא, וְתַדֵּי עַל אַהֲרֹן וְעַל לְבוּשׁוֹהִי, וְעַל בְּנוֹהִי, וְעַל לְבוּשֵׁי בְנוֹהִי עִמֵּיהּ,
כב וְיִתְקַדַּשׁ הוּא וּלְבוּשׁוֹהִי, וּבְנוֹהִי, וּלְבוּשֵׁי בְנוֹהִי עִמֵּיהּ: וְתִסַּב מִן דִּכְרָא, תַּרְבָּא וְאַלִּיתָא, וְיָת
תַּרְבָּא דְּחָפֵי יָת גַּוָּא, וְיָת חֲצַר כַּבְדָּא וְיָת תַּרְתֵּין כּוֹלְיָן, וְיָת תַּרְבָּא דַּעֲלֵיהוֹן, וְיָת שָׁקָא
כג דְּיַמִּינָא, אֲרֵי, דְּכַר קֻרְבָּנַיָּא הוּא: וּפִתָּא דִּלְחֵים חֲדָא, וּגְרִיצְתָּא דִּלְחֵים מְשַׁח, חֲדָא וְאֶסְפּוֹג
כד חַד, מִסַּלָּא דְּפַטִּירַיָּא, דִּקֳדָם יְיָ: וּתְשַׁוֵּי כוֹלָּא, עַל יְדֵי אַהֲרֹן, וְעַל יְדֵי בְנוֹהִי, וּתְרִים יָתְהוֹן,
כה אֲרָמָא קֳדָם יְיָ: וְתִסַּב יָתְהוֹן מִידֵיהוֹן, וְתַסֵּיק לְמַדְבְּחָא עַל עֲלָתָא, לְאִתְקַבָּלָא בְרַעֲוָא קֳדָם
כו יְיָ, קֻרְבָּנָא הוּא קֳדָם יְיָ: וְתִסַּב יָת חַדְיָא, מִדְּכַר קֻרְבָּנַיָּא דִּלְאַהֲרֹן, וּתְרִים יָתֵיהּ, אֲרָמָא קֳדָם
כז יְיָ, וִיהֵי לָךְ לַחֳלָק: וּתְקַדֵּישׁ, יָת חַדְיָא דַּאֲרָמוּתָא, וְיָת שָׁקָא דְּאַפְרָשׁוּתָא, דְּאִתָּרַם וּדְאִתַּפְרַשׁ,
כח מִדְּכַר קֻרְבָּנַיָּא, מִדִּלְאַהֲרֹן וּמִדִּלִבְנוֹהִי: וִיהֵי לְאַהֲרֹן וְלִבְנוֹהִי לִקְיָם עָלַם, מִן בְּנֵי יִשְׂרָאֵל, אֲרֵי
אַפְרָשׁוּתָא הוּא, וְאַפְרָשׁוּתָא, יְהֵי מִן בְּנֵי יִשְׂרָאֵל מִנִּכְסַת קֻדְשֵׁיהוֹן, אַפְרָשׁוּתְהוֹן קֳדָם יְיָ:

כ) תְּנוּךְ. הוּא הַסְּחוּס הָאֶמְצָעִי שֶׁבְּתוֹךְ הָאֹזֶן שֶׁקּוֹרִין טנרו"ס: בֹּהֶן יָדָם. הַגּוּדָל, וּבְפֶרֶק הָאֶמְצָעִי:

כב) הַחֵלֶב. זֶה חֵלֶב הַדַּקִּים אוֹ הַקֵּבָה: וְהָאַלְיָה. מִן הַכְּלָיוֹת וּלְמַטָּה, כְּמוֹ שֶׁמְּפֹרָשׁ בְּ"וַיִּקְרָא" (ג, ט), שֶׁנֶּאֱמַר: "לְעֻמַּת הֶעָצֶה יְסִירֶנָּה", מָקוֹם שֶׁהַכְּלָיוֹת יוֹעֲצוֹת. וּבְאֵימוּרֵי הַפָּר לֹא נֶאֱמַר אַלְיָה, שֶׁאֵין אַלְיָה קְרֵבָה אֶלָּא בְּכֶבֶשׂ וּבְכִבְשָׂה וְאַיִל, אֲבָל שׁוֹר וָעֵז אֵין טְעוּנִים אַלְיָה: וְאֵת שׁוֹק הַיָּמִין. לֹא מָצִינוּ הַקְטָרָה בְּשׁוֹק הַיָּמִין עִם הָאֵמוּרִים אֶלָּא זוֹ בִּלְבַד: כִּי אֵיל מִלֻּאִים הוּא. שְׁלָמִים, לְשׁוֹן שְׁלֵמוּת, שֶׁמְּשֻׁלָּם בַּכֹּל. מַגִּיד הַכָּתוּב שֶׁהַמִּלּוּאִים שְׁלָמִים, שָׁלוֹם לַמִּזְבֵּחַ וּלְעוֹבֵד הָעֲבוֹדָה וְלַבְּעָלִים, לְכָךְ אֲנִי מַצְרִיכוֹ הֶחָזֶה לִהְיוֹת לְעוֹבֵד הָעֲבוֹדָה לְמָנָה, וְזֶהוּ מֹשֶׁה שֶׁשִּׁמֵּשׁ בַּמִּלּוּאִים, וְהַשְּׁאָר אֲכָלוּ אַהֲרֹן וּבָנָיו שֶׁהֵם בְּעָלִים כַּמְּפֹרָשׁ בָּעִנְיָן:

כג) וְכִכַּר לֶחֶם. מִן הַחַלּוֹת: וְחַלַּת לֶחֶם שֶׁמֶן. מִמִּין הָרְבוּכָה: וְרָקִיק. מִן הָרְקִיקִין, אֶחָד מֵעֲשָׂרָה שֶׁבְּכָל מִין וָמִין. וְלֹא מָצִינוּ תְּרוּמַת לֶחֶם הַבָּא עִם זֶבַח נִקְטֶרֶת אֶלָּא זוֹ בִּלְבַד, שֶׁתְּרוּמַת לַחְמֵי תוֹדָה וְאֵיל נָזִיר נְתוּנָה לַכֹּהֲנִים עִם חָזֶה וָשׁוֹק, וּמִזֶּה לֹא הָיָה לְמֹשֶׁה לְמָנָה אֶלָּא חָזֶה בִּלְבַד:

כד) עַל כַּפֵּי אַהֲרֹן... וְהֵנַפְתָּ. שְׁנֵיהֶם עֲסוּקִין בַּתְּנוּפָה, הַבְּעָלִים וְהַכֹּהֵן; הָא כֵּיצַד? כֹּהֵן מַנִּיחַ יָדוֹ תַּחַת יַד הַבְּעָלִים וּמֵנִיף, וּבָזֶה הָיוּ אַהֲרֹן וּבָנָיו בְּעָלִים וּמֹשֶׁה כֹּהֵן: תְּנוּפָה. מוֹלִיךְ וּמֵבִיא, לְמִי שֶׁאַרְבַּע רוּחוֹת הָעוֹלָם שֶׁלּוֹ, וּתְנוּפָה מְעַכֶּבֶת וּמְבַטֶּלֶת פֻּרְעָנוּת רוּחוֹת רָעוֹת. וּמַעֲלֶה וּמוֹרִיד, לְמִי שֶׁהַשָּׁמַיִם וְהָאָרֶץ שֶׁלּוֹ, וּמְעַכֶּבֶת טְלָלִים רָעִים:

כה) עַל הָעֹלָה. עַל הָאַיִל הָרִאשׁוֹן שֶׁהֶעֱלֵיתָ עוֹלָה: לְרֵיחַ נִיחוֹחַ. לְנַחַת רוּחַ לְמִי שֶׁאָמַר וְנַעֲשָׂה רְצוֹנוֹ: אִשֶּׁה. לָאֵשׁ נִתָּן: לַה'. לִשְׁמוֹ שֶׁל מָקוֹם:

כז-כח) וְקִדַּשְׁתָּ אֵת חֲזֵה הַתְּנוּפָה וְאֵת שׁוֹק הַתְּרוּמָה וגו'. קַדְּשֵׁם לְדוֹרוֹת לִהְיוֹת נוֹהֶגֶת תְּרוּמָתָם וַהֲנָפָתָם בְּחָזֶה וָשׁוֹק שֶׁל שְׁלָמִים, אֲבָל לֹא לְהַקְטָרָה, אֶלָּא "וְהָיָה לְאַהֲרֹן וּלְבָנָיו" לֶאֱכֹל: לְחָק עוֹלָם מֵאֵת בְּנֵי יִשְׂרָאֵל. שֶׁהַשְּׁלָמִים לַבְּעָלִים, וְאֶת הֶחָזֶה וְהַשּׁוֹק יִתְּנוּ לַכֹּהֵן: תְּנוּפָה. לְשׁוֹן הוֹלָכָה וַהֲבָאָה, ונטלי"ר בְּלַעַז: הוּרַם. לְשׁוֹן מַעֲלֶה וּמוֹרִיד: כִּי תְרוּמָה הוּא. הֶחָזֶה וְהַשּׁוֹק הַזֶּה:

כט וּבִגְדֵי הַקֹּדֶשׁ אֲשֶׁר לְאַהֲרֹן יִהְיוּ לְבָנָיו אַחֲרָיו
ל לְמָשְׁחָה בָהֶם וּלְמַלֵּא־בָם אֶת־יָדָם׃ שִׁבְעַת יָמִים
יִלְבָּשָׁם הַכֹּהֵן תַּחְתָּיו מִבָּנָיו אֲשֶׁר יָבֹא אֶל־אֹהֶל
לא מוֹעֵד לְשָׁרֵת בַּקֹּדֶשׁ׃ וְאֵת אֵיל הַמִּלֻּאִים תִּקָּח
לב וּבִשַּׁלְתָּ אֶת־בְּשָׂרוֹ בְּמָקֹם קָדֹשׁ׃ וְאָכַל אַהֲרֹן
וּבָנָיו אֶת־בְּשַׂר הָאַיִל וְאֶת־הַלֶּחֶם אֲשֶׁר בַּסָּל
לג פֶּתַח אֹהֶל מוֹעֵד׃ וְאָכְלוּ אֹתָם אֲשֶׁר כֻּפַּר בָּהֶם

מצווה קב
מצווה לכהנים לאכול בשר חטאת ואשם

לְמַלֵּא אֶת־יָדָם לְקַדֵּשׁ אֹתָם וְזָר לֹא־יֹאכַל כִּי־
לד קֹדֶשׁ הֵם׃ וְאִם־יִוָּתֵר מִבְּשַׂר הַמִּלֻּאִים וּמִן־הַלֶּחֶם
עַד־הַבֹּקֶר וְשָׂרַפְתָּ אֶת־הַנּוֹתָר בָּאֵשׁ לֹא יֵאָכֵל
לה כִּי־קֹדֶשׁ הוּא׃ וְעָשִׂיתָ לְאַהֲרֹן וּלְבָנָיו כָּכָה כְּכֹל
אֲשֶׁר־צִוִּיתִי אֹתָכָה שִׁבְעַת יָמִים תְּמַלֵּא יָדָם׃
לו וּפַר חַטָּאת תַּעֲשֶׂה לַיּוֹם עַל־הַכִּפֻּרִים וְחִטֵּאתָ
עַל־הַמִּזְבֵּחַ בְּכַפֶּרְךָ עָלָיו וּמָשַׁחְתָּ אֹתוֹ לְקַדְּשׁוֹ׃
לז שִׁבְעַת יָמִים תְּכַפֵּר עַל־הַמִּזְבֵּחַ וְקִדַּשְׁתָּ אֹתוֹ
וְהָיָה הַמִּזְבֵּחַ קֹדֶשׁ קָדָשִׁים כָּל־הַנֹּגֵעַ בַּמִּזְבֵּחַ
לח יִקְדָּשׁ׃ וְזֶה אֲשֶׁר תַּעֲשֶׂה עַל־הַמִּזְבֵּחַ ששי
לט כְּבָשִׂים בְּנֵי־שָׁנָה שְׁנַיִם לַיּוֹם תָּמִיד׃ אֶת־הַכֶּבֶשׂ
הָאֶחָד תַּעֲשֶׂה בַבֹּקֶר וְאֵת הַכֶּבֶשׂ הַשֵּׁנִי תַּעֲשֶׂה
מ בֵּין הָעַרְבָּיִם׃ וְעִשָּׂרֹן סֹלֶת בָּלוּל בְּשֶׁמֶן כָּתִית
רֶבַע הַהִין וְנֵסֶךְ רְבִיעִת הַהִין יָיִן לַכֶּבֶשׂ הָאֶחָד׃

כט ולבושי קודשא דלאהרן, יהון לבנוהי בתרוהי, לרבאה בהון, ולקרבא בהון ית קורבנהון:
ל שבעא יומין, ילבשנון כהנא, תחותוהי מבנוהי, דייעול, למשכן זמנא לשמשא בקודשא:
לא לב וית, דכר קורבניא תסב, ותבשיל ית בסריה באתר קדיש: וייכול אהרן ובנוהי ית בסר
לג דכרא, וית לחמא דבסלא, בתרע משכן זמנא: וייכלון יתהון דאתכפר בהון, לקרבא ית
לד קורבנהון לקדשא יתהון, וחילוני לא ייכול ארי קודשא אנון: ואם ישתאר, מבסר קורבניא,
ומן לחמא עד צפרא, ותוקיד ית דאשתאר בנורא, לא יתאכיל ארי קודשא הוא:
לה לו ותעביד, לאהרן ולבנוהי כדין, ככל דפקידית יתך, שבעא יומין תקריב קורבנהון: ותורא
דחטתא, תעביד ליומא על כפוריא, ותדכי על מדבחא, בכפרותך עלוהי, ותרבי יתיה
לז לקדשותיה: שבעא יומין, תכפר על מדבחא, ותקדיש יתיה, ויהי מדבחא קודש קודשין,
לח כל דיקרב במדבחא יתקדש: ודין, דתעביד על מדבחא, אמרין בני שנא, תרין ליומא
לט מ תדירא: ית אמרא חד תעביד בצפרא, וית אמרא תנינא, תעביד בין שמשיא: ועסרונא
סלתא, דפיל במשח כתישא רבעות הינא, ונסכא, רבעות הינא חמרא, לאמרא חד:

כט **יהיו לבניו אחריו.** למי שבא בגדלה אחריו: **למשחה.** להתגדל בהם, שיש משיחה שהיא לשון שררה, כמו: "לך נתתים למשחה" (במדבר יח, ח), "אל תגעו במשיחי" (תהלים קה, טו): **ולמלא בם את ידם.** על ידי הבגדים הוא מתלבש בכהונה גדולה:

ל **שבעת ימים.** רצופין: **ילבשם הכהן.** אשר יקום מבניו תחתיו לכהונה גדולה, כשימנוהו להיות כהן גדול: **אשר יבא אל אהל מועד.** אותו כהן המוכן לכנס לפני ולפנים ביום הכפורים, וזהו כהן גדול, שאין עבודת יום הכפורים כשרה אלא בו: **תחתיו מבניו.** מלמד שאם יש לו לכהן גדול בן ממלא את מקומו, ימנוהו כהן גדול תחתיו:

לא **במקם קדש.** בחצר אהל מועד, שהשלמים הללו קדשי קדשים היו:

לב **פתח אהל מועד.** כל החצר קרוי כן:

לג **ואכלו אתם.** אהרן ובניו, לפי שהם בעליהם: **אשר כפר בהם.** להם כל זרות ותעוב: **למלא את ידם.** באיל ולחם הללו: **לקדש אתם.** שעל ידי המלואים הללו נתמלאו ידיהם ונתקדשו לכהנה: **כי קדש הם.** קדשי קדשים. ומכאן למדנו אזהרה לזר האוכל קדשי קדשים (מכות יח ע"א), שנתן המקרא טעם לדבר משום ד"קדש הם":

לה **ועשית לאהרן ולבניו ככה.** שנה הכתוב וכפל לעכב, שאם חסר דבר אחד מכל האמור בענין, לא נתמלאו ידיהם להיות כהנים ועבודתם פסולה: **אתכה.** כמו אותך: **שבעת ימים תמלא.** בענין הזה ובקרבנות הללו בכל יום:

לו **על הכפרים.** בשביל הכפורים, לכפר על המזבח מכל זרות ותעוב. ולפי שנאמר: "שבעת ימים תמלא ידם" (בפסוק הקודם), אין לי אלא דבר הבא בשבילם, כגון האילים והלחם, אבל הבא בשביל המזבח, כגון פר שהוא לחטוי המזבח, לא שמענו, לכך הוצרך מקרא זה. ומדרש תורת כהנים (ויקרא ח, יד מלואים טו) אומר: כפרת המזבח הצרכה שמא התנדב איש מישראל דבר גזל במלאכת המשכן והמזבח: **וחטאת.** "ותדכי", לשון מתנת דמים הנתונים באצבע קרוי חטוי: **ומשחת אתו.** בשמן המשחה. וכל המשיחות כמין כ"י:

לז **והיה המזבח קדש.** ומה היא קדשתו? "כל הנגע במזבח יקדש", אפילו קרבן פסול שעלה עליו, קדשו המזבח להכשירו שלא ירד. מתוך שנאמר: "כל הנגע... יקדש", שומע אני בין ראוי בין שאינו ראוי, כגון דבר שלא היה פסולו בקדש, כגון הרובע והנרבע ומקצה ונעבד והטרפה וכיוצא בהן, תלמוד לומר: "וזה אשר תעשה" הסמוך אחריו, מה עולה ראויה אף כל ראוי, שנראה לו כבר ונפסל משבא לעזרה, כגון הלן והיוצא והטמא ושנשחט במחשבת חוץ לזמנו וחוץ למקומו וכיוצא בהן:

מ **ועשרן סלת.** עשירית האיפה, ארבעים ושלש ביצים וחומש ביצה: **בשמן כתית.** לא לחובה

מא וְאֵת הַכֶּבֶשׂ הַשֵּׁנִי תַּעֲשֶׂה בֵּין הָעַרְבָּיִם כְּמִנְחַת
הַבֹּקֶר וּכְנִסְכָּהּ תַּעֲשֶׂה־לָּהּ לְרֵיחַ נִיחֹחַ אִשֶּׁה
מב לַיהוָה: עֹלַת תָּמִיד לְדֹרֹתֵיכֶם פֶּתַח אֹהֶל־מוֹעֵד
לִפְנֵי יְהוָה אֲשֶׁר אִוָּעֵד לָכֶם שָׁמָּה לְדַבֵּר אֵלֶיךָ
מג שָׁם: וְנֹעַדְתִּי שָׁמָּה לִבְנֵי יִשְׂרָאֵל וְנִקְדַּשׁ בִּכְבֹדִי: *
מד וְקִדַּשְׁתִּי אֶת־אֹהֶל מוֹעֵד וְאֶת־הַמִּזְבֵּחַ וְאֶת־אַהֲרֹן
מה וְאֶת־בָּנָיו אֲקַדֵּשׁ לְכַהֵן לִי: וְשָׁכַנְתִּי בְּתוֹךְ בְּנֵי
מו יִשְׂרָאֵל וְהָיִיתִי לָהֶם לֵאלֹהִים: וְיָדְעוּ כִּי אֲנִי יְהוָה
אֱלֹהֵיהֶם אֲשֶׁר הוֹצֵאתִי אֹתָם מֵאֶרֶץ מִצְרַיִם
לְשָׁכְנִי בְתוֹכָם אֲנִי יְהוָה אֱלֹהֵיהֶם:

ל א וְעָשִׂיתָ מִזְבֵּחַ מִקְטַר קְטֹרֶת עֲצֵי שִׁטִּים תַּעֲשֶׂה כג שביעי
ב אֹתוֹ: אַמָּה אָרְכּוֹ וְאַמָּה רָחְבּוֹ רָבוּעַ יִהְיֶה וְאַמָּתַיִם
ג קֹמָתוֹ מִמֶּנּוּ קַרְנֹתָיו: וְצִפִּיתָ אֹתוֹ זָהָב טָהוֹר אֶת־
גַּגּוֹ וְאֶת־קִירֹתָיו סָבִיב וְאֶת־קַרְנֹתָיו וְעָשִׂיתָ לּוֹ זֵר
ד זָהָב סָבִיב: וּשְׁתֵּי טַבְּעֹת זָהָב תַּעֲשֶׂה־לּוֹ ׀ מִתַּחַת
לְזֵרוֹ עַל שְׁתֵּי צַלְעֹתָיו תַּעֲשֶׂה עַל־שְׁנֵי צִדָּיו וְהָיָה
ה לְבָתִּים לְבַדִּים לָשֵׂאת אֹתוֹ בָּהֵמָּה: וְעָשִׂיתָ אֶת־
ו הַבַּדִּים עֲצֵי שִׁטִּים וְצִפִּיתָ אֹתָם זָהָב: וְנָתַתָּה
אֹתוֹ לִפְנֵי הַפָּרֹכֶת אֲשֶׁר עַל־אֲרֹן הָעֵדֻת לִפְנֵי
הַכַּפֹּרֶת אֲשֶׁר עַל־הָעֵדֻת אֲשֶׁר אִוָּעֵד לְךָ שָׁמָּה:
ז וְהִקְטִיר עָלָיו אַהֲרֹן קְטֹרֶת סַמִּים בַּבֹּקֶר בַּבֹּקֶר *

מא וְיָת אִמְּרָא תִּנְיָנָא, תַּעֲבֵיד בֵּין שִׁמְשַׁיָּא, כְּמִנְחַת צַפְרָא וּכְנִסְכַּהּ תַּעֲבֵיד לַהּ, לְאִתְקַבָּלָא
מב בְרַעֲוָא, קֻרְבָּנָא קֳדָם יְיָ: עֲלַת תְּדִירָא לְדָרֵיכוֹן, בִּתְרַע מַשְׁכַּן זִמְנָא קֳדָם יְיָ, דַּאֲזַמֵּין מֵימְרִי לְכוֹן
מג מד תַּמָּן, לְמַלָּלָא עִמָּךְ תַּמָּן: וַאֲזַמֵּין מֵימְרִי תַמָּן לִבְנֵי יִשְׂרָאֵל, וְאֶתְקַדַּשׁ בִּיקָרִי: וַאֲקַדֵּישׁ, יָת מַשְׁכַּן
מה זִמְנָא וְיָת מַדְבְּחָא, וְיָת אַהֲרֹן וְיָת בְּנוֹהִי, אֲקַדֵּישׁ לְשַׁמָּשָׁא קֳדָמָי: וְאַשְׁרֵי שְׁכִינְתִּי, בְּגוֹ בְּנֵי
מו יִשְׂרָאֵל, וְאֶהֱוֵי לְהוֹן לֶאֱלָהּ: וְיִדְעוּן, אֲרֵי אֲנָא יְיָ אֱלָהֲהוֹן, דְּאַפֵּיקִית יָתְהוֹן, מֵאַרְעָא דְמִצְרַיִם
ל א לְאַשְׁרָאָה שְׁכִינְתִּי בֵּינֵיהוֹן, אֲנָא יְיָ אֱלָהֲהוֹן: וְתַעֲבֵיד מַדְבְּחָא לְאַקְטָרָא עֲלוֹהִי קְטֹרֶת בֻּסְמִין,
ב דְּאָעֵי שִׁטִּין תַּעֲבֵיד יָתֵיהּ: אַמְּתָא אֻרְכֵּיהּ, וְאַמְּתָא פֻתְיֵיהּ מְרַבַּע יְהֵי, וְתַרְתֵּין אַמִּין רוּמֵיהּ,
ג מִנֵּיהּ קַרְנוֹהִי: וְתַחֲפֵי יָתֵיהּ דְּהַב דְּכֵי, יָת אִגָּרֵיהּ וְיָת כֻּתְלוֹהִי, סְחוֹר סְחוֹר וְיָת קַרְנוֹהִי, וְתַעֲבֵיד
ד לֵיהּ, זֵיר דִּדְהַב סְחוֹר סְחוֹר: וְתַרְתֵּין עִזְקָן דִּדְהַב, תַּעֲבֵיד לֵיהּ מִלְּרַע לְזֵירֵיהּ, עַל תַּרְתֵּין זָוְיָתֵיהּ,
ה תַּעֲבֵיד עַל תְּרֵין סִטְרוֹהִי, וִיהֵי לְאַתְרָא לַאֲרִיחַיָּא, לְמִטַּל יָתֵיהּ בְּהוֹן: וְתַעֲבֵיד יָת אֲרִיחַיָּא דְּאָעֵי
ו שִׁטִּין, וְתַחֲפֵי יָתְהוֹן דַּהֲבָא: וְתִתֵּין יָתֵיהּ קֳדָם פָּרֻכְתָּא, דְּעַל אֲרוֹנָא דְסַהֲדוּתָא, קֳדָם כַּפֻּרְתָּא,
ז דְּעַל סָהֲדוּתָא, דַּאֲזַמֵּין מֵימְרִי לָךְ תַּמָּן: וְיַקְטַר עֲלוֹהִי, אַהֲרֹן קְטֹרֶת בֻּסְמִין, בִּצְפַר בִּצְפַר,

נֶאֱמַר ׳כָּתִית׳ אֶלָּא לְהַכְשִׁיר, לְפִי שֶׁנֶּאֱמַר: ״כָּתִית לַמָּאוֹר״ (לעיל כז, כ) וּמַשְׁמַע לַמָּאוֹר וְלֹא לַמְּנָחוֹת, יָכוֹל לְפָסְלוֹ לַמְּנָחוֹת? תַּלְמוּד לוֹמַר כָּאן: ״כָּתִית״, וְלֹא נֶאֱמַר: ״כָּתִית לַמָּאוֹר״ אֶלָּא לְמַעֵט מְנָחוֹת שֶׁאֵין צָרִיךְ כָּתִית, שֶׁאַף הַטָּחוּן בְּרֵיחַיִם כָּשֵׁר בָּהֶן: **רֶבַע הַהִין.** שְׁלֹשָׁה לֻגִּין: **וְנֵסֶךְ.** לַסְּפָלִים, כְּמוֹ שֶׁשָּׁנִינוּ בְּמַסֶּכֶת סֻכָּה (דף מח ע״א): שְׁנֵי סְפָלִים שֶׁל כֶּסֶף הָיוּ בְּרֹאשׁ הַמִּזְבֵּחַ וּמְנֻקָּבִים כְּמִין שְׁנֵי חֹטָמִין דַּקִּים, נוֹתֵן הַיַּיִן לְתוֹכוֹ וְהוּא מְקַלֵּחַ וְיוֹצֵא דֶּרֶךְ הַחֹטֶם וְנוֹפֵל עַל גַּג הַמִּזְבֵּחַ, וּמִשָּׁם יוֹרֵד לַשִּׁיתִין בְּמִזְבַּח בֵּית עוֹלָמִים, וּבְמִזְבַּח הַנְּחֹשֶׁת יוֹרֵד מִן הַמִּזְבֵּחַ לָאָרֶץ:

מא) **לְרֵיחַ נִיחֹחַ.** עַל הַמִּנְחָה נֶאֱמַר, שֶׁמִּנְחַת נְסָכִים כֻּלָּהּ כָּלִיל. וְסֵדֶר הַקְרָבָתָם, הָאֵבָרִים בַּתְּחִלָּה וְאַחַר כָּךְ הַמִּנְחָה, שֶׁנֶּאֱמַר: ״עֹלָה וּמִנְחָה״ (ויקרא כג, לז):

מב) **תָּמִיד.** מִיּוֹם אֶל יוֹם, לֹא יַפְסִיק יוֹם בֵּינְתַיִם: **אֲשֶׁר אִוָּעֵד לָכֶם.** כְּשֶׁאֶקְבַּע מוֹעֵד לְדַבֵּר אֵלֶיךָ, שָׁם אֶקְבָּעֶנּוּ לָבֹא. וְיֵשׁ מֵרַבּוֹתֵינוּ לְמֵדִים מִכָּאן שֶׁמֵּעַל מִזְבַּח הַנְּחֹשֶׁת הָיָה הַקָּדוֹשׁ בָּרוּךְ הוּא מְדַבֵּר עִם מֹשֶׁה מִשֶּׁהוּקַם הַמִּשְׁכָּן. וְיֵשׁ אוֹמְרִים מֵעַל הַכַּפֹּרֶת, כְּמוֹ שֶׁנֶּאֱמַר: ״וְדִבַּרְתִּי אִתְּךָ מֵעַל הַכַּפֹּרֶת״ (לעיל כה, כב), וַ״אֲשֶׁר אִוָּעֵד לָכֶם״ הָאָמוּר כָּאן אֵינוֹ אָמוּר עַל הַמִּזְבֵּחַ, אֶלָּא עַל ״אֹהֶל מוֹעֵד״ הַנִּזְכָּר בַּמִּקְרָא:

מג) **וְנֹעַדְתִּי שָׁמָּה.** אֶתְוַעֵד עִמָּם בְּדִבּוּר, כְּמֶלֶךְ הַקּוֹבֵעַ מְקוֹם מוֹעֵד לְדַבֵּר עִם עֲבָדָיו שָׁם: **וְנִקְדַּשׁ.** הַמִּשְׁכָּן ״בִּכְבֹדִי״, שֶׁתִּשְׁרֶה שְׁכִינָתִי בוֹ. וּמִדְרַשׁ אַגָּדָה, אַל תִּקְרֵי ׳בִּכְבֹדִי׳ אֶלָּא ׳בִּמְכֻבָּדַי׳, בַּמְּכֻבָּדִים שֶׁלִּי, כָּאן רָמַז לוֹ מִיתַת בְּנֵי אַהֲרֹן בְּיוֹם הֲקָמָתוֹ, וְזֶהוּ שֶׁאָמַר מֹשֶׁה: ״הוּא אֲשֶׁר דִּבֶּר ה׳ לֵאמֹר בִּקְרֹבַי אֶקָּדֵשׁ״ (ויקרא י, ג), וְהֵיכָן דִּבֵּר? ״וְנִקְדַּשׁ בִּכְבֹדִי״:

מו) **לְשָׁכְנִי בְתוֹכָם.** עַל מְנָת לִשְׁכֹּן אֲנִי בְּתוֹכָם:

פרק ל

א) **מִקְטַר קְטֹרֶת.** לְהַעֲלוֹת עָלָיו קִטּוּר עֲשַׁן סַמִּים:

ג) **אֶת גַּגּוֹ.** זֶה הָיָה לוֹ גַּג, אֲבָל מִזְבַּח הָעוֹלָה לֹא הָיָה לוֹ גַּג, אֶלָּא מְמַלְּאִים חֲלָלוֹ אֲדָמָה בְּכָל חֲנִיָּתָן: **זֵר זָהָב.** סִימָן לְכֶתֶר כְּהֻנָּה:

ד) **צַלְעֹתָיו.** כָּאן הוּא לְשׁוֹן זָוִיּוֹת, כְּתַרְגּוּמוֹ, לְפִי שֶׁנֶּאֱמַר: ״עַל שְׁנֵי צִדָּיו״, שְׁתֵּי זָוִיּוֹתָיו שֶׁבִּשְׁנֵי צְדָדָיו: **וְהָיָה.** מַעֲשֵׂה הַטַּבָּעוֹת הָאֵלֶּה ״לְבָתִּים לְבַדִּים״, בַּיִת תִּהְיֶה הַטַּבַּעַת לַבַּד:

ו) **לִפְנֵי הַפָּרֹכֶת.** שֶׁמָּא תֹּאמַר מָשׁוּךְ מִכְּנֶגֶד הָאָרוֹן לַצָּפוֹן אוֹ לַדָּרוֹם? תַּלְמוּד לוֹמַר: ״לִפְנֵי הַכַּפֹּרֶת״, מְכֻוָּן כְּנֶגֶד הָאָרוֹן מִבַּחוּץ:

תצוה

מפטיר

מצווה קג מצוות הקטרת הקטורת

מצווה קד איסור הקטרת דבר מלבד הקטורת על מזבח הזהב

ח בהיטיבו את־הנרת יקטירנה׃ ובהעלת אהרן
את־הנרת בין הערבים יקטירנה קטרת תמיד
ט לפני יהוה לדרתיכם׃ לא־תעלו עליו קטרת
י זרה ועלה ומנחה ונסך לא תסכו עליו׃ וכפר
אהרן על־קרנתיו אחת בשנה מדם חטאת
הכפרים אחת בשנה יכפר עליו לדרתיכם
קדש־קדשים הוא ליהוה׃

הפטרת תצוה

בשבת פרשת זכור או בפורים משולש בירושלים קוראים את המפטיר וההפטרה בעמ׳ רפג.

בחזון האחרון המובא בספר יחזקאל יש תיאור נרחב של הבנייה העתידית בירושלים ובהר בית ה׳. נבואה זו הושמעה לגולים בבבל לאחר חורבן הבית הראשון – חורבן ירושלים ומלכות בית דוד. חטיבת נבואות הנחמה בסוף הספר משרטטת בפירוט רב את שיבת העם לארצו ולכל מה שהיה וחרב. הכול הפיך! אמירה עוצמתית זו סמוכה בזמן לחורבן הנורא, ובאה למנוע שקיעה בייאוש. ההפטרה עוסקת בחלק המתאר את בניית המקדש, בניית המזבח וחידוש עבודת הכוהנים.

יחזקאל

מג י אתה בן־אדם הגד את־בית־ישראל את־הבית ויכלמו מעונותיהם ומדדו
יא את־תכנית׃ ואם־נכלמו מכל אשר־עשו צורת הבית ותכונתו ומוצאיו
ומובאיו וכל־צורתו ואת כל־חקתיו וכל־צורתו וכל־תורתו הודע אותם
יב וכתב לעיניהם וישמרו את־כל־צורתו ואת־כל־חקתיו ועשו אותם׃ זאת
תורת הבית על־ראש ההר כל־גבלו סביב ׀ סביב קדש קדשים הנה־זאת
יג תורת הבית׃ ואלה מדות המזבח באמות אמה אמה וטפח וחיק האמה
יד ואמה־רחב וגבולה אל־שפתה סביב זרת האחד וזה גב המזבח׃ ומחיק
הארץ עד־העזרה התחתונה שתים אמות ורחב אמה אחת ומהעזרה
טו הקטנה עד־העזרה הגדולה ארבע אמות ורחב האמה׃ וההראל ארבע
טז אמות ומהאראיל ולמעלה הקרנות ארבע׃ והאראיל שתים עשרה ארך
יז בשתים עשרה רחב רבוע אל ארבעת רבעיו׃ והעזרה ארבע עשרה

ח בְּאַתְקָנוּתֵיהּ יָת בּוֹצִינַיָּא יַקְטְרִנַּהּ: וּבְאַדְלָקוּת אַהֲרֹן יָת בּוֹצִינַיָּא, בֵּין שִׁמְשַׁיָּא יַקְטְרִנַּהּ,
ט קְטֹרֶת בֻּסְמִין תְּדִירָא, קֳדָם יי לְדָרֵיכוֹן: לָא תַסְּקוּן עֲלוֹהִי, קְטֹרֶת בֻּסְמִין נֻכְרָאִין וַעֲלָתָא
י וּמִנְחָתָא, וְנִסְכָּא, לָא תְנַסְּכוּן עֲלוֹהִי: וִיכַפַּר אַהֲרֹן עַל קַרְנָתֵיהּ, חֲדָא בְּשַׁתָּא, מִדַּם חַטַּאת
כִּפּוּרַיָּא, חֲדָא בְּשַׁתָּא יְכַפַּר עֲלוֹהִי לְדָרֵיכוֹן, קֹדֶשׁ קֻדְשִׁין הוּא קֳדָם יי:

ז-ח בְּהֵיטִיבוֹ. לְשׁוֹן נִקּוּי הַבָּזִיכִין שֶׁל הַמְּנוֹרָה מִדֶּשֶׁן הַפְּתִילוֹת שֶׁנִּשְׂרְפוּ בַּלַּיְלָה, וְהָיָה מְטִיבָן בְּכָל בֹּקֶר וּבֹקֶר: הַנֵּרֹת. לוּצ"ש בְּלַעַז, וְכֵן כָּל נֵרוֹת הָאֲמוּרוֹת בַּמְּנוֹרָה, חוּץ מִמָּקוֹם שֶׁנֶּאֱמַר שָׁם הַעֲלָאָה, שֶׁהוּא לְשׁוֹן הַדְלָקָה: וּבְהַעֲלֹת. כְּשֶׁיַּדְלִיקֵם לְהַעֲלוֹת לַהַבְתָּן "יַקְטִירֶנָּה". בְּכָל יוֹם מַקְטִיר פְּרָס שַׁחֲרִית וּפְרָס בֵּין הָעַרְבַּיִם:

ט לֹא תַעֲלוּ עָלָיו. עַל מִזְבֵּחַ זֶה: קְטֹרֶת זָרָה. שׁוּם קְטֹרֶת שֶׁל נְדָבָה, כֻּלָּן זָרוֹת לוֹ חוּץ מִזּוֹ:

וְעֹלָה וּמִנְחָה. וְלֹא עוֹלָה וּמִנְחָה. עוֹלָה שֶׁל בְּהֵמָה וָעוֹף, מִנְחָה הִיא שֶׁל מִין לֶחֶם:

י וְכִפֶּר אַהֲרֹן. מַתַּן דָּמִים "עַל קַרְנֹתָיו": אַחַת בַּשָּׁנָה. בְּיוֹם הַכִּפּוּרִים, הוּא שֶׁנֶּאֱמַר בְּ'אַחֲרֵי מוֹת': "וְיָצָא אֶל הַמִּזְבֵּחַ אֲשֶׁר לִפְנֵי ה' וְכִפֶּר עָלָיו" (ויקרא טז, יח): חַטַּאת הַכִּפֻּרִים. הֵם פַּר וְשָׂעִיר שֶׁל יוֹם הַכִּפּוּרִים הַמְכַפְּרִים עַל טֻמְאַת מִקְדָּשׁ וְקָדָשָׁיו: קֹדֶשׁ קָדָשִׁים הוּא. הַמִּזְבֵּחַ מְקֻדָּשׁ לִדְבָרִים הַלָּלוּ בִּלְבַד וְלֹא לַעֲבוֹדָה אַחֶרֶת:

אֹרֶךְ בְּאַרְבַּע עֶשְׂרֵה רֹחַב אֶל אַרְבַּעַת רְבָעֶיהָ וְהַגְּבוּל סָבִיב אוֹתָהּ חֲצִי
יח הָאַמָּה וְהַחֵיק־לָהּ אַמָּה סָבִיב וּמַעֲלֹתֵהוּ פְּנוֹת קָדִים: וַיֹּאמֶר אֵלַי בֶּן־אָדָם
כֹּה אָמַר אֲדֹנָי יֱהֹוִה אֵלֶּה חֻקּוֹת הַמִּזְבֵּחַ בְּיוֹם הֵעָשׂוֹתוֹ לְהַעֲלוֹת עָלָיו
יט עוֹלָה וְלִזְרֹק עָלָיו דָּם: וְנָתַתָּה אֶל־הַכֹּהֲנִים הַלְוִיִּם אֲשֶׁר הֵם מִזֶּרַע צָדוֹק
כ הַקְּרֹבִים אֵלַי נְאֻם אֲדֹנָי יֱהֹוִה לְשָׁרְתֵנִי פַּר בֶּן־בָּקָר לְחַטָּאת: וְלָקַחְתָּ
מִדָּמוֹ וְנָתַתָּה עַל־אַרְבַּע קַרְנֹתָיו וְאֶל־אַרְבַּע פִּנּוֹת הָעֲזָרָה וְאֶל־הַגְּבוּל
כא סָבִיב וְחִטֵּאתָ אוֹתוֹ וְכִפַּרְתָּהוּ: וְלָקַחְתָּ אֵת הַפָּר הַחַטָּאת וּשְׂרָפוֹ בְּמִפְקַד
כב הַבַּיִת מִחוּץ לַמִּקְדָּשׁ: וּבַיּוֹם הַשֵּׁנִי תַּקְרִיב שְׂעִיר־עִזִּים תָּמִים לְחַטָּאת
כג וְחִטְּאוּ אֶת־הַמִּזְבֵּחַ כַּאֲשֶׁר חִטְּאוּ בַּפָּר: בְּכַלּוֹתְךָ מֵחַטֵּא תַּקְרִיב פַּר
כד בֶּן־בָּקָר תָּמִים וְאַיִל מִן־הַצֹּאן תָּמִים: וְהִקְרַבְתָּם לִפְנֵי יְהוָה וְהִשְׁלִיכוּ
כה הַכֹּהֲנִים עֲלֵיהֶם מֶלַח וְהֶעֱלוּ אוֹתָם עֹלָה לַיהוָה: שִׁבְעַת יָמִים תַּעֲשֶׂה
כו שְׂעִיר־חַטָּאת לַיּוֹם וּפַר בֶּן־בָּקָר וְאַיִל מִן־הַצֹּאן תְּמִימִים יַעֲשׂוּ: שִׁבְעַת
כז יָמִים יְכַפְּרוּ אֶת־הַמִּזְבֵּחַ וְטִהֲרוּ אֹתוֹ וּמִלְאוּ יָדוֹ: וִיכַלּוּ אֶת־הַיָּמִים וְהָיָה
בַיּוֹם הַשְּׁמִינִי וָהָלְאָה יַעֲשׂוּ הַכֹּהֲנִים עַל־הַמִּזְבֵּחַ אֶת־עוֹלוֹתֵיכֶם וְאֶת־
שַׁלְמֵיכֶם וְרָצָאתִי אֶתְכֶם נְאֻם אֲדֹנָי יֱהֹוִה:

פרשת
כי תשא

נושאים לפי סדרים	כג (ב)	כד	כה	כו (א)
	מחצית השקל, הכיור שמן המשחה קטורת הסמים	הבחירה בבצלאל ואהליאב השבת, חטא העגל	שבירת הלוחות תפילת משה לוחות שניים, יג מידות	חידוש הברית קירון עור פני משה

הר סיני

82 ימים

כִּי תִשָּׂא

יא יב וַיְדַבֵּר יְהוָה אֶל־מֹשֶׁה לֵּאמֹר: כִּי תִשָּׂא אֶת־
רֹאשׁ בְּנֵי־יִשְׂרָאֵל לִפְקֻדֵיהֶם וְנָתְנוּ אִישׁ כֹּפֶר
נַפְשׁוֹ לַיהוָה בִּפְקֹד אֹתָם וְלֹא־יִהְיֶה בָהֶם נֶגֶף
יג בִּפְקֹד אֹתָם: זֶה ׀ יִתְּנוּ כָּל־הָעֹבֵר עַל־הַפְּקֻדִים
מַחֲצִית הַשֶּׁקֶל בְּשֶׁקֶל הַקֹּדֶשׁ עֶשְׂרִים גֵּרָה
יד הַשֶּׁקֶל מַחֲצִית הַשֶּׁקֶל תְּרוּמָה לַיהוָה: • כֹּל
הָעֹבֵר עַל־הַפְּקֻדִים מִבֶּן עֶשְׂרִים שָׁנָה וָמָעְלָה
טו יִתֵּן תְּרוּמַת יְהוָה: הֶעָשִׁיר לֹא־יַרְבֶּה וְהַדַּל לֹא
יַמְעִיט מִמַּחֲצִית הַשָּׁקֶל לָתֵת אֶת־תְּרוּמַת יְהוָה
טז לְכַפֵּר עַל־נַפְשֹׁתֵיכֶם: וְלָקַחְתָּ אֶת־כֶּסֶף הַכִּפֻּרִים
מֵאֵת בְּנֵי יִשְׂרָאֵל וְנָתַתָּ אֹתוֹ עַל־עֲבֹדַת אֹהֶל
מוֹעֵד וְהָיָה לִבְנֵי יִשְׂרָאֵל לְזִכָּרוֹן לִפְנֵי יְהוָה לְכַפֵּר
עַל־נַפְשֹׁתֵיכֶם:

מצווה קה
מצוות נתינת
מחצית השקל

יב] **כִּי תִשָּׂא.** לְשׁוֹן קַבָּלָה, כְּתַרְגּוּמוֹ. כְּשֶׁתַּחְפֹּץ לְקַבֵּל סְכוּם מִנְיָנָם לָדַעַת כַּמָּה הֵם, אַל תִּמְנֵם לַגֻּלְגֹּלֶת, אֶלָּא יִתְּנוּ כָּל אֶחָד מַחֲצִית הַשֶּׁקֶל, וְתִמְנֶה אֶת הַשְּׁקָלִים וְתֵדַע מִנְיָנָם: **וְלֹא יִהְיֶה בָהֶם נֶגֶף.** שֶׁהַמִּנְיָן שׁוֹלֵט בּוֹ עַיִן הָרָע וְהַדֶּבֶר בָּא עֲלֵיהֶם, כְּמוֹ שֶׁמָּצִינוּ בִּימֵי דָוִד (שמואל ב׳ כד, א-י): יג] **זֶה יִתְּנוּ.** הֶרְאָה לוֹ כְּמִין מַטְבֵּעַ שֶׁל אֵשׁ וּמִשְׁקָלָהּ מַחֲצִית הַשֶּׁקֶל, וְאָמַר לוֹ: כָּזֶה יִתְּנוּ: **הָעֹבֵר עַל הַפְּקֻדִים.** דֶּרֶךְ הַמּוֹנִין מַעֲבִירִין אֶת הַנִּמְנִין זֶה אַחַר זֶה, וְכֵן: ״כֹּל אֲשֶׁר יַעֲבֹר תַּחַת הַשָּׁבֶט״ (ויקרא כז, לב), וְכֵן: ״תַּעֲבֹרְנָה הַצֹּאן עַל יְדֵי מוֹנֶה״ (ירמיה לג, יג): **מַחֲצִית הַשֶּׁקֶל בְּשֶׁקֶל הַקֹּדֶשׁ.** בְּמִשְׁקַל הַשֶּׁקֶל שֶׁקָּצַבְתִּי לְךָ לִשְׁקֹל בּוֹ שִׁקְלֵי הַקֹּדֶשׁ, כְּגוֹן שְׁקָלִים הָאֲמוּרִין בְּפָרָשַׁת עֲרָכִין (ויקרא כז, א-ח) וּשְׂדֵה אֲחֻזָּה (שם פסוק טז-יט): **עֶשְׂרִים גֵּרָה הַשֶּׁקֶל.** עַכְשָׁיו פֵּרֵשׁ לְךָ כַּמָּה הוּא: **גֵּרָה.**

יא יב וּמַלֵּיל יי עִם מֹשֶׁה לְמֵימַר: אֲרֵי תְקַבֵּיל, יָת חֻשְׁבַּן בְּנֵי יִשְׂרָאֵל לְמִנְיָנֵיהוֹן, וְיִתְּנוּן, גְּבַר
יג פֻּרְקַן נַפְשֵׁיהּ, קֳדָם יי כַּד תִּמְנֵי יָתְהוֹן, וְלָא יְהֵי בְהוֹן, מוֹתָא כַּד תִּמְנֵי יָתְהוֹן: דֵּין יִתְּנוּן,
כָּל דְּעָבַר עַל מִנְיָנַיָּא, פַּלְגוּת סִלְעָא בְּסִלְעֵי קֻדְשָׁא, עַסְרִין מָעִין סִלְעָא, פַּלְגוּת סִלְעָא,
יד אַפְרָשׁוּתָא קֳדָם יי: כֹּל, דְּעָבַר עַל מִנְיָנַיָּא, מִבַּר עַסְרִין שְׁנִין וּלְעֵילָא, יִתֵּין אַפְרָשׁוּתָא
טו קֳדָם יי: דְּעַתִּיר לָא יַסְגֵּי, וּדְמִסְכֵּין לָא יַזְעַר, מִפַּלְגוּת סִלְעָא, לְמִתַּן יָת אַפְרָשׁוּתָא
טז קֳדָם יי, לְכַפָּרָא עַל נַפְשָׁתְכוֹן: וְתִסַּב יָת כְּסַף כִּפּוּרַיָּא, מִן בְּנֵי יִשְׂרָאֵל, וְתִתֵּין יָתֵיהּ,
עַל פָּלְחַן מַשְׁכַּן זִמְנָא, וִיהֵי לִבְנֵי יִשְׂרָאֵל לְדֻכְרָנָא קֳדָם יי, לְכַפָּרָא עַל נַפְשָׁתְכוֹן:

לְשׁוֹן מָעָה, וְכֵן בִּשְׁמוּאֵל: "יָבוֹא לְהִשְׁתַּחֲוֹת לוֹ לַאֲגוֹרַת כֶּסֶף וְכִכַּר לָחֶם" (שמואל א׳ ב, לו): **עֶשְׂרִים גֵּרָה הַשֶּׁקֶל.** הַשָּׁלֵם, שֶׁהַשֶּׁקֶל אַרְבָּעָה זוּזִים, וְהַזּוּז מִתְּחִלָּתוֹ חָמֵשׁ מָעוֹת, אֶלָּא בָּאוּ וְהוֹסִיפוּ עָלָיו שְׁתוּת וְהֶעֱלוּהוּ לְשֵׁשׁ מָעָה כֶּסֶף, וּמַחֲצִית הַשֶּׁקֶל הַזֶּה שֶׁאָמַרְתִּי לְךָ יִתְּנוּ תְּרוּמָה לַה':

יד) **מִבֶּן עֶשְׂרִים שָׁנָה וָמָעְלָה.** לִמֶּדְךָ כָּאן שֶׁאֵין פָּחוּת מִבֶּן עֶשְׂרִים יוֹצֵא לַצָּבָא וְנִמְנֶה בִּכְלַל אֲנָשִׁים:

טו) **לְכַפֵּר עַל נַפְשֹׁתֵיכֶם.** שֶׁלֹּא תִנָּגְפוּ עַל יְדֵי מִנְיָן. דָּבָר אַחֵר, "לְכַפֵּר עַל נַפְשֹׁתֵיכֶם", לְפִי שֶׁרָמַז לָהֶם כָּאן שָׁלֹשׁ תְּרוּמוֹת, שֶׁנִּכְתַּב כָּאן "תְּרוּמַת ה'" שָׁלֹשׁ פְּעָמִים: אַחַת תְּרוּמַת אֲדָנִים, שֶׁמְּנָאָן כְּשֶׁהִתְחִילוּ בְּנִדְבַת הַמִּשְׁכָּן, שֶׁנָּתְנוּ כָּל אֶחָד וְאֶחָד מַחֲצִית הַשֶּׁקֶל וְעָלָה לִמְאַת הַכִּכָּר, שֶׁנֶּאֱמַר: "וְכֶסֶף פְּקוּדֵי הָעֵדָה מְאַת כִּכָּר" (להלן לח, כה), וּמֵהֶם נַעֲשׂוּ הָאֲדָנִים, שֶׁנֶּאֱמַר: "וַיְהִי מְאַת כִּכַּר הַכֶּסֶף" וְגוֹ' (שם פסוק כז); וְהַשֵּׁנִית אַף הִיא עַל יְדֵי מִנְיָן שֶׁמְּנָאָן מִשֶּׁהוּקַם הַמִּשְׁכָּן, הוּא הַמִּנְיָן הָאָמוּר בִּתְחִלַּת חוּמַשׁ הַפְּקוּדִים "בְּאֶחָד לַחֹדֶשׁ הַשֵּׁנִי בַּשָּׁנָה הַשֵּׁנִית" (במדבר א, א), וְנָתְנוּ כָּל אֶחָד מַחֲצִית הַשֶּׁקֶל, וְהֵן לִקְנוֹת מֵהֶן קָרְבְּנוֹת צִבּוּר שֶׁל כָּל שָׁנָה וְשָׁנָה, וְהֻשְׁווּ בָּהֶם עֲנִיִּים וַעֲשִׁירִים, וְעַל אוֹתָהּ תְּרוּמָה נֶאֱמַר: "לְכַפֵּר עַל נַפְשֹׁתֵיכֶם", שֶׁהַקָּרְבָּנוֹת לְכַפָּרָה הֵם בָּאִים; וְהַשְּׁלִישִׁית הִיא תְּרוּמַת הַמִּשְׁכָּן, כְּמוֹ שֶׁנֶּאֱמַר: "כָּל מֵרִים תְּרוּמַת כֶּסֶף וּנְחֹשֶׁת" (להלן לה, כד), וְלֹא הָיְתָה יַד כֻּלָּם שָׁוָה בָּהּ, אֶלָּא אִישׁ מַה שֶּׁנְּדָבוֹ לִבּוֹ:

טז) **וְנָתַתָּ אֹתוֹ עַל עֲבֹדַת אֹהֶל מוֹעֵד.** לָמַדְתָּ שֶׁנִּצְטַוּוּ לִמְנוֹתָם בִּתְחִלַּת נִדְבַת הַמִּשְׁכָּן אַחַר מַעֲשֵׂה הָעֵגֶל, מִפְּנֵי שֶׁנִּתְּנָה בָּהֶם מַגֵּפָה, כְּמוֹ שֶׁנֶּאֱמַר: "וַיִּגֹּף ה' אֶת הָעָם" (להלן לב, לה). מָשָׁל לְצֹאן הַחֲבִיבָה עַל בְּעָלֶיהָ שֶׁנָּפַל בָּהּ דֶּבֶר, וּמִשֶּׁפָּסַק אָמַר לוֹ לָרוֹעֶה: בְּבַקָּשָׁה מִמְּךָ, מְנֵה אֶת צֹאנִי וְדַע כַּמָּה נוֹתְרוּ בָּהּ, לְהוֹדִיעַ שֶׁהִיא חֲבִיבָה עָלָיו. וְאִי אֶפְשָׁר לוֹמַר שֶׁהַמִּנְיָן הַזֶּה הוּא הָאָמוּר בְּחוּמַשׁ הַפְּקוּדִים, שֶׁהֲרֵי נֶאֱמַר בּוֹ: "בְּאֶחָד לַחֹדֶשׁ הַשֵּׁנִי" (במדבר א, א), וְהַמִּשְׁכָּן הוּקַם בְּאֶחָד לַחֹדֶשׁ הָרִאשׁוֹן, שֶׁנֶּאֱמַר: "בְּיוֹם הַחֹדֶשׁ הָרִאשׁוֹן בְּאֶחָד לַחֹדֶשׁ תָּקִים" וְגוֹ' (להלן מ, ב), וּמֵהַמִּנְיָן הַזֶּה נַעֲשׂוּ הָאֲדָנִים מִשִּׁקְלֵיהֶם שֶׁלּוֹ, שֶׁנֶּאֱמַר: "וַיְהִי מְאַת כִּכַּר הַכֶּסֶף לָצֶקֶת" וְגוֹ' (להלן לח, כז), הָא לָמַדְתָּ שְׁנַיִם הָיוּ: אֶחָד בִּתְחִלַּת נִדְבָתָן אַחַר יוֹם הַכִּפּוּרִים בְּשָׁנָה רִאשׁוֹנָה, וְאֶחָד בְּשָׁנָה שְׁנִיָּה בְּאִיָּר מִשֶּׁהוּקַם הַמִּשְׁכָּן. וְאִם תֹּאמַר, וְכִי אֶפְשָׁר שֶׁבִּשְׁנֵיהֶם הָיוּ יִשְׂרָאֵל שָׁוִים שֵׁשׁ מֵאוֹת אֶלֶף וּשְׁלֹשֶׁת אֲלָפִים וַחֲמֵשׁ מֵאוֹת וַחֲמִשִּׁים? שֶׁהֲרֵי בְּכֶסֶף פְּקוּדֵי הָעֵדָה נֶאֱמַר כֵּן (להלן לח, כו), וּבְחוּמַשׁ הַפְּקוּדִים אַף בּוֹ נֶאֱמַר כֵּן: "וַיִּהְיוּ כָּל הַפְּקֻדִים שֵׁשׁ מֵאוֹת אֶלֶף וּשְׁלֹשֶׁת אֲלָפִים וַחֲמֵשׁ מֵאוֹת וַחֲמִשִּׁים" (במדבר א, מו), וַהֲלֹא בִּשְׁתֵּי שָׁנִים הָיוּ, וְאִי אֶפְשָׁר שֶׁלֹּא הָיוּ בִּשְׁעַת מִנְיָן הָרִאשׁוֹן בְּנֵי תְּשַׁע עֶשְׂרֵה שָׁנָה שֶׁלֹּא נִמְנוּ וּבַשְּׁנִיָּה נַעֲשׂוּ בְּנֵי עֶשְׂרִים! תְּשׁוּבָה

▸ וַיְדַבֵּר יְהוָה אֶל־מֹשֶׁה לֵּאמֹר׃ וְעָשִׂיתָ כִּיּוֹר יז יח
נְחֹשֶׁת וְכַנּוֹ נְחֹשֶׁת לְרָחְצָה וְנָתַתָּ אֹתוֹ בֵּין־אֹהֶל
מוֹעֵד וּבֵין הַמִּזְבֵּחַ וְנָתַתָּ שָׁמָּה מָיִם׃ וְרָחֲצוּ יט
אַהֲרֹן וּבָנָיו מִמֶּנּוּ אֶת־יְדֵיהֶם וְאֶת־רַגְלֵיהֶם׃
בְּבֹאָם אֶל־אֹהֶל מוֹעֵד יִרְחֲצוּ־מַיִם וְלֹא יָמֻתוּ כ
אוֹ בְגִשְׁתָּם אֶל־הַמִּזְבֵּחַ לְשָׁרֵת לְהַקְטִיר אִשֶּׁה
לַיהוָה׃ וְרָחֲצוּ יְדֵיהֶם וְרַגְלֵיהֶם וְלֹא יָמֻתוּ וְהָיְתָה כא
לָהֶם חָק־עוֹלָם לוֹ וּלְזַרְעוֹ לְדֹרֹתָם׃ ◂
וַיְדַבֵּר יְהוָה אֶל־מֹשֶׁה לֵּאמֹר׃ וְאַתָּה קַח־לְךָ כב כג
בְּשָׂמִים רֹאשׁ מָר־דְּרוֹר חֲמֵשׁ מֵאוֹת וְקִנְּמָן־
בֶּשֶׂם מַחֲצִיתוֹ חֲמִשִּׁים וּמָאתָיִם וּקְנֵה־בֹשֶׂם
חֲמִשִּׁים וּמָאתָיִם׃ וְקִדָּה חֲמֵשׁ מֵאוֹת בְּשֶׁקֶל כד
הַקֹּדֶשׁ וְשֶׁמֶן זַיִת הִין׃ וְעָשִׂיתָ אֹתוֹ שֶׁמֶן כה
מִשְׁחַת־קֹדֶשׁ רֹקַח מִרְקַחַת מַעֲשֵׂה רֹקֵחַ שֶׁמֶן
מִשְׁחַת־קֹדֶשׁ יִהְיֶה׃ וּמָשַׁחְתָּ בוֹ אֶת־אֹהֶל כו
מוֹעֵד וְאֵת אֲרוֹן הָעֵדֻת׃ וְאֶת־הַשֻּׁלְחָן וְאֶת־ כז
כָּל־כֵּלָיו וְאֶת־הַמְּנֹרָה וְאֶת־כֵּלֶיהָ וְאֵת מִזְבַּח
הַקְּטֹרֶת׃ וְאֶת־מִזְבַּח הָעֹלָה וְאֶת־כָּל־כֵּלָיו כח

מצווה קו
מצוות קידוש ידיים ורגליים

מצווה קז
מצוות משיחה בשמן המשחה

כי תשא

לְדָבָר, אֲבָל שְׁנוֹת הַחֳדָשִׁים בְּשָׁנָה אַחַת נִמְנוּ, אֲבָל לְמִנְיַן יְצִיאַת מִצְרַיִם הָיוּ שְׁתֵּי שָׁנִים, לְפִי שֶׁלִּיצִיאַת מִצְרַיִם מוֹנִין מִנִּיסָן, כְּמוֹ שֶׁשָּׁנִינוּ בְּמַסֶּכֶת רֹאשׁ הַשָּׁנָה (דף ב ע״ב), וְנִבְנָה הַמִּשְׁכָּן בָּרִאשׁוֹנָה וְהוּקַם בַּשֵּׁנִית, שֶׁנִּתְחַדְּשָׁה שָׁנָה בְּאֶחָד בְּנִיסָן, אֲבָל שְׁנוֹת הַחֳדָשִׁים מְנוּיִין לְמִנְיַן שְׁנוֹת עוֹלָם הַמַּתְחִילִין מִתִּשְׁרֵי, נִמְצְאוּ שְׁנֵיהֶם הַמִּנְיָנִים בְּשָׁנָה אַחַת, הַמִּנְיָן הָאֶחָד הָיָה בְּתִשְׁרֵי לְאַחַר יוֹם הַכִּפּוּרִים, שֶׁנִּתְרַצָּה

יז יח וּמַלֵּיל יְיָ עִם מֹשֶׁה לְמֵימַר: וְתַעֲבֵיד, כִּיּוֹרָא דִנְחָשָׁא, וּבְסִיסֵיהּ דִּנְחָשָׁא לְקִדּוּשׁ, וְתִתֵּין יָתֵיהּ,
יט בֵּין מַשְׁכַּן זִמְנָא וּבֵין מַדְבְּחָא, וְתִתֵּין תַּמָּן מַיָּא: וִיקַדְּשׁוּן, אַהֲרֹן וּבְנוֹהִי מִנֵּיהּ, יָת יְדֵיהוֹן וְיָת
כ רַגְלֵיהוֹן: בְּמֵיעַלְהוֹן, לְמַשְׁכַּן זִמְנָא, יְקַדְּשׁוּן מַיָּא וְלָא יְמוּתוּן, אוֹ בְּמִקְרַבְהוֹן לְמַדְבְּחָא
כא לְשַׁמָּשָׁא, לְאַסָּקָא קֻרְבָּנָא קֳדָם יְיָ: וִיקַדְּשׁוּן, יְדֵיהוֹן וְרַגְלֵיהוֹן וְלָא יְמוּתוּן, וּתְהֵי לְהוֹן קְיָם
כב כג עָלַם, לֵיהּ וְלִבְנוֹהִי לְדָרֵיהוֹן: וּמַלֵּיל יְיָ עִם מֹשֶׁה לְמֵימַר: וְאַתְּ סַב לָךְ בֻּסְמִין רֵישָׁא, מֵירָא
דָכְיָא מַתְקַל חֲמֵשׁ מְאָה, וְקִנְּמָן בְּסַם פַּלְגּוּתֵיהּ מַתְקַל מָאתַן וְחַמְשִׁין, וּקְנֵי בֻסְמָא מַתְקַל
כד מָאתַן וְחַמְשִׁין: וּקְצִיעֲתָא, מַתְקַל חֲמֵשׁ מְאָה בְּסִלְעֵי קֻדְשָׁא, וּמְשַׁח זֵיתָא מְלֵי הִינָא:
כה וְתַעֲבֵיד יָתֵיהּ, מְשַׁח רְבוּת קֻדְשָׁא, בּוֹסֶם מְבַסַּם עוֹבַד בֻּסְמָנוּ, מְשַׁח רְבוּת קֻדְשָׁא יְהֵי:
כו כז וּתְרַבֵּי בֵיהּ יָת מַשְׁכַּן זִמְנָא, וְיָת אֲרוֹנָא דְסָהֲדוּתָא: וְיָת פָּתוֹרָא וְיָת כָּל מָנוֹהִי, וְיָת מְנָרְתָא
כח וְיָת מָנַהָא, וְיָת מַדְבְּחָא דִקְטֹרֶת בֻּסְמַיָּא: וְיָת מַדְבְּחָא דַעֲלָתָא וְיָת כָּל מָנוֹהִי,

המקום לישראל לסלח להם ונגפו על המשכן, והשני כאחד כאיר: **על עבדת אהל מועד.** הן האדנים שנעשו בו:

יח) **כיור.** כמין דוד גדולה ולה דדים המריקים בפיהם מים: **וכנו.** כתרגומו: "בסיסיה", מושב מתקן לכיור: **לרחצה.** מוסב על הכיור: **ובין המזבח.** מזבח העולה, שכתוב בו שהוא לפני פתח משכן אהל מועד (להלן מ, כט), והיה הכיור משוך קמעא ועומד כנגד אויר שבין המזבח והמשכן ואינו מפסיק כלל בינתים, משום שנאמר: "ואת מזבח העלה שם פתח משכן אהל מועד" (שם), כלומר, מזבח לפני אהל מועד ואין כיור לפני אהל מועד, הא כיצד? משוך קמעא כלפי הדרום. כך שנויה בזבחים (דף נט ע"א):

יט) **את ידיהם ואת רגליהם.** בבת אחת היה מקדש ידיו ורגליו. וכך שנינו בזבחים (דף יט ע"ב): כיצד קדוש ידים ורגלים? מניח ידו הימנית על גבי רגלו הימנית, וידו השמאלית על גבי רגלו השמאלית, ומקדש:

כ) **בבאם אל אהל מועד.** להקטיר שחרית ובין הערבים קטרת, או להזות מדם פר כהן המשיח ושעירי עבודה זרה: **ולא ימתו.** הא אם לא ירחצו – ימותו, שבתורה נאמרו כללות, ומכלל לאו אתה שומע הן: **אל המזבח.** החיצון, שאין כאן ביאת אהל מועד אלא בחצר:

כא) **ולא ימתו.** לחייב מיתה על המשמש במזבח ואינו רחוץ ידים ורגלים, שהמיתה הראשונה לא שמענו אלא על הנכנס להיכל:

כג) **בשמים ראש.** חשובים: **וקנמן בשם.** לפי שהקנמון קלפת עץ הוא, יש שהוא טוב ויש בו ריח טוב וטעם, ויש שאינו אלא כעץ, לכך הצרך לומר "קנמן בשם", מן הטוב: **מחציתו חמשים ומאתים.** מחצית הבאתו תהא "חמשים ומאתים", נמצא כלו חמש מאות, כמו שעור מר דרור. אם כן למה נאמר בו חציין? גזרת הכתוב היא להביאו לחציין, להרבות בו שני הכרעות, שאין שוקלין עין בעין. וכך שנויה בכריתות (דף ה ע"א): **וקנה בשם.** קנה של בשם, לפי שיש קנים שאינן של בשם הצרך לומר: "בשם": **חמשים ומאתים.** סך משקל כלו:

כד) **וקדה.** שם שרש עשב, ובלשון חכמים 'קציעה': **הין.** שנים עשר לגין. ונחלקו בו חכמי ישראל: רבי מאיר אומר: בו שלקו את העקרין. אמר לו רבי יהודה: והלא לסוך את העקרין אינו ספק, אלא שרחום במים שלא יבלעו את השמן, ואחר כך הציף עליהם השמן עד שקלט הריח, וקפהו לשמן מעל העקרין:

כה) **רקח מרקחת.** 'רקח' שם דבר הוא, והטעם מוכיח, שהוא למעלה. והרי הוא כמו 'רקח' (שיר השירים ח, ב), 'רגע' (להלן לג, ה), ואינו כמו "רגע הים" (ישעיה נא, טו) וכמו "רקע הארץ" (שם מב, ה) שהטעם למטה. וכל דבר המערב בחברו עד שזה קופח מזה או ריח או טעם, קרוי 'מרקחת': **רקח מרקחת.** רקח העשוי על ידי אמנות ותערובת: **מעשה רקח.** שם האמן בדבר:

כו) **ומשחת בו.** כל המשיחות כמין כ"י, חוץ משל מלכים שהן כמין נזר:

כט וְאֶת־הַכִּיֹּר וְאֶת־כַּנּוֹ׃ וְקִדַּשְׁתָּ אֹתָם וְהָיוּ קֹדֶשׁ
ל קָדָשִׁים כָּל־הַנֹּגֵעַ בָּהֶם יִקְדָּשׁ׃ וְאֶת־אַהֲרֹן וְאֶת־
לא בָּנָיו תִּמְשָׁח וְקִדַּשְׁתָּ אֹתָם לְכַהֵן לִי׃ וְאֶל־בְּנֵי
יִשְׂרָאֵל תְּדַבֵּר לֵאמֹר שֶׁמֶן מִשְׁחַת־קֹדֶשׁ יִהְיֶה זֶה
לב לִי לְדֹרֹתֵיכֶם׃ עַל־בְּשַׂר אָדָם לֹא יִיסָךְ וּבְמַתְכֻּנְתּוֹ
לג לֹא תַעֲשׂוּ כָּמֹהוּ קֹדֶשׁ הוּא קֹדֶשׁ יִהְיֶה לָכֶם׃ אִישׁ
אֲשֶׁר יִרְקַח כָּמֹהוּ וַאֲשֶׁר יִתֵּן מִמֶּנּוּ עַל־זָר וְנִכְרַת
לד מֵעַמָּיו׃ וַיֹּאמֶר יְהוָֹה אֶל־מֹשֶׁה קַח־
לְךָ סַמִּים נָטָף ׀ וּשְׁחֵלֶת וְחֶלְבְּנָה סַמִּים וּלְבֹנָה
לה זַכָּה בַּד בְּבַד יִהְיֶה׃ וְעָשִׂיתָ אֹתָהּ קְטֹרֶת רֹקַח
לו מַעֲשֵׂה רוֹקֵחַ מְמֻלָּח טָהוֹר קֹדֶשׁ׃ וְשָׁחַקְתָּ מִמֶּנָּה
הָדֵק וְנָתַתָּה מִמֶּנָּה לִפְנֵי הָעֵדֻת בְּאֹהֶל מוֹעֵד
אֲשֶׁר אִוָּעֵד לְךָ שָׁמָּה קֹדֶשׁ קָדָשִׁים תִּהְיֶה לָכֶם׃
לז וְהַקְּטֹרֶת אֲשֶׁר תַּעֲשֶׂה בְּמַתְכֻּנְתָּהּ לֹא תַעֲשׂוּ לָכֶם
לח קֹדֶשׁ תִּהְיֶה לְךָ לַיהוָֹה׃ אִישׁ אֲשֶׁר־יַעֲשֶׂה כָמוֹהָ
לא א כד לְהָרִיחַ בָּהּ וְנִכְרַת מֵעַמָּיו׃ וַיְדַבֵּר יְהוָֹה

מצווה קח
האיסור על זר לסוך בשמן המשחה

מצווה קט
איסור עשיית שמן המשחה לשימוש אחר

מצווה קי
איסור עשיית קטורת לשימוש אחר

כי תשא

כט) וְקִדַּשְׁתָּ אֹתָם. מְשִׁיחָה זוֹ מְקַדַּשְׁתָּם לִהְיוֹת קֹדֶשׁ קָדָשִׁים. וּמַה הִיא קְדֻשָּׁתָם? "כָּל הַנֹּגֵעַ" וְגוֹ' – כָּל הָרָאוּי לִכְלִי שָׁרֵת מִשֶּׁנִּכְנָס לְתוֹכוֹ, קָדוֹשׁ קְדֻשַּׁת הַגּוּף לִפָּסֵל בְּיוֹצֵא וּבְלִינָה וּטְבוּל יוֹם, וְאֵינוֹ נִפְדֶּה לָצֵאת לְחֻלִּין, אֲבָל דָּבָר שֶׁאֵינוֹ רָאוּי לָהֶם אֵין מְקַדְּשִׁין. וּשְׁנוּיָה הִיא מִשְׁנָה שְׁלֵמָה אֵצֶל מִזְבֵּחַ: מִתּוֹךְ שֶׁנֶּאֱמַר: "כָּל הַנֹּגֵעַ בַּמִּזְבֵּחַ יִקְדָּשׁ" (לעיל כט, לז), שׁוֹמֵעַ אֲנִי בֵּין רָאוּי בֵּין שֶׁאֵינוֹ רָאוּי, תַּלְמוּד לוֹמַר: "כְּבָשִׂים", מַה כְּבָשִׂים רְאוּיִים אַף כָּל רָאוּי (זבחים פג ע"ב). כָּל מְשִׁיחַת מִשְׁכָּן וְכֹהֲנִים וּמְלָכִים מְתֻרְגָּם לְשׁוֹן 'רִבּוּי', לְפִי שֶׁאֵין עֵרֶךְ מְשִׁיחָתָן אֶלָּא לִגְדֻלָּה, כִּי כֵן יִסַּד הַמֶּלֶךְ שֶׁזֶּה חִנּוּךְ גְּדֻלָּתָן. וּשְׁאָר מְשִׁיחוֹת, כְּגוֹן 'רְקִיקִין מְשׁוּחִין', "וְרֵאשִׁית שְׁמָנִים יִמְשָׁחוּ" (עמוס ו, ו) לְשׁוֹן אֲרַמִּית כָּהֶן כִּלְשׁוֹן עִבְרִית.

כט וְיָת כִּיּוֹרָא וְיָת בְּסִיסֵיהּ: וּתְקַדֵּישׁ יָתְהוֹן, וִיהוֹן קֹדֶשׁ קֻדְשִׁין, כָּל דְּיִקְרַב בְּהוֹן יִתְקַדָּשׁ: וְיָת
ל אַהֲרֹן וְיָת בְּנוֹהִי תְּרַבֵּי, וּתְקַדֵּישׁ יָתְהוֹן לְשַׁמָּשָׁא קֳדָמָי: וְעִם בְּנֵי יִשְׂרָאֵל תְּמַלֵּיל לְמֵימַר,
לא מְשַׁח, רְבוּת קֻדְשָׁא יְהֵי דֵין, לִי לְדָרֵיכוֹן: עַל בְּסַר אֱנָשָׁא לָא יִתְּסַךְ, וּבִדְמוּתֵיהּ, לָא
לב תַעְבְּדוּן כְּוָתֵיהּ, קֻדְשָׁא הוּא, קֻדְשָׁא יְהֵי לְכוֹן: גְּבַר דִּיבַסֵּים דִּכְוָתֵיהּ, וְדִיתֵּין מִנֵּיהּ עַל חִילוֹנַי,
לג וְיִשְׁתֵּיצֵי מֵעַמֵּיהּ: וַאֲמַר יי לְמֹשֶׁה סַב לָךְ בֻּסְמִין, נְטוֹפָא וְטֻפְרָא וְחֶלְבְּנִתָא, בֻּסְמִין וּלְבוֹנְתָא
לד דְּכִיתָא, מַתְקַל בְּמַתְקַל יְהֵי: וְתַעְבֵּיד יָתַהּ קְטֹרֶת בֻּסְמִין, בּוֹסַם עוֹבַד בַּסָּמָנוּ, מְעָרַב דְּכֵי
לה לְקֻדְשָׁא: וְתִשְׁחוֹק מִנַּהּ וְתַדִּיק, וְתִתֵּין מִנַּהּ, קֳדָם סָהֲדוּתָא בְּמַשְׁכַּן זִמְנָא, דַּאֲזַמֵּין מֵימְרִי
לו לָךְ תַּמָּן, קֹדֶשׁ קֻדְשִׁין תְּהֵי לְכוֹן: וּקְטֹרֶת בֻּסְמִין דְּתַעֲבֵיד, בִּדְמוּתַהּ, לָא תַעְבְּדוּן לְכוֹן,
לז קֻדְשָׁא, תְּהֵי לָךְ קֳדָם יי: גְּבַר, דְּיַעֲבֵיד דִּכְוָתַהּ לְאָרָחָא בַהּ, וְיִשְׁתֵּיצֵי מֵעַמֵּיהּ: וּמַלֵּיל יי
לח
לא א

לא) **לְדֹרֹתֵיכֶם.** מִכָּאן לָמְדוּ רַבּוֹתֵינוּ לוֹמַר שֶׁכֻּלּוֹ קַיָּם לֶעָתִיד לָבֹא, "זֶה" בְּגִימַטְרִיָּא תְּרֵיסַר לֻגִּין הֲווּ:

לב) **לֹא יִיסָךְ.** בִּשְׁנֵי יוּדִי"ן, לְשׁוֹן לֹא יִפָּעֵל, כְּמוֹ: "לְמַעַן יִיטַב לָךְ" (דברים ו, יח): **עַל בְּשַׂר אָדָם לֹא יִיסָךְ.** מִן הַשֶּׁמֶן הַזֶּה עַצְמוֹ: **וּבְמַתְכֻּנְתּוֹ לֹא תַעֲשׂוּ כָּמֹהוּ.** בְּסְכוּם סַמָּנָיו לֹא תַּעֲשׂוּ אַחֵר כָּמֹהוּ בְּמִשְׁקַל סַמָּנִין הַלָּלוּ לְפִי מִדַּת הִין שֶׁמֶן, אֲבָל אִם פִּחֵת אוֹ רִבָּה סַמָּנִין לְפִי מִדַּת הִין שֶׁמֶן – מֻתָּר. וְאַף הֶעָשׂוּי בְּמַתְכֻּנְתּוֹ שֶׁל זֶה, אֵין הַסָּךְ מִמֶּנּוּ חַיָּב, אֶלָּא הָרוֹקֵחַ: **וּבְמַתְכֻּנְתּוֹ.** לְשׁוֹן חֶשְׁבּוֹן, כְּמוֹ "מַתְכֹּנֶת הַלְּבֵנִים" (לעיל ה, ח), וְכֵן "בְּמַתְכֻּנְתָּהּ" (להלן פסוק לז) שֶׁל קְטֹרֶת:

לג) **וַאֲשֶׁר יִתֵּן מִמֶּנּוּ.** מֵאוֹתוֹ שֶׁל מֹשֶׁה: **עַל זָר.** שֶׁאֵינוֹ צֹרֶךְ כְּהֻנָּה וּמַלְכוּת:

לד) **נָטָף.** הוּא צֳרִי. וְעַל שֶׁאֵינוֹ אֶלָּא שְׂרַף הַנּוֹטֵף מֵעֲצֵי הַקְּטָף קָרוּי 'נָטָף', וּבְלַעַז גומ"א, וְהַצֳּרִי קוֹרִין לוֹ טריאק"ה: **וּשְׁחֵלֶת.** שֹׁרֶשׁ בֹּשֶׂם חָלָק וּמַצְהִיר כְּצִפֹּרֶן, וּבִלְשׁוֹן הַמִּשְׁנָה קָרוּי צִפֹּרֶן, וְזֶהוּ שֶׁתִּרְגֵּם אוּנְקְלוֹס: "וְטוּפְרָא": **וְחֶלְבְּנָה.** בֹּשֶׂם שֶׁרֵיחוֹ רַע וְקוֹרִין לוֹ גלבנ"א. וּמְנָאָהּ הַכָּתוּב בֵּין סַמָּנֵי הַקְּטֹרֶת, לְלַמְּדֵנוּ שֶׁלֹּא יֵקַל בְּעֵינֵינוּ לְצָרֵף עִמָּנוּ בַּאֲגֻדַּת תַּעֲנִיּוֹתֵינוּ וּתְפִלּוֹתֵינוּ אֶת פּוֹשְׁעֵי יִשְׂרָאֵל שֶׁיִּהְיוּ נִמְנִין עִמָּנוּ: **סַמִּים.** אֲחֵרִים: **וּלְבֹנָה זַכָּה.** מִכָּאן לָמְדוּ רַבּוֹתֵינוּ אַחַד עָשָׂר סַמָּנִין נֶאֶמְרוּ לוֹ לְמֹשֶׁה בְּסִינַי: מִעוּט "סַמִּים" שְׁנַיִם, "נָטָף וּשְׁחֵלֶת וְחֶלְבְּנָה" שְׁלֹשָׁה, הֲרֵי חֲמִשָּׁה. "סַמִּים", לְרַבּוֹת עוֹד כָּמוֹ אֵלּוּ, הֲרֵי עֲשָׂרָה. "וּלְבֹנָה", הֲרֵי אַחַד עָשָׂר. וְאֵלּוּ הֵן: הַצֳּרִי וְהַצִּפֹּרֶן, הַחֶלְבְּנָה וְהַלְּבוֹנָה, מוֹר וּקְצִיעָה, שִׁבֹּלֶת נֵרְדְּ וְכַרְכֹּם, הֲרֵי שְׁמוֹנָה, שֶׁהַשִּׁבֹּלֶת וְנֵרְדְּ אֶחָד, שֶׁהַנֵּרְדְּ דּוֹמֶה לְשִׁבֹּלֶת; הַקֹּשְׁטְ וְהַקִּלּוּפָה וְהַקִּנָּמוֹן, הֲרֵי אַחַד עָשָׂר. בּוֹרִית כַּרְשִׁינָה אֵינוֹ נִקְטָר, אֶלָּא בּוֹ שָׁפִין אֶת הַצִּפֹּרֶן לְלַבְּנָהּ שֶׁתְּהֵא נָאָה: **בַּד בְּבַד יִהְיֶה.** אֵלּוּ הָאַרְבָּעָה הַנִּזְכָּרִים כָּאן יִהְיוּ שָׁוִין מִשְׁקָל בְּמִשְׁקָל, כְּמִשְׁקָלוֹ שֶׁל זֶה כָּךְ מִשְׁקָלוֹ שֶׁל זֶה, וְכֵן שָׁנִינוּ: "הַצֳּרִי וְהַצִּפֹּרֶן הַחֶלְבְּנָה וְהַלְּבוֹנָה מִשְׁקַל שִׁבְעִים שִׁבְעִים מָנֶה" (כריתות ו ע"א), וּלְשׁוֹן "בַּד" נִרְאֶה בְּעֵינַי שֶׁהוּא לְשׁוֹן 'יָחִיד', אֶחָד בְּאֶחָד יִהְיוּ, זֶה כָּמוֹת זֶה:

לה) **מְמֻלָּח.** כְּתַרְגּוּמוֹ, "מְעָרַב", שֶׁיְּעָרֵב שְׁחִיקָתָן יָפֶה יָפֶה זֶה עִם זֶה. וְאוֹמֵר אֲנִי שֶׁדּוֹמֶה לוֹ: "וַיִּירְאוּ הַמַּלָּחִים" (יונה א, ה), "מַלָּחַיִךְ וְחֹבְלָיִךְ" (יחזקאל כז, כז), עַל שֵׁם שֶׁמְּהַפְּכִין אֶת הַמַּיִם בַּמְּשׁוֹטוֹת כְּשֶׁמַּנְהִיגִים אֶת הַסְּפִינָה, כְּאָדָם הַמְהַפֵּךְ בְּכַף בֵּיצִים טְרוּפוֹת לְעָרְבָן עִם הַמַּיִם, וְכָל דָּבָר שֶׁאָדָם רוֹצֶה לְעָרֵב יָפֶה יָפֶה מְהַפְּכוֹ בְּאֶצְבַּע אוֹ בְּבַזָּךְ: **מְמֻלָּח טָהוֹר קֹדֶשׁ.** מְמֻלָּח יִהְיֶה, וְטָהוֹר יִהְיֶה, וְקֹדֶשׁ יִהְיֶה:

לו) **וְנָתַתָּה מִמֶּנָּה וְגוֹ'.** הִיא קְטֹרֶת שֶׁבְּכָל יוֹם וָיוֹם שֶׁעַל מִזְבַּח הַפְּנִימִי, שֶׁהוּא "בְּאֹהֶל מוֹעֵד": **אֲשֶׁר אִוָּעֵד לְךָ שָׁמָּה.** כָּל מוֹעֲדֵי דִבּוּר שֶׁאֶקְבַּע לְךָ, אֲנִי קוֹבְעָם לְאוֹתוֹ מָקוֹם:

לז) **בְּמַתְכֻּנְתָּהּ.** בְּמִנְיַן סַמָּנֶיהָ: **קֹדֶשׁ תִּהְיֶה לְךָ לַה'.** שֶׁלֹּא תַעֲשֶׂנָּה אֶלָּא לִשְׁמִי:

לח) **לְהָרִיחַ בָּהּ.** אֲבָל עוֹשֶׂה אַתָּה בְּמַתְכֻּנְתָּהּ מִשֶּׁלְּךָ כְּדֵי לְמָסְרָהּ לַצִּבּוּר:

אֶל־מֹשֶׁה לֵּאמֹר: רְאֵה קָרָאתִי בְשֵׁם בְּצַלְאֵל בֶּן־ ב
אוּרִי בֶן־חוּר לְמַטֵּה יְהוּדָה: וָאֲמַלֵּא אֹתוֹ רוּחַ ג
אֱלֹהִים בְּחָכְמָה וּבִתְבוּנָה וּבְדַעַת וּבְכָל־מְלָאכָה:
לַחְשֹׁב מַחֲשָׁבֹת לַעֲשׂוֹת בַּזָּהָב וּבַכֶּסֶף וּבַנְּחֹשֶׁת: ד
וּבַחֲרֹשֶׁת אֶבֶן לְמַלֹּאת וּבַחֲרֹשֶׁת עֵץ לַעֲשׂוֹת ה
בְּכָל־מְלָאכָה: וַאֲנִי הִנֵּה נָתַתִּי אִתּוֹ אֵת אָהֳלִיאָב ו
בֶּן־אֲחִיסָמָךְ לְמַטֵּה־דָן וּבְלֵב כָּל־חֲכַם־לֵב נָתַתִּי
חָכְמָה וְעָשׂוּ אֵת כָּל־אֲשֶׁר צִוִּיתִךָ: אֵת ׀ אֹהֶל ז
מוֹעֵד וְאֶת־הָאָרֹן לָעֵדֻת וְאֶת־הַכַּפֹּרֶת אֲשֶׁר עָלָיו
וְאֵת כָּל־כְּלֵי הָאֹהֶל: וְאֶת־הַשֻּׁלְחָן וְאֶת־כֵּלָיו ח
וְאֶת־הַמְּנֹרָה הַטְּהֹרָה וְאֶת־כָּל־כֵּלֶיהָ וְאֵת מִזְבַּח
הַקְּטֹרֶת: וְאֶת־מִזְבַּח הָעֹלָה וְאֶת־כָּל־כֵּלָיו וְאֶת־ ט
הַכִּיּוֹר וְאֶת־כַּנּוֹ: וְאֵת בִּגְדֵי הַשְּׂרָד וְאֶת־בִּגְדֵי י
הַקֹּדֶשׁ לְאַהֲרֹן הַכֹּהֵן וְאֶת־בִּגְדֵי בָנָיו לְכַהֵן: וְאֵת יא
שֶׁמֶן הַמִּשְׁחָה וְאֶת־קְטֹרֶת הַסַּמִּים לַקֹּדֶשׁ כְּכֹל
אֲשֶׁר־צִוִּיתִךָ יַעֲשׂוּ:

וַיֹּאמֶר יְהוָה אֶל־מֹשֶׁה לֵּאמֹר: וְאַתָּה דַּבֵּר אֶל־ יב יג
בְּנֵי יִשְׂרָאֵל לֵאמֹר אַךְ אֶת־שַׁבְּתֹתַי תִּשְׁמֹרוּ כִּי
אוֹת הִוא בֵּינִי וּבֵינֵיכֶם לְדֹרֹתֵיכֶם לָדַעַת כִּי אֲנִי
יְהוָה מְקַדִּשְׁכֶם: וּשְׁמַרְתֶּם אֶת־הַשַּׁבָּת כִּי קֹדֶשׁ יד
הִוא לָכֶם מְחַלְלֶיהָ מוֹת יוּמָת כִּי כָּל־הָעֹשֶׂה בָהּ

ב עִם מֹשֶׁה לְמֵימָר: חֲזִי דְּרַבֵּיתִי בְשׁוּם, בְּצַלְאֵל, בַּר אוּרִי בַר חוּר לְשִׁבְטָא דִיהוּדָה:
ג ד וְאַשְׁלֵימִית עִמֵּיהּ רוּחַ מִן קֳדָם יְיָ, בְּחָכְמְתָא, וּבְסָכְלְתָנוּ וּבְמַדַּע וּבְכָל עֲבִידָא: לְאַלָּפָא
ה אֻמָּנָוָן, לְמֶעְבַּד, בְּדַהֲבָא וּבְכַסְפָּא וּבִנְחָשָׁא: וּבְאֻמָּנוּת אֶבֶן טָבָא, לְאַשְׁלָמָא וּבְנַגָּרוּת
ו אָעָא, לְמֶעְבַּד בְּכָל עֲבִידָא: וַאֲנָא הָא יְהָבִית עִמֵּיהּ, יָת אָהֳלִיאָב, בַּר אֲחִיסָמָךְ לְשִׁבְטָא
ז דָן, וּבְלֵב כָּל חַכִּימֵי לִבָּא יְהָבִית חָכְמְתָא, וְיַעְבְּדוּן, יָת כָּל דְּפַקֵּידְתָּךְ: יָת מַשְׁכַּן זִמְנָא,
ח וְיָת אֲרוֹנָא לְסַהֲדוּתָא, וְיָת כָּפֻּרְתָּא דַּעֲלוֹהִי, וְיָת כָּל מָנֵי מַשְׁכְּנָא: וְיָת פָּתוֹרָא וְיָת מָנוֹהִי,
ט וְיָת מְנָרְתָא דָכִיתָא וְיָת כָּל מָנַהָא, וְיָת מַדְבְּחָא דִּקְטֹרֶת בֻּסְמַיָּא: וְיָת מַדְבְּחָא דַעֲלָתָא וְיָת
י כָּל מָנוֹהִי, וְיָת כִּיּוֹרָא וְיָת בְּסִיסֵיהּ: וְיָת לְבוּשֵׁי שִׁמּוּשָׁא, וְיָת לְבוּשֵׁי קֻדְשָׁא לְאַהֲרֹן כַּהֲנָא,
יא וְיָת לְבוּשֵׁי בְנוֹהִי לְשַׁמָּשָׁא: וְיָת מִשְׁחָא דִרְבוּתָא, וְיָת קְטֹרֶת בֻּסְמַיָּא לְקֻדְשָׁא, כְּכָל
יב יג דְּפַקֵּידְתָּךְ יַעְבְּדוּן: וַאֲמַר יְיָ לְמֹשֶׁה לְמֵימַר: וְאַתְּ, מַלֵּיל עִם בְּנֵי יִשְׂרָאֵל לְמֵימַר, בְּרַם יָת יוֹמֵי
שַׁבַּיָּא דִילִי תִּטְּרוּן, אֲרֵי אָת הִיא, בֵּין מֵימְרִי וּבֵינֵיכוֹן לְדָרֵיכוֹן, לְמִדַּע, אֲרֵי, אֲנָא יְיָ מְקַדִּשְׁכוֹן:
יד וְתִטְּרוּן יָת שַׁבְּתָא, אֲרֵי, קֻדְשָׁא הִיא לְכוֹן, דְּיַחֲלְנַהּ אִתְקְטָלָא יִתְקְטִיל, אֲרֵי, כָּל דְּיַעֲבֵיד בַּהּ

פרק לא

ב) **קָרָאתִי בְשֵׁם.** לַעֲשׂוֹת מְלַאכְתִּי, אֶת בְּצַלְאֵל:

ג) **בְּחָכְמָה.** מַה שֶּׁאָדָם שׁוֹמֵעַ מֵאֲחֵרִים וְלָמֵד: **וּבִתְבוּנָה.** מֵבִין דָּבָר מִלִּבּוֹ מִתּוֹךְ דְּבָרִים שֶׁלָּמַד: **וּבְדַעַת.** רוּחַ הַקֹּדֶשׁ:

ד) **לַחְשֹׁב מַחֲשָׁבֹת.** אֲרִיגַת מַעֲשֵׂה חוֹשֵׁב:

ה) **וּבַחֲרֹשֶׁת.** לְשׁוֹן אֻמָּנוּת, כְּמוֹ: "חָרַשׁ חֲכַם" (ישעיה מ, כ). וְאוּנְקְלוֹס פֵּרֵשׁ וְשִׁנָּה בְּפֵרוּשָׁן, שֶׁאֻמָּן אֲבָנִים קָרוּי 'אֻמָּן' וְחָרַשׁ עֵץ קָרוּי 'נַגָּר': **לְמַלֹּאת.** לְהוֹשִׁיבָהּ בַּמִּשְׁבֶּצֶת שֶׁלָּהּ בַּמִּלּוּאָה, לַעֲשׂוֹת הַמִּשְׁבֶּצֶת לְמִדַּת מוֹשַׁב הָאֶבֶן וְעָבְיָהּ:

ו) **וּבְלֵב כָּל חֲכַם לֵב וְגוֹ'.** וְעוֹד אֲחֵרִים חַכְמֵי לֵב יֵשׁ בָּכֶם, וְכָל אֲשֶׁר נָתַתִּי בוֹ חָכְמָה, "וְעָשׂוּ אֵת כָּל אֲשֶׁר צִוִּיתִךָ":

ז) **וְאֶת הָאָרֹן לָעֵדֻת.** לְצֹרֶךְ לוּחוֹת הָעֵדוּת:

ח) **הַטְּהֹרָה.** עַל שֵׁם זָהָב טָהוֹר:

י) **וְאֶת בִּגְדֵי הַשְּׂרָד.** אוֹמֵר אֲנִי לְפִי פְּשׁוּטוֹ שֶׁל מִקְרָא שֶׁאִי אֶפְשָׁר לוֹמַר שֶׁבְּבִגְדֵי כְהֻנָּה מְדַבֵּר, לְפִי שֶׁנֶּאֱמַר אֶצְלָם: "וְאֶת בִּגְדֵי הַקֹּדֶשׁ לְאַהֲרֹן הַכֹּהֵן וְאֶת בִּגְדֵי בָנָיו לְכַהֵן", אֶלָּא אֵלּוּ בִּגְדֵי הַשְּׂרָד הֵם בִּגְדֵי הַתְּכֵלֶת וְהָאַרְגָּמָן וְתוֹלַעַת שָׁנִי הָאֲמוּרִים בְּפָרָשַׁת מַסָּעוֹת: וְנָתְנוּ עָלָיו בֶּגֶד תְּכֵלֶת (עיין במדבר ד, ז), וְנָתְנוּ עָלָיו בֶּגֶד אַרְגָּמָן (שם פסוק יג-יד), וְנָתְנוּ עֲלֵיהֶם בֶּגֶד תּוֹלַעַת שָׁנִי (שם פסוק ח). וְנִרְאִין דְּבָרַי, שֶׁנֶּאֱמַר: "וּמִן הַתְּכֵלֶת וְהָאַרְגָּמָן וְתוֹלַעַת הַשָּׁנִי עָשׂוּ בִגְדֵי שְׂרָד לְשָׁרֵת בַּקֹּדֶשׁ" (להלן לט, א), וְלֹא הֻזְכַּר שֵׁשׁ עִמָּהֶם, וְאִם בְּבִגְדֵי כְהֻנָּה מְדַבֵּר, לֹא מָצִינוּ בְּאֶחָד מֵהֶם אַרְגָּמָן אוֹ תוֹלַעַת שָׁנִי בְּלֹא שֵׁשׁ: **בִּגְדֵי הַשְּׂרָד.** יֵשׁ מְפָרְשִׁים לְשׁוֹן עֲבוֹדָה וְשֵׁרוּת, כְּתַרְגּוּמוֹ: "לְבוּשֵׁי שִׁמּוּשָׁא", וְאֵין לוֹ דִּמְיוֹן בַּמִּקְרָא. וַאֲנִי אוֹמֵר שֶׁהוּא לְשׁוֹן אֲרַמִּי כְּתַרְגּוּמוֹ שֶׁל "קְלָעִים" (לעיל כז, ט) וְתַרְגּוּם שֶׁל "מִכְבָּר" (שם פסוק ד), שֶׁהָיוּ אֲרוּגִים בְּמַחַט, עֲשׂוּיִים נְקָבִים נְקָבִים, לעזי"ן בְּלַעַז:

יא) **וְאֶת קְטֹרֶת הַסַּמִּים לַקֹּדֶשׁ.** לְצֹרֶךְ הַקְטָרַת הֵיכָל שֶׁהוּא קֹדֶשׁ:

יג) **וְאַתָּה דַּבֵּר אֶל בְּנֵי יִשְׂרָאֵל.** וְאַתָּה, אַף עַל פִּי שֶׁהִפְקַדְתִּיךָ לְצַוּוֹתָם עַל מְלֶאכֶת הַמִּשְׁכָּן, אַל יֵקַל בְּעֵינֶיךָ לִדְחוֹת אֶת הַשַּׁבָּת מִפְּנֵי אוֹתָהּ מְלָאכָה: **אַךְ אֶת שַׁבְּתֹתַי תִּשְׁמֹרוּ.** אַף עַל פִּי שֶׁתִּהְיוּ רְדוּפִין וּזְרִיזִין בִּזְרִיזוּת הַמְּלָאכָה, שַׁבָּת אַל תִּדָּחֶה מִפָּנֶיהָ. כָּל אַכִין וְרַקִּין מִעוּטִין, לְמַעֵט שַׁבָּת מִמְּלֶאכֶת הַמִּשְׁכָּן: **כִּי אוֹת הִוא בֵּינִי וּבֵינֵיכֶם.** אוֹת גְּדוּלָּה הִיא בֵּינֵינוּ שֶׁבָּחַרְתִּי בָּכֶם, בְּהַנְחִילִי לָכֶם אֶת יוֹם מְנוּחָתִי לִמְנוּחָה: **לָדַעַת.** הָאֻמּוֹת בָּהּ "כִּי אֲנִי ה' מְקַדִּשְׁכֶם":

יד) **מוֹת יוּמָת.** אִם יֵשׁ עֵדִים וְהַתְרָאָה: **וְנִכְרְתָה.** בְּלֹא הַתְרָאָה: **מְחַלְלֶיהָ.** הַנּוֹהֵג בָּהּ חֹל בִּקְדֻשָּׁתָהּ:

מְלָאכָה וְנִכְרְתָה הַנֶּפֶשׁ הַהִוא מִקֶּרֶב עַמֶּיהָ׃
טו שֵׁשֶׁת יָמִים יֵעָשֶׂה מְלָאכָה וּבַיּוֹם הַשְּׁבִיעִי שַׁבַּת
שַׁבָּתוֹן קֹדֶשׁ לַיהוָה כָּל־הָעֹשֶׂה מְלָאכָה בְּיוֹם
טז הַשַּׁבָּת מוֹת יוּמָת׃ וְשָׁמְרוּ בְנֵי־יִשְׂרָאֵל אֶת־
הַשַּׁבָּת לַעֲשׂוֹת אֶת־הַשַּׁבָּת לְדֹרֹתָם בְּרִית עוֹלָם׃
יז בֵּינִי וּבֵין בְּנֵי יִשְׂרָאֵל אוֹת הִוא לְעֹלָם כִּי־שֵׁשֶׁת
יָמִים עָשָׂה יהוה אֶת־הַשָּׁמַיִם וְאֶת־הָאָרֶץ וּבַיּוֹם
שני יח הַשְּׁבִיעִי שָׁבַת וַיִּנָּפַשׁ׃ וַיִּתֵּן אֶל־מֹשֶׁה
כְּכַלֹּתוֹ לְדַבֵּר אִתּוֹ בְּהַר סִינַי שְׁנֵי לֻחֹת הָעֵדֻת
לב א לֻחֹת אֶבֶן כְּתֻבִים בְּאֶצְבַּע אֱלֹהִים׃ וַיַּרְא הָעָם
כִּי־בֹשֵׁשׁ מֹשֶׁה לָרֶדֶת מִן־הָהָר וַיִּקָּהֵל הָעָם עַל־
אַהֲרֹן וַיֹּאמְרוּ אֵלָיו קוּם ׀ עֲשֵׂה־לָנוּ אֱלֹהִים אֲשֶׁר
יֵלְכוּ לְפָנֵינוּ כִּי־זֶה ׀ מֹשֶׁה הָאִישׁ אֲשֶׁר הֶעֱלָנוּ
ב מֵאֶרֶץ מִצְרַיִם לֹא יָדַעְנוּ מֶה־הָיָה לוֹ׃ וַיֹּאמֶר
אֲלֵהֶם אַהֲרֹן פָּרְקוּ נִזְמֵי הַזָּהָב אֲשֶׁר בְּאָזְנֵי נְשֵׁיכֶם
ג בְּנֵיכֶם וּבְנֹתֵיכֶם וְהָבִיאוּ אֵלָי׃ וַיִּתְפָּרְקוּ כָּל־הָעָם
אֶת־נִזְמֵי הַזָּהָב אֲשֶׁר בְּאָזְנֵיהֶם וַיָּבִיאוּ אֶל־אַהֲרֹן׃
ד וַיִּקַּח מִיָּדָם וַיָּצַר אֹתוֹ בַּחֶרֶט וַיַּעֲשֵׂהוּ עֵגֶל מַסֵּכָה

טו שַׁבַּת שַׁבָּתוֹן. מְנוּחַת מַרְגּוֹעַ וְלֹא מְנוּחַת עֲרַאי: קֹדֶשׁ לַה'. שְׁמִירַת קְדֻשָּׁתָהּ לִשְׁמִי וּבְמִצְוָתִי:

יז וַיִּנָּפַשׁ. כְּתַרְגּוּמוֹ "וְנָח". וְכָל לְשׁוֹן 'נֹפֶשׁ' הוּא לְשׁוֹן נֶפֶשׁ, שֶׁמֵּשִׁיב נַפְשׁוֹ וּנְשִׁימָתוֹ בְּהַרְגִּיעוֹ מִטֹּרַח

טו עֲבִידְתָּא, וְיִשְׁתֵּיצֵי, אֱנָשָׁא הַהוּא מִגּוֹ עַמֵּיהּ: שִׁתָּא יוֹמִין יִתְעֲבֵיד עֲבִידְתָּא, וּבְיוֹמָא
שְׁבִיעָאָה, שַׁבָּא שַׁבַּתָא, קֻדְשָׁא קֳדָם יְיָ, כָּל דְּיַעֲבֵיד עֲבִידְתָּא, בְּיוֹמָא דְשַׁבְּתָא אִתְקְטָלָא
טז יז יִתְקְטִיל: וְיִטְּרוּן בְּנֵי יִשְׂרָאֵל יָת שַׁבְּתָא, לְמֶעֱבַד יָת שַׁבְּתָא, לְדָרֵיהוֹן קְיָם עָלָם: בֵּין מֵימְרִי,
וּבֵין בְּנֵי יִשְׂרָאֵל, אָת הִיא לְעָלָם, אֲרֵי שִׁתָּא יוֹמִין, עֲבַד יְיָ יָת שְׁמַיָּא וְיָת אַרְעָא, וּבְיוֹמָא
יח שְׁבִיעָאָה, שְׁבַת וְנָח: וִיהַב לְמֹשֶׁה, כַּד שֵׁיצֵי לְמַלָּלָא עִמֵּיהּ בְּטוּרָא דְסִינַי, תְּרֵין לוּחֵי
לב א סָהֲדוּתָא, לוּחֵי אַבְנָא, כְּתִיבִין בְּאֶצְבְּעָא דַיְיָ: וַחֲזָא עַמָּא, אֲרֵי אוֹחַר מֹשֶׁה לְמֵיחַת מִן טוּרָא,
וְאִתְכְּנֵישׁ עַמָּא עַל אַהֲרֹן, וַאֲמַרוּ לֵיהּ קוּם עֲבֵיד לָנָא דַחְלָן, דִּיהָכוּן קֳדָמָנָא, אֲרֵי דֵין מֹשֶׁה
ב גַּבְרָא, דְּאַסְּקָנָא מֵאַרְעָא דְמִצְרַיִם, לָא יְדַעְנָא מָא הֲוָה לֵיהּ: וַאֲמַר לְהוֹן אַהֲרֹן, פָּרִיקוּ קְדָשֵׁי
ג דְּדַהֲבָא, דִּבְאֻדְנֵי נְשֵׁיכוֹן, בְּנֵיכוֹן וּבְנָתְכוֹן, וְאֵיתוֹ לְוָתִי: וּפָרִיקוּ כָּל עַמָּא, יָת קְדָשֵׁי דְּדַהֲבָא
ד דִּבְאֻדְנֵיהוֹן, וְאֵיתִיאוּ לְוָת אַהֲרֹן: וּנְסֵיב מִידֵהוֹן, וְצָר יָתֵיהּ בְּזִיפָא, וְעַבְדֵיהּ עֵיגֶל מַתְּכָא,

הַמְּלָאכָה. וּמִי שֶׁכָּתוּב בּוֹ: "לֹא יִיעַף וְלֹא יִיגָע" (ישעיה מ, כח) וְכָל פָּעֳלוֹ בְּמַאֲמָר, הִכְתִּיב מְנוּחָה בְּעַצְמוֹ, לְשַׁבֵּר הָאֹזֶן מַה שֶּׁהִיא יְכוֹלָה לִשְׁמֹעַ:

יח] וַיִּתֵּן אֶל מֹשֶׁה וְגוֹ'. אֵין מֻקְדָּם וּמְאֻחָר בַּתּוֹרָה. מַעֲשֵׂה הָעֵגֶל קֹדֶם לְצִוּוּי מְלֶאכֶת הַמִּשְׁכָּן יָמִים רַבִּים הָיָה, שֶׁהֲרֵי בְּשִׁבְעָה עָשָׂר בְּתַמּוּז נִשְׁתַּבְּרוּ הַלּוּחוֹת וּבְיוֹם הַכִּפּוּרִים נִתְרַצָּה הַקָּדוֹשׁ בָּרוּךְ הוּא לְיִשְׂרָאֵל, וּלְמָחֳרָת הִתְחִילוּ בְּנִדְבַת הַמִּשְׁכָּן וְהוּקַם בְּאֶחָד בְּנִיסָן: כְּכַלֹּתוֹ. 'כְּכַלֹּתוֹ' כְּתִיב חָסֵר, שֶׁנִּמְסְרָה לוֹ תוֹרָה בְּמַתָּנָה כְּכַלָּה לֶחָתָן, שֶׁלֹּא הָיָה יָכוֹל לִלְמֹד כֻּלָּהּ בִּזְמַן מוּעָט כָּזֶה. דָּבָר אַחֵר, מַה כַּלָּה מִתְקַשֶּׁטֶת בְּעֶשְׂרִים וְאַרְבָּעָה קִשּׁוּטִין, הֵן הָאֲמוּרִים בְּסֵפֶר יְשַׁעְיָה (ג, יח-כד), אַף תַּלְמִיד חָכָם צָרִיךְ לִהְיוֹת בָּקִי בְּעֶשְׂרִים וְאַרְבָּעָה סְפָרִים: לְדַבֵּר אִתּוֹ. הַחֻקִּים וְהַמִּשְׁפָּטִים שֶׁבִּ'וְאֵלֶּה הַמִּשְׁפָּטִים': לְדַבֵּר אִתּוֹ. מְלַמֵּד שֶׁהָיָה מֹשֶׁה שׁוֹמֵעַ מִפִּי הַגְּבוּרָה וְחוֹזְרִין וְשׁוֹנִין אֶת הַהֲלָכָה שְׁנֵיהֶם יַחַד: לֻחֹת. 'לֻחֹת' כְּתִיב, שֶׁהָיוּ שְׁתֵּיהֶן שָׁווֹת:

פרק לב

א] כִּי בֹשֵׁשׁ מֹשֶׁה. כְּתַרְגּוּמוֹ לְשׁוֹן אִחוּר, וְכֵן: "בֹּשֵׁשׁ רִכְבּוֹ" (שופטים ה, כח), "וַיָּחִילוּ עַד בּוֹשׁ" (שם ג, כה). כִּי כְּשֶׁעָלָה מֹשֶׁה לָהָר אָמַר לָהֶם: לְסוֹף אַרְבָּעִים יוֹם אֲנִי בָּא בְּתוֹךְ שֵׁשׁ שָׁעוֹת. כִּסְבוּרִים הֵם שֶׁאוֹתוֹ יוֹם שֶׁעָלָה מִן הַמִּנְיָן הוּא, וְהוּא אָמַר לָהֶם שְׁלֵמִים, אַרְבָּעִים יוֹם וְלֵילוֹ עִמּוֹ, וְיוֹם עֲלִיָּתוֹ אֵין לֵילוֹ עִמּוֹ. כְּשִׁבְעָה בְּסִיוָן עָלָה, נִמְצָא יוֹם אַרְבָּעִים בְּשִׁבְעָה עָשָׂר בְּתַמּוּז. בְּשִׁשָּׁה עָשָׂר

בָּא שָׂטָן וְעִרְבֵּב אֶת הָעוֹלָם וְהֶרְאָה דְּמוּת חֹשֶׁךְ וַאֲפֵלָה וְעִרְבּוּבְיָא, לוֹמַר וַדַּאי מֵת מֹשֶׁה לְכָךְ בָּא עִרְבּוּבְיָא לָעוֹלָם. אָמַר לָהֶם: מֵת מֹשֶׁה, שֶׁכְּבָר בָּאוּ שֵׁשׁ שָׁעוֹת וְלֹא בָּא וְכוּ', כִּדְאִיתָא בְּמַסֶּכֶת שַׁבָּת (דף פט ע"א). וְאִי אֶפְשָׁר לוֹמַר שֶׁלֹּא טָעוּ אֶלָּא בְּיוֹם הַמְעֻנָּן בֵּין קֹדֶם חֲצוֹת בֵּין לְאַחַר חֲצוֹת, שֶׁהֲרֵי לֹא יָרַד מֹשֶׁה עַד יוֹם הַמָּחֳרָת, שֶׁנֶּאֱמַר: "וַיַּשְׁכִּימוּ מִמָּחֳרָת וַיַּעֲלוּ עֹלֹת" (להלן פסוק ו): אֲשֶׁר יֵלְכוּ לְפָנֵינוּ. אֱלֹהוּת הַרְבֵּה אִוּוּ לָהֶם: כִּי זֶה מֹשֶׁה הָאִישׁ. כְּמִין דְּמוּת מֹשֶׁה הֶרְאָה לָהֶם הַשָּׂטָן שֶׁנּוֹשְׂאִים אוֹתוֹ בַּאֲוִיר רְקִיעַ הַשָּׁמַיִם: אֲשֶׁר הֶעֱלָנוּ מֵאֶרֶץ מִצְרַיִם. וְהָיָה מוֹרֶה לָנוּ דֶּרֶךְ אֲשֶׁר נַעֲלֶה בָּהּ, עַתָּה צְרִיכִין אָנוּ לֶאֱלֹהוּת "אֲשֶׁר יֵלְכוּ לְפָנֵינוּ":

ב] בְּאָזְנֵי נְשֵׁיכֶם. אָמַר אַהֲרֹן בְּלִבּוֹ: הַנָּשִׁים וְהַיְלָדִים חָסִים עַל תַּכְשִׁיטֵיהֶן, שֶׁמָּא יִתְעַכֵּב הַדָּבָר וּבְתוֹךְ כָּךְ יָבֹא מֹשֶׁה. וְהֵם לֹא הִמְתִּינוּ וּפָרְקוּ מֵעַל עַצְמָן: פָּרְקוּ. לְשׁוֹן צִוּוּי מִגִּזְרַת 'פָּרֵק' לְיָחִיד, כְּמוֹ 'בָּרְכוּ' מִגִּזְרַת 'בָּרֵךְ':

ג] וַיִּתְפָּרְקוּ. לְשׁוֹן פְּרִיקַת מַשָּׂא, כְּשֶׁנְּטָלוּם מֵאָזְנֵיהֶם נִמְצְאוּ הֵם מְפֹרָקִים מִנִּזְמֵיהֶם, דישקרייר בְּלַעַז: אֶת נִזְמֵי. כְּמוֹ מִנִּזְמֵי. כְּמוֹ: "כְּצֵאתִי אֶת הָעִיר" (לעיל ט, כט) – מִן הָעִיר:

ד] וַיָּצַר אֹתוֹ בַּחֶרֶט. יֵשׁ לְתַרְגְּמוֹ בִּשְׁנֵי פָנִים: הָאֶחָד – "וַיָּצַר" לְשׁוֹן קְשִׁירָה, "בַּחֶרֶט" לְשׁוֹן סוּדָר, כְּמוֹ "וְהַמִּטְפָּחוֹת וְהָחֲרִיטִים" (ישעיה ג, כב), "וַיָּצַר כִּכְּרַיִם כֶּסֶף בִּשְׁנֵי חֲרִטִים" (מלכים ב' ה, כג).

וַיֹּאמְרוּ אֵלֶּה אֱלֹהֶיךָ יִשְׂרָאֵל אֲשֶׁר הֶעֱלוּךָ מֵאֶרֶץ
מִצְרָיִם׃ וַיַּרְא אַהֲרֹן וַיִּבֶן מִזְבֵּחַ לְפָנָיו וַיִּקְרָא ה
אַהֲרֹן וַיֹּאמַר חַג לַיהוָה מָחָר׃ וַיַּשְׁכִּימוּ מִמָּחֳרָת ו
וַיַּעֲלוּ עֹלֹת וַיַּגִּשׁוּ שְׁלָמִים וַיֵּשֶׁב הָעָם לֶאֱכֹל
וְשָׁתוֹ וַיָּקֻמוּ לְצַחֵק׃
וַיְדַבֵּר יְהוָה אֶל־מֹשֶׁה לֶךְ־רֵד כִּי שִׁחֵת עַמְּךָ אֲשֶׁר ז
הֶעֱלֵיתָ מֵאֶרֶץ מִצְרָיִם׃ סָרוּ מַהֵר מִן־הַדֶּרֶךְ ח
אֲשֶׁר צִוִּיתִם עָשׂוּ לָהֶם עֵגֶל מַסֵּכָה וַיִּשְׁתַּחֲווּ־לוֹ
וַיִּזְבְּחוּ־לוֹ וַיֹּאמְרוּ אֵלֶּה אֱלֹהֶיךָ יִשְׂרָאֵל אֲשֶׁר
הֶעֱלוּךָ מֵאֶרֶץ מִצְרָיִם׃ וַיֹּאמֶר יְהוָה אֶל־מֹשֶׁה ט
רָאִיתִי אֶת־הָעָם הַזֶּה וְהִנֵּה עַם־קְשֵׁה־עֹרֶף
הוּא׃ וְעַתָּה הַנִּיחָה לִּי וְיִחַר־אַפִּי בָהֶם וַאֲכַלֵּם י
וְאֶעֱשֶׂה אוֹתְךָ לְגוֹי גָּדוֹל׃ וַיְחַל מֹשֶׁה אֶת־פְּנֵי יא
יְהוָה אֱלֹהָיו וַיֹּאמֶר לָמָה יְהוָה יֶחֱרֶה אַפְּךָ בְּעַמֶּךָ
אֲשֶׁר הוֹצֵאתָ מֵאֶרֶץ מִצְרַיִם בְּכֹחַ גָּדוֹל וּבְיָד
חֲזָקָה׃ לָמָּה יֹאמְרוּ מִצְרַיִם לֵאמֹר בְּרָעָה הוֹצִיאָם יב
לַהֲרֹג אֹתָם בֶּהָרִים וּלְכַלֹּתָם מֵעַל פְּנֵי הָאֲדָמָה
שׁוּב מֵחֲרוֹן אַפֶּךָ וְהִנָּחֵם עַל־הָרָעָה לְעַמֶּךָ׃
זְכֹר לְאַבְרָהָם לְיִצְחָק וּלְיִשְׂרָאֵל עֲבָדֶיךָ אֲשֶׁר יג

וְהַשֵּׁנִי – "וַיָּצַר" לְשׁוֹן צוּרָה, "בַּחֶרֶט" כְּלִי אֻמָּנוּת הַצּוֹרְפִין שֶׁחוֹרְצִין וְחוֹרְתִין בּוֹ צוּרוֹת בַּזָּהָב כְּעֵט סוֹפֵר הַחוֹרֵט אוֹתִיּוֹת בְּלוּחוֹת וּפִנְקְסִין, כְּמוֹ: "וּכְתֹב עָלָיו בְּחֶרֶט אֱנוֹשׁ" (ישעיה ח, א), וְזֶהוּ שֶׁתִּרְגֵּם אוּנְקְלוֹס: "וְצַר יָתֵיהּ בְּזִיפָא" לְשׁוֹן זִיוּף, הוּא כְּלִי אֻמָּנוּת שֶׁחוֹרְצִין בּוֹ בַּזָּהָב אוֹתִיּוֹת וּשְׁקוּדִים שֶׁקּוֹרִין

ה וַאֲמַרוּ, אִלֵּין דַּחְלָתָךְ יִשְׂרָאֵל, דְּאַסְּקוּךְ מֵאַרְעָא דְּמִצְרָיִם: וַחֲזָא אַהֲרֹן, וּבְנָא מַדְבְּחָא קֳדָמוֹהִי,
ו וּקְרָא אַהֲרֹן וַאֲמַר, חַגָּא קֳדָם יי מְחַר: וְאַקְדִּימוּ בְּיוֹמָא דְּבַתְרוֹהִי, וְאַסִּיקוּ עֲלָוָן, וְקָרִיבוּ נִכְסִן,
ז וְאַסְחַר עַמָּא לְמֵיכַל וּלְמִשְׁתֵּי, וְקָמוּ לְחַיָּכָא: וּמַלֵּיל יי עִם מֹשֶׁה, אִיזֵיל חוּת, אֲרֵי חַבִּיל עַמָּךְ,
ח דְּאַסֵּיקְתָּא מֵאַרְעָא דְּמִצְרָיִם: סְטוֹ בִּפְרִיעַ, מִן אוֹרְחָא דְּפַקֵּידְתִּנּוּן, עֲבַדוּ לְהוֹן, עֵיגַל מַתְּכָא,
ט וּסְגִידוּ לֵיהּ וְדַבַּחוּ לֵיהּ, וַאֲמַרוּ, אִלֵּין דַּחְלָתָךְ יִשְׂרָאֵל, דְּאַסְּקוּךְ מֵאַרְעָא דְּמִצְרָיִם: וַאֲמַר יי
י לְמֹשֶׁה, גְּלֵי קֳדָמַי עַמָּא הָדֵין, וְהָא עַם קְשֵׁי קְדָל הוּא: וּכְעַן אֲנַח בָּעוּתָךְ מִן קֳדָמַי, וְיִתְקַף רֻגְזִי
יא בְּהוֹן וַאֲשֵׁיצֵינוּן, וְאַעְבֵּיד יָתָךְ לְעַם סַגִּי: וְצַלִּי מֹשֶׁה, קֳדָם יי אֱלָהֵיהּ, וַאֲמַר, לְמָא יי יִתְקַף רֻגְזָךְ
יב בְּעַמָּךְ, דְּאַפֵּיקְתָּא מֵאַרְעָא דְּמִצְרַיִם, בְּחֵיל רַב וּבִיַד תַּקִּיפָא: לְמָא יֵימְרוּן מִצְרָאֵי לְמֵימַר,
בְּבִישָׁא אַפֵּיקִנּוּן לְקַטָּלָא יָתְהוֹן בֵּינֵי טוּרַיָּא, וּלְשֵׁיצָיוּתְהוֹן, מֵעַל אַפֵּי אַרְעָא, תּוּב מִתְּקוֹף
יג רֻגְזָךְ, וְתוּב מִן בִּשְׁתָּא דְּמַלֵּילְתָּא לְמֶעְבַּד לְעַמָּךְ: אִדְכַּר, לְאַבְרָהָם לְיִצְחָק וּלְיִשְׂרָאֵל עַבְדָּךְ,

כִּלְעָנֵי נוּ״ל, וּמְזַיְּפִין עַל יָדוֹ חוֹתָמוֹת: **עֵגֶל מַסֵּכָה.** כֵּיוָן שֶׁהִשְׁלִיכוּ לָאוּר בַּכּוּר, בָּאוּ מְכַשְּׁפֵי עֵרֶב רַב שֶׁעָלוּ עִמָּהֶם מִמִּצְרַיִם וַעֲשָׂאוּהוּ בִּכְשָׁפִים. וְיֵשׁ אוֹמְרִים: מִיכָה הָיָה שָׁם, שֶׁיָּצָא מִתּוֹךְ דְּמוּסֵּי בִנְיָן שֶׁנִּתְמַכְמֵךְ בּוֹ בְּמִצְרַיִם, וְהָיָה בְּיָדוֹ שֵׁם וְטַס שֶׁכָּתַב בּוֹ מֹשֶׁה: "עֲלֵה שׁוֹר עֲלֵה שׁוֹר" לְהַעֲלוֹת אֲרוֹנוֹ שֶׁל יוֹסֵף מִתּוֹךְ נִילוּס, וְהִשְׁלִיכוֹ לְתוֹךְ הַכּוּר וְיָצָא הָעֵגֶל: **מַסֵּכָה.** לְשׁוֹן מַתֶּכֶת. דָּבָר אַחֵר, מֵאָה וְעֶשְׂרִים וַחֲמִשָּׁה קִנְטָרִין זָהָב הָיוּ בּוֹ כְּגִימַטְרִיָּא שֶׁל מַסֵּכָה: **אֵלֶּה אֱלֹהֶיךָ.** וְלֹא נֶאֱמַר 'אֵלֶּה אֱלֹהֵינוּ', מִכָּאן שֶׁעֵרֶב רַב שֶׁעָלוּ מִמִּצְרַיִם הֵם שֶׁנִּקְהֲלוּ עַל אַהֲרֹן וְהֵם שֶׁעֲשָׂאוּהוּ, וְאַחַר כָּךְ הִטְעוּ אֶת יִשְׂרָאֵל אַחֲרָיו:

ה **וַיַּרְא אַהֲרֹן.** שֶׁהָיָה בּוֹ רוּחַ חַיִּים, שֶׁנֶּאֱמַר: "בְּתַבְנִית שׁוֹר אֹכֵל עֵשֶׂב" (תהלים קו, כ), וְרָאָה שֶׁהִצְלִיחַ מַעֲשֵׂה שָׂטָן, וְלֹא הָיָה לוֹ פֶּה לִדְחוֹתָם לְגַמְרֵי: **וַיִּבֶן מִזְבֵּחַ.** לִדְחוֹתָם: **וַיִּקְרָא... חַג לַה' מָחָר.** וְלֹא הַיּוֹם, שֶׁמָּא יָבֹא מֹשֶׁה קֹדֶם שֶׁיַּעַבְדוּהוּ, זֶהוּ פְּשׁוּטוֹ. וּמִדְרָשׁוֹ בְּוַיִּקְרָא רַבָּה (י, ג): דְּבָרִים הַרְבֵּה רָאָה אַהֲרֹן; רָאָה חוּר בֶּן אֲחוֹתוֹ שֶׁהָיָה מוֹכִיחָם וַהֲרָגוּהוּ, וְזֶהוּ "וַיִּבֶן מִזְבֵּחַ לְפָנָיו", וַיָּבֶן מִזְבּוּחַ לְפָנָיו; וְעוֹד רָאָה וְאָמַר, מוּטָב שֶׁיִּתָּלֶה בִּי הַסִּרְחוֹן וְלֹא בָּהֶם; וְעוֹד רָאָה וְאָמַר, אִם הֵם בּוֹנִים אוֹתוֹ הַמִּזְבֵּחַ, זֶה מֵבִיא צְרוֹר וְזֶה מֵבִיא אֶבֶן וְנַעֲשֵׂית מְלַאכְתָּן בְּבַת אַחַת, מִתּוֹךְ שֶׁאֲנִי בּוֹנֶה אוֹתוֹ אֲנִי מִתְעַצֵּל בִּמְלַאכְתִּי, וּבֵין כָּךְ וּבֵין כָּךְ מֹשֶׁה בָּא. **חַג לַה'.** בְּלִבּוֹ הָיָה לַשָּׁמַיִם, בָּטוּחַ הָיָה שֶׁיָּבֹא מֹשֶׁה וְיַעַבְדוּ אֶת הַמָּקוֹם:

ו **וַיַּשְׁכִּימוּ.** הַשָּׂטָן זֵרְזָם כְּדֵי שֶׁיֶּחֶטְאוּ: **לְצַחֵק.** יֵשׁ בְּמַשְׁמָע הַזֶּה גִּלּוּי עֲרָיוֹת, כְּמוֹ שֶׁנֶּאֱמַר: "לְצַחֶק בִּי" (בראשית לט, יז), וּשְׁפִיכוּת דָּמִים, כְּמוֹ שֶׁנֶּאֱמַר: "יָקוּמוּ נָא הַנְּעָרִים וִישַׂחֲקוּ לְפָנֵינוּ" (שמואל ב׳ ב, יד), אַף כָּאן נֶהֱרַג חוּר:

ז **וַיְדַבֵּר.** לְשׁוֹן קֹשִׁי הוּא, כְּמוֹ: "וַיְדַבֵּר אִתָּם קָשׁוֹת" (בראשית מב, ז): **לֶךְ רֵד.** מִגְּדֻלָּתְךָ, לֹא נָתַתִּי לְךָ גְּדֻלָּה אֶלָּא בִּשְׁבִילָם. בְּאוֹתָהּ שָׁעָה נִתְנַדָּה מֹשֶׁה מִפִּי בֵּית דִּין שֶׁלְּמַעְלָה: **שִׁחֵת עַמְּךָ.** 'שִׁחֵת הָעָם' לֹא נֶאֱמַר, אֶלָּא "עַמְּךָ", עֵרֶב רַב שֶׁקִּבַּלְתָּ מֵעַצְמְךָ וְגִיַּרְתָּם וְלֹא נִמְלַכְתָּ בִּי, וְאָמַרְתָּ: טוֹב שֶׁיִּדָּבְקוּ גֵּרִים בַּשְּׁכִינָה – הֵם שִׁחֲתוּ וְהִשְׁחִיתוּ:

ט **קְשֵׁה עֹרֶף.** מַחֲזִירִין קֹשִׁי עָרְפָּם לְנֶגֶד מוֹכִיחֵיהֶם וּמְמָאֲנִים לִשְׁמֹעַ:

י **הַנִּיחָה לִּי.** עֲדַיִן לֹא שָׁמַעְנוּ שֶׁהִתְפַּלֵּל מֹשֶׁה עֲלֵיהֶם, וְהוּא אוֹמֵר "הַנִּיחָה לִּי"? אֶלָּא כָּאן פָּתַח לוֹ פֶּתַח וְהוֹדִיעוֹ שֶׁהַדָּבָר תָּלוּי בּוֹ, שֶׁאִם יִתְפַּלֵּל עֲלֵיהֶם לֹא יְכַלֵּם:

יא **לָמָה ה' יֶחֱרֶה אַפְּךָ.** כְּלוּם מִתְקַנֵּא אֶלָּא חָכָם בְּחָכָם גִּבּוֹר בְּגִבּוֹר:

יב **וְהִנָּחֵם.** הִתְעַשֵּׁת לָהֶם מַחֲשָׁבָה אַחֶרֶת לְהֵיטִיב: **עַל הָרָעָה.** אֲשֶׁר חָשַׁבְתָּ לָהֶם:

יג **זְכֹר לְאַבְרָהָם.** אִם עָבְרוּ עַל עֲשֶׂרֶת הַדִּבְּרוֹת, אֲבוֹתֵיהֶם נִתְנַסּוּ בְּעֶשֶׂר נִסְיוֹנוֹת וַעֲדַיִן לֹא קִבְּלוּ שְׂכָרָם, תְּנֵהוּ לָהֶם, וְיֵצְאוּ עֶשֶׂר בְּעֶשֶׂר: **לְאַבְרָהָם לְיִצְחָק וּלְיִשְׂרָאֵל.** וְאִם אֵינָן נִצּוֹלִין בִּזְכוּתָן, מָה אַתָּה אוֹמֵר לִי: "וְאֶעֱשֶׂה אוֹתְךָ לְגוֹי גָּדוֹל"? אִם כִּסֵּא שֶׁל שָׁלֹשׁ רַגְלַיִם אֵינוֹ

נִשְׁבַּעְתָּ לָהֶם בָּךְ וַתְּדַבֵּר אֲלֵהֶם אַרְבֶּה אֶת־
זַרְעֲכֶם כְּכוֹכְבֵי הַשָּׁמָיִם וְכָל־הָאָרֶץ הַזֹּאת אֲשֶׁר
אָמַרְתִּי אֶתֵּן לְזַרְעֲכֶם וְנָחֲלוּ לְעֹלָם: וַיִּנָּחֶם יְהוָה יד
עַל־הָרָעָה אֲשֶׁר דִּבֶּר לַעֲשׂוֹת לְעַמּוֹ:
כה וַיִּפֶן וַיֵּרֶד מֹשֶׁה מִן־הָהָר וּשְׁנֵי לֻחֹת הָעֵדֻת טו
בְּיָדוֹ לֻחֹת כְּתֻבִים מִשְּׁנֵי עֶבְרֵיהֶם מִזֶּה וּמִזֶּה
הֵם כְּתֻבִים: וְהַלֻּחֹת מַעֲשֵׂה אֱלֹהִים הֵמָּה טז
וְהַמִּכְתָּב מִכְתַּב אֱלֹהִים הוּא חָרוּת עַל־הַלֻּחֹת:
וַיִּשְׁמַע יְהוֹשֻׁעַ אֶת־קוֹל הָעָם בְּרֵעֹה וַיֹּאמֶר יז
אֶל־מֹשֶׁה קוֹל מִלְחָמָה בַּמַּחֲנֶה: וַיֹּאמֶר אֵין יח
קוֹל עֲנוֹת גְּבוּרָה וְאֵין קוֹל עֲנוֹת חֲלוּשָׁה קוֹל
עַנּוֹת אָנֹכִי שֹׁמֵעַ: וַיְהִי כַּאֲשֶׁר קָרַב אֶל־הַמַּחֲנֶה יט
וַיַּרְא אֶת־הָעֵגֶל וּמְחֹלֹת וַיִּחַר־אַף מֹשֶׁה וַיַּשְׁלֵךְ
מִיָּדָו אֶת־הַלֻּחֹת וַיְשַׁבֵּר אֹתָם תַּחַת הָהָר:
וַיִּקַּח אֶת־הָעֵגֶל אֲשֶׁר עָשׂוּ וַיִּשְׂרֹף בָּאֵשׁ וַיִּטְחַן כ
עַד אֲשֶׁר־דָּק וַיִּזֶר עַל־פְּנֵי הַמַּיִם וַיַּשְׁק אֶת־
בְּנֵי יִשְׂרָאֵל: וַיֹּאמֶר מֹשֶׁה אֶל־אַהֲרֹן מֶה־עָשָׂה כא
לְךָ הָעָם הַזֶּה כִּי־הֵבֵאתָ עָלָיו חֲטָאָה גְדֹלָה:
וַיֹּאמֶר אַהֲרֹן אַל־יִחַר אַף אֲדֹנִי אַתָּה יָדַעְתָּ כב
אֶת־הָעָם כִּי בְרָע הוּא: וַיֹּאמְרוּ לִי עֲשֵׂה־לָנוּ כג
אֱלֹהִים אֲשֶׁר יֵלְכוּ לְפָנֵינוּ כִּי־זֶה ׀ מֹשֶׁה הָאִישׁ

אֲשֶׁר הֶעֱלָנוּ מֵאֶרֶץ מִצְרַיִם לֹא יָדַעְנוּ מֶה־
כד הָיָה לוֹ: וָאֹמַר לָהֶם לְמִי זָהָב הִתְפָּרָקוּ

דְּקַיֵּימְתָּא לְהוֹן בְּמֵימְרָךְ, וּמַלֵּילְתָּא עִמְּהוֹן, אַסְגֵּי יָת בְּנֵיכוֹן, כְּכוֹכְבֵי שְׁמַיָּא, וְכָל אַרְעָא
יד הָדָא דַּאֲמָרִית, אֶתֵּין לִבְנֵיכוֹן, וְיַחְסְנוּן לְעָלַם: וְתָב יְיָ, מִן בִּשְׁתָּא, דְּמַלֵּיל לְמֶעְבַּד לְעַמֵּיהּ:
טו וְאִתְפְּנִי, וּנְחַת מֹשֶׁה מִן טוּרָא, וּתְרֵין לוּחֵי סָהֲדוּתָא בִּידֵיהּ, לוּחֵי, כְּתִיבִין מִתְּרֵין עִבְרֵיהוֹן,
טז מִכָּא וּמִכָּא אִנּוּן כְּתִיבִין: וְלוּחַיָּא, עוֹבָדָא דַּיְיָ אִנּוּן, וּכְתָבָא, כְּתָבָא דַּיְיָ הוּא, מְפָרַשׁ עַל
יז יח לוּחַיָּא: וּשְׁמַע יְהוֹשֻׁעַ, יָת קָל עַמָּא כַּד מְיַבְּבִין, וַאֲמַר לְמֹשֶׁה, קָל קְרָבָא בְּמַשְׁרִיתָא: וַאֲמַר,
לָא קָל גִּבָּרִין דְּנָצְחִין בִּקְרָבָא, וְאַף לָא קָל חַלָּשִׁין דְּמִתַּבְרִין, קָל דִּמְחַיְּכִין, אֲנָא שָׁמַע:
יט וַהֲוָה, כַּד קְרֵיב לְמַשְׁרִיתָא, וַחֲזָא יָת עֶגְלָא וְחִנְגִּין, וּתְקֵיף רָגְזָא דְּמֹשֶׁה, וּרְמָא מִידוֹהִי יָת
כ לוּחַיָּא, וְתַבַּר יָתְהוֹן בְּשִׁפּוֹלֵי טוּרָא: וּנְסֵיב, יָת עֶגְלָא דַּעֲבַדוּ וְאוֹקֵיד בְּנוּרָא, וְשַׁף עַד דַּהֲוָה
כא דַּקִּיק, וּדְרָא עַל אַפֵּי מַיָּא, וְאַשְׁקֵי יָת בְּנֵי יִשְׂרָאֵל: וַאֲמַר מֹשֶׁה לְאַהֲרֹן, מָא עֲבַד לָךְ עַמָּא
כב הָדֵין, אֲרֵי אֵיתֵיתָא עֲלוֹהִי חוֹבָא רַבָּא: וַאֲמַר אַהֲרֹן, לָא יִתְקַף רָגְזָא דְּרִבּוֹנִי, אַתְּ יְדַעְתְּ יָת
כג עַמָּא, אֲרֵי בְּבִישׁ הוּא: וַאֲמַרוּ לִי, עֲבֵיד לָנָא דַּחְלָן, דִּיהָכוּן קֳדָמָנָא, אֲרֵי דֵין מֹשֶׁה גַּבְרָא,
כד דְּאַסְּקָנָא מֵאַרְעָא דְּמִצְרַיִם, לָא יְדַעְנָא מָא הֲוָה לֵיהּ: וַאֲמָרִית לְהוֹן לְמָאן דַּהֲבָא, פָּרִיקוּ

עוֹמֵד לְפָנֶיךָ, קַל וָחֹמֶר לְכִסֵּא שֶׁל רֶגֶל אֶחָד: אֲשֶׁר נִשְׁבַּעְתָּ לָהֶם בָּךְ. לֹא נִשְׁבַּעְתָּ לָהֶם בְּדָבָר שֶׁהוּא כָּלֶה, לֹא בַּשָּׁמַיִם וְלֹא בָּאָרֶץ, לֹא בֶּהָרִים וְלֹא בַּגְּבָעוֹת, אֶלָּא בְּךָ שֶׁאַתָּה קַיָּם וְכֵן שְׁבוּעָתְךָ תִּתְקַיֵּם, שֶׁנֶּאֱמַר: "בִּי נִשְׁבַּעְתִּי נְאֻם ה'" (בראשית כב, טז), וּלְיִצְחָק נֶאֱמַר: "וַהֲקִמֹתִי אֶת הַשְּׁבֻעָה אֲשֶׁר נִשְׁבַּעְתִּי לְאַבְרָהָם אָבִיךָ" (שם כו, ג), וּלְיַעֲקֹב נֶאֱמַר: "אֲנִי אֵל שַׁדַּי פְּרֵה וּרְבֵה" (שם לה, יא), נִשְׁבַּע לוֹ בְּאֵל שַׁדַּי:

טו) מִשְּׁנֵי עֶבְרֵיהֶם. הָיוּ הָאוֹתִיּוֹת נִקְרָאוֹת, וּמַעֲשֵׂה נִסִּים הוּא:

טז) מַעֲשֵׂה אֱלֹהִים הֵמָּה. כְּמַשְׁמָעוֹ, הוּא בִּכְבוֹדוֹ עֲשָׂאָן. דָּבָר אַחֵר, כְּאָדָם הָאוֹמֵר לַחֲבֵרוֹ: כָּל עֲסָקָיו שֶׁל פְּלוֹנִי בִּמְלָאכָה פְּלוֹנִית, כָּךְ כָּל שַׁעֲשׁוּעָיו שֶׁל הַקָּדוֹשׁ בָּרוּךְ הוּא בַּתּוֹרָה: חָרוּת. לְשׁוֹן 'חֶרֶט' וְ'חָרוּת' אֶחָד הוּא, שְׁנֵיהֶם לְשׁוֹן חִקּוּק, אנטליי"ר בְּלַעַז:

יז) בְּרֵעֹה. בַּהֲרִיעוֹ, שֶׁהָיוּ מְרִיעִים וּשְׂמֵחִים וְצוֹחֲקִים:

יח) אֵין קוֹל עֲנוֹת גְּבוּרָה. אֵין קוֹל הַזֶּה נִרְאֶה קוֹל עֲנִיַּת גִּבּוֹרִים הַצּוֹעֲקִים 'נִצָּחוֹן', וְלֹא קוֹל חַלָּשִׁים הַצּוֹעֲקִים 'וַי' אוֹ 'נִיסָה': קוֹל עַנּוֹת. קוֹל חֵרוּפִין וְגִדּוּפִין הַמְעַנִּין אֶת נֶפֶשׁ שׁוֹמְעָן כְּשֶׁנֶּאֱמָרִין לוֹ:

יט) וַיַּשְׁלֵךְ מִיָּדָו וגו'. אָמַר: מַה פֶּסַח שֶׁהוּא אַחַת מִן הַמִּצְוֹת, אָמְרָה תּוֹרָה: "כָּל בֶּן נֵכָר לֹא יֹאכַל בּוֹ" (לעיל יב, מג), הַתּוֹרָה כֻּלָּהּ כָּאן וְכֻלָּם מְשֻׁמָּדִים, וְאֶתְּנֶנָּה לָהֶם?!: תַּחַת הָהָר. לְרַגְלֵי הָהָר:

כ) וַיִּזֶר. לְשׁוֹן נִפּוּץ, וְכֵן: "יְזֹרֶה עַל נָוֵהוּ גָּפְרִית" (איוב יח, טו), וְכֵן: "כִּי חִנָּם מְזֹרָה הָרָשֶׁת" (משלי א, יז): וַיַּשְׁקְ אֶת בְּנֵי יִשְׂרָאֵל. נִתְכַּוֵּן לְבָדְקָן כְּסוֹטוֹת. שָׁלֹשׁ מִיתוֹת נִדּוֹנוּ שָׁם: אִם יֵשׁ עֵדִים וְהַתְרָאָה, בְּסַיִף, כְּמִשְׁפַּט אַנְשֵׁי עִיר הַנִּדַּחַת שֶׁהֵן מְרֻבִּין; עֵדִים בְּלֹא הַתְרָאָה, בְּמַגֵּפָה, שֶׁנֶּאֱמַר: "וַיִּגֹּף ה' אֶת הָעָם" (להלן פסוק לה); לֹא עֵדִים וְלֹא הַתְרָאָה, בְּהִדְרוֹקָן, שֶׁבְּדָקוּם הַמַּיִם וְצָבוּ בִּטְנֵיהֶם:

כא) מֶה עָשָׂה לְךָ הָעָם הַזֶּה. כַּמָּה יִסּוּרִים סָבַלְתָּ שֶׁיִּסְּרוּךָ עַד שֶׁלֹּא תָבִיא עֲלֵיהֶם חֵטְא זֶה:

כב) כִּי בְרָע הוּא. בְּדֶרֶךְ רַע הֵם הוֹלְכִין תָּמִיד וּבְנִסְיוֹנוֹת לִפְנֵי הַמָּקוֹם:

וַיִּתְּנוּ־לִי וָאַשְׁלִכֵהוּ בָאֵשׁ וַיֵּצֵא הָעֵגֶל הַזֶּה׃
כה וַיַּרְא מֹשֶׁה אֶת־הָעָם כִּי פָרֻעַ הוּא כִּי־פְרָעֹה
כו אַהֲרֹן לְשִׁמְצָה בְּקָמֵיהֶם׃ וַיַּעֲמֹד מֹשֶׁה בְּשַׁעַר
הַמַּחֲנֶה וַיֹּאמֶר מִי לַיהוָה אֵלָי וַיֵּאָסְפוּ אֵלָיו
כז כָּל־בְּנֵי לֵוִי׃ וַיֹּאמֶר לָהֶם כֹּה־אָמַר יְהוָה אֱלֹהֵי
יִשְׂרָאֵל שִׂימוּ אִישׁ־חַרְבּוֹ עַל־יְרֵכוֹ עִבְרוּ וָשׁוּבוּ
מִשַּׁעַר לָשַׁעַר בַּמַּחֲנֶה וְהִרְגוּ אִישׁ־אֶת־אָחִיו
כח וְאִישׁ אֶת־רֵעֵהוּ וְאִישׁ אֶת־קְרֹבוֹ׃ וַיַּעֲשׂוּ בְנֵי־
לֵוִי כִּדְבַר מֹשֶׁה וַיִּפֹּל מִן־הָעָם בַּיּוֹם הַהוּא
כט כִּשְׁלֹשֶׁת אַלְפֵי אִישׁ׃ וַיֹּאמֶר מֹשֶׁה מִלְאוּ יֶדְכֶם
הַיּוֹם לַיהוָה כִּי אִישׁ בִּבְנוֹ וּבְאָחִיו וְלָתֵת עֲלֵיכֶם
ל הַיּוֹם בְּרָכָה׃ וַיְהִי מִמָּחֳרָת וַיֹּאמֶר מֹשֶׁה אֶל־
הָעָם אַתֶּם חֲטָאתֶם חֲטָאָה גְדֹלָה וְעַתָּה אֶעֱלֶה
לא אֶל־יְהוָה אוּלַי אֲכַפְּרָה בְּעַד חַטַּאתְכֶם׃ וַיָּשָׁב
מֹשֶׁה אֶל־יְהוָה וַיֹּאמַר אָנָּא חָטָא הָעָם הַזֶּה
לב חֲטָאָה גְדֹלָה וַיַּעֲשׂוּ לָהֶם אֱלֹהֵי זָהָב׃ וְעַתָּה אִם־
תִּשָּׂא חַטָּאתָם וְאִם־אַיִן מְחֵנִי נָא מִסִּפְרְךָ אֲשֶׁר
לג כָּתָבְתָּ׃ וַיֹּאמֶר יְהוָה אֶל־מֹשֶׁה מִי אֲשֶׁר חָטָא־
לד לִי אֶמְחֶנּוּ מִסִּפְרִי׃ וְעַתָּה לֵךְ ׀ נְחֵה אֶת־הָעָם
אֶל אֲשֶׁר־דִּבַּרְתִּי לָךְ הִנֵּה מַלְאָכִי יֵלֵךְ לְפָנֶיךָ

לה **וּבְי֣וֹם פׇּקְדִ֔י וּפָקַדְתִּ֥י עֲלֵהֶ֖ם חַטָּאתָֽם׃ וַיִּגֹּ֥ף**
יְהֹוָ֖ה אֶת־הָעָ֑ם עַ֚ל אֲשֶׁ֣ר עָשׂ֣וּ אֶת־הָעֵ֔גֶל אֲשֶׁ֥ר

כה וִיהַבוּ לִי, וּרְמֵיתֵיהּ בְּנוּרָא, וּנְפַק עִגְלָא הָדֵין: וַחֲזָא מֹשֶׁה יָת עַמָּא, אֲרֵי בְטִיל הוּא, אֲרֵי
כו בַּטֵּילִנּוּן אַהֲרֹן, לְאַסְבוּתְהוֹן שׁוֹם בִּישׁ לְדָרֵיהוֹן: וְקָם מֹשֶׁה בִּתְרַע מַשְׁרִיתָא, וַאֲמַר, מַאן
כז דַּחֲלַיָּא דַּייָ יֵיתוֹן לְוָתִי, וְאִתְכְּנִישׁוּ לְוָתֵיהּ כָּל בְּנֵי לֵוִי: וַאֲמַר לְהוֹן, כִּדְנָן אֲמַר יְיָ אֱלָהָא
דְיִשְׂרָאֵל, שַׁווֹ גְּבַר חַרְבֵּיהּ עַל יַרְכֵּיהּ, עִיבַרוּ וְתוּבוּ, מִתְּרַע לִתְרַע בְּמַשְׁרִיתָא, וּקְטוּלוּ גְּבַר
כח יָת אֲחוּהִי, וּגְבַר יָת חַבְרֵיהּ וֶאֱנָשׁ יָת קָרִיבֵיהּ: וַעֲבַדוּ בְנֵי לֵוִי כְּפִתְגָּמָא דְמֹשֶׁה, וּנְפַל מִן עַמָּא
כט בְּיוֹמָא הַהוּא, כִּתְלָתָא אַלְפִין גֻּבְרָא: וַאֲמַר מֹשֶׁה, קָרִיבוּ יֶדְכוֹן יוֹמָא דֵין קֻרְבָּנָא קֳדָם יְיָ,
ל אֲרֵי, גְּבַר בִּבְרֵיהּ וּבַאֲחוּהִי, וּלְאַיְתָאָה עֲלֵיכוֹן, יוֹמָא דֵין בִּרְכָן: וַהֲוָה בְּיוֹמָא דְּבָתְרוֹהִי, וַאֲמַר
לא מֹשֶׁה לְעַמָּא, אַתּוּן חַבְתּוּן חוֹבָא רַבָּא, וּכְעַן אֶסַּק לִקְדָם יְיָ, מָאִם אֲכַפַּר עַל חוֹבֵיכוֹן: וְתָב
לב מֹשֶׁה, לִקְדָם יְיָ וַאֲמַר, בְּבָעוּ, חָב, עַמָּא הָדֵין חוֹבָא רַבָּא, וַעֲבַדוּ לְהוֹן דַּחֲלָן דִּדְהַב: וּכְעַן
לג אִם שָׁבְקַתְּ לְחוֹבֵיהוֹן, וְאִם לָא, מְחֵינִי כְעַן, מִסִּפְרָךְ דִּכְתַבְתָּא: וַאֲמַר יְיָ לְמֹשֶׁה, מַאן דְּחָב
לד קֳדָמַי, אֶמְחֵינֵיהּ מִסִּפְרִי: וּכְעַן, אֱיזֵיל דַּבַּר יָת עַמָּא, לַאֲתַר דְּמַלֵּילִית לָךְ, הָא מַלְאֲכִי יְהָךְ
לה קֳדָמָךְ, וּבְיוֹם אַסְעָרוּתִי, וְאַסְעַר עֲלֵיהוֹן חוֹבֵיהוֹן: וּמְחָא יְיָ יָת עַמָּא, עַל דְּאִשְׁתַּעְבַּדוּ לְעִגְלָא,

כד) **וָאֹמַר לָהֶם.** דָּבָר אֶחָד, וְהֵם מִהֲרוּ וְ"הִתְפָּרְקוּ": **וָאַשְׁלִכֵהוּ בָאֵשׁ.** וְלֹא יָדַעְתִּי שֶׁיֵּצֵא הָעֵגֶל הַזֶּה, "וַיֵּצֵא":

כה) **פָּרֻעַ.** מְגֻלֶּה, נִתְגַּלָּה שִׁמְצוֹ וְקִלּוֹנוֹ, כְּמוֹ: "וּפָרַע אֶת רֹאשׁ הָאִשָּׁה" (במדבר ה, יח): **לְשִׁמְצָה בְּקָמֵיהֶם.** לִהְיוֹת לָהֶם הַדָּבָר הַזֶּה לִגְנוּת בְּפִי כָּל הַקָּמִים עֲלֵיהֶם:

כו) **מִי לַה' אֵלָי.** יָבֹא אֵלָי: **כָּל בְּנֵי לֵוִי.** מִכָּאן שֶׁכָּל הַשֵּׁבֶט כָּשֵׁר:

כז) **כֹּה אָמַר וְגוֹ'.** וְהֵיכָן אָמַר? "זֹבֵחַ לָאֱלֹהִים יָחֳרָם" (לעיל כב, יט), כָּךְ שְׁנוּיָה בִּמְכִילְתָּא: **אָחִיו.** מֵאִמּוֹ, וְהוּא יִשְׂרָאֵל:

כט) **מִלְאוּ יֶדְכֶם.** אַתֶּם הַהוֹרְגִים אוֹתָם, בַּדָּבָר זֶה תִּתְחַנְּכוּ לִהְיוֹת כֹּהֲנִים לַמָּקוֹם: **כִּי אִישׁ.** מִכֶּם, יְמַלֵּא יָדוֹ "בִּבְנוֹ וּבְאָחִיו":

ל) **אֲכַפְּרָה בְּעַד חַטַּאתְכֶם.** אָשִׂים כֹּפֶר וְקִנּוּחַ וּסְתִימָה לְנֶגֶד חַטַּאתְכֶם, לְהַבְדִּיל בֵּינֵיכֶם וּבֵין הַחֵטְא:

לא) **אֱלֹהֵי זָהָב.** אַתָּה הוּא שֶׁגָּרַמְתָּ לָהֶם, שֶׁהִשְׁפַּעְתָּ לָהֶם זָהָב וְכָל חֶפְצָם, מַה יַּעֲשׂוּ שֶׁלֹּא יֶחֶטְאוּ? מָשָׁל לְמֶלֶךְ שֶׁהָיָה מַאֲכִיל וּמַשְׁקֶה אֶת בְּנוֹ וּמְקַשְּׁטוֹ, וְתוֹלֶה לוֹ כִּיס בְּצַוָּארוֹ, וּמַעֲמִידוֹ בְּפֶתַח בֵּית זוֹנוֹת, מַה יַּעֲשֶׂה הַבֵּן שֶׁלֹּא יֶחֱטָא?:

לב) **וְעַתָּה אִם תִּשָּׂא חַטָּאתָם.** הֲרֵי טוֹב, אֵינִי אוֹמֵר לְךָ מְחֵנִי, "וְאִם אַיִן – מְחֵנִי", וְזֶה מִקְרָא קָצָר, וְכֵן הַרְבֵּה: **מִסִּפְרְךָ.** מִכָּל הַתּוֹרָה כֻּלָּהּ, שֶׁלֹּא יֹאמְרוּ עָלַי שֶׁלֹּא הָיִיתִי כְדַאי לְבַקֵּשׁ עֲלֵיהֶם רַחֲמִים:

לד) **אֶל אֲשֶׁר דִּבַּרְתִּי לָךְ.** יֵשׁ כָּאן "לְךָ" אֵצֶל דִּבּוּר בִּמְקוֹם 'אֵלֶיךָ', וְכֵן: "לְדַבֵּר לוֹ עַל אֲדֹנִיָּהוּ" (מלכים א' ב, יט): **הִנֵּה מַלְאָכִי.** וְלֹא אֲנִי: **וּבְיוֹם פָּקְדִי וְגוֹ'.** עַתָּה שָׁמַעְתִּי אֵלֶיךָ מִלְּכַלּוֹתָם יַחַד, וְתָמִיד תָּמִיד כְּשֶׁאֶפְקֹד עֲלֵיהֶם עֲוֹנוֹתֵיהֶם, "וּפָקַדְתִּי עֲלֵהֶם" מְעַט מִן הֶעָוֹן הַזֶּה עִם שְׁאָר הָעֲוֹנוֹת. וְאֵין פֻּרְעָנוּת בָּאָה עַל יִשְׂרָאֵל שֶׁאֵין בָּהּ קְצָת מִפִּרְעוֹן עֲוֹן הָעֵגֶל:

לה) **וַיִּגֹּף ה' אֶת הָעָם.** מִיתָה בִּידֵי שָׁמַיִם לָעֵדִים בְּלֹא הַתְרָאָה:

לג א עָשָׂה אַהֲרֹן׃ וַיְדַבֵּר יְהוָה אֶל־מֹשֶׁה לֵךְ
עֲלֵה מִזֶּה אַתָּה וְהָעָם אֲשֶׁר הֶעֱלִיתָ מֵאֶרֶץ מִצְרָיִם
אֶל־הָאָרֶץ אֲשֶׁר נִשְׁבַּעְתִּי לְאַבְרָהָם לְיִצְחָק
ב וּלְיַעֲקֹב לֵאמֹר לְזַרְעֲךָ אֶתְּנֶנָּה׃ וְשָׁלַחְתִּי לְפָנֶיךָ
מַלְאָךְ וְגֵרַשְׁתִּי אֶת־הַכְּנַעֲנִי הָאֱמֹרִי וְהַחִתִּי
ג וְהַפְּרִזִּי הַחִוִּי וְהַיְבוּסִי׃ אֶל־אֶרֶץ זָבַת חָלָב וּדְבָשׁ
כִּי לֹא אֶעֱלֶה בְּקִרְבְּךָ כִּי עַם־קְשֵׁה־עֹרֶף אַתָּה
ד פֶּן־אֲכֶלְךָ בַּדָּרֶךְ׃ וַיִּשְׁמַע הָעָם אֶת־הַדָּבָר הָרָע
ה הַזֶּה וַיִּתְאַבָּלוּ וְלֹא־שָׁתוּ אִישׁ עֶדְיוֹ עָלָיו׃ וַיֹּאמֶר
יְהוָה אֶל־מֹשֶׁה אֱמֹר אֶל־בְּנֵי־יִשְׂרָאֵל אַתֶּם עַם־
קְשֵׁה־עֹרֶף רֶגַע אֶחָד אֶעֱלֶה בְקִרְבְּךָ וְכִלִּיתִיךָ
וְעַתָּה הוֹרֵד עֶדְיְךָ מֵעָלֶיךָ וְאֵדְעָה מָה אֶעֱשֶׂה־
ו לָּךְ׃ וַיִּתְנַצְּלוּ בְנֵי־יִשְׂרָאֵל אֶת־עֶדְיָם מֵהַר חוֹרֵב׃
ז וּמֹשֶׁה יִקַּח אֶת־הָאֹהֶל וְנָטָה־לוֹ ׀ מִחוּץ לַמַּחֲנֶה
הַרְחֵק מִן־הַמַּחֲנֶה וְקָרָא לוֹ אֹהֶל מוֹעֵד וְהָיָה
כָּל־מְבַקֵּשׁ יְהוָה יֵצֵא אֶל־אֹהֶל מוֹעֵד אֲשֶׁר מִחוּץ
ח לַמַּחֲנֶה׃ וְהָיָה כְּצֵאת מֹשֶׁה אֶל־הָאֹהֶל יָקוּמוּ כָּל־
הָעָם וְנִצְּבוּ אִישׁ פֶּתַח אָהֳלוֹ וְהִבִּיטוּ אַחֲרֵי מֹשֶׁה
ט עַד־בֹּאוֹ הָאֹהֱלָה׃ וְהָיָה כְּבֹא מֹשֶׁה הָאֹהֱלָה יֵרֵד
עַמּוּד הֶעָנָן וְעָמַד פֶּתַח הָאֹהֶל וְדִבֶּר עִם־מֹשֶׁה׃
י וְרָאָה כָל־הָעָם אֶת־עַמּוּד הֶעָנָן עֹמֵד פֶּתַח הָאֹהֶל

לג א דעבד אהרן: ומליל יי עם משה איזיל סק מכא, את ועמא, דאסיקתא מארעא
ב דמצרים, לארעא, דקיימית, לאברהם ליצחק וליעקב למימר, לבנך אתננה: ואשלח
קדמך מלאכא, ואתריך, ית כנענאי אמוראי, וחתאי ופרזאי, חואי ויבוסאי:
ג לארע, עבדא חלב ודבש, ארי לא אסליק שכינתי מבינך, ארי עם קשי קדל את, דלמא
ד אשיצינך באורחא: ושמע עמא, ית פתגמא בישא, הדין ואתאבלו, ולא שוו, גבר
ה תקון זיניה עלוהי: ואמר יי למשה, אימר לבני ישראל אתון עם קשי קדל, שעא חדא,
אסליק שכינתי מבינך ואשיצינך, וכען, אעדי תקון זינך מנך, גלי קדמי מא אעביד לך:
ו ז ואעדו בני ישראל, ית תקון זינהון מטורא דחורב: ומשה נסיב ית משכנא, ופרסיה ליה
מברא למשריתא, ארחיק מן משריתא, וקרי ליה משכן בית אולפנא, והוי כל דתבע
ח אולפן מן קדם יי, נפיק למשכן בית אולפנא, דמברא למשריתא: והוי, כד נפיק משה
למשכנא, קימין כל עמא, ומתעתדין, גבר בתרע משכניה, ומסתכלין אחורי משה, עד
ט דעליל למשכנא: והוי, כד עליל משה למשכנא, נחית עמודא דעננא, וקאים בתרע
י משכנא, ומתמלל עם משה: וחזן כל עמא ית עמודא דעננא, קאים בתרע משכנא,

פרק לג

א **לך עלה מזה.** ארץ ישראל גבוהה מכל הארצות, לכך נאמר "עלה". דבר אחר, כלפי שאמר לו בשעת הכעס: "לך רד" (לעיל לב, ז), אמר לו בשעת רצון: "לך עלה": **אתה והעם.** כאן לא נאמר 'ועמך':

ב **וגרשתי את הכנעני וגו'.** שש אומות הן, והגרגשי עמד ופנה מפניהם מאליו:

ג **אל ארץ זבת חלב ודבש.** אני אומר לך להעלותם: **כי לא אעלה בקרבך.** לכך אני אומר לך: "ושלחתי לפניך מלאך": **כי עם קשה ערף אתה.** וכשאני שכינתי בקרבכם ואתם ממרים בי מרבה אני עליכם זעם: **אכלך.** לשון כליון:

ד **הדבר הרע.** שאין השכינה שורה ומהלכת עמם: **איש עדיו.** כתרים שנתנו להם בחורב כשאמרו: "נעשה ונשמע" (לעיל כד, ז):

ה **רגע אחד אעלה בקרבך וכליתיך.** אם אעלה בקרבך ואתם ממרים בי בקשיות ערפכם, אזעום עליכם רגע אחד – שהוא שעור זעמו, שנאמר: "חבי כמעט רגע עד יעבר זעם" (ישעיה כו, כ) – ואכלה אתכם, לפיכך טוב לכם שאשלח מלאך: **ועתה.** פורענות זו תלקו מיד, שתורידו עדיכם מעליכם: **ואדעה מה אעשה לך.** בפקדת אחר העון אני יודע מה בלבי לעשות:

ו **את עדים מהר חורב.** את העדי שהיה בידם מהר חורב:

ז **ומשה.** מאותו עון והלאה "יקח את האהל", לשון הוה הוא, לוקח אהלו ונוטהו מחוץ למחנה, אמר: מנודה לרב מנודה לתלמיד: **הרחק.** אלפים אמה, כענין שנאמר: "אך רחוק יהיה ביניכם וביניו כאלפים אמה במדה" (יהושע ג, ד): **וקרא לו.** והיה קורא לו "אהל מועד", הוא בית ועד למבקשי תורה: **כל מבקש ה'.** מכאן למבקש פני זקן כמקבל פני שכינה: **יצא אל אהל מועד.** כמו 'יוצא'. דבר אחר, "והיה כל מבקש ה'", אפילו מלאכי השרת כששואלים מקום שכינה, חבריהם אומרים להם הרי הוא באהלו של משה:

ח **והיה.** לשון הוה: **כצאת משה מן המחנה.** ללכת אל האהל: **יקומו כל העם.** עומדים מפניו, ואין יושבין עד שנתכסה מהם: **והביטו אחרי משה.** לשבח: אשרי ילוד אשה שכך מובטח שהשכינה תכנס אחריו לפתח אהלו:

ט **ודבר עם משה.** כמו ומדבר עם משה, ותרגומו: "ומתמלל עם משה" שהוא כבוד שכינה, כמו: "וישמע את הקול מדבר אליו" (במדבר ז, פט), ואינו קורא 'מדבר' אליו; כשהוא קורא 'מדבר' פתרונו, הקול מדבר בינו לבין עצמו וההדיוט שומע מאליו, וכשהוא קורא 'מדבר' משמע שהמלך מדבר עם ההדיוט:

יא וְקָם כָּל־הָעָם וְהִֽשְׁתַּחֲוּוּ אִישׁ פֶּתַח אָהֳלוֹ׃ וְדִבֶּר
יְהוָה אֶל־מֹשֶׁה פָּנִים אֶל־פָּנִים כַּאֲשֶׁר יְדַבֵּר אִישׁ
אֶל־רֵעֵהוּ וְשָׁב אֶל־הַֽמַּחֲנֶה וּמְשָׁרְתוֹ יְהוֹשֻׁעַ בִּן־
נוּן נַעַר לֹא יָמִישׁ מִתּוֹךְ הָאֹֽהֶל׃
שלישי יב וַיֹּאמֶר מֹשֶׁה אֶל־יְהוָה רְאֵה אַתָּה אֹמֵר אֵלַי
הַעַל אֶת־הָעָם הַזֶּה וְאַתָּה לֹא הֽוֹדַעְתַּנִי אֵת
אֲשֶׁר־תִּשְׁלַח עִמִּי וְאַתָּה אָמַרְתָּ יְדַעְתִּיךָ בְשֵׁם
יג וְגַם־מָצָאתָ חֵן בְּעֵינָֽי׃ וְעַתָּה אִם־נָא מָצָאתִי
חֵן בְּעֵינֶיךָ הוֹדִעֵנִי נָא אֶת־דְּרָכֶךָ וְאֵדָעֲךָ לְמַעַן
אֶמְצָא־חֵן בְּעֵינֶיךָ וּרְאֵה כִּי עַמְּךָ הַגּוֹי הַזֶּֽה׃
יד טו וַיֹּאמַר פָּנַי יֵלֵכוּ וַהֲנִחֹתִי לָֽךְ׃ וַיֹּאמֶר אֵלָיו אִם־אֵין
טז פָּנֶיךָ הֹלְכִים אַל־תַּעֲלֵנוּ מִזֶּֽה׃ וּבַמֶּה ׀ יִוָּדַע אֵפוֹא
כִּֽי־מָצָאתִי חֵן בְּעֵינֶיךָ אֲנִי וְעַמֶּךָ הֲלוֹא בְּלֶכְתְּךָ
עִמָּנוּ וְנִפְלֵינוּ אֲנִי וְעַמְּךָ מִכָּל־הָעָם אֲשֶׁר עַל־פְּנֵי
הָאֲדָמָֽה׃
רביעי יז וַיֹּאמֶר יְהוָה אֶל־מֹשֶׁה גַּם אֶת־הַדָּבָר הַזֶּה אֲשֶׁר
דִּבַּרְתָּ אֶעֱשֶׂה כִּֽי־מָצָאתָ חֵן בְּעֵינַי וָאֵדָעֲךָ בְּשֵֽׁם׃

י) וְהִשְׁתַּחֲווּ. לַשְּׁכִינָה:
יא) וְדִבֶּר ה' אֶל מֹשֶׁה פָּנִים אֶל פָּנִים. וּמִתְמַלֵּל עִם מֹשֶׁה: וְשָׁב אֶל הַמַּחֲנֶה. לְאַחַר שֶׁנִּדְבַּר עִמּוֹ הָיָה מֹשֶׁה שָׁב אֶל הַמַּחֲנֶה וּמְלַמֵּד לַזְּקֵנִים מַה שֶּׁלָּמַד. וְהַדָּבָר הַזֶּה נָהַג מֹשֶׁה מִיּוֹם הַכִּפּוּרִים עַד שֶׁהוּקַם הַמִּשְׁכָּן וְלֹא יוֹתֵר, שֶׁהֲרֵי בְּשִׁבְעָה עָשָׂר בְּתַמּוּז נִשְׁתַּבְּרוּ הַלּוּחוֹת, וּבִשְׁמוֹנָה עָשָׂר שָׂרַף אֶת הָעֵגֶל וְדָן אֶת הַחוֹטְאִים, וּבְתִשְׁעָה עָשָׂר עָלָה, שֶׁנֶּאֱמַר: "וַיְהִי מִמָּחֳרָת וַיֹּאמֶר מֹשֶׁה אֶל הָעָם" וְגוֹ' (לעיל לב, ל), עָשָׂה שָׁם אַרְבָּעִים יוֹם וּבִקֵּשׁ

יא וְקָיְמִין כָּל עַמָּא וְסָגְדִין, גְּבַר בִּתְרַע מַשְׁכְּנֵיהּ: וּמְמַלֵּיל יְיָ עִם מֹשֶׁה מְמַלַּל עִם מְמַלַּל,
כְּמָא דִימַלֵּיל גְּבַרָא עִם חַבְרֵיהּ, וְתָאֵיב לְמַשְׁרִיתָא, וּמְשֻׁמְּשָׁנֵיהּ, יְהוֹשֻׁעַ בַּר נוּן עוּלֵימָא,
יב לָא עָדֵי מִגּוֹ מַשְׁכְּנָא: וַאֲמַר מֹשֶׁה קֳדָם יְיָ, חֲזִי, דְּאַתְּ, אָמַר לִי אַסֵּיק יָת עַמָּא הָדֵין, וְאַתְּ
לָא הוֹדַעְתַּנִי, יָת דְּתִשְׁלַח עִמִּי, וְאַתְּ אֲמַרְתְּ רַבִּיתָךְ בְּשׁוּם, וְאַף אַשְׁכַּחְתָּא רַחֲמִין קֳדָמָי:
יג וּכְעַן, אִם כְּעַן אַשְׁכַּחִית רַחֲמִין קֳדָמָךְ, הוֹדַעְנִי כְעַן יָת אוֹרַח טוּבָךְ, וְאֵדַע רַחֲמָךְ, בְּדִיל
יד דְּאַשְׁכַּח רַחֲמִין קֳדָמָךְ, וּגְלֵי קֳדָמָךְ, אֲרֵי עַמָּךְ עַמָּא הָדֵין: וַאֲמַר, שְׁכִינְתִי תְהָךְ וַאֲנִיחַ
טו לָךְ: וַאֲמַר קֳדָמוֹהִי, אִם לֵית שְׁכִינְתָךְ מְהַלְּכָא בֵּינָנָא, לָא תַסְּקִנַּנָא מִכָּא: וּבְמָא יִתְיְדַע טז
הָכָא, אֲרֵי אַשְׁכַּחִית רַחֲמִין קֳדָמָךְ אֲנָא וְעַמָּךְ, הֲלָא בִּמְהָךְ שְׁכִינְתָךְ עִמַּנָא, וְיִתְעַבְדָן
יז לַנָא פְּרִישָׁן לִי וּלְעַמָּךְ, מִשְׁנֵי מִכָּל עַמָּא, דְּעַל אַפֵּי אַרְעָא: וַאֲמַר יְיָ לְמֹשֶׁה, אַף יָת
יח פִּתְגָּמָא הָדֵין, דְּמַלֵּילְתָּא אַעְבֵּיד, אֲרֵי אַשְׁכַּחְתָּא רַחֲמִין קֳדָמַי, וְרַבִּיתָךְ בְּשׁוּם: וַאֲמַר,

רַחֲמִים, שֶׁנֶּאֱמַר: "וָאֶתְנַפַּל לִפְנֵי ה'" וְגוֹ' (דברים ט, יח), וּבְרֹאשׁ חֹדֶשׁ אֱלוּל נֶאֱמַר לוֹ: "וְעָלִיתָ בַבֹּקֶר אֶל הַר סִינַי" (להלן לד, ב) לְקַבֵּל לוּחוֹת הָאַחֲרוֹנוֹת, וְעָשָׂה שָׁם אַרְבָּעִים יוֹם, שֶׁנֶּאֱמַר בָּהֶם: "וְאָנֹכִי עָמַדְתִּי בָהָר כַּיָּמִים הָרִאשֹׁנִים" וְגוֹ' (דברים י, י), מָה הָרִאשׁוֹנִים בְּרָצוֹן אַף הָאַחֲרוֹנִים בְּרָצוֹן, אֱמוֹר מֵעַתָּה אֶמְצָעִיִּים הָיוּ בְּכַעַס. בַּעֲשָׂרָה בְּתִשְׁרֵי נִתְרַצָּה הַקָּדוֹשׁ בָּרוּךְ הוּא לְיִשְׂרָאֵל בְּשִׂמְחָה וּבְלֵב שָׁלֵם, וְאָמַר לוֹ לְמֹשֶׁה: סָלַחְתִּי כִּדְבָרֶךָ, וּמָסַר לוֹ לוּחוֹת אַחֲרוֹנוֹת, וְיָרַד, וְהִתְחִיל לְצַוּוֹתָם עַל מְלֶאכֶת הַמִּשְׁכָּן, וַעֲשָׂאוּהוּ עַד אֶחָד בְּנִיסָן, וּמִשֶּׁהוּקַם לֹא נִדְבַּר עִמּוֹ עוֹד אֶלָּא מֵאֹהֶל מוֹעֵד: וְשָׁב אֶל הַמַּחֲנֶה. תַּרְגּוּמוֹ: "וְתָאֵיב לְמַשְׁרִיתָא" לְפִי שֶׁהוּא לְשׁוֹן הוֹוֶה, וְכֵן כָּל הָעִנְיָן: "וְרָאָה כָל הָעָם" (לעיל פסוק י) – "וְחָזַן", "וְנִצְּבוּ" (לעיל פסוק ח) – "וְקָיְמִין", "וְהִבִּיטוּ" (שם) – "וּמִסְתַּכְּלִין", "וְהִשְׁתַּחֲווּ" (לעיל פסוק י) – "וְסָגְדִין". וּמִדְרָשׁוֹ: "וְדִבֶּר ה' אֶל מֹשֶׁה" שֶׁיָּשׁוּב אֶל הַמַּחֲנֶה, אָמַר לוֹ: אֲנִי בְּכַעַס וְאַתָּה בְּכַעַס, אִם כֵּן מִי יְקָרְבֵם?

יב **רְאֵה אַתָּה אֹמֵר אֵלַי.** רְאֵה, תֵּן עֵינֶיךָ וְלִבְּךָ עַל דְּבָרֶיךָ: אַתָּה אוֹמֵר אֵלַי וְגוֹ' וְאַתָּה לֹא הוֹדַעְתַּנִי וְגוֹ'. שֶׁאָמַרְתָּ לִי: "הִנֵּה אָנֹכִי שֹׁלֵחַ מַלְאָךְ" (לעיל כג, כ), אֵין זוֹ הוֹדָעָה, שֶׁאֵינִי חָפֵץ בּוֹ: **וְאַתָּה אָמַרְתָּ.** הִכַּרְתִּיךָ מִשְּׁאָר בְּנֵי אָדָם בְּשֵׁם חֲשִׁיבוּת, שֶׁהֲרֵי אָמַרְתָּ לִי: "הִנֵּה אָנֹכִי בָּא אֵלֶיךָ בְּעַב הֶעָנָן וְגוֹ' וְגַם בְּךָ יַאֲמִינוּ לְעוֹלָם" (לעיל יט, ט).

יג **וְעַתָּה.** אִם אֱמֶת שֶׁמָּצָאתִי חֵן בְּעֵינֶיךָ: **הוֹדִעֵנִי נָא אֶת דְּרָכֶךָ.** מַה שָּׂכָר אַתָּה נוֹתֵן לְמוֹצְאֵי חֵן בְּעֵינֶיךָ: **וְאֵדָעֲךָ לְמַעַן אֶמְצָא חֵן בְּעֵינֶיךָ.** וְאֵדַע בָּזוֹ מִדַּת תַּגְמוּלְךָ, מַה הִיא מְצִיאַת חֵן שֶׁמָּצָאתִי בְּעֵינֶיךָ. וּפִתְרוֹן "לְמַעַן אֶמְצָא חֵן" – לְמַעַן אַכִּיר כַּמָּה שְׂכַר מְצִיאַת הַחֵן: **וּרְאֵה כִּי עַמְּךָ הַגּוֹי הַזֶּה.** שֶׁלֹּא תֹּאמַר: "וְאֶעֱשֶׂה אוֹתְךָ לְגוֹי גָּדוֹל" (לעיל לב, י) וְאֶת אֵלֶּה תַּעֲזֹב, רְאֵה כִּי עַמְּךָ הֵם מִקֶּדֶם, וְאִם בָּהֶם תִּמְאַס, אֵינִי סוֹמֵךְ עַל הַיּוֹצְאִים מֵחֲלָצַי שֶׁיִּתְקַיְּמוּ; וְאֶת תַּשְׁלוּם הַשָּׂכָר שֶׁלִּי בָּעָם הַזֶּה תּוֹדִיעֵנִי. וְרַבּוֹתֵינוּ דְּרָשׁוּהוּ בְּמַסֶּכֶת בְּרָכוֹת (דף ז ע"א), וְאֵין לְיַשֵּׁב הַמִּקְרָאוֹת עַל אָפְנֵיהֶם וְעַל סִדְרָם בָּאתִי:

יד **וַיֹּאמַר פָּנַי יֵלֵכוּ.** כְּתַרְגּוּמוֹ. לֹא אֶשְׁלַח עוֹד מַלְאָךְ, אֲנִי בְּעַצְמִי אֵלֵךְ, כְּמוֹ: "וּפָנֶיךָ הֹלְכִים בַּקְרָב" (שמואל ב' יז, יא).

טו **וַיֹּאמֶר אֵלָיו.** בְּזוֹ אֲנִי חָפֵץ, כִּי עַל יְדֵי מַלְאָךְ "אַל תַּעֲלֵנוּ מִזֶּה".

טז **וּבַמֶּה יִוָּדַע אֵפוֹא.** יִוָּדַע מְצִיאַת הַחֵן, "הֲלוֹא בְּלֶכְתְּךָ עִמָּנוּ". וְעוֹד דָּבָר אַחֵר אֲנִי שׁוֹאֵל מִמְּךָ, שֶׁלֹּא תַּשְׁרֶה שְׁכִינָתְךָ עוֹד עַל אֻמּוֹת הָעוֹלָם: **וְנִפְלֵינוּ אֲנִי וְעַמְּךָ.** וְנִהְיֶה מֻבְדָּלִים בַּדָּבָר הַזֶּה "מִכָּל הָעָם", כְּמוֹ: "וְהִפְלָה ה' בֵּין מִקְנֵה יִשְׂרָאֵל" וְגוֹ' (לעיל ט, ד).

יז **גַּם אֶת הַדָּבָר הַזֶּה.** שֶׁלֹּא תַּשְׁרֶה שְׁכִינָתִי עוֹד עַל אֻמּוֹת הָעוֹלָם, "אֶעֱשֶׂה". וְאֵין דְּבָרָיו שֶׁל בִּלְעָם עַל יְדֵי שְׁרִיַּת שְׁכִינָה, אֶלָּא "נֹפֵל וּגְלוּי עֵינָיִם" (במדבר כד, ד), כְּגוֹן: "וְאֵלַי דָּבָר יְגֻנָּב" (איוב ד, יב), שׁוֹמְעִין עַל יְדֵי שָׁלִיחַ:

יח יט וַיֹּאמַר הַרְאֵנִי נָא אֶת־כְּבֹדֶךָ: וַיֹּאמֶר אֲנִי אַעֲבִיר
כָּל־טוּבִי עַל־פָּנֶיךָ וְקָרָאתִי בְשֵׁם יְהוָה לְפָנֶיךָ
וְחַנֹּתִי אֶת־אֲשֶׁר אָחֹן וְרִחַמְתִּי אֶת־אֲשֶׁר אֲרַחֵם:
כ וַיֹּאמֶר לֹא תוּכַל לִרְאֹת אֶת־פָּנָי כִּי לֹא־יִרְאַנִי
כא הָאָדָם וָחָי: וַיֹּאמֶר יְהוָה הִנֵּה מָקוֹם אִתִּי וְנִצַּבְתָּ
כב עַל־הַצּוּר: וְהָיָה בַּעֲבֹר כְּבֹדִי וְשַׂמְתִּיךָ בְּנִקְרַת
כג הַצּוּר וְשַׂכֹּתִי כַפִּי עָלֶיךָ עַד־עָבְרִי: וַהֲסִרֹתִי אֶת־
כַּפִּי וְרָאִיתָ אֶת־אֲחֹרָי וּפָנַי לֹא יֵרָאוּ:
לד א חמישי וַיֹּאמֶר יְהוָה אֶל־מֹשֶׁה פְּסָל־לְךָ שְׁנֵי־לֻחֹת אֲבָנִים
כָּרִאשֹׁנִים וְכָתַבְתִּי עַל־הַלֻּחֹת אֶת־הַדְּבָרִים אֲשֶׁר
ב הָיוּ עַל־הַלֻּחֹת הָרִאשֹׁנִים אֲשֶׁר שִׁבַּרְתָּ: וֶהְיֵה
נָכוֹן לַבֹּקֶר וְעָלִיתָ בַבֹּקֶר אֶל־הַר סִינַי וְנִצַּבְתָּ
ג לִי שָׁם עַל־רֹאשׁ הָהָר: וְאִישׁ לֹא־יַעֲלֶה עִמָּךְ
וְגַם־אִישׁ אַל־יֵרָא בְּכָל־הָהָר גַּם־הַצֹּאן וְהַבָּקָר
ד אַל־יִרְעוּ אֶל־מוּל הָהָר הַהוּא: וַיִּפְסֹל שְׁנֵי־לֻחֹת
אֲבָנִים כָּרִאשֹׁנִים וַיַּשְׁכֵּם מֹשֶׁה בַבֹּקֶר וַיַּעַל אֶל־
הַר סִינַי כַּאֲשֶׁר צִוָּה יְהוָה אֹתוֹ וַיִּקַּח בְּיָדוֹ שְׁנֵי

יח) וַיֹּאמַר הַרְאֵנִי נָא אֶת כְּבֹדֶךָ. רָאָה מֹשֶׁה שֶׁהָיָה עֵת רָצוֹן וּדְבָרָיו מְקֻבָּלִים, וְהוֹסִיף לִשְׁאֹל לְהַרְאוֹתוֹ מַרְאִית כְּבוֹדוֹ:
יט) וַיֹּאמֶר אֲנִי אַעֲבִיר וְגוֹ׳. הִגִּיעָה שָׁעָה שֶׁתִּרְאֶה בִּכְבוֹדִי מַה שֶּׁאַרְשֶׁה אוֹתְךָ לִרְאוֹת, לְפִי שֶׁאֲנִי רוֹצֶה וְצָרִיךְ לְלַמֶּדְךָ סֵדֶר תְּפִלָּה, שֶׁכְּשֶׁנִּצְרַכְתָּ לְבַקֵּשׁ רַחֲמִים עַל יִשְׂרָאֵל הִזְכַּרְתָּ לִי זְכוּת אָבוֹת, כִּסְבוּר אַתָּה שֶׁאִם תַּמָּה זְכוּת אָבוֹת אֵין עוֹד

יט אַחְזֵינִי כְעַן יָת יְקָרָךְ: וַאֲמַר, אֲנָא אַעְבַּר כָּל טוּבִי עַל אַפָּךְ, וְאֶקְרֵי בִשְׁמָא דַיְיָ קֳדָמָךְ,
כ וְאֶחוֹן לְמַאן דְּאֶחוֹן, וַאֲרַחֵים עַל מַאן דַּאֲרַחֵים: וַאֲמַר, לָא תִכּוֹל לְמִחְזֵי יָת אַפֵּי
כא שְׁכִינְתִּי, אֲרֵי, לָא יְחֶזְיַנַנִי אֱנָשָׁא וְיִתְקַיַּם: וַאֲמַר יְיָ, הָא אֲתַר מְתַקַּן קֳדָמַי, וְתִתְעַתַּד
כב עַל טִנָּרָא: וִיהֵי בְּמִעְבַּר יְקָרִי, וַאֲשַׁוֵּינָךְ בִּמְעָרַת טִנָּרָא, וְאַגֵּין בְּמֵימְרִי, עֲלָךְ עַד דְּאֶעְבַּר:
לד כג א וְאַעְדֵּי יָת דִּבְרַת יְקָרִי, וְתִחְזֵי יָת דְּבַתְרָי, וּדְקֳדָמַי לָא יִתַּחְזוֹן: וַאֲמַר יְיָ לְמֹשֶׁה, פְּסָל
לָךְ, תְּרֵין לוּחֵי אַבְנַיָּא כְּקַדְמָאֵי, וְאֶכְתּוֹב עַל לוּחַיָּא, יָת פִּתְגָּמַיָּא, דַּהֲווֹ, עַל לוּחַיָּא
ב קַדְמָאֵי דְּתַבַּרְתָּא: וֶהֱוֵי זְמִין לְצַפְרָא, וְתִסַּק בְּצַפְרָא לְטוּרָא דְסִינַי, וְתִתְעַתַּד קֳדָמַי,
ג תַּמָּן עַל רֵישׁ טוּרָא: וֶאֱנָשׁ לָא יִסַּק עִמָּךְ, וְאַף אֱנָשׁ לָא יִתַּחְזֵי בְּכָל טוּרָא, אַף עָנָא
ד וְתוֹרֵי לָא יִרְעוֹן, לָקֳבֵיל טוּרָא הַהוּא: וּפְסַל, תְּרֵין לוּחֵי אַבְנַיָּא כְּקַדְמָאֵי, וְאַקְדֵּים
מֹשֶׁה בְּצַפְרָא וּסְלֵיק לְטוּרָא דְסִינַי, כְּמָא דְּפַקֵּיד יְיָ יָתֵיהּ, וּנְסֵיב בִּידֵיהּ, תְּרֵין

תִּקְוָה, אֲנִי אַעֲבִיר כָּל מִדַּת טוּבִי לְפָנֶיךָ עַל הַצּוּר וְאַתָּה נָתוּן בַּמְּעָרָה: וְקָרָאתִי בְשֵׁם ה׳ לְפָנֶיךָ. לְלַמֶּדְךָ סֵדֶר בַּקָּשַׁת רַחֲמִים אַף אִם תִּכְלֶה זְכוּת אָבוֹת, וּכְסֵדֶר שֶׁאַתָּה רוֹאֶה אוֹתִי מְעֻטָּף וְקוֹרֵא שְׁלֹשׁ עֶשְׂרֵה מִדּוֹת הֱוֵי מְלַמֵּד אֶת יִשְׂרָאֵל לַעֲשׂוֹת כֵּן, וְעַל יְדֵי שֶׁיַּזְכִּירוּ לְפָנַי ׳רַחוּם וְחַנּוּן׳, כִּי רַחֲמַי לֹא כָלִים: וְחַנֹּתִי אֶת אֲשֶׁר אָחֹן. אוֹתָן פְּעָמִים שֶׁאֶרְצֶה לָחֹן: וְרִחַמְתִּי. עֵת שֶׁאֶחְפֹּץ לְרַחֵם. עַד כָּאן לֹא הִבְטִיחוֹ אֶלָּא עִתִּים אֶעֱנֶה עִתִּים לֹא אֶעֱנֶה, אֲבָל בִּשְׁעַת מַעֲשֶׂה אָמַר לוֹ: ״הִנֵּה אָנֹכִי כֹּרֵת בְּרִית״ (להלן לד, י), הִבְטִיחוֹ שֶׁאֵינָן חוֹזְרוֹת רֵיקָם:

כ וַיֹּאמֶר לֹא תוּכַל וגו׳. אַף כְּשֶׁאַעֲבִיר כָּל טוּבִי עַל פָּנֶיךָ, אֵינִי נוֹתֵן לְךָ רְשׁוּת לִרְאוֹת אֶת פָּנָי:

כא הִנֵּה מָקוֹם אִתִּי. בָּהָר אֲשֶׁר אֲנִי מְדַבֵּר עִמְּךָ תָּמִיד, יֵשׁ מָקוֹם מוּכָן לִי לְצָרְכְּךָ שֶׁאַטְמִינְךָ שָׁם שֶׁלֹּא תַזֹּק, וּמִשָּׁם תִּרְאֶה מַה שֶּׁתִּרְאֶה, זֶהוּ פְּשׁוּטוֹ. וּמִדְרָשׁוֹ, עַל מָקוֹם שֶׁהַשְּׁכִינָה שָׁם מְדַבֵּר, וְאוֹמֵר ׳הַמָּקוֹם אִתִּי׳ וְאֵינוֹ אוֹמֵר ׳אֲנִי בַּמָּקוֹם׳, שֶׁהַקָּדוֹשׁ בָּרוּךְ הוּא מְקוֹמוֹ שֶׁל עוֹלָם וְאֵין עוֹלָמוֹ מְקוֹמוֹ:

כב בַּעֲבֹר כְּבֹדִי. כְּשֶׁאֶעֱבֹר לְפָנֶיךָ: בְּנִקְרַת הַצּוּר. כְּמוֹ: ״הַעֵינֵי הָאֲנָשִׁים הָהֵם תְּנַקֵּר״ (במדבר טז, יד), ״יִקְּרוּהָ עֹרְבֵי נַחַל״ (משלי ל, יז), ״אֲנִי קַרְתִּי וְשָׁתִיתִי מָיִם״ (ישעיה לז, כה), גְּזֵרָה אַחַת לָהֶם: נִקְרַת הַצּוּר. כְּרִיַּת הַצּוּר: וְשַׂכֹּתִי כַפִּי. מִכָּאן שֶׁנִּתְּנָה רְשׁוּת לַמְחַבְּלִים לְחַבֵּל, וְתַרְגּוּמוֹ: ״וְאַגֵּין בְּמֵימְרִי״, כִּנּוּי הוּא לְדֶרֶךְ כָּבוֹד שֶׁל מַעְלָה, שֶׁאֵינוֹ צָרִיךְ לָסוֹכֵךְ עָלָיו בְּכַף מַמָּשׁ:

כג וַהֲסִרֹתִי אֶת כַּפִּי. ״וְאַעְדֵּי יָת דִּבְרַת יְקָרִי״, כְּשֶׁאֲסַלֵּק הַנְהָגַת כְּבוֹדִי מִכְּנֶגֶד פָּנֶיךָ לָלֶכֶת מִשָּׁם וּלְהַלָּן: וְרָאִיתָ אֶת אֲחֹרָי. הֶרְאָהוּ קֶשֶׁר שֶׁל תְּפִלִּין:

פרק לד

א פְּסָל לְךָ. הֶרְאָהוּ מַחְצַב סַנְפִּרִינוֹן מִתּוֹךְ אָהֳלוֹ, וְאָמַר לוֹ: הַפְּסֹלֶת יִהְיֶה שֶׁלְּךָ, וּמִשָּׁם נִתְעַשֵּׁר מֹשֶׁה הַרְבֵּה: פְּסָל לְךָ. אַתָּה שִׁבַּרְתָּ הָרִאשׁוֹנוֹת, אַתָּה ״פְּסָל לְךָ״ אֲחֵרוֹת. מָשָׁל לְמֶלֶךְ שֶׁהָלַךְ לִמְדִינַת הַיָּם וְהִנִּיחַ אֲרוּסָתוֹ עִם הַשְּׁפָחוֹת. מִתּוֹךְ קִלְקוּל הַשְּׁפָחוֹת יָצָא עָלֶיהָ שֵׁם רָע. עָמַד שׁוֹשְׁבִינָהּ וְקָרַע כְּתֻבָּתָהּ, אָמַר: אִם יֹאמַר הַמֶּלֶךְ לְהָרְגָהּ, אֹמַר לוֹ: עֲדַיִן אֵינָהּ אִשְׁתְּךָ. בָּדַק הַמֶּלֶךְ וּמָצָא שֶׁלֹּא הָיָה הַקִּלְקוּל אֶלָּא מִן הַשְּׁפָחוֹת, נִתְרַצָּה לָהּ. אָמַר לוֹ שׁוֹשְׁבִינָהּ: כְּתֹב לָהּ כְּתֻבָּה אַחֶרֶת, שֶׁנִּקְרְעָה הָרִאשׁוֹנָה. אָמַר לוֹ הַמֶּלֶךְ: אַתָּה קָרַעְתָּ אוֹתָהּ, אַתָּה קְנֵה לָךְ נְיָר אַחֵר וַאֲנִי אֶכְתֹּב לָהּ בִּכְתַב יָדִי. כָּךְ הַמֶּלֶךְ זֶה הַקָּדוֹשׁ בָּרוּךְ הוּא, הַשְּׁפָחוֹת אֵלּוּ עֵרֶב רַב, וְהַשּׁוֹשְׁבִין זֶה מֹשֶׁה. לְכָךְ נֶאֱמַר: ״פְּסָל לְךָ״:

ב נָכוֹן. מְזֻמָּן:

ג וְאִישׁ לֹא יַעֲלֶה עִמָּךְ. הָרִאשׁוֹנוֹת עַל יְדֵי שֶׁהָיוּ בִּתְשׁוּאוֹת וְקוֹלוֹת וּקְהִלָּה, שָׁלְטָה בָּהֶן עַיִן רָעָה, אֵין לְךָ יָפֶה מִן הַצְּנִיעוּת:

ה לֻחֹת אֲבָנִים: וַיֵּרֶד יהוה בֶּעָנָן וַיִּתְיַצֵּב עִמּוֹ
ו שָׁם וַיִּקְרָא בְשֵׁם יהוה: וַיַּעֲבֹר יהוה ׀ עַל־
פָּנָיו וַיִּקְרָא יהוה ׀ יהוה אֵל רַחוּם וְחַנּוּן אֶרֶךְ
ז אַפַּיִם וְרַב־חֶסֶד וֶאֱמֶת: נֹצֵר חֶסֶד לָאֲלָפִים
נֹשֵׂא עָוֺן וָפֶשַׁע וְחַטָּאָה וְנַקֵּה לֹא יְנַקֶּה
פֹּקֵד ׀ עֲוֺן אָבוֹת עַל־בָּנִים וְעַל־בְּנֵי בָנִים
ח עַל־שִׁלֵּשִׁים וְעַל־רִבֵּעִים: וַיְמַהֵר מֹשֶׁה וַיִּקֹּד
ט אַרְצָה וַיִּשְׁתָּחוּ: וַיֹּאמֶר אִם־נָא מָצָאתִי חֵן
בְּעֵינֶיךָ אֲדֹנָי יֵלֶךְ־נָא אֲדֹנָי בְּקִרְבֵּנוּ כִּי עַם־
קְשֵׁה־עֹרֶף הוּא וְסָלַחְתָּ לַעֲוֺנֵנוּ וּלְחַטָּאתֵנוּ
י וּנְחַלְתָּנוּ: וַיֹּאמֶר הִנֵּה אָנֹכִי כֹּרֵת בְּרִית נֶגֶד ששי
כָּל־עַמְּךָ אֶעֱשֶׂה נִפְלָאֹת אֲשֶׁר לֹא־נִבְרְאוּ
בְכָל־הָאָרֶץ וּבְכָל־הַגּוֹיִם וְרָאָה כָל־הָעָם
אֲשֶׁר־אַתָּה בְקִרְבּוֹ אֶת־מַעֲשֵׂה יהוה כִּי־
יא נוֹרָא הוּא אֲשֶׁר אֲנִי עֹשֶׂה עִמָּךְ: שְׁמָר־
לְךָ אֵת אֲשֶׁר אָנֹכִי מְצַוְּךָ הַיּוֹם הִנְנִי גֹרֵשׁ
מִפָּנֶיךָ אֶת־הָאֱמֹרִי וְהַכְּנַעֲנִי וְהַחִתִּי וְהַפְּרִזִּי
יב וְהַחִוִּי וְהַיְבוּסִי: הִשָּׁמֶר לְךָ פֶּן־תִּכְרֹת בְּרִית
לְיוֹשֵׁב הָאָרֶץ אֲשֶׁר אַתָּה בָּא עָלֶיהָ פֶּן־
יג יִהְיֶה לְמוֹקֵשׁ בְּקִרְבֶּךָ: כִּי אֶת־מִזְבְּחֹתָם
תִּתֹּצוּן וְאֶת־מַצֵּבֹתָם תְּשַׁבֵּרוּן וְאֶת־אֲשֵׁרָיו

מצווה קיא
איסור אכילה ושתייה
מתקרובת עבודה זרה

יד תִּכְרֹתוּן: כִּי לֹא תִשְׁתַּחֲוֶה לְאֵל אַחֵר כִּי
טו יְהוָה קַנָּא שְׁמוֹ אֵל קַנָּא הוּא: פֶּן־תִּכְרֹת

ה ו לוּחֵי אַבְנַיָּא: וְאִתְגְּלִי יי בַּעֲנָנָא, וְאִתְעַתַּד עִמֵּיהּ תַּמָּן, וּקְרָא בִשְׁמָא דַיי: וְאַעְבַּר יי שְׁכִינְתֵיהּ
ז עַל אַפּוֹהִי וּקְרָא, יי יי, אֱלָהָא רַחֲמָנָא וְחַנָּנָא, מַרְחִיק רְגַז וּמַסְגֵּי לְמֶעְבַּד טַבְוָן וּקְשׁוֹט: נָטֵיר
טֵיבוּ לְאַלְפֵי דָרִין, שָׁבֵיק לַעֲוָיָן, וְלִמְרוֹד וְלִחְטָאִין, סָלַח לְדְתָיְבִין לְאוֹרָיְתֵיהּ וּלְדְלָא תָיְבִין לָא
ח מְזַכֵּי, מַסְעַר חוֹבֵי אֲבָהָן, עַל בְּנִין וְעַל בְּנֵי בְנִין מָרָדִין, עַל דָּר תְּלִיתָאִי וְעַל דָּר רְבִיעָי: וְאוֹחִי
ט מֹשֶׁה, וּכְרַע עַל אַרְעָא וּסְגִיד: וַאֲמַר, אִם כְּעַן אַשְׁכַּחִית רַחֲמִין קֳדָמָךְ יי, תְּהָךְ כְּעַן שְׁכִינְתָא
י דַיי בֵּינַנָא, אֲרֵי עַם קְשֵׁי קְדָל הוּא, וְתִשְׁבּוֹק, לְחוֹבַנָא וּלְחִטָאַנָא וְתַחְסְנִנָּנָא: וַאֲמַר, הָא
אֲנָא גָזַר קְיָם, קֳדָם כָּל עַמָּךְ אַעֲבֵיד פְּרִישָׁן, דְּלָא אִתְבְּרִיאוּ בְכָל אַרְעָא וּבְכָל עַמְמַיָּא,
יא וְיֶחֱזֵי כָל עַמָּא, דְּאַתְּ בֵּינֵיהוֹן, יָת עוּבָדָא דַיי אֲרֵי דְחִיל הוּא, דַּאֲנָא עָבֵיד עִמָּךְ: טַר לָךְ, יָת
דַּאֲנָא מְפַקֵּיד לָךְ יוֹמָא דֵין, הָאֲנָא מְתָרֵיךְ מִן קֳדָמָךְ, יָת אֱמוֹרָאֵי וּכְנַעֲנָאֵי, וְחִתָּאֵי וּפְרִזָּאֵי,
יב וְחִוָּאֵי וִיבוּסָאֵי: אִסְתְּמַר לָךְ, דִּלְמָא תִגְזַר קְיָם לְיָתֵיב אַרְעָא, דְּאַתְּ עָלֵיל עֲלַהּ, דִּלְמָא יְהֵי
יג לְתַקְלָא בֵּינָךְ: אֲרֵי יָת אֵיגוֹרֵיהוֹן תְּתָרְעוּן, וְיָת קָמָתְהוֹן תְּתַבְּרוּן, וְיָת אֲשֵׁירֵיהוֹן תְּקַצְּצוּן:
יד טו אֲרֵי, לָא תִסְגּוֹד לְטָעֲוַת עַמְמַיָּא, אֲרֵי יי קַנָּא שְׁמֵיהּ, אֵל קַנָּא הוּא: דִּלְמָא תִגְזַר

ה| וַיִּקְרָא בְשֵׁם ה׳. מְתַרְגְּמִינַן: "וּקְרָא בִשְׁמָא דַה׳":

ו| ה׳ ה׳. הִיא מִדַּת רַחֲמִים, אַחַת קֹדֶם שֶׁיֶּחֱטָא וְאַחַת לְאַחַר שֶׁיֶּחֱטָא וְיָשׁוּב: אֵל. אַף זוֹ מִדַּת רַחֲמִים, וְכֵן הוּא אוֹמֵר: "אֵלִי אֵלִי לָמָה עֲזַבְתָּנִי" (תהלים כב, ב), וְאֵין לוֹמַר לְמִדַּת הַדִּין: "לָמָה עֲזַבְתָּנִי". כָּךְ מָצָאתִי בַּמְּכִילְתָּא (שירה ג, טו, ב): אֶרֶךְ אַפַּיִם. מַאֲרִיךְ אַפּוֹ וְאֵינוֹ מְמַהֵר לִפָּרַע, שֶׁמָּא יַעֲשֶׂה תְשׁוּבָה: וְרַב חֶסֶד. לִצְרִיכֵי חֶסֶד, שֶׁאֵין לָהֶם זְכֻיּוֹת כָּל כָּךְ: וֶאֱמֶת. לְשַׁלֵּם שָׂכָר טוֹב לְעוֹשֵׂי רְצוֹנוֹ:

ז| נֹצֵר חֶסֶד. שֶׁהָאָדָם עוֹשֶׂה לְפָנָיו: לָאֲלָפִים. לִשְׁנֵי אֲלָפִים דּוֹרוֹת. 'עֲוֹנוֹת' אֵלּוּ הַזְּדוֹנוֹת, 'פְּשָׁעִים' אֵלּוּ הַמְּרָדִים שֶׁאָדָם עוֹשֶׂה לְהַכְעִיס: וְנַקֵּה לֹא יְנַקֶּה. לְפִי פְשׁוּטוֹ מַשְׁמָע שֶׁאֵינוֹ מְוַתֵּר עַל הֶעָוֹן לְגַמְרֵי, אֶלָּא נִפְרָע מִמֶּנּוּ מְעַט מְעַט. וְרַבּוֹתֵינוּ דָרְשׁוּ, "מְנַקֶּה" הוּא לַשָּׁבִים "וְלֹא יְנַקֶּה" לְשֶׁאֵינָן שָׁבִים: פֹּקֵד עֲוֹן אָבוֹת עַל בָּנִים. כְּשֶׁאוֹחֲזִים מַעֲשֵׂה אֲבוֹתֵיהֶם בִּידֵיהֶם, שֶׁכְּבָר פֵּרֵשׁ בְּמִקְרָא אַחֵר "לְשֹׂנְאָי" (לעיל כ, ה): וְעַל רִבֵּעִים. דּוֹר רְבִיעִי. נִמְצֵאת מִדָּה טוֹבָה מְרֻבָּה עַל מִדַּת פֻּרְעָנוּת אַחַת לַחֲמֵשׁ מֵאוֹת, שֶׁבְּמִדָּה טוֹבָה הוּא אוֹמֵר: "נֹצֵר חֶסֶד לָאֲלָפִים":

ח| וַיְמַהֵר מֹשֶׁה. כְּשֶׁרָאָה מֹשֶׁה שְׁכִינָה עוֹבֶרֶת וְשָׁמַע קוֹל הַקְּרִיאָה, מִיָּד "וַיִּשְׁתָּחוּ":

ט| יֵלֶךְ נָא ה׳ בְּקִרְבֵּנוּ. כְּמוֹ שֶׁהִבְטַחְתָּ, מֵאַחַר שֶׁאַתָּה נוֹשֵׂא עָוֹן, וְאִם "עַם קְשֵׁה עֹרֶף הוּא" וְיַמְרוּ בְּךָ וְאָמַרְתָּ עַל זֹאת: "פֶּן אֲכֶלְךָ בַּדָּרֶךְ" (לעיל לג, ג) – אַתָּה תִסְלַח "לַעֲוֹנֵנוּ" וְגוֹ׳. יֵשׁ 'כִּי' בִּמְקוֹם 'אִם': וּנְחַלְתָּנוּ. וְתִתְּנֵנוּ לְךָ לְנַחֲלָה מְיֻחֶדֶת. זוֹ הִיא בַּקָּשַׁת "וְנִפְלֵינוּ אֲנִי וְעַמְּךָ" (שם פסוק טז), שֶׁלֹּא תַּשְׁרֶה שְׁכִינָתְךָ עַל הָאֻמּוֹת:

י| כֹּרֵת בְּרִית. עַל זֹאת: אֶעֱשֶׂה נִפְלָאֹת. לְשׁוֹן "וְנִפְלֵינוּ", שֶׁתִּהְיוּ מֻבְדָּלִים בָּזוֹ מִכָּל הָאֻמּוֹת, שֶׁלֹּא תַּשְׁרֶה שְׁכִינָתִי עֲלֵיהֶם:

יא| אֶת הָאֱמֹרִי וְגוֹ׳. שֵׁשׁ אֻמּוֹת יֵשׁ כָּאן, כִּי הַגִּרְגָּשִׁי עָמַד וּפִנָּה מִפְּנֵיהֶם:

יג| אֲשֵׁרָיו. הוּא אִילָן שֶׁעוֹבְדִים אוֹתוֹ:

יד| קַנָּא שְׁמוֹ. מְקַנֵּא לִפָּרַע וְאֵינוֹ מְוַתֵּר, וְזֶהוּ כָּל לְשׁוֹן קִנְאָה, אוֹחֵז בְּנִצְחוֹנוֹ וּפוֹרֵעַ מֵעוֹזְבָיו:

בְּרִית לְיוֹשֵׁב הָאָרֶץ וְזָנוּ ׀ אַחֲרֵי אֱלֹהֵיהֶם וְזָבְחוּ
טז לֵאלֹהֵיהֶם וְקָרָא לְךָ וְאָכַלְתָּ מִזִּבְחוֹ: וְלָקַחְתָּ
מִבְּנֹתָיו לְבָנֶיךָ וְזָנוּ בְנֹתָיו אַחֲרֵי אֱלֹהֵיהֶן וְהִזְנוּ
יז אֶת־בָּנֶיךָ אַחֲרֵי אֱלֹהֵיהֶן: אֱלֹהֵי מַסֵּכָה לֹא תַעֲשֶׂה־
יח ★ לָּךְ: אֶת־חַג הַמַּצּוֹת תִּשְׁמֹר שִׁבְעַת יָמִים תֹּאכַל
מַצּוֹת אֲשֶׁר צִוִּיתִךָ לְמוֹעֵד חֹדֶשׁ הָאָבִיב כִּי בְּחֹדֶשׁ
יט הָאָבִיב יָצָאתָ מִמִּצְרָיִם: כָּל־פֶּטֶר רֶחֶם לִי וְכָל־
כ מִקְנְךָ תִּזָּכָר פֶּטֶר שׁוֹר וָשֶׂה: וּפֶטֶר חֲמוֹר תִּפְדֶּה
בְשֶׂה וְאִם־לֹא תִפְדֶּה וַעֲרַפְתּוֹ כֹּל בְּכוֹר בָּנֶיךָ
כא ★ תִּפְדֶּה וְלֹא־יֵרָאוּ פָנַי רֵיקָם: שֵׁשֶׁת יָמִים תַּעֲבֹד
וּבַיּוֹם הַשְּׁבִיעִי תִּשְׁבֹּת בֶּחָרִישׁ וּבַקָּצִיר תִּשְׁבֹּת:

מצווה קיב
מצוות שביתת
הארץ בשמיטה

כב וְחַג שָׁבֻעֹת תַּעֲשֶׂה לְךָ בִּכּוּרֵי קְצִיר חִטִּים וְחַג
כג הָאָסִיף תְּקוּפַת הַשָּׁנָה: שָׁלֹשׁ פְּעָמִים בַּשָּׁנָה יֵרָאֶה
כָּל־זְכוּרְךָ אֶת־פְּנֵי הָאָדֹן ׀ יְהוָה אֱלֹהֵי יִשְׂרָאֵל:
כד כִּי־אוֹרִישׁ גּוֹיִם מִפָּנֶיךָ וְהִרְחַבְתִּי אֶת־גְּבֻלֶךָ וְלֹא־
יַחְמֹד אִישׁ אֶת־אַרְצְךָ בַּעֲלֹתְךָ לֵרָאוֹת אֶת־פְּנֵי
כה יְהוָה אֱלֹהֶיךָ שָׁלֹשׁ פְּעָמִים בַּשָּׁנָה: לֹא־תִשְׁחַט

טו-טז) וְאָכַלְתָּ מִזִּבְחוֹ. כִּסְבוּר אַתָּה שֶׁאֵין עֹנֶשׁ בַּאֲכִילָתוֹ, וַאֲנִי מַעֲלֶה עָלֶיךָ כְּמוֹדֶה בַּעֲבוֹדָתָם, שֶׁמִּתּוֹךְ כָּךְ אַתָּה בָּא וְלוֹקֵחַ "מִבְּנֹתָיו לְבָנֶיךָ":

יח) חֹדֶשׁ הָאָבִיב. חֹדֶשׁ הַבִּכּוּר, שֶׁהַתְּבוּאָה מְבַכֶּרֶת בְּבִשּׁוּלָהּ:

יט) כָּל פֶּטֶר רֶחֶם לִי. בָּאָדָם: וְכָל מִקְנְךָ תִּזָּכָר וְגוֹ׳.

כי תשא

קִים לְיָתֵיב אַרְעָא, וְיִטְעוֹן בָּתַר טַעֲוָתְהוֹן, וִידַבְּחוּן לְטַעֲוָתְהוֹן, וְיִקְרוֹן לָךְ, וְתֵיכוֹל
טז מִדִּבְחֵיהוֹן: וְתִסַּב מִבְּנָתְהוֹן לִבְנָךְ, וְיִטְעוֹן בְּנָתְהוֹן, בָּתַר טַעֲוָתְהוֹן, וְיַטְעְיָן יָת בְּנָךְ, בָּתַר
יז יח טַעֲוָתְהוֹן: דַּחֲלָן דְּמַתְּכָא לָא תַעֲבֵיד לָךְ: יָת חַגָּא דְּפַטִּירַיָּא תִּטַּר, שִׁבְעָא יוֹמִין, תֵּיכוֹל
יט פַּטִּירָא דְּפַקֵּידְתָּךְ, לִזְמָן יַרְחָא דַּאֲבִיבָא, אֲרֵי בְּיַרְחָא דַּאֲבִיבָא, נְפַקְתָּא מִמִּצְרָיִם: כָּל פָּתַח
כ וַלְדָּא דִּילִי הוּא, וְכָל בְּעִירָךְ דִּכְרִין תַּקְדֵּישׁ, בְּכוֹר תּוֹר וְאִמַּר: וּבְכָרָא דִּחְמָרָא תִּפְרוֹק
כא בְּאִמְּרָא, וְאִם לָא תִפְרוֹק וְתִקְפֵיהּ, כָּל בְּכָרָא דִּבְנָךְ תִּפְרוֹק, וְלָא יִתַּחְזוֹן קֳדָמַי רֵיקָנִין: שִׁתָּא
כב יוֹמִין תִּפְלַח, וּבְיוֹמָא שְׁבִיעָאָה תְּנוּחַ, בִּזְרוּעָא וּבַחְצָדָא תְּנוּחַ: וְחַגָּא דְשָׁבוּעַיָּא תַּעֲבֵיד לָךְ,
כג בִּכּוּרֵי חֲצַד חִטִּין, וְחַגָּא דִּכְנָשָׁא, בְּמִפְּקָהּ דְּשַׁתָּא: תְּלָת זִמְנִין בְּשַׁתָּא, יִתַּחְזוֹן כָּל דְּכוּרָךְ,
כד קֳדָם רִבּוֹן עָלְמָא יי אֱלָהָא דְּיִשְׂרָאֵל: אֲרֵי אֲתָרֵיךְ עַמְמִין מִן קֳדָמָךְ, וְאַפְתֵּי יָת תְּחוּמָךְ, וְלָא
כה יַחְמֵיד אֱנָשׁ יָת אַרְעָךְ, בְּמִסְּקָךְ, לְאִתַּחְזָאָה קֳדָם יי אֱלָהָךְ, תְּלָת זִמְנִין בְּשַׁתָּא: לָא תִכּוֹס

וְכָל מִקְנְךָ תִּזָּכָר פֶּטֶר שׁוֹר וָשֶׂה, אֲשֶׁר יִפְטֹר זָכָר אֶת רַחְמָהּ. 'פֶּטֶר' לְשׁוֹן פְּתִיחָה, וְכֵן: "פּוֹטֵר מַיִם רֵאשִׁית מָדוֹן" (משלי יז, יד). תָּי"ו שֶׁל "תִּזָּכָר" לְשׁוֹן נְקֵבָה הִיא, מוּסָב עַל הַיּוֹלֶדֶת:

כ **וּפֶטֶר חֲמוֹר.** וְלֹא שְׁאָר בְּהֵמָה טְמֵאָה: **תִּפְדֶּה בְשֶׂה.** נוֹתֵן שֶׂה לַכֹּהֵן וְהוּא חֻלִּין בְּיַד כֹּהֵן, וּפֶטֶר חֲמוֹר מֻתָּר בַּעֲבוֹדָה לַבְּעָלִים: **וַעֲרַפְתּוֹ.** עוֹרְפוֹ בְּקוֹפִיץ. הוּא הִפְסִיד מָמוֹן כֹּהֵן, לְפִיכָךְ יֻפְסַד מָמוֹנוֹ: **כֹּל בְּכוֹר בָּנֶיךָ תִּפְדֶּה.** חֲמִשָּׁה סְלָעִים פִּדְיוֹנוֹ קָצוּב, שֶׁנֶּאֱמַר: "וּפְדוּיָו מִבֶּן חֹדֶשׁ תִּפְדֶּה" וְגוֹ' (במדבר יח, טז): **וְלֹא יֵרָאוּ פָנַי רֵיקָם.** לְפִי פְשׁוּטוֹ שֶׁל מִקְרָא דָּבָר בִּפְנֵי עַצְמוֹ הוּא וְאֵינוֹ מוּסָב עַל הַבְּכוֹר, שֶׁאֵין בְּמִצְוַת בְּכוֹר רְאִיַּת פָּנִים, אֶלָּא אַזְהָרָה אַחֶרֶת הִיא: וּכְשֶׁתַּעֲלוּ לָרֶגֶל לֵרָאוֹת "לֹא יֵרָאוּ פָנַי רֵיקָם", מִצְוָה עֲלֵיכֶם לְהָבִיא עוֹלַת רְאִיַּת פָּנִים. וּלְפִי מִדְרַשׁ בָּרַיְתָא, מִקְרָא יָתֵר הוּא וּמֻפְנֶה לִגְזֵרָה שָׁוָה, לְלַמֵּד עַל הַעֲנָקָתוֹ שֶׁל עֶבֶד עִבְרִי שֶׁהוּא חֲמִשָּׁה סְלָעִים מִכָּל מִין וָמִין כְּפִדְיוֹן בְּכוֹר. בְּמַסֶּכֶת קִדּוּשִׁין (דף יז ע"א):

כא **בֶּחָרִישׁ וּבַקָּצִיר תִּשְׁבֹּת.** לָמָּה נִזְכַּר חָרִישׁ וְקָצִיר? יֵשׁ מֵרַבּוֹתֵינוּ אוֹמְרִים: עַל חָרִישׁ שֶׁל עֶרֶב שְׁבִיעִית הַנִּכְנָס לִשְׁבִיעִית וְקָצִיר שֶׁל שְׁבִיעִית הַיּוֹצֵא לְמוֹצָאֵי שְׁבִיעִית, לְלַמֶּדְךָ שֶׁמּוֹסִיפִין מֵחֹל עַל הַקֹּדֶשׁ. וְכָךְ מַשְׁמָעוֹ: "שֵׁשֶׁת יָמִים תַּעֲבֹד וּבַיּוֹם הַשְּׁבִיעִי תִּשְׁבֹּת", וַעֲבוֹדַת שֵׁשֶׁת הַיָּמִים שֶׁהִתַּרְתִּי לְךָ, יֵשׁ שָׁנָה שֶׁהֶחָרִישׁ וְהַקָּצִיר אָסוּר. וְאֵין צָרִיךְ לוֹמַר חָרִישׁ וְקָצִיר שֶׁל שְׁבִיעִית, שֶׁהֲרֵי כְּבָר נֶאֱמַר: "שָׂדְךָ לֹא תִזְרָע" וְגוֹ' (ויקרא כה, ד). וְיֵשׁ מֵהֶם אוֹמְרִים: אֵינוֹ מְדַבֵּר אֶלָּא בְּשַׁבָּת, וְחָרִישׁ וְקָצִיר שֶׁהֻזְכַּר בּוֹ לוֹמַר לְךָ, מָה חָרִישׁ רְשׁוּת אַף קָצִיר רְשׁוּת, יָצָא קְצִיר הָעֹמֶר שֶׁהוּא מִצְוָה וְדוֹחֶה אֶת הַשַּׁבָּת:

כב **בִּכּוּרֵי קְצִיר חִטִּים.** שֶׁאַתָּה מֵבִיא בּוֹ שְׁתֵּי הַלֶּחֶם מִן הַחִטִּים בִּכּוּרִים, שֶׁהִיא מִנְחָה רִאשׁוֹנָה הַבָּאָה מִן הֶחָדָשׁ חִטִּים לַמִּקְדָּשׁ, כִּי מִנְחַת הָעֹמֶר הַבָּאָה בְּפֶסַח, מִן הַשְּׂעוֹרִים הִיא: **וְחַג הָאָסִיף.** בִּזְמַן שֶׁאַתָּה אוֹסֵף תְּבוּאָתְךָ מִן הַשָּׂדֶה לַבַּיִת. אֲסִיפָה זוֹ לְשׁוֹן הַכְנָסָה לַבַּיִת, כְּמוֹ: "וַאֲסַפְתּוֹ אֶל תּוֹךְ בֵּיתֶךָ" (דברים כב, ב): **תְּקוּפַת הַשָּׁנָה.** שֶׁהִיא בַּחֲזָרַת הַשָּׁנָה, בִּתְחִלַּת הַשָּׁנָה הַבָּאָה: **תְּקוּפַת.** לְשׁוֹן מְסִבָּה וְהַקָּפָה:

כג **כָּל זְכוּרְךָ.** כָּל הַזְּכָרִים שֶׁבְּךָ. הַרְבֵּה מִצְוֹת בַּתּוֹרָה נֶאֶמְרוּ וְנִכְפְּלוּ, וְיֵשׁ מֵהֶם שָׁלֹשׁ פְּעָמִים וְאַרְבַּע, לְחַיֵּב וְלַעֲנֹשׁ עַל מִנְיַן לָאוִין שֶׁבָּהֶם וְעַל מִנְיַן עֲשֵׂה שֶׁבָּהֶם:

כד **אוֹרִישׁ.** כְּתַרְגּוּמוֹ: "אֲתָרֵיךְ", וְכֵן: "הָחֵל רָשׁ" (דברים ב, לא), וְכֵן: "וַיּוֹרֶשׁ אֶת הָאֱמֹרִי" (במדבר כא, לב), לְשׁוֹן גֵּרוּשִׁין: **וְהִרְחַבְתִּי אֶת גְּבֻלֶךָ.** וְאַתָּה רָחוֹק מִבֵּית הַבְּחִירָה וְאֵינְךָ יָכוֹל לֵרָאוֹת לְפָנַי תָּמִיד, לְכָךְ אֲנִי קוֹבֵעַ לְךָ שָׁלֹשׁ רְגָלִים הַלָּלוּ:

כה **לֹא תִשְׁחַט וְגוֹ'.** לֹא תִשְׁחַט אֶת הַפֶּסַח וַעֲדַיִן חָמֵץ קַיָּם, אַזְהָרָה לַשּׁוֹחֵט אוֹ לַזּוֹרֵק אוֹ לְאֶחָד מִבְּנֵי חֲבוּרָה: **וְלֹא יָלִין.** כְּתַרְגּוּמוֹ. אֵין לִינָה מוֹעֶלֶת בָּרֹאשׁ הַמִּזְבֵּחַ, וְאֵין לִינָה אֶלָּא

עַל־חָמֵץ דַּם־זִבְחִי וְלֹא־יָלִין לַבֹּקֶר זֶבַח חַג
הַפָּסַח׃ רֵאשִׁית בִּכּוּרֵי אַדְמָתְךָ תָּבִיא בֵּית יְהוָה כו
אֱלֹהֶיךָ לֹא־תְבַשֵּׁל גְּדִי בַּחֲלֵב אִמּוֹ׃

מצווה קיג איסור אכילת בשר בחלב

שביעי כו וַיֹּאמֶר יְהוָה אֶל־מֹשֶׁה כְּתָב־לְךָ אֶת־הַדְּבָרִים כז
הָאֵלֶּה כִּי עַל־פִּי ׀ הַדְּבָרִים הָאֵלֶּה כָּרַתִּי
אִתְּךָ בְּרִית וְאֶת־יִשְׂרָאֵל׃ וַיְהִי־שָׁם עִם־יְהוָה כח
אַרְבָּעִים יוֹם וְאַרְבָּעִים לַיְלָה לֶחֶם לֹא אָכַל וּמַיִם
לֹא שָׁתָה וַיִּכְתֹּב עַל־הַלֻּחֹת אֵת דִּבְרֵי הַבְּרִית
עֲשֶׂרֶת הַדְּבָרִים׃ וַיְהִי בְּרֶדֶת מֹשֶׁה מֵהַר סִינַי כט
וּשְׁנֵי לֻחֹת הָעֵדֻת בְּיַד־מֹשֶׁה בְּרִדְתּוֹ מִן־הָהָר
וּמֹשֶׁה לֹא־יָדַע כִּי קָרַן עוֹר פָּנָיו בְּדַבְּרוֹ אִתּוֹ׃
וַיַּרְא אַהֲרֹן וְכָל־בְּנֵי יִשְׂרָאֵל אֶת־מֹשֶׁה וְהִנֵּה ל
קָרַן עוֹר פָּנָיו וַיִּירְאוּ מִגֶּשֶׁת אֵלָיו׃ וַיִּקְרָא אֲלֵהֶם לא
מֹשֶׁה וַיָּשֻׁבוּ אֵלָיו אַהֲרֹן וְכָל־הַנְּשִׂאִים בָּעֵדָה
וַיְדַבֵּר מֹשֶׁה אֲלֵהֶם׃ וְאַחֲרֵי־כֵן נִגְּשׁוּ כָּל־בְּנֵי לב
יִשְׂרָאֵל וַיְצַוֵּם אֵת כָּל־אֲשֶׁר דִּבֶּר יְהוָה אִתּוֹ בְּהַר
מפטיר סִינָי׃ וַיְכַל מֹשֶׁה מִדַּבֵּר אִתָּם וַיִּתֵּן עַל־פָּנָיו מַסְוֶה׃ לג
וּבְבֹא מֹשֶׁה לִפְנֵי יְהוָה לְדַבֵּר אִתּוֹ יָסִיר אֶת־ לד

בְּעַמּוּד הַשַּׁחַר: זֶבַח חַג הַפָּסַח. אֵמוּרָיו, וּמִכָּאן אַתָּה לָמֵד לְכָל הֶקְטֵר חֲלָבִים וְאֵבָרִים:

כו רֵאשִׁית בִּכּוּרֵי אַדְמָתְךָ. מִשִּׁבְעַת הַמִּינִין הָאֲמוּרִים בְּשֶׁבַח אַרְצְךָ: "אֶרֶץ חִטָּה וּשְׂעֹרָה

עַל חֲמִיעַ דַּם פִּסְחִי, וְלָא יְבִיתוּן לְצַפְרָא בַּר מִמַּדְבְּחָא, תַּרְבֵּי נִכְסַת חַגָּא דְּפִסְחָא:
כו כז רֵישׁ, בִּכּוּרֵי אַרְעָךְ, תַּיְתֵי, לְבֵית מַקְדְּשָׁא דַּייָ אֱלָהָךְ, לָא תֵיכְלוּן בְּסַר בַּחֲלָב: וַאֲמַר יְיָ
לְמֹשֶׁה, כְּתוֹב לָךְ יָת פִּתְגָמַיָּא הָאִלֵּין, אֲרֵי, עַל מֵימַר פִּתְגָמַיָּא הָאִלֵּין, גְּזַרִית עִמָּךְ,
כח קְיָם וְעִם יִשְׂרָאֵל: וַהֲוָה תַמָּן קֳדָם יְיָ, אַרְבְּעִין יְמָמִין וְאַרְבְּעִין לֵילָוָן, לַחְמָא לָא אֲכַל,
כט וּמַיָּא לָא שְׁתִי, וּכְתַב עַל לוּחַיָּא, יָת פִּתְגָמֵי קְיָמָא, עַסְרָא פִּתְגָמִין: וַהֲוָה, כַּד נְחַת
מֹשֶׁה מִטּוּרָא דְסִינַי, וּתְרֵין לוּחֵי סַהֲדוּתָא בִּידָא דְמֹשֶׁה, בְּמֵיחֲתֵיהּ מִן טוּרָא, וּמֹשֶׁה
ל לָא יְדַע, אֲרֵי סְגִי, זִיו יְקָרָא דְאַפּוֹהִי בְּמַלָּלוּתֵיהּ עִמֵּיהּ: וַחֲזָא אַהֲרֹן, וְכָל בְּנֵי יִשְׂרָאֵל
לא יָת מֹשֶׁה, וְהָא סְגִי זִיו יְקָרָא דְאַפּוֹהִי, וּדְחִילוּ מִלְּאִתְקָרָבָא לְוָתֵיהּ: וּקְרָא לְהוֹן מֹשֶׁה,
לב וְתָבוּ לְוָתֵיהּ, אַהֲרֹן וְכָל רַבְרְבַיָּא בִּכְנִשְׁתָּא, וּמַלֵּיל מֹשֶׁה עִמְּהוֹן: וּבָתַר כֵּן אִתְקָרַבוּ כָּל
לג בְּנֵי יִשְׂרָאֵל, וּפַקֵּידִנּוּן, יָת כָּל דְּמַלֵּיל יְיָ, עִמֵּיהּ בְּטוּרָא דְסִינָי: וְשֵׁיצִי מֹשֶׁה, מִלְּמַלָּלָא
לד עִמְּהוֹן, וִיהַב עַל אַפּוֹהִי בֵּית אַפֵּי: וְכַד עָלֵיל מֹשֶׁה, קֳדָם יְיָ לְמַלָּלָא עִמֵּיהּ, מַעְדֵּי יָת

וְגֶפֶן" וְגוֹ' (דברים ח, ח) "וּדְבָשׁ" – הֵן תְּמָרִים: **לֹא תְבַשֵּׁל גְּדִי.** אַזְהָרָה לְבָשָׂר בְּחָלָב. וּשְׁלֹשָׁה פְּעָמִים כָּתוּב בַּתּוֹרָה: אֶחָד לַאֲכִילָה, וְאֶחָד לַהֲנָאָה, וְאֶחָד לְאִסּוּר בִּשּׁוּל: **גְּדִי.** כָּל וָלָד רַךְ בְּמַשְׁמָע וְאַף עֵגֶל וָכֶבֶשׂ, מִמַּה שֶּׁהֻצְרַךְ לִפְרֹשׁ בְּכַמָּה מְקוֹמוֹת: 'גְּדִי עִזִּים' (בראשית לח, יז, ועוד) לָמַדְתָּ שֶׁ'גְּדִי' סְתָם כָּל יוֹנְקִים בְּמַשְׁמָע: **בַּחֲלֵב אִמּוֹ.** פְּרָט לְעוֹף, שֶׁאֵין לוֹ חֲלֵב אֵם, שֶׁאֵין אִסּוּרוֹ מִן הַתּוֹרָה אֶלָּא מִדִּבְרֵי סוֹפְרִים:

כז) **אֶת הַדְּבָרִים הָאֵלֶּה.** וְלֹא אַתָּה רַשַּׁאי לִכְתֹּב תּוֹרָה שֶׁבְּעַל פֶּה:

כט) **וַיְהִי בְּרֶדֶת מֹשֶׁה.** כְּשֶׁהֵבִיא לוּחוֹת אַחֲרוֹנוֹת בְּיוֹם הַכִּפּוּרִים: **כִּי קָרַן.** לְשׁוֹן קַרְנַיִם, שֶׁהָאוֹר מַבְהִיק וּבוֹלֵט כְּמִין קֶרֶן. וּמֵהֵיכָן זָכָה מֹשֶׁה לְקַרְנֵי הַהוֹד? רַבּוֹתֵינוּ אָמְרוּ: מִן הַמְּעָרָה, שֶׁנָּתַן הַקָּדוֹשׁ בָּרוּךְ הוּא יָדוֹ עַל פָּנָיו, שֶׁנֶּאֱמַר: "וְשַׂכֹּתִי כַפִּי" (לעיל לג, כב):

ל) **וַיִּירְאוּ מִגֶּשֶׁת אֵלָיו.** בֹּא וּרְאֵה כַּמָּה גָּדוֹל כֹּחָהּ שֶׁל עֲבֵרָה, שֶׁעַד שֶׁלֹּא פָּשְׁטוּ יְדֵיהֶם בַּעֲבֵרָה מַהוּ אוֹמֵר? "וּמַרְאֵה כְּבוֹד ה' כְּאֵשׁ אֹכֶלֶת בְּרֹאשׁ הָהָר לְעֵינֵי בְּנֵי יִשְׂרָאֵל" (לעיל כד, יז), וְלֹא יְרֵאִים וְלֹא מִזְדַּעְזְעִים; וּמִשֶּׁעָשׂוּ אֶת הָעֵגֶל, אַף מִקַּרְנֵי הוֹדוֹ שֶׁל מֹשֶׁה הָיוּ מַרְתִּיעִים וּמִזְדַּעְזְעִים:

לא) **הַנְּשִׂאִים בָּעֵדָה.** כְּמוֹ נְשִׂיאֵי הָעֵדָה: **וַיְדַבֵּר מֹשֶׁה אֲלֵהֶם.** שְׁלִיחוּתוֹ שֶׁל מָקוֹם. וּלְשׁוֹן הֹוֶה הוּא כָּל הָעִנְיָן הַזֶּה:

לב) **וְאַחֲרֵי כֵן נִגְּשׁוּ.** אַחַר שֶׁלִּמֵּד לַזְּקֵנִים חוֹזֵר וּמְלַמֵּד הַפָּרָשָׁה אוֹ הַהֲלָכָה לְיִשְׂרָאֵל. תָּנוּ רַבָּנָן: כֵּיצַד סֵדֶר הַמִּשְׁנָה? מֹשֶׁה הָיָה לָמֵד מִפִּי הַגְּבוּרָה. נִכְנַס אַהֲרֹן, שָׁנָה לוֹ מֹשֶׁה פִּרְקוֹ, נִסְתַּלֵּק אַהֲרֹן וְיָשַׁב לוֹ לִשְׂמֹאל מֹשֶׁה. נִכְנְסוּ בָנָיו, שָׁנָה לָהֶם מֹשֶׁה פִּרְקָם, נִסְתַּלְּקוּ הֵם, יָשַׁב אֶלְעָזָר לִימִין מֹשֶׁה וְאִיתָמָר לִשְׂמֹאל אַהֲרֹן. נִכְנְסוּ זְקֵנִים, שָׁנָה לָהֶם מֹשֶׁה פִּרְקָם, נִסְתַּלְּקוּ זְקֵנִים, יָשְׁבוּ לַצְּדָדִין. נִכְנְסוּ כָּל הָעָם, שָׁנָה לָהֶם מֹשֶׁה פִּרְקָם. נִמְצָא בְּיַד כָּל הָעָם אֶחָד, בְּיַד הַזְּקֵנִים שְׁנַיִם, בְּיַד בְּנֵי אַהֲרֹן שְׁלֹשָׁה, בְּיַד אַהֲרֹן אַרְבָּעָה וְכוּ', כִּדְאִיתָא בְּעֵרוּבִין (דף נד ע"ב):

לג-לה) **וַיִּתֵּן עַל פָּנָיו מַסְוֶה.** כְּתַרְגּוּמוֹ: "בֵּית אַפֵּי", לְשׁוֹן אֲרַמִּי הוּא בַּתַּלְמוּד (כתובות סב ע"ב): "סָוֵי לְבַהּ", וְעוֹד בִּכְתֻבּוֹת (דף ס ע"א): "הֲוָה קָא מְסַוֵּי לְאַפַּהּ", לְשׁוֹן הַבָּטָה, הָיָה מִסְתַּכֵּל בָּהּ. אַף כָּאן "מַסְוֶה", בֶּגֶד הַנִּתָּן כְּנֶגֶד הַפַּרְצוּף וּבֵית הָעֵינַיִם. וְלִכְבוֹד קַרְנֵי הַהוֹד שֶׁלֹּא יָזוּנוּ הַכֹּל מֵהֶם הָיָה נוֹתֵן הַמַּסְוֶה כְּנֶגְדָּן, וְנוֹטְלוֹ בְּשָׁעָה שֶׁהָיָה מְדַבֵּר עִם יִשְׂרָאֵל, וּבְשָׁעָה שֶׁהַמָּקוֹם נִדְבַּר עִמּוֹ "עַד צֵאתוֹ", וּכְצֵאתוֹ – "וְיָצָא" בְּלֹא מַסְוֶה "וְדִבֶּר אֶל

הַמַּסְוֶה עַד־צֵאתוֹ וְיָצָא וְדִבֶּר אֶל־בְּנֵי יִשְׂרָאֵל
לה אֵת אֲשֶׁר יְצֻוֶּה: וְרָאוּ בְנֵי־יִשְׂרָאֵל אֶת־פְּנֵי מֹשֶׁה
כִּי קָרַן עוֹר פְּנֵי מֹשֶׁה וְהֵשִׁיב מֹשֶׁה אֶת־הַמַּסְוֶה
עַל־פָּנָיו עַד־בֹּאוֹ לְדַבֵּר אִתּוֹ:

הפטרת כי תשא

בפורים משולש בירושלים קוראים את ההפטרה בעמ׳ רפג. בשבת פרשת פרה קוראים את המפטיר וההפטרה בעמ׳ רפה.

העימות הדרמתי של אליהו עם נביאי הבעל בהר הכרמל לעיני כל ישראל, היה סיומו של מאבק איתנים שהתנהל שלוש שנים. אליהו לָחם בהשפעה האלילית של איזבל וגזר בצורת קשה, כדי לגרום לעם להכיר שה׳ הוא המוריד גשם ולא הבעל הכנעני. אחאב שיתף פעולה עם אליהו ויצר את התנאים לעימות בכרמל כדי לסיים את הבצורת. במעמד בכרמל יש מעין מעמד הר סיני. במאבק בבעל יש מעין המאבק בעובדי העגל למרגלות הר סיני. גם בסיני וגם בכרמל הייתה פסיחה על שתי הסעפים ונדרשה הכרעה חד־משמעית. וכדי להביא להכרעה זו השתדלו משה ואליהו בתפילה לה׳ ובתוכחה לעם.

מלכים א׳ האשכנזים והתימנים מתחילים כאן

יח א וַיְהִי יָמִים רַבִּים וּדְבַר־יהוה הָיָה אֶל־אֵלִיָּהוּ בַּשָּׁנָה הַשְּׁלִישִׁית לֵאמֹר לֵךְ
ב הֵרָאֵה אֶל־אַחְאָב וְאֶתְּנָה מָטָר עַל־פְּנֵי הָאֲדָמָה: וַיֵּלֶךְ אֵלִיָּהוּ לְהֵרָאוֹת
ג אֶל־אַחְאָב וְהָרָעָב חָזָק בְּשֹׁמְרוֹן: וַיִּקְרָא אַחְאָב אֶל־עֹבַדְיָהוּ אֲשֶׁר
ד עַל־הַבָּיִת וְעֹבַדְיָהוּ הָיָה יָרֵא אֶת־יהוה מְאֹד: וַיְהִי בְּהַכְרִית אִיזֶבֶל אֵת
נְבִיאֵי יהוה וַיִּקַּח עֹבַדְיָהוּ מֵאָה נְבִיאִים וַיַּחְבִּיאֵם חֲמִשִּׁים אִישׁ בַּמְּעָרָה
ה וְכִלְכְּלָם לֶחֶם וָמָיִם: וַיֹּאמֶר אַחְאָב אֶל־עֹבַדְיָהוּ לֵךְ בָּאָרֶץ אֶל־כָּל־מַעְיְנֵי
הַמַּיִם וְאֶל כָּל־הַנְּחָלִים אוּלַי ׀ נִמְצָא חָצִיר וּנְחַיֶּה סוּס וָפֶרֶד וְלוֹא נַכְרִית
ו מֵהַבְּהֵמָה: וַיְחַלְּקוּ לָהֶם אֶת־הָאָרֶץ לַעֲבָר־בָּהּ אַחְאָב הָלַךְ בְּדֶרֶךְ אֶחָד
ז לְבַדּוֹ וְעֹבַדְיָהוּ הָלַךְ בְּדֶרֶךְ־אֶחָד לְבַדּוֹ: וַיְהִי עֹבַדְיָהוּ בַּדֶּרֶךְ וְהִנֵּה אֵלִיָּהוּ
ח לִקְרָאתוֹ וַיַּכִּרֵהוּ וַיִּפֹּל עַל־פָּנָיו וַיֹּאמֶר הַאַתָּה זֶה אֲדֹנִי אֵלִיָּהוּ: וַיֹּאמֶר לוֹ
ט אָנִי לֵךְ אֱמֹר לַאדֹנֶיךָ הִנֵּה אֵלִיָּהוּ: וַיֹּאמֶר מֶה חָטָאתִי כִּי־אַתָּה נֹתֵן אֶת־
י עַבְדְּךָ בְּיַד־אַחְאָב לַהֲמִיתֵנִי: חַי ׀ יהוה אֱלֹהֶיךָ אִם־יֶשׁ־גּוֹי וּמַמְלָכָה אֲשֶׁר
לֹא־שָׁלַח אֲדֹנִי שָׁם לְבַקֶּשְׁךָ וְאָמְרוּ אָיִן וְהִשְׁבִּיעַ אֶת־הַמַּמְלָכָה וְאֶת־הַגּוֹי
יא יב כִּי לֹא יִמְצָאֶכָּה: וְעַתָּה אַתָּה אֹמֵר לֵךְ אֱמֹר לַאדֹנֶיךָ הִנֵּה אֵלִיָּהוּ: וְהָיָה

לה בֵּית אַפֵּי עַד מִפְּקֵיהּ, וְנָפֵיק, וּמְמַלֵּיל עִם בְּנֵי יִשְׂרָאֵל, יָת דְּמִתְפַּקַּד: וְחָזַן בְּנֵי יִשְׂרָאֵל יָת אַפֵּי מֹשֶׁה, אֲרֵי סְגִי, זִיו יְקָרָא דְאַפֵּי מֹשֶׁה, וּמְתִיב מֹשֶׁה יָת בֵּית אַפֵּי עַל אַפּוֹהִי, עַד דְּעָלֵיל לְמַלָּלָא עִמֵּיהּ:

בְּנֵי יִשְׂרָאֵל" וְרָאוּ קַרְנֵי הַהוֹד בְּפָנָיו. וּכְשֶׁהוּא מִסְתַּלֵּק מֵהֶם, "וְהֵשִׁיב... אֶת הַמַּסְוֶה עַל פָּנָיו עַד בֹּאוֹ לְדַבֵּר אִתּוֹ", וּכְשֶׁבָּא לְדַבֵּר אִתּוֹ – נוֹטְלוֹ מֵעַל פָּנָיו:

אֲנִי ׀ אֵלֵךְ מֵאִתָּךְ וְרוּחַ יְהוָה ׀ יִשָּׂאֲךָ עַל אֲשֶׁר לֹא־אֵדָע וּבָאתִי לְהַגִּיד
יג לְאַחְאָב וְלֹא יִמְצָאֲךָ וַהֲרָגָנִי וְעַבְדְּךָ יָרֵא אֶת־יְהוָה מִנְּעֻרָי: הֲלֹא־הֻגַּד
לַאדֹנִי אֵת אֲשֶׁר־עָשִׂיתִי בַּהֲרֹג אִיזֶבֶל אֵת נְבִיאֵי יְהוָה וָאַחְבִּא מִנְּבִיאֵי
יְהוָה מֵאָה אִישׁ חֲמִשִּׁים חֲמִשִּׁים אִישׁ בַּמְּעָרָה וָאֲכַלְכְּלֵם לֶחֶם וָמָיִם:
יד טו וְעַתָּה אַתָּה אֹמֵר לֵךְ אֱמֹר לַאדֹנֶיךָ הִנֵּה אֵלִיָּהוּ וַהֲרָגָנִי: וַיֹּאמֶר אֵלִיָּהוּ
טז חַי יְהוָה צְבָאוֹת אֲשֶׁר עָמַדְתִּי לְפָנָיו כִּי הַיּוֹם אֵרָאֶה אֵלָיו: וַיֵּלֶךְ עֹבַדְיָהוּ
יז לִקְרַאת אַחְאָב וַיַּגֶּד־לוֹ וַיֵּלֶךְ אַחְאָב לִקְרַאת אֵלִיָּהוּ: וַיְהִי כִּרְאוֹת אַחְאָב
יח אֶת־אֵלִיָּהוּ וַיֹּאמֶר אַחְאָב אֵלָיו הַאַתָּה זֶה עֹכֵר יִשְׂרָאֵל: וַיֹּאמֶר לֹא עָכַרְתִּי
אֶת־יִשְׂרָאֵל כִּי אִם־אַתָּה וּבֵית אָבִיךָ בַּעֲזָבְכֶם אֶת־מִצְוֺת יְהוָה וַתֵּלֶךְ
יט אַחֲרֵי הַבְּעָלִים: וְעַתָּה שְׁלַח קְבֹץ אֵלַי אֶת־כָּל־יִשְׂרָאֵל אֶל־הַר הַכַּרְמֶל
וְאֶת־נְבִיאֵי הַבַּעַל אַרְבַּע מֵאוֹת וַחֲמִשִּׁים וּנְבִיאֵי הָאֲשֵׁרָה אַרְבַּע מֵאוֹת
כ אֹכְלֵי שֻׁלְחַן אִיזָבֶל: *וַיִּשְׁלַח אַחְאָב בְּכָל־בְּנֵי יִשְׂרָאֵל וַיִּקְבֹּץ אֶת־הַנְּבִיאִים הספרדים מתחילים כאן
כא אֶל־הַר הַכַּרְמֶל: וַיִּגַּשׁ אֵלִיָּהוּ אֶל־כָּל־הָעָם וַיֹּאמֶר עַד־מָתַי אַתֶּם פֹּסְחִים
עַל־שְׁתֵּי הַסְּעִפִּים אִם־יְהוָה הָאֱלֹהִים לְכוּ אַחֲרָיו וְאִם־הַבַּעַל לְכוּ אַחֲרָיו
כב וְלֹא־עָנוּ הָעָם אֹתוֹ דָּבָר: וַיֹּאמֶר אֵלִיָּהוּ אֶל־הָעָם אֲנִי נוֹתַרְתִּי נָבִיא לַיהוָה
כג לְבַדִּי וּנְבִיאֵי הַבַּעַל אַרְבַּע־מֵאוֹת וַחֲמִשִּׁים אִישׁ: וְיִתְּנוּ־לָנוּ שְׁנַיִם פָּרִים
וְיִבְחֲרוּ לָהֶם הַפָּר הָאֶחָד וִינַתְּחֻהוּ וְיָשִׂימוּ עַל־הָעֵצִים וְאֵשׁ לֹא יָשִׂימוּ וַאֲנִי
כד אֶעֱשֶׂה ׀ אֶת־הַפָּר הָאֶחָד וְנָתַתִּי עַל־הָעֵצִים וְאֵשׁ לֹא אָשִׂים: וּקְרָאתֶם
בְּשֵׁם אֱלֹהֵיכֶם וַאֲנִי אֶקְרָא בְשֵׁם־יְהוָה וְהָיָה הָאֱלֹהִים אֲשֶׁר־יַעֲנֶה בָאֵשׁ
כה הוּא הָאֱלֹהִים וַיַּעַן כָּל־הָעָם וַיֹּאמְרוּ טוֹב הַדָּבָר: וַיֹּאמֶר אֵלִיָּהוּ לִנְבִיאֵי
הַבַּעַל בַּחֲרוּ לָכֶם הַפָּר הָאֶחָד וַעֲשׂוּ רִאשֹׁנָה כִּי אַתֶּם הָרַבִּים וְקִרְאוּ בְּשֵׁם

כו אֱלֹהֵיכֶם וְאֵשׁ לֹא תָשִׂימוּ׃ וַיִּקְחוּ אֶת־הַפָּר אֲשֶׁר־נָתַן לָהֶם וַיַּעֲשׂוּ וַיִּקְרְאוּ
בְשֵׁם־הַבַּעַל מֵהַבֹּקֶר וְעַד־הַצָּהֳרַיִם לֵאמֹר הַבַּעַל עֲנֵנוּ וְאֵין קוֹל וְאֵין
כז עֹנֶה וַיְפַסְּחוּ עַל־הַמִּזְבֵּחַ אֲשֶׁר עָשָׂה׃ וַיְהִי בַצָּהֳרַיִם וַיְהַתֵּל בָּהֶם אֵלִיָּהוּ
וַיֹּאמֶר קִרְאוּ בְקוֹל־גָּדוֹל כִּי־אֱלֹהִים הוּא כִּי־שִׂיחַ וְכִי־שִׂיג לוֹ וְכִי־דֶרֶךְ
כח לוֹ אוּלַי יָשֵׁן הוּא וְיִקָץ׃ וַיִּקְרְאוּ בְּקוֹל גָּדוֹל וַיִּתְגֹּדְדוּ כְּמִשְׁפָּטָם בַּחֲרָבוֹת
כט וּבָרְמָחִים עַד־שְׁפָךְ־דָּם עֲלֵיהֶם׃ וַיְהִי כַּעֲבֹר הַצָּהֳרַיִם וַיִּתְנַבְּאוּ עַד לַעֲלוֹת
ל הַמִּנְחָה וְאֵין־קוֹל וְאֵין־עֹנֶה וְאֵין קָשֶׁב׃ וַיֹּאמֶר אֵלִיָּהוּ לְכָל־הָעָם גְּשׁוּ אֵלַי
לא וַיִּגְּשׁוּ כָל־הָעָם אֵלָיו וַיְרַפֵּא אֶת־מִזְבַּח יהוה הֶהָרוּס׃ וַיִּקַּח אֵלִיָּהוּ שְׁתֵּים
עֶשְׂרֵה אֲבָנִים כְּמִסְפַּר שִׁבְטֵי בְנֵי־יַעֲקֹב אֲשֶׁר הָיָה דְבַר־יהוה אֵלָיו לֵאמֹר
לב יִשְׂרָאֵל יִהְיֶה שְׁמֶךָ׃ וַיִּבְנֶה אֶת־הָאֲבָנִים מִזְבֵּחַ בְּשֵׁם יהוה וַיַּעַשׂ תְּעָלָה
לג כְּבֵית סָאתַיִם זֶרַע סָבִיב לַמִּזְבֵּחַ׃ וַיַּעֲרֹךְ אֶת־הָעֵצִים וַיְנַתַּח אֶת־הַפָּר
לד וַיָּשֶׂם עַל־הָעֵצִים׃ וַיֹּאמֶר מִלְאוּ אַרְבָּעָה כַדִּים מַיִם וְיִצְקוּ עַל־הָעֹלָה
לה וְעַל־הָעֵצִים וַיֹּאמֶר שְׁנוּ וַיִּשְׁנוּ וַיֹּאמֶר שַׁלֵּשׁוּ וַיְשַׁלֵּשׁוּ׃ וַיֵּלְכוּ הַמַּיִם סָבִיב
לו לַמִּזְבֵּחַ וְגַם אֶת־הַתְּעָלָה מִלֵּא־מָיִם׃ וַיְהִי ׀ בַּעֲלוֹת הַמִּנְחָה וַיִּגַּשׁ אֵלִיָּהוּ
הַנָּבִיא וַיֹּאמַר יהוה אֱלֹהֵי אַבְרָהָם יִצְחָק וְיִשְׂרָאֵל הַיּוֹם יִוָּדַע כִּי־אַתָּה
אֱלֹהִים בְּיִשְׂרָאֵל וַאֲנִי עַבְדֶּךָ ובדבריך עָשִׂיתִי אֵת כָּל־הַדְּבָרִים הָאֵלֶּה׃ וּבִדְבָרְךָ
לז עֲנֵנִי יהוה עֲנֵנִי וְיֵדְעוּ הָעָם הַזֶּה כִּי־אַתָּה יהוה הָאֱלֹהִים וְאַתָּה הֲסִבֹּתָ
לח אֶת־לִבָּם אֲחֹרַנִּית׃ וַתִּפֹּל אֵשׁ־יהוה וַתֹּאכַל אֶת־הָעֹלָה וְאֶת־הָעֵצִים
לט וְאֶת־הָאֲבָנִים וְאֶת־הֶעָפָר וְאֶת־הַמַּיִם אֲשֶׁר־בַּתְּעָלָה לִחֵכָה׃ וַיַּרְא כָּל־
הָעָם וַיִּפְּלוּ עַל־פְּנֵיהֶם וַיֹּאמְרוּ יהוה הוּא הָאֱלֹהִים יהוה הוּא הָאֱלֹהִים׃* האשכנזים והספרדים מסיימים כאן
מ וַיֹּאמֶר אֵלִיָּהוּ לָהֶם תִּפְשׂוּ ׀ אֶת־נְבִיאֵי הַבַּעַל אִישׁ אַל־יִמָּלֵט מֵהֶם
מא וַיִּתְפְּשׂוּם וַיּוֹרִדֵם אֵלִיָּהוּ אֶל־נַחַל קִישׁוֹן וַיִּשְׁחָטֵם שָׁם׃ וַיֹּאמֶר אֵלִיָּהוּ
מב לְאַחְאָב עֲלֵה אֱכֹל וּשְׁתֵה כִּי־קוֹל הֲמוֹן הַגָּשֶׁם׃ וַיַּעֲלֶה אַחְאָב לֶאֱכֹל
וְלִשְׁתּוֹת וְאֵלִיָּהוּ עָלָה אֶל־רֹאשׁ הַכַּרְמֶל וַיִּגְהַר אַרְצָה וַיָּשֶׂם פָּנָיו בֵּין
מג בִּרְכָּו׃ וַיֹּאמֶר אֶל־נַעֲרוֹ עֲלֵה־נָא הַבֵּט דֶּרֶךְ־יָם וַיַּעַל וַיַּבֵּט וַיֹּאמֶר אֵין
מד מְאוּמָה וַיֹּאמֶר שֻׁב שֶׁבַע פְּעָמִים׃ וַיְהִי בַּשְּׁבִעִית וַיֹּאמֶר הִנֵּה־עָב קְטַנָּה
כְּכַף־אִישׁ עֹלָה מִיָּם וַיֹּאמֶר עֲלֵה אֱמֹר אֶל־אַחְאָב אֱסֹר וָרֵד וְלֹא יַעַצָרְכָה
מה הַגָּשֶׁם׃ וַיְהִי ׀ עַד־כֹּה וְעַד־כֹּה וְהַשָּׁמַיִם הִתְקַדְּרוּ עָבִים וְרוּחַ וַיְהִי גֶּשֶׁם
גָּדוֹל וַיִּרְכַּב אַחְאָב וַיֵּלֶךְ יִזְרְעֶאלָה׃

פרשת ויקהל

	כז	כו (ב)
נושאים לפי סדרים	בניית הכלים והחצר	השבת, התרומה למשכן ובניינו
	הר סיני	
	חלק ראשון משישה חודשים	

ויקהל

לה א וַיַּקְהֵ֣ל מֹשֶׁ֗ה אֶֽת־כָּל־עֲדַ֛ת בְּנֵ֥י יִשְׂרָאֵ֖ל וַיֹּ֣אמֶר
אֲלֵהֶ֑ם אֵ֚לֶּה הַדְּבָרִ֔ים אֲשֶׁר־צִוָּ֥ה יְהוָ֖ה לַעֲשֹׂ֥ת
ב אֹתָֽם׃ שֵׁ֣שֶׁת יָמִים֮ תֵּעָשֶׂ֣ה מְלָאכָה֒ וּבַיּ֣וֹם
הַשְּׁבִיעִ֗י יִהְיֶ֨ה לָכֶ֥ם קֹ֛דֶשׁ שַׁבַּ֥ת שַׁבָּת֖וֹן לַיהוָ֑ה
ג כָּל־הָעֹשֶׂ֥ה ב֛וֹ מְלָאכָ֖ה יוּמָֽת׃ לֹא־תְבַעֲר֣וּ אֵ֔שׁ
בְּכֹ֖ל מֹשְׁבֹֽתֵיכֶ֑ם בְּי֖וֹם הַשַּׁבָּֽת׃

מצווה קיד
איסור עשיית משפט
מוות בשבת

ד ▸ וַיֹּ֣אמֶר מֹשֶׁ֔ה אֶל־כָּל־עֲדַ֥ת בְּנֵֽי־יִשְׂרָאֵ֖ל לֵאמֹ֑ר
ה זֶ֣ה הַדָּבָ֔ר אֲשֶׁר־צִוָּ֥ה יְהוָ֖ה לֵאמֹֽר׃ קְח֨וּ מֵאִתְּכֶ֤ם
תְּרוּמָה֙ לַֽיהוָ֔ה כֹּ֚ל נְדִ֣יב לִבּ֔וֹ יְבִיאֶ֕הָ אֵ֖ת תְּרוּמַ֣ת
ו יְהוָ֑ה זָהָ֥ב וָכֶ֖סֶף וּנְחֹֽשֶׁת׃ וּתְכֵ֧לֶת וְאַרְגָּמָ֛ן
ז וְתוֹלַ֥עַת שָׁנִ֖י וְשֵׁ֥שׁ וְעִזִּֽים׃ וְעֹרֹ֨ת אֵילִ֧ם מְאָדָּמִ֛ים
ח וְעֹרֹ֥ת תְּחָשִׁ֖ים וַעֲצֵ֥י שִׁטִּֽים׃ וְשֶׁ֖מֶן לַמָּא֑וֹר
וּבְשָׂמִים֙ לְשֶׁ֣מֶן הַמִּשְׁחָ֔ה וְלִקְטֹ֖רֶת הַסַּמִּֽים׃
ט י וְאַ֨בְנֵי־שֹׁ֔הַם וְאַבְנֵ֖י מִלֻּאִ֑ים לָאֵפ֖וֹד וְלַחֹֽשֶׁן׃ וְכָל־
חֲכַם־לֵ֖ב בָּכֶ֑ם יָבֹ֣אוּ וְיַעֲשׂ֔וּ אֵ֛ת כָּל־אֲשֶׁ֥ר צִוָּ֖ה
יא יְהוָֽה׃ ▸ אֶת־הַמִּשְׁכָּ֕ן אֶת־אָהֳל֖וֹ וְאֶת־מִכְסֵ֑הוּ
אֶת־קְרָסָיו֙ וְאֶת־קְרָשָׁ֔יו אֶת־בְּרִיחָ֕ו אֶת־עַמֻּדָ֖יו
יב וְאֶת־אֲדָנָֽיו׃ אֶת־הָאָרֹ֥ן וְאֶת־בַּדָּ֖יו אֶת־הַכַּפֹּ֑רֶת

יג ואת פרכת המסך: את־השלחן ואת־בדיו
יד ואת־כל־כליו ואת לחם הפנים: ואת־מנרת
המאור ואת־כליה ואת־נרתיה ואת שמן

לה א ואכניש משה, ית כל כנשתא, דבני ישראל ואמר להון, אלין פתגמיא, דפקיד יי למעבד
ב יתהון: שתא יומין תתעביד עבידתא, וביומא שביעאה, יהי לכון קדשא, שבא שבתא
ג קדם יי, כל דיעביד ביה, עבידתא יתקטיל: לא תבערון אישתא, בכל מותבניכון, ביומא
ד דשבתא: ואמר משה, לכל כנשתא דבני ישראל למימר, דין פתגמא, דפקיד יי למימר:
ה סבו מנכון אפרשותא קדם יי, כל דיתרעי לביה, ייתי, ית אפרשותא קדם יי, דהבא וכספא
ו ז ונחשא: ותכלא וארגונא, וצבע זהורי ובוץ ומעזי: ומשכי דדכרי מסמקי, ומשכי ססגונא
ח ט ואעי שטין: ומשחא לאנהרותא, ובסמיא למשח רבותא, ולקטרת בסמיא: ואבני בורלא,
י ואבני אשלמותא, לשקעא באיפודא ובחושנא: וכל חכימי לבא דבכון, ייתון ויעבדון, ית
יא כל דפקיד יי: ית משכנא, ית פרסיה וית חופאיה, פורפוהי דפוהי, עברוהי, עמודוהי
יב יג וסמכוהי: ית ארונא וית אריחוהי ית כפורתא, וית פרכתא דפרסא: ית פתורא וית אריחוהי
יד וית כל מנוהי, וית לחים אפיא: וית מנרתא דאנהורי, וית מנהא וית בוצינהא, וית משחא

א) ויקהל משה. למחרת יום הכפורים כשירד מן ההר. והוא לשון הפעיל, שאינו אוסף אדם בידים, אלא הן נאספים על פי דבורו, ותרגומו: "ואכניש".

ב) ששת ימים. הקדים להם אזהרת שבת לצווי מלאכת המשכן, לומר שאינו דוחה את השבת.

ג) לא תבערו אש. יש מרבותינו אומרים הבערה ללאו יצאת, ויש אומרים לחלק יצאת.

ד) זה הדבר אשר צוה ה'. לי "לאמר" לכם.

ה) נדיב לבו. על שם שלבו נודבו קרוי 'נדיב לב'. כבר פרשתי נדבת המשכן ומלאכתו במקום צואתם.

יא) את המשכן. יריעות התחתונות הנראות בתוכו קרוי 'משכן': את אהלו. הוא אהל יריעות עזים העשוי לגג: ואת מכסהו. מכסה עורות אילים והתחשים:

יב) ואת פרכת המסך. פרכת המחיצה. כל דבר המגן בין מלמעלה בין מכנגד קרוי 'מסך' ו'סכך', וכן: "שכת בעדו" (איוב א, י), "הנני שך את דרכך" (הושע ב, ח):

יג) לחם הפנים. כבר פרשתי (לעיל כה, כט) על שם שהיו לו פנים לכאן ולכאן, שהיה עשוי כמין תבה פרוצה:

יד) ואת כליה. מלקחים ומחתות: נרתיה. לוצי"ש בלעז, בזיכים שהשמן והפתילות נתונין בהן: ואת שמן המאור. אף הוא צריך חכמי לב, שהוא משנה משאר שמנים, כמו שמפרש במנחות (דף פו ע"א): מגרגרו בראש הזית, והוא כתית וזך:

ויקהל

טו הַמָּאוֹר׃ וְאֶת־מִזְבַּח הַקְּטֹרֶת וְאֶת־בַּדָּיו וְאֵת
שֶׁמֶן הַמִּשְׁחָה וְאֵת קְטֹרֶת הַסַּמִּים וְאֶת־מָסַךְ
טז הַפֶּתַח לְפֶתַח הַמִּשְׁכָּן׃ אֵת ׀ מִזְבַּח הָעֹלָה
וְאֶת־מִכְבַּר הַנְּחֹשֶׁת אֲשֶׁר־לוֹ אֶת־בַּדָּיו וְאֶת־
יז כָּל־כֵּלָיו אֶת־הַכִּיֹּר וְאֶת־כַּנּוֹ׃ אֵת קַלְעֵי הֶחָצֵר
אֶת־עַמֻּדָיו וְאֶת־אֲדָנֶיהָ וְאֵת מָסַךְ שַׁעַר הֶחָצֵר׃
יח אֶת־יִתְדֹת הַמִּשְׁכָּן וְאֶת־יִתְדֹת הֶחָצֵר וְאֶת־
יט מֵיתְרֵיהֶם׃ אֶת־בִּגְדֵי הַשְּׂרָד לְשָׁרֵת בַּקֹּדֶשׁ
אֶת־בִּגְדֵי הַקֹּדֶשׁ לְאַהֲרֹן הַכֹּהֵן וְאֶת־בִּגְדֵי בָנָיו
כ לְכַהֵן׃ וַיֵּצְאוּ כָּל־עֲדַת בְּנֵי־יִשְׂרָאֵל מִלִּפְנֵי
כא מֹשֶׁה׃ ◂ וַיָּבֹאוּ כָּל־אִישׁ אֲשֶׁר־נְשָׂאוֹ לִבּוֹ וְכֹל שני
אֲשֶׁר נָדְבָה רוּחוֹ אֹתוֹ הֵבִיאוּ אֶת־תְּרוּמַת יְהוָה
לִמְלֶאכֶת אֹהֶל מוֹעֵד וּלְכָל־עֲבֹדָתוֹ וּלְבִגְדֵי
כב הַקֹּדֶשׁ׃ וַיָּבֹאוּ הָאֲנָשִׁים עַל־הַנָּשִׁים כֹּל ׀ נְדִיב
לֵב הֵבִיאוּ חָח וָנֶזֶם וְטַבַּעַת וְכוּמָז כָּל־כְּלִי זָהָב
כג וְכָל־אִישׁ אֲשֶׁר הֵנִיף תְּנוּפַת זָהָב לַיהוָה׃ וְכָל־
אִישׁ אֲשֶׁר־נִמְצָא אִתּוֹ תְּכֵלֶת וְאַרְגָּמָן וְתוֹלַעַת
שָׁנִי וְשֵׁשׁ וְעִזִּים וְעֹרֹת אֵילִם מְאָדָּמִים וְעֹרֹת
כד תְּחָשִׁים הֵבִיאוּ׃ כָּל־מֵרִים תְּרוּמַת כֶּסֶף וּנְחֹשֶׁת
הֵבִיאוּ אֵת תְּרוּמַת יְהוָה וְכֹל אֲשֶׁר נִמְצָא אִתּוֹ
עֲצֵי שִׁטִּים לְכָל־מְלֶאכֶת הָעֲבֹדָה הֵבִיאוּ׃

ויקהל

כה וְכָל־אִשָּׁה חַכְמַת־לֵב בְּיָדֶיהָ טָווּ וַיָּבִיאוּ מַטְוֶה
אֶת־הַתְּכֵלֶת וְאֶת־הָֽאַרְגָּמָן אֶת־תּוֹלַעַת הַשָּׁנִי
כו וְאֶת־הַשֵּׁשׁ׃ וְכָל־הַנָּשִׁים אֲשֶׁר נָשָׂא לִבָּן אֹתָנָה
כז בְּחָכְמָה טָווּ אֶת־הָֽעִזִּים׃ וְהַנְּשִׂאִם הֵבִיאוּ

טו דְּאַנְהָרוּתָא: וְיָת מַדְבְּחָא דִּקְטֹרֶת בֻּסְמַיָּא וְיָת אֲרִיחוֹהִי, וְיָת מִשְׁחָא דִּרְבוּתָא, וְיָת קְטֹרֶת
טז בֻּסְמַיָּא, וְיָת פְּרָסָא דְּתַרְעָא לִתְרַע מַשְׁכְּנָא: יָת מַדְבְּחָא דַּעֲלָתָא, וְיָת סְרָדָא דִּנְחָשָׁא
יז דִּילֵיהּ, יָת אֲרִיחוֹהִי וְיָת כָּל מָנוֹהִי, יָת כִּיּוֹרָא וְיָת בְּסִיסֵיהּ: יָת סְרָדֵי דָּרְתָא, יָת עַמּוּדוֹהִי
יח וְיָת סָמְכַהָא, וְיָת, פְּרָסָא דִּתְרַע דָּרְתָא: יָת סִכֵּי מַשְׁכְּנָא, וְיָת סִכֵּי דָּרְתָא וְיָת אֲטוּנֵיהוֹן:
יט יָת לְבוּשֵׁי שִׁמּוּשָׁא לְשַׁמָּשָׁא בְקֻדְשָׁא, יָת לְבוּשֵׁי קֻדְשָׁא לְאַהֲרֹן כָּהֲנָא, וְיָת לְבוּשֵׁי
כ כא בְּנוֹהִי לְשַׁמָּשָׁא: וּנְפַקוּ, כָּל כְּנִשְׁתָּא דִּבְנֵי יִשְׂרָאֵל מִן קֳדָם מֹשֶׁה: וַאֲתוֹ, כָּל גְּבַר דְּאִתְרְעִי
לִבֵּיהּ, וְכֹל, דְּאַשְׁלֵימַת רוּחֵיהּ עִמֵּיהּ, אַיְתִיאוּ, יָת אַפְרָשׁוּתָא קֳדָם יְיָ, לַעֲבִידַת מַשְׁכַּן
כב זִמְנָא וּלְכָל פָּלְחָנֵיהּ, וּלְלְבוּשֵׁי קֻדְשָׁא: וּמֵיתַן גֻּבְרַיָּא עַל נְשַׁיָּא, כָּל דְּאִתְרְעִי לִבֵּיהּ,
אַיְתִיאוּ, שֵׁירִין וְשַׁבִּין, וְעִזְקָן וּמָחוֹךְ כָּל מַן דִּדְהַב, וְכָל גְּבַר, דַּאֲרֵים, אֲרָמוּת דַּהֲבָא קֳדָם
כג יְיָ: וְכָל גְּבַר דְּאִשְׁתְּכַח עִמֵּיהּ, תַּכְלָא וְאַרְגְּוָנָא, וּצְבַע זְהוֹרִי וּבוּץ וּמַעֲזֵי, וּמַשְׁכֵּי דִּדְכְרֵי
כד מְסַמְּקֵי, וּמַשְׁכֵּי סָסְגוֹנָא אַיְתִיאוּ: כָּל דַּאֲרֵים, אֲרָמוּת כְּסַף וּנְחָשׁ, אַיְתִיאוּ, יָת אַפְרָשׁוּתָא
כה קֳדָם יְיָ, וְכֹל, דְּאִשְׁתְּכַח עִמֵּיהּ, אָעֵי שִׁטִּין, לְכָל עֲבִידַת פָּלְחָנָא אַיְתִיאוּ: וְכָל אִתְּתָא
חַכִּימַת לִבָּא בִּידַהָא עָזְלָא, וּמֵיתַן כַּד עֲזִיל, יָת תַּכְלָא וְיָת אַרְגְּוָנָא, יָת צְבַע זְהוֹרִי וְיָת
כו כז בּוּצָא: וְכָל נְשַׁיָּא, דְּאִתְרְעִי לִבְּהוֹן, עִמְּהוֹן בְּחָכְמְתָא, עָזְלָן יָת מַעֲזַיָּא: וְרַבְרְבַיָּא אַיְתִיאוּ,

טו **מָסַךְ הַפֶּתַח.** וִילוֹן שֶׁלִּפְנֵי הַמִּזְרָח, שֶׁלֹּא הָיוּ שָׁם קְרָשִׁים וְלֹא יְרִיעוֹת:

יז **אֶת עַמֻּדָיו וְאֶת אֲדָנֶיהָ.** הֲרֵי 'חָצֵר' קָרוּי כָּאן לְשׁוֹן זָכָר וּלְשׁוֹן נְקֵבָה, וְכֵן דְּבָרִים הַרְבֵּה: **וְאֵת מָסַךְ שַׁעַר הֶחָצֵר.** וִילוֹן פָּרוּשׂ לְצַד הַמִּזְרָח, עֶשְׂרִים אַמָּה אֶמְצָעִיּוֹת שֶׁל רֹחַב הֶחָצֵר, שֶׁהָיָה חֲמִשִּׁים רֹחַב, וּסְתוּמִין הֵימֶנּוּ לְצַד צָפוֹן חָמֵשׁ עֶשְׂרֵה אַמָּה וְכֵן לַדָּרוֹם, שֶׁנֶּאֱמַר: "וַחֲמֵשׁ עֶשְׂרֵה אַמָּה קְלָעִים לַכָּתֵף" (לעיל כז, יד):

יח **יִתְדֹת.** לִתְקֹעַ וְלִקְשֹׁר בָּהֶם סוֹפֵי הַיְרִיעוֹת בָּאָרֶץ שֶׁלֹּא יָנוּעוּ בָּרוּחַ: **מֵיתְרֵיהֶם.** חֲבָלִים לִקְשֹׁר:

יט **בִּגְדֵי הַשְּׂרָד.** לְכַסּוֹת הָאָרוֹן וְהַשֻּׁלְחָן וְהַמְּנוֹרָה וְהַמִּזְבְּחוֹת בִּשְׁעַת סִלּוּק הַמַּסָּעוֹת:

כב **עַל הַנָּשִׁים.** עִם הַנָּשִׁים וּסְמוּכִין אֲלֵיהֶם: **חָח.** הוּא תַּכְשִׁיט שֶׁל זָהָב עָגֹל נָתוּן עַל הַזְּרוֹעַ וְהוּא הַצָּמִיד: **וְכוּמָז.** כְּלִי זָהָב הוּא נָתוּן כְּנֶגֶד אוֹתוֹ מָקוֹם לָאִשָּׁה. וְרַבּוֹתֵינוּ פֵּרְשׁוּ שֵׁם 'כּוּמָז': כָּאן מְקוֹם זִמָּה:

כג **וְכָל אִישׁ אֲשֶׁר נִמְצָא אִתּוֹ.** תְּכֵלֶת אוֹ אַרְגָּמָן אוֹ תּוֹלַעַת שָׁנִי אוֹ עוֹרוֹת אֵילִים אוֹ תְּחָשִׁים, כֻּלָּם "הֵבִיאוּ":

כו **טָווּ אֶת הָעִזִּים.** הִיא הָיְתָה אֻמָּנוּת יְתֵרָה, שֶׁמֵּעַל גַּבֵּי הָעִזִּים טָווּ אוֹתָם:

כז **וְהַנְּשִׂאִם הֵבִיאוּ.** אָמַר רַבִּי נָתָן: מָה רָאוּ נְשִׂיאִים לְהִתְנַדֵּב בַּחֲנֻכַּת הַמִּזְבֵּחַ בַּתְּחִלָּה, וּבִמְלֶאכֶת הַמִּשְׁכָּן לֹא הִתְנַדְּבוּ בַּתְּחִלָּה? אֶלָּא כָּךְ אָמְרוּ נְשִׂיאִים: יִתְנַדְּבוּ צִבּוּר מַה שֶּׁמִּתְנַדְּבִין, וּמַה שֶּׁמְּחַסְּרִין – אָנוּ מַשְׁלִימִין אוֹתוֹ. כֵּיוָן

אֵת אַבְנֵי הַשֹּׁהַם וְאֵת אַבְנֵי הַמִּלֻּאִים לָאֵפוֹד
כח וְלַחֹשֶׁן: וְאֶת־הַבֹּשֶׂם וְאֶת־הַשָּׁמֶן לְמָאוֹר
כט וּלְשֶׁמֶן הַמִּשְׁחָה וְלִקְטֹרֶת הַסַּמִּים: כָּל־אִישׁ
וְאִשָּׁה אֲשֶׁר נָדַב לִבָּם אֹתָם לְהָבִיא לְכָל־
הַמְּלָאכָה אֲשֶׁר צִוָּה יְהֹוָה לַעֲשׂוֹת בְּיַד־מֹשֶׁה
הֵבִיאוּ בְנֵי־יִשְׂרָאֵל נְדָבָה לַיהֹוָה:
ל וַיֹּאמֶר מֹשֶׁה אֶל־בְּנֵי יִשְׂרָאֵל רְאוּ קָרָא יְהֹוָה שלישי /שני/
בְּשֵׁם בְּצַלְאֵל בֶּן־אוּרִי בֶן־חוּר לְמַטֵּה יְהוּדָה:
לא וַיְמַלֵּא אֹתוֹ רוּחַ אֱלֹהִים בְּחָכְמָה בִּתְבוּנָה
לב וּבְדַעַת וּבְכָל־מְלָאכָה: וְלַחְשֹׁב מַחֲשָׁבֹת לַעֲשֹׂת
לג בַּזָּהָב וּבַכֶּסֶף וּבַנְּחֹשֶׁת: וּבַחֲרֹשֶׁת אֶבֶן לְמַלֹּאת
וּבַחֲרֹשֶׁת עֵץ לַעֲשׂוֹת בְּכָל־מְלֶאכֶת מַחֲשָׁבֶת:
לד וּלְהוֹרֹת נָתַן בְּלִבּוֹ הוּא וְאָהֳלִיאָב בֶּן־אֲחִיסָמָךְ
לה לְמַטֵּה־דָן: מִלֵּא אֹתָם חָכְמַת־לֵב לַעֲשׂוֹת כָּל־
מְלֶאכֶת חָרָשׁ ׀ וְחֹשֵׁב וְרֹקֵם בַּתְּכֵלֶת וּבָאַרְגָּמָן
בְּתוֹלַעַת הַשָּׁנִי וּבַשֵּׁשׁ וְאֹרֵג עֹשֵׂי כָּל־מְלָאכָה
לו א וְחֹשְׁבֵי מַחֲשָׁבֹת: וְעָשָׂה בְצַלְאֵל וְאָהֳלִיאָב
וְכֹל ׀ אִישׁ חֲכַם־לֵב אֲשֶׁר נָתַן יְהֹוָה חָכְמָה
וּתְבוּנָה בָּהֵמָּה לָדַעַת לַעֲשֹׂת אֶת־כָּל־מְלֶאכֶת
ב עֲבֹדַת הַקֹּדֶשׁ לְכֹל אֲשֶׁר־צִוָּה יְהֹוָה: וַיִּקְרָא
מֹשֶׁה אֶל־בְּצַלְאֵל וְאֶל־אָהֳלִיאָב וְאֶל כָּל־אִישׁ

חֲכַם־לֵב אֲשֶׁר נָתַן יְהוָה חָכְמָה בְּלִבּוֹ כֹּל אֲשֶׁר
נְשָׂאוֹ לִבּוֹ לְקָרְבָה אֶל־הַמְּלָאכָה לַעֲשֹׂת אֹתָהּ׃
ג וַיִּקְחוּ מִלִּפְנֵי מֹשֶׁה אֵת כָּל־הַתְּרוּמָה אֲשֶׁר
הֵבִיאוּ בְּנֵי יִשְׂרָאֵל לִמְלֶאכֶת עֲבֹדַת הַקֹּדֶשׁ
לַעֲשֹׂת אֹתָהּ וְהֵם הֵבִיאוּ אֵלָיו עוֹד נְדָבָה
ד בַּבֹּקֶר בַּבֹּקֶר׃ וַיָּבֹאוּ כָּל־הַחֲכָמִים הָעֹשִׂים
אֵת כָּל־מְלֶאכֶת הַקֹּדֶשׁ אִישׁ אִישׁ מִמְּלַאכְתּוֹ
ה אֲשֶׁר־הֵמָּה עֹשִׂים׃ וַיֹּאמְרוּ אֶל־מֹשֶׁה לֵּאמֹר

כח יָת אַבְנֵי בֻרְלָא, וְיָת אַבְנֵי אַשְׁלָמוּתָא, לְשַׁקָּעָא בְּאֵיפוֹדָא וּבְחֻשְׁנָא: וְיָת בֻּסְמָא וְיָת
כט מִשְׁחָא, לְאַנְהָרוּתָא, וּלְמִשַׁח רְבוּתָא, וְלִקְטֹרֶת בֻּסְמַיָּא: כָּל גְּבַר וְאִתָּא, דְּאִתְּרְעִי לִבְּהוֹן
עִמְּהוֹן, לְאֵיתָאָה לְכָל עֲבִידְתָא, דְּפַקֵּיד יְיָ, לְמֶעְבַּד בִּידָא דְּמֹשֶׁה, אֵיתִיאוּ בְּנֵי יִשְׂרָאֵל,
ל נְדַבְתָּא קֳדָם יְיָ: וַאֲמַר מֹשֶׁה לִבְנֵי יִשְׂרָאֵל, חֲזוֹ, דְּרַבִּי יְיָ בְּשׁוּם, בְּצַלְאֵל, בַּר אוּרִי בַר חוּר
לא לְשִׁבְטָא דִיהוּדָה: וְאַשְׁלֵים עִמֵּיהּ רוּחַ מִן קֳדָם יְיָ, בְּחָכְמָא, בְּסֻכְלְתָנוּ וּבְמַדַּע וּבְכָל עֲבִידָא:
לב לג וּלְאַלָּפָא אֻמָּנְוָן, לְמֶעְבַּד, בְּדַהֲבָא וּבְכַסְפָּא וּבִנְחָשָׁא: וּבְאֻמָּנוּת אֶבֶן טָבָא, לְאַשְׁלָמָא
לד וּבְנַגָּרוּת אָעָא, לְמֶעְבַּד בְּכָל עֲבִידַת אֻמָּנְוָן: וּלְאַלָּפָא יְהַב בְּלִבֵּיהּ, הוּא, וְאָהֳלִיאָב בַּר
לה אֲחִיסָמָךְ לְשִׁבְטָא דְדָן: אַשְׁלֵים עִמְּהוֹן חַכִּימוּת לִבָּא, לְמֶעְבַּד כָּל עֲבִידַת נַגָּר וְאֻמָּן, וְצַיָּר
לו א בְּתִכְלָא וּבְאַרְגְּוָנָא, בִּצְבַע זְהוֹרִי, וּבְבוּצָא וּמָחֵי, עָבְדֵי כָּל עֲבִידָא, וּמַלְפֵי אֻמָּנְוָן: וְיַעֲבֵיד
בְּצַלְאֵל וְאָהֳלִיאָב, וְכָל גְּבַר חַכִּים לִבָּא, דִּיהַב יְיָ, חָכְמְתָא וְסֻכְלְתָנוּתָא בְּהוֹן, לְמִדַּע
ב לְמֶעְבַּד, יָת כָּל עֲבִידַת פֻּלְחַן קֻדְשָׁא, לְכָל דְּפַקֵּיד יְיָ: וּקְרָא מֹשֶׁה, לִבְצַלְאֵל וּלְאָהֳלִיאָב,
וּלְכָל גְּבַר חַכִּים לִבָּא, דִּיהַב יְיָ, חָכְמְתָא בְּלִבֵּיהּ, כָּל דְּאִתְּרְעִי לִבֵּיהּ, לְמִקְרַב לַעֲבִידְתָא
ג לְמֶעְבַּד יָתַהּ: וּנְסִיבוּ מִן קֳדָם מֹשֶׁה, יָת כָּל אַפְרָשׁוּתָא דְּאֵיתִיאוּ בְּנֵי יִשְׂרָאֵל, לַעֲבִידַת,
ד פֻּלְחַן קֻדְשָׁא לְמֶעְבַּד יָתַהּ, וְאִנּוּן, מֵיתַן לֵיהּ עוֹד, נְדַבְתָּא בִּצְפַר בִּצְפַר: וַאֲתוֹ כָּל חַכִּימַיָּא,
ה דְּעָבְדִין, יָת כָּל עֲבִידַת קֻדְשָׁא, גְּבַר גְּבַר מֵעֲבִידְתֵיהּ דְּאִנּוּן עָבְדִין: וַאֲמַרוּ לְמֹשֶׁה לְמֵימַר,

שֶׁהִשְׁלִימוּ עִבּוּר חֵת הַכֹּל, שֶׁנֶּאֱמַר: "וְהַמְּלָאכָה הָיְתָה דַיָּם" (להלן לו, ז), אָמְרוּ נְשִׂיאִים: מָה עָלֵינוּ לַעֲשׂוֹת? "הֵבִיאוּ אֵת אַבְנֵי הַשֹּׁהַם" וְגוֹ', לְכָךְ הִתְנַדְּבוּ בַּחֲנֻכַּת הַמִּזְבֵּחַ תְּחִלָּה. וּלְפִי שֶׁנִּתְעַצְּלוּ מִתְּחִלָּה נֶחְסְרָה אוֹת מִשְּׁמָם, "וְהַנְּשִׂאִם" כְּתִיב:

לו) חוּר. בְּנָהּ שֶׁל מִרְיָם הָיָה:

לד) וְאָהֳלִיאָב. מִשֵּׁבֶט דָּן, מִן הַיְּרוּדִין שֶׁבַּשְּׁבָטִים, מִבְּנֵי הַשְּׁפָחוֹת, וְהִשְׁוָהוּ הַמָּקוֹם לִבְצַלְאֵל לִמְלֶאכֶת הַמִּשְׁכָּן וְהוּא מִגְּדוֹלֵי הַשְּׁבָטִים, לְקַיֵּם מַה שֶּׁנֶּאֱמַר: "וְלֹא נִכַּר שׁוֹעַ לִפְנֵי דָל" (איוב לד, יט):

מַרְבִּים הָעָם לְהָבִיא מִדֵּי הָעֲבֹדָה לַמְּלָאכָה
ו אֲשֶׁר־צִוָּה יְהוָה לַעֲשֹׂת אֹתָהּ׃ וַיְצַו מֹשֶׁה וַיַּעֲבִירוּ
קוֹל בַּמַּחֲנֶה לֵאמֹר אִישׁ וְאִשָּׁה אַל־יַעֲשׂוּ־עוֹד
מְלָאכָה לִתְרוּמַת הַקֹּדֶשׁ וַיִּכָּלֵא הָעָם מֵהָבִיא׃
ז וְהַמְּלָאכָה הָיְתָה דַיָּם לְכָל־הַמְּלָאכָה לַעֲשׂוֹת
רביעי ח אֹתָהּ וְהוֹתֵר׃ וַיַּעֲשׂוּ כָל־חֲכַם־לֵב
בְּעֹשֵׂי הַמְּלָאכָה אֶת־הַמִּשְׁכָּן עֶשֶׂר יְרִיעֹת שֵׁשׁ
מָשְׁזָר וּתְכֵלֶת וְאַרְגָּמָן וְתוֹלַעַת שָׁנִי כְּרֻבִים
ט מַעֲשֵׂה חֹשֵׁב עָשָׂה אֹתָם׃ אֹרֶךְ הַיְרִיעָה הָאַחַת
שְׁמֹנֶה וְעֶשְׂרִים בָּאַמָּה וְרֹחַב אַרְבַּע בָּאַמָּה
י הַיְרִיעָה הָאֶחָת מִדָּה אַחַת לְכָל־הַיְרִיעֹת׃ וַיְחַבֵּר
אֶת־חֲמֵשׁ הַיְרִיעֹת אַחַת אֶל־אֶחָת וְחָמֵשׁ יְרִיעֹת
יא חִבַּר אַחַת אֶל־אֶחָת׃ וַיַּעַשׂ לֻלְאֹת תְּכֵלֶת עַל
שְׂפַת הַיְרִיעָה הָאֶחָת מִקָּצָה בַּמַּחְבָּרֶת כֵּן עָשָׂה
בִּשְׂפַת הַיְרִיעָה הַקִּיצוֹנָה בַּמַּחְבֶּרֶת הַשֵּׁנִית׃
יב חֲמִשִּׁים לֻלָאֹת עָשָׂה בַּיְרִיעָה הָאֶחָת וַחֲמִשִּׁים
לֻלָאֹת עָשָׂה בִּקְצֵה הַיְרִיעָה אֲשֶׁר בַּמַּחְבֶּרֶת
יג הַשֵּׁנִית מַקְבִּילֹת הַלֻּלָאֹת אַחַת אֶל־אֶחָת׃ וַיַּעַשׂ
חֲמִשִּׁים קַרְסֵי זָהָב וַיְחַבֵּר אֶת־הַיְרִיעֹת אַחַת
אֶל־אַחַת בַּקְּרָסִים וַיְהִי הַמִּשְׁכָּן אֶחָד׃
יד וַיַּעַשׂ יְרִיעֹת עִזִּים לְאֹהֶל עַל־הַמִּשְׁכָּן עַשְׁתֵּי־

טו עֶשְׂרֵה יְרִיעֹת עָשָׂה אֹתָם: אֹרֶךְ הַיְרִיעָה
הָאַחַת שְׁלֹשִׁים בָּאַמָּה וְאַרְבַּע אַמּוֹת רֹחַב
הַיְרִיעָה הָאֶחָת מִדָּה אַחַת לְעַשְׁתֵּי עֶשְׂרֵה
טז יְרִיעֹת: וַיְחַבֵּר אֶת־חֲמֵשׁ הַיְרִיעֹת לְבָד וְאֶת־
יז שֵׁשׁ הַיְרִיעֹת לְבָד: וַיַּעַשׂ לֻלָאֹת חֲמִשִּׁים עַל
שְׂפַת הַיְרִיעָה הַקִּיצֹנָה בַּמַּחְבָּרֶת וַחֲמִשִּׁים
לֻלָאֹת עָשָׂה עַל־שְׂפַת הַיְרִיעָה הַחֹבֶרֶת
יח הַשֵּׁנִית: וַיַּעַשׂ קַרְסֵי נְחֹשֶׁת חֲמִשִּׁים לְחַבֵּר

ו מְסַגַּן עַמָּא לְאֵיתָאָה, מִסַּת פָּלְחָנָא לַעֲבִידְתָּא, דְּפַקֵּיד יי לְמֶעְבַּד יָתַהּ: וּפַקֵּיד מֹשֶׁה,
וְאַעֲבַרוּ כָּרוֹז בְּמַשְׁרִיתָא לְמֵימַר, גְּבַר וְאִתְּתָא, לָא יַעְבְּדוּן עוֹד, עֲבִידְתָּא לְאַפְרָשׁוּת קֻדְשָׁא,
ז ח וּפְסַק עַמָּא מִלְּאֵיתָאָה: וַעֲבִידְתָּא, הֲוָת מִסַּת, לְכָל עֲבִידְתָּא לְמֶעְבַּד יָתַהּ, וְיַתְּרַת: וַעֲבַדוּ
כָּל חַכִּימֵי לִבָּא, בְּעָבְדֵי עֲבִידְתָּא, יָת מַשְׁכְּנָא עֲסַר יְרִיעָן, דְּבוּץ שְׁזִיר, וְתַכְלָא וְאַרְגְּוָנָא
ט וּצְבַע זְהוֹרִי, צוּרַת כְּרוּבִין, עוֹבַד אֻמָּן עֲבַד יָתְהוֹן: אֻרְכָּא דִּירִיעֲתָא חֲדָא, עַסְרִין וְתַמְנֵי
י אַמִּין, וּפְתָיָא אַרְבַּע אַמִּין, דִּירִיעֲתָא חֲדָא, מִשְׁחֲתָא חֲדָא לְכָל יְרִיעָתָא: וְלָפֵיף יָת חֲמֵשׁ
יא יְרִיעָן, חֲדָא עִם חֲדָא, וַחֲמֵשׁ יְרִיעָן לָפֵיף, חֲדָא עִם חֲדָא: וַעֲבַד עֲנוּבִין דְּתַכְלָא, עַל סִפְתָּא
דִּירִיעֲתָא חֲדָא, מִסִּטְרָא בֵּית לוֹפֵי, כֵּן עֲבַד בְּסִפְתָּא דִּירִיעֲתָא, בְּסִטְרָא, בֵּית לוֹפֵי תִּנְיָנָא:
יב חַמְשִׁין עֲנוּבִין, עֲבַד בִּירִיעֲתָא חֲדָא, וְחַמְשִׁין עֲנוּבִין, עֲבַד בְּסִטְרָא דִּירִיעֲתָא, דְּבֵית לוֹפֵי
יג תִּנְיָנָא, מְכַוְּנָן עֲנוּבַיָּא, חֲדָא לָקֳבֵיל חֲדָא: וַעֲבַד, חַמְשִׁין פֻּרְפִּין דִּדְהַב, וְלָפֵיף יָת יְרִיעָתָא,
יד חֲדָא עִם חֲדָא בְּפֻרְפַיָּא, וַהֲוָה מַשְׁכְּנָא חַד: וַעֲבַד יְרִיעָן דִּמְעַזֵּי, לִפְרָסָא עַל מַשְׁכְּנָא, חֲדָא
טו עַסְרֵי יְרִיעָן עֲבַד יָתְהוֹן: אֻרְכָּא דִּירִיעֲתָא חֲדָא, תְּלָתִין אַמִּין, וְאַרְבַּע אַמִּין, פְּתָיָא דִּירִיעֲתָא
טז חֲדָא, מִשְׁחֲתָא חֲדָא, לַחֲדָא עַסְרֵי יְרִיעָן: וְלָפֵיף, יָת חֲמֵשׁ יְרִיעָן לְחוּד, וְיָת שִׁית
יז יְרִיעָן לְחוּד: וַעֲבַד עֲנוּבִין חַמְשִׁין, עַל סִפְתָּא דִּירִיעֲתָא, בְּסִטְרָא בֵּית לוֹפֵי, וְחַמְשִׁין עֲנוּבִין,
יח עֲבַד עַל סִפְתָּא דִּירִיעֲתָא, דְּבֵית לוֹפֵי תִּנְיָנָא: וַעֲבַד, פֻּרְפִּין דִּנְחָשׁ חַמְשִׁין, לְלָפָפָא

פרק לו

ה מִדֵּי הָעֲבֹדָה. יוֹתֵר מִכְּדֵי צֹרֶךְ הָעֲבוֹדָה:
ו וַיִּכָּלֵא. לְשׁוֹן מְנִיעָה:
ז וְהַמְּלָאכָה הָיְתָה דַיָּם לְכָל הַמְּלָאכָה. וּמְלֶאכֶת הַהֲבָאָה "הָיְתָה דַיָּם" שֶׁל עוֹשֵׂי הַמִּשְׁכָּן, "לְכָל הַמְּלָאכָה" שֶׁל מִשְׁכָּן "לַעֲשׂוֹת אוֹתָהּ" וּלְהוֹתֵר: וְהוֹתֵר. כְּמוֹ: "וְהַכְבֵּד אֶת לִבּוֹ" (לעיל ח, יא), "וְהַכּוֹת אֶת מוֹאָב" (מלכים ב׳ ג, כד):

אֶת־הָאֹהֶל לִהְיֹת אֶחָד׃ וַיַּעַשׂ מִכְסֶה לָאֹהֶל יט
עֹרֹת אֵילִם מְאָדָּמִים וּמִכְסֵה עֹרֹת תְּחָשִׁים
חמישי מִלְמָעְלָה׃ וַיַּעַשׂ אֶת־הַקְּרָשִׁים כ
לַמִּשְׁכָּן עֲצֵי שִׁטִּים עֹמְדִים׃ עֶשֶׂר אַמֹּת אֹרֶךְ כא
הַקָּרֶשׁ וְאַמָּה וַחֲצִי הָאַמָּה רֹחַב הַקֶּרֶשׁ הָאֶחָד׃
שְׁתֵּי יָדֹת לַקֶּרֶשׁ הָאֶחָד מְשֻׁלָּבֹת אַחַת אֶל־ כב
אֶחָת כֵּן עָשָׂה לְכֹל קַרְשֵׁי הַמִּשְׁכָּן׃ וַיַּעַשׂ כג
אֶת־הַקְּרָשִׁים לַמִּשְׁכָּן עֶשְׂרִים קְרָשִׁים לִפְאַת
נֶגֶב תֵּימָנָה׃ וְאַרְבָּעִים אַדְנֵי־כֶסֶף עָשָׂה תַּחַת כד
עֶשְׂרִים הַקְּרָשִׁים שְׁנֵי אֲדָנִים תַּחַת־הַקֶּרֶשׁ
הָאֶחָד לִשְׁתֵּי יְדֹתָיו וּשְׁנֵי אֲדָנִים תַּחַת־הַקֶּרֶשׁ
הָאֶחָד לִשְׁתֵּי יְדֹתָיו׃ וּלְצֶלַע הַמִּשְׁכָּן הַשֵּׁנִית כה
לִפְאַת צָפוֹן עָשָׂה עֶשְׂרִים קְרָשִׁים׃ וְאַרְבָּעִים כו
אַדְנֵיהֶם כָּסֶף שְׁנֵי אֲדָנִים תַּחַת הַקֶּרֶשׁ הָאֶחָד
וּשְׁנֵי אֲדָנִים תַּחַת הַקֶּרֶשׁ הָאֶחָד׃ וּלְיַרְכְּתֵי כז
הַמִּשְׁכָּן יָמָּה עָשָׂה שִׁשָּׁה קְרָשִׁים׃ וּשְׁנֵי כח
קְרָשִׁים עָשָׂה לִמְקֻצְעֹת הַמִּשְׁכָּן בַּיַּרְכָתָיִם׃
וְהָיוּ תוֹאֲמִם מִלְּמַטָּה וְיַחְדָּו יִהְיוּ תַמִּים אֶל־ כט
רֹאשׁוֹ אֶל־הַטַּבַּעַת הָאֶחָת כֵּן עָשָׂה לִשְׁנֵיהֶם
לִשְׁנֵי הַמִּקְצֹעֹת׃ וְהָיוּ שְׁמֹנָה קְרָשִׁים וְאַדְנֵיהֶם ל

ויקהל

כֶּסֶף שִׁשָּׁה עָשָׂר אֲדָנִים שְׁנֵי אֲדָנִים
תַּחַת הַקֶּרֶשׁ הָאֶחָד׃ וַיַּעַשׂ בְּרִיחֵי עֲצֵי שִׁטִּים לא
חֲמִשָּׁה לְקַרְשֵׁי צֶלַע־הַמִּשְׁכָּן הָאֶחָת׃ וַחֲמִשָּׁה לב
בְרִיחִם לְקַרְשֵׁי צֶלַע־הַמִּשְׁכָּן הַשֵּׁנִית וַחֲמִשָּׁה
בְרִיחִם לְקַרְשֵׁי הַמִּשְׁכָּן לַיַּרְכָתַיִם יָמָּה׃ וַיַּעַשׂ לג
אֶת־הַבְּרִיחַ הַתִּיכֹן לִבְרֹחַ בְּתוֹךְ הַקְּרָשִׁים מִן־
הַקָּצֶה אֶל־הַקָּצֶה׃ וְאֶת־הַקְּרָשִׁים צִפָּה זָהָב לד
וְאֶת־טַבְּעֹתָם עָשָׂה זָהָב בָּתִּים לַבְּרִיחִם וַיְצַף
אֶת־הַבְּרִיחִם זָהָב׃ וַיַּעַשׂ אֶת־הַפָּרֹכֶת תְּכֵלֶת לה
וְאַרְגָּמָן וְתוֹלַעַת שָׁנִי וְשֵׁשׁ מָשְׁזָר מַעֲשֵׂה

יט ית משכנא למהוי חד: ועבד חופאה למשכנא, דמשכי דכרי מסמקי, וחופאה, דמשכי
כ כא ססגונא מלעילא: ועבד ית דפיא למשכנא, דאעי שטין קימין: עסר אמין ארכא דדפא,
כב ואמתא ופלגות אמתא, פתיא דדפא חד: תרין צירין, לדפא חד, משלבין, חד לקביל חד, כן
כג כד עבד, לכל דפי משכנא: ועבד ית דפיא למשכנא, עסרין דפין, לרוח עיבר דרומא: וארבעין
סמכין דכסף, עבד, תחות עסרין דפין, תרין סמכין, תחות דפא חד לתרין צירוהי, ותרין סמכין,
כה כו תחות דפא חד לתרין צירוהי: ולסטר משכנא, תנינא לרוח צפונא, עבד עסרין דפין: וארבעין
כז סמכיהון דכסף, תרין סמכין, תחות דפא חד, ותרין סמכין, תחות דפא חד: ולסיפי משכנא
כח כט מערבא, עבד שתא דפין: ותרין דפין עבד, לזוית משכנא, בסופיהון: והון מכונין מלרע,
ל וכחדא, הוו מכונין ברישיהון, לעזקתא חדא, כן עבד לתרויהון, לתרתין זוין: והון תמניא
לא דפין, וסמכיהון דכסף, שתת עסר סמכין, תרין סמכין תרין סמכין, תחות דפא חד: ועבד
לב עברי דאעי שטין, חמשא, לדפי סטר משכנא חד: וחמשא עברין, לדפי סטר משכנא תנינא,
לג וחמשא עברין לדפי משכנא, לסופיהון מערבא: ועבד ית עברא מציעאה, לאעברא בגו
לד דפיא, מן סיפי לסיפי: וית דפיא חפא דהבא, וית עזקתהון עבד דהבא, אתרא לעבריא,
לה וחפא ית עבריא דהבא: ועבד ית פרכתא, תכלא וארגונא, וצבע זהורי ובוץ שזיר, עובד

לו חֹשֵׁב עָשָׂה אֹתָהּ כְּרֻבִים׃ וַיַּעַשׂ לָהּ אַרְבָּעָה
עַמּוּדֵי שִׁטִּים וַיְצַפֵּם זָהָב וָוֵיהֶם זָהָב וַיִּצֹק
לז לָהֶם אַרְבָּעָה אַדְנֵי־כָסֶף׃ וַיַּעַשׂ מָסָךְ לְפֶתַח
הָאֹהֶל תְּכֵלֶת וְאַרְגָּמָן וְתוֹלַעַת שָׁנִי וְשֵׁשׁ
לח מָשְׁזָר מַעֲשֵׂה רֹקֵם׃ וְאֶת־עַמּוּדָיו חֲמִשָּׁה
וְאֶת־וָוֵיהֶם וְצִפָּה רָאשֵׁיהֶם וַחֲשֻׁקֵיהֶם זָהָב
וְאַדְנֵיהֶם חֲמִשָּׁה נְחֹשֶׁת׃
לז א וַיַּעַשׂ בְּצַלְאֵל אֶת־הָאָרֹן עֲצֵי שִׁטִּים אַמָּתַיִם כז
וָחֵצִי אָרְכּוֹ וְאַמָּה וָחֵצִי רָחְבּוֹ וְאַמָּה וָחֵצִי
ב קֹמָתוֹ׃ וַיְצַפֵּהוּ זָהָב טָהוֹר מִבַּיִת וּמִחוּץ וַיַּעַשׂ
ג לוֹ זֵר זָהָב סָבִיב׃ וַיִּצֹק לוֹ אַרְבַּע טַבְּעֹת זָהָב
עַל אַרְבַּע פַּעֲמֹתָיו וּשְׁתֵּי טַבָּעֹת עַל־צַלְעוֹ
ד הָאֶחָת וּשְׁתֵּי טַבָּעֹת עַל־צַלְעוֹ הַשֵּׁנִית׃ וַיַּעַשׂ
ה בַּדֵּי עֲצֵי שִׁטִּים וַיְצַף אֹתָם זָהָב׃ וַיָּבֵא אֶת־
הַבַּדִּים בַּטַּבָּעֹת עַל צַלְעֹת הָאָרֹן לָשֵׂאת אֶת־
ו הָאָרֹן׃ וַיַּעַשׂ כַּפֹּרֶת זָהָב טָהוֹר אַמָּתַיִם וָחֵצִי
ז אָרְכָּהּ וְאַמָּה וָחֵצִי רָחְבָּהּ׃ וַיַּעַשׂ שְׁנֵי כְרֻבִים
זָהָב מִקְשָׁה עָשָׂה אֹתָם מִשְּׁנֵי קְצוֹת הַכַּפֹּרֶת׃
ח כְּרוּב־אֶחָד מִקָּצָה מִזֶּה וּכְרוּב־אֶחָד מִקָּצָה
מִזֶּה מִן־הַכַּפֹּרֶת עָשָׂה אֶת־הַכְּרֻבִים מִשְּׁנֵי

ט קצוותו: וַיִּהְיוּ הַכְּרֻבִים פֹּרְשֵׂי כְנָפַיִם לְמַעְלָה קְצוֹתָיו
סֹכְכִים בְּכַנְפֵיהֶם עַל־הַכַּפֹּרֶת וּפְנֵיהֶם אִישׁ אֶל־
אָחִיו אֶל־הַכַּפֹּרֶת הָיוּ פְּנֵי הַכְּרֻבִים:
י וַיַּעַשׂ אֶת־הַשֻּׁלְחָן עֲצֵי שִׁטִּים אַמָּתַיִם אָרְכּוֹ
יא וְאַמָּה רָחְבּוֹ וְאַמָּה וָחֵצִי קֹמָתוֹ: וַיְצַף אֹתוֹ זָהָב
יב טָהוֹר וַיַּעַשׂ לוֹ זֵר זָהָב סָבִיב: וַיַּעַשׂ לוֹ מִסְגֶּרֶת
טֹפַח סָבִיב וַיַּעַשׂ זֵר־זָהָב לְמִסְגַּרְתּוֹ סָבִיב:
יג וַיִּצֹק לוֹ אַרְבַּע טַבְּעֹת זָהָב וַיִּתֵּן אֶת־הַטַּבָּעֹת

לו אֻמָּן, עֲבַד יָתַהּ צוּרַת כְּרוּבִין: וַעֲבַד לַהּ, אַרְבְּעָא עַמּוּדֵי שִׁטִּין, וַחֲפָנוּן דַּהֲבָא, וָוֵיהוֹן דַּהֲבָא,
לז וְאַתֵּיךְ לְהוֹן, אַרְבְּעָא סָמְכִין דִּכְסַף: וַעֲבַד פְּרָסָא לִתְרַע מַשְׁכְּנָא, תִּכְלָא וְאַרְגְּוָנָא, וּצְבַע
לח זְהוֹרִי וּבוּץ שְׁזִיר, עוֹבַד צַיָּר: וְיָת עַמּוּדוֹהִי חַמְשָׁא וְיָת וָוֵיהוֹן, וַחֲפִי רֵישֵׁיהוֹן, וְכִבּוּשֵׁיהוֹן
לז א דַּהֲבָא, וְסָמְכֵיהוֹן חַמְשָׁא דִּנְחָשָׁא: וַעֲבַד בְּצַלְאֵל, יָת אֲרוֹנָא דְּאָעֵי שִׁטִּין, תַּרְתֵּין אַמִּין
ב וּפַלְגָּא אֻרְכֵּיהּ, וְאַמְּתָא וּפַלְגָּא פְּתָיֵיהּ, וְאַמְּתָא וּפַלְגָּא רוּמֵיהּ: וַחֲפָהִי, דְּהַב דְּכֵי מִגָּיו וּמִבָּרָא,
ג וַעֲבַד לֵיהּ, זֵיר דִּדְהַב סְחוֹר סְחוֹר: וְאַתֵּיךְ לֵיהּ, אַרְבַּע עִזְקָן דִּדְהַב, עַל אַרְבַּע זָוְיָתֵיהּ, וְתַרְתֵּין
ד עִזְקָן, עַל סִטְרֵיהּ חַד, וְתַרְתֵּין עִזְקָן, עַל סִטְרֵיהּ תִּנְיָנָא: וַעֲבַד אֲרִיחֵי דְּאָעֵי שִׁטִּין, וַחֲפָא יָתְהוֹן
ה ו דַּהֲבָא: וְאַעֵיל יָת אֲרִיחַיָּא בְּעִזְקָתָא, עַל סִטְרֵי אֲרוֹנָא, לְמִטַּל יָת אֲרוֹנָא: וַעֲבַד כָּפֻרְתָּא
ז דִּדְהַב דְּכֵי, תַּרְתֵּין אַמִּין וּפַלְגָּא אֻרְכַּהּ, וְאַמְּתָא וּפַלְגָּא פְּתָיַהּ: וַעֲבַד, תְּרֵין כְּרוּבִין דִּדְהַב,
ח נְגִיד עֲבַד יָתְהוֹן, מִתְּרֵין סִטְרֵי כָּפֻרְתָּא: כְּרוּבָא חַד מִסִּטְרָא מִכָּא, וּכְרוּבָא חַד מִסִּטְרָא מִכָּא,
ט מִן כָּפֻרְתָּא, עֲבַד יָת כְּרוּבַיָּא מִתְּרֵין סִטְרוֹהִי: וַהֲווֹ כְרוּבַיָּא פְּרִיסִין גַּדְפֵּיהוֹן לְעֵילָא, מְטַלְּלִין
י בְּגַדְפֵּיהוֹן עַל כָּפֻרְתָּא, וְאַפֵּיהוֹן חַד לָקֳבֵיל חַד, לָקֳבֵיל כָּפֻרְתָּא, הֲווֹ אַפֵּי כְרוּבַיָּא: וַעֲבַד יָת
יא פָּתוּרָא דְּאָעֵי שִׁטִּין, תַּרְתֵּין אַמִּין אֻרְכֵּיהּ וְאַמְּתָא פְּתָיֵיהּ, וְאַמְּתָא וּפַלְגָּא רוּמֵיהּ: וַחֲפָא יָתֵיהּ
יב דְּהַב דְּכֵי, וַעֲבַד לֵיהּ, זֵיר דִּדְהַב סְחוֹר סְחוֹר: וַעֲבַד לֵיהּ גְּדַנְפָא, רוּמֵיהּ פֻּשְׁכָּא סְחוֹר סְחוֹר,
יג וַעֲבַד זֵיר דִּדְהַב, לִגְדַנְפֵיהּ סְחוֹר סְחוֹר: וְאַתֵּיךְ לֵיהּ, אַרְבַּע עִזְקָן דִּדְהַב, וִיהַב יָת עִזְקָתָא,

פרק לז
א| וַיַּעַשׂ בְּצַלְאֵל. לְפִי שֶׁנָּתַן נַפְשׁוֹ עַל הַמְּלָאכָה יוֹתֵר מִשְּׁאָר חֲכָמִים, נִקְרֵאת עַל שְׁמוֹ:

עַל אַרְבַּע הַפֵּאֹת אֲשֶׁר לְאַרְבַּע רַגְלָיו׃ לְעֻמַּת יד
הַמִּסְגֶּרֶת הָיוּ הַטַּבָּעֹת בָּתִּים לַבַּדִּים לָשֵׂאת
אֶת־הַשֻּׁלְחָן׃ וַיַּעַשׂ אֶת־הַבַּדִּים עֲצֵי שִׁטִּים טו
וַיְצַף אֹתָם זָהָב לָשֵׂאת אֶת־הַשֻּׁלְחָן׃ וַיַּעַשׂ אֶת־ טז
הַכֵּלִים ׀ אֲשֶׁר עַל־הַשֻּׁלְחָן אֶת־קְעָרֹתָיו וְאֶת־
כַּפֹּתָיו וְאֵת מְנַקִּיֹּתָיו וְאֶת־הַקְּשָׂוֹת אֲשֶׁר יֻסַּךְ
בָּהֵן זָהָב טָהוֹר׃

ששי /שלישי/ וַיַּעַשׂ אֶת־הַמְּנֹרָה זָהָב טָהוֹר מִקְשָׁה עָשָׂה יז
אֶת־הַמְּנֹרָה יְרֵכָהּ וְקָנָהּ גְּבִיעֶיהָ כַּפְתֹּרֶיהָ
וּפְרָחֶיהָ מִמֶּנָּה הָיוּ׃ וְשִׁשָּׁה קָנִים יֹצְאִים מִצִּדֶּיהָ יח
שְׁלֹשָׁה ׀ קְנֵי מְנֹרָה מִצִּדָּהּ הָאֶחָד וּשְׁלֹשָׁה קְנֵי
מְנֹרָה מִצִּדָּהּ הַשֵּׁנִי׃ שְׁלֹשָׁה גְבִעִים מְשֻׁקָּדִים יט
בַּקָּנֶה הָאֶחָד כַּפְתֹּר וָפֶרַח וּשְׁלֹשָׁה גְבִעִים
מְשֻׁקָּדִים בְּקָנֶה אֶחָד כַּפְתֹּר וָפָרַח כֵּן לְשֵׁשֶׁת
הַקָּנִים הַיֹּצְאִים מִן־הַמְּנֹרָה׃ וּבַמְּנֹרָה אַרְבָּעָה כ
גְבִעִים מְשֻׁקָּדִים כַּפְתֹּרֶיהָ וּפְרָחֶיהָ׃ וְכַפְתֹּר תַּחַת כא
שְׁנֵי הַקָּנִים מִמֶּנָּה וְכַפְתֹּר תַּחַת שְׁנֵי הַקָּנִים מִמֶּנָּה
וְכַפְתֹּר תַּחַת־שְׁנֵי הַקָּנִים מִמֶּנָּה לְשֵׁשֶׁת הַקָּנִים
הַיֹּצְאִים מִמֶּנָּה׃ כַּפְתֹּרֵיהֶם וּקְנֹתָם מִמֶּנָּה הָיוּ כב
כֻּלָּהּ מִקְשָׁה אַחַת זָהָב טָהוֹר׃ וַיַּעַשׂ אֶת־נֵרֹתֶיהָ כג

כד שִׁבְעָה וּמַלְקָחֶיהָ וּמַחְתֹּתֶיהָ זָהָב טָהוֹר׃ כִּכָּר
זָהָב טָהוֹר עָשָׂה אֹתָהּ וְאֵת כָּל־כֵּלֶיהָ׃
כה וַיַּעַשׂ אֶת־מִזְבַּח הַקְּטֹרֶת עֲצֵי שִׁטִּים אַמָּה
אָרְכּוֹ וְאַמָּה רָחְבּוֹ רָבוּעַ וְאַמָּתַיִם קֹמָתוֹ מִמֶּנּוּ
כו הָיוּ קַרְנֹתָיו׃ וַיְצַף אֹתוֹ זָהָב טָהוֹר אֶת־גַּגּוֹ וְאֶת־
קִירֹתָיו סָבִיב וְאֶת־קַרְנֹתָיו וַיַּעַשׂ לוֹ זֵר זָהָב
כז סָבִיב׃ וּשְׁתֵּי טַבְּעֹת זָהָב עָשָׂה־לוֹ ׀ מִתַּחַת
לְזֵרוֹ עַל שְׁתֵּי צַלְעֹתָיו עַל שְׁנֵי צִדָּיו לְבָתִּים
כח לְבַדִּים לָשֵׂאת אֹתוֹ בָּהֶם׃ וַיַּעַשׂ אֶת־הַבַּדִּים
כט עֲצֵי שִׁטִּים וַיְצַף אֹתָם זָהָב׃ וַיַּעַשׂ אֶת־שֶׁמֶן

יד עַל אַרְבַּע זָוְיָתָא, דִּלְאַרְבַּע רַגְלוֹהִי: לָקֳבֵיל גְּדַנְפָא, הֲוָאָה עִזְקָתָא, אַתְרָא לַאֲרִיחַיָּא, לְמִטַּל
טו טז יָת פָּתוּרָא: וַעֲבַד יָת אֲרִיחַיָּא דְּאָעֵי שִׁטִּין, וַחֲפָא יָתְהוֹן דַּהֲבָא, לְמִטַּל יָת פָּתוּרָא: וַעֲבַד, יָת
מָנַיָּא דְּעַל פָּתוּרָא, יָת מְגִסּוֹהִי וְיָת בָּזִכּוֹהִי וְיָת מְכִילָתֵיהּ, וְיָת קַסְוָתָא, דְּיִתְנַסַּךְ בְּהוֹן, דִּדְהַב
יז דְּכֵי: וַעֲבַד יָת מְנָרְתָא דִּדְהַב דְּכֵי, נְגִיד, עֲבַד יָת מְנָרְתָא שִׁדַּהּ וּקְנַהּ, כַּלִּידָהָא, חֲזוּרָהָא
יח וְשׁוֹשַׁנָּהָא מִנַּהּ הֲווֹ: וְשִׁתָּא קְנִין, נָפְקִין מִסִּטְרָהָא, תְּלָתָא קְנֵי מְנָרְתָא, מִסִּטְרַהּ חַד, וּתְלָתָא
יט קְנֵי מְנָרְתָא, מִסִּטְרַהּ תִּנְיָנָא: תְּלָתָא כַלִּידִין, מְצַיְּרִין, בְּקַנְיָא חַד חֲזוּר וְשׁוֹשַׁן, וּתְלָתָא כַלִּידִין,
כ מְצַיְּרִין, בְּקַנְיָא חַד חֲזוּר וְשׁוֹשַׁן, כֵּן לְשִׁתָּא קְנִין, דְּנָפְקִין מִן מְנָרְתָא: וּבִמְנָרְתָא אַרְבְּעָא כַלִּידִין,
כא מְצַיְּרִין, חֲזוּרָהָא וְשׁוֹשַׁנָּהָא: וַחֲזוּר, תְּחוֹת תְּרֵין קְנִין דְּמִנַּהּ, וַחֲזוּר תְּחוֹת תְּרֵין קְנִין דְּמִנַּהּ, וַחֲזוּר,
כב תְּחוֹת תְּרֵין קְנִין דְּמִנַּהּ, לְשִׁתָּא קְנִין, דְּנָפְקִין מִנַּהּ: חֲזוּרֵיהוֹן וּקְנֵיהוֹן מִנַּהּ הֲווֹ, כֻּלַּהּ, נְגִידָא חֲדָא
כג כד דִּדְהַב דְּכֵי: וַעֲבַד יָת בּוֹצִינַהָא שִׁבְעָא, וְצֵיבְתַהָא וּמַחְתְּיָתַהָא דִּדְהַב דְּכֵי: כַּכְּרָא, דְּדַהֲבָא
כה דְּכֵיָא עֲבַד יָתַהּ, וְיָת כָּל מָנַהָא: וַעֲבַד, יָת מַדְבְּחָא דִּקְטֹרֶת בֻּסְמַיָּא דְּאָעֵי שִׁטִּין, אַמְּתָא
כו אֻרְכֵּיהּ וְאַמְּתָא פֻּתְיֵיהּ מְרַבַּע, וְתַרְתֵּין אַמִּין רוּמֵיהּ, מִנֵּיהּ הֲוָאָה קַרְנוֹהִי: וַחֲפָא יָתֵיהּ דְּהַב
כז דְּכֵי, יָת אִגָּרֵיהּ וְיָת כָּתְלוֹהִי, סְחוֹר סְחוֹר וְיָת קַרְנוֹהִי, וַעֲבַד לֵיהּ, זֵיר דִּדְהַב סְחוֹר סְחוֹר: וְתַרְתֵּין
עִזְקָן דִּדְהַב, עֲבַד לֵיהּ מִלְּרַע לְזֵירֵיהּ, עַל תַּרְתֵּין זָוְיָתֵיהּ, עַל תְּרֵין סִטְרוֹהִי, לְאַתְרָא לַאֲרִיחַיָּא,
כח כט לְמִטַּל יָתֵיהּ בְּהוֹן: וַעֲבַד יָת אֲרִיחַיָּא דְּאָעֵי שִׁטִּין, וַחֲפָא יָתְהוֹן דַּהֲבָא: וַעֲבַד, יָת מִשְׁחָא

הַמִּשְׁחָה קֹדֶשׁ וְאֶת־קְטֹרֶת הַסַּמִּים טָהוֹר
לח א מַעֲשֵׂה רֹקֵחַ׃ וַיַּעַשׂ אֶת־מִזְבַּח (שביעי /רביעי/)
הָעֹלָה עֲצֵי שִׁטִּים חָמֵשׁ אַמּוֹת אָרְכּוֹ וְחָמֵשׁ־
ב אַמּוֹת רָחְבּוֹ רָבוּעַ וְשָׁלֹשׁ אַמּוֹת קֹמָתוֹ׃ וַיַּעַשׂ
קַרְנֹתָיו עַל אַרְבַּע פִּנֹּתָיו מִמֶּנּוּ הָיוּ קַרְנֹתָיו
ג וַיְצַף אֹתוֹ נְחֹשֶׁת׃ וַיַּעַשׂ אֶת־כָּל־כְּלֵי הַמִּזְבֵּחַ
אֶת־הַסִּירֹת וְאֶת־הַיָּעִים וְאֶת־הַמִּזְרָקֹת אֶת־
הַמִּזְלָגֹת וְאֶת־הַמַּחְתֹּת כָּל־כֵּלָיו עָשָׂה נְחֹשֶׁת׃
ד וַיַּעַשׂ לַמִּזְבֵּחַ מִכְבָּר מַעֲשֵׂה רֶשֶׁת נְחֹשֶׁת
ה תַּחַת כַּרְכֻּבּוֹ מִלְּמַטָּה עַד־חֶצְיוֹ׃ וַיִּצֹק אַרְבַּע
טַבָּעֹת בְּאַרְבַּע הַקְּצָוֺת לְמִכְבַּר הַנְּחֹשֶׁת בָּתִּים
ו לַבַּדִּים׃ וַיַּעַשׂ אֶת־הַבַּדִּים עֲצֵי שִׁטִּים וַיְצַף
ז אֹתָם נְחֹשֶׁת׃ וַיָּבֵא אֶת־הַבַּדִּים בַּטַּבָּעֹת עַל
צַלְעֹת הַמִּזְבֵּחַ לָשֵׂאת אֹתוֹ בָּהֶם נְבוּב לֻחֹת
ח עָשָׂה אֹתוֹ׃ וַיַּעַשׂ אֵת הַכִּיּוֹר נְחֹשֶׁת
וְאֵת כַּנּוֹ נְחֹשֶׁת בְּמַרְאֹת הַצֹּבְאֹת אֲשֶׁר צָבְאוּ
ט ★ פֶּתַח אֹהֶל מוֹעֵד׃ וַיַּעַשׂ אֶת־הֶחָצֵר
לִפְאַת ׀ נֶגֶב תֵּימָנָה קַלְעֵי הֶחָצֵר שֵׁשׁ מָשְׁזָר מֵאָה
י בָּאַמָּה׃ עַמּוּדֵיהֶם עֶשְׂרִים וְאַדְנֵיהֶם עֶשְׂרִים
יא נְחֹשֶׁת וָוֵי הָעַמֻּדִים וַחֲשֻׁקֵיהֶם כָּסֶף׃ וְלִפְאַת

צָפוֹן מֵאָה בָּאַמָּה עַמּוּדֵיהֶם עֶשְׂרִים וְאַדְנֵיהֶם
עֶשְׂרִים נְחֹשֶׁת וָוֵי הָעַמּוּדִים וַחֲשֻׁקֵיהֶם כָּסֶף׃
יב וְלִפְאַת־יָם קְלָעִים חֲמִשִּׁים בָּאַמָּה עַמּוּדֵיהֶם

לח א דִּרְבוּתָא קֻדְשָׁא, וְיָת קְטֹרֶת בֻּסְמַיָּא דַּכֵּי, עוֹבָד בֻּסְמָנוּ׃ וַעֲבַד, יָת מַדְבְּחָא דַעֲלָתָא דְּאָעֵי
ב שִׁטִּין, חֲמֵשׁ אַמִּין אָרְכֵּיהּ, וַחֲמֵשׁ אַמִּין פֻּתְיֵיהּ מְרַבַּע, וּתְלָת אַמִּין רוּמֵיהּ׃ וַעֲבַד קַרְנוֹהִי,
ג עַל אַרְבַּע זָוְיָתֵיהּ, מִנֵּיהּ הֲוָאָה קַרְנוֹהִי, וַחֲפָא יָתֵיהּ נְחָשָׁא׃ וַעֲבַד יָת כָּל מָנֵי מַדְבְּחָא, יָת
פְּסַכְתֵּירָוָתָא וְיָת מַגְרוֹפְיָתָא וְיָת מִזְרְקַיָּא, יָת צִנּוֹרְיָתָא וְיָת מַחְתְּיָתָא, כָּל מָנוֹהִי עֲבַד
ד נְחָשָׁא׃ וַעֲבַד לְמַדְבְּחָא סְרָדָא, עוֹבָד מְצָדְתָא דִּנְחָשָׁא, תְּחוֹת סוֹבֵיבֵיהּ, מִלְּרַע עַד פַּלְגֵּיהּ׃
ה וְאַתִּיךְ, אַרְבַּע עִזְקָן, בְּאַרְבַּע זָוְיָתָא לִסְרָדָא דִּנְחָשָׁא, אַתְרָא לַאֲרִיחַיָּא׃ וַעֲבַד יָת אֲרִיחַיָּא
ו דְּאָעֵי שִׁטִּין, וַחֲפָא יָתְהוֹן נְחָשָׁא׃ וְאָעֵיל יָת אֲרִיחַיָּא בְּעִזְקָתָא, עַל סִטְרֵי מַדְבְּחָא, לְמִטַּל
ז יָתֵיהּ בְּהוֹן, חֲלִיל לוּחִין עֲבַד יָתֵיהּ׃ וַעֲבַד, יָת כִּיּוֹרָא דִּנְחָשָׁא, וְיָת בְּסִיסֵיהּ דִּנְחָשָׁא,
ח בְּמַחְזְיַת נְשַׁיָּא, דְּאָתְיָן לְצַלָּאָה, בִּתְרַע מַשְׁכַּן זִמְנָא׃ וַעֲבַד יָת דָּרְתָא, לְרוּחַ עֵיבַר דָּרוֹמָא,
ט סְרָדֵי דָּרְתָא דְּבוּץ שְׁזִיר, מְאָה אַמִּין׃ עַמּוּדֵיהוֹן עַסְרִין, וְסַמְכֵיהוֹן עַסְרִין דִּנְחָשָׁא, וָוֵי
י עַמּוּדַיָּא, וְכִבּוּשֵׁיהוֹן כְּסַף׃ וּלְרוּחַ צִפּוּנָא מְאָה אַמִּין, עַמּוּדֵיהוֹן עַסְרִין, וְסַמְכֵיהוֹן עַסְרִין
יא דִּנְחָשָׁא, וָוֵי עַמּוּדַיָּא, וְכִבּוּשֵׁיהוֹן כְּסַף׃ וּלְרוּחַ מַעַרְבָא, סְרָדֵי חַמְשִׁין אַמִּין, עַמּוּדֵיהוֹן
יב

פרק לח

ז) **נְבוּב לֻחֹת.** 'נָבוּב' הוּא חָלוּל, וְכֵן: "וְעָבְיוֹ אַרְבַּע אֶצְבָּעוֹת נָבוּב" (ירמיה נב, כא)׃ **נְבוּב לֻחֹת.** הַלּוּחוֹת שֶׁל עֲצֵי שִׁטִּים לְכָל רוּחַ, וְהֶחָלָל בָּאֶמְצַע:

ח) **בְּמַרְאֹת הַצֹּבְאֹת.** בְּנוֹת יִשְׂרָאֵל הָיוּ בְיָדָן מַרְאוֹת שֶׁרוֹאוֹת בָּהֶן כְּשֶׁהֵן מִתְקַשְּׁטוֹת, וְאַף אוֹתָן לֹא עִכְּבוּ מִלְּהָבִיא לְנִדְבַת הַמִּשְׁכָּן, וְהָיָה מוֹאֵס מֹשֶׁה בָּהֶן מִפְּנֵי שֶׁעֲשׂוּיִים לְיֵצֶר הָרָע. אָמַר לוֹ הַקָּדוֹשׁ בָּרוּךְ הוּא: קַבֵּל, כִּי אֵלּוּ חֲבִיבִין עָלַי מִן הַכֹּל, שֶׁעַל יְדֵיהֶם הֶעֱמִידוּ הַנָּשִׁים צְבָאוֹת רַבּוֹת בְּמִצְרַיִם. כְּשֶׁהָיוּ בַּעְלֵיהֶן יְגֵעִים בַּעֲבוֹדַת פֶּרֶךְ בַּשָּׂדֶה, הָיוּ הוֹלְכוֹת וּמוֹלִיכוֹת לָהֶם מַאֲכָל וּמִשְׁתֶּה וּמַאֲכִילוֹת אוֹתָם, וְנוֹטְלוֹת הַמַּרְאוֹת, וְכָל אַחַת רוֹאָה עַצְמָהּ עִם בַּעְלָהּ בַּמַּרְאָה, וּמְשַׁדַּלְתּוֹ בִּדְבָרִים: 'אֲנִי נָאָה מִמְּךָ', וּמִתּוֹךְ כָּךְ מְבִיאוֹת אוֹתָם לִידֵי תַאֲוָה וְנִזְקָקוֹת לָהֶם וּמִתְעַבְּרוֹת וְיוֹלְדוֹת שָׁם, שֶׁנֶּאֱמַר: "תַּחַת הַתַּפּוּחַ עוֹרַרְתִּיךָ" (שיר השירים ח, ה), וְזֶהוּ שֶׁנֶּאֱמַר: "בְּמַרְאֹת הַצֹּבְאֹת". וְנַעֲשָׂה הַכִּיּוֹר מֵהֶם שֶׁהוּא לָשׂוּם שָׁלוֹם בֵּין אִישׁ לְאִשְׁתּוֹ, לְהַשְׁקוֹת מִמַּיִם שֶׁבְּתוֹכוֹ אֶת שֶׁקִּנֵּא לָהּ בַּעְלָהּ. וְתֵדַע לְךָ שֶׁהֵן מַרְאוֹת מַמָּשׁ, שֶׁהֲרֵי נֶאֱמַר: "וּנְחֹשֶׁת הַתְּנוּפָה שִׁבְעִים כִּכָּר וְגוֹ' וַיַּעַשׂ בָּהּ" וְגוֹ' (להלן פסוקים כט-ל), וְכִיּוֹר וְכַנּוֹ לֹא הֻזְכְּרוּ שָׁם, לָמַדְתָּ שֶׁלֹּא הָיָה נְחֹשֶׁת שֶׁל כִּיּוֹר מִנְּחֹשֶׁת הַתְּנוּפָה. כָּךְ דָּרַשׁ רַבִּי תַּנְחוּמָא (פקודי ט). וְכֵן תִּרְגֵּם אוּנְקְלוֹס: "בְּמַחְזְיַת נְשַׁיָּא", וְהוּא תַּרְגּוּם שֶׁל 'מַרְאוֹת', מירואו"ש בְּלַעַז. וְכֵן מָצִינוּ בִּישַׁעְיָה: "וְהַגִּלְיֹנִים" (ג, כג) מְתַרְגְּמִינַן: "וּמַחְזְיָתָא"׃ **אֲשֶׁר צָבְאוּ.** לְהָבִיא נִדְבָתָן:

עֶשְׂרָה וְאַדְנֵיהֶם עֲשָׂרָה וָוֵי הָעַמֻּדִים וַחֲשׁוּקֵיהֶם
יג כָּסֶף׃ וְלִפְאַת קֵדְמָה מִזְרָחָה חֲמִשִּׁים אַמָּה׃
יד קְלָעִים חֲמֵשׁ־עֶשְׂרֵה אַמָּה אֶל־הַכָּתֵף עַמּוּדֵיהֶם
טו שְׁלֹשָׁה וְאַדְנֵיהֶם שְׁלֹשָׁה׃ וְלַכָּתֵף הַשֵּׁנִית מִזֶּה
וּמִזֶּה לְשַׁעַר הֶחָצֵר קְלָעִים חֲמֵשׁ עֶשְׂרֵה אַמָּה
טז עַמֻּדֵיהֶם שְׁלֹשָׁה וְאַדְנֵיהֶם שְׁלֹשָׁה׃ כָּל־קַלְעֵי ★
יז הֶחָצֵר סָבִיב שֵׁשׁ מָשְׁזָר׃ וְהָאֲדָנִים לָעַמֻּדִים
נְחֹשֶׁת וָוֵי הָעַמּוּדִים וַחֲשׁוּקֵיהֶם כֶּסֶף וְצִפּוּי
רָאשֵׁיהֶם כָּסֶף וְהֵם מְחֻשָּׁקִים כֶּסֶף כֹּל עַמֻּדֵי
יח הֶחָצֵר׃ וּמָסַךְ שַׁעַר הֶחָצֵר מַעֲשֵׂה רֹקֵם תְּכֵלֶת מפטיר
וְאַרְגָּמָן וְתוֹלַעַת שָׁנִי וְשֵׁשׁ מָשְׁזָר וְעֶשְׂרִים אַמָּה
אֹרֶךְ וְקוֹמָה בְרֹחַב חָמֵשׁ אַמּוֹת לְעֻמַּת קַלְעֵי

הפטרת ויקהל

בשבת פרשת שקלים קוראים את המפטיר וההפטרה בעמ׳ רפא. בשבת פרשת פרה קוראים את המפטיר וההפטרה בעמ׳ רפה. בשבת פרשת החודש קוראים את המפטיר וההפטרה בעמ׳ רפו. כאשר ויקהל ופקודי מחוברות קוראים את ההפטרה בעמ׳ רעד.

הבית הראשון בימי שלמה נבנה, בשיא עוצמתה של מלכות ישראל, ממיטב חומרי הגלם ובאמצעים הטכנולוגיים המתקדמים ביותר. היה אפשר להבחין בעושר הרב גם בעשייה לכבוד ה׳. ההפטרה מתארת את פועלו של חירום – ה׳בצלאל׳ של שלמה, ומפרטת את יפי הבניין והכלים. ברשימת הכלים נזכרות גם מנורות הזהב שהאירו את המבנה המפואר. מלאכת הבנייה הייתה מורכבת, ובסיומה, לאחר שבע שנים, נחנך הבית ברוב פאר והדר.

ז יג וַיִּשְׁלַח הַמֶּלֶךְ שְׁלֹמֹה וַיִּקַּח אֶת־חִירָם מִצֹּר׃ יד בֶּן־אִשָּׁה אַלְמָנָה הוּא מִמַּטֵּה מלכים א׳ לספרדים ולתימנים
נַפְתָּלִי וְאָבִיו אִישׁ־צֹרִי חֹרֵשׁ נְחֹשֶׁת וַיִּמָּלֵא אֶת־הַחָכְמָה וְאֶת־הַתְּבוּנָה
וְאֶת־הַדַּעַת לַעֲשׂוֹת כָּל־מְלָאכָה בַּנְּחֹשֶׁת וַיָּבוֹא אֶל־הַמֶּלֶךְ שְׁלֹמֹה וַיַּעַשׂ
טו אֶת־כָּל־מְלַאכְתּוֹ׃ וַיָּצַר אֶת־שְׁנֵי הָעַמּוּדִים נְחֹשֶׁת שְׁמֹנֶה עֶשְׂרֵה אַמָּה

ויקהל

יט הֶחָצֵר׃ וְעַמֻּדֵיהֶם אַרְבָּעָה וְאַדְנֵיהֶם אַרְבָּעָה
נְחֹשֶׁת וָוֵיהֶם כֶּסֶף וְצִפּוּי רָאשֵׁיהֶם וַחֲשֻׁקֵיהֶם
כ כָּסֶף׃ וְכָל־הַיְתֵדֹת לַמִּשְׁכָּן וְלֶחָצֵר סָבִיב
נְחֹשֶׁת׃

יג עַסְרָא, וְסָמְכֵיהוֹן עַסְרָא, וָוֵי עַמּוּדַיָּא, וְכִבּוּשֵׁיהוֹן כְּסַף: וּלְרוּחַ, קִדּוּמָא מַדִּנְחָא חַמְשִׁין
יד טו אַמִּין: סְרָדֵי, חֲמֵשׁ עַסְרֵי אַמִּין לְעִבְרָא, עַמּוּדֵיהוֹן תְּלָתָא, וְסָמְכֵיהוֹן תְּלָתָא: וּלְעִבְרָא
תִּנְיָנָא, מִכָּא וּמִכָּא לִתְרַע דָּרְתָא, סְרָדֵי, חֲמֵשׁ עַסְרֵי אַמִּין, עַמּוּדֵיהוֹן תְּלָתָא, וְסָמְכֵיהוֹן
טז יז תְּלָתָא: כָּל סְרָדֵי דָּרְתָא, סְחוֹר סְחוֹר דְּבוּץ שְׁזִיר: וְסָמְכַיָּא לְעַמּוּדַיָּא דִּנְחָשָׁא, וָוֵי
עַמּוּדַיָּא, וְכִבּוּשֵׁיהוֹן כְּסַף, וְחִפּוּי רֵישֵׁיהוֹן כְּסַף, וְאִנּוּן מְכַבְּשִׁין כְּסַף, כָּל עַמּוּדֵי דָּרְתָא:
יח וּפְרָסָא, דִּתְרַע דָּרְתָא עוֹבַד צַיָּר, תִּכְלָא וְאַרְגְּוָנָא, וּצְבַע זְהוֹרִי וּבוּץ שְׁזִיר, וְעַסְרִין אַמִּין
יט אָרְכָּא, וְרוּמָא בְּפֻתְיָא חֲמֵשׁ אַמִּין, לָקֳבֵיל סְרָדֵי דָּרְתָא: וְעַמּוּדֵיהוֹן אַרְבְּעָא, וְסָמְכֵיהוֹן
כ אַרְבְּעָא דִּנְחָשָׁא, וָוֵיהוֹן כְּסַף, וְחִפּוּי רֵישֵׁיהוֹן, וְכִבּוּשֵׁיהוֹן כְּסַף: וְכָל סִכַּיָּא, לְמַשְׁכְּנָא
וּלְדָרְתָא, סְחוֹר סְחוֹר דִּנְחָשָׁא:

יח) לְעֻמַּת קַלְעֵי הֶחָצֵר. כְּמִדַּת קַלְעֵי הֶחָצֵר:

קוֹמַת הָעַמּוּד הָאֶחָד וְחוּט שְׁתֵּים־עֶשְׂרֵה אַמָּה יָסֹב אֶת־הָעַמּוּד הַשֵּׁנִי׃
טז וּשְׁתֵּי כֹתָרֹת עָשָׂה לָתֵת עַל־רָאשֵׁי הָעַמּוּדִים מֻצַק נְחֹשֶׁת חָמֵשׁ אַמּוֹת
יז קוֹמַת הַכֹּתֶרֶת הָאֶחָת וְחָמֵשׁ אַמּוֹת קוֹמַת הַכֹּתֶרֶת הַשֵּׁנִית׃ שְׂבָכִים
מַעֲשֵׂה שְׂבָכָה גְּדִלִים מַעֲשֵׂה שַׁרְשְׁרוֹת לַכֹּתָרֹת אֲשֶׁר עַל־רֹאשׁ הָעַמּוּדִים
יח שִׁבְעָה לַכֹּתֶרֶת הָאֶחָת וְשִׁבְעָה לַכֹּתֶרֶת הַשֵּׁנִית׃ וַיַּעַשׂ אֶת־הָעַמּוּדִים
וּשְׁנֵי טוּרִים סָבִיב עַל־הַשְּׂבָכָה הָאֶחָת לְכַסּוֹת אֶת־הַכֹּתָרֹת אֲשֶׁר
יט עַל־רֹאשׁ הָרִמֹּנִים וְכֵן עָשָׂה לַכֹּתֶרֶת הַשֵּׁנִית׃ וְכֹתָרֹת אֲשֶׁר עַל־רֹאשׁ
כ הָעַמּוּדִים מַעֲשֵׂה שׁוּשַׁן בָּאוּלָם אַרְבַּע אַמּוֹת׃ וְכֹתָרֹת עַל־שְׁנֵי הָעַמּוּדִים
גַּם־מִמַּעַל מִלְּעֻמַּת הַבֶּטֶן אֲשֶׁר לְעֵבֶר שבכה וְהָרִמּוֹנִים מָאתַיִם טֻרִים הַשְּׂבָכָה
כא סָבִיב עַל הַכֹּתֶרֶת הַשֵּׁנִית׃ וַיָּקֶם אֶת־הָעַמֻּדִים לְאֻלָם הַהֵיכָל וַיָּקֶם

ויקהל

אֶת־הָעַמּוּד הַיְמָנִי וַיִּקְרָא אֶת־שְׁמוֹ יָכִין וַיָּקֶם אֶת־הָעַמּוּד הַשְּׂמָאלִי
כב וַיִּקְרָא אֶת־שְׁמוֹ בֹּעַז: וְעַל רֹאשׁ הָעַמּוּדִים מַעֲשֵׂה שׁוֹשָׁן וַתִּתֹּם מְלֶאכֶת
כג הָעַמּוּדִים:* וַיַּעַשׂ אֶת־הַיָּם מוּצָק עֶשֶׂר בָּאַמָּה מִשְּׂפָתוֹ עַד־ (התימנים מסיימים כאן)
שְׂפָתוֹ עָגֹל ׀ סָבִיב וְחָמֵשׁ בָּאַמָּה קוֹמָתוֹ וקוה שְׁלֹשִׁים בָּאַמָּה יָסֹב אֹתוֹ (וְקָו)
כד סָבִיב: וּפְקָעִים מִתַּחַת לִשְׂפָתוֹ ׀ סָבִיב סֹבְבִים אֹתוֹ עֶשֶׂר בָּאַמָּה מַקִּפִים
כה אֶת־הַיָּם סָבִיב שְׁנֵי טוּרִים הַפְּקָעִים יְצֻקִים בִּיצֻקָתוֹ: עֹמֵד עַל־שְׁנֵי עָשָׂר
בָּקָר שְׁלֹשָׁה פֹנִים ׀ צָפוֹנָה וּשְׁלֹשָׁה פֹנִים ׀ יָמָּה וּשְׁלֹשָׁה ׀ פֹּנִים נֶגְבָּה
כו וּשְׁלֹשָׁה פֹּנִים מִזְרָחָה וְהַיָּם עֲלֵיהֶם מִלְמָעְלָה וְכָל־אֲחֹרֵיהֶם בָּיְתָה: וְעָבְיוֹ
טֶפַח וּשְׂפָתוֹ כְּמַעֲשֵׂה שְׂפַת־כּוֹס פֶּרַח שׁוֹשָׁן אַלְפַּיִם בַּת יָכִיל:

מ ז וַיַּעַשׂ חִירוֹם אֶת־הַכִּיֹּרוֹת וְאֶת־הַיָּעִים וְאֶת־הַמִּזְרָקוֹת וַיְכַל חִירָם לַעֲשׂוֹת (מלכים א׳ לאשכנזים)
מא אֶת־כָּל־הַמְּלָאכָה אֲשֶׁר עָשָׂה לַמֶּלֶךְ שְׁלֹמֹה בֵּית יְהוָה: עַמֻּדִים שְׁנַיִם
וְגֻלֹּת הַכֹּתָרֹת אֲשֶׁר־עַל־רֹאשׁ הָעַמֻּדִים שְׁתָּיִם וְהַשְּׂבָכוֹת שְׁתַּיִם לְכַסּוֹת
מב אֶת־שְׁתֵּי גֻּלּוֹת הַכֹּתָרֹת אֲשֶׁר עַל־רֹאשׁ הָעַמּוּדִים: וְאֶת־הָרִמֹּנִים אַרְבַּע
מֵאוֹת לִשְׁתֵּי הַשְּׂבָכוֹת שְׁנֵי־טוּרִים רִמֹּנִים לַשְּׂבָכָה הָאֶחָת לְכַסּוֹת אֶת־
מג שְׁתֵּי גֻּלֹּת הַכֹּתָרֹת אֲשֶׁר עַל־פְּנֵי הָעַמּוּדִים: וְאֶת־הַמְּכֹנוֹת עֶשֶׂר וְאֶת־
מד הַכִּיֹּרֹת עֲשָׂרָה עַל־הַמְּכֹנוֹת: וְאֶת־הַיָּם הָאֶחָד וְאֶת־הַבָּקָר שְׁנֵים־עָשָׂר
מה תַּחַת הַיָּם: וְאֶת־הַסִּירוֹת וְאֶת־הַיָּעִים וְאֶת־הַמִּזְרָקוֹת וְאֵת כָּל־הַכֵּלִים
מו האהל אֲשֶׁר עָשָׂה חִירָם לַמֶּלֶךְ שְׁלֹמֹה בֵּית יְהוָה נְחֹשֶׁת מְמֹרָט: בְּכִכַּר (הָאֵלֶּה)
מז הַיַּרְדֵּן יְצָקָם הַמֶּלֶךְ בְּמַעֲבֵה הָאֲדָמָה בֵּין סֻכּוֹת וּבֵין צָרְתָן: וַיַּנַּח שְׁלֹמֹה
מח אֶת־כָּל־הַכֵּלִים מֵרֹב מְאֹד מְאֹד לֹא נֶחְקַר מִשְׁקַל הַנְּחֹשֶׁת: וַיַּעַשׂ שְׁלֹמֹה
אֵת כָּל־הַכֵּלִים אֲשֶׁר בֵּית יְהוָה אֵת מִזְבַּח הַזָּהָב וְאֶת־הַשֻּׁלְחָן אֲשֶׁר
מט עָלָיו לֶחֶם הַפָּנִים זָהָב: וְאֶת־הַמְּנֹרוֹת חָמֵשׁ מִיָּמִין וְחָמֵשׁ מִשְּׂמֹאול לִפְנֵי
נ הַדְּבִיר זָהָב סָגוּר וְהַפֶּרַח וְהַנֵּרֹת וְהַמֶּלְקַחַיִם זָהָב: וְהַסִּפּוֹת וְהַמְזַמְּרוֹת
וְהַמִּזְרָקוֹת וְהַכַּפּוֹת וְהַמַּחְתּוֹת זָהָב סָגוּר וְהַפֹּתוֹת לְדַלְתוֹת הַבַּיִת הַפְּנִימִי
לְקֹדֶשׁ הַקֳּדָשִׁים לְדַלְתֵי הַבַּיִת לְהֵיכָל זָהָב:

ויקהל

פרשת
פקודי

נושאים לפי סדרים	כח	כט
	עשיית בגדי הכהונה	**הקמת המשכן השראת השכינה בו**
	הר סיני	

חלק שני משישה חודשים

פְּקוּדֵי

כח אֵלֶּה פְקוּדֵי הַמִּשְׁכָּן מִשְׁכַּן הָעֵדֻת אֲשֶׁר פֻּקַּד כא
עַל־פִּי מֹשֶׁה עֲבֹדַת הַלְוִיִּם בְּיַד אִיתָמָר בֶּן־
אַהֲרֹן הַכֹּהֵן׃ וּבְצַלְאֵל בֶּן־אוּרִי בֶן־חוּר לְמַטֵּה כב
יְהוּדָה עָשָׂה אֵת כָּל־אֲשֶׁר־צִוָּה יְהוָה אֶת־
מֹשֶׁה׃ וְאִתּוֹ אָהֳלִיאָב בֶּן־אֲחִיסָמָךְ לְמַטֵּה־ כג
דָן חָרָשׁ וְחֹשֵׁב וְרֹקֵם בַּתְּכֵלֶת וּבָאַרְגָּמָן
וּבְתוֹלַעַת הַשָּׁנִי וּבַשֵּׁשׁ׃ כָּל־ כד
הַזָּהָב הֶעָשׂוּי לַמְּלָאכָה בְּכֹל מְלֶאכֶת הַקֹּדֶשׁ
וַיְהִי ׀ זְהַב הַתְּנוּפָה תֵּשַׁע וְעֶשְׂרִים כִּכָּר וּשְׁבַע
מֵאוֹת וּשְׁלֹשִׁים שֶׁקֶל בְּשֶׁקֶל הַקֹּדֶשׁ׃ וְכֶסֶף כה
פְּקוּדֵי הָעֵדָה מְאַת כִּכָּר וְאֶלֶף וּשְׁבַע מֵאוֹת
וַחֲמִשָּׁה וְשִׁבְעִים שֶׁקֶל בְּשֶׁקֶל הַקֹּדֶשׁ׃ בֶּקַע כו
לַגֻּלְגֹּלֶת מַחֲצִית הַשֶּׁקֶל בְּשֶׁקֶל הַקֹּדֶשׁ לְכֹל
הָעֹבֵר עַל־הַפְּקֻדִים מִבֶּן עֶשְׂרִים שָׁנָה וָמַעְלָה
לְשֵׁשׁ־מֵאוֹת אֶלֶף וּשְׁלֹשֶׁת אֲלָפִים וַחֲמֵשׁ
מֵאוֹת וַחֲמִשִּׁים׃ וַיְהִי מְאַת כִּכַּר הַכֶּסֶף לָצֶקֶת כז
אֵת אַדְנֵי הַקֹּדֶשׁ וְאֵת אַדְנֵי הַפָּרֹכֶת מְאַת
אֲדָנִים לִמְאַת הַכִּכָּר כִּכָּר לָאָדֶן׃ וְאֶת־הָאֶלֶף כח

וְשֶׁבַע הַמֵּאוֹת וַחֲמִשָּׁה וְשִׁבְעִים עָשָׂה וָוִים
כט לָעַמּוּדִים וְצִפָּה רָאשֵׁיהֶם וְחִשַּׁק אֹתָם: וּנְחֹשֶׁת

כא אִלֵּין מִנְיָנֵי מַשְׁכְּנָא מַשְׁכְּנָא דְסָהֲדוּתָא, דְּאִתְמְנִיאוּ עַל מֵימְרָא דְמֹשֶׁה, פָּלְחַן לֵיוָאֵי, בִּידָא
כב דְאִיתָמָר, בַּר אַהֲרֹן כָּהֲנָא: וּבְצַלְאֵל, בַּר אוּרִי בַר חוּר לְשִׁבְטָא דִיהוּדָה, עֲבַד, יָת כָּל דְּפַקֵּיד
כג יְיָ יָת מֹשֶׁה: וְעִמֵּיהּ, אָהֳלִיאָב, בַּר אֲחִיסָמָךְ, לְשִׁבְטָא דְדָן נַגַּר וְאֻמָּן, וְצַיָּר, בְּתִכְלָא וּבְאַרְגְּוָנָא,
כד וּבִצְבַע זְהוֹרִי וּבְבוּצָא: כָּל דַּהֲבָא, דְּאִתְעֲבֵיד לַעֲבִידְתָּא, בְּכֹל עֲבִידַת קֻדְשָׁא, וַהֲוָה דְּהַב
כה אֲרָמוּתָא, עַסְרִין וּתְשַׁע כַּכְּרִין, וּשְׁבַע מְאָה וּתְלָתִין, סִלְעִין בְּסִלְעֵי קֻדְשָׁא: וּכְסַף, מִנְיָנֵי
כו כְנִשְׁתָּא מְאָה כַּכְּרִין, וְאֶלֶף וּשְׁבַע מְאָה, וְשַׁבְעִין וַחֲמֵשׁ, סִלְעִין בְּסִלְעֵי קֻדְשָׁא: תִּקְלָא
לְגֻלְגַּלְתָּא, פַּלְגוּת סִלְעָא בְּסִלְעֵי קֻדְשָׁא, לְכֹל דְּעָבַר עַל מִנְיָנַיָּא, מִבַּר עַסְרִין שְׁנִין וּלְעֵילָּא,
כז לְשֵׁית מְאָה וּתְלָתָא אַלְפִין, וַחֲמֵשׁ מְאָה וְחַמְשִׁין: וַהֲוָאָה, מְאָה כַּכְּרֵי כַסְפָּא, לְאַתָּכָא,
כח יָת סָמְכֵי קֻדְשָׁא, וְיָת סָמְכֵי פָּרֻכְתָּא, מְאָה סָמְכִין, לִמְאָה כַּכְּרִין כַּכְּרָא לְסָמְכָא: וְיָת
כט אַלְפָא, וּשְׁבַע מְאָה וְשַׁבְעִין וַחֲמֵשׁ, עֲבַד וָוִין לְעַמּוּדַיָּא, וַחֲפֵי רֵישֵׁיהוֹן וְכַבֵּישׁ יָתְהוֹן: וּנְחָשׁ

כא) **אֵלֶּה פְקוּדֵי.** בְּפָרָשָׁה זוֹ נִמְנוּ כָּל מִשְׁקְלֵי נִדְבַת הַמִּשְׁכָּן לַכֶּסֶף, לַזָּהָב וְלַנְּחֹשֶׁת, וְנִמְנוּ כָּל כֵּלָיו לְכָל עֲבוֹדָתוֹ: **הַמִּשְׁכָּן מִשְׁכַּן.** שְׁנֵי פְּעָמִים, רֶמֶז לַמִּקְדָּשׁ שֶׁנִּתְמַשְׁכֵּן בִּשְׁנֵי חֻרְבָּנִין עַל עֲוֹנוֹתֵיהֶן שֶׁל יִשְׂרָאֵל: **מִשְׁכַּן הָעֵדֻת.** עֵדוּת לְיִשְׂרָאֵל שֶׁוִּתֵּר לָהֶם הַקָּדוֹשׁ בָּרוּךְ הוּא עַל מַעֲשֵׂה הָעֵגֶל, שֶׁהֲרֵי הִשְׁרָה שְׁכִינָתוֹ בֵּינֵיהֶם: **עֲבֹדַת הַלְוִיִּם.** פְּקוּדֵי הַמִּשְׁכָּן וְכֵלָיו הִיא עֲבוֹדָה הַמְּסוּרָה לַלְוִיִּם בַּמִּדְבָּר, לָשֵׂאת וּלְהוֹרִיד וּלְהָקִים אִישׁ אִישׁ לְמַשָּׂאוֹ הַמֻּפְקָד עָלָיו, כְּמוֹ שֶׁאָמוּר בְּפָרָשַׁת נָשֹׂא (במדבר ד): **בְּיַד אִיתָמָר.** הוּא הָיָה פָקִיד עֲלֵיהֶם, לִמְסֹר לְכָל בֵּית אָב עֲבוֹדָה שֶׁעָלָיו:

כב) **וּבְצַלְאֵל בֶּן אוּרִי... עָשָׂה.** "אֵת כָּל אֲשֶׁר צִוָּה אוֹתוֹ מֹשֶׁה" אֵין כְּתִיב כָּאן אֶלָּא "אֵת כָּל אֲשֶׁר צִוָּה ה' אֶת מֹשֶׁה", אֲפִלּוּ דְּבָרִים שֶׁלֹּא אָמַר לוֹ רַבּוֹ הִסְכִּימָה דַעְתּוֹ לְמַה שֶּׁנֶּאֱמַר לְמֹשֶׁה בְּסִינַי:

כד) **כִּכָּר.** שִׁשִּׁים מָנֶה. וּמָנֶה שֶׁל קֹדֶשׁ כָּפוּל הָיָה, הֲרֵי הַכִּכָּר מֵאָה וְעֶשְׂרִים מָנֶה, וְהַמָּנֶה עֶשְׂרִים וַחֲמִשָּׁה סְלָעִים, הֲרֵי כִּכָּר שֶׁל קֹדֶשׁ שְׁלֹשֶׁת

אֲלָפִים שְׁקָלִים, לְפִיכָךְ מָנָה בִּפְרוֹטְרוֹט כָּל הַשְּׁקָלִים שֶׁפְּחוּתִין בְּמִנְיָנָם מִשְּׁלֹשֶׁת אֲלָפִים שֶׁאֵין מַגִּיעִין לְכִכָּר:

כו) **בֶּקַע.** הוּא שֵׁם מִשְׁקָל שֶׁל מַחֲצִית הַשֶּׁקֶל: **לְשֵׁשׁ מֵאוֹת אֶלֶף וְגוֹ'.** כָּךְ הָיוּ יִשְׂרָאֵל, וְכָךְ עָלָה מִנְיָנָם אַחַר שֶׁהוּקַם הַמִּשְׁכָּן בְּסֵפֶר וַיְדַבֵּר (במדבר ב, לב), וְאַף עַתָּה בְּנִדְבַת הַמִּשְׁכָּן כָּךְ הָיוּ. וּמִנְיַן חֶצְיֵי הַשְּׁקָלִים שֶׁל שֵׁשׁ מֵאוֹת אֶלֶף עוֹלֶה מֵאָה כִכָּר, כָּל אֶחָד שֶׁל שְׁלֹשֶׁת אֲלָפִים שְׁקָלִים. כֵּיצַד? שֵׁשׁ מֵאוֹת אֶלֶף חֲצָאִין, הֲרֵי הֵן שְׁלֹשׁ מֵאוֹת אֶלֶף שְׁלֵמִים, הֲרֵי מֵאָה כִכָּר. וְהַשְּׁלֹשֶׁת אֲלָפִים וַחֲמֵשׁ מֵאוֹת וַחֲמִשִּׁים חֲצָאִין, עוֹלִין אֶלֶף וּשְׁבַע מֵאוֹת וַחֲמִשָּׁה וְשִׁבְעִים שְׁקָלִים:

כז) **לָצֶקֶת.** "לְאַתָּכָא": **אֵת אַדְנֵי הַקֹּדֶשׁ.** שֶׁל קַרְשֵׁי הַמִּשְׁכָּן, שֶׁהֵם אַרְבָּעִים וּשְׁמוֹנָה קְרָשִׁים וְלָהֶן תִּשְׁעִים וְשִׁשָּׁה אֲדָנִים, וְאַדְנֵי הַפָּרֹכֶת אַרְבָּעָה, הֲרֵי מֵאָה. וְכָל שְׁאָר הָאֲדָנִים "נְחֹשֶׁת" כָּתוּב בָּהֶם:

כח) **וְצִפָּה רָאשֵׁיהֶם.** שֶׁל עַמּוּדִים מֵהֶם, שֶׁבְּכֻלָּן

הַתְּנוּפָה שִׁבְעִים כִּכָּר וְאַלְפַּיִם וְאַרְבַּע־מֵאוֹת
שָׁקֶל׃ וַיַּעַשׂ בָּהּ אֶת־אַדְנֵי פֶּתַח אֹהֶל מוֹעֵד ל
וְאֵת מִזְבַּח הַנְּחֹשֶׁת וְאֶת־מִכְבַּר הַנְּחֹשֶׁת
אֲשֶׁר־לוֹ וְאֵת כָּל־כְּלֵי הַמִּזְבֵּחַ׃ וְאֶת־אַדְנֵי לא
הֶחָצֵר סָבִיב וְאֶת־אַדְנֵי שַׁעַר הֶחָצֵר וְאֵת כָּל־
יִתְדֹת הַמִּשְׁכָּן וְאֶת־כָּל־יִתְדֹת הֶחָצֵר סָבִיב׃
וּמִן־הַתְּכֵלֶת וְהָאַרְגָּמָן וְתוֹלַעַת הַשָּׁנִי עָשׂוּ א לט
בִגְדֵי־שְׂרָד לְשָׁרֵת בַּקֹּדֶשׁ וַיַּעֲשׂוּ אֶת־בִּגְדֵי
הַקֹּדֶשׁ אֲשֶׁר לְאַהֲרֹן כַּאֲשֶׁר צִוָּה יְהוָה אֶת־
מֹשֶׁה׃ ▸

שני /חמישי/ וַיַּעַשׂ אֶת־הָאֵפֹד זָהָב תְּכֵלֶת וְאַרְגָּמָן וְתוֹלַעַת ב
שָׁנִי וְשֵׁשׁ מָשְׁזָר׃ וַיְרַקְּעוּ אֶת־פַּחֵי הַזָּהָב ג
וְקִצֵּץ פְּתִילִם לַעֲשׂוֹת בְּתוֹךְ הַתְּכֵלֶת וּבְתוֹךְ
הָאַרְגָּמָן וּבְתוֹךְ תּוֹלַעַת הַשָּׁנִי וּבְתוֹךְ הַשֵּׁשׁ
מַעֲשֵׂה חֹשֵׁב׃ כְּתֵפֹת עָשׂוּ־לוֹ חֹבְרֹת עַל־ ד
קְצוֹתָיו שְׁנֵי קצוותו חֻבָּר׃ וְחֵשֶׁב אֲפֻדָּתוֹ אֲשֶׁר עָלָיו ה
מִמֶּנּוּ הוּא כְּמַעֲשֵׂהוּ זָהָב תְּכֵלֶת וְאַרְגָּמָן
וְתוֹלַעַת שָׁנִי וְשֵׁשׁ מָשְׁזָר כַּאֲשֶׁר צִוָּה יְהוָה
אֶת־מֹשֶׁה׃ וַיַּעֲשׂוּ אֶת־אַבְנֵי הַשֹּׁהַם ו
מֻסַבֹּת מִשְׁבְּצֹת זָהָב מְפֻתָּחֹת פִּתּוּחֵי חוֹתָם
עַל־שְׁמוֹת בְּנֵי יִשְׂרָאֵל׃ וַיָּשֶׂם אֹתָם עַל כִּתְפֹת ז

הָאֵפֹ֔ד אַבְנֵ֥י זִכָּר֖וֹן לִבְנֵ֣י יִשְׂרָאֵ֑ל כַּאֲשֶׁ֛ר צִוָּ֥ה
יְהוָ֖ה אֶת־מֹשֶֽׁה׃
ח וַיַּ֧עַשׂ אֶת־הַחֹ֛שֶׁן מַעֲשֵׂ֥ה חֹשֵׁ֖ב כְּמַעֲשֵׂ֣ה אֵפֹ֑ד
זָהָ֗ב תְּכֵ֧לֶת וְאַרְגָּמָ֛ן וְתוֹלַ֥עַת שָׁנִ֖י וְשֵׁ֥שׁ מָשְׁזָֽר׃
ט רָב֧וּעַ הָיָ֛ה כָּפ֖וּל עָשׂ֣וּ אֶת־הַחֹ֑שֶׁן זֶ֧רֶת אָרְכּ֛וֹ
י וְזֶ֥רֶת רָחְבּ֖וֹ כָּפֽוּל׃ וַיְמַ֨לְאוּ־ב֔וֹ אַרְבָּעָ֖ה ט֣וּרֵי אָ֑בֶן
יא ט֗וּר אֹ֤דֶם פִּטְדָה֙ וּבָרֶ֔קֶת הַטּ֖וּר הָאֶחָֽד׃ וְהַטּ֣וּר

ל אֲרָמוּתָא שִׁבְעִין כִּכְּרִין, וּתְרֵין אַלְפִין וְאַרְבַּע מְאָה סִלְעִין: וַעֲבַד בַּהּ, יָת סָמְכֵי תְּרַע מַשְׁכַּן
לא זִמְנָא, וְיָת מַדְבְּחָא דִנְחָשָׁא, וְיָת סְרָדָא דִנְחָשָׁא דִילֵיהּ, וְיָת כָּל מָנֵי מַדְבְּחָא: וְיָת סָמְכֵי דָרְתָא
לט א סְחוֹר סְחוֹר, וְיָת סָמְכֵי תְּרַע דָּרְתָא, וְיָת כָּל סִכֵּי מַשְׁכְּנָא, וְיָת כָּל סִכֵּי דָרְתָא סְחוֹר סְחוֹר: וּמִן
תַּכְלָא וְאַרְגְּוָנָא וּצְבַע זְהוֹרִי, עֲבַדוּ לְבוּשֵׁי שִׁמּוּשָׁא לְשַׁמָּשָׁא בְקֻדְשָׁא, וַעֲבַדוּ, יָת לְבוּשֵׁי
ב קֻדְשָׁא דִלְאַהֲרֹן, כְּמָא דְפַקֵּיד יְיָ יָת מֹשֶׁה: וַעֲבַד יָת אֵיפוֹדָא, דְּהַבָא, תַּכְלָא וְאַרְגְּוָנָא, וּצְבַע
ג זְהוֹרִי וּבוּץ שְׁזִיר: וְרַדִּידוּ, יָת טַסֵּי דְדַהֲבָא וְקַצִּיצוּ חוּטִין, לְמֶעְבַּד, בְּגוֹ תַּכְלָא וּבְגוֹ אַרְגְּוָנָא,
ד וּבְגוֹ, צְבַע זְהוֹרִי וּבְגוֹ בוּצָא, עוֹבַד אֻמָּן: כִּתְפִין עֲבַדוּ לֵיהּ מְלָפְּפָן, עַל תְּרֵין סִטְרוֹהִי מְלָפַף:
ה וְהֶמְיַן תִּקּוּנֵיהּ דַּעֲלוֹהִי, מִנֵּיהּ הוּא כְּעוֹבָדֵיהּ, דַּהֲבָא, תַּכְלָא וְאַרְגְּוָנָא, וּצְבַע זְהוֹרִי וּבוּץ שְׁזִיר,
ו כְּמָא דְפַקֵּיד יְיָ יָת מֹשֶׁה: וַעֲבַדוּ יָת אַבְנֵי בֻרְלָא, מְשַׁקְעָן מְרַמְצָן דִּדְהַב, גְּלִיפָן כְּתַב מְפָרַשׁ,
ז עַל שְׁמָהַת בְּנֵי יִשְׂרָאֵל: וְשַׁוִּי יָתְהוֹן, עַל כִּתְפֵי אֵיפוֹדָא, אַבְנֵי דֻכְרָנָא לִבְנֵי יִשְׂרָאֵל, כְּמָא דְפַקֵּיד
ח יְיָ יָת מֹשֶׁה: וַעֲבַד יָת חֻשְׁנָא, עוֹבַד אֻמָּן כְּעוֹבַד אֵיפוֹדָא, דַּהֲבָא, תַּכְלָא וְאַרְגְּוָנָא, וּצְבַע זְהוֹרִי
ט וּבוּץ שְׁזִיר: מְרַבַּע הֲוָה, עִיף עֲבַדוּ יָת חֻשְׁנָא, זַרְתָּא אֻרְכֵּיהּ, וְזַרְתָּא פְּתָיֵהּ עִיף: וְאַשְׁלִימוּ
יא בֵיהּ, אַרְבְּעָא סִדְרִין דְּאֶבֶן טָבָא, סִדְרָא קַדְמָאָה, סָמְקָן יַרְקָן וּבָרְקָן, סִדְרָא חַד: וְסִדְרָא

כָּתוּב וְעָפָה רָאשֵׁיהֶם וַחֲשֻׁקֵיהֶם כָּסֶף (עיין לעיל לח, י-כ):

פרק לט

א) וּמִן הַתְּכֵלֶת וְהָאַרְגָּמָן וְגוֹ'. שֵׁשׁ לֹא נֶאֱמַר כָּאן; מִכָּאן אֲנִי אוֹמֵר שֶׁאֵין בִּגְדֵי שְׂרָד הַלָּלוּ בִּגְדֵי כְהֻנָּה, שֶׁבְּבִגְדֵי כְהֻנָּה הָיָה שֵׁשׁ, אֶלָּא הֵם בְּגָדִים שֶׁמְּכַסִּים בָּהֶם כְּלֵי הַקֹּדֶשׁ בִּשְׁעַת סִלּוּק מַסָּעוֹת, שֶׁלֹּא הָיָה בָּהֶם שֵׁשׁ:

ג) וַיְרַקְּעוּ. כְּמוֹ: "לְרֹקַע הָאָרֶץ" (תהלים קלו, ו), כְּתַרְגּוּמוֹ "וְרַדִּידוּ". טַסִּין הָיוּ מְרַדְּדִין מִן הַזָּהָב, אשטנדר"א בְּלַעַ"ז, טַסִּין דַּקּוֹת. כָּאן הוּא מְלַמֶּדְךָ הֵיאַךְ הָיוּ טוֹוִין אֶת הַזָּהָב עִם הַחוּטִין: מְרַדְּדִין הַטַּסִּין דַּקִּין, וְקוֹצְצִין מֵהֶן פְּתִילִים לְאֹרֶךְ הַטַּס, לַעֲשׂוֹת אוֹתָן פְּתִילִים תַּעֲרֹבֶת עִם כָּל מִין וָמִין בַּחֹשֶׁן וְהָאֵפוֹד, שֶׁנֶּאֱמַר בָּהֶן "זָהָב" (לעיל כח, ו; טו), חוּט אֶחָד שֶׁל זָהָב עִם שִׁשָּׁה חוּטִין שֶׁל תְּכֵלֶת, וְכֵן עִם כָּל מִין וָמִין, שֶׁכָּל הַמִּינִים חוּטָן כָּפוּל שִׁשָּׁה, וְהַזָּהָב חוּט שְׁבִיעִי עִם כָּל אֶחָד וְאֶחָד:

יב הַשֵּׁנִי נֹפֶךְ סַפִּיר וְיָהֲלֹם׃ וְהַטּוּר הַשְּׁלִישִׁי לֶשֶׁם
יג שְׁבוֹ וְאַחְלָמָה׃ וְהַטּוּר הָרְבִיעִי תַּרְשִׁישׁ שֹׁהַם
יד וְיָשְׁפֵה מוּסַבֹּת מִשְׁבְּצוֹת זָהָב בְּמִלֻּאֹתָם׃ וְהָאֲבָנִים
עַל־שְׁמֹת בְּנֵי־יִשְׂרָאֵל הֵנָּה שְׁתֵּים עֶשְׂרֵה עַל־
שְׁמֹתָם פִּתּוּחֵי חֹתָם אִישׁ עַל־שְׁמוֹ לִשְׁנֵים עָשָׂר
טו שָׁבֶט׃ וַיַּעֲשׂוּ עַל־הַחֹשֶׁן שַׁרְשְׁרֹת גַּבְלֻת מַעֲשֵׂה
טז עֲבֹת זָהָב טָהוֹר׃ וַיַּעֲשׂוּ שְׁתֵּי מִשְׁבְּצֹת זָהָב וּשְׁתֵּי
טַבְּעֹת זָהָב וַיִּתְּנוּ אֶת־שְׁתֵּי הַטַּבָּעֹת עַל־שְׁנֵי
יז קְצוֹת הַחֹשֶׁן׃ וַיִּתְּנוּ שְׁתֵּי הָעֲבֹתֹת הַזָּהָב עַל־שְׁתֵּי
יח הַטַּבָּעֹת עַל־קְצוֹת הַחֹשֶׁן׃ וְאֵת שְׁתֵּי קְצוֹת שְׁתֵּי
הָעֲבֹתֹת נָתְנוּ עַל־שְׁתֵּי הַמִּשְׁבְּצֹת וַיִּתְּנֻם עַל־
יט כִּתְפֹת הָאֵפֹד אֶל־מוּל פָּנָיו׃ וַיַּעֲשׂוּ שְׁתֵּי טַבְּעֹת
זָהָב וַיָּשִׂימוּ עַל־שְׁנֵי קְצוֹת הַחֹשֶׁן עַל־שְׂפָתוֹ אֲשֶׁר
כ אֶל־עֵבֶר הָאֵפֹד בָּיְתָה׃ וַיַּעֲשׂוּ שְׁתֵּי טַבְּעֹת זָהָב
וַיִּתְּנֻם עַל־שְׁתֵּי כִתְפֹת הָאֵפֹד מִלְּמַטָּה מִמּוּל פָּנָיו
כא לְעֻמַּת מַחְבַּרְתּוֹ מִמַּעַל לְחֵשֶׁב הָאֵפֹד׃ וַיִּרְכְּסוּ
אֶת־הַחֹשֶׁן מִטַּבְּעֹתָיו אֶל־טַבְּעֹת הָאֵפֹד בִּפְתִיל
תְּכֵלֶת לִהְיֹת עַל־חֵשֶׁב הָאֵפֹד וְלֹא־יִזַּח הַחֹשֶׁן
מֵעַל הָאֵפֹד כַּאֲשֶׁר צִוָּה יְהוָה אֶת־מֹשֶׁה׃
כב וַיַּעַשׂ אֶת־מְעִיל הָאֵפֹד מַעֲשֵׂה אֹרֵג כְּלִיל תְּכֵלֶת׃ שלישי /ששי/
כג וּפִי־הַמְּעִיל בְּתוֹכוֹ כְּפִי תַחְרָא שָׂפָה לְפִיו סָבִיב

כד לֹא יִקָּרֵעַ: וַיַּעֲשׂוּ עַל־שׁוּלֵי הַמְּעִיל רִמּוֹנֵי
כה תְּכֵלֶת וְאַרְגָּמָן וְתוֹלַעַת שָׁנִי מָשְׁזָר: וַיַּעֲשׂוּ
פַעֲמֹנֵי זָהָב טָהוֹר וַיִּתְּנוּ אֶת־הַפַּעֲמֹנִים
בְּתוֹךְ הָרִמֹּנִים עַל־שׁוּלֵי הַמְּעִיל סָבִיב בְּתוֹךְ
כו הָרִמֹּנִים: פַּעֲמֹן וְרִמֹּן פַּעֲמֹן וְרִמֹּן עַל־שׁוּלֵי
הַמְּעִיל סָבִיב לְשָׁרֵת כַּאֲשֶׁר צִוָּה יְהוָה אֶת־
כז מֹשֶׁה: וַיַּעֲשׂוּ אֶת־הַכָּתְנֹת שֵׁשׁ
כח מַעֲשֵׂה אֹרֵג לְאַהֲרֹן וּלְבָנָיו: וְאֵת הַמִּצְנֶפֶת שֵׁשׁ
וְאֶת־פַּאֲרֵי הַמִּגְבָּעֹת שֵׁשׁ וְאֶת־מִכְנְסֵי הַבָּד

יב יג תְּנֵינָא, אִזְמַרַגְדִּין שַׁבְזִיז וְסַבְהֲלוֹם: וְסִדְרָא תְלִיתָאָה, קַנְכִּירֵי טַרְקְיָא וְעֵין עִגְלָא: וְסִדְרָא
יד רְבִיעָאָה, כְּרוּם יַמָּא וּבִרְלָא וּפַנְתֵּירֵי, מְשַׁקְּעָן, מְרַמְּצָן דִּדְהַב בְּאַשְׁלָמוּתְהוֹן: וְאַבְנַיָּא, עַל
שְׁמָהָת בְּנֵי יִשְׂרָאֵל אִנִּין, תַּרְתָּא עַסְרֵי עַל שְׁמָהָתְהוֹן, כְּתַב מְפָרַשׁ כִּגְלַף דִּעְזְקָא גְּבַר עַל
טו טז שְׁמֵיהּ, לִתְרֵי עֲסַר שִׁבְטִין: וַעֲבַדוּ עַל חָשְׁנָא, תִּכִּין מִתְחַמְּן עוֹבַד גְּדִילוּ, דִּדְהַב דְּכֵי: וַעֲבַדוּ,
תַּרְתֵּין מְרַמְּצָן דִּדְהַב, וְתַרְתֵּין עִזְקָן דִּדְהַב, וִיהַבוּ, יָת תַּרְתֵּין עִזְקָתָא, עַל תְּרֵין סִטְרֵי חָשְׁנָא:
יז יח וִיהַבוּ, תַּרְתֵּין גְּדִילָן דִּדְהַב, עַל תַּרְתֵּין עִזְקָתָא, עַל סִטְרֵי חָשְׁנָא: וְיָת תַּרְתֵּין גְּדִילָן דְּעַל תְּרֵין
יט סִטְרוֹהִי, יְהַבוּ עַל תַּרְתֵּין מְרַמְּצָתָא, וִיהַבוּנִין, עַל כִּתְפֵי אֵיפוֹדָא לָקֳבֵיל אַפּוֹהִי: וַעֲבַדוּ,
תַּרְתֵּין עִזְקָן דִּדְהַב, וְשַׁוִּיאוּ, עַל תְּרֵין סִטְרֵי חָשְׁנָא, עַל סִפְתֵיהּ, דִּלְעִבְרָא דְּאֵיפוֹדָא לְגָיו:
כ וַעֲבַדוּ תַּרְתֵּין עִזְקָן דִּדְהַב, וִיהַבוּנִין, עַל תַּרְתֵּין כִּתְפֵי אֵיפוֹדָא מִלְּרַע מִלָּקֳבֵיל אַפּוֹהִי,
כא לָקֳבֵיל בֵּית לוֹפֵי, מֵעִלָּוֵי, לְהִמְיַן אֵיפוֹדָא: וַאֲחַדוּ יָת חָשְׁנָא, מֵעִזְקָתֵיהּ לְעִזְקַת אֵיפוֹדָא
בְּחוּטָא דִּתְכִילְתָא, לְמִהְוֵי עַל הִמְיַן אֵיפוֹדָא, וְלָא יִתְפָּרַק חָשְׁנָא, מֵעִלָּוֵי אֵיפוֹדָא, כְּמָא
כב כג דְּפַקֵּיד יְיָ יָת מֹשֶׁה: וַעֲבַד, יָת מְעִיל אֵיפוֹדָא עוֹבַד מָחֵי, גְּמִיר תַּכְלָא: וּפוּמֵּיהּ דִּמְעִילָא כְּפִיל
כד לְגַוֵּיהּ כְּפוּם שִׁרְיָן, תּוֹרָא מַקַּף לְפוּמֵּיהּ, סְחוֹר סְחוֹר דְּלָא יִתְבְּזַע: וַעֲבַדוּ עַל שִׁפּוֹלֵי מְעִילָא,
כה רִמּוֹנֵי, תַּכְלָא וְאַרְגְּוָנָא וּצְבַע זְהוֹרִי, שְׁזִיר: וַעֲבַדוּ זוֹגִין דִּדְהַב דְּכֵי, וִיהַבוּ יָת זוֹגַיָּא בְּגוֹ
כו רִמּוֹנַיָּא, עַל שִׁפּוֹלֵי מְעִילָא סְחוֹר סְחוֹר, בְּגוֹ רִמּוֹנַיָּא: זוֹגָא וְרִמּוֹנָא זוֹגָא וְרִמּוֹנָא, עַל שִׁפּוֹלֵי
כז מְעִילָא סְחוֹר סְחוֹר, לְשַׁמָּשָׁא, כְּמָא דְּפַקֵּיד יְיָ יָת מֹשֶׁה: וַעֲבַדוּ, יָת כִּתּוּנִין דְּבוּצָא עוֹבַד
כח מָחֵי, לְאַהֲרֹן וְלִבְנוֹהִי: וְיָת מִצְנֶפְתָּא דְּבוּצָא, וְיָת שְׁבַח קוֹבְעַיָּא דְּבוּצָא, וְיָת מִכְנְסֵי בוּצָא

כח) וְאֶת פַּאֲרֵי הַמִּגְבָּעֹת. תִּפְאֶרֶת הַמִּגְבָּעוֹת, הַמִּגְבָּעוֹת הַמְפֹאָרִין:

שֵׁשׁ מָשְׁזָר: וְאֶת־הָאַבְנֵט שֵׁשׁ מָשְׁזָר וּתְכֵלֶת כט
וְאַרְגָּמָן וְתוֹלַעַת שָׁנִי מַעֲשֵׂה רֹקֵם כַּאֲשֶׁר צִוָּה
יְהוָה אֶת־מֹשֶׁה: וַיַּעֲשׂוּ אֶת־צִיץ נֵזֶר־ ל
הַקֹּדֶשׁ זָהָב טָהוֹר וַיִּכְתְּבוּ עָלָיו מִכְתַּב פִּתּוּחֵי
חוֹתָם קֹדֶשׁ לַיהוָה: וַיִּתְּנוּ עָלָיו פְּתִיל תְּכֵלֶת לא
לָתֵת עַל־הַמִּצְנֶפֶת מִלְמָעְלָה כַּאֲשֶׁר צִוָּה יְהוָה
אֶת־מֹשֶׁה: וַתֵּכֶל כָּל־עֲבֹדַת מִשְׁכַּן לב
אֹהֶל מוֹעֵד וַיַּעֲשׂוּ בְּנֵי יִשְׂרָאֵל כְּכֹל אֲשֶׁר צִוָּה
יְהוָה אֶת־מֹשֶׁה כֵּן עָשׂוּ:

רביעי כט וַיָּבִיאוּ אֶת־הַמִּשְׁכָּן אֶל־מֹשֶׁה אֶת־הָאֹהֶל וְאֶת־ לג
כָּל־כֵּלָיו קְרָסָיו קְרָשָׁיו בְּרִיחָו וְעַמֻּדָיו וַאֲדָנָיו:
וְאֶת־מִכְסֵה עוֹרֹת הָאֵילִם הַמְאָדָּמִים וְאֶת־מִכְסֵה לד
עֹרֹת הַתְּחָשִׁים וְאֵת פָּרֹכֶת הַמָּסָךְ: אֶת־אֲרוֹן לה
הָעֵדֻת וְאֶת־בַּדָּיו וְאֵת הַכַּפֹּרֶת: אֶת־הַשֻּׁלְחָן לו
אֶת־כָּל־כֵּלָיו וְאֵת לֶחֶם הַפָּנִים: אֶת־הַמְּנֹרָה לז
הַטְּהֹרָה אֶת־נֵרֹתֶיהָ נֵרֹת הַמַּעֲרָכָה וְאֶת־כָּל־
כֵּלֶיהָ וְאֵת שֶׁמֶן הַמָּאוֹר: וְאֵת מִזְבַּח הַזָּהָב וְאֵת לח
שֶׁמֶן הַמִּשְׁחָה וְאֵת קְטֹרֶת הַסַּמִּים וְאֵת מָסַךְ
פֶּתַח הָאֹהֶל: אֵת ׀ מִזְבַּח הַנְּחֹשֶׁת וְאֶת־מִכְבַּר לט
הַנְּחֹשֶׁת אֲשֶׁר־לוֹ אֶת־בַּדָּיו וְאֶת־כָּל־כֵּלָיו אֶת־
הַכִּיֹּר וְאֶת־כַּנּוֹ: אֵת קַלְעֵי הֶחָצֵר אֶת־עַמֻּדֶיהָ מ

וְאֶת־אֲדָנֶיהָ וְאֶת־הַמָּסָךְ לְשַׁעַר הֶחָצֵר אֶת־
מֵיתָרָיו וִיתֵדֹתֶיהָ וְאֵת כָּל־כְּלֵי עֲבֹדַת הַמִּשְׁכָּן
מא לְאֹהֶל מוֹעֵד: אֶת־בִּגְדֵי הַשְּׂרָד לְשָׁרֵת בַּקֹּדֶשׁ
אֶת־בִּגְדֵי הַקֹּדֶשׁ לְאַהֲרֹן הַכֹּהֵן וְאֶת־בִּגְדֵי בָנָיו

כט דְבוּץ שְׁזִיר: וְיָת הֶמְיָנָא דְבוּץ שְׁזִיר, וְתַכְלָא וְאַרְגְוָנָא, וּצְבַע זְהוֹרִי עוֹבַד צַיָּר, כְּמָא דְפַקֵּיד
ל יְיָ יָת מֹשֶׁה: וַעֲבַדוּ, יָת צִיצָא כְּלִילָא דְקֻדְשָׁא דִּדְהַב דְּכֵי, וּכְתַבוּ עֲלוֹהִי, כְּתָב מְפָרַשׁ כִּגְלַף
לא דְּעִזְקָא, קֹדֶשׁ לַיְיָ: וִיהַבוּ עֲלוֹהִי חוּטָא דִתְכִילְתָא, לְמִתַּן עַל מַצְנַפְתָּא מִלְּעֵילָא, כְּמָא דְפַקֵּיד
לב יְיָ יָת מֹשֶׁה: וּשְׁלֵימַת, כָּל עֲבִידַת, מַשְׁכְּנָא מַשְׁכַּן זִמְנָא, וַעֲבַדוּ בְּנֵי יִשְׂרָאֵל, כְּכֹל, דְּפַקֵּיד יְיָ,
לג יָת מֹשֶׁה כֵּן עֲבַדוּ: וְאַיְתִיאוּ יָת מַשְׁכְּנָא לְוָת מֹשֶׁה, יָת מַשְׁכְּנָא וְיָת כָּל מָנוֹהִי, פֻּרְפוֹהִי דַּפּוֹהִי,
לד עַבְרוֹהִי וְעַמּוּדוֹהִי וְסָמְכוֹהִי: וְיָת חוֹפָאָה, דְּמַשְׁכֵּי דִּכְרֵי מְסַמְּקֵי, וְיָת חוֹפָאָה דְּמַשְׁכֵּי
לה לו סַסְגוֹנָא, וְיָת פָּרֻכְתָּא דִפְרָסָא: יָת אֲרוֹנָא דְסָהֲדוּתָא וְיָת אֲרִיחוֹהִי, וְיָת כַּפֻּרְתָּא: יָת פָּתוּרָא
לז יָת כָּל מָנוֹהִי, וְיָת לְחֵים אַפַּיָּא: יָת מְנָרְתָא דְכִיתָא יָת בּוֹצִינַהָא, בּוֹצִינֵי, סִדְרָא וְיָת כָּל
לח מָנַהָא, וְיָת מִשְׁחָא דְאַנְהָרוּתָא: וְיָת מַדְבְּחָא דְדַהֲבָא, וְיָת מִשְׁחָא דִּרְבוּתָא, וְיָת קְטֹרֶת
לט בֻּסְמַיָּא, וְיָת פְּרָסָא דִּתְרַע מַשְׁכְּנָא: יָת מַדְבְּחָא דִנְחָשָׁא, וְיָת סְרָדָא דִנְחָשָׁא דִּילֵיהּ, יָת
מ אֲרִיחוֹהִי וְיָת כָּל מָנוֹהִי, יָת כִּיּוֹרָא וְיָת בְּסִיסֵיהּ: יָת סְרָדֵי דָרְתָא יָת עַמּוּדָהָא וְיָת סָמְכַהָא,
מא וְיָת פְּרָסָא לִתְרַע דָּרְתָא, יָת אֲטוּנוֹהִי וְסִכַּהָא, וְיָת, כָּל מָנֵי, פָּלְחַן מַשְׁכְּנָא לְמַשְׁכַּן זִמְנָא: יָת
לְבוּשֵׁי שִׁמּוּשָׁא לְשַׁמָּשָׁא בְקֻדְשָׁא, יָת לְבוּשֵׁי קֻדְשָׁא לְאַהֲרֹן כָּהֲנָא, וְיָת לְבוּשֵׁי בְנוֹהִי

לא) לָתֵת עַל הַמִּצְנֶפֶת מִלְמָעְלָה. שֶׁעַל יְדֵי הַפְּתִילִים הָיָה מוֹשִׁיבוֹ עַל הַמִּצְנֶפֶת כְּמִין כֶּתֶר. וְאִי אֶפְשָׁר לוֹמַר הַצִּיץ עַל הַמִּצְנֶפֶת, שֶׁהֲרֵי בִּשְׁחִיטַת קָדָשִׁים שָׁנִינוּ: שְׂעָרוֹ הָיָה נִרְאֶה בֵּין צִיץ לְמִצְנֶפֶת שֶׁשָּׁם מַנִּיחַ תְּפִלִּין (זבחים יט ע"א), וְהַצִּיץ הָיָה נָתוּן עַל הַמֵּצַח, הֲרֵי הַמִּצְנֶפֶת לְמַעְלָה וְהַצִּיץ לְמַטָּה. כָּאן הוּא אוֹמֵר: "וַיִּתְּנוּ עָלָיו פְּתִיל תְּכֵלֶת", וּבְעִנְיַן הָעֲשִׂיָּה הוּא אוֹמֵר: "וְשַׂמְתָּ אֹתוֹ עַל פְּתִיל תְּכֵלֶת" (לעיל כח, לז)? שְׁנֵי חוּטִין הָיוּ בְּכָל קָצֶה וְקָצֶה, אֶחָד מִמַּעַל וְאֶחָד מִתַּחַת לְצַד מִצְחוֹ, וְכֵן בָּאֶמְצַע, וְקוֹשֵׁר רָאשֵׁיהֶם הַשְּׁנַיִם כֻּלָּם יַחַד מֵאֲחוֹרָיו לְמוּל עָרְפּוֹ, וּמוֹשִׁיבוֹ עַל הַמִּצְנֶפֶת. וְאַל תִּתְמַהּ שֶׁלֹּא נֶאֱמַר 'פְּתִילֵי תְכֵלֶת' הוֹאִיל וּמְרֻבִּין הֵן, שֶׁהֲרֵי מָצִינוּ בַּחֹשֶׁן וְאֵפוֹד: "וַיִּרְכְּסוּ אֶת הַחֹשֶׁן" וְגוֹ' (לעיל פסוק כא), וְעַל כָּרְחֲךָ פְּחוּת מִשְּׁנַיִם לֹא הָיוּ, שֶׁהֲרֵי בִּשְׁנֵי קְצוֹת הַחֹשֶׁן הָיוּ שְׁתֵּי טַבָּעוֹת הַחֹשֶׁן וּבִשְׁתֵּי כִּתְפוֹת הָאֵפוֹד הָיוּ טַבָּעוֹת הָאֵפוֹד שֶׁכְּנֶגְדָּן, וּלְפִי דֶּרֶךְ קְשִׁירָה אַרְבָּעָה חוּטִין הָיוּ, וּמִכָּל מָקוֹם פָּחוֹת מִשְּׁנַיִם אִי אֶפְשָׁר:

לב) וַיַּעֲשׂוּ בְּנֵי יִשְׂרָאֵל. אֶת הַמְּלָאכָה, "כְּכֹל אֲשֶׁר צִוָּה ה'" וְגוֹ':

לג) וַיָּבִיאוּ אֶת הַמִּשְׁכָּן וְגוֹ'. שֶׁלֹּא הָיוּ יְכוֹלִין לַהֲקִימוֹ, וּלְפִי שֶׁלֹּא עָשָׂה מֹשֶׁה שׁוּם מְלָאכָה בַּמִּשְׁכָּן הִנִּיחַ לוֹ הַקָּדוֹשׁ בָּרוּךְ הוּא הֲקָמָתוֹ, שֶׁלֹּא הָיָה יָכוֹל לַהֲקִימוֹ שׁוּם אָדָם מֵחֲמַת כֹּבֶד הַקְּרָשִׁים שֶׁאֵין כֹּחַ בְּאָדָם לְזָקְפָן, וּמֹשֶׁה הֶעֱמִידוֹ. אָמַר מֹשֶׁה לִפְנֵי הַקָּדוֹשׁ בָּרוּךְ הוּא: אֵיךְ אֶפְשָׁר הֲקָמָתוֹ עַל יְדֵי אָדָם? אָמַר לוֹ: עֲסֹק אַתָּה בְּיָדְךָ, נִרְאֶה כִּמְקִימוֹ, וְהוּא נִזְקָף וְקָם מֵאֵלָיו. וְזֶהוּ שֶׁנֶּאֱמַר: "הוּקַם הַמִּשְׁכָּן" (להלן מ, יז), הוּקַם מֵאֵלָיו. מִדְרַשׁ רַבִּי תַּנְחוּמָא (פקודי יא):

לַכֹּהֵן: כְּכֹל אֲשֶׁר־צִוָּה יְהוָה אֶת־מֹשֶׁה כֵּן מב
עָשׂוּ בְּנֵי יִשְׂרָאֵל אֵת כָּל־הָעֲבֹדָה: וַיַּרְא מֹשֶׁה מג
אֶת־כָּל־הַמְּלָאכָה וְהִנֵּה עָשׂוּ אֹתָהּ כַּאֲשֶׁר
צִוָּה יְהוָה כֵּן עָשׂוּ וַיְבָרֶךְ אֹתָם מֹשֶׁה:

חמישי /שביעי/ וַיְדַבֵּר יְהוָה אֶל־מֹשֶׁה לֵּאמֹר: בְּיוֹם־הַחֹדֶשׁ א ב מ
הָרִאשׁוֹן בְּאֶחָד לַחֹדֶשׁ תָּקִים אֶת־מִשְׁכַּן
אֹהֶל מוֹעֵד: וְשַׂמְתָּ שָׁם אֵת אֲרוֹן הָעֵדוּת ג
וְסַכֹּתָ עַל־הָאָרֹן אֶת־הַפָּרֹכֶת: וְהֵבֵאתָ אֶת־ ד
הַשֻּׁלְחָן וְעָרַכְתָּ אֶת־עֶרְכּוֹ וְהֵבֵאתָ אֶת־
הַמְּנֹרָה וְהַעֲלֵיתָ אֶת־נֵרֹתֶיהָ: וְנָתַתָּה אֶת־ ה
מִזְבַּח הַזָּהָב לִקְטֹרֶת לִפְנֵי אֲרוֹן הָעֵדֻת וְשַׂמְתָּ
אֶת־מָסַךְ הַפֶּתַח לַמִּשְׁכָּן: וְנָתַתָּה אֵת מִזְבַּח ו
הָעֹלָה לִפְנֵי פֶּתַח מִשְׁכַּן אֹהֶל־מוֹעֵד: וְנָתַתָּ ז
אֶת־הַכִּיֹּר בֵּין־אֹהֶל מוֹעֵד וּבֵין הַמִּזְבֵּחַ וְנָתַתָּ
שָׁם מָיִם: וְשַׂמְתָּ אֶת־הֶחָצֵר סָבִיב וְנָתַתָּ ח
אֶת־מָסַךְ שַׁעַר הֶחָצֵר: וְלָקַחְתָּ אֶת־שֶׁמֶן ט
הַמִּשְׁחָה וּמָשַׁחְתָּ אֶת־הַמִּשְׁכָּן וְאֶת־כָּל־
אֲשֶׁר־בּוֹ וְקִדַּשְׁתָּ אֹתוֹ וְאֶת־כָּל־כֵּלָיו וְהָיָה
קֹדֶשׁ: וּמָשַׁחְתָּ אֶת־מִזְבַּח הָעֹלָה וְאֶת־כָּל־ י
כֵּלָיו וְקִדַּשְׁתָּ אֶת־הַמִּזְבֵּחַ וְהָיָה הַמִּזְבֵּחַ קֹדֶשׁ

יא קָדָשִׁים: וּמָשַׁחְתָּ אֶת־הַכִּיֹּר וְאֶת־כַּנּוֹ וְקִדַּשְׁתָּ
יב אֹתוֹ: וְהִקְרַבְתָּ אֶת־אַהֲרֹן וְאֶת־בָּנָיו אֶל־פֶּתַח
יג אֹהֶל מוֹעֵד וְרָחַצְתָּ אֹתָם בַּמָּיִם: וְהִלְבַּשְׁתָּ אֶת־
אַהֲרֹן אֵת בִּגְדֵי הַקֹּדֶשׁ וּמָשַׁחְתָּ אֹתוֹ וְקִדַּשְׁתָּ
יד אֹתוֹ וְכִהֵן לִי: וְאֶת־בָּנָיו תַּקְרִיב וְהִלְבַּשְׁתָּ אֹתָם
טו כֻּתֳּנֹת: וּמָשַׁחְתָּ אֹתָם כַּאֲשֶׁר מָשַׁחְתָּ אֶת־
אֲבִיהֶם וְכִהֲנוּ לִי וְהָיְתָה לִהְיֹת לָהֶם מָשְׁחָתָם
טז לִכְהֻנַּת עוֹלָם לְדֹרֹתָם: וַיַּעַשׂ מֹשֶׁה כְּכֹל אֲשֶׁר

מב מג לְשַׁמָּשָׁא: כְּכֹל, דְּפַקֵּיד יי יָת מֹשֶׁה, כֵּן עֲבַדוּ בְּנֵי יִשְׂרָאֵל, יָת כָּל פָּלְחָנָא: וַחֲזָא מֹשֶׁה יָת כָּל
מ א עֲבִידְתָּא, וְהָא עֲבַדוּ יָתַהּ, כְּמָא דְּפַקֵּיד יי כֵּן עֲבַדוּ, וּבָרֵיךְ יָתְהוֹן מֹשֶׁה: וּמַלֵּיל יי עִם מֹשֶׁה
ב ג לְמֵימַר: בְּיוֹם יַרְחָא קַדְמָאָה בְּחַד לְיַרְחָא, תְּקִים, יָת מַשְׁכְּנָא מַשְׁכַּן זִמְנָא: וּתְשַׁוֵּי תַּמָּן, יָת
ד אֲרוֹנָא דְסָהֲדוּתָא, וְתַטֵּיל עַל אֲרוֹנָא יָת פָּרֻכְתָּא: וְתָעֵיל יָת פָּתוּרָא, וְתַסְדַּר יָת סִדְרֵיהּ,
ה וְתָעֵיל יָת מְנָרְתָּא, וְתַדְלֵיק יָת בּוֹצִינַהָא: וְתִתֵּין, יָת מַדְבְּחָא דְּדַהֲבָא לִקְטֹרֶת בֻּסְמַיָּא, קֳדָם
ו אֲרוֹנָא דְסָהֲדוּתָא, וּתְשַׁוֵּי, יָת פְּרָסָא דְּתַרְעָא לְמַשְׁכְּנָא: וְתִתֵּין, יָת מַדְבְּחָא דַּעֲלָתָא, קֳדָם,
ז תְּרַע מַשְׁכְּנָא מַשְׁכַּן זִמְנָא: וְתִתֵּין יָת כִּיּוֹרָא, בֵּין מַשְׁכַּן זִמְנָא וּבֵין מַדְבְּחָא, וְתִתֵּין תַּמָּן מַיָּא:
ח ט וּתְשַׁוֵּי יָת דָּרְתָא סְחוֹר סְחוֹר, וְתִתֵּין, יָת פְּרָסָא דִּתְרַע דָּרְתָא: וְתִסַּב יָת מִשְׁחָא דִּרְבוּתָא,
י וּתְרַבֵּי יָת מַשְׁכְּנָא וְיָת כָּל דְּבֵיהּ, וּתְקַדֵּישׁ יָתֵיהּ, וְיָת כָּל מָנוֹהִי וִיהֵי קֻדְשָׁא: וּתְרַבֵּי, יָת
יא מַדְבְּחָא דַּעֲלָתָא וְיָת כָּל מָנוֹהִי, וּתְקַדֵּישׁ יָת מַדְבְּחָא, וִיהֵי מַדְבְּחָא קֹדֶשׁ קֻדְשִׁין: וּתְרַבֵּי יָת
יב כִּיּוֹרָא וְיָת בְּסִיסֵיהּ, וּתְקַדֵּישׁ יָתֵיהּ: וּתְקָרֵיב יָת אַהֲרֹן וְיָת בְּנוֹהִי, לִתְרַע מַשְׁכַּן זִמְנָא, וְתַסְחֵי
יג יָתְהוֹן בְּמַיָּא: וְתַלְבֵּישׁ יָת אַהֲרֹן, יָת לְבוּשֵׁי קֻדְשָׁא, וּתְרַבֵּי יָתֵיהּ, וּתְקַדֵּישׁ יָתֵיהּ וִישַׁמֵּישׁ
יד טו קֳדָמַי: וְיָת בְּנוֹהִי תְּקָרֵיב, וְתַלְבֵּישׁ יָתְהוֹן כִּתּוּנִין: וּתְרַבֵּי יָתְהוֹן, כְּמָא דְּרַבֵּיתָא יָת אֲבוּהוֹן,
טז וִישַׁמְּשׁוּן קֳדָמַי, וּתְהֵי, לְמִהְוֵי לְהוֹן רְבוּתְהוֹן, לִכְהֻנַּת עָלַם לְדָרֵיהוֹן: וַעֲבַד מֹשֶׁה, כְּכֹל,

מג) וַיְבָרֶךְ אֹתָם מֹשֶׁה. אָמַר לָהֶם: יְהִי רָצוֹן שֶׁתִּשְׁרֶה שְׁכִינָה בְּמַעֲשֵׂה יְדֵיכֶם, "וִיהִי נֹעַם ה' אֱלֹהֵינוּ עָלֵינוּ" וְגוֹ' (תהלים צ, יז), וְהוּא אֶחָד מֵאַחַד עָשָׂר מִזְמוֹרִים שֶׁבִּ'תְפִלָּה לְמֹשֶׁה' (תהלים צ-ק):

פרק מ

ג) וְסַכֹּתָ עַל הָאָרֹן. לְשׁוֹן הֲגָנָה, שֶׁהֲרֵי מְחִצָּה הָיְתָה:

ד) וְעָרַכְתָּ אֶת עֶרְכּוֹ. שְׁתֵּים מַעַרָכוֹת שֶׁל לֶחֶם הַפָּנִים:

ששי צִוָּה יְהוָה אֹתוֹ כֵּן עָשָׂה׃ וַיְהִי בַּחֹדֶשׁ יז
הָרִאשׁוֹן בַּשָּׁנָה הַשֵּׁנִית בְּאֶחָד לַחֹדֶשׁ הוּקַם
הַמִּשְׁכָּן׃ וַיָּקֶם מֹשֶׁה אֶת־הַמִּשְׁכָּן וַיִּתֵּן אֶת־ יח
אֲדָנָיו וַיָּשֶׂם אֶת־קְרָשָׁיו וַיִּתֵּן אֶת־בְּרִיחָיו וַיָּקֶם
אֶת־עַמּוּדָיו׃ וַיִּפְרֹשׂ אֶת־הָאֹהֶל עַל־הַמִּשְׁכָּן יט
וַיָּשֶׂם אֶת־מִכְסֵה הָאֹהֶל עָלָיו מִלְמָעְלָה כַּאֲשֶׁר
צִוָּה יְהוָה אֶת־מֹשֶׁה׃ וַיִּקַּח וַיִּתֵּן כ
אֶת־הָעֵדֻת אֶל־הָאָרֹן וַיָּשֶׂם אֶת־הַבַּדִּים עַל־
הָאָרֹן וַיִּתֵּן אֶת־הַכַּפֹּרֶת עַל־הָאָרֹן מִלְמָעְלָה׃
וַיָּבֵא אֶת־הָאָרֹן אֶל־הַמִּשְׁכָּן וַיָּשֶׂם אֵת פָּרֹכֶת כא
הַמָּסָךְ וַיָּסֶךְ עַל אֲרוֹן הָעֵדוּת כַּאֲשֶׁר צִוָּה
יְהוָה אֶת־מֹשֶׁה׃ וַיִּתֵּן אֶת־הַשֻּׁלְחָן כב
בְּאֹהֶל מוֹעֵד עַל יֶרֶךְ הַמִּשְׁכָּן צָפֹנָה מִחוּץ
לַפָּרֹכֶת׃ וַיַּעֲרֹךְ עָלָיו עֵרֶךְ לֶחֶם לִפְנֵי יְהוָה כג
★ כַּאֲשֶׁר צִוָּה יְהוָה אֶת־מֹשֶׁה׃ וַיָּשֶׂם כד
אֶת־הַמְּנֹרָה בְּאֹהֶל מוֹעֵד נֹכַח הַשֻּׁלְחָן עַל יֶרֶךְ
הַמִּשְׁכָּן נֶגְבָּה׃ וַיַּעַל הַנֵּרֹת לִפְנֵי יְהוָה כַּאֲשֶׁר כה
צִוָּה יְהוָה אֶת־מֹשֶׁה׃ וַיָּשֶׂם כו
אֶת־מִזְבַּח הַזָּהָב בְּאֹהֶל מוֹעֵד לִפְנֵי הַפָּרֹכֶת׃
וַיַּקְטֵר עָלָיו קְטֹרֶת סַמִּים כַּאֲשֶׁר צִוָּה יְהוָה כז

כח אֶת־מֹשֶׁה׃ ★ וַיָּשֶׂם אֶת־מָסַךְ הַפֶּתַח שביעי
כט לַמִּשְׁכָּן׃ וְאֵת מִזְבַּח הָעֹלָה שָׂם פֶּתַח מִשְׁכַּן
אֹהֶל־מוֹעֵד וַיַּעַל עָלָיו אֶת־הָעֹלָה וְאֶת־הַמִּנְחָה
ל כַּאֲשֶׁר צִוָּה יְהוָה אֶת־מֹשֶׁה׃ וַיָּשֶׂם אֶת־ ★
הַכִּיֹּר בֵּין־אֹהֶל מוֹעֵד וּבֵין הַמִּזְבֵּחַ וַיִּתֵּן שָׁמָּה מַיִם
לא לְרָחְצָה׃ וְרָחֲצוּ מִמֶּנּוּ מֹשֶׁה וְאַהֲרֹן וּבָנָיו אֶת־

יז דְּפַקֵּיד יי, יָתֵיהּ כֵּן עֲבַד׃ וַהֲוָה, בְּיַרְחָא קַדְמָאָה, בְּשַׁתָּא תִּנְיֵתָא בְּחַד לְיַרְחָא, אִתָּקַם
יח מַשְׁכְּנָא׃ וַאֲקֵים מֹשֶׁה יָת מַשְׁכְּנָא, וִיהַב יָת סָמְכוֹהִי, וְשַׁוִּי יָת דַּפּוֹהִי, וִיהַב יָת עָבְרוֹהִי,
יט וַאֲקֵים יָת עַמּוּדוֹהִי׃ וּפְרַס יָת פְּרָסָא עַל מַשְׁכְּנָא, וְשַׁוִּי, יָת חוּפָאָה דְּמַשְׁכְּנָא, עֲלוֹהִי
כ מִלְעֵילָא, כְּמָא דְּפַקֵּיד יי יָת מֹשֶׁה׃ וּנְסֵיב, וִיהַב יָת סָהֲדוּתָא בַּאֲרוֹנָא, וְשַׁוִּי יָת אֲרִיחַיָּא
כא עַל אֲרוֹנָא, וִיהַב יָת כַּפֻּרְתָּא, עַל אֲרוֹנָא מִלְעֵילָא׃ וְאַעֵיל יָת אֲרוֹנָא לְמַשְׁכְּנָא, וְשַׁוִּי, יָת
כב פָּרֻכְתָּא דִּפְרָסָא, וְאַטֵּיל, עַל אֲרוֹנָא דְּסָהֲדוּתָא, כְּמָא דְּפַקֵּיד יי יָת מֹשֶׁה׃ וִיהַב יָת פָּתוֹרָא
כג בְּמַשְׁכַּן זִמְנָא, עַל שִׁדָּא דְּמַשְׁכְּנָא צִפּוּנָא, מִבָּרָא לְפָרֻכְתָּא׃ וְסַדַּר עֲלוֹהִי, סִדְרִין דִּלְחֵים
כד קֳדָם יי, כְּמָא דְּפַקֵּיד יי יָת מֹשֶׁה׃ וְשַׁוִּי יָת מְנָרְתָא בְּמַשְׁכַּן זִמְנָא, לָקֳבֵיל פָּתוֹרָא, עַל שִׁדָּא
כה כו דְּמַשְׁכְּנָא דָּרוֹמָא׃ וְאַדְלֵיק בּוֹצִינַיָּא קֳדָם יי, כְּמָא דְּפַקֵּיד יי יָת מֹשֶׁה׃ וְשַׁוִּי, יָת מַדְבְּחָא
כז דְּדַהֲבָא בְּמַשְׁכַּן זִמְנָא, קֳדָם פָּרֻכְתָּא׃ וְאַקְטַר עֲלוֹהִי קְטֹרֶת בֻּסְמִין, כְּמָא דְּפַקֵּיד יי יָת מֹשֶׁה׃
כח כט וְשַׁוִּי, יָת פְּרָסָא דִּתְרַעָא לְמַשְׁכְּנָא׃ וְיָת מַדְבְּחָא דַּעֲלָתָא, שַׁוִּי, בִּתְרַע מַשְׁכְּנָא מַשְׁכַּן זִמְנָא,
ל וְאַסֵּיק עֲלוֹהִי, יָת עֲלָתָא וְיָת מִנְחָתָא, כְּמָא דְּפַקֵּיד יי יָת מֹשֶׁה׃ וְשַׁוִּי יָת כִּיּוֹרָא, בֵּין מַשְׁכַּן
לא זִמְנָא וּבֵין מַדְבְּחָא, וִיהַב תַּמָּן, מַיָּא לְקִדּוּשׁ׃ וּמְקַדְּשִׁין מִנֵּיהּ, מֹשֶׁה וְאַהֲרֹן וּבְנוֹהִי, יָת

יט) וַיִּפְרֹשׂ אֶת הָאֹהֶל. הֵן יְרִיעוֹת הָעִזִּים:

כ) אֶת הָעֵדֻת. הַלּוּחוֹת:

כב) עַל יֶרֶךְ הַמִּשְׁכָּן צָפֹנָה. בַּחֲצִי הַצְּפוֹנִי שֶׁל רֹחַב הַבַּיִת: יֶרֶךְ. כְּתַרְגּוּמוֹ: "צִדָּא", כַּיָּרֵךְ הַזֶּה שֶׁהוּא בְּצִדּוֹ שֶׁל אָדָם:

כז) וַיַּקְטֵר עָלָיו קְטֹרֶת. שַׁחֲרִית וְעַרְבִית, כְּמוֹ שֶׁנֶּאֱמַר: "בַּבֹּקֶר בַּבֹּקֶר בְּהֵיטִיבוֹ אֶת הַנֵּרֹת וְגוֹ' וּבְהַעֲלֹת אַהֲרֹן" וְגוֹ' (לעיל ל, ז-ח):

כט) אַף בַּיּוֹם הַשְּׁמִינִי לַמִּלּוּאִים שֶׁהוּא יוֹם הֲקָמַת הַמִּשְׁכָּן, שִׁמֵּשׁ מֹשֶׁה וְהִקְרִיב קָרְבְּנוֹת צִבּוּר, חוּץ מֵאוֹתָן שֶׁנִּצְטַוּוּ לְבוֹ בַּיּוֹם, שֶׁנֶּאֱמַר: "קְרַב אֶל הַמִּזְבֵּחַ" וְגוֹ' (ויקרא ט, ז): אֶת הָעֹלָה. עוֹלַת הַתָּמִיד: וְאֶת הַמִּנְחָה. מִנְחַת נְסָכִים שֶׁל תָּמִיד, כְּמוֹ שֶׁנֶּאֱמַר: "וְעִשָּׂרֹן סֹלֶת בָּלוּל בְּשֶׁמֶן" וְגוֹ' (לעיל כט, מ):

לא) וְרָחֲצוּ מִמֶּנּוּ מֹשֶׁה וְאַהֲרֹן וּבָנָיו. יוֹם שְׁמִינִי לַמִּלּוּאִים הֻשְׁווּ כֻּלָּם לַכְּהֻנָּה, וְתַרְגּוּמוֹ: "וּמְקַדְּשִׁין מִנֵּיהּ", בּוֹ בַּיּוֹם קִדֵּשׁ מֹשֶׁה עִמָּהֶם:

יְדֵיהֶם וְאֶת־רַגְלֵיהֶם׃ בְּבֹאָם אֶל־אֹהֶל מוֹעֵד לב
וּבְקָרְבָתָם אֶל־הַמִּזְבֵּחַ יִרְחָצוּ כַּאֲשֶׁר צִוָּה יְהֹוָה
אֶת־מֹשֶׁה׃ וַיָּקֶם אֶת־הֶחָצֵר סָבִיב לג
לַמִּשְׁכָּן וְלַמִּזְבֵּחַ וַיִּתֵּן אֶת־מָסַךְ שַׁעַר הֶחָצֵר וַיְכַל
מֹשֶׁה אֶת־הַמְּלָאכָה׃
מפטיר וַיְכַס הֶעָנָן אֶת־אֹהֶל מוֹעֵד וּכְבוֹד יְהֹוָה מָלֵא לד
אֶת־הַמִּשְׁכָּן׃ וְלֹא־יָכֹל מֹשֶׁה לָבוֹא אֶל־אֹהֶל לה
מוֹעֵד כִּי־שָׁכַן עָלָיו הֶעָנָן וּכְבוֹד יְהֹוָה מָלֵא אֶת־
הַמִּשְׁכָּן׃ וּבְהֵעָלוֹת הֶעָנָן מֵעַל הַמִּשְׁכָּן יִסְעוּ בְּנֵי לו
יִשְׂרָאֵל בְּכֹל מַסְעֵיהֶם׃ וְאִם־לֹא יֵעָלֶה הֶעָנָן לז
וְלֹא יִסְעוּ עַד־יוֹם הֵעָלֹתוֹ׃ כִּי עֲנַן יְהֹוָה עַל־ לח

הפטרת פקודי

הפטרה לפרשת פקודי גם כאשר ויקהל ופקודי מחוברות.
בשבת פרשת שקלים קוראים את המפטיר וההפטרה בעמ׳ רפא. בשבת פרשת פרה קוראים את המפטיר וההפטרה בעמ׳ רפה. בשבת פרשת החודש קוראים את המפטיר וההפטרה בעמ׳ רפט.

בסיום מפעל הבנייה של המקדש בימי שלמה, נערכו המלך והעם לטקס חנוכת המקדש. אל הטקס הגיעו כל ישראל וחגגו במשך ארבעה־עשר יום בחודש תשרי, עד שמיני עצרת. במרכז הטקס הייחודי היו שני אירועים שתוארו בהרחבה. האחד, העברת ארון ה׳, שנבנה בימי משה ובו הלוחות, מעיר דוד לקודש הקודשים בהר הבית. השני, תפילת ההודיה הארוכה של שלמה, וקביעת בית ה׳ כבית תפילה לישראל ולאנושות כולה.

מלכים א׳ ז מ וַיַּעַשׂ חִירוֹם אֶת־הַכִּיֹּרוֹת וְאֶת־הַיָּעִים וְאֶת־הַמִּזְרָקוֹת וַיְכַל חִירָם לַעֲשׂוֹת
מא אֶת־כָּל־הַמְּלָאכָה אֲשֶׁר עָשָׂה לַמֶּלֶךְ שְׁלֹמֹה בֵּית יְהוָה׃ עַמֻּדִים שְׁנַיִם
הספרדים והתימנים מתחילים כאן
וְגֻלֹּת הַכֹּתָרֹת אֲשֶׁר־עַל־רֹאשׁ הָעַמֻּדִים שְׁתָּיִם וְהַשְּׂבָכוֹת שְׁתַּיִם לְכַסּוֹת
מב אֶת־שְׁתֵּי גֻּלּוֹת הַכֹּתָרֹת אֲשֶׁר עַל־רֹאשׁ הָעַמּוּדִים׃ וְאֶת־הָרִמֹּנִים אַרְבַּע
מֵאוֹת לִשְׁתֵּי הַשְּׂבָכוֹת שְׁנֵי־טוּרִים רִמֹּנִים לַשְּׂבָכָה הָאֶחָת לְכַסּוֹת אֶת־שְׁתֵּי
מג גֻּלֹּת הַכֹּתָרֹת אֲשֶׁר עַל־פְּנֵי הָעַמּוּדִים׃ וְאֶת־הַמְּכֹנוֹת עֶשֶׂר וְאֶת־הַכִּיֹּרֹת

הַמִּשְׁכָּן יוֹמָם וְאֵשׁ תִּהְיֶה לַיְלָה בּוֹ לְעֵינֵי כָל־
בֵּית־יִשְׂרָאֵל בְּכָל־מַסְעֵיהֶם׃ חזק

לב יְדֵיהוֹן וְיָת רַגְלֵיהוֹן׃ בְּמֵיעַלְהוֹן לְמַשְׁכַּן זִמְנָא, וּבְמִקְרַבְהוֹן לְמַדְבְּחָא מְקַדְּשִׁין, כְּמָא דְּפַקֵּיד
לג יְיָ יָת מֹשֶׁה׃ וַאֲקֵים יָת דָּרְתָא, סְחוֹר סְחוֹר לְמַשְׁכְּנָא וּלְמַדְבְּחָא, וִיהַב, יָת פְּרָסָא דִּתְרַע
לד דָּרְתָא, וְשֵׁיצִי מֹשֶׁה יָת עֲבִידְתָא׃ וַחֲפָא עֲנָנָא יָת מַשְׁכַּן זִמְנָא, וִיקָרָא דַּיְיָ, אִתְמְלִי יָת
לה מַשְׁכְּנָא׃ וְלָא יָכֵיל מֹשֶׁה, לְמֵיעַל לְמַשְׁכַּן זִמְנָא, אֲרֵי שְׁרָא עֲלוֹהִי עֲנָנָא, וִיקָרָא דַּיְיָ, אִתְמְלִי
לו לז יָת מַשְׁכְּנָא׃ וּבְאִסְתַּלָּקוּת עֲנָנָא מֵעִלָּוֵי מַשְׁכְּנָא, נָטְלִין בְּנֵי יִשְׂרָאֵל, בְּכָל מַטְלָנֵיהוֹן׃ וְאִם לָא
לח מִסְתַּלַּק עֲנָנָא, וְלָא נָטְלִין, עַד יוֹם אִסְתַּלָּקוּתֵיהּ׃ אֲרֵי עֲנַן יְקָרָא דַּיְיָ עַל מַשְׁכְּנָא בִּימָמָא,
וְחֵיזוּ אִישָּׁתָא, הֲוֵי בְּלֵילְיָא בֵיהּ, לְעֵינֵי כָּל בֵּית יִשְׂרָאֵל בְּכָל מַטְלָנֵיהוֹן׃

לב) **וּבְקָרְבָתָם.** כְּמוֹ וּבְקָרְבָם, כְּשֶׁיִּקְרְבוּ׃
לה) **וְלֹא יָכֹל מֹשֶׁה לָבוֹא אֶל אֹהֶל מוֹעֵד.** וְכָתוּב אֶחָד אוֹמֵר: "וּבְבֹא מֹשֶׁה אֶל אֹהֶל מוֹעֵד" (במדבר ז, פט), בָּא הַכָּתוּב הַשְּׁלִישִׁי וְהִכְרִיעַ בֵּינֵיהֶם: "כִּי שָׁכַן עָלָיו הֶעָנָן", אֱמֹר מֵעַתָּה, כָּל זְמַן שֶׁהָיָה הֶעָנָן עָלָיו לֹא הָיָה יָכוֹל לָבֹא, נִסְתַּלֵּק הֶעָנָן, נִכְנָס וּמְדַבֵּר עִמּוֹ׃
לח) **לְעֵינֵי כָל בֵּית יִשְׂרָאֵל בְּכָל מַסְעֵיהֶם.** בְּכָל מַסָּע שֶׁהָיוּ נוֹסְעִים, הָיָה הֶעָנָן שׁוֹכֵן בִּמְקוֹם אֲשֶׁר יַחֲנוּ שָׁם. מְקוֹם חֲנִיָּתָן אַף הוּא קָרוּי מַסָּע, וְכֵן: "וַיֵּלֶךְ לְמַסָּעָיו" (בראשית יג, ג), וְכֵן: "אֵלֶּה מַסְעֵי" (במדבר לג, א), לְפִי שֶׁמִּמְּקוֹם הַחֲנִיָּה חָזְרוּ וְנָסְעוּ, לְכָךְ נִקְרְאוּ כֻּלָּן מַסָּעוֹת׃

מד עֲשָׂרָה עַל־הַמְּכֹנוֹת׃ וְאֶת־הַיָּם הָאֶחָד וְאֶת־הַבָּקָר שְׁנֵים־עָשָׂר תַּחַת הַיָּם׃
מה וְאֶת־הַסִּירוֹת וְאֶת־הַיָּעִים וְאֶת־הַמִּזְרָקוֹת וְאֵת כָּל־הַכֵּלִים האהל אֲשֶׁר הָאֵלֶּה
מו עָשָׂה חִירָם לַמֶּלֶךְ שְׁלֹמֹה בֵּית יְהוָה נְחֹשֶׁת מְמֹרָט׃ בְּכִכַּר הַיַּרְדֵּן יְצָקָם
מז הַמֶּלֶךְ בְּמַעֲבֵה הָאֲדָמָה בֵּין סֻכּוֹת וּבֵין צָרְתָן׃ וַיַּנַּח שְׁלֹמֹה אֶת־כָּל־הַכֵּלִים
מח מֵרֹב מְאֹד מְאֹד לֹא נֶחְקַר מִשְׁקַל הַנְּחֹשֶׁת׃ וַיַּעַשׂ שְׁלֹמֹה אֵת כָּל־הַכֵּלִים
אֲשֶׁר בֵּית יְהוָה אֵת מִזְבַּח הַזָּהָב וְאֶת־הַשֻּׁלְחָן אֲשֶׁר עָלָיו לֶחֶם הַפָּנִים
מט זָהָב׃ וְאֶת־הַמְּנֹרוֹת חָמֵשׁ מִיָּמִין וְחָמֵשׁ מִשְּׂמֹאול לִפְנֵי הַדְּבִיר זָהָב סָגוּר
נ וְהַפֶּרַח וְהַנֵּרֹת וְהַמֶּלְקַחַיִם זָהָב׃ וְהַסִּפּוֹת וְהַמְזַמְּרוֹת וְהַמִּזְרָקוֹת וְהַכַּפּוֹת
וְהַמַּחְתּוֹת זָהָב סָגוּר וְהַפֹּתוֹת לְדַלְתוֹת הַבַּיִת הַפְּנִימִי לְקֹדֶשׁ הַקֳּדָשִׁים
נא לְדַלְתֵי הַבַּיִת לַהֵיכָל זָהָב׃* וַתִּשְׁלַם כָּל־הַמְּלָאכָה אֲשֶׁר עָשָׂה
הַמֶּלֶךְ שְׁלֹמֹה בֵּית יְהוָה וַיָּבֵא שְׁלֹמֹה אֶת־קָדְשֵׁי ׀ דָּוִד אָבִיו אֶת־הַכֶּסֶף

הספרדים והתימנים מסיימים כאן האשכנזים מתחילים כאן

וְאֶת־הַזָּהָב וְאֶת־הַכֵּלִים נָתַן בְּאֹצְרוֹת בֵּית יְהוָה׃ אָז יַקְהֵל ח א
שְׁלֹמֹה אֶת־זִקְנֵי יִשְׂרָאֵל אֶת־כָּל־רָאשֵׁי הַמַּטּוֹת נְשִׂיאֵי הָאָבוֹת לִבְנֵי
יִשְׂרָאֵל אֶל־הַמֶּלֶךְ שְׁלֹמֹה יְרוּשָׁלִָם לְהַעֲלוֹת אֶת־אֲרוֹן בְּרִית־יְהוָה מֵעִיר
דָּוִד הִיא צִיּוֹן׃ וַיִּקָּהֲלוּ אֶל־הַמֶּלֶךְ שְׁלֹמֹה כָּל־אִישׁ יִשְׂרָאֵל בְּיֶרַח הָאֵתָנִים ב
בֶּחָג הוּא הַחֹדֶשׁ הַשְּׁבִיעִי׃ וַיָּבֹאוּ כֹּל זִקְנֵי יִשְׂרָאֵל וַיִּשְׂאוּ הַכֹּהֲנִים אֶת־ ג
הָאָרוֹן׃ וַיַּעֲלוּ אֶת־אֲרוֹן יְהוָה וְאֶת־אֹהֶל מוֹעֵד וְאֶת־כָּל־כְּלֵי הַקֹּדֶשׁ אֲשֶׁר ד
בָּאֹהֶל וַיַּעֲלוּ אֹתָם הַכֹּהֲנִים וְהַלְוִיִּם׃ וְהַמֶּלֶךְ שְׁלֹמֹה וְכָל־עֲדַת יִשְׂרָאֵל ה
הַנּוֹעָדִים עָלָיו אִתּוֹ לִפְנֵי הָאָרוֹן מְזַבְּחִים צֹאן וּבָקָר אֲשֶׁר לֹא־יִסָּפְרוּ וְלֹא
יִמָּנוּ מֵרֹב׃ וַיָּבִאוּ הַכֹּהֲנִים אֶת־אֲרוֹן בְּרִית־יְהוָה אֶל־מְקוֹמוֹ אֶל־דְּבִיר ו
הַבַּיִת אֶל־קֹדֶשׁ הַקֳּדָשִׁים אֶל־תַּחַת כַּנְפֵי הַכְּרוּבִים׃ כִּי הַכְּרוּבִים פֹּרְשִׂים ז
כְּנָפַיִם אֶל־מְקוֹם הָאָרוֹן וַיָּסֹכּוּ הַכְּרֻבִים עַל־הָאָרוֹן וְעַל־בַּדָּיו מִלְמָעְלָה׃
וַיַּאֲרִכוּ הַבַּדִּים וַיֵּרָאוּ רָאשֵׁי הַבַּדִּים מִן־הַקֹּדֶשׁ עַל־פְּנֵי הַדְּבִיר וְלֹא יֵרָאוּ ח
הַחוּצָה וַיִּהְיוּ שָׁם עַד הַיּוֹם הַזֶּה׃ אֵין בָּאָרוֹן רַק שְׁנֵי לֻחוֹת הָאֲבָנִים אֲשֶׁר ט
הִנִּחַ שָׁם מֹשֶׁה בְּחֹרֵב אֲשֶׁר כָּרַת יְהוָה עִם־בְּנֵי יִשְׂרָאֵל בְּצֵאתָם מֵאֶרֶץ
מִצְרָיִם׃ וַיְהִי בְּצֵאת הַכֹּהֲנִים מִן־הַקֹּדֶשׁ וְהֶעָנָן מָלֵא אֶת־בֵּית יְהוָה׃ י
וְלֹא־יָכְלוּ הַכֹּהֲנִים לַעֲמֹד לְשָׁרֵת מִפְּנֵי הֶעָנָן כִּי־מָלֵא כְבוֹד־יְהוָה אֶת־ יא
בֵּית יְהוָה׃ אָז אָמַר שְׁלֹמֹה יְהוָה אָמַר לִשְׁכֹּן בָּעֲרָפֶל׃ בָּנֹה יב יג
בָנִיתִי בֵּית זְבֻל לָךְ מָכוֹן לְשִׁבְתְּךָ עוֹלָמִים׃ וַיַּסֵּב הַמֶּלֶךְ אֶת־פָּנָיו וַיְבָרֶךְ יד
אֵת כָּל־קְהַל יִשְׂרָאֵל וְכָל־קְהַל יִשְׂרָאֵל עֹמֵד׃ וַיֹּאמֶר בָּרוּךְ יְהוָה אֱלֹהֵי טו
יִשְׂרָאֵל אֲשֶׁר דִּבֶּר בְּפִיו אֵת דָּוִד אָבִי וּבְיָדוֹ מִלֵּא לֵאמֹר׃ מִן־הַיּוֹם אֲשֶׁר טז
הוֹצֵאתִי אֶת־עַמִּי אֶת־יִשְׂרָאֵל מִמִּצְרַיִם לֹא־בָחַרְתִּי בְעִיר מִכֹּל שִׁבְטֵי
יִשְׂרָאֵל לִבְנוֹת בַּיִת לִהְיוֹת שְׁמִי שָׁם וָאֶבְחַר בְּדָוִד לִהְיוֹת עַל־עַמִּי
יִשְׂרָאֵל׃ וַיְהִי עִם־לְבַב דָּוִד אָבִי לִבְנוֹת בַּיִת לְשֵׁם יְהוָה אֱלֹהֵי יִשְׂרָאֵל׃ יז
וַיֹּאמֶר יְהוָה אֶל־דָּוִד אָבִי יַעַן אֲשֶׁר הָיָה עִם־לְבָבְךָ לִבְנוֹת בַּיִת לִשְׁמִי יח
הֱטִיבֹתָ כִּי הָיָה עִם־לְבָבֶךָ׃ רַק אַתָּה לֹא תִבְנֶה הַבָּיִת כִּי אִם־בִּנְךָ הַיֹּצֵא יט
מֵחֲלָצֶיךָ הוּא־יִבְנֶה הַבַּיִת לִשְׁמִי׃ וַיָּקֶם יְהוָה אֶת־דְּבָרוֹ אֲשֶׁר דִּבֵּר וָאָקֻם כ
תַּחַת דָּוִד אָבִי וָאֵשֵׁב ׀ עַל־כִּסֵּא יִשְׂרָאֵל כַּאֲשֶׁר דִּבֶּר יְהוָה וָאֶבְנֶה הַבַּיִת
לְשֵׁם יְהוָה אֱלֹהֵי יִשְׂרָאֵל׃ וָאָשִׂם שָׁם מָקוֹם לָאָרוֹן אֲשֶׁר־שָׁם בְּרִית יְהוָה כא
אֲשֶׁר כָּרַת עִם־אֲבֹתֵינוּ בְּהוֹצִיאוֹ אֹתָם מֵאֶרֶץ מִצְרָיִם׃

עשרת הדיברות בטעם העליון

לעשרת הדיברות יש שתי מערכות טעמים המכונות "טעם עליון" ו"טעם תחתון". מפאת אורכם החריג של חלק מהפסוקים בטעם העליון, מצויים בהם טעמים כגון פזר ותלישא, זרקא וסגול, ואלה מוסיפים נופך חגיגי לקריאה. שינוי הטעמים גורר בעקבותיו שינויים בניקוד, כגון חילופי קמץ-פתח (פָנַי-פָּנָי), וכן דגשים באותיות בג"ד כפ"ת בראש מילה (כָּל-כל מלאכתך).

שיטת החלוקה המקורית שנהגה בארץ ישראל היא כנראה הטעם התחתון, ואילו הטעם העליון מוצאו במסורת הבבלית. עם זאת, כבר בכתבי היד העתיקים של התנ"ך מובאות שתי שיטות הטעמים במשולב. שילוב זה יצר בלבולים ומחלוקות, בעיקר לגבי טעמי הפסוק הראשון ('אנכי'). הבאנו כאן את עשרת הדיברות בטעם העליון לפי שיטתו של היעב"ץ. לדעת רוו"ה יש לקרוא את הדיבר הראשון עד 'מבית עבדים' בטעם התחתון (ראה הערתו על קריאת הדיברות, בסוף ספר שמות).

ר' חזקיה ב"ר מנוח כתב ('חזקוני' שמות כ, יד) שבחג השבועות קוראים את עשרת הדיברות בטעם העליון ואילו בקריאת פרשת השבוע (בפרשת יתרו ובפרשת ואתחנן) קוראים בטעם התחתון. כך אכן מנהג רוב קהילות אשכנז. ר' מנחם די לונזאנו כתב בספרו 'אור תורה' (שמות כ) שבקריאה בציבור קוראים תמיד בטעם העליון, ורק היחיד קורא בטעם התחתון. וכך הוא מנהג קהילות הספרדים. בקהילות תימן היה מצוי אך ורק הטעם העליון, שכן מסורת תימן מתאימה בדרך כלל למסורת הבבלית.

אָנֹכִי֙ יְהוָ֣ה אֱלֹהֶ֔יךָ אֲשֶׁ֧ר הוֹצֵאתִ֛יךָ מֵאֶ֥רֶץ מִצְרַ֖יִם מִבֵּ֣ית
עֲבָדִ֑ים לֹ֣א יִהְיֶ֣ה לְךָ֩ אֱלֹהִ֨ים אֲחֵרִ֜ים עַל־פָּנַ֗י לֹ֣א תַעֲשֶׂה־לְךָ֣ פֶ֣סֶל ׀ וְכָל־
תְּמוּנָ֡ה אֲשֶׁ֣ר בַּשָּׁמַ֣יִם ׀ מִמַּ֡עַל וַאֲשֶׁ֣ר בָּאָ֣רֶץ מִתַּ֑חַת וַאֲשֶׁ֥ר בַּמַּ֖יִם ׀ מִתַּ֣חַת
לָאָ֗רֶץ לֹא־תִשְׁתַּחְוֶ֥ה לָהֶ֛ם וְלֹ֥א תָעָבְדֵ֖ם כִּ֣י אָנֹכִ֞י יְהוָ֤ה אֱלֹהֶ֙יךָ֙ אֵ֣ל קַנָּ֔א פֹּ֠קֵד
עֲוֺ֨ן אָבֹ֧ת עַל־בָּנִ֛ים עַל־שִׁלֵּשִׁ֥ים וְעַל־רִבֵּעִ֖ים לְשֹׂנְאָ֑י וְעֹ֤שֶׂה חֶ֙סֶד֙ לַאֲלָפִ֔ים
לְאֹהֲבַ֖י וּלְשֹׁמְרֵ֥י מִצְוֺתָֽי׃ לֹ֥א תִשָּׂ֛א אֶת־שֵֽׁם־יְהוָ֥ה אֱלֹהֶ֖יךָ לַשָּׁ֑וְא
כִּ֣י לֹ֤א יְנַקֶּה֙ יְהוָ֔ה אֵ֛ת אֲשֶׁר־יִשָּׂ֥א אֶת־שְׁמ֖וֹ לַשָּֽׁוְא׃
זָכ֞וֹר אֶת־י֤וֹם הַשַּׁבָּת֙ לְקַדְּשׁ֔וֹ שֵׁ֤שֶׁת יָמִים֙ תַּעֲבֹ֔ד וְעָשִׂ֖יתָ כָּל־מְלַאכְתֶּ֑ךָ וְי֙וֹם֙
הַשְּׁבִיעִ֜י שַׁבָּ֣ת ׀ לַיהוָ֣ה אֱלֹהֶ֗יךָ לֹ֣א תַעֲשֶׂ֣ה כָל־מְלָאכָ֡ה אַתָּ֣ה ׀ וּבִנְךָ֣ וּ֠בִתֶּךָ
עַבְדְּךָ֨ וַאֲמָתְךָ֜ וּבְהֶמְתֶּ֗ךָ וְגֵרְךָ֙ אֲשֶׁ֣ר בִּשְׁעָרֶ֔יךָ כִּ֣י שֵֽׁשֶׁת־יָמִים֩ עָשָׂ֨ה יְהוָ֜ה
אֶת־הַשָּׁמַ֣יִם וְאֶת־הָאָ֗רֶץ אֶת־הַיָּם֙ וְאֶת־כָּל־אֲשֶׁר־בָּ֔ם וַיָּ֖נַח בַּיּ֣וֹם הַשְּׁבִיעִ֑י
עַל־כֵּ֗ן בֵּרַ֧ךְ יְהוָ֛ה אֶת־י֥וֹם הַשַּׁבָּ֖ת וַֽיְקַדְּשֵֽׁהוּ׃ כַּבֵּ֥ד אֶת־אָבִ֖יךָ
וְאֶת־אִמֶּ֑ךָ לְמַ֙עַן֙ יַאֲרִכ֣וּן יָמֶ֔יךָ עַ֚ל הָאֲדָמָ֔ה אֲשֶׁר־יְהוָ֥ה אֱלֹהֶ֖יךָ נֹתֵ֥ן
לָֽךְ׃ לֹ֖א תִּרְצָֽח׃ לֹ֖א
תִּנְאָֽף׃ לֹ֖א תִּגְנֹֽב׃ לֹֽא־
תַעֲנֶ֥ה בְרֵעֲךָ֖ עֵ֥ד שָֽׁקֶר׃ לֹ֥א
תַחְמֹ֖ד בֵּ֣ית רֵעֶ֑ךָ לֹֽא־
תַחְמֹ֞ד אֵ֣שֶׁת רֵעֶ֗ךָ וְעַבְדּ֤וֹ וַאֲמָתוֹ֙ וְשׁוֹר֣וֹ וַחֲמֹר֔וֹ וְכֹ֖ל אֲשֶׁ֥ר לְרֵעֶֽךָ׃

קריאות והפטרות לשבתות מיוחדות

מפטיר לשבת ראש חודש

במדבר כח, ט-טו וּבְיוֹם הַשַּׁבָּת שְׁנֵי־כְבָשִׂים בְּנֵי־שָׁנָה תְּמִימִם וּשְׁנֵי עֶשְׂרֹנִים סֹלֶת מִנְחָה
בְּלוּלָה בַשֶּׁמֶן וְנִסְכּוֹ: עֹלַת שַׁבַּת בְּשַׁבַּתּוֹ עַל־עֹלַת הַתָּמִיד וְנִסְכָּהּ:
וּבְרָאשֵׁי חָדְשֵׁיכֶם תַּקְרִיבוּ עֹלָה לַיהוה פָּרִים בְּנֵי־בָקָר שְׁנַיִם וְאַיִל אֶחָד
כְּבָשִׂים בְּנֵי־שָׁנָה שִׁבְעָה תְּמִימִם: וּשְׁלֹשָׁה עֶשְׂרֹנִים סֹלֶת מִנְחָה בְּלוּלָה
בַשֶּׁמֶן לַפָּר הָאֶחָד וּשְׁנֵי עֶשְׂרֹנִים סֹלֶת מִנְחָה בְּלוּלָה בַשֶּׁמֶן לָאַיִל הָאֶחָד:
וְעִשָּׂרֹן עִשָּׂרוֹן סֹלֶת מִנְחָה בְּלוּלָה בַשֶּׁמֶן לַכֶּבֶשׂ הָאֶחָד עֹלָה רֵיחַ נִיחֹחַ
אִשֶּׁה לַיהוה: וְנִסְכֵּיהֶם חֲצִי הַהִין יִהְיֶה לַפָּר וּשְׁלִישִׁת הַהִין לָאַיִל וּרְבִיעִת
הַהִין לַכֶּבֶשׂ יָיִן זֹאת עֹלַת חֹדֶשׁ בְּחָדְשׁוֹ לְחָדְשֵׁי הַשָּׁנָה: וּשְׂעִיר עִזִּים
אֶחָד לְחַטָּאת לַיהוה עַל־עֹלַת הַתָּמִיד יֵעָשֶׂה וְנִסְכּוֹ:

הפטרת שבת ראש חודש

אם ר״ח חל בשבת וראשון הספרדים מוסיפים פסוק ראשון ואחרון מהפטרת ׳מָחָר חֹדֶשׁ׳ בעמ׳ רפ.

סיומה של ההפטרה, שהוא גם סיומו של ספר ישעיהו, מזכיר את החזון העתידי שלפיו כל האנושות תבוא למקדש לעבוד את ה׳. בהפטרה מובלט המתח שבין ההווה העגום לעתיד השלם. מעבר זה בין המציאות לחזון יכול להיות גם סיכום לספר ישעיהו כולו. ישעיהו ניבא בתקופת הגלות הראשונה – גלות מלכות ישראל, וגם בתקופה שבה נוצרה האפשרות לגאולה שלמה. ״בִּקֵּשׁ הקב״ה לעשות חזקיהו משיח וסנחריב גוג ומגוג״ (סנהדרין צד ע״א). אפשרות זו לא התממשה בדורם של ישעיהו וחזקיהו, כיוון שחזקיהו ״לא אמר שירה״ – ולא שיבח את ה׳ על ההצלה מידי אשור. במציאות העתידית, המתוקנת, יבוא כל בשר להשתחוות לפני ה׳, וישלים את השירה החסרה.

ישעיה סו, א-כד כֹּה אָמַר יהוה הַשָּׁמַיִם כִּסְאִי וְהָאָרֶץ הֲדֹם רַגְלָי אֵי־זֶה בַיִת אֲשֶׁר תִּבְנוּ־לִי
וְאֵי־זֶה מָקוֹם מְנוּחָתִי: וְאֶת־כָּל־אֵלֶּה יָדִי עָשָׂתָה וַיִּהְיוּ כָל־אֵלֶּה נְאֻם־יהוה
וְאֶל־זֶה אַבִּיט אֶל־עָנִי וּנְכֵה־רוּחַ וְחָרֵד עַל־דְּבָרִי: שׁוֹחֵט הַשּׁוֹר מַכֵּה־
אִישׁ זוֹבֵחַ הַשֶּׂה עֹרֵף כֶּלֶב מַעֲלֵה מִנְחָה דַּם־חֲזִיר מַזְכִּיר לְבֹנָה מְבָרֵךְ
אָוֶן גַּם־הֵמָּה בָּחֲרוּ בְּדַרְכֵיהֶם וּבְשִׁקּוּצֵיהֶם נַפְשָׁם חָפֵצָה: גַּם־אֲנִי אֶבְחַר
בְּתַעֲלֻלֵיהֶם וּמְגוּרֹתָם אָבִיא לָהֶם יַעַן קָרָאתִי וְאֵין עוֹנֶה דִּבַּרְתִּי וְלֹא שָׁמֵעוּ
וַיַּעֲשׂוּ הָרַע בְּעֵינַי וּבַאֲשֶׁר לֹא־חָפַצְתִּי בָּחָרוּ: שִׁמְעוּ דְּבַר־יהוה
הַחֲרֵדִים אֶל־דְּבָרוֹ אָמְרוּ אֲחֵיכֶם שֹׂנְאֵיכֶם מְנַדֵּיכֶם לְמַעַן שְׁמִי יִכְבַּד יהוה
וְנִרְאֶה בְשִׂמְחַתְכֶם וְהֵם יֵבֹשׁוּ: קוֹל שָׁאוֹן מֵעִיר קוֹל מֵהֵיכָל קוֹל יהוה
מְשַׁלֵּם גְּמוּל לְאֹיְבָיו: בְּטֶרֶם תָּחִיל יָלָדָה בְּטֶרֶם יָבוֹא חֵבֶל לָהּ וְהִמְלִיטָה

זָכָר: מִֽי־שָׁמַע כָּזֹאת מִי רָאָה כָּאֵלֶּה הֲיוּחַל אֶרֶץ בְּיוֹם אֶחָד אִם־יִוָּלֵד גּוֹי
פַּעַם אֶחָת כִּֽי־חָלָה גַּם־יָלְדָה צִיּוֹן אֶת־בָּנֶֽיהָ: הַאֲנִי אַשְׁבִּיר וְלֹא אוֹלִיד
יֹאמַר יְהוָה אִם־אֲנִי הַמּוֹלִיד וְעָצַרְתִּי אָמַר אֱלֹהָֽיִךְ: שִׂמְחוּ
אֶת־יְרוּשָׁלִַם וְגִילוּ בָהּ כָּל־אֹהֲבֶיהָ שִׂישׂוּ אִתָּהּ מָשׂוֹשׂ כָּל־הַמִּֽתְאַבְּלִים
עָלֶֽיהָ: לְמַעַן תִּֽינְקוּ וּשְׂבַעְתֶּם מִשֹּׁד תַּנְחֻמֶיהָ לְמַעַן תָּמֹצּוּ וְהִתְעַנַּגְתֶּם מִזִּיז
כְּבוֹדָֽהּ: כִּֽי־כֹה ׀ אָמַר יְהוָה הִנְנִי נֹטֶֽה־אֵלֶיהָ כְּנָהָר שָׁלוֹם וּכְנַחַל
שׁוֹטֵף כְּבוֹד גּוֹיִם וִינַקְתֶּם עַל־צַד תִּנָּשֵׂאוּ וְעַל־בִּרְכַּיִם תְּשָׁעֳשָֽׁעוּ: כְּאִישׁ
אֲשֶׁר אִמּוֹ תְּנַחֲמֶנּוּ כֵּן אָנֹכִי אֲנַחֶמְכֶם וּבִירוּשָׁלִַם תְּנֻחָֽמוּ: וּרְאִיתֶם וְשָׂשׂ
לִבְּכֶם וְעַצְמוֹתֵיכֶם כַּדֶּשֶׁא תִפְרַחְנָה וְנוֹדְעָה יַד־יְהוָה אֶת־עֲבָדָיו וְזָעַם
אֶת־אֹיְבָֽיו: כִּֽי־הִנֵּה יְהוָה בָּאֵשׁ יָבוֹא וְכַסּוּפָה מַרְכְּבֹתָיו לְהָשִׁיב בְּחֵמָה
אַפּוֹ וְגַעֲרָתוֹ בְּלַהֲבֵי־אֵֽשׁ: כִּי בָאֵשׁ יְהוָה נִשְׁפָּט וּבְחַרְבּוֹ אֶת־כָּל־בָּשָׂר וְרַבּוּ
חַלְלֵי יְהוָֽה: הַמִּתְקַדְּשִׁים וְהַמִּֽטַּהֲרִים אֶל־הַגַּנּוֹת אַחַר אחד בַּתָּוֶךְ אֹכְלֵי אַחַת
בְּשַׂר הַחֲזִיר וְהַשֶּׁקֶץ וְהָעַכְבָּר יַחְדָּו יָסֻפוּ נְאֻם־יְהוָֽה: וְאָנֹכִי מַעֲשֵׂיהֶם
וּמַחְשְׁבֹתֵיהֶם בָּאָה לְקַבֵּץ אֶת־כָּל־הַגּוֹיִם וְהַלְּשֹׁנוֹת וּבָאוּ וְרָאוּ אֶת־כְּבוֹדִֽי:
וְשַׂמְתִּי בָהֶם אוֹת וְשִׁלַּחְתִּי מֵהֶם ׀ פְּלֵיטִים אֶל־הַגּוֹיִם תַּרְשִׁישׁ פּוּל וְלוּד
מֹשְׁכֵי קֶשֶׁת תֻּבַל וְיָוָן הָאִיִּים הָרְחֹקִים אֲשֶׁר לֹא־שָׁמְעוּ אֶת־שִׁמְעִי
וְלֹא־רָאוּ אֶת־כְּבוֹדִי וְהִגִּידוּ אֶת־כְּבוֹדִי בַּגּוֹיִֽם: וְהֵבִיאוּ אֶת־כָּל־אֲחֵיכֶם ׀
מִכָּל־הַגּוֹיִם ׀ מִנְחָה ׀ לַיהוָה בַּסּוּסִים וּבָרֶכֶב וּבַצַּבִּים וּבַפְּרָדִים וּבַכִּרְכָּרוֹת
עַל הַר קָדְשִׁי יְרוּשָׁלִַם אָמַר יְהוָה כַּאֲשֶׁר יָבִיאוּ בְנֵי יִשְׂרָאֵל אֶת־הַמִּנְחָה
בִּכְלִי טָהוֹר בֵּית יְהוָֽה: וְגַם־מֵהֶם אֶקַּח לַכֹּהֲנִים לַלְוִיִּם אָמַר יְהוָֽה: כִּי
כַאֲשֶׁר הַשָּׁמַיִם הַחֲדָשִׁים וְהָאָרֶץ הַחֲדָשָׁה אֲשֶׁר אֲנִי עֹשֶׂה עֹמְדִים לְפָנַי
נְאֻם־יְהוָה כֵּן יַעֲמֹד זַרְעֲכֶם וְשִׁמְכֶֽם: וְהָיָה מִדֵּי־חֹדֶשׁ בְּחָדְשׁוֹ וּמִדֵּי שַׁבָּת
בְּשַׁבַּתּוֹ יָבוֹא כָל־בָּשָׂר לְהִשְׁתַּחֲוֺת לְפָנַי אָמַר יְהוָֽה: וְיָצְאוּ וְרָאוּ בְּפִגְרֵי
הָאֲנָשִׁים הַפֹּשְׁעִים בִּי כִּי תוֹלַעְתָּם לֹא תָמוּת וְאִשָּׁם לֹא תִכְבֶּה וְהָיוּ דֵרָאוֹן
לְכָל־בָּשָֽׂר:

והיה מדי־חדש בחדשו ומדי שבת בשבתו יבוא כל־בשר להשתחות לפני אמר
יהוה:

הפטרת שבת ערב ראש חדש

האירוע המתואר בהפטרה נמשך ארבעה ימים: מערב ראש חודש ועד למחרת היום השני של ראש חודש. בימים אלה הגיע המתח ביחסים בין שאול המלך לדוד לשיאו. שאול כבר יודע שדוד עתיד למלוך תחתיו, והוא מנסה לפגוע בו. בצעד נחרץ החליט דוד להיעלם מפני שאול. לפני כן, הוא רצה לבדוק אם כלו כל הקיצין. אף ששאול כבר איים פעמיים על דוד בחניתו, רצה דוד להיות בטוח בהחלטתו. הוא תיאם עם יהונתן – בנו של שאול ואיש אמונו – מבדק, כיצד יגיב שאול על היעדרותו של דוד ממסיבת ראש חודש בבית המלך. תגובתו של שאול הייתה קשה. יהונתן מדווח לדוד, והם נפרדים כבני ברית פרידה נרגשת מאוד.

ויאמר-לו יהונתן מחר חדש ונפקדת כי יפקד מושבך: ושלשת תרד מאד שמואל א׳ כ, יח-מב
ובאת אל-המקום אשר-נסתרת שם ביום המעשה וישבת אצל האבן
האזל: ואני שלשת החצים צדה אורה לשלח-לי למטרה: והנה אשלח
את-הנער לך מצא את-החצים אם-אמר אמר לנער הנה החצים ׀ ממך
והנה קחנו ובאה כי-שלום לך ואין דבר חי-יהוה: ואם-כה אמר לעלם
הנה החצים ממך והלאה לך כי שלחך יהוה: והדבר אשר דברנו אני
ואתה הנה יהוה ביני ובינך עד-עולם: ויסתר דוד בשדה ויהי
החדש וישב המלך על-הלחם לאכול: וישב המלך על-מושבו כפעם ׀ אל-
בפעם אל-מושב הקיר ויקם יהונתן וישב אבנר מצד שאול ויפקד מקום
דוד: ולא-דבר שאול מאומה ביום ההוא כי אמר מקרה הוא בלתי
טהור הוא כי-לא טהור: ויהי ממחרת החדש השני ויפקד
מקום דוד ויאמר שאול אל-יהונתן בנו מדוע לא-בא בן-ישי גם-תמול
גם-היום אל-הלחם: ויען יהונתן את-שאול נשאל נשאל דוד מעמדי
עד-בית לחם: ויאמר שלחני נא כי זבח משפחה לנו בעיר והוא צוה-לי
אחי ועתה אם-מצאתי חן בעיניך אמלטה נא ואראה את-אחי על-כן
לא-בא אל-שלחן המלך: ויחר-אף שאול ביהונתן ויאמר לו
בן-נעות המרדות הלוא ידעתי כי-בחר אתה לבן-ישי לבשתך ולבשת
ערות אמך: כי כל-הימים אשר בן-ישי חי על-האדמה לא תכון אתה
ומלכותך ועתה שלח וקח אתו אלי כי בן-מות הוא: ויען
יהונתן את-שאול אביו ויאמר אליו למה יומת מה עשה: ויטל שאול
את-החנית עליו להכתו וידע יהונתן כי-כלה היא מעם אביו להמית
את-דוד: ויקם יהונתן מעם השלחן בחרי-אף ולא-אכל
ביום-החדש השני לחם כי נעצב אל-דוד כי הכלמו אביו: ויהי
בבקר ויצא יהונתן השדה למועד דוד ונער קטן עמו: ויאמר לנערו
רץ מצא-נא את-החצים אשר אנכי מורה הנער רץ והוא-ירה החצי
להעברו: ויבא הנער עד-מקום החצי אשר ירה יהונתן ויקרא יהונתן
אחרי הנער ויאמר הלוא החצי ממך והלאה: ויקרא יהונתן אחרי הנער

מְהֵרָה חוּשָׁה אַל־תַּעֲמֹד וַיְלַקֵּט נַעַר יְהוֹנָתָן אֶת־הַחִצִּי וַיָּבֹא אֶל־אֲדֹנָיו: הַחִצִּים
וְהַנַּעַר לֹא־יָדַע מְאוּמָה אַךְ יְהוֹנָתָן וְדָוִד יָדְעוּ אֶת־הַדָּבָר: וַיִּתֵּן יְהוֹנָתָן
אֶת־כֵּלָיו אֶל־הַנַּעַר אֲשֶׁר־לוֹ וַיֹּאמֶר לוֹ לֵךְ הָבֵיא הָעִיר: הַנַּעַר בָּא וְדָוִד
קָם מֵאֵצֶל הַנֶּגֶב וַיִּפֹּל לְאַפָּיו אַרְצָה וַיִּשְׁתַּחוּ שָׁלֹשׁ פְּעָמִים וַיִּשְּׁקוּ ׀ אִישׁ
אֶת־רֵעֵהוּ וַיִּבְכּוּ אִישׁ אֶת־רֵעֵהוּ עַד־דָּוִד הִגְדִּיל: וַיֹּאמֶר יְהוֹנָתָן לְדָוִד
לֵךְ לְשָׁלוֹם אֲשֶׁר נִשְׁבַּעְנוּ שְׁנֵינוּ אֲנַחְנוּ בְּשֵׁם יהוה לֵאמֹר יהוה יִהְיֶה ׀
בֵּינִי וּבֵינֶךָ וּבֵין זַרְעִי וּבֵין זַרְעֲךָ עַד־עוֹלָם:

הפטרת פרשת שקלים

מפטיר: שמות ל, יא–טז, עמ׳ רי.

כאשר שבת פרשת שקלים חלה בראש חודש אדר, מוציאים שלושה ספרי תורה, בשני קוראים את החלק של ראש חודש, במדבר כח, ט-טו בעמ׳ רעה, ובשלישי את המפטיר לפרשת שקלים.

אירועי ההפטרה מתרחשים בימי יואש מלך יהודה ויהוידע הכוהן הגדול, דודו של יואש. להמלכת יואש קדמו שש שנות שלטונה של עתליה לבית אחאב, שבזה לבית המקדש ופגעה בו. שלטונה העריץ הסתיים במהפכה שבה הומתה.

זעזועים שלטוניים ורוחניים פקדו את מלכות יהודה: מרד יהוא, שבו נרצח גם אחזיה אבי יואש, השתלטות עתליה על המלוכה, הכנסת עבודה זרה לבית המקדש לצד שקיעה מדינית וצבאית, שהחלה עוד בסוף ימי אחאב מלך ישראל ויהושפט מלך יהודה. עבודת שיקום רבה נדרשה במלכות יהודה לאחר זעזועים אלה, ודף חדש נפתח בה בהנהגת יהוידע. יהוידע הנהיג את הממלכה בפועל עד שיואש הצעיר בגר והיה נכון להיות מנהיג. בעבודת השיקום שופץ בית המקדש מכסף שנאסף במגבית שקלים לצורך בדק הבית.

וַיִּכְרֹת יְהוֹיָדָע אֶת־הַבְּרִית בֵּין יהוה וּבֵין הַמֶּלֶךְ וּבֵין הָעָם לִהְיוֹת לְעָם מלכים ב׳ יא, יז - יב, יז
לַיהוה וּבֵין הַמֶּלֶךְ וּבֵין הָעָם: וַיָּבֹאוּ כָל־עַם הָאָרֶץ בֵּית־הַבַּעַל וַיִּתְּצֻהוּ הספרדים מתחילים כאן
אֶת־מִזְבְּחֹתָו וְאֶת־צְלָמָיו שִׁבְּרוּ הֵיטֵב וְאֵת מַתָּן כֹּהֵן הַבַּעַל הָרְגוּ לִפְנֵי
הַמִּזְבְּחוֹת וַיָּשֶׂם הַכֹּהֵן פְּקֻדֹּת עַל־בֵּית יהוה: וַיִּקַּח אֶת־שָׂרֵי הַמֵּאוֹת
וְאֶת־הַכָּרִי וְאֶת־הָרָצִים וְאֵת ׀ כָּל־עַם הָאָרֶץ וַיֹּרִידוּ אֶת־הַמֶּלֶךְ מִבֵּית
יהוה וַיָּבוֹאוּ דֶּרֶךְ־שַׁעַר הָרָצִים בֵּית הַמֶּלֶךְ וַיֵּשֶׁב עַל־כִּסֵּא הַמְּלָכִים:
וַיִּשְׂמַח כָּל־עַם־הָאָרֶץ וְהָעִיר שָׁקָטָה וְאֶת־עֲתַלְיָהוּ הֵמִיתוּ בַחֶרֶב בֵּית
מֶלֶךְ: *בֶּן־שֶׁבַע שָׁנִים יְהוֹאָשׁ בְּמָלְכוֹ: בִּשְׁנַת־שֶׁבַע לְיֵהוּא הַמֶּלֶךְ האשכנזים והתימנים מתחילים כאן
מָלַךְ יְהוֹאָשׁ וְאַרְבָּעִים שָׁנָה מָלַךְ בִּירוּשָׁלָ͏ִם וְשֵׁם אִמּוֹ צִבְיָה מִבְּאֵר שָׁבַע:
וַיַּעַשׂ יְהוֹאָשׁ הַיָּשָׁר בְּעֵינֵי יהוה כָּל־יָמָיו אֲשֶׁר הוֹרָהוּ יְהוֹיָדָע הַכֹּהֵן: רַק
הַבָּמוֹת לֹא־סָרוּ עוֹד הָעָם מְזַבְּחִים וּמְקַטְּרִים בַּבָּמוֹת: וַיֹּאמֶר יְהוֹאָשׁ
אֶל־הַכֹּהֲנִים כֹּל כֶּסֶף הַקֳּדָשִׁים אֲשֶׁר יוּבָא בֵית־יהוה כֶּסֶף עוֹבֵר אִישׁ
כֶּסֶף נַפְשׁוֹת עֶרְכּוֹ כָּל־כֶּסֶף אֲשֶׁר יַעֲלֶה עַל לֶב־אִישׁ לְהָבִיא בֵּית יהוה:
יִקְחוּ לָהֶם הַכֹּהֲנִים אִישׁ מֵאֵת מַכָּרוֹ וְהֵם יְחַזְּקוּ אֶת־בֶּדֶק הַבַּיִת לְכֹל
אֲשֶׁר־יִמָּצֵא שָׁם בָּדֶק: וַיְהִי בִּשְׁנַת עֶשְׂרִים וְשָׁלֹשׁ שָׁנָה לַמֶּלֶךְ

יְהוֹאָשׁ לֹא־חִזְּקוּ הַכֹּהֲנִים אֶת־בֶּדֶק הַבָּיִת׃ וַיִּקְרָא הַמֶּלֶךְ יְהוֹאָשׁ לִיהוֹיָדָע
הַכֹּהֵן וְלַכֹּהֲנִים וַיֹּאמֶר אֲלֵהֶם מַדּוּעַ אֵינְכֶם מְחַזְּקִים אֶת־בֶּדֶק הַבָּיִת
וְעַתָּה אַל־תִּקְחוּ־כֶסֶף מֵאֵת מַכָּרֵיכֶם כִּי־לְבֶדֶק הַבַּיִת תִּתְּנֻהוּ׃ וַיֵּאֹתוּ
הַכֹּהֲנִים לְבִלְתִּי קְחַת־כֶּסֶף מֵאֵת הָעָם וּלְבִלְתִּי חַזֵּק אֶת־בֶּדֶק הַבָּיִת׃
וַיִּקַּח יְהוֹיָדָע הַכֹּהֵן אֲרוֹן אֶחָד וַיִּקֹּב חֹר בְּדַלְתּוֹ וַיִּתֵּן אֹתוֹ אֵצֶל הַמִּזְבֵּחַ
מִיָּמִין בימין בְּבוֹא־אִישׁ בֵּית יהוה וְנָתְנוּ־שָׁמָּה הַכֹּהֲנִים שֹׁמְרֵי הַסַּף אֶת־כָּל־
הַכֶּסֶף הַמּוּבָא בֵית־יהוה׃ וַיְהִי כִּרְאוֹתָם כִּי־רַב הַכֶּסֶף בָּאָרוֹן וַיַּעַל סֹפֵר
הַמֶּלֶךְ וְהַכֹּהֵן הַגָּדוֹל וַיָּצֻרוּ וַיִּמְנוּ אֶת־הַכֶּסֶף הַנִּמְצָא בֵית־יהוה׃ וְנָתְנוּ
הַמֻּפְקָדִים אֶת־הַכֶּסֶף הַמְתֻכָּן עַל־יַד עֹשֵׂי הַמְּלָאכָה הפקדים בֵּית יהוה וַיּוֹצִיאֻהוּ
לְחָרָשֵׁי הָעֵץ וְלַבֹּנִים הָעֹשִׂים בֵּית יהוה׃ וְלַגֹּדְרִים וּלְחֹצְבֵי הָאֶבֶן וְלִקְנוֹת
עֵצִים וְאַבְנֵי מַחְצֵב לְחַזֵּק אֶת־בֶּדֶק בֵּית־יהוה וּלְכֹל אֲשֶׁר־יֵצֵא עַל־הַבַּיִת
לְחָזְקָה׃ אַךְ לֹא יֵעָשֶׂה בֵּית יהוה סִפּוֹת כֶּסֶף מְזַמְּרוֹת מִזְרָקוֹת חֲצֹצְרוֹת
כָּל־כְּלִי זָהָב וּכְלִי־כָסֶף מִן־הַכֶּסֶף הַמּוּבָא בֵית־יהוה׃ כִּי־לְעֹשֵׂי הַמְּלָאכָה
יִתְּנֻהוּ וְחִזְּקוּ־בוֹ אֶת־בֵּית יהוה׃ וְלֹא יְחַשְּׁבוּ אֶת־הָאֲנָשִׁים אֲשֶׁר יִתְּנוּ
אֶת־הַכֶּסֶף עַל־יָדָם לָתֵת לְעֹשֵׂי הַמְּלָאכָה כִּי בֶאֱמֻנָה הֵם עֹשִׂים׃ כֶּסֶף
אָשָׁם וְכֶסֶף חַטָּאוֹת לֹא יוּבָא בֵּית יהוה לַכֹּהֲנִים יִהְיוּ׃

קריאת פרשת זכור

דברים כה, יז-יט

זָכוֹר אֵת אֲשֶׁר־עָשָׂה לְךָ עֲמָלֵק בַּדֶּרֶךְ בְּצֵאתְכֶם מִמִּצְרָיִם: אֲשֶׁר קָרְךָ בַּדֶּרֶךְ וַיְזַנֵּב בְּךָ כָּל־הַנֶּחֱשָׁלִים אַחֲרֶיךָ וְאַתָּה עָיֵף וְיָגֵעַ וְלֹא יָרֵא אֱלֹהִים: וְהָיָה בְּהָנִיחַ יהוה אֱלֹהֶיךָ ׀ לְךָ מִכָּל־אֹיְבֶיךָ מִסָּבִיב בָּאָרֶץ אֲשֶׁר־יהוה אֱלֹהֶיךָ נֹתֵן לְךָ נַחֲלָה לְרִשְׁתָּהּ תִּמְחֶה אֶת־זֵכֶר עֲמָלֵק מִתַּחַת הַשָּׁמָיִם לֹא תִּשְׁכָּח:

מפטיר לפורים משולש: שמות יז, ח-טז, עמ׳ קד.

הפטרת פרשת זכור

שאול היה המלך הראשון בישראל לאחר כ-350 שנה של הנהגת השופטים בלי שלטון מרכזי. אויבי העם חשו בחולשתם ופגעו בהם. שופטים שקמו לעם הדפו את האויב ושבו לשגרת חייהם. אחד האויבים שהשתתף במתקפות על ישראל וגם הצטרף למתקפותיהם של אחרים על ישראל, היה עמלק. מתקיפות אלה ניכרת הרשעות הגדולה, כמו ביציאת מצרים, כיוון שהן לא באו בעקבות סכסוכים בין ישראל לעמלק. כך היה גם בסוף ימיו של שאול, כשפשט עמלק על שכניו – פלישתים, מצרים וישראל – למטרות שוד וסחר בבני אדם תוך פגיעה בנשים וטף. בדומה לסדום, הסמל לחברה שיש בה רוע מאורגן ומוסכם, הפך גם עמלק לסמל של רוע, שיש לעוקרו מן השורש. בזמן מלכותו של שאול נוצר מצב חדש שאפשר לצאת למלחמת מנע נגד אויב ותיק ואכזר. רק מי שיכול להוביל מלחמה נחרצת ברוע ראוי למלוכה.

בקריאת "זכור" מניף עם ישראל דגל נגד הרוע בעולם על כל התגלמויותיו.

התימנים מתחילים כאן
שמואל א׳ יד, נב - טו, לד
הספרדים מתחילים כאן
האשכנזים מתחילים כאן

וַתְּהִי הַמִּלְחָמָה חֲזָקָה עַל־פְּלִשְׁתִּים כֹּל יְמֵי שָׁאוּל וְרָאָה שָׁאוּל כָּל־אִישׁ גִּבּוֹר וְכָל־בֶּן־חַיִל וַיַּאַסְפֵהוּ אֵלָיו: *וַיֹּאמֶר שְׁמוּאֵל אֶל־שָׁאוּל אֹתִי שָׁלַח יהוה לִמְשָׁחֳךָ לְמֶלֶךְ עַל־עַמּוֹ עַל־יִשְׂרָאֵל וְעַתָּה שְׁמַע לְקוֹל דִּבְרֵי יהוה: *כֹּה אָמַר יהוה צְבָאוֹת פָּקַדְתִּי אֵת אֲשֶׁר־עָשָׂה עֲמָלֵק לְיִשְׂרָאֵל אֲשֶׁר־שָׂם לוֹ בַּדֶּרֶךְ בַּעֲלֹתוֹ מִמִּצְרָיִם: עַתָּה לֵךְ וְהִכִּיתָה אֶת־עֲמָלֵק וְהַחֲרַמְתֶּם אֶת־כָּל־אֲשֶׁר־לוֹ וְלֹא תַחְמֹל עָלָיו וְהֵמַתָּה מֵאִישׁ עַד־אִשָּׁה מֵעֹלֵל וְעַד־יוֹנֵק מִשּׁוֹר וְעַד־שֶׂה מִגָּמָל וְעַד־חֲמוֹר: וַיְשַׁמַּע שָׁאוּל אֶת־הָעָם וַיִּפְקְדֵם בַּטְּלָאִים מָאתַיִם אֶלֶף רַגְלִי וַעֲשֶׂרֶת אֲלָפִים אֶת־אִישׁ יְהוּדָה: וַיָּבֹא שָׁאוּל עַד־עִיר עֲמָלֵק וַיָּרֶב בַּנָּחַל: וַיֹּאמֶר שָׁאוּל אֶל־הַקֵּינִי לְכוּ סֻּרוּ רְדוּ מִתּוֹךְ עֲמָלֵקִי פֶּן־אֹסִפְךָ עִמּוֹ וְאַתָּה עָשִׂיתָה חֶסֶד עִם־כָּל־בְּנֵי יִשְׂרָאֵל בַּעֲלוֹתָם מִמִּצְרָיִם וַיָּסַר קֵינִי מִתּוֹךְ עֲמָלֵק: וַיַּךְ שָׁאוּל אֶת־עֲמָלֵק מֵחֲוִילָה בּוֹאֲךָ שׁוּר אֲשֶׁר עַל־פְּנֵי מִצְרָיִם: וַיִּתְפֹּשׂ אֶת־אֲגַג מֶלֶךְ־עֲמָלֵק חָי וְאֶת־כָּל־הָעָם הֶחֱרִים לְפִי־חָרֶב: וַיַּחְמֹל שָׁאוּל וְהָעָם עַל־אֲגָג וְעַל־מֵיטַב הַצֹּאן וְהַבָּקָר וְהַמִּשְׁנִים וְעַל־הַכָּרִים וְעַל־כָּל־הַטּוֹב וְלֹא אָבוּ הַחֲרִימָם וְכָל־הַמְּלָאכָה נְמִבְזָה וְנָמֵס אֹתָהּ הֶחֱרִימוּ: וַיְהִי דְּבַר יהוה אֶל־שְׁמוּאֵל לֵאמֹר: נִחַמְתִּי

כִּי־הִמְלַכְתִּי אֶת־שָׁאוּל לְמֶלֶךְ כִּי־שָׁב מֵאַחֲרַי וְאֶת־דְּבָרַי לֹא הֵקִים וַיִּחַר
לִשְׁמוּאֵל וַיִּזְעַק אֶל־יְהוָה כָּל־הַלָּיְלָה׃ וַיַּשְׁכֵּם שְׁמוּאֵל לִקְרַאת שָׁאוּל
בַּבֹּקֶר וַיֻּגַּד לִשְׁמוּאֵל לֵאמֹר בָּא־שָׁאוּל הַכַּרְמֶלָה וְהִנֵּה מַצִּיב לוֹ יָד וַיִּסֹּב
וַיַּעֲבֹר וַיֵּרֶד הַגִּלְגָּל׃ וַיָּבֹא שְׁמוּאֵל אֶל־שָׁאוּל וַיֹּאמֶר לוֹ שָׁאוּל בָּרוּךְ אַתָּה
לַיהוָה הֲקִימֹתִי אֶת־דְּבַר יְהוָה׃ וַיֹּאמֶר שְׁמוּאֵל וּמֶה קוֹל־הַצֹּאן הַזֶּה בְּאָזְנָי
וְקוֹל הַבָּקָר אֲשֶׁר אָנֹכִי שֹׁמֵעַ׃ וַיֹּאמֶר שָׁאוּל מֵעֲמָלֵקִי הֱבִיאוּם אֲשֶׁר חָמַל
הָעָם עַל־מֵיטַב הַצֹּאן וְהַבָּקָר לְמַעַן זְבֹחַ לַיהוָה אֱלֹהֶיךָ וְאֶת־הַיּוֹתֵר
הֶחֱרַמְנוּ׃ וַיֹּאמֶר שְׁמוּאֵל אֶל־שָׁאוּל הֶרֶף וְאַגִּידָה לְּךָ אֵת אֲשֶׁר
(וַיֹּאמֶר) דִּבֶּר יְהוָה אֵלַי הַלָּיְלָה ויאמרו לוֹ דַּבֵּר׃ וַיֹּאמֶר שְׁמוּאֵל הֲלוֹא
אִם־קָטֹן אַתָּה בְּעֵינֶיךָ רֹאשׁ שִׁבְטֵי יִשְׂרָאֵל אָתָּה וַיִּמְשָׁחֲךָ יְהוָה לְמֶלֶךְ
עַל־יִשְׂרָאֵל׃ וַיִּשְׁלָחֲךָ יְהוָה בְּדָרֶךְ וַיֹּאמֶר לֵךְ וְהַחֲרַמְתָּה אֶת־הַחַטָּאִים
אֶת־עֲמָלֵק וְנִלְחַמְתָּ בוֹ עַד־כַּלּוֹתָם אֹתָם׃ וְלָמָּה לֹא־שָׁמַעְתָּ בְּקוֹל יְהוָה
וַתַּעַט אֶל־הַשָּׁלָל וַתַּעַשׂ הָרַע בְּעֵינֵי יְהוָה׃ וַיֹּאמֶר שָׁאוּל אֶל־
שְׁמוּאֵל אֲשֶׁר שָׁמַעְתִּי בְּקוֹל יְהוָה וָאֵלֵךְ בַּדֶּרֶךְ אֲשֶׁר־שְׁלָחַנִי יְהוָה וָאָבִיא
אֶת־אֲגַג מֶלֶךְ עֲמָלֵק וְאֶת־עֲמָלֵק הֶחֱרַמְתִּי׃ וַיִּקַּח הָעָם מֵהַשָּׁלָל צֹאן
וּבָקָר רֵאשִׁית הַחֵרֶם לִזְבֹּחַ לַיהוָה אֱלֹהֶיךָ בַּגִּלְגָּל׃ וַיֹּאמֶר
שְׁמוּאֵל הַחֵפֶץ לַיהוָה בְּעֹלוֹת וּזְבָחִים כִּשְׁמֹעַ בְּקוֹל יְהוָה הִנֵּה שְׁמֹעַ מִזֶּבַח
טוֹב לְהַקְשִׁיב מֵחֵלֶב אֵילִים׃ כִּי חַטַּאת־קֶסֶם מֶרִי וְאָוֶן וּתְרָפִים הַפְצַר
יַעַן מָאַסְתָּ אֶת־דְּבַר יְהוָה וַיִּמְאָסְךָ מִמֶּלֶךְ׃ וַיֹּאמֶר שָׁאוּל
אֶל־שְׁמוּאֵל חָטָאתִי כִּי־עָבַרְתִּי אֶת־פִּי־יְהוָה וְאֶת־דְּבָרֶיךָ כִּי יָרֵאתִי אֶת־
הָעָם וָאֶשְׁמַע בְּקוֹלָם׃ וְעַתָּה שָׂא נָא אֶת־חַטָּאתִי וְשׁוּב עִמִּי וְאֶשְׁתַּחֲוֶה
לַיהוָה׃ וַיֹּאמֶר שְׁמוּאֵל אֶל־שָׁאוּל לֹא אָשׁוּב עִמָּךְ כִּי מָאַסְתָּה אֶת־דְּבַר
יְהוָה וַיִּמְאָסְךָ יְהוָה מִהְיוֹת מֶלֶךְ עַל־יִשְׂרָאֵל׃ וַיִּסֹּב שְׁמוּאֵל לָלֶכֶת וַיַּחֲזֵק
בִּכְנַף־מְעִילוֹ וַיִּקָּרַע׃ וַיֹּאמֶר אֵלָיו שְׁמוּאֵל קָרַע יְהוָה אֶת־מַמְלְכוּת יִשְׂרָאֵל
מֵעָלֶיךָ הַיּוֹם וּנְתָנָהּ לְרֵעֲךָ הַטּוֹב מִמֶּךָּ׃ וְגַם נֵצַח יִשְׂרָאֵל לֹא יְשַׁקֵּר וְלֹא
יִנָּחֵם כִּי לֹא אָדָם הוּא לְהִנָּחֵם׃ וַיֹּאמֶר חָטָאתִי עַתָּה כַּבְּדֵנִי נָא נֶגֶד זִקְנֵי־
עַמִּי וְנֶגֶד יִשְׂרָאֵל וְשׁוּב עִמִּי וְהִשְׁתַּחֲוֵיתִי לַיהוָה אֱלֹהֶיךָ׃ וַיָּשָׁב שְׁמוּאֵל
אַחֲרֵי שָׁאוּל וַיִּשְׁתַּחוּ שָׁאוּל לַיהוָה׃ וַיֹּאמֶר שְׁמוּאֵל הַגִּישׁוּ
אֵלַי אֶת־אֲגַג מֶלֶךְ עֲמָלֵק וַיֵּלֶךְ אֵלָיו אֲגַג מַעֲדַנֹּת וַיֹּאמֶר אֲגָג אָכֵן סָר
מַר־הַמָּוֶת׃ וַיֹּאמֶר שְׁמוּאֵל כַּאֲשֶׁר שִׁכְּלָה נָשִׁים חַרְבֶּךָ כֵּן־תִּשְׁכַּל מִנָּשִׁים
(התימנים מסיימים כאן) אִמֶּךָ וַיְשַׁסֵּף שְׁמוּאֵל אֶת־אֲגָג לִפְנֵי יְהוָה בַּגִּלְגָּל׃* וַיֵּלֶךְ
שְׁמוּאֵל הָרָמָתָה וְשָׁאוּל עָלָה אֶל־בֵּיתוֹ גִּבְעַת שָׁאוּל׃

קריאת פרשת פרה

במדבר יט, א-כב

וַיְדַבֵּר יְהוָה אֶל־מֹשֶׁה וְאֶל־אַהֲרֹן לֵאמֹר: זֹאת חֻקַּת הַתּוֹרָה אֲשֶׁר־צִוָּה יְהוָה לֵאמֹר דַּבֵּר ׀ אֶל־בְּנֵי יִשְׂרָאֵל וְיִקְחוּ אֵלֶיךָ פָרָה אֲדֻמָּה תְּמִימָה אֲשֶׁר אֵין־בָּהּ מוּם אֲשֶׁר לֹא־עָלָה עָלֶיהָ עֹל: וּנְתַתֶּם אֹתָהּ אֶל־אֶלְעָזָר הַכֹּהֵן וְהוֹצִיא אֹתָהּ אֶל־מִחוּץ לַמַּחֲנֶה וְשָׁחַט אֹתָהּ לְפָנָיו: וְלָקַח אֶלְעָזָר הַכֹּהֵן מִדָּמָהּ בְּאֶצְבָּעוֹ וְהִזָּה אֶל־נֹכַח פְּנֵי אֹהֶל־מוֹעֵד מִדָּמָהּ שֶׁבַע פְּעָמִים: וְשָׂרַף אֶת־הַפָּרָה לְעֵינָיו אֶת־עֹרָהּ וְאֶת־בְּשָׂרָהּ וְאֶת־דָּמָהּ עַל־פִּרְשָׁהּ יִשְׂרֹף: וְלָקַח הַכֹּהֵן עֵץ אֶרֶז וְאֵזוֹב וּשְׁנִי תוֹלָעַת וְהִשְׁלִיךְ אֶל־תּוֹךְ שְׂרֵפַת הַפָּרָה: וְכִבֶּס בְּגָדָיו הַכֹּהֵן וְרָחַץ בְּשָׂרוֹ בַּמַּיִם וְאַחַר יָבֹא אֶל־הַמַּחֲנֶה וְטָמֵא הַכֹּהֵן עַד־הָעָרֶב: וְהַשֹּׂרֵף אֹתָהּ יְכַבֵּס בְּגָדָיו בַּמַּיִם וְרָחַץ בְּשָׂרוֹ בַּמָּיִם וְטָמֵא עַד־הָעָרֶב: וְאָסַף ׀ אִישׁ טָהוֹר אֵת אֵפֶר הַפָּרָה וְהִנִּיחַ מִחוּץ לַמַּחֲנֶה בְּמָקוֹם טָהוֹר וְהָיְתָה לַעֲדַת בְּנֵי־יִשְׂרָאֵל לְמִשְׁמֶרֶת לְמֵי נִדָּה חַטָּאת הִוא: וְכִבֶּס הָאֹסֵף אֶת־אֵפֶר הַפָּרָה אֶת־בְּגָדָיו וְטָמֵא עַד־הָעָרֶב וְהָיְתָה לִבְנֵי יִשְׂרָאֵל וְלַגֵּר הַגָּר בְּתוֹכָם לְחֻקַּת עוֹלָם: הַנֹּגֵעַ בְּמֵת לְכָל־נֶפֶשׁ אָדָם וְטָמֵא שִׁבְעַת יָמִים: הוּא יִתְחַטָּא־בוֹ בַּיּוֹם הַשְּׁלִישִׁי וּבַיּוֹם הַשְּׁבִיעִי יִטְהָר וְאִם־לֹא יִתְחַטָּא בַּיּוֹם הַשְּׁלִישִׁי וּבַיּוֹם הַשְּׁבִיעִי לֹא יִטְהָר: כָּל־הַנֹּגֵעַ בְּמֵת בְּנֶפֶשׁ הָאָדָם אֲשֶׁר־יָמוּת וְלֹא יִתְחַטָּא אֶת־מִשְׁכַּן יְהוָה טִמֵּא וְנִכְרְתָה הַנֶּפֶשׁ הַהִוא מִיִּשְׂרָאֵל כִּי מֵי נִדָּה לֹא־זֹרַק עָלָיו טָמֵא יִהְיֶה עוֹד טֻמְאָתוֹ בוֹ: זֹאת הַתּוֹרָה אָדָם כִּי־יָמוּת בְּאֹהֶל כָּל־הַבָּא אֶל־הָאֹהֶל וְכָל־אֲשֶׁר בָּאֹהֶל יִטְמָא שִׁבְעַת יָמִים: וְכֹל כְּלִי פָתוּחַ אֲשֶׁר אֵין־צָמִיד פָּתִיל עָלָיו טָמֵא הוּא: וְכֹל אֲשֶׁר־יִגַּע עַל־פְּנֵי הַשָּׂדֶה בַּחֲלַל־חֶרֶב אוֹ בְמֵת אוֹ־בְעֶצֶם אָדָם אוֹ בְקָבֶר יִטְמָא שִׁבְעַת יָמִים: וְלָקְחוּ לַטָּמֵא מֵעֲפַר שְׂרֵפַת הַחַטָּאת וְנָתַן עָלָיו מַיִם חַיִּים אֶל־כֶּלִי: וְלָקַח אֵזוֹב וְטָבַל בַּמַּיִם אִישׁ טָהוֹר וְהִזָּה עַל־הָאֹהֶל וְעַל־כָּל־הַכֵּלִים וְעַל־הַנְּפָשׁוֹת אֲשֶׁר הָיוּ־שָׁם וְעַל־הַנֹּגֵעַ בַּעֶצֶם אוֹ בֶחָלָל אוֹ בַמֵּת אוֹ בַקָּבֶר: וְהִזָּה הַטָּהֹר עַל־הַטָּמֵא בַּיּוֹם הַשְּׁלִישִׁי וּבַיּוֹם הַשְּׁבִיעִי וְחִטְּאוֹ בַּיּוֹם הַשְּׁבִיעִי וְכִבֶּס בְּגָדָיו וְרָחַץ בַּמַּיִם וְטָהֵר בָּעָרֶב: וְאִישׁ אֲשֶׁר־יִטְמָא וְלֹא יִתְחַטָּא וְנִכְרְתָה הַנֶּפֶשׁ הַהִוא מִתּוֹךְ הַקָּהָל כִּי אֶת־מִקְדַּשׁ יְהוָה טִמֵּא מֵי נִדָּה לֹא־זֹרַק עָלָיו טָמֵא הוּא: וְהָיְתָה לָּהֶם לְחֻקַּת עוֹלָם וּמַזֵּה מֵי־הַנִּדָּה יְכַבֵּס בְּגָדָיו וְהַנֹּגֵעַ בְּמֵי הַנִּדָּה יִטְמָא עַד־הָעָרֶב: וְכֹל אֲשֶׁר־יִגַּע־בּוֹ הַטָּמֵא יִטְמָא וְהַנֶּפֶשׁ הַנֹּגַעַת תִּטְמָא עַד־הָעָרֶב:

הפטרת פרשת פרה

הנביא יחזקאל ליווה את העם לבבל בגלות יהויכין, אחת-עשרה שנה לפני חורבן ירושלים, המקדש ובית דוד. הוא הכין אותם לשבר הצפוי. בהגיע בשורת החורבן לבבל עסק הנביא בנחמה וגאולה גם כהכנה לקראתה. ההפטרה שייכת לפרקים אלה.

שְׁבָת העם בארצו היא טבעית ושגרתית. מעשיו הרעים הם המביאים להגלייתו. הימצאותו בגלות היא חילול שם ה', והשבתו לארצו היא קידוש שם ה'. קיבוץ הגלויות הוא שלב בסיסי והכרחי בתהליך הגאולה. בשוב העם לארצו יצטרך להיטהר מן הטומאה כדי להתרומם למציאות של קיום תורה ומצוות. תיאור ציורי של סילוק "לב האבן" ונתינת "לב בשר" במקומו מבטא זאת.

ביטויים ארציים לגאולה יהיו גם שפע חומרי לצד יישובים בנויים ופורחים, במקום "שממה" יהיה "גן עדן".

יחזקאל לו, טז-לח

וַיְהִי דְבַר־יְהוָה אֵלַי לֵאמֹר: בֶּן־אָדָם בֵּית יִשְׂרָאֵל יֹשְׁבִים עַל־אַדְמָתָם וַיְטַמְּאוּ אוֹתָהּ בְּדַרְכָּם וּבַעֲלִילוֹתָם כְּטֻמְאַת הַנִּדָּה הָיְתָה דַרְכָּם לְפָנָי: וָאֶשְׁפֹּךְ חֲמָתִי עֲלֵיהֶם עַל־הַדָּם אֲשֶׁר־שָׁפְכוּ עַל־הָאָרֶץ וּבְגִלּוּלֵיהֶם טִמְּאוּהָ: וָאָפִיץ אֹתָם בַּגּוֹיִם וַיִּזָּרוּ בָּאֲרָצוֹת כְּדַרְכָּם וְכַעֲלִילוֹתָם שְׁפַטְתִּים: וַיָּבוֹא אֶל־הַגּוֹיִם אֲשֶׁר־בָּאוּ שָׁם וַיְחַלְּלוּ אֶת־שֵׁם קָדְשִׁי בֶּאֱמֹר לָהֶם עַם־יְהוָה אֵלֶּה וּמֵאַרְצוֹ יָצָאוּ: וָאֶחְמֹל עַל־שֵׁם קָדְשִׁי אֲשֶׁר חִלְּלֻהוּ בֵּית יִשְׂרָאֵל בַּגּוֹיִם אֲשֶׁר־בָּאוּ שָׁמָּה:

לָכֵן אֱמֹר לְבֵית־יִשְׂרָאֵל כֹּה אָמַר אֲדֹנָי יֱהוִה לֹא לְמַעַנְכֶם אֲנִי עֹשֶׂה בֵּית יִשְׂרָאֵל כִּי אִם־לְשֵׁם־קָדְשִׁי אֲשֶׁר חִלַּלְתֶּם בַּגּוֹיִם אֲשֶׁר־בָּאתֶם שָׁם: וְקִדַּשְׁתִּי אֶת־שְׁמִי הַגָּדוֹל הַמְחֻלָּל בַּגּוֹיִם אֲשֶׁר חִלַּלְתֶּם בְּתוֹכָם וְיָדְעוּ הַגּוֹיִם כִּי־אֲנִי יְהוָה נְאֻם אֲדֹנָי יֱהוִה בְּהִקָּדְשִׁי בָכֶם לְעֵינֵיהֶם: וְלָקַחְתִּי אֶתְכֶם מִן־הַגּוֹיִם וְקִבַּצְתִּי אֶתְכֶם מִכָּל־הָאֲרָצוֹת וְהֵבֵאתִי אֶתְכֶם אֶל־אַדְמַתְכֶם: וְזָרַקְתִּי עֲלֵיכֶם מַיִם טְהוֹרִים וּטְהַרְתֶּם מִכֹּל טֻמְאוֹתֵיכֶם וּמִכָּל־גִּלּוּלֵיכֶם אֲטַהֵר אֶתְכֶם: וְנָתַתִּי לָכֶם לֵב חָדָשׁ וְרוּחַ חֲדָשָׁה אֶתֵּן בְּקִרְבְּכֶם וַהֲסִרֹתִי אֶת־לֵב הָאֶבֶן מִבְּשַׂרְכֶם וְנָתַתִּי לָכֶם לֵב בָּשָׂר: וְאֶת־רוּחִי אֶתֵּן בְּקִרְבְּכֶם וְעָשִׂיתִי אֵת אֲשֶׁר־בְּחֻקַּי תֵּלֵכוּ וּמִשְׁפָּטַי תִּשְׁמְרוּ וַעֲשִׂיתֶם: וִישַׁבְתֶּם בָּאָרֶץ אֲשֶׁר נָתַתִּי לַאֲבֹתֵיכֶם וִהְיִיתֶם לִי לְעָם וְאָנֹכִי אֶהְיֶה לָכֶם לֵאלֹהִים: וְהוֹשַׁעְתִּי אֶתְכֶם מִכֹּל טֻמְאוֹתֵיכֶם וְקָרָאתִי אֶל־הַדָּגָן וְהִרְבֵּיתִי אֹתוֹ וְלֹא־אֶתֵּן עֲלֵיכֶם רָעָב: וְהִרְבֵּיתִי אֶת־פְּרִי הָעֵץ וּתְנוּבַת הַשָּׂדֶה לְמַעַן אֲשֶׁר לֹא תִקְחוּ עוֹד חֶרְפַּת רָעָב בַּגּוֹיִם: וּזְכַרְתֶּם אֶת־דַּרְכֵיכֶם הָרָעִים וּמַעַלְלֵיכֶם אֲשֶׁר לֹא־טוֹבִים וּנְקֹטֹתֶם בִּפְנֵיכֶם עַל עֲוֹנֹתֵיכֶם וְעַל תּוֹעֲבוֹתֵיכֶם: לֹא לְמַעַנְכֶם אֲנִי־עֹשֶׂה נְאֻם אֲדֹנָי יֱהוִה יִוָּדַע לָכֶם בּוֹשׁוּ וְהִכָּלְמוּ מִדַּרְכֵיכֶם בֵּית יִשְׂרָאֵל:

כֹּה אָמַר אֲדֹנָי יֱהוִה בְּיוֹם טַהֲרִי אֶתְכֶם מִכֹּל עֲוֹנוֹתֵיכֶם וְהוֹשַׁבְתִּי אֶת־הֶעָרִים וְנִבְנוּ הֶחֳרָבוֹת: וְהָאָרֶץ הַנְּשַׁמָּה תֵּעָבֵד תַּחַת אֲשֶׁר הָיְתָה שְׁמָמָה

לְעֵינֵי כָּל־עוֹבֵר׃ וְאָמְרוּ הָאָרֶץ הַלֵּזוּ הַנְּשַׁמָּה הָיְתָה כְּגַן־עֵדֶן וְהֶעָרִים
הֶחֳרֵבוֹת וְהַנְשַׁמּוֹת וְהַנֶּהֱרָסוֹת בְּצוּרוֹת יָשָׁבוּ׃ וְיָדְעוּ הַגּוֹיִם אֲשֶׁר יִשָּׁאֲרוּ
סְבִיבוֹתֵיכֶם כִּי ׀ אֲנִי יהוה בָּנִיתִי הַנֶּהֱרָסוֹת נָטַעְתִּי הַנְּשַׁמָּה אֲנִי יהוה
דִּבַּרְתִּי וְעָשִׂיתִי׃* כֹּה אָמַר אֲדֹנָי יֱהֹוִה עוֹד זֹאת אִדָּרֵשׁ (הספרדים והתימנים מסיימים כאן)
לְבֵית־יִשְׂרָאֵל לַעֲשׂוֹת לָהֶם אַרְבֶּה אֹתָם כַּצֹּאן אָדָם׃ כְּצֹאן קָדָשִׁים
כְּצֹאן יְרוּשָׁלַםִ בְּמוֹעֲדֶיהָ כֵּן תִּהְיֶינָה הֶעָרִים הֶחֳרֵבוֹת מְלֵאוֹת צֹאן אָדָם
וְיָדְעוּ כִּי־אֲנִי יהוה׃

הפטרת פרשת החודש

מפטיר: שמות יב, א–כ, עמ' סב.
כאשר שבת פרשת החודש חלה בראש חודש ניסן, מוציאים שלושה ספרי תורה, בשני קוראים את הקריאה לראש חודש, במדבר כח, ט-טו בעמ' רעה, ובשלישי את המפטיר לפרשת החודש.

את הנבואה המופיעה בהפטרה זו השמיע יחזקאל לגולי יהודה בבבל, ארבע־עשרה שנה לאחר החורבן. בסיור הדמיוני בירושלים לעתיד לבוא מתוארים החיים במקדש לרבות חגיגת הפסח. הנשיא (הוא המלך) הוא נציג העם במקדש ועובד לצד הכוהנים. נשיא משמעו מנהיג וגם ענן ("נשיאים ורוח – וגשם אין"). שניהם נישאים: המנהיג, המלך – מהעם; הענן – מהאדמה. אבל הינשאות זו לא לעצמם נועדה: הנשיא-המלך שקיבל את כוחו מהעם – להיטיב לעם; הענן שקיבל את מימיו מהארץ – להחזירם לאדמה ולהפרותה. כשענן מוריד את כל טיפותיו לא נותר ממנו דבר, כל מהותו היא הנתינה ללא שיור.
במציאות המתוקנת יתייצבו כל רובדי העם במקדש, מן הנשיא עד עם הארץ. פעילותו של הנשיא לפני ה' תהיה מכוח העם "ובעד כל עם הארץ". כולם עומדים לפני ה', "והנשיא בתוכם, בבואם יבוא ובצאתם יֵצֵאוּ".

(יחזקאל מה, ט – מו, יח; התימנים מתחילים כאן) כֹּה־אָמַר אֲדֹנָי יֱהֹוִה רַב־לָכֶם נְשִׂיאֵי יִשְׂרָאֵל חָמָס וָשֹׁד הָסִירוּ וּמִשְׁפָּט
וּצְדָקָה עֲשׂוּ הָרִימוּ גְרֻשֹׁתֵיכֶם מֵעַל עַמִּי נְאֻם אֲדֹנָי יֱהֹוִה׃ מֹאזְנֵי־צֶדֶק
וְאֵיפַת־צֶדֶק וּבַת־צֶדֶק יְהִי לָכֶם׃ הָאֵיפָה וְהַבַּת תֹּכֶן אֶחָד יִהְיֶה לָשֵׂאת
מַעְשַׂר הַחֹמֶר הַבָּת וַעֲשִׂירִת הַחֹמֶר הָאֵיפָה אֶל־הַחֹמֶר יִהְיֶה מַתְכֻּנְתּוֹ׃
וְהַשֶּׁקֶל עֶשְׂרִים גֵּרָה עֶשְׂרִים שְׁקָלִים חֲמִשָּׁה וְעֶשְׂרִים שְׁקָלִים עֲשָׂרָה
וַחֲמִשָּׁה שֶׁקֶל הַמָּנֶה יִהְיֶה לָכֶם׃ זֹאת הַתְּרוּמָה אֲשֶׁר תָּרִימוּ שִׁשִּׁית הָאֵיפָה
מֵחֹמֶר הַחִטִּים וְשִׁשִּׁיתֶם הָאֵיפָה מֵחֹמֶר הַשְּׂעֹרִים׃ וְחֹק הַשֶּׁמֶן הַבַּת הַשֶּׁמֶן
מַעְשַׂר הַבַּת מִן־הַכֹּר עֲשֶׂרֶת הַבַּתִּים חֹמֶר כִּי־עֲשֶׂרֶת הַבַּתִּים חֹמֶר׃ וְשֶׂה־
אַחַת מִן־הַצֹּאן מִן־הַמָּאתַיִם מִמַּשְׁקֵה יִשְׂרָאֵל לְמִנְחָה וּלְעוֹלָה וְלִשְׁלָמִים
לְכַפֵּר עֲלֵיהֶם נְאֻם אֲדֹנָי יֱהֹוִה׃ *כֹּל הָעָם הָאָרֶץ יִהְיוּ אֶל־ (האשכנזים מתחילים כאן)
הַתְּרוּמָה הַזֹּאת לַנָּשִׂיא בְּיִשְׂרָאֵל׃ וְעַל־הַנָּשִׂיא יִהְיֶה הָעוֹלוֹת וְהַמִּנְחָה
וְהַנֶּסֶךְ בַּחַגִּים וּבֶחֳדָשִׁים וּבַשַּׁבָּתוֹת בְּכָל־מוֹעֲדֵי בֵּית יִשְׂרָאֵל הוּא־יַעֲשֶׂה
אֶת־הַחַטָּאת וְאֶת־הַמִּנְחָה וְאֶת־הָעוֹלָה וְאֶת־הַשְּׁלָמִים לְכַפֵּר בְּעַד בֵּית־
יִשְׂרָאֵל׃ * כֹּה־אָמַר אֲדֹנָי יֱהֹוִה בָּרִאשׁוֹן בְּאֶחָד לַחֹדֶשׁ תִּקַּח (הספרדים מתחילים כאן)

פַּר־בֶּן־בָּקָר תָּמִים וְחִטֵּאתָ אֶת־הַמִּקְדָּשׁ׃ וְלָקַח הַכֹּהֵן מִדַּם הַחַטָּאת וְנָתַן
אֶל־מְזוּזַת הַבַּיִת וְאֶל־אַרְבַּע פִּנּוֹת הָעֲזָרָה לַמִּזְבֵּחַ וְעַל־מְזוּזַת שַׁעַר הֶחָצֵר
הַפְּנִימִית׃ וְכֵן תַּעֲשֶׂה בְּשִׁבְעָה בַחֹדֶשׁ מֵאִישׁ שֹׁגֶה וּמִפֶּתִי וְכִפַּרְתֶּם אֶת־
הַבָּיִת׃ בָּרִאשׁוֹן בְּאַרְבָּעָה עָשָׂר יוֹם לַחֹדֶשׁ יִהְיֶה לָכֶם הַפָּסַח חָג שְׁבֻעוֹת
יָמִים מַצּוֹת יֵאָכֵל׃ וְעָשָׂה הַנָּשִׂיא בַּיּוֹם הַהוּא בַּעֲדוֹ וּבְעַד כָּל־עַם הָאָרֶץ
פַּר חַטָּאת׃ וְשִׁבְעַת יְמֵי־הֶחָג יַעֲשֶׂה עוֹלָה לַיהוָה שִׁבְעַת פָּרִים וְשִׁבְעַת
אֵילִים תְּמִימִם לַיּוֹם שִׁבְעַת הַיָּמִים וְחַטָּאת שְׂעִיר עִזִּים לַיּוֹם׃ וּמִנְחָה
אֵיפָה לַפָּר וְאֵיפָה לָאַיִל יַעֲשֶׂה וְשֶׁמֶן הִין לָאֵיפָה׃ בַּשְּׁבִיעִי בַּחֲמִשָּׁה עָשָׂר
יוֹם לַחֹדֶשׁ בֶּחָג יַעֲשֶׂה כָאֵלֶּה שִׁבְעַת הַיָּמִים כַּחַטָּאת כָּעֹלָה וְכַמִּנְחָה
וְכַשָּׁמֶן׃ כֹּה־אָמַר אֲדֹנָי יֱהוִה שַׁעַר הֶחָצֵר הַפְּנִימִית הַפֹּנֶה
קָדִים יִהְיֶה סָגוּר שֵׁשֶׁת יְמֵי הַמַּעֲשֶׂה וּבְיוֹם הַשַּׁבָּת יִפָּתֵחַ וּבְיוֹם הַחֹדֶשׁ
יִפָּתֵחַ׃ וּבָא הַנָּשִׂיא דֶּרֶךְ אוּלָם הַשַּׁעַר מִחוּץ וְעָמַד עַל־מְזוּזַת הַשַּׁעַר
וְעָשׂוּ הַכֹּהֲנִים אֶת־עוֹלָתוֹ וְאֶת־שְׁלָמָיו וְהִשְׁתַּחֲוָה עַל־מִפְתַּן הַשַּׁעַר
וְיָצָא וְהַשַּׁעַר לֹא־יִסָּגֵר עַד־הָעָרֶב׃ וְהִשְׁתַּחֲווּ עַם־הָאָרֶץ פֶּתַח הַשַּׁעַר
הַהוּא בַּשַּׁבָּתוֹת וּבֶחֳדָשִׁים לִפְנֵי יְהוָה׃ וְהָעֹלָה אֲשֶׁר־יַקְרִב הַנָּשִׂיא לַיהוָה
בְּיוֹם הַשַּׁבָּת שִׁשָּׁה כְבָשִׂים תְּמִימִם וְאַיִל תָּמִים׃ וּמִנְחָה אֵיפָה לָאַיִל
וְלַכְּבָשִׂים מִנְחָה מַתַּת יָדוֹ וְשֶׁמֶן הִין לָאֵיפָה׃ וּבְיוֹם הַחֹדֶשׁ פַּר בֶּן־בָּקָר
תְּמִימִם וְשֵׁשֶׁת כְּבָשִׂים וָאַיִל תְּמִימִם יִהְיוּ׃ וְאֵיפָה לַפָּר וְאֵיפָה לָאַיִל
יַעֲשֶׂה מִנְחָה וְלַכְּבָשִׂים כַּאֲשֶׁר תַּשִּׂיג יָדוֹ וְשֶׁמֶן הִין לָאֵיפָה׃ וּבְבוֹא הַנָּשִׂיא
דֶּרֶךְ אוּלָם הַשַּׁעַר יָבוֹא וּבְדַרְכּוֹ יֵצֵא׃ וּבְבוֹא עַם־הָאָרֶץ לִפְנֵי יְהוָה
בַּמּוֹעֲדִים הַבָּא דֶּרֶךְ שַׁעַר צָפוֹן לְהִשְׁתַּחֲוֺת יֵצֵא דֶּרֶךְ־שַׁעַר נֶגֶב וְהַבָּא
דֶּרֶךְ־שַׁעַר נֶגֶב יֵצֵא דֶּרֶךְ־שַׁעַר צָפוֹנָה לֹא יָשׁוּב דֶּרֶךְ הַשַּׁעַר אֲשֶׁר־בָּא
בוֹ כִּי נִכְחוֹ יצאו׃ וְהַנָּשִׂיא בְּתוֹכָם בְּבוֹאָם יָבוֹא וּבְצֵאתָם יֵצֵאוּ׃ וּבַחַגִּים יֵצֵא
וּבַמּוֹעֲדִים תִּהְיֶה הַמִּנְחָה אֵיפָה לַפָּר וְאֵיפָה לָאַיִל וְלַכְּבָשִׂים מַתַּת יָדוֹ
וְשֶׁמֶן הִין לָאֵיפָה׃* וְכִי־יַעֲשֶׂה הַנָּשִׂיא נְדָבָה עוֹלָה אוֹ־שְׁלָמִים התימנים מסיימים כאן
נְדָבָה לַיהוָה וּפָתַח לוֹ אֶת־הַשַּׁעַר הַפֹּנֶה קָדִים וְעָשָׂה אֶת־עֹלָתוֹ וְאֶת־
שְׁלָמָיו כַּאֲשֶׁר יַעֲשֶׂה בְּיוֹם הַשַּׁבָּת וְיָצָא וְסָגַר אֶת־הַשַּׁעַר אַחֲרֵי צֵאתוֹ׃
וְכֶבֶשׂ בֶּן־שְׁנָתוֹ תָּמִים תַּעֲשֶׂה עוֹלָה לַיּוֹם לַיהוָה בַּבֹּקֶר בַּבֹּקֶר תַּעֲשֶׂה
אֹתוֹ׃ וּמִנְחָה תַעֲשֶׂה עָלָיו בַּבֹּקֶר בַּבֹּקֶר שִׁשִּׁית הָאֵיפָה וְשֶׁמֶן שְׁלִישִׁית
הַהִין לָרֹס אֶת־הַסֹּלֶת מִנְחָה לַיהוָה חֻקּוֹת עוֹלָם תָּמִיד׃ ועשו אֶת־הַכֶּבֶשׂ יַעֲשׂוּ
וְאֶת־הַמִּנְחָה וְאֶת־הַשֶּׁמֶן בַּבֹּקֶר בַּבֹּקֶר עוֹלַת תָּמִיד׃* כֹּה־ הספרדים מסיימים כאן
אָמַר אֲדֹנָי יֱהוִה כִּי־יִתֵּן הַנָּשִׂיא מַתָּנָה לְאִישׁ מִבָּנָיו נַחֲלָתוֹ הִיא לְבָנָיו

תִּהְיֶה אֲחֻזָּתָם הִיא בְּנַחֲלָה׃ וְכִי־יִתֵּן מַתָּנָה מִנַּחֲלָתוֹ לְאַחַד מֵעֲבָדָיו
וְהָיְתָה לּוֹ עַד־שְׁנַת הַדְּרוֹר וְשָׁבַת לַנָּשִׂיא אַךְ נַחֲלָתוֹ בָּנָיו לָהֶם תִּהְיֶה׃
וְלֹא־יִקַּח הַנָּשִׂיא מִנַּחֲלַת הָעָם לְהוֹנֹתָם מֵאֲחֻזָּתָם מֵאֲחֻזָּתוֹ יַנְחִל אֶת־
בָּנָיו לְמַעַן אֲשֶׁר לֹא־יָפֻצוּ עַמִּי אִישׁ מֵאֲחֻזָּתוֹ׃

אסתר

א וַיְהִי בִּימֵי אֲחַשְׁוֵרוֹשׁ הוּא אֲחַשְׁוֵרוֹשׁ הַמֹּלֵךְ מֵהֹדּוּ וְעַד־כּוּשׁ שֶׁבַע
וְעֶשְׂרִים וּמֵאָה מְדִינָה׃ בַּיָּמִים הָהֵם כְּשֶׁבֶת ׀ הַמֶּלֶךְ אֲחַשְׁוֵרוֹשׁ
עַל כִּסֵּא מַלְכוּתוֹ אֲשֶׁר בְּשׁוּשַׁן הַבִּירָה׃ בִּשְׁנַת שָׁלוֹשׁ לְמָלְכוֹ
עָשָׂה מִשְׁתֶּה לְכָל־שָׂרָיו וַעֲבָדָיו חֵיל ׀ פָּרַס וּמָדַי הַפַּרְתְּמִים וְשָׂרֵי
הַמְּדִינוֹת לְפָנָיו׃ בְּהַרְאֹתוֹ אֶת־עֹשֶׁר כְּבוֹד מַלְכוּתוֹ וְאֶת־יְקָר
תִּפְאֶרֶת גְּדוּלָּתוֹ יָמִים רַבִּים שְׁמוֹנִים וּמְאַת יוֹם׃ וּבִמְלוֹאת ׀ הַיָּמִים
הָאֵלֶּה עָשָׂה הַמֶּלֶךְ לְכָל־הָעָם הַנִּמְצְאִים בְּשׁוּשַׁן הַבִּירָה לְמִגָּדוֹל
וְעַד־קָטָן מִשְׁתֶּה שִׁבְעַת יָמִים בַּחֲצַר גִּנַּת בִּיתַן הַמֶּלֶךְ׃ חוּר ׀
כַּרְפַּס וּתְכֵלֶת אָחוּז בְּחַבְלֵי־בוּץ וְאַרְגָּמָן עַל־גְּלִילֵי כֶסֶף וְעַמּוּדֵי
שֵׁשׁ מִטּוֹת ׀ זָהָב וָכֶסֶף עַל רִצְפַת בַּהַט־וָשֵׁשׁ וְדַר וְסֹחָרֶת׃
וְהַשְׁקוֹת בִּכְלֵי זָהָב וְכֵלִים מִכֵּלִים שׁוֹנִים וְיֵין מַלְכוּת רָב כְּיַד
הַמֶּלֶךְ׃ וְהַשְּׁתִיָּה כַדָּת אֵין אֹנֵס כִּי־כֵן ׀ יִסַּד הַמֶּלֶךְ עַל כָּל־רַב
בֵּיתוֹ לַעֲשׂוֹת כִּרְצוֹן אִישׁ־וָאִישׁ׃ גַּם וַשְׁתִּי הַמַּלְכָּה
עָשְׂתָה מִשְׁתֵּה נָשִׁים בֵּית הַמַּלְכוּת אֲשֶׁר לַמֶּלֶךְ אֲחַשְׁוֵרוֹשׁ׃ בַּיּוֹם
הַשְּׁבִיעִי כְּטוֹב לֵב־הַמֶּלֶךְ בַּיָּיִן אָמַר לִמְהוּמָן בִּזְּתָא חַרְבוֹנָא
בִּגְתָא וַאֲבַגְתָא זֵתַר וְכַרְכַּס שִׁבְעַת הַסָּרִיסִים הַמְשָׁרְתִים אֶת־פְּנֵי
הַמֶּלֶךְ אֲחַשְׁוֵרוֹשׁ׃ לְהָבִיא אֶת־וַשְׁתִּי הַמַּלְכָּה לִפְנֵי הַמֶּלֶךְ בְּכֶתֶר
מַלְכוּת לְהַרְאוֹת הָעַמִּים וְהַשָּׂרִים אֶת־יָפְיָהּ כִּי־טוֹבַת מַרְאֶה
הִיא׃ וַתְּמָאֵן הַמַּלְכָּה וַשְׁתִּי לָבוֹא בִּדְבַר הַמֶּלֶךְ אֲשֶׁר בְּיַד הַסָּרִיסִים
וַיִּקְצֹף הַמֶּלֶךְ מְאֹד וַחֲמָתוֹ בָּעֲרָה בוֹ׃ וַיֹּאמֶר הַמֶּלֶךְ
לַחֲכָמִים יֹדְעֵי הָעִתִּים כִּי־כֵן דְּבַר הַמֶּלֶךְ לִפְנֵי כָּל־יֹדְעֵי דָּת וָדִין׃
וְהַקָּרֹב אֵלָיו כַּרְשְׁנָא שֵׁתָר אַדְמָתָא תַרְשִׁישׁ מֶרֶס מַרְסְנָא מְמוּכָן
שִׁבְעַת שָׂרֵי ׀ פָּרַס וּמָדַי רֹאֵי פְּנֵי הַמֶּלֶךְ הַיֹּשְׁבִים רִאשֹׁנָה בַּמַּלְכוּת׃
כְּדָת מַה־לַּעֲשׂוֹת בַּמַּלְכָּה וַשְׁתִּי עַל ׀ אֲשֶׁר לֹא־עָשְׂתָה אֶת־מַאֲמַר
הַמֶּלֶךְ אֲחַשְׁוֵרוֹשׁ בְּיַד הַסָּרִיסִים׃ וַיֹּאמֶר מומכן לִפְנֵי מְמוּכָן

הַמֶּלֶךְ וְהַשָּׂרִים לֹא עַל־הַמֶּלֶךְ לְבַדּוֹ עָוְתָה וַשְׁתִּי הַמַּלְכָּה כִּי עַל־
כָּל־הַשָּׂרִים וְעַל־כָּל־הָעַמִּים אֲשֶׁר בְּכָל־מְדִינוֹת הַמֶּלֶךְ אֲחַשְׁוֵרוֹשׁ׃
כִּי־יֵצֵא דְבַר־הַמַּלְכָּה עַל־כָּל־הַנָּשִׁים לְהַבְזוֹת בַּעְלֵיהֶן בְּעֵינֵיהֶן
בְּאָמְרָם הַמֶּלֶךְ אֲחַשְׁוֵרוֹשׁ אָמַר לְהָבִיא אֶת־וַשְׁתִּי הַמַּלְכָּה לְפָנָיו
וְלֹא־בָאָה׃ וְהַיּוֹם הַזֶּה תֹּאמַרְנָה ׀ שָׂרוֹת פָּרַס־וּמָדַי אֲשֶׁר שָׁמְעוּ
אֶת־דְּבַר הַמַּלְכָּה לְכֹל שָׂרֵי הַמֶּלֶךְ וּכְדַי בִּזָּיוֹן וָקָצֶף׃ אִם־עַל־
הַמֶּלֶךְ טוֹב יֵצֵא דְבַר־מַלְכוּת מִלְּפָנָיו וְיִכָּתֵב בְּדָתֵי פָרַס־וּמָדַי
וְלֹא יַעֲבוֹר אֲשֶׁר לֹא־תָבוֹא וַשְׁתִּי לִפְנֵי הַמֶּלֶךְ אֲחַשְׁוֵרוֹשׁ וּמַלְכוּתָהּ
יִתֵּן הַמֶּלֶךְ לִרְעוּתָהּ הַטּוֹבָה מִמֶּנָּה׃ וְנִשְׁמַע פִּתְגָם הַמֶּלֶךְ אֲשֶׁר־
יַעֲשֶׂה בְּכָל־מַלְכוּתוֹ כִּי רַבָּה הִיא וְכָל־הַנָּשִׁים יִתְּנוּ יְקָר לְבַעְלֵיהֶן
לְמִגָּדוֹל וְעַד־קָטָן׃ וַיִּיטַב הַדָּבָר בְּעֵינֵי הַמֶּלֶךְ וְהַשָּׂרִים וַיַּעַשׂ
הַמֶּלֶךְ כִּדְבַר מְמוּכָן׃ וַיִּשְׁלַח סְפָרִים אֶל־כָּל־מְדִינוֹת הַמֶּלֶךְ אֶל־
מְדִינָה וּמְדִינָה כִּכְתָבָהּ וְאֶל־עַם וָעָם כִּלְשׁוֹנוֹ לִהְיוֹת כָּל־אִישׁ
שֹׂרֵר בְּבֵיתוֹ וּמְדַבֵּר כִּלְשׁוֹן עַמּוֹ׃ אַחַר הַדְּבָרִים הָאֵלֶּה ב
כְּשֹׁךְ חֲמַת הַמֶּלֶךְ אֲחַשְׁוֵרוֹשׁ זָכַר אֶת־וַשְׁתִּי וְאֵת אֲשֶׁר־עָשָׂתָה
וְאֵת אֲשֶׁר־נִגְזַר עָלֶיהָ׃ וַיֹּאמְרוּ נַעֲרֵי־הַמֶּלֶךְ מְשָׁרְתָיו יְבַקְשׁוּ
לַמֶּלֶךְ נְעָרוֹת בְּתוּלוֹת טוֹבוֹת מַרְאֶה׃ וְיַפְקֵד הַמֶּלֶךְ פְּקִידִים
בְּכָל־מְדִינוֹת מַלְכוּתוֹ וְיִקְבְּצוּ אֶת־כָּל־נַעֲרָה־בְתוּלָה טוֹבַת מַרְאֶה
אֶל־שׁוּשַׁן הַבִּירָה אֶל־בֵּית הַנָּשִׁים אֶל־יַד הֵגֶא סְרִיס הַמֶּלֶךְ שֹׁמֵר
הַנָּשִׁים וְנָתוֹן תַּמְרֻקֵיהֶן׃ וְהַנַּעֲרָה אֲשֶׁר תִּיטַב בְּעֵינֵי הַמֶּלֶךְ תִּמְלֹךְ
תַּחַת וַשְׁתִּי וַיִּיטַב הַדָּבָר בְּעֵינֵי הַמֶּלֶךְ וַיַּעַשׂ כֵּן׃ אִישׁ
יְהוּדִי הָיָה בְּשׁוּשַׁן הַבִּירָה וּשְׁמוֹ מָרְדֳּכַי בֶּן יָאִיר בֶּן־שִׁמְעִי בֶּן־
קִישׁ אִישׁ יְמִינִי׃ אֲשֶׁר הָגְלָה מִירוּשָׁלַיִם עִם־הַגֹּלָה אֲשֶׁר הָגְלְתָה
עִם יְכָנְיָה מֶלֶךְ־יְהוּדָה אֲשֶׁר הֶגְלָה נְבוּכַדְנֶצַּר מֶלֶךְ בָּבֶל׃ וַיְהִי
אֹמֵן אֶת־הֲדַסָּה הִיא אֶסְתֵּר בַּת־דֹּדוֹ כִּי אֵין לָהּ אָב וָאֵם וְהַנַּעֲרָה

יְפַת־תֹּאַר וְטוֹבַת מַרְאֶה וּבְמוֹת אָבִיהָ וְאִמָּהּ לְקָחָהּ מָרְדֳּכַי לוֹ
לְבַת: וַיְהִי בְּהִשָּׁמַע דְּבַר־הַמֶּלֶךְ וְדָתוֹ וּבְהִקָּבֵץ נְעָרוֹת רַבּוֹת
אֶל־שׁוּשַׁן הַבִּירָה אֶל־יַד הֵגָי וַתִּלָּקַח אֶסְתֵּר אֶל־בֵּית הַמֶּלֶךְ
אֶל־יַד הֵגַי שֹׁמֵר הַנָּשִׁים: וַתִּיטַב הַנַּעֲרָה בְעֵינָיו וַתִּשָּׂא חֶסֶד לְפָנָיו
וַיְבַהֵל אֶת־תַּמְרוּקֶיהָ וְאֶת־מָנוֹתֶהָ לָתֵת לָהּ וְאֵת שֶׁבַע הַנְּעָרוֹת
הָרְאֻיוֹת לָתֶת־לָהּ מִבֵּית הַמֶּלֶךְ וַיְשַׁנֶּהָ וְאֶת־נַעֲרוֹתֶיהָ לְטוֹב בֵּית
הַנָּשִׁים: לֹא־הִגִּידָה אֶסְתֵּר אֶת־עַמָּהּ וְאֶת־מוֹלַדְתָּהּ כִּי מָרְדֳּכַי
צִוָּה עָלֶיהָ אֲשֶׁר לֹא־תַגִּיד: וּבְכָל־יוֹם וָיוֹם מָרְדֳּכַי מִתְהַלֵּךְ לִפְנֵי
חֲצַר בֵּית־הַנָּשִׁים לָדַעַת אֶת־שְׁלוֹם אֶסְתֵּר וּמַה־יֵּעָשֶׂה בָּהּ:
וּבְהַגִּיעַ תֹּר נַעֲרָה וְנַעֲרָה לָבוֹא ׀ אֶל־הַמֶּלֶךְ אֲחַשְׁוֵרוֹשׁ מִקֵּץ הֱיוֹת
לָהּ כְּדָת הַנָּשִׁים שְׁנֵים עָשָׂר חֹדֶשׁ כִּי כֵּן יִמְלְאוּ יְמֵי מְרוּקֵיהֶן שִׁשָּׁה
חֳדָשִׁים בְּשֶׁמֶן הַמֹּר וְשִׁשָּׁה חֳדָשִׁים בַּבְּשָׂמִים וּבְתַמְרוּקֵי הַנָּשִׁים:
וּבָזֶה הַנַּעֲרָה בָּאָה אֶל־הַמֶּלֶךְ אֵת כָּל־אֲשֶׁר תֹּאמַר יִנָּתֵן לָהּ לָבוֹא
עִמָּהּ מִבֵּית הַנָּשִׁים עַד־בֵּית הַמֶּלֶךְ: בָּעֶרֶב ׀ הִיא בָאָה וּבַבֹּקֶר
הִיא שָׁבָה אֶל־בֵּית הַנָּשִׁים שֵׁנִי אֶל־יַד שַׁעַשְׁגַז סְרִיס הַמֶּלֶךְ שֹׁמֵר
הַפִּילַגְשִׁים לֹא־תָבוֹא עוֹד אֶל־הַמֶּלֶךְ כִּי אִם־חָפֵץ בָּהּ הַמֶּלֶךְ
וְנִקְרְאָה בְשֵׁם: וּבְהַגִּיעַ תֹּר־אֶסְתֵּר בַּת־אֲבִיחַיִל ׀ דֹּד מָרְדֳּכַי אֲשֶׁר
לָקַח־לוֹ לְבַת לָבוֹא אֶל־הַמֶּלֶךְ לֹא בִקְשָׁה דָּבָר כִּי אִם אֶת־אֲשֶׁר
יֹאמַר הֵגַי סְרִיס־הַמֶּלֶךְ שֹׁמֵר הַנָּשִׁים וַתְּהִי אֶסְתֵּר נֹשֵׂאת חֵן בְּעֵינֵי
כָּל־רֹאֶיהָ: וַתִּלָּקַח אֶסְתֵּר אֶל־הַמֶּלֶךְ אֲחַשְׁוֵרוֹשׁ אֶל־בֵּית מַלְכוּתוֹ
בַּחֹדֶשׁ הָעֲשִׂירִי הוּא־חֹדֶשׁ טֵבֵת בִּשְׁנַת־שֶׁבַע לְמַלְכוּתוֹ: וַיֶּאֱהַב
הַמֶּלֶךְ אֶת־אֶסְתֵּר מִכָּל־הַנָּשִׁים וַתִּשָּׂא־חֵן וָחֶסֶד לְפָנָיו מִכָּל־
הַבְּתוּלוֹת וַיָּשֶׂם כֶּתֶר־מַלְכוּת בְּרֹאשָׁהּ וַיַּמְלִיכֶהָ תַּחַת וַשְׁתִּי:
וַיַּעַשׂ הַמֶּלֶךְ מִשְׁתֶּה גָדוֹל לְכָל־שָׂרָיו וַעֲבָדָיו אֵת מִשְׁתֵּה אֶסְתֵּר
וַהֲנָחָה לַמְּדִינוֹת עָשָׂה וַיִּתֵּן מַשְׂאֵת כְּיַד הַמֶּלֶךְ: וּבְהִקָּבֵץ בְּתוּלוֹת
שֵׁנִית וּמָרְדֳּכַי יֹשֵׁב בְּשַׁעַר־הַמֶּלֶךְ: אֵין אֶסְתֵּר מַגֶּדֶת מוֹלַדְתָּהּ
וְאֶת־עַמָּהּ כַּאֲשֶׁר צִוָּה עָלֶיהָ מָרְדֳּכָי וְאֶת־מַאֲמַר מָרְדֳּכַי אֶסְתֵּר
עֹשָׂה כַּאֲשֶׁר הָיְתָה בְאָמְנָה אִתּוֹ: בַּיָּמִים הָהֵם וּמָרְדֳּכַי
יֹשֵׁב בְּשַׁעַר־הַמֶּלֶךְ קָצַף בִּגְתָן וָתֶרֶשׁ שְׁנֵי־סָרִיסֵי הַמֶּלֶךְ מִשֹּׁמְרֵי

הַסַּף וַיְבַקְשׁוּ לִשְׁלֹחַ יָד בַּמֶּלֶךְ אֲחַשְׁוֵרֹשׁ׃ וַיִּוָּדַע הַדָּבָר לְמָרְדֳּכַי
וַיַּגֵּד לְאֶסְתֵּר הַמַּלְכָּה וַתֹּאמֶר אֶסְתֵּר לַמֶּלֶךְ בְּשֵׁם מָרְדֳּכָי׃ וַיְבֻקַּשׁ
הַדָּבָר וַיִּמָּצֵא וַיִּתָּלוּ שְׁנֵיהֶם עַל־עֵץ וַיִּכָּתֵב בְּסֵפֶר דִּבְרֵי הַיָּמִים
ג לִפְנֵי הַמֶּלֶךְ׃ אַחַר ׀ הַדְּבָרִים הָאֵלֶּה גִּדַּל הַמֶּלֶךְ
אֲחַשְׁוֵרוֹשׁ אֶת־הָמָן בֶּן־הַמְּדָתָא הָאֲגָגִי וַיְנַשְּׂאֵהוּ וַיָּשֶׂם אֶת־כִּסְאוֹ
מֵעַל כָּל־הַשָּׂרִים אֲשֶׁר אִתּוֹ׃ וְכָל־עַבְדֵי הַמֶּלֶךְ אֲשֶׁר־בְּשַׁעַר
הַמֶּלֶךְ כֹּרְעִים וּמִשְׁתַּחֲוִים לְהָמָן כִּי־כֵן צִוָּה־לוֹ הַמֶּלֶךְ וּמָרְדֳּכַי לֹא
יִכְרַע וְלֹא יִשְׁתַּחֲוֶה׃ וַיֹּאמְרוּ עַבְדֵי הַמֶּלֶךְ אֲשֶׁר־בְּשַׁעַר הַמֶּלֶךְ
לְמָרְדֳּכָי מַדּוּעַ אַתָּה עוֹבֵר אֵת מִצְוַת הַמֶּלֶךְ׃ וַיְהִי באמרם אֵלָיו כְּאָמְרָם
יוֹם וָיוֹם וְלֹא שָׁמַע אֲלֵיהֶם וַיַּגִּידוּ לְהָמָן לִרְאוֹת הֲיַעַמְדוּ דִּבְרֵי
מָרְדֳּכַי כִּי־הִגִּיד לָהֶם אֲשֶׁר־הוּא יְהוּדִי׃ וַיַּרְא הָמָן כִּי־אֵין מָרְדֳּכַי
כֹּרֵעַ וּמִשְׁתַּחֲוֶה לוֹ וַיִּמָּלֵא הָמָן חֵמָה׃ וַיִּבֶז בְּעֵינָיו לִשְׁלֹחַ יָד
בְּמָרְדֳּכַי לְבַדּוֹ כִּי־הִגִּידוּ לוֹ אֶת־עַם מָרְדֳּכָי וַיְבַקֵּשׁ הָמָן לְהַשְׁמִיד
אֶת־כָּל־הַיְּהוּדִים אֲשֶׁר בְּכָל־מַלְכוּת אֲחַשְׁוֵרוֹשׁ עַם מָרְדֳּכָי׃
בַּחֹדֶשׁ הָרִאשׁוֹן הוּא־חֹדֶשׁ נִיסָן בִּשְׁנַת שְׁתֵּים עֶשְׂרֵה לַמֶּלֶךְ
אֲחַשְׁוֵרוֹשׁ הִפִּיל פּוּר הוּא הַגּוֹרָל לִפְנֵי הָמָן מִיּוֹם ׀ לְיוֹם וּמֵחֹדֶשׁ
לְחֹדֶשׁ שְׁנֵים־עָשָׂר הוּא־חֹדֶשׁ אֲדָר׃ וַיֹּאמֶר הָמָן לַמֶּלֶךְ
אֲחַשְׁוֵרוֹשׁ יֶשְׁנוֹ עַם־אֶחָד מְפֻזָּר וּמְפֹרָד בֵּין הָעַמִּים בְּכֹל מְדִינוֹת
מַלְכוּתֶךָ וְדָתֵיהֶם שֹׁנוֹת מִכָּל־עָם וְאֶת־דָּתֵי הַמֶּלֶךְ אֵינָם עֹשִׂים
וְלַמֶּלֶךְ אֵין־שֹׁוֶה לְהַנִּיחָם׃ אִם־עַל־הַמֶּלֶךְ טוֹב יִכָּתֵב לְאַבְּדָם
וַעֲשֶׂרֶת אֲלָפִים כִּכַּר־כֶּסֶף אֶשְׁקוֹל עַל־יְדֵי עֹשֵׂי הַמְּלָאכָה לְהָבִיא
אֶל־גִּנְזֵי הַמֶּלֶךְ׃ וַיָּסַר הַמֶּלֶךְ אֶת־טַבַּעְתּוֹ מֵעַל יָדוֹ וַיִּתְּנָהּ לְהָמָן
בֶּן־הַמְּדָתָא הָאֲגָגִי צֹרֵר הַיְּהוּדִים׃ וַיֹּאמֶר הַמֶּלֶךְ לְהָמָן הַכֶּסֶף
נָתוּן לָךְ וְהָעָם לַעֲשׂוֹת בּוֹ כַּטּוֹב בְּעֵינֶיךָ׃ וַיִּקָּרְאוּ סֹפְרֵי הַמֶּלֶךְ
בַּחֹדֶשׁ הָרִאשׁוֹן בִּשְׁלוֹשָׁה עָשָׂר יוֹם בּוֹ וַיִּכָּתֵב כְּכָל־אֲשֶׁר־צִוָּה
הָמָן אֶל אֲחַשְׁדַּרְפְּנֵי־הַמֶּלֶךְ וְאֶל־הַפַּחוֹת אֲשֶׁר ׀ עַל־מְדִינָה
וּמְדִינָה וְאֶל־שָׂרֵי עַם וָעָם מְדִינָה וּמְדִינָה כִּכְתָבָהּ וְעַם וָעָם
כִּלְשׁוֹנוֹ בְּשֵׁם הַמֶּלֶךְ אֲחַשְׁוֵרֹשׁ נִכְתָּב וְנֶחְתָּם בְּטַבַּעַת הַמֶּלֶךְ׃
וְנִשְׁלוֹחַ סְפָרִים בְּיַד הָרָצִים אֶל־כָּל־מְדִינוֹת הַמֶּלֶךְ לְהַשְׁמִיד

לַהֲרֹג וּלְאַבֵּד אֶת־כָּל־הַיְּהוּדִים מִנַּעַר וְעַד־זָקֵן טַף וְנָשִׁים בְּיוֹם
אֶחָד בִּשְׁלוֹשָׁה עָשָׂר לְחֹדֶשׁ שְׁנֵים־עָשָׂר הוּא־חֹדֶשׁ אֲדָר וּשְׁלָלָם
לָבוֹז׃ פַּתְשֶׁגֶן הַכְּתָב לְהִנָּתֵן דָּת בְּכָל־מְדִינָה וּמְדִינָה גָּלוּי לְכָל־
הָעַמִּים לִהְיוֹת עֲתִדִים לַיּוֹם הַזֶּה׃ הָרָצִים יָצְאוּ דְחוּפִים בִּדְבַר
הַמֶּלֶךְ וְהַדָּת נִתְּנָה בְּשׁוּשַׁן הַבִּירָה וְהַמֶּלֶךְ וְהָמָן יָשְׁבוּ לִשְׁתּוֹת
וְהָעִיר שׁוּשָׁן נָבוֹכָה׃ וּמָרְדֳּכַי יָדַע אֶת־כָּל־אֲשֶׁר נַעֲשָׂה ד
וַיִּקְרַע מָרְדֳּכַי אֶת־בְּגָדָיו וַיִּלְבַּשׁ שַׂק וָאֵפֶר וַיֵּצֵא בְּתוֹךְ הָעִיר
וַיִּזְעַק זְעָקָה גְדֹלָה וּמָרָה׃ וַיָּבוֹא עַד לִפְנֵי שַׁעַר־הַמֶּלֶךְ כִּי אֵין
לָבוֹא אֶל־שַׁעַר הַמֶּלֶךְ בִּלְבוּשׁ שָׂק׃ וּבְכָל־מְדִינָה וּמְדִינָה מְקוֹם
אֲשֶׁר דְּבַר־הַמֶּלֶךְ וְדָתוֹ מַגִּיעַ אֵבֶל גָּדוֹל לַיְּהוּדִים וְצוֹם וּבְכִי
וַתָּבוֹאנָה וּמִסְפֵּד שַׂק וָאֵפֶר יֻצַּע לָרַבִּים׃ ותבואינה נַעֲרוֹת אֶסְתֵּר וְסָרִיסֶיהָ
וַיַּגִּידוּ לָהּ וַתִּתְחַלְחַל הַמַּלְכָּה מְאֹד וַתִּשְׁלַח בְּגָדִים לְהַלְבִּישׁ
אֶת־מָרְדֳּכַי וּלְהָסִיר שַׂקּוֹ מֵעָלָיו וְלֹא קִבֵּל׃ וַתִּקְרָא אֶסְתֵּר לַהֲתָךְ
מִסָּרִיסֵי הַמֶּלֶךְ אֲשֶׁר הֶעֱמִיד לְפָנֶיהָ וַתְּצַוֵּהוּ עַל־מָרְדֳּכָי לָדַעַת
מַה־זֶּה וְעַל־מַה־זֶּה׃ וַיֵּצֵא הֲתָךְ אֶל־מָרְדֳּכָי אֶל־רְחוֹב הָעִיר אֲשֶׁר
לִפְנֵי שַׁעַר־הַמֶּלֶךְ׃ וַיַּגֶּד־לוֹ מָרְדֳּכַי אֵת כָּל־אֲשֶׁר קָרָהוּ וְאֵת ׀
בַּיְּהוּדִים פָּרָשַׁת הַכֶּסֶף אֲשֶׁר אָמַר הָמָן לִשְׁקוֹל עַל־גִּנְזֵי הַמֶּלֶךְ ביהודיים
לְאַבְּדָם׃ וְאֶת־פַּתְשֶׁגֶן כְּתָב־הַדָּת אֲשֶׁר־נִתַּן בְּשׁוּשָׁן לְהַשְׁמִידָם
נָתַן לוֹ לְהַרְאוֹת אֶת־אֶסְתֵּר וּלְהַגִּיד לָהּ וּלְצַוּוֹת עָלֶיהָ לָבוֹא אֶל־
הַמֶּלֶךְ לְהִתְחַנֶּן־לוֹ וּלְבַקֵּשׁ מִלְּפָנָיו עַל־עַמָּהּ׃ וַיָּבוֹא הֲתָךְ וַיַּגֵּד
לְאֶסְתֵּר אֵת דִּבְרֵי מָרְדֳּכָי׃ וַתֹּאמֶר אֶסְתֵּר לַהֲתָךְ וַתְּצַוֵּהוּ אֶל־
מָרְדֳּכָי׃ כָּל־עַבְדֵי הַמֶּלֶךְ וְעַם מְדִינוֹת הַמֶּלֶךְ יֹדְעִים אֲשֶׁר כָּל־אִישׁ
וְאִשָּׁה אֲשֶׁר־יָבוֹא אֶל־הַמֶּלֶךְ אֶל־הֶחָצֵר הַפְּנִימִית אֲשֶׁר לֹא־יִקָּרֵא
אַחַת דָּתוֹ לְהָמִית לְבַד מֵאֲשֶׁר יוֹשִׁיט־לוֹ הַמֶּלֶךְ אֶת־שַׁרְבִיט
הַזָּהָב וְחָיָה וַאֲנִי לֹא נִקְרֵאתִי לָבוֹא אֶל־הַמֶּלֶךְ זֶה שְׁלוֹשִׁים יוֹם׃
וַיַּגִּידוּ לְמָרְדֳּכָי אֵת דִּבְרֵי אֶסְתֵּר׃ וַיֹּאמֶר מָרְדֳּכַי לְהָשִׁיב אֶל־
אֶסְתֵּר אַל־תְּדַמִּי בְנַפְשֵׁךְ לְהִמָּלֵט בֵּית־הַמֶּלֶךְ מִכָּל־הַיְּהוּדִים׃
כִּי אִם־הַחֲרֵשׁ תַּחֲרִישִׁי בָּעֵת הַזֹּאת רֶוַח וְהַצָּלָה יַעֲמוֹד לַיְּהוּדִים
מִמָּקוֹם אַחֵר וְאַתְּ וּבֵית־אָבִיךְ תֹּאבֵדוּ וּמִי יוֹדֵעַ אִם־לָעֵת כָּזֹאת

הַגַּעַתְּ לַמַּלְכוּת: וַתֹּאמֶר אֶסְתֵּר לְהָשִׁיב אֶל־מָרְדֳּכָי: לֵךְ כְּנוֹס
אֶת־כָּל־הַיְּהוּדִים הַנִּמְצְאִים בְּשׁוּשָׁן וְצוּמוּ עָלַי וְאַל־תֹּאכְלוּ וְאַל־
תִּשְׁתּוּ שְׁלֹשֶׁת יָמִים לַיְלָה וָיוֹם גַּם־אֲנִי וְנַעֲרֹתַי אָצוּם כֵּן וּבְכֵן
אָבוֹא אֶל־הַמֶּלֶךְ אֲשֶׁר לֹא־כַדָּת וְכַאֲשֶׁר אָבַדְתִּי אָבָדְתִּי: וַיַּעֲבֹר
ה מָרְדֳּכָי וַיַּעַשׂ כְּכֹל אֲשֶׁר־צִוְּתָה עָלָיו אֶסְתֵּר: וַיְהִי | בַּיּוֹם הַשְּׁלִישִׁי
וַתִּלְבַּשׁ אֶסְתֵּר מַלְכוּת וַתַּעֲמֹד בַּחֲצַר בֵּית־הַמֶּלֶךְ הַפְּנִימִית נֹכַח
בֵּית הַמֶּלֶךְ וְהַמֶּלֶךְ יוֹשֵׁב עַל־כִּסֵּא מַלְכוּתוֹ בְּבֵית הַמַּלְכוּת נֹכַח
פֶּתַח הַבָּיִת: וַיְהִי כִרְאוֹת הַמֶּלֶךְ אֶת־אֶסְתֵּר הַמַּלְכָּה עֹמֶדֶת בֶּחָצֵר
נָשְׂאָה חֵן בְּעֵינָיו וַיּוֹשֶׁט הַמֶּלֶךְ לְאֶסְתֵּר אֶת־שַׁרְבִיט הַזָּהָב אֲשֶׁר
בְּיָדוֹ וַתִּקְרַב אֶסְתֵּר וַתִּגַּע בְּרֹאשׁ הַשַּׁרְבִיט: וַיֹּאמֶר לָהּ הַמֶּלֶךְ
מַה־לָּךְ אֶסְתֵּר הַמַּלְכָּה וּמַה־בַּקָּשָׁתֵךְ עַד־חֲצִי הַמַּלְכוּת וְיִנָּתֵן
לָךְ: וַתֹּאמֶר אֶסְתֵּר אִם־עַל־הַמֶּלֶךְ טוֹב יָבוֹא הַמֶּלֶךְ וְהָמָן הַיּוֹם
אֶל־הַמִּשְׁתֶּה אֲשֶׁר־עָשִׂיתִי לוֹ: וַיֹּאמֶר הַמֶּלֶךְ מַהֲרוּ אֶת־הָמָן
לַעֲשׂוֹת אֶת־דְּבַר אֶסְתֵּר וַיָּבֹא הַמֶּלֶךְ וְהָמָן אֶל־הַמִּשְׁתֶּה אֲשֶׁר־
עָשְׂתָה אֶסְתֵּר: וַיֹּאמֶר הַמֶּלֶךְ לְאֶסְתֵּר בְּמִשְׁתֵּה הַיַּיִן מַה־שְּׁאֵלָתֵךְ
וְיִנָּתֵן לָךְ וּמַה־בַּקָּשָׁתֵךְ עַד־חֲצִי הַמַּלְכוּת וְתֵעָשׂ: וַתַּעַן אֶסְתֵּר
וַתֹּאמַר שְׁאֵלָתִי וּבַקָּשָׁתִי: אִם־מָצָאתִי חֵן בְּעֵינֵי הַמֶּלֶךְ וְאִם־עַל־
הַמֶּלֶךְ טוֹב לָתֵת אֶת־שְׁאֵלָתִי וְלַעֲשׂוֹת אֶת־בַּקָּשָׁתִי יָבוֹא הַמֶּלֶךְ
וְהָמָן אֶל־הַמִּשְׁתֶּה אֲשֶׁר אֶעֱשֶׂה לָהֶם וּמָחָר אֶעֱשֶׂה כִּדְבַר הַמֶּלֶךְ:
וַיֵּצֵא הָמָן בַּיּוֹם הַהוּא שָׂמֵחַ וְטוֹב לֵב וְכִרְאוֹת הָמָן אֶת־מָרְדֳּכַי
בְּשַׁעַר הַמֶּלֶךְ וְלֹא־קָם וְלֹא־זָע מִמֶּנּוּ וַיִּמָּלֵא הָמָן עַל־מָרְדֳּכַי
חֵמָה: וַיִּתְאַפַּק הָמָן וַיָּבוֹא אֶל־בֵּיתוֹ וַיִּשְׁלַח וַיָּבֵא אֶת־אֹהֲבָיו
וְאֶת־זֶרֶשׁ אִשְׁתּוֹ: וַיְסַפֵּר לָהֶם הָמָן אֶת־כְּבוֹד עָשְׁרוֹ וְרֹב בָּנָיו וְאֵת
כָּל־אֲשֶׁר גִּדְּלוֹ הַמֶּלֶךְ וְאֵת אֲשֶׁר נִשְּׂאוֹ עַל־הַשָּׂרִים וְעַבְדֵי הַמֶּלֶךְ:
וַיֹּאמֶר הָמָן אַף לֹא־הֵבִיאָה אֶסְתֵּר הַמַּלְכָּה עִם־הַמֶּלֶךְ אֶל־
הַמִּשְׁתֶּה אֲשֶׁר־עָשָׂתָה כִּי אִם־אוֹתִי וְגַם־לְמָחָר אֲנִי קָרוּא־לָהּ
עִם־הַמֶּלֶךְ: וְכָל־זֶה אֵינֶנּוּ שֹׁוֶה לִי בְּכָל־עֵת אֲשֶׁר אֲנִי רֹאֶה אֶת־
מָרְדֳּכַי הַיְּהוּדִי יוֹשֵׁב בְּשַׁעַר הַמֶּלֶךְ: וַתֹּאמֶר לוֹ זֶרֶשׁ אִשְׁתּוֹ וְכָל־
אֹהֲבָיו יַעֲשׂוּ־עֵץ גָּבֹהַּ חֲמִשִּׁים אַמָּה וּבַבֹּקֶר | אֱמֹר לַמֶּלֶךְ וְיִתְלוּ

אֶת־מָרְדֳּכַי עָלָיו וּבֹא עִם־הַמֶּלֶךְ אֶל־הַמִּשְׁתֶּה שָׂמֵחַ וַיִּיטַב הַדָּבָר
לִפְנֵי הָמָן וַיַּעַשׂ הָעֵץ׃ בַּלַּיְלָה הַהוּא נָדְדָה שְׁנַת הַמֶּלֶךְ ו
וַיֹּאמֶר לְהָבִיא אֶת־סֵפֶר הַזִּכְרֹנוֹת דִּבְרֵי הַיָּמִים וַיִּהְיוּ נִקְרָאִים
לִפְנֵי הַמֶּלֶךְ׃ וַיִּמָּצֵא כָתוּב אֲשֶׁר הִגִּיד מָרְדֳּכַי עַל־בִּגְתָנָא וָתֶרֶשׁ
שְׁנֵי סָרִיסֵי הַמֶּלֶךְ מִשֹּׁמְרֵי הַסַּף אֲשֶׁר בִּקְשׁוּ לִשְׁלֹחַ יָד בַּמֶּלֶךְ
אֲחַשְׁוֵרוֹשׁ׃ וַיֹּאמֶר הַמֶּלֶךְ מַה־נַּעֲשָׂה יְקָר וּגְדוּלָּה לְמָרְדֳּכַי עַל־זֶה
וַיֹּאמְרוּ נַעֲרֵי הַמֶּלֶךְ מְשָׁרְתָיו לֹא־נַעֲשָׂה עִמּוֹ דָּבָר׃ וַיֹּאמֶר הַמֶּלֶךְ
מִי בֶחָצֵר וְהָמָן בָּא לַחֲצַר בֵּית־הַמֶּלֶךְ הַחִיצוֹנָה לֵאמֹר לַמֶּלֶךְ
לִתְלוֹת אֶת־מָרְדֳּכַי עַל־הָעֵץ אֲשֶׁר־הֵכִין לוֹ׃ וַיֹּאמְרוּ נַעֲרֵי הַמֶּלֶךְ
אֵלָיו הִנֵּה הָמָן עֹמֵד בֶּחָצֵר וַיֹּאמֶר הַמֶּלֶךְ יָבוֹא׃ וַיָּבוֹא הָמָן וַיֹּאמֶר
לוֹ הַמֶּלֶךְ מַה־לַּעֲשׂוֹת בָּאִישׁ אֲשֶׁר הַמֶּלֶךְ חָפֵץ בִּיקָרוֹ וַיֹּאמֶר
הָמָן בְּלִבּוֹ לְמִי יַחְפֹּץ הַמֶּלֶךְ לַעֲשׂוֹת יְקָר יוֹתֵר מִמֶּנִּי׃ וַיֹּאמֶר הָמָן
אֶל־הַמֶּלֶךְ אִישׁ אֲשֶׁר הַמֶּלֶךְ חָפֵץ בִּיקָרוֹ׃ יָבִיאוּ לְבוּשׁ מַלְכוּת
אֲשֶׁר לָבַשׁ־בּוֹ הַמֶּלֶךְ וְסוּס אֲשֶׁר רָכַב עָלָיו הַמֶּלֶךְ וַאֲשֶׁר נִתַּן
כֶּתֶר מַלְכוּת בְּרֹאשׁוֹ׃ וְנָתוֹן הַלְּבוּשׁ וְהַסּוּס עַל־יַד־אִישׁ מִשָּׂרֵי
הַמֶּלֶךְ הַפַּרְתְּמִים וְהִלְבִּשׁוּ אֶת־הָאִישׁ אֲשֶׁר הַמֶּלֶךְ חָפֵץ בִּיקָרוֹ
וְהִרְכִּיבֻהוּ עַל־הַסּוּס בִּרְחוֹב הָעִיר וְקָרְאוּ לְפָנָיו כָּכָה יֵעָשֶׂה לָאִישׁ
אֲשֶׁר הַמֶּלֶךְ חָפֵץ בִּיקָרוֹ׃ וַיֹּאמֶר הַמֶּלֶךְ לְהָמָן מַהֵר קַח אֶת־
הַלְּבוּשׁ וְאֶת־הַסּוּס כַּאֲשֶׁר דִּבַּרְתָּ וַעֲשֵׂה־כֵן לְמָרְדֳּכַי הַיְּהוּדִי
הַיּוֹשֵׁב בְּשַׁעַר הַמֶּלֶךְ אַל־תַּפֵּל דָּבָר מִכֹּל אֲשֶׁר דִּבַּרְתָּ׃ וַיִּקַּח הָמָן
אֶת־הַלְּבוּשׁ וְאֶת־הַסּוּס וַיַּלְבֵּשׁ אֶת־מָרְדֳּכָי וַיַּרְכִּיבֵהוּ בִּרְחוֹב
הָעִיר וַיִּקְרָא לְפָנָיו כָּכָה יֵעָשֶׂה לָאִישׁ אֲשֶׁר הַמֶּלֶךְ חָפֵץ בִּיקָרוֹ׃
וַיָּשָׁב מָרְדֳּכַי אֶל־שַׁעַר הַמֶּלֶךְ וְהָמָן נִדְחַף אֶל־בֵּיתוֹ אָבֵל וַחֲפוּי
רֹאשׁ׃ וַיְסַפֵּר הָמָן לְזֶרֶשׁ אִשְׁתּוֹ וּלְכָל־אֹהֲבָיו אֵת כָּל־אֲשֶׁר קָרָהוּ
וַיֹּאמְרוּ לוֹ חֲכָמָיו וְזֶרֶשׁ אִשְׁתּוֹ אִם מִזֶּרַע הַיְּהוּדִים מָרְדֳּכַי אֲשֶׁר
הַחִלּוֹתָ לִנְפֹּל לְפָנָיו לֹא־תוּכַל לוֹ כִּי־נָפוֹל תִּפּוֹל לְפָנָיו׃ עוֹדָם
מְדַבְּרִים עִמּוֹ וְסָרִיסֵי הַמֶּלֶךְ הִגִּיעוּ וַיַּבְהִלוּ לְהָבִיא אֶת־הָמָן אֶל־
הַמִּשְׁתֶּה אֲשֶׁר־עָשְׂתָה אֶסְתֵּר׃ וַיָּבֹא הַמֶּלֶךְ וְהָמָן לִשְׁתּוֹת עִם־ ז
אֶסְתֵּר הַמַּלְכָּה׃ וַיֹּאמֶר הַמֶּלֶךְ לְאֶסְתֵּר גַּם בַּיּוֹם הַשֵּׁנִי בְּמִשְׁתֵּה

הַיַּיִן מַה־שְּׁאֵלָתֵךְ אֶסְתֵּר הַמַּלְכָּה וְתִנָּתֵן לָךְ וּמַה־בַּקָּשָׁתֵךְ עַד־
חֲצִי הַמַּלְכוּת וְתֵעָשׂ׃ וַתַּעַן אֶסְתֵּר הַמַּלְכָּה וַתֹּאמַר אִם־מָצָאתִי
חֵן בְּעֵינֶיךָ הַמֶּלֶךְ וְאִם־עַל־הַמֶּלֶךְ טוֹב תִּנָּתֶן־לִי נַפְשִׁי בִּשְׁאֵלָתִי
וְעַמִּי בְּבַקָּשָׁתִי׃ כִּי נִמְכַּרְנוּ אֲנִי וְעַמִּי לְהַשְׁמִיד לַהֲרוֹג וּלְאַבֵּד
וְאִלּוּ לַעֲבָדִים וְלִשְׁפָחוֹת נִמְכַּרְנוּ הֶחֱרַשְׁתִּי כִּי אֵין הַצָּר שֹׁוֶה בְּנֵזֶק
הַמֶּלֶךְ׃ וַיֹּאמֶר הַמֶּלֶךְ אֲחַשְׁוֵרוֹשׁ וַיֹּאמֶר לְאֶסְתֵּר
הַמַּלְכָּה מִי הוּא זֶה וְאֵי־זֶה הוּא אֲשֶׁר־מְלָאוֹ לִבּוֹ לַעֲשׂוֹת כֵּן׃
וַתֹּאמֶר אֶסְתֵּר אִישׁ צַר וְאוֹיֵב הָמָן הָרָע הַזֶּה וְהָמָן נִבְעַת מִלִּפְנֵי
הַמֶּלֶךְ וְהַמַּלְכָּה׃ וְהַמֶּלֶךְ קָם בַּחֲמָתוֹ מִמִּשְׁתֵּה הַיַּיִן אֶל־גִּנַּת
הַבִּיתָן וְהָמָן עָמַד לְבַקֵּשׁ עַל־נַפְשׁוֹ מֵאֶסְתֵּר הַמַּלְכָּה כִּי רָאָה
כִּי־כָלְתָה אֵלָיו הָרָעָה מֵאֵת הַמֶּלֶךְ׃ וְהַמֶּלֶךְ שָׁב מִגִּנַּת הַבִּיתָן
אֶל־בֵּית ׀ מִשְׁתֵּה הַיַּיִן וְהָמָן נֹפֵל עַל־הַמִּטָּה אֲשֶׁר אֶסְתֵּר עָלֶיהָ
וַיֹּאמֶר הַמֶּלֶךְ הֲגַם לִכְבּוֹשׁ אֶת־הַמַּלְכָּה עִמִּי בַּבָּיִת הַדָּבָר יָצָא
מִפִּי הַמֶּלֶךְ וּפְנֵי הָמָן חָפוּ׃ וַיֹּאמֶר חַרְבוֹנָה אֶחָד מִן־הַסָּרִיסִים
לִפְנֵי הַמֶּלֶךְ גַּם הִנֵּה־הָעֵץ אֲשֶׁר־עָשָׂה הָמָן לְמָרְדֳּכַי אֲשֶׁר דִּבֶּר־
טוֹב עַל־הַמֶּלֶךְ עֹמֵד בְּבֵית הָמָן גָּבֹהַּ חֲמִשִּׁים אַמָּה וַיֹּאמֶר הַמֶּלֶךְ
תְּלֻהוּ עָלָיו׃ וַיִּתְלוּ אֶת־הָמָן עַל־הָעֵץ אֲשֶׁר־הֵכִין לְמָרְדֳּכָי וַחֲמַת
ח הַמֶּלֶךְ שָׁכָכָה׃ בַּיּוֹם הַהוּא נָתַן הַמֶּלֶךְ אֲחַשְׁוֵרוֹשׁ
לְאֶסְתֵּר הַמַּלְכָּה אֶת־בֵּית הָמָן צֹרֵר היהודיים וּמָרְדֳּכַי בָּא לִפְנֵי הַיְּהוּדִים
הַמֶּלֶךְ כִּי־הִגִּידָה אֶסְתֵּר מַה הוּא־לָהּ׃ וַיָּסַר הַמֶּלֶךְ אֶת־טַבַּעְתּוֹ
אֲשֶׁר הֶעֱבִיר מֵהָמָן וַיִּתְּנָהּ לְמָרְדֳּכָי וַתָּשֶׂם אֶסְתֵּר אֶת־מָרְדֳּכַי
עַל־בֵּית הָמָן׃ וַתּוֹסֶף אֶסְתֵּר וַתְּדַבֵּר לִפְנֵי הַמֶּלֶךְ וַתִּפֹּל
לִפְנֵי רַגְלָיו וַתֵּבְךְּ וַתִּתְחַנֶּן־לוֹ לְהַעֲבִיר אֶת־רָעַת הָמָן הָאֲגָגִי וְאֵת
מַחֲשַׁבְתּוֹ אֲשֶׁר חָשַׁב עַל־הַיְּהוּדִים׃ וַיּוֹשֶׁט הַמֶּלֶךְ לְאֶסְתֵּר אֵת
שַׁרְבִט הַזָּהָב וַתָּקָם אֶסְתֵּר וַתַּעֲמֹד לִפְנֵי הַמֶּלֶךְ׃ וַתֹּאמֶר אִם־עַל־
הַמֶּלֶךְ טוֹב וְאִם־מָצָאתִי חֵן לְפָנָיו וְכָשֵׁר הַדָּבָר לִפְנֵי הַמֶּלֶךְ וְטוֹבָה
אֲנִי בְּעֵינָיו יִכָּתֵב לְהָשִׁיב אֶת־הַסְּפָרִים מַחֲשֶׁבֶת הָמָן בֶּן־הַמְּדָתָא
הָאֲגָגִי אֲשֶׁר כָּתַב לְאַבֵּד אֶת־הַיְּהוּדִים אֲשֶׁר בְּכָל־מְדִינוֹת הַמֶּלֶךְ׃
כִּי אֵיכָכָה אוּכַל וְרָאִיתִי בָּרָעָה אֲשֶׁר־יִמְצָא אֶת־עַמִּי וְאֵיכָכָה

אוֹכַל וְרָאִיתִי בְּאָבְדַן מוֹלַדְתִּי׃ וַיֹּאמֶר הַמֶּלֶךְ אֲחַשְׁוֵרֹשׁ
לְאֶסְתֵּר הַמַּלְכָּה וּלְמָרְדֳּכַי הַיְּהוּדִי הִנֵּה בֵית־הָמָן נָתַתִּי לְאֶסְתֵּר
בַּיְּהוּדִים וְאֹתוֹ תָּלוּ עַל־הָעֵץ עַל אֲשֶׁר־שָׁלַח יָדוֹ ביהודיים׃ וְאַתֶּם כִּתְבוּ
עַל־הַיְּהוּדִים כַּטּוֹב בְּעֵינֵיכֶם בְּשֵׁם הַמֶּלֶךְ וְחִתְמוּ בְּטַבַּעַת הַמֶּלֶךְ
כִּי־כְתָב אֲשֶׁר־נִכְתָּב בְּשֵׁם־הַמֶּלֶךְ וְנַחְתּוֹם בְּטַבַּעַת הַמֶּלֶךְ
אֵין לְהָשִׁיב׃ וַיִּקָּרְאוּ סֹפְרֵי־הַמֶּלֶךְ בָּעֵת־הַהִיא בַּחֹדֶשׁ הַשְּׁלִישִׁי
הוּא־חֹדֶשׁ סִיוָן בִּשְׁלוֹשָׁה וְעֶשְׂרִים בּוֹ וַיִּכָּתֵב כְּכָל־אֲשֶׁר־צִוָּה
מָרְדֳּכַי אֶל־הַיְּהוּדִים וְאֶל הָאֲחַשְׁדַּרְפְּנִים וְהַפַּחוֹת וְשָׂרֵי הַמְּדִינוֹת
אֲשֶׁר ׀ מֵהֹדּוּ וְעַד־כּוּשׁ שֶׁבַע וְעֶשְׂרִים וּמֵאָה מְדִינָה מְדִינָה וּמְדִינָה
כִּכְתָבָהּ וְעַם וָעָם כִּלְשֹׁנוֹ וְאֶל־הַיְּהוּדִים כִּכְתָבָם וְכִלְשׁוֹנָם׃ וַיִּכְתֹּב
בְּשֵׁם הַמֶּלֶךְ אֲחַשְׁוֵרֹשׁ וַיַּחְתֹּם בְּטַבַּעַת הַמֶּלֶךְ וַיִּשְׁלַח סְפָרִים
בְּיַד הָרָצִים בַּסּוּסִים רֹכְבֵי הָרֶכֶשׁ הָאֲחַשְׁתְּרָנִים בְּנֵי הָרַמָּכִים׃
אֲשֶׁר נָתַן הַמֶּלֶךְ לַיְּהוּדִים ׀ אֲשֶׁר ׀ בְּכָל־עִיר וָעִיר לְהִקָּהֵל וְלַעֲמֹד
עַל־נַפְשָׁם לְהַשְׁמִיד וְלַהֲרֹג וּלְאַבֵּד אֶת־כָּל־חֵיל עַם וּמְדִינָה הַצָּרִים
אֹתָם טַף וְנָשִׁים וּשְׁלָלָם לָבוֹז׃ בְּיוֹם אֶחָד בְּכָל־מְדִינוֹת הַמֶּלֶךְ
אֲחַשְׁוֵרוֹשׁ בִּשְׁלוֹשָׁה עָשָׂר לְחֹדֶשׁ שְׁנֵים־עָשָׂר הוּא־חֹדֶשׁ אֲדָר׃
פַּתְשֶׁגֶן הַכְּתָב לְהִנָּתֵן דָּת בְּכָל־מְדִינָה וּמְדִינָה גָּלוּי לְכָל־הָעַמִּים
הַיְּהוּדִים עֲתִידִים וְלִהְיוֹת היהודיים עתודים לַיּוֹם הַזֶּה לְהִנָּקֵם מֵאֹיְבֵיהֶם׃ הָרָצִים
רֹכְבֵי הָרֶכֶשׁ הָאֲחַשְׁתְּרָנִים יָצְאוּ מְבֹהָלִים וּדְחוּפִים בִּדְבַר הַמֶּלֶךְ
וְהַדָּת נִתְּנָה בְּשׁוּשַׁן הַבִּירָה׃ וּמָרְדֳּכַי יָצָא ׀ מִלִּפְנֵי הַמֶּלֶךְ
בִּלְבוּשׁ מַלְכוּת תְּכֵלֶת וָחוּר וַעֲטֶרֶת זָהָב גְּדוֹלָה וְתַכְרִיךְ בּוּץ
וְאַרְגָּמָן וְהָעִיר שׁוּשָׁן צָהֲלָה וְשָׂמֵחָה׃ לַיְּהוּדִים הָיְתָה אוֹרָה
וְשִׂמְחָה וְשָׂשֹׂן וִיקָר׃ וּבְכָל־מְדִינָה וּמְדִינָה וּבְכָל־עִיר וָעִיר מְקוֹם
אֲשֶׁר דְּבַר־הַמֶּלֶךְ וְדָתוֹ מַגִּיעַ שִׂמְחָה וְשָׂשׂוֹן לַיְּהוּדִים מִשְׁתֶּה
וְיוֹם טוֹב וְרַבִּים מֵעַמֵּי הָאָרֶץ מִתְיַהֲדִים כִּי־נָפַל פַּחַד־הַיְּהוּדִים
עֲלֵיהֶם׃ וּבִשְׁנֵים עָשָׂר חֹדֶשׁ הוּא־חֹדֶשׁ אֲדָר בִּשְׁלוֹשָׁה עָשָׂר יוֹם ט
בּוֹ אֲשֶׁר הִגִּיעַ דְּבַר־הַמֶּלֶךְ וְדָתוֹ לְהֵעָשׂוֹת בַּיּוֹם אֲשֶׁר שִׂבְּרוּ אֹיְבֵי
הַיְּהוּדִים לִשְׁלוֹט בָּהֶם וְנַהֲפוֹךְ הוּא אֲשֶׁר יִשְׁלְטוּ הַיְּהוּדִים
הֵמָּה בְּשֹׂנְאֵיהֶם׃ נִקְהֲלוּ הַיְּהוּדִים בְּעָרֵיהֶם בְּכָל־מְדִינוֹת הַמֶּלֶךְ

אֲחַשְׁוֵרוֹשׁ לִשְׁלֹחַ יָד בִּמְבַקְשֵׁי רָעָתָם וְאִישׁ לֹא־עָמַד לִפְנֵיהֶם
כִּי־נָפַל פַּחְדָּם עַל־כָּל־הָעַמִּים׃ וְכָל־שָׂרֵי הַמְּדִינוֹת וְהָאֲחַשְׁדַּרְפְּנִים
וְהַפַּחוֹת וְעֹשֵׂי הַמְּלָאכָה אֲשֶׁר לַמֶּלֶךְ מְנַשְּׂאִים אֶת־הַיְּהוּדִים
כִּי־נָפַל פַּחַד־מָרְדֳּכַי עֲלֵיהֶם׃ כִּי־גָדוֹל מָרְדֳּכַי בְּבֵית הַמֶּלֶךְ
וְשָׁמְעוֹ הוֹלֵךְ בְּכָל־הַמְּדִינוֹת כִּי־הָאִישׁ מָרְדֳּכַי הוֹלֵךְ וְגָדוֹל׃ וַיַּכּוּ
הַיְּהוּדִים בְּכָל־אֹיְבֵיהֶם מַכַּת־חֶרֶב וְהֶרֶג וְאַבְדָן וַיַּעֲשׂוּ בְשֹׂנְאֵיהֶם
כִּרְצוֹנָם׃ וּבְשׁוּשַׁן הַבִּירָה הָרְגוּ הַיְּהוּדִים וְאַבֵּד חֲמֵשׁ מֵאוֹת

אִישׁ׃ וְאֵת ׀
פַּרְשַׁנְדָּתָא וְאֵת ׀
דַּלְפוֹן וְאֵת ׀
אַסְפָּתָא׃ וְאֵת ׀
פּוֹרָתָא וְאֵת ׀
אֲדַלְיָא וְאֵת ׀
אֲרִידָתָא׃ וְאֵת ׀
פַּרְמַשְׁתָּא וְאֵת ׀
אֲרִיסַי וְאֵת ׀
אֲרִדַי וְאֵת ׀
וַיְזָתָא׃ עֲשֶׂרֶת

בְּנֵי הָמָן בֶּן־הַמְּדָתָא צֹרֵר הַיְּהוּדִים הָרָגוּ וּבַבִּזָּה לֹא שָׁלְחוּ אֶת־
יָדָם׃ בַּיּוֹם הַהוּא בָּא מִסְפַּר הַהֲרוּגִים בְּשׁוּשַׁן הַבִּירָה לִפְנֵי הַמֶּלֶךְ׃
וַיֹּאמֶר הַמֶּלֶךְ לְאֶסְתֵּר הַמַּלְכָּה בְּשׁוּשַׁן הַבִּירָה הָרְגוּ הַיְּהוּדִים וְאַבֵּד
חֲמֵשׁ מֵאוֹת אִישׁ וְאֵת עֲשֶׂרֶת בְּנֵי־הָמָן בִּשְׁאָר מְדִינוֹת הַמֶּלֶךְ מֶה
עָשׂוּ וּמַה־שְּׁאֵלָתֵךְ וְיִנָּתֵן לָךְ וּמַה־בַּקָּשָׁתֵךְ עוֹד וְתֵעָשׂ׃ וַתֹּאמֶר
אֶסְתֵּר אִם־עַל־הַמֶּלֶךְ טוֹב יִנָּתֵן גַּם־מָחָר לַיְּהוּדִים אֲשֶׁר בְּשׁוּשָׁן
לַעֲשׂוֹת כְּדָת הַיּוֹם וְאֵת עֲשֶׂרֶת בְּנֵי־הָמָן יִתְלוּ עַל־הָעֵץ׃ וַיֹּאמֶר
הַמֶּלֶךְ לְהֵעָשׂוֹת כֵּן וַתִּנָּתֵן דָּת בְּשׁוּשָׁן וְאֵת עֲשֶׂרֶת בְּנֵי־הָמָן תָּלוּ׃
וַיִּקָּהֲלוּ היהודיים אֲשֶׁר־בְּשׁוּשָׁן גַּם בְּיוֹם אַרְבָּעָה עָשָׂר לְחֹדֶשׁ אֲדָר הַיְּהוּדִים
וַיַּהַרְגוּ בְשׁוּשָׁן שְׁלֹשׁ מֵאוֹת אִישׁ וּבַבִּזָּה לֹא שָׁלְחוּ אֶת־יָדָם׃ וּשְׁאָר
הַיְּהוּדִים אֲשֶׁר בִּמְדִינוֹת הַמֶּלֶךְ נִקְהֲלוּ ׀ וְעָמֹד עַל־נַפְשָׁם וְנוֹחַ
מֵאֹיְבֵיהֶם וְהָרוֹג בְּשֹׂנְאֵיהֶם חֲמִשָּׁה וְשִׁבְעִים אָלֶף וּבַבִּזָּה לֹא שָׁלְחוּ

אֶת־יָדָם׃ בְּיוֹם־שְׁלוֹשָׁה עָשָׂר לְחֹדֶשׁ אֲדָר וְנוֹחַ בְּאַרְבָּעָה עָשָׂר בּוֹ
וְהַיְּהוּדִים וְעָשֹׂה אֹתוֹ יוֹם מִשְׁתֶּה וְשִׂמְחָה׃ והיהודיים אֲשֶׁר־בְּשׁוּשָׁן נִקְהֲלוּ
בִּשְׁלוֹשָׁה עָשָׂר בּוֹ וּבְאַרְבָּעָה עָשָׂר בּוֹ וְנוֹחַ בַּחֲמִשָּׁה עָשָׂר בּוֹ וְעָשֹׂה
הַפְּרָזִים אֹתוֹ יוֹם מִשְׁתֶּה וְשִׂמְחָה׃ עַל־כֵּן הַיְּהוּדִים הפרוזים הַיֹּשְׁבִים בְּעָרֵי
הַפְּרָזוֹת עֹשִׂים אֵת יוֹם אַרְבָּעָה עָשָׂר לְחֹדֶשׁ אֲדָר שִׂמְחָה וּמִשְׁתֶּה
וְיוֹם טוֹב וּמִשְׁלֹחַ מָנוֹת אִישׁ לְרֵעֵהוּ׃ וַיִּכְתֹּב מָרְדֳּכַי אֶת־הַדְּבָרִים
הָאֵלֶּה וַיִּשְׁלַח סְפָרִים אֶל־כָּל־הַיְּהוּדִים אֲשֶׁר בְּכָל־מְדִינוֹת הַמֶּלֶךְ
אֲחַשְׁוֵרוֹשׁ הַקְּרוֹבִים וְהָרְחוֹקִים׃ לְקַיֵּם עֲלֵיהֶם לִהְיוֹת עֹשִׂים אֵת
יוֹם אַרְבָּעָה עָשָׂר לְחֹדֶשׁ אֲדָר וְאֵת יוֹם־חֲמִשָּׁה עָשָׂר בּוֹ בְּכָל־שָׁנָה
וְשָׁנָה׃ כַּיָּמִים אֲשֶׁר־נָחוּ בָהֶם הַיְּהוּדִים מֵאֹיְבֵיהֶם וְהַחֹדֶשׁ אֲשֶׁר
נֶהְפַּךְ לָהֶם מִיָּגוֹן לְשִׂמְחָה וּמֵאֵבֶל לְיוֹם טוֹב לַעֲשׂוֹת אוֹתָם יְמֵי
מִשְׁתֶּה וְשִׂמְחָה וּמִשְׁלֹחַ מָנוֹת אִישׁ לְרֵעֵהוּ וּמַתָּנוֹת לָאֶבְיֹנִים׃
וְקִבֵּל הַיְּהוּדִים אֵת אֲשֶׁר־הֵחֵלּוּ לַעֲשׂוֹת וְאֵת אֲשֶׁר־כָּתַב מָרְדֳּכַי
אֲלֵיהֶם׃ כִּי הָמָן בֶּן־הַמְּדָתָא הָאֲגָגִי צֹרֵר כָּל־הַיְּהוּדִים חָשַׁב עַל־
הַיְּהוּדִים לְאַבְּדָם וְהִפִּל פּוּר הוּא הַגּוֹרָל לְהֻמָּם וּלְאַבְּדָם׃ וּבְבֹאָהּ
לִפְנֵי הַמֶּלֶךְ אָמַר עִם־הַסֵּפֶר יָשׁוּב מַחֲשַׁבְתּוֹ הָרָעָה אֲשֶׁר־חָשַׁב
עַל־הַיְּהוּדִים עַל־רֹאשׁוֹ וְתָלוּ אֹתוֹ וְאֶת־בָּנָיו עַל־הָעֵץ׃ עַל־כֵּן
קָרְאוּ לַיָּמִים הָאֵלֶּה פוּרִים עַל־שֵׁם הַפּוּר עַל־כֵּן עַל־כָּל־דִּבְרֵי
הָאִגֶּרֶת הַזֹּאת וּמָה־רָאוּ עַל־כָּכָה וּמָה הִגִּיעַ אֲלֵיהֶם׃ קִיְּמוּ וְקִבְּל
הַיְּהוּדִים ׀ עֲלֵיהֶם ׀ וְעַל־זַרְעָם וְעַל כָּל־הַנִּלְוִים עֲלֵיהֶם וְלֹא יַעֲבוֹר
לִהְיוֹת עֹשִׂים אֶת־שְׁנֵי הַיָּמִים הָאֵלֶּה כִּכְתָבָם וְכִזְמַנָּם בְּכָל־שָׁנָה
וְשָׁנָה׃ וְהַיָּמִים הָאֵלֶּה נִזְכָּרִים וְנַעֲשִׂים בְּכָל־דּוֹר וָדוֹר מִשְׁפָּחָה
וּמִשְׁפָּחָה מְדִינָה וּמְדִינָה וְעִיר וָעִיר וִימֵי הַפּוּרִים הָאֵלֶּה לֹא יַעַבְרוּ
מִתּוֹךְ הַיְּהוּדִים וְזִכְרָם לֹא־יָסוּף מִזַּרְעָם׃ וַתִּכְתֹּב אֶסְתֵּר
הַמַּלְכָּה בַת־אֲבִיחַיִל וּמָרְדֳּכַי הַיְּהוּדִי אֶת־כָּל־תֹּקֶף לְקַיֵּם אֵת אִגֶּרֶת
הַפֻּרִים הַזֹּאת הַשֵּׁנִית׃ וַיִּשְׁלַח סְפָרִים אֶל־כָּל־הַיְּהוּדִים אֶל־שֶׁבַע
וְעֶשְׂרִים וּמֵאָה מְדִינָה מַלְכוּת אֲחַשְׁוֵרוֹשׁ דִּבְרֵי שָׁלוֹם וֶאֱמֶת׃
לְקַיֵּם אֶת־יְמֵי הַפֻּרִים הָאֵלֶּה בִּזְמַנֵּיהֶם כַּאֲשֶׁר קִיַּם עֲלֵיהֶם מָרְדֳּכַי
הַיְּהוּדִי וְאֶסְתֵּר הַמַּלְכָּה וְכַאֲשֶׁר קִיְּמוּ עַל־נַפְשָׁם וְעַל־זַרְעָם דִּבְרֵי

הַצּוֹמ֖וֹת וְזַעֲקָתָֽם׃ וּמַאֲמַ֣ר אֶסְתֵּ֔ר קִיַּ֕ם דִּבְרֵ֥י הַפֻּרִ֖ים הָאֵ֑לֶּה וְנִכְתָּ֖ב
י בַּסֵּֽפֶר׃ וַיָּשֶׂם֩ הַמֶּ֨לֶךְ אחשרש ׀ מַ֛ס עַל־הָאָ֖רֶץ וְאִיֵּ֥י אֲחַשְׁוֵרוֹשׁ
הַיָּֽם׃ וְכָל־מַעֲשֵׂ֣ה תָקְפּ֔וֹ וּגְב֣וּרָת֔וֹ וּפָרָשַׁת֙ גְּדֻלַּ֣ת מָרְדֳּכַ֔י אֲשֶׁ֥ר גִּדְּל֖וֹ
הַמֶּ֑לֶךְ הֲלוֹא־הֵ֣ם כְּתוּבִ֗ים עַל־סֵ֙פֶר֙ דִּבְרֵ֣י הַיָּמִ֔ים לְמַלְכֵ֖י מָדַ֥י וּפָרָֽס׃
כִּ֣י ׀ מָרְדֳּכַ֣י הַיְּהוּדִ֗י מִשְׁנֶה֙ לַמֶּ֣לֶךְ אֲחַשְׁוֵר֔וֹשׁ וְגָדוֹל֙ לַיְּהוּדִ֔ים וְרָצ֖וּי
לְרֹ֣ב אֶחָ֑יו דֹּרֵ֥שׁ טוֹב֙ לְעַמּ֔וֹ וְדֹבֵ֥ר שָׁל֖וֹם לְכָל־זַרְעֽוֹ׃

נספחים

עמ' 11: נול – איתי צורף. עמ' 12: גזעי עץ – *Forest & Kim Starr*; קורות עץ – *David Lipchik*; אבני חן גולמיות – *Cold River Mining*; אבני חן מלוטשות – *Rudra Jeevan*; מתכות צרופות – *Rob Lavinsky, iRocks*. עמ' 30: עיבוד פשתן – *Kate Poland, Cordwainers Garden*; חוט פשתן גס – *Kristin Ledgett*; חוט פשתן עדין – *Anne Shoring, Artisan Yarns*; חוט זהב מרודד – *Needlepoint.fr*; עור איל צבוע אדום – *Layne De Monbrun, Centralia Fur & Hide Inc*. עמ' 39-30: כל בגדי הכהונה צולמו באדיבות מכון המקדש. עמ' 40: תמונה עליונה – *Will Meadows, Humanitys Vessel*; תמונה תחתונה – *Jacquelyn Boyt*. עמ' 41: תמונה אמצעית-*Sarah McCans* ; תמונה תחתונה – *Jesse Krause*. עמ' 44: תמונה עליונה – *Eugene Kornienko Photography*; תמונה תחתונה – פרופ' זהר עמר. עמ' 45: תמונה עליונה – פרופ' זהר עמר; תמונה אמצעית – פרופ' זהר עמר. עמ' 46: תמונה תחתונה – פרופ' זהר עמר. עמ' 47: תמונה תחתונה – *Hans Hillewaert*. עמ' 48: תמונה עליונה – פרופ' זהר עמר; תמונה אמצעית – פרופ' זהר עמר; תמונה תחתונה – *Harald Berger*. עמ' 49: תמונה עליונה – *Gary Young*; תמונה תחתונה – פרופ' זהר עמר.

הלכות קריאת התורה

תקנת קריאת התורה

1 "'וילכו שלשת ימים במדבר ולא מצאו מים' (שמות טו, כב) - דורשי רשומות אמרו: אין מים אלא תורה, שנאמר: 'הוי כל צמא לכו למים' (ישעיה נה, א), כיון שהלכו שלשת ימים בלא תורה נלאו" (בבא קמא פב ע"א). משה רבינו תיקן לישראל לקרוא בתורה בשבתות ובימים טובים, בחול המועד, בראשי חודשים ובכל שני וחמישי, כדי שיקראו בתורה לכל הפחות פעם בשלושה ימים. עזרא הסופר ובית דינו הוסיפו ותיקנו שיקראו גם במנחה של שבת, עבור מי שאינו יכול להגיע לבית הכנסת בימי שני וחמישי (רמב"ם, תפילה פי"ב ה"א).

2 "המנהג הפשוט בכל ישראל שמשלימין את התורה בשנה אחת: מתחילין בשבת שאחר חג הסוכות וקורין בסדר בראשית, בשניה 'אלה תולדות' (בראשית ו, ט), בשלישית 'ויאמר ה' אל אברם' (שם יב, א), וקוראין והולכין על הסדר הזה עד שגומרין את התורה בחג הסוכות. ויש מי שמשלים את התורה בשלש שנים ואינו מנהג פשוט" (רמב"ם, תפילה פי"ג ה"א). בספר 'החילוקים שבין אנשי מזרח ובני ארץ ישראל' מתקופת הגאונים מתואר שמנהג ארץ ישראל היה לסיים את קריאת התורה בשלוש שנים וחצי, וזה ככל הנראה מקור החלוקה לסדרים המופיעה בתנ"ך. אך בכל ישראל פשט המנהג ש"בשבתות קוראים חלק אחד מנ"ג מן התורה וזאת היא פרשה" (סידור רס"ג, שסג).

3 בכל שבת מעלים שבעה קרואים לפרשת השבוע; אך בחגים ובשבת חול המועד אין קוראים את הפרשה על פי הסדר, אלא קוראים קריאה מיוחדת לאותו היום. ישנן חמישים וארבע פרשות, כדי שיהיה אפשר לקרוא פרשה אחת בכל שבת, גם בשנים מעוברות שאין בהן אף יום טוב החל בשבת.

4 ברוב השנים אין חמישים ושלוש שבתות ששום יום טוב אינו חל בהן (הפרשה החמישים וארבע היא 'וזאת הברכה', וקוראים אותה בשמחת תורה אפילו אם חל ביום חול). משום כך בשבתות אחדות קוראים שתי פרשות. בארץ ישראל יש שישה זוגות של פרשות שקוראים לפעמים ביחד. בחו"ל נוסף זוג שביעי לרשימה בשנים שבהן יום טוב שני של שבועות חל בשבת. במניין הפרשות הכפולות התקבל מנהג צרפת, המובא במחזור ויטרי (רנו) ונפסק בטור (תכח). כאשר קוראים שתי פרשות ביחד, שלושה קרואים מהפרשה הראשונה, הרביעי את סוף הראשונה ואת תחילת השנייה, והחמישי עד השביעי מהפרשה השנייה (מג"א קלה, ב בשם מהר"ם מינץ). אם מוסיפים על הקרואים, יש להקפיד שיהיה מספר קרואים אי-זוגי, ושהאמצעי יקרא מעט מכל פרשה (א"ר רפב, ט).

הוצאת ספר התורה

5 יש הנוהגים לכבד בפתיחת הארון את מי שאשתו בחודש התשיעי להריונה ('מורה באצבע' ג, צ).

6 כשמוציאים את ספר התורה מההיכל נוהגים לנשק אותו וללוותו לתיבה (ע"פ שעה"כ, עניין קריאת הס"ת). בקהילות הספרדים יש נוהגים להוליך את ספר התורה פתוח כדי שכל האנשים והנשים יראו אותו ('אמת ליעקב', מנהגי הוצאת ס"ת ג, וראה מסכת סופרים יד, ח), וכאשר רואים את הכתב כורעים (שו"ע קלד, ב ע"פ מסכת סופרים, שם). וכן נוהגים ללוותו בחזרה להיכל (וראה כה"ח קמט, ו). בשבתות מיוחדות שבהן קוראים בשני ספרי תורה נוהגים בקהילות אשכנז ששליח הציבור לוקח את הספר הראשון אל הבימה ואדם נוסף מביא את הספר השני. כשמחזירים אותם, שליח הציבור לוקח את הספר השני ('שערי אפרים' י, מא), ומי שהביא אותו מחזיר את הראשון.

7 מנהג הספרדים וכן חלק מקהילות האשכנזים להגביה את ספר התורה קודם קריאת התורה כדי שהציבור יראה את הכתוב (שו"ע, שם וכן דעת הגר"א). ומנהג רוב קהילות אשכנז להגביה את ספר התורה אחר הקריאה בו (רמ"א קלד, ב). בשבתות מיוחדות שבהן קוראים בשני ספרי תורה, מנהג הספרדים להגביה את שניהם בתחילה, קודם הקריאה, ובקהילות אשכנז נוהגים להגביה כל ספר אחר הקריאה בו. בשעה"כ (שם) כתב, שמנהג האר"י היה לעמוד סמוך לתיבה בזמן ההגבהה כדי שיוכל לראות בבירור את האותיות, כיוון שעל ידי ההסתכלות בהן נמשך לאדם אור גדול.

דיני הקריאה

8 בימות החול ובמנחה של שבת שלושה עולים לקרוא בתורה – כוהן, לוי וישראל. בחול המועד ובראש חודש עולה ישראל נוסף, בסך הכול ארבעה; ביום טוב עולים חמישה, ביום הכיפורים שישה ובשבת שבעה (משנה, מגילה כא ע"א; וראה טור וב"י, קלה). בימות החול אין מוסיפים על מספר זה, אך בשבתות ובימים טובים יכולים להוסיף (שו"ע רפב, א; והרמ"א שם כתב, שנהגו שלא להוסיף ביום טוב), ומכל מקום מוטב שלא להוסיף הרבה משום טורח ציבור (ילק"י קלה, כו).

9 מותר להעלות קטן לתורה (מגילה כד ע"א; 'הלכות גדולות'; רמב"ם, תפילה פי"ב הי"ז, וכן דעת הגאונים ורבים מהראשונים) וכך פסק מרן (שו"ע רפב, ג). דעת כמה מהראשונים, שאין להעלותו בשלוש העליות הראשונות (הערוך והרוקח; והיחו"ד ח"ב, טו כתב לחוש לשיטה זו בימי שני וחמישי) שהן מתקנת עזרא (ראה בבא קמא פב ע"א), ויש שכתבו שיכול לעלות לעליית שביעי בלבד (תוספות, ראש השנה לג ע"א; מהר"ם מרוטנבורג, פסקים ומנהגים ח"א, קד; וכן דעת האר"י המובאת בשעה"כ, ואחריו נמשכו המקובלים); ויש נוהגים שלא להעלות קטן אלא למפטיר (מג"א רפב, ו; א"ר שם, ג). ומנהג האשכנזים כיום שאין מעלים קטן כלל.

10 נוהגים לקרוא לעולה בשמו (מובא בכנה"ג, סו); אך בהרבה מהקהילות הספרדיות מקובל שאין מזמינים את העולה לתורה בשמו, כדי שאם אינו יכול לעלות מסיבה כלשהי, יהיה רשאי שלא לעלות ('חיים שאל' יג).

11 אם אין בבית הכנסת לוי, הכוהן קורא שוב (גיטין נט ע"ב, ותוספות שם). אם אין כוהן ויש לוי, אין חובה לקרוא את הלוי לתורה; אך אם מעלים את הלוי לקרוא, יש לקוראו ראשון (שו"ע ורמ"א קלה, ו בשם רבינו ירוחם). ומכריזים "במקום כוהן" או "אף על פי שהוא לוי", כדי שלא יטעה הקהל לחשוב שהעולה ראשון כוהן הוא (טור שם).

12 עוד נוהגים להעלות חתן ביום חופתו ובשבתות שלפני נישואיו ואחריהם, בר־מצווה, מי שאשתו ילדה, יתום ביום פטירת אביו או אמו, ומי שחייב לברך הגומל (בה"ל קלו, ד"ה בשבת).

13 אף על פי שמן הדין מותר להעלות אב ובנו או שני אחים בזה אחר זה, אין עושין כן לכתחילה משום עין הרע ('מרדכי', הל' ספר תורה תתקסט בשם מהר"ם; שו"ע קמא, ו).

14 מעיקר הדין, העולה לתורה הוא הקורא בה, אך מכיוון שאין הכול בקיאים, נהגו ששליח ציבור קורא לכל העולים, אלא אם כן העולה יודע לקרוא כראוי ורוצה לקרוא בעצמו. ובקהילות אשכנז נוהגים שלעולם שליח הציבור הוא הקורא (משנ"ב קמא, ח). עולה לתורה שאינו קורא, צריך לקרוא מתוך הספר עם הקורא, ויעשה זאת בלחש (שו"ע קמא, ב ע"פ ר"ת בתוספות, בבא בתרא טו ע"א).

15 העולה לתורה עולה לבימה בדרך הקצרה ביותר (שו"ע קמא, ז בשם בעל תה"ד). פותח את ספר התורה כדי לראות היכן יקרא, ואחר כך מברך "אשר בחר בנו" וקורא (הוא או שליח הציבור). יש אומרים שצריך להקפיד שלא להסתכל בספר בשעת הברכה כדי שלא ייראה שגם הברכות כתובות בו (רמ"א קלט, ד בשם ה'כלבו'), ויש אומרים שאין צורך להקפיד בכך בברכה שקודם הקריאה (שו"ע קלט, ד ע"פ הרמב"ם, וכדעת רבי יהודה, מגילה לב ע"א), ולדעת האר"י יש לכסות את הכתב משום כבוד התורה (שעה"כ, עניין קריאת ספר התורה). לאחר הקריאה סוגר את הספר או מכסהו במטפחת ומברך "אשר נתן לנו" (שו"ע שם, ד-ה, שעה"כ שם).

16 "וצריך הקורא לאחוז בה כאלו קבלה (עכשיו) מהר סיני" ('ארחות חיים', שני וחמישי יט). בשעת הברכה יש לאחוז בספר התורה, אולם אין לגעת ביריעות אלא באמצעות מטפחת (שו"ע קמז, א; שעה"כ, עניין קריאת ספר התורה ע"פ הגמרא במגילה לב ע"א), ומנהג בני אשכנז לאחוז בעמוד (המכונה 'עץ חיים').

17 אם הברכה נאמרה על פרשה שאינה נכונה, צריך לשוב ולברך. אך אם המקום הנכון לקריאה היה פתוח בשעת הברכה, אין צורך לשוב ולברך (ט"ז קמ, ד).

18 הקורא בתורה עומד (מגילה כא ע"א). עולה לתורה שאינו קורא, צריך לעמוד אף הוא ('מרדכי', הל' ספר תורה תתקסח). הקהל אינו מחויב לעמוד (שו"ע קמו, ד), ויש שהורו שראוי לעמוד (שו"ת הרמ"ע מפאנו, צא; א"ר שם; והכנה"ג שם כתב, שכך היה מנהגם של הרד"ך ומהרימ"ט); ומנהג האר"י היה לשבת (מובא בשעה"כ, עניין קריאת ספר התורה).

19 בכל עלייה לתורה קוראים שלושה פסוקים לפחות (מגילה כא ע"ב), ובסך הכל יש לקרוא עשרה פסוקים לפחות (שם) – פרט לפורים, שקוראים בו רק תשעה פסוקים, מכיוון שיש בהם כל מעשה מלחמת עמלק והמצווה למחות את זכרו (תוספות שם). ההפסקות בקריאה צריכות להתאים במידת האפשר לפרשיות פתוחות או סתומות בתורה (ראה מג"א, פתיחה לסימן רפב בשם הזוהר), ונוהגים להפסיק כאשר עניין מסתיים, אף אם אין במקום הפסק פרשה (רמ"א קלח, א בשם תה"ד). פותחים בדבר טוב ומסיימים בדבר טוב (רמב"ם תפילה יג, ה). ומכל מקום אין להפסיק בפחות משלושה פסוקים מהפרשה הקרובה (מגילה כא ע"ב).

טעות בקריאה

20 "קרא וטעה אפילו בדקדוק אות אחת מחזירין אותו" (רמב"ם תפלה פי"ב, ה"ו; שו"ע קמב, א), וכך מנהג הספרדים. ומנהג אשכנז כדברי הרמ"א (שם), שדווקא אם טעה הקורא טעות המשנה את משמעות הפסוק (בין שקרא מילה שונה, בין ששינה את הניקוד, ולעתים אף את ההטעמה), צריך לחזור למקום שנפלה בו הטעות ולקרוא משם (משנ"ב קמב, ד). ואם הטעות אינה משנה את המשמעות "טוב שלא להגיה עליו על שגגותיו ברבים שלא להלבין פניו, דאף על פי שטעה בה יצא ידי קריאה" (טור קמב בשם המנהיג).

21 אם נזכר שם שמים בפסוק שטעה בו, יש שכתבו שעליו לסיים את הפסוק ולחזור ולקראו מתחילתו; אך אם ישנו עוד שם בהמשך הפסוק, יעצור במקום שנודע לו שטעה, ויחזור לקרוא מתחילת הפסוק ('ציץ אליעזר' חי"ב, מ, ג).

ספר תורה שנמצאה בו טעות

22 אם נמצאה בספר התורה טעות, יש להפסיק את הקריאה בו ולהמשיך לקרוא בספר אחר ממקום שהפסיקו בו. למנהג הספרדים ספר התורה הפסול נשאר סגור על התיבה עד סיום הקריאה (ילק"י קמג, י ע"פ שולחן גבוה יו"ד רעט, ד), אך האשכנזים נוהגים להחזירו בעת שמוציאים את הספר האחר. אין צורך לחזור ולברך את הברכה הראשונה (שו"ע קמג, ד ע"פ מהר"י בירב). ויש אומרים שיקרא לכל הפחות שלושה פסוקים בספר הכשר אפילו אם לשם כך עליו לחזור על הפסוקים שקרא (ילק"י קלח, ד).

23 יש שפסקו, שאם אפשר לחלק את המשך הפרשה לשבע עליות

(או למספר העולים באותו יום, כאמור בהלכה ח), עדיף לעשות כך (משנ״ב שם, טז).

24 טעויות מצויות שבגינן יש להוציא ספר תורה אחר (ראה שו״ע או״ח לב וכן לו; יו״ד רעד):

א. אות חסרה או אות יתרה, ולמנהג האשכנזים דווקא כשהדבר ניכר בקריאה.

ב. אם נכתב קרי במקום כתיב.

ג. שינוי במראה האות, כגון רי״ש שנראית כדל״ת.

ד. אותיות שניטשטשו עד שאין רישומן ניכר.

ה. דיבוק בין שתי אותיות - למנהג האשכנזים דיבוק מלא שמשנה את האות, או דיבוק שנעשה בתחילת כתיבת האות אף שאינו דיבוק מלא - פוסלים; דיבוק קל שנעשה בסוף הכתיבה - אם אין אפשרות לתקן במקום (למשל, בשבת) יש להקל. למנהג הספרדים - מחליפים ספר תורה על כל דיבוק קל. לכל הדעות בספק דיבוק יש להכשיר.

ו. דיבוק קל בתוך האות, כגון: יו״די האל״ף, השי״ן, העי״ן והצדי״ק למנהג הספרדים, ולמנהג האשכנזים דווקא כשנדבקו במלואם.

ז. פירוד ניכר, ולמנהג הספרדים אף פירוד דק כחוט השערה.

ח. אם יו״די האל״ף, השי״ן, העי״ן והצדי״ק מנותקים, אפילו כחוט השערה.

ט. כשאין רווח ניכר בין שתי תיבות ותינוק קוראן כאחת (אך אם יש אות סופית בתיבה הראשונה יש להקל בשעת הדחק), או להפך, כשיש רווח בתוך תיבה ותינוק קוראה כשתי תיבות.

25 נוהגים לברך את העולה, ולעתים מוסיפים ברכה ייחודית לחולה, ליולדת, לבר־מצווה וכד׳.

26 לאחר קריאת התורה אומרים קדיש. בזמן הגאונים היו שנהגו לומר את הקדיש מיד לאחר הקריאה, והיו שנהגו לאומרו לאחר החזרת ספר התורה להיכל (שני המנהגים מובאים בסדר רב עמרם גאון). כיום נוהגים שבשבתות ובימים טובים אומרים קדיש לפני עליית המפטיר, שאינו ממניין הקרואים - כדי להפסיק בין הקריאה שחייבים בה לקריאתו (שו״ת הר״י ן׳ מגאש, פט; או״ז ח״ב, מז, בשם ספר המקצועות); בקריאת התורה בשחרית של חול, בראש חודש ובחול המועד אומרים קדיש לאחר שהעולה האחרון בירך את הברכה שאחר הקריאה; ובמנחה של שבת, של יום הכיפורים ושל תעניות ציבור דוחים את הקדיש עד לאחר הכנסת ספר התורה כדי להסמיך לקדיש את תפילת העמידה (׳לבוש׳ רצב, א).

27 את הקדיש הזה אומר שליח הציבור (טור, קמט), כלומר, הקורא בתורה (ראה שו״ע קמא, ב); ויש הנוהגים שאם העולה האחרון אבל או שיש לו יום זיכרון - הוא אומר את הקדיש (׳שערי אפרים׳ י, ט); ויש הנוהגים שבכל מקרה האבל אומר את הקדיש (׳שדי חמד׳, מערכת אבלות קסג בשם ׳אגודת אזוב מדברי׳ ע״פ גרסה בתשב״ץ ח״ג, קעא).

מפטיר

28 בשבתות ובימים טובים לאחר אמירת הקדיש אדם נוסף עולה למפטיר (שבה״ל עט בשם הראב״ד). בשבתות המפטיר קורא את הפסוקים האחרונים של פרשת השבוע, פרט לשבתות מיוחדות שקורא בהן עניין השייך לאותה שבת. המפטיר יכול להיות כוהן, לוי או ישראל.

29 לאחר שסיים את קריאת המפטיר, קורא את ההפטרה, שהיא קטע מספרי הנביאים המתאים מבחינת התוכן לפרשה שנקראה, או לתקופה בשנה. מעיקר הדין יש לקרוא בהפטרה עשרים ואחד פסוקים, אך נוהגים לקצר אם עניין ההפטרה מסתיים קודם לכן (מגילה כג ע״א).

30 העולה למפטיר קורא את ההפטרה עצמה, אך אם אינו יודע לקרוא, שליח הציבור קוראה עבורו (רמ״א רפד, ד). יש שכתבו שמוטב לקרוא את ההפטרה מקלף (משנ״ב שם, א); אך ברוב בתי הכנסת לא נהגו להקפיד על כך. ויש שכתבו שמוטב לקרוא את ההפטרה מתוך ספר נביא שלם (יחו״ד ה, כו).

31 קודם שקורא את ההפטרה (המפטיר או שליח הציבור), מברך עליה ״אשר בחר בנביאים טובים״. ואחריה מברך ארבע ברכות (ע״פ מסכת סופרים פי״ג ה״ח-ה״יג): הראשונה על קיום דברי הנבואה שנאמרו בהפטרה (ספר המנהיג), ושלוש האחרות על הגאולה, על ביאת המשיח ועל קדושת היום. יש מהראשונים שכתבו ששלוש הברכות האלה אינן קשורות להפטרה במישרין אלא הן ברכות שבח והודאה (רא״ה, ברכות מו ע״ב).

32 בקהילות הספרדים יש הנוהגים להוסיף אחר ההפטרה את הפסוק ״גואלנו ה׳ צבאות שמו קדוש ישראל״, בגלל הברכות שלאחר מכן המדברות על הגאולה (׳כתר שם טוב׳, הפטרה כח), או כדי לסיים את קריאת ההפטרה בדברי נחמה.

33 יש שאינם גורסים את המילה ״ורחמן״ בברכה הראשונה שאחר ההפטרה, כיוון שברכה זו מדברת על הנאמנות, והרחמים הם מעניין הברכה השנייה (וכן במחז״ו, קסו). אך בסידור קרקוב שנ״ז הוסיפו מילה זו, מכיוון שכל הברכות מסתיימות בעניין הברכה הבאה; וכן ברוב הסידורים הנדפסים. מנהג חב״ד להוסיף לברכה השנייה ״ולעלובת נפש תושיע ותשמח במהרה בימינו״, וכן נהג רי״ד סולובייצ׳יק.

34 גרסת הראשונים בברכה השנייה שלאחר ההפטרה הייתה ״ולעגומת נפש תנקום נקם במהרה בימינו״, ומחמת הצנזורה שונתה הגרסה ל״ולעלובת נפש תושיע במהרה בימינו״.

35 בשבתות שקוראים בהן מפטיר מיוחד (שבת חול המועד, שבת ראש חודש, שבת חנוכה, ארבע פרשיות, ׳פורים משולש׳ בירושלים) וכן בימים טובים מוציאים שני ספרי תורה. בראשון קוראים לשבעה קרואים ואומרים חצי קדיש. ומנהג בני אשכנז להניח את הספר השני על הבימה קודם הקדיש, ואחר הקדיש מגביהים את הספר הראשון. לאחר מכן המפטיר קורא מעניין היום בספר השני, ומנהג הספרדים לומר שוב חצי קדיש (ב״י רפב בשם הריב״ש, וראה ספר המכריע, לא). אחר כך קוראים את ההפטרה. בשבתות מיוחדות שבהן מוציאים שלושה ספרי תורה, קוראים לשישה קרואים בספר הראשון ואין אומרים חצי קדיש אחר הספר הראשון אלא אחר השני, לאחר שעלו שבעת העולים שהם חובת היום. ולמנהג הספרדים אומר שוב חצי קדיש אחר הקריאה בספר השלישי (שם).

אוצר לעזי רש"י
תרגום הלעזים בפירוש רש"י על התורה

משה קטן

פרק ופסוק	מילה לועזית	פירוש בעברית
ב,ג	יונ"ק	גומא
ב,ג	רושיל	סוף
ד,י	בלב"א	עילג, מגמגם
ה,ז	אישטובל"א	קש (הנשאר בשדה אחרי הקציר)
ה,ז	טיולי"ש	רעפים
ה,ח	ריטריי"ט	הימנעות
ז,א	פריידוי"ר	פרקליט / להיוולד (גם ללדת)
ז,יט	אישטנ"ק	אגם
ח,ב	פידולייר"א	קבוצת כינים
ח,ב	גרינוילייר"א	קבוצת צפרדעים
ח,ה	ונטי"ר	להתפאר, להשתבח
ח,יג	פידולייר"א	קבוצת כינים
ט,ח	יילוני"ש	גלונים (מידות היובש)
ט,ח	אולבי"ש	גחלים
ט,יז	קלקיי"ר	לכבוש
י,טו	וירדור"א	ירק (צמחייה ירוקה)
י,כב	טירציינ"א	קבוצה של שלושה
י,כב	שייטיינ"א	קבוצה של שבעה
י,כו	פלנט"א	כף רגל
יב,ז	לינטיי"ר	משקוף
יב,טו	שייטיינ"א	קבוצה של שבעה
יד,ג	שירי"ץ	לחוצים, דחוסים

יד,יא	ש"י פו"ר פיילנצ"א ד"י נו"ן פושי"ש	האם בגלל מחסור של לא קברים
יד,כד	אישטורדישו"ן	מבוכה, הלם
טו,י	פלו"ם	עופרת
טו,כד	דיקומפליינש"ט שי"י	התלונן (מילולי: קונן על עצמו)
טז,יד	יילידי"א	(שכבה)קפואה
טז,יד	טינבי"ש	דק
טז,כא	דישטימפרי"ר	למתן, להפשיר
טז,לא	אליינדר"א	כוסבר
יח,יח	פלישטרי"ר	לכמוש, לנבול
כ,ה	אינפרינמינ"ט	חרון-אף
כ,כג	אישקילונ"ש	מדרגות
כא,כה	נברדור"א	פציעה
כא,כה	טי"א	כתם
כא,כה	בטדור"א	מכה
כב,ה	קרדונ"ש	פירות של קרדה (=קוץ).
כב,כ	קונטרליי"ר	לקנטר
כה,ב	פרישנ"ט	מתנה
כה,י	אישקרי"ן	קופסה
כה,יח	שולדי"ץ	מולחמים
כה,יח	בטידי"ץ	עשוי בהכאה
כה,לא	שולדי"ר	להלחים
כה,לא	בטידי"ץ	עשוי בהכאה
כה,לא	מדרינ"ש	גביעים
כה,לא	פומיל"ש	כפתורים (כדורים לנוי מסביב לקנה)
כה,לג	ניילי"ר	לגפר (לבצע תצריב באמצעות גפרית)
כה,לח	טינליי"א	צבת
כה,לח	פוישידויר"א	דלי, כלי שאיבה
כו,א	פיישי"ש	פסים, רצועות
כו,ד	לצול"ש	שרוכים, לולאות
כו,ו	פירמייל"ץ	סגרים
כו,טו	אישטנטיבי"ש	עומדות, ערוכות בעמידה
כו,כו	אישבר"ש	מוטות
כז,ג	אישצינדרי"ר	לפנות את האפר
כז,ג	ודי"ל	יעה, מגרפה
כז,ג	קרוצינ"ש	ווים, אנקולים
כז,ד	קריבל"א	כברה
כז,י	פל"ש	יתדות, כלונסאות
כז,י	גונ"ש	צירים
כח,ג	שיריינטריא"ה	שירות
כח,ד	פורציינ"ט	חגורה

כח,ד	קשטונ"ש	משבצות
כח,ד	קרויפ"א	שביס עשוי רשת
כח,ז	קודי"ש	מרפקים
כח,יד	אינצינשייר"ש	מחתות (מיכלים לקטורת)
כח,טו	דירייישנימינ"ט	הוכחה
כח,כב	אשומיי"ל	גבול, קצה
כח,מא	גנ"ט	כפפה
כח,מא	ריוישטי"ר	להלביש, להסמיך
כט,יג	טייל"א	קרום
כט,יג	איבדי"ש	סרעפת
כט,כ	טינרו"ם	חסחוס (שבאוזן)
כט,כז	וינטילי"ר	להניף
ל,ז	לוצי"ש	מנורות
ל,לד	גומ"א	שרף (של אילן)
ל,לד	תירייק"א	תריאקה
לא,י	לצידי"ץ	רשת
לב,ג	דישקריי"ר	לפרוק
לב,ד	ניאי"ל	תצריב שחור
לב,טז	אנטייליי"ר	לחתוך, לפסול
לה,יד	לוצי"ש	מנורות
לח,ח	מירידויר"ש	מראות
לט,ג	אישטינדר"א	למתוח

מִספרים בספר שמות

פרשה	פסוקים	מילים	אותיות	מצוות
שמות	124	1763	6762	0
וארא	121	1748	6701	0
בא	106	1655	6149	20
בשלח	116	1681	6423	1
יתרו	*75	1105	4022	17
משפטים	118	1462	5313	53
תרומה	96	1145	4692	3
תצוה	101	1412	5430	7
כי תשא	139	2002	7424	9
ויקהל	122	1558	6181	1
פקודי	92	1182	4432	0
ספר שמות	1210	16713	63529	111

* יש המונים לעשרת הדיברות עשרה פסוקים

המשכן וכליו

המשכן - דברי מבוא

הרב מנחם מקובר

חמש פרשות מקדישה תורתנו הקדושה למשכן, מפרשת תרומה ועד פרשת פקודי. הדבר מלמדנו על חשיבותו של המשכן, שהוא מקום גילוי השכינה ומקום הקרבת הקרבנות. בפרשות אלו התורה מתארת בפירוט רב את מבנה המשכן וכליו ואת בגדי הקודש הן בשלבי הציווי והתכנון הן בשלבי היצירה וההקמה.

למרות התיאור המפורט קיימות כמה וכמה שיטות בדברי חז"ל והמפרשים. המקור התנאִי העיקרי בנושא זה הוא הברייתא דמלאכת המשכן, וכן כמה דיונים המופיעים בתלמוד. בתקופת הראשונים רש"י הוא שביאר באופן מקיף בפירושו לתורה את המבנה, ולעומתו יתר הראשונים בעיקר התייחסו לדבריו. הרמב"ם לא עסק במישרין בנושא המשכן, אולם בהלכות בית הבחירה הוא פוסק בעניין הכלים אחרת (בדרך כלל) מרש"י. בנספח זה הבאנו ככלל את שיטת רש"י, פרשן המקרא העיקרי, ובמקומות מסוימים עקרוניים הבאנו גם שיטות נוספות. יש לציין, כי היו כמה מהאחרונים שביארו את שיטתו של רש"י, הידוע שבהם הוא בעל 'מעשה חושב'.

הציווי על בניית הכלים ומבנה המשכן מופיע באופן מסודר בתורה. פרשת תרומה פותחת בכלי המשכן: ארון, שולחן ומנורה, לאחר מכן מבנה אוהל מועד הניצב במרכז חצר המשכן, מזבח העולה ומבנה חצר המשכן. בפרשת תצוה אנו לומדים על בגדי הכהונה ומזבח הקטורת, ובסוף בפרשת כי תשא על הציווי של כיור הנחושת. בדברי המפרשים הסברים שונים לסדר זה, ובנספח זה השתדלנו בדרך כלל לשמור עליו. כדי להקל על המעיין חרגנו מסדר זה רק במזבח הקטורת ובכיור הנחושת.

באשר לנאמר בתורה (שמות כו, טו) "עֲצֵי שִׁטִּים עֹמְדִים" מבארים חז"ל (יומא עב, א): "שמא תאמר אבד סברן בטל סכוין? תלמוד לומר 'עֲצֵי שִׁטִּים עֹמְדִים' - שעומדין לעולם ולעולמי עולמים". בנושא מבנה המשכן קיים ממד של נצח, ומכאן החשיבות העצומה בעיסוק במבנה המשכן ובכליו לדורות עולם.

מושגים כלליים

טפח: נזכר בתורה בפסוק המדבר על גודל מסגרת השולחן (שמות כה, כה). לדברי רש"י והרמב"ם טפח הוא מידה של ארבע אצבעות הדבוקות זו לזו.

הלכה – לשיטת הרמב"ם משמע שאורכו של טפח הוא 7.6 ס"מ, לשיטת הגרא"ח נאה 8 ס"מ, ולשיטת החזון אי"ש 9.6 ס"מ.

אמה: מוגדרת להיות אורך הזרוע מהמרפק ועד לסוף האצבע האמצעית. אמה רגילה הנזכרת בדברי חז"ל הנה בת שישה טפחים ומוכרת בשם 'אמה בינונית' - היא האמה המדוברת בפרשיות העוסקות במשכן. 'האמה הקטנה' לעומת זאת היא בת חמישה טפחים.

הלכה – לשיטת הרמב"ם משמע שאורכה של אמה הוא 45.6 ס"מ, לשיטת הגרא"ח נאה 48 ס"מ, ולשיטת החזון אי"ש 57.6 ס"מ.

כיכר - מידת משקל: מידת כיכר נזכרת בתורה הן במשקל מנורת הזהב (שמות כה, לט) הן באדנים (שמות לח, כז). כיכר של קודש, הנזכרת במשכן, משקלה כפול ממשקל כיכר. לפי מידת סלע מדברי (שהיה נהוג בתקופת המשכן) משקל כיכר לשיטת הרמב"ם הוא 21.25 ק"ג, ומשקל כיכר של קודש 42.5 ק"ג.

מלאכות המשכן

מעשה חושב: לשיטת רש"י (שמות כו, ב) מדובר באריגה של שתי צורות שונות משני צדי האריג: אריות ונשרים. אופן אריגה זה קיים בפרוכת, ביריעת המשכן, באפוד ובחושן.

חומר גלם: במלאכת המשכן נעשה שימוש במעשה חושב רק בפתיל הטווי מ־24 חוטים: שישה חוטי פשתן לבנים, ו־18 חוטי צמר צבועים: שישה בתכלת, שישה בארגמן, שישה בתולעת שני. כולם שזורים יחד לפתיל אחד. באפוד ובחושן יש גם ארבעה חוטי זהב השזורים בכל אחת מקבוצות החוטים הצבועים יחד.

מעשה רוקם : הוא רקימה של צורה אחת על גבי אריג המופיעה משני צדיו. אופן אריגה זה קיים במסך פתח המשכן, במסך שער החצר ובאבנט.

חומר גלם: ראה מעשה חושב.

מעשה אורג: הוא אריגת חוטים באמצעות נול היוצרת אריג בד. אופן אריגה זה קיים במעיל ובכתונת.

מעשה רוקח: הוא האמנות באופן הערבוב של תערובת מיני צמחים ובשמים שחוקים. אופן ערבוב זה קיים בעשיית שמן המשחה וקטורת הסמים.

מעשה חרש אבן: הוא האמנות בחיתוך אבני חן ממקורן הגולמי. אופן חיתוך זה קיים באבני השוהם.

מעשה עבות: הוא אופן קליעת חוטים לשרשרת. אופן קליעה זה קיים בחוטי הזהב שחיברו בין האפוד לחושן.

עיבוד חומרי גלם – עץ אבן ומתכת

עצי שיטה לפני עיבוד

עצי שיטה מהוקצעים

אבני חן גולמיות

אבני חן מלוטשות

זהב גולמי

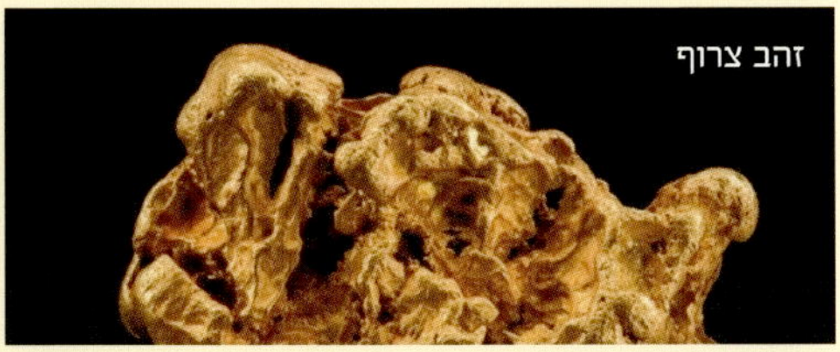
זהב צרוף

כסף גולמי

כסף צרוף

נחושת גולמית

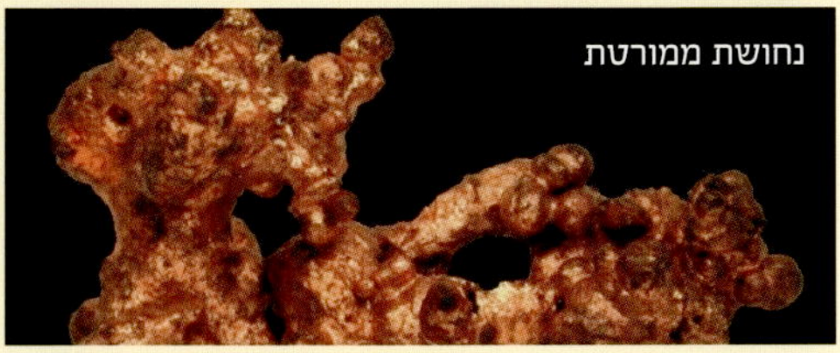
נחושת ממורטת

כלי המשכן

ארון הברית

פרשת תרומה כה, י-כב
פרשת ויקהל לז, א-ט

מיקום: מרכז קודש הקודשים

חומר גלם: עצי שיטים וזהב טהור

מידות: רוחב: 1.5 אמות (כ־72 ס"מ), **אורך:** 2.5 אמות (כ־1.2 מ'),
גובה (בלי הכרובים): 1.5 אמות (כ־72 ס"מ)

מבנה: הארון עשוי שלוש תיבות – תיבת זהב פנימית, תיבת עץ אמצעית ותיבת זהב חיצונית. מחוץ לארון הייתה צנצנת חרס ובה מן (בנפח של עומר: לשיטת הרמב"ם כ־2.16 ליטר). מאוחר יותר הונח שם גם מטה אהרן שפרח. בתוך הארון הונחו שברי לוחות העדות הראשונים ולוחות העדות השלמים, ומאוחר יותר גם ספר התורה שכתב משה.

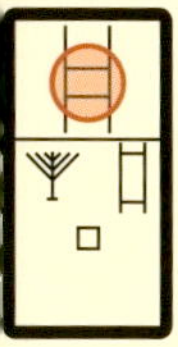

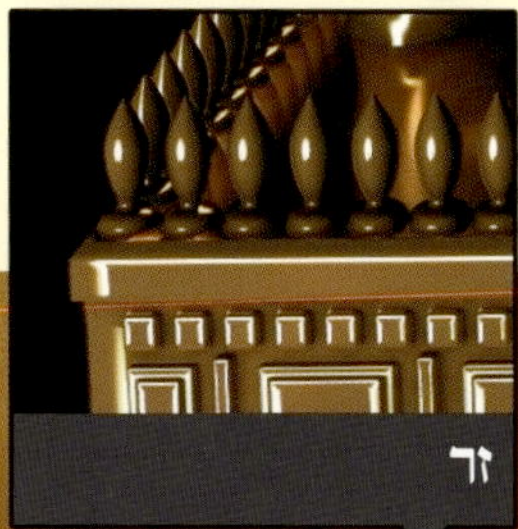

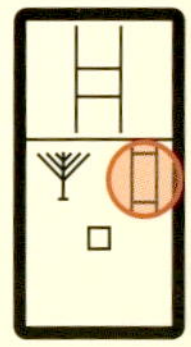

שולחן

פרשת תרומה כה, כג-ל
פרשת ויקהל לז, י-טז

מיקום: צפון הקודש

חומר גלם: עצי שיטים וזהב טהור

מידות: רוחב: אמה (כ־48 ס"מ), **אורך**: שתי אמות (כ־96 ס"מ), **גובה (בלי מנקיות)**: 1.5 אמות (כ־72 ס"מ)

מבנה: השולחן, ועליו מסגרת, בנוי מעץ ומצופה זהב טהור. לצדי המסגרת ארבע מנקיות וביניהן קשוות. על הקשוות מניחים את 12 חלות לחם הפנים.

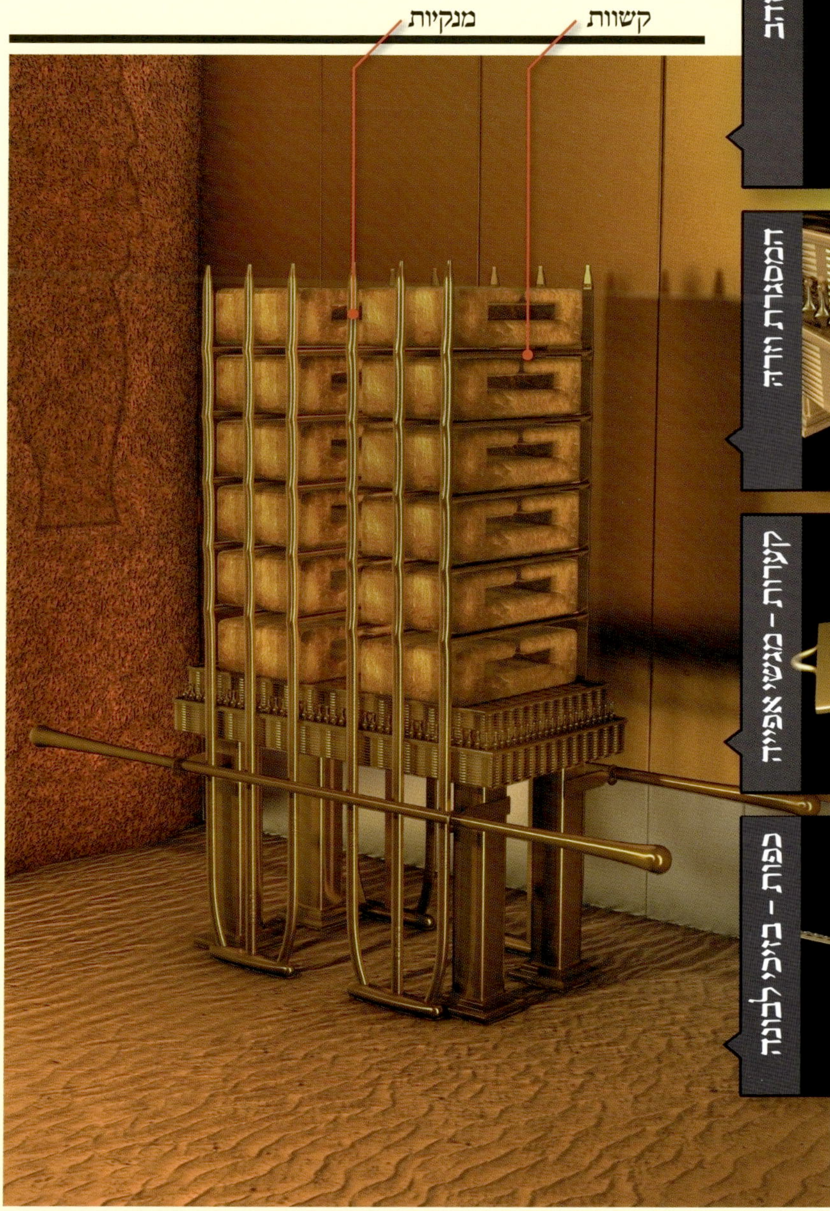

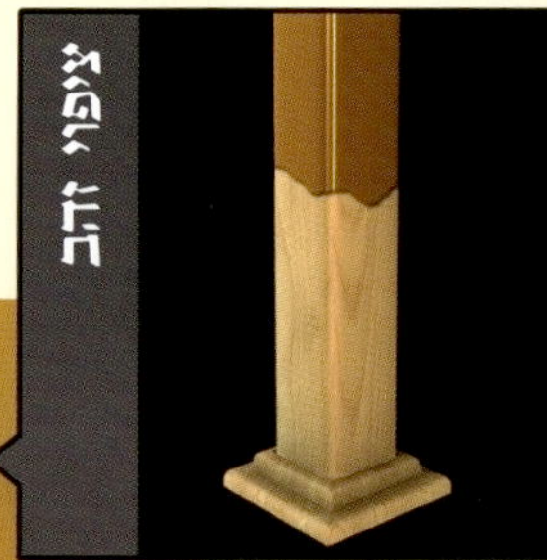

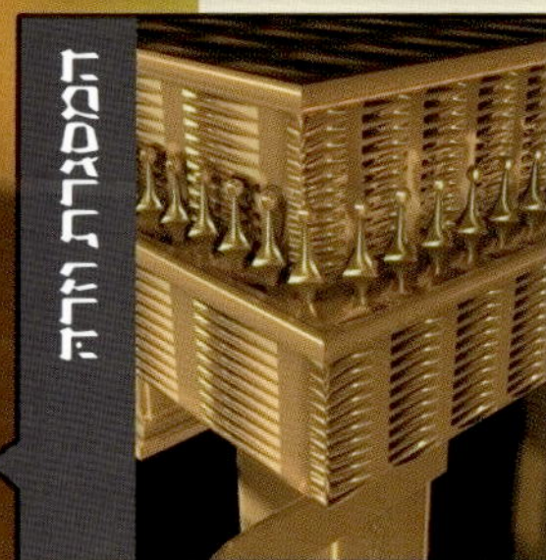

מנורה | פרשת תרומה כה, לא-לט
פרשת ויקהל לז, יז - כד

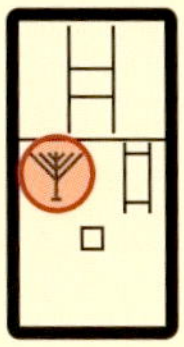

מיקום: דרום הקודש

חומר גלם: זהב טהור

מידות: גובה: 18 טפחים (כ־1.73 מ')

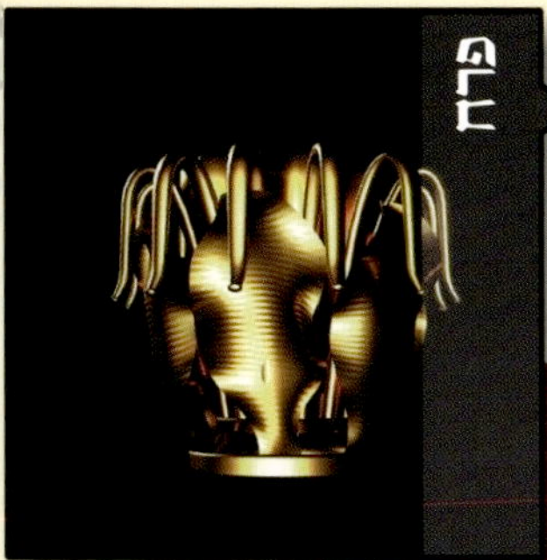

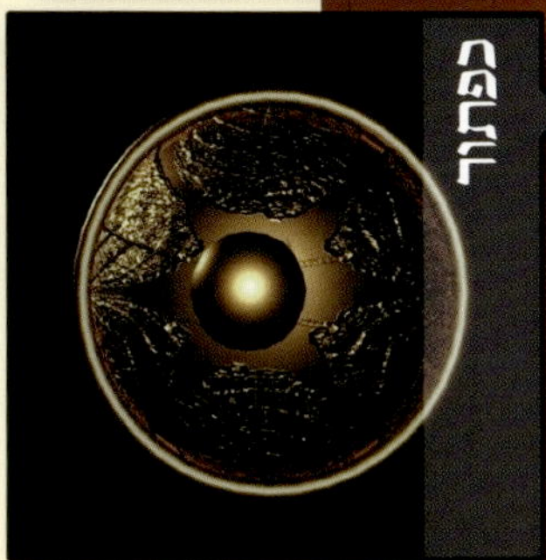

מזבח הקטורת

פרשת תצוה ל, א-י
פרשת ויקהל לז, כה-כח

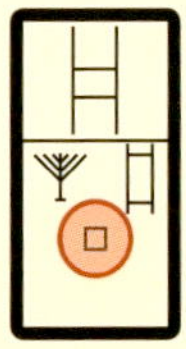

מיקום: מרכז הקודש

חומר גלם: עצי שיטים וזהב טהור

מידות: רוחב: אמה (כ־48 ס"מ)

אורך: אמה (כ־48 ס"מ)

גובה (לרבות הקרנות): שתי אמות (כ־96 ס"מ)

מזבח הקטורת אינו מופיע ברשימת שאר כלי הקודש בפרשת תרומה, אלא רק בפרשת תצוה אחרי הרשימה של בגדי הכהונה.

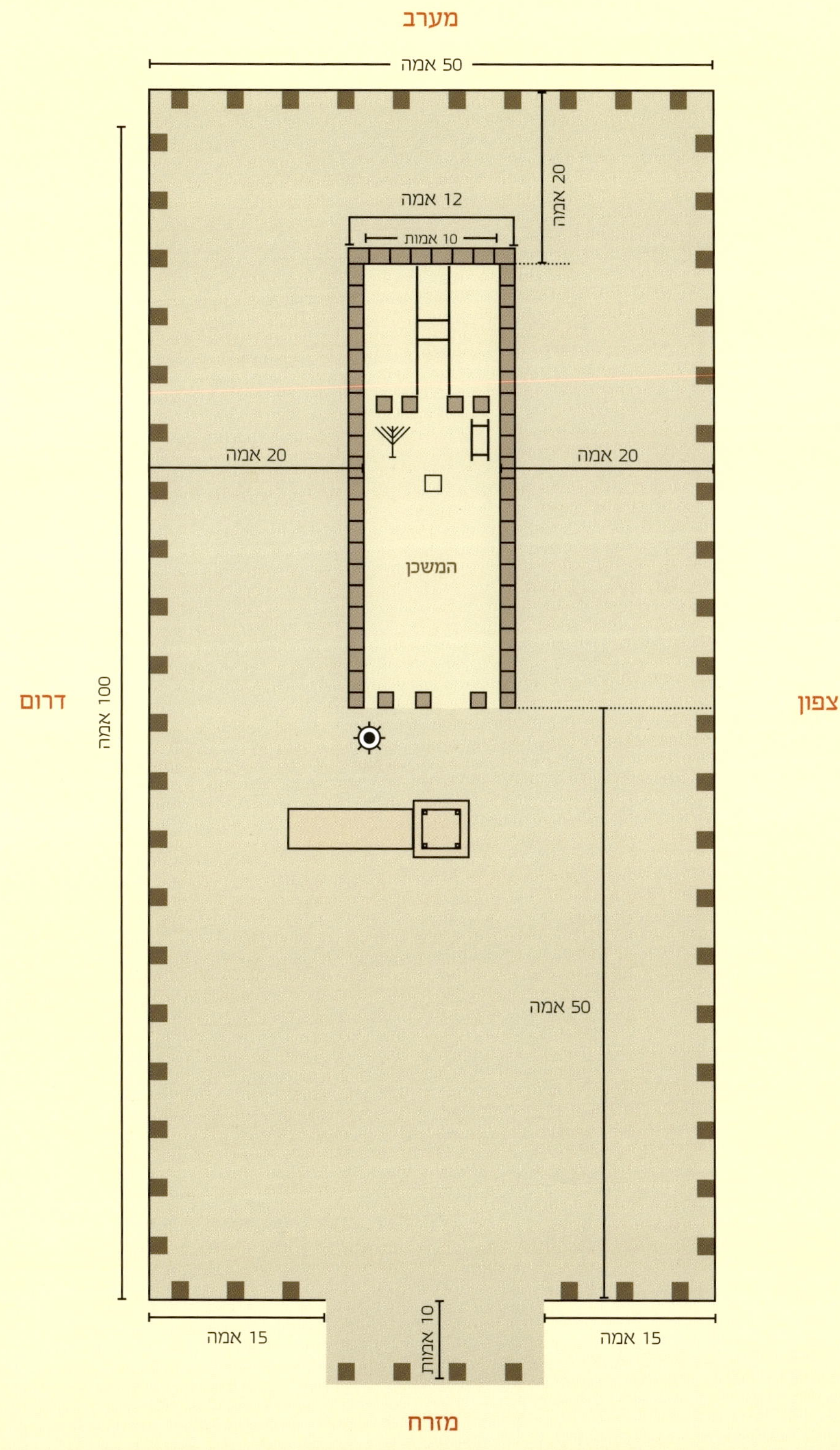
מערב
50 אמה
20 אמה
12 אמה
10 אמות
20 אמה
20 אמה
המשכן
דרום
100 אמה
צפון
50 אמה
15 אמה
10 אמות
15 אמה
מזרח

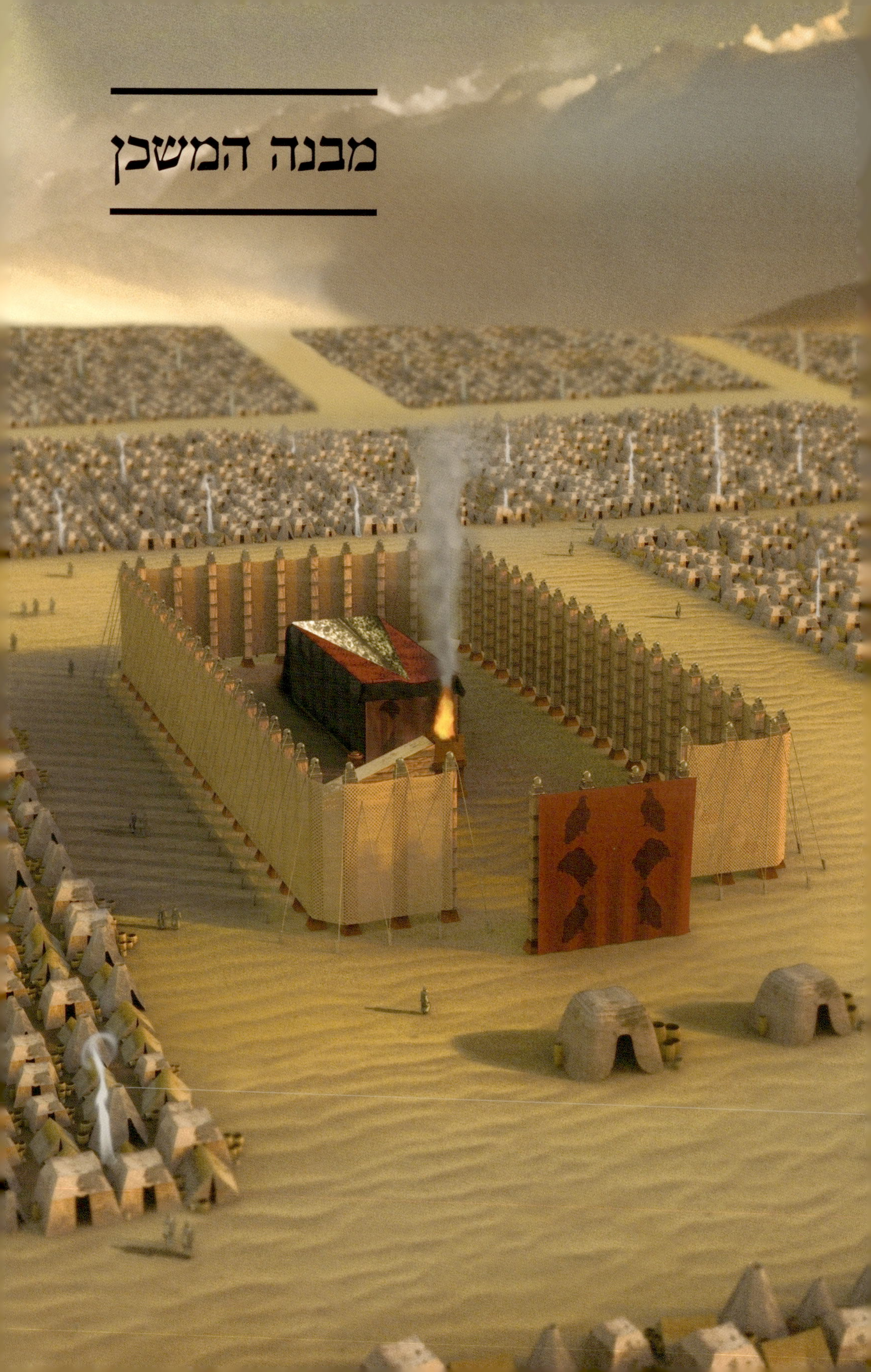
מבנה המשכן

יריעות | פרשת תרומה כו, א-יד
פרשת ויקהל לו, ח-יט

תפקיד: שלוש היריעות השונות נועדו לכסות את אוהל מועד.

תיאור: היריעה התחתונה, הצמודה לקרשי האוהל, נקראה **'המשכן'**. מעליה הונחה **יריעת העזים**, שהייתה ארוכה ורחבה מ'המשכן'. אדם שעמד מחוץ לאוהל מועד לא היה יכול לראות את 'המשכן', כי יריעות העזים הסתירוהו. יריעות העזים השתפלו שתי אמות בחזית המשכן, מעל פתח האוהל, ואמה אחת מאחורי המשכן על הקרקע ("וסרח העודף"). את יריעות העזים חיברו בחבלים ליתדות נחושת התקועות בקרקע. מעל יריעת העזים הניחו **'מכסה לאוהל'** שכיסה רק את חלקו העליון של אוהל מועד.

המשכן

תפקיד: כיסוי לאוהל מועד

חומר גלם: שישה חוטי פשתן לבנים, 18 חוטי צמר צבועים: שישה בתכלת, שישה בארגמן, שישה בתולעת שני. כולם שזורים יחד לפתיל אחד.

מבנה: עשר יריעות שאורך כל אחת מהן 28 אמות, ורוחב כל אחת מהן ארבע אמות (כ־13.4מ' × 1.92מ').

חיבור היריעות: עשר היריעות נתפרו יחד לשתי '**מחברות**' שוות, כל אחת מהן מורכבת מחמש יריעות. שתי מחברות אלה חוברו זו לזו באמצעות חמישים קרסי זהב. קרסים אלה הושחלו דרך חמישים לולאות תכלת שהיו מחוברות לקצות המחברות.

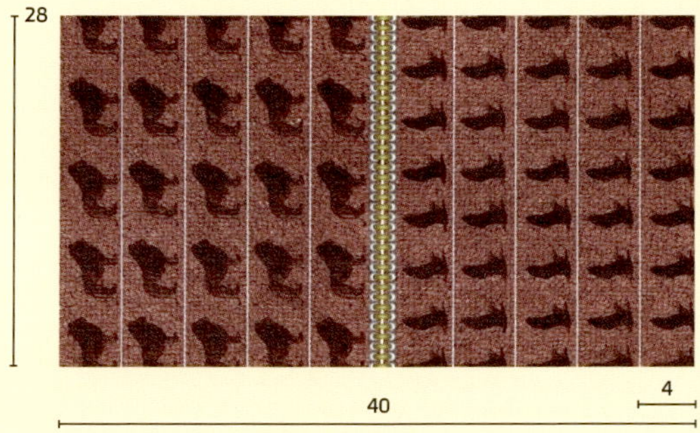

קו החיבור של קרסי הזהב היה פרוס מעל הפרוכת.

יריעות עִזים

תפקיד: אוהל על גבי יריעת המשכן

חומר גלם: צמר עזים

מבנה: 11 יריעות שאורך כל אחת מהן שלושים אמות, ורוחב כל אחת מהן ארבע אמות (כ־14.4מ' × 1.92מ').

חיבור היריעות: 11 היריעות חוברו יחד לשתי '**מחברות**': אחת עשויה שש יריעות, והשנייה עשויה חמש יריעות. שתי מחברות אלה חוברו זו לזו באמצעות חמישים קרסי נחושת. קרסים אלה הושחלו דרך חמישים לולאות שהיו מחוברות לקצות המחברות.

מכסה לאוהל

תפקיד: כיסוי מעל יריעות העזים

חומר גלם: עורות אילים בצבע אדום ועורות תחשים

מבנה: יריעה אחת שמחציתה עורות אילים בצבע אדום ומחציתה עורות תחשים, שלושים אמות אורכהּ ועשר אמות רוחבהּ (כ־14.4מ' × 4.8מ')

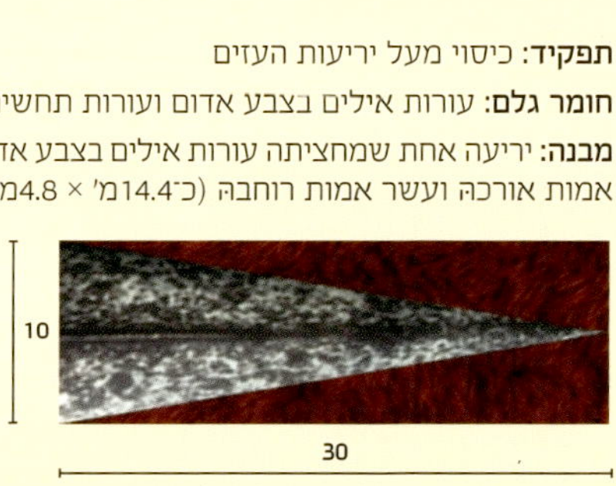

מבנה המשכן | פרשת תרומה כו, טו-ל
פרשת ויקהל לו, כ-לד

תפקיד: מבנה שנועד להעמיד את המשכן (היריעה התחתונה המכסה את כלי הקודש) ולהכיל את כלי הקודש.

תיאור: **הקרשים** הועמדו בתוך **אדני הכסף** במבנה בעל שלוש צלעות ופתח בצלע הרביעית. הם הוצמדו זה לזה מלמעלה באמצעות **טבעות**, והמבנה חוזק באמצעות **בריחים** בכל הצלעות.

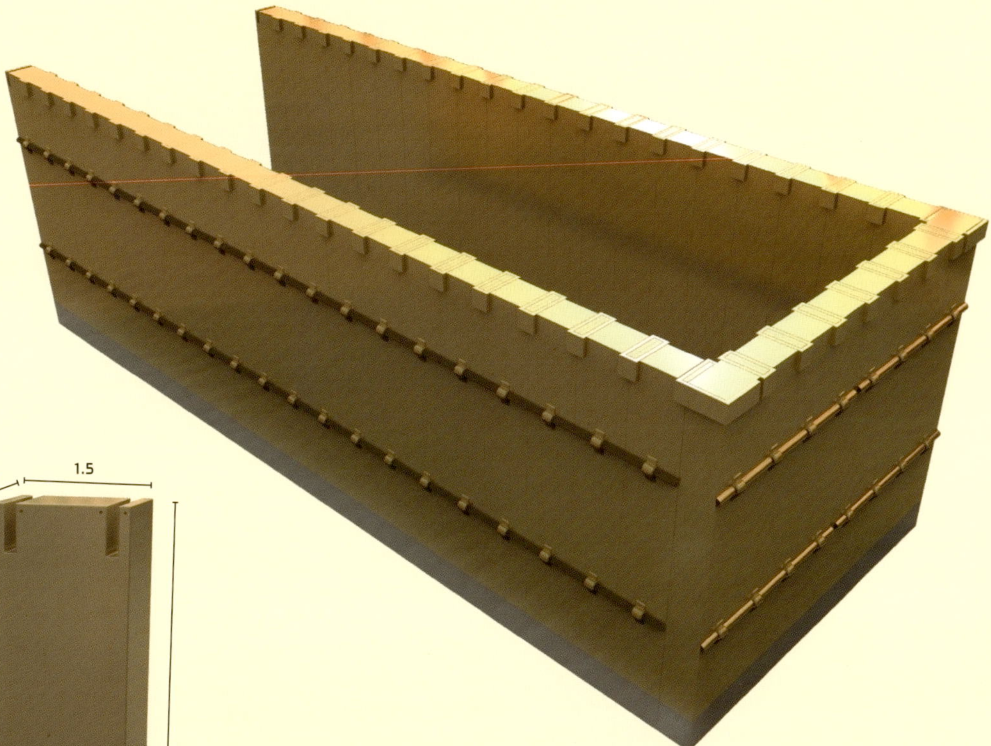

קרשים

תפקיד: העמדת המשכן

חומר גלם: עצי שיטים וזהב

מבנה: המבנה הורכב מ־48 קרשים: עשרים לצד צפון, עשרים לצד דרום, ושמונה לצד מערב. בתחתית כל קרש היו שתי **ידות**, שתי בליטות, שהשתלבו באדני הכסף. את הקרשים ציפו בלוחות זהב בצדם הפונה לִפנים המשכן ולַחוץ. לוחות אלה חוברו באמצעות מסמרי זהב.

מידות: גובה: עשר אמות (כ־4.8 מ')

רוחב (הצלע הפונה לפנים המשכן): 1.5 אמות (כ־72 ס"מ)

עובי (הצלע הפונה לקרש הצמוד): אמה (כ־48 ס"מ)

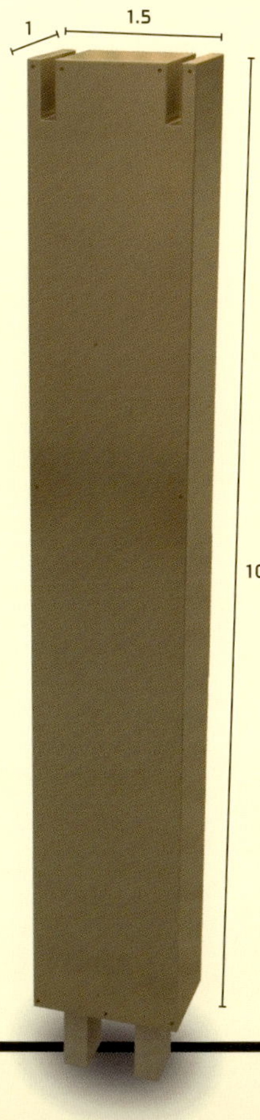

אדני כסף

תפקיד: העמדת קרשי המשכן והגנה עליהם

חומר גלם: כסף

לכל אדן שקע אחד שאליו נכנסה אחת משתי ידות הקרש, כלומר, מתחת לכל קרש שני אדנים, ובסך הכול 96 קרשים בשלוש צלעות המבנה.

מידות:

גובה: אמה (כ־48 ס"מ)

רוחב (הצלע הפונה לפנים המשכן): 0.75 אמות (כ־36 ס"מ)

עובי (הצלע הפונה לקרש הצמוד): אמה (כ־48 ס"מ)

השקע של כל אדן היה בגודל חצי אמה × רבע אמה (כ־24 ס"מ × 12 ס"מ)

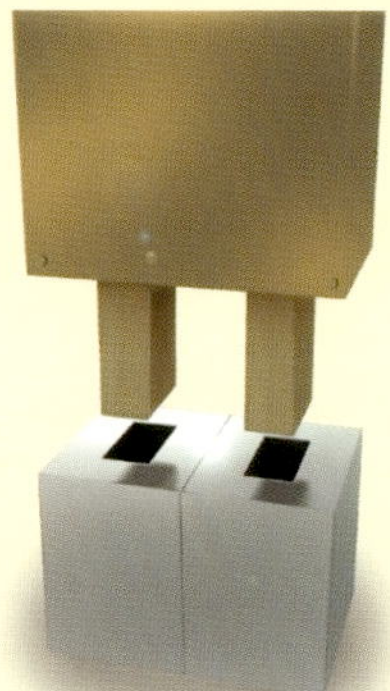

טבעות

תפקיד: הצמדת ראשי הקרשים

חומר גלם: זהב

את כל הקרשים היו חורצים למעלה בסמוך לדופן הקרש. בחריצים אלה היו משחילים את הטבעות ומצמידים את הקרשים.
בחיבור בין שתי צלעות של המשכן הטבעת הושמה על אחד הקרשים, והתאימה במידותיה לעוביו.

מידות: ככל הנראה אמה ועוד קצת × כשתי אצבעות (כ־50 ס"מ × כ־4 ס"מ)

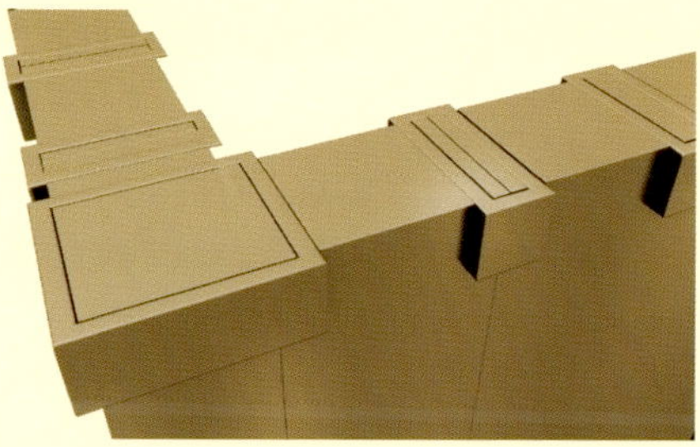

בריחים

תפקיד: הצמדת הקרשים וייצוב קירות המבנה

חומר גלם: עצי שיטים וזהב

בכל אחת משלוש צלעות המשכן היו חמישה בריחים עגולים - שני בריחים עליונים שנפגשו באמצע הצלע מבחוץ, שני בריחים תחתונים שנפגשו באמצע הצלע מבחוץ, ובריח תיכון אחד שהושחל בתוך הקרשים (לא נראה לעין). ארבעת הבריחים החיצוניים הוצמדו לקרשים באמצעות **טבעות**. הבריחים והטבעות היו מצופים בזהב.

מידות: עובי: לפחות טפח (כ־8 ס"מ)

אורך ארבעת הבריחים החיצוניים: בצלעות האורך 15 אמות (כ־7.2 מ'), בצלע הקצרה שש אמות (כ־2.9 מ')
אורך הבריח התיכון: בצלעות האורך שלושים אמות (כ־14.4 מ'), בצלע הקצרה 12 אמות (כ־5.8 מ')

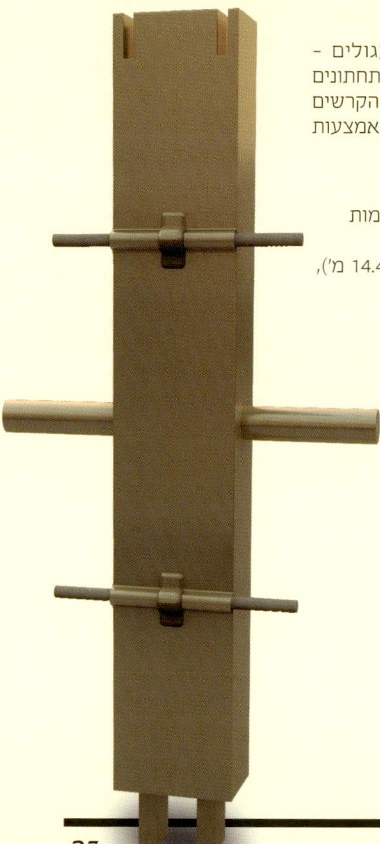

המסכים

פרשת תרומה כו, לא-לז
פרשת ויקהל לו, לה-לח

חומר גלם: שישה חוטי פשתן לבנים, 18 חוטי צמר צבועים – שישה בתכלת, שישה בארגמן ושישה בתולעת שני.

מבנה: הפרוכת והמסך הועמדו על גבי 'כלונס' (מוט). כלונס זה נתמך באמצעות ווים המחוברים לעמודי עצי שיטים.

מידות הפרוכת והמסך: גובה: עשר אמות (כ־4.8 מ')

רוחב: עשר אמות (כ־4.8 מ')

הפרוכת

תפקיד: הבדלה בין הקודש ובין קודש הקודשים

אופן האריגה: מעשה חושב בדמויות כרובים

מיקום: מתחת לקרסי יריעת המשכן, במרחק עשרים אמות (כ־9.6 מ') מפתח המשכן

את הפרוכת העמידו באמצעות ארבעה עמודי עצי שיטים מצופים בזהב. גובה העמודים היה עשר אמות (כ־4.8 מ') ורוחבם ועוביים היה אמה × אמה (כ־48 ס"מ × 48 ס"מ). כל עמוד עמד על אדן כסף.

מסך פתח אוהל מועד

תפקיד: פתח לאוהל מועד

אופן האריגה: מעשה רוקם

מיקום: פתח הקודש

את המסך העמידו באמצעות חמישה עמודי עצי שיטים מצופים בזהב, בעלי ראשים וחישוקים מזהב. גובה העמודים היה עשר אמות (כ־4.8 מ') ורוחבם ועוביים היה אמה × אמה (כ־48 ס"מ × 48 ס"מ). כל עמוד עמד על אדן נחושת.

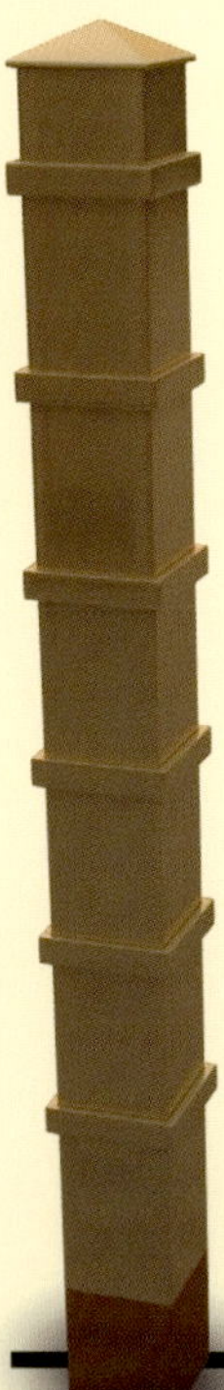

עמוד פרוכת

עמוד מסך

הכיור וכנו

פרשת כי תשא ל, יח-כא
פרשת ויקהל לח, ח

תפקיד: הכוהנים היו רוחצים בו ידיהם ורגליהם לפני העבודה.

חומר גלם: נחושת **ממראות הצובאות**

תיאור: בחלקו התחתון של הכיור היו ברזים לרחיצת הידיים והרגליים. בסיס הכיור היה הכַּן, מעין ספל גדול של נחושת.

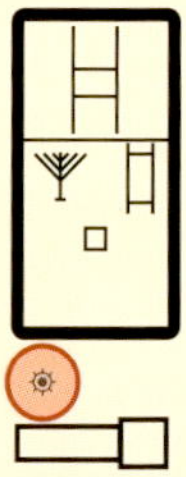

הכיור וכנו אינם מופיעים עם מזבח עצי השיטים יחד בפרשת תרומה, אלא רק אחרי מחצית השקל בפרשת כי תשא.

מזבח העולה | פרשת תרומה כז, א-ח
פרשת ויקהל לח, א - ז

מיקום: חצר המשכן, מול פתח המשכן

חומר גלם: עצי שיטים ונחושת

מידות: רוחב: חמש אמות (כ־2.4 מ') **אורך:** חמש אמות (כ־2.4 מ')

גובה (לרבות הקרנות): עשר אמות (כ־4.8 מ')

מבנה: יסודו בולט החוצה אמה, ובגובה אמה. באמצעו **מכבר**, הוא רשת נחושת שאליו היו מחוברות ארבע טבעות לבדים, ומעליו **כרכוב**, הוא בליטה ברוחב אמה. בראש המזבח **ארבע קרנות** בארבע הפינות. המזבח היה נבוב לוחות, כלומר, ארבעה לוחות עצי שיטים חוברו יחד ויצרו חלל במרכזם. בכל פעם שהמשכן חנה, מילאו חלל זה באדמה והאדמה הייתה חשופה לעין בראש המזבח. דופנות המזבח היו מצופות בנחושת, כמו גם הבדים לנשיאה מעצי שיטים, ומהכתוב מובן (בפרשת יתרו כ, כג) שהיה **כבש** שהוביל לראש המזבח.

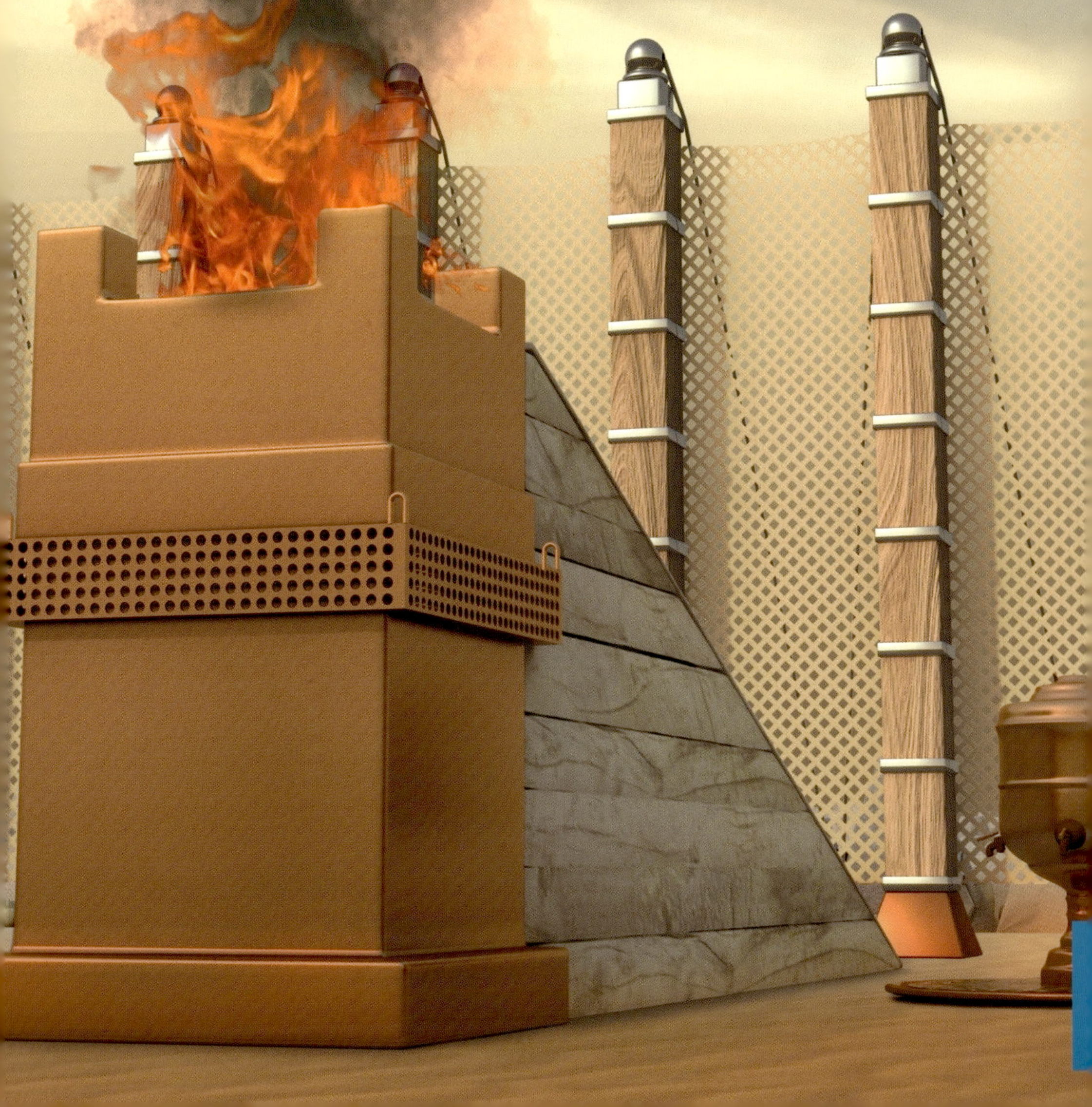

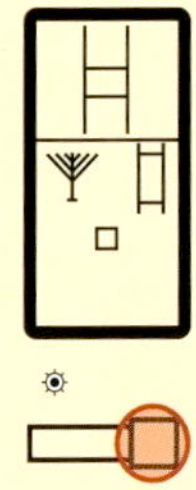

כלי הנחושת

חמישה כלים מנחושת שימשו בעבודת המזבח:

סירות: קערות לאסוף בהן את הדשן כדי להורידו מעל גבי המזבח

יעים: מגרפות קטנות לאיסוף הדשן לתוך הסירות

מזרקות: כוסות לקבל בהן את דם הקרבנות ולזרוק אותו על המזבח

מזלגות: שיפודים להפך בהם את בשר הקרבנות על גבי המזבח

מחתות: כפות גדולות לקחת בהן מגחלי מזבח העולה

מזלג

מזרקות

מחתה

יעים

סירות

חצר המשכן

פרשת תרומה כז, ט-יט
פרשת ויקהל לח, ח-כ

תיאור: אוהל מועד הוקף מארבעת צדדיו במחיצות המכונות '**קלעים**'. קלעים אלה הועמדו באמצעות **עמודים** על גבי **אדנים** בעזרת **ווים** ו**חישוקים**. באופן זה נוצרה חצר למשכן, ובפתחה **מסך השער**.

מידות: **אורך**: מאה אמות (כ־48 מ')

רוחב: חמישים אמות (כ־24 מ')

גובה (של העמודים): 15 אמות (כ־7.2 מ')

קלעים

תפקיד: הקפת חצר המשכן

חומר גלם: שישה חוטי פשתן קלועים

צורת האריגה: קליעה

מידות: אורך **הפאות שלצדי המשכן:** מאה אמות (כ־48 מ')

אורך **הפאה שבגב המשכן:** חמישים אמות (כ־24 מ')

אורך כל **פאה מול פתח המשכן** משני צדי מסך

השער: 15 אמות (כ־7.2 מ')

בחלקם העליון חוברו הקלעים לקרשים קטנים. קרשים אלה נתלו בווים לראש כל אחד מהעמודים. בחלקם התחתון חוברו הקלעים למיתרים הקשורים ליתדות נחושת. יתדות אלה מתחו את הקלעים כלפי מטה.

עמודים

תפקיד: העמדת קלעי החצר

חומר גלם: עצי שיטים (כנראה) וכסף

מידות כל עמוד: גובה: 15 אמות (כ־7.2 מ')

רוחב: אמה (כ־48 ס"מ)

עובי: אמה (כ־48 ס"מ)

תיאור: כל עמוד הועמד על אדן נחושת שעוביו ורוחבו כעוביו ורוחבו של העמוד. חישוקי כסף חבקו את העמוד לאורכו, וראשו צופה בכסף. לראש העמוד חובר בוו הקרש שעליו נתלו הקלעים. העמודים חוברו במיתרים ליתדות נחושת.

מסך השער

תפקיד: שער הכניסה לחצר

חומר גלם: שישה חוטי פשתן לבנים, 18 חוטי צמר צבועים - שישה בתכלת, שישה בארגמן, שישה בתולעת שני

אופן האריגה: מעשה רוקם

מיקום: פתח החצר בין שני הקלעים של 15 אמה, במרחק עשר אמות מהחצר

מידות: אורך: עשרים אמות (9.6 מ')

גובה: 15 אמות (7.2 מ')

מבנה: מסך השער הועמד באמצעות ארבעה עמודים (הזהים לשאר עמודי החצר).

עיבוד חומרי גלם – פשתן צמר ועור

פשתן בתהליך העיבוד

פשתן מעובד

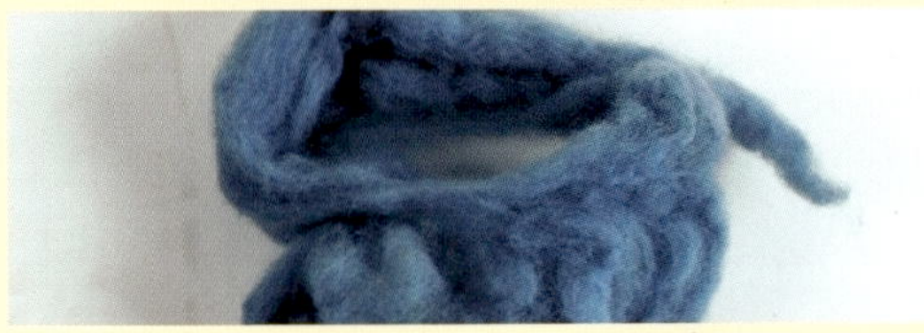

צמר צבוע בתכלת

פתיל צמר טווי

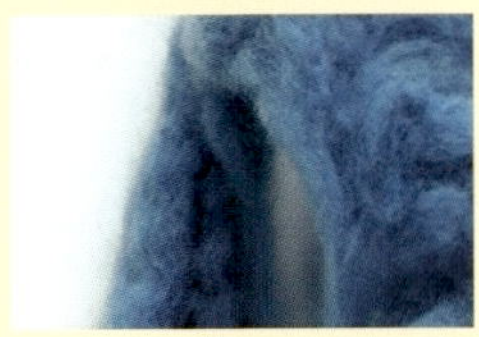

צמר צבוע בתכלת

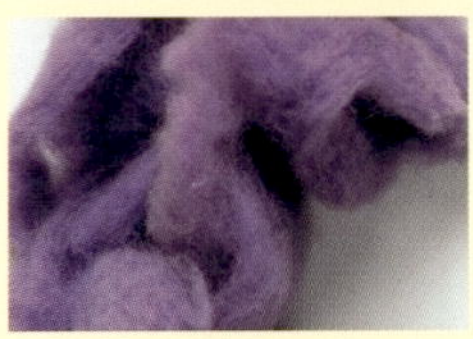

צמר צבוע בארגמן

חוט פשתן

חוט הטווי מחוטי צמר צבועים, חוט פשתן וחוט זהב

חוט זהב מרודד

צמר צבוע בתולעת שני

דוגמת האריג

עור של עז

עור של איל צבוע אדום

עור של תחש

בגדי אהרן הכוהן

פרשת תצוה כח, ב-מג
פרשת ויקהל לט, ב-לא

חומר גלם: זהב, זהב טהור, חוטי פשתן לבנים, חוטי צמר צבועים בתכלת, בארגמן ובתולעת שני, ואבני חן

תיאור על פי סדר הלבישה הנזכר בפרשת תצוה כט, ה:

תחילה לבש אהרן הכוהן מכנסיים. לאחר מכן לבש כותונת המכסה את כל גופו. את הכותונת חגר **באבנט**, ומעל האבנט לבש **מעיל**. על המעיל לבש **אפוד**. בקצהו העליון של האפוד מין חגורה, היא חשב האפוד. אל חשב האפוד חוברו טבעות, אל הטבעות חובר פתיל תכלת, ועל ידי פתיל תכלת זה חיבר אהרן הכוהן את **חושן המשפט אל האפוד**. על ראשו שם את **המצנפת** ועליה נתן את **ציץ הזהב**.

חושן | פרשת תצוה כח, טו-ל
פרשת ויקהל לט, ח-כא

חומר גלם: ארבעה חוטי זהב, שישה חוטי פשתן לבנים ו־18 חוטי צמר צבועים – שישה בתכלת, שישה בארגמן, שישה בתולעת שני

אופן האריגה: מעשה חושב בשילוב חוט אחד של זהב בכל אחת מארבע קבוצות החוטים

מידות: חושן המשפט היה מלבן מקופל, ונראָה מִלְּפנים כמו ריבוע.

אורך: לפני הקיפול – אמה (כ־48 ס"מ), לאחר הקיפול – חצי אמה

רוחב: חצי אמה (כ־24 ס"מ)

תיאור: חושן המשפט היה אריג בצורת ריבוע (מלבן מקופל לשניים). אהרן לבש את החושן כנגד לבו. על החושן שיבצו שתים־עשרה **אבנים** טובות בתוך **משבצות זהב**. באבנים נחרטו שמותם של שנים־עשר שבטי ישראל (**'פיתוחי חותם'**). על שתי הפינות העליונות של החושן תפרו שתי **טבעות זהב**. טבעות אלה חוברו אל משבצות הזהב שעל גבי החלק העליון של כתפות האפוד באמצעות שרשרות (**'שַׁרְשֹׁת גַּבְלֻת'**). גם בשתי הפינות התחתונות של החושן תפרו שתי טבעות זהב. את הטבעות האלה חיברו אל טבעות הזהב שעל גבי החלק התחתון של כתפות האפוד באמצעות **פתיל תכלת**. חיבורים אלו הצמידו את שפת החושן התחתונה אל השפה העליונה של חשב האפוד. בתוך החושן הניחו את **האורים והתומים**, שהם בעצם שם ה' המפורש כתוב על קלף.

שיבוץ זהב ופיתוח חותם

אורים ותומים

אבני החושן

זֹהר עמר

בנספח זה אנו מציעים את הגישה המתמקדת בשיטת זיהוי אחת עקיבה. לעניות דעתנו, יש לתת העדפה לתרגום אונקלוס (שאף ביאורו אינו ברור לגמרי). זאת, משום שאף אם הוא עבר עריכה מאוחרת, הרי שמקורו נכתב בארץ ישראל, זמן קצר יחסית לאחר חורבן הבית השני ואפשר שהוא משמר בחלקו את "זיכרון המקדש".

אֹדֶם

אונקלוס: סמקן | זיהוי האבן: קרנליאן (*Carnelian*)

אבן קוורץ מקבוצת מינרלי הכלצדון שבה כמות קטנה של תחמוצות ברזל המקנות לה את צבעה החום-כתום-אדום. נוסחתה הכימית: SiO_2. אבן זו נזכרת ראשונה, ונראה שהדבר מעיד גם על חשיבותה ועל הפופולריות היתרה שלה משאר האבנים בתקופת המקרא. ואכן היא האבן השכיחה ביותר בממצא הארכאולוגי במזרח הקרוב.

פִּטְדָה

אונקלוס: ירקן | זיהוי האבן: אוליבין (*Olivine*)

אבן זו מכונה גם בשם פרידות (*Peridot*), מינרל סליקטי (שיש בו סיליקון, *Si*) בעל תרכובות ברזל ומגנזיום. נוסחתה הכימית: $(Fe,Mg)_2SiO_4$. מזוהה עם אבן ה"טופזיון" היוונית (אולי חל בשמו שִׂיכול אותיות: פטדה>טפזה) שהחלה להיות שכיחה מהתקופה ההלניסטית, והובאה מאי באזור הים האדום, שהיה בתחום אתיופיה. מכאן הכינוי "פִּטְדַת-כּוּשׁ" (איוב כח, יט).

בָּרֶקֶת

אונקלוס: ברקן | זיהוי האבן: גארנט (*Garnet*)

ברקת מלשון ברק והבזק, כנראה אבן ה"גחלת" (*Carbuncle*) המתוארת במקורות העתיקים. אבן זו מזוהה עם גארנט אדום או אלמנדין הנוטה לסגול. נוסחתה הכימית: $Fe_3Al_2(SiO_4)_3$.

נֹפֶךְ

אונקלוס: אזמרגדין | זיהוי האבן: (*Emerald*)

נופך נזכרת במקורות היווניים הקדומים לעתים כשם כולל לאבני חן שונות בצבע ירוק, ובתקופה הרומית במיוחד נזכרת כשם לאבן חן יקרה ממינרל האמרלד. מדובר בתצורה של המינרל בריל (*Beryl*) הצבוע ירוק בעקבות חדירת כרום וונדיום לתוך הגביש. נוסחתה הכימית: $Be_3Al_2(SiO_3)_6$. בדרך כלל מופיעה בטבע בצורת מוטות משושים.

סַפִּיר

אונקלוס: שבזיז | זיהוי האבן: לזוריט (*Lapis Lazuli*)

השם "שבזיז" אינו ברור. אנו מציעים שמדובר באבן הלזוריט הכחולה המנצנצת בזהוב בשל תכלילי הפיריט שלה. נוסחתה הכימית: $(Na,Ca)_8Al_6Si_6O_{24}(S,SO)_4$. זיהוי זה נתמך בתרגום אונקלוס למקבילה בפסוק המתייחסת לאבן כחולה (שמות כד, י), וכן בתרגום ירושלמי המציין את האבן הנזכרת בספרות היוונית בשם *Sapperos*, שהיא אבן כחולה ועליה נקודות מוזהבות. הלזוריט הייתה אחת מאבני החן המבוקשות ביותר בעת העתיקה, ומהתקופה הרומית החלו לכנות בשם זה גם את הקורונדום הכחול היקר שהגיע מהודו.

יַהֲלֹם

אונקלוס: סבהלום | זיהוי האבן: כלצדון ירוק (*Green Quartz*)
משמעות השם "יהלום" ותרגומו הארמי אינם ברורים. על פי התרגום היווני והארמי, נראה שהוא שם נרדף לאבן ""כַּדְכֹּד"" הנזכרת בנביאים (ישעיה נד, יב). תרגומו ביוונית, יאספיס (*Iaspis*), מתייחס לאבן ירוקה ואפשרות סבירה היא שמדובר בסוג כלצדון ירוק, כגון: פלסמה, כריסופרס או ג'ספר ירוק. נוסחתה הכימית: SiO_2.

לֶשֶׁם

אונקלוס: קנכירי | זיהוי האבן: ענבר (*Amber*)
ייתכן שמדובר במקבילה היוונית בתרגום השבעים *lyncurion* ובגרסאות נוספות: לנגוריום או לינקוריום, ובארמית התחלפו האותיות ל-ק. הכוונה לענבר או אמבר (*Amber*), שרף צמחי מאובן של עצים מחטניים בגוון צהוב וכתום. אפשרות נוספת שמדובר באבן הקנקריטס (קנחרוס), הנזכרת בספרות היוונית.

שְׁבוֹ

אונקלוס: טרקיא | זיהוי האבן: פחם מאובן (*Jet*)
התרגומים הארמיים זיהו את השבו עם אבן מארץ תראקיה (*Thracia*). אבן זו מזוהה עם פחם עץ מאובן (*Jet*), ומתוארת בספרות הקלסית כדומה לאבן הגאגטס (*Gagates*). ייתכן שלפנינו מעתק מהזיהוי של התרגום היווני עם האגת (*Achates*). היו פרשנים שסברו שמדובר באבן הטורקיז.

אַחְלָמָה

אונקלוס: עין עגלא | זיהוי האבן: אוניקס-סרדוניקס (*Sardonyx*)
אבן חן שבמרכזה עיגול כהה על רקע שוליים בהירים, כדמות "עין הבקר", ומתוארת במקורות הקדומים כמין סרדוניקס (*Sardonyx*). מדובר באבן חן המאופיינת בשילוב רצועות צבע: אדום, חום ולבן או שחור, לבן וחום, ממשפחת הקוורץ. נוסחתה הכימית: SiO_2. זיהוי זה אינו מתיישב עם הזיהוי הרווח לאבן האמתיסט.

תַּרְשִׁישׁ

אונקלוס: כרום ימא | זיהוי האבן: בריל – לרוב אקוומרין (*Aquamarine*)
מונח המורכב מהמילה היוונית *chrom*, כלומר, גוון או צבע ובספרות חז"ל במיוחד במשמעות של חילופי גוונים, ומהמילה הארמית "ים". אפשרות סבירה שמדובר באבן אקוומרין (*Aquamarine*) – מין בריל בגוון "מי הים" (ירקרק-כחלחל), כפי ששמו מעיד עליו. נוסחתה הכימית: $Be_3Al_2(SiO3)_6$.

שֹׁהַם

אונקלוס: בורלא | זיהוי האבן: קריסטל (*Rock crystal*)
שם האבן "בורלא" דומה לשם האבן בריל (*Beryl*) ביוונית. אולם בארמית הוא לרוב גם כינוי לקריסטל (בתרגומים הארמיים הוא מופיע בשם הנרדף 'בדולחא'). שוהם שייכת למשפחת הקוורץ הטהור, גביש דמוי זכוכית בדרגות שקיפות שונות. שייכת למינרלי הסליקה המורכבים מצורן ואטומי חמצן. נוסחתו הכימית: SiO_4.

יָשְׁפֵה

אונקלוס: פנתירי | זיהוי האבן: ג'ספר צבעוני (*Jasper*) או אופל (*Opal*)
ישפה היא אבן הפנתר בלטינית (*pantera, panther*), והיא נקראת ביוונית בשם פאנחרוס (*panchrus*), ופירושה: "כל הצבעים". מדובר באבן חן המאופיינת בהשתקפות של תערובת גוונים: אדום, סגול, ירוק ועוד. תיאור זה מתאים לאבן הג'ספר (*Jasper*) ובמיוחד לאבן האופל (*Opal*).

אפוד

פרשת תצוה כח, ו-יב
פרשת ויקהל לט, ב-ז

חומר גלם: ארבעה חוטי זהב, שישה חוטי פשתן לבנים ו־18 חוטי צמר צבועים – שישה בתכלת, שישה בארגמן, שישה בתולעת שני

אופן האריגה: מעשה חושב בשילוב חוט אחד של זהב בכל אחת מארבע קבוצות החוטים

תיאור: האפוד כיסה את אהרן מגבו ומצדיו, מן הגב התחתון ועד עקביו. את האפוד חגר אהרן במין חגורה, היא **חשב האפוד**.

אבן שוהם במשבצת זהב

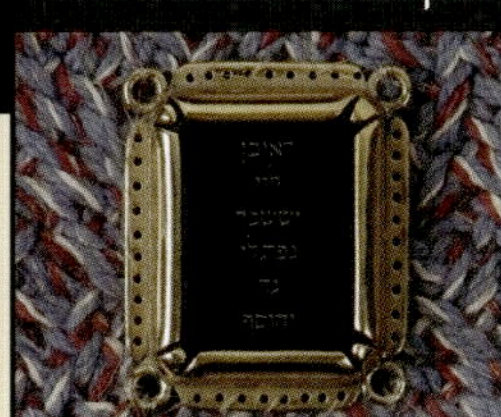

משבצת זהב לשרשרת

פיתוחי חותם

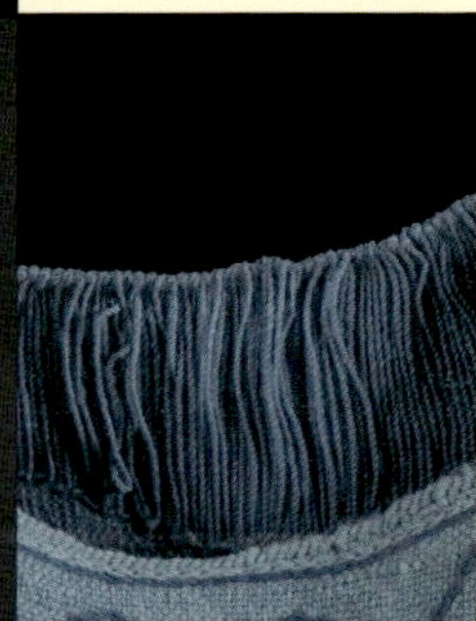

שפה כפי תחרא

פעמון ורימון

מעיל האפוד | פרשת תצוה כח,לא-לה פרשת ויקהל לט,כב-כו

חומר גלם: חוטי פשתן צבועים - לאריג המעיל 12 חוטים בתכלת, ולרימונים 24 חוטים – שמונה צבועים בתכלת, שמונה בארגמן ושמונה בתולעת שני, זהב טהור

אופן האריגה: מעשה אורג

תיאור: המעיל היה חלוק שכיסה את כל גופו של אהרן, ובו פתחים לזרועות, לראש ולרגליים. הפתח של הצוואר היה ארוג באריגה כפולה ('**שפה כפי תחרא**'). בשפתו התחתונה של המעיל היו 36 פעמוני זהב בענבלים בחזית ו־36 מאחור, ובין כל שני פעמונים היה **רימון** מפשתן צבוע.

ציץ

פרשת תצוה כח, לו-לח
פרשת ויקהל לט, כז

חומר גלם: זהב טהור, חוטים צבועים בתכלת

תיאור: הציץ נקשר על ראשו של אהרן באמצעות שלושה פתילי תכלת כפולים – שניים משני קצותיו ואחד במרכזו. הפתיל המרכזי נמתח מעל המצנפת.

מצנפת

פרשת תצוה כח, לט
פרשת ויקהל לט, כח

חומר גלם: שישה חוטי פשתן

מידות: **רוחב:** כשלוש אצבעות (כ־6 ס"מ)

אורך: 16 אמות (כ־7.7 מ')

תיאור: מצנפת אהרן היא רצועה של בד פשתן המתלפפת סביב ראשו.

אבנט

פרשת תצוה כח, לט
פרשת ויקהל לט, כט

חומר גלם: שישה חוטי פשתן לבנים ו־18 חוטי צמר צבועים – שישה בתכלת, שישה בארגמן, שישה בתולעת שני

אופן האריגה: מעשה רוקם ארוג בפשתן ורקום בצמר

מידות: **רוחב:** כשלוש אצבעות (כ־6 ס"מ)

אורך האבנט הפתוח: 32 אמות (כ־15.4 מ')

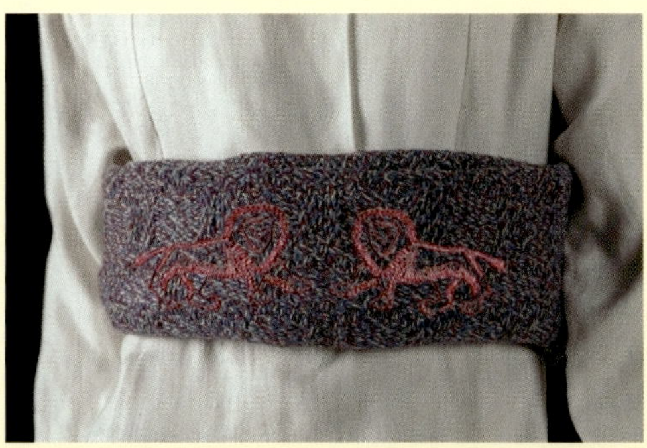

כותונת

פרשת תצוה כח, לט
פרשת ויקהל לט, כז

חומר גלם: שישה חוטי פשתן

אופן האריגה: מעשה אורג, משבצות

תיאור: הכותונת ארוגה מיחידת בד אחת ארוכה עד כפות הרגליים, ואליה חיברו בתפירה את השרוולים.

בגדי בני אהרן

פרשת תצוה כח, מ
פרשת ויקהל לט, כז-כט

תיאור: בני אהרן לבשו ארבעה בגדים, שלושה מהם עשויים מפשתן בלבד: **כתונת, מגבעת** (מין כובע) **ומכנסי בד**. נוסף על כך הם חגרו **אבנט**.

מכנסי בד

פרשת תצוה כח, מב
פרשת ויקהל לט, כח

חומר גלם: שישה חוטי פשתן

תיאור: את מכנסי הבד לבשו אהרן ובניו מתחת לכותונת. אורכם ממעל לטבור ועד לקרסוליים. חוט נשחל בשפת הבגד העליונה למתוח ולהדק את המכנסיים.

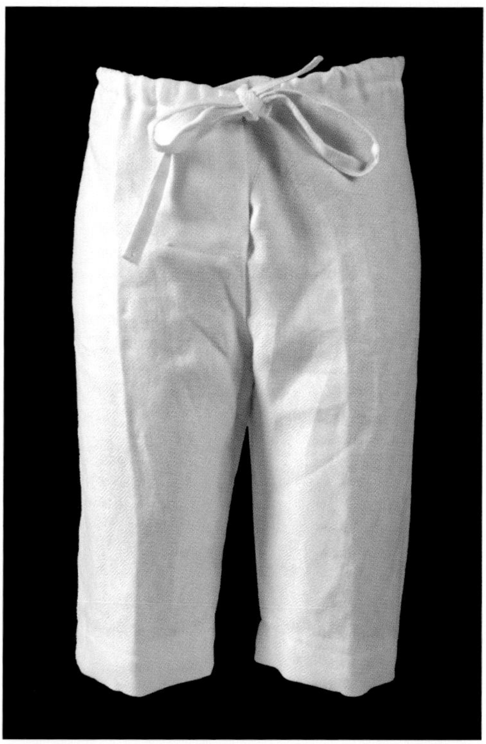

צמחים ובעלי חיים בספר שמות

זֹהר עמר

וַתִּקַּח-לוֹ תֵּבַת גֹּמֶא ... וַתָּשֶׂם בַּסּוּף עַל-שְׂפַת הַיְאֹר (פרשת שמות ב, ג)

ייצור סירה מגומא הפפירוס

גֹּמֶא למעשה, מדובר בשם קיבוצי לצמחי מים שונים ושם מיוחד לגומא הפפירוס (*Cyperus papyrus*), צמח מים שהיה שכיח במצרים התחתונה והיה סמלה. תעשיית הפפירוס הייתה מפותחת במצרים וממנו הפיקו את נייר הכתיבה הקדום.

סוף

סוף מסורות הזיהוי הקדומות אינן עקיבות באשר לסוף המקראי, אך מסכימות שמדובר בצמחים שונים הגדלים במקווי מים שונים. מכאן כנראה השם "ים סוף" (נזכר 23 פעמים במקרא), על שם הסוף שגדל בו או על שפתו.

על התייבשות מי היאור נאמר: "קנה וסוף קמלו" (ישעיה יט, ו). אחד הצמחים המתאימים ביותר לחברת צמחים זו מכונה בימינו "סוּף" (*Typha*).

וַיֵּרָא מַלְאַךְ יהוה אֵלָיו בְּלַבַּת־אֵשׁ מִתּוֹךְ הַסְּנֶה

(פרשת שמות ג, ב)

סְנֶה מסורות הזיהוי הקדומות יותר תמימות דעים שמדובר בצמח קוצני, ובמיוחד זה המכונה בימינו "פטל קדוש" (*Rubus sanguineus*), שיח הגדל בסמיכות למעיינות ונחלים. ראוי לציין שהמקרא מתייחס במפורש למקורות המים שלמרגלות הר סיני (שמות לב, כ; דברים ט, כא).

פטל קדוש

וַיַּשְׁלֵךְ אַהֲרֹן אֶת־מַטֵּהוּ לִפְנֵי פַרְעֹה וְלִפְנֵי עֲבָדָיו, וַיְהִי לְתַנִּין

(פרשת וארא ז, י).

תַּנִּין התנין בפסוקים אלה מזוהה עם יצור מקבוצת הזוחלים. הזיהוי המקובל ביותר הוא שמדובר בתנין היאור (*Crocodylus niloticus*), שפרעה מלך מצרים נמשל לו (יחזקאל כט, ג). מטה אהרן שבלע את תניני חרטומי מצרים (שמות ז, יב), מסמל, אפוא, את שליטתו של ה' באלוהי מצרים. זיהוי אחר לתנין הוא הנחש, והמתאים ביותר הוא קוברה מצרית (*Naja haja*), נחש ארסי ממשפחת הפתניים שאורכו עשוי להגיע ליותר משני מטרים.

תנין

הִנְנִי מַשְׁלִיחַ בְּךָ וּבַעֲבָדֶיךָ וּבְעַמְּךָ וּבְבָתֶּיךָ אֶת־הֶעָרֹב

(פרשת וארא ח, יז)

עָרוֹב ישנם שני פירושים עיקריים לביאור מילה זו, כפי שמופיע במדרש (שמות רבה יא, ג): א. "חיות מעורבבות", כלומר, מינים שונים של חיות טורפות; ב. "צרעין ויתושין" - מיני חרקים מזיקים. הפירוש האחרון עולה בקנה אחד עם הידיעות ההיסטוריות ממצרים העתיקה על היזקם של יתושים שקיננו במי הנילוס.

להקת יתושים

וְהַפִּשְׁתָּה וְהַשְּׂעֹרָה נֻכָּתָה, כִּי הַשְּׂעֹרָה אָבִיב וְהַפִּשְׁתָּה גִּבְעֹל. וְהַחִטָּה וְהַכֻּסֶּמֶת לֹא נֻכּוּ כִּי אֲפִילֹת הֵנָּה (פרשת וארא ט, לא-לב)

שדה פשתה

פִּשְׁתָּה הפשתה מזוהה ללא ספק עם הפשתה התרבותית (*Linum usitatissimum*), צמח חד־שנתי שמגבעוליו הפיקו סיבים לתעשיית הטקסטיל. חומר הגלם המעובד נקרא "פשתן" ושימש חומר גלם בסיסי לייצור אריגים והכנת פריטי לבוש. מוכר בספר שמות גם בשמות נרדפים: "בַּד" (שמות כח, מב) ו"שֵׁשׁ" (שמות כה, ד).

חיטה דו גרגירית

כֻּסֶּמֶת הכוסמת מזוהה עם "חיטה דו־גרגירית" (*Triticum dicoccum*), מין הדגן השלישי בחשיבותו בחקלאות הקדומה במזרח התיכון אחרי החיטה והשעורה. גרגרי חיטת הכוסמת עטויים מוץ ודורשים כתישה מקדימה כדי להסירו לפני כתישתם בשנית לקמח. אין לזהותו עם מין הקטנית הנקרא בימינו בטעות בשם "כוסמת", הוא הצמח "פגופירון תרבותי" (*Fagopyrum esculentum*) ממשפחת הארכוביתיים.

וְאָכְלוּ אֶת־הַבָּשָׂר... עַל־מְרֹרִים יֹאכְלֻהוּ

(פרשת בא יב, ח)

חסה בשלב הפריחה

מְרוֹרִים לשון רבים מכוונת לשם קיבוצי של מיני צמחים מרים שונים. חז"ל מנו במשנה חמישה מיני מרור שאדם יוצא בהם ידי חובה בפסח: "בחזרת ובעולשין ובתמכה ובחרחבינה ובמרור" (פסחים ב, ו).

ה"חזרת" הראשונה בקבוצת המרורים היא החסה (*Lactuca sativa*). אף שהעלים של זני החסה התרבותיים כיום מתוקים יחסית בצעירותם, מאוחר יותר בשלב הפריחה של הצמח הם נעשים מרים, קטנים וקשים יותר. על רקע זה דרשו חז"ל: "מה חזרת (חסה) תחילתה מתוק וסופה מר - כך עשו המצריים לאבותינו במצרים" (ירושלמי, פסחים ב, ו, כט ע"ג).

וּלְקַחְתֶּם אֲגֻדַּת אֵזוֹב וּטְבַלְתֶּם בַּדָּם אֲשֶׁר־בַּסַּף (פרשת בא יב, כב)

אזוב

אֵזוֹב תיאורי האזוב בספרות חז"ל אינם מותירים ספק - סתם אזוב, בלי שם לוואי, הוא הצמח המכונה בימינו "אזוב מצוי" (*Majorana syriaca*), ובערבית "צעתר". בן־שיח זקוף, שעליו מכוסים לֶבֶד, שערות בגוון ירקרק-אפרפר, בעל תפרחות לבנות. הצמח מַדיף ריח חזק טיפוסי ומשמש כתבלין.

וַיְהִי בָעֶרֶב, וַתַּעַל הַשְּׂלָו וַתְּכַס אֶת־הַמַּחֲנֶה (פרשת בשלח טז, יג)

שליו

שְׂלָו זיהויו של השליו (*Coturnix*) אינו מוטל בספק: מדובר בעוף קטן, החולף בלהקות גדולות מעל חופי סיני, ועד היום בחודשי הנדידה לוכדים אותו הבדואים ברשתות לצורך אכילה. על תופעה זו כתב הרמב"ן: "ואין בדבר חידוש מטבעו של עולם. ועוד שכבר היה להם כן, ולא חידש עתה רק שיהיו שלוים רבים מאד" (רמב"ן, במדבר יא, כב). הנס בהופעת השלו, היה, אפוא, בעיתוי שקבע הקב"ה להביאו, ובכמות רבה מהרגיל שהספיקה לכל עם ישראל.

וַיִּקְרְאוּ בֵית־יִשְׂרָאֵל אֶת־שְׁמוֹ מָן וְהוּא כְּזֶרַע גַּד לָבָן (פרשת בשלח טז, לא)

גד השדה - מימין: זרעים. משמאל: עלים

גַּד המן מתואר בצורתו "כזרע גד". הגד מזוהה בוודאות עם הצמח "גד השדה" (*Coriandrum sativum*). צמח בר ותרבות חד־שנתי. הפרי דו־זרעון עגול ומשמש כתבלין. ידוע בשמו הערבי "כזברה".

וְשָׁלַחְתִּי אֶת־הַצִּרְעָה לְפָנֶיךָ וְגֵרְשָׁה אֶת־הַחִוִּי אֶת־הַכְּנַעֲנִי וְאֶת־הַחִתִּי מִלְּפָנֶיךָ

(פרשת משפטים כג, כח)

צִרְעָה הפירוש המקובל ביותר הוא שמדובר בקבוצת חרקים ממשפחת הדבוריים או הצרעיים, כמו הצרעה המזרחית (*Vespa orientalis*), שבית גידולם הוא בנוף הצומח הטבעי ובשטחי הבור, לעתים בסמיכות למגורי אדם. פעמים שהם מתרבים כל כך עד שהם עשויים לגרום סכנה ממשית לאדם וכן להביא לפחד ובהלה העלולים לגרום לנטישת יישובים.

לפי פירושים אחרים, הצרעה היא למעשה מחלת ה"**צרעת**", או שהיא מרמזת ל"מ**צרים**" – שכן הצרעה הופיעה בתבליט מצרי כסמלה של מלכות מצרים ששלטה ורדתה בעמי כנען.

צרעה מזרחית

וְזֹאת הַתְּרוּמָה אֲשֶׁר תִּקְחוּ מֵאִתָּם זָהָב וָכֶסֶף וּנְחֹשֶׁת. וּתְכֵלֶת וְאַרְגָּמָן וְתוֹלַעַת שָׁנִי וְשֵׁשׁ וְעִזִּים. וְעֹרֹת אֵילִם מְאָדָּמִים וְעֹרֹת תְּחָשִׁים וַעֲצֵי שִׁטִּים

(פרשת תרומה כה, ג-ה)

תְּכֵלֶת התכלת הוא אחד מהצבעים היקרים ביותר בעולם הקדום. הוא שימש לצביעת פריטים אחדים שהיו במשכן, למשל, מעילו של הכוהן הגדול היה "כליל תכלת" (שמות כח, לא). מסורת חז"ל היא שהתכלת חייבת להיות מן ה"חִלזון" (תוספתא, מנחות ט, טז). השימוש בתכלת לצורך מצוות ציצית (במדבר טו, לח) פסק לפני מאות שנים ועמו אבד הזיהוי של חלזון התכלת. בעקבות המחקרים שנערכו בעת החדשה הוצעו כמה אפשרויות לזיהוי מקור התכלת. ההסתברות הגבוהה ביותר היא שמדובר בכמה ממיני החלזונות ממשפחת הארגמונים (*Murex*), שמהבלוטה התת־זימית שלהם מופק הצבע. לגוון התכלת ניתנו כמה פירושים: כחול כהה, כחול בהיר, סגול וירוק. מהמחקר עולה שאכן אפשר לקבל מחלזונות אלה את כל הגוונים הללו.

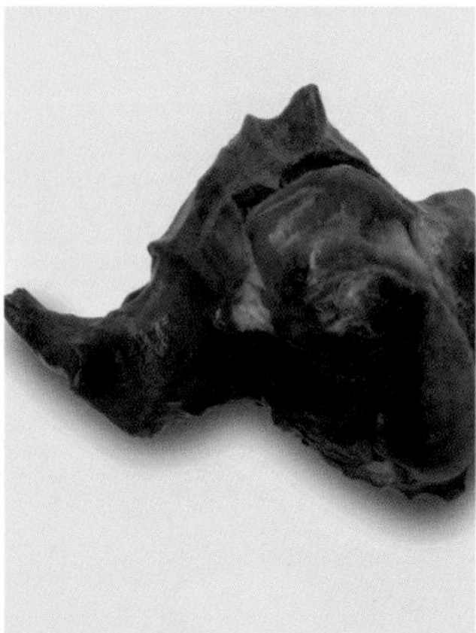

חלזון הארגמון

אַרְגָּמָן ברוב המקרים הארגמן מופיע כחוט או כאריג צבוע עם פריטים צבועים יקרים אחרים, "תכלת" ו"תולעת השני". צבעים אלה מופיעים כתשליב באריגת פריטים שונים הקשורים למשכן וכליו (שמות כו, א; לה, ו): יריעות, פרוכת, מסך (וילון) שער החצר, אפוד לחושן, שולי מעיל האפוד ועוד. גוון הארגמן הוא אדום כהה (בורדו) עד סגול. מבחינה הלכתית אין התניה מחייבת (כמו בתכלת) באשר למוצאו של הצבע. לפי פירושים שונים, אפשר להפיק מחלזון הארגמן או מכנימת הלכה או מכל מקור אחר שממנו אפשר להפיק צבע משובח בגוון המתאים.

הפרשות של כנימת הלכה

תּוֹלַעַת הַשָּׁנִי תולעת השני נזכרת עם תכלת וארגמן בצביעת אריגים של כמה מכלי המקדש, למשל, האבנט של הכוהנים שהיה עשוי רקמה בצבעים אלה (שמות לט, כט). בעולם הקדום היו ידועים כמה מיני חרקים שמהם הפיקו את צבע השני. בארץ ישראל גדל על עצי אלון מצוי "כרמיל השני" (*Kermes echinatus*) – מין של כנימה טפילית. בחודש תמוז אפשר לאסוף את הכנימות על ביציהן ולצבוע בהן צמר בגוון אדום-כתום.

צמר הנצבע מכרמיל השני

תַּחַשׁ מין עור שהיה כיסוי למשכן (שמות לט, לד ועוד). בספר יחזקאל נזכר כעור יקר ששימש להכנת מנעל (יחזקאל טז, י). כבר בתקופת חז"ל לא היה לתחש זיהוי ברור וכל הפירושים שהובאו מאז ועד היום הם בגדר השערות ברמות סבירות שונות. בתלמודים מובאות דעות אחדות, למשל, הפירוש שהתחש בימי משה היה ברייה טהורה בעלת קרן אחת שלאחר בניית המשכן "נגנזה" (ירושלמי, שבת פ"ב ה"ג ד ע"ד; בבלי, שם כח ע"א-ע"ב). פירוש מקובל הוא שמדובר בסוג של עור מעובד או בעור צבוע (אחת מהדעות בירושלמי, רס"ג וא"ע) בדומה ל"עֹרֹת אֵילִם מְאָדָּמִים". דומה שרוב הפרשנים והחוקרים פירשו שמדובר בבעל חיים מסוים בעל עור ססגוני, ומבין כעשרה זיהויים שהובאו, נציין את הג'ירפה (בעל חיים טהור ומקרין) ואת היונקים הימיים: חַדְשָׁן (*Monodonmonoceros*) ופרת הים (*Dugong dugon*).

חדשן

שִׁטָּה השיטה נזכרת רבות במקרא כעץ אשר שימש לבניין המשכן וכליו, למשל, הארון (שמות כה, י) והשולחן (שם כה, כג). העצים לבניית המשכן היו מתרומות העם: "וכל אשר נמצא אתו עצי שטים" (שמות לה, כד), אך לא ברור מהיכן השיגום, בעניין זה יש פתח לכמה פרשנויות.

מקובל ביותר לזהות עצים אלה עם עצים מהסוג הנקרא גם בערבית המודרנית בשם שיטה (*Acacia sp.*). לכאורה, מדובר במיני שיטים הגדלים באזורי המדבריות של ארץ ישראל וסיני: שיטת הנגב (*A. negevensis*), שיטת הסוכך (*A. tortilis*) ושיטה סלילנית (*A. raddiana*). אולם קשה להפיק מהם קורות גדולות כמו שמתואר בקרשי המשכן: "עצי שטים עומדים, עשר אמות אֹרך הקרש ואמה וחצי האמה רֹחב הקרש האחד" (שם כו, טו-טז; לו, כ). לכן אין להוציא מכלל אפשרות שהשתמשו במינים מתאימים יותר, כמו: שיטת הנילוס (*A. nilotica*) או השיטה המלבינה (*A. albida*), הגדלה כיום בתפרוסת מקוטעת באזורים אחדים בארץ ישראל.

שיטת הנילוס

וְאַתָּה קַח־לְךָ בְּשָׂמִים, רֹאשׁ מָר־דְּרוֹר חֲמֵשׁ מֵאוֹת, וְקִנְּמָן־בֶּשֶׂם מַחֲצִיתוֹ חֲמִשִּׁים וּמָאתָיִם, וּקְנֵה־בֹשֶׂם חֲמִשִּׁים וּמָאתָיִם. וְקִדָּה חֲמֵשׁ מֵאוֹת בְּשֶׁקֶל הַקֹּדֶשׁ, וְשֶׁמֶן זַיִת הִין

(פרשת כי תשא ל, כג-כד)

מֹר מסורת הזיהוי הקדומה והמוצקה ביותר למור הוא עץ הקומיפורה מירה (*Commiphora myrrha*) או מינים הקרובים לו. זיהוי זה נתמך גם בהשתמרות השם בכל השפות השמיות כמו ערבית, ומהן עבר ללטינית ולשפות אירופיות (למשל, אנגלית: *myrrh*). עצי המור גדלים בר באזור מזרח אפריקה ודרום חצי האי ערב, ועד היום אוספים מהם את גרגרי השרף החומים לשימוש רפואי, לבישום ולקטורת. "מר־דרור" כנראה מתאר את השרף הזך והמשובח.

היו מפרשני ימי הביניים שסברו שהמור הוא בושם המופק מאיל המושק (*Moschus moschiferus*). פעולת האריָיה המתארת את הפקתו (שה"ש ה, א) אינה מתאימה לחומר המופק מבעל חיים, והיא מקשה על פרשנות זו.

מור

קִנְּמָן־בֶּשֶׂם

נראה לזהותו עם עצי הקינמון (*Cinnamomum*) הגדלים באזורים טרופיים: צילון, דרום הודו, סין, וכיום גם ביבשת אמריקה. הקינמון הצילוני (*C. zeylanicum*) מגיע לגובה כעשרה מטרים, עליו אליפטיים ובעלי ארומה. השימוש העיקרי נעשה בקליפות העץ שלו, הנגללות לצורה של קנה עם התייבשותן. נמצאו עדויות ארכאולוגיות לשימוש בקינמון בתקופת המקרא בארץ ישראל.

מימין: קינמון הכסיה; משמאל: קינמון צילוני

קְנֵה־בֹשֶׂם

נזכר במקרא גם בשם "קנה הטוב מארץ מרחק" (ירמיה ו, כ). לפי פירוש אחד, מדובר בצמחים בעלי קנה חלול מסוג *Andropogon* ממשפחת הדגניים, בעיקר *Cymbopogom C.nardus & C.martini*, שמוצאם בארצות הטרופיות של דרום מזרח אסיה. לצמחים אלה עלים מוארכים וצרים המכילים שמן ארומטי ומשתמשים בהם גם בימינו בתעשיית הבשמים. לפי זיהוי אחר, מדובר בצמח אקורוס קלמוס (*Acorus calamus*), בעל גבעול זקוף דמוי קנה, וקנה שורש ריחני, הגדל באזורי ביצות בדרום אירופה וכן בדרום־מזרח אסיה.

סימבופוגום נרדוס

קִדָּה

למעשה, אין לקידה מסורת זיהוי מוסכמת. יש שסברו שהיא שם נרדף במקרא ל"קציעה", שהיא כנראה קליפת קנמון הכסיה (*Cinnamomum cassia*). לפי רב סעדיה גאון, זהו צמח הקושט (*Costus speciosus*), שקנה השורש שלו שימש כסמם בושם.

קושט

קַח־לְךָ סַמִּים נָטָף וּשְׁחֵלֶת וְחֶלְבְּנָה סַמִּים וּלְבֹנָה זַכָּה (פרשת כי תשא ל, לד)

נָטָף במסורת חז"ל היה ידוע הצמח בשמות אחדים: "צרי", "אפרסמון", "בלזם" ו"קטף". צמח זה היה הבושם היקר ביותר בעולם בתקופת המשנה שגדל באופן תרבותי רק ביהודה: ביריחו ובנאות עין גדי. שמו היווני של האפרסמון הוא *opobalsamum*, והוראתו: ה'בושם הנוזלי'. כינוי זה מאפיין את השרף הניגר ממנו בעת פציעת הצמח, ומתאים להוראה המקורית של המילה העברית "נטף". כאשר פסק היישוב היהודי שהתמחה בגידולו ובסוד הפקת הנטף בשלהי התקופה הביזנטית, נעלם גידול זה מהארץ. בשנים האחרונות הושב האפרסמון המזוהה עם הצמח *Commiphora gileadensis* לגדול בארץ ישראל.

אפרסמון

שְׁחֵלֶת לפי מסורת חז"ל מדובר בסממן בשם "ציפורן". פירושים רבים הוצעו לזיהוי השחלת, כמו: מין סממן צמחי, אך אין בידינו כל מידע שיוכל להצביע על זיהוי ברור. לעומת זאת, לפי מסורות זיהוי קדומות רבות, מדובר במכסה הקרני דמוי הציפורן של מיני חלזונות מסוימים, המכיל חומרים ארומטיים. עד היום בחברות מסורתיות משתמשים במכסה קונכיות אלה (*operculum*) לקטורת.

מכסה חילזון

חֶלְבְּנָה הכוונה היא לצמח כֶּלֶךְ החלבנה (*Ferula galbaniflua*) הגדל כיום באזור איראן. מהצמח מפיקים שרף לבן חלבי (ונראה שמכאן שמו). שרף זה עם התקשותו מקבל גוון צהוב או ירקרק. ריחו של השרף אינו נעים ובעל חריפות חזקה ("שהרי חלבנה ריחה רע", בבלי, כרתות ו ע"א), אך בתרכובת עם שאר סממני הקטורת הוא מחזק ומחדד את הריח.

חלבנה – מימין: שרף קשה. משמאל: הצמח

לְבוֹנָה

הלבונה מזוהה בוודאות עם העצים מהסוג *Boswellia sp*. וזאת הודות לשימוש המתקיים בה עד היום בחברות מסורתיות רבות.

השרף המופק מהעץ לבן, ועם קרישתו הופך לגרגרים בגוון צהוב. הלבונה יובאה עם הזהב בדרכי המסחר משבא (ישעיה ס, ו; ירמיה ו, כ). עד היום גדלים עצי הלבונה, המכונים בערבית "לבאן", בדרום תימן ובמזרח אפריקה.

עץ הבוסווליה

שרף הבוסווליה

אירועי ספר שמות

זמנים לפי שיטת רש״י

בְּהוֹצִיאֲךָ אֶת־הָעָם מִמִּצְרַיִם תַּעַבְדוּן אֶת־הָאֱלֹהִים עַל הָהָר הַזֶּה:
(פרשת שמות ג, יב)

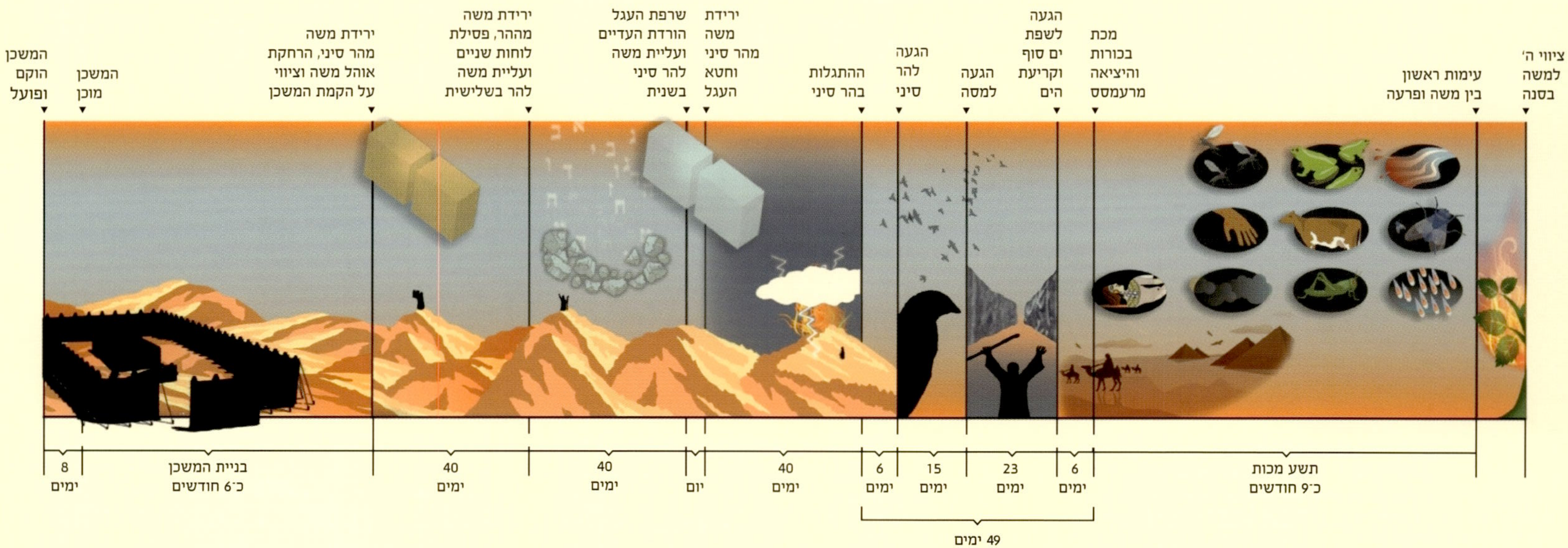